Großes Lexikon der Astrologie

Printed in the EU.
ISBN 3-85049-809-3

Einleitung

Es gibt wahrscheinlich nur wenige Menschen, die sich nicht für die Astrologie interessieren oder die sich noch kein Horoskop haben erstellen lassen. Die Redaktion ist auch davon fasziniert wie sich in einem Horoskop verschiedene psychologische Muster, die dem Einfluss der Planeten zugeschrieben werden, im Lebenslauf eines Menschen sichtbar werden.

Seit Hunderttausenden von Jahren, seit der Mensch sich erstmalig seiner Existenz im unendlichen Kosmos bewusst wurde und er das unendliche, geheimnisvoll leuchtende Firmament des Nachthimmels über sich sah, haben ihn die Sterne inspiriert. Seit der ersten Bewusstwerdung hat er sich sicherlich, so wie wir es heute immer noch tun, Fragen nach seinem "wirklichen" Ursprung gestellt und versucht die Kräfte zu ergründen, die sein Leben bestimmen.

Das Alleinsein in dieser unergründlich weiten Welt ist sicherlich mitunter erschreckend gewesen, so wie es für uns heute - trotz der relativ größeren Sicherheit und des Wissens um die Naturkräfte und ihre Beherrschung - immer noch ist. In seiner Unsicherheit und Überwältigung hat er damit begonnen, bestimmten Erscheinungen quasi göttliche (beherrschende) Eigenschaften zuzuschreiben und versucht sie durch Opfer zu besänftigen. In den meisten Urgesellschaften bildeten sich Spezialisten heraus, die für die für den Handel um günstige Bedingungen (für sich selbst und schlechte für den Feind) zuständig waren. Diese Spezialisten waren die Schamanen und Priester, die die Kommunikation mit dem unsichtbaren "Höchsten" monopolisierten.

Mit der Entstehung von Hochkulturen (Sumer vor ca. 5000 Jahren) und der Entwicklung von Forschungsansätzen war die Beobachtung der Gestirne sicherlich eine der frühesten wissenschaftlichen Leistungen. Da der Mensch in diesen frühen Zeiten sich selbst noch nicht getrennt von seiner Umwelt erlebte, war es nur folgerichtig den Sternen einen Einfluss auf das irdische Leben zuzuschreiben. Die Astrologie, wie wir sie heute kennen, ist eine Astrologie der nördlichen Hemisphäre. Der Winkel des Sonnenstandes bestimmt die Jahreszeiten, die Stellung des Mondes hat einen Einfluss auf die Gezeiten, die Planeten unseres Sonnensystems bekamen Namen der griechisch-römischen Mythologie.

Astrologie ist sicherlich eine der ältesten Erfahrungswissenschaft der Menschheit. Sie hatte einen bedeutenden Einfluss auf die Entwicklung der Religionen bis zu den Naturwissenschaften. Die Astrologie ist heute so aktuell wie vor 5000 Jahren und wird (solange Sterne am Himmel stehen) für die Menschen stets von Bedeutung sein.

Sie wird sicher von Entwicklungen und neuen Erkenntnissen nicht unberührt bleiben und im Laufe der Zeit verschiedene Modifikationen und andere Bewertungen erfahren. Die klassischen Methoden und Regeln sind nach wie vor gültig. Wer sich mit dem in sich völlig logischen System der Astrologie auseinander gesetzt hat, der wird von der Faszination, die von einem solchen Grundwissen ausgeht, einfach gefesselt sein. Astrologie verlangt jedoch Hingabe und Studium, wie jedes andere Fachgebiet auch, wenn Sie ein Meister darin werden wollen. Wer sich mit den astrologischen Konstellationen beschäftigt, der weiß, dass kein Mensch wie der andere ist, dass jeder seine Ausstrahlung, aber auch seine Hemmnisse hat, dass jeder seine Stärken und Schwächen besitzt.

Diese Buch ist kein Lehrbuch im eigentlichen Sinn. Es versteht sich als ein Instrument für praktische Lebenshilfe. Das Potenzial der Astrologie ist: sich selbst erkennen, seine Stärken und Schwächen - und die Schwächen dann in Stärken zu verwandeln.

In den nachfolgenden Kapiteln werden die Grundlagen der Astrologie erläutert und Ihnen verständlich und nachvollziehbar vermittelt. Die Säulen der Astrologie: die Planeten, die Fixsterne, der Tierkreis und das Häusersystem werden behandelt. Die Planeten-Aspekte, Rechnerische Punkte, Transite, Direktionen sind weitere wichtige Themen, bevor wir zur Berechnung eines HOROSKOPS kommen.

Im Register finden Sie einzelne Stichpunkte mit den jeweiligen Textverweisen übersichtlich angegeben.

Was man für eine Horoskoperstellung braucht, ist die genaue Geburtszeit in Sunden und Minuten, den genauen Geburtsort mit den geografischen Koordinaten (Länge und Breite, es gibt Tabellen dafür). Darüberhinaus braucht man die Ephemeriden(tafeln) zur Berechnung der Planetenstände. Berücksichtigt werden müssen die verschiedenen Zeitumstellungen, die sich mehrfach (und nicht einheitlich) verändert haben. Schließlich brauchen Sie Rechenhilfsmittel zur Umrechnung. Die Bedeutung der Tierkreiszeichen, der Häuser (Felder), der Planeten und der verschiedensten Beziehungen untereinander finden Sie in den entsprechenden Buchabschnitte und der Übersicht halber im Register.

Eine bewährte Methode ist es, sich ein (preiswertes) Computerhoroskop (ohne Deutung; erspart Ihnen Rechenarbeit) erstellen zu lassen und dann mit Hilfe dieses Buches die Deutung zu wagen und mit den Horoskopen von Freunden zu experimentieren. Wenn Sie entdecken, dass Sie die Astrologie noch mehr anspricht und Sie auch professionell oder semiprofessionell damit arbeiten möchten, möchten wir Sie auch auf weiterführende Literatur (siehe auch Register) verweisen.

Die meisten Regeln der klassischen Astrologie haben durchaus noch heute ihre Berechtigung, was ganz besonders für die Grundlagen gilt. Viele Erneuerungen hat es im Laufe der astrologischen Geschichte gegeben und manches wurde revidiert. Die moderne Astrologie wurde stark von Thomas Ring beeinflusst. Es gibt jedoch viele unterschiedliche Schulen.

Wir wünschen Ihnen viel informatives Vergnügen mit diesem Lexikon!

Die Redaktion

Allgemeine Einführung

Astrologie und Astronomie

In allen Kulturen übten und üben die geheimnisvollen Himmelserscheinungen eine starke Faszination auf die Betrachter aus.

Es gibt Hinweise (eingekerbte Knochen aus der Eiszeit), die 32000 Jahre zurückdatiert werden und darauf hindeuten, dass die Bewegungen des Mondes beobachtet wurden. Die Steinkreise von Stonehenge (England, 2750 v.u.Z.) und Carnac (Frankreich) werden als keltische Observatorien gedeutet. Im 392. Bd. des Wissenschaftsmagazins Nature schreibt J. McKim Malville vom Institut für Astrophysik, dass lange vor dem Bau der ersten Pyramiden nubische Nomaden komplizierte astronomische Bauwerke errichtet haben. In der südägyptischen Wüste errichteten die jungsteinzeitlichen Viehzüchter große Steinkreise, Megalithstrukturen aus langen Reihen aufrecht stehender Steine. Die ungewöhnliche Anordnung deutet auf eine beträchtliche soziale Organisation und eine komplexe Kultur hin. Die regelmäßig angeordneten Steinstrukturen sind in Nord-Süd und Ost-West Richtung ausgerichtet und weisen auf einen Punkt der Sommersonnenwende vor 6000 Jahren. Ungefähr 1700 Jahre später (ca 2300 v.u.Z.) wurde in dieser Gegend die erste Stufenpyramide von Saquarra errichtet.

Nach heutigem Kenntnisstand kann man davon ausgehen, dass die sumerischen Schriften und die Keilschriften der nachfolgenden mesopotamischen Hochkulturen die ersten gesicherten systematisch astro-nomisch-logischen Aufzeichnungen darstellen. Es gibt Autoren, die die Grundlagen der Astrologie im Gilgamesch Epos dargestellt sehen. In der matriarchalen sumerischen Gesellschaft sind der Kosmos und die Erde Manifestationen der großen Göttin. Die Planeten bekamen Namen der Söhne der Göttin Natur, die sumerischen Namen wurden später durch griechisch-römische ersetzt. Die Klassifizierung der Gestirne wurde auf Tontafeln festgehalten: Schamesh/Apsu (Sonne), Sin/Kingu (Mond), Nabou(Mummu (Merkur), Ischtar/Lahamou (Venus), Nergal/Lahmu (Mars). Kischar/Anschar (Jupiter), Anu (Uranus), Nudimmud/Ea (Neptun), Gaga (Pluto). Sie entsprachen menschlichen Archetypen, Grundmodellen der Psyche.

Aus der Euphrat- und Tigrisregion gelangte die "sumerische" Astrologie im 6. Jhd. v.u.Z. nach Ägypten und Griechenland. Durch Alexander den Großen wurden diese Kenntnisse bis nach Indien exportiert. Jede Kultur, mit der diese Astrologie in Berührung kam, gab ihr eine bestimmte Prägung. In der antiken Welt war die Astrologie eine wissenschaftliche Disziplin wie bei uns heute die Physik.

Es entwickelten sich zwei Arten von Astrologie: die esoterische (nur Eingeweihten verständliche) Variante, die auch als gelehrte Astrologie bezeichnet wird und die exoterische (allgemein verständliche) Variante, aus der sich sich die in der Renaissance die judizitäre (richtende) oder auch volkstümliche Astrologie entwickelte.

Die esoterische Form beschäftigt sich mit dem Sinn hinter dem buchstäblichen und versucht eine ganzheitliche transzendente Interpretation, die verschiedenen Realitätseben berücksichtigt. Diese Astrologie war nur über verschiedene Einweihungstufen zugänglich und immer mit dem Schleier des Mysteriums umgeben. Die Intuition, die die esoterische Wissenschaft voraussetzt die mit dem Beginn der Aufklärung mehr und mehr aus unserem heutigen Wertesystem verschwand und durch eine rein rationale Anschauung ersetzt wurde. Erhalten hat sich die Esoterik über viele Jahrhunderte in Geheimzirkeln (Logen) und findet heute (seit ca. 15 Jahren) zunehmend eine Anhängerschaft. Wobei wir anmerken möchten, dass das was man heute unter Esoterik versteht mit der obigen kaum mehr als den Namen gemein hat, weit eher der exoterischen Lehre entspringt und mit esoterischen Bildern und Begriffen belegt wurde, ohne dass diese in ihrer Tiefe verstanden wurden.

Die exoterische Astrologie ist mehr mit den gegenständlichen, eindeutigen, buchstäblichen, den offensichtlichen Bedeutungen beschäftigt. Die volkstümliche Astrologie ist die der letzten 300 Jahre, die durch ihren Determinismus (Vorherbestimmungscharakter) sich teilweise zu Recht vernichtende Kritik zugezogen hat. Vereinfacht gesagt hat ihre Interpretation durch Festlegung auf - "gut und schlecht" und die Vorherzeichung eines Lebenswegs - die individuelle Entscheidungsfreiheit gegen Null reduziert.

Seit etwa fünfzig Jahren gewinnt eine moderne humanistisch psychologische Astrologie ihre Konturen. Einige der großen Namen der modernen Astrologie sind: Liz Greene, Stephen Arroyo, Thomas Ring, Dane Rudhyar.

Etwa 2500 v.u.Z gab es in Chaldäa und Assyrien Observatorien, die zum Tempel oder Königspalast gehörten. Priester-Wissenschaftler zeichneten Sonnenflecken, Mondphasen und die Bewegungen der Gestirne auf, sie begannen Sonnen- und Mondfinsternisse vorherzusagen. Die Schrifttafeln des Sargon von Akkad geben Zeugnis davon. Nachberechnungen ergaben, dass die Daten bis auf wenige Minuten genau waren. Auf Grund der angestellten Beobachtungen wurden landwirtschaftliche Kalender geschaffen, die die Saat- und Erntezeiten regelten. Nachdem die Ekliptik (die scheinbare Sonnenbahn) in Verbindung mit den Mondphasen in 12 gleiche Teile zerlegt wurde. Weitere Gliederungen der Ekliptik in 360° und die Unterteilung des Jahres in 360 Tage, den Tag in 12 Stunden, Stunden in 60 Minuten und diese in 60 Sekunden brachten den Mondkalender hervor. Die zwölf Doppelstunden waren später von den Griechen als "babylonische Stunden" bekannt. Da die Einteilung des Jahres in 360 Tage nicht dem Sonnenjahr entsprach, wurde alle 6 Jahre ein 13ter Monat eingefügt um die Differenz auszugleichen. Die Monate wurden in vier mal sieben Tage geteilt, unsere Sieben-Tage-Woche geht darauf zurück. Der Kalender erlaubte eine genaue Regelung des privaten und öffentlichen Lebens nach den "himmlischen Weisungen", eine profane Zeit wie wir sie heute kennen gab es nicht. Das Babylonische Jahr begann mit dem Monat "Nizim", der den Frühlingsanfang markierte. Tempel, Paläste und Städte wurden nur in Übereinstimmung mit der richtigen Stellung der Planeten gebaut. Archäologische Überreste überliefern uns dieses Bild vom damaligen Leben.

Chaldäa und das frühe Griechenland hatten eine regen Austausch, die griechische Philosophie wurde durch Reisen von griechischen Philosophen ins Zweistromland bereichert. Das Gesetz der Analogie (Mikrokosmos - Makrokosmos; wie oben - so unten) ist aus Mesopotamien übernommen. Zum Zeitpunkt der Kriegszüge und Eroberungen Alexander des Großen verschmolzen die planetarischen Götter Mesopotamiens und die mythologischen Gottheiten Griechenlands.

In Griechenland, dem Land der Denker und Philosophen, erfuhr die orientalische sumerische Religion der Astrologie eine Loslösung von ihren religiösen Wurzeln. Es wurden arithmetische und geometrische Prinzipien eingeführt, die eine Wandlung der Astrologie zur Wissenschaft zur Folge hatten. Die Grundzüge der (heutigen) klassischen Astrologie wurden von Beressos, einem chaldäischen Astrologen, mit der Errichtung einer Astrologenschule auf der griechischen Insel Kos um 280 v.u.Z gelegt. Er übersetzte (nach Seneca) die Schrifttafeln des Sargon von Akkad, die das gesamte astrologische Wissen der damaligen Zeit enthielten. Die auf Pythagoras (572 - 490 v.u.Z.) zurückgehende Harmonie- und Zahlenlehre wurden zum Grundstein der Aspektelehre. Die Theorie der vier Elemente (Feuer, Wasser, Luft und Erde), die auf Empedokles von Agrigent zurückgeht (490 - 420 v.u.Z.) wurden zur Interpretationsgrundlage des Horoskops. Beressos entdeckte die Prinzipien der medizinischen Astrologie des Hippokrates von Kos (nach dem der Eid benannt ist, den Mediziner heute noch beschwören) wieder. Diese wurde auch schon in Chaldäa praktiziert, war aber von Hippokrates präzisiert worden, er studierte den Verlauf von Erkrankungen in Abhängigkeit von Planetenzyklen. Von Asklepios (dessen Schüler Hippokrates war) stammt die Temperamentenlehre, die in Beziehung zu den Elementen gesetzt wurde und ein wesentlicher Bestandteil der damaligen medizinischen Doktrin war und auch Eingang in die Astrologie fand. Platons (423 - 348 v.u.Z.) Kosmologie hatten einen großen Einfluss auf die Astrologie. In seinem Werk "Tiamat" ist die Welt ein lebendiges Tier (Tiamat). Er schließt sich der babylonischen Kosmogonie an, die mit einer Seele ausgestattet ist, der auch die Intelligenz angehört. Die Welt ist aus den vier Elementen (Feuer, Wasser, Luft und Erde) geschaffen. Der Mensch ist nach dem Abbild der Welt geschaffen, er ist ein Universum im Kleinen.

Aristoteles (384 - 322) hatte einen besonderen Verdienst am Wandel von der (chaldäischen) Astralreligion in die Astrowissenschaft. Der bis dahin vorherrschende analoge, symbolische Ansatz wurde durch eine formale Logik ersetzt. Vor Aristoteles gewann der Mensch seine Erkenntnis mit Hilfe von Analogie, Intuition, Harmonie, Symmetrie, Vergleich und Mitwirkung, dieses Wissen ermöglichte ihm sein Leben im diesseits und jenseits einzuordnen. Aristotelische kausale Logik durchtrennte diese Einordnung des Einzelnem im Ganzen. Auf Aristoteles geht die noch heute gültige Einteilung der Wissenschaften in Disziplinen zurück. Die exakte Wissenschaft mit ihren kausalistisch, deterministischen Prinzipien war geboren. Nach dem symbolischen Ansatz war Fruchtbarkeit eine Eigenschaft des Mondes, danach war die gesamte Natur "wie" der Mond. Nach dem kausalistischen Ansatz sind die Vorgänge der Natur jedoch von denen des Mondes getrennt und verschieden, sie sind durch seinen Einfluss verursacht.

Die Astrologie entwickelte sich in Griechenland weiter, wurde ständig perfektioniert und reifte zur Blüte hellenistischer Wissenschaft.

Hipparchos (2. Jhd. v.u.Z.) vervollständigte die Grundlagen seiner Vorgänger. Mittels Rektaszension und Deklination konnte er die genauen Himmelskoordinaten beschreiben und so die Position eines Sterns bestimmen. Er konstruierte ein Astrolabium, mit dessen Hilfe er die Himmelsbewegungen verfolgen konnte. Schließlich gelang es ihm mit Hilfe der Trigonometrie die exakte Dauer eines Tages anhand der Deklination der Sonne und des Breitengrades des Ortes zu berechnen. Hipparchos war sozusagen der Pionier und Vorvater der astrologischen Prinzipien, die es Ptolemäus erlaubten, die (noch heute gültigen) Grundlagen der Astrologie für die Erstellung eines Horoskops zu entwickeln. Die Astrologen Babyloniens waren noch Priester, die himmlische Voraussagen machten, in Griechenland wurden sie zu angesehen Gelehrten, die ohne religiöse Befrachtung allein auf Grund logischer Aussagen Horoskope auslegten. Ihre Bilder aus dem Olymp behielten sie jedoch bei.

Griechenland trat für eine gewisse Zeit das ägyptische Erbe an und verbreitete die (griechische) Astrologie in Ägypten und Nordafrika.

Die Astrologe in Ägypten erlebte zwei Phasen: die erste brachte mit den persischen Feldzügen ca. 600 v.u.Z. die sumerische Astrologie ins Land, die mit der bestehenden Religion verschmolz und im Wesentlichen den wenigen Initiierten (Hofstaat und Priestergelehrten) vorbehalten blieb, die zweite Phase begann mit der Invasion durch Alexander dem Großen.

Im "Tetrabiblos" (Viererbuch) systematisierte der griechische Gelehrte (Mathematiker, Astronom und Astrologe) Ptolemäus (ca. 90 - 168) um 140 in Alexandria - der Gelehrtenmetropole der damaligen Zeit -, die Astrologie. Dieses Viererbuch ist die astrologische Bibel und zeigt den Weg zur Interpretation des Horoskops. Dieses didaktische Dogma wurde von den nachfolgenden arabischen und abendländischen Astrologen bis ins 17. Jahrhundert lediglich kommentiert, aber ansonsten unverändert belassen.

Im Gefolge der punischen Kriege gelangte die Astrologie im 2. vorchristlichen Jahrhundert nach Rom. Über 6 Jahrhunderte (200 v.u.Z - 400), insbesonders unter der Herrschaft des Kaisers Augustus, erlangte die Astrologie in der römischen Gesellschaft eine Bedeutung. Hier verlor sie endgültig ihren initiatorischen, metaphysischen religiösen Charakter, den sie in Chaldäa und anfangs in Griechenland und Ägypten noch hatte. Sie begann mit anderen "Weissagungskünsten" (z.B. Eingeweideschau) zu konkurrieren. Aus dieser Zeit stammen die römischen Umbenennungen. Die griechischen Gelehrten nahmen im dritten bis zweiten Jhd v.u.Z. noch eine intellektuell hervorragende Stellung ein, die Astrologen wurden zu der Zeit als Mathematiker oder Chaldäer bezeichnet. Die Astrologie hatte einen großen Einfluss auf das religiöse, künstlerische und politische Leben. Einige Philosophen wie Cicero wendeten sich aber auch massiv gegen die "Horoskopsteller" Alle Kaiser hatten ihre Astrologen, die zum Teil zum wichtigen Beratern aufstiegen und die häufig in politische Händel und Ränke verstrickt waren. Das lateinische "Fatum" (Schicksal) begann die römische Lebenseinstellung zu beherrschen. Das ging so weit, das Tiberius (Kaiser 14 - 37) Menschen, denen ein großes Geburtshoroskop vorhergesagt wurde, umbringen ließ. Severus Alexander (Regent von 222 - 235) gründete astrologische Lehrstühle und bemühte sich die Astrologie zu verbreiten. Astrologie wurde als "Iatromathematik" (iatros = griech. für Medizin) auf die Medizin angewandt. Gelegentlich wurde die Astrologie auch durch Edikte verdammt, sie war aber nicht tot zu kriegen. Der Gnostizismus (1. Jhd) (gnosis = griech. für Wissen) und seine Lehre der höheren Erkenntnis vermischten sich mit der Astrologie.

Im 3 Jhd wandten sich Moraltheologen und Neuplatoniker gegen den Fatalismus (Astrologie), weil er die Moralgesetze untergrub. Der Fatalismus enthebt den Menschen der Verantwortung und überträgt die Urheberschaft für Gut und Böse auf Gott. Zwischen dem 3 und 4. Jhd war die Astrologie für die einen eine Wissenschaft und für die anderen eine Religion. Die entstehende christliche Religion bemächtigt sich der Astrologie. Diese Einflüsse sind noch in der Zuordnung der Evangelisten zu den Zeichen Wassermann/Engel - Matthäus, Lukas - Stier, Löwe - Markus, Skorpion/Adler - Johannes zu finden. Im Konzil von Nicäa wurde die Sonne mit Christus, die zwölf Zeichen mit den Aposteln gleichgesetzt. Später jedoch wurde die christliche Lehre (ab dem 4 Jhd) so dominant, das die Astrologie verschwand und erst durch die Araber wieder eingeführt wurde.

Basierend auf dem "Viererbuch" des Ptolemäus und den Werken des Firmicus Maternus bemühten sich die Araber, die Astrologie zu vervollkommnen Sie führten die Ziffer Null in die Mathematik ein und waren während des finsteren Mittelalters die Sachwalter der Wissenschaft. Sie unterhielten Universitäten und medizinische und astrologische Hochschulen. Sie bauten viele Observatorien und festigten die astronomischen Grundlagen der Astrologie. Sie unterschieden die Fixsterne und gaben ihnen die zum Teil noch heute gebräuchlichen Namen, wie Rigel, Aldebaran u.a. (siehe Abschnitt Fixsterne). Da die Araber den ganzen Mittelmeerraum und Spanien eroberten, kamen die wissenschaftlichen Erkenntnisse und auch die Astrologie wieder nach Europa, das in Aberglaube versunken war, zurück. Den Arabern gelang die meisterhafte Beherrschung der Metallverarbeitung und neben bestem und teuer bezahlten Damaszenerstahl stellten sie Astrolabien her, die für die genaue Berechnung der Gestirnsstände erforderlich waren. Sie sorgten dafür, dass der Zodiak (Tierkreis) mit der Frühlings-Tag-und-Nacht-Gleiche beginnt und das Vorrücken des Äquinoktium berücksichtigt wurde.

In Europa dämmerte das tiefe Mittelalter seinem Ende entgegen. Mit dem Ende des ersten christlichen Jahrtausends genügte dem aus seinem mittelalterlichen Schlaf erwachenden Menschen die christliche Offenbarung nicht mehr. Die geistigen Eliten und die Gelehrten erklärten sich zu den Erben der griechisch-römischen Kultur. Die Kreuzzüge und der zunehmender Handel brachten viele neue Kontakte.

Das Zeitalter der Mystik begann. Die aristotelische Vorstellung vom Universum wurden mit dem christlichen Weltbild in Einklang gebracht. Die griechische Beweisführung wurden für die christliche Lehre entdeckt, die Scholastik entstand. Die heliozentrische Orientierung der (frühen, vor Aristoteles) Griechen musste der geozentrischen weichen Die Erde wurde zur Scheibe und zum Zentrum des Kosmos. Thomas von Aquin (1226 - 1274) integrierte die Astrologie vollkommen in die christliche Gedankenwelt. Im 13 Jhd. wurde die Astrologie auch wieder an Lehrstühlen (Padua, Mailand) und Medizinschulen (Bologna) gelehrt. Es kursierte das Sprichwort: "Ein Arzt ohne Astrologie ist wie ein Auge, das nicht sehen kann". Vielfach wurde nach der griechischen Säftelehre in Verbindung mit Planetenkonstellationen behandelt. Die Astrologie wurde wieder gesellschaftsfähig und die Herrscher umgaben sich mit Astrologen. Es entstanden astrologische Manuskripte und Tafeln und die Berechnungen des Ptolemäus wurden präzisiert. Observatorien und Astrologentürme wurden gebaut. In gotischen Kathedralen (Amiens) sind die Tierkreiszeichen und ihre verwandten Berufe dargestellt. Wer sich in dieser Zeit als kultiviert bezeichnen wollte, musste die Astrologie beherrschen.

Die Renaissance (Beginn in Italien Mitte des 14 Jhd, in anderen Ländern später) brachte eine vollständige Belebung der griechisch-römischen Antike und ihrer Erkenntnisse. In seinem Streben nach Erkenntnis befreiten sich der Humanismus und die intellektuelle Elite langsam von allen religiösen Hemmnissen. Die Buchdruckerkunst sorgt für eine raschere Verbreitung neuen Gedankenguts und auch der astrologischen Lehren, die nicht länger nur wenigen Gelehrten vorbehalten waren. In der Renaissance berieten die Astrologen an allen Höfen Europas und auch im Vatikan. Die Astrologie wurde an den meisten (wichtigsten) Universitäten gelehrt und war für die Planung des Ackerbau und der Medizin unverzichtbar. Es gab allerdings auch schon heftige Attacken auf die Astrologie, die im Laufe der Zeit an Schärfe zunahmen. Johannes Kepler (1571 - 1639) erklärte "Zwanzig Jahre praktischen Studiums haben meinen rebellischen Verstand von der Wahrhaftigkeit der Astrologie überzeugt" Der zunehmende Austausch brachte auch altes esoterisches Wissen wieder hervor und die Gelehrten beschäftigten sich mit der Deutung der okkulten hermetischen (geheime Bedeutung) Schriften und Überlieferungen (Himmelsmagie, Kabbala). In Verbindung mit der Alchemie wurden die Astromagier zu höchsten Autoritäten. Der bekannteste ist sicherlich Michel de Notre Dame (Nostradamus).

Die Astrologie entwickelte zwei Richtungen: eine esoterische (gelehrte) und eine exoterisch-judizitäre (populäre). Es bildeten sich reguläre astrologische Zirkel und viele weltliche und geistliche Entscheidungen wurden nur nach Konsultation durch Astrologen gefällt. Mancher Feldherr zog nur in die Schlacht, wenn die Sterne günstig standen.

Die großen Astronomen Nikolaus Copernicus, Tycho Brahe, Johannes Kepler, der 1611 das astronomische Fernrohr erfand und Galileo Gallilei, die unser Weltbild bald wieder verändern sollten, waren auch alle Astrologen. Auf Kepler geht das heliozentrische Weltbild zurück, das allerdings auch schon in der Antike bekannt war.

Die Astrologie war Grundlage der medizinischen Praxis. Ihre Ursprünge gehen auf den Avicenna (Bagdad 980 - 1037) und Cardano (Italien 1501 - 1576) zurück, der letztere wollte eine Aristokratie des Wissens schaffen auf Basis der Astrologie, der Naturwissenschaften und der Technik. Der bekannteste medizinische Astrologe ist jedoch Paracelsus (1493 - 1541), der aus der Schweiz stammt und sich in Deutschland niederließ. Er behandelte nach dem Simileprinzip (Gesetz der Ähnlichkeit), das auch die Grundlage der Homöopathie ist. Auch in der Kunst spiegelte sich die Astrologie in vielfältigen Ausprägungen.

Wahrscheinlich ist der Niedergang der Astrologie in der Spätrenaissance wie im antiken Rom, auf ein Übermaß zurückzuführen. 1666 schloss Colbert bei der Gründung der Wissenschaften die Astrologie aus den offiziellen Disziplinen aus. Um die Jahrhundertwende wurden in mehreren europäischen Ländern astrologische Almanache und Tabellen und Ephemeriden verboten (1710 in Deutschland), die Astrologen wurden dadurch ihrer Werkzeuge beraubt.

Die Trennung von Mensch und Natur begann, die Natur konnte infolge der kartesianischen Lehren (René Descartes 1596 - 1650) durch deduktive Verstandesleistung erkannt und beherrscht werden. Nicht mehr die Natur beherrschte den Menschen, sondern der Mensch begann die Natur zu beherrschen. Das Zeitalter der Vernunft begann. Die Astrologie blieb im Wesentlichen geheimen Zirkeln und Vereinigungen (Rosenkreuzer, Illuminati, Freimaurer und andere Geheimbünde) vorbehalten. Einzig in England war die Veröffentlichung von Handbüchern und Ephemeriden nicht verboten. Hier wurde 1896 von W.F. Allen (Alan Leo) die erste astrologische Zeitschrift "Modern Astrology" gegründet. Zu Beginn des 20 Jhd. wurde die Astrologie (in England) stark von der Theosophie (H.P. Blavatsky) beeinflusst. Neu inspiriert gelangte die Astrologie über Frankreich wieder auf den Kontinent und findet seither stetige Verbreitung.

Seither haben sich verschiedenen astrologische Bewegungen oder Strömungen gebildet: die esoterische/spirituelle-, die wissenschaftliche-, die empirische/pragmatische-, die reformierte-, die symbolische/psychologische- und die mundane Astrologie um die wesentlichsten zu nennen.

Das materialistische Denken und das Kausalitätsprinzip haben den Menschen nicht zufrieden stellen können. Wenngleich die Welt der Objektivität (das Außen) durch die Wissenschaft erforscht und (vielleicht) beherrscht werden können, ist diese nicht in der Lage die Welt der Subjektivität zu erfassen und zu verstehen, das kann nur die Wissenschaft des Inneren, die in Asien entwickelt wurde und als Meditation bekannt ist. Einen gewissen Anteil kann auch die Astrologie als eine Lehre der Archetypen, psychischen Muster und ihrer Entwicklungsmöglichkeiten haben.

Die Astrologie (wenn auch nicht offiziell) ist wie Phönix aus der Asche wieder erstanden und ist bei weiten Schichten der Bevölkerung außerordentlich populär, was man auch an der Zahl der astrologischen Veröffentlichungen sehen kann. Bis zum heutigen Tag wird die Astrologie jedoch von den orthodoxen Wissenschaften als unwissenschaftlicher Quatsch und archaisches Überbleibsel abgetan. Bei unseren Recherchen konnte ein Autor das selbst erfahren: Im Berliner Planetarium wollte man ihm kein Datenmaterial zur Verfügung stellen, weil man nicht im Entferntesten mit einem so unwissenschaftlichen irrationalen Unfug in Verbindung gebracht werden wollte. Obwohl er wusste, dass die Astrologie von den (wissenschaftlichen) Astronomen abgelehnt wird, hatte er nicht mit einer so unwissenschaftlichen Reaktion gerechnet.

Die Sprache der Astrologie ist die der Analogie, des Gefühls und der Sinnenwelt, es ist eine musikalische Sprache, in der die Mythen die Partitur und die Symbole die Tonleiter bilden. Es ist daher auch nicht verwunderlich, dass Wissenschaft und Technik die Anziehungskraft der archetypischen Bilder nicht brechen konnten, der Mensch lebt eben nicht vom trockenen Verstand allein. Die einseitige Forcierung des Rationalismus seit der Aufklärung muss zwangsläufig zu einer entgegengesetzten Reaktion führen, wie wir sie in der Wiedergeburt der Astrologie und Esoterik seit etwa 20 Jahren erleben.

Für viele Menschen ist der symbolische intuitive Zugang zur vielfältigen Realität nicht einfach, den er wird ja nicht gelehrt, ja sogar tendenziell unterdrückt. Die Fülle pseudoastrologischer und -esoterischer Literatur und Kursen, die von einer platten Vereinfachung und purem oberflächlichen Interpretationen lebt, macht den Zugang nicht einfacher.

Die Astronomie

In den letzten 3 Jahrhunderten hat sich (im Zuge der Entwicklung der modernen Naturwissenschaften) die Astronomie von der Astrologie abgekoppelt und mit physikalisch-mathematischen Methoden und Modellen die kosmischen Vorgänge beschrieben.

Auch die Astronomie ist in einem steten Wandel begriffen. Die meisten Berufsastronomen unserer Zeit verbringen die Nächte nicht mehr (wie noch vor 20 Jahren) in einem Observatorium, sondern sitzen am Monitor ihres Computers, während das ferngesteuerte Teleskop automatisch das Zielobjekt einstellt, registriert und die Messdaten an den "Beobachter" übermittelt. Astronomie ist eine exakte Wissenschaft.

Astronomie kann ein spannendes Abenteuer sein, wenn Sie wie viele Hobbyastrologen den Nachhimmel beobachten.

Der Mond beispielsweise bietet sich ausgezeichnet als Anschauungsobjekt an: Er ist leicht aufzufinden (sofern er am Himmel steht) und mit einem Fernglas (noch besser Teleskop) erkennen Sie Krater und Mare. Mondkrater mit einigen Kilometern Durchmesser stehen, bei entsprechender Vergrößerung, plastisch vor Ihnen. Innerhalb einer Stunde können Sie anhand der Bewegung der Licht-Schattengrenze den Sonnenaufgang auf dem Mond verfolgen und sehen, wie der Gipfel eines Zentralberges im Inneren eines Kraters aus dem Schatten heraustritt.

Die Planeten bieten dem mit einem Teleskop ausgestatteten Beobachter einiges. Die Venus, als Morgen- oder Abendstern sichtbar, zeigt Phasengezeiten wie unser Mond; die Oberfläche bleibt uns allerdings unter einer dichten Wolkendecke verborgen. Das Stellungsspiel der vier um Jupiter kreisenden Galileischen Monde führt zu einer Vielzahl von beobachtbaren Ereignissen wie Vorübergängen vor Jupiter und Schattenwürfen auf der Jupiteratmosphäre. Mit etwas Glück können Sie Jupiters großen Roten Fleck, den größten Wirbelsturm im Sonnensystem, als ovale Struktur etwas südlich des Äquators des Planeten sehen. Jupiter rotiert in etwa 10 Stunden einmal um seine Achse, sodass der Anblick seiner Wolkenbänder schon nach einer Viertelstunde deutlich verändert ist. Saturn mit seinem Ringsystem in natura "live" im Teleskop zu sehen, hinterlässt einen nachhaltigen Eindruck. Je nach Stellung des Planeten blickt man in einem dreizehnjährigen Zyklus schräg auf den weit geöffneten Ring oder auf die Kante des Rings, der dann für einige Wochen unsichtbar ist.

Durch ein Teleskop erscheinen die Sterne wegen ihrer enormen Entfernungen immer nur punktförmig. Bei zu hoher Vergrößerung wirken die Sterne und Planeten flau und unscharf.

Der nächste aller Sterne ist unsere Sonne. Aber Vorsicht: Unter keinen Umständen dürfen Sie ungeschützt in die Sonne schauen! Sie sollten im Optikfachhandel nach einem geeigneten Filter fragen, der auf die Eintrittsöffnung des Teleskops gesetzt wird.

Aber auch ohne Teleskop, nur mit dem bloßen Auge oder mit einem kleinen Fernglas ausgestattet, können Sie erste Beobachtungen des Sternenhimmels durchführen. An Tagen ohne Mondlicht oder nach Monduntergang treten mit fortschreitender Dämmerung die helleren Sterne und Planeten hervor. Mit einer drehbaren Sternkarte ausgerüstet, können Sie die wichtigsten Sternbilder identifizieren. Wie viele Sterne Sie sehen, hängt davon ab, wo Sie Ihre Beobachtungen durchführen. Die Großstadt mit ihrem hellen Nachthimmel und eingeschränkter Sicht verbirgt den Blick auf die wirklichen Schönheiten des nächtlichen Himmels. In den Bergen oder am Meer weitab der erleuchteten Städte können Sie in klarer Luft den Sternenhimmel mit dem Band der Milchstraße beobachten.

In einsamen Regionen wie die Atacamawüste in Chile oder das Hochland von Namibia fernab der Lichter von Ortschaften ist dort der Himmel (fast) absolut dunkel, dort können Sie fast ständig Sternschnuppen sehen. In kristallklarer Nacht dehnt sich die Milchstraße mit dem gesammelten Licht von 100 Milliarden Sternen im Juli als hell leuchtendes Band von Horizont zu Horizont über den Himmel. Sie gewinnen den Eindruck, als schauten Sie von weit außerhalb auf den Rand der Milchstraßenscheibe. Nach etwa einer halben Stunde Anpassung des Auges an die Dunkelheit reicht das Licht der Milchstraße sogar aus, sich auch ohne Taschenlampe zurechtzufinden!

Eine Nacht unter funkelnden Sternen hat auch immer etwas Spirituelles. Sie verstärkt das Gefühl der Einheit mit der Natur und man hat abseits vom Tagesgeschehen endlich die Muße, "die Seele baumeln zu lassen".

Der Sternenhimmel und die Himmelskörper

Sterne und Planeten

In allen Hochkulturen (Ägypten, Mittelamerika, China, Vorderasien) wurden seit Menschengedenken der jährliche Lauf der Gestirne aufgezeichnet und zur Planung benutzt. Sirius, im alten Ägypten der Isis-Stern, kündigte mit seinem ersten Auftauchen zur Sommersonnenwende die nahende Überschwemmung des Niltals an. In der arabischen Welt leitet auch heute noch die erste Sichtung des zunehmenden Mondes des 9. Monats des islamischen Mondjahres den Fastenmonat Ramadan ein, das christliche Osterfest findet immer am Sonntag nach dem ersten Frühlingsvollmond statt. Seefahrer, die Satelliten zur Navigation benutzen, lernen, im Notfall die Sonne mit einem Sextanten zu peilen und mit Hilfe der Sterne zu navigieren.

Wenn Sie ein Planetarium besuchen, lernen Sie die Planeten von den Sternen zu unterscheiden.

- Sterne sind Sonnen, heiße Himmelskörper wie unser eigenes Zentralgestirn. Sie erzeugen Energie durch Kernfusion und sind deshalb selbstleuchtend.

- Planeten (wie Mond, Venus, u.a.) reflektieren (wie ein Spiegel) das Licht der Sonne und leuchten deshalb.

Die Sterne (Fernsonnen) sind wegen ihrer ungeheuren Entfernung nur als kleine, schwache Lichtpünktchen sichtbar. Man kann sie auch nur am Nachthimmel sehen, am Tag werden sie von dem Licht unserer Sonne überstrahlt.

Orientierung am Sternenhimmel

Es gibt einen Stern, der von jedem Ort auf der nördlichen Erdhalbkugel aus jederzeit die Nordrichtung weist: der Polarstern (Polaris) steht nur 1° vom Himmelsnordpol entfernt. Der Himmelsnordpol ist die Stelle am Himmel, an der die gedachte Verlängerung der Erdachse die Himmelssphäre berührt. Zum Auffinden des Polarsterns suchen Sie sich am besten einen Platz mit freiem Blick nach Norden. Wenn Sie sich (mit einem Kompass) nach Norden ausgerichtet haben, finden Sie den Polarstern in Deutschland ca. auf halber Höhe zwischen Horizont und Zenit. Ganz genau ist die Position (in Grad) des Polarstern so hoch am Himmel, wie die geografische Breite Ihres Beobachtungsortes angibt. Sind Sie z. B. auf der Breite von Frankfurt (50° nördliche Breite), so steht der Polarstern 50° hoch über dem Nordhorizont. Er ist leicht zu identifizieren, denn er ist der einzige helle Stern in dieser Richtung.

Wenn Sie den Polarstern gefunden haben, können Sie leicht das Sternbild des Großen Wagen finden. Der Große Wagen ändert seine abendliche Position in den vier Jahreszeiten. Sie können auch mit Hilfe des Großen Wagen den Polarstern lokalisieren indem Sie die Strecke der hinteren beiden Kastensterne (des Großen Wagens) und etwa 5 x verlängern.

Auf der Südhalbkugel gibt es in der Nähe des Himmelssüdpols keinen annähernd so hellen Stern wie den Polarstern.

Sternbilder und Sternnamen

Ein Sternbild ist eine bildhafte, figürliche Anordnung von Sternen. Die Götter- und Heldengestalten der griechischen und römischen Mythologien sind die Namensgeber für die Sternbilder des nördlichen Himmels.

Zum Beispiel der Himmelsjäger Orion, der (der Sage nach) durch ein tragisches Versehen ums Leben kam: Seine Geliebte, die Jagdgöttin Artemis, tötete ihn mit einem Pfeil. Da Orion ein Sterblicher war, konnte ihn auch Göttervater Zeus nicht wieder zum Leben erwecken. Zum Ausgleich wurde Orion (mit seinen Hunden) am Himmel verewigt.

Die helleren Sterne eines Sternbilds haben traditionell überwiegend arabische Namen. Zum Beispiel der Name des Hauptsterns im Großen Bären, Dubhe, von Thar al Dubb al Akbarab, was (arab.) so viel wie "der Rücken des Großen Bären" bedeutet. Die heute gebräuchlichen Bezeichnungen der helleren Sterne mit griechischen und lateinischen Buchstaben wurde von Johann Bayer (1572-1625) eingeführt. Der hellste Stern eines Sternbildes erhielt in der Regel den griechischen Buchstaben ((Alpha), der zweithellste ((Beta) usw.

Die Grenzen und Namen der Sternbilder wurden 1933 von der Internationalen Astronomischen Union (IAU) neu festgelegt. Der Himmel ist seitdem in 88 Sternbilder von Sternbild Nr. 1 Andromeda (Abk. And) bis Nr. 88 Vulpecula (Abk. Vul) aufgeteilt. Die den meisten bekannte Sternenkonstellation, der Große Wagen ist Teil des Sternbildes Großer Bär, lat. Ursa maior (Abk. UMa).

Die Helligkeit der Sterne geben Astronomen als Magnitude (Abk. 1 mag. oder 1 m = Größe, Größenklasse) an. Es geht hierbei nicht um die räumliche Ausdehnung eines Sterns, sondern um den Wert seiner Helligkeit, wie er von der Erde aus gesehen wird. Ein Stern 1. Größenklasse oder 1. Größe ist 2,5 x heller als ein Stern 2. Größe, der wiederum 2,5 x heller als ein Stern 3. Größe, usw.

Sterne sind danach umso heller, je kleiner der Zahlenwert ihrer Helligkeit ist, der sogar Minuswerte annehmen kann. Die Sonne ist mit -26m das hellste Objekt am Himmel, der Vollmond folgt an zweiter Stelle mit rund -13m, Venus erreicht als hellster Planet -4,5m, Sirius als hellster Stern -1,4m und der Stern Wega ist 0m hell. Ein Stern mit einer +6m

Helligkeit kann gerade noch mit dem bloßen Auge erkannt werden, die größten Teleskope erreichen lichtschwache Sterne bis ca. +28m.

Die klassische Astrologie arbeitete auch mit Fixsternen. Fixsterne sind Sonnen. Es sind die Sterne, die wir außer den Wandlern des Nachts am Firmament leuchten sehen. Da diese Sonnen jedoch außerhalb unseres Sonnensystems stehen, auf dem die abendländische Astrologie aufgebaut ist, bezeichnen wir sie als Fernsonnen.

Da unsere Sonne eine spürbare, messbare Wirkung hat, waren es die Griechen und im ganz besonderen Maße die arabischen Astrologen, die die Fernsonnen in die Astrologie eingeführt und mit ihnen gearbeitet haben. Die Fixsterne sind von der Länge her (auf unseren Tierkreis bezogen) messbar. Sie stehen zum Teil in den Sternbildern, die unseren Tierkreisabschnitten ihre Namen liehen. Durch die Präzession jedoch verschoben sich die Sternbilder, alle 72 Jahre um rund ein Jahr. Das bedeutet in der Praxis, dass sich in rund 2000 Jahren jedes Sternbild um 30 Grad verschiebt. Die Präzession ist die Bewegung der Erdachse in zirka 25800 Jahren um den Pol der Ekliptik. Sie wird auch Platonisches Jahr genannt und ist eine Folge der Gravitationswirkung von Sonne und Mond auf den massereichen Äquatorwulst der Erde, die versucht, die Erdachse senkrecht zur Ekliptik zu stellen. Wichtig ist nur, dass so begriffen wird, warum der Zwillingsstern Pollux heute zum Beispiel im Zeichen Krebs steht. Zur Zeit der alten Griechen deckten sich nämlich Sternbild und Tierkreisabschnitt in etwa.

Die Fixsterne

Die Fixsterne werden von Planeten umkreist. Man schließt das daraus, weil manche dieser Fernsonnen mal wie ein Stern zweiter, mal wie ein Stern vierter Größe leuchtet, was besonders bei Algol zu sehen ist, da sich scheinbar ein Planet (der jeweiligen Fernsonne) zwischen Erde und Algol schiebt.

Nun wurden seit altersher nicht alle Sterne als Fernsonnen in die Horoskopdeutung einbezogen, sondern nur die "Stellae fixae", die sich auf der gleichen Ebene wie unsere Planeten befinden. So hielt es Ptolemäus, der zirka vom Jahr 90 bis zum Jahr 160 in Alexandria lebte und dort das erste, heute noch vollständig überlieferte Astrologielehrbuch verfasste, so hielten es die arabischen Astrologen, die den meisten Fixsternen ihre noch heute gültigen Namen gaben.

Auch der berühmte Astronom und Astrologe Tycho de Brahe (geboren 1546 in Dänemark, gestorben 1601 in Prag), bei dem Kepler als Assistent arbeitete, beobachtete die Fixsterne in Bezug auf ihre Wirkung im Horoskop und kam zu einem Ergebnis, das heute (in der streng klassischen Astrologie) noch gilt: "Diese Sterne sind Mittler, die allein unfruchtbar blieben, aber durch Planetenkonjunktionen befruchtet Schicksal gebären würden."

So werden diese Fixsterne also nur dann in die Deutung einbezogen, wenn sie eine Konjunktion (siehe Aspekte) mit einem Planeten oder einem rechnerischen Punkt aufweisen, wobei der Orbis (siehe Aspekte) nicht größer als ein halbes Grad zurück und ein Grad vorwärts betragen darf.

Fernsonnen dürften heute kaum mehr für eine Charakteranalyse hinzugezogen werden, sie sollen eher ungewöhnliche Ereignisse anzeigen (etwa die Katastrophe von Tschernobyl) oder auf herausragende Lebensläufe hinweisen, die allein aus dem Grundhoroskop nicht erkennbar sein sollen. Auch erhalten die Fernsonnen durch ihre Stellung in den Tierkreiszeichen keine Färbung, sie werden nur von der Länge her in Bezug auf den Tierkreis (siehe dort) bemessen.

Für die Deutung der Fernsonnen wurde auf das Grundprinzip der Planeten unseres Sonnensystems zurückgegriffen, wobei sich für die einzelnen Fernsonnen meist Planetenmischungen ergaben, so als würden Planeten zusammenstehen - etwa Mars und Saturn, oder Jupiter und Merkur etc.

Hinweise zur "möglichen" Bedeutung der Fernsonnen, wobei die Gradangaben auf den Tierkreis bezogen leicht schwanken können (einen halben Grad oder 30 Bogenminuten):

Algenib heute bei zirka 09°, Widder: (im Sternbild Pegasus)
- Charakteristik: Mischung von Merkur und Mars. Ellenbogenkraft, starker Ehrgeiz mit handelnder Durchsetzungskraft

El Nath heute bei zirka 07°, Stier:
- El Nath bedeutet der Stoßende (im Sternbild der Kassiopeia). Charakteristik: Mischung von Mars und Saturn. Starke Stoßkraft mit Übermut, Gefahr, aus einer Höhe abzustürzen

Algol heute bei zirka 26°, Stier:
- Das Haupt der Medusa. Charakteristik: Mischung von Mars und Saturn. Besondere Kraft, Hang zu Gewalttätigkeit, sowie Gefahr des Rausches (Sucht oder Alkohol

Alkyone heute bei zirka 29°, Stier - 00°, Zwillinge:
- Hauptstern der Plejaden. Charakteristik: Mischung von Mars und Mond. Verdunklung der inneren Sicht (innere Blindheit). Einäugige Betrachtungsweise

Die Hyaden heute bei 04 - 06°, Zwillinge:
- Hier handelt es sich um einen Sternhaufen. Charakteristik: Mischung von Mars und Neptun. Die Regensterne. Schleichende Gefährlichkeit, Intrigenanfälligkeit oder -veranlagung

Sirius heute bei 14°, Krebs:
- Der Hundsstern (Sternbild des großen Hundes). Charakteristik: Mischung von Mars und Venus und Jupiter. Soll Berühmtheit anzeigen, Ausstrahlungskraft, die auf Kampfesmut beruht

Pollux heute bei 23°, Krebs zusammen mit Castor (Sternbild der Zwillinge):
- Charakteristik: Potenzierte Marswirkung. Zeigt Anfangserfolge, dann schweres Schicksal an, zu überwindendes Leid

Procyon heute bei 26°, Krebs:
- Charakteristik: Mischung von Mars und Merkur und Uranus. Jäher Wechsel und Umsturz, auch Attentat oder gewalttätiger Verrat, einst sprach man gar von einem hündischen Charakter, womit der innere Schweinehund im Menschen gemeint war. Werden die Gegenkräfte überwunden, kommt es zu Erfolg und Ruhm

Eselssterne heute bei 06 - 08°, Löwe:
- (Ein Sternhaufen im Sternbild Krebs). Charakteristik: Mischung von Sonne und Mond. Sinnenfreude, der rechte Blick, er gutes Ankommen.

Alphard heute bei 27°, Löwe:
- Auch El Pherd, der Einsame genannt (Sternbild der Hydra). Charakteristik: Mischung von Saturn und Venus. Für Männer: Es ist mit Schäden von Frauen zu rechnen. Für Frauen: Männerbetörende Ausstrahlung und Wirkung

Regulus heute bei 29°, Löwe - 00°, Jungfrau:
- (Sternbild des Löwen, auch als Herz des Löwen bezeichnet). Charakteristik: Mischung von Jupiter und Mars. Berühmtheit, Anerkennung, erkämpfter Erfolg, Würde

Benetnasch heute bei 26°, Jungfrau:
- Auch als Klageweib der Araber verschrien. Charakteristik: Mischung von Mond und Uranus. Seelische Einbrüche und Leiden, revoltierende Seele (Wird kaum sehr stark bewertet, doch rückblickend scheinbar bei Historien-Horoskopen recht entscheidend).

Spica heute bei 23°, Waage:
- (Hauptstern des Sternbildes Jungfrau). Charakteristik: Mischung von Mars und Venus. Erotik und Sinnlichkeit, aber auch Reichtum und Glück durch Frauen nach Überwindung mancher Leidstufen

Wega heute bei 15°, Steinbock:
- (Sternbild der Leier). Charakteristik: Mischung von Sonne und Venus. Ein Glückssymbol der Alten, wenn auch Skandale und Affairen möglich sind. (Heute könnte man von Pressekampagnen über bekannte Persönlichkeiten sprechen)

Atair heute bei 01°, Wassermann (Sternbild Adler):
- Charakteristik: Mischung von Uranus und Jupiter. Tapferkeit und Mut, Erneuerungen, Symbol für schnelle Entscheidungen in Krisensituationen

Deneb heute bei 05°, Fische

- (Sternbild Schwan). Charakteristik: Mischung von Saturn und Uranus. Gefahr durch Zwielichtigkeit, Eintreten für neue Wege, auch wenn dadurch Schwierigkeiten in Kauf genommen werden müssen

Markab heute bei 23°, Fische

- Charakteristik: Mischung von Neptun und Pluto (früher Mars und Saturn). Gefahr durch Gewalt, Feuer, aber auch Hinterlistigkeit, fehlgeleiteter Instinkt, Machttraum

Es werden teilweise noch andere Fernsonnen mit in die Deutung einbezogen wie Rigel, Aldebaran, Antares oder Kapella.

Weit über 5000 Fernsonnen (Fixsterne) sind mit dem bloßen Auge sichtbar. Je besser die Fernrohre werden, umso mehr Fixsterne sind erkennbar. Die moderne Astrologie verwendet die Fernsonnen in der Regel nicht mehr, sie werden nur hier der Vollständigkeit halber aufgeführt. Zur (eigentlichen) klassischen Astrologie gehören sie dazu. Sie dienen (dort) ausschließlich zur Feinabstimmung der Interpretation.

Sternbilder der Jahreszeiten

Ein markantes Frühlingssternbild ist der Löwe mit seinem Hauptstern Regulus. Das sog. Sommerdreieck prägt den Himmel zur Jahresmitte. Die Hauptsterne Deneb (D), Wega (W) und Atair (A) der Sternbilder Schwan, Leier und Adler bilden die Ecken des Dreiecks. Mitten durch das Sternbild Schwan verläuft das milchige Band der Sommer-Milchstraße. Im Herbst weist das mächtige Quadrat des Pegasus mit der sich anschließenden Sternkette der Andromeda auf die berühmte Andromeda-Galaxie hin. Der Winterhimmel wird von dem mächtigen Himmelsjäger Orion dominiert.

Die Planeten als Wandelsterne

Bei der Identifizierung der Sternbilder kann es schon einmal geschehen, dass ein "Stern" zu viel da ist. Meist ist er auch der jeweils hellste "Stern" in einem Sternbild und fällt sofort auf - auch dadurch, dass er im Vergleich zu den Sternen weniger flimmert. Während die Sterne eines Sternbildes ihre Positionen zueinander stets beibehalten, wandern die Planeten, die ja um die Sonne kreisen, am Himmel von einem Tierkreissternbild zum anderen. Venus, die näher zur Sonne steht als Erde und Mars ist nur als Abend- oder Morgenstern sichtbar

Meteoriten und Kometen

Die Erde stößt auf ihrer Bahn um die Sonne ständig mit Staub und kleineren Gesteinspartikeln zusammen, die bei ihrem Eintritt in die Erdatmosphäre als Meteoriten (Sternschnuppen) verglühen. Vergl'üht der Brocken nicht restlos und erreicht ein Bruchstück die Erdoberfläche, bezeichnet man den Findling als Meteorit.

Der bislang letzte größere Einschlag auf einem Planeten fand auf dem Jupiter statt. Mehr als 20 kilometergroße Fragmente des Kometen Shoemaker-Levy 9 traten zwischen dem 16. und 22. Juli 1994 in die Jupiteratmosphäre ein und erzeugten gigantische, bis zu erdgroße Feuerbälle, die mit Großteleskopen im Infrarotlicht fotografiert wurden. Die "Rußwolken" waren noch Wochen danach sogar in kleinen Teleskopen sichtbar. Ein derartiges Kometenbombardement hätte auf der Erde verheerende Auswirkungen gehabt: Das Aussterben der Dinosaurier vor 65 Millionen Jahren wird auf einen Meteoriteneinschlag zurückgeführt.

Weit außerhalb der Plutobahn, 3000 km bis 10500 km von der Sonne entfernt, wird ein gigantisches Reservoir an Gesteins- und Erdbrocken vermutet, aus dem durch Bahnstörungen vereinzelt Körper von Zeit zu Zeit in die Nähe der Sonne gelungen und als Kometen ihre Bahn ziehen. Manche kehren periodisch wieder, wie der Halleysche Komet alle 76 Jahre (nächste Erscheinung im Jahr 2061), andere hingegen verschwinden auf Nimmerwiedersehen.

Das Sonnensystem

Die Dimensionen des sichtbaren Universums sind für menschliche Begriffe fast unvorstellbare Weiten. Die Sonne, unser Zentralgestirn ist ca. 1,4 Millionen Kilometer groß, die Entfernung zur Erde 150 Milliarden km. Sie ist ein durchschnittlicher, kleinerer Stern unter 100 Milliarden in unserer Milchstraße. Vor rund 4,6 Milliarden Jahren entstanden die Sonne und ihre Planeten aus einer sich kondensierenden Scheibe aus Gas und Staub. Vielleicht war die Schockwelle einer nahen Supernova-Explosion der entscheidende Auslöser. Im Zentrum der Scheibe verdichtete sich das Wasserstoffgas unter Einwirkung der Gravitation so stark, dass die nötige Temperatur von ca. 15 Millionen Grad zur Zündung der Kernfusion erreicht wurde. Seither durchlebt die Sonne unterschiedliche Leuchtphasen, wie sie auch andere Sternen durchlaufen. Sie verbrennt jede Sekunde rund 4 Millionen Tonnen Wasserstoff zu Helium und setzt dabei Energie frei, die wir zum Teil als Licht sehen und als Wärme auf unserer Haut direkt spüren können. Ihre sichtbare "Oberfläche", die 6000°C heiße Fotosphäre, ist in einem elfjährigen Zyklus mit besonders vielen "Flecken" übersät. Dies sind keine wirklichen Flecken, sondern nur um rund 1300°C kühlere Gebiete, die im Kontrast zur Umgebung dunkel erscheinen.

Der innerste um unsere Sonne kreisende Planet ist Merkur. Der Durchmesser ist 4878 km, seine Entfernung zur Sonne ist 57,9 Mio km, sein Sonnenumlauf dauert 0,240 Erdjahre. Die Oberfläche Merkurs gleicht der unseres Erdmondes: Eine kraterübersäte Welt ohne Atmosphäre, auf der es tagsüber +467°C heiß und nachts -183°C kalt ist.

Der Schwesterplanet der Erde ist die Venus, sie kreist 108 Mio km von der Sonne entfernt. Der Durchmesser ist 12110 km, ihr Sonnenumlauf dauert 0,615 Erdjahre. Ihre Atmosphäre entspricht einem gigantischen Treibhaus. Ihre im sichtbaren Licht undurchdringlich dichte Atmosphäre besteht überwiegend aus dem Treibhausgas Kohlendioxid. Obwohl nur rund 24 % des Sonnenlichts die Wolkendecke durchdringen, sorgt der Treibhauseffekt für eine Temperatur von über 400°C! Im irdischen Kalkstein ist, wie Geologen fanden, die gleiche Menge Kohlendioxid gebunden wie sie die Venusatmosphäre enthält.

Der Mond und die Erde kreisen ca. 150 m von der Sonne entfernt. Die Kraterlandschaft des Mondes deutet auf zahlreiche meteoritische Einschläge aus der Frühzeit des Sonnensystems hin, als er etwa gleichzeitig mit der Erde entstand.

Der Rote Planet Mars hat einen Durchmesser von 6788 km, seine Entfernung zur Sonne beträgt 227,9 Mio km. Sein Sonnenumlauf dauert 1,880 Erdjahre, er hat 2 Monde. Immer wieder versuchen Forscher Spuren für zumindest niedere Lebensformen nachzuweisen. Die biochemischen Untersuchungen der gelandeten Sonden Viking I und II im Jahre 1976 blieben ohne Erfolg. Vor kurzem wurden jedoch Spuren von Wasser gefunden. Mars besitzt eine nur sehr dünne, kohlendioxidhaltige Atmosphäre, die nicht viel Wärme speichern kann. Die Tageshöchsttemperaturen am Mars-Äquator erreichen +26°C, nachts wird es - 111°C kalt. Die Nordpolkappe besteht aus Wassereis, die Südpolkappe hingegen aus Kohlendioxideis. Auf dem Mars gibt es die höchste Erhebung im Sonnensystem: Der erloschene Vulkan Olympus Mons erhebt sich bis 26 000 m über Normalnull. Kleinere Grabensysteme und ausgedehnte Canyons zerfurchen den Planeten und lassen vermuten, dass in früheren Zeiten Wasser die Landschaft geprägt haben könnte.

Die Planeten Merkur, Venus, Erde und Mars sind sich in Zusammensetzung und Größe recht ähnlich, weshalb man von den erdähnlichen Planeten spricht.

Zwischen der Mars- und Jupiterbahn stößt man nun auf den Asteroidengürtel, der Tausende von Gesteinsbrocken enthält, die man auch die Kleinen Planeten nennt. Mit rund 1000 km Durchmesser ist Nr. 1 Ceres der Größte der Kleinen. Man nimmt an, dass die Anziehungskräfte des benachbarten Riesenplaneten Jupiter die Bildung eines einzelnen großen Planeten in dieser Zone verhindert haben. Auf ihrem Weg zum Jupiter begegnete die Raumsonde Galileo im August 1993 dem Kleinen Planeten Nr. 243 Ida und schoss erste scharfe Bilder des 23 x 58 km großen, unregelmäßig geformten Gesteinsbrocken, der sogar von einem kleinen Mond umkreist wird!

Jupiter ist der größte Planet des Sonnensystems und der erste in der Reihe der jupiterähnlichen Gasplaneten. Seine Umlaufzeit beträgt 11,869 Erdjahre. Er misst 142800 km im Durchmesser und umkreist die Sonnen in 778,4 Mio km Entfernung. Er unterscheidet sich grundlegend von den erdähnlichen Planeten. Seine Atmosphäre, die ähnlich wie die der Sonne aus Wasserstoff und Helium zusammengesetzt ist, geht in tieferen Schichten in einen flüssigen Ozean über, der auf einem kristallinen Kern schwimmt. 1666 wurde der Große Rote Fleck auf Jupiter, zurzeit rund 11 000 km x 24 000 km ausgedehnt, das erste Mal beobachtet, es ist eine Art Wirbelsturm.

Saturn, der "Herr der Ringe", ist mit 120000 km Durchmesser und 1492,2 Mio km Entfernung von der Sonne der zweitgrößte und faszinierendste Planet. Seine Umlaufzeit entspricht 29,628Erdjahren, er wird von 7 Monden umkreist. Um 1610 hat Galileo Galilei den Ring des Saturn bei seinen frühen Beobachtungen gesehen, seine wahre Gestalt aber nicht erkannt. Er beschrieb Saturn als einen Dreifachplaneten. Christiaan Huygens erkannte 1656 als erster die Ringstruktur. Die Mission der Raumsonde Voyager 1 brachte 1980 die genaue Kenntnis des Ringsystems, das aus Tausende von Einzelringen besteht. Die Ringe bestehen aus Eis- und Gesteinsbrocken bis zu einer Größe von etwa 10 m. Bei seiner enormen Ausdehnung von 142 000 km ist das Ringsystem aber nur 400 m dick.

Uranus ist der erste Planet, der mit Hilfe eines Teleskops entdeckt wurde. Der aus Deutschland stammende und nach England übergesiedelte Astronom Friedrich Wilhelm Herschel entdeckte ihn am 13.3.1781 während seiner systematischen Himmelserforschung. Uranus wurde deswegen früher (hauptsächlich in der englischsprachigen Welt) auch Herschel genannt. Er erscheint als winziges, blaugrün schimmernde Planetenscheibchen, dessen Färbung auf Methan in seiner Atmosphäre zurückzuführen ist. Uranus ist 51200 km groß und 2878,1 Mio km von der Sonne entfernt. Er hat 15 Monde. Man nimmt an, dass auf einem erdgroßen Gesteinskern ein Ozean aus überhitztem Wasser schwimmt, über dem sich eine Atmosphäre aus Wasserstoff, Helium, Methan und Ammoniak gebildet hat.

Neptun wurde schon 1613 von Galilei gesehen, aber nicht als Planet erkannt. Entdeckt wurde er am 23.9.1846 von Gottfried Galle in Berlin. Der 49500 km große Planet ist 4509 Mio km von der Sonne entfernt, er hat ein Ringsystem wie die anderen Riesenplaneten auch, das aber nur mit größten Teleskopen von der Erde aus sichtbar ist. Die Umlaufzeit von Neptun um die Sonnen beträgt 165,49 Erdjahre und er wird von 8 Monden umkreist. Über Neptun weiß man nicht sehr viel, vermutet aber, dass sich um einen Gesteinskern ein Eismantel schließt, über dem eine Atmosphäre aus Wasserstoff, Helium und Methan liegt. Die Raumsonde Voyager 2 funkte im August 1989 spektakuläre Fotos zur Erde. Überrascht wurden die Wissenschaftler von der Existenz eines Wirbelsturms, dem Großen Dunklen Fleck, vergleichbar dem GRF (Großer roter Fleck) auf Jupiter.

Der Planet Pluto, 2400 km groß und 5900,14 Mio km von der Sonne entfernt, ist der 9. und letzte bekannte große Planet in unserem Sonnensystem. Er wurde von Clyde Tombaugh am 18.2.1930 nach zehnmonatiger systematischer Suche am Lowell-Observatorium in Flagstaff, Arizona entdeckt. Pluto wird von seinem halb so großen Mond Charon (Chiron) umkreist, der erst im Juni 1978 (andere Quellen sprechen von 1977) entdeckt wurde. Seine Sonnenumlaufzeit beträgt 251,86 Jahre. Die eisige Welt des Pluto besteht wahrscheinlich aus einem Silikatkern, dessen Oberfläche mit Methaneis bedeckt ist. Er ist als einziger Planet noch nicht von einer Raumsonde erkundet worden; die bislang besten Bilder lieferte das Weltraumteleskop Hubble.

Die Milchstraße, unsere Heimatgalaxie

Alle Sterne des nächtlichen Himmels gehören zu einem spiralförmigen System von Sternen, Sternhaufen und Nebeln, das Milchstraße (Galaxis) genannt wird. Das Sonnensystem befindet sich im äußeren Drittel (zwischen Mitte und Rand) dieser abgeflachten Scheibe. In galaktischen Dimensionen gedacht, ist die Ausdehnung unseres Planetensystems, das Teil der Milchstraße ist, winzig klein. Die unermesslichen Entfernungen im Weltraum werden von den Astronomen in Lichtjahren gemessen. Ein Lichtjahr ist die Strecke, die das Licht in einem Jahr mit Lichtgeschwindigkeit zurücklegt: (unvorstellbare) 9500 Milliarden Kilometer. Die enormen Distanzen im Universum werden am Beispiel der nächsten Nachbarsonne deutlich: Der Stern Proxima im Sternbild Centaurus ist 4,3 Lichtjahre entfernt, das ist 63 240 x der Abstand zwischen Erde und Sonne. Unsere Milchstraße mit ihren 100 Milliarden Sternen misst von Rand zu Rand rund 100 000 Lichtjahre!

Die rot leuchtenden Wasserstoffgasnebel in den Spiralarmen unserer Milchstraße sind die Wiegen der Sterne. Unter dem Einfluss der Schwerkraft verdichtet sich das Wasserstoffgas, die Kernfusion zündet und übernimmt die Energieproduktion im Protostern. Dabei entstehen meistens mehrere Sterne, die dann einen offenen Sternhaufen bilden.

Sternen- und Menschenleben ähneln sich in einer Hinsicht: Die dünnen, hageren, auf Sparflamme lebenden Typen leben am längsten. Auf die Sterne übertragen bedeutet das, dass ein kleiner Stern wie unsere Sonne rund 10 Milliarden Jahre "in Ruhe" Energie produziert, bevor der Wasserstoffvorrat verbraucht ist und er stirbt: In seiner instabilen letzten Lebensphase bläht er sich zum Roten Riesenstern auf und stößt einen Teil seiner Gashülle ab, die als Planetarischer Nebel einige zehntausend Jahre lang weiterleuchtet. Zurück bleibt ein kompakter Weißer Zwergstern.

Spektakulär endet ein Sternenleben, wenn der Stern mehr als 8 mal so "schwer" wie die Sonne ist. Nach einigen hundert Millionen Jahren wird im Kern nicht mehr genügend Energie produziert, um dem "Gewicht" der äußeren Hülle standzuhalten: Er kollabiert zu einem dichten Neutronenstern und stößt in einer gigantischen Explosion Materie ab. Dabei leuchtet er für Tage oder Wochen als helle Supernova am Sternenhimmel auf. Die von den Chinesen aufgezeichnete Supernova des Jahres 1054 hat den heute sichtbaren Krebsnebel M 1 hervorgebracht, dessen zentraler Neutronenstern sich in einer Sekunde 30 x um die eigene Achse dreht und als Pulsar ein charakteristisches Leuchtfeuer abgibt.

Es kann noch dramatischer kommen: Überschreitet der Neutronenstern die Grenze von *3,2 Sonnenmassen*, ist seine Anziehungskraft so hoch, dass ihn noch nicht einmal ein

Lichtstrahl verlassen kann: Ein Schwarzes Loch ist geboren. Da es von Natur aus unsichtbar ist, kann nur die Wirkung seiner Schwerkraft auf die umgebende Materie seine Existenz nachweisen. Auf Grund seiner enormen Schwerkraft zieht das Schwarze Loch Materie an, die mit hoher Geschwindigkeit spiralförmig auf das Zentrum zuströmt. Dabei erhitzt sich die Materie und ist als leuchtende Scheibe um das Schwarze Loch sichtbar. Im Jahre 1994 wurde durch das Weltraumteleskop Hubble im Zentrum der elliptischen Riesengalaxie M87 die um ein Schwarzes Loch rasch rotierende heiße Gasscheibe entdeckt, die Materie ansammelt.

Galaxien, Inseln im Universum

Alle Galaxien sind ähnlich aufgebaut wie unsere eigene Galaxie, die Milchstraße. Sie enthalten Sterne, Sternhaufen und Gasnebel. In klarer, dunkler Nacht sieht man die 2 Millionen Lichtjahre entfernte Andromeda-Galaxie als nebeliges Fleckchen am nördlichen Sternenhimmel schon mit dem bloßen Auge. Die meisten Galaxien, wie M 83 im Sternbild Wasserschlange, können auf Grund ihrer großen Entfernung zur Erde aber nur mit Hilfe von Teleskopen gesehen werden.

Blickt man tiefer in den Weltraum, so fällt eine Tendenz zur Haufenbildung auf. Über 30 Galaxien bilden einen Galaxienhaufen, die Lokale Gruppe, in der unsere eigene Milchstraße nach dem Andromedanebel die zweitgrößte ist. Die lokale Gruppe bildet ihrerseits u.a. zusammen mit dem größeren Virgo-Galaxienhaufen (Entfernung 70 Millionen Lichtjahre) und dem mehr als 1000 Galaxien enthaltenden Coma-Galaxienhaufen (Entfernung 350 Millionen Lichtjahre) den lokalen Superhaufen. Ob es noch größere Ansammlungen gibt, muss noch erforscht werden.

Vom Anfang der Welt

Der Blick in die Tiefen des Universums führt den Betrachter zurück in längst vergangene Zeiten. Das Licht, das wir heute von der relativ nahen Andromeda-Galaxie auffangen, wurde zu einer Zeit ausgesandt, als sich die Vorfahren des Homo Sapiens entwickelten. Mit immer größeren Teleskopen (quasi gigantischen Zeitmaschinen), versuchen wir, in unsere Vergangenheit zu schauen, als sich die Materie gerade erst zu formen begann.

Die gegenwärtigen Erkenntnisse kosmologischer Forschung liefern starke Indizien dafür, dass das Universum vor 10 bis 20 Milliarden Jahren in einem Urknall (Big Bang) entstand. Raum und Zeit, zusammengepresst in einer unvorstellbar heißen und winzig kleinen (erbsengroßen) Blase, in der Materie und Strahlung eine ununterscheidbare Einheit bildeten, dehnen sich seitdem kontinuierlich aus.

Das stärkste Indiz für den Urknall ist die kosmische Hintergrundstrahlung, die 1964 zufällig entdeckt wurde. Sie besteht aus einem in allen Richtungen gleichmäßiges Rauschen. Die gefundene Mikrowellenstrahlung wurde als die bereits theoretisch vorhergesagte Reststrahlung des Urknalls identifiziert.

Die zukünftige Entwicklung des Universums hängt nach gegenwärtiger Vorstellung davon ab, wie viel "Dunkle Materie" vorhanden ist. Bestimmt man die Gesamtmenge der im Universum bekannten Materie, so reicht die gegenseitige Anziehungskraft nicht aus, die Expansion zu stoppen. Ob diese "fehlende Masse" in Form einer bekannten oder gar unbekannten Materieform zum Modell eines geschlossenen, wieder in sich zurückfallenden Universums führt, bleibt derzeit völlig offen.

Mond- und Sonnenfinsternisse, die himmlischen Schattenspiele

Eine Mondfinsternis findet 2 bis 3 x im Jahr immer genau dann statt, wenn der Vollmond in den Schatten eintritt, den die Erde wirft. Das sich über mehrere Stunden hinziehende Ereignis ist von der ganzen Nachthälfte der Erde aus sichtbar, vorausgesetzt, der Mond steht über dem Horizont. Der Mond ist im Kernschatten der Finsternis aber nicht absolut dunkel, denn der von der Sonne kommende rötliche Anteil des Lichts wird durch die Erdatmosphäre hindurch in Richtung Mond abgelenkt und hellt ihn auf.

Eine Mondfinsternis wird nur von einer Sonnenfinsternis in den Schatten gestellt. Mond und Sonne erscheinen uns am Himmel fast genau gleich groß. Schiebt sich der Mond zwischen Erde und Sonne, so kann er bis zu 7,5 Minuten lang die Sonnenscheibe vollständig verdecken. Die Schattenlinie auf der Erdoberfläche ist nur maximal 270 km breit, sodass eine totale Sonnenfinsternis nur an wenigen Orten beobachtet werden kann. Beobachter außerhalb der Schattenlinie sehen eine nur teilweise verfinsterte Sonne. Die nächste auch in Süddeutschland sichtbare totale Sonnenfinsternis findet am 1 1. 8. 1999 statt. Die dann für 2 1/2 Minuten verfinsterte Sonne wird von einem Strahlenkranz, der Korona, umgeben sein und mit etwas Glück sieht man die rötlich leuchtenden Gasausbrüche (Protuberanzen) am Sonnenrand.

Den Weg zu den Sternen finden

Der Einstieg in die praktische Himmelsbeobachtung ist der Besuch in einem Planetarium, einer Volks- oder Schulsternwarte. In Volkshochschulen gibt es astronomische Vorträge oder Kurse für die Öffentlichkeit. Einige wenige Dinge helfen Ihnen bei Ihrem Einstieg. Der Mond kann schon mit einem kleinen Fernglas studiert werden. Das Auffinden eines Planeten ist schon schwieriger. Für den Unkundigen ist ein Planet am Himmel so ohne weiteres nicht von einem Stern zu unterscheiden. Ein astronomisches Jahrbuch gibt darüber Auskunft, wo welcher Planet gerade am Himmel steht. Das Himmelsjahr ist besonders für den Einsteiger zu empfehlen, denn es bietet neben einem ausführlichen Kalendarium der astronomischen Ereignisse mit vielen Grafiken unterstützte Beobachtungshinweise. Zum Auffinden der Sternbilder benötigen Sie eine drehbare Sternkarte, die nach Einstellen von Datum und Uhrzeit den gerade sichtbaren Himmelsausschnitt darstellt. Da mit einem Fernglas oder Teleskop mehr Sterne gesehen werden als die drehbare Sternkarte enthält, empfiehlt sich die Anschaffung eines Sternenatlas. Stöbern in einer Buchhandlung oder in der örtlichen Stadtbücherei.

Das Horoskop

Die Tierkreiszeichen und Sternbilder

Ein Horoskop ist die schematische Darstellung der Konstellationen von Sonne, Mond und Planeten am Himmel zu einem ganz bestimmten Zeitpunkt - der genauen Geburtszeit - und von einem exakt berechneten Punkt - dem Geburtsort - aus gesehen. Dieses Schema besteht aus einem in 360° eingeteilten Kreis, der die scheinbare Jahresbahn der Sonne darstellt, die von den Astronomen Ekliptik genannt wird und in Wirklichkeit der Ebene der Erdbahn um die Sonne entspricht. Die Astrologen unterteilen den Sonnenweg in zwölf Abschnitte zu je 30°, die zwölf Tierkreis- oder Sonnenzeichen. Diese Sonnenbahnabschnitte stimmen mit den gleichnamigen, aber verschieden großen astronomischen Sternbildern des Fixsternhimmels nicht überein.

Tierkreiszeichen	**Sternzeichen Position**	**(astron.) Sternbild Position**
Widder (Aries, Ram)	0° - 30°	29° - 53°
Stier (Taurus)	30° - 60°	53° - 59°
Zwillinge (Gemini)	60° - 90°	89° - 117°
Krebs (Cancer)	90° - 120°	117° - 138°
Löwe (Leo)	120° - 150°	138° - 173°
Jungfrau (Virgo)	150° - 180°	173° - 219°
Waage (Libra)	180° - 210°	219° - 237°
Skorpion (Scorpio)	210° - 240°	237° - 268°
Schütze (Sagittarius)	240° - 270°	268° - 298°
Steinbock (Capricorn)	270° - 300°	298° - 326°
Wassermann (Aquarius)	300° - 330°	326° - 351°
Fisch (Pisces)	330° - 360°	351° - 29°

Der in der westlichen Astrologie allgemein geltende Tierkreis beginnt mit der Frühlings-Tag-und-Nacht-Gleiche (Äquinoktium). Das ist die Stellung der Sonne zu dem Zeitpunkt im Frühling, wenn Tag und Nacht überall auf der Erde gleich lang sind, was jedes Jahr etwa um den 20./21. März der Fall ist. Astronomisch wird der Frühlingsäquinoktialpunkt als der Ort im Raum definiert, wo die Erdbahnebene (die Ekliptik) die in den Himmelsraum fortgesetzte gedachte Äquatorebene der Erde (den Himmelsäquator) schneidet. Die Frühlings-Tag-und-Nacht-Gleiche findet statt, wenn die Sonne auf ihrer scheinbaren Reise entlang der Ekliptik von einer Stellung südlich des Äquators zu einer nördlich des Äquators vorrückt (von der Erde aus gesehen, die sich ja um die Sonne bewegt). In der Astrologie wird dieser Punkt 0° (null Grad) Widder genannt. Dies ist der Anfang des bei uns üblichen Tierkreises. Widder ist somit das erste Zeichen im Zodiak.

Die Astrologen nennen das Horoskop auch: Geburtsbild, Kosmogramm, Thema, Radix, Nativität. Die Reihenfolge der Tierkreiszeichen bleibt jedoch immer gleich: Widder, Stier, Krebs,...(wie oben aufgeführt).

Die Sonne durchläuft ein Tierkreiszeichen etwa in einem Monat. Wegen Verschiebungen, die durch Schaltjahre, Einteilung der Zeitzonen oder andere Faktoren entstehen, kann der Zeitpunkt, zu dem die Sonne in ein bestimmtes Tierkreiszeichen eintritt, nur ungefähr angegeben werden. Die genauen Zeiten findet man in der (für das entsprechende Jahr gültigen) Ephemeride (Jahrbuch mit den täglichen Gestirnständen).

Die Sonne steht immer nur in einem Zeichen, niemals in zweien zugleich. Die Trennungslinie zwischen zwei Zeichen wird (meist) als Spitze bezeichnet. Bei Geburten, wo die Sonne auf eine (oder nahe einer) Zeichenspitze fällt, kann das Sonnenzeichen nur auf Grund eines mathematisch exakt berechneten Horoskops bestimmt werden. Für eine exakte Berechnung muss man Jahr, Monat, Tag, Stunde und auch die Minute der Geburt kennen, sowie den Geburtsort.

Der Sektor, in dem sich die Sonne im Augenblick der Geburt befindet, bestimmt das Sonnenzeichen der Geburt. Wer z. B. Anfang Mai geboren ist, bei dem steht die Sonne zu diesem Zeitpunkt im zweiten Zeichen, im Stier. Das Sonnenzeichen des Nativen (Nativen) ist danach Stier.

Jedes der zwölf Tierkreiszeichen repräsentiert gewisse typische positive und negative Züge menschlicher Verhaltensweisen und Entwicklungsmöglichkeiten. Im Horoskop jedes Menschen sind alle zwölf Tierkreiszeichen enthalten. Ihre Wirkung auf die verschiedenen Lebensbereiche des Nativen wird durch die Stellung der Planeten in den einzelnen Zeichen und das Zusammenwirken von Tierkreiszeichen und Schicksals-Häusern bestimmt.

Die Ekliptik und die Sonnenbahn

Die ersten Beobachtungen der Sonne mit Hilfsmitteln (Sonnenuhr) an Steinen oder Bäumen, Felsen oder Bergen ergaben, dass die Sonne zwar immer im Osten aufgeht, aber nie an der gleichen Stelle, genauso der Untergang im Westen.

Durch Beobachtung stellte man fest, dass Sonne (nach einem Jahr) immer zum Ausgangspunkt der Messung zurückkam. Also konnte man annehmen, dass die Sonne einen Kreislauf um die Erde vollzieht. Die Veränderung der Sonnenposition - wurde messerscharf geschlossen - muss mit dem Verhalten der Natur, mit dem Verhalten der Pflanzen und Tiere, ebenso mit dem Wechsel der Temperaturen oder dem Wechsel der Himmelsgaben (Regen wurde zu Schnee), sowie anderen Vorgängen auf der Erde in Verbindung stehen.

Mit Hilfe geometrischer und mathematischer Regeln wurde der angenommene Kreislauf der Sonne nun in Segmente eingeteilt. Der Kreis wurde in 360 Grad (°) und jeder Grad in 60 Bogenminuten (') und jede Bogenminute in 60 Bogensekunden (") geteilt. Der 360° Kreis wurde zudem in zwölf Abschnitte zu jeweils 30° gegliedert. Diese Zwölfteilung ging auf das Verhältnis der beiden Leitsterne Sonne und Mond zurück, da in der Regel während eines Sonnenumlaufes zwölf Vollmonde beobachtet wurden. Das heißt, ein Sonnenumlauf entsprach zwölf Mondumläufen von Phase zu Phase, also von Neumond zu Neumond oder von Vollmond zu Vollmond.

Die 12 Kreissegmente (á 30°) brauchten Namen und diese entlieh man sich von den (astronomischen) Sternbildern. Die Sternbilder sind sozusagen Paten der Tierkreisabschnitte, sind aber mit diesen nicht identisch. Tierkreisabschnitte und Sternbilder sind nicht gleichzusetzen, die Größe eines Tierkreisabschnittes von (regelmäßig) 30° deckt sich nicht mit der Größe eines Sternbildes, die alle sehr unterschiedlich groß sind.

Mit der Grundeinteilung des Sonnenumlaufs in Abschnitte zu je 30° und der Unterteilung eines Grades in 60 Bogenminuten und diese in 60 Bogensekunden war der Himmel messbar, der Lauf der Gestirne berechenbar geworden.

Jedem Tierkreisabschnitt wurde durch ständige Beobachtung, die über Jahrtausende ging, eine Wirkung oder Kraft zugeschrieben. Diese Wirkung wurde durch die Wetter- und Klimawechsel deutlich. Oder anders: Analog zur Bewegung der Sonne durch den Tierkreis waren Änderungen in der Natur zu beobachten. Kam die Sonne in den Abschnitt Widder, begann das Frühjahrserblühen in der Natur. Wanderte die Sonne durch den Abschnitt Steinbock, war es kälter und auch länger dunkel (je höher im Norden, umso mehr). Wenn die Sonne im Sommer durch den Abschnitt Krebs lief, war es warm. Durch die Naturbeobachtung und ihre Auswirkungen schrieb man der Sonne je nach dem Tierkreiszeichen eine andere "Färbung" Kraft oder Symbolik zu. Wie bei der Sonne ging man davon aus, dass auch die anderen Wandler am Himmel (Mond und Planeten) die Färbung der Tierkreisabschnitte annahmen, in dem sie gerade standen. Ihre jeweilige Kraft änderte sich mit dem Zeichen, in das sich bewegten.

Analog wurde das "himmlische" Messsystem des Tierkreises auf die Erde übertragen, was zu den astrologischen Häusern führte. Die nähere Beobachtung galt dann den Planeten untereinander. Am Beispiel von Sonne und Mond war gut sichtbar, wie sich der Anblick der Gestirne verändern kann, was nicht nur äußerlich zu werten ist. So wurde es als wichtiger Unterschied angesehen, ob Planeten nebeneinander (der Mond neben der Sonne ist dann vom Himmel verschwunden) oder ob sie in Opposition zueinander stehen (der Mond in Opposition zur Sonne ist dann als leuchtender Vollmond zu betrachten).

Die Beobachtung der Winkelstände der Planeten führte schließlich zur Lehre der Aspekte. Besonders wichtig waren dann aber auch gewisse rechnerische Punkte. Etwa wo und in welchem Zeichen die Sonne aufging, da bildlich gesehen an diesem Ort und zu dieser Zeit der Tag geboren wurde. Die Geburt des Tages wurde bald mit jeder Geburt gleichgesetzt, so war der Grad des Tierkreises, an dem der Horizont aufging, von ausschlaggebender Wichtigkeit. Dieser Aufgangspunkt wurde Aszendent genannt, was vom Wort ascendere gleich aufsteigen kommt. Wichtig war jedoch auch der Punkt, an dem die Sonne, auf den Tierkreis berechnet, ihren höchsten Tagesstand erreichte, also die Himmelsmitte, die in der Fachsprache Medium Coeli genannt wird. Dem Aufgangspunkt liegt schließlich der Untergangspunkt, der Deszendent (abgeleitet von descendere gleich absteigen) gegenüber, wie die Himmelsmitte auch gegenüberliegend eine Himmelstiefe bedingt, die fachsprachlich Imum Coeli heißt.

So waren vier markante Punkte gefunden: im Osten der Aszendent, im Süden das Medium Coeli, im Westen der Deszendent und im Norden das Imum Coeli. Da sich in der Astrologie alles nach der Sonne richtete (sehen wir davon ab, dass es einst eine Mondastrologie gab, mit dem Mond als Hauptgestirn), wurde auch das Festhalten der Himmelsstände auf einer Skizze nach Süden hin ausgerichtet. Das heißt in der Himmelskarte, dem Horoskop, ist oben Süden. Süden, weil die Sonne hier ihre stärkste Kraft fühlbar ausstrahlte. Erst später wurde der Blick nach Norden wichtiger, wie es unsere Atlanten zeigen.

Doch auch dieser Richtungswechsel kam auf Grund der Himmelsbeobachtung zu Stande, da sich der Nordstern von seiner Stellung her so gut wie nie veränderte, als Messpunkt also zuverlässiger war als ein wandelndes Gestirn.

Später wurden noch andere rechnerische Punkte wichtig: etwa die Schnittpunkte der Mondbahn mit dem Tierkreis oder andere so genannte sensitive Punkte, von denen viele kamen und wieder verschwanden. Uns sind jedoch nur die Punkte wichtig, ohne die die klassische Astrologie bis heute nicht auskommen kann, Deutungsregeln also, die heute noch gültig sind, die aber auch vom Ballast mancher abergläubischer Vorstellungen befreit wurden.

Die Grundlagen eines Horoskops

Alle astrologischen Regeln beruhen auf jahrtausendealte Erfahrungen, die sich aus der Beobachtung der Himmelsbilder im Zusammenhang mit dem Geschehen auf der Erde ergaben. Der Beginn oder der Ursprung der Erfahrungswissenschaft Astrologie liegt vermutlich etwa 6 - 7000 Jahre zurück. Zunächst war der Lauf der Sonne beobachtet worden, danach der des Mondes (einige Quellen sehen den Mond als erstes Beobachtungsobjekt an) und schließlich wurden die Wandler am Himmel, die Planeten, entdeckt.

Der Himmel oder genauer gesagt das Firmament des Himmels war (und ist) in ständiger Bewegung. Die ersten systematischen (sumerischen) Beobachter und Astrologen waren zumeist Priester oder Eingeweihte.

Die Sonne, der Mond und auch die Sterne gingen im Osten auf und im Westen unter. Aber es gab Ausnahmen am nächtlichen Himmel. Die Sterne am hohen Nordhimmel gingen weder auf noch unter, sondern sie vollzogen (und vollziehen) kreiselförmige Bewegungen. An den Polen drehte sich der Himmel um sich selbst. Unabhängig von den Sternen (den Fernsonnen) wandelten oder wandeln Sonne und Mond über den Tages- und Nachthimmel, wobei die Sonne nur am Tag, der Mond jedoch am Tag (stundenweise) und nachts sichtbar war. Als nächstes wurde die Venus als hellster Wandler des Abends und des Morgens entdeckt und auch Venus war (und ist) je nach Position und Witterungsbedingungen am Tageshimmel erkennbar. Nach Venus waren dann Jupiter und Mars am nächtlichen Firmament gut zu beobachten, während Merkur und Saturn und die transsaturnischen Planeten (die Planeten, die jenseits der Saturnbahn wandeln), erst viel später (wieder) entdeckt wurden (mesopotamische Schrifttafeln benennen die transsaturnischen Planeten). Neptun und Pluto sind nur mit dem Fernrohr sichtbar, Uranus unter günstigen Voraussetzungen manchmal mit bloßem Auge.

Diese Bewegungen der Gestirne Sonne, Mond und Planeten wurden, da sie scheinbar das Geschehen auf der Erde lenken, für die Menschen bald so wichtig, dass man versuchte, diese Bewegungen zu berechnen und zu determinieren. Die Gestirne wurden als Symbolzeichen von Gottheiten betrachtet.

Die Säulen der Astrologie

Im Grunde genommen beruht die Astrologie auf vier (fünf) sehr einfachen, leicht zu verstehenden Grundbeobachtungen.
Die Planeten
Die Tierkreiszeichen
Die Häuser(Felder)
Die Aspekte
Rechnerische Punkte (Transite, Direktionen)

Schwierigkeiten bereitet eher die Kombination der Hauptsäulen mit- und untereinander.

Dazu ein Grundlehrsatz: Die zehn Planeten symbolisieren unsere zehn Hauptkräfte. Ihre Stellung in den Tierkreisabschnitten verdeutlicht die Färbung der jeweiligen Kraft, während die Stellung in den Häusern darauf hinweist, wo sich diese Kräfte im Leben auswirken. Aspekte deuten auf das "Wie" dieser Auswirkung hin und die rechnerischen Punkte zeigen besondere Richtungsmerkmale an.

Jede Deutung beginnt also bei den Planeten selbst. Dann wird die Tierkreisfärbung analysiert. Nun betrachtet man, wo sich die Färbung dieser Kraft auswirkt und unter welchen Umständen. Wer nach dieser Grundlage vorgeht, wird die Astrologie schnell erlernen.

Der Schlüssel (oder ABC) zum Verständnis der Astrologie kann in Kurzform so beschrieben werden: Die Planeten bezeichnen die Dimension der Erfahrung, die Sternzeichen stehen für die Qualität, Färbung oder Erfahrung, die Häuser zeigen die Bereiche der Erfahrung an, in welchen die Energien von Planeten und Zeichen wirken, die Aspekte zeigen an, wie die verschiedenen Dimensionen der Erfahrung im Individuum integriert werden/sind.

Das Sonnenzeichen (Sternzeichen) und der Aszendent können bildlich gesprochen wie die Zeiger einer Uhr gewertet werden. Das Sonnenzeichen entspricht in diesem Bild dem kleinen Zeiger (Stunde = Jahresumlauf) der Aszendent entspricht dem großen Zeiger (Minute = Tagesumlauf). Das Sonnenzeichen zeigt an, wie man von der Welt wahrgenommen wird, der Aszendent, wie man sich selbst sieht.

Die Zeichenstellung der Planeten zeigt grundlegende persönliche Faktoren: Bewusst gelenktes Handeln, durch die persönlichen Planeten ausgedrückt

Sonne: wie man ist (Stimmung des Daseins) und wie man das Leben wahrnimmt.
Mond: wie man reagiert auf Grund unbewusster Neigungen
Merkur: wie man kommuniziert und denkt
Venus: wie man Zuneigung ausdrückt, sich einbringt und sich geachtet fühlt
Mars: wie man sich durchsetzt und sein Verlangen zum Ausdruck bringt

Die unbewussten Strukturen des Strebens und der Seinszustände wird durch die kollektiven Planeten ausgedrückt

Jupiter: wie man danach strebt sich weiter zu entwickeln und Vertrauen im Leben zu erfahren
Saturn: wie man danach strebt sich selbst durch eigenen Anstrengungen aufzubauen und zu bewahren

Die funktionalen Modalitäten des kollektiven Unbewussten werden durch die transpersonalen transformatorischen Energien der transsaturnischen Planeten ausgedrückt

Uranus, Neptun, Pluto Die Zeichenstellungen dieser Planeten zeigen Einstellungen von Generationen an, im individuellen Horoskop sind sie von geringerer Bedeutung als in der Häuserdeutung und der Aspektdeutung. Die Aspekte dieser Transsaturnier auf die persönlichen Planeten zeigen an, wo jemand den Kräften der Wandlung in seiner Generation und den Wandlungskräften in sich selbst begegnet.

Verzichten Sie auf so genannte "Kochbücher", in denen gewisse Planetenkombinationen schematisch vorgedeutet sind. Wer einmal schaut, schaut öfter nach und lernt das Kombinieren nur schwer. Außerdem kann kein Regelbuch alle möglichen Kombinationen zu erfassen. Die eigene Schulung, die dann zur Intuition führt, ist dem Computer weit überlegen.

Wer die Astrologie praktizieren möchte, sollte sich mit Hingabe mit dem Praktizieren der Kombinationen auseinander setzen, es lohnt sich.

Die Planeten des Horoskops

Sonne	das Zentralgestirn, Eigenrotation 27 Tage
Mond	der Erd-Satellit/-Trabant
Merkur	der sonnennächste Planet
Venus	der leuchtendste Planet, Morgen- und Abendstern
Mars	der Rote Planet
Jupiter	der größte Planet, Eigenrotation 10 Stunden
Saturn	der Hüter der Schwelle, der Herr der Ringe
Uranus	der erste transsaturnische Planet
Neptun	früher (nach seinem Entdecker) Herschel genannt, der unscheinbarste Planet
Pluto	der eisige Planet, mit der eigenwilligsten Umlaufbahn

Die klassische Astrologie arbeitet mit zehn Planeten, die unsere Hauptkräfte symbolisieren. Neuerdings werden noch zwei Planeten hinzugenommen: der Transpluto (auch Isis genannt) und Chiron. Beide Planeten haben jedoch mit der traditionellen Astrologie nichts zu tun. Isis weist auf Ägypten hin und Transpluto passt auch nicht in die Reihe der römischen Gottheiten. Bei Chiron (oder Charon) streitet man, ob es sich um einen Mond des Pluto oder um einen Planeten aus einem anderen Sonnensystem handelt. Es gibt Autoren, die von einem 12. Planeten sprechen, der Nebiru heißt und in einer stark elliptischen Bahn um die Sonne verläuft und nur alle 3600 Jahre in Sonnennähe (Perigäum) kommt. Die vorgenannten Möglichkeiten sind nicht Bestandteil des Regelwerks der klassischen Astrologie.

Die Astrologie schreibt jedem der dunklen Himmelskörper, die nur sichtbar sind, weil sie das Licht der Sonne reflektieren und der Sonne selbst gewisse Eigenschaften zu. Diese Eigenschaften haben sowohl ihre hellen wie dunklen Seiten, früher oft banal als Gut und Böse bezeichnet. Um von diesen eingeschränkten Klassifizierungen wegzukommen, spricht die moderne psychologische Astrologie bei den Regelübersichten daher von Chancen und Gefährdungen, welche die den Himmelskörpern zugeschriebenen Eigenschaften oder Kräfte auslösen können.

Die symbolische Bedeutung der Planeten

Die Planeten werden nach unterschiedlichen Kategorien zueinander in Beziehung gesetzt. Es gibt astronomische, soziopsychologische, psychokinetische und geometrische Beziehungen u.a.m.

Unterteilung der zehn Planeten in verschiedene Kategorien

Die Gestirne	Sonne und Mond
Die inneren Planeten	Merkur und Venus
Die äußeren Planeten	Mars, Jupiter und Saturn
Die Transsaturnier	Uranus, Neptun und Pluto

Gestirne, innere und äußere Planeten gelten auch als die traditionellen Planeten.

Uranus jedoch war zumindest den Griechen bekannt, von Neptun darf man dies auch annehmen. Pluto wurde erst 1930 entdeckt. (die vorgenannten Transsaturnier waren schon den Sumerern bekannt, deren astrologisches Erbe die Griechen antraten).

Die Planeten symbolisieren nun nicht nur Eigenschaften und Kräfte, sondern auch Personen oder Institutionen. Merkur und Venus wurden zudem mal als Abend-, mal als Morgenstern gesehen und daher auch leicht unterschiedlich gewertet.

Einteilung nach Geschlecht:

Männliche Planeten:
Sonne
Mars
Jupiter
Pluto

Neutral sind:
Merkur
Uranus

Weibliche Planeten:
Mond
Venus
Saturn
Neptun

Sonne

Grundprinzipien:

- Das Ich-Bewusstsein, der Lebenskern, das Göttlich-Schöpferische, die Würde und Ehre, Selbstbewusstsein, Tätigkeitsdrang, Geist, Denken, Daseinsausrichtung, Energie, Ganzsein, Ganzheitlichkeit, Herrschen, Individualität, Leben, Vitalität, Organisation, Bewusstsein, Libido, Objektivität, bewusstes Leben, Sympathie

Körperliche Assoziationen:

- Das Herz, die Arterien, die mittlere Rückengegend, das rechte Auge des Mannes, das linke Auge der Frau, die Lebenskraft, der Puls und das Blut

Personelle Assoziationen:

- Der Vater, der Ehemann, alle Autoritätspersonen wie Chef, Vorgesetzter, Monarch, Präsident, Minister oder die leitende Persönlichkeit, Machtpersonen, vom Polizisten bis zum Piloten, vom Hausherrn bis zum Lehrer

Chancen:

- Daseinswille, Stolz, Selbstbewusstsein, Führungskraft, Mut, Lebensfreude, Ehrlichkeit, Großmut, die Ausstrahlung und der Ich-Wert

Gefahren:

- Hochmut, Dünkel, Anmaßung, vorgetäuschtes Können, herabgesetzte Lebenskraft, mangelndes Selbstbewusstsein, Eigensinn, Ehrsucht, Überschätzung

Gesellschaftliche Assoziationen:

- Der Staat, die Herrschaft, das Feudale, die hohe Welt

Aufgabe:

- Lebensgestaltung, über sich hinauswachsen, die Zielanvisierung, die Bewährung, der Leistungssinn, der persönliche Einsatz

Mond

Grundprinzipien:

- Der unbewusste Lebenskern, die Seele, das Gemüt, das Unsterbliche in einem Menschen, Laune und Stimmung, Familiensinn und Häuslichkeit, das Feminine, Empfinden, Fühlen, Heim, Familie, Reflexion, Rhythmus, Instinkt, Veränderung, Schutz-Instinkt, katalytisches Wirken, Kinder heranziehen, Integration

Körperliche Assoziationen:

- Das linke Auge des Mannes, das rechte Auge der Frau, Magen, Blase, Drüsen und Lymphbahnen, Samen und besonders die weiblichen Organe

Personelle Assoziationen:
- Die Mutter, die Ehefrau, das Kind, Familienangehörige, der Seelenfreund, Beichtväter und Psychologen, Gynäkologen, Geburtshelfer, Hebammen und andere beistehende Personen, die weise Frau, Naturverbundene, Priester und Seelenführer, allgemein: Frauen, Hebamme, Großmutter, Tante, Ehefrau, emotionelle Menschen, Koch, Sammler, Hausangestellte, Gärtner

Chancen:
- Empfindsamkeit, Taktgefühl, Verstehen, Hilfsbereitschaft, Mütterlichkeit, seelische Wandlungskraft, innere Beweglichkeit, Sensitivität, Freude

Gefahren:
- Haltlosigkeit, Mangel an Zivilcourage, Empfindlichkeit, Angst, Misstrauen, ungesunde Fantasie. Tagträume, Beeinflussbarkeit, Verführbarkeit

Gesellschaftliche Assoziationen:
- Das Volk, die Dienstbaren, die Gläubigen, die Helfenden, die Fatalisten

Aufgabe:
- Behütung, Trost geben, das Verständnis, die Dienstbereitschaft, Bescheidenheit, Demut als Grundkraft

Merkur

Grundprinzipien:
- Das Denken und Handeln, die Vermittlung, die Reaktion und Aktion, der Intellekt, das Kaufmännische, das Schreiben und Lesen, das Lehren, mentale Aspekte, Intelligenz, Kommunikation, Verständnis, Vermittlung, Neutralität, Nervosität, Ausgleichen, Geschäftssinn, Kritik, wissenschaftliche Arbeit, Logik, Selbstausdruck, anpassungsfähig

Körperliche Assoziationen:
- Die Nerven, das Großhirn, das Rückenmark, der Tastsinn, die Arme und Hände, die Atmungsorgane, der Darm und die Verdauung, das Bauchfell

Personelle Assoziationen:
- Intellektueller, Denker, der Adjutant, der Advokat, der Journalist, der Bote und Vermittler, der Kaufmann, der Reiseleiter, der Lehrer, der Berufsberater, der Wissenschaftler, Denker und Philosoph, der Agent und Spion, der Intrigant, Geschwister, Freund, Schriftsteller, Kunsthandwerker, Architekt

Chancen:
- Klugheit, Auffassungsgabe, Witzigkeit, Ideenlieferant, Lernen und Lehren, gute Beobachtungs- und Vermittlungsgabe, die schnelle Bereitschaft, Handeln

Gefahren:
- Unwahrhaftigkeit, Feilscherei, zu intellektuelle Reaktion, berechnendes Denken, List und Hintersinn, Unbedachtsamkeit, Schlauheit (im Sinne von Durchtriebenheit) statt Klugheit

Gesellschaftliche Assoziationen:
- Lehrer, Praktiker und Pragmatiker, Agenturen, rechte Hand, Geschäftsführer, permanente Lernbereitschaft, Vermittler, die Menschen, die Gegensätze verbinden

Aufgabe:
- Handeln und Vermitteln, Lehren und Lernen, das Durchdenken, das philosophische Erkennen und Wissen, Förderung von analytischer Logik, Bereitsein (readyness)

Venus

Grundprinzipien:
- Das Fühlen, das Lieben, die Kunst, die Muse, die Schönheit, das Vergnügen, die Erotik, die Freude, Freundschaft und Sympathie, die Lebenslust, Beziehung, Harmonie, Liebe, Ästhetik, körperliche Zuneigung, Schönheit, Kunst, Einheit, Integration, Verirrung, schlechter Geschmack, Sentimentalität, Genießen, Zuneigung, Affektiertheit, Illusion

Körperliche Assoziationen:
- Niere und Blase (mit Mond), die Mutterorgane, die Brust, die Wangen, die Haut (mit Saturn), die Halsgegend, die Stimmorgane, das betont Weibliche

Personelle Assoziationen:
- Die Muse, Liebende, die Geliebte, die Verführerin und Rivalin, die Freundin, die Tochter, die junge Frau, die Braut, die Salondame, die Schönheitsberaterin (von Kosmetik bis zur Mode), die Diplomatin, die Schöne, der Künstler, die Künstlerin, Musiker, Unterhalter

Chancen:
- Weibliche, verführerische Ausstrahlung, künstlerische Begabung, Diplomatie, Freude und Glück bereiten, Starruhm, Anziehungskraft, Glanz

Gefahren:
- Luxus, Bohèmeleben, Unordentlichkeit, Eitelkeit, Genusssucht, Verführungen, Liebe (-Liebeslist) als Werkzeug und Mittel einsetzen, Schlamperei, Sich-Gehen-Lassen

Gesellschaftliche Assoziationen:
- Das Künstlertum, die Showwelt, der Luxus, die "young and beautiful", die Vergnügungswelt, Schönheitssalons, Musikwelt

Aufgabe:
- Liebe schenken, Muse sein, künstlerische Entwicklungen fördern, Lebensfreude spenden, musikalisch wirken, All-Liebe, Hilfsbereitschaft

Mars

Grundprinzipien:
- Energie, Wille, Startkraft, Mut, Kampfbereitschaft, das betont Männliche, der Sexualtrieb, der Antrieb und Drang, das Vorwärtstreibende, Aggression, Aktivität, Verlangen nach Veränderung, Konflikt, Intervention, Abenteuer, Impuls, Konkurrenz, Initiativkraft, Leidenschaft, Gewalt, Rücksichtslosigkeit

Körperliche Assoziationen:
- Der Kopf, der Schädel, die Ohren, das Blut, die Geschlechtsorgane (besonders die männlichen), die Galle (mit Saturn), die Nase, die Muskeln

Personelle Assoziationen:
- Der Geliebte, der Freund und Kamerad, der Sohn, der Soldat, der Pionier, der Revolutionär, der Polizist, der Rebell und Widersacher, der Herausforderer, Kämpfer, Chirurgen, Athleten, allgemein: Männer, starke Frauen, Ingenieure, Metallarbeiter, Techniker, Mechaniker, Handwerker, Bauarbeiter

Chancen:
- Mut, Kampfbereitschaft, Antrieb, Willensstärke, Idealismus, Initiator, die Jugendlichkeit (bis ins Alter), die Mannhaftigkeit

Gefahren:
- Fanatismus, Draufgängertum, (verantwortungsloses) Abenteuerwesen, Rücksichtslosigkeit, Zorn, Gewaltsamkeit, Unbeherrschtheit, Amoklaufen, Unversöhnlichkeit

Gesellschaftliche Assoziationen:
- Uniformträger, die Armee, die Polizei, alle Kontrollorgane, die Feuerwehr, die Revolutionäre, die Auswanderer und die Jäger, die Sportwelt

Aufgabe:
- Einsatzbereitschaft, das Neue erreichen, Grenzen sprengen, Kampf gegen Reaktion und Verkrustung, Eroberungen, Forschungen, Mut

Jupiter

Grundprinzipien:

- Entfaltung, Gerechtigkeit, Sinnsuche, Priestertum, Gläubigkeit, Medizin, Einsicht und Glauben, Ordnung der Welt, Führungsverpflichtungen, Jovialität, Expansion, Optimismus, Positivität, großzügig, enthusiastisch, philosophisch, religiös, psychologisch, Reise, Klugheit, Gerechtigkeit, Harmonie, Bestrebungen, amoralisch, Nachsichtigkeit, Charisma

Körperliche Assoziationen:

- Die Leber, der Thorax, die Lenden, die Arterien, Tumore, Bluthochdruck

Personelle Assoziationen:

- Der Chef, der Richter der letzten Instanz, der Priester, Psychiater, der Lebensberater (Councelor), der Besitzer, der Professor, der Intendant, Philosophen, der Reiche, Notare und Rechtsanwälte, Bankier, Arzt, Beamter, Verleger, Weiser, Glücksjäger

Chancen:

- Gläubigkeit (i. S. von Verbindung zu höheren Kräften), Kraft zur Sinnsuche, Erkennen der Lebensgesetze, Führungskraft, Wohlstand schaffen, Toleranz, Großmut, Würde

Gefahren:

- Hochmut, falsche Jovialität, Rechthaberei, Ehrsucht, Eitelkeit, Prahlereigehabe, Genusssucht, besonders leiblicher Art, Vorverurteilung, Angabe

Gesellschaftliche Assoziationen:

- Die Führungswelt, das Richtertum, die Priesterschaft, die Professoren, Großunternehmer, Großbauern, Gutsherren, Topmanager, Stars

Aufgabe:

- Führung, Einsatz für Gerechtigkeit, Vorbild sein, das Idealistische fördern, Warmherzigkeit, Betreuung von Körper und Geist

Saturn

Grundprinzipien:

- Konzentration, formative Energie, Beschränkung, Kontraktion, Pessimismus, Negativität, stechend, Konzentration, Brennpunkt, Ernsthaftigkeit, Ökonomie, Einschränkung, Reserve, nicht anpassungsfähig, Disziplin, Begrenzung, Leiden, Bewahrung, Tradition, die Grenze alles Erreichbaren, das Konservative, das Schicksal, Wächter der Schwelle

Körperliche Assoziationen:

- Knochen, Haut (mit Venus), Galle (mit Mars), Knie, Rückgrat, chronische Krankheiten, Steinleiden, Abmagerung, Gicht, Rheuma, Arterien, Zähne

Personelle Assoziationen:

- Die Prüfer, die strengen Lehrer, die Geheimwissenschaftler, die Großeltern, der Seniorchef, Hausbesitzer, Vermieter, Kontrolleure, Fahnder, Ärzte, Bankiers, Arbeiter, Farmer, Metallarbeiter, Großeltern, Onkel und Tanten, Geschäftsleute, Archäologen, Geologen, Computerprogrammierer

Chancen:

- Konzentration, Zähigkeit, Erkennen des Wesentlichen, Durchhaltevermögen, Geduld, Vorsicht, weit gesteckte Ziele, Fähigkeit zu warten, Verhandlungsgeschick

Gefahren:

- Geiz, List, Tücke, Rachsucht, falsche Härte, Freude am Schmerz anderer, Gemütskälte, Angst, Gehemmtheit, Unbarmherzigkeit, kühles Handeln, Neid

Gesellschaftliche Assoziationen:

- Prüfungskommissionen, graue Eminenzen, Eremiten und Nonnen, Mahner und Traditionsbewusste

Aufgabe:

- Das Wesentliche erkennen, philosophisches Grunddenken, den Stein der Weisen finden, Selbstbeherrschung, Besitzstandswahrung, Bewahrung des Wertvollen, Prüfung des Wesentlichen

Uranus

Grundprinzipien:

- Die Intuition, Originalität, das Neue, Exzentrik, Unabhängigkeit, Rhythmus, Inspiration, Individualität, Erfindung, Auflehnung, Tanzen, Wahrnehmung, reizbar, Eigensinn, Unfälle, Veränderungen, der Einbruch, der plötzliche Wandel, der Umschwung, die Revolution des Denkens, die zündende Idee, Heureka (das Ich-habs-Erlebnis)

Körperliche Assoziationen:

- Der Blutkreislauf, die Waden, die Durchblutung, das Fieber, der Unfall, Schockerlebnisse, der plötzliche Stillstand, der Kollaps und Infarkt

Personelle Assoziationen:
- Der Pilot, der Rennfahrer, der Quizmaster, der rettende Freund, der Notarzt, der Techniker und Erfinder, der Psychologe, Exzentriker, ungewöhnliche Menschen, Revolutionäre, Tänzer und Musiker, Rundfunk/Fernsehen, Elektriker, Heiler, Feministinnen, Rebellen, Chirurgen

Chancen:
- Das Neue erkennen, das Alte vergessen, die rettende Idee, der geniale Einfall, Schlagfertigkeit, die Konstruktion, das Vorausschauen, das Umdenken

Gefahren:
- Unzuverlässigkeit, die Neugierde, die innere Unruhe, mangelnde Zähigkeit, erlahmendes Interesse an einer Aufgabe, Scharlatanerie, Bluff

Gesellschaftliche Assoziationen:
- Die Psychologen, Psychiater, die Techniker, die Rennfahrer, die Welt der Raketen und Weltraumflieger, der Jahrmarkt, die Revue- und Showwelt

Aufgabe:
- Das Neue sehen, zum Licht streben, die Erfindungen zum Wohl der Menschheit einsetzen, die Fortschrittsentwicklung, Überwindung des Verkrusteten

Neptun

Grundprinzipien:
- Der Instinkt, das Ur-Animalische, die Inspiration, das Ahnen, die All-Liebe, aber auch das Geheimnisvolle, die Täuschung, die Halluzination, Sensitivität, Medialität, beeindruckbar, Fantasie, Vorstellungskraft, Träume, Illusion, Drogen, Medienschaft, Intuition, Idealismus, utopische Projekte, außersinnliche Wahrnehmung, Transzendenz- Erlebnisse

Körperliche Assoziationen:
- Die Übersensibilisierung, die innere Unruhe, die Schlaflosigkeit, das Flimmern der Augen, die Angst vor Krankheiten, Erschöpfungen, Hysterie

Personelle Assoziationen:
- Der Samariter, der Verführer, der Gaukler, der Narr, aber auch der Inspirator, der Esoteriker, der Dämon, die Furie, Medienberufe, sensitive Menschen, Träumer, Utopisten, Schwindler, Mystiker, Gurus, Ernährungsberater, Anästhesisten, Chemiker, Erfinder

Chancen:
- Instinktsicherheit, esoterische Intuition, Klarheit (durch das Unklare hindurch), den jeweiligen Ausweg finden, Inspiration (mit schlafwandlerischer Sicherheit)

Gefahren:
- Selbsttäuschung, Unklarheiten, Illusionen nachjagen, sich selbst und anderen etwas vormachen, Wachträume, Einbildungen, Realitätsverlust

Gesellschaftliche Assoziationen:
- Logen, Geheimbünde, Verschwörerkreise, Naturgenießer, die Welt der Lüste

Aufgabe:
- Schulung des Instinkts, Bedürfnisse der Umwelt erkennen, Naturliebe, Traumdeutung, Seelenführung, Welt der Esoterik aufschließen, All-Liebe

Pluto

Grundprinzipien:
- Durchsetzungskraft, Absolutheitsanspruch, der dunkle Trieb, die Übersteigerung, größere Veränderungen, Regeneration, Übergang, Machtwille, Macht, Magie, Willenskraft, Propaganda, Zwang, Medien, Die Massen, Abheben von der Masse, Transformation, Revolution, Zerstörung, höhere Gewalt, das Atom

Körperliche Assoziationen:
- Die Überanstrengung, die Anspannung und Anstrengung bis zur Erschöpfung, der Zusammenbruch

Personelle Assoziationen:
- PR-Künstler, Propagandist, Kommunikator (in Massenmedien), der Demagoge, Schauspieler, der Diktator, der Tyrann, Diktator, der Chef alter Art, Magier, Revolutionäre, Politiker, Volksredner, Atomwissenschaftler

Chancen:
- Sich durchsetzen, Überdurchschnittlichkeit, Fähigkeit Anstrengungen zu leisten um Großes zu erreichen, der Wagemut, der totale Einsatz

Gefahren:
- Rücksichtslosigkeit ohne Grenzen, Niederschlagen von Gegenmeinungen, Unterdrückung, hemmungsloses Ellenbogen gebrauchen, Massenverluste

Gesellschaftliche Assoziationen:
- Die Machtbewussten, Agentenmilieu, Spionagedienste, die geheimen Herrscher, graue Eminenzen, Unterwelt, rücksichtslose Aufsteiger, geheime Verführer

Aufgaben:
- Durchsetzung gegen Widerstände, Machtbalance, Bewusstmachung eigener dunkler Triebe, Kräfte in richtige Kanäle lenken, Ausnutzung aller Energien

Bei den Planeten handelt es sich um Symbolkräfte, die in unserem Inneren wirken. Die Stichworte zu den Planeten sollen Anregungen geben. Jeder gute Astrologe findet zum jeweiligen Planetenprinzip seine näheren Erläuterungen, um Erkenntnisse aus einem Horoskopbild zu ziehen und um anderen individuelle Hinweise geben zu können. Die angegebenen Analogien sind nur als Tendenzen und Möglichkeiten zu verstehen, mit Übung wird sich Ihr Repertoire stetig erweitern und Ihre Treffsicherheit erhöhen.

Alle rechnerischen Punkte wie Aszendent oder MC (Medium coeli) und die Mondknoten stellen keine Kräfte dar, sondern sie geben uns die Richtungen an. Der Aszendent sagt, wie wir der Außenwelt erscheinen, der MC (Medium coeli) spiegelt unsere Berufungstendenz wider. Auch die Planetenknoten stellen eher Aufgaben dar. Die Mondknotenachse etwa, wo und wie wir, auf das reale Leben bezogen, unsere Mitte finden können. Hier müssen dann Beziehungen (Aspekte) zu den rechnerischen Punkten im Horoskop gefunden werden.

Bei der Auswahl der Berufsbeispiele sollte nur die Tendenz der Planetenprinzipien aufgezeigt werden. Auch die medizinischen Hinweise sind (empirische) Zuordnungen und eine Heilbehandlung kann aus dem Horoskop überhaupt nicht herausgelesen werden. Der Arzt/Heilpraktiker ist in jedem Fall bei Krankheiten zu konsultieren. Es gab jedoch in der Vergangenheit bis zum 17 Jhd. verschiedene Universitäten, die Astrologie an den medizinischen Fakultäten lehrten, wie auch in der allgemeinen Einführung etwas ausführlicher angeführt wurde.

Dreieck- und Viereck-Gruppierungen

Die Tierkreiszeichen werden - nach ihrer geometrischen Anordnung im Zodiak - in zwei wichtige Gruppen eingeteilt: die Dreiecksgruppierung, die sich auf die Tönung durch das Temperament bezieht und die Vierecksgruppierung, die bestimmte Grundformen der Verhaltensweise zum Ausdruck bringt. Es gibt vier Dreiergruppen, deren jede einem der vier Elemente Feuer, Erde, Luft und Wasser zugeordnet ist und drei Tierkreiszeichen umfasst. Demgegenüber gibt es drei Vierergruppen mit je vier Tierkreiszeichen, die man als kardinal, fest und beweglich bezeichnet. Sollte sich eine Mehrzahl von Planeten (zu denen in der Astrologie auch Sonne und Mond gezählt werden) in Zeichen finden, die zusammen eine dieser Gruppierungen bilden, so wird sich in bestimmten Lebensbereichen und -phasen der entsprechende Faktor deutlich bemerkbar machen.

Die Dreiecksgruppierung, Elemente-Zuordnung:

Jeweils drei der zwölf Tierkreiszeichen sind Feuer-, Erd-, Luft- und Wasserzeichen.

Die Elemente entsprechen in gewisser Weise einer Grundkonstitution des Menschen, wie man es in der Medizin kennt. Die Einteilung der Temperamente geht auf Hippokrates (griechischer Arzt) zurück: cholerisch, sanguinisch, melancholisch und phlegmatisch. Diesen Typen entsprechen die vier Elemente Feuer, Luft, Erde und Wasser. Wir bezeichnen auch heute noch jemanden als: "Choleriker", "Sanguiniker", oder "Phlegmatiker". Die Elemente beschreiben eine menschliche Grundstruktur. Menschen, die beispielsweise dem Feuerelement zugehören, werden bestimmte Ähnlichkeiten an den Tag legen; zwischen einem Widder, einem Löwen und einem Schützen wird es weniger tief greifende Unterschiede geben als zwischen einem Widder und einem Fisch.

Die Dreiecksgruppierungen nach den Elementen: Feuer, Erde, Luft und Wasser.

Was haben die "Feuer-Zeichen" gemeinsam?

Zum Feuerdreieck gehören Widder, Löwe und Schütze.

Feuerzeichen (Widder, Löwe und Schütze) sind besonders dynamisch, enthusiastisch und sehr aktiv, drängen immer vorwärts zu neuen Horizonten. Sie glauben an sich selbst und dieser Glaube motiviert sie in ihrem Handeln. Sie können mitunter cholerisch reagieren, sind schnell für etwas zu begeistern und äußerst leidenschaftliche Menschen, die maßlos übertreiben können.

Feuerzeichenbetonte Menschen sind positiv, aggressiv, hitzig, schöpferisch und männlich in ihrem Ausdruck. Diese Eigenschaften zeigen sich auf den Lebensgebieten, die im Horoskop von Feuerzeichen besetzt sind.

Personen mit einer Feuerbetonung streben nach einer Führungsposition im Leben.

Im Widder zeigt sich dieser Wunsch in der Entschlossenheit, mit der neue Unternehmungen und Wagnisse vorangetrieben werden.

Löwen besitzen Manager-Fähigkeiten, als zentrale Figur des Geschehens zu fungieren, um die herum sich eine Organisation oder eine Gruppe von Menschen zusammenfindet.

Schützen schließlich haben die Gabe, als führende Persönlichkeiten auf den Gebieten der Religion, der Philosophie, des Rechts oder der höheren Erziehung zu wirken; ihr Hauptaugenmerk gilt den Ideen, auf denen sich die menschliche Gesellschaft und Kultur aufbaut. Sie sind von einer starken Dynamik getragen, die sie zu Enthusiasten macht, zu psychisch sehr aktiven Wesen, die immer zum Vorwärtsstürmen geneigt sind (symbolisiert im Pfeil). Es kommt ihnen vor allem auf das an, was sie selbst tun (wollen); sie glauben an ihre eigene Überzeugung und an das Leben. Sie müssen zu allem Tun motiviert sein. Verlieren sie diese Motivation plötzlich, lassen sie das Begonnene fallen oder versinken möglicherweise in einen depressiven Zustand.

Die Art des Feuers, die den betreffenden Menschen bestimmt, wird auch seine Reaktionsweise modifizieren: ein Widder wird am schnellsten und radikalsten aufgeben, denn er ist am spontansten, am ungeteiltesten und absolutesten und hat sich kein Hintertürchen offen gelassen. Zudem gehört der Widder zu den vier Kardinalzeichen, er hat Prinzipien und ist deshalb auch weniger anpassungsfähig als die anderen Feuerzeichen.

Der Löwe wiederum, von seinem Stolz getragen, ist, als fixes Zeichen, ganz auf Handeln ausgerichtet- auf absolutistisches Handeln - und wird auf den Verlust einer Motivation, seines Glaubens an das, was er sich zu tun vorgenommen hat, mehr oder weniger "vernünftig" und gelassen reagieren. Vielleicht betreibt er auch Enttäuschungs-Prophylaxe, stellt sich also schon (in einer Handlungsvariante) auf sein Scheitern ein, als sei es seinem Stolz leichter erträglich, selbst für seinen Misserfolg verantwortlich zu sein, als ihn von jemandem anderen aufgezwungen bekommen zu haben. Manchmal beschließt er freilich auch, sein Scheitern zu ignorieren und weiterzumachen, als sei nichts geschehen, den Verlust des Glaubens an sich oder seine Sache durch Zähigkeit ersetzend.

Auch der Schütze ist enthusiastisch veranlagt und verlangt nach Erfolgen, ist sich aber vielleicht klarer über seine Erfolgsaussichten oder vertraut ganz auf seinen guten Stern, wobei er, wie alle beweglichen Zeichen, die Fähigkeit besitzt, sich den Umständen anzupassen und sie als Sprungbrett zu benutzen, nachdem er sich ein klares Bild der Situation gemacht hat. Sucht ihn Depression heim - und er kennt solche Zustände, denn er ist ein Gefühlsmensch -, so lässt er sich davon nicht gänzlich niederdrücken, wie es dem Widder oder selbst dem Löwen widerfahren könnte; er wartet, bis er neue Kraft und Mut geschöpft hat und wirft sich sodann in den Kampf, als ginge es um ein Spiel, bei dem man nicht aufgeben dürfe; denn etwas Spielerisches ist in seiner Natur.

Den "Feuermenschen" ist eine cholerische Natur zu Eigen; sie begeistern sich rasch und stehen schnell in Flammen. Der Widder wird große Töne machen und dann sehr schnell wieder alles vergessen. Ist sein Zorn einmal verraucht, übergeht er die ganze Angelegenheit für gewöhnlich ohne einen Funken von Rachsucht, ohne nachtragend zu sein. Der Löwe beeindruckt sein Publikum durch theatralische Gesten oder vernichtende Worte und Szenen; ist seine Eigenliebe verletzt, so wird er kaum verzeihen. Der Zorn des Schützen hingegen zeigt einen eher weichen und verletzlichen Menschen, der vielleicht empört oder verärgert ist, der aber eher schnell versucht, sich wieder zu versöhnen.

Alle drei Zeichen sind von Leidenschaft beherrscht, sind maßlos und neigen zu Übertreibungen. Die Leidenschaft des Widders ist wie ein Strohfeuer; er gerät zwar rasch in Zorn, doch das Feuer verzehrt schnell alles restlos; immer wieder braucht er ein neues Ziel leidenschaftlicher Zuwendung. Er braucht große, erregende Abenteuer, die ihn befeuern oder deren er sich rühmen kann, wichtig für ihn ist, dass er sich auf einem Kampfplatz produzieren kann.

Die Leidenschaft des Löwen hat etwas Großartiges und Emphatisches, sie ist von Stolz und Noblesse bestimmt, es ist ein starkes, weithin sichtbares Feuer. Der Löwe lässt sich nur auf ein starkes Gegenüber oder großartige Unternehmungen ein, nur sie befriedigen ihn; sein leidenschaftliches Engagement ist von (blindem) Vertrauen in sich selbst getragen.

Die Leidenschaftlichkeit des Schützen hingegen ist wie Glut unter der Asche und vielleicht heißer und dauerhafter als die Feuer der beiden anderen; seine Leidenschaftlichkeit ist weniger spektakulär, verborgener. Sie zeigt sich an seiner Risikobereitschaft, dem Bedürfnis, die ihm gesetzten Schranken zu übertreten. Es ist eine Art Leidenschaft für das Leben selbst, ein Vertrauen, das ihn sich sagen lässt: "Ich bin großzügig dem Leben gegenüber - das Leben wird mich schon dafür belohnen." Und das bewahrheitet sich auch oft. Wie man sieht, ist dies eine Leidenschaftlichkeit, die besser kanalisiert wird als bei den anderen Feuerzeichen.

Was haben die Erde-Zeichen gemeinsam?

Zum Erddreieck gehören Stier, Jungfrau und Steinbock.

Erdzeichen (Stier, Jungfrau und Steinbock) versprechen Stabilität und Ausdauer. Sie handeln bedächtig, überlegt und ohne Hast. Auch sind sie alle erdverbunden, lieben die Natur und halten sich gern in ihr auf. Sicherheit ist besonders wichtig für sie und sie haben einen außergewöhnlichen Realitätssinn, gepaart mit Geduld und einer ordentlichen Portion Weisheit.

Das wichtigste gemeinsame Merkmal ist ihre Hinwendung zum Praktischen. Sie zeigen Geschick im Gebrauch von Materialien aller Art ebenso wie im Umgang mit geldlichen Mitteln. In welchen Häusern auch immer die Erdzeichen stehen mögen, wenn sie betont sind, bedeuten sie praktisches Geschick.

Die praktischen Fähigkeiten des Stiers zeigen sich darin, wie es ihm gelingt, mit Geld und Gut umzugehen und Besitz zu verwalten und anzuhäufen.

Bei der Jungfrau macht sich die stoffliche Begabung in ihrer praktischen Vernunft und ihrem handwerklichen Geschick bemerkbar. Außerdem kümmert sie sich auch um die angemessene Pflege unseres wertvollsten materiellen Besitzes: unseres Körpers.

Bei Steinböcken schließlich kann die praktische Seite darin zum Ausdruck kommen, wie sie weit gespannte Geschäfts- oder Regierungsunternehmungen organisieren und leiten oder - ganz allgemein gesprochen - ein Geschäft aufbauen und führen.

Die Symbolik des Elements Erde ist natürlich mit Stabilität, Konstruktivität, Dauerhaftigkeit verbunden. Eine Kontinuität im Handeln ohne jede Hast, ein Sinn für das Bleibende und ein besonderes Verhältnis zur Zeit.

Der Stier geht bedächtig voran, jedoch nicht ohne Grazie. Er lässt sich Zeit zum Leben und Handeln. Er verfügt über große Arbeitskraft, aber er lässt sich nicht drängen. Er braucht eine Weile, bis er sich bewusst gemacht hat, was er fühlt, was er will. Daher rührt seine mögliche Schwierigkeit, sich zu entscheiden und sein tendenzielles Unvermögen, eine Entscheidung rückgängig zu machen. Als fixes Zeichen ist für ihn das Konkrete, Greifbare in seinem Tun entscheidend; es ist ihm wichtig, etwas auf die Beine zu stellen, was im Übrigen für alle Erdzeichen gilt, die etwas "Bodenständiges" haben. Beim Stier äußert sich dies in einer unverbrüchlichen Liebe zum Leben und zu dem, was ihm Freude macht; es ist das sinnlichste Wesen unter den dreien und zudem vielleicht das künstlerischste. Er ist für die Stimmungen und Schönheiten der Natur am empfänglichsten.

Die Jungfrau, ein bewegliches Zeichen, ist in ihrem Verhältnis zu Zeit widersprüchlicher, unentschiedener, denn sie wird von Merkur beherrscht. Sie ist deshalb im Handeln beweglicher, schneller im Reagieren, sensibler und empfänglicher. Wie bei allen Erdzeichen aber finden wir bei ihr jene "Langmütigkeit", jene Ausdauer, die beim Steinbock noch stärker zu Tage tritt und die sich bei der Jungfrau als Fleiß äußert, die ohne Hast, mit (beinahe mechanischer) Präzision, wie sie der Biene zugeschrieben wird, sammelt und ordnet und es dabei beträchtliche Ergebnisse erzielt. In ihrem Innenleben jedoch macht sich die Hemmung des Erdzeichens bemerkbar, eine gewisse Schwierigkeit, unbekümmert (zu seiner Zeit) zu sein. Alle Erdzeichen gewinnen im Lauf des Lebens sehr, denn sie brauchen Zeit, sich ihrer selbst bewusst und gewiss zu werden und sich zu entwickeln.

Beim Steinbock, beherrscht von Saturn (oder Chronos), dem Gott der Zeit, ist diese Tendenz noch ausgeprägter. Der Steinbock ist fast immer "unzeitgemäß", verpasst den Moment, den gegenwärtigen Augenblick. Er fühlt sich erst im Nachhinein betroffen und getroffen und leidet mehr als andere, da bei ihm alles sehr tief geht. Man wirft ihm zuweilen vor, eine "lange Leitung" zu haben, denn er lernt langsam, dafür aber auch gründlicher als mancher andere.

Den Erdzeichen ist die Liebe zu ihrem Element gemeinsam. Es gibt ihnen Sicherheit. Ihre Bodenständigkeit hilft ihnen, etwas zu Stande zu bringen und zugleich stabil zu sein. Die Erde, das ist zugleich das Unausweichliche und das Dauerhafte, Reichtum und Geduld.

Die Erde des Stiers ist eine Erde des Überflusses; eine Erde mit saftigem Gras voller Blüten und Früchte. Es ist eine reiche Erde, während die Erde der Jungfrau dieses Stadium schon hinter sich hat, denn sie ist geprägt von der eingeholten Ernte, von den gekelterten Weintrauben, sie ist nun unfruchtbar, sie muss von ihren Vorräten leben. Der Steinbock symbolisiert "die Erde, ihr Gewicht, ihre Geheimnisse, ihre Schicksalsgebundenheit". Der Steinbock hat ein Ziel, das ihn vorantreibt und das er geduldig zu erreichen versucht, ohne je den Mut zu verlieren, mit einem immer sich erneuernden Vertrauen in den kommenden Frühling, der ihn nach dem langen Winter belohnt. Es ist eine innerliche Erde, eine Erde in der Erwartung. In gewisser Weise bekommt die Zeit bei ihm etwas Abstraktes, einen Ewigkeitswert.

Die Erdzeichen haben noch etwas gemeinsam: sie sind realistisch und haben Sitzfleisch. Was gibt es Realeres, Konkreteres als dieses Element? Der Stier setzt nicht zu Höhenflügen an; er kennt seinen Weg, er pflanzt und er erntet. Er steht mit beiden Füßen fest auf dem Boden. Er versteht es, seinen Erfolg zu organisieren und seine Trümpfe ins Spiel zu bringen, um zu erreichen, was er sich vorgenommen hat.

Die Jungfrau ist präzise, methodisch, ordentlich. Sie beugt sich den Spielregeln, die ihr die Natur auferlegt; sie versteht es, ihre Intelligenz und ihren Geist ganz in den Dienst ihrer Arbeit, in den Dienst der anderen zu stellen. Der Steinbock lehnt Illusionen ab, seine Vorliebe für das Konkrete zeigt sich in klarem Denken; er stellt seinen Verstand in den Dienst seiner ehrgeizigen Ziele.

Diese Zeichen kennen keine Revolte wie die Feuerzeichen, denn sie akzeptieren das Schicksalgegebene als das gleichsam zur Erde Gehörige - daher rührt ihre Geduld, ihre Lebensphilosophie, das Quäntchen Weisheit, das ihnen Eigen ist und ihre Kraft und Ausdauer.

Die Kraft des (fixen Zeichens) Stiers liegt vielleicht gerade in seiner Liebe zur Natur und zum Leben, seiner Hingabe an die Arbeit, seiner Liebe zur Liebe und seiner Fähigkeit zum Genießen. Die Kraft der Jungfrau, des beweglichen Erdzeichens, liegt in ihrer Geduld, ihrer Anpassungsfähigkeit, ihrer Tüchtigkeit und ihrer Vorsicht und Behutsamkeit. Bei der Jungfrau bleibt nichts dem Zufall überlassen. Sie hat auf alles eine Antwort, überall und immer.

Die Kraft des Kardinalzeichens Steinbock liegt in seiner Lebensklugheit, seinem Gleichmut. Er hat zu allem, was er erlebt, zu allem, was er sich wünscht, eine gewisse Distanz; deshalb ist er so klar im Denken, aber auch manchmal so ernüchtert. Er liebt es, stark zu sein, er erträgt keine Schwäche, nicht einmal seine Verletzlichkeit. Er erlegt sich eine gewisse Disziplin auf, verlangt Konsequenz und Strenge von sich.

Was haben die "Luft-Zeichen" gemeinsam?

Zum Luftdreieck gehören Zwillinge, Waage und Wassermann.

Den Luftzeichen (Zwillinge, Waage und Wassermann) ist gemein, dass sie geistig sehr rege sind, über ein bewundernswertes Abstraktionsvermögen verfügen und ihr Handeln stark von ihrem Verstand beeinflusst wird. Sie denken oft in Systemen und verstehen Zusammenhänge, die andere nicht durchschauen. Deshalb sind sie kommunikative Menschen, die Wert auf Gefühl legen. Aber es ist ihnen auch grundsätzlich der Drang nach Freiheit, Beweglichkeit und Unabhängigkeit gemein, was bisweilen sogar zu Bindungsängsten führen kann.

Sie haben mit den geistigen Fähigkeiten des Menschen zu tun, mit allem, was intellektuelle und gesellschaftliche Beziehungen, das heißt Kommunikation im weitesten Sinne, anbelangt. Bei Luftzeichen überwiegen immer in der einen oder anderen Art intellektuelle und geistige Interessen. In allen Lebensbereichen, die in Ihrem Horoskop durch Luftzeichen besetzt sind, werden Sie gesellige und intellektuelle Fähigkeiten beweisen.

Bei den Zwillingen zeigt sich das in der Begabung, Informationen zu gewinnen, zu verarbeiten und weiterzugeben. Dazu kommt eine gewisse Originalität in der Modifikation von Ideen.

Die Waage hat die Fähigkeit, abzuwägen und auszubalancieren; sie hat die Begabung zum Vermitteln gerechter Ausgleiche. Sie besitzt auch einen guten Spürsinn für zwischenmenschliche Beziehungen, was in einem natürlichen psychologischen Begabung und für verwandte Gebiete zum Ausdruck kommt.

Der Wassermann hat ein intuitives Gefühl für allumfassende Prinzipien und hat ein Interesse am Wohlergehen der Menschheit.

Die Luft-Zeichen verbindet vor allem die abstrakte, geistige, verstandesgemäße Geordnetheit. Die Luftzeichen leben in der Welt der Gedanken; sie sind die "intelligentesten" Zeichen des Tierkreises, in dem Sinne, dass sie in einem hohen Maß über die Fähigkeit verfügen, zu abstrahieren, begriffliche Bezüge herzustellen, Strukturen zu erkennen. Von dieser Fähigkeit, Ideen und Zusammenhänge zu verstehen, rührt die Bedeutung her, die Kommunikation mit anderen Menschen für sie hat, ebenso wie das Bedürfnis nach Gefühlsbeziehungen.

Man muss diese Denkweise verstehen, um zu sehen, wie nah verwandt die Zwillinge mit der Waage und dem Wassermann sind. Die Zwillinge sind ein bewegliches, von Merkur beherrschtes Sternzeichen und deshalb mit allen Kennzeichen einer wachen Intelligenz ausgestattet: der Geschmeidigkeit und dem Sinn fürs Spielerische, die den beweglichen Zeichen Eigen sind, der Schnelligkeit und dem Opportunismus des Merkur.

Als vieldeutiges und junges Zeichen verkörpern sie die erste Stufe der Beziehung zum anderen, der des Bruders zur Schwester (oder der Geschwister).

Die Waage ist ein Kardinalzeichen, in dem Venus herrscht. Es hat ein reicheres Gefühlsleben und ist von größerer Festigkeit geprägt. Hier haben wir den Übergang zum Paar, zur Ehe, was besagt, dass sich bei der Waage mehr Verbindlichkeit und Verbundenheitssinn findet als bei den Zwillingen. Die Intelligenz besteht bei der Waage vor allem in Einsichtsfähigkeit und Verständnis, während sie bei den Zwillingen vor allem sprüht und spielt.

Der Wassermann ist ein von Uranus beherrschtes fixes Zeichen. Er verkörpert den Übergang zum Wissen, zur Weisheit. Der Wassermann stellt seinen erfinderischen Geist in den Dienst der Gemeinschaft. Hier haben wir nicht mehr die Brüderlichkeit der Zwillinge, nicht mehr die Gefühlsbetontheit der Waage, sondern Universalität. Beim Wassermann als fixem Zeichen findet der Übergang zum Handeln statt. Von Verspieltheit ist hier keine Spur mehr zu finden.

Der Zwilling lebt im Augenblick. Er hat keine Vergangenheit und weigert sich, Pläne für die Zukunft zu machen. Nur die Eigenschaft, im gegenwärtigen Augenblick zu leben, hilft ihm, der Angst zu entgehen, die seine "Luftigkeit" mit sich bringt. Die Luftzeichen sind per definitionem und ganz im Gegensatz zu den Erdzeichen "entwurzelte" Wesen ohne feste Bindungen. Das kommt besonders deutlich bei den Zwillingen zum Vorschein, die zugleich merkurgeprägt und "beweglich" sind. Bei der Waage lebt die Sehnsucht nach Bindung, nach Anlehnung, da das Zeichen sehr gefühlvoll ist, denn es ist zugleich venusbetont und überschwänglich zart fühlend, andererseits aber auch absolut und kardinal. Der Waagemensch leidet deshalb auch mehr als andere an seiner Unbeständigkeit, an dem Hin- und Hergerissensein zwischen dem Bedürfnis zu lieben und der Sucht zu gefallen; ein mitunter unlösbarer Widerspruch.

Der Wassermann, ein fixes und uranisches Zeichen, lebt immer schon in der Zukunft; er ist seiner Zeit voraus. Es ist das Zeichen der großen Veränderungen, der großen Umschwünge, der experimentellen Erfahrungen. Daher rührt sein extremes Unabhängigkeitsbedürfnis und eine fast vorherrschende Unfähigkeit, sich auf ein Abenteuer einzulassen, das nicht in die Zukunft zeigt. Als kommunikative Zeichen können die drei "Luftzeichen" des Tierkreises nicht ohne die Gegenwart anderer Menschen sein. Die Zwillinge schaffen leicht Kontakte; ihnen ist die Gabe verliehen, Einverständnis und rasche Übereinstimmung zu erzielen. Bei ihnen "funkt" es schnell. Sie sind geschickte Vermittler. Die Waage lässt ihren Charme spielen; sie hat die Gabe, zu verführen und Verbindlichkeiten herzustellen. Sie ist geschickt darin weiterzugeben, was sie von anderen erfahren hat, oder Wogen zu glätten. Der Wassermann besitzt die Fähigkeit, große Dinge in Bewegung zu setzen, die das Universum der anderen geradezu auf den Kopf stellen. Er interessiert sich für die Massenmedien, für wissenschaftliche Entdeckungen, für alles, was die Welt verändern könnte.

Was haben die "Wasser-Zeichen" gemeinsam?

Das vierte Dreieck bilden die drei Wasserzeichen Krebs, Skorpion und Fische.

Die Wasserzeichen (Krebs, Skorpion und Fische) sind eher etwas passiv und das Unbewusste kommt bei ihnen besonders zum Tragen. Die Sinne und Gefühle stehen im Mittelpunkt und machen sie zu besonders sensiblen Menschen, die einen Hang zum Mystischen haben. Sie leben sehr intensiv und handeln oft eher aus dem Bauch heraus als mit Verstand.

Sie sind mit dem Bereich der Gefühle und Empfindungen verbunden. Dementsprechend haben sie mit Sensibilität, Intuition und den tieferen seelischen Aspekten des Lebens zu tun. In den Häusern, die Wasserzeichen unterstehen, werden sich immer tiefe Gefühle bemerkbar machen.

Beim Krebs äußern sich die Empfindungen als inniges Gefühl für Heim und Familie. Im Skorpion spürt man sie als starke Beziehung zum Tod, zum kollektiven Unbewussten, zu allen tiefen verborgenen Quellen und Geheimnissen des Lebendigen.

Fische haben oft ein mystisches Gefühl gegenüber dem Unendlichen und sind durch unbewussten telepathischen Austausch mit andern Menschen verbunden. Dies hat auch eine stark mitfühlende Gewahrsamkeit der Umwelt zur Folge. Diese Feinfühligkeit bedingt eine außerordentliche Beeindruckbarkeit, sodass die Fische sehr stark vom Unbewussten her beeinflusst sind.

Im Gegensatz zu den Feuerzeichen, die ein reges, aktives Seelenleben kennzeichnet und die einen Glauben besitzen, der "Berge versetzt", sind die Wasserzeichen von einer passiven Seelengestimmtheit geprägt, sie leben mehr im Unbewussten. Bei ihnen ist alles Gefühl, Empfindung, Wahrnehmung. Wie ein hoch empfindlicher Film sind sie besonders sensibel für alle Einwirkungen von außen; sie gleichen einem Schwamm, der alles aufsaugt. Wenn sie einen Glauben haben, dann den des Mystikers, der sein Einssein mit Gott in Seelenruhe lebt, ganz anders als der Feuer-Mystiker, der fanatischer ist, ein wahrer "Kämpfer Gottes".

Das erste Wasser-Zeichen ist der Krebs. Er wird vom Mond beherrscht und gehört zu den kardinalen Zeichen. Als ein zutiefst mit seiner Kindheit verbundenes Wesen fällt es ihm schwer, den Schritt in die Erwachsenenwelt zu tun und sich von den mütterlichen Banden zu lösen. Mit seinem Unbewussten ist er lange tief in der Kleinkindzeit verhaftet, vielleicht sogar in vorgeburtlichen Existenzen. Seine Neigung, der Vergangenheit nachzutrauern, kompensiert er durch ein lebhaftes Fantasieleben, durch das er versucht, längst vergangene Empfindungen oder Wahrnehmungen wieder zu finden oder sich eine Welt zu schaffen, die dem verlorenen Paradies gleicht. Nicht zufällig wird dieses Zeichen vom Mond beherrscht, denn dieser verkörpert zugleich die Mutter, die Träume des Menschen und die Träume der Nacht. Er ist zugleich ein Bild für das Imaginäre wie für den

Mutterschoß, Symbole, die sich im Traumleben verbinden und Träumen ist eine Lieblingsbeschäftigung des Krebsmenschen.

Das zweite Wasserzeichen ist der Skorpion; er wird von Pluto beherrscht und gehört zu den fixen Zeichen. Dem unschuldigen Wasser des Krebses folgt nun das stehende Wasser der Sümpfe, das unterirdische und tiefe Wasser der Brunnen. An unbewusstem Material ist der Skorpion reich. Aus ihm schöpft er seine Kraft und auch diese Kraft hat zwei Gesichter: sie hat mit der Welt der Sexualität mit ihren Versuchungen, ihrer Triebhaftigkeit und ihren Ängsten zu tun. Sie ist aber zugleich auch die unerschöpfliche Quelle des Schöpferischen und der Libido-Energie, die Lust und Leidenschaft impulsiert.

Der Herrscher des Skorpions, Pluto, ist der Gott der Unterwelt, aber er ist auch der Hüter der Weltschätze. Als Herrscher über die Unterwelt hat er auch Macht über den Tod. Für den Menschen ist er der erschreckendste der Götter. Und im Unbewussten des Skorpionmenschen findet man diese Faszination für das Unbekannte ebenso wie die Angst davor wieder.

Wie es typisch für Menschen ist, die immer so intensiv wie möglich leben und über sich hinauswachsen wollen, sind dem Skorpion blitzartige Intuitionen vertraut. Der Krebs entrinnt der Flucht in die Kindheit durch ein Davonschweben in Fantasien; der Skorpion entrinnt der Versuchung zur Selbstzerstörung durch die Suche nach Transzendenz oder Selbstüberwindung, manchmal auch, indem er den Weg des Opfers geht.

Die Fische hingegen, regiert von Neptun und dem Reich der beweglichen Zeichen zugehörig, sind ganz in der Welt des Unbewussten zu Hause. Hier ist es nicht mehr Quelle oder Fluss, Sumpf oder Brunnen, hier ist es der Ozean, das unendliche Meer. Mit den Fischen kehren wir zur Einheit des Uranfangs zurück, zum Urgrund des Unbewussten, hier tauchen wir in die Welt des Irrationalen ein. Wir begegnen hier nicht dem Tod, sondern der Auflösung im Allgemeinen, Allgültigen, wie es das buddhistische Bild von der im Ozean aufgelösten Statue aus Salz beschreibt.

Die Fische empfinden mehr als sie denken, sie lassen sich von der Intuition leiten, sie werden immerzu von der äußeren Welt überschwemmt und zugleich versinken sie in ihrem inneren Universum. Deshalb tun sie sich auch mit dem Bezug zur Realität so schwer. Neptun, der Herrscher über das Zeichen, ist jener, der über die Meere wacht. Ihn kann man weder fassen noch halten, es ist kaum möglich, ihn mit Worten zu umreißen, er nimmt alle Formen an, alle Gestalten. Er selbst ist das Geheimnis.

Wenn das Unbewusste des Krebsmenschen seinen Ursprung in der Kindheit hat und das des Skorpions in der Sexualität, so scheint sich das Unbewusste der Fische-Menschen ins Gedächtnis der Menschheit versenkt zu haben, in jenes kollektive Unbewusste, aus dem die Mythen und Urreligionen und Symbole entsprungen sind.

Hier schließt sich der Kreis der Dreiecksgruppierung. Die Triebkräfte der menschlichen Aktivitäten wurden beschrieben. Das Feuer zeigt sich in seiner Kraft und Willensstärke, die Erde ihre Inkarnation und ihre Verwirklichung. Die Luft erschließt sich über die Intelligenz und ihre Kommunikationsfreude. Das Wasser schließlich offenbart sein sensibles Seelenuniversum. Damit Sie nun das Spiel des Gleichgewichts dieser Strukturen erkennen können, wollen wir die Vierecksgruppierung mit den kardinalen (angleichend), fixen und beweglichen Zeichen untereinander in Beziehung setzen.

Die Vierecksgruppierung, Kraftform-Mobilitäts-Zuordnung:

Bei den Vierecksgruppierungen handelt es sich jeweils um vier Tierkreiszeichen, die eine bestimmte Weise des Handelns, des Verhaltens und der Anpassungsmöglichkeit an äußere Umstände gemeinsam haben. Es werden kardinale, feste und bewegliche Zeichen unterschieden (auch kardinales, fixes und gemeinschaftliches Kreuz genannt).

Die Kardinal-Zeichen

Die Kardinalzeichen sind Widder, Krebs, Waage und Steinbock.

Menschen, bei denen diese Zeichen (durch hier stehende Planeten) betont sind, haben die Fähigkeit, unmittelbar und entscheidend auf vorhandene Umstände einzuwirken. Sie erfassen eine gegebene Situation realistisch und erkennen die sich bietenden Handlungsmöglichkeiten. In allen Häusern oder Lebensgebieten, die unter Kardinalzeichen stehen, wird der Geborene Aktivität begrüßen und fähig sein, neue Unternehmungen einzuleiten und zu organisieren. Positiver Ausdruck dieser Zeichen ist der aufbauende Unternehmungsgeist; im Negativen kann er aber zu übersteigerter Betriebsamkeit werden.

Die vier Kardinalzeichen stehen einander zu je zwei in einem Kreuz gegenüber, das aus der Achse Widder - Waage - den Zeichen der Tag-und-Nachtgleiche - und der Achse Krebs - Steinbock - den Zeichen der Sommer- und Wintersonnenwende gebildet wird. Alle vier Zeichen werden von ihrer Leidenschaftlichkeit bewegt.

Der Widder ist leidenschaftlich erfüllt von der Lust an der Aktion. Seine Spontaneität wird gespeist von seiner Willenskraft.

Die Waage, ihm gegenüber steht, liebt leidenschaftlich die Gerechtigkeit; sie ist auf der Gefühlsebene spontan und verkörpert den goldenen Mittelweg.

Der Krebs gibt sich leidenschaftlich der Erinnerung hin; spontan ist er in seinen Fantasieschöpfungen. Er verkörpert die Beharrungskraft.

Der Steinbock vertieft sich leidenschaftlich; spontan ist er da, wo es um Reflexion geht. Er verkörpert die Widerstandskraft.

Die Fix-Zeichen

Das feste (fixe) Viereck besteht aus Stier, Löwe, Skorpion und Wassermann.

Wer unter diesen Zeichen geboren ist, erreicht seine Ziele durch Ausdauer und Beharrlichkeit. Der Erfolg stellt sich bei ihm ein, weil er auch über lange Zeiträume hinweg Durchhaltekraft besitzt. Menschen des festen Vierecks sind zielbewusst und in diesem Sinne zukunftsorientiert. Ihre positiven Eigenschaften sind Beständigkeit und Verlässlichkeit, ihre negativen Starrköpfigkeit und Steifheit. Sie lassen sich nicht leicht ablenken, wenn sie sich einmal etwas in den Kopf gesetzt haben. Auf allen Lebensgebieten, in denen im Horoskop die festen Zeichen Bedeutung haben, wird der Native anhaltende Anstrengungen unternehmen.

Die vier fixen Zeichen stehen sich in zwei Paaren in einem Kreuz gegenüber, das gebildet wird aus der Achse Stier - Skorpion, der "Zeugungsachse" oder der "Achse der Sexualität" und aus der Achse Löwe - Wassermann (Tier zu Mensch/Engel). Alle vier sind von der Aktion bestimmt.

Beim Stier geht es ums Bauen. Er hat die Hände eines Kunsthandwerkers. Er stellt sich in den Dienst des Lebens, der Lebenslust.

Die Aktion des Skorpions besteht vor allem im Zerstören, damit etwas Neues, Anderes wieder aufgebaut werden kann. Er hat die Hände des Chirurgen; er dient dem Leben - Tod und dem Schmerz.

Wenn der Löwe agiert, so herrscht er. Seine Hand wird durch das Zepter verlängert; seine Kraft liegt in seiner Autorität, in seiner Entschiedenheit.

Wenn der Wassermann handelt, so ist es eine Art des transpersonellen "Herrschens" im Sinne von Vorangehen und Verbinden, ihm sind die Hände ineinandergelegt. Seine Kraft liegt im Wissen und im Verantwortungsgefühl für das Ganze.

Die Beweglichen-Zeichen

Die Zeichen Zwillinge, Jungfrau, Schütze und Fische bilden das bewegliche Viereck.

Sie zeigen eine Fülle von Erfahrungen an, die auf allen möglichen Gebieten gesammelt und genützt werden, sowie eine dazugehörige geistige Beweglichkeit. Bei Betonung der beweglichen Zeichen zeigt sich eine gute Anpassungsfähigkeit. Die Menschen des beweglichen Vierecks sind fähig, sich wie ein Chamäleon ihrer Umgebung und den Umständen anzugleichen. Sie können, wenn es darauf ankommt, äußerst flexibel und einfallsreich sein.

Positiv gesehen, könnte man sie ideenreich und anpassungsfähig nennen, negativ gesehen, können sie nervös sein, zu sehr besorgt und unfähig, in der Gegenwart zu leben. Jedenfalls wird ein Mensch in allen Bereichen, deren entsprechende Häuser (Felder) mit beweglichen Tierkreiszeichen besetzt sind, Anpassungsfähigkeit zeigen.

Die vier beweglichen Zeichen stehen einander paarweise in der Achse Zwillinge - Schütze und der Achse Jungfrau - Fische gegenüber. Alle vier lieben das Spiel und stehen damit in Beziehung zur äußeren Welt.

Der Zwilling stellt die Beziehung zwischen dem Fernen und dem Nahegelegenen her. Er beginnt irgendwo in der Weite und kommt zum Ausgangspunkt zurück. Er ist Opportunist im positiven wie negativen Sinn.

Der Schütze stellt die Beziehung zwischen dem Nahegelegenen und der Ferne her; er beginnt dort, wo er ist, um in die Ferne zu schweifen. Er ist Idealist.

Die Jungfrau stellt die Beziehung zwischen den Dingen her, die ihr nahe sind. Sie bleibt, wo sie ist; sie ist Realistin.

Der Fische-Mensch sieht Beziehung nur in der Weite. Dort verharrt er; er ist "Irrealist".

All diese Zeichen haben jedoch ein Doppelantlitz, sie stehen im beständigen Austausch miteinander, sehen einander immer wieder an und nehmen Charakteristika des gegenüberliegenden Zeichens an. So können die Zwillinge zu Idealisten werden, der Schütze zum Opportunisten, die Jungfrau kann etwas vom Irrealismus der Fische annehmen, die Fische können realistischer werden. Bei ihnen ist nie etwas fixiert, denn als bewegliche Zeichen sind sie wirklich immer in Bewegung. Daher rührt ihre Komplexität und die Schwierigkeit, ihre Persönlichkeit wirklich zu erfassen.

Die Sexus-Zuordnung: Männliche und weibliche Zeichen

Einteilung in männliche und weibliche Zeichen

Die Tierkreiszeichen werden auch in männliche (oder positive) und weibliche (oder negative) Zeichen unterteilt.

Als männliche/positive Zeichen werden die Feuer- und Luftzeichen angesehen. Sie umfassen die ungerade nummerierten Tierkreiszeichen (Widder, Zwillinge, Löwe, Waage, Schütze, Wassermann) und entsprechen den Häusern 1, 3, 5, 7, 9 und 11. Die unter diesen Zeichen Nativen sind "aggressiv", ergreifen gern von sich aus die Initiative; sie bevorzugen zielstrebiges Handeln, statt passives Abwarten. In allen Lebensbereichen, die in Ihrem Horoskop durch positive Zeichen besetzt sind, werden Sie am ehesten die Initiative ergreifen oder Ihre Ziele aktiv verfolgen.

Ein starkes Überwiegen von Planeten in männlichen Zeichen deutet auf eine Persönlichkeit, die sich aus eigener Kraft vorwärts bringt und dazu neigt, "den Stier bei den Hörnern zu packen". Im Horoskop eines Mannes ist eine solche Betonung tendenziell günstig, in dem einer Frau jedoch zeigt sie an, dass sie mehr zu aggressivem Verhalten neigt, als das beim weiblichen Geschlecht für angemessen gehalten wird, sie wird ihre Weiblichkeit stärken "müssen".

Als negative oder weibliche Zeichen gelten alle jene, die zum Erd- und Wasserdreieck gehören. Es sind dies die geraden Nummern des Zodiaks (Stier, Krebs, Jungfrau, Skorpion, Steinbock, Fische), die den Häusern 2, 4, 6, 8, 10 und 12 entsprechen.

Die negativen/weiblichen Zeichen drücken Passivität aus. Obwohl Menschen, die unter ihnen geboren sind, natürlich aktiv handeln können, warten sie tendenziell doch lieber ab und lassen die Dinge an sich herankommen, bevor sie sich zum Handeln entschließen. Sie verhalten sich in diesem Sinne passiv und "antworten" eher auf das mehr oder weniger zufällige Geschehen. Sie haben eher die Tendenz, Dinge, die sie wünschen, anzuziehen, als sich aufzumachen und zu versuchen, sie zu erobern.

Wenn eine starke Planetenbetonung der negativen, passiven Zeichen vorliegt, wird diese Persönlichkeit wahrscheinlich weniger Aggressionen und Initiative zeigen, jedoch eine große Stärke im geduldigen Abwarten aufweisen. Eine Betonung dieser Zeichen im weiblichen Horoskop wird als angemessen betrachtet, es macht besonders feminin; im Horoskop eines Mannes kann sie jedoch "Verweiblichung" und Mangel an Initiative, Angriffslust und Unternehmungsgeist bedeuten. Es geht bei der obigen Betrachtung um Unterschiede zwischen männlichen und weiblichen Prinzipien.

Was symbolisiert das Feuer? Eine aktive Seelenverfassung, das Bedürfnis, schöpferisch zu sein, etwas auf die Beine zu stellen, vorwärts zu drängen, Risiken einzugehen, aber auch den Mangel an Maß und Mitte, die Gefahr, sich die Finger zu verbrennen, Impulsivität, Gewalttätigkeit. Die Luft symbolisiert die Zirkulation von Ideen, den Schritt ins soziale Leben, Intellekt, die Kommunikation. Aber auch die "Verkopftheit" des bloß abstrakten Denkens, die Unausgeglichenheit, die Vorliebe für Ideen auf Kosten des Handelns.

Aus der Verbindung beider Elemente ergibt sich ein recht anschauliches Muster des männlichen Prinzips, das vom Bedürfnis geprägt ist, stets neues zu (er)finden, das immerzu Pläne macht, dem es um Fortschritt und den Bezug zum gesellschaftlichen Leben geht. Es ist ganz Aktion, ganz Kopf.

Das Weibliche findet seinen Ausdruck in den Elementen Erde und Wasser.

Die Erde: jene Kraft, die hervorbringt, die das Gleichgewicht erhält, die bewahrende Kraft. Sie war es, die die frühen Menschen als Erdgöttin, Göttinmutter oder Große Göttin verehrten, denn sie symbolisierte den Fortbestand des Lebens, das Schöpferische an sich (und nicht den Trieb, schöpferisch zu sein), die Fruchtbarkeit, Tod und Wiedergeburt, die Mysterien des Lebens in seiner Unwandelbarkeit. Die Frau ist so die ewige Wiederkehr von Leben und Tod, die Furcht einflößende Macht des Mütterlichen. Ohne sie, ohne die irdische Konkretisierung, den Boden unter den Füßen, ist der Mann mit all seinem Feuer, all seiner Luftigkeit nichts, er bringt ohne sie nichts zu Stande. Das Wasser symbolisiert die Kraft des Unbewussten, die Welt der Gefühle, der Empfindung und des Traums, des Spürens und der rezeptiven Seelengestimmtheit. Es ist das typisch Weibliche, das den Mann anzieht und ihn zwingt, sich in die verborgenen Bereiche seines eigenen Unbewussten zu wagen, ihn in den Netzen der Sirene fängt, ihm Einblick in jenes fein gesponnene Universum gewährt, in dem nicht der Gedanke, sondern die Empfindung und Empfindsamkeit herrschen und aus dem auch er schöpfen wird, wenn er etwas hervorbringen will. Das Wasser ist die faszinierende Welt der Frau, in der sich der Mann verlieren oder erneuern kann, während die Erde nichts sein will als Festigkeit und Dauer. An diesen Ausführungen lässt sich erkennen, dass man schon an der Verteilung der Planeten in den Elementen im Augenblick der Geburt das seelische Wesen des Einzelnen, das Vorherrschen des Archetypischen ablesen kann.

Doch auch hier ist eine Nuancierung wichtig, denn jedes weibliche und jedes männliche Zeichen wird diese Eigenschaft auf seine eigene Weise leben, jedes wird anders getönt sein.

Die männlichen Zeichen

Der von Mars beherrschte Widder ist ein rein männliches Zeichen, das männlichste von allen, für das "Männlichkeitskult" kein leeres Wort ist. Seine Virilität ist für ihn etwas sehr Wesentliches, wenn nicht das Wichtigste überhaupt. Er ist der "Krieger" im Tierkreis, der Wagemut und den Kampf, der seiner Feuer- und Marsnatur gemäß ist, symbolisiert.

Der Zwilling, beherrscht von Merkur und ein Doppelsymbol ist vieldeutiger. Merkur ist ein männlicher, aber luftiger Gott, für den Intelligenz mehr zählt als Aktion. Dem Kriegsgeschrei des Widders kann er nichts abgewinnen. Sein androgynes Wesen erlaubt ihm zudem, weniger frauenfeindlich zu sein als der Widder.

Der von der Sonne regierte Löwe ist ebenfalls ein männliches Feuerzeichen. Er ist der sich seiner Kraft Bewusste, der wohl erkennt, welche Ausstrahlung er hat, der beschützend, schön und aller weiblichen Huldigung würdig ist. Sein Narzissmus ist beachtlich.

Die Waage ist ein männliches Zeichen trotz seines weiblichen Namens und fast ein Widerspruch, sie ist von allen männlichen Zeichen das am wenigsten "virile". Sie wird von Venus beherrscht und daher rührt auch ihre Ambivalenz. Als Luftzeichen fühlt sich die Waage, ganz wie die Zwillinge, fern vom männlichen Kampf. Der waagegeborene Charmeur versteht die Frauen sicher am besten und liebt sie am meisten; auch ist er am künstlerischsten, da er zugleich die Intelligenz der Luftzeichen und die venushafte Sensibilität besitzt. Er hat viele Trümpfe, denn er versteht es, seinen Charme in den Dienst seiner Ideen zu stellen.

Der Schütze ist ein Feuerzeichen, das von Jupiter (Jovis) beherrscht wird. Auch hier haben wir wieder den jovialen "starken Mann", den pater familias, den Menschen, der gerne das Leben der anderen in die Hand nimmt und sie beschützt, ohne jedoch Widerspruch zu dulden; er übernimmt gern Verantwortung, oft sogar die der anderen.

Das letzte männliche Zeichen, der Wassermann, ist von Uranus beherrscht und gehört dem Reich der Luft an. Hier sind wir in der Welt der Ideen, des Erfindungsgeistes, des Planens und des Fortschritts, den Männer so lieben. In gewisser Weise kann man vom Wassermann sagen, dass er der zivilisierte Mensch ist. Er lebt in der dünnen Luft der Abstraktion und braucht erdhafte Unterstützung, die ihm hilft, seine Ideen zu verwirklichen und über dem Nachdenken nicht das Essen und Schlafen zu vergessen.

Von allen männlichen Zeichen sind die Feuerzeichen die männlichsten; zu ihnen würde eine Wasserfrau passen, denn sie würde es verstehen, "ihn" zu bewundern und von ihm die Hilfe und den Schutz zu erwarten, die er so gerne gibt, sie wüsste, wie sie Liebe in ihm wecken kann. Männer mit Luft-Zeichen stellen eher ihre Intelligenz in den Vordergrund; für sie wären Partnerinnen mit Erdzeichen günstig; sie würden ihnen ermöglichen zu konkretisieren, was ohne sie nur abstraktes Gedankenspiel und Planen bliebe

Die weiblichen Zeichen

Stier ist sicher eines der weiblichsten Zeichen des Tierkreises, denn es verkörpert zum einen die Kraft der Erde, ihre Fruchtbarkeit und zum anderen ist es von Venus beherrscht, dem Planeten, der die Liebe symbolisiert und der so sehr zu bezaubern vermag. Die Stier-Frau ist in der Lage diese Register zu ziehen.

Krebs ist ein vom Mond beherrschtes Wasser-Zeichen. Hier finden wir die extreme Weiblichkeit, wie es manche Männer lieben: die Kindfrau, lieblich, reizend, kapriziös, launenhaft und verträumt, ganz Gespür, mütterlich, hausfraulich. Oder auch die geheimnisvolle Frau, die Frau "für die Nacht", ein wenig Vamp, faszinierend und fremdartig, eine Mischung aus Hexe und Medium und die Krebs-Frau kann all das abwechselnd sein, je nachdem, mit welchem Mann sie es zu tun hat, je nachdem, was er in ihr wachruft.

Die Jungfrau-Geborene ist die pflichtbewusste Frau schlechthin. Sie ist Demeter, die Göttin der Fruchtbarkeit, der Ernte, die dafür sorgt, dass die Menschen Brot und Früchte haben. Sie ist die hingebungsvolle Frau, die ihr Leben in den Dienst an den anderen Menschen stellt, die sich ihren Kindern aufopfert, ihrem Mann, ihren Eltern, kranken Menschen in ihrer Umgebung. Auf sie kann man sich verlassen, denn sie hat die Erd-Kraft; Merkur jedoch gibt dem Zeichen gleichzeitig eine gewisse Vieldeutigkeit und öffnet es der Welt des Verstandes.

Skorpion ist ein von Pluto beherrschtes Wasser-Zeichen. Es gilt als ein geheimnisvolles Sternzeichen; oft symbolisiert es den beunruhigenden, faszinierenden und verwirrenden Aspekt des Weiblichen. Da Pluto als Herrscher des Zeichens zugleich Herrscher über das Reich der Unterwelt und der Sexualität ist, die Skorpion-Frau ist "Weib" in einem sexuellen Sinn. Zugleich aber ist sie das Wesen, das den Mann dazu zwingen kann, in sein eigenes Unbewusstes hinabzutauchen, die verborgen in ihm ruhenden Kräfte zu entdecken und seiner eigenen Angst Herr zu werden.

Die Steinbock-Frau ist die Geheimnisvolle, sie gibt sich weniger hin, ist eher für sich selbst da. Sie besitzt die ganze Kraft der Erde, ihr Gleichgewicht, ihre Langsamkeit, ihre Macht, die in die Tiefe geht, ihre Dauerhaftigkeit; alles Werte, die Saturn, der Herrscher des Zeichens, noch verstärkt. "Weiblich" im klassischen Sinn ist sie weniger, weil sie nicht zu verführen versucht. Doch durch ihren saturnbetonten Anspruch gelingt es ihr, den Mann auf den Boden zu bringen, ihn zu komplementieren.

Die Fische-Frau, das letzte weibliche Wasser-Zeichen, von Neptun beherrscht, verkörpert die Frau, die unmittelbaren Zugang zum Reich des Unbewussten und des Unterbewussten hat. Sie fühlt sich im Bereich des Irrationalen zu Hause, "wie ein Fisch im Wasser", sie lebt in einer Realität, die jenseits des Alltäglichen ist, jenseits unserer konkreten, kausalen, in sich geschlossenen Welt. Sie geht gleichsam mit schlafwandlerischer Sicherheit über das Wasser in ihrem selbstgewissen Glauben an ein Jenseits, das greifbarer für sie ist als die Wirklichkeit der gegenständlichen Welt. Sie ist wie die Sirene, das Wesen, das den Mann lockt und fasziniert, da sie ihm das enthüllt, was er mit seinem Feuer und seiner Erde nie entdecken wird.

Frauen in einem männlichen (Feuer- oder Luft-) Zeichen), Männer in einem weiblichen (Wasser- oder Erd-) Zeichen

Die Widder-Frau beispielsweise wird notwendigerweise eine tendenziell "männliche Frau" sein, ein "tapferer Soldat", mutig und aktiv, leidenschaftlich und eroberungswillig. Sie wird die Männer im Sturm nehmen, sie wird sich für die Rechte der Frauen kämpferisch einsetzen und sich zu Recht in der Lage sehen, zu vollbringen, was sonst in die Domäne der Männer fällt. Schwierigkeiten wird sie eher im Gefühlsbereich haben. Wenn sie nicht riskieren will, aus ihrem Haus ein Schlachtfeld zu machen wird sie den Feuer-Mann meiden. Sie wird sich einen komplementären, einen tendenziell weiblicheren Mann suchen, einen Mann, der es liebt, eine aktive, fähige Partnerin zu finden.

Die Zwillinge-Frau entspricht eher einem androgynen Wesen. Sie ist lebhaft, humorvoll, geistvoll, eine wunderbare Komplizin, sie sollte jedoch darauf achten nicht zu kumpelhaft zu sein, um immer noch ein gewisses Geheimnis, Rätsel für den Mann zu bleiben.

Die Löwe-Frau ist die ideale Gefährtin für einen ehrgeizigen Mann: sie wird ihn nach Kräften antreiben, der Mann wird immer Grund haben, stolz auf sie zu sein. Sie hat etwas sehr Einnehmendes und verfügt über eine starke Anziehungskraft; die Männer fliegen auf sie.

Auch die Waage-Frau zieht alle Register. Als Venus dominierte ist sie schön, sensibel, sentimental und verführerisch, doch da sie zu einem männlichen Zeichen gehört, hat sie die Fähigkeit ganz unmerklich ihre Partner so lenken, wie es ihr gefällt. Weil sie so viel Charme hat, lässt man ihr alles durchgehen. Mit ihrer Intelligenz wird sie es verstehen, sich verständnisvoll zu zeigen, herzlich; da sie sich wirklich für die anderen Menschen interessiert, kann sie ihnen auch viel geben.

Die Schütze-Frau ist eine Amazone, ziemlich geheimnisvoll und von der Welt und allen Formen des Abenteuers angezogen. Sie wirkt ebenso lässig, wenn sie sich ein Pferd gefügig macht oder einen Mann. Dennoch sieht sie in ihm auch ganz gern ihren "Herrn". Ihr Seelenleben ist nie einfach, sobald bei ihr wirklich Gefühl im Spiel ist.

Die Wassermann-Frau interessiert sich für viele Dinge und hält leidenschaftlich an ihrer Unabhängigkeit fest. Paradoxes ist ihr recht vertraut und ihr Gefühlsleben ist fast immer recht sprunghaft, denn was sie sich ersehnt, ist nicht zu verwirklichen: Sie will eine große Leidenschaft leben, doch ihre Freiheit dabei nie aufgeben.

Der Stier-Mann hat, als Erd-Zeichen, beachtliche Möglichkeiten, Dinge zu realisieren. Er wird immer auch seine Intuitionsgabe nutzen. Seine Sensibilität ermöglicht es ihm oft, sich durch eine künstlerische Aktivität zu verwirklichen. Er ist der Natur und seinen eigenen Rhythmen nahe. Er liebt die Frauen.

Der Krebs-Mann, als Wasser-Zeichen, bleibt stark mit seiner Kindheit verbunden und hat eventuell Schwierigkeiten, die Nabelschnur zu seiner Mutter zu zertrennen. Er besitzt einen gefühlvollen Charakter, hat eine poetische Ader, strahlt Charme aus und verträgt eine energische Frau an seiner Seite.

Der Jungfrau-Mann, ein Erd-Zeichen, ist realistisch und aktiv, egoistisch und hingebungsvoll und ein wenig manieriert. Er hängt sehr an seiner Sicherheit, großartige ungesicherte Projekte sind nicht so seine Sache; der Sinn fürs Abenteuer geht ihm eher ab.

Der Skorpion-Mann, ein Wasser-Zeichen, wird von den unterirdischen Kräften seiner Seele oft gequält, überrollt. Pluto verleiht ihm eine bemerkenswerte Energie und wenn es ihm gelingt, die weibliche Wasser-Natur und die plutonische Macht in sich zu versöhnen, kann er große Dinge vollbringen.

Der Steinbock-Mann in diesem Erdzeichen entrinnt seinen Frustrationen durch seinen Ehrgeiz oder versucht es zumindest: er findet Geschmack an der Macht und wenn er Macht ausübt, fühlt er sich in den eigenen Augen männlicher. Rückzug in die Einsamkeit, Arbeit und Nachdenken erlauben es ihm, seine ehrgeizigen Pläne zu verwirklichen.

Der Fische-Mann besitzt eine außerordentlich weibliche Seele, wirkt oft mystisch, ist sehr fasziniert vom spirituellen Leben, zugleich sinnlich und frei von Bindungen. Oft wird er aber in seiner Schwäche von Gefühlen überrollt; sein innerer Halt ist nicht so stabil. Die Frauen lieben ihn, denn er versteht sie.

Die Häuser

Die Häuser (auch Felder genannt) unterteilen das Horoskop in zwölf Abschnitte. Jedem Haus wird ein Zeichen des Tierkreises zugeordnet. Im Unterschied zu den Tierkreiszeichen, die durch die Jahresbewegung der Erde um die Sonne bestimmt werden, entsprechen die Häuser dem 24-stündigen Tageszyklus, in dem die Erde sich einmal um ihre eigene Achse dreht. Die Trennungslinien zwischen den zwölf Häusern werden ebenfalls Spitzen genannt. Die Spitze des ersten Hauses wird durch den Aszendenten bestimmt. Es ist als der Punkt im Raum definiert, an dem der Osthorizont am Geburtsort zum Zeitpunkt der Geburt die Ekliptik schneidet. Entsprechend der Eigenrotation der Erde wechselt die der "Ostpunkt" oder Aszendent (= Aufgangspunkt) jede halbe Stunde. Der Osthorizont durchläuft deshalb jedes der zwölf Tierkreiszeichen binnen 24 Stunden. Zur Häuserberechnung ist die Bestimmung des Aszendenten anhand der genauen Geburtszeit und des Geburtsortes Voraussetzung.

Der Aszendent (das aufsteigende Zeichen) gibt an, wie sich die Persönlichkeit zeigt, ihre typischen Eigenschaften, Fähigkeiten und Erscheinungsformen. Er beschreibt auch das frühkindliche Milieu der betreffenden Person.

Auf dieses erste Haus folgen die restlichen elf Häuser, wobei jedes ein anderes Lebensgebiet repräsentiert, wie Besitzverhältnisse, Heirat, Beruf, Heim, Freundschaften usw.

Die wichtigsten vier Häuser (Felder)

... werden Kardinal- oder Eckhäuser (-felder) genannt und (i.d.R.) mit römischen Ziffern I, IV, VII und X bezeichnet. Es sind dies:

- die Spitze des ersten Hauses wird durch den Ostpunkt oder Aszendenten bestimmt
- die Spitze des vierten Hauses wird durch den IC bestimmt (lat. Imum coeli, d. h. die Himmelstiefe ist der Punkt, wo die Meridianebene unterhalb der Horizontebene die Ekliptik schneidet)
- die Spitze des siebten Hauses wird durch den Westpunkt oder Deszendent bestimmt (d. h. der Untergangspunkt der Gestirne am Westhorizont. Er liegt am Schnittpunkt des westlichen Horizonts mit der Ekliptik)
- die Spitze des zehnten Hauses wird durch den MC bestimmt. (lat. Medium coeli, d. h. die Himmelsmitte. Der MC ist der Punkt, wo der Meridian - die Senkrechte zum Horizont vom Nordpunkt durch den Zenit bzw. den Scheitelpunkt des Himmels über dem Beobachter zum Südpunkt, dem Nadir, führt - die Ekliptikebene schneidet)

Die restlichen acht Häuserspitzen sind zwischen diesen Eckfeldspitzen in Abständen (abhängig vom Häusersystem Koch oder Placidus) verteilt.

Die Häuser/Felder und ihre Bedeutung

Eine wichtige Rolle für die Interpretation eines Horoskops spielen die 12 Felder (oder Häuser), die sich auf die verschiedenen Lebensbereiche des Nativen beziehen und sozusagen den "irdischen" Schicksalskreis darstellen. Aus den Häusern ersieht man, wie sich die typischen Eigenschaften eines Menschen, die durch Tierkreiszeichen und Planeten angedeutet sind, in seinem täglichen Handeln und Erleben ausdrücken. Die astrologischen Häuser (Felder) zeigen, wie die Schwingungsmuster, die von Planeten und Tierkreiszeichen zusammen gebildet werden, funktionieren. Das an der Spitze jedes Hauses stehende Tierkreiszeichen bestimmt, in welcher Weise sich im Leben des Individuums der durch das betreffende Haus angezeigte Lebensbereich gestalten wird. Die Erde ist der Ort, wo wir unser Leben leben; sie ist der entscheidende Faktor für die alltägliche, praktische Verwirklichung der andern astrologischen Kräfte.

Die Häuser (Felder) werden durch Raumkoordinaten bestimmt, welche Tierkreiszeichen- und Planetenstellungen auf die Horizontebene des Geburtsortes ausrichten. Die Schnittpunkte dieser Horizontebene mit der Ekliptik sind im Osten der Aszendent und im Westen der Deszendent. Dazu kommen die beiden Schnittpunkte der Meridianebene mit der Ekliptik, der obere, MC (Medium coeli), der untere, IC (Imum coeli).

Aszendent (Spitze des I. Hauses), IC (Spitze des IV. Hauses), Deszendent (Spitze des VII. Hauses) und MC (Spitze des X. Hauses) sind die vier Angelpunkte (lat.: Cardo) des Horoskops, die so genannten "Eckfeld"-Spitzen, die als die wichtigsten und empfindlichsten Punkte des Geburtsbildes angesehen werden. Die übrigen acht Häuserspitzen teilen die vier Quadranten - die Räume zwischen den Eckfeldspitzen - in drei Sektoren (Kreisabschnitte) von annähernd gleicher Größe, die so genannten Häuser (Felder). Die vier Quadranten mit je drei Häusern ergeben zusammen die zwölf Häuser (Felder) des Horoskops. Sie werden, beginnend mit dem Aszendenten, entgegen dem Uhrzeigersinn nummeriert und umfassen im Prinzip je einen Zwölftelabschnitt des Kreises, was in unseren geografischen Breiten zwischen 15 und 45 Grad variiert.

Wenn die Geburtszeit nicht bekannt ist, kann die Stellung der Sonne als Aszendent angenommen werden. Bei dieser Art von "Sonnenhoroskop" kommt allerdings vorwiegend zum Ausdruck, wie sich die Angelegenheiten der Persönlichkeit von der schöpferischen Selbstdarstellung her entfalten und nicht von der Umweltsituation her, wie das bei den normalen Häusern der Fall wäre.

Die im Folgenden angeführte Zuordnung von Zeichen und Planeten entspricht der des "natürlichen Tierkreises". Im individuellen Horoskop ist die Verteilung selbstverständlich jeweils anders.

Die ersten sechs Häuser (Felder) des Horoskops haben eine persönliche Bedeutung. Das erste Haus hat mit dem Selbst zu tun, das zweite mit Erwerb, das dritte mit praktischem Denken, das vierte mit einer persönlichen Ausgangsbasis, das fünfte mit schöpferischer Selbstverwirklichung und das sechste mit Selbstverbesserung durch Arbeiten und Dienen. Der größere Teil unseres Lebens jedoch betrifft Beziehungen zu anderen Menschen und zur menschlichen Gesellschaft im weitesten Sinne. Die zweiten sechs Häuser des Horoskops haben nun mit zwischenmenschlichen Gruppenbeziehungen zu tun.

Die zweiten sechs Häuser (Felder) und die letzten sechs Zeichen des Tierkreises geben die Bedeutungen der ersten sechs Häuser (Felder) und Zeichen, vom Standpunkt der Gruppe oder von einem gesellschaftlichen Rahmen her gesehen, wieder. Sie zeigen die Reaktion, das Benehmen und die Anpassung des Einzelnen innerhalb der menschlichen Gemeinschaft.

Die genaue Bedeutung finden Sie im II. Kapitel im Abschnitt "Häuser"

Die Aspekte

Die acht Planeten, mit denen wir es in der Astrologie - neben Mond und Sonne - zu tun haben, bewegen sich alle mit verschiedenen Geschwindigkeiten ungefähr in der gleichen Raumebene um die Sonne. Als Ergebnis dieser Planetenbewegungen bilden sich zwischen einzelnen Planeten, von der Erde aus gesehen, verschiedene Winkel, die man in Grad (°), Minuten (') und Sekunden (") misst. So wie man in der Geometrie einen Winkel an dem Teil eines Kreisbogens misst, der zwischen zwei sich im Mittelpunkt schneidenden Geraden liegt, so ergibt sich für die Astrologie das Winkelmaß zwischen zwei Planeten aus der Neigung zweier gedachter Geraden, deren Schnittpunkt der Geburtsort auf der Erde ist.

Diese Winkelverbindungen zwischen Planeten werden Aspekte genannt, wobei solche Winkel entweder von zwei Planeten zueinander oder von einem Planeten zu einem bestimmten Punkt im Horoskop (z. B. einer Häuserspitze) gebildet werden können.

Bestimmte Winkelverbindungen spielen eine besonders wichtige Rolle, nämlich die Winkel von 0°, 60°, 90°, 120° und 180°. Sie sind die fünf so genannten Hauptaspekte, die als Konjunktion, Sextil, Quadrat, Trigon und Opposition bezeichnet werden. (Es gibt noch einige Nebenaspekte, die in diesem Buch im Abschnitt Aspekte der Vollständigkeit halber aufgeführt, jedoch nicht eingehend behandelt werden)

Aspekt	**generelle Bedeutung**
Konjunktion	wechselnd (Ausdruck, Handlung)
Sextil	günstig (Gelegenheit, Ideen)
Quadrat	ungünstig, disharmonisch (Ziele, Ambitionen)
Trigon	harmonisch (Kreativität, Ausdehnung)
Opposition	gegensätzlich (Beziehungen)

Bei den fünf Hauptaspekten ist eine Abweichung von plus oder minus sechs Grad vom exakten Winkelgrad des Aspekts erlaubt (Orbis genannt, z.B. 6°). Sollten Sonne oder Mond an dem Aspekt beteiligt sein, wird sogar ein Orbis von 10° zugelassen. Eine Anleitung für Deutung und Integration von Aspekten wird im II. Kapitel im Absatz Aspekte gegeben.

Die Konjunktion tritt ein, wenn von der Erde aus gesehen zwei Planeten hintereinander stehen. Bei der idealen Konjunktion bestehen 0° Abstand. Allerdings haben alle Aspekte eine gewisse Abweichung (Orb oder Orbis genannt), innerhalb dessen der Aspekt immer noch gilt.

Die Konjunktion ist ein dynamischer Aspekt, weil sie eine stark konzentrierte Ausdrucksmöglichkeit darstellt, verbunden mit einer Tendenz zum unmittelbaren Handeln und zur dramatischen Selbstdarstellung. Die beiden Planeten in Konjunktion zeigen eine ganz bestimmte Eigenart der betreffenden Person.

Das Sextil ist ein Sechstelkreis (360 / 6), er umfasst 60°. Die Stellung eines Planeten in einem Zeichen wird in Grad und Minuten angegeben, die er von der Spitze dieses Zeichens entfernt steht. Diese Zahl kann 30° 0' nie überschreiten, weil jedes Zeichen nur dreißig Grad umfasst. Planeten, die miteinander ein Sextil bilden, stehen zwei Zeichen voneinander entfernt in ungefähr den gleichen Graden ihrer jeweiligen Zeichen - mit einer Abweichung (Orbis) von höchstens 6°. Steht ein Planet gerade am Anfang des einen Zeichens und ein zweiter ganz am Ende des folgenden Zeichens, kann es vorkommen, dass sie trotzdem noch ein Sextil bilden, das man dann als "verborgenen" Aspekt oder, anders ausgedrückt, als einen Aspekt "außer Zeichen" bezeichnet. In diesem speziellen Fall stehen die beiden Planeten, die das Sextil bilden, in benachbarten Zeichen, während sonst normalerweise mindestens ein Zeichen dazwischenliegt. Das Sextil bedeutet fortwährende Gelegenheiten und Ideen, die, wenn man sie nutzt, zur Verwirklichung der persönlichen Ziele beitragen können.

Das Quadrat ist ein Viertelkreis, ein 90°-Winkel. Die diesen Aspekt bildenden Planeten stehen normalerweise in den annähernd gleichen Graden von Zeichen, drei Zeichen voneinander entfernt (oder zwei Zeichen zwischen sich). Befindet sich nur ein Zeichen dazwischen, spricht man wieder von einem verborgenen Aspekt. Ein Quadrat bezeichnet die Lebensgebiete, auf denen man Veränderungen vornehmen muss und größere Anstrengungen leisten, wenn man hier einen Gewinn erzielen will.

Das Trigon ist ein Drittelkreis, ein Winkel von 120°. Die Planeten eines Trigonaspekts stehen gewöhnlich in entsprechenden Graden von Zeichen, die vier Zeichen voneinander entfernt sind (oder drei Zeichen zwischen sich haben). Bilden sie einen verborgenen Aspekt, liegen nur zwei Zeichen dazwischen. Das Trigon bedeutet schöpferische Kraft und Ausdehnung. Dieser Aspekt wird allgemein als der harmonischste und glückhafteste angesehen.

Die Opposition bezeichnet eine Winkelbeziehung von 180° zwischen zwei Planeten, entspricht also einem Halbkreis. Die beiden Planeten stehen gewöhnlich in entsprechenden Graden zweier sich im Tierkreis gegenüberliegender Zeichen, sodass sie automatisch sechs Zeichen auseinanderliegen oder fünf Zeichen zwischen sich haben. Bei einem verborgenen Aspekt liegen nur vier Zeichen dazwischen. Eine Opposition zeigt eine Situation an, in der man zusammenarbeiten oder sich trennen muss.

Bei der Berechnung der Aspekte spielen immer nur die Zeichen eine Rolle, nicht die Häuser (Felder), die ja bedeutend mehr oder weniger als 30 Grade umfassen können. In dem allgemein verwendeten Häusersystem nach Placidus kann in extrem nördlichen Breiten ein Haus zwei Zeichen enthalten oder ein Zeichen gleichzeitig an den Spitzen zweier Häuser (Felder) stehen.

II. Kapitel - Das Horoskop

Der Zodiak

Ekliptiklänge der Tierkreiszeichen und Sternbilder

Tierkreiszeichen	Sternzeichen	Sternbild (astron.)
Widder (Aries, Ram)	0° - 30°	29° - 53°
Stier (Taurus)	30° - 60°	53° - 59°
Zwillinge (Gemini)	60° - 90°	89° - 117°
Krebs (Cancer)	90° - 120°	117° - 138°
Löwe (Leo)	120° - 150°	138° - 173°
Jungfrau (Virgo)	150° - 180°	173° - 219°
Waage (Libra)	180° - 210°	219° - 237°
Skorpion (Scorpio)	210° - 240°	237° - 268°
Schütze (Sagittarius)	240° - 270°	268° - 298°
Steinbock (Capricorn)	270° - 300°	298° - 326°
Wassermann (Aquarius)	300° - 330°	326° - 351°
Fisch (Pisces)	330° - 360°	351° - 29°

An der Gegenüberstellung ist erkennbar, wie sehr sich die Sternbilder in Bezug auf den Tierkreis verschoben haben. Außerdem wird deutlich, dass die Sternbilder sehr unterschiedlich groß sind und sich schon von daher nie mit den Tierkreisabschnitten gedeckt haben.

Der Tierkreis ist identisch mit der Ekliptik bzw. der Bahn, die die Sonne scheinbar beschreibt.

ABB

Der Tierkreis wird kreisförmig dargestellt (früher quadratisch gezeichnet). Süden ist im Schaubild oben. In der Aufsicht liegt links Osten, (Beginn des Abschnitt Widder). Die zwölf Tierkreisabschnitte sind das Maß, das den zwölf Monaten entspricht.

Einteilung nach den vier Jahreszeiten (je drei Abschnitte):

Frühlingsabschnitte sind:
Widder, Stier, Zwillinge

Sommerabschnitte sind:
Krebs, Löwe, Jungfrau

Herbstabschnitte sind:
Waage, Skorpion, Schütze

Winterabschnitte sind:
Steinbock, Wassermann, Fische

Einteilung nach Mobilität (bewegend / kardinal), fest (fix), angleichend):

Die ersten Abschnitte jeder Jahreszeit sind bewegend (kardinal):
Widder, Krebs, Waage, Steinbock

Die mittleren Abschnitte sind fest (fix):
Stier, Löwe, Skorpion, Wassermann

Die letzten Abschnitte sind angleichend:
Zwillinge, Jungfrau, Schütze, Fische

Einteilung nach den vier Elementen (Feuer, Erde, Luft, Wasser):

Feuer:
Widder, Löwe, Schütze

Erde:
Stier, Jungfrau, Steinbock

Luft:
Zwillinge, Waage, Wassermann

Wasser:
Krebs, Skorpion, Fische.

Einteilung in die männlichen und weiblichen Zeichen
Diese wechseln sich wie Tag und Nacht ab. Hierbei sei betont, dass es in der Astrologie nie um nur positive oder negative Aussagen geht, weder bei den Zeichen noch bei den Planeten. Die Einteilung in männlich und weiblich enthält also keine Wertung.

Männlich sind:

Widder, Zwillinge, Löwe, Waage, Schütze, Wassermann.

Weiblich sind:
Stier, Krebs, Jungfrau, Skorpion, Steinbock, Fische.

Übersicht:

Tierkreiszeichen	**Element**	**Eigenschaft**	**Sexus**
Widder	Feuer	bewegend	männlich
Stier	Erde	fest	weiblich
Zwillinge	Luft	angleichend	männlich
Krebs	Wasser	bewegend	weiblich
Löwe	Feuer	fest	männlich
Jungfrau	Erde	angleichend	weiblich
Waage	Luft	bewegend	männlich
Skorpion	Wasser	fest	weiblich
Schütze	Feuer	angleichend	männlich
Steinbock	Erde	bewegend	weiblich
Wassermann	Luft	fest	männlich
Fische	Wasser	angleichend	weiblich

Analoge Zuordnung zu Körperregionen

Auch ordnete man die Tierkreisabschnitte den menschlichen Körperregionen zu. Da das Jahr zu Beginn des Frühlings im Zeichen Widder "geboren" wird, der Mensch aber, bei einer gesunden Geburt, mit dem Kopf zuerst das Licht der Welt erblickt, wird der menschliche Körper von Kopf bis zu den Füßen bildlich auf den Tierkreis übertragen. Und diese Übertragung hat sich in der Praxis bewährt.

Tierkreisabschnitt:	Körperregionen und Funktionen:
Widder	Kopf
Stier	Hals und Nacken
Zwillinge	Arme, Hände, Lungenspitzen
Krebs	Brust, Lunge, Magen
Löwe	Herz und Kreislauf
Jungfrau	Eingeweide und die Verdauung
Waage	Nieren und das Kreuz
Skorpion	Geschlechts- und Ausscheidungsorgane, Unterleib
Schütze	Lenden, Oberschenkel, Hüfte
Steinbock	Knie und Gelenke
Wassermann	Unterschenkel und Kreislauf
Fische	Füße und alle Feinempfindungen

Analoge Zuordnung zu den Bewusstseinszuständen der Menschen:

Tierkreisabschnitt:	Bewusstseinszustände:
Widder	Sehen, Anvisieren, Kampfmut
Stier	Gehör, Natursinn, Sicherungsdrang
Zwillinge	Intellekt, Spreche, Geruch
Krebs	Geduld, Fürsorge, Geschmack
Löwe	Tatkraft, Autoritätsverhalten
Jungfrau	Nervenfunktion, Fleiß, Kritik
Waage	Empfinden, Gefühl, Schönheitssinn
Skorpion	Moral, Todesbeziehung, Telepathie (Gedankenübertragung)
Schütze	Telepathie, Lehren, Gesetzestreue
Steinbock	Zeitablauf, Ordnung, Bedürfnis nach Alleinsein
Wassermann	Intuition, Okkultismus, Neuerungsideen
Fische	Wandlung, Schauspielerei, Religion, Instinkt

Analoge Zuordnung zu den Lebensjahren:

Tierkreisabschnitt:	**Lebensjahre (nicht identisch mit dem Alter):**
Widder	00° - 06°, Wachstum, Formung
Stier	07° - 13° Schulzeit
Zwillinge	14° - 20° Lehrzeit
Krebs	21° - 27° Selbstbewährung bis Heirat
Löwe	28° - 34° Machterreichung, Ansehensperiode
Jungfrau	35° - 41° Arbeitserfüllung
Waage	42° - 48° Erkenntnisse, Ausgleichssehnsucht
Skorpion	49° - 55° Verlusterfahrungen
Schütze	56° - 62° Weisheit
Steinbock	63° - 69° Angehen der letzten Aufgaben
Wassermann	70° - 76° Übergabe der Pflichten, Ruhebeginn
Fische	77° - 84° Abschiedsdenken, Zurückziehen

Die Herrscher (Dispositoren)

Jedes Zeichen wird einem Herrscher zugeordnet. Besser spricht man davon, dass der "herrschende" Planet derjenige ist, der in dem entsprechenden Zeichen seine verwandte Kraft findet.

Das Symbol des Herrschers erscheint in der klassischen Astrologie auch als Symbol der Würde.

Planetendispositor

Der Dispositor oder Herrscher eines bestimmten Planeten ist der Planet, der das Zeichen regiert, in dem sich der beherrschte Planet befindet. Ein Planet, der in dem von ihm regierten Zeichen steht, also z. B. Mars im Widder - hat keinen Dispositor, er beherrscht sich selbst.

Der herrschende Planet hat eine gewisse Bedeutung für die Angelegenheiten, die dem Zeichen und dem Feld unterstehen, in welchem der beherrschte Planet zu finden ist. Zeichen- und Feldstellung sowohl des herrschenden als auch des beherrschten Planeten sind ebenfalls auf subtile Weise miteinander verbunden.

Beherrschen sich zwei Planeten gegenseitig, stehen also wechselseitig einer im Zeichen des andern - z. B. Uranus in den Zwillingen und Merkur im Wassermann - nennt man dies gegenseitige Rezeption. Das bedeutet für beide Planeten zusätzliche positive Kraft und Würde und auch besondere Qualitäten. Sie unterstützen sich gegenseitig in ihren Funktionen.

Es können auch ganze Herrscher- oder Dispositorenketten entstehen, wenn ein herrschender Planet seinerseits von einem andern beherrscht wird und so weiter.

Nehmen wir an, Mars steht in den Zwillingen, so wird er von Merkur, dem Herrscher der Zwillinge, beherrscht. Findet sich nun Merkur im Schützen, dessen Regent Jupiter ist, so wird er von Jupiter beherrscht. Sollte nun Jupiter im Löwen stehen, so ist sein Dispositor die Sonne, die den Löwen regiert. Findet sich die Sonne wiederum in Steinbock, dessen Herrscher Saturn ist, so wird sie von Saturn beherrscht. Und steht Saturn selbst ebenfalls in Steinbock, so ist er der Endpunkt dieser Kette und damit der Enddispositor von Merkur, Mars, Jupiter und Sonne, die eine Kette indirekter Dispositoren bilden. Der Enddispositor einer solchen Kette steht im Zeichen seiner Regentschaft, was ihm besondere Macht und Würde verleiht.

Sollte, was manchmal der Fall ist, nur ein einziger Planet in seinem eigenen Zeichen stehen und zugleich der Enddispositor aller anderen Planeten sein, so kommt ihm eine ungeheure Bedeutung im Horoskop zu. Sein Einfluss wiegt denjenigen eines Geburtsgebieters auf.

Gibt es keinen Enddispositor, so wird der Native Schwierigkeiten haben, sich eine eigene Meinung zu bilden und es mangelt ihm tendenziell an Tat- und Entschlusskraft. Dies kann nur in einem Horoskop der Fall sein, in welchem kein Planet im Zeichen seiner Regentschaft steht.

Manchmal ergeben sich Dispositorenkreise ohne Enddispositoren. Beispiel: Mars in der Jungfrau, Dispositor Merkur in der Waage, Dispositor Venus im Schützen, Dispositor Jupiter im Widder, der nun seinerseits wieder von Mars beherrscht wird, der ja den Anfang der Kette bildet. Selche Kreisketten ohne Enddispositor deuten auf einen Menschen, der dazu neigt, sich im Kreis zu bewegen und Schwierigkeiten hat, zu schlüssigen Entscheidungen zu kommen.

Sind zwei oder mehr Planeten im Horoskop in ihren Herrschaftszeichen und beherrschen einen oder mehrere Planeten, so bilden sie unabhängig voneinander herrschende Machtpositionen, die sich im Leben des Nativen als autonome oder individuelle Verhaltensstrukturen manifestieren. Stehen die Dispositoren in einem Aspekt zueinander, so sind diese Verhaltensstrukturen zu einem erweiterten Muster harmonierender oder widerstreitender psychologischer Tendenzen verbunden.

Ein anderer Spezialfall tritt ein, wenn zwei Planeten in gegenseitiger Rezeption die Enddispositoren der anderen Planeten sind. In diesem Falle wird die Handlungsweise des Nativen von beiden Planeten gemeinsam bestimmt. Sind zum Beispiel Jupiter in Steinbock und Saturn im Schützen die Enddispositoren aller oder der meisten anderen Planeten im Horoskop, muss man ihre Kombination als ausschlaggebend für die Art der Entscheidungen des Nativen betrachten. Dabei kann allerdings auf Grund anderer Faktoren, wie Erhöhung, Fall oder Exil, einer der beiden Planeten dominieren. Befindet sich beispielsweise Mars in Steinbock und Saturn im Widder, so steht der Mars erhöht, Saturn aber im Fall. Marsische Antriebe und Ehrgeiz werden demnach beim Nativen gegenüber den saturnischen Prinzipien der Vorsicht und Zurückhaltung die Oberhand haben. Dazu kommt, dass die beiden Zeichen zueinander einen Quadrataspekt bilden. Mars und Saturn haben in diesem Falle die Tendenz, sich gegenseitig zu bekämpfen. Manchmal sind beide Planeten schwach gestellt, etwa Venus im Skorpion und Mars in der Waage. Nachdem hier beide Planeten im Zeichen ihres Falls stehen und von Grund auf gegensätzlicher Natur sind, werden sie sich gegenseitig neutralisieren oder gegenseitig ihre Schwierigkeiten aufbürden.

Stehen die beiden Planeten, die in Rezeption sind, in verträglichen Zeichen, wie etwa der Mond im Stier und Venus im Krebs, so kann immer noch einer stärker gestellt sein - wie hier der Mond, der im Stier erhöht ist. Oder sie können durch ihre Häuserstellung zusätzliches Gewicht erhalten - etwa wenn der Mond im zehnten Feld stünde und Venus im Zwölften.

Bilden zwei Planeten in Rezeption einen Aspekt zueinander, so ist dieser Aspekt noch stärker als er es sonst wäre. Wenn zum Beispiel Mars auf 10° Löwe und die Sonne auf 12° Widder steht, so erhält dieses Trigon, obwohl es sich um einen in Trennung begriffenen Aspekt handelt, dadurch verstärkte Kräfte, dass die beiden Planeten in Rezeption stehen. Für den Nativen bedeutet dies in unserem Beispiel ungeheuer viel Mut und Energie. Das Sonnenprinzip der Macht und Herrschaft wird allerdings das Marsprinzip der Aktivität etwas dominieren, weil die Sonne im Widder erhöht ist (wenn alle anderen Faktoren für beide Planeten gleichwertig sind und nicht zum Beispiel Mars sehr viel stärker aspektiert ist als die Sonne).

Die Sonne als Enddispositor

Ist die Sonne Endherrscher aller Planeten in einem Horoskop, dominiert der Impuls nach Ansehen, Macht und Prestige alle anderen Fähigkeiten des Nativen, die gesamthaft im Dienste dieses grundlegenden Machthungers eingesetzt werden. Dies kennzeichnet den "Superlöwen", in dem die fundamentalen Qualitäten der Sonne am stärksten und dramatischsten zum Ausdruck kommen. Wie sich beim Nativen diese solaren Löwe-Tendenzen äußern, hängt von der Häuserstellung und der Aspektierung der Sonne ab. Die Nativen können völlig egozentrisch sein. Alles soll sich nur um sie drehen. Sie erweisen sich meist tatsächlich als äußerst begabte Leiter und Organisatoren und gelangen dank ihrer Energie, ihres Mutes und ihres Selbstvertrauens oft zu großem Ruhm. Gelegentlich kann ihre kindliche Unschuld völlig entwaffnend sein, aber sie ist nur eine vorübergehende Szene im Schauspiel und wird von anderen Löwe-Qualitäten wieder abgelöst werden.

Der Mond als Enddispositor

Ist der Mond Endherrscher aller Planeten in einem Horoskop, konzentriert sich Denken und Fühlen des Nativen in erster Linie auf Heim, Familie und gutes Essen. Er trifft seine Entscheidungen vorwiegend auf Grund von Gefühlen und weniger auf Grund rationaler Überlegungen. Er ist eher konservativ und hält sich an ererbte und bewährte Verhaltensmuster. Infolge seiner großen Empfindsamkeit neigt er dazu, sich den Menschen und Geschehnissen in seiner Umgebung gut anzupassen. Oft spielen im Leben des Nativen Frauen eine dominierende Rolle. In welcher Weise sich dies auswirkt, hängt von den Aspekten des Mondes ab, weil der Mond die Eigenschaften jedes Planeten, der ihn stark bestrahlt, annimmt. Da der Mond kein Eigenleben besitzt, wirkt er als Vermittler für die Einflüsse anderer Planeten. Menschen mit dieser Horoskopkonstellation neigen daher dazu, sich von den um sie herum vorherrschenden Einflüssen, die der Natur der den Mond aspektierenden Planeten entsprechen, passiv führen zu lassen. Sie haben häufig mit der Öffentlichkeit zu tun, aber eher in ausführender denn in führender Funktion. Oft sind sie infolge ihrer großen Empfindlichkeit gegenüber äußeren Einflüssen eher scheu und zurückhaltend. Der Einsiedlerkrebs zieht sich in sein Schneckenhaus zurück und verhält sich abwartend, bis es wieder tunlich erscheint, vorwärts zu gehen.

Merkur als Enddispositor

Ist Merkur der Endherrscher aller Planeten in einem Horoskop, kennzeichnet dies Menschen, die ihre Entscheide auf Grund verstandesmäßiger Erwägungen fällen. Diese Nativen unternehmen nichts, ohne dafür gute praktische Gründe zu haben. Es käme ihnen nie in den Sinn zu handeln, ohne zu wissen, weshalb. Manchmal sind sie allerdings allzu sehr darauf bedacht, alles bis ins kleinste Detail gedanklich abklären zu wollen und versäumen dadurch, rechtzeitig zu handeln. Sie vergessen manchmal, dass alles echte Wissen auf Erfahrung und empirischer Beobachtung beruht. Sie sind aber für ihre Intelligenz und wissenschaftliche Haltung dem Leben gegenüber bekannt. Sie gehen erkenntnismäßig an eine Sache heran und verzeichnen dort Erfolg, wo Gewaltanwendung versagt. Verstand und Wahrheitsliebe dominieren gegenüber persönlichen Vorurteilen und Gefühlsrücksichten. Solchen Menschen sind daher die emotionalen Verwirrungen, in die andere Menschen hineingezogen werden, eher fremd. Sie werten die Erfahrungen aus, um zu rationalen Schlüssen zu kommen. Diese Nativen taugen vorzüglich zum Schriftsteller, Lehrer, Forscher und Wissenschaftler und sind fähig, jeden Aspekt des Lebens gedanklich zu ergründen und darüber zu debattieren. Die Kehrseite dieser Veranlagung kann sich darin äußern, dass solche Menschen oft kalt und unnahbar erscheinen und dazu neigen, in einem Elfenbeinturm zu leben.

Venus als Enddispositor

Ist Venus der Endherrscher aller Planeten in einem Horoskop, werden die Entscheidungen des Nativen weit gehend durch die Kriterien der Beliebtheit, Schönheit und Harmonie bestimmt. Menschliche Rücksichten stehen bei diesen Menschen im Vordergrund. Sie sind meist begabte Künstler und Musiker, haben aber auch Geschick für Public Relations und arbeiten gerne partnerschaftlich mit anderen zusammen. Wo gesellschaftliches Feingefühl und Diplomatie von Nöten sind, kann man immer auf sie zählen. In ihrer höchsten Ausdrucksform bedeutet diese Stellung den geborenen Friedensstifter. Er hat die Gabe, andere Menschen zu erheitern und zu erfreuen; er macht die Welt schöner und das Leben lebenswerter. Der Geborene ist romantisch und sucht die Erfüllung in Liebe und Ehe. Das Venusprinzip der Anziehung kommt hier so stark zur Geltung, dass die Nativen von den vielen Menschen, die in ihr Leben treten, geradezu überrannt werden; sie haben gar nicht Zeit, sich allen zu widmen und müssen sich zurückziehen, um ihr eigenes Gleichgewicht wieder zu finden.

Mars als Enddispositor

Ist Mars der Endherrscher aller Planeten in einem Horoskop, huldigen die Nativen dem Erfolgsprinzip und richten all ihre Handlungen und Entscheidungen danach. Diese Menschen sind starke Führernaturen und auf jedem Lebensgebiet fähig, nutzbringend zu handeln. Sie zeichnen sich aus bei der Lösung von Aufgaben, die einen großen Energieaufwand erfordern. In der Regel besitzen sie überquellende Vitalität, Willenskraft und Mut. Kraft Einsatzbereitschaft und harter Arbeit vermögen sie Ideen in die Tat umzusetzen. Handeln ist eines der Attribute von Mars. Ist Mars von einem der höheren aktiven Planeten (Uranus, Neptun und Pluto) günstig aspektiert, sind die Nativen gute Heilpraktiker. Sie neigen allerdings dazu, starke Sympathien und Antipathien zu entwickeln und können sich unter Umständen als gefährliche Feinde entpuppen.

Jupiter als Enddispositor

Ist Jupiter der Endherrscher aller Planeten in einem Horoskop, nimmt der Geborene dauernd auf soziale, philosophische, moralische und religiöse Überlegungen Rücksicht, wenn es gilt, eine Entscheidung zu fällen oder die Marschrichtung zu wählen. Er möchte so handeln, dass die Auswirkungen möglichst vielen Menschen zugute kommen und schließt sich deshalb gerne humanitären Institutionen an. Er glaubt an die Kraft des positiven Denkens und hat oft wegen seines Vertrauens, Optimismus und guten Willens Erfolg. Er besitzt die Fähigkeit, anderen Vertrauen einzuflößen und so ihre Unterstützung und Mitarbeit zu gewinnen. Das ist das große Erfolgsgeheimnis des Jupiter. Die Voraussicht des Nativen befähigen ihn, die Möglichkeiten der Zukunft zu erkennen und vermitteln ihm einen Vorsprung auf dem Weg zum Erfolg.

Saturn als Enddispositor

Ist Saturn der Endherrscher aller Planeten in einem Horoskop, sichert sich der Geborene seinen Erfolg auf Grund seiner ausgeprägten Disziplin und seines praktischen Organisationstalents. Sicherheit und Stabilität auf lange Sicht bestimmen seine Entscheidungen und Handlungsziele. Er geht stets überlegt und systematisch vor und wendet sich erst nach gründlicher Erledigung einer Aufgabe der nächsten zu. Sein Erfolg beruht auf Zuverlässigkeit und harter Arbeit. Er erwirbt sich bei seinen Mitbürgern den Ruf absoluter Verlässlichkeit und Vertrauenswürdigkeit. Alle seine Handlungen dienen einem genau bestimmten Zweck. So baut er sich seine Karriere und seine gesellschaftliche Stellung durch geduldige, methodische Bemühungen auf.

Uranus als Enddispositor

Ist Uranus der Endherrscher aller Planeten in einem Horoskop, brilliert der Geborene durch seine Originalität. Oft gewinnt er aus überbewussten Ebenen kreative Inspirationen. Er zeichnet sich vor allem auf wissenschaftlichen und geistigen Gebieten aus. Blitzartige Einsichten können seine Handlungen und Entscheidungen bestimmen. Er besitzt die Fähigkeit zur Telepathie. Deshalb handelt er oft aus scheinbar völlig unerklärlichen Gründen. Solche Menschen benötigen ein breites Spektrum persönlicher Ausdrucksmöglichkeiten und sind ganz unkonventionell. Es ist ihnen völlig gleichgültig, als exzentrisch zu gelten.

Neptun als Enddispositor

Ist Neptun der Endherrscher aller Planeten in einem Horoskop, wird der Geborene in den Augen der Mitmenschen seine Entscheidungen und die Wahl seiner Handlungsziele aus offensichtlich völlig unerfindlichen Beweggründen treffen. Er ist meist schwierig zu verstehen, weil er nicht aus reellen Erwägungen, sondern auf Grund subtiler spiritueller Motivationen handelt. Solche Menschen gibt es nicht in jeder Generation, denn Neptun braucht durchschnittlich fünfzehn Jahre, um ein Zeichen zu durchwandern und er müsste ja im Schützen oder in Fische stehen, um der Enddispositor zu sein.

Pluto als Enddispositor

Ist Pluto der Endherrscher aller Planeten in einem Horoskop, werden die Nativen von einem inneren geistigen Antrieb dominiert. Sie sind fähig, ein Vorgehen zu wählen, das ungeheure Willenskraft und innere Stärke erfordert, um ihre Ziele zu erreichen. Wie im Falle von Neptun finden sich auch diese Nativen nicht in jeder Generation, weil sich Pluto noch langsamer durch den Tierkreis bewegt als Neptun und entweder im Widder oder im Skorpion stehen muss, um Enddispositor zu sein .

Erhöhung der Planeten

Ein Planet ist am stärksten in den Zeichen, in denen er herrscht oder erhöht ist. Erhöht nennt man einen Planeten in einem Zeichen, in dem das Planetenprinzip von der Kraft des Zeichenprinzips profitieren kann. Damit ist gemeint, dass sich der Planet im Zeichen seiner Erhöhung in einem Milieu befindet, das gemäß eines Naturgesetzes das Grundprinzip des Planeten erzeugt. Deshalb befindet sich ein Planet im Zeichen seiner Erhöhung sowohl hinsichtlich des Ausmaßes als auch der Intensität der Energie in der mächtigsten Zeichenstellung.

Das Zeichen, in dem ein Planet herrscht, gewährleistet die günstigsten Bedingungen für die Entfaltung des Planetenprinzips; diese Bedingungen erzeugen jedoch nicht notwendigerweise die Kraft des Planetenprinzips.

Das Zeichen, in dem ein Planet im Fall ist, d. h. in dem er am schwächsten ist, steht immer demjenigen seiner Erhöhung gegenüber. Im Zeichen, das demjenigen seiner Regentschaft gegenübersteht, befindet sich der Planet im Exil. In diesem Zeichen ist er im Ausdruck seiner Grundcharakteristik am stärksten eingeschränkt. Das heißt nicht unbedingt, dass er dort am schwächsten sei, etwa so, wie im Zeichen seines Falles, der weit schlimmer ist für die Kraft des Planetenprinzips als das Exil. So befindet sich Mars zum Beispiel in der Waage im Exil, aber dies ist für ihn keine so ungünstige Stellung, weil die saturnischen und venusischen Anteile der Waage die marsische Grundeigenschaft der Aggressivität durch Zurückhaltung und Feingefühl mildern. Im Zeichen seines Falles jedoch, im Krebs, wird Mars verwässert, entmännlicht und ans Heim gefesselt, was der denkbar unpassendste Ort ist, um die marsische Aggressivität zum Ausdruck zu bringen.

Die Tierkreiszeichen sollten nicht nur gemäß der sie regierenden, sondern auch der in ihnen erhöhten Planeten interpretiert werden. Man könnte die letzteren, wie zum Beispiel Venus in Fische, auch erhöhte Herrscher eines Zeichens nennen. Wenn man den erhöhten Herrscher eines Zeichens außer Acht lässt, versteht man nur die Hälfte der Zeichenbedeutung. Die Bedeutung der erhöhten Regenten für ihr Zeichen fällt insbesondere bei höher entwickelten Menschentypen stärker ins Gewicht. Ein Beispiel: Weil die Waage Saturn als erhöhten Herrscher hat, sind die höher entwickelten Waagemenschen ebenso sehr von Saturn beeinflusst wie von der Venus. Daher stammt ihr Sinn für Gerechtigkeit, ihr Streben nach Gleichgewicht und Ausgewogenheit, ihre Organisationstüchtigkeit, ihre ehrgeizigen Tendenzen und ihre Disziplin. Das Uranus/Saturn/Wassermann unterstellte mittlere Dekanat der Waage ist in diesem Sinne besonders empfänglich, weil es ja mit dem Mitherrscher des Wassermanns, dem Saturn, einen zusätzlichen Saturneinfluss besitzt.

Zeichen der Würde und Vernichtung

Tierkreisabschnitt:	**Herrscher**
Widder	Mars
Stier	Venus als Morgenstern
Zwillinge	Merkur als Morgenstern
Krebs	Mond
Löwe	Sonne
Jungfrau	Merkur als Abendstern
Waage	Venus als Abendstern
Skorpion	Pluto (früher Mars)
Schütze	Jupiter
Steinbock	Saturn
Wassermann	Uranus (früher Saturn)
Fische	Neptun (früher Jupiter)

Die Sonne ist im Widder erhöht

Es ist leicht einzusehen, weshalb die Sonne als Lebensspender und Ursprung aller Energie für unser Sonnensystem im Widder, dem Zeichen des Neubeginns eines Erfahrungszyklus, als erhöht gilt. Die Sonne als Verkörperung des Machtprinzips muss die primäre Ursache aller Erscheinungsformen sein. Hoch entwickelte Widdermenschen werden den kreativen solaren Einflüssen viel stärker unterworfen sein als den kämpferischen Marstendenzen; sie sind nicht vom Wetteifer der weniger entwickelten Mars-Widder Menschen gekennzeichnet, die von emotionalen Antrieben und nicht von geistiger Inspiration motiviert sind. Der sonnenbeeinflusste Widder weiß, dass die Kraft des Ewigen Schöpfers in seinem Innern als sein eigenes "Ich-bin"-Prinzip oder die reine Fähigkeit der Aufmerksamkeit wirksam ist. Er fühlt sich nicht getrieben, sich selbst durch aggressive Marstätigkeiten bestätigen zu müssen, sondern kann es der solaren göttlichen Energie erlauben, sich durch ihn zu äußern. Widder vom höher entwickelten Typus zeigen oft mächtige mentale Merkurtendenzen, denn alle neuen Dinge haben ihren Ursprung in der Welt des Denkens - der unmittelbaren schöpferischen Manifestation der solaren Energie. (Entsprechend steht Merkur der Sonne am nächsten und empfängt die solare Energie unmittelbarer als alle andern Planeten).

Der Mond ist im Stier erhöht

Der Mond beherrscht die ätherische Ebene der Erscheinungen, worin die vier höheren Unterebenen der physischen Manifestation zusammengefasst sind. Der Mond ist dafür verantwortlich, allen lebenden Organismen der Erde ihre Form und physische Erscheinung zu vermitteln; um diese Funktion zu erfüllen, muss er als Arbeitsmaterial physische Substanz haben. Nachdem der Stier das erste der Erdzeichen ist, vermittelt es die ätherische und physische Substanz, mit der die lunaren Einflüsse arbeiten können. Deshalb gewinnt der Mond seine Kraft im Stier und ist dort erhöht. Der Mond hat auch eine Beziehung zur siebten oder physischen Unterebene und wird deshalb esoterisch als Filter oder Blende für Uranus angesehen. Uranus ist der Planet, der mit der letzten aller sieben Ebenen unseres Sonnensystems in harmonischer Resonanz steht. Mit anderen Worten: Es besteht zwischen Mond und Uranus eine harmonische Obertonbeziehung, wobei der Mond der uranischen Kraft die Erscheinungsform gibt.

Der polare Gegensatz zum Stier ist der Skorpion, in dem Uranus erhöht ist. Diese Tatsache muss man in Betracht ziehen, wenn man das Ausmaß des Mitschwingens des im Stier erhöhten Mondes abschätzt. Bei Mond Uranus-Aspekten muss stets mit drastischen Veränderungen der praktischen Angelegenheiten gerechnet werden. Uranus stößt Ideen in ihre Erscheinungsform; deshalb wird gesagt, er zeige plötzliche Veränderungen an. Der im Stier erhöhte Mond verleiht die Fähigkeit, die Gefühle zu festigen und die vitale Energie zu erzeugen, die notwendig ist, um Ideen zu verwirklichen. Wir möchten hier den Gedanken zur Diskussion stellen, dass in Erdbebenhoroskopen oft der Mond den Auslösereinfluss darstellt. Er kann Spannungsumstände zur Geltung bringen, die durch eine Finsternis oder andere Konstellationen, die stark mit Uranus in Beziehung stehen, hervorgerufen worden sind. Der Mond fungiert als harmonisches Schwingungsbindeglied zwischen den von Uranus erzeugten Spannungen auf höherer Ebene und der materiellen Substanz der Erde. Menschen mit dem Mond im Stier ziehen oft besondere Besitztümer an, zu denen sie eine starke Anhänglichkeit entwickeln; es muss sich dabei gar nicht notwendigerweise um im finanziellen Sinn wertvolle Besitztümer handeln. Weil der Mond im Stier einen sehr kraftvollen ätherischen Körper erzeugt, bringt er Geborene hervor, die für ihre robuste Gesundheit und ihre große Widerstandskraft bekannt sind. Sie sind entschlossen, bei allem, was sie unternehmen, praktische Ergebnisse zu erzielen.

Merkur ist im Wassermann erhöht

Das Überbewusstsein oder kosmische Bewusstsein steht zum Wassermann in Beziehung. Ohne die Existenz dieses Überbewusstseins und seine unterschwellige Erscheinung im individuellen Bewusstsein könnte das mentale Prinzip des Merkur keinen Ausdruck finden. Deshalb gewinnt Merkur seine Kraft durch den Wassermann und ist im Wassermann erhöht.

Das individuelle Denkvermögen, das dem Merkur untersteht, ist nur eine der Schöpfungen des alldurchdringenden Überbewusstseins. Alle großen geistigen Schöpfungen des Menschen sind das Werk Gottes als Überbewusstsein, das sich im menschlichen Bewusstsein reflektiert. Unsere schöpferischen Ideen entströmen dem universellen Überbewusstsein, auf das wir uns harmonisch eingestimmt haben. In Wirklichkeit gibt es nur einen Gott, einen Geist und ein Bewusstsein, das aller Schöpfung innewohnt. Das individuelle Bewusstsein ist nur ein Untermechanismus der allumfassenden schöpferischen Intelligenz, die wir Gott oder das Absolute nennen.

Menschen mit Merkur im Wassermann werden intuitiv inspiriert von ihrem höheren Ich oder vom mentalen Ausdruck des "Ich-bin"-Prinzips in ihrem Inneren - das heißt vom reinen Selbst-Gewahrsein. Oft finden sie die Antwort auf ungelöste Fragen durch plötzlich aufblitzende Einsichten. Sie sind hochgradig wissenschaftlich eingestellt und können Probleme meistern, weil sie die Grundgesetze des Universums verstehen. Sie sind unabhängig im Denken und wollen alles selbst überprüfen. Sie werden anerkannte Konzeptionen niemals blindlings übernehmen. Sie verstehen es, Informationen weiterzugeben und ihre Freunde und Verbündeten geistig anzuregen.

Venus ist in Fische erhöht

Um ihre Früchte voll auszureifen, muss Venus, das Prinzip der Liebe und Anziehung, den ganzen Erfahrungszyklus des Tierkreises durchlaufen. Nur wenn wir uns wirklich in einen Mitmenschen hineinversetzen können und mit ihm fühlen, können wir völlig auf ihn eingestimmt und fähig sein, ihn zu lieben. Liebe im wahren Sinn erfordert, dass wir mit der ganzen Schöpfung im Einklang sind. Nur in Fische, wo Venus mit den transzendentalen Schwingungen des Neptun und dem guten Willen des Jupiter zusammenwirkt, kann ein so hohes Streben Erfüllung finden. Liebe ist das transzendierendste und edelste Ergebnis des Evolutionsprozesses. Nur jemand, der alle Erfahrungen der Menschheit durchlebt hat - wie dies von den Fischen, dem letzten Zeichen des Tierkreises, dargestellt wird -, kann ihre wahre Bedeutung voll und ganz erfassen. Und selbst dies nur in begrenztem Maße, denn das Zeichen der Fische ist ja nur das Ende einer Runde auf der Spirale der Evolution, auf der jede weitere Umdrehung neue Verheißungen für die Erweiterung des Bewusstseins und die Entfaltung neuer kreativer Kräfte bereithält.

In Fische wird die irdische Liebe der Venus, die sich in der geschlechtlichen Anziehung äußert, göttlich inspiriert und stärker mystisch und altruistisch gefärbt. Menschen mit Venus in Fische sind häufig mit einem musikalischen Talent höherer Ordnung begabt. Durch ihre Seelen klingt die Musik der Sphären. Die von ihnen geschaffene Musik kann bei den Hörern Frieden, Harmonie und göttliche Empfindungen wachrufen. Menschen mit dieser Stellung sind auch gute Tänzer, weil die Füße den Fischen zugeordnet sind. Die Stimme wird weich, ausdrucksvoll und melodiös; Sänger haben etwas Engelhaftes. Maler und andere Künstler mit dieser Stellung werden in ihren Werken eine sanfte, leuchtende Qualität an den Tag legen. Diese Nativen lieben die höchsten Lehren des Christentums, lassen sich von ihnen inspirieren und bemühen sich, ihnen auch nachzuleben.

Mars ist in Steinbock erhöht

Die aggressive Energie des Mars wird am besten bei nützlicher Arbeit verausgabt. Dementsprechend lassen sich die marsischen Begierden mit Vorteil in Form eines konstruktiven Ehrgeizes in Richtung eines hohen Ziels kanalisieren. Wie die Explosion eines Benzin-Luftgemisches wertlos ist, solange sie nicht in einer Zylinderkammer stattfindet, um den Kolben eines Benzinmotors anzutreiben, so ist die Triebenergie des Mars wertlos, solange sie nicht von der saturnischen Zurückhaltung gezügelt und gelenkt wird. Im Beruf und in der Umweltgestaltung kann die aggressive Marsenergie zum Nutzer des Nativen und der Gesellschaft wirksam eingesetzt werden.

Menschen mit Mars in Steinbock sind praktisch eingestellt und ehrgeizig; sie sind gute, tüchtige Arbeiter. Ihre Begierde, Ansehen zu gewinnen und sich zu beweisen, treibt sie dazu, unbeirrbar und hart zu arbeiten, in ihrer Berufslaufbahn eine hohe Stellung zu erreichen und in der Welt zu Autorität zu gelangen.

Jupiter ist im Krebs erhöht

Der Krebs regiert das Heim und die Familienbeziehungen. Das vierte Feld, das ihm entspricht, ist eines der Elternhäuser und repräsentiert die Mutter. Jupiter ist das Prinzip des sozialen und religiösen Denkens und der Ethik. Durch eine Erweiterung des Bewusstseins gewinnt es seine Kraft in dem Zeichen, welches das Heim regiert, denn die Mutter ist unsere erste Lehrmeisterin und prägt unsere grundlegende Lebenseinstellung. Dem vierten Feld ist der Erdboden zugeordnet, in dem die Pflanze gedeiht. Nur dank der Nahrung, die Mutter Erde, die Existenzgrundlage allen Lebens, spendet, kann die von Jupiter repräsentierte Fülle bestehen und wachsen.

Jupiter untersteht auch das Prinzip sozialen Benehmens, das auf dem gegenseitigen guten Willen der Mitglieder einer Sozietät beruht. Die Familie ist das Grundelement einer Gesellschaft. Aus der gegenseitigen Liebe der Familienangehörigen erwächst das erweiterte Sozialbewusstsein, das Jupiter darstellt. Jupiter regiert das neunte Feld, das fremde Menschen, Religion, Philosophie und höhere Bildung bedeutet. Nur wenn in einer Familie Liebe, geistiges Gewahrsein und gegenseitige Großzügigkeit vorherrschen, kann sie ihrer Aufgabe gerecht werden, Kinder zu vollwertigen Bürgern und führenden Kräften heranwachsen zu lassen: Jupiter stellt auch die Zukunft dar und das Geschick, das uns erst wirklich ganz macht. Menschen mit Jupiter im Krebs sind gefühlsmäßig mit den Menschen ihrer Umgebung verbunden und betrachten sie als Mitglieder ihrer Familie. Sie haben Freude am Kochen und an einem schönen Heim. Oft leben sie in großen Häusern mit großer Familie. Ihre Wohnungen dienen gern sozialen und religiösen Aktivitäten.

Saturn ist in der Waage erhöht

Saturn herrscht über die karmischen Gesetze, deren Wirken nur in Form von Beziehungen sichtbar werden kann. Saturn gewinnt seine Kraft in der Waage, die das Zeichen der Beziehungen ist und mit den Reaktionen des du auf das Ich zu tun hat. Hätte man es nur mit sich selbst zu tun, brauchte es keine Verhaltensregeln. Aber da wir in Wirklichkeit gegenseitig voneinander abhängig sind und mit den andern Menschen eine Partnerschaft eingehen müssen, sind Gesetze wesentlich, um die Zusammenarbeit möglich zu machen. Letztlich befassen sich alle Gesetze mit Zeit und Raum, die von Saturn regiert werden. Wenn wir mit andern zusammenarbeiten sollen, müssen wir sie an bestimmten Orten zu bestimmten Zeiten treffen, um bestimmte Aufgaben zu erfüllen und wir müssen Zusammenstöße vermeiden, die einer Person oder ihrem Eigentum Schaden bringen. Diese eher banale Feststellung ist von großer Bedeutung, denn jede Beziehung wird von Zeit und Raum beherrscht.

Saturn ist der große Lehrmeister; nur wenn wir lernen, mit anderen zusammenzuarbeiten, lernen wir die fundamentalen Lektionen des Lebens. Weil das Zeichen Waage die Ehe regiert, gelangt diese Disziplin in der Ehe und Kindererziehung zur Anwendung. Bei einer Beziehung, die nur eine Liebesbeziehung im Sinne des fünften Feldes ist, werden nicht die gleichen rechtlichen und moralischen Verpflichtungen eingegangen. Nachdem Saturn im Löwen im Exil steht und im Wassermann herrscht, verstehen sich diese Verpflichtungen von selbst, sofern aus einer solchen Verbindung Kinder hervorgehen, wodurch die Beziehung des fünften Feldes notwendigerweise eine des siebten Feldes wird, auch wenn dies in keinem geschriebenen Gesetz fest gehalten ist.

Das siebente Feld steht mit dem zehnten in Verbindung, weil Saturn im natürlichen Horoskop Regent des zehnten Feldes und erhöhter Herrscher des siebten ist. So führt im Allgemeinen die Ehe zu einer verbesserten Stellung in der Gesellschaft, indem die Verantwortung, eine Familie zu erhalten, eine größere berufliche Stabilität notwendig macht. Die gleiche Wirkung hat auch ein Quadrataspekt, der infolge vermehrter Familienpflichten ebenfalls eine höhere berufliche Position bedeutet.

Saturn regiert Mathematik und Geometrie; und durch seine Verbindung mit der Waage unterstehen ihm auch gewisse Beziehungen zwischen den Atomteilchen und zwischen der Sonne und den Planeten. Saturn verkörpert das strukturbildende Prinzip des Sonnensystems.

Menschen mit erhöhtem Saturn in der Waage sind gute Rechtsanwälte, Richter, Mathematiker und Ingenieure, weil sie sich auf Beziehungen sowohl im menschlichen als auch im wissenschaftlichen Bereich verstehen. Sie verfügen über einen klaren Verstand, der das allen Phasen des Lebens innewohnende Grundmuster zu erfassen vermag. Sie können der Schönheit Form verleihen und durch richtige Proportionen und Ausgewogenheit Anmut hervorbringen. Sie sind gute Organisatoren und Public-Relations-Leute, weil sie es verstehen, das rechte Ding zur rechten Zeit am rechten Ort zu tun. Ihr Sinn für Gerechtigkeit schließt spirituelles Verständnis mit ein. Sie sind sehr mitfühlend und halten sich nicht stur und buchstabengetreu an die vom Menschen gemachten Gesetze.

Uranus ist im Skorpion erhöht

Uranus, der Planet plötzlicher Veränderungen und Energie-Entladungen, ist im Skorpion, dem Zeichen des Todes und der Wiedergeburt, erhöht. Wenn alte Formen die Zeit ihrer Nutzanwendung überdauern und dem Fortschritt hinderlich sind, sorgt Uranus, der seine Kraft aus dem Skorpion bezieht, für ihre Zerstörung zu Gunsten neuer Formen, die den Bedürfnissen der sich weiterentwickelnden Bewusstheit oder Energie entsprechen. Tod und Wiedergeburt beruhen auf revolutionären Veränderungen. Es braucht Unternehmungsgeist und Wagemut, verbunden mit unbeirrbarer Willenskraft, um bedeutende Fortschritte in der Zivilisation hervorzubringen.

Der Skorpion ist das Zeichen, das diese für den Fortschritt notwendigen Charakteristiken aufweist. Uranus regiert Veränderungen und setzt Energien frei, die drastische Reorganisationen auslösen. Für den oberflächlichen Betrachter kann dies nach Katastrophe und Zerstörung aussehen, für den weisen Beobachter aber ist es der Entwicklungsprozess, der sich auf der Stufe der physischen Erscheinungen in Form von Tod und Wiedergeburt manifestiert.

Menschen mit erhöhtem Uranus im Skorpion sind ungewöhnlich mutig und kühn und setzen oft bei Abenteuern im Reich des Unbekannten ihr Leben aufs Spiel. Sie sind furchtlos und willensstark. Unter uns leben heute nur wenige Menschen mit Uranus im Skorpion, aber zwischen 1970 und 1980 wird eine neue Generation geboren. Diese Menschen lernen, sich und ihre Umweltbedingungen durch Einsicht in die verborgenen Kräfte der Natur zu regenerieren.

Neptun ist im Krebs erhöht

Neptun (ein Planet der sechsten Strahlung, der die sechste Unterebene aller Ebenen und die Astralebene - die sechste Hauptebene - im Allgemeinen regiert) hat hauptsächlich mit den Gefühlen zu tun, die ihre höchste Ausdrucksform in der allumfassenden Liebe finden. Wieder ist es die Mutter, an deren Hand wir in der frühen Kindheit unsere Gefühlsgewohnheiten und Lebenseinstellung formen. Der Meeresgott Neptun, der Regent der Fische, ist im wässrigen Zeichen des Krebses zu Hause. Man könnte Neptun auch die höhere Oktave des Jupiter nennen, der ebenfalls im Krebs erhöht ist. Beide Planeten neigen zur Erweiterung in religiöse und mystische Bereiche; sie haben viel miteinander gemeinsam. Neptun beherrscht das Subtile und Trügerische: Die wahren emotionalen Grundlagen unserer vergangenen Gewohnheiten sind bekanntlich schwer festzustellen. Die Gewohnheit beeinflusst die Gefühle sehr stark und der Mond, der im Krebs regiert, beherrscht auch unsere Gewohnheiten.

Jupiter und Neptun sind beide Herrscher in Fische, in denen Venus erhöht ist. Diese drei Planeten sind eng miteinander verbunden, indem sie drei verschiedene Oktaven des Ur-Liebes-Prinzips darstellen. Venus bedeutet Liebe auf der Ebene persönlicher und sexueller Anziehung zwischen Individuen. Jupiter kommt in der Familie, in sozialen, religiösen und ethischen Sphären zum Ausdruck. Neptun stellt die Liebe in der transzendentalen Vereinigung mit Gott und allem Leben dar. Es ist deshalb logisch, dass Neptun und Jupiter auch in ihrer Erhöhung im Krebs verbunden sind.

Menschen mit Neptun im Krebs haben hoch entwickelte psychische Fähigkeiten und sind auf die Gefühle ihrer Mitmenschen äußerst empfindlich abgestimmt. Man könnte sie mit der lichtempfindlichen Schicht eines Filmes vergleichen, die alles aufnimmt, was auf sie einwirkt. Sie besitzen aber auch eine feine Abstimmung auf die Astralebene und werden durch Impulse, die von ihr ausgehen, leicht beeinflusst.

Pluto ist im Löwen erhöht

Pluto (ein Planet der ersten Strahlung, der mit dem Prinzip der gebündelten Energie oder Kraft zu tun hat) gewinnt seine Kraft im Zeichen Löwe, welcher das Zeichen geballten Bewusstseins oder Selbst-Gewahrsein ist. Pluto ist wie ein solarer Same. Er ist auf die zwischendimensionalen Knotenpunkte im Aurafeld oder die Funken, die vom zentralen solaren Feuer ausgestrahlt werden, abgestimmt. Diese Funken können zu göttlichen Flammen entfacht werden, wenn spirituelle Tugenden sie speisen. Im menschlichen Körper regiert Pluto das Samen- oder Fortpflanzungsprinzip, wie das durch seine Herrschaft im Skorpion zum Ausdruck kommt, dem die Sexualorgane unterstehen. Dieser Same findet im Zeichen des fünften Feldes, im Löwen, seine Anwendung und gewinnt dort seine Kraft: im Löwen, dem Liebe und Sexbeziehungen zugeordnet sind. Auf höherer Ebene stimuliert er den Kopf oder das Gehirn und erweckt das spirituelle Bewusstsein. Laut östlichen Yogis erwacht das Feuer der Kundalini im Wurzelchakra am unteren Ende der Wirbelsäule und steigt durch den zentralen Rückenmarkkanal auf, bis es das höchste Kopfchakra, den "Tausendblättrigen Lotos", aktiviert. Dieses wird vom Widder beherrscht, in dem Pluto ja Mitregent ist. Menschen mit Pluto im Löwen, wie sie von der heutigen jüngeren Generation repräsentiert werden, haben die Macht, durch ihre dynamische Führernatur und durch konzentriertes Selbstbewusstsein grundlegende Veränderungen herbeizuführen.

Pluto ist auch die Atomenergie zugeordnet, die entdeckt wurde, als Pluto im Löwen stand und deren Entwicklung das Schicksal der Menschheit und die Beschaffenheit unserer Erde drastisch veränderte. Die heutige Generation mit Pluto im Löwen ist die erste, die in einem Atomzeitalter aufwächst. Die dauernde Gefahr, dass der Mensch sich selbst und seine Zivilisation zerstören könnte, hat eine neue Einstellung nötig gemacht. Deshalb unterscheidet sich diese Generation deutlich von derjenigen ihrer Eltern. Ihre sozialen und sexuellen Sitten unterscheiden sich ebenfalls radikal von denjenigen früherer Generationen. Diese Menschen müssen sich entweder geistig erneuern oder untergehen. So können wir den starken Einfluss von Pluto im Löwen miterleben.

Der Gegensatz der Würde ist die Vernichtung. Die Vernichtung eines Planeten ist immer dann gegeben, wenn der Planet im Oppositionsabschnitt des Abschnittes stand, in dem er Herrscher ist oder in Würde steht.

Tierkreisabschnitt:	**Vernichtung für:**
Widder	Venus als Abendstern
Stier	Pluto (früher Mars)
Zwillinge	Jupiter
Krebs	Saturn
Löwe	Uranus(früher Saturn)
Jungfrau	Neptun (früher Jupiter)
Waage	Mars
Skorpion	Venus als Morgenstern
Schütze	Merkur als Morgenstern
Steinbock	Mond
Wassermann	Sonne
Fische	Merkur als Abendstern

Früher war eine weitere Einteilung der Planeten, wonach sie in "Erhöhung" oder im "Fall" stehen, gebräuchlich, seit der Entdeckung der Transsaturnier ist diese nicht mehr aktuell.

Die Dekadeneinteilung

Eine bessere Einteilung geben in der Praxis die Dekan-"Herrscher". Jeder Tierkreisabschnitt zu 30° wird seit altersher in drei Dekaden zu je 10° eingeteilt.

von 00° bis 10° von 10° bis 20° von 20° bis 30°

Die Dekan-Herrscher sind die Planeten, die im gleichen Element auch je in einem Zeichen in "Würde" stehen.

Im Feuerelement herrschen:
Mars (Widder), Sonne (Löwe), Jupiter (Schütze).

Im Erdelement herrschen:
Venus als Morgenstern (Stier), Merkur als Abendstern (Jungfrau), Saturn (Steinbock).

Im Luftelement herrschen:
Merkur als Morgenstern (Zwillinge), Venus als Abendstern (Waage), Uranus (Wassermann).

Im Wasserelement herrschen:
Mond (Krebs), Pluto (Skorpion), Neptun (Fische).

Die Dekan-Herrscher:

Widder:
1. Dekade: Mars
2. Dekade: Sonne
3. Dekade: Jupiter

Stier:
1. Dekade: Venus als Morgenstern
2. Dekade: Merkur als Abendstern
3. Dekade: Saturn

Zwillinge:
1. Dekade: Merkur als Morgenstern
2. Dekade: Venus als Abendstern
3. Dekade: Uranus

Krebs:
1. Dekade: Mond
2. Dekade: Pluto
3. Dekade: Neptun

Löwe:
1. Dekade: Sonne
2. Dekade: Jupiter
3. Dekade: Mars

Jungfrau:
1. Dekade: Merkur als Abendstern
2. Dekade: Saturn
3. Dekade: Venus als Morgenstern

Waage:
1. Dekade: Venus als Abendstern
2. Dekade: Uranus
3. Dekade: Merkur als Morgenstern

Skorpion:
1. Dekade: Pluto
2. Dekade: Neptun
3. Dekade: Mond

Schütze:
1. Dekade: Jupiter
2. Dekade: Mars
3. Dekade: Sonne

Steinbock:
1. Dekade: Saturn
2. Dekade: Venus als Morgenstern
3. Dekade: Merkur als Abendstern

Wassermann.
1. Dekade: Uranus
2. Dekade: Merkur als Morgenstern
3. Dekade: Venus als Abendstern

Fische
1. Dekade: Neptun
2. Dekade: Mond
3. Dekade: Pluto

Die Planeten - in den Tierkreiszeichen

Kräfte, Prinzipien und Assoziationen

Die Aussagen der Zeichen oder Tierkreisabschnitte sind durch Beobachtungen und Vergleiche entstanden, die sich allein auf die nördliche Erdhalbkugel beziehen. Stets war feststellbar, dass der Gang der Sonne durch die einzelnen Abschnitte Veränderungen in der Natur mit sich brachte. Diese Veränderungen der Natur wirkten sich auf die Menschen aus. Noch heute erlebt man, wie sehr sich die meisten Menschen über den Frühling freuen, besonders den Wonnemonat Mai lieben, wie sehr sie auch hoffen, dass der Winter endlich vorübergeht. Der frühe Mensch war im kosmischen Naturgeschehen eingebunden, er war buchstäblich eins mit ihm.

Im Laufe der astrologischen Geschichte und Entwicklung wurden die Beobachtungen nicht nur registriert, sondern auch in Symbole gefasst, sodass man zu allgemeinen Aussagen kam, die auch heute ihre Gültigkeit nicht verloren haben.

Die vordergründige Astrologie bezieht sich immer nur auf den Sonnenstand. Sie wird daher auch von den Astrologen nur als Sonnenstands-Astrologie bezeichnet.

Wie wir jetzt wissen, spiegelt die Astrologie nicht nur die Kraft wider, die die Sonne symbolisiert, sondern weitere neun Kräfte. Auch diese Planeten, die die anderen Kräfte symbolisieren, färben sich, je nach ihrem Stand in den einzelnen Abschnitten, sodass es in einem Geburtsbild (Horoskop) zu widersprüchlichen, ja entgegengesetzten Färbungen kommen kann. Die Beschreibung der einzelnen Abschnitte des Zodiaks gilt für alle Planeten, wenn sie jeweils in diesem Zeichen stehen. So erscheint die Venus im Zeichen Widder sicher kämpferischer als im Zeichen Waage.

Es sind allein die Tierkreisabschnitte, die die Färbung (der Planeten) variieren. Am Lauf der Sonne ist dies ganz deutlich. Steht die Sonne im Zeichen Steinbock, kann es keine sommerliche Hitze geben. Ebenso ist kein dauernder Schneefall zu registrieren, während die Sonne im Zeichen Löwe steht.

Die Planeten verändern sich mit dem Wechsel in ein anderes Zeichen. Saturn in Schütze ist eben anders als Saturn in Fische, auch wenn immer wieder vom Saturn (allgemein) als Schicksalsplaneten gesprochen wird. Am besten ist es, stets Planet und Tierkreiszeichen gleichzeitig zu nennen, wenn über eine Konstellation gesprochen wird. Es sollte also heißen: "Mein Saturn in Skorpion", oder: "Meine Venus in den Zwillingen". Besonders beim Mond ist das notwendig, da dieser ja nur etwas über zwei Tage in einem Zeichen steht, während die Transsaturnier (z.B. Pluto über 30 Jahre) in einem Tierkreisabschnitt bleiben. Wird dies von Anfang an beachtet, sind schon sehr viele Kombinationsmöglichkeiten beiseite geräumt.

So weit der Tierkreis, der scheinbare Sonnenweg, von der Erde sieht es nun einmal so aus, als umkreise die Sonne unseren Heimat-Planeten. Astrologisch gesehen war die Erde (und wird immer sein, so lange wir auf der Erde leben) der Ausgangspunkt der Deutung.

Im Horoskopformular symbolisiert das Kreuz im mittleren Kreis den Nativen (Geborenen/Horoskopeigner). Hier hat er seinen Standpunkt, hierauf werden die Gestirne und die rechnerischen Punkte zur Zeit der Geburt oder eines Ereignisses bezogen. Von hier schaut der Astrologe oder Deuter, sinnbildlich, in alle vier Himmelsrichtungen, nach Osten, Süden, Westen und Norden. Dieser Blick den Kreis entlang schärft und weckt die Intuition.

Das Formular zeigt eine Einteilung von 00 bis 360, wobei 00 und 360 identisch sind. Die rechnerische Einteilung ist in jeweils 30 Grad angegeben. Die großen Teilstriche symbolisieren immer zehn, die kleinen fünf Grad.

Neben den grafischen Zeichen für das jeweilige Tierkreiszeichen sind auch die Herrscher eingezeichnet. Das sind die Planeten, die hier ihre "Würde" haben oder in diesen Tierkreisabschnitten ihre verwandte Kraft finden. Das M und A hinter dem Merkur- und Venussymbol bedeuten Morgen- bzw. Abendstern.

Für die Kombination ist es wichtig, die "Färbung" der Tierkreiszeichen auf den jeweiligen Planeten zu berücksichtigen. Hier geben uns die jeweils herrschenden Zeichen gute Hilfe.

Man kann sich vorstellen, dass der Planet unseres Horoskops, der in einem bestimmten Zeichen steht, mit dem herrschenden Planeten dieses Zeichens sozusagen verbunden ist. Bildlich gesprochen: Der Planet hat mit dem herrschenden Planeten des Zeichens eine Beziehung oder Ehe. Eine Beziehung ist immer nur nach beiden Partnern zu beurteilen.

Die Sonne in den Zeichen

Die Sonne (Herrscher in Löwe) steht grundsätzlich für Selbstbewusstsein, Göttlichkeit, Würde und Tatendrang.

Positiv: Ehrlichkeit, Großmut, Mut und Führungsstärke.
Negativ: Hochmut, Stolz, Egoismus, Selbstüberschätzung und Eigensinn aus.

Der Mond in den Zeichen

Dem Mond (Herscher in Krebs) werden das Unbewusste, die Seele, Stimmungen und Launen, Gemüt und Familiensinn zugeschrieben.

Positiv: Taktgefühl, Sensibilität, Verstehen, Hilfsbereitschaft und Freude.
Negativ: Mutlosigkeit, Beeinflussbarkeit, Überempfindlichkeit und Angst.

Die Stellung des Mondes in den Zeichen des Tierkreises zeigt die Art der unmittelbaren Gefühlsreaktion auf gewisse persönliche Lebenssituationen an. Sie deutet auch Einstellungen und Verhaltensweisen an, die dem Individuum in der Kindheit von seiner Familie beigebracht worden sind. Sie zeigt auch, in welcher Weise frühe Erfahrungen die gefühlsmäßige Einstellung prägen und lässt darauf schließen, wie der Geborene auf äußere Einflüsse und auf die Handlungen anderer reagieren wird. Sie gibt Aufschluss über seine häusliche Lebensweise und seine Beziehungen zur Mutter und zu Frauen im Allgemeinen. Sie kann Hinweise darauf geben, wie die Person auf die breite Öffentlichkeit reagiert und welche Haltungen im täglichen Leben und im Haushalt vorherrschen werden. Die Tierkreisstellung des Mondes ist auch bezeichnend für die Essgewohnheiten und Lieblingsspeisen des Nativen.

Merkur in den Zeichen

Der Merkur (Herrscher in Zwillinge und Jungfrau) ist Symbol für Denken und Handeln, für Aktion und Reaktion, den Intellekt sowie den Umgang mit Wörtern.

Positiv: Intelligenz, Beobachtungsgabe, Handeln, Witz und Ideenreichtum.
Negativ: berechnendes Handeln und Denken, List, Lüge und Unachtsamkeit.

Die Stellung des Merkur in den Zeichen deutet an, in welcher Weise sich die charakteristischen Merkmale dieses Zeichens auf das Denken und die Kommunikationsfähigkeit des Nativen auswirken. Sie gibt auch wichtige Hinweise auf die Art der Probleme, mit denen sich der Geborene beschäftigt.

Wie durch ein Brennglas werden alle schöpferischen Kräfte des Individuums durch Merkur, den Regenten der Denkprozesse, in eine bestimmte Richtung gelenkt. Die Zeichenstellung des Merkur ist deshalb so ausschlaggebend, weil sie erkennen lässt, welcher Art die psychologische Anlage ist, die die Fähigkeit des Individuums, Entscheidungen zu treffen und seine Gedanken anderen mitzuteilen, bestimmt.

Die Merkurstellung gibt weitgehend Auskunft darüber, welche Informationen und Tatsachen jemand zur Kenntnis nimmt und für wichtig hält und welche er nicht beachtet. Beim Merkur im Stier zum Beispiel stehen bei allen Überlegungen die finanziellen Aspekte und der praktische Nutzen einer Idee im Vordergrund.

Venus in den Zeichen

Venus (Herrscher in Stier und Waage) steht für Gefühle, Liebe und Erotik, Schönheitssinn, Sympathie und Freundschaft, Vergnügen und Lebenslust.

Positiv: Ausstrahlung, Begabung, Glanz, diplomatisches Handeln.
Negativ: Eitelkeit und Egoismus, Genusssucht, Luxus sowie Verführung.

Die Stellung des Planeten Venus in den Zeichen des Tierkreises gibt Auskunft darüber, wie jemand seine Gefühle in seinen persönlichen Beziehungen, besonders in Liebe und Ehe, zum Ausdruck bringen wird. Sie gibt auch Hinweise auf die Einstellung des Nativen zu Geld und persönlichem Besitz, den Annehmlichkeiten des Lebens sowie ethischen und ästhetischen Werten.

Mars in den Zeichen

Den Mars (Herrscher in Widder) zeichnen Energie, Willenskraft, Mut, das Kämpferische, Trieb, Drang und die Vorwärtsbewegung aus.

Positiv: Stärke, Jugendlichkeit, Idealismus und innerer Antrieb.
Negativ: Rücksichtslosigkeit, Fanatismus, Unbeherrschtheit, Zorn und Gewalt.

Die Stellung des Mars in den Zeichen gibt über die für die Person charakteristischen antriebsmäßigen Handlungsweisen Aufschluss. Das Marszeichen besagt auch, in welcher Form der Geborene seine Handlungen und Gefühle zum Ausdruck bringen wird. Wenn zum Beispiel der Mars in den Zwillingen steht, kann das eine Neigung zu Wortgefechten anzeigen.

Die Zeichenstellung des Mars lässt die für die Person typische Richtung des Ehrgeizes erkennen, die ja zugleich für die Berufswahl entscheidend ist. Man sollte immer daran denken, dass dem Ehrgeiz Begierde zugrunde liegt, was durch die erhöhte Stellung des Mars in Steinbock ausgedrückt wird. Weil impulsive Handlungsweisen und heftige Energieausbrüche oft Gefahren heraufbeschwören, zeigt die Marsstellung auch, in welcher Weise Gefahr und Gewalt in das Leben des Nativen eingreifen können.

Jupiter in den Zeichen

Jupiter (Herrscher in Schütze) ist das Symbol für Gerechtigkeit, Einsicht, Glaube und Hoffnung, Führungsqualitäten sowie einen gewissen Ordnungssinn.

Positiv: Toleranz, Führungskraft, Großmut und Optimismus.
Negativ: Rechthaberei, Angeberei, Eitelkeit, Hochmut und Vorurteil.

Jupiter gibt durch seine Stellung in den Zeichen des Tierkreises Auskunft über die ethischen, religiösen und philosophischen Ansichten und Glaubenssätze des Nativen. Die Jupiterstellung zeigt, in welcher Weise er sein Interesse an Philosophie und höherer Bildung wahrnimmt. Sie gibt auch an, in welchen Bereichen der Geborene eine Horizonterweiterung und Wachstum anstrebt, wo er die Dinge in einem größeren Zusammenhang sieht und dementsprechend handelt.

Die Zeichenstellung des Jupiters lässt auch erkennen, wie ein Mensch sein Hab und Gut mit andern teilt und in welchem Maße er sich als Glied einer umfassenden sozialen Ordnung begreift, die ihm ihrerseits Hilfe und Unterstützung gewährt. Erst das Prinzip der sozialen Zusammenarbeit ermöglicht Wachstum und Fortschritt, die eine allein arbeitende Person niemals verwirklichen könnte.

Die Jupiterstellung zeigt nicht nur, wo sich dem Nativen möglicherweise finanzielle und materielle Vorteile bieten, sondern auch, wie er sich karmisch das Wohlwollen anderer und das Recht auf spirituellen Schutz erwirbt. Jupiter enthüllt als Mitherrscher des Zeichens Fische und damit des zwölften Hauses, in welcher Weise jemand für ehemalige gute Taten belohnt wird. Aufgrund dieser Mitregentschaft zeigt er auch, wie großzügig und verständnisvoll der Geborene seinen weniger begünstigten Mitmenschen gegenüber ist.

Saturn in den Zeichen

Der Saturn (Herrscher in Steinbock) wird mit dem Konservativen und Bewahren, dem Schicksal und der Tradition, der Einschränkung und Grenzen in Verbindung gebracht.

Positiv: Konzentration, Durchhaltevermögen, Geduld, Vorsicht und Zielsicherheit.
Negativ: Tücke, Schadenfreude, Neid, Rachsucht, Geiz und Gefühllosigkeit.

Saturn braucht zweiundneunzig Jahre, um einmal durch den ganzen Tierkreis zu wandern. Die Zeichenstellung des Saturn zeigt an, in welcher Weise der Geborene Verantwortung auf sich nehmen und Reife und Disziplin entwickeln muss.

Weil Saturn in Steinbock herrscht, ist er ein wichtiger Faktor für die Bestimmung der Karriere des Nativen. Seine Stellung in den Zeichen kann wertvolle Hinweise darauf geben, für welche Art von Arbeit der Geborene geeignet ist und welche Berufslaufbahn er einschlagen wird. Menschen mit einem schwach gestellten Saturn haben oft nur wenig profilierte Karrieren.

Die Saturnstellung zeigt auch die Art der Pflichten, die der Geborene auf sich zu nehmen hat und was für Lehren er verarbeiten muss. Die Angelegenheiten, die dem Zeichen, in dem Saturn steht, entsprechen, sind für den Nativen besonders wichtig, weil er mit Saturn lernt, durch harte Arbeit und Disziplin mit den Schwierigkeiten in verschiedenen Bereichen seines Lebens fertig zu werden. Auf diesem Wege findet er zu Ordnung und Sicherheit.

Die Zeichenstellung Saturns zeigt, in welcher Form der Geborene nach Status und Anerkennung strebt - die Gebiete, auf denen er versucht, sich in den Augen der Welt zu bewähren. Indem er kämpft und überwindet, erklimmt der Betreffende eine weitere Stufe; Saturn sorgt dafür, dass jeder seine Bürde zu tragen hat.

Mit Saturn kommen wir mit den harten Realitäten und den unabänderlichen Gesetzen der Materie in Berührung. Die Saturnstellung zeigt an, auf welchen Gebieten wir wahrscheinlich Schwierigkeiten und Einschränkungen erleben werden. Wir lernen, dass Rom nicht an einem Tag erbaut worden ist, dass es Zeit und harte Arbeit kostet, um eine Idee praktisch zu verwirklichen. Durch die Konzentration und Hingabe, die dieser Prozess erfordert, entwickeln wir Unterscheidungsvermögen, Willenskraft und Geduld. Dies sind einige der Grundvoraussetzungen für die Entwicklung echter Vergeistigung.

Uranus in den Zeichen

Uranus (Herrscher in Wassermann) steht für plötzliche Veränderung, das Neue, Revolutionäre, den Umschwung, die unerwartet Eingebung und die Intuition.

Positiv: Schlagfertigkeit, Wissensdurst, geniale Ideen, Blick für das Neue.
Negativ: Unruhe, Wankelmut, Unbeständigkeit und Unzuverlässigkeit, gepaart mit abstrakten Grübeleien.

Die Zeichenstellung des Uranus zeigt an, in welcher Weise sich das Streben des Nativen nach Freiheit und Individualität darstellt. Sie lässt erkennen, wie er eine intuitive Verbindung mit dem universellen Bewusstsein herstellt, aus der ihm schöpferische Ideen und Impulse erwachsen, die ihm helfen, das Leben zu verstehen und seine Probleme zu meistern .

Die Stellung des Uranus im Tierkreis zeigt die Beweggründe, die hinter den Wünschen, Hoffnungen und Zielen - besonders den bewusst ins Auge gefassten Zielsetzungen - stehen. Sie besagt, welche Art von Freunden der Geborene wahrscheinlich auswählen und welchen Gruppen er angehören wird.

Nachdem Uranus sieben Jahre benötigt, um ein Tierkreiszeichen zu durchlaufen, haben alle, die in einer bestimmten Siebenjahresperiode geboren wurden, Uranus im selben Zeichen. (Natürlich wechselt die Häuserstellung je nach der Geburtszeit). Infolgedessen ist die Zeichenstellung des Uranus ein wichtiger Hinweis für Generationsunterschiede - und für das gemeinsame Schicksal einer großen Gruppe von Menschen, die im gleichen Zeitabschnitt zur Welt kamen. Wie bei den “äußeren” Planeten ist für die individuellen Unterschiede in den vom Planeten beherrschten Angelegenheiten auch beim Uranus weniger die Zeichenstellung als vielmehr die Häuserstellung von Wichtigkeit. Die Zeichenstellung hat eher historische als persönliche Bedeutung.

Uranus in Widder (1846-1851, 1927-1935)
Uranus in Stier (1851-1858; 1935-1942)
Uranus in Zwillinge (1858-1865; 1942-1949)
Uranus in Krebs (1865-1872; 1949-1955)
Uranus in Löwen (1872-1878; 1955-1962)
Uranus in der Jungfrau (1878-1884; 1962-1968)
Uranus in der Waage (1884-1890; 1968-1974)
Uranus in Skorpion (1891-1898; 1975-1981)
Uranus in Schützen (1899-1905; 1982-1989)
Uranus in Steinbock (1906-1911; 1989-1995)
Uranus in Wassermann (1912-1919; 1996-2003)
Uranus in Fische (1920-1927; 2003-)

Die Zeichen- und Häuserstellung des Uranus besagt auch einiges über die besondere Aufgabe der Seele in der gegenwärtigen Inkarnation. Sie zeigt, wo für den Nativen Chancen und Freiheiten von den karmischen Einschränkungen der Vergangenheit gegeben sind, sodass er seine schöpferischen Kräfte zum Ausdruck bringen kann.

Neptun in den Zeichen

Dem Neptun (Herrscher in Fische) schreibt man die Inspiration, das Geheimnis, das Instinkthafte, die Sinnestäuschung oder Halluzination und allumfassende Liebe zu.

Positiv: Durchschauungsvermögen, Instinktsicherheit, hellseherische Begabung und Liebenswürdigkeit.
Negativ: Unfassbarkeit, Illusionen, Realitätsverlust, Täuschung, Tendenz zum Lügen.

Neptun braucht annähernd 164 Jahre, um einmal durch den ganzen Tierkreis zu wandern und er bleibt etwa dreizehn Jahre in jedem Tierkreiszeichen. Folglich ist die Bedeutung seiner Zeichenstellung eher für ganze Generationen und historisch gesehen von Interesse als für die Deutung eines persönlichen Horoskops.

Neptun im Widder (1861/62-1874/75)
Neptun im Stier (1874/75-1887/89)
Neptun in den Zwillingen (1887/89-1901/2)
Neptun im Krebs (1901/2-1914/16)
Neptun im Löwen (1914/16-1928/29)
Neptun in der Jungfrau (1928/29-1942/43)
Neptun in der Waage (1942/43-1955/57)
Neptun im Skorpion (1955/57-1970)
Neptun im Schützen (1970-1984)
Neptun in Steinbock (1984-2000)
Neptun im Wassermann
Neptun in Fische

Die Zeichenstellung des Neptun besagt, auf welche Art und Weise die schöpferischen Fantasievorstellungen der Menschheit in der betreffenden dreizehn Jahre dauernden Periode kulturell Gestalt annehmen. Menschen mit Neptun im gleichen Zeichen haben ein höheres geistiges Schicksal gemeinsam. Die intuitiven und schöpferischen Fähigkeiten einer solchen Generation werden sich in Form der Eigenschaften des Zeichens äußern, das von Neptun besetzt wird.

Pluto in den Zeichen

Pluto (Herrscher in Skorpion) ist schließlich Symbol für den Machtwillen und die Durchsetzungskraft, das Dunkle, das Hervorragen aus dem Üblichen und die Absolutheit.

Positiv: Durchhaltevermögen, Einsatz aller Kräfte, Auffälligkeit.
Negativ: Rücksichtslosigkeit, Unterdrückung und Verlusthinnahme.

Pluto ist von allen bekannten Planeten am weitesten von der Sonne entfernt. Er ist deshalb auch der langsamste und braucht ungefähr 248 Jahre, bis er einmal den ganzen Tierkreis durchlaufen hat. Weil seine Bahn ziemlich exzentrisch verläuft, variiert die Anzahl der Jahre, die er in jedem Tierkreiszeichen zubringt, zwischen zwölf und zweiunddreißig Jahren.

Pluto im Widder (1823-1852)
Pluto im Stier (1852-1884)
Pluto in den Zwillingen (1884-1914)
Pluto im Krebs (1914-1939)
Pluto im Löwen (1939-1957)
Pluto in der Jungfrau (1957-1972)
Pluto in der Waage (1972-1984)
Pluto im Skorpion (1984-2000)
Pluto im Schützen (2000-)
Pluto in Steinbock (1762-1777)
Pluto im Wassermann (1777-1799)
Pluto in Fische (1799-1823)

Wie schon bei Uranus und Neptun hat seine Zeichenstellung eher für die Geschichte ganzer Generationen Bedeutung als für das persönliche Leben.

Die Plutostellung gibt Hinweise auf grundlegende historische Umwälzungen. Auf den Gebieten des Lebens und der menschlichen Zivilisation, die seiner Zeichenstellung unterstehen, werden drastische Umformungen regenerativer und degenerativer Natur eingeleitet. Meist sind sie beides zugleich, da auf dem betreffenden Gebiet Extreme im Guten wie im Bösen auftreten. Die Plutostellung in den Zeichen bedeutet immer einen tief gehenden Wandel.

Der Zodiak und die Planetenstellungen

Sonne

Prinzipien
Geist, Denken, Energie, Ganzsein, Ganzheitlichkeit, Herrschen, Individualität, Leben, Vitalität, Organisation, Bewusstsein, Libido, Objektivität, bewusstes Leben, Sympathie

Widder/Aries

Kardinalzeichen
Kennzeichen: Initiative, Aktivität, Unternehmungsgeist
Sonne ist in Widder erhöht
Widder, das erste Zodiakzeichen, ist das Zeichen des Neubeginns. Es symbolisiert einen neuen Zyklus in der persönlichen Weiterentwicklung. Der Widdermensch ist "aggressiv" und geradeheraus. Sein Motto ist: "Ich bin".
Bestätigung, Energie, Kühnheit, führend, kriegerisch, ungeduldig, sportlich, unternehmungslustig, Egozentrik, Stolz
Sonne steht im Zeichen: 21. März bis 19. April (20. März bis zum 20. April)

Jahreszeit:	Erstes Frühlingszeichen
Mobilität:	Bewegend
Element:	Feuer
Herrscher:	Mars, (in seinem ureigenen Element), Pluto
Lebensmotto:	Ich will
Farbe:	rot
Metall:	Eisen
Steine:	Diamant, Amethyst, Sardonyx
Zahl:	9
Motivation:	Aufbruch
Psychologische Grundhaltung:	Ungestüm
Handlungsrichtung:	Aktivität, Erfolgswille, Egozentrik, Tatendrang, Feindschaften werden nicht gescheut, denn "viel Feind, viel Ehr". Ungestümer Grundcharakter.
Allgemeine Stärken:	Aufgeschlossenheit, Aufopferungsbereitschaft, Einsatzbereitschaft, Ritterlichkeit, steter Siegeswille, Vorbild
Allgemeine Schwächen:	Unbeugsamkeit, Trotz in der Niederlage, Uneinsichtigkeit, Eigenhärte bis zur Selbstschädigung
Größte Gefahr:	Ich-Verschleuderung
Aufgabe:	Anführen, Beginnen, Starten, den entscheidenden Schritt wagen, zur Spitze wollen

Widder sprudeln über von schöpferischer Energie und Enthusiasmus (der Widder ist ein Feuerzeichen und wird von Mars und Pluto beherrscht); und weil der Widder ein Kardinalzeichen ist, stellen sich die Widdergeborenen stets neue Aufgaben, die sie so lange fesseln, bis der Reiz des Neuen verflogen ist.

Menschen dieses Zeichens haben ein ungeheures inneres Bedürfnis, sich durch Aktivität im Leben zu bestätigen. Widdergeborene geben sich nicht damit zufrieden, über ihre Bedürfnisse zu sprechen, sie haben den Drang, sie in die Tat umzusetzen.

Wenn der Widdergeborene lernt, erst zu überlegen, bevor er etwas unternimmt, wird ihm sein energiegeladenes Naturell helfen, seine Ziele zu erreichen. Seine Impulsivität und die Tendenz, den Rat anderer in den Wind zu schlagen, bringt ihn in Schwierigkeiten. Der Widdermensch neigt aus Ungeduld dazu, die Weiterführung der von ihm begonnenen Unternehmen anderen zu überlassen, vornehmlich den festen und beweglichen Zeichen.

Da er sehr ehrgeizig ist, möchte der Widdergeborene stets der Erste und Beste sein. Er ist eine ausgesprochene Führernatur; Ruhm und Anerkennung sind ihm wichtiger als Vermögen und Bequemlichkeit. Doch gerade weil er so sehr von dem Wunsch nach Autorität und Überlegenheit beseelt ist, geschieht es leicht, dass er allzu aggressiv wird und im Umgang mit anderen lieber gewaltsam (mit dem Kopf durch die Wand) anstatt vernünftig und diplomatisch vorgeht. Wenn er nicht über genügend Klugheit und Erfahrung verfügt, benimmt er sich oft recht töricht. Einen Großteil seiner Kraft schöpft der Widdermensch aber daraus, dass er sich einfach nicht geschlagen gibt. Fehlschläge können ihn nicht entmutigen und er wird immer nach neuen Ausdrucksmöglichkeiten suchen.

Was der Widdermensch lernen muss, ist liebevolles Verhalten (denn das weiche Wasser rundet den harten Stein), damit er rücksichtsvoll und freundlich Kontakt zu anderen aufnehmen kann. Wenn er die Folgen seiner Handlungsweise überdenkt, wird er diese Aufgabe meistern.

Der höher entwickelte Ariestypus verfügt über große Willenskraft, Selbstvertrauen in seine geistigen Fähigkeiten und ein großartiges Regenerationsvermögen: dies alles verdankt er der in diesem Zeichen erhöhten Sonne.

Der energische Widder

Das Charakterbild des Widders entspricht ziemlich genau der Jahreszeit, in die dieses Sternzeichen fällt. Alles in der Natur sprießt, stürmt nach vorn, drängt ans Sonnenlicht. Ebenso energiegeladen strebt der Widder seinen Zielen entgegen und setzt alles daran, seine Pläne zu verwirklichen.

Er ist immer offen für Neues und lässt sich schnell und leicht für eine Sache begeistern. Der Widder ist deshalb auch ein äußerst hilfsbereiter Zeitgenosse, wenn man ihn nur mit den richtigen Argumenten von der Wichtigkeit und der Originalität einer Sache zu überzeugen versteht. Er macht sich dann voller Eifer daran, das gesteckte Ziel zu erreichen als wäre alles seinem eigenen Ideenreichtum entsprungen und manchmal glaubt er das sogar selbst.

Am wichtigsten für ihn ist dabei die Anerkennung seiner Leistungen durch seine Mitmenschen. Um die Aufmerksamkeit der anderen auf sich zu lenken, würde er fast alles tun. Lob ist für den Widder der höchste Verdienst für seine Taten. Dieser Charakterzug mag ihn bisweilen etwas machthungrig erscheinen lassen. Wenn er nämlich einmal das Zepter in der Hand hält, gibt er es nicht so schnell wieder her. Es gefällt ihm, Befehle zu erteilen und zu sehen wie alles und jeder nach seiner Pfeife tanzt. Wenn man ihm dies jedoch vorwirft, kann er das gar nicht verstehen, denn seiner Ansicht nach ist es doch nur von Vorteil, wenn sich die anderen an seine Anweisungen halten und seine Ratschläge befolgen. Davon kann jeder nur profitieren und damit hat er meistens gar nicht mal so unrecht.

Bei der Durchführung seiner Pläne ist der Widder nämlich äußerst ordentlich und jede Handlung will von ihm genauestens durchdacht sein. Er schätzt die Lage meistens erstaunlich objektiv ein und behält auch in kritischen Situationen einen kühlen Kopf. Dabei geht er den direktesten Weg und steuert ohne Umschweife auf sein Ziel zu.

Nur von Interesse sollte dieses Vorhaben für ihn sein, denn Langeweile ist etwas, das dem Widder zutiefst zuwider ist. Deshalb muss jede Tätigkeit ihren Reiz bis zum Schluss behalten, sonst verfliegt der Schwung und Elan des Widders ebenso schnell, wie er aufgetaucht ist. Das macht dieses Feuerzeichen oft zu einem ungeduldigen Mitmenschen, dem nichts schnell genug gehen kann. Bei seinem Blick für den kürzesten und direktesten Weg ist es ihm völlig unverständlich, dass sich andere etwas mehr Zeit bei einer Entscheidung lassen wollen und sich manches lieber zweimal durch den Kopf gehen lassen.

Hat sich der Widder einmal etwas in den Kopf gesetzt und sich auf ein Konzept und eine Vorgehensweise zur Verwirklichung seiner Pläne festgelegt, ist er nur noch schwer davon abzubringen, was ihm den Ruf eines Dickkopfes eingebracht hat. Er ist dann in solchem Maße überzeugt von der Richtigkeit seiner Thesen, dass jeder, der ihm einen alternativen Weg aufzeigen möchte, von ihm sofort als Verräter und Querulant betitelt wird.

Auf seine Umgebung wirkt der Widder oft etwas kühl und vielleicht auch arrogant. Er hält nicht viel von Gefühlsduselei und sagt offen und ehrlich, was er denkt. Will man eine wirklich aufrichtige Meinung über etwas hören, dann sollte man immer einen Widder fragen. Das heißt aber auch, dass man von ihm wenig Fingerspitzengefühl erwarten kann. Er wird einem seine Ansichten ohne Umschweife und verschleiernde Schnörkel kundtun, was nicht selten verletzend wirken kann. Er sieht es einfach als seine moralische Pflicht an, ehrlich zu sein und da kann er auf die Gefühle anderer nicht immer Rücksicht nehmen.

Sein Bedürfnis nach Offenheit und Ehrlichkeit macht ihn zu einem treuen Freund, so lange man sein Vertrauen nicht missbraucht. Hat man ihn jedoch einmal betrogen oder getäuscht, dürfte der Riss in der Freundschaft nur schwer wieder zu kitten sein. Da kann er äußerst nachtragend sein und so einen Vertrauensbruch wird er kaum jemandem verzeihen.

Gesundheit

Einerseits ist der Widder dank seiner immensen Energiereserven ungeheuer widerstandsfähig. Wenn er nur sorgsam daran denkt, seine Batterien, die auch bei ihm nicht unerschöpflich sind, rechtzeitig wieder aufzuladen, können ihm kleine Zipperlein nicht viel anhaben.

Er ist ein sportlicher Typ, der viel lieber selbst zu den Skibrettern oder zur Badehose greift, als sich irgendwelche Wettkämpfe von der Wohnzimmercouch aus im Fernsehen anzusehen. Er muss selbst das Blut durch seine Adern rauschen hören, um sich wohl zu fühlen. Dabei darf es für den Widder ruhig eine etwas ausgefallenere Sportart sein, die den Adrenalinspiegel in die Höhe treibt. Das Abenteuer lockt ihn und wenn ihm auch die Freizeit Herausforderungen bieten kann, umso besser. Gleitschirmfliegen, Schlucht- und Wildwasserfahrten und ähnliche körperliche Anstrengungen sind so recht nach seinem Geschmack.

Genau dies kann diesem energiegeladenen Sternzeichen jedoch zum Verhängnis werden. Seine kühnen Unternehmungen fordern oft ihren Tribut in Form von verschiedensten Verletzungen, vor allem im Kopfbereich. Viele Narben im Gesicht oder schiefe, ehemals gebrochene Nasen zeugen von dem Draufgängertum dieses Energiebündels. Die Unfallgefahr ist außerordentlich groß, da der Widder oft so von seiner Abenteuerlust gepackt wird, dass er manchmal die einfachsten Sicherheitsmaßnahmen außer Acht lässt. Sein Tatendrang macht ihn des öfteren blind und es kommt vor, dass er sich maßlos überschätzt, was ihm dann erst bewusst wird, wenn es schon zu spät ist.

Ein wehleidiger Patient ist der Widder jedoch keineswegs. Er ist bereit, die Konsequenzen seiner Unvorsichtigkeit ohne Murren zu ertragen und die Tatsache, dass er auch große Schmerzen tränenlos hinnimmt, erfüllt ihn ganz besonders mit Stolz.

Die Gefahr hierbei besteht darin, dass er oft erst in allerletzter Minute die Hilfe eines Arztes in Anspruch nimmt, da er denkt, dass er mit den Kleinigkeiten des alltäglichen Lebens selbst sehr gut zurecht kommt. Wegen "dem bisschen Fieber" oder einer ähnlich "unbedeutenden" Beschwerde sofort zum Arzt zu rennen, wäre entschieden unter seiner Würde. So hat schon mancher Widder eine Arztbehandlung als Lappalie abgetan und musste im Nachhinein feststellen, dass sein falscher Stolz ihm eine schmerzlichere oder langwierigere Behandlung eingebracht hat, als wenn er sich sofort einem Arzt anvertraut hätte.

Im Allgemeinen ist aber zu bemerken, dass der Widder sich üblicherweise einer bemerkenswerten Gesundheit erfreut, wenn er nur darauf achtet, diese auch sorgsam zu hegen und versucht, die Verletzungsgefahr durch etwas Bedachtsamkeit einzuschränken.

Was die Ernährung angeht, sind Widder entweder überzeugte Verfechter von Roh- und Biokost und führen in dieser Hinsicht ein beinahe asketisches Leben oder aber sie geben sich den Genüssen gut gewürzter, oft sehr scharfer Speisen hin, was allerdings ihrem Magen nicht allzu zuträglich ist. Ein schmackhafter, deftiger Eintopf ist ihnen oft lieber als ein noch so vornehmes Fünfgängemenü.

Hauptsache ihre Geschmacksnerven bekommen öfter mal etwas Neues zu kosten, denn auch beim Essen liebt der Widder die Abwechslung. Dabei sollte er hauptsächlich darauf achten, dass er Lebensmittel zu sich nimmt, die seine Energiereserven wieder auffüllen, da er diese ja unermüdlich beansprucht.

Beruf und Geld

Der Widder braucht einen Beruf, in dem er sich beweisen kann. Ist er in einer untergebenen Position, so braucht er viele Freiheiten und muss selbständig arbeiten können, dann kann man aber auch die besten Resultate von ihm erwarten. Jegliche Vorschriften und Enge in seinem Arbeitsverhältnis mindern seinen Schwung und er verpulvert dann seine Energien darauf, diese Vorschriften zu umgehen, anstatt sich auf seine eigentlichen Aufgaben zu konzentrieren. Lässt man ihm allerdings genügend Freiraum, hat man einen engagierten Mitarbeiter, der auch keine Überstunden scheut, um ein bestimmtes Projekt zum Erfolg zu führen. Und je mehr Verantwortung er übernehmen darf, desto mehr setzt er sich für die entsprechende Sache ein, da es ja um seinen Ruf geht.

Wichtig ist allerdings, dass er für seine Mühen auch belohnt wird, sowohl mit Lob und Anerkennung als auch mit einer verdienten Beförderung oder Gehaltserhöhung. Das treibt ihn zu immer neuen Kraftanstrengungen und Höhenflügen an, die auch die übrigen Mitarbeiter anstecken können. Mit seinen Arbeitskollegen versteht er sich meist recht gut, solange sie ihm seine Selbständigkeit nicht streitig machen und offen und ehrlich mit ihm umgehen. Intrigen und Ränkespiele liegen ihm nicht, ebenso wenig versteht er es allerdings, eine Situation mit geschickter Taktik zu seinen Gunsten zu entscheiden. Dazu ist er einfach zu direkt und wird lieber seine Stellung riskieren als Unwahrheiten oder halbe Wahrheiten von sich zu geben.

Als Vorgesetzter ist der Widder ein strenger aber gerechter Chef. Er fordert viel von seinen Untergebenen, zieht aber selbst immer am kräftigsten mit am Strang. Er erwartet eben von den anderen genauso viel Einsatz, wie er selbst auch einbringt. Sieht er, dass jemand nicht voll bei der Sache ist, kann er auch mal laut werden und sagt demjenigen unumwunden auf den Kopf zu, dass er dies nicht weiter dulden wird. Besondere Höflichkeiten kann man von einem Widder-Boss also nicht erwarten, allerdings erntet man bei ihm auch Lob für gute Leistungen und präzise Arbeit, wenn dies auch nicht besonders wortreich und überschwänglich ausgesprochen wird.

Alle Berufe, die das Organisationstalent aber auch die Kreativität des Widders fordern, kommen für ihn in Frage. Hauptsache er kann dabei seine kämpferische Natur voll ausleben und es kommt keine Langeweile auf. Büroarbeiten sind für die meisten Widder höchstens eine Übergangslösung, er muss seine Fähigkeiten mit viel Abwechslung beweisen können. Besonders liegen ihm Aufgaben, bei denen er seinen Erfindergeist einsetzen kann, er will Neues schaffen, Ideen in die Realität umsetzen. Die Durchführung überlässt er dabei gern anderen, ihm geht es vorwiegend darum, eine Sache in Gang zu setzen. Seine Ungeduld macht ihm oft einen Strich durch die Rechnung, denn er hat zwar fantastische Vorschläge, wenn sich aber niemand findet, der diese dann umzusetzen weiß, verläuft vieles, was sehr erfolgversprechend anfing, am Ende im Sande.

Deshalb empfehlen sich für den Widder Berufe wie der des Managers, des Werbefachmanns, des Ingenieurs sowie des Forschers und Erfinders. Auch als Chirurg oder Zahnarzt ist er gut aufgehoben. Allerdings sind trotz seiner Kontaktfreudigkeit soziale Berufe wie Psychologe, Lehrer, Krankenpfleger eher zu meiden, denn hier fehlt es ihm allzu oft an der nötigen Geduld.

Mit Geld weiß der Widder eigentlich ganz gut umzugehen. Wenn er einen Beruf ausüben kann, der ihm Freude bereitet und ihn erfüllt, ist ihm der Lohn dafür nicht gar so wichtig, obwohl er sich nicht gern ungerecht behandelt fühlt. Zum Sparen wurde der Widder allerdings nicht gerade geboren. Er kann seine Finanzen zwar ziemlich gut einteilen, aber manchmal schlägt er dann doch über die Stränge, indem er durch Statussymbole die Anerkennung seiner Mitmenschen erlangen will. Oder aber seine Hilfsbereitschaft, die unter anderem auch darauf abzielt, sich beliebt zu machen, hinterlässt ein großes Loch in seiner Geldbörse. Er muss aufpassen, dass er nicht finanziell von den verschiedensten Bittstellern ausgenutzt wird.

Liebe und Partnerschaft

Der Widder-Mann

Auch in der Liebe braucht der Widder Anerkennung. Wer ihn halten will, muss dafür sorgen, dass er sich unfehlbar und männlich vorkommt, auch wenn man merken wird, dass er durchaus auch seine Schwächen hat. Allerdings sollte man seine Achtung vor ihm sachlich und fundiert begründen, denn Gefühlsausbrüche kann er nicht leiden und er merkt sofort, wenn ihm jemand nur schmeicheln will.

Gerade in jungen Jahren will sich der Widder die Hörner abstoßen und gesellig wie er ist, hat er viele Verehrerinnen. Mit seinem Tatendrang und seinem Elan begeistert er viele unternehmungslustige Frauen. Die Auserwählte muss sich nur sicher sein, dass sie mit diesem Funken sprühenden Draufgänger auch mithalten kann. Erst später, wenn der Widder-Mann etwas ruhiger geworden ist, wird auch seine Ungeduld abnehmen und dann ist er ein wundervoller Familienvater, der Kinder über alles liebt und ihnen begeistert beibringt, wie sie das Leben zu meistern haben.

Sein Freiheitsdrang macht es manchmal schwer, ihn zu halten, doch wenn man ihm das Gefühl gibt, ihn nicht einengen zu wollen und ihm seine Eigenheiten nachsieht, ist er gerne bereit Kompromisse zu schließen. Wenn er weiß, dass seine Herzdame zu ihm aufsieht und ihn anbetet, fühlt er sich sicher und unabhängig. Und sein Dickkopf wird es ihm schwer machen, eine einmal getroffene Entscheidung von selbst anzuzweifeln. Deshalb ist auch die Scheidungsrate bei den Widdern verhältnismäßig niedrig. Er wird doch nicht seine eigene Urteilskraft in Frage stellen.

Im Grunde genommen ist der Widder nicht eifersüchtig, erfährt er jedoch, dass er hintergangen wurde, kennt sein Zorn keine Grenzen und er ist kaum bereit, auch nur den kleinsten Fehltritt zu verzeihen. So wie er die Ehrlichkeit liebt, ist solch ein Vertrauensbruch das Schlimmste, was man ihm antun kann. Er muss eben der Einzige im Leben seiner Angebeteten sein und erträgt neben sich keinen Rivalen. Er selbst ist treu, hat er einmal die Frau fürs Leben gefunden. Ein Nebeneinander mehrerer Liebschaften ist für ihn prinzipiell unmöglich. Er muss reinen Tisch schaffen, bevor er sich auf ein neues Abenteuer einlässt, was allerdings schon mal vorkommen kann, denn er ist sehr anspruchsvoll, was seine Partnerin angeht. Da kann es passieren, dass er merkt, dass er sich zu schnell für eine Dame begeistert hat, die dann doch nicht seinen Vorstellungen entspricht und dann wird er auch nicht lange fackeln, um sich aus dieser Beziehung wieder herauszumanövrieren.

Als Liebhaber ist der Widder besonders erfindungsreich und seine glühende Leidenschaft will er von der Partnerin ebenso erwidert wissen. Wenn sie nicht die Kondition hat, mit seinem Tempo mitzuhalten, wird es ihm schnell langweilig. Routine im Bett kann er nicht ertragen. Wer sich von ihm allerdings führen lässt und seiner Fantasie nicht im Wege steht, kann wunderbare Stunden mit ihm erleben. Nur Durchhaltevermögen gehört nun mal einfach mit dazu, denn auch hier sprüht der Widder vor lauter Energie.

Die Widder-Frau

Mit dem weiblichen Widder hat man es bestimmt nicht leicht. Dies ist keine Frau, die die Rolle des Heimchens am Herd spielt. Sie will das Sagen haben, kann es jedoch auch nicht ertragen, wenn ihr Auserwählter ihr widerspruchslos hinterherläuft. Sie will erobern, aber wenn ihr dies zu leicht gemacht wird, verliert sie schnell das Interesse.

Hat sie sich jedoch einmal entschieden, steht sie voll und ganz hinter ihrem Partner, der sich dann ohne Bedenken auf sie verlassen kann. Wenn er ihr den gebührenden Respekt und die nötige Anerkennung zukommen lässt, wird sie all ihre Energie darauf verwenden, ihn wirkungsvoll in seinen Taten zu unterstützen. Immerhin will sie sich ja auch rühmen können, mit für seinen Erfolg verantwortlich zu sein. Das wiederum gibt ihr die Möglichkeit, die Kontrolle über die Beziehung zu behalten und nicht von ihm abhängig zu werden.

Sie muss auch ihren Freiraum behalten können, darf nicht in ihrem Tatendrang behindert werden. Wenn sie ihre berufliche Karriere völlig dem Familienleben opfern soll, kann sie sehr unglücklich werden, falls sie ihre Berufung nicht im Aufbau einer perfekten Familie sieht. Für ihre Hobbys und Interessen sollte sie sich immer Zeit nehmen, denn wenn sich Langeweile in ihren Alltag einschleicht, verliert sie allen Eifer und fühlt sich gefangen im eigenen Haus.

Eine Widder-Frau wirkt aufgrund ihrer Unternehmungslust und ihrer Fantasie sehr anziehend auf Männer, die die Abwechslung lieben. Sie muss allerdings aufpassen, dass sie, draufgängerisch wie sie ist, nichts von ihrer Weiblichkeit verliert. Mit ihrer Kampfeslust hat sie schon einige Verehrer vertrieben. Sie sollte sich öfter mal zu Kompromissen bereit erklären. Das heißt ja nicht, dass sie ihr Selbstbewusstsein dafür aufgeben muss.

Auch in der körperlichen Liebe fordert die Widder-Frau viel. Dabei erfreut es sie immer wieder zu hören, wie sie von ihrem Partner bewundert und angehimmelt wird. Sie lässt sich aber auch viel für ihn einfallen und überlässt selten etwas dem Zufall. Wenn es ihr gelingt, die Dinge nach ihrem Willen und Geschmack zu lenken, ohne dass sie jedoch die alleinige treibende Kraft ist, ist sie am glücklichsten. Merkt sie allerdings, dass die Luft aus einer Beziehung raus ist, kann es schon vorkommen, dass sie das Vermisste woanders sucht. Das muss jedoch ihrer Ansicht nach nicht gleich zu einer Scheidung führen. Am wichtigsten ist für sie nämlich zu beweisen, dass sie auch in der Familiengründung Erfolg hat und sie will keinesfalls für Gerüchte und üble Nachreden sorgen.

Die Widder-Frau ist eine hingebungsvolle aber strenge Mutter. Wenn ihr die Kinder "Schande bereiten", fasst sie das als persönliche Beleidigung auf, hat sie doch alles dafür gegeben, ihren Sprösslingen die bestmögliche Erziehung angedeihen zu lassen. Entspricht der Lebensweg der Kinder in etwa den Vorstellungen der Mutter, steht sie unerschütterlich hinter ihnen und verteidigt sie gegen alles, was sich ihnen in den Weg stellt. Hat sich der Nachwuchs allerdings etwas in den Kopf gesetzt, das in den Augen der Frau Mama nichts für ihn ist, wird er Schwierigkeiten haben, es gegen ihren Willen durchzusetzen, ohne dass etliche emotionale Wunden bleiben.

Wer passt zum Widder?

Die Feuerzeichen Löwe und Schütze teilen mit dem Widder seine Energie und seinen Tatendrang, was zu gegenseitigem Anreiz zu Höchstleistungen führen kann, solange auf beiden Seiten eine gewisse Kompromissbereitschaft besteht.

Gefühlsbetonte Sternzeichen wie der Fisch oder der Krebs fühlen sich durch die offene Ehrlichkeit und Direktheit des Widders oft verletzend getroffen und haben Mühe, seine Zornausbrüche wegzustecken.

Die Waage ist dem Widder oft zu unentschlossen und unbestimmt in ihren Vorstellungen, Jungfrau und Steinbock sind seiner Meinung nach zu wenig bereit, Risiken einzugehen, obwohl an sich eine gewisse Übereinstimmung in grundsätzlichen Fragen besteht und diese drei Sternzeichen das Streben nach Erfolg gemeinsam haben.

Zwillinge und Wassermänner findet der Widder zwar reizvoll und interessant, sie sind ihm jedoch zu unbeständig und flatterhaft, kümmern sich für seinen Geschmack zu sehr um sich selbst und lassen ihm dadurch zu wenig Aufmerksamkeit zukommen.

Den Widder und den Skorpion verbindet derselbe Hunger nach Leidenschaft. Die Beziehung zwischen diesen beiden Zeichen ist spannend und aufregend, aber gerade deshalb oft nicht einfach und erfordert beiderseits viel Einfühlungsvermögen, was nicht unbedingt ihre Stärke ist.

Der Stier bietet dem Widder die Stabilität und Wirklichkeitsnähe, die dieser bei seiner Risikofreude und Abenteuerlust oft vernachlässigt. Da der Stier sich von den Ideen des Widders gern begeistern lässt, ist diese Verbindung besonders günstig, obwohl oft die Fetzen fliegen, wenn ein Dickkopf auf den anderen trifft.

Berühmte Widder

Brigitte Horney,	29. März 1911
Vincent van Gogh,	30. März 1853
Joseph Haydn,	31. März 1732
Otto von Bismarck,	1. April 1815
Hans Christian Andersen,	2. April 1805
Emile Zola,	2. April 1840
Helmut Kohl,	3. April 1930
Bette Davis,	5. April 1908
Herbert von Karajan,	5. April 1908
Wilhelm Busch,	15. April 1832
Katharina I,	15. April 1684
Leonardo da Vinci,	15. April 1452
Charlie Chaplin,	16. April 1889

Der Mond im Widder

Kennzeichen: unbeständig, rastlos, eilig, Unbesonnenheit, Machtgier, ursprünglich, lebhaft, rebellisch, spontanes Gefühl, ungeduldig

Der Mond im Widder deutet auf unbeständige, gefühlsmäßig impulsive Naturen. Menschen mit dieser Mondstellung sind oft voreilig; sie überlegen sich die Folgen ihrer Handlungsweisen zu wenig. Sie können auch plötzlich aufbrausen, aber solche Temperamentsausbrüche sind nur von kurzer Dauer und bald wieder vergessen. Es handelt sich oft um sehr unabhängige Menschen, die sich darauf versteifen, ihren persönlichen Weg zu gehen, egal, ob er richtig oder falsch ist und die keine Einmischung anderer dulden. Sie mögen die Tendenz haben, andere gefühlsmäßig zu dominieren und neigen dazu, die Reaktionen anderer persönlich nehmen.

Merkur in Widder

Kennzeichen: rasches Denken, Schlagfertigkeit, kreativ, hastig, mental überarbeitet, entschlossen, streitlustig, impulsiv, temperamentvoll, gereizt

Der im Widder stehende Merkur zeigt eine entschlossene und ehrgeizige Denkweise an. Die Nativen debattieren und argumentieren gerne. Sie haben oft die Fähigkeit, rasch zu denken und können viele originelle Ideen produzieren. Sie können jedoch zu impulsiv sein, wenn sie Entscheidungen zu treffen haben und betrachten die Dinge gerne von einem zu persönlichen Standpunkt aus. Wird dieser Tendenz zu sehr nachgegeben, können sie in einen intellektuellen Egoismus und starrköpfiges Verhalten ausarten.

Solche Menschen sind ungeduldig im Überwinden von Widerständen oder Verzögerungen. Deshalb werden sie oft handeln, nur um eine Entscheidung herbeizuführen und um zu vermeiden, langen, frustrierenden Entscheidungsprozessen unterworfen zu sein. Aber ihre Impulsivität zeigt eine Tendenz an, dass sie die eigenen Ideen nicht immer bis zu Ende verfolgen. Ein betontes festes Zeichen im Horoskop hilft diese Tendenz zu kompensieren.

Venus in Widder (Exil)

Kennzeichen: aggressive Liebe, extrovertiert, Leidenschaft, feurig, schöpferische Kräfte, anziehende Persönlichkeit, erotisch, ich-bezogen

Venus herrscht über das Prinzip der Liebe und der Zuneigung zu anderen Menschen. Native mit Venus im Widder bringen ihre Gefühle stürmisch und angriffslustig zum Ausdruck. Durch ihre Initiative und ihren Unternehmungsgeist verleihen sie gesellschaftlichen Anlässen Schwung und Glanz. Zielbewusst und energisch verfolgen sie ihre Interessen und werben in offenem Konkurrenzkampf um die Gunst der andern. Im Horoskop einer Frau kann diese Stellung bedeuten, dass die Frau sich aktiv um den Mann bemüht. Solche Menschen sind leidenschaftliche Liebespartner, denn Mars, der Herrscher des Widder, verleiht der Liebe der Venus Kraft und Energie. Diese Zuneigungen können allerdings impulsiv und sprunghaft sein.

Im Widder steht Venus im Exil, weil der Widder dem Zeichen Waage gegenübersteht, das von Venus regiert wird. Deshalb beanspruchen Menschen mit Venus im Widder ein hohes Maß an persönlicher Anerkennung und neigen zu einer egozentrischen Einstellung.

Ist Venus im Widder ungünstig aspektiert, können die Nativen ein plumpes, ungehobeltes Benehmen zeigen. Bei günstigen Aspekten haben solche Menschen eine zuversichtliche, freundliche Art. Sie weisen oft auch eine künstlerische Begabung auf.

Mars in Widder (Domizil)

Kennzeichen: Kämpfen, Geist, Ehrgeiz,Temperament, Eifer, brutal, unabhängig, jähzornig, halsstarrig, wetteifernd, Egoismus

Im Widder bedeutet Mars überschäumende Energie, die einen Abfluss finden muss. Dies ist die Grundstellung der primären Antriebe zum Handeln und zur Selbstdarstellung, woraus sich dann die Erfahrung entwickelt. In diesem Zeichen bedeutet Mars Energie, Initiative, Mut und Impulsivität. Das Bedürfnis, die Dinge zu meistern, weckt den Unternehmungsgeist dieser Menschen und befähigt sie zu schöpferischen Neugestaltungen. Es besteht eine echte Führerbegabung und zwar in dem Sinne, dass Menschen mit Mars im Widder die Initiative ergreifen und die anderen zum Mitmachen animieren können. Sie wollen immer die ersten sein. Allerdings mangelt es ihnen oft am Organisationstalent des Steinbocks und an der Ausdauer des Löwen, sodass sie ihr Interesse und ihren Enthusiasmus nicht lange genug aufrechterhalten können, um ein Vorhaben zum erfolgreichen Abschluss zu bringen. Kinder mit dieser Stellung sollten lernen, einmal begonnene Aufgaben zu Ende zu führen.

Diese Marsstellung lässt darauf schließen, dass die Nativen eigenwillig und unabhängig sind. Sie dulden keinen Widerspruch und keine Einmischung. Wenn die Nativen lernen, erst nachzudenken, bevor sie handeln, können sie sehr erfolgreich sein; blindes Handeln führt in die Irre. Menschen mit dieser Stellung wollen immer wetteifern, sie genießen sportliche Wettkämpfe und Spiele, bei denen sie Kraft und Mut mit ihren Konkurrenten messen können. Diese Menschen besitzen eine Begabung oder Vorliebe für Arbeiten häufig in Verbindung mit Maschinen.

Ist der Mars im Widder ungünstig aspektiert, zeigen diese Menschen eine meist egoistische, aggressive und unbeherrschte Tendenz. Aber trotz heftiger Temperamentsausbrüche dauert der Ärger meist nur kurze Zeit - im Gegensatz zur anhaltenden ärgerlichen Stimmung bei Mars im Skorpion. Sie sollten lernen, mehr Rücksichtnahme und Geduld aufzubringen.

Jupiter in Widder

Kennzeichen: führend, Reiselust, edel, positiv, großzügig, frei, spirituell, extravagant, offen, innovativ, gewissenhaft, töricht

Jupiter im Zeichen Widder zeigt die Fähigkeit zu Führung und Erneuerung in Philosophie, Erziehung und anderen geistigen Belangen an. Die höchste Form der Widderentsprechung ist der reine schöpferische Geist, aus dem alles andere entspringt. Jupiter in diesem Zeichen bedeutet ein angeborenes Verständnis für schöpferische Kraft oder zumindest eine tiefe Bewunderung dafür. "Ich mache alles neu" ist das geistige Vorbild der Menschen mit Jupiter im Widder.

Mars und Pluto regieren den Widder, die Sonne ist in ihm erhöht und er bildet ein natürliches Trigon zum Schützen, der vom Jupiter beherrscht wird: Deshalb unternehmen mit dieser Jupiterstellung Geborene große Anstrengungen zur Verbesserung der geistigen, sozialen und erzieherischen Bedingungen. Sie vertrauen auf die Möglichkeit einer Erneuerung und "Wiedergeburt" einer höheren Lebensform. Infolgedessen ist mit dieser Zeichenstellung des Jupiter große Energie und Inspiration verbunden.

Die positive Initiative, die sich aus dieser Stellung ergibt, verleiht den Nativen die Fähigkeit zu religiöser und philosophischer Führerschaft. Sie kann aber auch eine Ichbetonung und eine wichtigtuerische Haltung bewirken, die, wenn ihr freier Lauf gelassen wird, bei andern Verdacht und Unwillen erregt. Die Art, in welcher dieses Bedürfnis nach sozialen Verbesserungen ausgedrückt wird, hängt vom allgemeinen Niveau des Verstehens und der Entwicklungsstufe des Individuums ab, wie sie durch das übrige Horoskop angezeigt wird. Es kann viel Enthusiasmus und Selbstvertrauen vorhanden sein, was anderen ebenfalls Vertrauen einflößt und sie zum Handeln anspornt. Manchmal besteht das Bedürfnis, sich auf heilige Kreuzzüge für eine gute Sache zu begeben, die in den Augen der andern gar nicht so heilig sein mögen.

Das Vertrauen dieser Menschen auf ihre Fähigkeit zu siegen und sich zu entwickeln schenkt ihnen den Mut, große Unternehmungen anzupacken, zu denen andere nicht einmal den Versuch wagen würden. Dieser positive Einsatz kann zu einer evolutionären Entwicklung führen, weil ja Jupiter das Prinzip des Wachstums verkörpert.

Ist Jupiter im Widder ungünstig aspektiert, neigen die Nativen oft dazu, sich zu viel zuzumuten. Sie werden tollkühn und vorschnell und zeigen eine Tendenz zu übertriebenem Eigendünkel. Unbekümmertheit und Vertrauensseligkeit können Verlust im Geschäft und von Freundschaften nach sich ziehen. Ein verletzter Jupiter in diesem Zeichen kann auf unbedachte Geldausgaben hindeuten - beispielsweise das Verschwenden ersparter Investitionen für ein neues Unternehmen von fragwürdigem Wert. Mit einem verletzten Jupiter im Zeichen Widder ist Geduld und Vorsicht angesagt und Reserven anzulegen ist eine gute Idee. Man sollte stets auf die Möglichkeit unvorhergesehener Schwierigkeiten gefasst sein.

Saturn in Widder (Fall)

Kennzeichen: Egoismus, Fleiß, reserviert, humorlos, einsam, mechanisch, Autokrat, eigenwillig, starker Charakter

Saturn im Tierkreiszeichen Widder deutet auf einen Menschen, den äußere Umstände dazu zwingen, Initiative, Geduld und Selbstsicherheit zu erwerben, um für die praktischen Notwendigkeiten des Lebens gewappnet zu sein. Die Notwendigkeit, seine eigenen Kraftquellen zu mobilisieren, bringt ihn dazu, seinen Willen und seine Charakterstärke zu entwickeln.

Im Widder steht Saturn im Fall, weil dieses Zeichen der Waage gegenüberliegt, in welcher Saturn erhöht ist. Widder symbolisiert den ersten Impuls einer Handlung und Saturn verkörpert das (Karma-) Gesetz von Ursache und Wirkung, das die Folgen einer Handlung auf den Handelnden zurückfallen lässt. Im Widder ist Saturn im Fall, denn die Zeit ist zu kurz, um die Wirkung einer Handlung ausreifen zu lassen. Für Menschen mit dieser Stellung ist es deshalb schwierig, sich selbst objektiv zu sehen. Sie leiten einen neuen Erfahrungszyklus ein und haben nicht genug Zeit, die Folgen ihrer Handlungen kennen zu lernen. Deshalb fehlt ihnen mitunter das Bewusstsein für soziale Gerechtigkeit und Verantwortung.

Diese Saturnstellung bedeutet Ideenreichtum; die Nativen erfinden oft neue Arbeitsmethoden. Bei hoch entwickelten Menschen führt Disziplin, gepaart mit Initiative oft zu genialen schöpferischen Leistungen auf den von ihnen gewählten Gebieten. Einstein z.B. hatte Saturn (Merkur-Saturn-Konjunktion) im Widder.

Ist Saturn im Widder ungünstig aspektiert, können die Nativen sehr defensiv veranlagt sein, immer auf der Hut vor ihren Mitmenschen. Dies macht es ihnen schwer, andere zu verstehen, mit ihnen in Kontakt zu kommen und zu kommunizieren.

Mit einem verletzten Saturn im Widder sind die Nativen oft sehr ich-betont und neigen zur Selbstgerechtigkeit. Sie sind so intensiv mit sich selbst beschäftigt, dass sie die Bedürfnisse und Bestrebungen der anderen übersehen. Ihre Tendenz, ausschließlich ihre persönlichen Ziele zu verfolgen, beeinträchtigt die Zusammenarbeit und somit auch den Erfolg.

Mit dieser Stellung Geborene sind wenig diplomatisch. Sie neigen zum Alleingang und kümmern sich nur um ihre eigenen Bedürfnisse. Sie erwarten und leisten keine Hilfe. Sie ziehen es vor, auch im Beruf ihr eigener Herr zu sein; da alle jedoch in einem Netzwerk von Interdependenz leben, ist das (besonders mit dieser Stellung) nicht immer möglich.

Uranus in Widder (1928- 1934)

Kennzeichen: utopisch, Enthusiasmus, ungewöhnlich, eigentümlich, merkwürdige Persönlichkeit, frei, unkonventionell, Intuition, Mut, Wagemut, temperamentvoll

Uranus im Widder kennzeichnet Menschen, mit einer Berufung neue Wege in Wissenschaft und Sozialreformen zu bahnen. Am allerwichtigsten ist für sie die Freiheit, selbständig handeln zu können. Sie sind mutig, draufgängerisch, initiativ und erfinderisch.

Wenn Uranus im Widder allerdings ungünstig aspektiert ist, können sie auf eine explosive Art impulsiv sein, politisch fanatisch, aggressiv und völlig unkritisch in ihrer schroffen Ablehnung. Geborene mit dieser Zeichenstellung sind vielfach unsensibel und nehmen kein Blatt vor den Mund. Uranus als langsamer Planet hat einen Einfluss auf eine ganze Generation, die Geborenen wollen die Welt verändern und lehnen es ab, im Stil ihrer Eltern oder früherer Generationen zu leben. Sie sind vom Abenteuergeist beseelt und brauchen dauernd neuer Erfahrungen, um glücklich und zufrieden zu sein.

Impulsivität und Jähzorn sind die nachteiligen Eigenschaften, die mit dieser Uranusstellung verbunden sind. Die Nativen müssen lernen, mit anderen Menschen zusammenzuarbeiten und rücksichtsvoller zu sein. Wird der Individualismus auf die Spitze getrieben, macht er die Menschen blind für soziale Zusammenhänge, von denen die Verwirklichung größerer Vorhaben abhängt.

Viele zwischen 1928 und 1934 Geborene haben Uranus im Widder in einem Quadrat zu Pluto im Krebs. Ihr Leben und Schicksal wurde durch die Schrecken des zweiten Weltkrieges bestimmt.

Neptun in Widder (1861-1874)

Kennzeichen: Inspiration, Idealismus, selbstlos, stark sensitiv, sehr distanziert, Wohlfahrt, verwirrt, verrückt, wahnsinnig, süchtig

Neptun im Widder kennzeichnet eine Generation, die neue mystische und religiöse Begriffe hervorbringt, da sie über ein hohes Maß an Initiative und schöpferische Geistigkeit verfügt. Dies kann sich allerdings im negativen Sinne als geistige Überheblichkeit und Egoismus bemerkbar machen.

Pluto in Widder (1823-1852)

Kennzeichen: Selbstbestätigung in der Welt, Machtgier, neue Ideen, revolutionäre Person, Potential, mutig, unerschrocken, frei

Mit dem Widder beginnt ein neuer Aktionszyklus, Widder ist das Zeichen neuer Erfahrungen. Die Periode im Widder war das goldene Zeitalter der amerikanischen Pioniere, als Menschen mit Selbstvertrauen und unerschrockenem Mut aus einer jungfräulichen Wildnis die Heimat eines mächtigen Landes schufen. Diese Menschen überwanden auch die schwersten Hindernisse und ertrugen viele Härten, um Freiheit und einen neuen Lebensstil zu erringen. Die Erinnerung an ihre harten Kämpfe blieb der Nachwelt in den zahllosen Erzählungen vom Wilden Westen erhalten. In Europa nahmen zur gleichen Zeit viele revolutionäre Bewegungen ihren Anfang. Überall begannen die Menschen, ihre Freiheitsrechte geltend zu machen und die alten Monarchien aus den Angeln zu heben.

Stier/Taurus

Kennzeichen: Besitztümer, Entschlossenheit, Praxisbezogenheit, Beharrlichkeit, materialistisch, praktisch, sicher, körperlich, eigensinnig, besitzergreifend, eifersüchtig

Das zweite Zodiakzeichen
Sonne steht im Zeichen: 20. April bis 20. Mai
Festes Zeichen

Jahreszeit:	Zweites Frühlingszeichen
Kraftform-Mobilität:	Fest
Element:	Erde
Herrscher:	Venus als Morgenstern, die hier in ihrem Element ist
Lebensmotto:	Ich fühle
Farbe:	grün
Metall:	Kupfer
Steine:	Saphir, Moosachat, Karneol
Zahl:	6
Psychologische Grundhaltung:	Beharrlichkeit
Motivation:	Sicherung
Handlungsrichtung:	Realitätssinn, Lebensfreude und Genuss, Kunstliebe, Sturheit bei Prinzipienreiterei, denn "Leben lassen ja, aber nicht über meinem Kopf", Sich-treu-bleiben
Allgemeine Stärken:	Ausdauer, Sicherung, Lebensgenuss, Freundlichkeit, Naturliebe, Verlässlichkeit, Diplomatie, Festigkeit
Allgemeine Schwächen:	Ausleben, Sturheit, Prinzipienreiterei, Genussfreude auf Kosten anderer, blinder Zorn bis zum Amoklauf
Größte Gefahr:	Beschränkung der Ich-Entwicklung
Aufgabe:	Sicherung des Wachstums, Erhaltung der Natur, Vorsorge, Kunstausübung, Lebensfreude schaffen

Stier ist das Zeichen der zweckgerichteten Entschlossenheit und Kraft. Und da dieses Zeichen ein Erdzeichen ist, sind Stiere dazu auserkoren, materielle Dinge zu meistern. Das Element Erde verhilft dem Stier zu großem Geschick in praktischen Dingen. Er strebt nach geistiger Wahrheit, indem er die praktischen Seiten des Lebens zu bewältigen sucht. Der Stiergeborene liebt die guten Dinge dieses Lebens und erstrebt häufig den Erwerb materieller Güter. Kennzeichen für den Stier ist das Motto: "Ich habe."

Der in diesem Zeichen Geborene schätzt auch Bequemlichkeit, Zufriedenheit und Vergnügen. Alles, was diese Bedürfnisse zu stillen vermag, ist von großer Wichtigkeit für den Stier und er wird viel Energie darauf verwenden, es sich zu verschaffen. Der Stiergeborene achtet darauf, dass nichts und niemand sich dem in den Weg stellt, was er anstrebt.

Er will Geld, nicht um des Geldes willen, sondern damit er sich an den Dingen erfreuen kann, deren Erwerb ihm dieses Geld ermöglicht.

Da Venus die Herrscherin des Zeichens ist, weiß der Stier gute Formen und schöne Dinge zu schätzen, vor allem, wenn sein Tastsinn angesprochen wird. Der Stiergeborene hat eine Vorliebe für gute Kleidung und legt Wert auf Stil.

Eine große Rolle im Leben des Stiermenschen spielt emotionale und materielle Sicherheit. Der Stier meidet jede feste Bindung, bis er weiß, ob ihm eine Person, Situation oder Beziehung nützlich sein kann. Da er jedoch sehr loyal ist, belädt er sich oft mit den Sorgen und Problemen seiner Freunde. Die Eifersucht und besitzergreifende Haltung (auf Gefühle und Zuneigungen) entspringt seinem Bedürfnis nach Sicherheit.

Da Stiere stark gefühlsbetonte und empfindsame Naturen sind, denen es auch nicht an geistigen Gaben fehlt, fühlen sie sich oft unglücklich, wenn sie Partner haben, die diese Anlagen nicht schätzen.

Über seine inneren Beweggründe ist sich der Stiermensch nicht immer im klaren. Selbsterkenntnis hat keine übergeordnete Bedeutung. Der Stiergeborene ist mit großer Willenskraft ausgestattet, die es ihm erlaubt, über lange Zeiträume, ja sogar über Jahre hinaus vorauszuplanen. So steuert er unbeirrt auf sein Ziel zu, meistens mit Erfolg.

Stiermenschen haben ihre eigene Art, Dinge anzupacken und wenn man reibungslos mit ihnen auskommen will, tut man gut daran, sich nicht in ihre Dinge einzumischen

Der beständige Stier

Stiere sind außerordentliche Genießer. Sie verstehen es, die schönen Momente im Leben auszukosten, sowohl was Kunst und Kultur angeht, als auch im Bereich der Gaumenfreuden. Auch die einfachsten Dinge können in ihnen wahre Euphorie auslösen, wenn sie nur ihrem Schönheitssinn entsprechen. So ist der Stier also meist ein lebensfroher und friedlicher Mensch, der sich auch an den kleinen Besonderheiten im alltäglichen Leben erfreut. Als Gastgeber weiß er seine Gäste stets bestens zu verwöhnen und seine gesellige Art macht ihn allseits beliebt, wenn er nicht zu krampfhaft versucht, sich in den Mittelpunkt zu drängen und auch andere zum Zug kommen lässt.

Sein Sinn für das Ästhetische, sei das ein farbenfrohes Bild, ein interessantes, philosophisches Gespräch, ein schmackhaftes Essen, ein gelungenes Konzert, macht ihn gerade für weltliche Dinge nicht unempfänglich. Der Stier hängt folglich sehr an seinem Besitz, für den er allerdings auch hart zu arbeiten bereit ist. Bestechlich oder käuflich ist der Stier nämlich keineswegs. Kommt er nicht aus eigenem Antrieb zu Wohlstand, das heißt, verhilft ihm nicht seiner Hände (oder seines Geistes) Arbeit dazu, kann er sich auch nicht darüber freuen. Aber materielle Dinge bedeuten ihm nun einmal besonders viel, da nützt es auch nichts, ihn darauf hinzuweisen, dass er diese Wertgegenstände ja dereinst nicht mit ins Jenseits nehmen kann. Er ist der Meinung, dass ein gewisser Reichtum ihm das Leben einfach versüßt und das ist für ihn die Hauptsache: zu genießen und dabei eine gewisse Sicherheit im Rücken zu haben.

Als Luftikus kann man einen Stier allerdings keinesfalls bezeichnen. Dieses Zeichen ist nicht umsonst dem Element Erde tief verbunden. Das bedeutet einerseits, dass der Stier die Natur liebt - selten findet man einen so genauen Beobachter von Naturereignissen. Seine Geduld und sein scharfer Blick machen ihn zu einem präzisen Forscher. Ein Spaziergang in Feld und Wald mit einem Stier kann außerordentlich lehrreich sein, er kennt sich aus bei vielen Pflanzenarten, bestimmt mit erstaunlicher Genauigkeit Vogelstimmen oder Spuren von Tieren und ganz allgemein merkt man ihm seine innere Verbundenheit mit Mutter Natur an. Wenn er sie sich auch zunutze macht, um seine irdischen Güter zu mehren, so wird er dies nie ohne Rücksicht auf sie tun. Er weiß ganz genau, welche Konsequenzen die Ausbeutung natürlicher Ressourcen mit sich bringt und deshalb sucht er nach neuen Wegen, um größtmöglichen Nutzen mit dem geringsten Schaden zu verbinden.

Andererseits ist das Element Erde auch im übertragenen Sinn in Verbindung mit dem Stier zu betrachten. Dies ist kein Mensch, der in den Wolken schwebt und Luftschlösser baut. Er steht mit beiden Beinen fest auf dem Boden der Tatsachen und handelt auch danach. Kein unentschlossenes Zögern oder Zweifeln. Zwar lässt sich der Stier Zeit bei seinen Entscheidungen, will nichts überstürzen und in allem sichergehen, setzt behutsam einen Schritt nach den anderen, aber das tut er nicht etwa aus Unentschlossenheit, sondern ganz einfach, weil das seiner Ordnungsliebe und seinem etwas bedächtigen Temperament entspricht.

Die Genauigkeit und Tiefe, mit denen Stiere an eine Sache herangehen, machen sie oft zu Experten in den verschiedensten Bereichen. Wenn etwas einmal ihr Interesse geweckt hat, werden sie sich mit einer Engelsgeduld und hartnäckigem Forschergeist dieser Sache verschreiben und nicht eher ruhen, als bis sie bis ins kleinste Detail darüber Bescheid wissen. Dadurch laufen sie aber bisweilen Gefahr, alles andere, was außerhalb ihres Interessengebiets liegt, zu vernachlässigen oder gar als unwichtig abzutun. Dies lässt sie mitunter ziemlich arrogant erscheinen. Wenn sich jemand mit ihnen über ein ihrer Ansicht nach unbedeutendes Thema unterhalten will, sind sie oft nicht bei der Sache, unaufmerksam und verhehlen ihre Langeweile an dieser Unterhaltung kaum.

Je älter der Stier wird und je mehr Lebenserfahrung er folglich gesammelt hat, desto unfehlbarer hält er sich auch in seinem Urteilsvermögen. Oft mag er in dieser Hinsicht sogar Recht haben, doch die Sturheit und Dickköpfigkeit, die damit verbunden ist, lässt ihn vielerorts anecken. Er ist schwer von einer einmal gefassten Meinung abzubringen und auch nicht besonders kompromissfähig. Deshalb überrascht es nicht, dass sein Hang zu Korrektheit und Präzision in Verbindung mit seiner Beharrlichkeit manchmal in Halsstarrigkeit und sogar pingeligem Pedantismus ausarten kann.

Obwohl der Stier Ruhe und Frieden liebt und sich nicht so schnell aus der Fassung bringen lässt, sollte man ihn besser nicht reizen, denn seine Wutausbrüche können fürchterlich sein und in solchen Fällen kann für nichts garantiert werden. Wer den Zorn des Stiers auf sich zieht, sollte sich schleunigst aus dem Staub machen, denn in seinen Racheakten ist dieses Sternzeichen unberechenbar, da kann ein Stier durchaus auch mal ungerecht und cholerisch handeln.

Hat man allerdings die Geduld, seine Launen ab und zu zu ertragen und erkennt man seine beachtlichen Leistungen an, so hat man im Stier einen treuen, ehrlichen und vor allem verlässlichen Freund gefunden, der einem gern mit Rat und Tat zur Seite steht.

Gesundheit

Stiere sind natürliche, robuste Menschen. Da sie sich gern an der frischen Luft und in freier Natur aufhalten, ist dies die beste Umgebung, um neue Kräfte zu tanken. Wanderungen und ausgedehnte Spaziergänge schaffen den Ausgleich zum unermüdlichen Schaffensdrang, der den Stier oft viel zu lange an seinem Schreibtisch oder zumindest in einem geschlossenen Raum fest hält.

Allerdings ist er gut beraten, sich gerade zur kälteren Jahreszeit warm anzuziehen und vor allem niemals ohne Schal aus dem Haus zu gehen, denn der Hals, zuweilen auch die Schulter, ist der besondere Schwachpunkt des Stiers. So sollte er sich niemals Zugluft aussetzen und möglichst versuchen, jeder Erkältung aus dem Weg zu gehen, da diese in langwierigen Hustenbeschwerden und Halsschmerzen enden und vom Rachen aus auch Ohren und Nase in Mitleidenschaft ziehen können. Trotzdem wird es kaum zu vermeiden sein, dass der Stiergeborene mehrmals in seinem Leben mit einer schweren Angina, Ohrenentzündung oder Neben- bzw. Stirnhöhlenentzündung zu kämpfen hat.

Weiter ist der Stier durch seine behäbige Art nicht gerade der geborene Sportler. Da er alles lieber etwas ruhiger und gelassener angeht, kann er sich nur schwer zu regelmäßiger körperlicher Anstrengung aufraffen, obwohl er an sich über eine robuste Kondition und viel Ausdauer verfügt. Seine Kraftanstrengungen stellt er allerdings lieber in den Dienst der Arbeit, die Resultate sind für ihn dort besser sichtbar. Das führt oft dazu, dass Stiere ihre Energiereserven überschätzen und es erst zu einem totalen Zusammenbruch und völliger Erschöpfung kommen muss, bevor sie, wenn auch widerwillig, etwas kürzer treten und besser auf ihre Gesundheit achten.

Da hilft es, die Trägheit zu überwinden und früh genug darauf zu achten, dass der Körper genügend Bewegung erhält. Das heißt ja nicht, dass aus dem Stier gleich ein Profisportler werden muss, auch regelmäßige Wanderungen, wenn möglich Waldläufe, gemütliche Radtouren oder der Besuch eines Schwimmbads bieten ausreichenden Ausgleich, um neue Kräfte zu tanken und sich von der Arbeit zu erholen.

Da der Stier ein Genießer ist, ist er sehr gefährdet, übermäßig viel zu essen. Und gerade fette, deftige und kalorienreiche Kost schmeckt ihm besonders. Genau die sollte er allerdings meiden, denn für Übergewicht ist er deshalb ziemlich anfällig. Dies rührt auch daher, dass er, wie wir bereits gesehen haben, kein ausgesprochen sportlicher Typ ist.

Wenn er jedoch die Finger von dicken Soßen, schweren Gerichten und übertriebenen Desserts lässt und vielleicht sogar einen wöchentlichen "Gesundheitstag" einlegt, an dem er sich auf Rohkost oder Fruchtsäfte beschränkt, kann er sich problemlos Herz- und Nierenleiden, welche die Übergewichtigkeit mit sich bringt, ersparen. Eine gelegentliche Entschlackungskur täte ihm ebenfalls gut.

Besonders sollte der Stier auch darauf Acht geben, dass er sich ganz einfach mit kleinen Portionen zufrieden gibt. Das langsame, genießerische Essen, das schneller satt macht und gesünder ist, entspricht ja eigentlich sowieso eher seinem Wesen als maßloses Schlemmen. Außerdem sollte der Stier immer ausreichend Flüssigkeit zu sich nehmen. Das heißt auch, dass er Suppen besonders gerne mag. Deftige Hausmannskost mundet ihm sowieso besser als piekfeine Menüs, an denen nichts dran ist.

Das Ambiente beim Essen sollte allerdings schon stimmen, denn die Mahlzeiten stellen nun einmal sehr wichtige Ereignisse im Leben eines Stiers dar, bei denen er sich wohl fühlen möchte und auch seinen Augen muss da etwas geboten werden. Auf alle Fälle darf ein Essen für ihn nicht in bloße Nahrungsaufnahme ausarten und Fast-Food ist ihm zutiefst zuwider.

Beruf und Geld

Der Stier besitzt Organisationstalent, was er seiner Ordnungsliebe und Genauigkeit zu verdanken hat. So findet man viele Stiere im Geschäftsleben und ihre Begabung, geschickt mit Geld umzugehen, macht sie hier auch besonders erfolgreich. Seine Fähigkeit, Situationen realistisch einzuschätzen und nicht zu überschätzen, macht den verlässlichen Stier zu einem objektiven Ratgeber und auch Schaffer. Im Bankwesen ist er besonders häufig anzutreffen, da sein untrüglicher Sinn fürs Finanzielle ihn zu einem Experten in diesem Bereich macht.

Auf seinen Stier-Untergebenen kann man sich bedenkenlos verlassen und selten findet man so sorgfältige und gewissenhafte Mitarbeiter. Bedingung ist allerdings, dass seine Leistungen auch entsprechend anerkannt und besonders entlohnt werden. Umsonst opfert nämlich kein Stier seine wertvollen Kräfte, die er aber bei der richtigen finanziellen Entschädigung ohne besondere Aufforderung voll einsetzt, bisweilen auch ohne Rücksicht auf seine eigene Gesundheit.

Mit seinen Arbeitskollegen versteht sich dieses Zeichen gut, Intrigen liegen ihm fern und durch seine gesellige Art kann der Stier auch die anderen zu hohen Leistungen motivieren. Sein guter Wille hindert ihn jedoch nicht daran, darauf zu achten, dass er nicht übervorteilt oder von seinen Kollegen ausgebootet wird. Er weiß sehr genau, was er wert ist und will auch dementsprechend behandelt werden.

Da der Stier sich wegen seiner Neugier, seines Wissensdurstes und seiner Beharrlichkeit in den verschiedensten Bereichen ausgezeichnet auskennt, hat jeder Chef in ihm einen erfahrenen Spezialisten und Berater, der sein Wissen auch verständlich zu vermitteln weiß. Allerdings lässt er sich nicht gern in seine Verantwortungsbereiche hineinreden und man tut auch gut daran, ihn nach seinem Gutdünken wirken zu lassen, denn er weiß sehr wohl, was er tut und das ist für jeden nur von Vorteil.

Ist er jedoch selbst der Boss, hat man es mit einem gutmütigen und geduldigen Vorgesetzten zu tun, der die Leistungen seiner Untergebenen sehr wohl zu schätzen weiß. Allerdings darf man nicht auf die Idee kommen, diese Gutmütigkeit auszunützen, denn wenn er merkt, dass man ihn hintergehen will oder ihn für dumm verkauft, ist sein Zorn nicht zu bremsen und sein cholerisches Temperament geht dann allzu leicht mit ihm durch.

Da er gerne die Kontrolle über alles behält, kniet er sich oft lieber selbst in etwas rein als die Arbeit an andere zu delegieren. So kann man also bestimmt auch auf Verständnis und Mithilfe des Chefs zählen, wenn mal irgendwo Schwierigkeiten auftauchen.

Kein anderes Sternzeichen versteht es, so geschickt mit Geld umzugehen wie der Stier. Beinahe instinktiv weiß er, wann und wofür es sich lohnt, Geld auszugeben. Sein Sinn fürs Materielle macht ihn nämlich nicht automatisch zum Geizkragen. Die Ausgaben wollen nur wohl überlegt sein, doch wenn es darum geht, sich etwas besonderes zu leisten, was den Alltag verschönert und dem genießerischen Stier Freude bereitet, wird er bestimmt nicht Nein sagen.

Deshalb sollte man finanzielle Entscheidungen sowohl im Privat- als auch im Berufsleben getrost dem Stier überlassen. Er wird diese Aufgaben mit Freude und Verantwortungsgefühl übernehmen und sich dabei aber immer korrekt und fair verhalten.

Wie bereits erwähnt, eignen sich Stiere also besonders für Berufe, die mit Gelddingen zu tun haben. Ihr finanzielles Geschick kommt ihnen aber auch bei der Gründung eines eigenen Geschäftes zugute. Sie sind praktisch veranlagt und können die Risiken und Chancen des Marktes objektiv einschätzen. Deshalb findet man viele Selbständige unter den Stieren.

Der Sinn für Ästhetik bei diesen Venusgeborenen macht sie auch für künstlerische Berufe wie Grafiker, Designer, Modeschöpfer, Goldschmied, Architekt, Maler und Bildhauer begabt. Hauptsache, sie können mit greifbaren Materialien schöpferisch tätig werden. Und aus Freude am Essen werden auch ausgezeichnete Köche, Bäcker oder Konditoren aus ihnen.

Da sie besonders erdverbunden sind, gibt es unter ihnen aber auch viele Landwirte, Gärtner, Landschaftsarchitekten, Förster und Naturwissenschaftler.

Fleiß und Durchhaltevermögen führen den Stier in den meisten Fällen zum beruflichen und finanziellen Erfolg, allerdings muss er Vorsicht walten lassen, damit er dabei nicht zum Workaholic wird und sich noch genügend Zeit nimmt, um sich auszuruhen und das Leben zu genießen.

Liebe und Partnerschaft

Der Stier-Mann

Die Liebe spielt im Leben dieser Menschen, die vom Planeten Venus beherrscht werden, eine wichtige Rolle. Leidenschaft wird daher bei ihnen groß geschrieben und Romantiker sind sie meistens obendrein noch.

In jungen Jahren muss der Stier seine Hörner abstoßen, einerseits probiert er dabei aus, wer ihm welche Art von Genüssen bieten kann und ist gerade von schönen Frauen besonders angetan, andererseits ist er auch dann schon auf Suche der Partnerin fürs Leben, denn grundsätzliche ist er ein ruhiger Familienmensch, der sich ein wohliges Nest bauen und fest an einem Ort Wurzeln schlagen will. Und dazu braucht er die geeignete Lebensgefährtin, die bereit ist, hart an diesem Vorhaben mitzuarbeiten und ihn zu unterstützen. Vor allem ist ihm wichtig, dass sie es versteht, ihm ein angenehmes und gemütliches Zuhause zu schaffen und ihn zu verwöhnen, wenn er einen harten Arbeitstag hinter sich hat.

Wenn der Stier um seine Angebetete wirbt, setzt er all seinen Charme und seine guten Manieren ein. Er weiß als Genießer ja selbst sehr gut, was das Leben für schöne Momente bieten kann und setzt dieses Wissen gekonnt ein, was dazu führt, dass viele Frauen dahinschmelzen. Seine Gewandtheit in Restaurants bei der Auswahl des Menüs und des Weins, seine Freude an interessanten und tiefsinnigen Gesprächen, sein Sinn für das Schöne, mit dem er seine Auserwählte reichlich beschenkt und seine gutmütige, verlässliche Art machen ihn zu einem begehrten Partner.

Allerdings sollte man dem Stier-Mann Zeit lassen, er fühlt sich nicht gern überrumpelt und gedrängt. Auch in der Liebe will er seine Entscheidungen sorgfältig überdenken und sich sicher sein, dass er nichts überstürzt und die Dame an seiner Seite wirklich die Richtige für ihn ist. An kurzlebigen Affären oder gar One-night-stands hat dieser bedächtige Mensch keine Freude. Er fühlt sich wohler, sobald er jemanden genauer kennt und öffnet sich dann auch viel bereitwilliger.

Hat man aber einmal die Gunst des männlichen Stiers erobert, ist er ein aufmerksamer und treuer Liebhaber, der auch im Bett genießt. Akrobatische Kunststücke sollt man von ihm allerdings nicht erwarten, besonders in späteren Jahren nicht, wenn er meistens schon ein stattliches Gewicht auf die Waage bringt. Er mag es auch im Schlafzimmer lieber gemütlich und ruhig, was ihn aber nicht weniger ausdauernd macht. Seine Beharrlichkeit, die aber immer behutsam und zärtlich ist, lässt viele Frauen von ihm schwärmen.

In Ehe und Partnerschaft kann man sich auf den Stier bedenkenlos verlassen. Aber ebenso verlangt er auch völlige Treue und Hingabe von seiner Partnerin. Von einem Fehltritt seiner Angebeteten sollte er besser niemals erfahren, denn dann kann die Hölle für sie in den eigenen vier Wänden ausbrechen. Trotz seiner Gutmütigkeit ist er sehr eifersüchtig und kann so ein Verhalten nicht verstehen, geschweige denn verzeihen. Hat er einmal eine Frau erobert, muss sie nämlich ganz ihm gehören und er möchte auch gern etwas mit ihr angeben können.

Wenn sie diesen Vorstellungen entspricht, wird sie jedoch auch von ihm verwöhnt und für Frau und Kinder ist dem sonst manchmal etwas knausrigen Stier nichts zu teuer. Wichtig ist für ihn, dass seine Familie hinter ihm steht und ihm ein stressfreies, ruhiges Leben bietet.

Die Stier-Frau

Wie ihr männliches Pendant ist auch der weibliche Stier den Freuden der Liebe nicht abgeneigt. Und sie weiß genau, wie sie sich zu präsentieren hat, um reihenweise Männerherzen höher schlagen zu lassen. Mit ihrer natürlichen Eleganz, dem untrüglichen Sinn für schöne Accessoires, die bei ihr jedoch nie übertrieben wirken, macht sie gehörig Eindruck aufs andere Geschlecht.

Aber auch sie geht Beziehungen lieber vorsichtig und langsam an und sucht nach einem treuen und zuverlässigen Partner, der ihr nicht von der Seite weicht, aber auch ihrem Schönheitsideal entspricht. Sie will genau prüfen, mit wem sie sich für ein ganzes Leben bindet und erlebt deshalb schon mal Enttäuschungen, wenn der Auserwählte sich plötzlich als ihrer hingebungsvollen Liebe unwürdig entpuppt.

In der Stier-Frau hat man eine treue Gefährtin, für die Kameradschaft und Verständnis sowie gemeinsame Interessen mindestens ebenso wichtig sind wie ein glückliches Sexleben. Damit sie sich beim Liebesspiel wohl fühlt, müssen die Umstände stimmen. Ein schnelles Abenteuer bringt sie nur selten in Fahrt, sie will lieber umtriebig und beharrlich umworben, mit ehrlichen Komplimenten überhäuft und mit süßen Worten verführt werden. Als Romantikerin mag sie vorher ein gutes Essen oder ein Glas Wein bei Kerzenschein, im Hintergrund darf ruhig dezent und leise Musik spielen und ein anregendes Gespräch wird sie von ihrer guten Wahl überzeugen. Sie ist eine zärtliche Liebhaberin, die ebenso gerne verwöhnt wie selbst genießt. Sie ist zwar durchaus für Abwechslung im Bett, aber dafür will sie sich die nötige Zeit nehmen und Überraschungen mag sie nicht allzu sehr. Wenn sie sich überrumpelt fühlt, vergeht ihr der Spaß an der Sache. Zärtlichkeit und Behutsamkeit sind für sie am wichtigsten.

Die Venusgeborene kennt sich selbst sehr gut und weiß um ihre Eifersucht. Deshalb wird sie sich bei dem Verdacht auf einen Seitensprung ihres Liebsten vorerst lieber blind stellen und nicht weiter nachbohren, um sich selbst Kummer zu ersparen. Treibt er es allerdings allzu bunt und dauert die Affäre länger an, so wird sie nicht weiter darüber hinwegsehen und wenn es zur Explosion kommt, sollte er mindestens für eine Weile das Weite suchen, denn wird die angestaute Aggression frei und selbst mit sachlichen Argumenten ist die Situation für den Moment nicht zu retten. Hat sich die Stier-Frau wieder beruhigt, lässt sie sich gerne lange bitten, aber wenn ihr Partner ernsthafte Absichten auf eine Versöhnung durchblicken lässt, ist sie durchaus bereit, darauf einzugehen. Wenn allerdings ihr Vertrauen noch einmal missbraucht wird, gibt es keine Rettung mehr, zu oft darf man sie nicht reizen.

In familiären Dingen ist man gut beraten, das Wirtschaften der Stier-Frau zu überlassen. Da sie mit Geld gut umgehen kann und praktisch veranlagt ist, wird sie ein gemütliches Heim schaffen und ihre Lieben gerne verwöhnen, nicht zuletzt als ausgezeichnete Köchin. Da ihr das Familienleben sehr wichtig ist, wird sie darauf achten, dass sich alle wohl fühlen und es ihnen an nichts fehlt.

Wer passt zum Stier

Am günstigsten ist die Verbindung zwischen dem Stier und seinen Erdpartnern, der Jungfrau und dem Steinbock. Sie teilen beide seinen Sinn fürs Materielle und sind eher sorgfältige und ruhige Typen. Die leidenschaftliche Feuer des Stiers vermag sogar diese beiden eher kühlen Köpfe zu entfachen.

Bei einem Partner aus dem eigenen Zeichen stimmen zwar die Interessen meistens überein, aber da hier zwei Dickköpfe aufeinander treffen, kann es zu turbulenten Szenen im gemeinsamen Haushalt kommen.

Ähnliche Probleme gibt es bei einer Verbindung zwischen dem Stier und dem Löwen oder Skorpion. Die leidenschaftlichen Stunden und tief schürfenden Gespräche werden oft von beiderseitiger Sturheit überschattet. Ebenso kommt Starrsinn dem Stier und dem Widder oft in die Quere, doch ergänzen sich diese beiden Zeichen bestens dadurch, dass der Stier die hochfliegenden Ideen des Widders verwirklicht.

Verständnis für Schönheitssinn und Lebensgenuss findet der Stier bei der ebenso harmoniebedürftigen Waage, die sich bei seinen bisweilen langatmigen Ausführungen langweilt, wie auch beim Schützen, der ihm allerdings manchmal zu unbeständig ist, was ihn auch am flatterhaften Zwilling stört und beim Wassermann mit dessen Freiheitsdrang zu unangenehmen Eifersuchtsszenen führen kann.

Für Fische und Krebs ist Gefühl ebenso wichtig wie für den Stier, sie sind jedoch seinen gelegentlichen Wutausbrüchen oft nicht gewachsen und schweben für seinen Geschmack zu sehr in den Wolken.

Berühmte Stiere

Elisabeth II.,	21. April 1926
Isabella von Kastilien,	22. April 1451
Immanuel Kant,	22. April 1724
Vladimir Iljitsch Lenin,	22. April 1870
William Shakespeare,	23. April 1564
Max Planck,	23. April 1858
Oliver Cromwell,	25. April 1599
Samuel Morse,	27. April 1791
Karl Marx,	5. Mai 1818
Johannes Brahms,	7. Mai 1833
Evita Peron,	7. Mai 1919
Honore de Balzac,	20. Mai 1799
Albrecht Dürer,	21. Mai 1471
Sebastian Kneipp,	17. Mai 1821
Maria Theresia,	13. Mai 1717
Florence Nightingale,	15. Mai 1820

Der Mond in Stier: (Erhöhung)

Kennzeichen: Beständigkeit, Sinn für Kunst, Genuss, Festigkeit, Vorsicht, Schutz, stur, wohlhabend, faul

Der Mond im Stier lässt darauf schließen, dass der Geborene finanzielle und materielle Sicherheit braucht, um sich wohl fühlen zu können. Im Stier ist der Mond sehr stark, denn er ist ja dort erhöht. Die Gefühlslage dieser Menschen ist meist ruhig und ausgeglichen und sie regeln ihre finanziellen und häuslichen Angelegenheiten mit viel gesundem Menschenverstand. Dazu haben sie eine glückliche Hand im Umgang mit Pflanzen. Sie brauchen einen Impuls von außen, um neue Projekte in Angriff zu nehmen. Haben sie aber einmal begonnen, arbeiten sie ausdauernd und führen eine begonnene Arbeit zuerst zu Ende, bevor sie ein neues Projekt ins Auge fassen.

Diese Stellung deutet auf einen Wunsch nach Reichtum und die "guten Dinge des Lebens". In der Regel lieben die Nativen gutes Essen und streben nach materiellem Komfort. Für ihren Seelenfrieden brauchen sie eine gesicherte Heimsituation.

Ist der Mond im Stier ungünstig aspektiert, sind starre Gefühlshaltungen zu erwarten, oft kann sich eine Neigung zu Faulheit und Überbewertung materieller Bequemlichkeiten zeigen.

Merkur in Stier:

Kennzeichen: logisch, sachlich, entschlossen, gesunder Menschenverstand, ordentlich, geschäftsmäßig, blind, sicher, strukturiert, eigensinnig, verschlossen.

Steht Merkur im Zeichen Stier, deutet er auf Menschen, deren Denken und Entscheidungen sich nach praktischen, materiellen oder finanziellen Gesichtspunkten richten. Brillanz oder Originalität des Denkens mögen ihnen vielleicht abgehen, aber sie verfügen über viel gesunden Menschenverstand und sind deshalb äußerst geschäftstüchtig und begabt für organisatorische Aufgaben. Sie bilden sich nicht vorschnell eine Meinung, ist diese gebildet, ändern sie sie nicht so schnell. Dementsprechend haben sie auch eine Abneigung gegen Diskussionen und Meinungsverschiedenheiten und kämpfen tendenziell nur, wenn ihre Sicherheit und finanziellen Interessen gefährdet sind.

Die Fähigkeit dieser Nativen, nur solche Dinge in Betracht zu ziehen, die eine praktische Bedeutung haben, verleiht ihnen eine große Konzentrationskraft, sodass sie äußere Störungen weitgehend ignorieren können. Womit sie nicht belästigt werden wollen, das nehmen sie einfach nicht zur Kenntnis. Eine solche Haltung kann bei Überbetonung natürlich für wichtige Dinge blind machen und erklärt bis zu einem gewissen Grade die Halsstarrigkeit solcher Menschen.

Diese Merkurstellung kann auf ein künstlerisches Einfühlungsvermögen hindeuten. Ist Merkur stark aspektiert, kann eine Begabung für Mathematik und Physik vorliegen, weil der dem venusischen Stier eigene Sinn für Form und Struktur durch Merkur in geistiges Verstehen umgemünzt wird. Ist Merkur in diesem Zeichen ungünstig aspektiert, können Voreingenommenheit, Materialismus und Geiz vorherrschen.

Venus in Stier (Domizil)

Kennzeichen: Liebe zum Luxus, Geschmack, Beständigkeit, konservativ, künstlerisch, musikalisch, liebevoll, träge, treu, ergreifend, angeborener Wert

Die Venus im Zeichen Stier bedeutet beständige, dauernde Zuneigungen. Für die Nativen ist gefühlsmäßige Geborgenheit und Beständigkeit in der Liebe wichtig. Sie sind loyal und zuverlässig, können aber besitzergreifend und eifersüchtig sein, wenn die Sicherheit ihrer Gefühle auf dem Spiel steht. Ihr Tastsinn ist hoch entwickelt und sie lieben den körperlichen Kontakt mit der geliebten Person; sie sind sehr sinnlich, aber eher auf passive Weise und möchten vom Partner erobert werden.

Venus im Stier bedeutet auch einen Hang zu Bequemlichkeit und Luxus. Man bevorzugt eine schöne Umgebung, gutes Essen und lebt gerne im Überfluss. Deshalb ist Geld für diese Menschen so wichtig. Weil der Mond, der die Häuslichkeit regiert, im Stier erhöht ist, streben die Geborenen danach, ihr Heim nach künstlerischen Gesichtspunkten zu gestalten. Sie legen auch großen Wert auf ihre persönliche Erscheinung. Sie setzen alles daran, um attraktiv und jugendlich zu bleiben.

Diese Menschen besitzen einen angeborenen Sinn für den Wert materieller Dinge. Sie lieben es Gegenstände von künstlerischer und bleibender Qualität zu erwerben. Sie lieben schöne Dinge und Kostbarkeiten und befassen sich beruflich oft mit dem Kauf und Verkauf von Kunstgegenständen oder Luxusgütern. Sie können sich zu künstlerischen Ausdrucksformen hingezogen fühlen, bei denen sie das Material direkt formen können; viele Maler und Bildhauer haben oft Venus in diesem Zeichen.

Die Nativen fühlen sich der Erde, dem Reich der Blumen, Bäume und anderen Pflanzen verwandt und widmen sich in ihrer Freizeit mit Vorliebe dem Gärtnern oder Blumenzüchten.

Mars in Stier (Exil)

Kennzeichen: Arbeitsfähigkeit, praktisch, Weitblick, vollziehend, gewinnsüchtig, fleißig, materiell, geschickt, aggressiv, kräftig

Mars im Stier zeigt eine starke Geldgier an. Deshalb wird viel Energie darauf verwendet, Geld und materiellen Besitz anzuhäufen. Diese Stellung deutet auch auf ein vorwiegend praktisches Interesse, sodass die Energie für nützliche Aufgaben aufgewendet wird und entsprechend greifbare Ergebnisse zeitigt.

Im Stier befindet sich Mars im Exil, da der Stier dem Zeichen Skorpion gegenüber liegt, das von Mars regiert wird. Die Energie und Tatkraft des Mars wird deshalb von materiellen Hindernissen und Einschränkungen gebremst. Stier ist ja ein Erdzeichen und die dichte materielle Ebene kann nicht so rasch reagieren, wie es von Mars angestrebt wird. Menschen mit dieser Stellung handeln langsam, besitzen aber große Ausdauer und Zielstrebigkeit, wenn sie sich einmal zum Handeln entschlossen haben. Obwohl sie nicht ausgesprochen aggressiv sind, macht sie diese Stellung doch stark und unnachgiebig, wenn sie zum Kampf herausgefordert werden.

Mit Mars im Stier finden sich Handwerker und geschickte Künstler, die ihre Werkzeuge mit großer Sorgfalt und Präzision zu handhaben wissen. Sie stellen schöne und dauerhafte Gegenstände her und verwenden meist feste, haltbare Materialien wie Metall und Stein.

Ist Mars im Stier ungünstig aspektiert, beschäftigen sich diese Menschen fast ausschließlich mit Sexualität und Sinnlichkeit und hängen übermäßig an Geld und materiellen Gütern. Sie können besitzergreifend und sehr eifersüchtig sein und ebenso heftig wie Menschen mit Mars im Skorpion reagieren.

Jupiter in Stier

Kennzeichen: Hedonist, gutherzig, nachsichtig, ausbeutend, finanzielle Interessen, Verwalteramt, produktiv, wohltätig

Im Zeichen Stier deutet Jupiter die Fähigkeit an, Geld und materielle Mittel richtig und zum Wohle aller anzuwenden. Ist bei einem geistig reifen Menschen der Jupiter im Stier günstig aspektiert, so ist er sich bewusst, dass uns alle Mittel nur zu unserem Gebrauch, zum Dienst am Nächsten und zur allgemeinen Verbesserung der sozialen und physischen Umwelt geliehen werden. Er ist sich klar darüber, dass er als Sachverwalter der Güter dieser Erde dieselben zur Erhaltung und Entwicklung allen Lebens weise nutzen und mit den anderen teilen muss, insbesondere auch mit seinen Partnern. In diesem Fall werden Geld und materielle Mittel als eine Art materieller Energie betrachtet, die von Person zu Person fließt, um die notwendige Erweiterung, Entwicklung und Lebenserhaltung zu gewährleisten.

Mit Jupiter im Stier muss der Geborene im Hinblick auf den Erwerb und Gebrauch von Geld und materiellen Mitteln soziale Wertvorstellungen entwickeln. Was er selbst der Gemeinschaft zur Verfügung stellt, fließt in anderer Form wieder zu ihm zurück. Weil er anderen die Möglichkeit gibt, ihre Begabungen zu entwickeln, fördert dies Wachstum und Entfaltung, die allen zugute kommen. Es genügt aber nicht, dass Menschen mit dieser Stellung lernen, großzügig zu sein, sie müssen auch Umsicht und Unterscheidungsvermögen beim Anlegen ihres Geldes entwickeln, sodass es auf höchst konstruktive und erfolgversprechende Weise verwendet werden kann.

Menschen mit Jupiter im Stier kommen meist zu Reichtum. Sie betrachten ihn als Voraussetzung, um in den Genuss der materiellen Bequemlichkeiten und der schönen Dinge des Lebens zu kommen. Oft sind sie Gourmets und lieben auserlesene Speisen und eine luxuriöse Umgebung. Ist Jupiter im Stier ungünstig aspektiert, können diese teuren Vorlieben zu Verschwendungssucht führen, woraus sich ein Verwöhnen der eigenen Person, Verweichlichung und Gleichgültigkeit gegenüber der Not anderer Menschen entwickeln können.

Jupiter im Stier verspricht Geschäftstüchtigkeit aufgrund von Ausdauer und Zielstrebigkeit. Diese Menschen können Unternehmen in großem Maßstab und auf lange Sicht planen und durchführen. Manchmal geraten sie allerdings bei ihren Erweiterungsprojekten in finanzielle Schwierigkeiten, wenn sie zu geringe Reserven für eventuelle Zwischenfälle bilden. Dies kann passieren, wenn der Geschäftserfolg sie allzu zuversichtlich werden lässt oder wenn sie infolge ihres Reichtums habgierig werden.

Ihre religiöse philosophische Einstellung ist gewöhnlich orthodox und vor allem pragmatisch, weil sich die Nativen mit den sozialen und moralischen Grundsätzen der Gesellschaftsschicht, der sie selbst angehören oder angehören möchten, identifizieren. Höhere geistige Werte schätzen sie meist nur, wenn sie mit finanziellen oder praktischen Belangen verbunden sind, es sei denn, andere Faktoren des Horoskops modifizieren diese Grundhaltung.

Diese Haltung ist typisch für den durchschnittlichen, mit Jupiter im Stier Geborenen, der sich nach Geschäftsinteressen richtet und zu den höheren Gesellschaftsschichten gehört oder ihnen angehören möchte. Für die weniger Begüterten, politisch Radikale und die jüngere Generation können solche Menschen wegen ihrer spießigen Selbstgerechtigkeit eine ständige Provokation sein. Wenn diese "Jupiterstiere" nicht unermüdlich ihren täglichen Geschäften nachgingen, gäbe es auch keinen allgemeinen Grad von sozialem Wohlstand und Vollbeschäftigung, sie haben daher ihren wichtigen Platz in der Gesellschaft.

Ist Jupiter im Stier ungünstig aspektiert, kann der Stolz, der sich aus der finanziellen Stellung dieser Menschen ergibt, zu ihrem Sturz führen. Sie laufen Gefahr, sich für überlegen zu halten, weil sie mehr Reichtümer angehäuft haben und müssen lernen, dass nicht der Reichtum an sich, sondern dessen Anwendung dem Menschen zur Ehre oder Schmach gereicht. Der extravagante Geschmack, der mit einem verletzten Jupiter im Stier verbunden ist, kann zu Verschuldung und Schwierigkeiten mit Gläubigern führen.

Saturn in Stier:

Kennzeichen: Durchhaltevermögen, methodisch, konstruktiv, Geldsorgen, Ehrgeiz, Schwerarbeit, Vater, Eltern, Geldknappheit

Menschen mit Saturn im Stier kommen durch "harte" Arbeit und Disziplin zu materiellem Besitz. Sie empfinden ein starkes Bedürfnis nach finanzieller und gefühlsmäßiger Sicherheit und fühlen sich nicht wohl in ihrer Haut, wenn ihre praktischen Angelegenheiten nicht geordnet sind. Ist Saturn im Stier günstig aspektiert, zeichnen sich diese Menschen durch Ausdauer und Geduld, Prinzipientreue und praktisches und geschäftliches Organisationstalent aus.

Etwa im Alter von 29 Jahren suchen sich diese Menschen eine solide berufliche Position, die ihnen die notwendige finanzielle und häusliche Sicherheit bietet. Im Beruf zeichnen sie sich meist durch Zuverlässigkeit und Ausdauer aus. Sie sind beruflich im Bankwesen, bei Investitionsfirmen, bei Versicherungen oder als Geschäftsführer tätig. Da sie sehr sparsam sind, kaufen sie sich meist Dinge von bleibendem Wert, wobei sie in erster Linie auf Nützlichkeit bedacht sind. Sie horten Geld für spätere Notfälle und als Vorsorge für die alten Tage. Sie müssen sich einen wohlausgewogenen Sinn für den Wert materieller Mittel erwerben.

Ist Saturn im Stier ungünstig aspektiert, kann sich Sturheit und übertriebener Materialismus entwickeln. Im Extremfall führt dies zu Knauserigkeit und Geiz oder - umgekehrt - zum Anhäufen materieller Güter, die zur Belastung werden können.

Uranus in Stier (Fall) (1934-1942)

Kennzeichen: unstet, plötzliche Veränderungen, instabile Finanzen, unabhängig, erfinderisch, Risiko, spekulativ, voreilig, Reform, originell

Uranus im Zeichen Stier kennzeichnet eine Generation mit neuen Idealen in Bezug auf die Verwendung von Geld und anderen Hilfsmitteln. Die Geborenen streben Reformen auf geschäftlicher und wirtschaftlicher Ebene an, wobei ihr Interesse die Berücksichtigung humanitärer Prinzipien ist. Sie legen besonderen Wert auf praktisches Handeln und beweisen ungeheure Entschlossenheit und Unerschütterlichkeit in ihren Vorhaben. Ist Uranus ungünstig aspektiert, kann dies in unbeugsamen Starrsinn ausarten.

Uranus ist im Stier im Fall. Deshalb sind bei diesen Nativen Freiheitsdrang und schöpferischer Ausdruck durch eine starke Bindung an materielle Dinge erschwert. Es können auch dadurch Schwierigkeiten entstehen, dass sie die materiellen Bedingungen zu plötzlich ändern wollen. Auch ihre enge Verbundenheit mit Heim und Familie kann die individuelle Ausdrucksmöglichkeit ebenfalls erschweren. Manchmal sind ihre spirituellen Impulse nur schwer in Einklang zu bringen mit den bestehenden wirtschaftlichen und staatlichen Institutionen, der bestehenden Gesellschaftsordnung in Einklang zu bringen.

Uranus im Stier kann ungewöhnliches bildnerisches und musikalisches Talent bedeuten, sofern er günstig aspektiert ist. Oft interessieren sich die Nativen auch für die Anwendung moderner Datenverarbeitung in Verwaltung, Buchhaltung oder geschäftlichen Feldern.

Neptun in Stier (1874-1888)

Kennzeichen: Kennzeichen: guter Geschmack, formell, ungewöhnliche Ziele, idealistische Finanzen, visionär, heilend, natürliche Schönheit, Alkoholismus, Sucht

Neptun im Stier zeigt eine historische Epoche des Idealismus in Bezug auf finanzielle und materielle Mittel an. Eine solche Generation versucht visionäre Einsichten praktisch zu verwerten. Die negative Seite dieser Stellung kann sich in einem allzu starken Haften an Geld und materiellen Werten bemerkbar machen.

Pluto in Stier (Exil) (1852- 1884)

Kennzeichen: Besitzgier, Materialist, Ausdauer, utilitaristisch, im Materiellen genial, Kunst, vom Geld abhängig, produktiv

Stier ist ein Zeichen der materiellen und finanziellen Angelegenheiten. Pluto im Stier kennzeichnete einen Zeitraum großer wirtschaftlicher Ausdehnung, in dessen Verlauf sich Ideen wie die der normierten Einzelteile durchsetzten und die industrielle Revolution mit der Einrichtung von großen Fabriken und Baumwollspinnereien in den Vereinigten Staaten und in Europa ihren Höhepunkt erreichte. In dieser Zeit entstanden verschiedene Formen von Körperschaften nach dem Vorbild der Eisenbahnindustrie.

Zwillinge/Gemini

Bewegliches Zeichen

Kennzeichen: Geistigkeit, Beweglichkeit, Nonkonformismus, Gewandtheit, Beredtheit, Aufgeschlossenheit, zwiespältig, Identitätskrisen, nervös, schlagfertig, oberflächlich, launisch, wechselhaft, munter

Das dritte Zodiakzeichen. Unter dem intellektuellen Luftzeichen der Zwillinge Geborene werden von Merkur beherrscht und zeichnen sich durch rasches Denken und Handeln aus. Kennzeichnend für den Zwillingstypus ist das Motto: "Ich denke."
Sonne steht im Zeichen: 21. Mai bis 21. Juni

Jahreszeit:	Drittes Frühlingszeichen
Kraftform-Mobilität:	Angleichend
Element:	Luft
Herrscher:	Merkur als Morgenstern, (in seinem ureigenen Element)
Lebensmotto:	Ich bin bereit
Farbe:	gelb
Metall:	Quecksilber
Steine:	Goldberyll, Bergkristall, Goldtopas, Aquamarin
Zahl:	5
Psychologische Grundhaltung:	Beschwingtheit
Motivation:	Begegnung
Handlungsrichtung:	Aufgeschlossenheit, journalistische Aufnahmefähigkeit, Entdeckungsfreude, Reisen, Erleben, denn das Leben ist viel zu kurz, um alles aufzunehmen
Allgemeine Stärken:	Schnelligkeit, Anpassungs- und Handlungsfreude, Fleiß, Wachheit, freundliches Wesen, lachen können
Allgemeine Schwächen:	Nervosität, Ungeduld, Hast, Eile, Vergesslichkeit, Zersplitterung, alles wissen wollen, Unruhe
Größte Gefahr:	Zu realbezogen
Aufgabe:	Begegnungen vermitteln, Bindungen stärken, Zusammenführungen, Gegensätze erkennen und ausgleichen

Da Merkur mit Verständigung und Verhandlung zu tun hat, muss der Zwilling beurteilen und einordnen. Damit seine Kontakte für ihn sinnvoll werden, braucht der Zwillingsmensch Worte, Konzepte und Ideen. Die Sprache ist für ihn von besonderer Bedeutung, weil sie das Medium für seine Unternehmungen ist. Worte sind Anker oder Sicherungen, während die Gedanken beständig von einem Punkt zum anderen springen. Die Redegewandtheit des Zwillings ist eine positive Eigenschaft, doch sollte er sich bewusst sein, was eine zu lose Zunge für Wirkungen haben kann.

Zwillinge sind wissensdurstig und lernbegierig, im Allgemeinen ist ihre Lernfähigkeit hoch entwickelt. Ihre Erfindungsgabe und Vorstellungskraft befähigt sie zu schriftstellerischer Tätigkeit, zum Experimentieren und zu Kritik. Ist ihre Ausbildung unzureichend, machen sie häufig anderen das Leben zur Qual. Haben sie jedoch eine gute Schulung erfahren, dann können sie im Umgang angenehm und kultiviert sein .

Die Laune des Augenblicks bestimmt die Haltung des Zwillingsgeborenen; daher ist seine Persönlichkeit so ambivalent. Abwechslung ist das Salz des Lebens, findet er und diese Lebenseinstellung kann zu Übertreibungen führen. Wenn die Dinge nicht so laufen, wie er will wird der Zwilling depressiv. Am wohlsten fühlt er sich, wenn er vielfältige Interessengebiete hat.

Der Zustand stets gespannter Aufmerksamkeit lässt beim Zwillingstypus keine geistige oder körperliche Ruhe aufkommen. In schwierigen Situationen verliert er selten den Überblick und seine Findigkeit entdeckt immer neue Lösungsmöglichkeiten. Da das Zeichen Zwillinge Hände, Arme und auch die Nerven regiert, macht es den Zwillingsgeborenen viel Freude, wenn sie ihren Ideen mit den Händen Form und Gestalt verleihen können.

Zwillingsgeborene müssen darauf achten, dass Körper und Geist auch einmal ruhen sollen. Ein guter Anfang ist, Hände und Füße ruhig zu halten und langsam zu essen. Diese Übung wird ihnen helfen, auch in Augenblicken des Zorns oder größter seelischer Spannung gelassener zu bleiben.

Zwillingsgeborene erfreuen sich großer Beliebtheit, vor allem da sie eine brillante Unterhaltung pflegen, gesellig und zuvorkommend sind und Feingefühl besitzen. Sie schätzen es jedoch gar nicht, an einem bestimmten Ort oder eine bestimmte Person gebunden zu sein. Häuslichkeit ist bei ihnen nicht so entwickelt, sie sind unersättlich und neugierig und immer auf der Suche. Obwohl sie sich von materiellen Gütern nicht sonderlich angezogen fühlen, bedeutet Geld für sie doch Macht und Freiheit und hat deshalb einen Reiz.

Als Kinder sind die Zwillingsgeborenen so charmant und einfallsreich, dass Eltern und Erzieher häufig bei ihren Fehlern beide Augen zudrücken. Man sollte ihnen jedoch ihre schlechten Eigenschaften nicht durchgehen lassen, da sie sich in späteren Jahren nur sehr schwer korrigieren lassen. Sind sie einmal erwachsen, müssen sie aus eigener Willenskraft Disziplin aufbringen. Gelingt ihnen dies, so erwächst daraus eine schöpferische Kraft und Originalität in geschäftlichen wie künstlerischen Feldern.

Zwillinge sind von Haus aus die Nonkonformisten des Tierkreises. Sie müssen ihr Anderssein pflegen und sich von ihrer Umwelt unterscheiden. Sie empfinden, dass sie sich - sollen ihre Fähigkeiten zur vollen Entfaltung kommen - aus jeder nur möglichen Abhängigkeit lösen müssen. Sie lehnen sich gegen alles Festgefahrene auf und verletzen dabei häufig Regeln. Zwillinge lassen sich ihre Individualität von nichts und niemandem nehmen. Sie werden niemals etwas unternehmen, nur weil jemand es will oder eine Konvention es so vorschreibt. Mit zunehmendem Alter gelangen sie jedoch zur Erkenntnis, dass es ohne Zusammenarbeit auch keine Selbsterfüllung geben kann. Die Luftzeichen lassen den Einzelnen erkennen, dass sein Schicksal mit dem der ganzen Menschheit verbunden ist.

Wenn die Zwillinge ihre Mängel und negativen Tendenzen überwinden lernen, werden ihnen die schönen Begabungen, die ihnen in die Wiege gelegt wurden, beim Erreichen hoher Ziele helfen.

Der schwungvolle Zwilling

Bezeichnend für den Zwilling sind seine Geselligkeit, seine Wendigkeit und seine Ehrlichkeit. Abwechslung und außergewöhnliche Erlebnisse bestimmen seinen Alltag. Er ist gern unter Leuten und fühlt sich im Mittelpunkt am wohlsten, das Alleinsein erträgt er nur schwer und weiß dann oft nicht, was er mit sich anfangen soll.

In seiner offenen und ehrlichen Art, mit der er bisweilen aneckt, ist er immer äußerst tolerant und akzeptiert andere Meinungen anstandslos. Es gefällt ihm sogar, neue Denkarten kennen zu lernen und sie mit seinen Ansichten zu vergleichen. Dabei kommt es zu angeregten Diskussionen und Gesprächen, bei denen der Zwilling aber gerne die Führung übernimmt. Er ist ein ausgezeichneter Diskussionsleiter, der die unterschiedlichsten Ansichten geschickt miteinander zu verbinden versteht.

Dieses Luftzeichen ist besonders wechselhaft. An alles geht es verspielt und unorthodox heran. Wechsel und Abwechslung bestimmen also das Leben eines Zwillings. Nicht umsonst haben diese Mai- oder Junigeborenen eben dieses Sternzeichen, wohnen doch zwei Seelen in ihrer Brust, die sich zwar ähneln, die aber den Merkurschützlingen das Leben bisweilen schwer machen und sie zu zerreißen drohen. Auf welche der beiden inneren Stimmen sollen sie hören?

Wie erwähnt ist der Zwilling ein besonders ehrlicher und direkter Mensch, jedoch kann er nicht dafür garantieren, dass er die Welt morgen noch mit den selben Augen sieht wie heute. Da kann es schon sein, dass er etwas, das noch in diesem Augenblick die unerschütterliche Wahrheit für ihn darstellt, im nächsten Moment verwirft und dann ebenso überzeugt für diese neu gewonnene Einsicht einsteht.

Zwillinge sind besonders anpassungsfähig, dabei aber meist auf ihren eigenen Vorteil bedacht, was ihnen den Ruf von Egoisten eingebracht hat. Bei all ihrer Toleranz erwarten sie, dass man diese auch ihnen gegenüber walten lässt und ihre Meinung akzeptiert, dass jeder auf sich selbst gestellt ist und sehen muss, wo er bleibt.

Der Vorwurf, Zwillinge seien oberflächlich und flatterhaft, kommt nicht von ungefähr. Ihre Ungeduld und die Schnelligkeit, mit der sie einmal gefällte Entscheidungen wieder über den Haufen rennen und das genaue Gegenteil davon in die Tat umsetzen, ist für viele ruhigere und beständigere Mitmenschen unverständlich und löst nur Kopfschütteln bei ihnen aus. So gibt es nur wenige, die sich auf einen Zwilling verlassen oder ihm wichtige Aufgaben übertragen würden. Pünktlichkeit ist zum Beispiel auch nicht gerade eine Stärke dieses tatendurstigen Menschen, allzu oft nimmt er sich übermäßig viel vor und schafft es dann nicht, seine Termine und Verabredungen einzuhalten.

Die Stärken des Zwillings liegen vielmehr in seinem Unterhaltungswert. Er ist ein brillanter Redner und seine schnelle Auffassungs- und Beobachtungsgabe verleihen ihm oft Flügel, wenn es darum geht, ein Gespräch in Gang zu halten. Sein sprühender Witz und sein Sinn fürs Komische machen ihn zu einem begnadeten Anekdotenerzähler, wobei er mit seinen ironischen und bissigen Bemerkungen mitunter ziemlich verletzend sein kann, da er dabei auf zartere Gemüter wenig Rücksicht nimmt. Auf Partys ist er der absolute Mittelpunkt und sorgt für ausgelassene Heiterkeit.

Langeweile ist für den Zwilling absolut tödlich. Da er ja andere Lebenseinstellungen als die seine gerne akzeptiert, wird er sich mit stilleren Menschen niemals in die Haare bekommen, aber lange kann er sich mit ihnen nicht abgeben, bald kann er nicht mehr ruhig neben ihnen sitzen und hält nach neuen Abenteuern und Sinnesreizen Ausschau.

Alles Neue und Andersartige übt eine besondere Anziehungskraft auf den Zwillinggeborenen aus. Seine Neugier kennt keine Grenzen. Dabei scheut er vor keinem Abenteuer zurück und verbrennt sich dadurch auch oft die Finger, was ihn aber keineswegs weniger risikofreudig werden lässt. Gewisse Gefahren und Enttäuschungen gehören seiner Ansicht nach dazu und machen das Leben nur umso erlebnisreicher und interessanter. Im Leben des Zwillings muss einfach immer etwas laufen, da gibt es nur selten ruhige oder besinnliche Momente, die Funken müssen sprühen und jeder Augenblick will ausgekostet werden.

Gesundheit

Der schnelllebige Zwilling leidet oft unter seiner Nervosität. Den Stress, den er sich meistens ganz freiwillig aufbürdet, indem er unermüdlich auf Achse ist, sich mit tausend verschiedenen Dingen gleichzeitig beschäftigt und sich selten Ruhepausen gönnt, erträgt er nur schwer. Oft kommt es dann zu einem plötzlichen Zusammenbruch, der ihn selbst am meisten überrascht. Ist dieser Fall eingetreten, hilft nur strengste Einhaltung einer Ruhephase, bei der er völlig abschalten sollte. Es empfiehlt sich für ihn, sich schon früh die Kunst des autogenen Trainings und der Meditation anzueignen, damit er so effektiv seine ausgebrannten Batterien wieder aufladen kann.

Sportlich ist der wendige und schnelle Merkurgeborene für alles geeignet, was ihm genügend Bewegung an der frischen Luft verschafft. Dabei sollte er der Tatsache Beachtung schenken, dass Ausdauer und Beharrlichkeit nicht zu seinen besonderen Stärken zählen. Geht es um einen Wettkampf, bei dem er liebend gern seine Kräfte mit anderen misst, ist er deshalb besonders in Sportarten erfolgreich, die zu einer schnellen Entscheidung führen. Da kann er seine ganzen Kräfte einsetzen, ohne dass er sich überfordert. Von seiner Geschicklichkeit profitiert er vor allem beim Fechten, Tennis und Reiten. Besonderen Spaß hat der Zwilling auch am Mannschaftssport, der ihn im Team sein ganzes spielerisches Können unter Beweis stellen lässt.

Die Schwachpunkte in der Gesundheit des Zwillings sind Schultern, Arme und Brustbereich. Für seine empfindlichen Lungen und Bronchien ist es wichtig, dass er sich oft an der frischen, sauberen und sauerstoffreichen Luft, seinem Element, aufhält. Besonders bei kaltem Wetter sollte er sich dazu jedoch warm anziehen, denn für Lungenentzündungen, Asthma, Bronchialkatarrh und schwere Erkältungen ist er sehr anfällig. Gerade ältere Zwillinge haben oft Rheuma, besonders in den oberen Gliedmaßen. Außerdem sollte dieser unruhige Mensch stets auf eine korrekte Körperhaltung achten, denn seine innere Anspannung und die Tatsache, dass er immer auf dem Sprung ist, haben oft verspannte Schultern und ein leicht gekrümmtes Rückgrat zur Folge.

Die Neigung der meisten Zwillinge, alles Neue auszuprobieren, kann den Nachteil in sich bergen, dass sie sich im Falle einer Krankheit nicht an eine einzige Therapiemöglichkeit halten wollen, da diese ihnen nicht schnell genug Wirkung zeigt, was ihre Geduld über die Maßen strapaziert. Sie probieren dann alles Mögliche aus, wechseln häufig den Arzt, sind alternativen Heilmethoden nicht unaufgeschlossen, laufen dadurch jedoch auch Gefahr, Scharlatanen auf den Leim zu gehen. Wenn sie eine Behandlungsmethode nach der andern abgebrochen haben, wundern sie sich auch noch, dass es ihnen nicht besser geht und sind immer mehr der Überzeugung, dass man sich nicht auf die Medizin verlassen kann.

Auch sein unsteter Lebenswandel, die durchzechten und durchrauchten Nächte, die ihm den wohlverdienten Schlaf rauben, wirken sich negativ auf die Gesundheit des Zwillings aus. Gerade das Rauchen, das seine empfindlichen Atemwege und Lungen belastet, sollte er lieber bleiben lassen. Wenn er nur sorgsamer auf die Bedürfnisse seines Körpers achten würde, könnte er viele Erkrankungen vermeiden.

Was seine Ernährung angeht, liebt der Zwilling fremdländische und exotische Speisen. Auch unbekannte Gerichte lässt er sich gerne auftischen und erfreut sich an neuartigen Geschmackserlebnissen. Dabei muss ihm auch die Speisekarte viel Abwechslung bieten, er zieht es vor, viele verschiedene, kleinere Portionen zu sich zu nehmen als einen deftigen Eintopf. In dieser Hinsicht ist er ein ausgesprochener Liebhaber der leichten und vielfältigen asiatischen Küche. Aber auch pikante und raffinierte kleine Imbisse sind für ihn ein Genuss. Für ausgedehnte Schlemmerorgien ist er nicht zu haben, da sticht ihn schon bald der Hafer und er ist schnell satt.

Von schweren, belastenden Speisen ist dem Zwilling nur abzuraten. Auch sollte er vorsichtig bei seiner Vorliebe für exotische Gerichte sein, da scharfe Gewürze die Magen- und Darmschleimhäute reizen. Mehrere kleine und leichte Mahlzeiten verteilt über den ganzen Tag sind großen Portionen allemal vorzuziehen.

Beruf und Geld

Zwillinge sollten unbedingt Berufe wählen, bei denen ihnen ihr sprühendes Temperament zugute kommt. Da sie sich nicht lange auf eine bestimmte Sache konzentrieren können, sollten sie darauf achten, dass Konzentrationsfähigkeit und besondere Sorgfalt nicht zu den Anforderungen der von ihnen gewählten Profession gehört.

Ist er in einer untergebenen Position, ist der Zwilling tüchtig und mit Freude bei der Sache, solange er eigene Ideen einbringen kann und dabei Anerkennung findet. Seine Eigenschaft, meistens lediglich für seine eigenen Interessen einzustehen und dabei geschickt unangenehme Aufgaben an andere zu delegieren, macht ihn nicht immer beliebt, das kann er aber durch seine gesellige und fröhliche Art wieder ausgleichen.

Mit einem Zwilling als Boss hat man allerdings ein schweres Los gezogen. Wer nicht flexibel genug ist, um seinen ständig ändernden Strategien und Ideen zu folgen, wird mit seiner unberechenbaren Art nur mit Mühe zurecht kommen. Oft wird der Zwilling-Vorgesetzte ungerecht, wenn er erwartet, dass seine in letzter Minute geänderte Entscheidung sofort von allen Mitarbeitern akzeptiert und in die Tat umgesetzt wird. Er besitzt zwar ein großartiges Organisationstalent, aber die genaue und präzise Ausführung seiner ausgefallenen Ideen überlässt er wohlweislich seinen Mitarbeitern.

Am günstigsten ist es, wenn der Zwilling einen selbständigen Beruf ausübt. Unterordnen kann er sich nämlich schwer und als Vorgesetzter hat er mit einem Geschäft mit wenigen Mitarbeitern am meisten Erfolg. Muss er sich um eine zu große Firma kümmern, verliert er leicht den Überblick und fühlt sich dadurch eher überfordert.

Unter monotoner Arbeit ohne Abwechslung leidet der Zwilling natürlich unsäglich. Kommt Langeweile bei seiner Tätigkeit auf, ist er sofort in seiner sonst so beachtlichen Tatkraft gehemmt und seine Leistungen lassen dann sehr zu wünschen übrig.

Besonders in künstlerischen Berufen kann der Zwilling glänzen. Hierbei kommt ihm sein Talent, mit Worten umzugehen, zugute. Als Schriftsteller kann er deshalb äußerst erfolgreich sein und gerade als spitzzüngiger Satiriker erntet er oft Lorbeeren. Aber auch der Journalismus reizt ihn ungemein, besonders wenn er dabei viel in der Welt herumkommt und immer neue Länder und Kulturen kennen lernt. Die Abwechslung, die dieser Beruf ihm bietet, ist so recht nach seinem Geschmack. Als Werbetexter hat er schon so manchen griffigen Slogan entworfen.

Seine Redegewandtheit macht ihn auch zu einem bemerkenswerten Geschäftsmann, vor allem, wenn es darum geht, seine Ideen und Produkte an den Mann zu bringen. Überall, wo Überzeugungskraft und Überredungskunst gefragt sind, sollte man einen Zwilling heranziehen. Keiner versteht es wie er, die Wirkung von Worten so geschickt einzusetzen. Deshalb hat er auch als Politiker aussichtsreiche Zukunftsperspektiven.

Der Beruf des Lehrers ist unter Zwillingen ebenso beliebt, weil sie sich hier, kontaktfreudig wie sie sind, voll engagieren können und es ihnen in einem gewissen Rahmen selbst überlassen bleibt, wie sie den Unterricht gestalten. Allerdings sollten sie nicht vergessen, dass sie trotz ihrer bewundernswerten Fähigkeit, die Schüler zu motivieren, oft in ihrem Übermut zu wenig Rücksicht auf zartere Gemüter nehmen und mit spitzen Bemerkungen den Lerneifer und das Interesse der Betroffenen eher hemmen als anstacheln.

Wie überall muss der Merkurmensch aber auch hier darauf achten, dass er sich nicht übernimmt. Zu leicht verzettelt er sich, wenn er versucht, mehrere Berufe auf einmal auszuüben, was ihm als der geeignete Weg erscheint, um Abwechslung in sein Leben zu bringen. Er kann nur schwer seine Kräfte einteilen und überschätzt sich daher oft in seinen Unternehmungen.

Geld bedeutet dem Zwilling nur in soweit etwas, als dass er sich damit ein abwechslungsreiches Leben ermöglichen kann. Sparen fällt ihm ziemlich schwer und oft gibt er spontan beträchtliche Summen für etwas aus, was ihm kurz darauf wieder als unnötig erscheint. Er muss vorsichtiger sein und nicht unbedingt immer auf seine plötzlichen Eingebungen hören. Mit etwas Umsicht gelingt es ihm allerdings schon, sich etwas zu zügeln und etwas auf die hohe Kante zu legen, damit er in Krisensituationen auf diese Reserve zurückgreifen kann.

Liebe und Partnerschaft

Der Zwillinge-Mann

Ein Zwillinge-Mann ist immer schwer zu halten. Er flattert mit Vorliebe wie ein Schmetterling von Blüte zu Blüte. Hauptsache, sein Bedürfnis nach Abwechslung wird gestillt. Dass er dabei oft gebrochene Herzen hinterlässt, rührt ihn kaum. Die Liebe ist für ihn in den meisten Fällen nur ein amüsantes Spiel, ein weiterer interessanter Aspekt im Kaleidoskop des Lebens.

Charmeur und wortgewandte Verführer, der er ist, liegen die Frauen ihm zu Füßen. Seine Flirtkunst hat schon manche an sich standhafte Dame zu Fall gebracht. Wie könnte man diesem Wortakrobaten und weltgewandten, energiesprühenden Unterhalter denn widerstehen?

Will man doch den Versuch wagen, denn Zwillinge-Mann zu zähmen und ihn vielleicht sogar sesshaft zu machen, muss man sehr sorgfältig und behutsam vorgehen. Sorgt die Frau in seinem Leben für ausreichend Überraschungen und gibt ihm das Gefühl, sie immer noch nicht bis ins kleinste Detail zu kennen, kann dieses Vorhaben von Erfolg gekrönt sein. Solange sie noch der Hauch des Geheimnisvollen umgibt, flaut sein Interesse nicht so schnell ab. Hauptsache, der Reiz des Unbekannten ist noch vorhanden.

Außerdem sei jeder Frau, die zu Eifersucht neigt, von einer Beziehung mit einem Zwilling abgeraten. Für Eifersuchtsszenen bietet er nämlich oft genug Grund, er kann den Blick von einer schönen Frau nur schwer abwenden. Beschwert sich seine Partnerin über solche Dinge und sei es noch so berechtigt, betrachtet er das sofort als Einengung seines Freiraums und wird sich schnellstens aus den "Ketten" dieser Beziehung befreien wollen. Am besten lässt man ihn gewähren und nutzt die Zeit, die er seine Aufmerksamkeit einer anderen schenkt, um sich etwas einfallen zu lassen, was die Beziehung für ihn wieder reizvoll macht.

Da der Zwillinge-Mann nicht selten spontan und mehr aus einer Laune heraus als nach reiflicher Überlegung eine Ehe schon in jungen Jahren eingeht, ist die Scheidungsrate bei diesem Sternzeichen verhältnismäßig hoch. Die Redewendung "gebranntes Kind scheut das Feuer" trifft auf ihn jedoch meist nicht zu. Da er sich nach einer gescheiterten Ehe oft an eine Partnerin mit genau den entgegengesetzten Eigenschaften hält, glaubt er, dass es diesmal bestimmt klappen muss. Und da er das Alleinsein nicht erträgt, kann er sich sehr schnell wieder auf etwas Neues einlassen, was allerdings nicht heißt, dass er es nun überlegter tut. Und so kann es leicht dazu kommen, dass ein Zwilling zum zweiten, dritten oder gar vierten Mal heiratet.

Oder aber die Enttäuschung darüber, dass es mit der Ehe nicht so recht klappen will, führt dazu, dass der Zwillinge-Mann sich vollends von dieser Institution abwendet und lieber eine tolerante und offene Beziehung sucht, die für ihn vielversprechender ist, weil er sich dabei automatisch weniger eingeengt fühlt.

Sex ist für den Zwillinge-Mann nicht das Wichtigste, es ist nur die Weiterführung des Spiels, das mit dem ersten Augenkontakt begonnen hat, dem darauf folgenden Gespräch, das das Interesse vertieft hat, danach in einen heftigen Flirt übergegangen ist und nun einen gebührenden Abschluss finden soll.

Dabei muss er auch hier im Mittelpunkt stehen. Er will Regie führen und den Ton angeben, was er allerdings sehr gekonnt macht. Solange er weiß, dass er für seine Liebeskünste bewundert wird, ist seine Welt in Ordnung.

Die Zwillinge-Frau

Sie hat eine starke erotische Anziehungskraft, sowohl vom Aussehen her als auch, was ihre unbeschwerte Art betrifft. Dadurch merkt sie schon in jungen Jahren, welche Wirkung sie auf Männer haben kann und ist der Spaß am Flirten und an neckischen Spielereien einmal geweckt, ist sie nicht mehr zu halten.

Treue ist wahrlich bei ihr genauso wenig zu erwarten wie bei ihrem männlichen Ebenbild, dazu ist sie einfach zu verliebt in das Verliebtsein. Aber da sie von ihrem Partner erwartet, dass er ihr dies großzügig nachsieht, ist sie ihm gegenüber ebenso tolerant, solange sie der Mittelpunkt seines Interesses bleibt. Für Aufregung ist bei einem Zusammenleben mit dieser quirligen Person jedenfalls gesorgt. Unermüdlich ist sie bemüht, Farbe in den grauen Alltag zu bringen und ihren Kindern ist sie eine wunderbare, fröhliche Mutter, die ihre Persönlichkeiten respektiert und sie ihren eigenen Weg gehen lässt.

Allerdings neigt dieses Luftzeichen mitunter zu heftigen Stimmungsschwankungen und kann im einen Moment noch fröhlich und ausgelassen sein, im nächsten aber schon nörgeln und sich beschweren. Das macht das Zusammenleben mit dieser Frau nicht einfach und bietet oft Grund für Streitigkeiten und Missverständnisse. Auch ihr bissiger Spott ist nicht für jedermann leicht zu ertragen.

Hat sie dann jedoch jemanden gefunden, der sie so akzeptiert, wie sie nun mal ist, ihr ihre Launen nicht übel nimmt und bereit ist, eine tolerante, offene und kameradschaftliche Beziehung einzugehen, die viel Abwechslung mit sich bringt, ist sie überglücklich. Auch dann kann man allerdings keine ewig währenden Treueschwüre von ihr erwarten und würde man sie dazu zwingen wollen, würde man sie lediglich verschrecken. Wichtig ist, dass die Zwillinge-Frau neben ihren familiären Pflichten ihren eigenen vielfältigen Interessen nachgehen kann. Die ausgefallensten Hobbys legt sie sich zu und man sollte sie unter keinen Umständen daran hindern, diesen nachzugehen. Auch hier braucht sie ihren Freiraum, dankt es mit guter Laune und einem aufgeweckten Wesen.

Auch im Schlafzimmer liebt es die Zwillinge-Frau mal energisch und leidenschaftlich, mal aber auch genießerisch und eher zögerlich. Sie weiß ausgedehnte Spielchen sehr zu schätzen und will sich gerne erobern lassen. Also muss sich ihr Liebhaber auch jedesmal etwas ganz Besonderes für sie einfallen lassen, sonst macht ihr der Sex keinen Spaß. Sie versteht allerdings auch ausgezeichnet, selbst die Leitung zu übernehmen, ist dabei zärtlich und fantasievoll, sie hat ja nicht umsonst schon viel Erfahrung gesammelt.

Auch bei Zwillinge-Frauen, wie beim männlichen Zwilling, besteht die Gefahr, dass sie mehrere Ehen eingehen, bevor sie den richtigen, verständnisvollen Kameraden gefunden haben, der sie glücklich macht. Dass es in ihrem Leben nicht nur einen Mann gibt, ist ganz klar, denn sie brauchen ja im Grunde für jede Seele, die in ihnen ist, den passenden Partner.

Wer passt zum Zwilling

Waage- und Wassermanngeborene scheinen sich am besten mit dem Zwilling zu vertragen. Beide sind ebenso freiheitsliebend wie der Merkurschützling, der Wassermann aus Prinzip, die Waage eher, um den guten Frieden nicht zu stören. Gerade der Wassermann in seiner aufgeschlossenen und lustigen Art ist mit dem Zwilling seelenverwandt.

Widder und Skorpion legen dem Zwilling etwas zu viel Wert auf leidenschaftlichen Sex, doch lässt die geistige Regsamkeit beider Zeichen Raum auf Hoffnung. Besonders schwer fällt dem eifersüchtigen Skorpion allerdings, die Flatterhaftigkeit des Zwillings zu akzeptieren.

Die Launenhaftigkeit und die häufigen Stimmungsschwankungen des Zwillings machen eine dauerhafte Beziehung zwischen den Sternzeichengeschwistern zu einer Berg- und Talfahrt, die dieser Belastung meist nicht lange standhält.

Gefühle sind bekanntlich für Krebs und Fische besonders wichtig. Diese kann der zynische Zwilling ziemlich schnell verletzen. Gerade die Zurückgezogenheit des Krebses und die Traumschlösser des Fischs sind für den Zwilling oft unerreichbar.

Steinbock, Jungfrau und Stier werden sich alle Mühe geben, den Zwilling zu zähmen, sich daran allerdings die Zähne ausbeißen, wobei auch zu bedenken ist, dass, wenn dem Luftverbundenen die Flügel gestutzt werden, nicht viel von seiner Heiterkeit übrig bleibt.

Mit dem Schützen, der ähnlich spielerisch veranlagt ist wie der Zwilling, stehen die Chancen nicht schlecht, man toleriert die Ansichten des anderen, solange der dasselbe tut. Nur darf sich der Zwilling nicht über seinen Schützen lustig machen, das erträgt dieser nämlich nicht.

Berühmte Zwillinge

Victoria I.,	24. Mai 1819
Isadora Duncan,	27. Mai 1878
John F. Kennedy,	29. Mai 1917
Alexander S. Puschkin,	6. Juni 1799
Thomas Mann,	6. Juni 1875
Paul Gaugin,	7. Juni 1848
Peter der Große,	9. Juni 1672
Karl Hagenbeck,	10. Juni 1844
Johanna Spyri,	12. Juni 1907
Harriet Beecher-Stowe,	14. Juni 1812
Igor Strawinski,	18. Juni 1882
Jacques Offenbach,	20. Juni 1881

Der Mond in Zwillinge:

Kennzeichen: wechselhaft, Unschlüssigkeit, gesprächig, vielfache Beziehungen, sentimental, nachahmend, unbeständig, instinkthaft

Der Mond im Tierkreiszeichen Zwillinge deutet auf ein schillerndes Innenleben, rasche Auffassungsgabe und Einfallsreichtum.

Menschen mit einem Zwillings-Mond haben eine Neigung ununterbrochen zu reden (ewig am Telefon), häufig bis zum Überdruss der Zuhörer. Da sie ihre Gefühle weitgehend rationalisieren, sind sie sich oft selbst nicht klar darüber, was sie wirklich empfinden. Sie sind sehr unruhig, manchmal auch nervös, wechselhaft (Wohnort, Umherreisen) und ruhelos.

Bei dieser Stellung besteht die Tendenz, sich zu zersplittern, sich vorübergehend für viele Ideen zu begeistern, um sie schon bald wieder fallen zu lassen. Ist der Mond günstig aspektiert und deuten andere Faktoren im Horoskop auf eine praktische Begabung hin, können diese Menschen dank ihres Einfallsreichtums praktische und im Haushalt auftretende Probleme spielend bewältigen. Bei einer günstigen Horoskopdisposition kann diese Mondstellung bedeuten, dass das Individuum seine Gefühle einer rationalen Analyse unterzieht. Ist der Mond aber ungünstig aspektiert, können die Gefühle den Verstand verwirren. Starke Verletzungen dieser Mondstellung zeigen starken Wankelmut, Oberflächlichkeit und Konfusion an.

Merkur in Zwillinge (Domizil)

Kennzeichen: geschäftsmäßig, verträglich, Schriftstellerei, Vielfalt, veränderlich, unbeständig, talentiert, wach, kann sich klar ausdrücken, oberflächlich

In den Zwillingen steht Merkur im Zeichen seiner Regentschaft. Ist er günstig aspektiert und durch seine Häuserstellung bedeutsam, kann das logische Denken zu seiner höchsten Ausdrucksform gebracht werden. Der Zwilling-Merkur ist vielseitig, unvoreingenommen und unpersönlich in seiner Fähigkeit, die Wahrheit zu erkennen, weil der Merkur in den Zwillingen mehr mit Tatsachen als mit persönlichen Haltungen und Vorlieben beschäftigt ist. Menschen mit einem gut entwickelten Merkur im Zeichen Zwillinge sind zu analytischem, wissenschaftlichem Denken fähig. Sie sind im Allgemeinen gut erzogen, kennen sich in vielen Dingen aus und haben die Fähigkeit, sich schnell, leicht und treffend in Wort und Schrift auszudrücken. Gewöhnlich verfügen sie über einen hervorragenden Wortschatz, eines der Geheimnisse ihrer Beredsamkeit und Ausdrucksklarheit.

Menschen mit Merkur in den Zwillingen haben ein hochgradig sensibles Nervensystem, was es für sie schwierig macht, sich gegen äußere Reize abzuschirmen; alles, was in ihrer Umgebung gesprochen wird oder geschieht, wird von ihrem Bewusstsein intensiv und lebhaft aufgenommen und sie sind gezwungen, mit vielen verschiedenen Gedanken und Eindrücken zugleich fertig zu werden. Dies ist die Grundlage für ihren beweglichen Geist, der die Fähigkeit hat, sozusagen simultan verschiedene Eindrücke aufzunehmen oder multiple Gedanken zu denken. Sind diese Menschen jedoch zu lange vielschichtigen, geschäftigen Umgebungen ausgesetzt, werden ihre Nerven zu sehr strapaziert; Ermüdung, Verwirrung und gelegentlich Reizbarkeit sind die Folgen. Sie brauchen deshalb Zeiten der Einsamkeit, um sich wieder zu beruhigen.

Menschen mit dieser Merkurstellung sind von unersättlicher Neugier; sie wollen über alles Bescheid wissen. Aber es besteht die Gefahr, dass sie ihre Interessen zu sehr auffächern und ihre Aufmerksamkeit zu stark zerstreuen. Ihnen kann die Ausdauer fehlen begonnene Unternehmungen zielstrebig zu Ende zu bringen. Im Extrem kann eine Tendenz zu einem "Hansdampf in allen Gassen" bestehen, der überall mitmachen will und im Grunde nichts wirklich beherrscht. Weil diese Menschen alles von verschiedenen Seiten her sehen können, fällt es ihnen manchmal schwer, sich zu entscheiden und sie neigen dazu, ihre Meinung oft zu ändern, wodurch sie andere sehr verwirren. Im Extremfall ernten sie den Ruf, Wendehälse zu sein.

Nur Merkur im Wassermann lässt ebenso viel geistige Originalität erwarten. Mit ihrem Einfallsreichtum sind die Nativen fähig, immer wieder neue und überraschende Lösungen für Probleme oder Notsituationen zu finden. Diese Menschen brauchen eine gute Ausbildung, um von ihrer mentalen Kapazität optimal Gebrauch machen zu können. Diese Stellung findet sich häufig bei (männlichen und weiblichen) Wissenschaftlern, Mathematikern, Computerfachleuten, Sekretären, Schriftstellern, Reportern, Lehrern und Vortragsrednern.

Ist der Merkur in den Zwillingen stark verletzt, kann dies übertriebene Geschwätzigkeit bedeuten, die den anderen auf die Nerven geht. Im Horoskop einer wenig entwickelten Persönlichkeit kann diese Stellung eine Tendenz anzeigen, vom eigentlichen Ziel abzukommen und auf Umwegen stecken zu bleiben.

Venus in Zwillinge

Kennzeichen: Viele Lieben, gesellig, flirtend, attraktiv, bezaubernd, anpassungsfähig, diskussionsfreudig, oberflächliche Beziehungen, romantisch

Menschen, die den Planeten Venus im Zeichen Zwillinge stehen haben, lieben die Abwechslung, in Liebesbeziehungen oder gesellschaftlichen Verbindungen. Mit ihrem Erlebnishunger und ihrer Neugier (in Bezug auf Menschen) haben sie wenig Neigung, allzu feste und ewige Bindungen einzugehen, sie sind dabei keineswegs treulos. Ähnlich wie Venus im Wassermann möchten auch Geborene mit dieser Stellung tendenziell mit jedermann befreundet sein. Weil sie selbst witzig und redegewandt sind, fühlen sie sich zu Menschen hingezogen, die sich durch bewegliches Denken und einen scharfen Intellekt auszeichnen. Diese Venus braucht genügend Bewegungsfreiheit und Auslauf.

Geborene mit dieser Venusstellung verbringen viel Zeit damit, ihren Vergnügungen und gesellschaftlichen Aktivitäten nachzugehen. Ihre künstlerische Aktivität äußert sich vorwiegend auf literarischem Gebiet. Sie schreiben Aufsätze, Gedichte oder Satiren und lieben geistreiche Wortspiele.

Wie bei allen Luftzeichen besteht auch hier eine Abneigung gegenüber plumpem Verhalten. Die Nativen haben eine zuvorkommende Art und unterhalten meistens gute Beziehungen zu Geschwistern und Nachbarn. Ist Venus in den Zwillingen ungünstig aspektiert, sind sie in ihren Liebesbeziehungen unstet und wankelmütig. Sie flirten übermäßig und messen Liebe und Heirat nur oberflächliche Bedeutung bei.

Mars in Zwillinge:

Kennzeichen: Beweglichkeit, kommunikativ, sarkastisch, vielseitige Begabungen, agil, lebhaft, bereitwillig, mental, Diskutierer, journalistisch, grob

Mars in den Zwillingen bedeutet geistige Aktivität und Aggressivität. Menschen mit dieser Marsstellung zeichnen sich aus durch scharfes und kritisches Denken und verfügen in der Regel über Geschick in technischen und mechanischen Dingen.

Diese Stellung bedeutet eine Vorliebe für Debatten und intellektuelle Auseinandersetzungen. Ist Mars ungünstig aspektiert, neigt der Geborene zu Widerspruchsgeist und Irritierbarkeit. Findigkeit und Einfallsreichtum sind bei dieser Stellung typisch, dafür fehlt es meist an Ausdauer, es sei denn, andere Faktoren im Horoskop gleichen dies aus.

Reporter, Kritiker und Journalisten haben oft ihren Mars in den Zwillingen. Mit dieser Stellung ist eine große Betriebsamkeit verbunden, die zu zahlreichen Wechseln der Beschäftigung führt. Möglicherweise arbeiten diese Menschen auch an mehreren Aufgaben gleichzeitig. Ist Mars in den Zwillingen ungünstig aspektiert, kann die Sprache sarkastisch und unverblümt sein.

Jupiter in Zwillinge (Exil)

Kennzeichen: viele Beziehungen, Freude, handwerklich, gesellig, frei, manierlich, leer, legal, andere nötigend, Neugierde, fortgeschritten, freundschaftlich

Jupiter in den Zwillingen zeigt eine Vorliebe für Philosophie und das Studium der Religions-, Geistes-, Rechts- und Philosophie-Geschichte. Eine solch erweiterter geistiger Horizont eröffnet neue Kommunikations- und soziale Kontaktmöglichkeiten, mit den entsprechenden Vorteilen beim Reisen, bei schriftstellerischer oder wissenschaftlicher Tätigkeit und bei Geschäften, die mit neuen Erfindungen zusammenhängen.

Die Nativen besitzen eine wache intellektuelle Neugier, die zu geistiger Weiterentwicklung führt, sodass man sie als intellektuell gebildet ansehen mag, obwohl sie vielleicht gar keine formale Ausbildung genossen haben. Oft absolvieren sie eine Universitätsausbildung zu ihrer eigenen geistigen Vervollkommnung.

Mit Jupiter in den Zwillingen kann ein sehr weit gespanntes intellektuelles Interessenspektrum vorliegen. Die Nativen neigen zu einer gewissen geistigen Ruhelosigkeit, reisen viel und stecken ihre Nase dauernd in die verschiedensten Studien- und Interessengebiete. Wird diese Tendenz übertrieben, kann sie zu intellektuellem Dilettantismus führen. Menschen mit solchen breit gefächerten Erfahrungen sind oft in der Lage, gewisse allgemeine Strömungen und Tendenzen der gesellschaftlichen, politischen und geschichtlichen Entwicklungen zu erfassen. Geborene mit dieser Stellung haben alle Möglichkeiten namhafte Gesellschaftskritiker und Historiker zu werden.

Aufgrund des natürlichen Trigons von Zwillinge zu Waage und Wassermann haben die Geborenen viele Freundschaften, Bekanntschaften und Partnerschaften und können dadurch ihren geistigen Horizont in vielfältiger Weise erweitern. Diese gesellschaftlichen Kontakte geben ihnen auch Impulse für eigene schöpferische Tätigkeit.

In den Zwillingen steht Jupiter im Exil, weil er im gegenüberliegenden Zeichen, im Schützen, regiert. Dies birgt die Gefahr einer gewissen Oberflächlichkeit in sich. Solche Menschen begnügen sich manchmal mit einem Buchwissen, dem jegliche praktische Erfahrung fehlt. Anders als Merkur in der Jungfrau (Sachkenntnis wird durch praktische Auseinandersetzung mit der Wirklichkeit gewonnen) hat der Geborene mit Jupiter in den Zwillingen eine Tendenz, zu einem "Elfenbeinturmgelehrten" zu werden, falls nicht andere Faktoren im Horoskop dies kompensieren. Ist Jupiter in den Zwillingen ungünstig aspektiert, kann es sich beim Nativen um einen intellektuellen Snob handeln.

Jupiter in den Zwillingen bedeutet eine Begabung zum Unterrichten, Schreiben und Vortragen. Vortragsreisende (Lektoren) haben oft Jupiter in diesem Zeichen. Auch mit Publizieren, Reisen, persönlichen Dienstleistungen, Importen, Kommunikationsbetrieben und Postversandgeschäften können die Nativen gute Geschäfte machen und Geld verdienen.

Saturn in Zwillinge

Kennzeichen: intellektuell, wissenschaftlich, geschäftsmäßig, ernst, schwierig, abstrakt, gehemmt, berechnend, distanziert, systematisch

Saturn in den Zwillingen bedeutet praktischer und logischer Verstand, große Disziplniertheit im Denken und Urteilen, beim Schreiben und beim Lösen von Problemen. Ideen werden aufgrund ihres möglichen oder bereits nachgewiesenen Nutzens bewertet.

Diese systematische Disziplin bei allen Arten geistiger Arbeit, besonders in Mathematik, Naturwissenschaft und bei der konkreten Auswertung und Formulierung von Ideen, hilft den Nativen gewöhnlich, fordernde Studiengänge abzuschließen. Für diese Menschen muss alles exakt definiert, im Detail organisiert und schriftlich fest gehalten sein. Ganz besonders sind sie um Klarheit in Verträgen und Vereinbarungen bemüht.

Von allergrößter Bedeutung sind für diese Menschen Aufrichtigkeit und Zuverlässigkeit. Ihre Bemühungen zeitigen deshalb meist konkrete Erfolge.

In allen Luftzeichen bewährt sich das Saturnprinzip, weil es den intellektuellen Funktionen Disziplin, Ausgewogenheit und Praxisbezogenheit verleiht. Die Erhöhung des Saturn in der Waage und seine Mitherrschaft im Wassermann kräftigen seine Stellung in den Zwillingen durch das doppelte Trigon des Luftdreiecks im natürlichen Tierkreis.

Lehrer, Forscher, Sekretäre, Buchhalter, Rechnungsführer und Schreiber haben vielfach diese Stellung. Sie ist aber auch von Vorteil für Leute, die im Maschinenbau, in der Physik oder Mathematik tätig sind.

Ist Saturn in den Zwillingen ungünstig aspektiert, kann eine Tendenz vorliegen, übertriebene Zweifel zu hegen und zu äußern und ganz besonders misstrauisch, zurückhaltend und kritisch zu sein. Allerdings können sich die Nativen den praktischen Erfordernissen einer Situation sehr flexibel anpassen und sind äußerst einfallsreich, wenn es gilt, für bestimmte Probleme neue Lösungen zu finden. Sie betrachten das Leben mit nüchterner Objektivität.

Uranus in Zwillinge (1942-1949)

Kennzeichen: mentale Energie, spontan, neugierig, wissenschaftlich, systematisch, originelle Methoden, Freidenker, bizarr, Verständnis

Eine Generation mit Uranus in den Zwillingen sind dazu bestimmt neue Denkweisen zu entwickeln. Diese Menschen haben einen beweglichen, scharfen Intellekt und schöpferische Intuition. Sie werden die Pioniere neuer Konzepte in Wissenschaft, Literatur, Erziehung, Elektronik und bei den Kommunikationsmedien sein.

Menschen mit dieser Stellung sind unruhige Geister und bringen meist zu wenig Geduld auf, eine Idee bis zur endgültigen Verwirklichung zu verfolgen. Wenn ihre Ideen Früchte tragen sollen, müssen sie sich in Selbstdisziplin üben. Wegen ihrer Unstetigkeit sind sie meist viel auf Reisen, um neue gesellschaftliche Kontakte anzuknüpfen und neue

Ideen auszukundschaften. Diese Stellung verspricht einen weiten intellektuellen Horizont und - weil wir ja mit unserem Denken gleichsam unser Schicksal mitbestimmen - die Fähigkeit, andere Wirkungsmöglichkeiten zu erkennen und infolgedessen mit dem gewohnten Lebensstil zu brechen.

Ist Uranus in den Zwillingen ungünstig aspektiert, kann das Denken unzusammenhängend, exzentrisch und unpraktisch sein. Es besteht auch eine gewisse Gefahr geistiger Verwirrung. Die Beziehungen zu Geschwistern und Nachbarn sind häufig nur lose und unbefriedigend.

Neptun in Zwillinge (1888-1901)

Kennzeichen: naturliebend, mystisch, magisch, inspiriert, Verwirrung, vage, zerstreut, poetisch, rasches Auffassungsvermögen, Vielfalt, Sorgen

Die Menschen der Generation mit Neptun in den Zwillingen bringen ihre schöpferischen und intuitiven Fähigkeiten in Literatur und Dichtung zum Ausdruck. Sie besitzen eine aktive Fantasie und die Gabe, Ideen höherer Bewusstseinsstufen symbolisch und bildhaft weiterzugeben. Ein übermäßiges Nachgeben der Tendenz zur Beschäftigung mit Traumwelten und ihren irisierenden Symbolen kann sich zu Verworrenheit im praktischen Denken und Gedankenaustausch ausweiten.

Pluto in Zwillinge (1884- 1914)

Kennzeichen: erfinderisch, Mobilität, Einsicht, intellektuelle Durchsetzung, Wissenschaft, Abenteuer, rücksichtsloses Verhalten

Zwillinge ist das Zeichen von Ideen und Erfindungen. Im Zeitraum mit Pluto in den Zwillingen wurden wichtige Erfindungen und wissenschaftliche Entdeckungen gemacht. Nikola Tesla, Thomas Alva Edison, Alexander Graham Bell und andere entdeckten die Anwendungsmöglichkeiten der Elektrizität und legten damit das Fundament für die moderne Technologie und die Kommunikationsmittel. Das Automobil wurde entwickelt und die Gebrüder Wright flogen ihr erstes Flugzeug. In dieser Ära geschahen Durchbrüche auf dem Gebiet der praktischen Anwendung wissenschaftlicher Erkenntnisse und der Technik.

Krebs/Cancer

Kardinalzeichen
Kennzeichen: Häuslichkeit, Empfindsamkeit, Treue, schlau, konservativ, elterlich, bequem, psychologisch, empfindsam, tiefgründig

Das vierte Zodiakzeichen
Krebse sind im Zeichen der starken Gefühlsbetonung geboren. Typisch für den Krebs ist das Motto: "Ich fühle".
Sonne steht im Zeichen: 22. Juni bis 22. Juli (21. Juni bis zum 23. Juli)

Jahreszeit:	Erstes Sommerzeichen
Kraftform-Mobilität:	Bewegend
Element:	Wasser
Herrscher:	Mond (in seinem ureigenen Element)
Lebensmotto:	Ich empfinde
Farbe:	silberweiß
Metall:	Silber
Steine:	grüner Smaragd, Mondstein, Skarabäus
Zahl:	2, 18
Psychologische Grundhaltung:	Einfühlsamkeit, Sensibilität
Motivation:	Wachstum
Handlungsrichtung:	Schöpferische Aufgaben, Heimliebe, Mütterlichkeit, Gemütsglück, eigener Lebenskreis, Hilfsbereitschaft, Zurückhaltung, denn ihre Seele ist empfindlich
Allgemeine Stärken:	Schöpferkraft, Hilfsbereitschaft, Zähigkeit, Seelenbeziehung, Heimattreue, Anhänglichkeit
Allgemeine Schwächen:	Empfindlichkeit, Ich-Beziehung, Zweifel an sich selbst, Angst, Krafterschöpfung, Weichheit
Größte Gefahr:	Zu weich/nachgiebig gegen sich selbst
Aufgaben:	Wachstum fördern und reifen lassen, Beistand geben, Seelenwelten vermitteln, Psychologie ausüben

Krebs ist das stärkste der Wasserzeichen. Es begünstigt Frauen mehr als Männer, weil es von allen Tierkreiszeichen am meisten mit Häuslichkeit und Familie zu tun hat.

Beim Krebs sind Beschützer- und Abwehrinstinkte, die auf Sicherheit in materiellen und häuslichen Bereich abzielen, stark ausgeprägt. Er ist außerordentlich empfindsam und fürchtet den Spott. Die Schale, das Symbol des Krebses, versinnbildlicht den Panzer, unter dem sich höchste Empfindsamkeit und Scheu sowie physische und psychische Verletzlichkeit verbergen. Um sich vor seelischem Verletzungen zu schützen, zieht sich der Krebs zurück und sucht Sicherheit in der Einsamkeit. Die Neigung steht im Gegensatz zum starken Bedürfnis nach Heim und Familie. Für ihn ist die Welt nicht vollkommen ohne die Sicherheit des Heimes.

Weil das Sicherheitsbedürfnis des Krebses so ausgeprägt ist, wird er alles unternehmen, um diese Sicherheit zu schaffen und zu bewahren. Er setzt selten Geld aufs Spiel, höchstens wenn er genügend zurückgelegt hat. Der Krebsgeborene gefährdet seine Sicherheit nur ungern durch Spiele, wenn seine zukünftige Sicherstellung jedoch ein Risiko erfordert, ist er bereit, dieses Risiko einzugehen - wenn möglich mit dem Geld eines anderen. In einem solchen Fall geht der Krebs sehr sorgfältig mit den ihm anvertrauten Finanzen zu Werke, denn er hat anderen gegenüber ein großes Verantwortungsbewusstsein. Er wird stets seine Schulden bezahlen und erwartet von anderen das Gleiche.

Krebstypen haben ein kompliziertes Innenleben; manchmal machen sie den Eindruck, als verfügten sie über Riesenkräfte, dann wieder sind sie schwach wie ein Kind. Die Wechselhaftigkeit wird darauf zurückgeführt, dass die Sonne in diesem Zeichen ihre Richtung ändert: Sie hat am nördlichen Himmel den höchsten Punkt erreicht (Wendepunkt des Krebses, tropic of cancer) und bewegt sich nun wieder südwärts. (Wie der Krebs stehen auch die Himmelskörper still, wenn sie ihre Richtung ändern). In diese Zeit fallen die längsten Tage des Jahres.

In der Regel sind Krebstypen voll guten Willens, ihr wechselhafter Mond lässt sie jedoch einmal liebenswürdig und aufgeschlossen erscheinen (besonders, wenn sie ein bestimmtes Ziel vor Augen haben), dann wieder sind sie melancholisch, introvertiert und zurückhaltend.

Sie verfügen über diplomatisches Geschick und daher erreichen sie auch meistens ihr Ziel. Wenn sie sich jedoch verletzt fühlen, können sie sich manchmal ganz unsinnig verhalten und sind temporär unfähig, mit anderen zusammenzuarbeiten. Es kann passieren, dass sie sich in höchstem Maße kindisch und störrisch aufführen - dies ist einer ihrer gravierendsten Mängel, den sie zu überwinden haben.

Krebsgeborene hinterlassen einen sanften und ruhigen Eindruck, doch ihre Gedanken und Gefühle lassen sich nur schwer ausloten. Da nur wenige Menschen die Gefühle von Krebsgeborenen wirklich begreifen, wird Krebsen nur selten das nötige Verständnis entgegengebracht.

Krebskinder sind von Natur aus zart, liebevoll und hingebend, immer bereit zu helfen. Krebseltern bringen allen in ihrer Umgebung herzliche Wärme entgegen. Doch kann darin auch eine Gefahr liegen.

Krebsmenschen wollen ihre Lieben voll und ganz für sich haben, für sie endet eine Liebe, wenn sie einmal begonnen hat, niemals. Groll und Intrige kann sie zu grausamen Feinden werden lassen, doch sie hören nie auf zu lieben. Diese unerschütterliche Zuneigung kommt in ihrer Vielschichtigkeit der Mutterliebe gleich. Der elterliche Instinkt dieses Zeichens ist so groß, dass man den Krebs mit einer Mutter vergleichen kann, die ihre Söhne auch dann noch liebt, wenn sie von ihnen schlecht behandelt wird. Familientradition und -geschichte bedeuten den Krebsmenschen sehr viel.

Geistiges oder körperliches Unbehagen sucht der Krebsgeborene mit allen Mitteln zu vermeiden. Da Ordnung und Reinlichkeit hervorstechende Eigenschaften dieses Zeichens sind, verabscheut der Krebs alle Tätigkeiten, die absolute Sauberkeit unmöglich machen. Er bevorzugt eine verfeinerte Atmosphäre.

Da der Krebs über eine sehr starke Vorstellungsgabe verfügt, sollte er tunlichst Gedanken an Krankheit vermeiden. Er muss auch lernen, im richtigen Augenblick ja oder nein zu sagen und seine Neigung zu Launenhaftigkeit, Intoleranz, Ängstlichkeit und übertriebener Gefühlsbetontheit zu beherrschen.

Dem Krebsmenschen fehlt eine gewisse Selbstironie. Er neigt zu Selbstzufriedenheit und Ichbezogenheit. Andererseits kann er in seiner stillen Art aber auch recht hilflos sein. Krebsgeborene sind durchaus eitel, sie lieben Kleider und nichtige kleine Dinge, die helfen, einen gewissen Schein aufrecht zu erhalten.

Krebsgeborene beherrschen die Kunst des passiven Widerstandes bis zur Perfektion, in ihren Händen ist er eine wirksame Waffe, die ihnen auch noch hilft alles Unangenehme von sich fernzuhalten.

Krebsgeborene lassen sich mit Freundlichkeit lenken, da sie im Grunde sehr verständnisvoll sind, setzt man sie jedoch unter Druck, verharren sie regungslos. Sie lassen sich nicht gerne vorschreiben, wie sie etwas anpacken sollen; sie wollen ihre Aufgaben selbständig lösen, da die Ideen anderer sie verwirren. Gelegentlich scheuen sie Verantwortung. Wenn sie jedoch ein Unterfangen in Angriff nehmen, das Verantwortung erfordert, dann sind sie pünktlich, zuverlässig und tüchtig und bringen das Unternehmen zu einem erfolgreichen Abschluss.

Der sensible Krebs

Wie für alle Wasserzeichen ist für den Krebs das Gefühl ausschlaggebend. Es bestimmt sein Leben, seine Entscheidungen. Das heißt nicht etwa, dass er sich weltfremd oder realitätsfern benimmt. Nein, gerade die Wirklichkeit ist ihm sehr wichtig, doch nicht auf die trockene, rationale Art, sondern so, wie der Krebs sie subjektiv empfindet.

Krebse sind ausgesprochene Familienmenschen. Sie ziehen sich gerne in die eigenen vier Wände zurück, um dort die verdiente Ruhe und Erholung im vertrauten Kreis ihrer Lieben zu finden. Zum Elternhaus haben diese Menschen, die oft auch noch im Erwachsenenalter wie große Kinder wirken, zeitlebens eine enge Verbindung und sind sehr unglücklich, wenn Schwierigkeiten in familiären Dingen auftauchen. Kein anderes Kind verträgt die Scheidung der Eltern so schlecht. Besonders die Mutter wird vom Krebs verehrt und er lässt nichts auf sie kommen.

Große Aufregung, lautes Treiben und Hektik sind nichts für den Krebs. Er braucht Ruhe und Gelassenheit, damit er sich wohl fühlt. Deshalb zieht er eine Party oder ein gediegenes Essen mit wenigen Gästen, um die er sich dann ausführlich kümmern kann, einer umtriebigen Massenveranstaltung vor. Am liebsten sind ihm Familienfeste, bei denen er die Leute kennt und mit ihnen in schönen Erinnerungen schwelgen kann. Die Vergangenheit und besonders seine Kindheit sieht der Krebs nämlich oft in einem etwas verklärten Licht und weiß viele Geschichten und Anekdoten darüber zu erzählen.

Da ihm Erinnerungen so viel bedeuten, hebt der Krebs alles auf, was er mit schönen Erlebnissen in Verbindung bringt. In seinen Regalen steht eine Vielzahl von Fotoalben oder Heimvideos, die er sich stundenlang ansehen kann. Aber auch aus seinem praktischen Sinn heraus häuft sich in seinem Haushalt ein Sammelsurium der unterschiedlichsten Dinge an, die ihm irgendwann mal nützlich sein könnten.

Besonders gesellig ist der Krebs nicht, er begnügt sich mit einigen wenigen aber umso tieferen Freundschaften. Allerdings ist er ein wunderbarer Geschichtenerzähler und sorgt so für interessante Stunden im Kreis seiner Freunde. Dass seine ausgeprägte Fantasie ihn dabei öfter dazu verleitet, die Wahrheit auszuschmücken und etwas hinzuzudichten, verzeiht man ihm gern. Aber wer sein Freund sein will, muss sich besonders mit Kritik vorsehen. Damit kann er den Krebs zutiefst beleidigen und dann zieht dieser sich in sein Schneckenhaus zurück, leckt seine Wunden und ist für eine Weile nicht mehr ansprechbar. Eine ähnliche Reaktion ist zu erwarten, wenn man ihn für eine Dummheit, die er begangen hat, auslacht. Da ist es mit seinem Humor dann zu Ende.

Dieses Sternzeichen hat nah an seinem Element, dem Wasser, gebaut. Die Tränen fließen bei ihm besonders schnell und häufig. Sowohl ein romantisches Filmepos als auch eigener Kummer rühren das Mondkind tief in seiner Seele und dann sind die Krokodilstränen nicht mehr zu halten. Weint der Krebs, heißt das jedoch nicht immer, dass er traurig ist. Freude und Euphorie können seine Augen ebenso feucht werden lassen. Da er seine Gefühle aber besser als die übrigen Wasserzeichen zu steuern vermag, setzt er gerade Tränen gekonnt ein, um etwas, das er sich in den Kopf gesetzt hat, zu erreichen.

Als negative Eigenschaften werden dem Krebs oft seine Langsamkeit, seine Empfindlichkeit und seine Launenhaftigkeit angekreidet. Auch wirkt er auf viele Menschen feige, wenn er seinem Naturell entsprechend Schwierigkeiten und Problemen aus dem Weg geht und sich beim Auftreten von Hindernissen gleich zurückzieht. Viele sehen dabei nicht, dass er nur ein wenig Zeit braucht, um sich für einen neuen Weg zu entscheiden, der dieses Hindernis nicht in sich birgt.

Der Krebs strahlt Geborgenheit aus, weshalb sich besonders Menschen bei ihm wohl fühlen, die Ruhe suchen und umsorgt sein wollen. Er versteht es oft, die Traumschlösser, die er sich baut, mit Fleiß und Geduld zumindest zum Teil in die Tat umzusetzen, da es sich hierbei selten um ungreifbare Fantasien handelt, sondern um ganz greifbare Wunschvorstellungen.

Gesundheit

Der Krebs ist ein wahrer Stubenhocker und begibt sich nur ziemlich widerwillig an die frische Luft. Er ist nicht besonders bewegungsfreudig, obwohl ihm gerade die Bewegung gut tun würde, um einen Ausgleich zu seinen kopflastigen Grübeleien zu bieten.

Kann er sich doch dazu aufraffen, etwas für seinen Körper zu tun, findet er große Freude am Wandern in landschaftlich schöner Umgebung, wenn möglich mit guten Freunden, mit denen er sich angeregt unterhalten kann. Außerdem sollte er sich für Sportarten entscheiden, die nicht Schnelligkeit und Wendigkeit sondern mehr Ausdauer und Strategie verlangen, darin liegen nämlich seine Stärken. Besonders hingezogen fühlt er sich zu Wassersportarten. Aber zum Profisportler bringt es der Krebs nur selten, sein ziemlich dünnes Nervenkostüm hält nämlich dieser Belastung meistens nicht stand. Sport treibt er somit in den meisten Fällen nur, wenn er einsieht, dass das seiner Gesundheit zuträglich ist.

Im Winter wird er sich nur ungern nach draußen begeben, der warme Sommer ist ihm viel lieber, da kann er Energien tanken und viel Sonnenschein und Wärme wirken sich auch positiv auf seinen Gemützustand aus. Zu heiß kann es ihm eigentlich nie werden. Oft flieht er deshalb, wenn er es sich leisten kann, vor den frostigen Wintermonaten an einen wärmeren Ort.

So kann er auch die Gefahr einer Erkältung oder Bronchitis geschickt umgehen, denn der Brustbereich gehört zu den Körperregionen des Krebses, die besonders anfällig für Beschwerden sind. Weiter problematisch sind die Nieren, die Haut und vor allem der Magen. Dabei verursachen ihm nervliche und seelische Belastungen die meisten Schwierigkeiten. Das kann sich einerseits mit allergischen Hautreizungen bemerkbar machen, andererseits aber auch mit schmerzlichen Magen-Darm-Beschwerden.

Entspannung und ein verständnisvolles Gespräch mit einer vertrauten Person über die Dinge die einem Kummer bereiten, haben schon oft die Folge gehabt, dass sich der Krebs schnell besser gefühlt hat. Dann merkt er, dass viele seiner Beschwerden von ihm selbst verursacht werden und er diese unter Vermeidung seelischer Belastung sehr wohl umgehen kann. Auch sollte er seine intuitive Angst vor dem Tod etwas zügeln, sonst verfällt er schnell in Depressionen.

Dadurch, dass sein Reaktionsvermögen nicht sonderlich stark ausgeprägt ist, ist er besonders unfallgefährdet. Sein Körper braucht auch bei der Genesung etwas mehr Zeit, um sich zu regenerieren. Das darf allerdings nicht dazu führen, dass der Krebs ungeduldig wird und das Vertrauen in seinen Arzt verliert.

Eine spezielle Gefahr besteht beim Krebs auch darin, dass er in seiner Depression und seinem Frust übermäßig viel isst, bzw. auch trinkt. Er neigt deshalb und wegen seiner Bequemlichkeit häufig zu Übergewicht und belastet mit seinen unregelmäßigen Essgewohnheiten seinen sowieso schon empfindlichen Magen. Gerade die Süßigkeiten, mit denen er sich über seinen Kummer hinwegtrösten will, sind Gift für ihn. Überhaupt sollte er jegliche Dickmacher sowie zu viel Fleischgerichte und scharfe Gewürze meiden und sich auf Obst, Gemüse, Getreide und Nüsse verlegen. Auch Milchprodukte beeinflussen seinen Biohaushalt positiv. Viel Flüssigkeit ist ebenfalls wichtig für ihn, deshalb sollte er oft Fruchtsäfte und Mineralwasser zu sich nehmen, die Finger jedoch vom übermäßigen Alkoholkonsum lassen.

Allgemein lässt sich sagen, dass der Krebs sich nicht in seine Gefühle hineinsteigern darf, möglichst sich von Exzessen jeglicher Art fernhalten und seine Bequemlichkeit überwinden sollte, dann fühlt er sich wohl und ist folglich weniger anfällig für seine typischsten Krankheiten.

Beruf und Geld

Im Berufsleben kommen dem Krebs seine Bedächtigkeit und Sorgfalt, aber auch seine Fantasie zugute. So ist er in jedem Fall ein zuverlässiger und pünktlicher Mitarbeiter.

Die Position des Angestellten liegt dem Krebs im Grunde mehr als die des Vorgesetzten. Er ist nicht besonders risikofreudig, scheut sich davor, zu viel Verantwortung übernehmen zu müssen und erledigt lieber fleißig die ihm zugeteilten Aufgaben, als sich selbst ans Organisieren zu machen. Das heißt allerdings nicht, dass es ihm an Ehrgeiz fehlt, er ist sehr wohl empfänglich für ernst gemeintes Lob und will seine Leistungen auch gerecht entlohnt wissen. Ein gut bezahlter Job ist ihm wichtig, da dieser ihm die finanzielle Sicherheit bietet, die er nötig hat.

Mit seinen Kollegen versteht sich das Wasserzeichen im Allgemeinen gut. Der Krebs ist nicht gerade die Stimmungsbombe am Arbeitsplatz, aber man kann sich vertrauensvoll mit seinen Problemen an ihn wenden, er wird geduldig zuhören. Allerdings kann es vorkommen, dass er auf seinen eigenen Vorteil bedacht, Situationen zu seinen Gunsten ausnützt, weil ihm dies in dem Augenblick besonders leicht gemacht wird und dabei andere zu kurz kommen. Oder aber persönliche Probleme machen ihm zu schaffen und deshalb lassen seine Leistungen im Beruf dann merklich nach. Und wenn Kritik an seiner Arbeit geübt wird, schmollt er lange und trägt einem dies nach.

Hat man es mit einem Krebs-Chef zu tun, kann man mit viel Verständnis und Nachsicht rechnen, wenn es einem mal nicht so gut geht oder zu Hause die Fetzen fliegen. Jedoch sollte man dieses Verständnis nicht überstrapazieren, denn dann reißt auch bei diesem Sternzeichen irgendwann mal der Geduldsfaden. Wichtig ist dem Krebs-Boss, dass sorgfältig und termingerecht gearbeitet wird. Zeigt man Bereitschaft, sich voll auf die Arbeit zu konzentrieren, wird man großzügig dafür belohnt werden. So reichlich der Lohn für die geleistete Arbeit auch ausfällt, sollte jedoch darauf geachtet werden, dass der Krebs es nicht leiden kann, wenn unnötige Ausgaben gemacht werden. Er führt kleine Sparmaßnahmen am Arbeitsplatz ein, um Materialverschwendung vorzubeugen.

Berufe, die eine gewisse Routine erfordern, sind günstig für den Mondgeborenen. Da er pünktlich und genau ist, wird er diese Arbeit zur Zufriedenheit aller ausführen und kann dabei auch noch etwas seinen Tagträumen nachhängen. Außerdem ist es wichtig, dass er vorgegebene Regeln befolgen kann, denn eigene Entscheidungen fallen ihm schwer und er reagiert unsicher, wenn ihm die ganze Verantwortung für etwas übertragen wird.

Künstlerische Berufe, bei denen er seine Fantasie einsetzen kann, sind ebenso geeignet für ihn. Er hat einen untrüglichen Sinn für Farben und Formen und kann somit als Bildhauer, Maler, Fotograf, Regisseur, mit seiner poetischen Ader auch als Dichter sehr erfolgreich sein. Häuslich wie er ist, wird er auch als Innenarchitekt glücklich.

Für soziale Berufe ist der Krebs wie geschaffen, wenn er es versteht, die seelischen Belastungen, die diese oft mit sich bringen, in einer intakten Familie auszugleichen. Dann wird ein wunderbarer Arzt, ein verständnisvoller Krankenpfleger, ein vorzüglicher Therapeut, ein Lehrer oder eine Kindergärtnerin aus ihm.

Krebse übernehmen auch oft den Familienbetrieb, für den sie sich schon früh interessieren. Sie kennen sich dort aus und es gefällt ihnen, mit vertrauten Menschen zusammenzuarbeiten. Da sie die Tücken des Geschäftes hier genau kennen, fühlen sie sich weniger unsicher, als wenn sie etwas völlig Neues in Angriff nehmen müssen.

Damit der Krebs sich finanziell abgesichert fühlen kann, sollte er immer darauf achten, dass genügend Reserven auf seinem Bankkonto vorhanden sind. Kommt er nämlich in Geldnöte, schlagen ihm die Sorgen darüber allzu sehr aufs Gemüt und auf den Magen. An sich sollte ihm das Sparen auch keine außergewöhnliche Mühe bereiten, solange er sich vor Spontankäufen und großen Ausgaben in Acht nimmt. Am besten gibt er sein Geld für Einrichtungsgegenstände aus, die ihm ein gemütliches Heim schaffen helfen.

Liebe und Partnerschaft

Der Krebs-Mann

Der Krebs ist ein unheimlich gefühlvoller Partner, was sich sowohl positiv als auch negativ auswirken kann. Seine Sensibilität macht ihn verständnisvoll und oft kann er die Wünsche seiner Angebeteten von ihren Augen ablesen. Ohne viele Worte übt er eine große Anziehungskraft auf die weibliche Welt aus, was dazu führen kann, dass er zum Herzensbrecher wird. Allerdings ist er dabei keineswegs glücklich, sieht jedoch nicht ein, dass es häufig an ihm liegt, wenn es kracht. Meistens kommt es nämlich zu einem Bruch in der Beziehung, weil er sich unverstanden fühlt und das nicht immer berechtigterweise. Auch neigt er dazu, Gefühle von der Partnerin erzwingen zu wollen.

Der Krebs-Mann hält sich mit Vorliebe an ältere, reifere Frauen, die ihm die nötige Geborgenheit bieten und sich auch ohne seine Hilfe durchs Leben schlagen können. Seine Partnerinnen gleichen überraschend oft sowohl äußerlich als auch vom Charakter her seiner Mutter. Sein leichter Mutterkomplex kann häufig Grund für Auseinandersetzung in der Partnerschaft sein, denn die Angebetete lässt sich nicht gerne mit der Frau Mama vergleichen. Dies tut der Krebs jedoch ungewollt und merkt nicht, dass er Unmögliches von seiner Liebsten fordert, eine zweite Mutter kann sie nun mal nicht für ihn werden.

Auch im Bett ist der Krebs-Mann sehr einfühlsam. Er versteht auch den leisesten Wink und geht gern auf die Wünsche seiner Liebesgefährtin ein. Obwohl er es genießt, verwöhnt zu werden, möchte er zumindest in dem Glauben gelassen werden, dass er die Herrschaft im Schlafzimmer behält. Aber auch hier ist er verletzlich und eine unbedacht hingeworfene Bemerkung kann ihn völlig aus dem Konzept bringen. So wie sein Planet, der Mond, seinen Einfluss auf Ebbe und Flut ausübt, bewirken die unterschiedlichsten Launen plötzliche Stimmungsschwankungen beim Krebs.

Er träumt unentwegt von der idealen Partnerin, die ihn völlig versteht und sich ihm nicht widersetzt. Je länger er in diesen Träumen schwelgt und sich nicht darauf besinnt, dass die Realität einfach nicht immer seinen Wünschen entsprechen kann und er versuchen muss, trotz Abstrichen glücklich zu werden, desto mehr verrennt er sich in seinen Fantasien und wird immer frustrierter über die Tatsache, dass keine Traumfrau für ihn zu existieren scheint.

Hat es jedoch eine einfühlsame Frau geschafft, auf ihn einzugehen und ihm sanft beizubringen, dass eventuelle Meinungsverschiedenheiten nicht gleich das Ende der Welt bedeuten und sogar Abwechslung in den Alltag bringen können (und wie schön ist doch die zärtliche Versöhnung nach einem Streit), so findet sie im Krebs-Mann den perfekten Familienmenschen, der sich sehr um seine Lieben sorgt, sich ausgezeichnet mit den Kindern versteht und sich im trauten Heim am wohlsten fühlt. Ist er auch nicht ausgesprochen unternehmungslustig, unterstützt er doch gern die Hobbys seines Nachwuchses und ist immer für die Familie da, solange sie es ihm mit ebensolcher Hingabe, Treue und Liebe dankt.

Die Krebs-Frau

Die Krebs-Frau sucht in ihrem Partner stets den beschützenden und zärtlichen Märchenprinzen. Romantische Verführungskünste kommen bei ihr an, ohne dass sie Bedenken hegt, dass diese rein berechnend sein könnten, um die Gunst dieser Kind-Frau zu erobern. Diese Unbedarftheit lässt sie häufig Enttäuschungen erleben, wenn sie nicht lernt mit der Zeit die wahren Liebesschwüre von den geheuchelten zu unterscheiden.

Mit ihrer Launenhaftigkeit und ihrer oft unbegründeten Eifersucht kann sie den Auserwählten zum Wahnsinn und folglich leicht aus der Beziehung treiben, weshalb sie sich in dieser Hinsicht zusammennehmen und über ihre Reaktionen nachdenken sollte, denn je öfter sie den Partner wechselt, desto unglücklicher wird sie und dann beginnt sie, an sich selbst zu zweifeln, was sie nur noch unausgeglichener macht. So gerät sie in einen Teufelskreis, aus dem sie sich nur noch schwer befreien kann.

Sie braucht ständig Beweise der Liebe, sei das in Worten oder durch kleine Aufmerksamkeiten, die man ihr zukommen lässt. Flaut die anfängliche Rosa-Wölkchen-Stimmung in einer Beziehung allmählich ab, was unvermeidbar ist, argwöhnt sie schon gleich, dass man sie nicht mehr liebt oder dass eine andere im Spiel ist. Deshalb sollte man ihr immer wieder mit kleinen Sympathiebekundungen zu verstehen geben, dass sie die Einzige für einen ist.

Mit ihren Gefühlen hält sie selbst allerdings hinter dem Berg. Sie erwartet vielmehr, dass man ihr die Wünsche von den Augen abliest und will, bevor sie eine ernsthafte Beziehung eingeht, den Partner auf Herz und Nieren prüfen. Wenn sie doch von sich selbst erzählt, zeugt das davon, dass man eine Eroberung gemacht hat und sie einem vertraut. Meistens bleiben die geheimen Gedanken der Krebs-Frau jedoch verborgen.

Für loses Geplänkel und kurze Abenteuer ist das Wasserzeichen nicht zu haben. Sex auf die Schnelle erträgt die Krebs-Frau nicht, denn der ist ihr zu unpersönlich. Ein gesundes Sexleben ist ihr zwar durchaus wichtig, doch muss immer tiefe Liebe mit im Spiel sein. Ist sie nicht von den seriösen Absichten ihres Gegenübers überzeugt, wird sie sich auch nicht mit ihm einlassen. Sie ist eine hingebungsvolle Bettgenossin, die darum bemüht ist, den Mann glücklich zu machen, aber man darf sie nicht zu hart anfassen. Für ausgefallene Spielchen hat sie nicht viel übrig, vor allem wenn diese ihr das Gefühl geben, in irgendeiner Weise bloßgestellt zu werden. Und auf Bequemlichkeit legt sie ebenfalls Wert, schnelle Liebesakte im Auto, im Aufzug oder an ausgefalleneren Orten sind ihr zuwider. Man sollte jedenfalls darauf achten, dass man das Körperliche in der Beziehung nicht allzu sehr in den Vordergrund stellt, denn dann fühlt sie sich leicht ausgenutzt.

Auch der weibliche Krebs ist der geborene Familienmensch. Muss sie sich zwischen Karriere und Heim entscheiden, fällt ihr das nicht schwer, obwohl sie die Bezeichnung Hausmütterchen gar nicht mag. Es ist einfach ihr Grundbedürfnis, ihren Lieben ein gemütliches Zuhause zu bieten. Sie ist eine wundervolle Mutter, die jedoch darauf achten muss, dass sie darob ihren Ehemann nicht vernachlässigt. Und ebenso wie ihr männliches Pendant ist sie gut beraten, ihr Nest etwas außer Reichweite ihres Elternhauses aufzubauen, damit es nicht zur Konkurrenz mit der eigenen Familie kommt.

Wer passt zum Krebs

Mit den beiden Wasserzeichen Skorpion und Fische lässt sich eine gefühlvolle und auch in Liebesdingen ausgewogene Beziehung aufbauen, doch besonders der Skorpion kann gefährlich verletzen, denn die spitzen Bemerkungen erträgt der Krebs nicht lange.

Auch des Zwillings Spott und die kühle Direktheit des Widders bereiten dem Krebs oft Schwierigkeiten und er zieht sich in den Hintergrund zurück, was die beiden Sternzeichen dann für feige und langweilig halten.

Jungfrau und Stier bieten dem Krebs Halt, was eine wichtige Voraussetzung für ein gelungenes Zusammenleben ist, wobei vor allem der Familiensinn des Stiers mit dem des Krebses harmoniert. Auch der Löwe ist in dieser Hinsicht ein geeigneter Partner für den Krebs und versteht es gleichzeitig mit seinem sonnigen Gemüt, Licht in die Nachtseele des Krebses zu bringen, ihn aufzumuntern.

Von einer Verbindung mit dem eigenen Zeichen ist grundsätzlich abzuraten, weil man sich gegenseitig mit den Gemütsschwankungen nervt und sich eher in kindischem Schmollen ergeht, als gemeinsam den Alltag in Angriff zu nehmen.

Schütze und Wassermann können viele Interessen mit dem Krebs teilen, sind ihm aber meist zu freiheitsliebend und unstet. Und am Steinbock stört ihn dessen Pedanterie, Sturheit und Materialismus. Wenn sich diese Gegensätze anfangs auch anziehen mögen, sind sie beide nicht tolerant genug, um die Eigenheiten des anderen zu respektieren.

Da der Krebs unter Komplexen leidet und nicht immer sehr überzeugt von sich selbst ist, wird es schwierig, wenn er sich auch noch um die Unsicherheiten der Waage kümmern muss und diese leidet bei ihrem Harmoniebedürfnis unter den Gemütsschwankungen des Krebses.

Berühmte Krebse

Josephine Beauharnais,	23. Juni 1763
Gottfried Wilhelm Leibniz,	1. Juli 1646
George Sand,	1. Juli 1804
Ferdinand Sauerbruch,	3. Juli 1875
Ferdinand Graf Zeppelin,	8. Juli 1838
John D. Rockefeller,	8. Juli 1839
Käthe Kollwitz,	8. Juli 1867
Johann Calvin,	10. Juli 1509
Roland Amundsen,	16. Juli 1872
Ernest Hemingway	21. Juli 1898

Der Mond in Krebs (Domizil)

Kennzeichen: verwandt, sicher, verrannt, cliquenbildend, überempfindlich, zurückhaltend, gehemmt, zügellos

Der Mond regiert das Zeichen Krebs. Das bedeutet tiefe und intensive Gefühle. Es kann sich um starke Bindungen an die Mutter, die Familie und das Heim handeln. Geborene mit dieser Stellung können auch gute Köche, gute Hausmütter und besorgte Eltern sein. Häusliche Geborgenheit und Partnerschaft/Ehe sind für ihr seelisches Wohlbefinden unerlässlich. Menschen mit dem Mond im Krebs sind dermaßen empfindsam für die Launen und Gefühle der anderen, dass es oft an mediale Empfänglichkeit grenzt. Infolge besonderer Empfindsamkeit der Meinungen und Reaktionen anderer sind diese Menschen leicht gekränkt und haben eine starke Neigung, sich in ihr Schneckenhaus zurückzuziehen.

Ist der Mond im Krebs ungünstig aspektiert, muss mit starken Gefühlsschwankungen gerechnet werden und mit einer Tendenz zum übertriebenen Behüten und Beherrschen der Kinder, die mit Liebe beinahe erdrückt werden.

Merkur in Krebs

Kennzeichen: psychisch, intuitiv, kapriziös, sentimental, Eltern-Vorstellungen, langsames Denken, konservativ, profund

Die Stellung des Merkur im Krebs deutet darauf hin, dass das Denken von tief verwurzelten Gefühlsimpulsen beeinflusst wird. Unbewusste Wünsche werden den Nativen dazu verführen, gewisse Dinge zu beachten und andere zu ignorieren, was oft zu Einseitigkeit, Voreingenommenheit und unsachlichem Denken führt. Falls Merkur besonders ungünstig aspektiert ist, mögen die Nativen zuweilen - ohne es bewusst zu realisieren - unaufrichtig sein.

Merkur im Krebs kann ein gutes Gedächtnis bedeuten, weil die Gedanken von starken Gefühlen begleitet sind. Es besteht auch eine Tendenz, Informationen unterschwellig aufzunehmen und "osmotisch" zu lernen. Überhaupt spielt sich ein großer Teil der geistigen Prozesse auf unbewusster Ebene ab, auch wenn sie sich als bewusste Absicht manifestieren. Menschen mit dieser Merkurstellung sind außerordentlich empfänglich für die Haltungen und Meinungen ihrer Umgebung, ihr Denken wird von gefühlsbetonten Idealen, (z.B. Nationalismus), leicht beeinflusst. Sie sind sehr zart besaitet und beziehen alles, was in ihrer Umgebung getan oder gesprochen wird, ausschließlich auf ihre eigene Person.

Ihr Denken kreist hauptsächlich um Heim und Familie. In Feldern die mit Nahrungsmitteln, Haushaltsartikeln, Konsumgütern und Landbesitz zu tun haben, sind sie sehr geschäftstüchtig.

Venus in Krebs

Kennzeichen: häuslich, heikel, feminin, sentimental, unverdaulich, üppig, zart, verwöhnt, ausgenutzt, anhänglich, selbstlos

Steht die Venus im Krebs, so deutet dies auf Menschen, die in Liebesdingen sehr empfindlich sind. Diese außerordentliche Sensibilität führt dazu, dass sie sich in ihren Gefühlen leicht verletzt fühlen. Sie verbergen die Verletzlichkeit aber hinter einem würdevollen Gebaren. Weil ihre Stimmungen schwankend und unberechenbar sind, schätzen solche Menschen vor allem finanzielle und häusliche Sicherheit. Sie streben nach einer Heirat, um Geborgenheit zu finden und hegen und umsorgen Heim und Familie mit großer Hingabe. Sie brauchen immer wieder sichtbare Beweise der Zuneigung, um sich in ihrer Haut wohl zu fühlen. Sie richten ihr Heim gern gemütlich und schön ein und machen es zum Mittelpunkt geselliger Anlässe. Sind sie unverheiratet, empfangen sie lieber Gäste zum Essen bei sich zu Hause als in ein öffentliches Lokal zu gehen.

Frauen mit dieser Venusstellung sind sehr häuslich veranlagt und fühlen sich glücklich, für ihre Lieben kochen und Haus halten zu dürfen. Sie sind sehr fraulich und liebevolle Mütter, da Krebs das Zeichen der Mütterlichkeit ist. Auch Männer mit dieser Venusstellung pflegen ihre Familien und Kinder zu bemuttern.

Weil Krebs ein Kardinalzeichen ist, können diese Menschen gelegentlich auch die Initiative ergreifen, wenn sie sich langweilen oder einsam fühlen. Sie werden allerdings versuchen, dies eher unauffällig tun.

Ist Venus im Krebs ungünstig aspektiert, können sich rührselige Sentimentalität, Gefühlsausbrüche und eine Tendenz zum Schmollen bemerkbar machen.

Mars in Krebs (Fall)

Kennzeichen: Instinktives Handeln, Temperament, mangelnde Ausdauer, reizbar, sinnlich, zäh, Frustration

Im Zeichen Krebs steht Mars in seinem Fall, weil der Krebs dem Steinbock gegenübersteht, in dem Mars erhöht ist. Menschen mit dieser Stellung sind stark affektbetont. Launenhaftigkeit und Frustrationen führen zu Ärger, der, wenn ihm freier Lauf gelassen wird, das häusliche Klima vergiften kann. Die Beziehungen zu den Eltern können unharmonisch sein und im späteren Leben psychologische Probleme nach sich ziehen. Wird der Ärger verdrängt, kann das zu psychosomatischen Störungen und Magenverstimmungen führen.

Solche Menschen sind ihren engsten Mitmenschen oder Angehörigen gegenüber oft sehr aggressiv - eine ungeeignete Art der Kraftentfaltung. Die Marsenergie im Krebs kann im

Haus/Heim auf nützliche Weise (Aufbau-, Ausbau- oder Reparaturarbeiten) angewendet werden. "Der Mars im Krebs erspart den Zimmermann." Diese Menschen haben ein ausgesprochenes Bedürfnis, ein eigenes Heim zu besitzen und zu verwalten.

Jupiter in Krebs (Erhöhung)

Kennzeichen: Vergnügen, Fülle, tiefe Gefühle, wohltätig, intuitiv, empfänglich, tiefe Liebe, Familie wichtig, Sicherheit

Im Krebs steht Jupiter erhöht. Das bedeutet gewöhnlich einen guten familiären Hintergrund - nicht notwendigerweise im Hinblick auf Reichtum und soziale Stellung, sondern in Bezug auf eine Umwelt und elterliche Einflüsse, die dem Kind schon in früher Jugend Freundlichkeit, Großzügigkeit sowie religiöse und moralische Grundsätze beibringen. Diese frühkindlichen Erfahrungen prägen in entscheidendem Maße den Charakter des Nativen.

Die Eltern von Kindern mit Jupiter im Krebs sind diesen gewöhnlich in tiefer Liebe zugetan und vermitteln ihnen ein Gefühl der Geborgenheit und des Vertrauens zu den Mitmenschen. Das Jupiterprinzip der Moral, Philosophie und höheren Bildung hat seine Ursprünge im Krebs, denn unsere ersten Lehrer sind die Eltern, insbesondere die Mutter. Menschen mit Jupiter im Krebs bemühen sich, eine geborgene, freundliche und angenehme Heimatatmosphäre zu schaffen. Ihrer Familie und anderen Hausgenossen gegenüber sind sie nett und großzügig. Ist Jupiter günstig aspektiert, werden sie in Schwierigkeiten geratene Freunde oder Bekannte in ihr Heim aufnehmen, um ihnen zu helfen. Ihr zumeist großer Haushalt ist daher oft mit den verschiedensten Menschen bevölkert. Die Nativen haben eine Tendenz, alle zu bemuttern. Sie stellen ihr Heim auch für religiöse, philosophische und bildende Aktivitäten zur Verfügung.

Menschen mit dieser Jupiterstellung schätzen gutes Essen und sind deshalb meist gute Köche. Manchmal neigen sie zur Schlemmerei, was ihrer Gesundheit abträglich ist.

Ihre Geschäftsinteressen hängen oft mit Grundbesitz, Wohnung, Gartenbau, Nahrungsmitteln und Haushaltsartikeln zusammen. Jupiter im Krebs bedeutet Idealismus, der oft zu utopischen Schwärmereien führt, die der Grundlage praktischer Überlegungen entbehren, es sei denn, andere Faktoren im Horoskop kompensieren diese Tendenz.

Menschen mit dieser Stellung erhalten oft (von ihren Eltern) finanzielle Zuwendungen. Da sie vielfach Geld und Besitz erben können, verfügen sie möglicherweise in ihrer zweiten Lebenshälfte über einen ansehnlichen Reichtum.

Ist Jupiter im Krebs ungünstig aspektiert, kann das rührselige Sentimentalität, erdrückende Mutterliebe, zu enge Elternbindungen sowie Genusssucht und Prasserei beim Essen und Sucht nach materiellen Bequemlichkeiten zur Folge haben.

Saturn in Krebs (Exil)

Kennzeichen: sensitiv, ichbezogen, ältlich, paranoid, einsam, eifersüchtig, argwöhnisch, entfremdet, respektvoll, instabil

Im Krebs ist Saturn vernichtet, weil dieses Zeichen dem Steinbock gegenübersteht, der von Saturn beherrscht wird.

Saturn im Krebs bedeutet oft eine Hemmung der freien Gefühlsäußerungen, was eine Entfremdung von den Familienmitgliedern zur Folge haben kann. Diese gefühlsmäßige Isolierung im häuslichen Bereich führt leicht zu neurotischen Reaktionen.

Die frühkindliche Umwelt und die Beziehungen zu den Eltern sind manchmal eher frostig, streng und voller Probleme, sodass die Nativen später mit psychischen Komplexen und Hemmungen zu kämpfen haben. Menschen mit Saturn im Krebs nehmen aber familiäre Verpflichtungen trotzdem sehr ernst. Es besteht ein tiefes Bedürfnis nach Achtung vor der Persönlichkeit und vor der Familie. Diese Menschen verbergen ihre innersten Gefühle vor dem Blick der Öffentlichkeit, um ihr Gesicht zu wahren. Manchmal zwingt sie ihre Sensibilität und ihr Bedürfnis nach Anerkennung, eine schützende Schale um sich aufzubauen, die den Ausdruck echter Wärme in persönlichen Beziehungen behindern kann.

Saturn im Krebs deutet oft auf Gefährdung der Sicherheit des Familienlebens hin. Während sich diese Menschen bemühen, ihr eigenes Heim und Besitztum zu haben, können sie in finanzielle Schwierigkeiten und häusliche Bedrängnis geraten.

Ist Saturn im Krebs ungünstig aspektiert, können emotionale Überempfindlichkeit, Abwehrhaltung und ungewöhnlich starke Bindungen an materiellen Besitz auftreten.

Uranus in Krebs (1949- 1956)

Kennzeichen: unstete Gefühle, fremdartige Mutter, impulsiv, Wohnsitzveränderungen, Rebell, Freiheit, Erregung, medial, sensitiv

Die Generation der Menschen mit Uranus im Krebs sucht durch ihre Gefühlsäußerungen Freiheit, Erleben und Stimulierung zu erreichen. Sie haben meist unorthodoxe Ansichten über Haushalt und Familienleben und streben nach Unabhängigkeit von einer strikten elterlichen Autorität; sie möchten lieber die Freunde ihrer Eltern sein. Sollten sie ihr Heim verlassen, halten sie sich den Rückweg offen, für den Fall das sie in der Fremde enttäuscht sind. Ein Großteil der, zwischen Juni 1949 und Juni 1955 mit Uranus im Krebs, Geborenen haben ihr Heim verlassen, um mehr Freiheit zu haben, als ihnen das Familienleben ermöglicht hat.

Menschen mit Uranus im Krebs führen ihren Haushalt auf unkonventionelle Weise. Sie finden Gefallen an moderner Architektur oder einem ausgefallenen Baustil. Sie werden ihr Heim mit elektronischen Geräten und auffallenden Dekorationen ausstaffieren. Ihr Heim ist oft Treffpunkt für Freunde und Gruppen. Möglicherweise ziehen sie das Zusammenleben in Kommunen oder anderen von der traditionellen Familie abweichenden Wohngemeinschaften vor. In vielen Fällen werden ihre Freunde zu (wahren) Familienmitgliedern.

Uranus im Krebs deutet auf die Anlage einer besonderen medialen Sensibilität. Es kann eine Neigung zu okkulten, esoterischen Betätigungen geben.

Ist Uranus im Krebs ungünstig aspektiert, kann dies ein rasch wechselndes Temperament und plötzliche Stimmungsumschwünge bedeuten.

Neptun in Krebs (1901-1914)

Kennzeichen: Intuition, mediale Kraft, empfänglich für Zuhause/Mutter, festhaltend, gehemmt, offen, instabil, leidend

Die Generation mit Neptun im Krebs hat starke seelische Bindungen an Heim, Familie und Heimaterde. Mitgefühl, Empfindsamkeit und stark gefühlsbetonte Religiosität sind weitere Kennzeichen der Geborenen. Ist Neptun stark gestellt und aspektiert, zeigen sich parapsychologische und mediale Tendenzen. Viele Hellseher haben Neptun im Krebs.

Negative Aspekte sind eine rührselige Sentimentalität, eine allzu einseitige Gefühlsbindung an die eigene Familie. Es kann auch zu einer irregeleiteten Medialität mit schwarzmagischen Aktivitäten kommen.

Pluto in Krebs (1914-1939)

Kennzeichen: intensive persönliche Gefühle, familiärer Zwang, zwanghaft, väterlich, transformierte Familie, befreite Frau

Die Stellung des Pluto im Krebs kennzeichnet eine Zeit wirtschaftlicher Kämpfe und eine Periode, in der sich auf der ganzen Welt starke nationalistische Gefühle entwickelten, die zum zweiten Weltkrieg führten. Krebs ist ein Zeichen, das mit dem persönlichen Gefühlsausdruck, den Angelegenheiten des Heims, der Heimat, dem Boden, der Umwelt und der Nahrungsmittelherstellung zu tun hat. Es gab eine Revolutionierung der Anbautechniken, indem man chemische Dünge- und Schädlingsbekämpfungsmittel einführte und zur Bewässerung und Stromgewinnung Kanäle und Staudämme errichtete. Als Reaktion auf wirtschaftlichen und sozialen Druck, der die Familie und die nationale Sicherheit bedrohte, entstanden - gleichsam als Spiegelbild der Steinbockbedeutung - neue Konzepte.

Löwe/Leo (Domizil)

Festes Zeichen
Kennzeichen: Vitalität, Autorität, Aufsteiger, Schutz, Macht, zuversichtlich, dominierend, vertrauensvoll, spekulativ, herrisch, arrogant

Das fünfte Zodiakzeichen.
Löwemenschen sind unter dem Zeichen der Großmütigkeit und der stolzen Gefühle geboren. Das Zeichen Löwe versinnbildlicht das Streben des Menschen nach Selbstverwirklichung, nach der Entfaltung des inneren Machtprinzips. Sie sind mutig und verwegen, doch sie kämpfen eher fair, auch wenn sie noch so viele Trümpfe in der Hand haben. Ist der Sieg auf ihrer Seite, sind sie großmütig; sind sie die Unterlegenen, so geben sie sich trotzdem nicht so leicht geschlagen. Typisch für den Löwen ist der Satz: "Ich will".
Sonne steht im Zeichen: 23. Juli bis 22. August (23. Juli bis zum 23. August)

Jahreszeit:	Zweites Sommerzeichen
Kraftform-Mobilität:	Fest
Element:	Feuer
Herrscher:	Sonne, die hier in ihrem Element ist
Lebensmotto:	Ich bin
Farbe:	orange
Metall:	Gold
Steine:	Rubin, Bernstein
Zahl:	1
Psychologische Grundhaltung:	Großzügigkeit, Würde
Motivation:	Würde, Führung
Handlungsrichtung:	Autorität, Vaterschaft, Mittelpunktsgefühl, Ausstrahlung, Gestaltungskraft, Menschenliebe, aber nur, wenn es nach dem eigenen Kopf geht
Allgemeine Stärken:	Kraft, Förderungs- und Führungswille, Einstehen für Menschen und Ideen, Mut und Autorität
Allgemeine Schwächen:	Absolutismus, Hochmut, Befehlston, Selbstüberschätzung, Luxus, Verschwendung, Ungeduld, Unduldsamkeit
Größte Gefahr:	Überschätzung der eigenen Person
Aufgaben:	Führen, Reifung, Väterlichkeit, Schutz gewähren, Einsatz für Benachteiligte, Güte

Löwe ist ein Feuerzeichen, das von der Sonne beherrscht wird. Es ist die Aufgabe der Sonne, Wärme, Licht und Leben zu spenden, sie ist die Wohltäterin aller Lebewesen. In unserem Planetensystem ist sie der Mittelpunkt, um den die Planeten ihre Bahn ziehen. Löwegeborene sind großmütig, wollen aber im Scheinwerferlicht stehen und wenn sie alle Aufmerksamkeit haben, dann wollen sie auch groß auftreten. Sie genießen es, im Mittelpunkt des Geschehens zu stehen. Wie die Sonne alles, selbst den dunkelsten Winkel in helles Licht taucht, so stellt sie auch den Löwen ins Licht. Die Vorsehung hilft den Löwemenschen, wenn sie diese Hilfe am nötigsten haben. Ganz neue Tätigkeitsbereiche eröffnen sich ihnen zu Zeiten, in denen sich keine sichtbaren Lösungen für ihre Probleme abzuzeichnen scheinen.

Das Heim und die persönliche Unabhängigkeit sind dem Löwemenschen wichtig. Er hat das Bedürfnis, Neues zu schaffen und zu erzeugen, auf geistigem Gebiet wie auch rein körperlich. Das Zeichen Löwe regiert das Herz. Daher geben die Löwegeborenen mit vollen Händen: ihre Zeit, ihr Geld und ihr Wissen, ohne an sich selbst zu denken.

Der Löwegeborene hat eine starke Affinität zum anderen Geschlecht, es ist jedoch zu seinem Vorteil, sein liebebedürftiges Naturell zu zügeln, da er sonst manchen Kummer erfahren könnte. Ganz unbewusst neigen Löwen zu der Ansicht, dass "die Mittel den Zweck heiligen". Für sie ist Geld nur wichtig als Mittel, um ihre Ziele zu erreichen. Sie gehen davon aus, dass andere die gleiche Auffassung von Lauterkeit haben wie sie selbst und sind folglich tendenziell zu vertrauensvoll.

Sie haben eine Abneigung gegen Wiederholungen. Sobald sie einmal begriffen haben, worum es geht, werden sie in Diskussionen sehr ungeduldig und oftmals starrköpfig.

Menschen, die die Meinung eines Löwegeborenen nicht teilen, sollten sehr vorsichtig und taktvoll vorgehen, denn ein Löwemensch wird nur dann einzulenken bereit sein, wenn seine Würde nicht angetastet wird. Er möchte, dass die anderen Menschen eine gute Meinung von ihm haben und da er große Anstrengungen darauf verwendet, dieses Ziel zu erreichen, gelingt ihm dies meist auch. Der Löwemensch ist sich seiner Wirkung auf andere wohl bewusst und überlegt stets, wie er einen noch besseren Eindruck machen könnte. (Was jedoch nicht bedeutet, dass er in sich gehen oder sich mit seiner Wesensart auseinandersetzen kann).

Der Löwegeborene hat einen so ausgeprägten Sinn für Dramatik, dass die vornehme Rolle, die er anfänglich nur spielt, allmählich für ihn eine eigene Wirklichkeit wird. Auch die Selbstachtung ist von großer Wichtigkeit für ihn - Selbstbejahung tritt an die Stelle des Gewissens. Ein Löwemensch wird alles tun, was er persönlich für richtig hält, wenn nötig sogar auf Kosten des öffentlichen Beifalls. Wird er in eine Situation gedrängt, die ihn einengt, dann verabscheut und vernachlässigt er seine Arbeit.

Das Symbol dieses Zeichens ist der Löwe, der Erhabenheit, Macht und Würde verkörpert. Das Zeichen Löwe ist ein königliches Zeichen und in jeder Bewegung bringt der Löwegeborene einen Stolz und eine Würde zum Ausdruck, die dem aufmerksamen Beobachter kaum entgehen kann. Macht steigert das Selbstbewusstsein des Löwemenschen. Solange der Löwegeborene das Gefühl hat, in seiner Stellung Macht und Verantwortung zu tragen, wird er nichts unversucht lassen, das in ihn gesetzte Vertrauen zu rechtfertigen. Er bewährt sich in verantwortungsvollen und leitenden Positionen und bringt seine schöpferische Kraft zum Ausdruck, indem er Maßstäbe setzt. Bleibt sein Wunsch nach Autorität unerfüllt, kann sich daraus eventuell eine gewisse Indolenz, Trägheit, Triebhaftigkeit und Unbeständigkeit entwickeln.

Bei Frauen, die in diesem Zeichen geboren wurden, besteht die Tendenz, in der Ehe die Rolle des dominierenden Partners zu übernehmen. Sie werden zu reißenden Bestien, wenn es darum geht, ihre Kinder zu verteidigen. Man kann einer Löwenmutter zu nahe treten, aber niemals ihren Kindern.

Löwemenschen sind praktisch veranlagt, philosophisch und geistig interessiert. Diese Eigenschaften wie auch ihr Enthusiasmus und ihr Erfindungsgeist befähigen sie, die öffentliche Meinung zu beeinflussen. Sind sie beherrscht und gut unterrichtet, dann gibt es niemanden, der mächtiger, nützlicher und fähiger wäre, die Mitmenschen zu beschenken.

Der würdevolle Löwe

Die Sonne, der Planet des Löwen, strahlt Wärme aus, glänzt und gleißt und manchmal blendet sie einen sogar. Ebenso ergeht es einem mit diesem Feuerzeichen. Alles Lichte, Glänzende erfreut ihn und macht ihn gut gelaunt.

Ein gut inszenierter Auftritt ist dem Löwegeborenen wichtig, er mag es nicht, wenn er in der Masse untergeht. Das sieht man allein schon daran, welche Mühe er auf sein äußeres Erscheinungsbild verwendet. Elegante oder bisweilen auffällige Kleidung und viel Schmuck, besonders aus seinem Metall, dem Gold, gefertigt, verschaffen ihm die Aufmerksamkeit, die er überall erheischen will.

Obwohl man ihm häufig übertriebenen Stolz und einen gewissen Egoismus nachsagt, was bei so einem theatralischen Auftreten nicht weiter verwundert, ist er ein vollkommen aufrichtiger und offener Mensch, ein hilfsbereiter und loyaler Freund. Er möchte jedoch, dass man ihm dafür auch die gebührende Anerkennung zollt.

Seine Selbstsicherheit grenzt mitunter schon an Naivität und es gibt keinen größeren Idealisten im Tierkreis als den Löwen. Seine Fähigkeit, Probleme mit Großmut und Scharfsinn anzugehen, sein Tatendrang und das unverschämte Glück, das ihn Zeit seines Lebens begleitet, haben ihn zu der Überzeugung gebracht, dass sich alles machen lässt. Er predigt jedem: wo ein Wille ist, ist auch ein Weg.

Bisweilen wirkt er in seinem pompösen Gehabe überheblich und hochmütig. Das wird noch dadurch verstärkt, dass er oft unaufgefordert großzügige Geschenke macht, sich aber beleidigt zeigt, wenn man ihn im Gegenzug mit kleineren Aufmerksamkeiten "abspeisen" will. Er glaubt, dass Freundschaft eben auch mit großen Taten bewiesen werden muss und verliert dabei den Blick für Feinheiten und Details.

Auf alle Fälle hat man es hier mit einem Luxusgeschöpf zu tun, das sich und seinen Besitz, die Früchte seiner Leistungen, gerne zur Schau stellt. Ein großes Haus mit viel Licht ist für den Löwen die richtige Umgebung, in der er sich wohl fühlen kann. Daher umgibt er sich gern mit schönen Dingen und interessanten Leuten. Er ist ein richtiger Gönner. Ist er zum Beispiel vom Talent eines anderen überzeugt, wird er alles tun, um ihm den Weg zu ebnen und ihm zum Erfolg zu verhelfen, in dem er sich natürlich schließlich gerne als großer Mäzen sonnt.

Bei all seinem Großmut muss der Löwe jedoch darauf achten, dass er nicht herablassend gegenüber seinen Mitmenschen wird und ihre Schwächen genießerisch zur Schau stellt. Er ist zwar ein mutiger Draufgänger, der vor nichts Angst hat oder dies zumindest nicht zeigt, aber deshalb darf er nicht auf den Gefühlen anderer herumtrampeln und deren Ängste ausnützen.

Zu den schlechten Eigenschafen des Löwen gehört auch sein unkontrollierter Zorn. Läuft etwas nicht genau nach seinen Plänen und Vorstellungen, brüllt er gleich lautstark los, anstatt sich Gedanken über die Ursachen des Misslingens zu machen. Und wenn er sich vernachlässigt und unbeachtet fühlt, verursacht ihm das sofort schlechte Laune und macht ihn störrisch. Sein unbeirrbarer Optimismus wird ihm allerdings nicht lange erlauben, in dieser Schmollhaltung zu verharren und schon bald hat er wieder etwas Neues ausgeheckt, was ihn zum strahlenden Mittelpunkt macht.

Löwen sind bedächtige, gründliche Menschen, die sehr auf Präzision bedacht sind. Ihre Heiterkeit und Fröhlichkeit ist nicht nervös und spritzig, sondern eher gemütlich und gelassen. Sie sind begabte Witzeerzähler, die ihre Ausführungen mit Gestik und Mimik unterstreichen. Doch auf seine Kosten sollte man keine Witze machen, denn das trifft ihn tief in seinem Stolz. Er will für seine Leistungen und seinen guten Geschmack gelobt werden. Auch ist es gefährlich, ihn bei einem seiner Vorträge zu unterbrechen. Dann hat er das Gefühl, dass man ihm die Regie entziehen will und das erzürnt jeden, der wie er eine Führerpersönlichkeit ist.

Gesundheit

Normalerweise strotzt der Löwe nur so vor Gesundheit. Auch schwere Krankheiten übersteht er gut, und wenn er versucht, ein geduldiger Patient zu sein, geht das auch ziemlich schnell. Zu lange Bettruhe macht ihn allerdings kribbelig und deshalb läuft er Gefahr, sich zu früh eigenmächtig wieder für gesund zu erklären und damit seine Genesung zu verzögern.

Stolz und Übermut fordern bei diesem Feuerzeichen auch des öfteren ihren Tribut in Form von Verletzungen, die er sich durch Selbstüberschätzung zugezogen hat. Da Aufgeben für ihn niemals in Frage käme, geht er bis an die Grenzen seiner Kräfte und schießt manchmal sogar darüber hinaus. Damit überlastet er seinen Kreislauf und es kann zu kollapsartigen Zusammenbrüchen kommen.

Besonders vorteilhafte Sportarten für den Löwen sind asiatische Kampfsportarten, die sowohl Beweglichkeit und Kraft als auch geistige Konzentration miteinander verbinden. Das gibt ihm die Möglichkeit, die überschüssigen Kräfte freizulassen und gleichzeitig sein Nervensystem zu beruhigen und zu schonen.

Der Löwe leidet besonders oft unter Herz- und Kreislaufbeschwerden. Also sollte er darauf achten, dass diese nicht zu stark belastet werden und dass er nicht zu hohen Blutdruck bekommt. Sein unermüdlicher Eifer, der zur Selbstüberschätzung führen kann, hat schon oft einen Herzinfarkt oder einen Kreislaufkollaps zur Folge gehabt. Da der Löwe bemerkenswert widerstandsfähig ist und sich verhältnismäßig schnell davon erholt, lernt er oft nicht aus diesen Fehlern und macht weiter wie zuvor, anstatt seinen Tatendrang etwas zu bremsen.

Entspannung ist wichtig für sein Nervensystem wie auch für seine Wirbelsäule, die ein weiterer wunder Punkt des Löwen ist. Häufig hat er mit schmerzlichen Bandscheibenvorfällen zu kämpfen, die ihn in seiner Bewegungsfreiheit behindern und deshalb ungeduldig werden lassen. Nichts hasst er mehr, als untätig herumsitzen zu müssen.

Ist der Löwe einsichtig genug, gönnt er sich öfters mal eine wohlverdiente Pause und überschätzt nicht seine Kräfte, kann er von seiner robusten Widerstandskraft zehren und wird selten unter kleineren Krankheiten wie Erkältung und Grippe leiden.

Auch bei seiner Ernährung ist die Rücksicht auf sein anfälliges Herz und den Kreislauf wichtig. Besonders sollte der Löwe darauf achten, dass er regelmäßig gesunde Nahrung zu sich nimmt. Bei nervlicher Anspannung kommt es nämlich vor, dass er vor lauter Aufregung keinen Bissen runterkriegt und wenn ihn danach plötzlich der Hunger plagt, schlingt er wahllos alles in sich hinein.

Unter normalen Umständen liebt der Löwe jedoch ein gediegenes Essen in entsprechender Atmosphäre und an einem schön gedeckten Tisch. Für ihn gilt wie für keinen anderen: das Auge isst mit. Ausgefallen müssen die Gerichte auf seinem Speiseplan nicht sein, es sollte nur keine Langeweile aufkommen. Wichtig ist für dieses Energiebündel eine ausgewogene Mahlzeit, die seine Batterien wieder auflädt und auf seinen Kreislauf Rücksicht nimmt. Knoblauch zum Beispiel beugt dem Bluthochdruck vor und verleiht den Speisen einen deftigen Geschmack, dem der Löwe nicht abgeneigt ist. Überhaupt bevorzugt er dezent gewürzte, abwechslungsreiche Kost. Mitunter neigt er dazu, zu viel Fleisch und zu wenig Rohkost oder Getreideprodukte zu sich zu nehmen. Und in geselliger Runde frönt er gerne dem Alkohol, ein guter Schluck Wein wird ihm allerdings nicht schaden.

Beruf und Geld

Ein Löwe sollte sich immer nach einer Tätigkeit umsehen, bei der er im Mittelpunkt steht. Wo er Anerkennung, Lob und Bewunderung ernten kann, ist er so recht in seinem Element und mobilisiert all seine Kräfte.

Aus diesem Grunde fällt es dem unter dem Element des Feuers geborenen Löwen äußerst schwer sich unterzuordnen. Er lässt sich nicht den Mund verbieten, übt offen Kritik, ist dabei jedoch nicht ungerecht. Allerdings bereitet es ihm große Mühe, sich gegenüber seinen Kollegen nicht manchmal arrogant zu verhalten. Besonders teamfähig ist er daher nicht, denn er ist mehr der Einzelkämpfer und will den Ruhm mit niemandem teilen.

Am besten ist es, wenn er als Untergebener Aufgaben übernehmen darf, die sein Verkaufsgeschick und seine Redegewandtheit fordern, besonders wenn er dies außer Hause tun kann. Er versteht es, geschickt Verhandlungen zu führen und seine Firma bei den verschiedensten Anlässen zu vertreten. Außerdem achtet er, sofern er die Wahl hat, darauf, dass er nur einen Job bei einer renommierten Firma annimmt, denn nicht nur er repräsentiert gekonnt die Firma, auch sie muss ihm zur Ehre gereichen.

Hat der Löwe die Position des Vorgesetzten inne, ist er in seinem Element. Er wurde schließlich geboren, um andere zu führen. Sein Drang, die Geschicke seines Unternehmens zu leiten, immer das letzte Wort zu haben und dabei keinen Widerstand zu dulden, lassen ihn bisweilen ziemlich autoritär wirken, aber er ist sehr gerecht gegenüber seinen Mitarbeitern, ist bereit, offen mit ihnen über auftauchende Probleme zu reden und belohnt ihre Loyalität und Leistung auch gebührend. Nur sollte man nicht damit rechnen, neben dem Chef glänzen zu können, die Erfolge verbuchte er alle auf sein eigenes Konto.

Und Erfolg hat diese Kämpfernatur ohne Zweifel. Das wird auch am Firmengebäude sichtbar, in das ein großzügiger Teil des Kapitals gesteckt wird. Und das Büro des Bosses ist natürlich das größte und schönste, damit auch die Geschäftspartner gebührend empfangen und beeindruckt werden können.

Ein idealer Beruf für den Löwen ist der des Diplomaten. Hier kann er alle seine Vorteile ins rechte Licht rücken, seine Repräsentationskunst, seine Intelligenz, sein Allgemeinwissen und sein Organisationstalent. Außerdem bietet ihm dieses Leben alles, was für ihn wichtig ist: prunkvolle Auftritte, Abwechslung, Treffen mit interessanten Menschen und neuen Kulturen, da blüht er richtig auf.

Da er so verliebt in den Erfolg ist, dafür auch zu kämpfen versteht und ihm die nötige Portion Glück meistens treu bleibt, hat er auch als Regisseur, Schauspieler (in erhabenen Rollen), Choreograf oder Dirigent glänzende Aussichten. Sein sicheres Auftreten und seine Eloquenz machen ihn auch zu einem guten Politiker und bald schon wird er hier die Karriereleiter hochsteigen.

Schöngeistige Berufe, die aber trotzdem ordentlichen Einsatz verlangen, wie der des Werbefachmanns, des Designers, Modeschöpfers, Schmuckgestalters usw. werden ihm ebenfalls zu einem bekannten Namen verhelfen. Und sein Hang zum Mäzenatentum machen ihn zu einem erfolgreichen Galeristen oder Kunsthändler, Filmproduzenten oder Verleger.

In Geldangelegenheiten geht es dem erfolgverwöhnten Sonnenkind wie mit den meisten anderen Dingen im Leben, sein Glück und sein Leistungswille, aber auch seine Überredungskunst und die Fähigkeit, sich gut zu verkaufen, lassen den Löwen selten in eine finanzielle Krise geraten.

Allerdings können ihm sein Hang zum Verschwenderischen und zum Luxus zum Verhängnis werden. Seine großzügigen Geschenke, die er mit Freude an Verwandte und Freunde verteilt und die ebenso großzügigen Gaben an sich selbst haben ihn schon so manches Mal in einen Engpass getrieben oder ihn sogar Schulden machen lassen. Lässt er sich allerdings bei Geldsachen nicht zu viel dreinreden und verlässt sich auf seinen geschäftlichen Spürsinn, kann er die Kassen schon bald wieder füllen und gönnt sich als Belohnung spontan etwas Extravagantes...

Liebe und Partnerschaft

Der Löwe-Mann

Da dieser Sonnenmensch eine ungeheure Ausstrahlung hat, macht er unweigerlich auf sich auf sich aufmerksam und zieht viele bewundernde Blicke auf sich. Er ist es von jungen Jahren an gewohnt, im Scheinwerferlicht zu stehen und weiß seinen Charme auch geschickt bei seinen Eroberungsfeldzügen einzusetzen. Auch macht ihn seine Großzügigkeit zu einem glühenden Verehrer, der weder Mühen noch Kosten scheut, die Auserwählte zu umwerben. Man könnte fast sagen, dass er sich in seiner Verliebtheit selbst verschenkt, was ein großes Kompliment an die Angebetete bedeutet.

Jedoch bleibt diese Euphorie der ersten Zeit nicht lange bestehen, wenn der Löwe-Mann nicht dieselbe Bewunderung und Anbetung im Gegenzug von seiner Partnerin erhält. Mit einer besonders selbständigen Frau kann er nicht viel anfangen, die stiehlt ihm gerade im gesellschaftlichen Bereich zu sehr die Schau. Er will mit der Frau an seiner Seite angeben können, also muss sie sorgfältig auf ein gepflegtes Äußeres und gute Manieren achten, darf ihm nie zur Schande gereichen, ihn aber auch keinesfalls überflügeln.

Ein Zusammenleben mit diesem pompösen Typ ist also häufig kein Zuckerschlecken und mit einem gesunden Selbstbewusstsein muss die Gefährtin des Löwen-Mannes schon ausgestattet sein, denn seine Selbstherrlichkeit und sein Egoismus können leicht bewirken, dass man sich ganz klein und unwichtig neben ihm vorkommt. Alles sollte man ihm allerdings nicht durchgehen lassen und wenn man ihm sachlich darlegt, dass er es etwas übertreibt, wird er schon Verständnis dafür zeigen. Ob er sich jedoch ändern kann, ist eine andere Frage.

Wird er von seiner Partnerin enttäuscht und sei es nur, weil sie es gewagt hat, an seiner Herrlichkeit zu zweifeln, oder weil sie sich einen Spaß auf seine Kosten erlaubt hat, kommt er nur schwer darüber hinweg und kann lange den Beleidigten spielen, jedoch ist es manchmal vonnöten, dass man seinen Narzissmus dämpft und ein wenig an seinem Podest sägt, sonst entschwebt er einem eines Tages noch mit stolz geschwellter Brust.

Natürlich hat der Löwe-Mann auch im Bett das Zepter in der Hand. Er ist ein ausdauernder Draufgänger, der sehr wohl für sich zu sorgen weiß, dabei aber mitunter vergisst, auch nach den Wünschen der Bettgenossin zu fragen, sie muss oft sehen, wo sie dabei bleibt und zartere Gemüter, die eine längere Aufwärmphase nötig haben, werden mit ihm als Liebhaber nicht glücklich. Er sagt, wo es lang geht und erwartet, dass er für seine Liebeskünste gebührend gelobt wird. Das ist die Selbstbestätigung, die er im Sex sucht. Dabei ist er jedoch nicht grob und hat einen Erfahrungsschatz, der ihn zu einem abwechslungsreichen Bettgenossen macht und so lassen sich viele Frauen von seiner Begeisterung anstecken und trauern ihm lange nach, wenn die Beziehung zu Ende geht.

Hat er eine Frau gefunden, die ihm das nötige Ambiente bietet, seine Kinder großzieht und bereit ist, zumindest so zu tun, als wäre sie sein Besitz, kann er ein gefühlvoller und treuer Lebensgefährte sein, der aber auch außerhalb der Familie seinen Wirkungsraum behalten muss.

Die Löwe-Frau

Sie weiß, wie sie sich in Szene setzten muss, damit sie beim anderen Geschlecht auffällt. Manchmal übertreibt sie es allerdings mit Schmuck und Schminke ein wenig und sollte bedenken, dass viele Männer eine gewisse Natürlichkeit vorziehen. Aber ihre umgängliche Art und ihr Geschick im gesellschaftlichen Leben bewirken, dass sie sich die Partner aus einer Vielzahl von Verehrern aussuchen kann.

In einer Zweierbeziehung will sie die Führungsrolle übernehmen, da kennt sie kein Pardon und formt sich schnell einen Pantoffelhelden zurecht. Am besten kommt sie daher auch mit Partnern aus, die bereit sind, sich in der Beziehung unterzuordnen und sie die Initiative ergreifen zu lassen.

Dabei darf die Löwe-Frau jedoch nicht zu selbstherrlich werden und sollte sich darauf besinnen, dass zu einer Partnerschaft immer noch zwei unterschiedliche Persönlichkeiten gehören, die auch beide ein Mitspracherecht haben. Zumindest pro forma sollte sie nicht alle Entscheidungen alleine fällen und ihren Lebensgefährten in die gemeinsame Planung mit einbeziehen.

Lebenslustig wie sie ist, ist sie immer zu einem Flirt aufgelegt, gewährt aber nur ungern dem Partner dasselbe Recht, weil sie eifersüchtig darauf bedacht ist, die Einzige zu sein, die er bewundert und anbetet. Das führt dann häufig zu Streitereien, im Verlauf welcher die Löwin sich vorwerfen lassen muss - und das nicht unberechtigt - ungerecht zu sein.

Ihre gönnerhafte Art, ihre Intelligenz und ihr Talent aufzufallen machen sie zur idealen Gefährtin und Muse von sensiblen und künstlerischen Naturen wie Malern, Schriftstellern oder Dichtern, die sie nicht nur finanziell unterstützt, sondern auch antreibt und Ausstellungen, Lesungen für sie organisiert. Ganz allgemein nehmen sie in einer solchen Verbindung die praktischen Dinge in die Hand, damit ihr Schützling sich um nichts als sein kreatives Schaffen kümmern muss.

Sex bedeutet für die Löwe-Frau viel, aber nicht alles. Sie ist eine geschickte Verführerin, die sich viel einfallen lässt, um spielerisch die Lust herauszuzögern. Mit zarten Dessous aus teuren Stoffen wartet sie gerne auf, doch wehe man macht sich zu schnell daran, sie von diesen zu befreien. Aufdringliche Männer mag sie nämlich nicht, sie will Regie führen und bestimmen, wann es soweit ist. Besonders empfänglich ist sie für leise in ihr Ohr geflüsterte Komplimente. Sie gibt sich ja auch alle Mühe zu gefallen. Das bedeutet auch, dass sie sich gerne auf ausgefallenere Spielchen einlässt, nicht unbedingt, weil sie besonderen Spaß daran findet, sondern vielmehr, um Erfahrungen zu sammeln und den Ruf einer guten Liebhaberin zu erlangen. Außerdem muss das Ambiente stimmen. Am liebsten ist sie von einem Hauch von Luxus umgeben. Der Champagnerkühler darf ruhig schon neben dem Bett stehen, um sich noch einen Gute-Nacht-Trunk vor dem Einschlafen zu gönnen.

Gründet die Löwin eine Familie, sollte sie sich gut überlegen, ob sie bereit ist, ihre Karriere dafür aufzugeben. Sie ist zwar eine warmherzige Mutter und tüchtige Hausfrau, die Freude daran hat, ihr Heim vornehm und schön zu gestalten, aber zum Ausgleich sollte sie dann wenigstens gemeinnützige Aufgaben in der Gemeinde oder der Stadt übernehmen, damit sie unter die Leute kommt. Am günstigsten ist es natürlich, wenn sie ihren Beruf behält und einen Lebenspartner findet, der sich die Haushaltsarbeit mit ihr teilt, wenn er sie nicht gar ganz übernimmt. Die Kinder werden auch früh zur Selbständigkeit erzogen.

Wer passt zum Löwen

Mit Widder und Schütze versteht sich der Löwe am besten. Beide sind Feuerzeichen, die nach Erfolg streben, ihm aber auch bereitwillig den Ruhm für gemeinsam Erreichtes überlassen.

Mit der lebenslustigen Waage kann der Löwe viele interessante Abenteuer erleben, diese kommt sich jedoch nach einer gewissen Zeit unterdrückt vor und erträgt dies in ihrer sensiblen Art und Weise nicht.

Der Zwilling und der Skorpion sind dem Löwen auf geistiger Ebene und im Temperament ebenbürtig, haben jedoch ihre Mühe damit, ihn andauernd anzubeten und zu ihm aufzuschauen, da sie selbst ziemlich eitel sind.

Die kühle Zurückhaltung der Jungfrau und des Steinbocks wird unter dem sonnigen Einfluss des Löwen aufgetaut und sie werden ihm auch nicht seine Vormachtstellung streitig machen. Außerdem verbindet alle drei ein gewisses Sicherheitsbedürfnis.

Dies ist auch beim Stier der Fall, dem der Löwe in seinem luxuriösen Gehabe zuweilen zu verschwenderisch ist. Da aber beide es verstehen, das Leben zu genießen, richten sie sich gerne gemeinsam ein Heim ein und feiern darin ihre Feste.

Beim Sternengeschwister fühlt sich der Löwe zwar verstanden, aber hier kommt es zu stark zum Konkurrenzkampf um die Gunst des Publikums, als dass die Verbindung lange halten könnte.

Fische und Krebs ordnen sich zwar bereitwillig dem Löwen unter, doch sie können bei seiner Großspurigkeit leicht ihre Lebensfreude verlieren, denn sie fordern gleichsam Aufmerksamkeit. Auch mit dem Wassermann ist die Verbindung nicht allzu günstig, zu sehr will dieser seine Freiheit behalten und sich nicht als Besitz des Löwen verstanden wissen.

Berühmte Löwen

Gustav Heinemann,	23. Juli 1899
Alexandre Dumas,	24. Juli 1802
George Bernard Shaw,	26. Juli 1856
Peter Paul Rubens,	28. Juli 1577
Maria Anna Mozart,	30. Juli 1751
Henry Ford,	30. Juli 1863
Guy de Maupassant,	5. August 1850
Joachim Ringelnatz,	7. August 1883
Alfred Hitchcock,	13. August 1899
Napoleon Bonaparte,	15. August 1769
Anne von England,	15. August 1950

Der Mond in Löwe

Kennzeichen: Spieler, fruchtbar, kindlich, amüsant, verschwenderisch, eindrucksvoll, offen, gesellig, großzügig, sportlich, unterhaltsam

Der Mond im Löwen deutet auf eine stolze Person hin, die einen Hang zum Theatralischen hat und im Rampenlicht stehen möchte. Diese Menschen möchten bewundert und geschätzt werden und brauchen Romantik und liebevolle Zuneigung. Sie mögen Kinder, lieben aber auch Partys, Kunst, Sport und Unterhaltung jeglicher Art. Weil sie ziemlich egozentrisch sein können, neigen sie zur Eigensinnigkeit. Durch ihre Tendenz zur Dramatisierung ihre Gefühle entwickeln sie gelegentlich primadonnenhaftes Getue. Sie neigen dazu, andere zu beherrschen, besonders im eigenen Haushalt. Ihre große Empfänglichkeit für Schmeicheleien kann gelegentlich in kindische Selbstbeweihräucherung ausarten.

Ihre Neigung, sich selbst zu dramatisieren, könnte unerträglich werden, wenn diese Menschen sich nicht aufrichtig bemühen, sich selbst zu erforschen. Ihr Bedürfnis, zu lieben und geliebt zu werden, verleiht ihnen meist ein sonniges Gemüt und eine umgängliche Art. Menschen mit dieser Stellung wünschen sich wohlerzogene Kinder und ein künstlerisch geschmackvoll eingerichtetes Heim.

Merkur in Löwe

Kennzeichen: willensstark, fixe Ideen, Klugheit, Überlegung, Voraussicht, würdevoll, expansiv, tolerant, intellektuell, egozentrisch

Im Zeichen Löwe deutet Merkur auf ein willensstarkes und zielstrebiges Denken. Mit dieser Position Geborene können sich auf eine Sache konzentrieren, weil der Merkur hier von der Sonne inspiriert wird, die Willenskraft und Stärke verleiht. Diese Nativen möchten auf den von ihnen gewählten Gebieten als Autoritäten gelten und dazu verhilft ihnen ihre kraftvolle und theatralische Art; aber wird diese Neigung zu weit getrieben, kann sie in übertriebenen und arroganten Wissensdünkel ausarten.

Das geistige Selbstvertrauen, das durch Merkur im Löwen angedeutet ist, ergibt einen gesunden Optimismus beim Angehen und Lösen von Problemen. Allerdings kann eine Tendenz bestehen, die Angelegenheiten auf eine großzügige, etwas allgemeine Art zu erledigen und dabei die Details nicht zu berücksichtigen. Dinge, die nicht unmittelbar im Brennpunkt des Interesses stehen, werden leicht übersehen. Weil der Löwe ein festes Zeichen ist, bilden sich diese Menschen nur langsam eine Meinung und revidieren sie nur widerstrebend.

Menschen mit dem Merkur im Löwen halten an ihren Plänen und Zielen fest, was ihnen die Fähigkeit zur Durchführung gibt. Sie haben eine Befähigung als Lehrer und Erzieher. Theater, Investitionen, Börse, Erziehung und künstlerische Betätigungen dürften die Gebiete sein, die sie besonders interessieren. Bei dieser Merkurstellung wird sich eine Vergnügungsreise gut mit einer Geschäftsreise kombinieren lassen.

Venus in Löwe

Kennzeichen: frühe Beziehungen, feurig, fixierte Anhänglichkeit, feurige Beziehungen, protziger Geschmack, verschwenderisch, verwöhnt, Stolz

Menschen, mit Venus im Löwen entwickeln starke und dauerhafte Zuneigungen. Sie lieben das Leben und benehmen sich manchmal etwas theatralisch. Sie verfügen meist über eine gute Portion gesellschaftlichen und persönlichen Stolzes, besonders wenn sie im Rampenlicht stehen. Deshalb inszenieren sie gern rauschende und verschwenderische Feste. Frauen mit dieser Stellung - manchmal sind es Primadonnen - möchten von allen bewundert und vergöttert werden. Bei gesellschaftlichen Anlässen müssen sie darum stets der Mittelpunkt der Aufmerksamkeit sein.

Weil sie die Fähigkeit haben, Gefühle dramatisch zum Ausdruck zu bringen, findet man unter Menschen mit dieser Konstellation talentierte Schauspieler. Sie sind zudem meist begeisterte Kunstliebhaber und besitzen einen lebendigen Farbsinn sowie eine Begabung für Malerei, Bildhauerei und andere Kunstgattungen.

Diese Nativen sind warmherzig, zuvorkommend, heiter und liebevoll. Sie haben Kinder besonders gern. Sie sind die geborenen Romantiker und schwärmen für stürmische und aufregende Liebesabenteuer. Dem einmal erwählten Partner bleiben sie in Treue verbunden. Menschen mit Venus in dieser Position brüsten sich gerne mit ihren Partnern; sie können besitzergreifend und eifersüchtig sein, wenn ihnen ihr Partner nicht die gebührende Aufmerksamkeit schenkt.

Ist Venus im Löwen ungünstig aspektiert, kann dies übertriebenen gesellschaftlichen Stolz, Snobismus, Selbstsucht und überstarkes Interesse an Sex bedeuten.

Mars in Löwe

Kennzeichen: zuversichtlich, besitzergreifend, Inbrunst, offen, dominierend, kreativ, willig, führend, wetteifernd, starke Überzeugung, Stärke

Mars im Löwen bedeutet Energie, Willenskraft und schöpferische Begabung. Da diese Fähigkeiten meist in dramatisch künstlerischer Form zum Ausdruck kommen, haben viele Schauspieler den Mars in diesem Zeichen.

Wie schon im Widder bedeutet Mars auch im Löwen lebensbejahenden Unternehmungsgeist, aber hier sind Festigkeit und Zielstrebigkeit größer, weil der Löwe ein festes Zeichen ist. Die Menschen mit Mars im Löwen haben ein natürliches Führertalent, weil ihr Selbstbewusstsein bei anderen Vertrauen erweckt. Diese Menschen wollen immer in vorderster Front dabei sein, was auch immer geschieht. Bei Tätigkeiten, die ihnen wichtig sind, wollen sie die anderen ausstechen. In ihrem Glauben und ihren Meinungen sind sie fest und unbeirrbar, was bei jenen, die anderer Auffassung sind, oft Widerstand hervorruft.

In dieser Stellung bedeutet der Mars starke leidenschaftliche Begierden. Menschen mit Mars im Löwen sind gewöhnlich glühende Liebhaber und können sehr eifersüchtig und besitzergreifend sein. Männer mit dieser Stellung strahlen Kraft und Männlichkeit aus und sind lebhaft und stolz. “Marslöwen” fühlen sich stark zu Menschen des anderen Geschlechts hingezogen, die ihre Lebenskraft und ihren Lebensmut mitempfinden können.

Ist Mars im Löwen ungünstig aspektiert, können egoistische Tendenzen und ein anmaßendes Verhalten mit der Neigung, andere zu dominieren, auftreten. Die Nativen glauben auch gerne an ihre eigene Unfehlbarkeit.

Jupiter in Löwe

Kennzeichen: spekulativ, Hoheit, Offenheit, Künste, große Energie, positiv im Spiel, zugeneigt, großzügig, weitherzig, edel, eitel

Jupiter im Zeichen Löwe zeigt Entwicklungsbestreben, Optimismus und Selbstbewusstsein an. Geborene mit dieser Stellung haben eine überschäumende Energie und eine kräftige Konstitution. Sie sind großzügig und wohlwollend, erwarten aber gewöhnlich als Gegenleistung persönliche Bewunderung und Wertschätzung.

Sie haben eine Vorliebe für Prachtentfaltung, für religiöse Zeremonien und Schauspiele, insbesondere auch Paraden und Rituale. In ähnlicher Weise begeistern sie sich für religiöse Bilder, Skulpturen und Musikwerke oder Kunstformen, die geschichtliche Ereignisse darstellen. Sie lieben rauschende Feste und gesellschaftliche Anlässe. Wenn sie reich sind, werden sie sich sehr wahrscheinlich an Unternehmungen beteiligen, die ihnen ein Gefühl von Geltung und gehobener Stellung geben.

Jupiter im Löwen bedeutet Führerqualitäten, Würde und die Fähigkeit, anderen Vertrauen und Enthusiasmus einzuflößen. Ist aber Jupiter ungünstig aspektiert, können diese Fähigkeiten in Eitelkeit abgleiten, weil das Expansionsprinzip des Jupiter in Verbindung mit der Hauptproblematik des Löwen, der Egozentrik, zu Prahlerei und Arroganz führen kann. Diese Menschen müssen lernen, dass Größe aus dem Dienst am Menschen und aus dem Einklang mit den universellen Gesetzen des Kosmos erwächst und nicht aus dem Eigendünkel und sei er auch noch so prächtig herausgeputzt.

Hat der Geborene diese Lektion begriffen, wird er sich als sehr beständig, verlässlich, ehrlich und großmütig erweisen. Mit Jupiter im Löwen kommt er zu wohlverdienten Ehren und Ansehen. Die Nativen strahlen sonnige Wärme, echte Zuneigung und Wohlwollen aus. Wenn sie in ihrer Machtentfaltung selbstlos werden, gewinnen sie Bewunderung und Zuneigung und Erfüllung in der Liebe.

Diese Menschen haben eine besondere Zuneigung zu Kindern und interessieren sich für deren körperliche und psychische Entwicklung. Deshalb sind sie meist gute Lehrer und Jugendberater. Ist das fünfte Haus nicht verletzt und Jupiter günstig aspektiert, werden sie an ihren eigenen Kindern viel Freude erleben.

Mit dieser Stellung geborene sind auch Spielernaturen. Ist Jupiter in diesem Zeichen verletzt, können ihnen deshalb Spielleidenschaft und Spekulationen Unehre oder finanziellen Ruin bringen. Sie können beruflich auf dem Gebiet der Unterhaltungsindustrie, der Kunst, des Sports und der Erziehung zu tun haben.

Ist Jupiter im Löwen sehr ungünstig aspektiert, ist wahrscheinlich mit Enttäuschungen und Verlusten in Bezug auf Liebe, Erotik, Kinder und Spekulationen zu rechnen.

Saturn in Löwe (Exil)

Kennzeichen: begrenzt, autoritär, Führer, einfach, Treue, Schwerarbeit, Verlust durch Kinder, unbefriedigt, Groll, braucht Anerkennung

Menschen mit Saturn im Löwen haben das Bedürfnis, beachtet und anerkannt zu werden und verspüren einen triebhaften Impuls, ihre nähere Umgebung persönlich zu überwachen. Sie versuchen deshalb, mächtige und führende Stellungen zu erreichen. Ist Saturn verletzt, besteht die Gefahr, dass sie diktatorische oder dogmatische Haltungen annehmen. Die innere Notwendigkeit dieser Menschen, ihr Ich zu verteidigen, kann zu Starrsinn führen. Sie erstreben ihre Sicherheit durch selbstherrliche persönliche Autorität und fordern von andern viel Aufmerksamkeit und Respekt. Eltern mit dieser Saturnstellung sind ihren Kindern gegenüber meist sehr streng und verlangen strikte Disziplin.

Saturn entspricht dem Sinn für Zweckmäßigkeit und der Anerkennung universeller Gesetze und Rechtsprinzipien. Da diese Gesetze unpersönlicher, kosmischer Natur sind, wie dies durch das Zeichen Wassermann - in welchem Saturn Mitherrscher ist - angezeigt wird, müssen sie frei von persönlichen Überlegungen interpretiert werden. Nur so ergeben sich eine realistische Betrachtungsweise und erfolgreiche Beziehungen zu den Mitmenschen. Im Löwen steht Saturn in seiner Vernichtung, weil der Löwe dem Wassermann gegenübersteht, in dem Saturn Mitherrscher ist. Deshalb werden hier die von Saturn beherrschten Gesetze durch Egoismus und Machtstreben verzerrt. Menschen mit dieser Stellung müssen in Bezug auf Liebe, Kinder und schöpferischen Selbstausdruck meist erst ein angemessenes Wertsystem erarbeiten.

Saturn im Löwen bedeutet Interesse an Erziehung und an Organisationsaufgaben in der Unterhaltungsindustrie, im Geschäftswesen und bei spekulativen Investitionen.

Ungünstige Aspekte auf Saturn im Löwen bedeuten Enttäuschungen in der Liebe, Probleme im Zusammenhang mit Kindern und Verluste durch Spekulationen.

Uranus in Löwe (Exil) (1956-1962)

Kennzeichen: ichsüchtig, eigentümliche Liebe, Kinder, individuell, ausschweifend, entschlossen, ordnend, unbeherrscht, freizügig

Uranus im Löwen gilt für eine Generation, die nach Freiheit der Liebe und Romantik strebt. Ihre Vorstellungen über Sexualität dürften vom traditionellen moralischen Maßstab abweichen. Sie huldigen sehr wahrscheinlich der freien Liebe.

Uranus im Löwen bedeutet eine starke Willenskraft und schöpferische Möglichkeiten in Kunst und Wissenschaft und die Befähigung zu einem originellen Führertum. Menschen mit dieser Stellung versuchen eine eigene Ausdrucksform zu schaffen, um Aufmerksamkeit zu erregen.

Sie können in der bildenden Kunst, in der Musik und im Theater neue Ideen entwickeln. Sie lieben es, sich ihre eigenen Maßstäbe zu schaffen, anstatt sich den Maßstäben der Gesellschaft, in der sie leben, anzupassen. Es besteht allerdings die Gefahr des Egoismus bei dieser Stellung, weil Uranus im Löwen im Exil steht. Die Nativen sollten sich deshalb weniger um persönliche Dinge als um Dinge von gesellschaftlichem oder universellem Interesse kümmern.

Diese Menschen können sehr eigensinnig sein und Schwierigkeiten haben, Kompromisse einzugehen und mit andern zusammenzuarbeiten. Ist Uranus in diesem Zeichen verletzt, werden sie stets ihren eigenen Kopf durchsetzen und jegliche Zusammenarbeit ablehnen.

Neptun in Löwe (Erhöhung) (1914-1928)

Kennzeichen: leidenschaftlich, leicht zu stimulieren, schauspielernd, führend, schmeichelnd, gewiss, genussliebend, fehlgeleitete Zuneigung, Verschwendung

Zur Generation mit Neptun im Löwen gehören Menschen mit großem musikalischem und künstlerischem Talent. Sie sind vor allem am Theater und anderen darstellenden Künsten interessiert. Ein gut Teil schöpferischer Begabung ist von höheren Bewusstseinsebenen inspiriert. Menschen mit dieser Neptunstellung haben romantische und idealistische Liebesvorstellungen.

Auf der negativen Seite stehen möglicherweise Selbsttäuschung in Liebesbeziehungen ebenso wie extravagante Ausgaben auf der Suche nach Vergnügungen und mangelnde Realitätsbezogenheit im Umgang mit Kindern.

In den verrückten Zwanzigerjahren, während denen unkluge Börsenspekulationen zum finanziellen Ruin und der großen Depression führten, stand Neptun im Löwen.

Pluto in Löwe (1939-1957)

Kennzeichen: Revolution im Selbstausdruck, Änderung der Einstellung, Externalisierung, Bewusstseins-Ausbruch, Kreativität, Talent

Löwe als Zeichen der Führerschaft drückt Energie und Macht aus. Während Pluto im Löwen stand, wurde die Atomenergie - die Pluto zugeschrieben wird, ausgedrückt durch dessen Zeichen der Erhöhung - entdeckt und die ersten Atombomben zur Explosion gebracht. Zum ersten Mal in der Geschichte sah sich die Menschheit der erschreckenden Alternative gegenüber, eine vollständige Zerstörung der Zivilisation oder ungeahnte Höhen technologischer Leistungen zu erleben. Diese Ära begann mit den intensiven Auseinandersetzungen des Zweiten Weltkrieges. In den Nachkriegsjahren wurden aus den ehemaligen Kolonialgebieten viele neue souveräne Staaten. Der Machtkampf zwischen dem Kapitalismus und dem Kommunismus begann. Dieser Machtkampf war eine große Bedrohung für die ganze Menschheit.

Jungfrau/Virgo

Bewegliches Zeichen
Kennzeichen: Unterscheidungsvermögen, Ordnungssinn, Dienstleistung, tüchtig, achtet auf Einzelheiten, ordentlich, aufmerksam, kritisch, findet Fehler, anspruchsvoll

Das sechste Zodiakzeichen. Jungfrauen unterziehen ihre Welt einer genauen Analyse, wobei die Perfektion stets eine große Rolle spielt. Typisch für die Jungfrau ist das Motto: "Ich analysiere".
Sonne steht im Zeichen: 23. August bis 22. September (23. August bis zum 23. September)

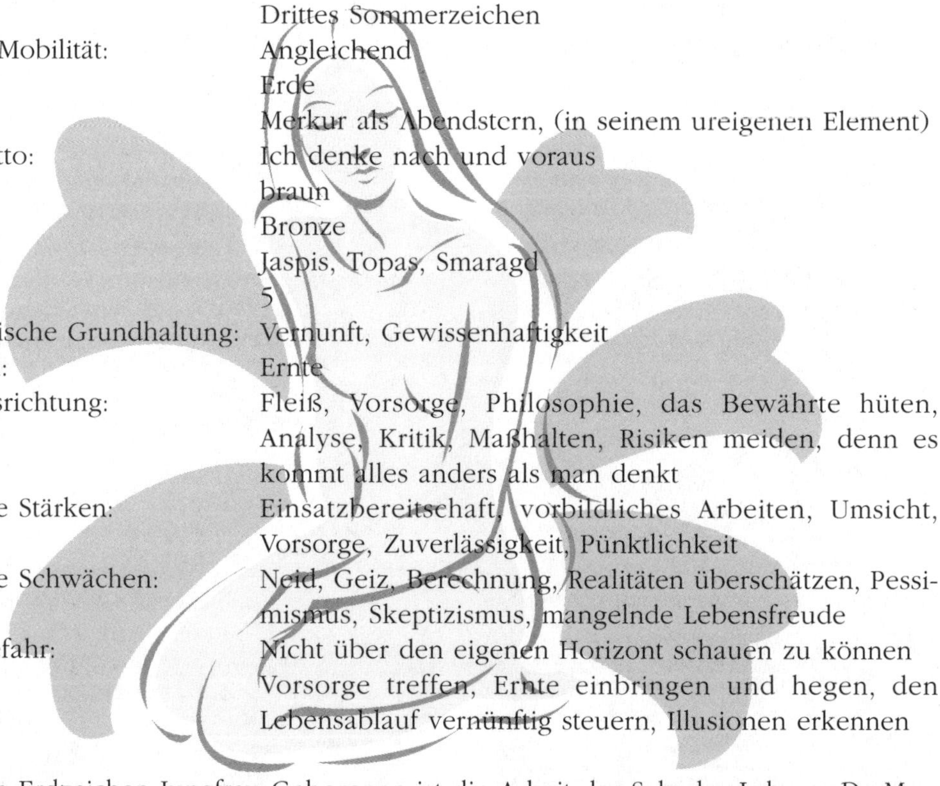

Jahreszeit:	Drittes Sommerzeichen
Kraftform-Mobilität:	Angleichend
Element:	Erde
Herrscher:	Merkur als Abendstern, (in seinem ureigenen Element)
Lebensmotto:	Ich denke nach und voraus
Farbe:	braun
Metall:	Bronze
Steine:	Jaspis, Topas, Smaragd
Zahl:	5
Psychologische Grundhaltung:	Vernunft, Gewissenhaftigkeit
Motivation:	Ernte
Handlungsrichtung:	Fleiß, Vorsorge, Philosophie, das Bewährte hüten, Analyse, Kritik, Maßhalten, Risiken meiden, denn es kommt alles anders als man denkt
Allgemeine Stärken:	Einsatzbereitschaft, vorbildliches Arbeiten, Umsicht, Vorsorge, Zuverlässigkeit, Pünktlichkeit
Allgemeine Schwächen:	Neid, Geiz, Berechnung, Realitäten überschätzen, Pessimismus, Skeptizismus, mangelnde Lebensfreude
Größte Gefahr:	Nicht über den eigenen Horizont schauen zu können
Aufgaben:	Vorsorge treffen, Ernte einbringen und hegen, den Lebensablauf vernünftig steuern, Illusionen erkennen

Für den im Erdzeichen Jungfrau Geborenen ist die Arbeit das Salz des Lebens. Da Merkur die Jungfrau regiert, ist dieser Geborene stets auf der Suche nach Wissen, um die Materie der Kontrolle des Geistes unterzuordnen. Dieses beständige Suchen lehrt den Nativen, dass der Verstand ein guter Diener, aber ein schlechter Herr ist, vor allem, wenn sich der Verstand die Oberhoheit des Geistes anmaßt. Die Jungfrau muss lernen, dass der Körper zwar dem Geist, der Geist aber letzten Endes der Spiritualität zu dienen hat. Das Symbol dieses Zeichens ist eine Jungfrau, die Kornähren in der Hand halt. Die Ähren versinnbildlichen die Weisheit, die auf dem Acker der Erfahrung geerntet wird.

Jungfrauen verrichten ihre Arbeit mit peinlicher Sorgfalt, wobei sie dem Detail große Aufmerksamkeit schenken; sie arbeiten gründlich und genau. Sie schaffen gerne Ordnung im Chaos. Und da sie die Arbeit schätzen und ausgesprochen respektieren, werden sie nichts unversucht lassen, einem Freund eine Stelle zu verschaffen; nur selten jedoch werden sie einen Finger rühren, um jemandem zu helfen, der in Schwierigkeiten gerät, weil er nicht arbeiten will. Für den Jungfraumenschen ist die wahre Aristokratie die Aristokratie der Arbeit.

Die Jungfrau ist jedoch viel zu praktisch veranlagt und zu intelligent, als dass sie sich von irgendjemand zum Märtyrer machen ließe. Wenn die an sie gestellten Anforderungen zu hoch oder unvernünftig sind, dann sagt sie mit voller Überzeugung nein.

In seiner positivsten Form steht dieses Zeichen für Tüchtigkeit und hervorragende Pflichterfüllung, in seiner negativen Ausprägung jedoch bewirkt es ein eingeengtes Gesichtsfeld, dass zu einer Interesselosigkeit gegenüber Dingen führt, die nicht in ihrem Arbeitsbereich liegen.

Jungfrauen unterziehen ihre Welt einer (mikroskopisch) genauen Analyse. Gelegentlich aber verstricken sie sich so in Unwesentliches, dass sie unfähig sind, die Bedeutung eines Problems in seiner Ganzheit zu erfassen. Höher entwickelte Jungfrautypen lernen mit der Zeit, zwischen Wesentlichem und Unwesentlichem zu unterscheiden. Sind sie einmal dazu imstande, haben Jungfrauen die Möglichkeit, große Gelehrte, konstruktive Kritiker und hervorragende Herausgeber zu werden - wobei die Perfektion stets eine große Rolle spielt. Typisch für die Jungfrau ist das Motto: "Ich analysiere". Der Jungfraumensch sollte jedoch nicht in den Fehler verfallen, einen brillanten Intellekt und die damit zusammenhängende Fähigkeit zur Kritik für göttliche Weisheit zu halten. Er muss lernen, seine eigene Leistung wie auch die Leistung der anderen objektiv und leidenschaftslos zu beurteilen.

Am besten kommen die Fähigkeiten des Jungfraugeborenen in Berufen zur Geltung, die auf irgendeine Weise mit Dienstleistungen zu tun haben. Die Geborenen können ihr Ego weit zurückstellen, wenn sie der Meinung sind, dass ihre Arbeit dies wert ist.

Die Jungfrau regiert die Gesundheit. In dieser Phase seiner Entwicklung muss der Jungfraugeborene daher lernen, dass kluge Menschen ihre körperlichen Kräfte nicht in Kummer, Sorgen und zu viel Arbeit erschöpfen. Unnötige Ängste und Sorgen können zu einer Beeinträchtigung führen. Trotz allem verfügt dieses Zeichen über eine großartige körperliche Widerstandsfähigkeit gegen Krankheit, sobald der Geist diszipliniert ist.

Das Zeichen Jungfrau ist ein Erdzeichen und bewundert materiellen Fortschritt. Der Geborene liebt gutes Essen und schätzt Bequemlichkeit und gute Kleidung. Viele führende Köpfe aus der Modebranche sind in diesem Zeichen geboren. Der Jungfraumensch kauft Markenartikel und kann schludrige Arbeit nicht ausstehen! Der Jungfraugeborene muss sich davor hüten, zur Klatschbase zu werden und über Leute herzuziehen, die scheinbar - was das gute Aussehen anbelangt - nicht an sein eigenes Niveau heranreichen.

Dem Jungfraumenschen fällt es schwer, Ersparnisse zu horten, da seine Ausgaben übermäßig hoch sind. Er muss ein System entwickeln, wie er unnötige Ausgaben vermeiden kann, denn wenn er auch manchmal Sparanwandlungen hat, so sind diese doch nie von langer Dauer.

Jungfraugeborenen bleiben mitunter aus freien Stücken partnerlos, niemand kann ihnen punkto Perfektion das Wasser reichen. Beredte Worte, gleich Perlen aneinander gereiht, machen auf den Jungfraugeborenen großen Eindruck. Ihr Klang ist Musik in seinen Ohren und er zieht diese Ausdrucksform weniger subtilen Zeichen der Zuneigung vor.

Verheiratete Frauen dieses Zeichens sind meist aktiver als ihr Ehepartner. Sie machen sich zum wahren Oberhaupt der Familie, kommandieren ihren Mann und alle anderen herum und übernehmen die Verantwortung für ihr Heim und ihre Lieben.

Die gewissenhafte Jungfrau

Vernunft und Präzision werden bei der Jungfrau groß geschrieben. Ihr Planet, die Erde, zeugt von ihrer Verbundenheit mit der Natur, ganz besonders mit der Naturwissenschaft, aber auch von ihrem Realitätssinn und ihrer Bodenständigkeit.

Ihr Ordnungssinn und ihre Genauigkeit lassen die Jungfrau oft pedantisch und übertrieben kritisch erscheinen. Logik, Maßhaltung und ein asketischer Lebensstil zeichnen sie aus. Deshalb kommt sie mit weniger sorgfältigen Menschen oft ins Gehege.

Jungfrauen sind ausgesprochen wissensdurstig und neugierig. In ihrer Freizeit lesen sie deshalb viel, vorwiegend Sachbücher, aber auch schöngeistige Literatur wie historische oder philosophische Romane. Sie besuchen auch nach Abschluss ihrer Ausbildung noch viele Fortbildungsseminare oder Sprachkurse. Wenn sich ihnen dazu keine Gelegenheit bietet, sind sie lernbegierige Autodidakten und interessieren sich dabei für die unterschiedlichsten Themen. So verfügen sie über ein erstaunliches Allgemeinwissen, und wenn es auch manchmal etwas oberflächlich erscheint, ist die Jungfrau deshalb doch ein vielseitiger und interessanter Gesprächspartner.

Auch verfügen diese Merkurschützlinge über ein erstaunliches Gedächtnis, was ihrer Wissbegierde zugute kommt. So werden sie nie einen Geburtstag oder eine Telefonnummer vergessen, aber auch nicht die beleidigende Bemerkung oder den letzten Streit. Dies macht sie ziemlich nachtragend. Merkur wirkt sich aber auch darauf aus, dass sie geschickt mit Geld umgehen können.

Ihre Kritiklust macht sie bei vielen Mitmenschen unbeliebt, besonders da sie selbst diese kaum verträgt. Auch erscheint sie oft egoistisch und unterkühlt, ja sogar rücksichtslos. Da sie an allem, was andere leisten, etwas auszusetzen hat und daran herumnörgelt, gilt das Zusammenleben mit ihr als besonders schwierig und endet oft in Streitereien über prinzipielle Fragen.

Gefühlsausbrüche sind der Jungfrau fremd, mit Sentimentalität und Romantik kann sie nichts anfangen. Sie kennt weder den Zustand der völligen Ekstase, noch den der tiefen Trauer. Himmelhochjauchzend und Zutodebetrübt existieren in ihrem Wortschatz nur im Bezug auf ihr eigenes Innenleben, das sie jedoch niemals preisgibt. Deshalb schreckt sie vor Menschen, die ihren Gefühlen freien Lauf lassen oder gar lautstark in ihre Privatsphäre eindringen wollen, eher zurück. Einer Jungfrau sollte man sich immer mit der gebührenden Distanz nähern und abwarten, bis sie sich von selbst öffnet und an ihrem Leben auch andere teilhaben lässt.

Ähnlich zuwider wie überschwängliche Gefühlsbekundungen sind ihr Überraschungen. Das Unerwartete erschreckt sie. In ihrem Leben muss alles im Voraus geplant sein und Abweichungen von diesem Plan bringen sie aus dem Konzept. Wenn sie sich jedoch plötzlich in einer Krisensituation wieder findet, behält sie einen kühlen Kopf und wenn alle anderen ziellos hin- und herlaufen, ist immer noch Verlass auf die Jungfrau, die die Situation rettet und die Lage beherrscht.

Vertraut man einer Jungfrau ein Geheimnis an, kann man sicher sein, dass es bei ihr gut aufgehoben ist. Plaudertaschen, die gerne Gerüchte verbreiten, haben bei ihr sofort ausgespielt. Sie ist verlässlich, verschwiegen und loyal und erwartet das auch von anderen. Sie ist zwar selber sehr neugierig, schämt sich dieses "Makels" aber beinahe und hält die Neugier so gut es geht im Zaum. Sie will ja keinem zu nahe treten.

Im Allgemeinen sind Jungfrauen wache Menschen, die niemals ihren Wirklichkeitssinn verlieren, mit beiden Beinen auf dem Boden stehen und sich selten wirklich einsam fühlen. Alleinsein ist für sie sogar sehr wichtig, da sie großen Trubel und Menschenmassen nicht erträgt und zum Beispiel lieber zu Hause gemütlich ein Buch liest als auf eine Großveranstaltung zu gehen. Langweilig wird es ihnen in ihrer selbst gewählten Zurückgezogenheit niemals.

Gesundheit

Die Jungfrau braucht als Ausgleich zu ihrer Arbeitswut viel Bewegung und frische Luft, was sie zwar einsieht, sie hält sich aber dennoch nicht immer daran. Sie verkriecht sich lieber hinter einem Berg von Arbeit und denkt viel zu spät daran, dass sie ihrem Körper Gutes tun muss, damit er ihr auch gute Dienste leistet und ihre Konzentration nicht nachlässt.

Das heißt auch, dass Jungfraugeborene nicht außerordentlich sportlich sind. Deshalb treiben sie höchstens Sport, wenn ihnen das vom Arzt ausdrücklich vorgeschrieben wird. Dabei haben sie eine Vorliebe für Sportarten, bei denen es auf Geschicklichkeit und Präzision ankommt, sie sich aber keinen größeren körperlichen Anstrengungen aussetzen müssen. Wenn sie sich dazu aufraffen könnten, wären morgendliche Gymnastikübungen zur Auflockerung und gelegentliche Entspannungsübungen für sie von Vorteil.

Die Jungfrau muss oft mit Problemen in ihrem Nervensystem und im Magen-Darm-Trakt kämpfen. Stress, Unausgeglichenheit, Existenzängste machen ihr vor allem physisch zu schaffen, was sich ja bekanntlich gerade auf ihre Schwachpunkte auswirken kann. Viele Jungfrauen leiden daher schon in jungen Jahren an einem Magengeschwür.

Außerdem sind sie leicht hypochondrisch veranlagt, machen sich eine Menge Sorgen um ihre Gesundheit und werten schon die leisesten Anzeichen des Unwohlseins als Boten für eine schwer wiegende Krankheit, die im Anzug ist. Dabei ist es meistens gerade diese übermäßige Sorge, die sie dann wirklich erkranken lässt. Ihre Hausapotheke ist für jeden Fall gerüstet und jedes kleine Zipperlein wird gleich gezielt mit einem Mittelchen aus diesem Vorrat behandelt. Vor Medikamentenmissbrauch sollte sich jede Jungfrau folglich vorsehen.

Da sie sehr auf gesunde Ernährung bedacht ist, fällt es ihr nicht so schwer wie anderen Sternzeichen sich auch an einen ausgeglichenen Speiseplan zu halten. Diszipliniert zieht sie eine Diät oder eine Entschlackungskur durch. Eigentlich mag sie Natur- und Reformkost ganz gerne und hält sich beim Fleischkonsum freiwillig zurück, weil es ihr nicht besonders schmeckt und sie die Folgen einer ungesunden Ernährung auch sofort zu spüren bekommt. Viele Jungfrauen werden deshalb zu Vegetariern. Auf scharfe Gewürze und säurehaltiges Obst, das ihrem Magen zu schaffen macht und Sodbrennen verursachen kann, zu verzichten fällt ihnen da schon schwerer.

Doch auch hier wird die Vernunft siegen und nachdem sie schlechte Erfahrungen gemacht haben, wenn sie nicht auf die Reaktionen ihres Körper gehört haben, kehren sie wieder zu Getreideprodukten, Rohkost, Gemüse, Milchprodukten und Nüssen zurück, die ihnen viel besser bekommen.

Die Jungfrau ist auf jeden Fall gut beraten, ihren Körper nicht übermäßigen Belastungen auszusetzen, für genügend Ausgleich zum langen Sitzen zu sorgen und sich vor allem nicht zu viele Gedanken um kleine Wehwehchen zu machen. Wenn es sie allerdings wirklich einmal richtig erwischt hat, sollte sie sich gründlich auskurieren, auch wenn es länger dauert und sich nicht aus falschem Pflichtgefühl allzu schnell wieder an die Arbeit machen. Außerdem erleichtert sie denen, die sie pflegen, die Arbeit sehr, wenn sie nicht an allem herumnörgelt und sich dauernd nur beklagt.

Beruf und Geld

Die Jungfrau sollte Berufe wählen, bei denen sie ihr Pflichtgefühl, ihre Präzision und ihren scharfen Verstand einsetzen kann.

Als Angestellte leistet sie jeder Firma hervorragende Dienste, wenn sie die Organisation der Abläufe übernimmt. Sie ist äußerst fleißig und sorgfältig bei der Erledigung ihrer Aufgaben und geht richtig in ihrer Arbeit auf, ohne viel Aufhebens davon zu machen, obwohl ihr natürlich ein ernst gemeintes Lob gut tut. Allerdings ist ihr der Lohn für die Arbeit wichtiger als Ruhm und Anerkennung. Pünktlichkeit ist eine weitere ihrer Stärken und man kann sich darauf verlassen, dass sie die ihr übertragene Arbeit termingerecht abliefert.

Mit ihren Kollegen wird sie selten richtig warm, zieht sich eher zurück und verschanzt sich hinter einem Berg noch zu erledigender Arbeit. Deshalb gilt sie zwar als zuverlässiger, aber nicht besonders beliebter Mitarbeiter, der viel Kritik übt, zuweilen sogar am Chef, wenn sie es für nötig hält. Da sie jedoch eine bescheidene Person ist, verzeiht man ihr auch mal ihre Kritisiererei, vor allem wenn sie konstruktive Vorschläge dagegen setzt.

Zum Vorgesetzten eignet sich die Jungfrau aufgrund ihres Fleißes und ihrer Zielstrebigkeit vorzüglich. Sie macht allen in der Firma vor, wie sie zu arbeiten haben, nämlich mit vollem Engagement und hingebungsvoll. Überstunden macht sie selbst am meisten, verlangt diese aber auch mal von ihren Mitarbeitern. Obwohl sie sich ihren Untergebenen gegenüber häufig kühl und distanziert gibt, kann man getrost mit sachlichen und vernünftigen Vorschlägen zu ihr kommen. Sie ist vorsichtig im Geschäftsleben, verdient sich ihr Geld lieber durch Beharrlichkeit und Durchhaltevermögen als durch riskante Spekulationen und Entscheidungen. Sie sollte jedoch vorsichtig mit Kritik umgehen, damit vergrault sie sich sonst die besten Mitarbeiter, die selbst genau wissen, was sie wert sind.

Technische Berufe sind für die Jungfrau wie geschaffen, denn die Ordnung, Regelhaftigkeit und Logik der technischen Welt haben sie schon immer fasziniert. Auch hat sie ein besonderes Geschick im Umgang mit diesen Dingen und ihre Genauigkeit lässt sie viele Fehler vermeiden, die unachtsamere Menschen verursachen könnten.

Geistige Tätigkeiten entsprechen der Jungfrau mehr als handwerkliche. Alles Methodische fordert sie besonders, so zum Beispiel der Beruf des Archivars, des Chemikers oder Pharmazeuten, des Buchhalters, des Sekretärs oder des Bibliothekars. Aber auch in sozialen Berufen geht sie auf, so etwa als Arzt für die verschiedensten Krankheiten, ganz besonders als Chirurg wegen ihrer Präzision oder aber als Tierarzt, denn die Jungfrau ist unheimlich tierlieb. Oft empfindet sie, dass sie sich auf Tiere eher verlassen kann als auf ihre Mitmenschen. Als Akademiker kann die Jungfrau Karriere machen oder aber als Rechtsanwalt. Gewissenhaft tritt sie dann für ihre Klienten ein und setzt ihre ganzen Kräfte in den Dienst ihres Berufs. Von künstlerischen Berufen sollte sie allerdings die Finger lassen, denn als fantasievoll kann man sie nicht gerade bezeichnen.

Was ihre Finanzen angeht, ist die Jungfrau immer etwas in Sorge um das Sicherheitspölsterchen auf dem Bankkonto, was sie jedoch gar nicht zu sein braucht, denn keiner versteht es wie sie zu sparen und sich ein finanzielles Ruhekissen zu schaffen. Dabei muss sie darauf achten, dass sie nicht zu knauserig wird und sich nicht allzu sehr aufs Geldanhäufen konzentriert.

Dies tut sie allerdings nicht aus irgendwelchen Machtgelüsten heraus, sondern einfach, weil sie Freude an unvergänglichem Besitz hat, in den sie ihr hart erarbeitetes Geld gern investiert. Die Jungfrau kann mehrere Häuser besitzen, die sie dann vermietet, um auch hier ein lukratives Geschäft zu machen. Doch sollte sie sich nicht auf risikoreiche Spekulationsgeschäfte einlassen, sondern ihren Besitz durch Fleiß und Beharrlichkeit mehren.

Liebe und Partnerschaft

Der Jungfrau-Mann

Ein Mensch der vielen Worte ist er zwar nicht, aber er besticht durch kühle Eleganz, Verlässlichkeit und Treue sowie die Sicherheiten, die er einer Frau bieten kann.

Ein Jungfrau-Mann tut sich immer schwer mit der Liebe, auch wenn es nur um einen kleinen Flirt geht, für den er eigentlich weniger zu haben ist als für eine längere Beziehung. Nur selten geht er von selbst auf eine Frau zu, auch wenn sie ihm noch so gefällt, sondern wartet ab und lässt sie den ersten Schritt tun. Damit vergibt er sich nämlich nichts, macht sich nicht lächerlich und ist auch nicht gezwungen in Aktion zu treten.

Auch wenn man ihn schon länger kennt, ist er noch sehr zurückhaltend und öffnet sich nur langsam und Schritt für Schritt seiner Partnerin, die viel Fingerspitzengefühl haben muss und ihn nicht drängen darf. Außerdem umgibt sich der Jungfrau-Mann grundsätzlich mit intelligenten und sorgfältig ausgesuchten Freunden um interessante Diskussionen mit ihnen führen zu können, da sollte auch seine Lebensgefährtin keine Ausnahme bilden. Dumme Frauen kann er nicht leiden.

Auf Pünktlichkeit achtet er sehr und wenn man ihn zu oft warten lässt oder ihn gar unentschuldigt versetzt, verzeiht er das einem nur schwer. Überhaupt ist er mit Kritik schnell zur Hand und das immer häufiger und hemmungsloser, je länger man mit ihm zusammen ist. Er analysiert seine Lebensgefährtin und wirft ihr pausenlos ihre Schwächen vor, was das tägliche Zusammenleben sehr strapazieren kann.

Vor allem darf sich der Jungfrau-Mann nicht in eine träumerische schwache Frau vergucken, denn deren Gemütsschwankungen versteht er nicht und hält sie für Launen, mit denen er geärgert werden soll. Er steht diesen Ausbrüchen dann verständnislos gegenüber, versteckt seine Unsicherheit hinter bissigen Bemerkungen oder, was noch wahrscheinlicher ist, hinter einer Wand von Nichtachtung, was die gefühlvolle Partnerin nur noch unglücklicher macht. Oft kommen die beiden aus diesem Teufelskreis nicht mehr heraus und müssen ihre Beziehung als gescheitert betrachten. Das längere Zusammenleben macht ihn nämlich meistens nicht anschmiegsamer, sondern eher ehrlicher und offener, was bei ihm mit Kritik verbunden ist. Dies ist für ihn ein Zeichen des Vertrauens.

Einen feurigen Liebhaber, der Leidenschaft ausstrahlt und sich in heißen Liebesschwüren ergeht, darf man auch beim Sex nicht erwarten. Besonders wichtig ist der Liebesakt nicht für den Merkurschützling und nicht selten muss die Frau die Initiative ergreifen, damit es überhaupt dazu kommt. Dann ist er ein ergebener Liebhaber, der manchmal etwas routinehaft reagiert und sich lieber führen lässt als sich selbst Besonderheiten fürs Bett auszudenken. Allerdings ist er auch gern bereit, Neues zu lernen, wenn ihn das nicht zu viel Energie kostet. Ausdauer zählt zu seinen hervorragendsten Eigenschaften, die gleicht dann fehlende Leidenschaft und Ekstase aus, denn die Kontrolle über sich selbst verliert der Jungfrau-Mann niemals.

In der Familie sollte man ihm die Geldangelegenheiten überlassen, darin ist er der Fachmann und wenn man ihm ein gepflegtes und ordentliches Heim bietet, wird er auch seine Kritik etwas zügeln. Kommt es zu Unstimmigkeiten oder Streit, vergräbt er sich in seiner Arbeit. Überhaupt muss er darauf achten, dass die Familie neben dem Beruf nicht zu kurz kommt.

Die Jungfrau-Frau

Sie ist bei ihrer Partnersuche sehr wählerisch. Im Grunde können es ihr nur wenige recht machen. Sie selbst strahlt Zuverlässigkeit, Fürsorglichkeit und geistige Kameraderie aus, sodass viele unstete Männer bei ihr Halt suchen. Aber sie wägt deren Vor- und Nachteile immer genau ab und überlegt sich gut, ob sie sich auf eine längere Beziehung einlassen will. Auf ein kurzes Intermezzo verzichtet sie meistens. Deshalb bindet sie sich oft erst spät. Am besten kommen bei ihr gepflegte Männer an, die charmant und galant um sie werben, aber nicht mit der Tür ins Haus fallen oder sofort heiße Liebesbeteuerungen von ihr verlangen.

Hat sich nach der langwierigen Prüfphase doch einer gefunden, mit dem es die Jungfrau-Frau versuchen will, ist ein harmonisches Zusammenleben bei weitem nicht garantiert. Der Auserwählte muss nämlich vielerlei Nörgelei oder gar Umerziehungsversuche über sich ergehen lassen, was nicht jeder widerspruchslos hinnimmt.

Wichtig ist für sie, dass sie im Partner vor allem einen Gefährten, einen Kameraden hat, der sie in seine Pläne einweiht und bei einem guten Glas mit ihr die Ereignisse des Tages durchspricht. Geistig muss er ihr ebenbürtig sein, "Schwätzer" mag sie nicht, aber ebenso wenig gefällt es ihr, wenn er sie geistig überflügelt, sie kommt sich nicht gern dumm vor.

Wenn es in einer Beziehung mal nicht mehr klappt, geht die Jungfrau-Frau ziemlich skrupellos vor. Wenn sie merkt, dass sie sich in einer Sackgasse befindet, macht sie nicht viel Aufhebens und setzt der Beziehung schnell ein Ende ohne Rücksicht auf die Gefühle des anderen, die dadurch verletzt werden könnten. Sie findet es am vernünftigsten, die

Sache nicht lange hinauszuzögern und sich möglichst schnell zurückzuziehen. Gehen die Partner allerdings im gegenseitigen Einvernehmen auseinander, ist es für die Jungfraugeborene nur selbstverständlich, dass sie gute Freunde bleiben und sich auch später noch ab und zu treffen, was bisweilen die Eifersucht des neuen Partners auf den Plan rufen kann. Diese erträgt sie schlecht, obwohl sie selbst nicht davor gefeit ist.

Jungfrau will sie nicht um jeden Preis bleiben, aber ihre Liebhaber sucht sie sich sorgfältig aus. Sie wird sich häufig anfangs zieren und nach dem ersten Treffen landet man mit ihr bestimmt nicht im Bett. Wenn man dann ihr Vertrauen gewonnen hat, ist sie aber eine zärtliche Bettgenossin, die gerne alles mitmacht, um ihrem Liebsten zu gefallen. Da aber Sex nicht das Wichtigste in ihrem Leben ist, kann sie seinen Entzug geschickt einsetzen, um den Mann zu bestrafen oder etwas von ihm zu erlangen. Im Bett spielt sie meist die Rolle der hingebungsvollen Dienerin, die ihre Pflicht erfüllt und wirft den Angebeteten nicht gerade mit ihrer Leidenschaft um. Und sauber und gepflegt muss die Atmosphäre beim Liebesspiel sein. Schnelle Aktionen in schmuddeliger Umgebung törnen sie nur ab.

Sie ist eine gute Hausfrau, obwohl sie nur etwas widerwillig den Beruf für die Familie aufgibt und auch wieder mitverdienen will, sobald die Kinder alt genug sind. In ihrem Haushalt herrscht Ordnung und Sauberkeit, die sie pingelig verteidigt. Manchmal nimmt das schon beinahe manische Formen an. Wehe, sie findet ein Staubkorn auf den Möbeln oder man läuft mit dreckigen Schuhen durchs Wohnzimmer. Da kennt ihr Zorn keine Grenzen.

Wer passt zur Jungfrau

Den beiden Erdzeichen Stier und Steinbock fühlt sie sich besonders in ihrem Hang zum Materiellen verbunden, wobei der Stier ihr manchmal etwas zu heftig reagiert, der Steinbock entspricht da mehr ihrem Temperament.

Geistig und verstandesmäßig sind ihr Skorpion, Wassermann und Zwilling ebenbürtig, doch bekommt sie sich mit dem Wassermann ob seinem Freiheitsdrang in die Wolle, der Skorpion verlangt zu viel Leidenschaft von ihr und der Zwilling ist ihr zu unstet.

Die Verbindung Jungfrau mit Jungfrau ist gar nicht übel, findet man doch im Partner das, was man selbst so schätzt: die Ordnungsliebe, das vernünftige Denken, den geschickten Umgang mit Geld. Die gegenseitige Kritik kann hier auch befruchtend wirken.

Der Krebs teilt mit der Jungfrau das Sicherheitsdenken, doch seine Gefühlsschwankungen machen ihr genauso wie die Traumtänzerei des Fischs zu schaffen.

Mit dem Schützen kann es zu einer günstigen Partnerschaft kommen, denn er ist ebenso vorsichtig, wenn es darum geht, sich fest zu binden. Da kann tolerantes Denken auf beiden Seiten durchaus zu einer glücklichen Verbindung führen.

Der Widder ist der Jungfrau zwar oft zu heftig, aber seine Energie kann sie auch anstecken. Mit dem herrschsüchtigen und imposanten Löwen hat sie da schon mehr Mühe, wie ihr auch seine Verschwendungssucht gegen den Strich geht. Ihr eher asketisches Leben sieht sie nicht gerne von ihm auf den Kopf gestellt.

Die charmante und gebildete Waage gefällt der Jungfrau schon ganz gut, solange sie nicht zu Gefühlsduseleien neigt und sie das Harmoniebedürfnis der Waage mit ewigen Nörgeleien belastet.

Berühmte Jungfrauen

Georg Wilhelm Hegel,	27. August 1770
Johann Wolfgang von Goethe,	28. August 1749
Ludwig XIV.,	5. September 1638
Franz Josef Strauß,	6. September 1915
Eduard Mörike,	8. September 1804
Anton Dvorak,	8. September 1841
Kardinal Richelieu,	9. September 1585
Lew Nikolajewitsch Tolstoi,	9. September 1828
Marie v. Ebner-Eschenbach,	13. September 1830
Alexander von Humboldt,	14. September 1769
Agatha Christie,	15. September 1890
Käthe Kruse,	17. September 1883
Greta Garbo,	18. September 1905
Robert Bosch,	23. September 1861

Der Mond in Jungfrau

Kennzeichen: anspruchsvoll, methodisch, Schwerarbeiter, ordentlich, sauber, dezent, emotionell kritisch, dienend, Perfektionist

Der Mond im Zeichen der Jungfrau lässt auf einen präzise und hart arbeitenden und praktisch veranlagten Menschen schließen, der auf Ordnung und Sauberkeit bei der persönlichen Hygiene und im Haushalt bedacht ist. Solche Leute sind heikel in Bezug auf Nahrung und Diät und achten auf ihre Gesundheit. Sie sind in der Regel gute Köche, wobei ihnen die Bekömmlichkeit der Speisen ebenso wichtig ist wie die Gaumenfreude.

Menschen mit dem Mond in diesem Zeichen sind meist schüchtern und gehen nicht gerne aus sich heraus. Sie arbeiten am liebsten hinter den Kulissen, achten sorgfältig auf Details und möchten den anderen gern zu Diensten sein. Sie stellen keine persönlichen Fragen, außer wenn es unbedingt notwendig ist. Sie sind zwar neugierig, aber nur in Bezug auf ihre Arbeit und praktische Angelegenheiten.

Ist der Mond in diesem Zeichen ungünstig aspektiert, können unwesentliche Kleinigkeiten zu wichtig genommen werden, was zu einer nörgelnden und kritischen Haltung führt. Ein Perfektionismus im kleinen Detail kann diese Menschen blind machen für größere Zusammenhänge.

Merkur in Jungfrau (Domizil) (Erhöhung)

Kennzeichen: dualistisch, nervös, zusammenarbeitend, schlau, geduldig, systematisch, sitzend, präzise, wissenschaftlich

Im Zeichen Jungfrau ist der Merkur Regent. In dieser Stellung zeigt er einen analytischen Verstand mit einer starken Befähigung zu praktischem Denken an. Diese Nativen können auf einer minutiösen Präzision beharren, die anderen Menschen kleinlich erscheinen mag. Sie verlangen eine wohl geordnete Umgebung, wirksame Methoden und Vorgehen, besonders auf ihrem eigenen Arbeitsgebiet. Für detaillierte wissenschaftliche Arbeit und Forschung ist das die günstigste Merkurstellung.

Diese Menschen erreichen beruflichen und finanziellen Erfolg dadurch, dass sie sich eine gute Ausbildung und spezialisierte Fähigkeiten aneignen. Interesse und Begabung in der Grammatik machen sie beredt in Wort und Schrift. In der Regel beharren sie auf korrekter grammatikalischer Formulierung, korrekter Orthografie und Interpunktion und sind deshalb ausgezeichnete Sekretärinnen oder Korrespondenten. Anders als bei Merkur in den Zwillingen, wo Interesse an den Ideen an sich besteht, gilt bei Merkur in der Jungfrau das Hauptaugenmerk denjenigen Ideen, die sich praktisch verwirklichen lassen und die finanziellen Erfolg und eine gute Position versprechen. Menschen mit dieser Stellung sind arbeitsorientiert und leben eher zurückgezogen, da sie es vorziehen, keine Zeit mit eitlen Gesprächen zu verlieren.

Medizin, Ernährungskunde, Hygiene, Mathematik und exakte knifflige Arbeit jeder Art liegen den Geborenen. Im diametralen Gegensatz zu Merkur im Löwen aber können sie den Hauptzweck aus den Augen verlieren, weil sie sich zu sehr mit Details aufhalten, die für sie eine unangemessene Wichtigkeit erlangen.

Venus in Jungfrau (Fall)

Kennzeichen: unterdrückte Gefühle, wählerisch, höflich, Perfektionist, unentschlossen, Arbeitsteilung, überkritisch, kühles Äußeres, Schönheit

In der Jungfrau befindet sich die Venus in ihrem Fall, weil das Zeichen Jungfrau dem Zeichen Fische gegenübersteht, worin die Venus erhöht ist. Menschen mit dieser Stellung neigen dazu, Gefühle streng und kritisch zu analysieren und gegenüber denjenigen, die sie lieben, zu kritisch zu sein, wodurch sie bei den Partnern Befangenheit und

Hemmungen auslösen und spontane Zuneigungen lähmen können. Diese analysierende Haltung kann ihnen auch eine unmittelbare intuitive Reaktion auf alles Schöne unmöglich machen. Solche Menschen versuchen die Schönheit einer Rose zum Beispiel dadurch zu verstehen, dass sie Blättchen für Blättchen zerrupfen. Sie werden nicht gewahr, dass die Schönheit der Rose in ihrer Ganzheit liegt.

Menschen mit Venus in der Jungfrau wählen häufig Partner, mit denen sie zusammenarbeiten können und die ihre intellektuellen Interessen teilen. Bei dieser Venusstellung findet man mehr unverheiratete Leute als bei den anderen Zeichenstellungen der Venus, weil die Nativen zu hohe Anforderungen an einen eventuellen Partner stellen. Wenn Venus nicht sehr schwer verletzt ist, kommen im Allgemeinen freundschaftliche Beziehungen zu Mitarbeitern zustande. Der Arbeitsplatz wird oft durch eine persönliche Initiative künstlerisch gestaltet.

Diese Geborenen legen großen Wert auf gute Umgangsformen, persönliche Erscheinung und Hygiene; sie fühlen sich von Ungepflegtheit in jeder Form abgestoßen und haben einen angeborenen Sinn für Ordnung und Sauberkeit. Sie sind deshalb gute Köche und Ernährungsspezialisten. Oft verfügen sie über ein besonderes Flair für das Entwerfen und Herstellen von Kleidern und machen sich als Modeschöpfer einen Namen. Im künstlerischen Bereich liegt ihnen eher das handwerkliche oder technische Geschick, während es ihnen weitgehend an Fantasie und Inspiration mangelt.

Die extreme gesellschaftliche Gewandtheit dieser Menschen ist oft nur ein Deckmantel für ihre Schüchternheit und gewisse Minderwertigkeitsgefühle. Ihre kühle Distanziertheit, besonders bei Frauen mit dieser Stellung, verhindert oft die Entwicklung von Liebesbeziehungen. Daraus kann ein Gefühl der Einsamkeit und Frustration entstehen. Deshalb ziehen sie sich gern in ihre Arbeit und intellektuelle Tätigkeiten zurück und wenden vielleicht ihre ganze Liebe einem Tier zu. Dies trägt nicht gerade dazu bei, gesellschaftliche Kontakte zu fördern und diesen Menschen aus ihrem Schneckenhaus herauszuhelfen. Weist die Venus eine günstige Häuserstellung und günstige Aspekte auf, können allerdings die Schwierigkeiten meist überwunden oder gemildert werden. Weil die Jungfrau ein Erdzeichen ist, bedeutet Venus in dieser Stellung, dass die Nativen materielle Bequemlichkeiten lieben und gerne wertvolle Besitztümer sammeln um sich Ansehen zu verschaffen. Sie arbeiten oft hart, um solche Dinge zu erwerben und betrachten sie manchmal gleichsam als Ersatz für persönliche Zuneigung.

Menschen mit Venus in der Jungfrau sind mitfühlend und kümmern sich um Kranke. Ihr Geschick im Umgang mit Pflegebedürftigen macht sie zu guten Ärzten und Krankenschwestern. Sie haben auch Verständnis für psychologische Probleme, die sich aus sozialer Fehlanpassung ergeben, denn in diesem von Merkur beherrschten Zeichen befähigt Venus die Nativen, in solchen Angelegenheiten Herz und Verstand zu gebrauchen.

Wenn Venus durch Mars, Uranus, Neptun oder Pluto verletzt wird, kann sich merkwürdigerweise eine Überkompensation der Schüchternheit und gesellschaftlichen Anpassung ergeben, die in Promiskuität und Vagabundentum ausarten kann. Diese Reaktion entspringt einer tief verwurzelten Furcht, nur auf diese Weise Liebe und sexuelle Erfüllung erleben zu können. Die Nativen glauben, durch sexuelle Eroberungen sich selbst ihr Begehrtsein beweisen zu müssen. In diesen Fällen gewinnt die unbewusste Polarität der Fische die Oberhand. Dieser reaktionäre Typus kann in seiner persönlichen Erscheinung und seinem Verhalten grob und schlampig werden.

Mars in Jungfrau

Kennzeichen: wissenschaftlich, ordentlich, reizbar, schlau, Kritik, geschickt, praktisches Handeln, Perfektionist, pingelig, nervös

Mars in der Jungfrau bedeutet Energie und Geschick bei jeder Art von Arbeit. Geschickte Handwerker, wie etwa Präzisionsmechaniker, haben oft Mars in einem Erdzeichen und besonders in der Jungfrau. Mars ist maßgebend für Handfertigkeit und den Umgang mit scharfen Instrumenten; die Jungfrau hat als sechstes Zeichen mit der Gesundheit zu tun und so bedeutet Mars in der Jungfrau auch Geschick auf medizinischem Gebiet; insbesondere Chirurgen werden oft eine solche Marsstellung im Horoskop haben.

Menschen mit dieser Marsstellung planen ihre Unternehmungen sorgfältig und führen sie systematisch durch. Ohne gute handfeste Gründe werden sie kaum etwas unternehmen. Im Gegensatz zu Mars im Löwen, der den Wunsch ausdrückt, im Großen und Ganzen zu dominieren, möchten Menschen mit Mars in der Jungfrau als besonders exakt gelten. Ihre perfektionistische Tendenz kann es ihnen manchmal unmöglich machen, überhaupt etwas fertig zu bekommen. Sie sind übertrieben umständlich und höchst kritisch, besonders, wenn es sich um Einzelheiten des methodischen Vorgehens und um Genauigkeit handelt. Sie bestehen auf einem wohlorganisierten Arbeitsmilieu.

Ist der Mars in der Jungfrau ungünstig aspektiert, kann es mit Vorgesetzten, Untergebenen und Mitarbeitern zu Meinungsverschiedenheiten kommen, die sich so zuspitzen können, dass eine Zusammenarbeit unmöglich wird. Die Erwerbstätigkeit kann auch mit Unfallgefahren verbunden sein. Ein verletzter Mars in der Jungfrau kann auch ein nervöses und reizbares Temperament anzeigen.

Jupiter in Jungfrau (Exil)

Kennzeichen: Tugendhaftigkeit, vernünftig, ehrgeizig, ehrlich, kritisch, intellektuell, gewissenhaft, Perfektionist, überschätzt, dienend, Arbeit

In der Jungfrau steht Jupiter im Exil, weil er Mitherrscher des gegenüberliegenden Zeichens Fische ist. Dennoch ist es keine ungünstige Stellung, denn die Nativen schätzen die Arbeit und leisten ihren Mitmenschen wertvolle Dienste.

Allerdings kann die exakte Arbeitsweise der Jungfrau und ihre Liebe zum Detail mit der Expansionstendenz des Jupiter in Konflikt geraten. Niemand kann jedem einzelnen Aspekt eines groß angelegten Vorhabens bis in alle Einzelheiten genaue Beachtung schenken. Aus diesem Konflikt kann sich entweder Überarbeitung ergeben oder gewisse Seiten des Vorhabens werden unsachgemäß behandelt. Die Person muss also lernen, sich der Mitarbeit anderer zu versichern und Verantwortlichkeiten zu delegieren, oder aber das Ausmaß ihrer Unternehmungen entsprechend einzuschränken.

Menschen mit dieser Stellung verlangen auch in Einzelheiten volle Redlichkeit und sind fähig, aus einer Fülle von Informationen Wahrheit und Irrtum auszusondern. Sie mögen aber in einer moralisierenden Weise auf Perfektion bis ins kleinste Detail bedacht sein, was viele Leute vor den Kopf stößt. Im Extremfall machen sie aus Mücken Elefanten und verlieren den Sinn für Proportionen.

Ist Jupiter in diesem Zeichen günstig aspektiert, charakterisieren Ehrlichkeit und Integrität die Arbeiten und Geschäfte, was zu guten Beziehungen mit Mitarbeitern, Vorgesetzten und Untergebenen führt. Solche Menschen erfreuen sich meist angenehmer Arbeitsbedingungen und werden für die von ihnen geleisteten Dienste geschätzt und gut bezahlt.

Sauberkeit und Ordnung gilt ihnen als oberstes Gebot - dies sind Eckpfeiler ihrer moralischen Integrität. Saloppe Nachlässigkeit in Kleidung und Haushalt missfällt ihnen. Ist allerdings Jupiter schwer verletzt, kann ihr Verhalten - als eine psychologische Reaktion - genau ins Gegenteil umschlagen, ähnlich wie bei einer verletzten Venus in der Jungfrau.

Ihre religiösen und moralischen Glaubensvorstellungen beruhen auf dem Konzept des Dienens. In ihren Augen haben hohe Ideale wenig Wert, wenn sie keine praktische Anwendung finden. Diese Realitätsbezogenheit macht sie konservativ und etwas orthodox in ihren sozialen und religiösen Ansichten, ähnlich wie bei Jupiter in den Zeichen Stier oder Steinbock.

Es kann ein Interesse für Dienstleistungen und Wohltätigkeit zugunsten körperlich oder geistig Kranker, zum Beispiel in Krankenhäusern oder Lehranstalten, bestehen. Reiche Menschen mit Jupiter in der Jungfrau tragen oft zum Unterhalt solcher Institutionen oder ärztlicher Missionen bei.

Ist Jupiter in der Jungfrau ungünstig aspektiert, kann es zu instabilen Anstellungsverhältnissen kommen, weil eine Tendenz besteht, sich von Arbeitsstelle zu Arbeitsstelle treiben zu lassen. Es kann Arbeitsscheu und Unzufriedenheit in Bezug auf Arbeitsbedingungen, Mitarbeiter und Vorgesetzte vorkommen.

Diese Menschen müssen lernen, dass die Auslegung schöner Ideen allein nicht genügt, um geistige Ziele zu erreichen.

Saturn in Jungfrau

Kennzeichen: Perfektionist, Schwerarbeiter, ernst, materialistisch, aufmerksam, Alleingänger, pedantisch, auf Einzelheiten bedacht, diskret

Menschen mit Saturn in der Jungfrau sind praktisch veranlagt, exakt und leisten harte Arbeit. Details, Pünktlichkeit, Genauigkeit und Zweckmäßigkeit liegen ihnen - besonders bei ihrer Arbeit - am Herzen.

Ist Saturn in der Jungfrau ungünstig aspektiert, kann sich in der Beziehung zu Mitarbeitern, Vorgesetzten und Untergebenen der Hang zum Perfektionismus bemerkbar machen. Diese Nativen nehmen es in Bezug auf Regeln und Bestimmungen peinlich genau, sodass es für andere schwierig ist, mit ihnen auszukommen. Sie treiben sich selbst und andere zu Überarbeitung, wobei sie in ihrer übertriebenen Sorge ums Detail die größeren Zusammenhänge aus den Augen verlieren.

Oft sind sie auf den Gebieten der Medizin, Gesundheitsforschung und Naturwissenschaft tätig, oder aber sie beschäftigen sich mit Registraturarbeit, sei es in der Buchhaltung oder in einer Bücherei. Bei wissenschaftlichen Experimenten und der Analyse von experimentellen Ergebnissen beweisen sie Geduld und Genauigkeit.

Menschen mit dieser Stellung sind oft streng, düster und schwermütig, weil sie von ihrer übermäßigen Arbeitslast und vielschichtigen Verantwortlichkeiten niedergedrückt werden. Sie sollten hie und da ausspannen und Sinn für Humor entwickeln. Sorgen und Überarbeitung können sie krank machen; es treten oft Nervosität und Verdauungsbeschwerden auf.

Uranus in Jungfrau (1962-1969)

Kennzeichen: Gesundheitspflege-Berufe, mechanisch, frei, subtil, origineller Beruf, intellektuell, revolutionär, erfinderisch, Computer

Uranus in der Jungfrau deutet auf Menschen, die originelle, aber praktische Ideen für Arbeitsverfahren haben, besonders auf den Gebieten des Gesundheitswesens, der Wissenschaft und der Technik.

Während Uranus im Zeichen Jungfrau stand - dem von Merkur, dem mentalen, wissenschaftlichen Planeten, beherrschten Zeichen - wurden viele elektronische Erfindungen gemacht, einschließlich der Computer, die Handel und Industrie revolutioniert haben. Der gleiche Zeitabschnitt hat auch die Entwicklung der Festkörperschaltung in Form von Transistoren und anderen Geräten gebracht.

Die Generation mit Uranus in der Jungfrau, deren Angehörige heute noch Kinder sind, wird einzigartige und geniale Methoden in Industrie, Wissenschaft und Technik, im Arbeitgeber-Arbeitnehmer-Verhältnis, Umweltschutz und Gesundheitswesen entwickeln. Die zwischen 1964 und 1968 geborenen Kinder, die Uranus in Konjunktion mit Pluto in der Jungfrau haben, werden auf diesen Gebieten einen besonders revolutionären Einfluss ausüben. Diese Generation wird schwere praktische Arbeit leisten müssen, um die menschliche Zivilisation zu regenerieren, damit sie für das neue, von Uranus beherrschte Wassermannzeitalter bereit ist.

Diese Menschen besitzen ein ungewöhnliches Geschäftstalent und einen unerschöpflichen praktischen Einfallsreichtum hinsichtlich der Organisation des Arbeitsprozesses. Es muss aber mit zahlreichen Wechseln und Unterbrechungen ihrer Beschäftigung gerechnet werden.

Ein verletzter Uranus kann plötzlich auftretende gesundheitliche Schwierigkeiten bedeuten. Die Nativen dürften sich für die Heilwirkung richtiger Diät und für die mentale Kontrolle der Körperfunktionen interessieren.

Neptun in Jungfrau (Exil) (1928-1942)

Kennzeichen: nörglerisch, überkritisch, Schwierigkeiten bei der Arbeit, psychische Kommunikation, Chaos, chemisch, Drogen, gedankenverloren

In der Jungfrau steht Neptun im Exil und steht für eine Generation, deren schöpferische und imaginative Fähigkeiten durch materielle Umstände durchkreuzt werden. Vieles, was der aufwachsenden Generation der großen Depression der Dreißigerjahre widerfuhr, geht auf das Konto von Neptun in der Jungfrau. Es war eine Zeit des wirtschaftlichen Chaos, man fand nur schwer Arbeit, über die das Zeichen Jungfrau herrscht.

Die negative Seite des Neptun in der Jungfrau kann sich noch verstärkt als eine Tendenz zu psychosomatischen Erkrankungen und zu einer übermäßigen emotionalen Konzentration auf unzusammenhängende Details zeigen. Zweifel oder Ablehnung von intuitiven Impulsen dürften sich in Form eines übertriebenen Materialismus bemerkbar machen. Unkluge Ernährungsgewohnheiten sind typisch für einen verletzten Neptun in der Jungfrau. Ein Großteil der Verfälschung unserer Nahrungsmittel durch chemische Zusätze begann in jenem Zeitabschnitt.

Pluto in Jungfrau (1957-1972)

Kennzeichen: Gesundheits-Revolution, Geisteskrankheit, psychosomatisch, Holistik, Arbeiter, Geburtenkontrolle

Jungfrau ist ein Zeichen, das mit Arbeit, Gesundheit und der praktischen Anwendung von Technologie zu tun hat. Der Transit des Pluto durch die Jungfrau kennzeichnete eine Periode revolutionärer Veränderungen in Bezug auf Anstellungsverhältnisse in der Medizin und der industriellen Produktion. Computer haben Wissenschaft, Handel und Industrie revolutioniert; Arbeiterbewegungen sind zu mächtigen politischen Kräften geworden; weltweit wurde die Verpackung von Nahrungsmitteln entwickelt. Die Automatisierung in der Industrie hat manche menschliche Arbeitskraft ersetzt. Die medizinische Wissenschaft verzeichnete Aufsehen erregende Fortschritte und Entdeckungen.

Die Einführung psychedelischer Drogen in den frühen Sechzigerjahren eröffnete den Menschen bisher unbekannte Gefilde des Bewusstseins und führte zu sozialen Umwälzungen bei der jüngeren Generation. Nachdem Pluto im Skorpion, dem Zeichen der Sexualität, herrscht und Jungfrau das Zeichen der Gesundheit ist, wurden in diesem Zeitraum die Methoden zur Geburtenregelung und eine neue Sexualmoral entwickelt. Eine drastische Zunahme der chemischen Verfälschung und Verseuchung von Nahrungsmitteln ist zu einem Hauptproblem geworden und hat eine Bewegung für natürliche Nahrungsmittel ins Leben gerufen.

Waage/Libra (Fall)

Kardinalzeichen, Luft

Kennzeichen: Harmonie, Kameradschaft, Gleichgewicht, ausgleichend, entspannt, konsequent, gesellig, bezaubernd, zugänglich, treuer Gefährte

Das siebte Zodiakzeichen.
Sonne steht im Zeichen: 23. September bis 22. Oktober (23. September bis zum 23. Oktober)

Jahreszeit:	Erstes Herbst-Zeichen
Kraftform-Mobilität:	Bewegend
Element:	Luft
Herrscher:	Venus als Abendstern, die hier in ihrem Element ist
Lebensmotto:	Ich liebe
Farbe:	rosa
Metall:	Kupfer
Steine:	Aquamarin, Edeltopas, Beryll, Diamant
Zahl:	6
Psychologische Grundhaltung:	Verbindlichkeit, Charme
Motivation:	Ausgleich
Handlungsrichtung:	Schönheit, Eleganz, Gemeinschaft, Bindung, Diplomatie, Lebensfreude, Liebe, Wärme, Verstehen, denn das Leben ist doch wunderbar!
Allgemeine Stärken:	Verbindlichkeit, Fürsorge, Verstehen, Diplomatie, Kunstfreude, Gemeinschaftssinn, Menschlichkeit
Allgemeine Schwächen:	Wankelmut, sich in der Liebe verlieren, Überschätzen von Äußerlichkeiten, Modetick, Snobismus
Größte Gefahr:	Sich in der eigenen Glückseligkeit verlieren
Aufgaben:	Verbindungen schaffen und pflegen, Kunstförderung, Wärme schenken, Lebensfreude ausstrahlen

Das Zeichen Waage wird von der Venus regiert, die den Nativen Charme und Anmut verleiht, gepaart mit dem Wunsch nach Beliebtheit und Anerkennung durch andere. Die hoch entwickelten Waagegeborenen werden jedoch niemals einen Grundsatz aufgeben, nur um Zustimmung und Beifall zu erlangen, denn sie wissen aus Erfahrung, dass aus einem solchen zweckgerichteten Verhalten letztendlich nur Demütigung resultieren kann.

Da das Zeichen Waage ein Kardinalzeichen ist, sind Waagemenschen gegenwartsbezogen und unternehmungsfreudig. Doch suchen sie für ihre Aktivitäten meist die Mitarbeit anderer, da sie das einmal Begonnene nicht gern allein weiterführen.

Waagemenschen haben ein ganz besonderes Bedürfnis nach Partnerschaft, um wirkliche Erfüllung zu finden. Doch müssen sie ihre Individualität innerhalb ihrer Beziehungen wahren können. Partnerschaft ist für Waagemenschen von primärer Bedeutung.

Gesellschaftliche Beziehungen und Kontakte mit der Öffentlichkeit sind ganz typisch für den Waagemenschen. Er wirkt daher mit Vorliebe in juristischen Berufen und Public Relations oder beschäftigt sich mit darstellenden Künsten, Musik und Partnerschaften, die eine enge Zusammenarbeit erfordern.

Der Sinn für Gerechtigkeit und Fair play ist bei den Waagemenschen dank der Erhöhung des Saturn in diesem Zeichen stark ausgeprägt. Folglich erwarten sie auch von ihren Partnern, dass sie ebenso hart arbeiten wie sie selber. (Manche Astrologen behaupten jedoch, dass Waagemenschen gerade aufgrund dieses Saturneinflusses faul sind). Je höher der Waagemensch entwickelt ist, umso intensiver wird er arbeiten, vor allem nach seinem neunundzwanzigsten Lebensjahr (da Saturn einen Zyklus von neunundzwanzig Jahren hat und in der Waage erhöht ist).

Die Waage ist ein Luftzeichen; bei den in diesem Zeichen Geborenen ist daher der Intellekt betont und sie sind stets aktiv auf der Suche nach Wissen, neuen Ideen und geistiger Anregung. Sie haben eine besondere Gabe, alle gesellschaftlichen Vorkommnisse in ihrer Umgebung zu analysieren. Zudem interessieren sie sich lebhaft für Psychologie und zwischenmenschliche Beziehungen. Sie sind daher andere gute Berater und versuchen häufig, ihren Mitmenschen bei der Lösung persönlicher Probleme zu helfen. In vielen Fällen spielen sie die Rolle eines Friedensstifters. Typisch für die Waage ist das Motto: "Ich gleiche aus."

Es geschieht selten, dass ein Waagegeborener seinem Ärger Luft macht (die Waage wird von der Venus regiert), doch wenn er einmal die Beherrschung verliert, entfesselt er einen Sturm und lässt nichts, aber auch gar nichts ungesagt. Noch nach fünfzig Jahren weiß der Waagemensch genau, was und unter welchen Umständen einst zu ihm gesagt worden ist und er unterlässt es nicht, dem anderen seine damaligen Äußerungen vorzuhalten. Doch sein Zorn verraucht schnell, zurück bleibt ein niedergeschlagener Mensch.

Die charmante Waage

Kennzeichnend für die Menschen, die im Sternzeichen der Waage geboren sind, ist das Streben nach Harmonie mit ihrer Umwelt und ihren Mitmenschen. Dieses Harmoniebedürfnis lässt die Waage möglichst jedem Streit aus dem Wege gehen.

Die Waage ist verständnisvoll, großmütig, geduldig und einfühlsam. Der Drang nach Ausgeglichenheit, Ruhe und Frieden macht den Waage-Menschen zu einem hervorragenden und geschickten Gesellschafter, der seinen Gesprächspartnern zuhören kann und eine

Unterhaltung so leitet, dass ein Gespräch oder ein Abend für alle Beteiligten sehr kurzweilig und unterhaltsam verläuft.

Dieser Charme, der die Waage bei ihren Mitmenschen stets ankommen lässt, erweckt bei vielen Neid und Missgunst, wodurch der Waage negative Eigenschaften angedichtet werden. So sagt man ihr oft nach, überheblich, eingebildet, hochnäsig und arrogant zu sein. Das mag auch damit zusammenhängen, dass Waagen überdurchschnittlich intelligent sind und dass sie sich deswegen vielleicht ihren Mitmenschen überlegen fühlen. Im Grunde ihres Wesens sind Waagen jedoch verständnisvoll, tolerant und gutmütig.

Vor allem Waage-Frauen zeichnen sich durch einen fürsorglichen, hilfsbereiten, liebenswürdigen und sanftmütigen Charakter aus. Waage-Frauen gelten als überdurchschnittlich hübsch und strahlen auch in kritischen Situationen noch Gelassenheit und Ruhe aus.

Waagen sind unverbesserliche Optimisten, die auch nach vielerlei Rückschlägen den Kopf nicht hängen lassen. Obwohl sie äußerlich ruhig und gelassen wirken und immer auf Ausgleich und Harmonie bedacht sind, ringen sie innerlich ständig um Balance. Schon kleine Erschütterungen genügen, um ihre inneren Waagschalen aus dem Gleichgewicht zu bringen, sodass sie in ihren Entscheidungen oft hin und her pendeln und unstet wirken.

Zur Bestätigung ihrer selbst brauchen Waagen den Zuspruch und die Anerkennung ihrer Mitmenschen. Das schmeichelt ihnen und stärkt ihr Selbstbewusstsein.

Der Umgang mit Waagen gestaltet sich im Großen und Ganzen problemlos, denn nicht umsonst gilt die Waage als das Sternzeichen der Beziehung zum anderen Menschen. Um eventuellen Konflikten vorzubeugen, sollte man jedoch darauf achten, nicht zu sehr an ihnen zu zweifeln, um ihr Selbstwertgefühl nicht anzukratzen. Ebenso darf man ihnen die Ruhe, Gelassenheit und Gutmütigkeit, mit der Waagen in allen Lebenslagen zu Werke gehen, nicht als Einfalt oder gar Torheit auslegen. Das haben diese großherzigen Menschen nicht verdient.

Gesundheit

Waagen zeichnen sich leider nicht durch eine widerstandsfähige Konstitution aus. Oft mangelt es ihnen an der nötigen Robustheit. Ihr körperlicher Schwachpunkt sind die Nieren, die häufiger als bei ihren Mitmenschen von Erkrankungen wie Entzündungen, Steinbildungen und anderen Schmerzen befallen werden. Das ist darauf zurückzuführen, dass Waagen gefühlsmäßig stark erregbar sind und sie innerlich an dem teilnehmen, was um sie herum geschieht und was Freunden, Kollegen und Mitmenschen widerfährt. Das ist daran zuerkennen, dass sie leicht erröten oder blass werden, wenn ein starkes Gefühl einen tiefen Eindruck auf sie macht.

Wegen dieser Erregbarkeit sollten Waagen tunlichst eine lärmende Umgebung meiden und sich von schreienden, lauten und aufdringlichen Menschen fernhalten, weil diese ihr empfindliches, labiles Gleichgewicht leicht stören können. Sie gehen ihnen im wahrsten Sinne des Wortes "an die Nieren" und erschüttern ihr Bedürfnis nach Harmonie, Ruhe und Ausgeglichenheit.

Deshalb ist es für Waagen ratsam, größere Veranstaltungen, Demonstrationen oder Massentreffen zu umgehen, wo dies die Situation erlaubt, weil sie Gefahr laufen, hier Menschen zu begegnen, die ihren inneren Frieden stören.

Um dieses inneren Friedens willen sollte die Waage keinen ausschweifenden Lebenswandel pflegen, sich keinen Exzessen hingeben und unbedachtes Handeln vermeiden. Besonders wichtig ist für Waagen ein gesunder Lebensstil und eine gesunde, ausgewogene Ernährung. Um ihren neuralgischen Punkt, die Nieren, zu schonen, sollten sie viel trinken, um dafür zu sorgen, dass sie gut durchgespült werden. Zum Schutz der Nieren ist ihnen auch von übermäßigem Alkoholkonsum und der Verwendung scharfer Gewürze wie Pfeffer, Chili oder Paprika abzuraten. Waagen sollten überwiegend leichte Kost wie Salate, Obst und Gemüse zu sich nehmen und auf Milchprodukte oder Fleisch verzichten.

Waagen eignen sich nicht für Sportarten, die den Körper über Gebühr strapazieren und in Mitleidenschaft ziehen, da sie keine zähe Gesundheit haben und körperliche Gebrechen auch ihr Gemüt und ihre Stimmung beeinträchtigen können. Deshalb gilt für Waagen: Hände weg von harten Sportarten wie Fußball, Rugby, Football oder ähnlichem. Die Waage sollte sich eher leichteren Sportarten zuwenden. So gehören Tennis und Tischtennis zu den für sie geeigneten Spielen, aber auch Wandern, Gymnastik oder leichte Gartenarbeit sind ihrer Gesundheit zuträglich.

Streit und Stress, vor allem mit dem Partner oder der Partnerin, schlägt bei Waagen auf die Gesundheit durch und löst neben Depressionen und schlechter Laune auch allergische Reaktionen wie Hautausschlag aus. Dies ist ein Grund dafür, dass Waagen um Ruhe, Harmonie und inneren Ausgleich bemüht sind.

Beruf und Geld

In Geldangelegenheiten stehen der Waage die Sterne meist günstig. Bei schwierigen finanziellen Entscheidungen trifft sie in vielen Fällen die richtige Wahl und gelangt so ohne größere Anstrengungen mit etwas Glück und Gespür für die Situation zu Geld. Zweifelhafte Geldgeschäfte, zwielichtige Investitionen und Geschäfte sollte sie außer Acht lassen, denn die Waage scheut das Risiko. Stattdessen würde es ihr besser zu Gesicht stehen, sich auf das herkömmliche Sparen zu verlegen. Denn ihre Neigung zum Sparen ist nicht besonders ausgeprägt, was noch durch ihre Verschwendungssucht verstärkt wird. So liebt die Waage teure Restaurants, in denen sie in ruhigem, luxuriösem Ambiente speisen kann. Erstaunlich oft werden Waagen als Erben eingesetzt. Hier macht sich bezahlt, dass Waagen als geschickte, charmante und unterhaltsame Gesellschafter auftreten können und dass sie mit ihren Freunden und Verwandten in möglichst großer Harmonie leben wollen. Sie verfügen also in jeder Situation über den richtigen Draht zu ihren Mitmenschen, die es ihnen durch eine Erbschaft danken.

Waagen werden aber auch mehr als andere von ihren Mitmenschen ausgenutzt, denn selten lehnen sie es aufgrund ihrer Großzügigkeit ab, Geld zu verleihen und dies auch dann, wenn die Bittsteller nicht eng mit ihnen befreundet sind.

Geld steht für Waagen zwar nicht im Mittelpunkt ihres Interesses und Lebens, doch dürfen sie es nicht mit vollen Zügen verschwenden oder gar leichtsinnig verschenken oder verleihen. Dann bleiben ihnen nämlich für schlechte Zeiten keine Rücklagen, obwohl sie in Geldfragen das Glück oft gepachtet haben.

Im Beruf spielt Geld nicht die Hauptrolle. Wichtiger sind für die Waage Berufe, die als angesehen gelten und viel gesellschaftliche Anerkennung bringen. Man sollte jedoch nicht vergessen, sich die erbrachten Leistungen entsprechend entlohnen zu lassen.

Die Waage fühlt sich an einem Arbeitsplatz wohl, an dem sie mit netten, gut aussehenden Kollegen zusammenarbeiten kann. Auch an den ihren Arbeitsplatz selbst stellt sie hohe Ansprüche. Dieser muss stilvoll eingerichtet sein und wenn möglich direkt von der Sonne erleuchtet werden.

Waagen eignen sich wegen ihrer stets herzlichen und hilfsbereiten Art besonders gut zu Gruppen- und Teamarbeit, weil sie sowohl unter den Kollegen als auch zwischen Chef und Untergebenen für Ausgleich und Entspannung sorgen können. Trotz ihrer Gutmütigkeit lassen sie nicht alles mit sich machen und nehmen auch nicht jede Arbeit ohne Prüfung auf Sinn und Gehalt entgegen. Vielmehr hinterfragen sie genau und machen konstruktive Einwände, um nur Arbeit zu erledigen die ihnen auch wirklich sinnvoll erscheint.

Als Chef sollte man darauf achten, Waagen keine barschen oder schroffen Befehle zu erteilen, weil sie dies nicht anspornt, sondern im Gegenteil ihren Arbeitseifer hemmt. Bei Waagen kann man die Motivation eher durch anerkennende, aufmunternde Worte anspornen.

Waagen benötigen auch des öfteren mal eine Pause, doch nicht, weil sie faul sind, sondern um mit erholten, frischen Kräften erneut ans Werk zu gehen.

Bei der Waage als Chef kommen ihre positiven Charaktereigenschaften voll zur Geltung. Sie ist klug und besonnen und ihr ruhiger Charakter lässt sie gerecht über alle Fragen entscheiden und Probleme aller Art lösen. So ist der Waage-Chef bei den Kollegen und insbesondere bei den Kolleginnen sehr angesehen und beliebt, bisweilen wird er sogar angehimmelt und verehrt.

Auch als Chef bleibt er ein Ästhet, der von seinem großzügig, geräumig und geschmackvoll eingerichteten Büro aus seine Geschäfte erledigt. Die hübsche Vorzimmerdame darf natürlich nicht fehlen.

Waagen sind für die harte Berufswelt eher ungeeignet, weil sie das Risiko scheuen und ihnen die nötigen Ellbogen fehlen, um sich durchzuboxen, wenn es die Situation einmal verlangt.

Besonders häufig findet man Waagen in Berufen, die ihnen den Kontakt mit Menschen ermöglichen und in denen ihr Selbstwertgefühl gesteigert wird. Überdurchschnittlich oft sind sie als Maler, Bildhauer, Schauspieler, Sänger, Schriftsteller und Filmschaffende tätig.

Liebe und Partnerschaft

Der Waage-Mann

Als harmonischer und friedfertiger Zeitgenosse, der dem Risiko und Abenteuern aus dem Wege geht, ist der Waage-Mann immer auf der Suche nach der Frau fürs Leben, mit der er in trauter Zweisamkeit sein Glück suchen will. Schnellschüsse sind nicht seine Sache und so geht er jede Beziehung mit der Absicht an, hier seine Vorstellung vom partnerschaftlichen Glück zu verwirklichen. Seine Gefühle für die Partnerin sind stets aufrichtig und er wird immer versuchen, sich und seiner Angebeteten eine schöne und harmonische Zeit zu bereiten.

Auch wenn seine Absichten ehrlich sind und er immer starke Gefühle für seine Partnerin empfindet, genügen schon kleine, eher harmlos erscheinende Anlässe, um das Feuer seiner Liebe zu löschen. Wie die Waagschalen seines Sternzeichens pendeln auch seine Gefühle hin und her, sodass schon wenig Sand im Getriebe der Liebe genügt, um ihn eine Beziehung beenden zu lassen. Er ist nicht der Typ, der einer Beziehung lange nachtrauert. Vielmehr macht er sich gleich wieder auf die Suche, um bei einer Neuen wiederum sein Glück zu suchen und auch dies mit dem festen Willen eine langfristige oder lebenslange Beziehung einzugehen.

Frauen müssen in der Regel nicht lange um seine Gunst werben und um ihn kämpfen, denn er ist immer offenherzig und schlägt auch selten jemandem einen Wunsch aus. Frauen, die seiner Eitelkeit schmeicheln, ihm Komplimente machen, ihn umgarnen und sein Selbstbewusstsein stärken, rennen bei ihm offene Türen ein und werden sich schon nach kurzer Zeit in seinen Armen wieder finden. Man sollte ihn jedoch gut festhalten und, wenn man ihn einmal am Haken hat, möglichst schnell durch eine Heirat an sich binden. Sonst kann es leicht passieren, dass er schon nach kleineren Unstimmigkeiten und Streitereien das Weite sucht.

Nach der Hochzeit kann man ihn als sehr guten Ehemann kennen lernen. Er erweist sich als liebenswerter und gerechter Ehemann, der viel Geduld und Verständnis für die Probleme und Sorgen seiner Angetrauten aufbringt. Er lässt ihr auch genug Freiraum, um eigene Ideen zu verwirklichen. Allerdings muss man ihm immer das Gefühl geben, im Mittelpunkt zu stehen. Dies verlangen seine Eitelkeit und sein Streben nach Anerkennung. Seine Ehefrau darf nie ihre häuslichen und ehelichen Pflichten ihm gegenüber vernachlässigen, sondern muss ihn umsorgen und ihm zur Seite stehen, wie er sich dies für eine glückliche, erfüllte Beziehung vorstellt. Er liebt es auch, wenn sie sich für ihn in Schale wirft und ihre schönsten Kleider für ihn anzieht, wenn sie zusammen ausgehen. Die anerkennenden Blicke anderer Männer erfüllen ihn mehr mit Stolz, als dass sie seine Eifersucht wecken; denn sie zeigen seinem Selbstwertgefühl, dass er etwas besitzt, was auch andere begehren.

Er ist ein Mann, für den Sex nicht eine lästige Pflichterfüllung ist. Liebe und Sex sind für ihn untrennbar miteinander verbunden. Auch im Bett kommen seine positiven Eigenschaften zur Geltung. Er kann auf seine Partnerin eingehen und erfüllt ihre Wünsche. Er ist ausdauernd und sehr zärtlich, ein Liebhaber, der sich seiner Frau mit viel Geduld annimmt und seine ganze Fantasie spielen lässt, um sie zu verwöhnen. Er versucht also auch im Bett möglichst für ein harmonisches Miteinander zu sorgen. Dabei ist er sehr treu und wagt nur in den seltensten Fällen ein Abenteuer außerhalb der wohlbekannten, ehelichen Gefilde. Seine Frau sollte es ihm damit danken, dass sie seine kleinen Fehler und Unzulänglichkeiten, derer er sich wohl bewusst ist, übersieht und seine Liebe erwidert.

Der Waage-Mann liebt seine Kinder sehr. Sie sind für ihn ein nicht wegzudenkender Bestandteil seines glücklichen, harmonischen Ehelebens. Er widmet ihrer Erziehung viel Zeit, spielt mit ihnen und ist stolz darauf, ihnen eine glückliche, sorgenfreie Kindheit zu bereiten.

Seine Ehefrau sollte dennoch darauf achten, ihre Pflichten als Mutter nicht vor ihren Pflichten als Ehefrau rangieren zu lassen, denn das weckt seine Eifersucht.

Die Waage-Frau

Die Waage-Frau ist für viele Männer die Traumfrau. Sie ist attraktiv, schlank, hat ein anziehendes Äußeres und zeichnet sich aus durch graziöse, anmutige Bewegungen und ihren umwerfenden Charme, mit dem sie die Männer in ihren Bann zieht. Doch wer als Mann bei ihr landen will, darf keine Kosten und Mühen scheuen. Sie liebt teure Restaurants, kleidet sich gerne nach der neuesten Mode und mag es, wenn teurer Schmuck ihre natürliche Schönheit und ihre Reize unterstreicht. Deshalb haben auch reiche Männer in repräsentativer Stellung die besten Chancen, ihre Gunst zu erwerben. Sie können ihre Wünsche und Ansprüche am besten erfüllen und an ihrer Seite erstrahlt ihre Schönheit in noch besserem Licht.

Aber auch Waage-Frauen, die finanziell nicht gut situiert sind und sich nicht alle Wünsche erfüllen können, was Kleidung und Schmuck betrifft, sehen gut aus und wecken das Interesse der Männer. Denn durch ihre angeborene Ausstrahlung und ihren Charme wirken sie auch in Kleidern von der Stange attraktiv.

Sie mag es, wenn man ihr Komplimente macht und ihrer Schönheit schmeichelt. Das stärkt ihr Selbstbewusstsein und kommt ihrer Eitelkeit entgegen, denn sie will immer die Schönste und die Erste sein.

Der Partner der Waage-Frau muss genau ihren Wunschvorstellungen entsprechen. Ist dies nicht der Fall, wird sie versuchen, ihn nach ihrem Bild zu formen und ihn umzuerziehen.

Die Liebe ist für sie Lebenselixier, sie braucht die Liebe eines Mannes zur Selbstbestätigung, denn ohne Liebe verkümmert sie wie eine welke Rose.

Wegen ihres großzügigen Charakters lässt sie ihrem Mann viele Freiheiten, spielt dabei jedoch nicht das Heimchen am Herd, sondern nimmt sich selber viele Freiheiten, um sich zu verwirklichen. So übt sie auch einen Beruf aus, der sie erfüllt, selbst wenn dies ihrem Ehegatten nicht gefällt.

Dabei ist sie bedingungslos treu, weil sie weiß, was sie ihrem Mann, der sich viel Mühe geben muss, um sie zufrieden zu stellen, schuldig ist.

Die Sorgen des Ehemannes sind ihr nicht fremd und sie hat teil an seinen beruflichen Problemen. So kann sie geduldig zuhören, wenn er sein Herz ausschütten will und ihr die Sachen anvertraut, die ihn bewegen.

Wenn es um ihre eigenen Angelegenheiten geht, ist sie sehr redselig und liebt es, ihre Probleme, Gedanken, Pläne und Sorgen groß und breit bei Freunden auszuplaudern, damit man ihr Aufmerksamkeit schenkt und sich um sie kümmert.

Auch beim Sex und in der Liebe stellt sie hohe Ansprüche. Der Mann muss sich viel Zeit für sie nehmen, denn sie liebt lange Gespräche und Essen bei romantischem Kerzenlicht ebenso wie Streicheleinheiten, Zärtlichkeiten und ein langes Vorspiel. Im Gegenzug gibt sie sich Mühe, ihrem Mann zu gefallen, indem sie bisweilen versucht, mit ausgefallenen Dessous seine Aufmerksamkeit auf sich zu lenken.

Wer passt zur Waage

Geeignete Partner für die Waage sind der Wassermann und der Zwilling. Mit ihnen kann die Waage am ehesten eine Beziehung eingehen, die ihrem Bedürfnis nach Harmonie und Zweisamkeit entspricht.

Sehr gut passen zur Waage auch Jungfrau und Löwe, wobei vor sich vor allem Löwe und Waage in ihrem Streben nach romantischem, harmonischem Zusammensein ergänzen.

Ebenso passen Schütze und Skorpion zur Waage, denn im Alltagsleben besteht ein gewisses Einverständnis, das ein erfolgreiches Zusammenleben ermöglicht.

Der impulsive Widder und der eher schwerfällige Steinbock eignen sich nicht für eine Beziehung zur Waage und auch der Krebs engt die Waage zu sehr ein.

Partnerschaften mit Stier und Fisch sind für die Waage nicht unproblematisch, doch wenn beide Seiten einen guten Willen zeigen, ist eine harmonische Partnerschaft in Aussicht.

Berühmte Waagen

Paul von Hindenburg,	2. Oktober 1847
Mahatma Gandhi,	2. Oktober 1869
Guiseppe Verdi,	10. Oktober 1813
Eleanor Roosevelt,	11. Oktober 1884
Friedrich Nietzsche,	15. Oktober 1844
Oscar Wilde,	15. Oktober 1856
Sarah Bernhardt,	22. Oktober 1844

Der Mond in Waage

Kennzeichen: reaktiv, enge Partnerschaft, Charme, Eleganz, braucht Anerkennung, Public Relations, abhängig von anderen, gesellig

Der Mond in der Waage deutet auf eine große Empfindsamkeit gegenüber den Haltungen und Reaktionen der Mitmenschen, besonders aber der Partner oder enger Mitarbeiter. Menschen mit dieser Stellung des Mondes missfällt Vulgarität, sie geraten durch unharmonische Verbindungen leicht aus dem Gleichgewicht, was sich auch auf ihre Gesundheit ungünstig auswirkt. Ihre persönliche Erscheinung und ihre Gesten zeichnen sich durch Charme und Eleganz aus. Ihr Heim ist im Allgemeinen geschmackvoll eingerichtet und dient oft als Treffpunkt für gesellschaftliche Anlässe. Diese Menschen sind höflich, freundlich und nett zu jedem, denn ihr eigenes Wohlbefinden hängt auch von der Anerkennung durch andere ab. Dies kann den Nachteil haben, dass sie sich leicht beeinflussen lassen, ohne die betreffende Haltung oder Handlungsweise gebührend zu bedenken. Diese Mondstellung ermöglicht Geschick im Umgang mit dem breiten Publikum. Sie bedeutet aber auch eine partnerschaftliche Beziehung zu den Eltern, insbesondere zur Mutter. Ist der Mond in der Waage ungünstig aspektiert, kann dadurch angezeigt sein, dass der Geborene sich seiner emotionalen Sicherheit zuliebe von andern abhängig macht.

Merkur in Waage

Kennzeichen: gesellig, lernt von anderen, seicht, eklektisch, unoriginell, vernünftig, langweilig, vergleichend

Steht der Merkur in der Waage, so ist der Geist in erster Linie mit menschlichen Beziehungen und Psychologie beschäftigt. Die Nativen haben eine unersättliche Neugier auf das Denken und die Verhaltensmuster von andern. Ihre Vorliebe gilt deshalb Gebieten wie Psychologie, Astrologie, Public Relations, Soziologie und Rechtswissenschaften. Gute Verständigung und zufrieden stellende mitmenschliche Beziehungen sind für sie wesentlich. Sie bevorzugen es, in geistiger Partnerschaft mit andern zusammenzuarbeiten. Meist kann man sich leicht mit ihnen verständigen. Ihr starker Gerechtigkeitssinn lässt sie im Allgemeinen in ihren Mitteilungen aufrichtig sein. Das Regnum der Venus in der Waage bedeutet ein Streben nach Harmonie und die Erhöhung des Saturn Streben nach Gerechtigkeit. Daher sind bei Merkur in der Waage die geistigen Aktivitäten aufrichtig und ausgewogen. Diese Menschen betrachten eine Sache von allen Seiten, bevor sie eine Entscheidung treffen; fehlgeleitet, kann dieses Bedürfnis jedoch Unentschlossenheit und verpasste Gelegenheiten zur Folge haben. Wird aber eine Entscheidung gefällt, ist sie im Allgemeinen gerecht und wohl bedacht.

Falls andere Faktoren im Horoskop unterstützen, ist diese Merkurstellung gut für juristische Tätigkeiten, Beratungen, Schiedsrichterfunktionen und andere Berufe in Verbindung mit der Öffentlichkeit wie Verkaufen und Verhandeln. Wenn aber nicht einige Planeten in festen Zeichen oder Häusern (Mittelfeldern) stehen, kann in diesen Dingen leicht Ungeduld auftreten.

Menschen mit dieser Merkurstellung suchen die Verbindung mit Partnern, die ein geschultes Denken, gute Manieren und einen ehrbaren Ruf zu besitzen. Übles Benehmen und unbillige Motive werden von ihnen verabscheut und nach Möglichkeit vermieden. Sie sind äußerst empfindlich gegen Gerüche, schlechte Erscheinung und unangenehme Eigenheiten anderer Menschen. Unpassende Kleidung und unfeine Ausdrucksweise halten sie für einen gesellschaftlichen Affront. So sanft und bedacht sie im Umgang sind, so unerbittlich können sie sein, wenn es um Prinzipien geht. Sie erwarten bei anderen den gleichen Grad geistiger Disziplin, den sie von sich selbst verlangen.

Weil Saturn in der Waage erhöht ist, kann das Denken geradlinig und systematisch sein. Bei hoch entwickelten Menschen führt diese Eigenschaft zu Tiefgründigkeit, oberflächlichen Menschen mit dieser Merkurstellung fehlt jedoch die Festigkeit der Überzeugungen, weil sie dazu neigen, ihren Partnern zuzustimmen, um sich populär und beliebt zu machen.

Venus in Waage (Domizil)

Kennzeichen: lebhaft, handwerklich, umgänglich, Verabredungen, künstlerische Begabung, wichtige Zuneigungen, Bindung, Schönheit, Geld, Konformist, gesellig

Die Venus in der Waage deutet auf Menschen, denen Ehe und harmonische gesellschaftliche Verbindungen äußerst wichtig sind. In der Waage, dem Zeichen ihrer Regentschaft, ist Venus stark und günstig gestellt. Nachdem mit Venus gewöhnlich wohlproportionierte Züge und eine allgemeine körperliche Schönheit verbunden ist, wirken Geborene mit dieser Stellung auf Menschen des anderen Geschlechts anziehend und haben viele Gelegenheiten für eine Liaison.

Diese Menschen haben eine angeborene Begabung, die Gefühle anderer zu verstehen. Sie schätzen Kameradschaft und suchen deshalb Beziehungen, bei denen eine harmonische und enge persönliche Bindung möglich ist. Sie nehmen auf andere Rücksicht und möchten ihnen gerne zu Gefallen sein, was zur Folge hat, dass man sie gerne mag. Ihr Gefühl für Gerechtigkeit und Fairness in Liebesbeziehungen und gesellschaftlichen Verbindungen ist gut entwickelt. Weil sie Plumpheit und unfeines Benehmen nicht mögen, haben sie einen strengen Maßstab für das soziale Verhalten und Benehmen. Sie sind romantisch und liebevoll, aber weil die Waage ein intellektuelles Luftzeichen ist, suchen sie in engen persönlichen Beziehungen geistige Anregung und Kameradschaft; Sinnlichkeit allein würde ihnen nicht genügen. Noch in anderer Beziehung ist Venus in der Waage anders als Venus in Stier: Geld an und für sich spielt für die Nativen keine Rolle, doch brauchen sie es, weil sie sich gern mit schönen Dingen umgeben. Anders als die "Stier-Venus" versuchen diese Menschen ihre Position eher durch persönliche Verbindungen als durch Besitztümer zu sichern. In der Regel sind sie mit beidem gesegnet, weil sie einflussreiche und begüterte Freunde haben. Darüber hinaus können sie dank ihrer gefälligen Manieren und ihrem Geschick im Umgang mit der Öffentlichkeit auch als Geschäftsleute leicht Geld verdienen.

Das ästhetische Wahrnehmungsvermögen ist mit Venus in der Waage hoch entwickelt. Oft haben die Nativen eine Begabung für Kunst, besonders für Musik. Weil die Waage ein Luftzeichen ist und sich Schallwellen durch die Luft fortpflanzen, haben die Nativen gewöhnlich einen guten Gehörsinn, die grundlegende Voraussetzung für ihre musikalische Begabung. Im Gegensatz dazu weist Venus im Stier eher auf die bildenden Künste hin, die dem Tastsinn zugeordnet sind.

Menschen mit dieser Venusstellung hassen Auseinandersetzungen und Zwietracht. Sind sie ihnen zu häufig ausgesetzt, regen sie sich auf, werden nervös und oft krank. Daher meiden sie Konfliktsituationen. Ist die Venus ungünstig aspektiert, mögen sie sich mit andern einverstanden erklären, nur um Auseinandersetzungen und Unannehmlichkeiten zu umgehen. Sie erscheinen daher oft unaufrichtig. Eine verletzte Venus in der Waage kann bedeuten, dass man sich nur an Konventionen hält und weder in Fragen des Gefühls noch des gesellschaftlichen Zusammenlebens einen eigenen Wertmaßstab entwickelt.

Frauen mit dieser Konstellation brauchen eine innige Zuneigung. Sie legen Wert darauf, dass die Männer, mit denen sie sich öffentlich zeigen, sich als gesellschaftlich gewandt und ihnen gegenüber als galant erweisen. Sie haben eine Begabung für öffentliches Auftreten und lieben es, im Rampenlicht zu stehen. Sie ernten daher als darstellende Künstler meist viel Erfolg.

Mars in Waage (Exil)

Kennzeichen: gesellschaftliche Aktivität, öffentliche Angelegenheiten, führend, Teamarbeit, gefühlsabhängig, offen, feurig, idealistisch, liebevoll

Bei Mars in der Waage besteht ein starkes Bedürfnis nach gemeinschaftlichen Unternehmungen. Mars steht in der Waage im Exil, weil er im gegenüberliegenden Zeichen Widder regiert. Seine direkte Stoßkraft ist hier etwas eingedämmt durch das Bedürfnis nach Zustimmung und Mitarbeit der anderen.

Die Waage ist ein Kardinalzeichen und hat mit Partnerschaften und Beziehungen zur Öffentlichkeit zu tun. Deshalb sind Menschen mit dieser Marsstellung die Initiatoren sozialer Aktivitäten. Sie wollen Beachtung und Anerkennung finden und handeln am liebsten partnerschaftlich mit anderen gemeinsam. Sie fühlen sich wohl in einer Beziehung und suchen sich meist aggressive und energiegeladene Partner aus. Manchmal haben sie die Tendenz, ihre eigenen Begierden und Ambitionen mit denen anderer zu verwechseln.

Die Waage verleiht den aggressiven und selbstsüchtigen Tendenzen des Mars Charme und Feinheit. Weil der Mars in der Waage etwas gedämpft wird, ist diese Stellung durchaus positiv. Mars braucht von allen Planeten am dringendsten einer Besänftigung und Modifikation durch andere Faktoren. In der Waage gewinnt er dank Venus gesellschaftliche Anmut und durch Saturn Disziplin und Vorsicht. Dennoch können Menschen mit dieser Stellung außerordentlich in Wut geraten, wenn jemandem Unrecht geschieht. Auch wenn es sie nicht selbst betrifft, sind sie sich bewusst, dass unfaires Verhalten eine moralische Schwäche bedeutet, die sich zu gegebener Zeit auch gegen sie selbst wenden kann.

Ist Mars in der Waage ungünstig aspektiert, neigen die Nativen zu äußerst starrer Einhaltung sozialer Verhaltensregeln. Ihrer Meinung nach muss das Spiel stets gemäß den allgemein akzeptierten Regeln gespielt werden. Wenn der Mars stark verletzt ist, können in Partnerschaften Schwierigkeiten auftreten, weil sich Streit und Willenskonflikte ergeben.

Jupiter in Waage

Kennzeichen: das Gesetz, Milde, offene Partnerschaften, Vorteil durch Heirat, gutmütig, unerfüllte Bindungen, Psychologie

Jupiter im Zeichen Waage bedeutet, dass bei den Nativen in Bezug auf Ehe, Partnerschaften und enge persönliche Beziehungen Fragen der Gerechtigkeit und der moralischen Prinzipien im Vordergrund stehen. Sie ziehen einen Partner vor, der sich für religiöse, erzieherische und philosophische Gedanken interessiert. Ihre Partnerschaft wird auf geistigen Werten und auf einer Zusammenarbeit im Dienste einer harmonischen Gesellschaftsordnung basieren. Diese Werte wiegen schwerer als die erotische Anziehung, sodass (falls Jupiter hier nicht schwer verletzt ist) mit einer dauerhaften Ehe und einem glücklichen Familienleben gerechnet werden kann, weil Jupiter im Krebs erhöht ist.

Ihre religiösen, philosophischen, erzieherischen und sozialen Ideen werden vom Ehegatten, andern Partnern oder engen Freunden beeinflusst, die ihrerseits auch Überzeugungen der Nativen übernehmen.

Ihre humanitären Grundsätze basieren auf Nächstenliebe und Redlichkeit. Diese Menschen sind großzügig und nehmen Rücksicht auf die Wünsche und Bedürfnisse der anderen. Sie sind deshalb - wenn Jupiter nicht ungünstig aspektiert ist - populär und beliebt. Ihr Fingerspitzengefühl in dieser Hinsicht macht sie zu guten Psychologen, geschickten Vermittlern, Diplomaten, Friedensstiftern, PR- und Vertriebsleuten.

Ihre Begabung liegt vor allem darin, andere Leute von den Vorteilen gewisser Ideen oder sozialer Programme zu überzeugen, weshalb sie unter anderem als Spendensammler für (wohltätige) Institutionen oder andere soziale Unternehmen sehr erfolgreich sind. Auf einer weniger materiellen Ebene können sie für religiöse, erzieherische oder soziale Thesen werben, je nach dem Gesamtbild ihres Horoskops.

Die mit einem verletzten Jupiter in der Waage Geborenen erwarten zu viel Rücksichtnahme und Begünstigung. Sie können zu viele enge persönliche Bindungen gleichzeitig eingehen, wodurch sie bei den Beteiligten den Verdacht der Untreue erwecken. Als Folge kann daraus von Seiten eines Angehörigen des andern Geschlechts ein Verrat entstehen, weil dieser eifersüchtig und rachedurstig wird, wenn ihm nicht die erwartete persönliche Aufmerksamkeit zuteil wird.

Ist Jupiter in der Waage ungünstig aspektiert, besteht eine Tendenz, moralische Entscheidungen für andere zu treffen. Es kann auch der Wunsch bestehen, allen Leuten alles recht zu machen, um Unstimmigkeiten zu vermeiden oder Anerkennung zu finden; im Extrem führt diese Haltung in vielen Dingen zu einer doppelten Moral. Mit einem verletzten Jupiter in der Waage kann die Neigung bestehen - um die Gunst anderer zu erlangen - mehr zu versprechen, als gehalten werden kann. Auf lange Sicht wird er deshalb trotz seiner ehrlichen Absichten Missfallen erregen. Ist Jupiter in der Waage sehr ungünstig aspektiert, können aus unerfüllten rechtlichen oder finanziellen Verpflichtungen, die sich auf Geschäft, Besitz, eheliche oder berufliche Angelegenheiten beziehen, Rechtsstreitigkeiten entstehen.

Saturn in Waage (Erhöhung)

Kennzeichen: fleißig, gewissenhaft, unparteiisch, nüchtern, zuverlässig, Geschäftsführung, kollektiv, meditativ, geschäftsmäßig, legal, Feinde

Mit Saturn in der Waage ist die Erkenntnis verbunden, dass Zusammenarbeit zwischen den Menschen notwendig ist, um irgendetwas von bleibendem Wert zu erreichen, ja, sogar um das Leben überhaupt zu ermöglichen und dass diese Zusammenarbeit andauern muss, wenn sie ihren Zweck erreichen soll. Dies lässt sich aber nur verwirklichen, wenn sich alle an einem Projekt beteiligten Parteien gerecht behandelt wissen - und diese Gerechtigkeit wiederum setzt gegenseitig akzeptierte Verhaltensregeln und Verpflichtungen voraus. Jeder muss danach streben, seine Arbeit zu vollenden und muss sich gegenüber dem Ganzen verantwortlich fühlen. Disziplin und Verantwortungsgefühl erwachsen meist aus der Erkenntnis, dass menschliche Beziehungen gegenseitige Verpflichtungen mit sich bringen, wie dies in der Ehe, bei Geschäftspartnerschaften oder engen Freundschaften der Fall ist. In der Waage, dem Zeichen der Beziehungen, ist Saturn erhöht.

Saturn in der Waage herrscht auch über die Gesetze, die diese mitmenschlichen Beziehungen formell regeln. Menschen mit dieser Saturnstellung werden oft Rechtsanwälte, Richter und Vermittler.

Alle Verträge, einschließlich des Ehevertrags, stehen zum größten Teil unter Saturn in der Waage. Diese saturnischen Vereinbarungen sind oft karmischer Natur und entstehen aus Begegnungen und Beziehungen, die in der Vergangenheit Verpflichtungen und moralische Schuld auf sich geladen haben.

Weil die Waage ein intellektuelles Luftzeichen und ein Kardinalzeichen voller Aktivität ist, haben Menschen mit Saturn in der Waage in umfassender Weise mit geschäftlichen Abmachungen zu tun: Organisationsplanung, Formulierung von rechtlichen Verträgen, Aufteilung der Verantwortlichkeiten bei der Zusammenarbeit von Leuten. Sie verfügen auch über eine besondere Fähigkeit, Gruppenunternehmungen zu planen und zu organisieren.

Saturn in der Waage kann eine Heirat im späteren Leben oder mit einer angesehenen Persönlichkeit, die große geschäftliche oder berufliche Verpflichtungen hat, bedeuten. Die Ehe selbst ist oft mit Bürden, harter Arbeit und Geduldsproben belastet.

In dieser Stellung ist Saturn sehr machtvoll. Mit ihm sind sozialer Spürsinn und soziale Verantwortung verbunden. Wenn er günstig aspektiert ist, erreichen die Nativen oft Stellungen, die ihnen großen Reichtum oder gesellschaftliche Ehrungen bringen und zwar dank der Fähigkeit zur Zusammenarbeit mit anderen - einer Fähigkeit, die Einfühlungsvermögen, Taktgefühl, Verlässlichkeit und gutes Organisationstalent erfordert.

Ist Saturn in der Waage ungünstig aspektiert, kann eine Neigung bestehen, anderen gegenüber zu anspruchsvoll zu sein und zum "Sklaventreiber" zu werden. Den Nativen kann es an Liebe, Nachsicht und einem Verantwortungsgefühl fehlen. Sie neigen dazu, strikte Buchstaben des Gesetzes anzuwenden und vergessen dabei den Sinn des Gesetzes. Das Konzept der Gerechtigkeit, die sie so strikt anwenden wollen, ist von ihren persönlichen Ansichten beeinflusst. Ein verletzter Saturn in der Waage kann einen falschen Ehrgeiz anzeigen, der die Nativen dazu verleitet, zu viele Verpflichtungen einzugehen, denen sie nur durch Überarbeitung nachkommen können. Da ihnen letzteres nicht immer gelingt, setzen sie auf diese Weise oft ihre Stellung und ihren guten Ruf aufs Spiel.

Uranus in Waage (1969- 1975)

Kennzeichen: neue Beziehungen, Scheidung, reizbar, Affären, freie Liebe, magnetische Anziehungskraft, rasche Verknüpfungen, fantasievoll, rastlos

Die Generation mit Uranus in der Waage entwickeln neue Ideen über die Ehe, Partnerschaften und gesellschaftliches Verhalten. Sie möchten die Ehe freiheitlicher gestalten, denn sie halten die Beziehung für wichtiger als den rechtlichen Vertrag. Mit Uranus in der Waage dürften Versuche mit neuen Formen des Zusammenlebens, wie Kommunen und anderen neuen sozialen Gruppierungen durchgeführt werden. Menschen dieser Generation - Kinder, die jetzt eben erst geboren wurden - werden einst Gesetze erlassen, die eine Heirat erschweren und eine Scheidung erleichtern. Ganz allgemein werden sie neue Rechtskonzepte aufstellen und danach trachten, die bestehenden Gesetze zu verändern und zu modernisieren.

Diese Menschen werden dank ihres intuitiven oder telepathischen Wissens um die Beweggründe anderer Menschen alle Arten zwischenmenschlicher Beziehungen besser durchschauen können.

Uranus in der Waage könnte auch neue und ungewöhnliche Musikformen bescheren, wahrscheinlich unter Verwendung elektronischer Techniken.

Ist Uranus in diesem Zeichen ungünstig aspektiert, werden die Nativen in der Ehe oder anderen Partnerschaften Schwierigkeiten haben und in Beziehungen, die gegenseitige Verantwortung erfordern, können sie unzuverlässig sein.

Neptun in Waage (1942-1956)

Kennzeichen: Unsichere Beziehungen, Scheidung, sensitive Partner, Psychedelika, seltsame Gefühle, enttäuscht, empfängliche Sexualität

Die heutige Nachkriegsgeneration hat den Neptun in der Waage stehen. Während des Krieges war die Ehe als Institution großen Belastungen ausgesetzt und die Scheidungsrate stieg. Die daraus hervorgegangenen gestörten Familienverhältnisse haben bei der jüngeren Generation zu einer erheblichen Unsicherheit geführt, was den Wert gegenseitiger Verpflichtungen anbetrifft. Mit Neptun in der Waage besteht ein Bedürfnis nach emotionaler und sozialer Anpassung, der in seiner negativen Auswirkung dazu führen kann, dass Blinde die Blinden führen. Diese gedankenlose Gleichschaltung zeigt sich heute in Erscheinungen wie Drogenmissbrauch, Popmusik und der Disneykultur.

Auf der positiven Seite ergibt sich mit Neptun in der Waage für die heutige jüngere Generation ein intuitives Gewahrsein der gesellschaftlichen Beziehungen. Das Konzept einer gegenseitigen sozialen Verantwortlichkeit basiert eher auf dem inneren Sinn als auf dem Buchstaben des Gesetzes.

Pluto in Waage (1972-1984)

Kennzeichen: Befreiung, Partnerwechsel, soziale Gerechtigkeit, regenerierte Zivilisation, Schlichtung, empfindliches Gleichgewicht

Waage ist ein Zeichen der Gerechtigkeit, der menschlichen Beziehungen, der sozialen Manifestationen und der Psychologie. Während sich Pluto in der Waage befindet, muss der Mensch, wenn die Zerstörung der ganzen Welt vermieden werden soll, sein Verantwortungsbewusstsein gegenüber seinen Mitmenschen gründlich erneuern. Im Zusammenhang mit diesem Erwachen werden neue Konzepte von Ehe, Gesetz und Recht entwickelt werden.

Sollte die notwendige Erneuerung in den persönlichen, nationalen und internationalen Beziehungen in dieser Zeit nicht zustandekommen, wird die Welt während des Plutotransits durch Skorpion von Chaos und Krieg erschüttert werden. Wir müssen in dieser jetzigen Periode lernen, unsere zwischenmenschlichen und zwischenstaatlichen Auseinandersetzungen auf friedliche Weise durch Gesetze und Schiedsgerichte beizulegen, wenn die Zivilisation überleben soll.

Skorpion/Scorpio

Festes Zeichen
Kennzeichen: Regeneration, Findigkeit, Verschwiegenheit, leidenschaftlich, launisch, eifersüchtig, eindringlich, dynamisch, temperamentvoll, anziehend, unbeirrbar

Das achte Zodiakzeichen.
Angst vor dem Tod ist ihm fremd, da er ein mystisches Verständnis für den ewigen Kreislauf des Werden und Vergehen besitzt. Typisch für den Skorpion ist der Satz: "Ich begehre."
Sonne steht im Zeichen: 23. Oktober bis 21. November (23. Oktober bis zum 23. November)

Jahreszeit:	Zweites Herbst-Zeichen
Kraftform-Mobilität:	Fest
Element:	Wasser
Herscher:	Pluto und Mars, die hier in ihrem Element sind
Lebensmotto:	Ich lebe in Gefahr
Farbe:	grau, schwarz
Metall:	Eisen
Steine:	Granat, Topas, Amethyst
Zahl:	9
Psychologische Grundhaltung:	Leidenschaftlichkeit, Willensstärke
Motivation:	Selbstbehauptung
Handlungsrichtung:	Das Leben ausfüllen, Erkennen, das Dunkle durchschauen, Forschen, Geheimnisse erhellen, Krisen bestehen, da das Leben zu kurz und zu gefährlich ist.
Allgemeine Stärken:	Furchtlosigkeit, Engagiertsein, zähe Regenerationskraft, Einsatz für Freunde und Familie
Allgemeine Schwächen:	Pessimismus, sich gehen lassen, Hang zur Süchtigkeit, Beleidigtsein, nicht vergessen können
Größte Gefahr:	Sich selbst als Nabel der Welt sehen
Aufgaben:	Mut für andere entwickeln, der Gefahr ins Gesicht schauen, bei aller Last das Leben lieben, Einsatz

In gewisser Hinsicht ist der Skorpion das machtvollste Zeichen des Tierkreises, denn er wird von Mars und Pluto beherrscht, während Uranus, der Planet, der plötzlich Energien freisetzt, in diesem Zeichen erhöht ist.

Grundlegende Umwandlungsprozesse auf allen Ebenen gehören zum Skorpion und zwar weitaus stärker als in jedem anderen Zeichen. Diese Wandlung kann auf einer hohen oder niederen Stufe stattfinden, je nachdem, welche Motive dahinter stecken. In der Regel bemüht sich der Skorpion jedoch darum, den Status quo zu vervollkommnen.

Skorpiongeborene verfügen über Kraft, Willensstärke und ausgeprägte emotionale Antriebe. Ihr Leben besteht häufig in einem unablässigen Kampf, diese Antriebe durch den schöpferischen Einsatz des Willens unter Kontrolle zu bekommen.

Da dieses Zeichen so stark von Begierde und Sexualtrieb geprägt ist, sind Skorpione leidenschaftliche Liebespartner. Gerät diese Liebesglut außer Kontrolle, kann das zu Besitzgier, Eifersucht und Gewalttätigkeit führen. Kaum ein Zeichen kann im Guten oder bösen Sinn so mächtig sein wie der Skorpion.

Da Skorpione alle ihnen zur Verfügung stehende Energie einsetzen, ist es entscheidend, dass sie den richtigen Weg wählen. Sie nehmen das Leben niemals auf die leichte Schulter und was immer sie auch beginnen, es ist ihnen ernst damit. Ihr Wunsch, alles perfekt zu machen, erlaubt ihnen nicht, anderen Verantwortung zu übertragen, sodass sie sich bei ihrer Suche nach Vollkommenheit bis ins kleinste Detail häufig überarbeiten.

Hoch entwickelte Skorpione sind die glühendsten Verfechter von Gerechtigkeit, auch wenn sie dem Tode ins Auge sehen müssen. Anders als der Widder, der ja ebenfalls von Mars und Pluto beherrscht wird, verfügt der im Zeichen Skorpion Geborene über ein ungeheures Stehvermögen, weil es sich beim Skorpion um ein festes Zeichen handelt. Der Skorpion wird stets bis zum bitteren Ende durchhalten, auch wenn die Opfer und Anstrengungen noch so groß sein.

Obwohl Skorpiongeborene jede Schwäche bei sich selbst verachten und auch bei anderen nicht schätzen, sind sie oft doch sehr großmütig und mitfühlend und helfen anderen. Sie erwarten jedoch, dass der Betroffene, sobald er Hilfe erhalten hat, unabhängig auf eigenen Füßen steht und sich dann selbst weiterhilft.

Diplomatie ist nicht gerade ihre Stärke, da sie ihre Ansichten und Gefühle gerne unverblümt und wahrheitsgetreu äußern. Lieber hüllen sie sich in Schweigen, als dass sie ihre eigene Meinung und ihre Empfindungen euphemistisch zum Ausdruck bringen.

Sie spüren einen inneren den Dingen auf den Grund zu gehen und den Kern einer Sache zu erfassen. Ihre Begabung liegt daher vor allem auf dem Gebiet der Entdeckung, Wissenschaft, Forschung und der Untersuchung okkulter, esoterischer Phänomene.

Der Skorpiongeborene ist verschwiegen und wehe dem, der seine Geheimnisse verrät oder seinen Zorn auf sich lädt. Im Kampf kennt der Skorpion keine Gnade und erwartet auch keine. Wer mit einem Skorpion die Klinge kreuzen will, sollte sich wohl vorsehen.

Der Skorpionmensch ist meist robust und kräftig gebaut. Häufig ist ihm ein durchdringender Blick eigen, etwas Mystisches umgibt ihn und er strahlt eine starke persönliche

Anziehungskraft aus. Er verfügt über ein großes Einfühlungsvermögen, sodass er die Gedankengänge anderer zu ergründen und die Betreffenden dazu zu bewegen vermag, geheime Informationen preiszugeben.

Ist der Skorpiongeborene geistig hoch stehend, schöpft er aus seiner Fähigkeit, an die wesentlichen schöpferischen und regenerierenden Kräfte der Natur andocken zu können, ungeheure Energie. Seine Leistungen scheinen daher manchmal fast ans Wunderbare zu grenzen.

Der willensstarke Skorpion

Den Skorpionen sagt man unter allen Tierkreiszeichen die schlechtesten Eigenschaften nach.

Sie gelten als nörglerisch, zänkisch und taktlos. Das rührt daher, dass diese energiegeladenen Menschen nicht mit ihrer Meinung hinter dem Berg halten können und das, was sie denken, ihrem Gegenüber ohne Umschweife ins Gesicht sagen. Das empfinden viele Menschen als schroff und ungehobelt. Doch der Skorpion liebt nun einmal offene Worte und scheut sich auch nicht, die unangenehme Wahrheit zu sagen. Seine Mitmenschen beurteilen ihn jedoch nicht nach dem, was er sagt, sondern danach, wie er es sagt. Das lässt ihn in einem schlechten Licht erscheinen, auch wenn er im Recht ist.

Dies ist eben seine herausragende Charaktereigenschaft, denn er liebt die Wahrheit und lügt nie. Außerdem sind Skorpione intelligente und geistreiche Menschen, die ein angeregtes Gespräch lieben und selbst gerne als Gastgeber auftreten, weil sie sich in Gesellschaft anderer Menschen wohl fühlen und die Geselligkeit mögen. Sie sind ausdauernde, aufgeschlossene Gesprächspartner, die es geschickt verstehen, eine Unterhaltung zu lenken, wobei sie mitunter durch ihre spöttischen und spitzen Bemerkungen verletzend wirken können. Sie tragen ihr Herz nun einmal auf der Zunge und können nicht aus ihrer ehrlichen Haut heraus. Oft schweigen sie auch, denn als kluge Menschen wissen sie, dass man Streit und Konflikten möglichst aus dem Wege gehen sollte, weil ein erträglicher Vergleich immer besser ist als ein vermeidbarer Streit. Deshalb eignen sie sich auch hervorragend als unparteiische Schlichter in Streitfragen, die andere betreffen. Weniger kompromissbereit zeigen sie sich bei der Verfechtung des eigenen Standpunktes, den sie hartnäckig und verbissen verteidigen, weil ihr Selbstbewusstsein und der Glaube an die eigene Stärke und das eigene Wissen sie nicht einsehen lasen, dass die von ihnen verfochtene Idee oder Meinung nicht richtig ist.

Als energiegeladene, willensstarke Menschen packen sie forsch anstehende Probleme an und mobilisieren alle zur Verfügung stehenden Kräfte, um ans Ziel zu gelangen. Ihre Dynamik führt sie ab und an aber über das Ziel hinaus, denn sie suchen nach Problemen, bohren bei Mitmenschen und hinterfragen auch Kleinlichkeiten, um ihren inneren Kräften ein Betätigungsfeld zu bieten.

Beim Umgang mit ihnen sollte man beachten, dass man sachlich und korrekt bleibt, um ihren Zorn nicht zu erregen und man sollte ihnen zeigen, dass man ihnen Vertrauen schenkt.

Gesundheit

Skorpione haben eine eiserne, robuste Gesundheit, sind von Natur aus selten krank und haben die Veranlagung, sehr alt zu werden. Sind sie einmal krank, versuchen sie dies durch Aktionismus und Unternehmungslust zu überspielen und vermeiden es, bei kleineren Wehwehchen einen Arzt aufzusuchen, weil sie Ärzten generell misstrauen. Skorpione haben oft ein sehr aktives, ja sogar ausschweifendes Sexualleben. Dies ist Ausdruck ihrer inneren Energien und Kräfte, derer sie kaum Herr werden können.

Skorpione leiden häufig an Erkrankungen der Geschlechtsorgane, bei Skorpion-Frauen sind dies häufig Menstruationsbeschwerden oder Vaginalentzündungen, während es bei Skorpion-Männern Geschwüre oder Vorhautverengungen sind.

Skorpione sind innerlich aufgewühlt und wissen nicht wohin mit ihrer Energie. Das macht sie so aggressiv, dass sie sich auch selbstzerstörerischen Neigungen hingeben. Bei ihnen kommt es öfter zu Exzessen, die die Gesundheit angreifen können. In der Regel können Skorpione dies jedoch dank ihrer starken Natur wegstecken.

Dementsprechend fühlt sich der Skorpion bei harten Sportarten wie Boxen, Karate, Judo und Ringen am wohlsten, weil er hier seine überschüssige Energie loswerden kann.

Bei seiner Ernährung sollte er vor allem darauf achten, keine scharfen Speisen und Gewürze zu sich zu nehmen, da dies seine empfindlichen Nasen - und Magenschleimhäute reizen könnte. Ansonsten gehört er eher zu den Menschen, die nicht fürchten müssen, dick zu werden, auch wenn er nicht peinlich genau auf seine Ernährung achtet.

Der Skorpion wird sowieso selten von körperlichen Krankheiten befallen. Wird er einmal krank, ist dies meist auf seelische Krankheiten zurückzuführen, die von seiner steten inneren Unruhe und seinem explosiven, nach außen drängenden Wesen verursacht werden.

Beruf und Geld

Skorpione können hervorragend mit Geld umgehen und können in jeder beliebigen Situation mit den ihnen zur Verfügung stehenden Mitteln so Haus halten, dass sie problemlos über die Runden kommen.

Deshalb ist es ratsam, in der Familie einem Skorpion die Finanzgeschäfte zu übertragen. Dies wird für alle von Vorteil sein, denn von Natur aus haben sie in schwierigen finanziellen Situationen das richtige Gespür und auch das nötige Quäntchen Glück, um sich freizuschwimmen. Dazu kennen sie oft wichtige Tricks und Kniffe, um leicht an Geld zu kommen. Das ist sehr wichtig, weil sie wegen ihres nicht gerade einfachen Charakters im Laufe ihres Lebens oft bei ihren Mitmenschen anecken und somit bei Erbschaftsfragen in der Regel nicht großzügig bedacht werden.

Weil Skorpione arbeitsame, fleißige Menschen sind, die mit der nötigen Energie auftreten können, erreichen sie häufig höhere Einkommensstufen.

Am Arbeitsplatz setzen sie sich mit aller Kraft ein, arbeiten mit viel Elan und unterbrechen sich nur selten durch lange Ruhepausen. Seine nicht gerade unkomplizierte Art ist dem Betriebsklima nicht förderlich und deshalb ist er bei den Kollegen nicht sonderlich beliebt. Man schätzt ihn aber wegen seiner Leistungen. Er erledigt alle anfallenden Arbeiten zur Zufriedenheit des Chefs und das bringt ihm die Anerkennung der Kollegen. Das ist ihm sowieso wichtiger als freundschaftliche Beziehungen am Arbeitsplatz. Er mag es nicht, bei der Arbeit über Privatangelegenheiten zu plaudern und behält Geheimnisse lieber für sich. In seinem Stolz getroffen fühlt er sich, wenn man ihn vor den Augen anderer tadelt. Läuft es an seinem Arbeitsplatz nicht so wie er es sich wünscht, hat er Streit mit Kollegen oder dem Vorgesetzten, ist er schnell bereit, sich beruflich zu verändern und eine neue Stelle zu suchen.

Auch als Vorgesetzter hat der Skorpion seine Licht- und Schattenseiten. Zum einen versteht er es geschickt, Konflikte unter den Untergebenen mit Weitsicht und Klugheit zur Zufriedenheit der Beteiligten gerecht zu lösen. Zum andern verlangt er von seinen Mitarbeitern Disziplin und Leistungsbereitschaft und lässt sie seine harte Hand spüren. Denn neben seiner eigenen Meinung duldet er keine andere neben sich und Argumente, die seinen Ansichten widersprechen, stoßen bei ihm auf taube Ohren.

Werden allerdings Arbeiten zu seiner Zufriedenheit erledigt, spart er nicht mit Lob und Anerkennung. Wenn er unzufrieden ist, kann er leicht zornig werden und spart dann nicht mit Kritik. Fehler verzeiht er nur ungern und erinnert sich oft lange Zeit an das Fehlverhalten eines Mitarbeiters, weil bei seinen Untergebenen dieselben hohen Maßstäbe anlegt wie bei sich.

Skorpione bevorzugen Berufe, in denen sie Macht ausüben können und die ihnen Anerkennung bringen, sie in Eigenverantwortung selbständig arbeiten und ihre Ideen verwirklichen können. So sind sie häufig in Berufen wie Chirurg, Psychiater, Rechtsanwalt, Pharmazeut, Politiker, Forscher, Ingenieur, Manager oder auch Krankenpfleger tätig. Er wählt Berufe, in denen er ständig vor neuen Herausforderungen steht, die seine geistigen Fähigkeiten beanspruchen und in denen er gezwungen ist, ständig neue Ideen zu entwickeln, um mit den auftretenden Problemen fertig zu werden. Neue Aufgaben reizen ihn und stacheln ihn zu Höchstleistungen an und sollte es ihm einmal an neuen reizvollen Aufgaben mangeln, wird er der Arbeit schnell überdrüssig und sucht sich eine neue Beschäftigung.

Liebe und Partnerschaft

Der Skorpion-Mann

Der Skorpion-Mann ist wie ein Vulkan. Er ist ein zerbrechliches Gefäß, in dem viele ungebändigte, zügellose Kräfte und Energien walten, die es jederzeit zum Bersten bringen können. Er ist ein ungestümer Liebhaber, der eine Frau, die ihm gefällt, unbedingt besitzen muss. Er stellt ihr nach und verwendet seine ganzen Kräfte darauf, sie zu erobern. Er umgarnt sie mit seinem Charme, macht ihr Komplimente und versucht, in ihr Herz vorzudringen. Er ist ein sehr beharrlicher Verehrer, der unbedingt ans Ziel gelangen muss, weil sonst sein Stolz gekränkt würde.

Er imponiert seiner Angebeteten durch seine Intelligenz und seinen Witz, den er über sie versprüht, sodass er oft leichtes Spiel bei den Frauen hat und schon nach kurzer Zeit an sein Ziel gelangt, weil die Frauen seinen Eroberungsgelüsten nicht lange widerstehen können und sich im Sturm von ihm nehmen lassen.

Frauen, die sich ohne Widerstand gleich in seine Arme werfen, üben auf ihn jedoch weniger Anziehungskraft aus als Frauen, die ihm eine harte Nuss zu knacken geben und dabei dennoch durchscheinen lassen, dass er in ihr eine sanfte, liebevolle Partnerin findet. Das ködert ihn und stachelt ihn an.

Hat er seine Favoritin erobert und in den Hafen der Ehe geführt, erwartet er von ihr jedoch äußersten Respekt. Er will derjenige sein, der bestimmt, wo es langgeht. Er will die Partnerschaft führen und die Frau hat sich ihm gefälligst unterzuordnen. Viele Freiheiten lässt er ihr nicht, sie ist jetzt seine Frau und hat sich um ihn und den Haushalt zu kümmern. Sein Machtwille und sein Besitzanspruch machen ihn zu einer Art häuslichem Diktator, der ihr wenig Freiraum lässt, obwohl er sie aufrichtig liebt und sich treu um sie sorgt.

Nie darf sie ihm Grund zur Eifersucht geben oder ihm widersprechen, denn das erregt seinen Zorn. Er ist zwar wahrheitsliebend, doch sollte man mit Kritik und Nörgeleien, auch wenn sie berechtigt sind, sparen, denn das erträgt er nur schwer. Obwohl es ihm gefällt, wenn Frauen sich nicht gleich erobern lassen, liebt er es nicht, wenn seine Ehefrau ihm Widerstand entgegensetzt. Tut sie das, was er will, dann trägt er sie auf Händen und erfüllt ihr ihre Wünsche. Im Grunde seines Herzens ist er nämlich ein treuer, ehrlicher und aufmerksamer Ehepartner, was wegen seiner rauen Schale nur selten zum Vorschein kommt. Beim Sex bricht seine ganze überschüssige Energie aus. Er ist ein feuriger Liebhaber, der sich im Bett als sehr ausdauernd erweist. Romantische Abende als Vorspiel für eine heiße Liebesnacht sind ihm genauso fremd wie der Austausch von langatmigen Zärtlichkeiten.

Er kommt lieber gleich zur Sache und bleibt dann auch oft die ganze Nacht mit Feuereifer dabei. Er ist erfahren und lässt dies die Partnerin spüren, die auch beim Sex nur die zweite Geige spielt. Er zeigt erstaunlich viel Fantasie und überrascht sie immer wieder mit neuen Ideen, die manchmal sehr ausgefallen sein können.

Alles in allem ist der Skorpion-Mann ein liebevoller, ehrlicher Partner, der einige Schwachpunkte und Fehler hat. Diese sollte man ihm jedoch verzeihen, denn er kann einfach nicht aus seiner harten Skorpionhaut heraus und seiner Umgebung seinen weichen Kern zeigen, weil er dadurch über seinen Schatten springen müsste. Skorpione sind halt Menschen, die es als Zeichen der Schwäche ansehen, ihr Innerstes nach außen zu kehren und mehr als das Notwendigste von sich preiszugeben.

Die Skorpion-Frau

Auch Skorpion-Frauen sind - wie ihre männlichen Pendants - Menschen, in denen das Feuer der Liebe brennt. Ihre glühenden Blicke versprühen Erotik und ziehen die Männer in ihren Bann. Sie hat ein bewegtes Liebesleben und es gibt viele Männer, die ihrem Charme und ihren schönen Augen erliegen. Sie ist beständig auf der Suche nach dem Mann fürs Leben. Sie braucht meist viele Versuche, um den Richtigen zu finden.

Sie stellt nämlich hohe Ansprüche an einen Mann. Stolz und klug soll er sein, willensstark und dabei auch hingebungsvoll. Aber vor allem soll er nur ihr gehören. Sie will ihn ganz für sich allein und zwar so, wie sie es will. Denn keinesfalls ist sie bereit, sich nach den Vorstellungen eines Mannes zu richten und seinem Idealbild zu entsprechen. Ein echter Mann soll er sein, der jedoch nur ihr zu Diensten sein soll, sie umgarnen und verwöhnen soll, ohne ihr dabei den Freiraum, den sie braucht, zu nehmen.

Vor allem muss er bereit sein, sich von ihr nach dem Idealbild, das ihr vorschwebt, umgestalten zu lassen. Wenn er nicht so will, wie sie und sich nicht ihren Wünschen gemäß verhält, verletzt er ihre Hoheitsrechte und die Beziehung wird schnell ein Ende finden. Der Mann ihrer Träume muss mit viel Geduld, Toleranz und Einfühlungsvermögen ausgestattet sein, um ihren manchmal launischen Charakter ertragen zu können. Er sollte verständnisvoll sein und auch ihre Leidenschaft erwidern, damit ihr nicht langweilig wird.

Skorpion-Frauen brauchen die Freiheit. Ein Mann darf sie nicht ständig überwachen, denn das engt sie ein. Vor allem lässt sie sich nur ungern in die Karten schauen. Sie mag es nicht, wenn er in ihrer Vergangenheit herumschnüffelt und ihr Fragen stellt, bei denen sie ihre geheimsten Gedanken und Fantasien offenbaren muss. Er darf auch nicht gleich eifersüchtig werden, wenn sie einmal einen kurzen Blick auf andere Männer wirft. Sie genießt ihren Erfolg bei den Männern, deren bewundernswerte Blicke sie mit Stolz erfüllen und ihr das nötige Selbstbewusstsein verleihen. Sie ist jedoch treu und liebt ihren Mann zu sehr, um ihn zu hintergehen. Er darf ihr aber keinen Grund zur Eifersucht und zu Misstrauen geben. Schon auf kurze Seitenblicke ihres Mannes reagiert sie mit heftigem Streit und Szenen, die ihm dies ein für allemal vergällen sollen. Das kratzt nämlich an ihrem Selbstwertgefühl und sie fühlt sich dadurch ins Abseits gestellt. Aus diesem Grund muss der Mann mit der Gabe, verzeihen zu können, ausgestattet sein, denn ohne

Nachsichtigkeit für ihre überschäumende Energie kann eine Beziehung mit Skorpion-Frauen leicht in Dauerstress ausarten. Sie können mit ihrer Meinung nicht hinter dem Berg halten und reagieren impulsiv, unüberlegt und sagen im Eifer des Gefechts Dinge, die sie eigentlich gar nicht so meinen.

Nicht viele Männer wagen diesen Spagat zwischen eigenem Willen und dem Machtanspruch der Skorpion-Frau und suchen schon nach kurzer Zeit fluchtartig das Weite. Kein Mann will sich freiwillig einer Frau unterordnen, die ihm ihren Willen und ihre Vorstellungen aufzwingen will.

Deshalb sind Skorpion-Frauen oft allein, weil viele Männer sich nicht trauen, mit dieser machthungrigen Frau eine Beziehung einzugehen, weil sie dadurch ihre Männlichkeit und ihre Freiheiten beschnitten sehen.

Dabei sollte man sich als Mann überaus glücklich schätzen, eine Frau dieses Kalibers geangelt zu haben. Sie ist treu, ehrlich, leidenschaftlich und intelligent. Skorpion-Frauen können jedoch auch ohne einen Mann auskommen. Sie haben aufgrund ihres Durchsetzungsvermögens Erfolg im Beruf und können auf eigenen Beinen durchs Leben stolzieren. Deshalb sind Skorpion-Frauen auch nie mit der Rolle des Hausmütterchens zufrieden. Sie wissen um ihre Fähigkeiten und wollen diese im Arbeitsleben anwenden. Allein die große Liebe zu ihren Kindern könnte sie dazu bewegen, ihre eigenen Interessen zurückzustellen und sich ganz den Fragen der Erziehung und dem Haushalt zu widmen.

Auch beim Sex wollen sie die Hauptrolle spielen. Haben sie erst einmal einen Mann für sich auserkoren, so kommen sie ohne Umschweife direkt zur Sache und zeigen ihm unverhohlen ihr Interesse an ihm. Sie sind selbstbewusst genug, selbst die Initiative zu ergreifen und den ersten Schritt zu tun. Sie übernehmen auch im Bett gerne die Führung, sind anschmiegsam, sehr leidenschaftlich und verlangen viel von seiner Manneskraft. Sie entwickeln viel Fantasie und nutzen die Länge der Nacht, um ihn zu testen und ihre Ideen auszuprobieren.

Die Kinder will die Skorpion-Frau ganz nach ihrem Vorbild großziehen. Sie lässt ihnen fast alle Freiheiten und achtet darauf, dass sie schon in jungen Jahren selbständig sind und für sich selbst sorgen können.

Das Zusammenleben mit einer Skorpion-Frau wird selten langweilig. Ihr kraftstrotzendes, energiegeladenes Wesen sorgt immer wieder für Überraschungen und neue Wendungen in einer Beziehung, sodass ein Versuch mit ihr auf jeden Fall die Mühe lohnt.

Wer passt zum Skorpion

Skorpione gehen in der Regel mit Fischen und Krebsen viel versprechende, lang andauernde Partnerschaften ein. Mit dem Skorpion verbinden sie sowohl körperliche als auch seelische Verwandtschaft, sodass es oft zu innigen, vertrauensvollen und aufrichtigen Beziehungen kommen kann.

Auch von Beziehungen mit dem Schützen oder dem Steinbock ist dem Skorpion nicht abzuraten. Der Schütze stützt durch seine positive Lebenseinstellung den Skorpion, während der Steinbock und der Skorpion sich durch ihre Eigenschaften gut ergänzen.

Waagen und Jungfrauen passen ebenfalls zu Skorpionen und können eine harmonische Partnerschaft miteinander eingehen.

Der aggressive Skorpion und der verletzliche Wassermann können nur dann miteinander, wenn beide viel guten Willen mit in die Beziehung bringen.

Stiere und Widder können nur unter großen Mühen eine Beziehung mit Skorpionen eingehen, denn sie ähneln sich in ihren Eigenschaften und sind nur selten bereit sich anzupassen.

Beziehungen zwischen Löwen und Skorpionen sowie Zwillingen und Skorpionen werden oft durch Streit zerrüttet.

Berühmte Skorpione

James Cook,	27. Oktober 1728
Marie Antoinette,	2. November 1755
Karl Baedeker,	3. November 1801
Fjodor M. Dostojewskij,	11. November 1821
Martin Luther,	10. November 1483
Friedrich Schiller,	10. November 1759
Indira Ghandi,	19. November 1919
Selma Lagerlöf,	20. November 1858
Francois Marie Voltaire,	21. November 1694
Charles de Gaulle,	22. November 1890
Pablo Picasso,	25. November 1881
Nicolo Paganini	27. November 1782

Der Mond in Skorpion (Fall)

Tod-Faszination, Ausschweifung, beherrscht, Vorurteil, Ernsthaftigkeit, extreme Eifersucht, Rache, Beherrschung, Subtilität

Der Mond im Zeichen Skorpion deutet auf stark einseitige Gefühlstendenzen, die auf willkürliche gelenkten Begierden beruhen. Diese Stellung wird für den Mond als nicht besonders günstig angesehen, weil er in diesem Zeichen im Fall ist. Es besteht eine Tendenz, persönliche Angelegenheiten übertrieben ernst zu nehmen, was in gewissen Fällen zu Besitzgier und extremer Eifersucht führen kann. Wenn man sie zum Äußersten treibt, grollen die Nativen und sinnen auf Rache; sie vergessen persönliche Beleidigungen nicht so schnell. Die Neigung zu schmollen und Rache zu nehmen ist ein ernstes Problem, die mit dieser Mondstellung zusammenhängen kann und das der Native mit Bewusstheit bearbeiten sollte. Diese Menschen möchten manchmal die häusliche Situation nach ihren Vorstellungen umwandeln und andere mit subtilen Mitteln beherrschen. Sie können sehr eigensinnig sein und wollen nur ihre eigenen Wünsche gelten lassen. Haben sie aber eine klare Richtung und die richtige Motivation gefunden, ist ihnen kein Opfer zu groß, um ein bestimmtes Ziel zu erreichen. Für alle ihre Unternehmungen haben sie bestimmte Motive, auch wenn diese Antriebe nicht immer offen ersichtlich sind.

Merkur in Skorpion

Kennzeichen: kritisch, fanatisch, praktisch, skeptisch, listig, geschickt, profund, spitz, forschend, durchdringend, beißend

Im Zeichen Skorpion kann Merkur intuitives Denken bedeuten, das zu tief schürfenden Einsichten kommt. Die Wahrnehmungsschärfe der Nativen kann zur kritischen Prüfung der menschlichen Beweggründe führen; sie sehen die Dinge treffend, aber nicht unbedingt nachsichtig. Sie können in einer schneidenden Weise sprechen, denn sie lehnen es ab, ein Blatt vor den Mund zu nehmen, um die Gefühle anderer zu schonen. Sie bevorzugen, genau das zu sagen, was sie empfinden, ansonsten lieber zu schweigen. Viele Pläne und Projekte betreiben sie im Stillen und vertrauen sie anderen nur soweit an, als es für ihr Vorhaben unumgänglich ist. Da sie sich unter Umständen von stark emotionalen Faktoren mitreißen lassen, sind sie objektiver, wenn sie die Sache persönlich nichts angeht.

Diese Menschen verfügen über entschlossene Zielstrebigkeit und großen Einfallsreichtum. Sie haben die Fähigkeit, unüberwindlich scheinende Widerstände zu meistern. Ist Merkur im Skorpion ungünstig aspektiert, deutet dies auf Intrigen, Verschwörungen und Hintergedanken.

Menschen mit dieser Merkurstellung sind gute Detektive, Untersuchungsbeamte und Forscher. Bei hoch entwickelten Menschen findet sich oft eine wissenschaftliche Begabung, die sich aus ihrem Interesse für die innere Dynamik der Kräfte erklärt, die für die objektiven Erscheinungen verantwortlich sind. Dies führt zur Einsicht in die grundlegenden Wandlungsprozesse.

Ist Merkur in diesem Zeichen ungünstig aspektiert, kann das Denken ganz von sexuellen Motivationen beherrscht sein. Auch starkes Misstrauen gegenüber anderen kann vorherrschen.

Venus in Skorpion (Exil)

Zügellosigkeit, Vermächtnisse, Liebe vorenthalten, tiefes Fühlen, unmoralisch, verschlossen, ernste Beziehungen, Hass, Gleichgültigkeit, okkulte Kunst

Venus in Skorpion ist im Exil, weil der Skorpion dem Stier gegenübersteht, in welchem die Venus regiert. Bei dieser Venusstellung sind die Gefühle und sexuellen Begierden stark und leidenschaftlich, eifersüchtig und verborgen. Diese Menschen sind stolz auf ihre sexuellen und romantischen Abenteuer. Ist die Venus in diesem Zeichen verletzt, werden Sex und Sinnlichkeit das Denken und Fühlen tendenziell vollständig beherrschen. Bei engen persönlichen Beziehungen haben sie die Tendenz, stark gefühlsmäßig zu reagieren, ohne Berücksichtigung des Standpunktes ihres Partners. Es mangelt ihnen oft an Vernunft und Taktgefühl. Hoch entwickelte Typen haben jedoch meist hohe Ideale und Wertmaßstäbe in Bezug auf Liebe und Freundschaft, sie würden um der Liebe willen alles opfern, wenn sie das Gefühl haben, dass das Objekt ihrer Zuneigung dessen wert ist.

Solche Menschen nehmen ihre Romanzen häufig zu persönlich und zu ernst, es mangelt ihnen an Nachsicht und an Sinn für Humor. Da sie selbst sehr gefühlsbetont sind, erwarten sie dies auch vom Partner, was in Liebesdingen leicht zu Überheblichkeit und einer "Alles-oder-nichts" Haltung führen kann. Wird jemand mit dieser Venusstellung sitzen gelassen oder enttäuscht, kann er sich verraten und hintergangen fühlen und sehr eifersüchtig und verbittert werden. So führt diese Stellung oft zu einer intensiven Hass-Liebe. Haben diese Menschen einmal eine enge Verbindung, die ihnen am Herzen lag, aufgelöst, kann sie niemals mehr auf der gleichen Basis wiederhergestellt werden; sie werden dieser Person stets die kalte Schulter zeigen.

Die gefühlsmäßige Intensität, die mit dieser Venusstellung verbunden ist, ergibt eine farbige Persönlichkeit. Ihr künstlerischer Geschmack neigt zu starken dramatischen Kontrasten. Die Nativen fühlen sich zu okkulten Wissenschaften und inneren Geheimnissen hingezogen und besitzen eine starke Resonanz für die Gefühle der anderen.

Ist Venus im Skorpion einer Frau ungünstig aspektiert, kann es sich um den Typ der "femme fatale" handeln, die ihren Sex-Appeal dazu benützt, andere Menschen zu beherrschen und zu manipulieren. Es besteht mit Venus im Skorpion auch die Gefahr, dass der Geborene in einer engen persönlichen Beziehung, in der Ehe oder in Geschäftspartnerschaften dominieren oder insgeheim die Kontrolle ausüben will. Diese intensive Venusstellung kann zu emotionalen Exzessen führen. Dennoch verlieren solche Menschen auch bei schweren Kränkungen niemals ihren persönlichen Stolz und ihre Würde. Sie handeln eher zurückhaltend und halten einen Nimbus von Geheimnis und Hintergründigkeit um sich aufrecht, bis sie ihrer Beziehung sicher sind.

Mars in Skorpion (Domizil)

sexuelle Anziehungskraft, starke Emotionen, heftig, ichbezogen, kritisch, rachsüchtig, okkult, Sexualmagie, Mut, Eifersucht

Mars im Skorpion zeigt gewaltige Gefühlsintensität an und verleiht den Nativen bei der Ausführung ihrer Vorhaben unglaublichen Mut und Durchhaltevermögen. Dies kann zu den höchsten Gipfeln geistiger Erfolge oder zu den Tiefen moralischer Abgründe führen, je nachdem mit wie viel Weisheit und aus welchen Beweggründen diese Energie gesteuert wird.

Kennzeichen für solche Geborene sind Einfallsreichtum, Kühnheit und Energie, insbesondere in schwierigen Situationen. Selbst der Tod kann kaum erschrecken, wenn sie ihm um ihrer Ziele willen ins Auge sehen müssen. Zur Verteidigung ihrer Prinzipien sind sie zu einem kompromisslosen Kampf bereit.

Der mächtige Sexualtrieb, durch Mars in Skorpion, kann bei falscher Motivierung zu Besitzgier und übertriebener Eifersucht führen. Menschen mit dieser Stellung neigen dazu, eine "Alles oder nichts" Haltung einzunehmen, was es außerordentlich schwierig macht, mit ihnen zu einem Kompromiss zu kommen. Da sie ihren Mitmenschen gegenüber nicht neutral oder gleichgültig sein können, machen sie sich diese entweder zu Freunden oder zu Feinden. Sie sind verschwiegen und verraten ihre Pläne oder Handlungen nicht ohne guten Grund. Sie sollten lernen, die Dinge nicht so persönlich und ernst zu nehmen und objektiver zu betrachten. Diese Stellung birgt die Gefahr von Grobheit und Rücksichtslosigkeit in sich, weil die Nativen manchmal die Gefühle ihrer weniger kräftigen Mitmenschen nicht in Betracht ziehen.

Ist der Mars im Skorpion ungünstig aspektiert, kann es oft heftigen Ärger und Verdruss geben, der aber - im Gegensatz zum Groll des Mars im Widder - nicht schnell verfliegt, sondern lange unvergessen bleibt und "unterirdisch" weiterschwelt. Menschen mit dieser Stellung können ihren Ärger nicht mehr loswerden. Er kondensiert sich wie Dampf in einem Druckkochtopf, bis die explosionsartige Äußerung schließlich verheerende Folgen zeitigt. Deshalb sind solche Menschen gefährliche, rachsüchtige Feinde. Wenn der Mars schwer verletzt ist, besteht die Tendenz, andere gefühlsmäßig zu dominieren und zur Unterordnung und Dienstbarkeit zu zwingen.

Jupiter in Skorpion

Kennzeichen: metaphysisch, leidenschaftlich, gerissen, Besitzstreben, vergnügungssüchtig, kollektive Angelegenheiten, mystisch

Menschen mit Jupiter im Zeichen Skorpion sind in großem Maßstab in Dinge verwickelt, die mit gemeinsamen Fonds oder Körperschafts-Finanzen, Steuern, Versicherungen und

Vermächtnissen zusammenhängen. Ihre Geschäftsangelegenheiten haben wahrscheinlich mit Begräbnissen, Grundbesitz, Spendensammlung, Steuern und Versicherung zu tun.

Die Nativen sind oft am Okkulten, an den mystischen Aspekten der Religion, an einem Leben nach dem Tod und einer telepathischen Verbindung zu den Wesen der unsichtbaren Gefilde interessiert, ganz besonders, wenn Jupiter zu Uranus, Neptun oder Pluto einen Aspekt bildet. Ihre philosophischen Ansichten und religiösen Glaubenssätze und auch ihre soziale Verhaltensweisen und Prinzipien können ungewöhnlich und kompromisslos sein, was ihnen manchmal mächtige und erbitterte Feinde schafft. Diese Menschen neigen dazu, heimlich Informationen über die privaten Angelegenheiten anderer einzuholen. Aufgrund verborgener Motivationen können sie merkwürdige Freundschaften eingehen.

Ist Jupiter ungünstig aspektiert, können im Zusammenhang mit Erbschaften, Unterhaltsbeiträgen, Körperschaftsauslagen, Versicherungen und Steuerzahlungen gerichtliche Auseinandersetzungen entstehen. Unkluge Investitionen in Aktien oder finanzielle Partnerschaften können eventuell Verluste bringen. Diese Menschen interessieren sich manchmal auch für Spiritismus und möchten gerne über okkulte Kräfte für persönliche Zwecke verfügen.

Saturn in Skorpion

Kennzeichen: einfallsreich, beherrscht, Melancholie, metaphysischer Ernst, vorsichtig, kollektiv, Konflikt, Perfektionist

Im Skorpion bedeutet Saturn Verantwortung und Geschäftstüchtigkeit in finanziellen Dingen wie zum Beispiel Vereinsgeldern, Gesellschaftsfinanzen, Steuern, Erbschaften, Versicherungen und Treuhandangelegenheiten. Ist Saturn im Skorpion ungünstig aspektiert, können Streitigkeiten um Erbschaften, Steuern und gemeinsame Finanzen entstehen, die oft in gerichtliche Auseinandersetzungen ausarten und mit Verlusten durch Prozessverfahren enden können.

Die Nativen sind meist Perfektionisten bei ihrer Arbeit. Sie versuchen stets die Struktur des Status quo zu verbessern. Lassen sie sich von diesem Hang zu stark mitreißen, können sie in den Ruf kommen, sehr strenge Arbeitgeber zu sein. Mit Leuten, die Faulheit oder Arbeitsscheu erkennen lassen, haben sie nur wenig Geduld; Mangel an Fleiß ertragen sie bei andern ebenso wenig wie bei sich selbst. Sie wenden viel Energie und Willenskraft auf, um konkrete Erfolge zu erzielen.

Diese Menschen nehmen Verantwortungen dermaßen ernst, dass sie dadurch enorm belastet werden. Sie müssen lernen, ihren Verpflichtungen ruhig und methodisch nachzukommen. Gründlichkeit, Hartnäckigkeit und Entschlossenheit sind mit Saturn im Skorpion die Regel; nur wenige andere Stellungen lassen eine derartig erfolgsträchtige Kombination erwarten.

Diese Menschen verlangen nach Autorität und sind bereit, zur Befriedigung ihrer Ambitionen zu kämpfen. Ob sie sich dabei fairer oder unfairer Mittel bedienen, hängt von der Aspektierung des Saturn ab. Wenn diese Menschen sich hintergangen fühlen, können sie sehr nachtragend sein. Sie können geradezu fanatisch an einem Prinzip festhalten.

Ist Saturn in diesem Zeichen ungünstig aspektiert, kann sich bei diesen Menschen eine Tendenz zur Intrige zeigen, eine Unfähigkeit, vergangene Kränkungen zu vergessen und ein triebhafter Drang, sich zu rächen.

Uranus in Skorpion (Erhöhung) (1975- 1981)

Kennzeichen: Regeneration, rasche Veränderung, vorherbestimmte Kämpfe, Gewalt, Gefahr, rücksichtslos, okkulte Explosion, rebellisch, Astrologie

Im Skorpion ist Uranus erhöht. Er ist ja der Planet der drastischen Veränderungen und deshalb im Skorpion, dem Zeichen von Sterben und Erneuerung, am mächtigsten. Menschen mit dieser Stellung müssen lernen, sich darauf einzurichten, dass während ihrer Lebenszeit alte Formen zerbrechen als notwendige Voraussetzung für die Entwicklung einer Neuen. Die heute noch lebenden Menschen der vorigen Generation mit Uranus im Skorpion sind heute etwa achtzig Jahre alt. In ihrer Jugend haben sie den ersten Weltkrieg erlebt, der das Viktorianische Zeitalter zu einem drastischen Ende brachte und eine Ära plötzlicher Veränderungen einleitete.

Die nächste Uranusperiode im Skorpion beginnt jetzt (1975) und bedeutet den Beginn der abschließenden "Zerstörung" des Fischezeitalters, um das Wassermannzeitalter einzuleiten, das um das Jahr 2000 herum beginnen wird. Menschen, die jetzt mit Uranus im Skorpion zur Welt kommen, werden Zeugen der größten Umwälzung der menschlichen Zivilisation sein, die in der menschlichen Geschichte verzeichnet wurde.

Menschen mit Uranus im Skorpion haben sehr intensive Gefühle. Sie glauben an entschlossenes Handeln und können Untätigkeit oder Faulheit in keiner Weise vertragen. Ist Uranus im Skorpion ungünstig aspektiert, neigen sie zu heftigen Zornesausbrüchen und wollen mit grimmiger Entschlossenheit Veränderungen erzwingen, ungeachtet der damit verbundenen Zerstörung.

Diese Menschen können außerordentlich einfallsreich sein und eine große technische und wissenschaftliche Erfindungsgabe besitzen. Sie können auch starke okkulte Neigungen haben und ein Wissen um das Weiterleben nach dem Tode und eine Wahrnehmung supraphysikalischer Energiedimensionen.

Neptun in Skorpion (1956-1970)

Kennzeichen: verborgene Emotionen, Geheimnis, Sexualtrieb, Verwirrung, Hellsichtigkeit, Okkultismus, Sensationsgier, Depression

Neptun im Skorpion kennzeichnet eine Periode der Ausbeutung der natürlichen Bedürfnisse des Menschen. Nur wenige Menschen haben eine geistige Erneuerung erfahren und sich mit den inneren Zusammenhängen des Lebens auseinander gesetzt. Die meisten begnügen sich mit einer kommerziellen Auswertung der Sexualität. Das Zeichen Skorpion entspricht der Sexualität und der Planet Neptun den Drogen. In dieser Zeit hat eine in Auflösung begriffene Sexualmoral zu einer weiten Verbreitung von Geschlechtskrankheiten geführt und der Gebrauch von Drogen als ein seelisches Fluchtmittel hat sich ausgedehnt. Es besteht viel Gefühlsüberspanntheit und Verwirrung, die zu einem Aufruhr des Unbewussten führen, der sich in solch chaotischen künstlerischen Phänomenen wie zum Beispiel der Musik äußert.

Viele der mit Neptun im Skorpion geborenen Kinder werden hellseherische Fähigkeiten besitzen und dazu gezwungen werden, die Notwendigkeit einer spirituellen Erneuerung anzuerkennen, wenn Uranus und Pluto in Konjunktion mit ihrer Geburtsstellung des Neptun kommen.

Pluto in Skorpion (Domizil) (1984-2000)

Kennzeichen: Tod und Wiedergeburt, Regeneration, Kraft, Fanatismus, atomare Kriegführung, Weltkrieg, dämonische Mächte, Transformation

Mit Pluto im Skorpion dürften die weltweiten Konflikte einen Höhepunkt an Intensität erreichen. "Erneuerung oder Tod" wird die Alternative sein, weil Pluto Herrscher des Skorpions ist, des Zeichens des "Stirb oder Werde". Es gibt keine andere Zeichenstellung eines Planeten, die eine solche Potenz beinhalten würde. Diese Periode kennzeichnet die letzten Atemzüge des Fische-Zeitalters. Für den Wahnsinn der Menschheit hat die letzte Stunde geschlagen und es wird keine andere Wahl geben, als den Konsequenzen ins Auge zu blicken.

Während seines Durchgangs durch Waage und Skorpion ist die Umlaufgeschwindigkeit Plutos am größten. In den letzten fünfundzwanzig Jahren des 20. Jahrhunderts ist die Gefahr für Seuchen, Hungersnot und Krieg mit atomaren und biologischen Waffen am größten. Von 1975 bis 1981 befindet sich Uranus im Skorpion und von 1984 bis zum Ende des Jahrhunderts auch Pluto. In diesem Zeitraum wird die Menschheit durch schreckliche Notwendigkeit dazu gezwungen werden sich selbst zu erneuern und sich für das Wassermannzeitalter und das Jahr 2000 vorzubereiten.

Schütze/Sagittarius

Bewegliches Zeichen
Kennzeichen: Ehrgeiz, Freiheitsliebe, Forscherdrang, ehrgeizig, frei, salopp, fantasievoll undiszipliniert, offen, erforschend, Hedonist

Das neunte Zodiakzeichen. Der Schütze, im Zeichen der Ehrlichkeit und Offenheit geboren, wird durch einen Pfeil dargestellt, der unbeirrt ins Ziel schwirrt. Der Schütze liebt nichts so sehr wie Freiheit und Unabhängigkeit.
Sonne steht im Zeichen: 22. November bis 21. Dezember (23. November bis zum 21. Dezember)

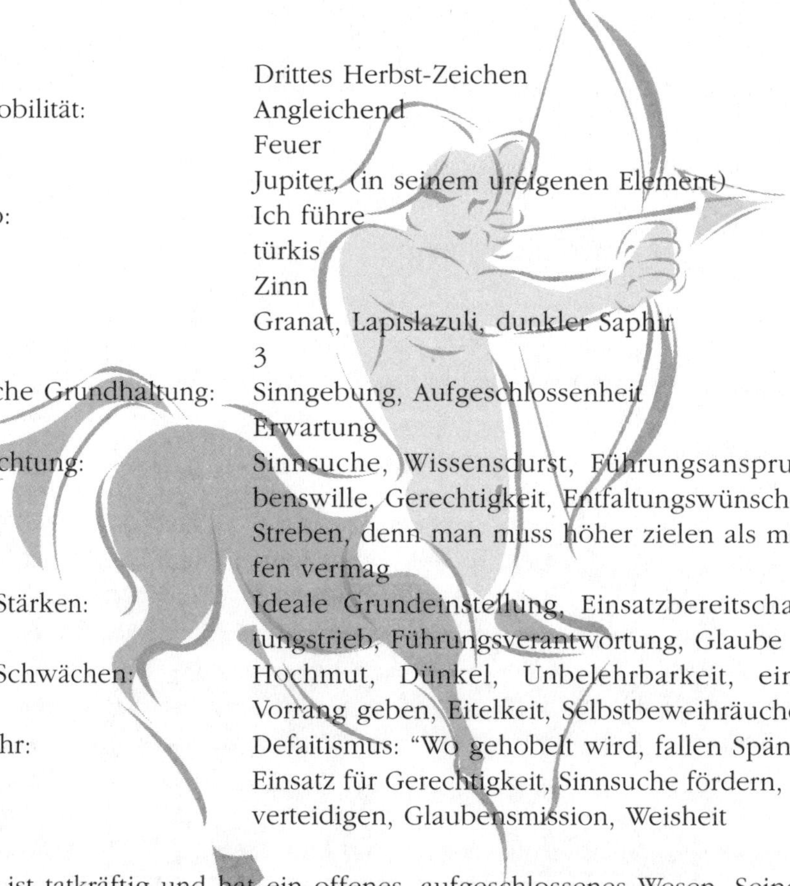

Jahreszeit:	Drittes Herbst-Zeichen
Kraftform-Mobilität:	Angleichend
Element:	Feuer
Herscher:	Jupiter, (in seinem ureigenen Element)
Lebensmotto:	Ich führe
Farbe:	türkis
Metall:	Zinn
Steine:	Granat, Lapislazuli, dunkler Saphir
Zahl:	3
Psychologische Grundhaltung:	Sinngebung, Aufgeschlossenheit
Motivation:	Erwartung
Handlungsrichtung:	Sinnsuche, Wissensdurst, Führungsanspruch, Glaubenswille, Gerechtigkeit, Entfaltungswünsche, Eifer im Streben, denn man muss höher zielen als man zu treffen vermag
Allgemeine Stärken:	Ideale Grundeinstellung, Einsatzbereitschaft, Entfaltungstrieb, Führungsverantwortung, Glaube
Allgemeine Schwächen:	Hochmut, Dünkel, Unbelehrbarkeit, einer Lehre Vorrang geben, Eitelkeit, Selbstbeweihräucherung
Größte Gefahr:	Defaitismus: "Wo gehobelt wird, fallen Späne!"
Aufgaben:	Einsatz für Gerechtigkeit, Sinnsuche fördern, Singehalt verteidigen, Glaubensmission, Weisheit

Der Schütze ist tatkräftig und hat ein offenes, aufgeschlossenes Wesen. Seine Ziele erreicht er mit der Kraft seines positiven Denkens. Jupiter der Regent des Schützen, sorgt stets für Hilfe, wenn sie gebraucht wird, manchmal jedoch in allerletzter Minute.

Der Schütze ist von Natur aus ein verantwortungsbewusster Mensch, der sich über das Wohl der Gesellschaft wie auch über sein eigenes Dasein Gedanken macht. Selbst wenn er im landläufigen Sinn ungebildet sein sollte, ist er mit abstrakten Gedankengängen, Grundsätzen und Anschauungen vertraut.

Er ist ehrlich, gerecht und großmütig, weil ihm Anerkennung und Harmonie in seiner Umgebung am Herzen liegen. Er läuft jedoch Gefahr, engstirnig und bigott zu werden, falls er sich allzu kleinlichen gesellschaftlichen Normen verpflichtet.

Obwohl dieses Zeichen von einem starken Idealismus geprägt ist, können weniger entwickelte Schützegeborene zu religiösen Fanatikern und blinden Anhängern etablierter Philosophien und Dogmen werden. Solche Menschen müssen sich in Toleranz üben.

Behutsamkeit und Vorsicht spielen im Leben des Schützen eine recht untergeordnete Rolle. Er hat eine gewisse Neigung voreilige Schlüsse zu ziehen. Da er sehr geradeheraus ist, sind seine Handlungen über allen Verdacht erhaben. Wer sich mit einem Schützen zusammenschließt, tut gut daran, sich ein dickes Fell zuzulegen, denn er wird die ungeschminkte Wahrheit zu hören bekommen. Feinden gegenüber kann er gnadenlos sein. Überfällt ihn jedoch die Angst, kann es zu schweren Depressionen kommen.

Aufgrund intuitiven Erfassens der vorherrschenden Denkrichtungen hat der Schütze die Fähigkeit, zukünftige Entwicklungen vorauszusehen, wobei seine Einsichten geradezu an Prophetie grenzen, er hat den Kopf in den Wolken. Er ist sich vollauf der Tatsache bewusst, dass die Erscheinungsformen der Zivilisation das Ergebnis menschlichen Denkens und Handelns sind. Typisch für den Schützen ist der Satz: "Ich habe im Visier".

Schützen wagen sich in ganz neue Gebiete vor, von denen niemand auch nur zu träumen wagte, denn sie sind von dem Wunsch beseelt, alles genauestens zu wissen, zu erfahren, sich darin zu versuchen und im Abenteuer Spannung und Aufregung zu finden. Sie bereisen gerne fremde Kontinente, sei es in Wirklichkeit oder in Gedanken oder beides. Sie genießen es, wenn andere ihre Qualitäten und ihre Arbeit anerkennen. Dank ihrer schöpferischen Kräfte vermögen sie ihr Ego zu erweitern.

Schützefrauen schätzen in der Regel die Hausarbeit nicht sonderlich, dafür umso mehr ihre Unabhängigkeit. Sie sind sehr charmante und angenehme Partnerinnen.

Der neugierige Schütze

Bemerkenswert bei Schützen ist ihr Drang nach Unabhängigkeit. Sie wollen sich ständig verändern und etwas Neues kennen lernen.

Der Schütze ist ein Individualist, dem Wandel und Wechsel im Blut liegen. Er liebt das Abenteuer und ist bereit, Risiken einzugehen, um ein einmal gestecktes Ziel zu erreichen. Ständig trachtet er danach, neue Ufer zu erreichen, um seinen Horizont zu erweitern. Er hat bei seinen Unternehmungen und Plänen das Glück gepachtet und gerät selten in eine kritische Situation, aus der er sich nicht mehr befreien kann, ohne Schaden zu nehmen. Sein unerschütterlicher Optimismus und seine durchweg positive Lebenseinstellung sind die Garanten seines Erfolges und sorgen dafür, dass auch scheinbar ausweglose Situationen gemeistert werden. Nicht immer handelt er überlegt, sondern instinktiv; aber das macht er durch sein forsches, lockeres Auftreten wett.

Im Umgang mit seinen Mitmenschen ist er impulsiv und lässt sich von seinen Gefühlen lenken. Seine direkte Art, eine Sache beim Namen zu nennen und Gedanken und Gefühlen offen Ausdruck zu verleihen, kommt bei Mitmenschen nicht immer an und verursacht Missverständnisse. Seine verbalen Schnellschüsse wirken teilweise verletzend und lassen ihn als taktlos und rechthaberisch erscheinen. Doch der Schein trügt. Er hat einen ausgeprägten Gerechtigkeitssinn und ist nicht zu stolz, Fehler einzugestehen.

Hat er einmal eingesehen, dass sein Temperament wieder mit ihm durchgegangen ist und er jemanden beleidigt hat, geht er auf sein Gegenüber zu und reicht ihm in ehrlicher Absicht die zur Versöhnung. Das macht diesen Idealisten, der kein Unrecht duldet, beliebt bei seinen Mitmenschen. Trotz der genannten Unzulänglichkeiten schätzt man ihn als geistreichen, redseligen und offenen Gesprächspartner, der sich einem nicht verschließt und schon mal zur Plaudertasche werden kann.

Man fasst schnell Vertrauen zu ihm und akzeptiert ihn als echten Freund, dem man seine Sorgen anvertrauen kann. Der Schütze ist ein heiterer und freundlicher Zeitgenosse, der niemandem seine Hilfsbereitschaft verweigert und auch die Meinung Andersdenkender tolerieren kann.

Als redegewandter und eloquenter Mensch liebt er lange Gespräche, Diskussionen und geselliges Beisammensein unter Freunden. Hier glänzt er durch seine Schlagfertigkeit und sein selbstsicheres Auftreten, das nie aufdringlich wirkt und von anderen als angenehm und unterhaltsam empfunden wird.

Deshalb verzeiht man ihm schnell seine zuweilen sarkastischen und bissigen Bemerkungen, die er manchmal von oben herab in einem belehrenden Ton macht.

Er ist ein kritischer Geist, der viel nachdenkt und dessen Wissensdurst kaum zu stillen ist. So hat er immer offene Augen und Ohren für neue Ideen, Gedanken und Anregungen und versucht mit Ehrgeiz, seinen geistigen Horizont zu erweitern.

Für einen problemlosen Umgang mit Schützen muss man unbedingt beachten, sie nicht in ihrem Freiheitsdrang zu beschränken und ihnen geduldig mit Aufmerksamkeit zuzuhören. Der Schütze liebt offene, direkte Worte und deswegen sollte man ihm gegenüber denselben Ton anschlagen. Ehrlichkeit und Geradlinigkeit versteht er besser als versteckte Hinweise oder Nachrichten, die erst auf Umwegen zu ihm gelangen.

Seine kleinen Ausrutscher und Fehler muss man mit Nachsicht auf sich beruhen lassen. Sein Gerechtigkeitssinn lässt ihn Fehler schnell einsehen. Er ist durchaus bereit, sich zu entschuldigen und Besserung zu geloben.

Da Schützen Menschen sind, die viel nachdenken über das, was um sie herum vorgeht und die auch eine gewisse Kombinationsgabe besitzen, ist es kein Fehler, sich ihnen anzuvertrauen und einen Rat bei ihnen einzuholen.

Gesundheit

Der Schütze ist von Mutter Natur mit viel Energie ausgestattet worden. Deshalb ist er oft unruhig und ungeduldig und kann nicht für längere Zeit bei einer Sache verharren. Man könnte ihm sogar vorwerfen, hektisch zu sein. Er ist emotionsgeladen und braucht sowohl geistig als auch körperlich viel Bewegung. Ohne permanente Aktivitäten kann er seine Unternehmungslust nicht stillen und langweilt sich. Das führt dazu, dass er seinen Körper Stresssituationen aussetzt, in unnötige Hektik und Aktionismus verfällt und so seinem Organismus Strapazen zumutet, die eigentlich zu vermeiden wären.

Es gibt für ihn nichts Schlimmeres als Ärzte, die ihm Bettruhe verordnen, wenn er wieder einmal zu viel wollte und seinen Körper unnötigen Belastungen ausgesetzt hat. Durch sein unstetes, stürmisches Wesen hat er oft Kreislaufprobleme und Schwindelgefühle, denn erholsamer, langer Schlaf ist ihm ein Gräuel, der ihm innerlich Schmerzen bereitet.

Dieser Bewegungsdrang, der fast schon ein Zwang ist, wirkt sich vor allem auf sein Nervenkostüm aus. Dieses ist ständig angekratzt und seine dünne Hülle schützt ihn nicht vor Einwirkungen von außen oder Ausbrüchen von innen. Er neigt zu heftigen, überzogenen Reaktionen, ja sogar Wutanfällen. Das belastet neben dem Verhältnis zu seinen Mitmenschen auch seine Galle und seine Leber.

Diese unkontrollierten Gefühlswallungen machen auch seiner Haut zu schaffen. Häufig auftretende Allergien, Ausschläge, Ekzeme, aber auch Herpes sollten ihm eine Warnung sein.

In besonderem Maße kommen beim Schützen aufgrund seines unbändigen Bewegungsdranges und seines aktiven Lebenswandels Erkrankungen des Bewegungsapparates vor. Er leidet an Entzündungen der Gelenke, vor allem Hüftgelenkserkrankungen, aber auch Ischiaserkrankungen.

Was die Ernährung angeht, so ist der Schütze ein Genießer. Er liebt alles, was gut schmeckt und ungesund ist. Ohne ein schlechtes Gewissen zu bekommen verköstigt er sich an Fleisch, scharfen Gewürzen und dicken Soßen. Es kommt vor, dass er versucht,

Ärger, Kummer und heftigen Zorn mit Süßigkeiten hinunterzuschlingen, ohne auf seine Gesundheit zu achten.

Besser wäre es, wenn er sich des öfteren Beschränkungen auferlegen würde. Weniger Alkoholkonsum und Zigaretten würde ihm seine Leber sicherlich danken. Ebenso könnte sein Kreislauf, der ständig mit Schwindelanfällen wegen Schlafmangel zu kämpfen hat, aufatmen.

Bei seiner Ernährung sollte er auf schwere Kost verzichten. Lieber mal weniger Fleisch essen und dafür etwas mehr Geflügel, aber vor allem frisches Gemüse, viel Salat, Obst und anstelle von Bier und Schnaps einen gesunden Kräutertee oder einen frisch gepressten Saft, damit seine Verdauung angeregt und seine Leber entlastet wird.

Er muss sich darüber im Klaren sein, dass er wegen seiner vielfältigen Aktivitäten und Unternehmungen einem besonders hohen Verletzungsrisiko ausgesetzt sind. Er sollte nicht über die Stränge schlagen, auch wenn es ihn viel Überwindung kostet.

Gemäß seiner Natur und seines Charakters liegen ihm Sportarten, in denen er sich viel bewegen kann, in denen er Kontakt mit Menschen hat. Hierzu gehören vor allem Sportarten wie Reiten, Fechten, Schwimmen und Leichtathletik in all ihren Variationen. Schütze-Frauen, die sich durch ein ausgeprägtes Rhythmusgefühl auszeichnen und sich sehr anmutig und graziös bewegen, lieben häufig das Tanzen.

Um gesund zu bleiben, müssen Schützen Exzesse aller Art meiden. Sie sind zwar umtriebig und aktiv, doch sollten sie im Rahmen des Machbaren bleiben, um ihren Körper, der mit vielen Energien ausgestattet ist, nicht zu schinden.

Falsch wäre es auch, wenn ein Schütze seinen Kräften nicht freien Lauf lässt und zum Stubenhocker wird. Das ist für einen aktiven, ideenreichen Menschen wie ihn der beste Weg, krank zu werden.

Beruf und Geld

Der Schütze achtet bei seiner Berufswahl nicht so sehr auf die Entlohnung, sondern mehr darauf, dass er eine interessante, abwechslungsreiche Tätigkeit hat, die seinem forschenden Wesen entspricht und seine geistigen Fähigkeiten beansprucht. Das sollte er abstellen, denn nichts spricht dagegen, sich Leistung in gebührendem Umfang bezahlen zu lassen.

Durch ihren sprunghaften, risikofreudigen Charakter verlieren die Schützen oft den Blick für die Realität. Gerade in finanziellen Angelegenheiten ist dies sehr gefährlich, weil sie geneigt sind, sich auf obskure Geldgeschäfte einzulassen. In Sachen Geld ist es für Schützen ratsamer, auf sichere Anlageformen, die altbewährt sind, zurückzugreifen, obwohl dies nicht ihrem experimentierfreudigen Charakter entspricht.

Wenn der Schütze im Laufe seines Lebens seine Genusssucht, die manchmal in Verschwendungssucht ausartet, zügeln kann, wird er im Alter ein gesichertes Auskommen haben, weil er in der Regel einen Beruf ergreift, der ihn finanziell so stellt wie es seinen Bedürfnissen entspricht.

Seine persönlichen Geldgeschäfte sollte er jedoch lieber von anderen führen lassen. Am besten lässt er einen Fachmann nach den für ihn günstigsten Spar- und Anlageformen suchen oder er gibt seine Finanzen einfach in die Obhut seines Lebenspartners oder Ehegatten.

Der Schütze ist ein Mensch, der sich in einer untergeordneten Position nicht besonders wohl fühlt. Er empfängt nicht gern Befehle, weil er sich dadurch eingeengt fühlt. Er braucht einen Beruf, in dem er sich und seine zahlreichen Ideen verwirklichen kann, einen Beruf, der ihm seine Freiheiten lässt und in dem er möglichst selbständig arbeiten kann. Dies muss eine Arbeit sein, in der er mit seinem Draufgängertum und seiner Klugheit hoch gesteckte Ziele erreichen kann.

Auf jeden Fall aber muss der gesellige Schütze in einem Job arbeiten, in dem viel Kontakt zu Menschen hat. Er arbeitet gern mit Ausländern zusammen, weil er mit ihnen seinen Horizont erweitern und neue Kulturen kennen lernen kann.

Seinem Naturell entsprechen auch Berufe, die im Freien ausgeübt werden und bei denen er umherreisen kann. In einer engen Amtsstube oder einem kleinen Büro kann er seinen Bewegungsdrang nicht ausleben. Das lässt er nur über sich ergehen, wenn er eine Position erreicht hat, die seinen gehobenen Ansprüchen gerecht wird. Denn er legt viel Wert auf eine angesehene Stellung, weil er hier unabhängig sein kann. Oft erreicht er diese, weil er geistig aktiv und rege ist und durch seine Gewitztheit einen guten Schul- oder gar Studienabschluss erzielt hat. Im Berufsleben mag er den Umgang mit Menschen seines Schlages, denn so kann er ständig neue Erfahrungen sammeln und seinen Wissensschatz vergrößern.

Bei Schütze-Frauen ist auffällig, dass sie nach Gleichberechtigung drängen und ihren männlichen Kollegen in nichts nachstehen wollen; denn sie besitzen dieselben guten Fähigkeiten und Eigenschaften, sodass sie sich keinesfalls verstecken müssen.

Als Untergebene ist mit Schützen oft nicht gut Kirschen essen. Befehle führen sie nur unter Murren aus, weil sie immer unabhängig sein wollen. Es hat den Anschein, als ob sie ihrem Chef nicht viel Respekt entgegenbringen, weil sie ihre eigene Meinung verteidigen und selten wirklich die Meinung oder die Vorschläge eines anderen akzeptieren. Auch unter den Kollegen sorgt der Schütze dafür, dass keine Langeweile aufkommt. Durch sein offenes Auftreten, bei dem er zuweilen kein Blatt vor den Mund nimmt und seine

Gedanken frei herausposaunt, verursacht er so manches Missverständnis, ja sogar Streit. Allerdings kann er durch seinen konzilianten Charakter, der ihn Fehlverhalten eingestehen lässt, verlorene Sympathien wiedergewinnen.

Als Chef er ist vor allem entgegenkommend und verständnisvoll, ein Vorgesetzter, der immer ein offenes Ohr für seine Mitarbeiter hat. Er spart nicht mit Lob, wenn eine Arbeit korrekt verrichtet wurde und vor allem liebt er selbständiges Arbeiten. Er ist niemand, der über jeden Arbeitsschritt genau Bescheid wissen muss, sondern er lässt seinen Mitarbeitern Freiräume, um eigene Ideen einzubringen.

Im Sinne eines guten Betriebsklimas sieht er es nicht gern, wenn sich unter Kollegen Grüppchen bilden. Er bevorzugt offene Worte, auch wenn ihn das manchmal etwas schroff erscheinen lässt.

Berufe, in denen die Fähigkeiten des Schützen am besten zur Geltung kommen, sind die des Lehrers (Sportlehrer), Reporters, Dolmetschers, Journalisten, Händlers oder Kaufmanns.

Liebe und Partnerschaft

Der Schütze-Mann

Die Männer dieses Sternzeichens lieben auch in der Liebe die Unabhängigkeit. Sie lassen sich nicht gerne binden, weil sie glauben, ihre Freiheit gehe dadurch auf Nimmerwiedersehen verloren. Deshalb finden sich unter ihnen auch besonders viele Junggesellen.

Der Schütze ist experimentierfreudig und stets auf der Suche nach neuen Abenteuern mit Frauen. Obwohl er als geselliger Mensch die Zweisamkeit liebt, geht er nur widerwillig eine feste Partnerschaft ein. Das bedeutet für ihn das Ende seines schönen Streunerlebens, in dem er so viel erleben und viele schöne Frauen kennen lernen kann. Der Abwechslung halber streunt er von Frau zu Frau und betört sie jedes Mal aufs Neue mit seinem Charme und geistreichen Witz.

Seine Entschlussfreudigkeit und sein impulsiver Charakter, die ihn oft zu übereilten Schritten und Reaktionen verleiten, sind der Grund dafür, dass er sich schnell für eine Frau begeistern kann. Er stürzt sich kopfüber in eine Beziehung und merkt dabei nicht, dass die Neue doch nicht die Richtige ist.

Seine Abenteuerlust führt ihn in viele Länder, in denen er auch dem weiblichen Geschlecht hinterherjagt. Er ist ein ewiger Wanderer, der die Herausforderung sucht und neuen Erfahrungen, seien sie gut oder schlecht, immer positive Seiten abgewinnen kann. Denn seine Wissbegierde und Neugier sind kaum zu stillen. So kommt es vor, dass er scheinbar zur Ruhe gekommen ist und sich häuslich niedergelassen hat und sich dann ohne große Erklärungen verabschiedet und das Weite sucht, weil sein Tatendurst in ihm wieder erwacht ist. Es kann aber auch an seiner fehlenden Entschlusskraft liegen, die ihn davon abhält, den letzten entscheidenden Schritt in den Hafen der Ehe zu wagen.

Um ihn auf sich aufmerksam zu machen, sollten sich Frauen auf jeden Fall schick anziehen und mit ihren Reizen spielen. Man muss sich geschickt verhalten, um aus seiner großen Bewerberinnenschar ausgewählt zu werden. Man muss ihm sein Interesse an einer Beziehung mit zeigen und ihn mit Witz und Schlagfertigkeit von seinen eigenen Vorzügen überzeugen. Hat er angebissen, besorgt er den Rest schon alleine und wird sie mit seinem umwerfenden Charme und seiner Vertrauen erweckenden Art in seinen Bann schlagen. Man darf ihn nicht drängen und auf keinen Fall schon nach kurzer Zeit in eine zu feste Partnerschaft hineindrängen oder gar von Heirat sprechen. Darauf reagiert er mit Unverständnis und Ablehnung, weil er sich in der Gefahr wähnt, seine über alles geliebte Bewegungsfreiheit und Unabhängigkeit zu verlieren. Er fühlt sich in die Ecke gedrängt, weil man eine Entscheidung von ihm verlangt, die er noch nicht oder gar nicht treffen will. Entgegen seiner sonst sehr höflichen Art kann er dann mit Sarkasmus reagieren und verschwindet genauso schnell aus ihrem Leben wie er aufgetaucht war.

Hat eine Frau es geschafft, einen Schützen in den Hafen der Ehe zu lotsen, kann sie sich über ihren Fang glücklich schätzen. Wenn sie ihm ein wenig Freiraum lässt, in dem er sich austoben kann, wird er ihr keine Schwierigkeiten machen, sondern ihr mit den vielen guten Charaktereigenschaften, die er hat, ein schönes Eheleben bereiten. Sie sollte nicht dagegen sein, wenn er seine eigenen Hobbys pflegen, sich mit Freunden am Stammtisch treffen oder auch ohne seine Angetraute eine Reise machen will. Sie wird nichts verpassen, denn in seiner ehrlichen, offenen Art wird er ihr alles erzählen und sogar kleine Sünden beichten.

Die Kinder des Schütze-Mannes haben ein schönes Leben. Er hält nicht viel von strenger Erziehung, Strafen oder Arresten. Er will die Kinder ganz nach seinem Charakter erziehen. Sie sollen die Natur und die Welt kennen lernen, ohne irgendwelchen Zwängen unterliegen zu müssen, sodass sie sich frei und ungestört entwickeln können.

Obwohl der Schütze-Mann ständig neuen Abenteuern nachjagt, ist er nicht nur auf Sex aus. Es geht ihm mehr um das Erobern und das Vorgeplänkel, bei dem er seine Stärken ausspielen kann. Er ist ein Liebhaber, für den Sex wichtig ist, der bei ihm aber nicht die Hauptrolle spielt. Er macht ihm Spaß und gehört einfach zur Liebe dazu. Seitensprünge resultieren nicht aus seiner Gier nach Sex, sondern aus dem Drang heraus immer wieder etwas Neues auszuprobieren.

Als Ehemänner sollten Schütze-Männer darauf achten, dass sie durch ihre schlagartig wechselnden Stimmungen, die von Wutausbrüchen bis zu Lachanfällen reichen können, ihrer Frau das Leben nicht zu schwer machen.

Vor allem sollten sie nicht schon bei kleinen Problemen die Flinte ins Korn werfen. Besser wäre es, mit einem ehrlichen, klärenden Gespräch, das der Sache auf den Grund geht, den Streit aus der Welt zu schaffen.

Schütze-Männer sollten auch ihre Scheu ablegen, zu heiraten, denn im Grunde ihres Herzens sind sie Geschöpfe, die die Zweisamkeit lieben und sich das Glück an der Seite einer einzigen Frau erträumen.

Die Schütze-Frau

Die Schütze-Frau ist in der Liebe ähnlich erfolgreich wie ihr männliches Pendant.

Ihre heiteres, lebenslustiges Wesen, das gepaart ist mit einer natürlichen Freundlichkeit, wirkt auf die meisten ihrer Mitmenschen ansteckend und äußerst sympathisch. Hinzu kommt ihr Charme, der unterstützt wird von ihrer Anmut und Grazie, die sie auch in Kleidern von der Stange noch elegant erscheinen lässt.

Sie ist vielseitig interessiert und nach allen Seiten offen. Sie mag es nicht, sich auf etwas festzulegen. Zu ihren herausragenden Eigenschaften gehören ihre Ehrlichkeit, der Mut einen eigenen Kopf zu haben und einen eigenen Stil zu pflegen, sowohl was ihre Kleidung, als auch ihren Lebensstil angeht. Sie lässt sich von niemandem in ihre Angelegenheiten hineinreden und von einem einmal gefassten Entschluss rückt sie nur nach langem Zögern ab.

Sie ist sehr gesellig und kann sich hervorragend in der Öffentlichkeit präsentieren. Sie hat als redseliger, schlagfertiger Mensch Spaß an Diskussionen und langen Gesprächen. Dabei ist ihr kein Thema zu heiß, denn sie hat einen wachen Geist, der an vielen Dingen, sei dies nun Kunst, Politik oder auch Sport interessiert ist.

Wegen ihrer aufrichtigen Art, die sie manches unbedachte Wort ausplaudern lässt, gilt sie als geschwätzig und wirkt auf viele, die sie nicht kennen, unhöflich, schroff und beleidigend.

Ein großer Freundeskreis sorgt dafür, dass ihr nicht langweilig wird, denn das ist das, was sie am wenigsten vertragen kann. Sie liebt das gesellige Treiben mit Freunden und Bekannten, vor allem dann, wenn sie im Mittelpunkt steht.

Wie ihr männliches Pendant ist sie in der Liebe nicht konstant und konsequent. Sie ist ständig auf der Suche nach ihrem Traummann, scheut dann aber oft in letzter Sekunde vor dem entscheidenden Schritt zurück, weil sie sich nicht sicher ist. Dann dreht sie sich wie ein Fähnchen im Wind und verlässt ihren Partner, der ihr nur verdutzt hinterherschauen kann, weil er sich keiner Schuld bewusst ist.

Der Mann, der sie erobern will, muss hohe Ansprüche erfüllen können. Sie liebt Luxus und reist für ihr Leben gern, sodass man einen dickes Portemonnaie mitbringen muss, um sie zufrieden zu stellen.

Es ist nicht schwer, ihr nahe zu kommen, weil sie sehr aufgeschlossen und nie einem Abenteuer abgeneigt ist. Viel schwerer ist es, sie zu halten, denn schon wenig Sand im Getriebe der Partnerschaft veranlasst sie zu einer Trennung. Nach einer Trennung dauert die Trauer nicht lange, die Schütze-Frau wendet sich sofort neuen Männern zu und sucht dort ihr Glück.

Denn gerade sie, die Unstete, träumt vom Glück an der Seite eines treu sorgenden Ehemannes in einem schönen Heim mit Kindern, die ihr endlich Halt und Geborgenheit geben könnten.

Der Mann, der eine Schütze-Frau ehelicht, kann sich glücklich schätzen, eine so temperamentvolle, ehrliche und gefühlvolle in seinen Händen zu halten. Wenn ihr den nötigen Freiraum lässt und keine Geheimnisse vor ihr verbirgt, kann sie sein Leben verschönern und kurzweilig gestalten.

Sex ist für die Schütze-Frau keine Besessenheit. Sie mag das Liebesspiel, aber es gibt wichtigere Dinge auf dieser Welt für sie.

In der Ehe sollte sie darauf achten, manchmal ihre Zunge zu hüten und nicht bei jeder Gelegenheit, dem Gatten ihre kritische Meinung ins Gesicht sagen. Sie sollte sich ihre Freiräume erhalten und auch alleine etwas auf eigene Faust unternehmen. Das gibt ihr Selbstvertrauen und hilft beiden Ehepartnern, eine glückliche Partnerschaft zu führen.

Wer passt zum Schützen

Verbindungen mit Schützen sind nie einfach, denn der Schütze ist ein ausgesprochener Individualist.

Löwe und Schütze ergänzen sich gut, denn es verbindet sie oft eine tiefe Zuneigung. Auch mit einem Widder an der Seite fühlt er sich sehr wohl, weil der energische Widder dem aktiven Schützen in nichts nachsteht.

Zwillinge und Schützen eignen sich nicht als Partner von Schützen. Beide haben genug mit sich selbst zu kämpfen und können nicht noch viel Aufmerksamkeit und Mühe auf einen Schützen-Partner verwenden.

Mit Waagen verbindet Schützen eine seelische Verwandtschaft, während Stiere auf sexueller Ebene dem Schützen nahe stehen.

Wassermänner sind den Schützen sehr wesensverwandt in ihrem Streben nach Individualität, wohingegen Jungfrauen und Steinböcke den Schützen zu sehr einengen.

Fische sind den Schützen oft zu sehr in sich gekehrt. Skorpione sollten sich wegen ihrer Eifersucht von Schützen fernhalten, während dem Krebs einiges an Schwung und Elan abgeht, um mit einem Schützen zurechtzukommen.

Berühmte Schützen

Carl Benz,	25. November 1844
Anders Celsius,	27. November 1701
Friedrich Engels,	28. November 1820
Winston Churchill,	30. November 1874
Marie Tussaud,	1. Dezember 1760
Maria Callas,	3. Dezember 1923
Walt Disney,	5. Dezember 1901
Maria Stuart,	8. Dezember 1542
Hector Berlioz,	11. Dezember 1803
Ludwig van Beethoven,	16. Dezember 1770
Willi Brandt,	18. Dezember 1913
Leonid Breschnew,	19. Dezember 1906

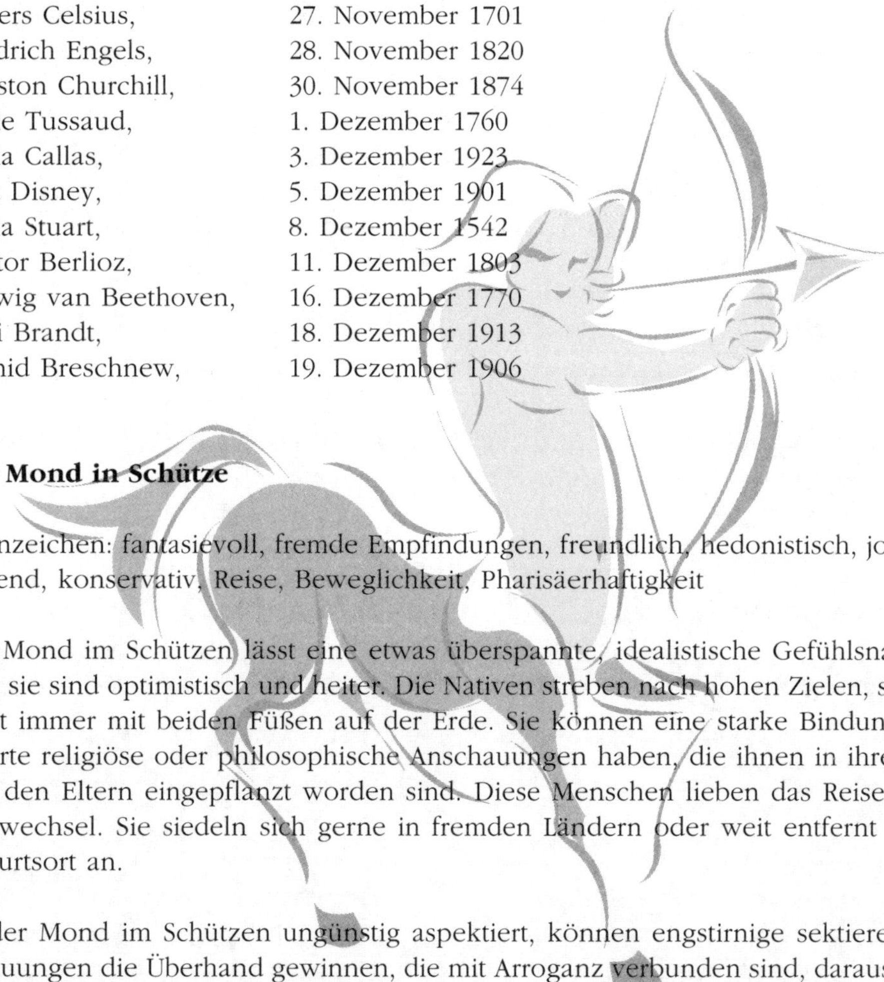

Der Mond in Schütze

Kennzeichen: fantasievoll, fremde Empfindungen, freundlich, hedonistisch, jovial, hochtrabend, konservativ, Reise, Beweglichkeit, Pharisäerhaftigkeit

Der Mond im Schützen lässt eine etwas überspannte, idealistische Gefühlsnatur erkennen, sie sind optimistisch und heiter. Die Nativen streben nach hohen Zielen, stehen aber nicht immer mit beiden Füßen auf der Erde. Sie können eine starke Bindung an überlieferte religiöse oder philosophische Anschauungen haben, die ihnen in ihrer Kindheit von den Eltern eingepflanzt worden sind. Diese Menschen lieben das Reisen und den Ortswechsel. Sie siedeln sich gerne in fremden Ländern oder weit entfernt von ihrem Geburtsort an.

Ist der Mond im Schützen ungünstig aspektiert, können engstirnige sektiererische Anschauungen die Überhand gewinnen, die mit Arroganz verbunden sind, daraus kann sich eine unangenehme Haltung “Ich bin ja doch besser als du” entwickeln. Diese Nativen tendieren auch dazu, sich aus persönlichen, unbewusst motivierten, gefühlsmäßigen Gründen mit bestimmten sozialen Werten zu identifizieren, wodurch ihnen in ihren Ansichten über soziale Gegebenheiten jede Objektivität abgeht.

Merkur in Schütze (Exil)

Kennzeichen: offen, gewandt, Weitblick, unstet, tief schürfend, vielfältige Interessen, philosophisch, gerecht, widerstreitende Ansichten

Merkur im Zeichen Schütze deutet auf ein Denken, das sich mit der Kodifizierung sozialer Gedanken befasst, sowohl in den Feldern Religion, Philosophie, Recht, oder anderer Studiengebiete, die mit höherer Bildung in Zusammenhang stehen. Im Schützen steht Merkur im Exil und manifestiert sich eher als Beschäftigung mit Gesinnungen als mit Tatsachen. Das Ergebnis ist oft konstruktiv, indem es in soziale Motivationen und die dadurch bedingten Ereignisse Einblick gewährt. Allerdings können die Nativen die Wahrheit aus den Augen verlieren, wenn sie den detaillierten, sachlichen Informationen, den Grundlagen allen logischen Denkens, nicht genügend Aufmerksamkeit schenken. Schütze steht in Opposition zu den Zwillingen und im Quadrat zur Jungfrau, den beiden von Merkur beherrschten Zeichen.

Menschen mit dieser Zeichenstellung des Merkur können prophetische Einsichten haben, weil ihre Beschäftigung mit den Einstellungen der Menschen sie dazu befähigt zu verstehen, welche Informationen in der öffentlichen Meinung wichtig sind. Solche Menschen sind direkt in ihrer Ausdrucksweise und sagen genau, was sie denken. Sie verlangen Freiheit des Denkens, aber ihre Gedanken bleiben eher den traditionellen Auffassungen treu und sie passen sich der geläufigen gesellschaftlichen Moral an, wofür sie auch meist in der Gemeinschaft geachtet werden. Wenn sie ihre Gesellschaftskonformität jedoch zu weit treiben, kann dies zu Heuchelei führen, da ihre eigene Moral nur dem kleinsten gemeinsamen Nenner der gesellschaftlich anerkannten Norm entspricht. Sie müssen einsehen lernen, dass eine Einstellung nicht notwendigerweise richtig ist, nur weil sie populär oder weit verbreitet ist.

Diese Nativen möchten am liebsten in öffentlichen Institutionen der höheren Bildung oder der öffentlichen Kontrolle wie zum Beispiel Universitäten, Kirchen oder Regierung tätig sein. Ihr Ziel besteht darin, intellektuelle Autorität und Position zu erlangen, auch wenn der Preis dafür auch die Angleichung an korrupte, stagnierende Einrichtungen ist. Sie sehen sich selbst gerne als Vorbilder der Aufrichtigkeit, aber ob sie dies auch wirklich sind, hängt davon ab, wie Merkur aspektiert ist. Sie können eine Neigung entwickeln, über die selbstverständlichsten Dinge Moralpredigten zu halten und können dabei sehr pedantisch werden und den Leuten auf die Nerven gehen.

Zeitweise sind sie so sehr mit fernen Zielen und hohen Idealen beschäftigt, dass sie das nahe Liegende ganz vergessen. Die Mitherrschaft des Neptun im Schützen kann eine Tendenz zu Zerstreutheit und zum Bauen von Luftschlössern andeuten.

Venus in Schütze

Kennzeichen: spirituelle Liebe, offen, launenhaft, viele Lieben, demonstrativ, objektive Beziehungen, ethisch, fremdartige Ästhetik

Menschen, bei denen die Venus im Schützen steht, richten sich im Leben nach Idealen und geistigen Prinzipien. Es sind freundliche, lebhafte, zuvorkommende und gesellige Menschen. Venus im Schützen, liebt ein offenes Aussprechen der Gefühle, im Gegensatz zu Venus im vorangegangenen Zeichen Skorpion, die Verschwiegenheit und Berechnung bedeutet. Menschen mit dieser Stellung versuchen ihr persönliches Verhalten nach möglichst objektiven, von der Gesellschaft gebilligten Prinzipien auszurichten, die auf Ethik, Philosophie und Religion gründen. Die überlieferten Moralbegriffe geben ihnen inneren Halt und Sicherheit. Sie bemühen sich um eine offene und aufrichtige Haltung gegenüber denen, die sie lieben oder zu denen sie romantische Beziehungen unterhalten.

Menschen mit dieser Venusstellung werden oft versuchen, ihre Geliebten oder Ehegatten zum eigenen religiösen Glauben oder zu ihren Moralprinzipien zu bekehren, um eine gemeinsame Verhaltensgrundlage zu haben. Meist heiraten sie innerhalb ihres eigenen religiösen oder weltanschaulichen Milieus, sind jedoch abenteuerlichen Romanzen keineswegs abgeneigt.

Jupiter regiert den Schützen, die Nativen haben einen eher verschwenderischen Geschmack. Sie lieben Kunst und Schmuck, prunkvolle Farben und Formen und möchten gerne repräsentieren. Falls ihre Mittel es erlauben, bauen sie sich mit Vorliebe Paläste oder Villen, die sie kunstvoll ausstatten. Sie fühlen sich zu klassischen Formen der Schönheit wie griechischer Architektur oder symphonischer Musik hingezogen. Sie bevorzugen Kunstformen, die ein religiöses oder philosophisches Motiv haben und von religiöser Musik können sie tief ergriffen werden. Religiöses Zeremoniell und sakrales Gepränge sagen ihnen zu.

Spiel und Sport im Freien schenkt diesen Nativen große Befriedigung, die keine Gelegenheit zur Ausübung ihres Sports versäumen. Menschen mit dieser Stellung zieht es immer wieder in die Ferne. Die Nativen lieben es zu reisen und verbinden sich gerne mit Menschen anderer Herkunft oder Rasse, Menschen mit philosophischen Neigungen oder höherer Bildung.

Frauen mit dieser Venusstellung bevorzugen Männer, die galant sind und ihnen den Hof machen. Sie haben eine Vorliebe für das dramatische Element.

Ist Venus im Schützen ungünstig aspektiert, sind diese Menschen anderen gegenüber oft sehr taktlos, huldigen in Liebesdingen einem weltfremder Idealismus und nötigen ihren Angehörigen die eigenen religiösen und moralischen Grundsätze auf.

Mars in Schütze

Kennzeichen: erforschend, enthusiastisch, starke Überzeugungen, religiös, hedonistisch, grob, unkonventionell, abenteuerlustig, spirituell

Mars in Schütze deutet auf starke religiöse und philosophische Überzeugungen hin. Menschen mit dieser Stellung sind wahre Kreuzritter für die Sache, die sie verfechten. Sie machen sich oft unbeliebt durch ihren (Über-)Eifer, andere zu den eigenen Dogmen zu bekehren. Jupiter, der Regent des Schützen ist im Krebs - der dem Heimatland entspricht - erhöht, daher besteht oft eine ausgeprägte patriotische Einstellung. Die Nativen sehen sich im Geiste als treue Verteidiger von Gott und Vaterland. Sie haben eine gewisse Schwäche für Paraden, Truppenschauen und Militärmusik.

Diese Menschen sind fähig, aus idealistischen Motiven zu handeln. Entsprechend ihres Intelligenzgrades werden sie versuchen, die Welt zu verbessern. Der Pfadfinderführer ist ein Beispiel für diesen Menschentyp. Sie lieben Sport und Spiele im Freien und gehen gerne auf die Jagd. Reisen macht ihnen Spaß, denn sie brauchen Abwechslung und Nervenkitzel. Sie möchten in Fragen des Rechts, der Religion, Philosophie und höheren Bildung tonangebend sein. Meist halten sie sich aber an die althergebrachten Richtlinien und können in dieser Beziehung auf eine aggressive Weise selbstgerecht sein. Der Wunsch nach Abenteuern lässt sie oft nach den Sternen greifen und blind sein für das nahe Liegende, um das man sich kümmern müsste.

Im Grunde sind die Nativen ehrlich und offen. Sie haben einen Sinn für Fairness in sportlichen und anderen Wettkämpfen. Sie werden zwar meist wild und verbissen kämpfen, aber unsaubere Taktiken unter ihrer Würde finden. Andererseits neigen sie dazu, die Spielregeln zu ihren Gunsten auszulegen.

Ist Mars im Schützen ungünstig aspektiert, kann dies eine sarkastische Redeweise undiplomatische Meinungsäußerung, Rechthaberei, Querulantentum und rücksichtslosen Freiheitsdrang bedeuten. Es besteht manchmal die Tendenz, sich mit einflussreichen Institutionen zu identifizieren, was zu selbstgerechter Haltung führen kann - "Recht hat, wer Macht hat". Wird diese Einstellung zu extrem, führt sie zu politischem, philosophischem oder religiösem Fanatismus, der keine Toleranz mehr kennt.

Jupiter in Schütze (Exil)

Kennzeichen: Philosophie, religiös, humanitär, esoterisch, Adel, fremd, leutselig, liberal, psychologisch, Aberglaube

Jupiter in Schütze bedeutet eine Vorliebe für Philosophie, Religion, Erziehung, Reisen und fremde Kulturen. Diese Menschen beschäftigen sich intensiv mit Fragen der sozialen Prinzipien und machen sich oft eine Philosophie oder ein Denksystem zu Eigen, nach dem sie ihr Leben ausrichten. Dies bedeutet nicht unbedingt die Übernahme eines bestimmten religiösen Glaubens, schützebetonte intellektuelle Typen mögen die Freud'sche Psychoanalyse, die marxistische Dialektik oder eine bohemehafte Freizügigkeit wählen. Jupiter im Schützen verheißt lediglich das allgemeine Bedürfnis für ein maßgebendes System, nach dem man sein Verhalten und seine Lebensweise orientieren kann. Welche Form jedoch dieses System annimmt, hängt vom allgemeinen Grundmotiv des Horoskops und vom sozialen Milieu des Nativen ab, das er bejaht oder ablehnt. Ihr Bestreben, das persönliche Verhalten unverbrüchlich einer Reihe von Moralgrundsätzen unterzuordnen, verschafft diesen Nativen bei vielen Mitmenschen, ja sogar bei ihren Feinden, Respekt und Bewunderung.

Diese Menschen möchten über die Natur des menschlichen Bewusstseins Bescheid wissen, wie sich der Mensch erfolgreich der Gesellschaft anpassen kann, über Sinn und Auftrag des Individuums im Universum und die grundlegende schöpferische Kraft hinter den physischen Erscheinungen und dem Evolutionsprozess. Diese Fragestellungen führen in den meisten Fällen zu einem religiösen Glauben und der Anerkennung eines höchsten (göttlichen) Prinzips.

Hat der Geborene einmal bestimmte religiöse oder philosophische Wertvorstellungen übernommen, wird er wahrscheinlich Anstrengungen unternehmen, um Freunde und Partner zu ähnlichen Denkweisen zu bekehren. Die Annahme eines Glaubenssystems gibt die Sicherheit, in einem weiteren gesellschaftlichen Rahmen zu operieren. Diese Menschen sind allerdings kritisch genug, um im Rahmen des von ihnen angenommenen oder durch Erziehung überkommenen ethischen Systems ihren eigenen Standpunkt zum Ausdruck zu bringen.

Jupiter in Schütze zeigt ein Interesse für fremde Kulturen, Religionen, Rassen und Gesellschaftssysteme an. Die Nativen betreiben entsprechende Studien oder unternehmen längere Reisen in ferne Länder, falls sie über die nötigen Mittel verfügen. Sie befassen sich auch mit den Aspekten der geschichtlichen Entwicklung, mit den philosophischen Ideen, die diesem Prozess zu Grunde lagen. Eine solche Breite des Verstehen ermöglicht eine weitsichtige Lebenseinstellung und vermittelt oft prophetische Einblicke in die Zukunft.

Ist Jupiter in Schütze ungünstig aspektiert, können die Nativen manchmal engstirnige Ansichten vertreten und erwarten, dass andere ihnen bedingungslos zustimmen, wer dies nicht tut, verdient in ihren Augen keine Würdigung. Häufig ist damit eine selbstgerechte Haltung verbunden, die im Laufe der Geschichte immer wieder religiöse Kriege hervorgebracht hat. Das Motiv hinter einer solchen Einstellung ist oft ein als religiöser, nationaler, sozialer oder rassischer Chauvinismus getarnter Egoismus.

Wird Jupiter in Schütze nicht durch eine genügend geistige Entwicklung und die Fähigkeit zu unparteiischer Unterscheidung im Gleichgewicht gehalten, wie dies z. B. durch einen günstig aspektierten Merkur, Saturn oder Uranus angezeigt werden könnte, so besteht die Gefahr, dass der Geborene abergläubisch an dogmatischen religiösen Glaubenssätzen hängt. Diese Glaubenssätze wurden ihm in der frühen Kindheit eingetrichtert und er verwendet sie als einen unbewussten Verteidigungsmechanismus gegen die beängstigenden Aspekte des Unbekannten. Eine Konfrontation mit diesem könnte die psychologische Sicherheit einer säuberlich verpackten Doktrin völlig durcheinander bringen. Die Tendenz, sich in ein System zu verflechten, gilt in gleicher Art für Radikale wie für Konservative mit dieser Jupiterstellung.

Saturn in Schütze

Kennzeichen: moralisierend, hoch gesinnt, religiös, ernsthafter Reisender, Klugheit, Gesetz, Trennung vom Zuhause, Zweifel

Saturn in Schütze deutet die Bemühung an sich ernsthaft mit Philosophie und Religion befassen und das Interesse, eine höhere Bildung zu erwerben. Gewöhnlich entwickeln sie einen strikten Moralkodex, sehr oft in Anlehnung an ein religiöses oder philosophisches System. Sie verteidigen moralische Anschauungen und halten sich an Prinzipien der Gerechtigkeit. Sie sind stets auf der Suche nach der Wahrheit und grundlegenden Ideen für ihr persönliches Verhalten.

Der Schütze mit Saturn bevorzugt eine intellektuelle Richtung und zeichnet sich durch Disziplin, Gründlichkeit und Konzentrationsfähigkeit aus. Was immer diese Menschen lernen, absorbieren sie gründlich und wenden es praktisch an. Wenn sie zu Ehren und Anerkennung gelangen, verdanken sie dies ihren unermüdlichen Bemühungen.

Der Wunsch nach Macht und Ansehen äußert sich in dem Bestreben, auf irgendeinem Gebiet der höheren Bildung, Religion, Rechtslehre oder Philosophie als Autorität zu gelten. Sie empfinden ein tiefes Bedürfnis nach einer besonderen geistigen oder philosophischen Leistung, die ihnen Anerkennung sichert. Mit dieser Stellung ist ein ausgeprägter geistiger Stolz verbunden. Die Nativen fürchten Missfallen oder Kritik und fühlen sich beleidigt, wenn man ungerecht von ihnen denkt oder spricht. Sie sind sehr auf ihren guten Ruf bedacht.

Ist Saturn im Schützen ungünstig aspektiert, versuchen diese Menschen in selbstgerechter Weise, anderen ihre philosophischen und religiösen Ansichten aufzuzwingen. Im Extrem führt dieses Vorgehen zu geistiger Selbstgerechtigkeit.

Uranus in Schütze (1981-1988)

Kennzeichen: Abenteuer, Astrologie, progressive Erziehung, reformiert, unorthodox, Utopist, erregbar, spirituell, neurotisch

Uranus in Schütze bringt neue Vorstellungen in Religion, Philosophie und Erziehung. Menschen mit dieser Uranusstellung können Pioniere neuer Religions- und Erziehungsformen sein. Sie haben das Bedürfnis, in die Religion die Grundsätze der Naturwissenschaft und des Okkultismus einzubauen - wie zum Beispiel Reinkarnation, Astrologie und Telepathie. Mit dieser Stellung Geborene haben großes Interesse, mehr über fremde Völker und Kulturen zu erfahren. Sie können ganz unvermittelt und aus reiner Abenteuerlust längere Reisen unternehmen und viele einzigartige Erfahrungen in fremden Ländern und im Umgang mit fremden Menschen sammeln. Sie sind auch bereit dazu, fremde Religionen und Philosophien anzunehmen.

Ist Uranus in Schütze ungünstig aspektiert, können die Nativen exzentrischen Religionen und Gesellschaftsphilosophien dogmatisch anhängen oder als Skeptiker und Agnostiker alle religiösen Konzepte ablehnen.

Neptun in Schütze (1970-1984)

Kennzeichen: höheres Denken, religiöse Erneuerung, Reise, fremde Ideen, Meditationen, Erleuchtung, ziellos, Inspiration

Neptun in Schütze repräsentiert einem Zeitabschnitt, in welchem das Bedürfnis nach höheren religiösen und geistigen Werten positiven Ausdruck finden kann: die Rückkehr zum göttlichen Prinzip und das Bedürfnis nach einer neuen ethischen Ordnung. Auch die Musik und die Kunstformen werden sich wieder nach geistigen Gesichtspunkten orientieren. Die Menschen werden viel reisen und einen regen Ideen- und Gedankenaustausch mit anderen Völkern pflegen.

Mystische und esoterische Themen werden schrittweise in den Lehrplan der Universitäten aufgenommen werden. Die Religionen werden den persönlichen Kontakt des Menschen zum göttlichen kraft seines inneren Seins stärker betonen, was eine vermehrte Ausübung von Meditation und den Gebrauch der intuitiven Fähigkeiten des höheren Denkens zur Folge haben wird. Das Mysterium und die Macht des Geistes werden erforscht und entwickelt werden, je allgemeiner mystische Erlebnisse Verbreitung finden.

Negative Entsprechungen dieser Neptunstellung dürften zielloses Umherwandern und das Anhängen an missgeleitete, unrealistische religiöse Kulte, falsche Propheten und Gurus sein. Viele jedoch werden mit Neptun im Schützen die Immanenz des göttlichen in allen Dingen erkennen.

Pluto in Schütze (2000-)

Kennzeichen: Prophetie, Scharfsinn, Erforschung, Reise, Trachten nach Weisheit, philosophische Veränderung, Psychoanalyse, utopische Ziele, religiös

Schütze ist ein Zeichen, dem Religion, Recht, Philosophie, höhere Bildung und Reisen zugeordnet sind. Pluto wird um das Jahr 2000 in den Schützen eintreten und damit eine Periode der spirituellen Erneuerung zu Beginn des Wassermannzeitalters kennzeichnen. Zu dieser Zeit wird bei "allen" Menschen ein grundlegendes Verständnis für die tieferen spirituellen Werte vorhanden sein. Religionen, wie wir sie heute kennen, werden völlig umgeformt sein. Es wird eine Weltreligion geben, die auf der unmittelbaren intuitiven Kommunion des Menschen mit dem Schöpferprinzip beruht. Geistige Führer werden die fundamentalen Gesetze lehren, die alles Leben im Universum beherrschen. Die neue Weltreligion wird die Synthese aller großen Religionen der Vergangenheit mit einem besseren wissenschaftlichen Verständnis für die grundlegenden Kräfte des Lebens sein.

Steinbock/Capricorn

Kardinalzeichen, Erde
Kennzeichen: Ehrgeiz, Beständigkeit, Gewissenhaftigkeit, Organisation Zurückhaltung, beharrlicher Einsatz, zielbewusst, egozentrisch, gehemmt, pflichtbewusst, Schwerarbeiter, egoistisch, fleißig, treu, starr, edel, sachlich

Das zehnte Zodiakzeichen.
Sonne steht im Zeichen: 22. Dezember bis 19. Januar (21. Dezember bis zum 21. Januar)

Jahreszeit:	Erstes Winterzeichen
Element:	Erde
Herrscher:	Saturn, (in seinem ureigenen Element)
Kraftform-Mobilität:	Bewegend
Lebensmotto:	Ich prüfe
Farbe:	dunkelgrün, dunkelblau, schwarz
Metall:	Blei
Steine:	Chrysopas, Onyx
Zahl:	8
Psychologische Grundhaltung:	Eigensinn, Zuverlässigkeit
Motivation:	Anstrengung
Handlungsrichtung:	Gründlichkeit, Konzentration, Vorbereitung, Abschätzung, Verwurzelung, Wissen um die Risiken, Gründlichkeit, denn "so nebenbei" erreicht man nichts
Allgemeine Stärken:	Geduld, Beharrlichkeit, tief verwurzeltes Vertrauen, Verlass auf sich selbst, Hindernisüberwindung
Allgemeine Schwächen:	Kargheit, Geiz, Vorverurteilungen, Strenge, Rachegefühle, Nachtragen, Starrheit
Größte Gefahr:	Nicht verzeihen und vergeben können
Aufgaben:	Durchhaltevermögen, Vertrauen in die Zukunft, Stütze sein, Emotionsbeherrschung, Erhaltungskraft

Die im Erdzeichen Steinbock Geborenen werden sie sich nicht damit zufrieden geben, nur so in den Tag hinein zu leben. Sie haben ständig das Gefühl, etwas werden zu müssen. Es drängt sie, eine besondere Leistung zu erbringen, irgendeinen Besitz zu erwerben, um den sie sich kümmern, oder eine Verpflichtung zu übernehmen, die sie erfüllen müssen, sei es im Geschäftsleben, in der Politik oder auf sozialem oder intellektuellem Gebiet.

Diese Menschen besitzen hervorragende intuitive Fähigkeiten, die sie im Kampf um persönliche Unabhängigkeit und wirtschaftliche Sicherstellung einsetzen. Wie das Symbol dieses Zeichens, der Steinbock, sind sie ausdauernd und beharrlich und stehen mit beiden Füßen im Leben. Sie lieben Recht und Gesetz und vertreten unnachgiebig die Ansicht, dass eine Vorschrift Vorschrift sei und ein Befehl eben ein Befehl. Als Vertreter eines Erdzeichens gilt bei ihnen die Vernunft als oberstes Gebot.

Der Steinbockgeborene kennt sich in allen praktischen Dingen aus, nicht weil er eine entsprechende Fachausbildung absolviert, sondern eher durch Fortbildung im Selbststudium von Fachpublikationen und durch Fachdiskussionen. Seine Vor- und Umsicht ermöglicht ihm, alles Gesehene, Gehörte oder Erlernte nutzbringend anzuwenden; er studiert keineswegs um des Studierens willen. Typisch für den Steinbock ist der Satz: "Ich gebrauche".

Steinbockmenschen streben unbeirrt dem Gipfel zu und lassen sich durch keinerlei Hindernisse von ihrem Weg abbringen. Sie können äußerst hart arbeiten und sind sich bewusst, dass Erfolg materielle Sicherheit bedeutet; ihre Arbeit und Planung sind auch dementsprechend programmiert. Sie glauben darüber hinaus, dass die Welt ihnen für ihren tatkräftigen Einsatz etwas schuldet.

Sie haben großes Vertrauen in ihre eigene Kraft, sind realistisch und vorsichtig. Sie möchten nicht auf die Gunst von anderen angewiesen sein und führen infolgedessen einen harten, aber nicht unfairen Kampf. Sie finden auch für die schwierigsten Probleme stets eine angemessene Lösung und können Pannen geschickt richten.

Sie sind ordentlich und methodisch in ihrer Arbeit und entwickeln sich zuhause manchmal zu Sklaventreibern. Ihr Haushalt muss von A bis Z organisiert sein und perfekt funktionieren. Steinbockgeborene eignen sich hervorragend für leitende Positionen und bleiben in der Regel nur kurze Zeit in untergeordneten Stellungen. Sie können den Eindruck erwecken, als seien sie sanft wie Lämmer, doch packen sie gegebenenfalls die Gelegenheit beim Schopf und übernehmen den Chefposten, ohne auch nur mit der Wimper zu zucken. Ein Steinbock wird niemals freiwillig zurückweichen. Er klettert auf der Erfolgsleiter empor und lässt sich von seinem Streben nach Sicherheit und seinem Ehrgeiz leiten.

Sein Wunsch nach Geld ist stark ausgeprägt, denn er ist in einem langlebigen Zeichen geboren und fürchtet, im Alter von anderen abhängig zu werden. Dieses Bedürfnis nach Sicherheit lässt ihn manchmal so sparsam sein, dass es schon fast an Geiz und Habgier grenzt.

In seiner Jugend ist der Steinbockmensch alt, im Alter ist er jung. Da Saturn den Steinbock regiert, besteht bei diesen Menschen eine Neigung zu Melancholie und auch zu Einsamkeit. Gelegentlich benehmen sie sich so, als ob auf dieser Welt jeder ganz auf sich allein gestellt wäre. Im Grunde genommen sind sie aber sehr empfindsam und haben ein starkes Verlangen nach Anerkennung.

Der zuverlässige Steinbock

Der Steinbock kann im System der Tierkreiszeichen als die Fleißbiene bezeichnet werden. Er ist ein Mensch, der mit beiden Beinen mitten im Leben steht und nicht irgendwelchen hoch gesteckten Zielen hinterherläuft. Er hat einen ausgeprägten Sinn für die Realität und das, was machbar ist und im Bereich des Möglichen liegt. Die Ziele, die er sich setzt, kann er alleine ohne fremde Hilfe erreichen. Er krempelt die Ärmel hoch, macht sich ans Werk und gelangt durch zähes, gewissenhaftes Arbeiten schließlich ans Ziel.

Diese Zähigkeit und Beharrlichkeit helfen ihm, Rückschläge wegzustecken. Mehr noch als das: Er kann sich an ihnen aufrichten, um dann mit noch größerem Ehrgeiz ein Ziel zu erreichen.

Steinböcke sind leise Menschen. Durch ihren unauffälligen, stillen und bescheidenen Charakter fallen sie wenig auf. Das liegt in ihrer Absicht, denn sie sind ein wenig eigenbrötlerisch und fühlen sich in der Gesellschaft vieler Menschen oft nicht besonders wohl. Sie vermeiden es, im Mittelpunkt zu stehen und sich zu präsentieren. Das vertrauliche Gespräch unter vier Augen mit einem echten Freund ist ihnen lieber. Das bringt ihm den Ruf ein einfältig, spröde und witzlos zu sein.

Steinböcke sind aber nur vorsichtig und wählen sich die Menschen, mit denen sie verkehren, genau aus, auch wenn es ihnen den Vorwurf einbringt, arrogant und unnahbar zu sein. Auf den ersten Blick scheint er ziemlich mürrisch zu sein. Und in der Tat gehört die einladende Herzlichkeit nicht zu seinen Charaktereigenschaften. Es dauert lange, bis man sich als seinen Freund bezeichnen kann und er beginnt jemandem seine geheimsten Gedanken anzuvertrauen und ihn ganz nah an sich heranzulassen.

Er strebt nach materiellen Werten und setzt auch manchmal seine Ellbogen ein, um sie zu ergattern. Für ihn selbst ist das Konsequenz, für die anderen Rücksichtslosigkeit.

Der Steinbock liebt feste, gesicherte Verhältnisse. Schnelle Richtungswechsel, Entschlussfreudigkeit und Spontaneität gehören nicht zu seinem Repertoire.

Er arbeitet sich lieber langsam auf einem geraden, vorgezeichneten Weg ohne abrupte Richtungswechsel nach oben.

Steinböcke sind als pflichtbewusste, geradlinige Menschen natürlich auch sehr hilfsbereit.

Man sollte versuchen, Steinböcken mit Offenheit zu begegnen, um Probleme aus der Welt zu schaffen. Sie lieben die Wahrheit und werden einem klärenden Gespräch nicht aus dem Wege gehen. Allerdings sollte diese Aussprache unter vier Augen stattfinden, denn Steinböcke meiden die Öffentlichkeit und dies erst recht, wenn man über ihre persönlichen Dinge redet. Man möchte es kaum glauben, doch trotz ihrer rauen Schale haben sie einen sensiblen, feinfühligen Charakter. Deswegen sollte man um seine Gunst zu erwerben, ruhig ein paar anerkennende Worte an ihn richten, die das Eis um ihn herum schmelzen lassen.

Das stärkt sein Selbstbewusstsein und stachelt seinen Ehrgeiz weiter an. Man sollte sich nicht wundern, wenn Steinböcke ab und an ihrem Ärger und ihrem Zorn durch unvermittelte Zornesausbrüche und Phasen der Schwermut Luft machen. Sie neigen dazu, über Probleme nicht zu reden, sondern Stress und Unmut in sich hineinzufressen, bis ein Punkt erreicht ist, an dem sie mit ihren Gefühlen nicht mehr hinter dem Berg halten können.

Gesundheit

Steinböcke sind von Geburt an mit Robustheit und Widerstandsfähigkeit ausgestattet, genau wie es ihrem Wesen und Charakter entspricht, die sich ebenfalls durch Zähigkeit und Standfestigkeit auszeichnen.

In der Regel erreichen Steinböcke ein hohes Alter, wobei ihre Leistungsfähigkeit und Ausdauer mit zunehmendem Alter eher noch zunehmen als abnehmen.

Häufig wird der Steinbock von rheumatischen Erkrankungen und Erkältungen befallen. Er sollte daher dafür sorgen, dass seine Wohnung genügend beheizt wird und er sich der Witterung entsprechend kleidet. Um seine Leistungsfähigkeit zu erhalten, muss der Steinbock seinen Organismus mit ausreichend Sauerstoff versorgen. Zu empfehlen sind deshalb lange Spaziergänge im Wald.

Besonders auffallend ist die Häufigkeit, mit der Hautkrankheiten bei ihm auftreten. Er leidet an Ekzemen, Hautallergien, Juckreiz und Herpes. Dies ist bedingt durch seine Gepflogenheit, Ärger, Zorn und Aufregung in sich hineinzufressen. Er lässt seinen Gefühlen nicht freien Lauf, sondern grübelt und macht sich seine Gedanken. Diese angestauten Emotionen bahnen sich ihren Weg aus seinem Inneren heraus und werden in den genannten Hautkrankheiten sichtbar. Doch nicht nur Hautkrankheiten sind die Folge. Von Zeit zu Zeit leidet der Steinbock auch an Magengeschwüren und Darmverstopfungen, weil seine Gemütsverfassung ihm buchstäblich auf den Magen schlägt.

Der Steinbock vertraut seinem Arzt nur zögerlich. Lieber sollte er seinem Rat folgen, wenn er ihm Bettruhe verschreibt und ihm nahe legt, sich nicht jede Kleinigkeit zu sehr zu Herzen zu nehmen.

Steinböcke sollten ihre Belastbarkeit nicht überschätzen, ihre Nerven schonen und öfter eine Ruhepause einlegen um ihre Batterien, die sich aufgrund ihrer Aktivitäten erschöpfen, neu zu laden. Sie müssen lernen, dass die Zeit, die sie auf Spaziergänge, Schlaf und leichte Bewegungstherapie verwenden, keine verlorene Zeit ist. Denn nachdem man sich entspannt hat, kann man sich mit umso größerem Eifer auf die Arbeit stürzen.

Bei der Ernährung sollte der Steinbock alles vermeiden, was seinen Verdauungstrakt belastet. Seiner Verdauung zuträglich sind vor allem frisches Gemüse wie Rotkohl, aber auch Obst und Salate. Fernhalten muss er sich von allem, was schwer verdaulich ist. Süßigkeiten, fettes Fleisch, scharfe, dicke Soßen, Wurst und natürlich auch Alkohol sind Gift für seinen Darm. Mineralwasser, kalziumhaltige Getränke und Milchprodukte tun ihm gut.

Anstrengende Sportarten, die die Muskeln und Gelenke belasten, liegen ihm nicht, weil sie die ohnehin schon anfälligen Gelenke noch mehr angreifen.

So empfehlen sich für den Steinbock leichte Gymnastik, ausgedehnte Spaziergänge und leichtes Laufen an der frischen Luft.

Beruf und Geld

Durch seinen Fleiß und seine Zielstrebigkeit kann er sich im Berufsleben eine Stellung erarbeiten, die ihm eine finanziell sorgenfreie und abgesicherte Lebensführung ermöglicht. Mit dem verdienten Geld hat er schon frühzeitig begonnen, Rücklagen zu bilden, die ihm und seiner Familie ein angenehmes Leben in einem schmucken Eigenheim ermöglichen.

In Geldangelegenheiten hat er immer das richtige Gespür für die Situation. Er versucht, Risiken aus dem Weg zu gehen und beschränkt sich auf sichere, gefahrlose Anlage- und Sparformen. Der Steinbock ist sehr sparsam, denn als vorsichtiger Mensch versucht er, für die Zukunft vorzusorgen, in der die Zeiten vielleicht auch einmal schlechter sind.

Steinböcke sollten ihre Finanzen nicht der Obhut anderer überlassen, denn sie tun immer den richtigen Schritt in Richtung Vermögensbildung. Sie haben den nötigen Sparsinn und den erforderlichen Durchblick um zu wissen, was für sie selbst am besten ist.

Allerdings übertreiben sie es manchmal mit ihrer Sparsamkeit und werden zu echten Kleinkrämerseelen, wenn sie Frau oder Kindern einen Wunsch erfüllen sollen, der etwas kostspieliger ist. Sie springen dann nur ungern über ihren Schatten, um ihren Lieben einen Gefallen zu tun.

Der Steinbock ist mit Eigenschaften ausgestattet, die ihn im Berufsleben für den Erfolg fast prädestinieren. Er ist sehr ehrgeizig, zielstrebig und fleißig. Wenn man ihm eine Aufgabe gibt, an der zu knabbern hat, wird er so lange auf eine Lösung des Problems hinarbeiten, bis er es endlich geschafft hat. Denn hat man ihn erst einmal mit etwas beauftragt, ist er bei seiner Ehre gepackt und will sich profilieren.

Durch seine Gründlichkeit, die einhergeht mit Pflichtgefühl und Gewissenhaftigkeit, hat der Steinbock Eigenschaften, die ihm den Weg nach oben ebnen und ihn die Karriereleiter hinaufklettern lassen. Er ist der Typ, der Verantwortung übernehmen kann und selbständiges, forschendes Arbeiten liebt. Bei seinen Kollegen ist er nicht sonderlich beliebt, weil seine brummige, verschlossene Art ihn zum Außenseiter macht. Er sucht den Kontakt zu seinen Kollegen nicht. Er mag keine engen persönlichen Beziehungen am Arbeitsplatz, sodass ihm niemand in die Karten schauen kann. Tätigkeiten, bei denen er viel reisen muss und ständig im flüchtigen Kontakt mit Menschen kommt, die er nicht kennt, machen ihn unglücklich.

Auch als Chef sucht der Steinbock nicht den Kontakt zu seinen Mitarbeitern. Er wirkt fern und unnahbar, ein Mensch eben, der nicht auf seine Mitmenschen zugehen kann. Dennoch beobachtet er ganz genau und spart bei guten Leistungen nicht mit Lob. Allerdings stellt er keine geringen Ansprüche. Er verlangt Disziplin, Leistungsbereitschaft, Fleiß und Pünktlichkeit.

Der Steinbock arbeitet nicht gern in der Gruppe, weil er hier auf andere angewiesen ist und sich überwacht fühlt.

Berufe, in denen er sich wohl fühlt, sind Arzt, Forscher, Künstler, Bibliothekar, Zeichner, Landwirt oder Buchhalter.

Liebe und Partnerschaft

Der Steinbock-Mann

Der Steinbock-Mann ist in Sachen Liebe und Frauen sehr vorsichtig. Er misstraut jeder, die ihm schöne Augen macht. Er hat Angst davor, ausgenutzt und missbraucht zu werden. Er ist nicht der Mann, der für eine kurze Liebschaft taugt, dafür ist er sich viel zu schade. Eine feste Verbindung einzugehen ist für ihn sehr schwer, denn der Steinbock kann nicht auf Menschen und schon gar nicht auf Frauen zugehen. Er ist ein kauziger Kerl, der es schwer hat, die Aufmerksamkeit vieler Frauen auf sich zu lenken. Dabei hat er eigentlich allen Grund selbstbewusst aufzutreten, denn er ist beruflich erfolgreich und finanziell so gestellt, dass er auch Frauen mit höheren Ansprüchen zufrieden stellen kann. Aber auch er stellt hohe Anforderungen an seine Partnerin: sie muss seine Vorlieben für Ordnung, Fleiß und Disziplin teilen, damit sie später den Haushalt nach seinen Vorstellungen führen kann.

Lange dauert es, bis sich der Steinbock für eine entscheiden kann. Er will auf jeden Fall gleich bei seiner ersten Wahl das große Los ziehen, weil er weiß, dass er dieser einen ein Leben lang treu bleiben will. Doch ständig sitzt ihm die Angst im Nacken, doch nicht die Richtige zu erwischen. Er wartet, wägt ab und zeigt sich unentschlossen. Es gibt Frauen, die in dieser Zeit das Weite suchen, weil es ihnen zu lange dauert, bis er sich ihnen erklärt. Das ist sein großes Manko. Obwohl er im Prinzip ein gefühlsbetonter Mensch ist, lässt er seinen weichen Kern erst nach langem Zaudern bis zur Oberfläche durchschimmern.

Der Steinbock ist ein Mensch, der das Familienleben braucht, um sich die Kraft für seinen beruflichen Alltag zu holen.

Hat er sich endlich für eine Frau entschieden, will er sie ganz für sich allein, er betrachtet sie als seinen ureigensten Besitz und vereinnahmt sie mit Leib und Seele. Sie muss sich damit abfinden, jetzt nach seiner Pfeife zu tanzen, denn er übernimmt die Führung in der Beziehung, obwohl er den Gedanken der Gleichberechtigung durchaus aufgeschlossen gegenübersteht.

Die Frau bekommt jedoch einen Mann, der sein Leben lang treu ist und der für ihre Sorgen stets ein offenes Ohr hat. Seine guten Eigenschaften kommen erst in späteren Ehejahren zur Geltung, wenn er beruflich fast alle Ziele erreicht hat und er nun seiner Frau und seinen Kindern, die er sehr liebt, mit viel Liebe und Aufmerksamkeit für die Unterstützung dankt, die sie ihm gegeben haben.

Der Steinbock ist kein Rosenkavalier, der eine Frau umgarnen kann. Seine Stärken liegen in seiner Treue, Aufrichtigkeit und seinem ausgeprägten Familiensinn, mit denen er eine Frau oft erst auf den zweiten Blick zu überzeugen vermag.

Er ist kein Anhänger ausgefallener Sexpraktiken, aber wenn ihm eine erfahrene Frau neue Ideen schmackhaft gemacht hat, geht er durchaus mit Begeisterung zu Werke und hinterlässt allerorten zufriedene Gesichter.

Der Steinbock sollte versuchen, sich wenigstens ein bisschen zu öffnen. Man wird es ihm nicht als Zeichen der Schwäche auslegen, wenn er Gefühle zeigt, z.B. indem er seiner seine Liebe gesteht oder etwas mehr von den Sorgen und Problemen erzählt, die ihn in seinem Innersten beschäftigen.

Die Steinbock-Frau

Ähnlich wie ihre männlichen Pendants sind Steinbock-Frauen zurückhaltend und wirken still und in sich gekehrt. Sie sind jedoch sehr selbstbewusst und verfolgen hartnäckig ein Ziel, das sie erreichen können. Wenn sie einen Mann gefunden hat, der ihr gefällt, ist die Steinbock-Frau sich nicht zu schade, auf ihn zuzugehen und ihm ihr Interesse zu bekunden. Sie hat Charme und kann einen Mann geschickt in ihren Bann ziehen, auch wenn dies wegen ihrer harten Schale nur langsam sichtbar wird.

Von einem Mann verlangt sie viel. Er muss vor allem ihr großes Bedürfnis nach Liebe und Zärtlichkeit befriedigen. Sie gibt sich nicht mit dem Erstbesten zufrieden, ein Mann, der ihr Herz erobern will, muss zeigen, dass er ein gestandener Kerl ist. Er sollte klug sein, in seinem Beruf schon einige Stufen der Karriereleiter erklommen haben und sollte zudem noch genug Geld mitbringen, um der Steinbock-Frau ein Leben in gesicherten Verhältnissen zu bieten.

Sie ist nicht der Typ Frau, der den ganzen Tag zu Hause sitzt und auf ihren Angetrauten wartet. Sie will selbst etwas erreichen, denn sie ist ehrgeizig und muss sich und anderen beweisen, dass sie als Frau mindestens genauso gut und erfolgreich arbeiten kann wie die Männer. Sie setzt sich für die Gleichberechtigung ein und widmet diesem Ziel viel Zeit und Energie. Von ihrem Mann erwartet sie, dass er sie hierin unterstützt. Haus halt und Erziehung der Kinder müssen vom Mann in gleicher Weise mitgetragen werden. Sie dankt es ihm mit Treue, lebenslanger Zuneigung und einem nicht zu verachtenden Beitrag zu Familienkasse, der ihnen hilft, ihren Traum von relativem Wohlstand zu erfüllen.

Männer, die die Steinbock-Frau erobern wollen, müssen darauf achten, dass sie nicht mit der Tür ins Haus fallen und ihnen schon nach kurzer Zeit ihre Liebe gestehen. Das macht sie misstrauisch, sie sind sehr vorsichtig und wollen nicht auf die Flunkereien eines Casanovas hereinfallen. Man sollte auf erste positive Signale ihrerseits warten und dann die Initiative ergreifen. Aber auch dann empfiehlt es sich, noch behutsam vorzugehen und geschickt die Kreise um sie herum enger zu ziehen.

Hat man ihren Eispanzer zum Schmelzen gebracht, zeigt sie sich von einer ganz neuen Seite. Sie ist sehr gefühlvoll, bisweilen sogar leidenschaftlich und läuft beim romantischen Zusammensein zu Höchstform auf. Beim Sex verliert sie ihre Hemmungen und es dürstet sie nach einem potenten Mann, der sie mit viel Zärtlichkeit befriedigt.

Um Problemen beim Zusammenleben mit Steinbock-Frauen aus dem Weg zu gehen, sollte sich ein Mann nicht zu sehr in ihre Angelegenheiten einmischen. Er sollte an Ratschlägen sparen, denn sie ist erfahren genug, ihr Leben selbst zu meistern und mit all ihren Problemen fertig zu werden. Er sollte ihr des öfteren seine Liebe gestehen. Es erfreut und stärkt sie in ihrem täglichen Stress zwischen Beruf und Familie zu hören, dass ihre Liebe aufrichtig erwidert wird.

Wer passt zum Steinbock

Beziehungen zwischen Steinbock und Stier bzw. Steinbock und Jungfrau sind sehr viel versprechend. Es herrscht ein fast blindes Verständnis und die Wünsche des Steinbock-Partners betreffs der Lebensgestaltung werden ohne Widerspruch akzeptiert.

Beziehungen zwischen Steinbock und Krebs können materiell sehr viel versprechend sein, während Skorpione dem Steinbock in ihrem Streben nach Anerkennung und Erfolg ähneln.

Der Fisch fühlt sich beim Steinbock geborgen. Der Wassermann findet im Steinbock einen kameradschaftlichen Partner. Bei einer reinen Steinbock-Beziehung bleibt wenig Zeit für die Liebe, weil beide ihren ehrgeizigen Zielen nachjagen.

Beim Löwen kann sich der Steinbock anlehnen und erholen, während er die verschwenderische, lebenslustige Art des Zwillings nur schwer akzeptieren kann.

Den Widder muss er ein wenig in seiner stürmischen Art bremsen, um es bei ihm aushalten zu können.

Der Beziehung zu einem Schützen und zu einer Waage sind schlechte Chancen beschieden, weil sie auch außerhalb der Partnerschaft das Vergnügen suchen bzw. zu oberflächlich sind.

Berühmte Steinböcke

Mao Tse-Tung,	26. Dezember 1893
Johannes Kepler,	27. Dezember 1571
Marlene Dietrich,	27. Dezember 1904
Madame Pompadour,	29. Dezember 1721
Henri Matisse,	31. Dezember 1869
Ulrich Zwingli,	1. Januar 1484
Konrad Duden,	3. Januar 1829
Isaac Newton,	4. Januar 1643
Jakob Grimm,	4. Januar 1785
Konrad Adenauer,	5. Januar 1876
Jeanne d' Arc,	6. Januar 1412
Richard Nixon,	9. Januar 1913
Annette von Droste-Hülshoff,	10. Januar 1797
Albert Schweitzer,	14. Januar 1875
Jean Baptiste Moliere,	15. Januar 1622
James Watt,	19. Januar 1736
Paula Wessely,	20. Januar 1908

Der Mond in Steinbock (Exil)

Kennzeichen: Strenge, nicht entgegenkommend, reserviert, materialistisch, ehrgeizig, egoistisch, persönliche Vorurteile, selbstsüchtig, berechnend

Menschen mit dem Mond in Steinbock haben eine zurückhaltende und vorsichtige Art und neigen dazu, kalt und unnahbar zu sein. Sie nehmen das Leben ernst und identifizieren sich gefühlsmäßig eher mit sachlichen als mit geistigen Werten. Der Mond steht in Steinbock im Exil.

Menschen mit dieser Mondstellung arbeiten hart und ehrgeizig, ihr Erfolgsstreben gilt ausschließlich einer guten Position und finanzieller Sicherheit. Ihr aktives Streben nach Geld, Macht und Position für sich selbst und ihre Familien kann dazu führen, dass sie einseitig egoistische Interessen verfolgen, wenn sie Stellungen mit größerer sozialer Verantwortung bekleiden. Oft sind diese Menschen schüchtern und unsicher in ihrer eigenen Wertschätzung und dabei überempfindlich gegenüber echter oder eingebildeter Zurücksetzung. Sie wollen durch persönliche Geltung und ihr ehrgeiziges Streben nach Erfolg sich selbst bestätigen.

Ist der Mond in Steinbock ungünstig aspektiert, können berechnende Tendenzen vorliegen, um jeden Preis Macht zu erlangen, ohne auf die Gefühle anderer Rücksicht zu nehmen.

Merkur in Steinbock

Kennzeichen: systematisch, praktisches Denken, fähig, materialistische Vorstellungen, Ziele bewusst, realistisch, humorlos, handwerklich, schlau

Merkur in Steinbock deutet auf ein Denken, das ehrgeizig, scharfsinnig, praktisch, geordnet und darauf ausgerichtet ist, sich dank materieller Errungenschaften eine angesehene Stellung zu sichern. Menschen mit Merkur in Steinbock verfügen über eine ausdauernde Konzentrationsfähigkeit und gutes Organisationstalent. Sie sind methodisch in Denken und Vorgehen und besitzen die Gabe, Schritt für Schritt an die Dinge heranzugehen. Ihre Argumentationen sind gründlich durchdacht, wenn auch nicht unbedingt originell. Ihre Ausdauer und Disziplin können in einer speziellen mathematischen Begabung zum Ausdruck kommen, die sowohl geschäftlich wie wissenschaftlich genutzt werden kann. Da Merkur in diesem Zeichen eine Begabung für das Management bedeutet, findet man diese Konstellation im Horoskop von vielen erfolgreichen Geschäftsführern.

Menschen mit dieser Merkurposition absolvieren meist traditionelle Bildungswege, um berufliche Ziele zu erreichen und ihre finanzielle und soziale Stellung zu verbessern. In ihren politischen und gesellschaftlichen Ideen sind sie im Allgemeinen konservativ und bestrebt, die etablierte Ordnung aufrechtzuerhalten. Sie respektieren die Anschauungen, die sich im Laufe der Zeit als brauchbar erwiesen haben. Weil der Steinbock wie die Jungfrau auch ein Erdzeichen ist, bedeutet Merkur in diesem Zeichen vorwiegend ein Interesse an Ideen, die von praktischem Nutzen sind.

Diese Menschen gehen ihre Ziele sehr nüchtern und realistisch an; sie verlieren den wahren Sachverhalt nicht aus dem Auge und lassen sich nicht von einem falschen Idealismus irreführen oder täuschen. Da sie eine scharf beobachtende Aufmerksamkeit besitzen, entgeht ihnen nichts, das von praktischer Bedeutung ist. Dabei besteht jedoch die Gefahr, dass ihre Ernsthaftigkeit und geistige Disziplin Härte und Mangel an Humor zur Folge haben.

Ist Merkur in diesem Zeichen ungünstig aspektiert, kann materieller Ehrgeiz zu Geiz verführen und zu der Tendenz, andere zwecks Erreichung materieller Ziele auszunützen. Die materielle Position kann zum Selbstzweck werden, der die menschlichen Werte und alle anderen Überlegungen nebensächlich erscheinen lässt.

Venus in Steinbock

Kennzeichen: materialistisch, misstrauisch, eifersüchtig, Reife, anhänglich, erfahren, überbeherrscht, getrennt, stolz, reserviert

In Steinbock findet sich die Venus bei Menschen, die einen gehobenen Lebensstandard brauchen um sich gefühlsmäßig sicher zu fühlen, durch eine Geldheirat verschaffen sie sich häufig diese Position. Sie haben die bestechende Ansicht, dass man sich schließlich genauso gut in jemand Reichen verlieben kann. Sie lassen sich gerne in teure Restaurants und bekannte Unterhaltungslokale ausführen. Sie geben sich in der Öffentlichkeit selbstbewusst und reserviert. Sie finden es unter ihrer Würde, Gefühle und Zuneigungen öffentlich zur Schau zu stellen. Ihr betont unnahbares Auftreten kann auch dem Wunsch entspringen, sich andern überlegen zu fühlen. Dies wird ihnen oft als Snobismus übel genommen.

Weil der Saturn über den Steinbock herrscht, können Menschen mit dieser Venusstellung - ähnlich wie bei Venus in der Jungfrau - ihre Gefühls- und Triebregungen unterdrücken, sind aber in trauter Zweisamkeit oft sehr sinnlich. Durch ihr beherrschtes und kultiviertes Wesen gewinnen sie viele Sympathien. Auch umgibt sie ein Hauch von Einsamkeit, eine Atmosphäre des Geheimnisvollen, die andere anzieht. Typisch für die Venus in Steinbock sind die in Marmor gemeißelten klassischen Züge griechischer Statuen.

Wenn Menschen mit dieser Venusstellung jung heiraten, ziehen sie häufig ältere und reifere Partner vor. Heiraten sie spät, wählen sie eher jüngere Partner, denen sie als Gegenleistung für ihre Zuneigung Sicherheit bieten können. Auch wenn sie es nicht so offen zeigen, sind sie ihrem Partner gegenüber loyal, weil sie ein angeborenes Gefühl für Fair play und persönliche Verantwortung haben.

Auf künstlerischem Gebiet zeichnen sich diese Menschen durch einen ausgeprägten Sinn für Komposition und Struktur aus; wie bei Venus in Schützen ist eine Neigung zu klassischer Musik und anderen zeitlosen Formen der Kunst vorhanden. Da diese Menschen ihren Kunstsinn mit Geschäftstüchtigkeit zu verbinden wissen, können sie als Antiquitätenhändler, Museumskurator oder Direktor einer Kunstgalerie reüssieren.

Ist Venus in Steinbock ungünstig aspektiert, kann dies auf Gefühlskälte und ein Übergewicht materieller Interessen hindeuten. Berechnung und Hintergedanken gewinnen oft die Oberhand und vereiteln jegliche spontane Zuneigung; eine Ehe kann aus reinen Geld- oder Statusgründen eingegangen werden und die Liebe muss betteln gehen.

Mars in Steinbock (Erhöhung)

Kennzeichen: herrisch, zielgerichtet, unabhängig, energisch, extrem materialistisch, besitzergreifend, machtgierig, tüchtig, beherrscht

Mars im Zeichen Steinbock bedeutet berufliche Ambitionen. Menschen mit dieser Stellung des Mars sind weniger sinnlich als diejenigen mit Mars in Skorpion oder Stier und können außerordentlich materialistisch sein, ihnen geht das spielerische Element weitgehend ab. Sie streben nach Anerkennung und einer angesehenen Stellung und handeln wohl überlegt, immer sorgfältig darauf bedacht, handgreifliche Ergebnisse zu erzielen. Dank ihres beruflichen Erfolges können diese Menschen für ihre eigenen materiellen Bedürfnisse sowie diejenigen ihrer Familie und anderer von ihnen abhängiger Personen aufkommen. So befindet sich bei vielen leitenden Angestellten, die sich zu hohen Posten in ihrer Firma hinaufgearbeitet haben, der Mars in Steinbock oder im zehnten Haus (Feld/Steinbockhaus). Dies ist auch bei Politikern und anderen Menschen der Fall, die im Rampenlicht der Öffentlichkeit stehen.

Mars ist in Steinbock erhöht, weil Organisationsgabe und Disziplin des Saturn, des Herrschers des Steinbocks, den größten praktischen Nutzeffekt aus der Energie des Mars zu gewinnen versteht. Wie diejenigen mit Mars in der Jungfrau müssen die Nativen mit Mars in Steinbock für alles, was sie unternehmen, praktische Gründe haben. Im Gegensatz dazu besteht bei Mars in Widder die Tendenz, die Energie in unausgerichteten Aktionen verpuffen zu lassen. Weil der Steinbock ein Kardinalzeichen ist, sind Menschen mit dieser Marsstellung fähiger zu entschiedenem Handeln als solche mit Mars in einem anderen Erdzeichen oder einem festen oder beweglichen Zeichen. Es kann sein, dass sie nicht so viel Energie versprühen wie diejenigen mit Mars in Widder und nicht so starke Gefühle aufbringen wie diejenigen mit Mars in Skorpion, aber sie setzen ihre Energie wirksamer ein.

Gewöhnlich besitzen sie einen hohen Grad von Selbstkontrolle und Disziplin. Sie sind fähig, Befehle von Vorgesetzten entgegenzunehmen und angemessen auszuführen. Sie erwarten von ihren Untergebenen die gleiche Disziplin und Unterordnung. Viele Männer, die die militärische Laufbahn ergreifen, haben den Mars in Steinbock.

Geborene sind Stolz darauf, ihre Aufgabe korrekt auszuführen und haben dementsprechend nichts übrig für Faulheit und Mangel an Energie. Die Lebensweise eines Bohemiens ist ihnen fremd und verachtenswert. Eltern mit dieser Stellung wollen, dass ihre Kinder erfolgreich sind. Lassen ihre Kinder Tendenzen zu ungeregeltem Lebenswandel und Untätigkeit erkennen, bringt sie das ziemlich aus dem Konzept.

Ist Mars in Steinbock ungünstig aspektiert, kann es vorkommen, dass der Geborene andere Menschen ausnützt, um in eine gehobene Stellung und zu materiellem Gewinn zu gelangen. Im Sog seiner materiellen Ambitionen verliert er oft die menschlichen Werte aus den Augen, besonders wenn Mars schwer verletzt ist. Der erbarmungslose Konkurrenzkampf auf der Ebene leitender Angestellter größerer Betriebe ist ein typisches

Beispiel für die negativen Seiten von Mars in Steinbock. Diese Menschen können wegen ihrer kalten Berechnung, Selbstsucht und ihrer einseitig materialistischen Einstellung berüchtigt sein. Diese negativen Seiten können durch ausgleichende Faktoren im Horoskop kompensiert sein.

Jupiter in Steinbock (Fall)

Kennzeichen: gewinnsüchtig, wohlhabend, geachtet, zuverlässig, verantwortungsvoll, Integrität, konservativ, nüchtern, gespannt, Materialist

In Steinbock befindet sich Jupiter im Fall, weil dieses Zeichen dem Tierkreiszeichen Krebs gegenübersteht, in welchem Jupiter erhöht ist. Dies zeigt sich in einer übertrieben buchstabengetreuen Gesetzesauslegung anstelle einer sinngemäßen. Allerdings kann Jupiter in Steinbock, wenn er günstig aspektiert ist, große Integrität bedeuten, insbesondere im moralischen Verhalten, Geschäftsethos und in der Verantwortung eines hohen Amtes.

Im Allgemeinen halten sich die Nativen in Bezug auf Politik, Erziehung und Moral an konservative, traditionelle Werte. Sie unterstützen das Wertsystem des sozialen, wirtschaftlichen und politischen Status quo, wobei sie seine Ungerechtigkeiten, Fehler und Heucheleien übersehen. Die daraus entstehende Starrheit der sozialen Einstellung kann zu einer Entfremdung von der jüngeren Generation und denen, die einen universellen Standpunkt einnehmen, führen.

Menschen mit Jupiter in Steinbock erlangen oft Stellungen mit wirtschaftlicher oder politischer Verantwortung. Sie werden darin Klugheit, Vorsicht und ein reifes Urteil an den Tag legen, aber es kann ihnen an Einbildungskraft, schöpferischen Ideen und der Fähigkeit zur Erneuerung mangeln. Sie haben einen starken Machttrieb und Statusstreben, der entweder von ihrem persönlichen Ehrgeiz oder von einem Pflichtgefühl gegenüber der Gesellschaft diktiert wird. Dieses Streben kann mit ihrem Familienleben und den damit verbundenen persönlichen, gefühlsmäßigen Werten in Konflikt geraten. Der höhere Angestellte der Firma, der seine ganze Zeit im Büro zubringt, seine Vorgesetzten zu befriedigen sucht und dabei seine Familie vernachlässigt, ist ein typisches Beispiel für einen Geborenen mit Jupiter in Steinbock. In späteren Jahren legen sich diese Menschen oft eine kalte, harte Art zu; sie verbergen ihre inneren Gefühle von emotionaler Enttäuschung und Einsamkeit unter einer Maske von Würde und Wichtigkeit.

Durch Ehrgeiz, Geduld, Organisationstalent und den klugen Einsatz der Mittel wird mit dieser Jupiterstellung oft großer Reichtum erworben. Da diese Menschen den Status erstreben, der durch Reichtum und hohe Stellung vermittelt wird, übernehmen sie automatisch die Werte einflussreicher Mitmenschen, die ihnen zu Stellung und Ansehen verhelfen können.

Geborene verabscheuen Extravaganzen und Verschwendung. Ist Jupiter ungünstig aspektiert, kann diese Tendenz extreme Züge annehmen und zu Knauserigkeit führen oder es besteht die gegensätzliche Neigung, in kleinen Dingen sparsam zu sein und sich gleichzeitig im großen Extravaganzen zu leisten.

Saturn in Steinbock (Domizil)

Kennzeichen: väterlich, fortgeschritten, argwöhnisch, langsam, Geduld, Methode, Pessimismus, Diplomatie, materialistisch, parteiisch, stark, Egoist

Saturn in Steinbock deutet ein ehrgeiziges Streben nach weltlicher Macht, Stellung und Autorität an, das sich vorwiegend auf geschäftlichen, wissenschaftlichen oder politischen Gebieten bemerkbar macht. Diese Menschen sind bemüht, sich im Laufe ihrer Karriere durch besondere Leistungen auszuzeichnen. Sie unternehmen nichts, ohne damit eine praktische Absicht zu verbinden. Sie sind gute Organisatoren und versuchen einerseits ihre Ambitionen zu fördern und andererseits ihre Sicherheit zu festigen, sodass sie ohne Risiko eine hervorragende Stellung erreichen können. Sie wirken auf andere Menschen infolge ihrer Strenge und Ernsthaftigkeit eher kühl und distanziert.

Sie nehmen von Autoritätspersonen Befehle entgegen und wenn sie selbst in einer Autoritätsposition sind, erwarten sie den gleichen Gehorsam von anderen. In geschäftlichen Angelegenheiten und in der Politik sind sie eher konservativ. Sie vertreten die Ansicht, dass die traditionellen Machtstrukturen ihre Existenzberechtigung haben und von Menschen, denen praktische Erfahrungen im Umgang mit den Mitteln der Macht fehlen, nicht in Frage gestellt werden sollten.

Die Erfahrungen im Kampf um Sicherheit und Selbständigkeit, die sie in jungen Jahren gewinnen, hilft ihnen später bei der Entwicklung praktisch brauchbarer, konservativer Verhaltensweisen. Ihrer Meinung nach hat keiner das Recht, anderen Ratschläge zu erteilen oder gar größere politische oder wirtschaftliche Verantwortlichkeiten zu übernehmen, solange er seine eigenen Angelegenheiten nicht erfolgreich meistern kann. Menschen mit dieser Saturnstellung wissen, dass alles seinen Preis hat und jedermann zum Gedeihen der ganzen Welt beitragen muss. Jeder soll bekommen, was er sich durch seine eigenen Anstrengungen verdient hat. Deshalb unterstützen sie, wenn sie selbst auf dem Höhepunkt ihrer Laufbahn stehen, andere dabei, sich selbst zu helfen. Sie neigen allerdings dazu, in späteren Jahren die harten Kämpfe ihrer Jugend und die Schwierigkeiten zu vergessen, die ein Anfang ohne ausreichende finanziellen Mittel und andere Hilfsmittel - trotz eines aufrichtigen Arbeitswillens - mit sich bringt. Ist Saturn ungünstig aspektiert, kann es vorkommen, dass diese Menschen Reichtum und materiellen Besitz dazu verwenden, andere ihrer Kontrolle zu unterwerfen.

Wie und wann Autorität erlangt wird, hängt von der Tiefe ihres Verständnisses und dem Grad ihrer intellektuellen Entwicklung ab, die im übrigen Horoskop zum Ausdruck kommen.

Meist haben diese Menschen einen ausgeprägten Sinn für Familientradition und Familienehre. Manchmal stammen sie aus reichen und angesehenen Familien und laufen daher bisweilen Gefahr, menschlichen Werten gegenüber unsensibel zu sein, weil ihnen die Erfahrung des persönlichen Kampfes ohne Mittel fehlt. Solche Geborenen haben manchmal die Tendenz, sozial und wirtschaftlich Schwächere auszunutzen, falls hier nicht geistiges Verständnis und Mitgefühl ein Gegengewicht schaffen. Ähnlich wie mit Saturn in Skorpion können Menschen mit Saturn in Steinbock entweder die geistige Höhen oder aber die materialistische egoistische Tiefen erreichen.

Eine Jugend in ärmlichem und familiär ungünstigem Milieu wirkt bei dieser Stellung meistens als Herausforderung, Schwierigkeiten zu überwinden und eine angesehene und mächtige Stellung zu erringen (Vom Tellerwäscher zum Millionär). Für diese Menschen ist das Leben eine ernste Angelegenheit und ein Kampf. Manchmal fehlt ihnen das ästhetische Feingefühl. Sie neigen zu einer Beurteilung nur nach Kriterien des Preises oder äußeren Ansehens. Sie sollten Sinn für Humor und über Materialismus und Status hinausgehende Werte entwickeln. Das Streben nach einer Stellung wird sonst zum Selbstzweck, anstatt ein Mittel zu scin, zu einer höheren gesellschaftlichen Ordnung beizutragen.

Ist Saturn in Steinbock günstig aspektiert, zeichnen sich diese Menschen in geschäftlichen, politischen und beruflichen Angelegenheiten durch Ehrlichkeit und Anständigkeit aus. Ist Saturn jedoch verletzt, können sie skrupellos jedes Mittel anwenden, um zu Macht und Reichtum zu gelangen, was sie in extremen Fällen zu gefürchteten Diktatoren werden lässt. Es kann auch die Tendenz bestehen, buchstabengetreue Gesetzesauslegungen zum eigenen Vorteil unfair auszunützen. Die Anwendung unlauterer Mittel führt jedoch manchmal dazu, dass sich das Glück wendet und die Betreffenden öffentliche Schmach und Verlust ihrer Machtstellung erleben müssen. Diese Menschen müssen sich davor hüten, in ihrer Grundeinstellung allzu starr zu werden.

Uranus in Steinbock (1988-1996)

Kennzeichen: Macht, hohe Zielsetzung, Fanatismus, Scharfsinn, gewinnsüchtig, Entschlossenheit, halsstarrig, ungewöhnliche Karriere, radikal

Menschen, die zu der Generation mit Uranus in Steinbock gehören, werden wichtige Veränderungen in staatspolitischen und wirtschaftlichen Bereichen herbeiführen. Sie wollen den Status quo verändern, um eine größere Sicherheit für die Zukunft zu gewährleisten, dabei müssen sie aber sorgfältig darauf bedacht sein, dies auf angemessene Weise zu tun, indem sie das Neue auf den Fundamenten des Bestehenden aufbauen. Sie wollen zwar einen konstruktiven Wandel, zögern jedoch, das Vergangene vollständig aufzugeben.

Diese Menschen sind äußerst ehrgeizig und streben nach Erfolg. Sie haben originelle Ideen in wissenschaftlichen und geschäftlichen Belangen, die sie zur Förderung ihrer

Karriere oder ihrer Position nutzen. Es gelingt ihnen auch, für alte Ideen neue Anwendungsgebiete zu entdecken.

Ist Uranus in Steinbock ungünstig aspektiert, dürften die Nativen ihren Ehrgeiz übertreiben und dazu neigen, ihre beruflichen Ansprüche zu hoch zu schrauben.

Neptun in Steinbock (1984)

Kennzeichen: übernatürlich, Meditation, seltsame Zielsetzungen, Täuschung, Depression, elterliches Opfer, mystische Realität

Die Periode mit Neptun in Steinbock, die uns bevorsteht, wird für den Zusammenbruch der wirtschaftlichen und politischen Strukturen stehen. Aus diesen Wirren und Leiden wird wahre spirituelle Verantwortung und Disziplin erwachsen, die schließlich in realistischen Verhandlungen und Abschlüssen ihren Niederschlag finden wird. (Reinigung durch das Feuer der Vernichtung)

Die Menschen werden sich den Luxus der abstrakten Geistigkeit des Schützen nicht mehr leisten können. Um zu überleben müssen sie das Geistige in ihre tägliche Lebenswirklichkeit einbauen. Schmerzliche Erfahrungen geben die Kraft zur karmischen Abrechnung mit der Vergangenheit, viele der Überlebenden werden neue Höhen geistiger Verwirklichung erreichen.

Die Menschen werden genötigt sein, neue Regierungsformen und politische Konzeptionen ins Leben zu rufen. Das Ende dieser Periode könnte der Anfang einer Weltregierung sein.

Pluto in Steinbock (1762-1777)

Kennzeichen: neue Ideen, praktische Revolutionen, großer Ehrgeiz, gemeinschaftlich, führende Position, erfinderisch, besessen, materialistisch

Steinbock ist ein Zeichen, das mit politischen und wirtschaftlichen Machtstrukturen, Beruf, Status, Ehrgeiz und Führerschaft zu tun hat. In den Jahren, in denen Pluto in Steinbock stand, entstanden neue Regierungskonzeptionen. Zum Beispiel die amerikanische Unabhängigkeitserklärung im Jahre 1776. Mit dem Entstehen demokratischer Regierungsformen begann damals der Abbau aristokratischer Machtstrukturen.

Wenn Pluto das nächste Mal in den Steinbock eintritt, wird eine Weltregierung ihren Anfang nehmen, die die Interessen der ganzen Menschheit berücksichtigt. Sie wird sich auf neue soziale, legale, erzieherische und religiöse Konzepte stützen, die im Laufe des Plutotransits durch den Schützen entwickelt werden.

Die Generation, die mit Pluto in Steinbock zur Welt kommt, hat einen dynamischen und praktischen Willen zur Lösung der Fragen der Organisation, Wirtschaft und staatlichen Lenkung. Jeder Mensch soll Gelegenheit haben, seinen Fähigkeiten und seiner Selbstdisziplin entsprechend die eigenen Möglichkeiten zu verwirklichen.

Wassermann/Aquarius

Festes Zeichen
Kennzeichen: Menschenfreundlichkeit, Unabhängigkeit, Originalität, Exzentrik, Erfindungsgabe, Erneuerung, Intuition, abstrakt, kenntnisreich, menschlich, verständnisvoll, gesellig, überlegt, Hilfe, egoistisch

Das elfte Zodiakzeichen.
Das Symbol der im Zeichen der Brüderlichkeit Geborenen ist der Wasserträger, der über die Menschheit das Gefäß mit der Lebenskraft und geistigen Energie ausgießt.
Sonne steht im Zeichen: 20. Januar bis 18. Februar (21. Januar bis zum 19. Februar)

Jahreszeit:	Zweites Winterzeichen
Kraftform-Mobilität:	fest
Element:	Luft
Herrscher:	Uranus, (in seinem ureigenen Element)
Lebensmotto:	Ich hoffe
Farbe:	dunkelblau
Metall:	Platin
Steine:	blauer Saphir, Amethyst
Zahlen:	8, 4, 10
Psychologische Grundhaltung:	Geistigkeit
Motivation:	Beschwingtheit
Handlungsrichtung:	Intuitiv, große Pläne, Abwechslung, Technik und Magie, Ungebundenheit, Aufgeschlossenheit für Reformen, Seiltänzerei, denn jeder lebt nahe dem Abgrund.
Allgemeine Stärken:	Aufgeschlossenheit, Intuition, Aufgeschlossenheit für Reformen, Griff nach den Sternen, Traumverwirklichung
Allgemeine Schwächen:	Gaukelei, Jahrmarktswirkung, Bluff, wechselhafte Grundeinstellung, Unzuverlässigkeit
Größte Gefahr:	Alles in Frage stellen, nur sich selbst nicht
Aufgaben:	Hohe Ziele anvisieren, Wunder vollbringen, das Unmögliche möglich machen, Menschheitsliebe

Das Symbol der im Zeichen der Brüderlichkeit Geborenen ist der Wasserträger, der über die Menschheit Lebenskraft und geistige Energie ausgießt. Uranus regiert den Wassermann, daher sind Freundschaft und Kameradschaft von größter Wichtigkeit für den Wassermanngeborenen. Wen der Wassermann zum Freund wählt, der kann meistens seiner unverbrüchlichen Loyalität sicher sein.

Wassermanntypen - in einem festen Zeichen geboren - besitzen ein exzentrisches Temperament, Entschlossenheit und Starrköpfigkeit. Sie haben manchmal den Eindruck, dass die andern ihren Ideen zu wenig Verständnis entgegenbringen und fühlen sich dadurch gekränkt. Als Folge davon brechen sie eine Auseinandersetzung vom Zaun und fordern die andern zum Widerspruch heraus. Sie gehen oft sogar so weit, solche Leute fallen zu lassen, weil sie ihrem eigenen intellektuellen Niveau nicht entsprechen. Typisch für den Wassermann ist der Satz: “Ich weiß”.

Der Wassermann ist weder affektiert noch ein Snob, aber er hegt eine Abneigung gegen billige Nachahmung und jede Form von Heuchelei. Für ihn gilt das Prinzip der absoluten Gleichberechtigung. Er gewinnt seine Sicherheit aus dem Zusammensein mit anderen, daher ist er von einer spezifischen Umgebung ziemlich unabhängig.

Menschen, die im Zeichen des Wassermanns geboren wurden, werden im Leben niemals einsam sein. Der Einfluss von Uranus bringt es mit sich, dass die Wassermanngeborenen es genießen, neue Menschen kennen zu lernen und Gedanken auszutauschen. Der Gruppeninstinkt des Wassermanns wird ihn stets zu anderen Menschen führen - sofern sie nicht von selbst zu ihm kommen. Die freundschaftlichen Beziehungen bestehen zu Menschen beiderlei Geschlechts und sie werden auch nach einer Heirat nicht aufgegeben. Da der Wassermann ein Luftzeichen mit Betonung des Intellekts ist, liebt er die geistige Kommunikation.

Wassermanngeborene lieben die Schönheit der Natur, möchten sie aber gerne auf bequeme Art bewundern können. Sie hegen ein Verlangen nach materiellen Besitztümern, sind aber nicht habgierig. Sportliche Betätigung praktizieren sie eher als Zuschauer. Ihre Interessen liegen mehr auf geistigem als auf körperlichem Gebiet.

Frauen dieses Zeichens sollten sich davor hüten, ihre Probleme allzu sehr zu übertreiben. Man verzeiht ihnen jedoch diese Neigung, denn mit ihrer Liebenswürdigkeit und ihrer lebhaften Art, sich auszudrücken, üben sie eine große Anziehungskraft aus.

Die zur Schau getragene Ruhe des Wassermanns trügt; er kann sich manchmal ganz krank und elend fühlen vor lauter Angst. Da er seine Arbeit sehr ernst nimmt, ist er häufig besorgt. Am besten arbeitet er gemeinsam mit anderen oder im Dienste von Organisationen, die irgendein Ideal verwirklichen wollen. Bei Tätigkeiten dieser Art finden sein ausgezeichnetes Gedächtnis, seine Intuition, sein Wissen, seine Freiheitsliebe und seine Menschlichkeit eine geeignete Ausdrucksmöglichkeit.

Sein Interesse und sein Mitempfinden für menschliche Probleme tragen ihm die Achtung und das Vertrauen seiner Umwelt ein. Sein Mitgefühl ist unpersönlich und sein Verständnis rational gesteuert, doch ist er einmal an einer Sache interessiert, erweist sich der Wassermann als unermüdlicher Arbeiter.

Der facettenreiche Wassermann

Die Persönlichkeit des Wassermannes ist sehr vielschichtig. Er lässt sich mit drei oder vier Merkmalen nicht treffend charakterisieren.

Der Schütze ist dem Wassermann unter allen Tierkreiszeichen am nächsten. Beide lieben die Unabhängigkeit, erproben ständig Neues und lieben den Wandel.

Der Wassermann ist sehr aktiv. Seine freundliche, heitere und beschwingte Art hält ihn ständig auf Trab. Er ist sehr liberal, liebt die Freiheit und lässt sich nicht gerne festlegen. Er beansprucht jedoch nicht nur Freiräume, sondern lässt auch seine Mitmenschen so gewähren, wie es ihnen passt. Freiheit und Ungebundenheit braucht der Wassermann wie die Luft zum Leben. Will man ihn einengen, versteht er es geschickt, sich zu befreien. Dies gelingt ihm in allen Situationen, denn er findet immer ein Schlupfloch um eine Vorschrift, Richtlinie oder irgendeinen Rahmen, die ihn seiner Bewegungsfreiheit berauben wollen, zu umgehen. Er liebt es neue unbefahrene Wege auszuprobieren, er sucht das Abenteuer abseits vielbenutzter Pfade, um seinen Durst nach Unabhängigkeit zu stillen. Oft tut er dies aus Prinzip, nur um Flagge zu zeigen.

Sein Instinkt, der ihn in schwierigen Augenblicken die richtige Lösung finden lässt, kommt auch seinen Mitmenschen zugute. Wassermänner sind hilfsbereit und tolerant, sodass andere aus ihrer Vielseitigkeit Kapital schlagen können. Er gewährt uneigennützig Hilfe und verpflichtet sich so viele Mitmenschen.

Der schier grenzenlose Optimismus des Wassermanns lässt ihn auch in ausweglosen Situationen die Ruhe bewahren, denn er weiß, dass er wegen seiner großen Erfahrung und seines Wissens stets den Kopf aus der Schlinge ziehen kann.

Als Mensch, der ständig körperlich und geistig in Bewegung ist, sucht er das Neue und den Fortschritt. Allerdings bleibt er nicht lange bei einer Sache, denn sobald sein Interesse für etwas anderes geweckt ist, lässt er von seiner jetzigen Beschäftigung ab und wendet sich dem Neuen zu. Deswegen wirft man ihm oft vor, einen sprunghaften Charakter zu haben. Man neigt daher nicht dazu, ihm besonderes Vertrauen zu schenken. Dabei lässt er sich nur von seinen Gefühlen lenken ohne irgendjemandem etwas Böses zu wollen.

Die Widersprüche in der Persönlichkeit des Wassermanns sind eklatant. Er grübelt viel, forscht in seinem Inneren und macht sich Gedanken über Gott und die Welt. Im Gegensatz dazu handelt er aber fast ausschließlich nach Gefühl, oft unüberlegt und ohne die Folgen seines Handelns zu bedenken.

Der Wassermann ist ein sehr geselliger Mensch. Er braucht den Trubel unter Menschen, weil es ihm zu Hause langweilig ist. Er muss sich mit anderen Menschen austauschen, um immer neue Anregungen und Ideen aufzuschnappen. Weil er es liebt, eine gegensätzliche, von der landläufigen Meinung abweichende Position zu vertreten, diskutiert er gern auch um Kleinigkeiten, was ihm den Ruf eines Streithahns einbringt.

Wichtig beim Kontakt mit Wassermännern ist, dass man ihnen ihren Freiraum nicht nehmen darf. Sie werden darauf sehr ablehnend reagieren und den Kontakt abbrechen. Man sollte auch nicht versuchen, sie zu beeinflussen, denn sie haben ihren eigenen Kopf mit vielen Ideen und können für sich selbst sorgen.

Bei Streit kann man ruhig offene, klare Worte an sie richten, denn auch bei deftigen Bemerkungen sind sie nicht nachtragend und es ist selbst ihre Art, ihre Meinung dem Gegenüber ins Gesicht zu sagen.

Gesundheit

Wassermänner erreichen in der Regel ein hohes Alter. Sie strotzen vor Energie und können so vielen Krankheiten trotzen.

Der wunde Punkt des Wassermannes ist der Kreislauf. Dadurch, dass er ständig in Bewegung ist und weder seinem Geist noch seinem Körper ausreichend Ruhepausen gönnt, ist er oft erschöpft und fühlt sich müde oder schlaff. Durch sein unstetes Wesen will er meist zu viel und wird von Nervosität befallen, wenn er seine Pläne nicht gleich alle zusammen in die Tat umsetzen kann. Er sollte deshalb ruhig mehr schlafen um seinem überlasteten Organismus genug Erholungsphasen zu gewähren.

Er nimmt Anteil an den Dingen, die in seiner Umgebung geschehen und ist deshalb anfällig für plötzlich auftretende Gefühlswallungen. Wut und Zorn treiben ihm die Röte ins Gesicht, während Nervosität und Angst ihn erblassen lassen. Hier sei ihm geraten, sich ein dickeres Fell zuzulegen und unwichtigere Dinge von sich abprallen zu lassen.

Niedriger Blutdruck, Krampfadern, ja sogar Krampfadergeschwüre machen ihm schwer zu schaffen. Deshalb sollte der Wassermann den Ratschlägen seines Arztes folgen und nicht aus einer reinen Trotzreaktion heraus die Anweisungen seines Arztes umgehen, auch wenn es ihn viel Überwindung kostet auf einen anderen Menschen zu hören.

Der Wassermann sollte körperlichen Betätigungen nachgehen, die ihn entspannen und bei denen sein Kreislauf frische Kräfte tanken kann. So stehen ihm Gymnastik, Yoga-Übungen, Spaziergänge, Angeln, Schwimmen, Massagen oder leichtes Laufen gut zu Gesicht und helfen ihm seiner Probleme Herr zu werden.

Um den Kreislauf zu schonen, sollte er Tabak und Alkohol meiden und stattdessen lieber mal einen beruhigenden Kräutertee genießen. Magnesium- und eisenhaltige Speisen stärken seinen Kreislauf. Deshalb soll er viel Salat, Obst und Säfte zu sich nehmen. Wenn er es nicht übertreibt, darf er auch mal naschen, allerdings ohne dabei über die Stränge zu schlagen.

Beruf und Geld

Geld spielt für den Wassermann nicht die Hauptrolle, sondern ist nur das Mittel für den Lebensunterhalt. Deshalb ist der sonst so kluge Wassermann in Geldangelegenheiten nicht besonders erfahren. Er ist leichtgläubig und naiv und kann relativ leicht über den Tisch gezogen werden. Er sollte sich nicht verzetteln, nicht verschwenderisch sein und vor allem nicht in den Tag hinein leben. Es ist besser, seine finanziellen Kräfte auf ein Unterfangen zu verwenden, als seine Kräfte zu splitten und die Übersicht zu verlieren. So kann er mit seinem Gehalt eine sorgenfreie Zukunft für sich und seine Familie gewährleisten.

Allerdings fließt ihm das Geld nicht zu, z.B. in Form von Erbschaften oder Lotteriegewinnen, sondern er muss sich gehörig strecken, um genug Geld heranzuschaffen. Er hat viele Ideen und sollte diese nicht unter Wert verschleudern. Am besten vertraut er sich in Sachen Finanzen seinem Partner oder einem Fachmann an, die für ihn das kontinuierliche Sparen organisieren können, eine Sache, die aufgrund seines sprunghaften Wesens nicht zu seinen Domänen gehört.

Der Wassermann kann seine vielfältigen Fähigkeiten nur dann entfalten, wenn er einen Beruf ergreift, der ihm Raum für die Entwicklung seiner eigenen Ideen lässt. Er fühlt sich wohl in handwerklichen Berufen und Berufen, die schöpferische oder künstlerische Kreativität verlangen. Sein drängender, in die die Zukunft gerichteter Geist macht ihn zu einem akribischen und leidenschaftlichen Wissenschaftler oder Forscher. Er vertritt oft Ideen, die seiner Zeit weit voraus sind und die als revolutionär angesehen werden können.

Wassermänner versuchen, der von ihnen verrichteten Arbeit eine persönliche Note zu verleihen, damit man erkennen kann, dass sie am Werk waren.

Als Untergebener ist der Wassermann zu seinem Chef stets höflich, aber nicht unterwürfig. Er scheut nicht davor zurück bei ihm anzuecken, wenn er von der Richtigkeit seiner Sache überzeugt ist. Er ist findig und clever, sodass er durch neue Ideen und konstruktive Vorschläge auf sich aufmerksam macht. Eigentlich ist er auf seine Freiheit angewiesen, ein Individualist, der aber den Kontakt zu den Kollegen braucht. In der Gruppe fallen seine Ideen auf fruchtbaren Boden, denn er selbst hat brillante Einfälle, ist jedoch nicht diszipliniert genug, sie in die Tat umzusetzen. Er findet sich mit seiner höflichen Art gut zurecht, wenn er auch manchmal ausbrechen will aus dem einförmigen Büroalltag und dann mit seiner gereizten Stimmung für Unruhe sorgt.

Als Chef ist der Wassermann offen und großzügig. Er ist kein Anhänger von Hierarchien, sondern behandelt die Untergebenen wie gleichgestellte Kollegen. Er gibt ihnen Freiheiten, weil er eigenständiges Handeln mag. Durch seine sprunghafte, hektische und zerstreute Art wirkt er manchmal unberechenbar. Er wird jedoch nie ungerecht.

Der Wassermann muss bei seiner Berufswahl darauf achten einen Zweig mit zukunftsgerichteten, modernen Projekten zu wählen. Auf keinen Fall kann er es ertragen, alleine in seinem stillen Kämmerlein zu hocken und dort eine monotone, gleichförmige Arbeit zu verrichten. Er braucht Perspektiven. Die Aussicht auf eine Beförderung oder Gehaltserhöhung spornt ihn an und erhöht seine Motivation.

Berufe, die dem Wassermann besonders liegen und in denen er gute Erfolgsaussichten hat, sind der des Ingenieurs, Chemikers, Mediziners, Technikers, Lehrers, Schauspielers und Psychologen.

Liebe und Partnerschaft

Der Wassermann-Mann

Der Wassermann-Mann ist in Sachen Liebe ständig unterwegs. Er hat keine Ruhe und ein innerer Drang lässt ihn umherschweifen. Es ist sein Forscherdrang, der ihn auf all seinen Lebenswegen begleitet, so auch in der Liebe. Seine Freiheit genießend eilt er von Abenteuer zu Abenteuer, von Liebschaft zu Liebschaft. Untätiges Herumsitzen liegt ihm nicht, er muss einfach seine Wissbegierde stillen. Er will dem Geheimnis der Frauen auf den Grund gehen. Er jagt die Frauen nicht wie Freiwild, doch kaum hat er eine verlassen, wendet er sich übergangslos der Nächsten zu. So zumindest versucht er es bei Freunden und Kollegen darzustellen. Er prahlt sogar mit seinen Erlebnissen, um die Widersprüche in seinem Innern zu übertünchen.

Denn im Grunde seiner Seele ist er nicht der Schürzenjäger, der er vorgibt zu sein. Die kurzen Liebschaften und Techtelmechtel befriedigen ihn nicht. Sein Dilemma ist, dass er wählen muss zwischen seiner Sehnsucht nach einer harmonischen, partnerschaftlichen Beziehung und seinem fast unstillbaren Durst nach Unabhängigkeit, Ungebundenheit und Freiheit. Er ist ein Mensch, der den Wandel braucht wie die Luft zum Atmen. Wenn er nicht ständig neue Dinge, Länder oder Frauen kennen lernt, weiß er nicht, wohin mit seiner überschüssigen Energie. Er, der durch seinen Einfallsreichtum und seine Schlagfertigkeit in jeder Situation eine Lösung parat hat, ist plötzlich ratlos, wenn es darum geht, eine Frau für ein gemeinsames Leben auszuwählen. Dabei hat er die Qual der Wahl, denn interessante, hübsche Anwärterinnen gibt es genug. Er fürchtet sich aber davor, dass ihm in der Ehe die Flügel gestutzt werden.

Er mutet seiner Frau, wenn er denn endlich fündig wurde, viel zu. Er will keine Frau, die ihn einengt, ständig um ihn herumscharwenzelt und ihm auf die Finger schaut. Er sucht eine Kameradin, mit der er durch dick und dünn gehen kann und die ihm alle Freiheiten lässt. Am besten passt ein intelligentes, lustiges Mädchen zu ihm, mit der er eine Beziehung eingehen kann, die von gegenseitigem Respekt für die Wünsche des Partners geprägt ist. Er führt diese Partnerschaft dann mit großer Aufrichtigkeit und kann sogar treu sein, wenn er sonst seine Unabhängigkeit bewahren kann. Sie sollte ihn nicht mit andauernden Ratschlägen nerven, sondern sich viel mit ihm unterhalten um ihn genau kennen zu lernen. Nur so kann sie ihn auf Umwegen zu dem bewegen, was sie will; denn wenn man offen etwas von ihm verlangt, schaltet er auf stur und wird trotzig reagieren. Man muss also listig und fintenreich sein, um ihn zu etwas zu bewegen.

Das Zusammensein mit ihm kann eigentlich gar nicht langweilig werden. Er ist vielseitiger, unternehmungslustiger Mensch, der seine Kinder liebt und seine Frau respektiert. Beim Sex erweist er sich als erfahrener Liebhaber, der den Wünschen des Partners aufgeschlossen gegenübersteht und viel Fantasie entwickeln kann. Er ist zärtlich, liebt das Vorspiel, kann aber auch stürmisch und verlangend sein.

Im Allgemeinen sollte seine Ehefrau darauf achten, ihn unter keinen Umständen einzuengen. Wenn er merkt, dass sie seine Wünsche und seinen Freiheitswillen akzeptiert, fühlt er sich bestätigt, wandelt sich ins Gegenteil und wird zum braven Ehemann.

Der Wassermann-Mann sollte seiner Frau Aufmerksamkeit schenken und, obwohl es ihm schwer fällt, ihr deutlich sagen, was er für sie empfindet.

Er sollte auch versuchen, eine Beziehung nicht nach der ersten Krise abrupt zu beenden, sondern dem Partner die Hand zur Versöhnung zu reichen.

Die Wassermann-Frau

Die Wassermann-Frau zeichnet sich aus durch eine bejahende Grundeinstellung zum Leben. Sie ist ein Mensch, der schon von Kindesbeinen an den schalkhaften Umgang mit ihren Mitmenschen pflegte. Immer hat sie ein Lächeln auf den Lippen und ist zu neckischen Streichen aufgelegt. Dabei müssen nicht immer andere Gegenstand des Spottes sein, sondern auch sie selbst kann herzhaft über sich lachen.

Oft genügt jedoch schon der kleinste Umstand, ein falsches Wort oder eine spitze Bemerkung, um ihre andere Seite zum Vorschein zu bringen. Sie wird schnell zornig, das Blut schießt ihr in den Kopf und sie gebärdet sich sofort kämpferisch. Sie geht in Gefechtsstellung und macht sich bereit jeden nur erdenklichen Strauß auszufechten. Sie liebt es zu diskutieren, denn sie ist schlagfertig und redegewandt. Selten gehen ihr die Argumente aus und meist hat sie bei Streitgesprächen das letzte Wort.

Das ist es, was Männer auf sie aufmerksam werden lässt. Sie wechselt von einem Extrem ins andere, zwischen Tag und Nacht und heiß und kalt. Ein typischer Wassermann eben, dem ohne ständige Veränderung und Tapetenwechsel schnell langweilig wird. Das fasziniert die Männer so an ihr, denn nie kann man bei ihr wissen, wie sie sich im nächsten Moment verhalten wird. Ihre Beliebtheit bei Männern nutzt sie schon in jungen Jahren um Erfahrungen zu sammeln. Aber sie bandelt nicht mit jedem an, der ihr schöne Augen macht, sondern weiß, was sie sich und ihrem erlesenen Geschmack schuldig ist. Wenn sie merkt, dass ein Mann sich nur bei ihr über eine in die Brüche gegangene Beziehung hinwegtrösten will, gibt sie ihm keine Chance. Denn ohne eine Erwiderung ihrer stets aufrichtigen Gefühle kann bei ihr kein Mann landen. Sie sucht einen vollendeten Gentleman, der ihr den Hof macht und ihr das Gefühl gibt schön und attraktiv zu sein.

Langeweile lässt dieses temperamentvolle Wesen nicht aufkommen. Zu widersprüchlich sind die einzelnen Facetten ihres Charakters.

Ihr Wissen macht sie zu einem interessanten Gesprächspartner, der manchmal wegen seiner Impulsivität übers Ziel hinausschießt.

Sie hat einen ausgeprägten Gerechtigkeitssinn und kann kein Unrecht ertragen. Erkennt sie ein Unrecht, bezieht sie sofort Position und kämpft für die Gerechtigkeit. Ihr Stolz verbietet ihr nicht, Fehler einzugestehen. Das gehört zu ihren großen Stärken und sie erscheint in noch besserem Licht.

Als Wassermann liebt sie ihre Freiheit und Unabhängigkeit. Jeder Mann, der mit ihr eine Beziehung beginnt, muss sich darüber im Klaren sein, dass sie nicht dazu bereit ist, nur ihm zu Diensten zu sein und an seiner Seite die zweite Geige zu spielen. Vielmehr hat sie einen eigenen klugen Kopf, den sie sowohl zu Hause als auch im Beruf einsetzen will. Denn auf finanzielle Unabhängigkeit legt sie besonders großen Wert.

Ihr Partner muss über ihre kleinen Fehler hinwegsehen können. So spart sie oft nicht mit Kritik und verzettelt sich in Haarspaltereien, obwohl sie ansonsten eigentlich liebenswürdig und großzügig ist. Das sieht man daran, dass sie nie ihre Hilfe verweigert und Freunde mit Geschenken reichlich beglückt.

So auch beim Sex. Sie richtet ihr Augenmerk darauf, den Mann, den sie liebt, zu befriedigen und zufrieden zu stellen. Wichtig ist für sie dabei auch die Seelenverwandtschaft zu ihrem Partner, dessen Wohl ihr so am Herzen liegt.

Umso verwunderlicher ist es, dass Wassermann-Frauen oft Probleme haben, den richtigen Partner für die Ehe zu finden. Die meisten Männer können nicht akzeptieren, dass eine Frau einen eigenen Kopf hat und sich nicht in ihre Abhängigkeit begeben will. Hat ein Mann jedoch den Mut, es mit ihr zu wagen, so wird er es keinesfalls bereuen.

Sie sollte aber im Sinne einer harmonischen Partnerschaft versuchen, ihre schlechten Seiten unter Kontrolle zu halten; sie sollte ihn beispielsweise nicht so oft kritisieren und nicht so offensichtlich versuchen, ihn zu bevormunden. Dann steht einer erfolgreichen Beziehung nichts im Wege.

Wer passt zum Wassermann

An der Waage schätzt der Wassermann die Ausstrahlung und ihren Charme, der negative Eigenschaften geschickt überdeckt.

Mit dem Zwilling hat er die Rede- und Streitlust gemein. Eine Beziehung zwischen Wassermann und Schütze ist explosiv und spannungsgeladen.

Obwohl Wassermann und Widder eigentlich verschiedene Charaktere haben, passen sie recht gut zusammen. Wohl, weil sie sich so gut ergänzen.

Mit Jungfrau und Steinbock versteht sich der Wassermann nicht gut, denn mit seinem Unabhängigkeitsstreben eckt er bei den beiden an.

Stier und Löwe ziehen den Wassermann an und versuchen ihn fest zu binden, obwohl gerade der Stier mitunter zu ruhig ist für den Wassermann.

Skorpione sind für den Wassermann zu besitzergreifend und auch mit Krebsen kommt in den seltensten Fällen eine viel versprechende Verbindung zu Stande.

Berühmte Wassermänner

Andre Marie Ampere,	22. Januar 1775
Ernst Abbe,	23. Januar 1840
Berta Karlik,	24. Januar 1914
Wolfgang Amadeus Mozart,	27. Januar 1756
Katharina von Bora,	29. Januar 1499
Franz Schubert,	31. Januar 1797
Theodor Heuss,	31. Januar 1884
Carl Spitzweg,	4. Februar 1808
Friedrich Ebert,	4. Februar 1871
Ludwig Erhard,	4. Februar 1897
Charles Dickens,	7. Februar 1812
Charles Darwin,	12. Februar 1809
Galileo Galilei,	15. Februar 1564
Catharina Elisabeth Goethe,	19. Februar 1731

Der Mond in Wassermann

Kennzeichen: nicht gern allein, gebildet, menschlich, kalt, geistlos, zerstreut, distanziert, politisch, unzuverlässig

Der Mond im Zeichen Wassermann deutet auf die Fähigkeit, die Bedürfnisse der Menschheit empfinden zu können. Gelegentlich blitzt intuitives Wissen bei ihnen auf. Geborene mit dieser Stellung sind auf eine unpersönliche Weise zu allen freundlich. Sie wollen unbeschwert sein von Gefühlsäußerungen und verlangen volle Freiheit, in ihrem Heim kommen und gehen zu dürfen, wie es ihnen passt; in ihrer Familie werden wahrscheinlich ungewöhnliche Verhältnisse herrschen. Ihr Heim ist meist Treffpunkt für Freunde und steht Gruppenaktivitäten offen.

Die negative Seite dieser Stellung kann eine Tendenz zu gefühlsmäßiger Perversion und Eigensinnigkeit sein oder ein irrationales Bedürfnis nach Freiheit um jeden Preis. Es kann auch Angst vor persönlichen gefühlsmäßigen Bindungen bestehen, weil das einer Bedrohung der persönlichen Freiheit gleichkäme.

Merkur in Wassermann

Kennzeichen: informiert, gemeinschaftlich, abstrakt, kühl, unbeständig, zerstreut, rasche Auffassung, wissenschaftlich, archetypische Vorstellungen, okkult.

Merkur im Zeichen Wassermann lässt auf einen Geborenen schließen, der für neuartige Erfahrungen einen offenen Geist besitzt. Die Fähigkeit, die Dinge objektiv zu sehen, führt zu einem wahrhaften und unvoreingenommenen Denken. Für Menschen mit dieser Merkurposition gilt Wahrheit als wichtigstes Kriterium, sie haben wenig übrig für traditionell oder gesellschaftlich anerkannte Ideen, wenn sie den Tatsachen oder direkten Erfahrungen widersprechen. Dies ist das Geheimnis ihrer Originalität. Wegen ihrer unpersönlichen Objektivität lassen sich diese Menschen nicht so leicht von Erfahrungen und Erlebnissen überraschen, deshalb können sie mit Dingen umgehen, die für andere unbegreiflich sind.

Merkur ist im Wassermann erhöht. Daraus leitet sich die Gabe höchster Intuition ab, die diese Menschen zur Erkenntnis gelangen lässt, dass die Vernunft als Grundmuster des universellen Bewusstseins existiert, von dem ihr individuelles Bewusstsein nur ein Teilgeschehen ist. Der Erfahrungsbereich der Nativen erstreckt sich daher über die fünf Sinne hinaus. Weil Wassermann ein festes Zeichen ist, ermöglicht die Konzentration der geistigen Energie eine Resonanz für Ideen aus dem archetypischen Bereich des Unbewussten. Einige erleben sogar das Bewusstsein selbst als Energiefeld und seinen Inhalt als Energiemuster. Menschen mit Merkur in Wassermann haben häufig eine telepathische Ader.

Die direkte Erfahrung höherer Energiezustände vermittelt Einsicht in die grundlegenden Prozesse, auf denen die materiellen Erscheinungen beruhen. Die Nativen sehen die Wirklichkeit, wie sie auf der mikrokosmischen Ebene ist - als ein bewegtes Muster pulsierender Kraftströme. Weil Saturn in Wassermann Mitherrscher ist, besitzen solche Menschen die Fähigkeit zur geistigen Synthese und sind meist mathematisch begabt, einer der Gründe, warum diese Merkurstellung bei herausragenden Wissenschaftler häufig ist.

Die Fähigkeit, die Dinge in einem erweiterten Rahmen zu sehen, fördert die humanitäre Einstellung und das Interesse an der geistigen Entwicklung der Menschheit. Es besteht auch eine Neigung für das Studium der Astrologie und anderer esoterischer Wissensgebiete.

Menschen mit dieser Merkurstellung arbeiten gerne mit andern zusammen. Deshalb beteiligen sie sich an der Aktivität von Gruppen oder Organisationen. Sie suchen geistige Anregung durch Freundschaften.

Venus in Wassermann

Kennzeichen: kontaktfreudig, freie Liebe, gebildet, zugänglich, unkritisch, unkonventionell, lebenslustig, Gönnerschaft, übersprudelnd

Venus in Wassermann deutet auf eine unpersönliche, aber freundliche Einstellung. Die Nativen möchten mit jedermann gut Freund sein, aber nicht auf einer persönlichen Ebene. Sie sind populär und geschätzt und haben einen großen Bekanntenkreis. Sie verfügen über eine starke Ausstrahlung und einen ganz persönlichen Charme.

Sie haben meist ihre eigenen Ansichten über soziale und sexuelle Gepflogenheiten. Sie sind nicht prinzipienlos, aber sie wollen selbst entscheiden, was für sie richtig und sinnvoll ist. Ebenso wie die Menschen mit Venus in den Zwillingen und in der Waage können auch sie ungehobeltes Benehmen nicht ab, auch wenn sie selbst sich durchaus nicht immer an die üblichen gesellschaftlichen Regeln halten.

Liebesbeziehungen ergeben sich oft auf den ersten Blick, sind aber häufig nicht besonders dauerhaft. Intellektuelle Anreize spielen bei der Wahl des Liebes- oder Ehepartners eine wichtige Rolle, weshalb es sich diese Menschen zu geistreichen und exzentrischen Personen hingezogen fühlen, wie auch zu solchen, die ihnen zu gesellschaftlichem Ansehen verhelfen. Der Partner soll gleichzeitig Freund und Liebhaber sein und dafür Verständnis aufbringen, dass man Abwechslung und geistige Anregung braucht. Die Nativen verabscheuen nichts so sehr wie Langeweile und gleichförmige Gewohnheiten. Sie haben eine Abneigung gegen Eifersucht und Besitzansprüche und verabscheuen Partner, die danach trachten, ihre gesellschaftliche Freiheit einzuschränken. Wer Menschen mit Venus in Wassermann gerne nahe bleiben möchte, muss ihnen in ihren Beziehungen zu andern vollkommen freie Hand lassen.

Menschen mit Venus in Wassermann haben einen eher ungewöhnlichen Geschmack. Sie fühlen sich von Kunstformen angezogen, die extrem modern oder extrem alt sind. Wegen der Herrschaft des Uranus über den Wassermann hegen sie eine Vorliebe für Kunstformen, die mit Elektronik zu tun haben, wie zum Beispiel elektronische Musik. Ihr intuitives Erfassen der Gefühle und Gedanken anderer Menschen ist so ausgeprägt, dass es an Telepathie grenzt.

Ist Venus in Wassermann ungünstig aspektiert, können die sexuellen Gewohnheiten exzentrisch und ausschweifend sein. Diese Menschen sind zwar ehrlich bemüht, in ihren Zuneigungen konstant zu bleiben, aber ihre Gefühle ändern sich zu oft sehr abrupt, was immer wieder dazu führt, dass sie - scheinbar ohne jeden ersichtlichen Grund - von einem Tag auf den andern alte Beziehungen abbrechen und neue eingehen. Dies ist meist in ihrem Freiheitsbedürfnis oder ihrem Erlebnishunger begründet. Manchmal hindert sie eine Beziehung oder eine andere feste Bindung auch in ihrer Arbeit. Sie können oft sehr halsstarrig sein und keine anderen Standpunkte gelten lassen. Bei einer günstig aspektierten Venus hingegen sind sie der geliebten Person gegenüber treu, denn der Wassermann ist ein festes Zeichen.

Mars in Wassermann

Kennzeichen: systematisch, unbeständig, oberflächlich, maskuline Gruppen, verdreht, ungeduldig, revolutionär, umwerfend, methodisch

Mars in Wassermann zeigt ein starkes Bestreben zu unabhängigem und eigenwilligem Handeln. Die Nativen sind intelligent und besitzen meist gutes Organisationstalent. Sie ergreifen meist einen Beruf auf mechanischem, elektronischen oder einem anderen technischen Gebiet, können aber auch im humanitären Bereich, in der Forschung und Wissenschaft Großes leisten. Teamwork verspricht weit mehr Erfolg als individuelle Bemühungen, wenn der Geborene lernt, mit einer Gruppe zusammenzuarbeiten.

Mit dieser Marsstellung können reformatorische Tendenzen in Handlung umgesetzt werden. Die Nativen gehen eigene Wege, kümmern sich nicht um herkömmliche Ansichten und Methoden, sofern diese sich nicht mit logischem Denken und der praktischen Erfahrung vereinbaren lassen. Die Tradition wird nur respektiert, wenn sie Achtung verdient; ganz im Gegensatz zur Autoritätsgläubigkeit der Menschen, die den Mars in Steinbock haben. Demzufolge arbeiten Menschen mit Mars in Wassermann nicht gut unter autoritärer Führung. Man muss ihnen gestatten, die Dinge auf ihre Weise zu erledigen und aus den eigenen Irrtümern zu lernen. Allerdings besteht die Gefahr, dass sie bewährte Methoden verwerfen, ehe sie sie durch etwas Besseres zu ersetzen wissen. Deshalb kann das Ergebnis ihrer Unternehmungen konstruktiv oder destruktiv sein - je nachdem, welchen Grad an Vernunft und Reife ihr gesamtes Horoskopmuster erkennen lässt.

Im Jahre 1971 befand sich Mars vom 4. Mai bis zum 6. November im Zeichen Wassermann. Während dieses Zeitraumes, (Planet: Stillstand und eine rückläufige Bewegung) kamen Seelen zur Welt, die besondere Fähigkeiten mitbringen, die mit Mars in Wassermann im Trigon zu Uranus in der Waage verbunden sind und die ein Gleichgewicht schaffen zwischen genialen gesellschaftlichen Konzepten und den zu ihrer Ausführung notwendigen Aktionen.

Ist Mars in Wassermann ungünstig aspektiert, kann das Bedürfnis bestehen, die etablierte Ordnung umzustoßen, ohne sie zu erneuern oder zu verbessern. Viele Revolutionäre haben Mars in Wassermann. Menschen, deren Mars in dieser Stellung verletzt ist, müssen lernen, mit Freunden und in Gruppen auf harmonische Weise zusammenzuleben und zu arbeiten.

Jupiter in Wassermann

Kennzeichen: unparteiisch, einfühlsam, Kameradschaftlichkeit, Menschlichkeit, okkulte Weisheit, soziale Reform, intolerant, offen

Menschen mit Jupiter in Wassermann kennen keinerlei Unterschiede der Klasse, Rasse oder Religion. Sie verteidigen soziale, religiöse und moralische Werte, die in jeder Hinsicht universell, unparteiisch und demokratisch sind. Sie knüpfen zu Frauen und Männern aller Kreise geistige Beziehungen und pflegen mit ihnen einen regen Erfahrungsaustausch. Diese Menschen sind sehr tolerant und verstehen, dass jeder einzelne Mensch seinen Platz auf Erden hat, wo er seine Erfahrungen machen und sich bewähren muss. Ohne diese Unterschiede wäre keine kulturelle Entwicklung möglich.

Menschen mit Jupiter in Wassermann betrachten Toleranz, Respekt und Zusammenarbeit als notwendige Voraussetzungen einer erfolgreichen Gesellschaftsordnung. Sie haben daher viele Freunde und werden oft mit Organisationsaufgaben im Dienst humanitärer Zielsetzungen betreut. Sie misstrauen Gesinnungen und Gesetzen, die gesellschaftliche Unterschiede oder chauvinistischen Nationalismus fördern.

Ist Jupiter in Wassermann günstig aspektiert, besteht ein Interesse für Philosophie, Astrologie, Karmagesetze und Reinkarnation. Die höherentwickelten Menschen dieser Art sind Pioniere der religiösen und sozialen Konzepte des Wassermannzeitalters. Sie sind verständnisvoll und aufnahmebereit für neue Ideen. Viele Sozialreformer und Gründer humanitärer Organisationen haben Jupiter in Wassermann.

Ist Jupiter in Wassermann ungünstig aspektiert, können diese Nativen in ihren freundschaftlichen Beziehungen und ihren Verpflichtungen gegenüber der Gruppe zu nachlässig und ungebunden sein. Sie werden manchmal revolutionäre Konzepte und undurchführbare, unrealistische Ideen befürworten, die Disziplin und Verantwortung außer Acht lassen. Oft zersplittern sie ihre Energien und verlieren dabei ihr Ziel aus den Augen.

Saturn in Wassermann

Kennzeichen: ernste Gruppen, kollektiv, ehrgeizig, organisiert, verantwortlich, mentale Arbeit, distanziert, egoistisch, dominierend, Spiele

Saturn in Wassermann deutet das Vorhandensein einer guten Konzentrationsfähigkeit an. Das Denken ist eher unpersönlich und abstrakt; diesen Menschen geht es in erster Linie um Wahrheit. Sind sie geistig hoch entwickelt, so werden sie sich bemühen soziale und wissenschaftliche Fragen in einem übergeordneten, universellen Zusammenhang zu sehen.

Die Fähigkeit zur Sammlung und Konzentration ist die notwendige Voraussetzung für die Entwicklung der uranischen intuitiven Fähigkeiten des Zeichens Wassermann. Saturn in diesem Zeichen bringt die dazu erforderliche Beständigkeit der Aufmerksamkeit.

Menschen mit dieser Saturnstellung sind ehrgeizig und bestrebt, sich dank aufsehenerregender wissenschaftlicher Entdeckungen oder technischer Neuerungen eine Stellung und öffentliche Anerkennung zu verschaffen. Mit Saturn in Wassermann haben diese Menschen ein gutes Raumgefühl, eine Vorliebe für Geometrie und gute mathematische Fähigkeiten.

Saturn in Wassermann - wie auch in der Waage - bedeutet, bei günstiger Aspektierung, einen ausgeprägten Sinn für Gerechtigkeit und Verantwortung gegenüber dem Nächsten. Menschen mit dieser Stellung verhalten sich Freunden und Gruppen gegenüber loyal und verantwortungsbewusst. Oft schließen sie sich streng organisierten Gemeinschaften (zum Beispiel Logen) an. Gewöhnlich sind sie ausgeglichen und können andern mit Rat und Tat beistehen.

Diese Menschen legen Wert auf gesellschaftliche Beziehungen. Wenn Saturn verletzt ist, können sie aber sehr egoistisch und herrschsüchtig sein. Sie erwarten dann von den andern, dass sie das Spiel nach ihren Spielregeln spielen und ihren persönlichen Interessen dienen.

Ist Saturn in Wassermann ungünstig aspektiert, legen die Betreffenden in persönlichen Beziehungen sehr oft Gefühlskälte an den Tag, sie zeichnen sich durch eine förmliche, exklusive und intellektuelle Wesensart aus und haben die Tendenz zu geistigem Hochmut.

Uranus in Wassermann (1996-2003)

Kennzeichen: Distanziertheit, Schwierigkeiten, Vergrößerung, Scharfsinn, spirituelle Energie, religiöse Veränderung, Erfindergeist, unberechenbar

Im Wassermann steht Uranus in seinem eigenen Zeichen und ist daher sehr mächtig. Menschen mit dieser Stellung haben einen scharfen Verstand und ein intuitives Verständnis für verborgene Zusammenhänge. Hoch entwickelte Typen sind fähig, geistige Energien und religiöse Grundideen in einem wissenschaftlichen Zusammenhang zu verstehen. Diese Menschen haben ein großes wissenschaftliches und erfinderisches Talent.

Diese Uranusstellung zeigt einen starken Wille und geistige Unabhängigkeit an. Die Nativen treffen ihre eigenen Entscheidungen und ziehen ihre eigenen Schlüsse, ohne eine Einmischung anderer zu tolerieren. Ihr unabhängiger Geist befähigt sie, zu einer unvoreingenommen Erforschung der Wahrheit; sie werden die Ideen und Methoden von gestern verwerfen, wenn sie sich nicht wissenschaftlich beweisen lassen oder den erfahrungsgemäßen Tatsachen nicht entsprechen. Die Verifizierung durch die praktische

Erfahrung ist für sie der einzig stichhaltige Nachweis der Wahrheit. Ihr intuitiver Spürsinn und ihre Beobachtungsgabe befähigen sie manchmal auch zu hellseherischen Aussagen.

Diesen Menschen liegt das Wohl der ganzen Menschheit am Herzen. Sie glauben an die Brüderlichkeit und die Würde der Menschen. Ihre Offenheit für neue Ideen ist ein Ausdruck ihrer humanitären Tendenzen. Sie streben nach einer Gesellschaftsreform und arbeiten mit Vorliebe in Gruppen und Organisationen.

Ist Uranus in Wassermann ungünstig aspektiert, kann anstelle von Freiheit Zügellosigkeit auftreten, verbunden mit Eigensinn und unpraktischer Exzentrik. Ist Uranus hier stark verletzt, kann der Geborene jedwede Routine oder Disziplin ablehnen.

Neptun in Wassermann (Fall) (1998-2012)

Kennzeichen: Seelenverbindungen, edle Bestrebungen, leichte Versuchung, Gesellschaftstheorie, Gruppen-Anreize, Unabhängigkeit, intuitiv

Neptun wird kurz nach dem Uranus etwa um das Jahr 2000 in Wassermann eintreten und damit den eigentlichen Beginn des Wassermannzeitalters kennzeichnen. Es ist allgemeiner Glaube, dass zu dieser Zeit eine neue Zivilisation geboren wird, die auf dem Prinzip der Menschlichkeit und auf einer Wissenschaft basiert, die eine neue Technologie und neue Energieformen anwendet. Dies wird den Beginn einer tausendjährigen Friedenszeit bedeuten, wie vielfach geschrieben steht. Die intuitiven und hellseherischen Fähigkeiten der Menschheit werden hoch entwickelt sein und die Mitmenschlichkeit wird in aller Welt praktisch verwirklicht werden. Ein wahrhaft goldenes Zeitalter.

Pluto in Wassermann (1777- 1799)

Kennzeichen: Demokratie, mentale Veränderung, wissenschaftlich, Vorankommen durch Freunde, psychologisch, Synthese-orientierte Ideen, intellektuell

Wassermann ist das Zeichen von Gruppenunternehmungen, intuitiven seelischen Entwicklungen und der Mitmenschlichkeit. In der Zeitspanne, während Pluto in Wassermann stand, fand der amerikanische Unabhängigkeitskrieg statt, wurde die Verfassung der Vereinigten Staaten und die amerikanische Freiheitserklärung (Bill of Rights) formuliert und George Washington und Thomas Jefferson zu Präsidenten der USA gewählt. Dies war die eigentliche Geburt der Vereinigten Staaten als demokratischer Nation, es war die erste Demonstration einer Volksherrschaft in einer organisierten Demokratie.

In die gleiche Periode fällt auch die französische Revolution, das größte europäische Experiment politischer Freiheit, der Aufstand der breiten Masse gegen überlebte diktatorische Regierungsformen.

Der nächste Durchgang des Pluto durch den Wassermann wird eine Zeit aufsehenerregender wissenschaftlicher Entdeckungen und weltweiter Verbrüderung sein. Das Wassermannzeitalter wird dann zu seiner höchsten Blüte gelangen.

Fische/Pisces

Bewegliches Zeichen
Kennwort: Mitgefühl, Universalität, Entsagung, Hingabe, Fantasie, mitleidsvoll, universell, liebevoll, Süchtigkeit, einfühlsam, poetisch, aufnahmefähig, gleichgültig, beschränkend

Das zwölfte, letzte Zodiakzeichen.
Sonne steht im Zeichen: 19. Februar bis 20. März

Jahreszeit:	Drittes Winterzeichen
Kraftform-Mobilität:	Angleichend
Element:	Wasser
Herrscher:	Neptun, (in seinem ureigenen Element), Jupiter
Lebensmotto:	Ich glaube
Farben:	rosa, hellblau, türkis
Metalle:	Zinn, Platin, Aluminium
Steine:	Chrysolith, weißer Saphir, Hyazinth
Zahl:	3, 10
Psychologische Grundhaltung:	Hingebung, Fantasie
Motivation:	Wandlung
Handlungsrichtung:	Verstehen, Eingebundensein, Wärme, Kunst, Hoffnung, Bereitschaft, sich anzupassen, Rollenspiel, Liebessehnsucht, denn Liebe vermag alles zu kitten.
Allgemeine Stärken:	Glauben, Hingabe, Wandlungsbereitschaft, Kunstsinn, Weichheit, Verständnis, Liebesharmonie
Allgemeine Schwächen:	Zu große Weichheit, Verstellungskunst, Süchte, Irrealität, auftürmende Fantasie, Schwelgerei
Größte Gefahr:	Sich verlieren als letzten Ausweg sehen
Aufgaben:	Hoffnung bringen, Mitleid, Hilfsbereitschaft, Liebe und Glauben, Hingabe

Das Zeichen Fische ist ein hochsensibles Zeichen und die in diesem Zeichen Nativen reagieren sehr stark auf die Gedanken und Empfindungen anderer Menschen. Ganz unbewusst nehmen sie die Ideen und Vorstellungen ihrer Umgebung in sich auf. Sie sind darum bemüht, das Richtige zu tun, doch ihre Willenskraft ist meist nicht sehr groß. Für dieses Zeichen würde der Ausspruch passen "Der Wille ist groß doch das Fleisch ist schwach". Sie lassen sich leicht von äußeren Umständen beeinflussen. Sie müssen lernen, auf eigenen Füßen zu stehen und mit Zuversicht dem Unbekannten entgegenzugehen.

Dieses Tierkreiszeichen wird durch zwei Fische symbolisiert, die in entgegengesetzte Richtungen schwimmen, was die Gefühlsambivalenz der Fischgeborenen zum Ausdruck bringt. Sie haben Schwierigkeiten, eindeutige Entscheidungen zu treffen.

Fischemenschen haben eine gewisse Lethargie, größere Anstrengungen und sportliche Betätigung vermeiden sie möglichst. Sie sind auch nicht besonders kämpferisch veranlagt und haben eine Abneigung gegen Auseinandersetzungen, deshalb wirken sie oft unentschlossen. Sie sind tendenziell eher bereit Unrecht zu erdulden als für ihre Rechte zu kämpfen. Verliert der Geborene aber einmal die Geduld, kann er so sehr in Wut geraten, dass er sich nicht mehr beruhigen kann. Der Fischegeborene kann starrköpfig sein und lässt dann nicht mit sich reden.

Jupiter ist einer der Herrscher des Zeichens Fische und da er als Beschützer wirkt, gibt er den Fischegeborenen den notwendigen Glauben, um ihre Vitalität und den Sinn für die Bedeutung ihrer Person aufrechtzuerhalten. Ihr Liebreiz, ihr Humor und ihre Anteilnahme öffnen den Fischegeborenen viele Türen. Ihr freundliches, bescheidenes Wesen verleitet sie jedoch oft dazu, den Dingen ihren Lauf zu lassen, was andere, praktischer veranlagte Naturen in höchstem Maße irritieren kann. Andererseits erweisen sie sich auch als tüchtig und exakt, wie es der Ambivalenz dieses Zeichens entspricht.

Die Gemütslage der Fischegeborenen schwankt zwischen übersteigertem Optimismus und schwarzen Pessimismus. Das kann für jene verwirrend sein, die ganz in der Welt des Alltäglichen aufgehen und nicht verstehen können, wie es möglich ist, dass sich Menschen, die in diesem empfindsamen Zeichen geboren wurden, in dem Unternehmen "Leben" verlieren können.

Im Allgemeinen strebt der Fischegeborene nicht nach materiellem oder monetärem Erwerb. Allerdings kann er in jüngeren Jahren den Eindruck eines Materialisten machen, da er instinktiv erkennt, dass die Suche nach dem Ich nur dann erfolgreich sein kann, wenn körperliche Bedürfnisse nicht eine ständige Quelle der Sorge darstellen. Der Fischegeborene muss lernen, mit seinen eigenen Besitztümern wie auch mit denen anderer sorgfältiger umzugehen.

Sein Gewahrwerden der feinen unterschwelligen Strömungen in den zwischenmenschlichen Beziehungen lässt ihn eher distanziert erscheinen. Der Fischegeborene ist gezwungen, seine Individualität zu wahren - er muss der leisen, aber eindringlichen inneren Stimme gehorchen. Wenn er versucht, seinen Gedanken Zügel anzulegen, ist er todunglücklich.

Fischegeborene bewegen sich gerne in einer Traumwelt, in der sie das eigene Ich vergessen können. Lässt sich diese Neigung fördern, kontrollieren und lenken, dann ergeben sich daraus außerordentliche künstlerische Fähigkeiten. Schauspieler, Künstler, Dichter, Musiker und Bildhauer werden in diesem Zeichen geboren, ebenso viele ausgezeichnete und originelle Tänzer. Musikalität scheint den Fischemenschen angeboren, denn auch zahlreiche berühmte und hervorragende Sänger unterstehen diesem Zeichen.

Neptun, der Planet der Vorstellungskraft, regiert das Fischezeichen, gibt den Fischegeborenen eine mehr als lebhafte Fantasie. Sie sind in der Lage, die Schwierigkeiten im Leben eines Menschen zu erkennen und zu verstehen und sie spüren voraus, welch schmerzliche Wirkung Worte und Taten auf andere haben.

Neptun gibt den Fischegeborenen großes Mitgefühl für alles menschliche Leid und Elend. Darum sind sie ehrlich bemüht, den Mitmenschen Heilung und Erleichterung zu verschaffen. Viele dieser Nativen arbeiten freiwillig unter den schlimmsten Bedingungen oder sind bereit, alles anzunehmen, was die Last anderer erleichtern hilft. Fischegeborene widmen ihre Kraft und Zeit den Kranken und Verzweifelten, ohne je an ein Entgelt in irgendeiner Form zu denken.

Haben Fischegeborene voll und ganz zu sich selbst gefunden, dann sind sie liebenswert, selbstlos, hingebungsvoll und bereit, sich für die anderen aufzuopfern. Das Bewusstsein der Fischemenschen will sich ausweiten und mit allem Lebendigen verschmelzen und ihre Gefühle sind voll Innigkeit und Zärtlichkeit. Fischemenschen haben eine Tendenz ihre Augen vor den Mängeln der Menschen, denen ihre Liebe und ihr Vertrauen gilt, zu verschließen.

Charakterliche Mängel bei den Fischegeborenen zeigen sich vor allem in Bezug auf ihren Fatalismus; sie müssen deshalb einsehen lernen, dass sie nicht machtlos an irgendein Schicksal gebunden sind, auf das sie keinen Einfluss haben. Sie müssen sich selbst realistisch betrachten, um alle ihnen zur Verfügung stehenden Möglichkeiten wirklich voll nutzen zu können.

Sie fühlen sich verwirrt, wenn sie nicht alle Zusammenhänge erfassen und sich ihnen stellen können. Sobald ihnen dies aber gelungen ist, gehen sie im Dienen auf und ein Glanz liegt über der ganzen Welt bis hinunter zu den alltäglichsten Dingen. Typisch für den Fischemensch ist der Glaubenssatz: "Ich glaube".

Der fantasievolle Fisch

Der Fisch als Wasserzeichen ist ein gutmütiger und fröhlicher Gefühlsmensch, der sich gern mit guten Freunden umgibt. Er wirkt immer etwas geheimnisvoll und mystisch.

Im Fisch hat man einen wunderbaren Zuhörer gefunden, dem man all seine Sorgen und Nöte anvertrauen kann. Er gibt einem dabei gute Ratschläge, überzeugt einen gern, auch mal eine andere Sichtweise auf ein Problem anzuwenden und wird immer Verständnis für einen haben. Außerdem ist er zuverlässig und plaudert die ihm anvertrauten Geheimnisse nicht aus. Intuitiv kann er einem raten, wie man sich in der jeweiligen Situation am besten verhält und liegt damit überraschend häufig auch richtig.

Der Fisch hat eine Schwäche für tränenreiche Storys und liebt Liebesromane, Gedichte und romantische Filme, die Geschichten voller Gefühl fürs Herz erzählen. Wenn es dabei etwas kitschig wird, sieht der Fisch gern darüber hinweg. Für ihn ist es wichtig, dass er öfter mal seinen Tränen freien Lauf lassen kann, danach fühlt er sich freier. Weinen heißt für ihn, dass die Seele gereinigt wird und er hinterher befreiter an neue Aufgaben herangehen kann.

Entspannung und Ruhe dürfen nicht im Leben des Fisches fehlen, damit er sich wohl fühlt. Zwar unternimmt er gern etwas, auch außer Haus, aber zu hektisch sollte es dabei nicht zugehen. Zu viel Trubel und Aufregung bringen ihn aus dem seelischen Gleichgewicht und dann kommt Unbehagen auf, was ihm sehr zuwider ist. Er sucht immer frohen Mutes zu sein, denn er weiß selbst am besten, dass schlechte Laune und Unwohlsein ihn in tiefe Abgründe stürzen können und diese Seite seines sonst so heiteren Ichs meidet er lieber.

Eine manchmal beinahe unheimliche Intuition ist dem Fischegeborenen eigen. Er hat oft seherische Fähigkeiten und farbenfrohe, ereignisreiche Träume. Gerade das Mystische macht den Fisch interessant, obwohl sich manchmal einige seiner Mitmenschen wegen dieser Begabungen vor ihm fürchten. Er und seine Gedanken sind ihnen nicht greifbar genug und sie argwöhnen, dass er unlautere Absichten ihnen gegenüber hat.

Doch diese undurchsichtige Seite des Fischs findet ihren Ausgleich in seinem unerschütterlichen Optimismus und seinen idealistischen Anschauungen. Er lässt sich leicht für eine Sache begeistern und geht voll flammendem Eifer an die Planung heran. Leider kann es vorkommen, dass ihre Euphorie ebenso schnell wieder verfliegt, wie sie aufgetaucht ist und sie ihren Tatendrang auf ein völlig anderes Projekt konzentrieren.

In seiner Freizeit beschäftigt sich der Fisch gerne mit Kunst und Kultur. Er geht viel ins Theater, in Konzerte, auf Ausstellungen, ist aber ebenso auch selbst schöpferisch tätig, musiziert, malt, schreibt. Hierbei kommen ihm sein ungeheurer Ideenreichtum und seine Fantasie zugute, die er in solchen Hobbys voll ausleben kann.

Der Fisch ist ein Träumer, der sich öfter kleine Verrücktheiten erlaubt, spontan entscheidet und nicht besonders praktisch veranlagt ist. Damit kann er schon mal auf die Nase fallen, wenn ihn die Wirklichkeit mit ihren Alltagsproblemen wieder einholt. Doch da er ein äußerst liebenswerter Mensch ist, findet er auch viele gute Freunde, die ihm hilfsbereit beistehen und ihn in praktischen Dingen beraten. Denn er ist, wenn es darum geht, das Herz bei ihm auszuschütten in gleichem Maße für sie da.

Mit streitsüchtigen und allzu pedantischen Menschen kommt er allerdings bei all seiner Toleranz nicht zurande. Er kann es nicht verstehen, wenn jemand stur mit dem Kopf durch die Wand will oder Intrigen spinnt. Von solchen Mitmenschen wendet der Fisch sich angewidert ab.

Nichts macht ihn glücklicher als etwas mit seinen Freunden zu unternehmen oder mit ihnen in geselliger Runde beisammenzusitzen und zu plaudern. Er lechzt danach die Sonnenseiten des Lebens zu genießen und versteht, dies auch ausgiebig in die Tat umzusetzen.

Gesundheit

Die seelische Empfindlichkeit des Fischs macht ihn sehr empfänglich für psychische Probleme und allgemeines Unwohlsein, wobei er die Ursache dafür oft gar nicht bestimmen kann.

Beim Sport hält er sich mit Vorliebe an sein Element, das Wasser. Fische sind ausgezeichnete Schwimmer. Aber auch bei anderen Wassersportarten verhält er sich eben wie der berühmte Fisch im Wasser. Eigentlich ist er aber nicht so sehr für sportliche Tätigkeiten zu begeistern, lieber schmökert er gemütlich zu Hause in einem Buch. Wenn sie sich also nicht im Wasser tummeln können, ziehen sie leichte Wanderungen und Spaziergänge anstrengenden und energieverschleißenden Sportarten vor. Dabei können sie die Natur genießen und besonders am frühen Abend, wenn es ruhiger wird und sie einen romantischen Sonnenuntergang beobachten können, begeben sie sich zu einem kleinen Rundgang an die frische Luft. Wenn sie dabei noch das Meer rauschen hören, fehlt ihnen vielleicht nur noch ein lieber Mensch, den sie in den Arm nehmen können, zum absoluten Glück.

Für ihre Gesundheit sind seelisches Gleichgewicht und leichte Bewegung am wichtigsten. Damit beugen sie den klassischen Fische-Krankheiten wie Stoffwechsel- und Drüsenfunktionsstörungen vor. Nervlich dürfen sie sich nicht zu sehr belasten und auf ausreichenden Schlaf sollten sie stets achten. Auch Ruhe und Entspannung tragen zu einem ausgeglichenen Wesen bei. Eine besondere Problemzone stellen für den Fisch seine Füße dar. Diese schmerzen oft, sind überbelastet und deshalb angeschwollen. Da helfen wohltuende Fußbäder mit beruhigenden Zusätzen. Der Fisch hat oft kalte Füße und davon ausgehend leidet er oft unter Erkältungen, deshalb sollte er immer darauf achten, dass er den direkten Kontakt zu kalten Böden meidet. Auch sollte er sich von kranken Personen fernhalten und wenn er ihnen noch so gern helfen würde, denn Bakterien und Viren scheinen mit Vorliebe den Fisch zu befallen und an ansteckenden Krankheiten kommt er selten vorbei.

Am meisten macht dem Fisch zu schaffen, dass er seine Leiden oft nicht bestimmen kann, sich einfach eine allumfassende Unpässlichkeit in ihm breit macht und er dem Arzt nur vage Angaben zu seinen Beschwerden machen kann. Deshalb empfiehlt es sich für ihn, sich nicht ausschließlich an die Schulmedizin zu halten und ganzheitliche Behandlungsmethoden wie die Homöopathie in Erwägung zu ziehen, die bei ihm oft erstaunliche Wirkungen zeigt. Auch ist es hilfreich, wenn er sich mit autogenem Training und Autosuggestion vertraut macht.

Da sie einen hohen Flüssigkeitsbedarf haben, sollten Fische immer eine Flasche Wasser, Fruchtsäfte oder Tee in ihrer Reichweite haben. Sie ziehen im Prinzip leichte Kost vor, da sie wissen, dass ihnen diese besser bekommt, plötzlich kann sie jedoch der Heißhunger nach etwas Deftigem oder vor allem auch Süßen überkommen und dann werfen sie alle guten Vorsätze über Bord und schlemmen hemmungslos, was sie später allerdings oft bereuen, da ihr Magen solchen Orgien nicht gewachsen ist. Auf alle Fälle sind sie für Abwechslung auf dem Speiseplan, probieren alle möglichen Rezepte aus, die allerdings nicht unbedingt aus fernen Ländern stammen müssen und experimentieren gern mit verschiedenen Geschmacksrichtungen. Zwischendurch legen sie dann vernünftigerweise einen Fasten- oder Entschlackungstag ein. Zu einem schönen Essen in einem renommierten Restaurant sagen sie nicht nein.

Der Fisch darf jedoch nie vergessen, dass er über die Maßen suchtgefährdet ist. Er ist oft Kettenraucher, ist dem Alkohol, auch harten Getränken, nicht abgeneigt und kann wegen seiner Experimentierfreudigkeit und seelischen Empfindsamkeit leichter als andere drogenabhängig werden.

Beruf und Geld

Kreativität ist die hervorstechendste Eigenschaft des Wasserzeichens Fisch. Damit fällt er überall auf und wird auch dafür bewundert. Nicht zu vergessen seine Kontaktfreudigkeit, die ihn gern mit Menschen arbeiten lässt.

Wenn man ihm nicht zu viel Verantwortung aufbürdet und ihm bei wichtigen Entscheidungen zur Seite steht, entfaltet der Fisch seine ganze Fantasie und stellt sie in den Dienst der Firma. Seine Ideen sind zwar mitunter ungewöhnlich, aber keineswegs undurchführbar und wenn man seine Verbesserungsvorschläge annimmt, merkt man, dass er intuitiv den richtigen Weg gewählt hat. Man sollte nicht allzu streng mit seinem Fische-Untergebenen sein, wenn er seine Arbeit nicht pünktlich und termingerecht erledigt. Das rührt fast immer daher, dass er sich verzettelt hat und seine Zeit schlecht einteilen kann. Seine Unzuverlässigkeit sollte man ihm also nachsehen, wenn er nämlich nicht gedrängt wird, dankt er das mit gründlicher und zufrieden stellender Ausführung der ihm zugeteilten Arbeiten. Seine liebenswürdige Art macht ihn unter seinen Kollegen sehr beliebt und da er Intrigen und Ränkespiele hasst, bietet er Neidern wenig Angriffsfläche. Er muss jedoch aufpassen, dass er selbst nicht übervorteilt oder ausgenützt wird und zu kurz kommt. Sollte er sich jedoch im Kreis seiner Arbeitskollegen nicht wohl fühlen oder ihm das gesamte Arbeitsklima nicht behagen, ist er gut beraten, schleunigst die Firma zu wechseln, denn Probleme am Arbeitsplatz wirken sich schnell auf sein Gemüt aus und er kann regelrecht krank davon werden.

Als Boss fühlt sich der Fisch nicht so recht in seinem Element. Er hat kein besonderes Organisationstalent, scheut sich vor Entscheidungen, die er alleine treffen muss und neigt daher dazu, sich von einem Moment zum nächsten für einen neuen Weg zu entscheiden. Er delegiert Vieles an seine Mitarbeiter, ist aber ihren Vorschlägen gegenüber stets aufgeschlossen. Diese genießen unter ihm viele Freiheiten und können selbständig arbeiten. Wenn der Fisch sich an eine Geschäftsgründung heranwagt, sollte das aus diesen Gründen besser mit einem oder zwei gleichberechtigten Partnern geschehen, die vielleicht etwas entscheidungs- und risikofreudiger sind als er. Für die kreativen Ideen, die das Geschäft in Schwung bringen, wird er schon sorgen.

Kontaktfreudigkeit und Ideenreichtum versprechen dem Fisch Erfolg als Maler, Bildhauer Photograph, Kunstexperte, Regisseur, Schriftsteller, Dichter, Schauspieler, aber auch als Pädagoge, Reiseleiter, Werbefachmann, Schneider oder Modeschöpfer.

Seine humane Lebenseinstellung macht einen ausgezeichneten Arzt, Krankenpfleger oder Physiotherapeuten aus ihm. Diese philanthropische Ader verbindet er mit der Tatsache, dass er der perfekte Zuhörer ist und wird Psychologe, Psychotherapeut oder Seelsorger. Kommt dann auch noch sein Hang zum Mystischen und sein sechster Sinn hinzu, hat man einen Heiler, eine Kartenlegerin oder Hellseherin vor sich. Hat der Fisch einen Beruf gewählt, der ihm doch nicht zusagt, sollte er vor einer Umschulung und einem Wechsel nicht zurückschrecken. Manchmal dauert etwas länger, bis er seine wahre Berufung gefunden hat.

Geld bedeutet dem Fisch herzlich wenig. Deshalb wird er oft übervorteilt und lässt sich das Geld aus der Tasche ziehen. Wenn er in seinem Beruf aufgehen kann, ist es ihm ziemlich egal, wie er dafür entlohnt wird, aber er sollte sich nicht unter seinem Preis verkaufen. Er macht ihm Spaß, Freunden und Familie eine Freude zu bereiten und dafür ist er bereit immense Summen auszugeben. Auch muss er vorsichtig bei Spontankäufen sein, nicht selten ersteht er etwas für teures Geld, das ihm schon am nächsten Tag nicht mehr gefällt. Geholfen ist ihm, wenn er nicht viel Bares bei sich trägt, denn er besitzt genügend Disziplin, nicht an seinen Sparstrumpf zu gehen, der sich so mit etwas Geduld bald füllen wird. Er sollte seine finanziellen Angelegenheiten getrost jenen überlassen, die mehr davon verstehen und ein sichereres Händchen dafür haben.

Liebe und Partnerschaft

Der Fische-Mann

Der Fische-Mann erobert die Frauenherzen nicht im Sturm, sondern mit Bedacht, Geduld und Fantasie. Er weiß meist schon von Anfang an, ob es mit der Frau, die er auserkoren hat, klappt oder nicht. Dafür hat er einen sechsten Sinn.

Das Harmoniebedürfnis des Fischs macht ihn zu einem zuverlässigen und treuen Partner, der verständnisvoll und zärtlich ist. Da er nicht lange allein sein kann, kommt es vor, dass er sich von einer Beziehung in die nächste stürzt, ohne sich ausreichend Gedanken zu machen, woran die vorangegangene Partnerschaft gescheitert ist. Das lässt ihn dann häufig den Fehler begehen, sich an ähnliche Frauen zu halten und wieder enttäuscht zu werden. Überhaupt neigt er dazu, viele Frauen glücklich machen zu wollen, da eifert er dem berühmten Fische-Mann Don Juan nach. Jedoch widerspricht es seinem Sinn für Vertrauen, für mehrere Damen auf einmal da zu sein.

Auch kann es ihm passieren, dass er aus Mitleid bei der Partnerin bleibt, obwohl ihm schon längst klar ist, dass man sich besser trennen sollte. Das Hinauszögern macht die Situation doch nur schwerer und in einer unglücklichen Beziehung kommt schnell Frust beim Fisch auf.

Seine Sanftheit und Sensibilität wird bei ihm oft fälschlicherweise als Schwäche ausgelegt. Er darf sich auch in der Partnerschaft nicht ausnützen lassen und sollte sich rechtzeitig Gehör verschaffen, anstatt den Kummer runterzuschlucken, denn das ist ungesund. Ein reinigendes Gewitter ist oftmals besser als verschleppte und unterdrückte Frustration. Dazu gehört zum Beispiel auch, dass er sich, auch wenn er nicht besonders eifersüchtig ist, nicht auf der Nase herumtanzen lässt.

Der Fische-Mann ist grundsätzlich der perfekte Liebhaber, einfühlsam, erfindungsreich und ausdauernd. Allerdings lässt er sich nicht gerne abwimmeln und wenn man ihm den Sex allzu lange verweigert, wird er launisch und sucht das Vermisste bei einer anderen. Er ist ein Genießer, der gern Neues im Bett ausprobiert, aber immer mit Rücksicht auf die Partnerin, er will sie nicht überfordern. Schließlich bereitet es ihm am meisten Spaß, wenn er sieht, dass sie Gefallen an seinen Liebesspielen findet. Er muss auch nicht unbedingt der Führende im Schlafzimmer sein. Ebenso genießt er es, verführt und auf neue Ideen gebracht zu werden. Für ihn ist Sex ein gleichberechtigtes Nehmen und Geben.

Als Lebensgefährte hat man in ihm einen wahren Freund und Kameraden, mit dem man Pferde stehlen kann und der immer ein offenes Ohr für einen hat. Er wird zu einem stehen, solange man seine Sensibilität respektiert und diese nicht ausnützt. Seinen Beruf nimmt er in soweit ernst, als dieser es ihm ermöglicht, seinen Lieben ein angenehmes Leben zu bieten. Er braucht jedoch ein harmonisches Zuhause, das ihm den Rücken stärkt. Deshalb ist es wichtig, dass seine Frau ihm Mut macht, seine Träume zu verwirklichen. Wenn im trauten Heim alles gut läuft, ist er auch weniger gefährdet, nicht erhaltene Zärtlichkeiten woanders zu suchen.

Die Fische-Frau

Mit ihrer anschmiegsamen und manchmal etwas hilflosen Art weckt sie in den Männern den Beschützerinstinkt. Sie ist geheimnisvoll, attraktiv und charmant.

Als Gefährten sollte sich die Fische-Frau einen einfühlsamen und verständnisvollen Menschen auserwählen, der ihre Gefühlsausbrüche nicht für lächerlich hält oder achtlos darüber hinwegsieht, sondern darauf eingeht und im Gespräch mit ihr die Probleme zu lösen versucht. Er darf sich auch von den Tränen nicht schrecken lassen, die oft bei ihr fließen, doch sollte er lernen zu unterscheiden, wann der Kummer echt ist und wann die Fische-Dame bloß ihr schauspielerisches Können einsetzt, um sich einen Wunsch erfüllen zu lassen. Merkt er, dass sie absichtlich auf die Tränendrüse drückt, sollte er das schleunigst unterbinden, damit sie diese Taktik nicht schamlos anwendet.

Die Fische-Frau ist besonders romantisch veranlagt und mit kleinen Aufmerksamkeiten kann man ihr große Freude bereiten. Dabei erwartet sie keine aufwendigen Geschenke, sondern eher originelle Liebesbeweise, mit denen der Liebste sie überrascht. Eine kurze, nette Notiz, eine Blume, ein aufmunterndes Wort sind ihr mehr wert als jeder teure Schmuck oder gar aufwändige Mitbringsel in Form von Haushaltsgeräten. Praktisch ist sie nämlich nicht gerade und Haushaltsarbeiten erfüllt sie nur, weil sie ein gemütliches Heim mag. Hauptsache, sie weiß, dass er an sie denkt, auch wenn sie nicht zusammen sind.

Obwohl sie eigentlich von einem Märchenprinzen träumt, merkt sie, manchmal erst nach mehreren schmerzlichen Erfahrungen, dass ihre Ansprüche eventuell doch zu hoch geschraubt waren und ist froh, wenn sie doch noch jemanden findet, der ihrem Geschmack entspricht und nicht mit ihren Gefühlen spielt.

Sie überlässt ihm dann auch gern die Leitung in der Beziehung, solange er auf ihre Ideen eingeht und sie nicht selbstherrlich unterdrückt.

Schnell zu haben ist die Fische-Frau nicht, sie flirtet lieber erst ausgelassen und prüft gleichzeitig die Qualitäten des Auserwählten, ob er es denn auch wirklich ernst meint. Hat sie sich jedoch dazu entschieden, mit ihm auch die Bettstatt zu teilen, ist sie eine fantasievolle Liebhaberin, die von ihren Erfahrungen zehrt. Aber auch wenn sie deren noch nicht so viele gesammelt hat, versteht sie es, mit Hilfe ihrer Schauspielkunst den Partner davon zu überzeugen, dass sie eine Könnerin ist. Sie sieht Sex nicht als bierernste Sache an, sondern wirklich als die schönste Nebensache der Welt, bei der sie einfach ihren Spaß haben will. Wenn ihr der Mann dabei neue Aspekte eröffnet, ist sie aufgeschlossen und dankbar dafür.

Entschließt sie sich zu einer wirklich festen Beziehung oder gar zu Heirat, kann man mit ihr den Himmel auf Erden erleben. Sie ist zwar keine besonders fleißige Hausfrau, aber im Zusammenleben mit ihr sollte das auch keine so wichtige Rolle spielen, sondern mehr auf Kameradschaft und Verständnis gebaut werden. Einen herrischen Partner, der ihr Befehle erteilt, erträgt sie nicht und wird ihm oft Szenen machen, bei denen sie die Tränen laufen lässt und zuweilen sogar hysterisch reagiert. Für ihre Kinder ist sie stets zur Stelle und hört ihnen geduldig zu, wenn sie mit ihren Problemen zu ihr kommen.

Wer passt zum Fisch

Leidenschaft und Gefühle hat der Fisch mit den übrigen Wasserzeichen Krebs und Skorpion gemein. Der Krebs achtet darauf, dass der Fisch nicht allzu weltfremd wird und mehr auf Ordnung achtet, der Skorpion interessiert ihn vor allem wegen seiner geistigen Spritzigkeit, die ihn allerdings bisweilen verletzt.

Jungfrau und Steinbock bieten dem Fisch zwar die nötige Sicherheit, vor allem auch was die Finanzen angeht, jedoch kommt er mit ihrer kühlen Art nicht zurecht, wenn es ihm nicht gelingt ihren harten Kern zu knacken.

Treffen zwei Fische aufeinander, ist zwar auf Anhieb wortloses Verständnis und Seelenverwandtschaft vorhanden, aber man verliert sich vielleicht allzu sehr in den Wolken und Traumwelten, ohne dass diese jemals realisiert werden.

Gemeinsam mit dem Schützen oder dem Zwilling verbringt man fröhliche Stunden. Heiterkeit und Ausgelassenheit beherrschen diese Verbindungen, was sich auf alle Beteiligten und vor allem auch auf die Beziehung positiv auswirkt.

Stier und Waage haben Verständnis für die Gemütsschwankungen des Fischs und wollen ihm gerne helfen, wenn es ihm schlecht geht. Die Waage hat da mehr Erfolg, denn sie ist einfühlsamer als der Stier, der dem Fisch zu pedantisch und cholerisch sein kann.

Das Zusammenleben von Fischen mit dem Löwen oder dem Widder gestaltet sich oft etwas problematisch, denn deren Drang, überall im Mittelpunkt zu stehen, verbannt den Fisch zu sehr an den Rand des Geschehens und sie verursachen für seinen Geschmack zu viel Turbulenz.

Berühmte Fische

Arthur Schopenhauer,	22. Februar 1788
Heinrich Hertz,	22. Februar 1857
Georg Friedrich Händel,	23. Februar 1685
Pierre Auguste Renoir,	25. Februar 1841
Enrico Caruso,	25. Februar 1873
Frederic Chopin,	1. März 1810
Gottlieb Daimler,	17. März 1834
Rudolf Diesel,	18. März 1858
Albert Einstein,	14. März 1879
Oskar Kokoschka,	1. März 1886
Georg Simon Ohm,	6. März 1789

Der Mond in Fische

Kennzeichen: nachgiebig, rastlos, verführerisch, poetisch, verschlossen, mitfühlend, verletzlich, einsam, geheimnisvoll, zu offen

Mond im Zeichen Fische zeigt eine hypersensible Gefühlsnatur an, die gleichsam wie eine Schwamm die Gedanken und Gefühle anderer aufsaugt. Diese außerordentliche Beeindruckbarkeit auf der unbewussten Ebene gibt den Nativen das Gefühl psychischer Verwundbarkeit und führt dazu, dass sie sich von den andern absondern, um sich gefühlsmäßig zu schützen. Es besteht eine starke parapsychische und mediale Neigung, jedoch lässt sich ohne Berücksichtigung der anderen Faktoren des Geburtsbildes nicht beurteilen, ob die empfangenen Eindrücke auch verlässlich sind. Menschen mit dieser Stellung haben eine lebhafte Fantasie, die sich in poetischen, musikalischen oder anderen künstlerischen Gestaltungsformen äußern kann. Im Allgemeinen sind sie liebenswürdig und mitfühlend, was sich aus ihrer Sensibilität gegenüber den Gefühlen anderer ergibt. Sie können sich jedoch leicht verletzt fühlen und unter Umständen an Verfolgungswahn leiden.

Ist der Mond in Fische ungünstig aspektiert, können neurotische oder psychotische Tendenzen und ein irrationales Überwiegen des Unbewussten vorliegen. In einzelnen Fällen zeigt dies auch extreme Schüchternheit an.

Merkur in Fische (Exil, Fall)

Kennzeichen: empfänglich für andere, fantasievoll, plant ohne Energie, irrational, unbewusst, karmisch, fühlend, medial

Merkur in Fische deutet auf eine lebhafte Fantasie und die Fähigkeit, Gedanken und Erinnerungen fotografisch getreu vor dem inneren Auge wieder erstehen zu lassen. Menschen mit dieser Stellung sind in hohem Maße intuitiv und telepathisch veranlagt. Sie lassen sich in ihrem Denken durch feinste Suggestionen leicht beeinflussen, denn sie gleichen sich unbewusst den Gedanken und Stimmungen der Menschen ihrer Umgebung an. Sie gelangen nicht durch logische Überlegungen zu ihren Schlussfolgerungen, sondern vielmehr aufgrund intuitiver Eingebungen, die aus dem Unbewussten aufsteigen. Sie lernen eher durch "osmotische" Absorption als durch ein ordentliches systematisches Studium.

Wie bei Merkur in Krebs kann das Denken von unbewussten Gefühlsmustern geprägt sein, die auf früheren Erlebnissen beruhen. Wenn Merkur in Fische ungünstig aspektiert ist, besteht die Gefahr, dass das Denken so sehr den Erinnerungen verhaftet bleibt, dass die Wahrnehmung der Wirklichkeit dadurch verfälscht wird. In extremen Fällen kann dies zu neurotischen Zuständen führen. Wegen der außergewöhnlichen Sensibilität und Einbildungskraft, die mit Merkur in Fische verbunden ist, sind oft dichterische und bildnerische Fähigkeiten festzustellen. Diese Menschen sind sehr mitfühlend, sie können sich in den anderen hineindenken, weil sie selbst schon in ähnlichen Situationen gewesen sind. Wenn man sie ausnutzen will kann man mit ihren Gefühlen zu leicht sein Spiel treiben.

Die Fische sind ein bewegliches Zeichen und Schwankungen der Gefühle können Unbeständigkeit im Denken, Entscheiden und mitmenschlichen Beziehungen verursachen. Es kann auch eine Tendenz zu Tagträumen und Zerstreutheit vorliegen. Die Tatsache, dass die Nativen gerne verschwiegen sind und ihre privaten Gedanken für sich behalten, kann zu Schüchternheit und Zurückgezogenheit führen.

Ein verletzter Merkur in Fische kann eine morbide Fantasie oder sogar Verfolgungswahn bedeuten. Ein solcher Mensch kann hypersensibel sein und Äußerungen als Kritik empfinden, die gar nicht persönlich gemeint waren. Er sollte daher in seinem Denken und seiner Wahrnehmung der Wirklichkeit objektiver werden. In dieser Hinsicht ist diese Merkursstellung vergleichbar mit Merkur in Krebs.

Venus in Fische (Erhöhung)

Kennzeichen: Sehnsucht nach Liebe, ausgenützt, zart, Vornehmheit, sentimental, musikalisch, romantisch, religiös, kosmisches Fühlen, Leiden

Venus ist in Fische erhöht. Das Prinzip der Liebe findet hier die höchste Entfaltung. Die Nativen heiraten aus Liebe und keine andere Überlegung kann dabei irgendeinen Einfluss haben. Sie bringen dem Mitmenschen viel Sympathie und Anteilnahme entgegen und fühlen eine tiefe Verbundenheit mit allem Lebendigen. Die Weltoffenheit der Venus in Wassermann wird nun ergänzt durch die Gefühlstiefe und das Miterleben der Fische - die von Neptun regiert werden. Diese Menschen haben eine besondere Gabe, die Empfindungen anderer zu verstehen; sie wissen, wie es ist, in der Haut des anderen zu stecken. Die Erfahrung, alle Zeichen des Tierkreises durchlaufen zu haben, schenkt der Seele die Fähigkeit, sich mit allen Formen des Menschseins zu identifizieren.

Menschen mit dieser Venusstellung sind romantisch und empfindsam. Wenn sie von anderen nicht aufrichtige Beweise der Liebe und Zuneigung erhalten, fühlen sie sich einsam und enttäuscht. Dies kann so weit gehen, dass sie sich als Märtyrer vorkommen, was zu neurotischen Tendenzen oder Geisteskrankheiten führen kann. Die Neptunherrschaft über die Fische schenkt der Venus intuitive Inspiration, aus der eine schöpferische Begabung auf den Gebieten der bildenden Kunst, der Poesie und Musik entspringt. Viele berühmte Komponisten, Dichter, Maler und Bildhauer haben die Venus in Fische - die Venusstellung für den geborenen Künstler.

Weil die Nativen für die Leiden anderer höchst empfänglich sind, werden ihre Sympathien oft ausgenützt, falls sie zu leichtgläubig sind. Wegen ihrer außerordentlichen Sensibilität fürchten sie oft, zurückgewiesen und verletzt zu werden. Deshalb zögern sie, ihre Gefühle zu zeigen und verbergen sie lieber. Auf diese Weise versäumen sie manche Gelegenheit für romantische Beziehungen. Sie haben eine Neigung sich in gefühlsmäßige Abhängigkeit zu begeben.

Ist Venus in Fische ungünstig aspektiert, können übertriebene Sentimentalität, Unvernunft bei der Wahl von Liebespartnern, Faulheit, Hypersensitivität und übermäßige Abhängigkeit von andern auftreten. Starke Gefühlsempfindungen können eine objektive Realitätswahrnehmung verhindern.

Mars in Fische

Kennzeichen: süchtig, stille Arbeit, unbeherrscht, über-emotional, romantisch, Illusionen, verführerisch, lebhafte Träume, wartend

Mars in Fische deutet auf starke Emotionen hin, die aus den Tiefen des Unbewussten aufsteigen. Die Nativen laufen Gefahr, unbewusst Ärger und Rachegefühle aufzuspeichern; verdrängte Gefühle können zu neurotischen Tendenzen und psychosomatischen Symptomen führen. Diese Menschen sollten lernen, nicht über vergangenen Ärger nachzugrübeln.

Meist wird diese Stellung als schwach für den Mars betrachtet, weil die Fische ein bewegliches Wasserzeichen sind, was einen Mangel an Kraft anzeigt. Eine übermäßige Sensibilität steht dem Selbstvertrauen und entschiedenem, unmittelbaren Handeln im Weg. Diese Menschen ziehen es vor, ihre Einwände oder ihren Unwillen auf subtile Weise auszudrücken. Sie neigen dazu, hinter dem Rücken anderer zu handeln, um eine fällige direkte Konfrontation mit dem Gegner zu vermeiden. Sie können höchst gefühlvoll werden und brechen leicht in Tränen aus. Sie brauchen Zeiten der Ruhe und Entspannung, um neue Energien zu schöpfen.

Menschen mit dieser Stellung arbeiten am liebsten hinter den Kulissen und an Aufgaben, die Subtilität und intuitives Feingefühl erfordern. Meist fehlt es ihnen an Kraft und Ausdauer, es sei denn, diese werde durch andere Faktoren im Horoskop, wie eine starke Stellung von Sonne, Saturn, Uranus oder Pluto, angezeigt. Mit dieser Stellung ist oft eine feine bildnerische oder musikalische Ausdrucksfähigkeit verbunden, bei günstigen Aspekten auch Begabung auf psychologischem Gebiet. Sie ist günstig für alle, die im Gesundheitsbereich arbeiten.

Ist Mars in Fische sehr ungünstig aspektiert, besteht eine Tendenz, durch psychische oder physische Probleme Aufmerksamkeit zu erregen und andere zu dominieren. Stichwort: Mater dolorosa, die leidende Mutter

Jupiter in Fische

Kennzeichen: tiefe Gefühle, verborgenes Leben, Drogen, bescheidene Lebensumstände, freundlich, unzuverlässig, visionär, träge, Illusionen, Alkohol

Jupiter im Tierkreiszeichen Fische lässt auf Gefühlstiefe, ganz besonders im Sinne von Verständnis und Mitfühlen, schließen. Menschen mit dieser Stellung treten für die im Leben Zukurzgekommenen ein. Sie arbeiten deshalb oft in Krankenhäusern oder wohltätigen Institutionen. Allerdings verströmen sie manchmal ihr Mitgefühl und ihre Großzügigkeit zu unterschiedslos, sodass ihre Sympathien gelegentlich ausgenützt werden. Diese Nativen müssen lernen, dass es nicht das Ziel geistiger Entwicklung sein kann, andern das Leben leicht zu machen, sondern den Menschen in seiner Liebe, Weisheit und Willenskraft zu stärken, damit er seine eigene Aufgabe erfüllt.

Mit dieser Stellung sind mystische Tendenzen und gefühlsmäßige religiöse Überzeugungen verbunden. Steht Jupiter in einem Aspekt mit Uranus, Neptun oder Pluto, kann eine mediale Fähigkeit und eine intuitive Wahrnehmung der geistigen Seinsebene vorhanden sein. Diese Menschen erleben die Realitäten hinter den vordergründigen, physischen Erscheinungen ganz intuitiv. Ihr geistiges Verstehen kann universeller sein als das der orthodoxen Menschen mit Jupiter im Schützen. Ihre intuitive Wahrnehmung ist jedoch nicht immer frei von astralen Illusionen, Egoismus oder dem Streben nach Blendwerk.

Da sie zu bestimmten Zeiten Abgeschiedenheit, innerer Sammlung, Meditation und geistiger Erneuerung brauchen, verbinden sie sich oft mit spirituellen Gemeinschaften, Ashrams, Kirchen und Klöstern.

Ist Jupiter in Fische ungünstig aspektiert, kann sich aus dem Wunsch, einer Bewegung (wie ein Fisch dem Schwarm) anzugehören , die einen spirituellen Status gewährt, eine übertriebene Guruverehrung und Kultsüchtigkeit ergeben. Diese Menschen empfinden das Bedürfnis nach einer charismatischen menschlichen Leitfigur oder einer Personifikation der Gottheit, die sie verehren können, einer Art Vaterfigur, die ihnen die eigene Verantwortung für ihre Lebensführung abnehmen kann - besonders, wenn Jupiter durch Neptun verletzt ist. Die Identifikation mit einem Guru oder einem Kult gibt ihnen das Gefühl, zur Höherentwicklung der Menschheit beizutragen. Mit zunehmender geistiger Reife wird ihnen allmählich bewusst, dass sie nur nach einem wirklich universellen geistigen Prinzip leben sollten, das Zeit, Raum, Form und persönliche Erscheinung umfasst.

Ist Jupiter in Fische ungünstig aspektiert, kann der Geborene parasitäre Tendenzen zur Ausnutzung der Gesellschaft entwickeln. Sie kann ihren Ausdruck darin finden sich auf die Gefälligkeit von Freunden oder öffentlichen, religiösen und wohltätigen Institutionen zu verlassen, statt sich selbst anzustrengen und einen eigenen Weg in der Welt zu gehen.

Saturn in Fische

Kennzeichen: Kampf, Melancholie, beherrscht, ältere Freunde, Zurückziehen, tiefe Meditation, spirituell, zurückgezogen, misstrauisch

Die Stellung des Saturns in Fische wird als problematisch bezeichnet, weil hier der karmische Planet (Saturn) im karmischen Zeichen (Fische) steht. Diese Menschen haben die Tendenz, sich in Erinnerungen an die Vergangenheit(auch frühere Inkarnationen) zu verlieren. Eine überaktive ängstliche Fantasie bringt alle Arten von Ängsten und Neurosen hervor. Diese Menschen sind häufig den praktischen Anforderungen der Gegenwart nicht gewachsen. In extremen Fällen spiegelt ihnen ihre Einbildungskraft persönliche Zurücksetzungen und Schwierigkeiten vor, die in Wirklichkeit gar nicht bestehen.

Die positive Stellung des Saturns in Fische besteht darin, dass diese Menschen Einfühlungsvermögen und Mitgefühl besitzen und willens sind, sich für andere, die in Not geraten sind, einzusetzen. Wenn aus dem übrigen Horoskop auf klares Denken geschlossen werden kann, können diese Menschen auch eine gute psychologische Begabung haben.

Ist Saturn günstig aspektiert, sind sie einer tiefen Meditation fähig, was ausgleichend auf ihre Seele wirkt.

Ein verletzter Saturn in Fische kann Paranoia, übertriebene Sorge und Verdrießlichkeit bedeuten; der Native hat die Tendenz, vergangenen Irrtümern und Missgeschicken nachzugrübeln. Diese Reaktionen können, wenn sie überhand nehmen, zu neurotischen oder psychotischen Tendenzen führen, die eine Einweisung in eine Nervenheilanstalt oder eine andere Art von Hospitalisierung nötig machen. Manchmal äußert sich die Neurose auch in organischen Erkrankungen, die zu Krankenhausaufenthalten führen, vor allem, wenn aus der Jungfrau, dem Zeichen der Gesundheit, Oppositionen zu Saturn in Fische vorliegen.

Diese Menschen brauchen ein gewisses Maß an Ruhe und Einsamkeit, um ihre inneren Kraftquellen erschließen zu können. Sie sollten aber daneben möglichst aktiv an den Angelegenheiten dieser Welt mitwirken, um Grämlichkeit und Introvertiertheit auszugleichen. Ist Saturn in Fische verletzt, muss der Betreffende darauf achten, dass er sich vor Selbstmitleid hütet.

Das krankhafte Nachgrübeln über die Vergangenheit kann zu einem seelischen Krebsgeschwür werden, das Glück, Schaffenskraft und eine produktive Leistung beeinträchtigt. Diese Stellung verlangt eine objektive Selbstbetrachtung, damit sich der Geborene seiner eigenen Werte und Fähigkeiten - aber auch seiner Fehler - bewusst werden kann und so Schwierigkeiten bewältigen lernt. Er muss sich von der Fixierung an die Vergangenheit lösen und aufbauend an der Gestaltung der Gegenwart teilnehmen.

Menschen mit dieser Saturnstellung arbeiten mit häufig hinter den Kulissen, sei es in Krankenhäusern, Nervenheilanstalten, Universitäten, Ministerien oder anderen Institutionen.

Uranus in Fische (2003-2011)

Kennzeichen: intuitiv, eigenartige Methoden, isoliert, erforschend, okkult, mystisch, eigensinnig, merkwürdige Bestrebungen, Idealismus

Uranus in Fische lässt auf intuitive Fähigkeiten und wissenschaftliche Neugierde gegenüber dem Wirken des Unbewussten schließen. Die Nativen haben mystisch gefärbte religiöse Neigungen, die zum Beispiel die Form eines Interesses für Meditation, östliche Philosophien oder Yogasysteme annehmen können. Ihre Empfängnisbereitschaft ermöglicht ihnen wegweisende Ideen durch Träume und innere Eingebungen zu empfangen.

Mit Uranus in Fische besteht die grundlegende Tendenz, sich von den geistigen und seelischen Einflüssen der Vergangenheit zu befreien. Diese Menschen führen einen geistigen Kampf um materialistische Tendenzen zu überwinden und suchen gleichzeitig nach einer höheren geistigen Übereinstimmung.

Ist Uranus in Fische ungünstig aspektiert, kann das einen wirklichkeitsfremden Idealismus, aber auch Unzuverlässigkeit und Täuschungsmanöver gegenüber Freunden bedeuten. Ebenso kann eine Tendenz vorliegen, unangenehmen Situationen aus dem Weg zu gehen.

Neptun in Fische (2012-2026)

Kennzeichen: Mystik, inneres Leben, mediumistisch, neurotisch, metaphysisch, Weltflucht, Drogen, süchtig, verführerisch psychosomatisch, dienend, Heilungskraft, sanft, hinterlistig, hypersensitiv, süchtig, leichthin, verzweifelt, magnetische Energie, Inspiration

Mit der Periode des Neptun in Fische wird eine friedliche Zeit zu Beginn des Wassermannzeitalters anbrechen. Sie wird Gelegenheit bieten zur Entfaltung geistiger Fähigkeiten und vollendeter Formen von Musik und Kunst; die Heilkunst wird große Fortschritte machen. Dies wird der Beginn der Blütezeit der Wassermannkultur sein, in der man von den höchsten schöpferischen Errungenschaften des vergangenen Fischezeitalters Gebrauch macht. Große Mystiker, Künstler und geistige Führer werden mit dieser Stellung zur Welt kommen.

Pluto in Fische (1799-1823)

Kennzeichen: Tiefgründigkeit, apokalyptisch, universell, mitfühlend, (christlicher) Fanatismus, wieder geboren, mystisch

Das Zeichen Fische repräsentiert die tiefen Schichten des Unbewussten, mystische Erfahrungen und intuitives künstlerisches Schöpfertum. Pluto in Fische kennzeichnete eine

Zeit großer kultureller Veränderungen. Manch großes Kunstwerk wurde in dieser Zeit geschaffen.

Die nächste Generation, die mit Pluto in Fische zur Welt kommt, wird bemerkenswerte Fortschritte in Kunst und Kultur erzielen. Die Angehörigen werden spirituelle Einsichten in die inneren Geheimnisse des Lebens zeigen.

Die rechnerischen Punkte

Der Aszendent ist der aufsteigende Punkt des Horizonts im Horoskop. Der Aszendent ist identisch mit der Spitze des I. Hauses und er zeigt uns an, wie sich die Nativen der Umwelt zeigen, aber auch wie diese Menschen von der Umwelt gesehen werden. Im Grunde zeigt der Aszendent die Person, wie sie scheint, im Gegensatz zur Sonne, die anzeigt, wie der Mensch ist.

Es ist ein rechnerischer Punkt, der von Planeten zwar Aspekte empfängt, aber selbst keine Aspekte gibt. Es ist also ein empfangender Punkt, genau wie die Himmelsmitte, die Himmelstiefe und der Deszendent .

Dem Aszendent liegt **der Deszendent** (der absteigende Punkt, identisch mit dem ersten Grad des VII. Hauses) gegenüber.

Auch hier finden wir eine Aussage. Die nämlich, welche Aufgaben man jeweils den nahen Partnern gegenüber erfüllen sollte. Aszendent und Deszendent ergänzen sich, wie auch die Zeichen, die sich gegenüberliegen. Jede Färbung eines Zeichens strebt zur Oppositionsfärbung, um die Ergänzung zu finden. In der Astrologie ist alles auf die Opposition aufgebaut, wie wir dies beim Kapitel über die Aspekte noch näher erläutern werden.

Der Aszendent war einst, wie schon erwähnt haben, der Haupt- oder Ausgangspunkt jeder Deutung. Dies hat sich heute etwas zugunsten der Planeten (vor allem der Sonne und des Mondes) verschoben.

(Asc, Desc, MC, IC) sind die wichtigsten rechnerischen Punkte.

Der Aszendent lässt sich folgendermaßen berechnen:

Sie finden auf den folgenden Seiten 3 Tabellen. Suchen Sie in Tabelle 1 Ihren Geburtstag. Nebenstehend finden Sie eine Uhrzeit. Addieren Sie diese Zeit zu Ihrer Geburtszeit. Addieren oder subtrahieren Sie die Zeit für Ihre Geburtsstadt aus Tabelle 3. Sollte die Summe nun größer als 24 sein, ziehen Sie 24 Stunden wieder ab. Mit der so ermittelten Zeit gehen Sie in Tabelle 1 und suchen diese. Daneben finden Sie die geografischen Breiten (Sie finden die Daten über Ihre Geburtsstadt in Atlanten), die für unsere Region relevant sind. Suchen Sie die geeignete Breite und das Symbol des Sternzeichens. Das ist Ihr Aszendent.

Aszendentenberechnung

	Januar					Februar				
Tag	Zeit	46°	48°	50°	52°	Zeit	46°	48°	50°	52°
1	6.40	Waage 7	Waage 7	Waage 7	Waage 7	8.43	Skorp. 0	Skorp. 0	Waage 28	Waage 29
2	6.44	8	8	7	7	8.47	1	0	Skorp. 0	29
3	6.48	9	8	8	8	8.51	2	1	0	Skorp. 0
4	6.52	9	9	9	9	8.55	2	2	1	0
5	6.56	10	10	10	9	8.59	3	2	2	1
6	7.00	11	11	10	10	9.03	4	3	2	2
7	7.04	12	11	11	11	9.07	5	4	3	2
8	7.08	12	12	12	11	9.11	5	5	4	3
9	7.12	13	13	12	12	9.15	6	5	5	4
10	7.16	14	13	13	13	9.19	7	6	5	4
11	7.20	15	14	14	14	9.23	8	7	6	5
12	7.24	15	15	15	14	9.27	8	8	7	6
13	7.28	16	16	15	15	9.31	9	9	7	7
14	7.32	17	16	16	16	9.35	10	9	8	7
15	7.36	18	17	17	16	9.39	11	10	9	8
16	7.40	18	18	17	17	9.43	11	10	10	9
17	7.44	19	19	18	18	9.47	12	11	10	9
18	7.48	20	19	19	18	9.51	13	12	11	10
19	7.52	21	20	20	19	9.55	14	12	12	11
20	7.56	21	21	20	20	9.59	14	13	12	11
21	8.00	22	22	21	20	10.03	15	14	13	12
22	8.04	23	22	22	21	10.07	16	15	14	13
23	8.08	24	23	22	22	10.11	17	16	15	13
24	8.12	24	24	23	23	10.15	17	16	15	14
25	8.16	25	24	24	23	10.19	18	17	16	15
26	8.20	26	25	25	24	10.23	19	18	17	16
27	8.24	26	26	25	25	10.27	20	19	17	16
28	8.28	27	27	26	25	10.31	20	19	18	17
29	8.32	28	27	27	26					
30	8.36	29	28	27	27					
31	8.40	29	29	28	27					

	März					April				
Tag	**Zeit**	**46°**	**48°**	**50°**	**52°**	**Zeit**	**46°**	**48°**	**50°**	**52°**
1	10.34	Skorp. 21	Skorp. 20	Skorp. 19	Skorp. 17	12.37	Schütze 15	Schütze 13	Schütze 11	Schütze 9
2	10.38	22	20	19	18	12.41	15	14	12	10
3	10.42	22	21	20	19	12.45	16	15	13	11
4	10.46	23	22	21	19	12.49	17	15	14	12
5	10.50	24	23	21	20	12.53	18	16	14	12
6	10.54	25	23	22	21	12.57	19	17	15	13
7	10.58	25	24	23	22	13.01	20	18	16	14
8	11.02	26	25	24	22	13.05	20	19	17	15
9	11.06	27	26	24	23	13.09	21	19	18	16
10	11.10	28	26	25	24	13.13	22	20	18	16
11	11.14	28	27	26	24	13.17	23	21	19	17
12	11.18	29	28	27	25	13.21	24	22	20	18
13	11.22	Schütze 0	29	27	26	13.25	25	23	21	19
14	11.26	1	29	28	27	13.29	26	24	22	20
15	11.30	1	Schütze 0	29	27	13.33	26	25	23	20
16	11.34	2	1	29	28	13.37	27	25	23	21
17	11.38	3	2	Schütze 0	29	13.41	28	26	24	22
18	11.42	4	2	1	29	13.45	29	27	25	23
19	11.46	4	3	2	Schütze 0	13.49	Steinb. 0	28	26	24
20	11.50	5	4	2	1	13.53	1	29	27	25
21	11.54	6	5	3	2	13.57	2	Steinb. 0	28	26
22	11.58	7	5	4	2	14.01	3	1	29	26
23	12.02	8	6	5	3	14.05	4	2	Steinb. 0	27
24	12.06	8	7	5	4	14.09	5	3	1	28
25	12.10	9	8	6	4	14.13	6	4	1	29
26	12.14	10	8	7	5	14.17	7	5	2	Steinb. 0
27	12.18	11	9	8	6	14.21	8	6	3	1
28	12.22	12	10	8	7	14.25	9	7	4	2
29	12.26	12	11	9	7	14.29	10	8	5	3
30	12.30	13	12	10	8	14.33	11	9	6	4
31	12.34	14	12	11	9					

	Mai					Juni				
Tag	Zeit	46°	48°	50°	52°	Zeit	46°	48°	50°	52°
1	14.36	Steinb. 12	Steinb. 9	Steinb. 7	Steinb. 5	16.38	Wass 21	Wass 19	Wass 17	Wass 14
2	14.40	13	10	8	6	16.42	23	21	19	16
3	14.44	14	11	9	7	16.46	24	23	20	18
4	14.48	15	13	10	8	16.50	26	24	22	20
5	14.52	16	14	11	9	16.54	28	26	24	22
6	14.56	17	15	12	10	16.58	Fische 0	28	26	24
7	15.00	18	16	13	11	17.02	1	Fische 0	28	26
8	15.04	19	17	14	12	17.06	3	2	Fische 0	28
9	15.08	20	18	16	13	17.10	5	4	2	Fische 0
10	15.12	21	19	17	14	17.14	7	5	4	2
11	15.16	23	20	18	15	17.18	9	7	6	4
12	15.20	24	22	19	16	17.22	11	9	8	6
13	15.24	25	23	20	17	17.26	12	11	10	8
14	15.28	26	24	22	19	17.30	14	13	12	11
15	15.32	28	25	23	20	17.34	16	15	14	13
16	15.36	29	27	24	21	17.38	18	17	16	15
17	15.40	Wass 0	28	25	22	17.42	20	20	19	18
18	15.44	1	29	27	24	17.46	22	22	21	20
19	15.48	3	Wass 1	28	25	17.50	24	24	23	23
20	15.52	4	2	29	26	17.54	26	26	25	25
21	15.56	6	3	Wass 1	28	17.58	28	28	28	28
22	16.00	7	5	2	29	18.00	Widd. 0	Widd. 0	Widd. 0	Widd. 0
23	16.04	8	6	4	Wass 1	18.04	2	2	2	2
24	16.08	10	8	5	2	18.08	4	4	5	5
25	16.12	11	9	7	4	18.12	6	6	7	7
26	16.16	13	11	8	5	18.16	8	8	9	9
27	16.20	14	12	10	7	18.20	10	10	11	12
28	16.24	16	14	11	8	18.24	12	13	13	15
29	16.28	17	15	13	10	18.28	14	15	15	17
30	16.32	19	17	15	12	18.32	16	17	18	19
31	16.36	21	19	17	14					

	Juli					August				
Tag	Zeit	46°	48°	50°	52°	Zeit	46°	48°	50°	52°
1	18.36	Widd. 17	Widd. 18	Widd. 19	Widd. 20	20.38	Zwill. 4	Zwill. 7	Zwill. 9	Zwill. 12
2	18.40	19	20	22	23	20.42	6	8	10	13
3	18.44	21	22	24	25	20.46	7	9	12	14
4	18.48	23	24	26	28	20.50	8	10	13	16
5	18.52	25	26	28	Stier 0	20.54	9	11	14	17
6	18.56	26	28	Stier 0	2	20.58	10	13	15	18
7	19.00	28	Stier 0	2	4	21.02	11	14	16	19
8	19.04	Stier 0	2	4	6	21.06	13	15	17	20
9	19.08	2	3	5	8	21.10	14	16	18	21
10	19.12	3	5	7	10	21.14	15	17	19	22
11	19.16	5	7	9	12	21.18	16	18	20	23
12	19.20	7	9	11	14	21.22	17	19	21	24
13	19.24	8	10	13	15	21.26	18	20	22	25
14	19.28	10	12	14	17	21.30	19	21	23	26
15	19.32	12	14	16	19	21.34	20	22	24	27
16	19.36	13	15	18	21	21.38	21	23	25	28
17	19.40	15	17	19	22	21.42	22	24	26	29
18	19.44	16	18	21	24	21.46	23	25	27	Krebs 0
19	19.48	18	20	22	25	21.50	24	26	28	1
20	19.52	19	21	24	27	21.54	25	27	29	2
21	19.56	21	23	25	28	21.58	26	28	Krebs 0	2
22	20.00	22	24	27	Zwill. 0	22.02	27	29	1	3
23	20.04	23	26	28	1	22.06	28	Krebs 0	2	4
24	20.08	25	27	Zwill. 0	3	22.10	29	1	3	5
25	20.12	26	28	1	4	22.14	Krebs 0	2	4	6
26	20.16	28	Zwill. 0	2	5	22.18	1	3	5	7
27	20.20	29	1	4	7	22.22	2	2	5	5
28	20.24	Zwill. 0	2	5	8	22.26	2	4	6	8
29	20.28	1	4	6	9	22.30	3	5	7	7
30	20.32	3	5	7	10	22.34	4	6	8	10
31	20.36	4	6	9	12	22.38	5	7	9	11

	September					Oktober				
Tag	Zeit	46°	48°	50°	52°	Zeit	46°	48°	50°	52°
1	22.40	Krebs 5	Krebs 7	Krebs 9	Krebs 11	0.38	Krebs 29	Löwe 1	Löwe 2	Löwe 3
2	22.44	6	8	10	12	0.42	Löwe 0	1	3	4
3	22.48	7	9	11	13	0.46	1	2	3	5
4	22.52	8	10	12	14	0.50	2	3	4	6
5	22.56	9	11	12	14	0.54	2	4	5	6
6	23.00	10	11	13	15	0.58	3	4	6	7
7	23.04	11	12	14	16	1.02	4	5	6	8
8	23.08	11	13	15	17	1.06	5	6	7	8
9	23.12	12	14	16	18	1.10	5	7	8	9
10	23.16	13	15	16	18	1.14	6	7	9	10
11	23.20	14	16	17	19	1.18	7	8	9	11
12	23.24	15	16	18	20	1.22	8	9	10	11
13	23.28	16	17	19	21	1.26	8	10	11	12
14	23.32	16	18	201	21	1.30	9	10	11	13
15	23.36	17	19	20	22	1.34	10	11	12	13
16	23.40	18	19	21	23	1.38	11	12	13	14
17	23.44	19	20	22	24	1.42	11	12	14	15
18	23.48	20	21	23	24	1.46	12	13	14	15
19	23.52	20	22	23	25	1.50	13	14	15	16
20	23.56	21	23	24	26	1.54	14	15	16	17
21	24.00	22	23	25	26	1.58	14	15	16	17
22	0.04	23	24	26	27	2.02	15	16	17	18
23	0.08	23	25	26	28	2.06	16	17	18	19
24	0.12	24	26	27	29	2.10	17	18	19	20
25	0.16	25	26	28	29	2.14	17	18	19	20
26	0.20	26	27	29	Löwe 0	2.18	18	19	20	21
27	0.24	27	28	29	1	2.22	19	20	21	22
28	0.28	27	29	Löwe 0	2	2.26	20	20	21	22
29	0.32	28	29	1	2	2.30	20	21	22	23
30	0.36	29	Löwe 0	2	3	2.34	21	22	23	24
						2.38	22	23	24	24

	November					Dezember				
Tag	Zeit	46°	48°	50°	52°	Zeit	46°	48°	50°	52°
1	2.40	Löwe 22	Löwe 23	Löwe 24	Löwe 25	4.38	Jungf. 14	Jungf. 15	Jungf. 15	Jungf. 15
2	2.44	23	24	24	25	4.42	15	15	16	16
3	2.48	24	24	25	26	4.46	16	16	16	17
4	2.52	24	25	26	27	4.50	16	17	17	17
5	2.56	25	26	27	27	4.54	17	18	18	18
6	3.00	26	27	27	28	4.58	18	18	19	19
7	3.04	27	27	28	29	5.02	19	19	19	19
8	3.08	27	28	29	29	5.06	19	20	20	20
9	3.12	28	29	29	Jungf. 0	5.10	20	20	21	21
10	3.16	29	29	Jungf. 0	1	5.14	21	21	21	22
11	3.20	Jungf. 0	Jungf. 0	1	2	5.18	22	22	22	22
12	3.24	0	1	2	2	5.22	22	23	23	23
13	3.28	1	2	2	3	5.26	23	23	24	24
14	3.32	2	2	3	4	5.30	24	24	24	24
15	3.36	3	3	4	4	5.34	25	25	25	25
16	3.40	3	4	4	5	5.38	25	26	26	26
17	3.44	4	5	5	6	5.42	26	26	26	26
18	3.48	5	5	6	6	5.46	27	27	27	27
19	3.52	5	5	7	7	5.50	28	28	28	28
20	3.56	6	7	7	8	5.54	28	29	29	29
21	4.00	7	7	8	9	5.58	29	29	29	29
22	4.04	8	8	9	9	6.02	Waage 1	Waage 1	Waage 1	Waage 1
23	4.08	8	9	9	10	6.06	1	1	1	1
24	4.12	9	10	10	11	6.10	2	1	1	1
25	4.16	10	10	11	11	6.14	2	2	2	2
26	4.20	11	11	12	12	6.18	3	3	3	3
27	4.24	11	12	12	13	6.22	4	4	4	4
28	4.28	12	13	13	13	6.26	5	4	4	4
29	4.32	13	13	14	14	6.30	5	5	5	5
30	4.36	14	14	14	15	6.34	6	6	6	6
						6.38	7	7	6	6

Korrektur für Städte

A	
Aachen	- 00 h 36 m
Aalen	- 00 h 20 m
Achern	- 00 h 28 m
Alicante	- 01 h 02 m
Alsfeld	- 00 h 23 m
Altenkirchen	- 00 h 30 m
Alzey	- 00 h 28 m
Amberg	- 00 h 13 m
Amiens	- 00 h 51 m
Amöneburg	- 00 h 24 rn
Amorbach	- 00 h 23 m
Amsterdam	- 00 h 40 m
Andernach	- 00 h 30 m
Andorra	- 00 h 54 m
Ansbach	- 00 h 18 m
Antwerpen	- 00 h 42 m
Aschaffenburg	- 00 h 23 m
Aschendorf	- 00 h 31 m
Augsburg	- 00 h 16 m
Aurich	- 00 h 16 m
Avignon	- 00 h 41 m
B	
Baden- Baden	- 00 h 27 m
Bamberg	- 00 h 16 m
Barcelona	- 00 h 51 m
Basel	- 00 h 30 m
Bautzen	- 00 h 02 m
Bayreuth	- 00 h 14 m
Bebra	- 00 h 21 m
Belgrad	+ 00 h 22 m
Bensheim	- 00 h 26 m
Berchtesgaden	- 00 h 08 m
Berheim/Erft	- 00 h 33 m
Bergisch-Gladbach	- 00 h 31 m
Berlin	- 00 h 06 m
Bern	- 00 h 30 m
Bernkastel	- 00 h 32 m
Besancon	- 00 h 36 m
Bielefeld	- 00 h 26 m
Bingen	- 00 h 28 m
Bitburg	- 00 h 34 m
Bochum	- 00 h 31 m
Bonn	- 00 h 32m
Bordeaux	- 01 h 02m
Borkum	- 00 h 33 m
Bottrop	- 00 h 35 m
Brandenburg	- 00 h 10m
Bratislava	+ 00 h 08 m
Braunschweig	- 00 h 18 m
Bregenz	- 00 h 21 m
Bremen	- 00 h 25 m
Breslau	+ 00 h 08 m
Brüssel	- 00 h 34 m
Budapest	+ 00 h 16m
Bukarest	+ 00 h 44 m
Buxtehude	- 00 h 21 m
C	
Calw	- 00 h 25 m
Castrop	- 00 h 31 m
Celle	- 00 h 20 m
Chemnitz	- 00 h 08 m
Chur	- 00 h 22 m
Clausthal	- 00 h 19 m
Cleve	- 00 h 35 m
Coburg	- 00 h 16 m
Crailsheim	- 00 h 20 m
Cottbus	- 00 h 02 m
Cuxhaven	- 00 h 25 m
D	
Dachau	- 00 h 14 m
Danzig	+ 00 h 15 m
Darmstadt	- 00 h 25 m
Deggendorf	- 00 h 08 m
Detmold	- 00 h 24 m
Donauwörth	- 00 h 17 m
Dortmund	- 00 h 30 m
Dresden	- 00 h 05 m
Dublin	- 01 h 25 m
Duisburg	- 00 h 33 m
Düsseldorf	- 00 h 33 m

E

Eckernförde	- 00 h 21 m
Edinburgh	- 01 b 13 m
Eisenach	- 00 h 19 m
Emmendingen	- 00 h 29 m
Erfurt	- 00 h 16 m
Erlangen	- 00 h 16 m
Essen	- 00 h 32 m
Esslingen	- 00 h 23 m
Ettlingen	- 00 h 26 m
Euskirchen	- 00 h 33 m

F

Feuchtwangen	- 00 h 19 m
Flensburg	- 00 h 22 m
Frankfurt/M.	- 00 h 25 m
Frankfurt/O.	- 00 h 02 m
Freiburg/Br.	- 00 h 29 m
Freising	- 00 h 13 m
Freudenstadt	- 00 h 26 m
Friedrichshafen	- 00 h 22 m
Fulda	- 00 h 21 m
Fürth	- 00 h 16 m

G

Garmisch-Partenk.	- 00 h 16 m
Gelsenkirchen	- 00 h 32 m
Genf	- 00 h 35 m
Gent	- 00 h 45 m
Gera	- 00 h 12 m
Gießen	- 00 h 25 m
Giffhorn	- 00 h 18 m
Glasgow	- 01 h 17 m
Glogau	+ 00 h 04 m
Godesberg	- 00 h 31 m
Göppingen	- 00 h 21 m
Görlitz	- 00 h 00 m
Goslar	- 00 h 18 m
Gotha	- 00 h 17 m
Göttingen	- 00 h 20 m
Graz	+ 00 h 02 m
Grenoble	- 00 h 37 m
Grevenbroich	- 00 h 34 m
Gronau/Westf.	- 00 h 32 m
Gummersbach	- 00 h 30 m
Günzburg	- 00 h 19 m
Güstrow	- 00 h 11 m
Gütersloh	- 00 h 26 m

H

Hagen	- 00 h 30 m
Halberstadt	- 00h 16 m
Halle/Saale	- 00h 12 m
Hamburg	- 00 h 20 m
Hameln	- 00 h 23 m
Hamm/Westf.	- 00 h 29 m
Hannover	- 00 h 21 m
Heidelberg	- 00 h 25 m
Heilbronn	- 00 h 23 m
Helmstedt	- 00 h 16 m
Helsinki	+ 00 h 40 m
Heppenheim	- 00 h 25 m
Herborn	- 00 h 27 m
Herne	- 00 h 31 m
Hersfeld, Bad	- 00 h 21 m
Herten/Westf.	- 00 h 31 m
Herzogenrath	- 00 h 36 m
Hildesheim	- 00 h 20 m
Hof/Saale	- 00 h 12 m
Homburg, Bad	- 00 h 26 m
Homburg/Saar	- 00 h 31 m
Höxter	- 00 h 22 m
Husum	- 00 h 24 m

I-J

Ibbenbüren	- 00 h 29 m
Idar-Oberstein	- 00 h 31 m
Ingolstadt	- 00 h 14 m
Innsbruck	- 00 h 14 m
Interlaken	- 00 h 29 m
Iserlohn	- 00 h 29 m
Istanbul	+ 00 h 56 m
Itzehoe	- 00 h 22 m
Jena	- 00 h 14 m
Jever	- 00 h 28 m
Juist	- 00 h 32 m
Jülich	- 00 h 35 m

K	
Kaiserslautern	- 00 h 29 m
Kamen	- 00 h 29 m
Karlsruhe	- 00 h 26 m
Kassel	- 00 h 22 m
Kattowitz	+ 00 h 16 m
Kaufbeuren	- 00 h 18 m
Kehl	- 00 h 29 m
Kempten	- 00 h 19 m
Kerpen/Rhld.	- 00 h33 m
Kiel	- 00 h 19 m
Klagenfurt	- 00 h 03 m
Kleve	- 00 h 35 m
Koblenz	- 00 h 30 m
Köln	- 00 h 32 m
Königsberg/Pr.	+ 00 h 22 m
Konstanz	- 00 h 23 m
Kopenhagen	- 00 h 10 m
Krakau	+ 00 h 20 m
Krefeld	- 00 h 34 m
Kreuznach, Bad	- 00 h 29 m
Kufstein	- 00 h 11 m
L	
Lahr	- 00 h 28 m
Landau	- 00 h 28 m
Langenfeld/ Rhld.	- 00 h 32 m
Lausanne	- 00 h 33 m
Leer	- 00 h 30 m
Leipzig	- 00 h 10 m
Leverkusen	- 00 h 32 m
Liechtenstein	- 00 h 10 m
Limburg/Lahn	- 00 h 28 m
Lindau/Bodensee	- 00 h 21 m
Linz/Österreich	- 00 h 03 m
Lippstadt	- 00 h 27 m
Liverpool	- 01 h 22 m
London	- 01 h 00 m
Lörrach	- 00 h 29 m
Lübeck	- 00 h 17 m
Ludwigsburg	- 00 h 23 m
Ludwigshafen/Rh.	- 00 h 26 m
Lüneburg	- 00 h 18 m
Lünen	- 00 h 30 m
Luxemburg	- 00 h 35 m
Luzern	- 00 h 27 m
Lyon	- 00 h 41 m
M	
Magdeburg	- 00 h 13 m
Mailand	- 00 h 23 m
Mainz	- 00 h 27 m
Mannheim	- 00 h 26 m
Marburg/Lahn	- 00 h 25 m
Marseille	- 00 h 38 m
Minden	- 00 h 24 m
Monaco	- 00 h 30 m
Mönchengladbach	- 00 h 34 rn
Monheim/ Rhld.	- 00 h 32 m
Montabaur	- 00 h 29 m
Moers	- 00 h 33 m
Mosbach/Baden	- 00 h 23 m
Mühlheim/ Ruhr	- 00 h 32 m
München	- 00 h 14 m
Münster/Westf.	- 00 h 30 m
N	
Naumburg/Saale	- 00 h 13 m
Neapel	- 00 h 03 m
Neu-Brandenburg	- 00 h 07 m
Neumünster	- 00 h 20 m
Neunkirchen/ Saar	- 00 h 31 m
Neuss	- 00 h 33 m
Neustadt/ Weinstr.	- 00 h 27 m
Neuwied	- 00 h 30 m
Nienburg/ Weser	- 00 h 23 m
Nizza	- 00 h 31 m
Norden	- 00 h 31 m
Nordhausen	- 00 h 17 m
Nordhorn	- 00 h 32 m
Northeim	- 00 h 20 m
Nürnberg	- 00 h 16 m
Nürtingen	- 00 h 23 m
O	
Oberhausen	- 00 h 33 m
Offenbach	- 00 h 25 m
Oldeslohe	- 00 h 18 m

Olpe	- 00 h 28 m
Oslo	- 00 h 17 m
Osnabrück	- 00 h 28 m
Ostende	- 00 h 48 m

P

Paderborn	- 00 h 25 m
Paris	- 00 h 51 m
Passau	- 00 h 06 m
Peine	- 00 h 19 m
Pforzheim	- 00 h 25 m
Pilsen	- 00 h 06 m
Pinneberg	- 00 h 21 m
Pirmasens	- 00 h 29 m
Pirna	- 00 h 04 m
Plauen	- 00 h 11 m
Posen	+ 00 h 08 m
Potsdam	- 00 h 08 m
Prag	- 00 h 02 m
Pyrmont	- 00 h 23 m

R

Rastatt	- 00 h 27 m
Ratingen	- 00 h 33 m
Ratzeburg	- 00 h 17 m
Ravensburg	- 00 h 22 m
Recklinghausen	- 00 h 31 m
Regensburg	- 00 h 12 m
Remscheid	- 00 h 31 m
Rendsburg	- 00 h 21 m
Reutlingen	- 00 h 23 m
Rheine	- 00 h 30 m
Riesa	- 00 h 07 m
Rinteln	- 00 h 24 m
Rom	- 00 h 19 m
Rorschach	- 00 h 22 m
Rosenheim	- 00 h 11 m
Rostock	- 00 h 11 m
Rotterdam	- 00 h 42 m
Rottweil	- 00 h 25 m
Rüsselsheim	- 00 h 26 m

S

Saarbrücken	- 00 h 32 m
Saarlouis	- 00 h 33 m
Salzburg	- 00 h 08 m
Salzgitter	- 00 h 18 m
Salzuflen, Bad	- 00 h 25 m
Schleswig	- 00 h 22 m
Schwäbisch Gmünd	- 00 h 21 m
Schwäbisch Hall	- 00 h 21 m
Schwedt/Oder	- 00 h 03 m
Schweinfurt	- 00 h 19 m
Schwerin/ Meckl.	- 00 h 14 m
Schwerte	- 00 h 30 m
Sieburg	- 00 h 31 m
Siegen	- 00 h 28 m
Singen/ Hohentwiel	- 00 h 25 m
Soest	- 00 h 28 m
Sofia	+ 00 h 33 m
Solingen	- 00 h 31 m
Solothurn	- 00 h 30 m
Speyer	- 00 h 26 m
Stade	- 00 h 22 m
St. Ingbert	- 00 h 31 m
St. Wendel	- 00 h 31 m
Stendal	- 00 h 13 m
Stettin	- 00 h 02 m
Stockholm	+ 00 h 12 m
Stralsund	- 00 h 08 m
Straßburg	- 00 h 29 m
Straubing	- 00 h 10 m
Stuttgart	- 00 h 23 m
Suhl	- 00 h 17 m

T-U

Tilsit	+ 00 h 28 m
Traunstein	- 00 h 17 m
Trier	- 00 h 33 m
Troisdorf	- 00 h 31 m
Tübingen	- 00 h 24 m
Tuttlingen	- 00 h 25 m
Uerdingen	- 00 h 33 m
Ulm	- 00 h 22 m
Unna	- 00 h 29 m

V-W	
Vaihingen	- 00 h 24 m
Vechta	- 00 h 27 m
Venlo	- 00 h 35 m
Viersen	- 00 h 34 m
Villingen	- 00 h 26 m
Waiblingen	- 00 h 23 m
Warendorf	- 00 h 28 m
Warschau	+ 00 h 24 m
Weinheim	- 00 h 25 m
Wien	+ 00 h 06 m
Wiesbaden	- 00 h 27 m
Winterthur	- 00 h 25 m
Wismar	- 00 h 14 m
Witten	- 00 h 31 m
Wittenberg	- 00 h 09 m
Wolfenbüttel	- 00 h 18 m
Wolgast	- 00 h 05 m
Worms	- 00 h 27 m
Würzburg	- 00 h 20 m
Wuppertal	- 00 h 31 m

X-Z	
Xanten	- 00 h 34 m
Zagreb	+ 00 h 25 m
Zeitz	- 00 h 11 m
Zittau	- 00 h 01 m
Zürich	- 00 h 26 m
Zweibrücken	- 00 h 31 m
Zwickau	- 00 h 10 m

Liste der Sommerzeiten
Deutschland, Österreich und Schweiz seit 1900

Deutschland:

Vom	30.04.1916	23h	bis zum	01.10.1916	1h MES
Vom	16.04.1917	2h	bis zum	17.09.1917	3h MES
Vom	15.04.1918	2h	bis zum	16.09.1918	3h MES
Vom	01.04.1940	2h	bis zum	02.11.1942	3h MES
Vom	29.03.1943	2h	bis zum	04.10.1943	3h MES
Vom	03.04.1944	2h	bis zum	02.10.1944	3h MES
Vom	02.04.1945	2h	bis zum	16.09.1945	2h MES

Deutschland

Vom	14.04.1946	2h	bis zum 07.10.1946	3h MES
Vom	06.04.1947	3h	bis zum 11.05.1947	3h MES

Vom 11.05.1947 3h bis zum 29.06.1947 3h MES
(Vorsicht: doppelte Sommerzeit während dieses Zeitraums.
Sie müssen 2 Stunden abziehen.)

Vom	29.06.1947	3h bis zum	05.10.1947	3h MES
Vom	18.04.1948	2h bis zum	03.10.1948	3h MES
Vom	10.04.1949	2h bis zum	02.10.1949	3h MES

Deutschland seit:

Vom	06.04.1980	2h	bis zum	28.09.1980	3h MES
Vom	29.03.1981	2h	bis zum	27.09.1981	3h MES
Vom	28.03.1982	2h	bis zum	26.09.1982	3h MES
Vom	27.03.1983	2h	bis zum	25.09.1983	3h MES
Vom	25.03.1984	2h	bis zum	30.09.1984	3h MES
Vom	31.03.1985	2h	bis zum	29.09. 1985	3h MES
Vom	31.03.1986	2h	bis zum	28.09.1986	3h MES
Vom	29.03.1987	2h	bis zum	27.09.1987	3h MES
Vom	27.03.1988	2h	bis zum	25.09.1988	3h MES
Vom	26.03.1989	2h	bis zum	24.09.1989	3h MES
Vom	25.03.1990	2h	bis zum	30.09.1990	3h MES

Österreich:

Vom	30.04.1916	23h	bis zum	01.10.1916	1h MES
Vom	16.04.1917	2h	bis zum	17.09.1917	3h MES
Vom	15.04.1918	2h	bis zum	16.09.1918	3h MES
Vom	28.04.1919	2h	bis zum	29.09.1919	3h MES
Vom	05.04.1920	2h	bis zum	13.09.1920	3h MES

Vom	01.04.1940	2h	bis zum	02.11.1942	3h MES
Vom	01.04.1943	2h	bis zum	04.10.1943	3h MES

Vom	14.04.1946	2h	bis zum	07.10.1946	3h MES
Vom	06.04.1947	3h	bis zum	05.10.1947	3h MES
Vom	18.04.1948	2h	bis zum	03.10.1948	3h MES
Vom	06.04.1980	0h	bis zum	27.09.1980	24h MES
Vom	29.03.1981	2h	bis zum	27.09.1981	3h MES
Vom	28.03.1982	2h	bis zum	26.09.1982	3h MES'
Vom	27.03.1983	2h	bis zum	25.09.1983	3h MES
Vom	25.03.1984	2h	bis zum	30.09.1984	3h MES
Vom	31.03.1985	2h	bis zum	29.09.1985	3h MES
Vom	30.03.1986	2b	bis zum	28.09.1986	3h MES
Vom	29.03.1987	2h	bis zum	27.09.1987	3h MES
Vom	27.03.1988	2h	bis zum	25.09.1988	3h MES
Vom	26.03.1989	2h	bis zum	24.09.1989	3h MES
Vom	25.03.1990	2h	bis zum	30.09.1990	3h MES

Schweiz:

Vom	03.06.1916	2h	bis zum	30.09.1916	0h MES
Vom	05.05.1941	2h	bis zum	06.10.1941	0h MES
Vom	04.05.1942	2h	bis zum	05.10.1942	0h MES
Vom	06.04.1980	2h	bis zum	28.09.1980	3h MES
Vom	29.03.1981	2h	bis zum	27.09.1981	3h MES
Vom	28.03.1982	2h	bis zum	26.09.1982	3h MES
Vom	27.03.1983	2h	bis zum	25.09.1983	3h MES
Vom	25.03.1984	2h	bis zum	30.09.1984	3h MES
Vom	31.03. 1985	2h	bis zum	29.09.1985	3h MES
Vom	31.03.1986	2h	bis zum	28. 09.1986	3h MES
Vom	29.03.1987	2h	bis zum	27.09.1987	3h MES
Vom	27.03.1988	2h	bis zum	25.09.1988	3h MES
Vom	26.03.1989	2h	bis zum	24.09.1989	3h MES
Vom	25.03.1990	2b	bis zum	30.09.1990	3h MES

Stichworte zur Kombination:

Aszendent und Deszendent in den Zeichen

Aszendenten - Prinzipien
Umwelt, Persönlichkeit, Umstände der Geburt, bei der Geburt Anwesende, Reaktion auf die Welt, Maske, wie man sich gibt, persönliche Haltung, Umgebung

Aszendent in Widder

Kennzeichen:
- Rastlosigkeit, Energie, Durchsetzungsvermögen, aggressiv, ungeduldig, eilig, Rücksichtslosigkeit, Wollen in der Umwelt, energisches Auftreten, Ehrgeiz, Zielbewusstsein, Streitsucht

Persönliche Merkmale:
- rastlos, eilig, energisch, durchsetzend, aggressiv, ungeduldig, hitziges Temperament, einleitend, heftig, gewaltsam, Familienbande

Deszendent in Waage

Kennzeichen:
- Dem Partner Harmonie vermitteln, taktvoll, diplomatisch, ihm auch künstlerisch helfen

Aszendent in Stier

Kennzeichen:
- stabile Zustände, Sicherheit, ruhig, schöne Umgehung, Frauen zugegen, Hebamme, zu Hause, Häuslichkeit, praktisch, Lebensfreude ausstrahlen, aber auch ein Sicherheitsstreben, eigensinnig, doch auch gemütlich

Persönliche Merkmale:
- Liebe zum Schönen, harmonische Persönlichkeit, Sicherheit, Besitz, praktisch, künstlerisch, besitzergreifend, hartnäckig, liebevoll, aufmerksam, attraktiv, häuslich

Deszendent in Skorpion

Kennzeichen:
- Opferbereitschaft zeigen, Leidenschaftlichkeit und mutigen Glauben bieten

Aszendent in Zwillinge

Kennzeichen:
- Lebhaftes Auftreten, Beweglichkeit, Wissensdurst und Wachheit sowie Kontakt zeigen, Veränderungen, reden, viele Menschen zugegen, Geschwister zugegen, Nerven, Beobachter, umherbewegen, Anpassung

Persönliche Merkmale:
- rasche Reaktionen, gesprächig, lebhaft, anpassungsfähig, beweglich, unbeständig, kommunikationsfreudig, künstlerisch, reizbar, lebendig, oberflächlich, angeberisch

Deszendent in Schütze

Kennzeichen:
- Dem Partner hohe Ziele offenbaren, Begeisterung entwickeln, an ihn glauben

Aszendent in Krebs

Kennzeichen:
- Einfühlung in die Umwelt, Empfindsamkeit, Anlehnungswünsche, Launenhaftigkeit, Familiensinn, Milde, launisch, Zuhause, Familienkontakt, feucht, fürsorglich, feminin, beschützt, Einfachheit, Sensitivität, Narkose, Frauen

Persönliche Merkmale:
- Sensitivität, vielseitiges häusliches Leben, Scheu, abhängig, beeinflussbar, einfühlsam, mediumistisch, sanft, süchtig, nicht auf eigenen Füßen stehen, hingebungsvoll

Deszendent in Steinbock

Kennzeichen:
- Arbeit für den Partner, Vertrauen geben, Sicherheit, reale Ziele für diesen Partner anvisieren

Aszendent in Löwe

Kennzeichen:
- Autoritäres Auftreten, Stolz, Großzügigkeit, Würde, andere für sich einspannen, delegieren, autoritär, zuversichtlich, extrovertiert, aktiv, freudig, offen, Prominenz, zielgerichtet, kühn, luxuriöse Umgebung

Persönliche Merkmale:
- Selbstverherrlichung, mutig, hedonistisch, beherrschend, großzügig, spaßliebend, eindrucksvoll, freudig, Würde, spielend, hochmütig, arrogant, egozentrisch

Deszendent in Wassermann

Kennzeichen:
- Originelle Ideen für den Partner entwickeln, nie rosten, ihm stets eine neue Kulisse bieten

Aszendent in Jungfrau

Kennzeichen:
- Ordentlich, sauber, zuverlässig, einfaches Auftreten, kritische Einstellung, Gründlichkeit, Krankenhaus, Ärzte, Krankenschwestern, Naivität, Erstgeburt, jungfräulich, nervös, stabil, sorgfältig, hygienisch, beobachtend

Persönliche Merkmale:
- diskret, vorsichtig, reserviert, kritisch, schüchtern, genau, sauber, pedantisch, besorgt, nervös, psychosomatische Krankheiten, unverdaulich, stabil

Deszendent in Fische

Kennzeichen:
- Hingebend sein, anpassend an den Partner glauben, sich verführerisch und geheimnisvoll zeigen

Aszendent in Waage

Kennzeichen:
- Harmonie, aber auch Unsicherheit, Geselligkeit, Diplomatie, lockendes Wesen, Geschicklichkeit, harmonischer Ort, ausgeglichen, Teamarbeit, körperlich leicht, gefällig, gesellig, beredt, verlangt Anerkennung, Frauen, Krankenschwestern

Persönliche Merkmale:
- ausgeglichen, harmonische Persönlichkeit, Gemeinschaftsarbeit, attraktiver Körper, bezaubernd, schmeichelhaft, eitel, süßlich, entspannt, überschwänglich, aufdringlich

Deszendent in Widder

Kennzeichen:
- Kampfbereitschaft für den Partner, mit Mut und Leidenschaft die schweren Wege vorangehen

Aszendent in Skorpion

Kennzeichen:
- Eifer, Handlungsbereitschaft, Lebensangst und Überlebenswillen, Jähzorn, Entschlusskraft, disharmonisch, feucht, hitzköpfig, brutal, operativ, Gewalt, Kraft, tragisch, vorsichtig, wütend
- aggressiv, leidenschaftlich, getrennt, metaphysisch, reserviert, paranoid, vorsichtig, abhängig, entschlossen, geheimnistuerisch, heißblütig, sexuell, magnetisch

Deszendent in Stier

Kennzeichen:
- Dem Partner Sicherheit geben, aber auch Lebensfreude und Genuss bereiten, gemeinsam handeln

Aszendent in Schütze

Kennzeichen:
- Soziale Einstellung, aber auch Führungsanspruch, Sport-, Naturliebe, Begeisterung, gewisse Weisheit, enthusiastisch, athletisch, freudig, gute Laune, natürlich, leicht, aktiv, durcheinander, lebhaft, expansiv, fremd, anerkannt

Persönliche Merkmale:
- bestimmt, jovial, glücklich, philosophisch, sportlich, enthusiastisch, expansiv, unabhängig, sozial, lebhaft, salopp, naturliebend, hedonistisch, leicht

Deszendent in Zwillinge

Kennzeichen:
- Aufgewecktsein, viel mit dem Partner sprechen, ihn mit steter Wachheit und Humor fesseln

Aszendent in Steinbock

Kennzeichen:
- Konzentration, pokerhaftes Auftreten, praktische Anschauung, Zähigkeit, reales Zielbewusstsein, Hemmung, Restriktion, ernst, Zwang, Seniorität, reserviert, besorgt, systematisch

Persönliche Merkmale:
- zäh, unterdrückt, ernst, gehemmt, materialistisch, zielbewusst, Schwerarbeiter, besorgt, pragmatisch, professionell, ehrgeizig

Deszendent in Krebs

Kennzeichen:
- Einfühlsam und empfindsam reagieren, betreuende Hilfe geben, Vertrauen, Schutz bieten

Aszendent in Wassermann

Kennzeichen:
- Originelle Ideen, oft verblüffendes Auftreten, Witz und Humor, Verzauberungs- und Einfallsgaben, kommunal, distanziert, ernst, idealistisch, verhalten, kalt, progressiv, freundlich, abstrakt, mechanisch, unorthodox, rhythmisch

Persönliche Merkmale:
- reformerisch, gemeinschaftlich, distanziert, gruppenorientiert, freundschaftlich, progressiv, eigene Ansichten, anpassungsfähig, gehemmt, kühl, launisch, wechselnde Ausrichtungen

Deszendent in Löwe

Kennzeichen:
- Dem Partner Stolz zeigen, sich mit Autorität für ihn einsetzen, Großzügigkeit offenbaren

Aszendent in Fische

Kennzeichen:
- Weichheit mit verborgener Härte, einfühlsamer Instinkt, Anfälligkeiten, mehr hören als sehen, selbst-opfernd, Drogen, von äußeren Umständen bestimmt, misstrauisch, isoliert, psychisch, verträumt, vage

Persönliche Merkmale:
- aufopferungsvoll, verträumt, medial, sensitiv, vage, niedergeschlagen, bequem, ruhig, isoliert, einfühlsam, einsam, einfach, empfänglich

Deszendent in Jungfrau

Kennzeichen:
- Zuverlässigkeit und Ordnung vermitteln, Kritik für den Partner, tiefe Gespräche führen

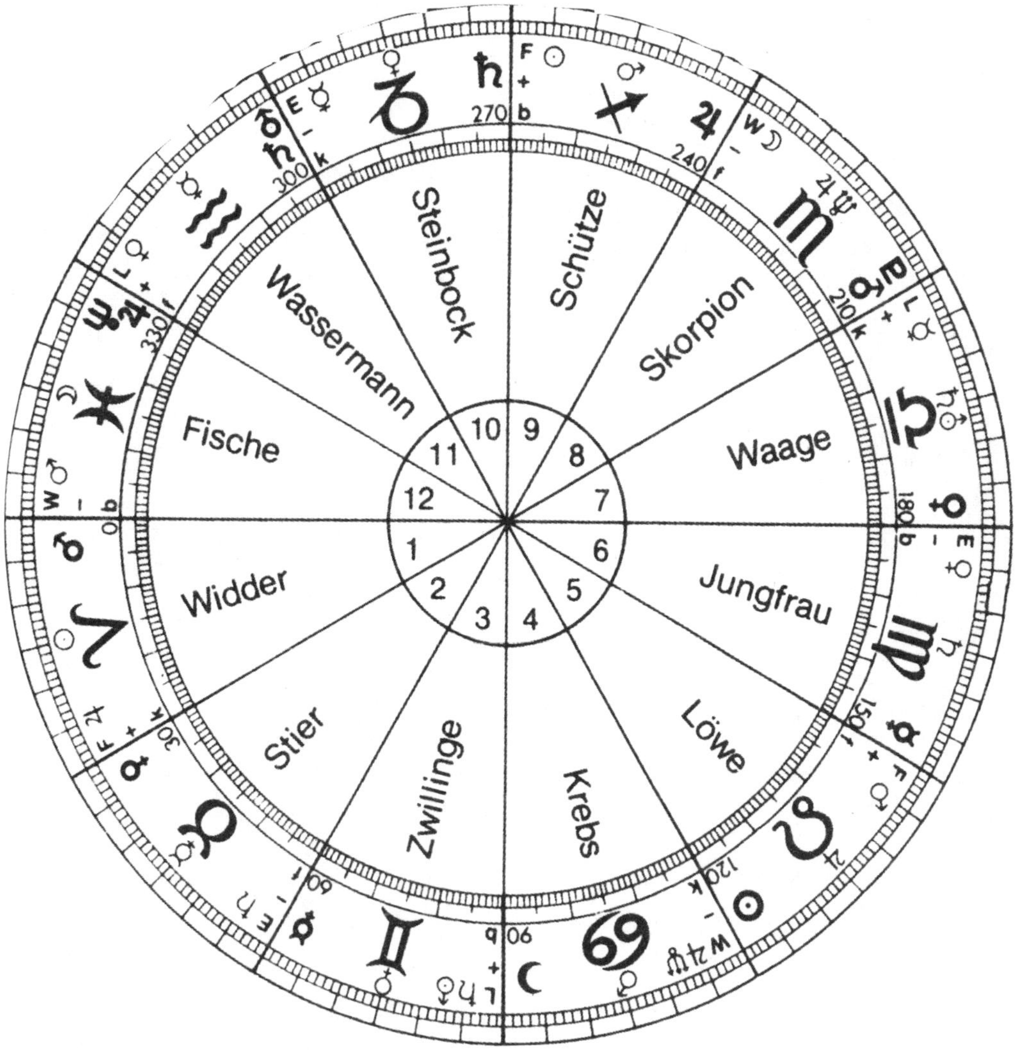
Steinbock
Schütze
Skorpion
Waage
Jungfrau
Löwe
Krebs
Zwillinge
Stier
Widder
Fische
Wassermann
10
9
8
7
6
5
4
3
2
1
12
11
270
240
210
180
150
120
90
60
30
0
330
300

MC (= Medium Coeli = Himmelsmitte) und IC (= Imum Coeli = Himmelstiefe) in den Tierkreisabschnitten

MC Prinzipien:
Ichbewusstsein, Zielsetzungen, Ausrichtung, spirituelles Gewahrsein, Individualität, Ziele, Beruf, Ehre, Vertrauen, Augenblick der Anerkennung, Zweck

MC in Widder

Kennzeichen:
- intuitiv, erfolgreiche Entfaltung der Individualität, bewusste Ziele, aktive Durchsetzung, ehrgeizig, dominierend, Ehrgeiz, starker Wille, etwas im Leben zu erreichen, Streben nach Führung und Spitzenfunktionen. Gefahr: Fanatismus

Persönliche Merkmale:
- ehrgeizig, erfolgreich, individuell, sich durchsetzend, zuversichtlich, feste Zielsetzung, schöpferische Kraft, Initiative

IC in Waage

- Harmoniewunsch von Kindheit an, sich schwer von Wünschen lösen

MC in Stier

Kennzeichen:
- sensitiv, produktiv, stabil, körperliche Manifestation, wesentlich, greifbar, sicher, gewillt, künstlerisch, stur, Beharrlichkeit in der Zielverfolgung, langsames aber ständiges Durchsetzen, Ausdauer, aber auch Duldsamkeit. Gefahr: Misstrauen

Persönliche Merkmale:
- dauerhafte Ziele, Streben nach materieller Sicherheit, schwer zu befriedigen, zäh, Egoismus, materialistisch, Mentalität, Ästhetik wichtig, misstrauisch

IC in Skorpion

Ungerechtigkeiten als Schmerz empfinden, sich schwer entwickeln

MC in Zwillinge

Kennzeichen:
- denkend, dualistisch, verwirrt, vielfältige Ziele, Wechsel der Ausrichtung, mehrere Berufe, instabil, unentschlossen, kaufmännische Berufe, rasches Arbeiten, eigene Individualität der Außenwelt zeigen. Gefahr: Oberflächlichkeit

Persönliche Merkmale:
- Liebe zur Veränderung, vielseitig, gelegentlich kreativ, leicht, instabil, kommunikationsfreudig, freundschaftlich, oberflächlich, widerstreitende Zielsetzungen, bezaubernd

IC in Schütze

Tiefe Glaubenssehnsucht nach Geborgenheit, Schutz, aber auch Wissen

MC in Krebs

Kennzeichen:
- fühlend, sensitiv, beschützend, mütterlich, hingebungsvoll, empfänglich, über-emotionell, habgierig, unterlegen, Takt, Einfachheit, Sparsamkeit, Seelische Durchsetzungskraft, Sehnsucht, etwas zu betreuen, Einfachheit im eingeschlagenen Weg zum Ziel. Gefahr: Empfindlichkeit

Persönliche Merkmale:
- verantwortungsvoll, taktvoll, sensitiv, hingebungsvoll, betroffen, konservativ, emotionell, langsam, stabil, feminin

IC in Steinbock

Reale Grundausrichtung, Geizen mit der eigenen Kraft, Sparsamkeit

MC in Löwe

Kennzeichen:
- Hoch gesteckte Ziele, Chefpositionen, Befehlsgewalt, Organisationsgabe, intuitiv, extrovertiert, selbstbewusst, beherrscht, führend, egozentrisch, kreativ, hoch gesteckte Ziele, Reichtum als Zeichen der Macht. Gefahr: Anmaßung

Persönliche Merkmale:
- Selbstdarstellung, zuversichtlich, offen, expansiv, sozialer Aufsteiger, optimistisch, organisatorisch, Vorwand, Großzügigkeit, führend, egoistisch, starr

IC in Wassermann

Innere Unruhe von Jugend an, Verführungen ausgesetzt, Ikarus-Träume

MC in Jungfrau

Kennzeichen:
- sensitiv, auf Gesundheit bedacht, morgendliche Übelkeit, ordentlich, sorgfältig, kritisch, praktisch, pedantisch, Hypochonder, Streben nach Ordnung und sicherer Lebensstellung, Fleiß und Zuverlässigkeit, philosophische Gedanken, Gefahr: Neid

Persönliche Merkmale:
- vollkommen, Streben nach Sicherheit, lebhaft, kleinbürgerlich, konservativ, Hypersensitivität, Schwerarbeiter, Dienst, Verwalteramt, einfache Mittel, kritisch

IC in Fische

Zärtlichkeitsbedürfnis aus Angst vor der Welt, Hingabe an das Heim

MC in Waage

Kennzeichen:
- denkend, ausgeglichen, entspannt, gerecht, Kooperation, miteinander teilen, Sehnsucht nach Anerkennung, zuversichtlich, diplomatisch, opportunistisch, Harmonisches Streben, Protektion, Diplomatie im Beruf, Taktgefühl und gute Umgangsformen, Geschick. Gefahr: Andere auszunutzen

Persönliche Merkmale:
- Vorankommen durch andere, glückliche Verbindungen, Gleichgewicht, Kooperation, Veredelung, Anpassung, Ausnutzung, äußerlich manierlich

IC in Widder

Aufbruchsgrundstimmung, Unruhe in der Jugend, früher Ehrgeiz

MC in Skorpion

Kennzeichen:

- fühlend, getrennt, vorsätzlich, leidenschaftlich, intensiv, fanatisch, unterdrückend, zerstörerisch, argwöhnisch, Ehrgeiziges Streben, Angst, etwas nicht zu erreichen, stete Zeitnot, starker Erwerbssinn, Eigensinn. Gefahr: Rücksichtslosigkeit

Persönliche Merkmale:

- Durchhaltevermögen, mystisch, unabhängig, ambitioniert, energisch, rücksichtslos, zwanghaft, beherrschend, zielgerichtet, destruktiv, Gewinnstreben

IC in Stier

Sicherheitsbedürfnis als Grundlage des Lebens, frühe Genussneigung

MC in Schütze

Kennzeichen:

- intuitiv, optimistisch, materiell, Sicherheitsbedürfnis, erkannt, frei, mobil, athletisch, religiös, moralisch, extrem, Ideen, über sich hinauswachsen, starker Glaube an sich selbst, Streben nach Ansehen und Führung. Gefahr: Geltungsdrang

Persönliche Merkmale:

- strebsam, idealistisch, hohe Maßstäbe, weit reichendes Denken, höheres Denken, philosophisch-religiös, ambitioniert, wandelbar, Utopist

IC in Zwillinge

Lebhafte Jugend, früher Lerneifer, tiefes Kommunikationsbedürfnis

MC in Steinbock

Kennzeichen:

- sensitiv, rational, pragmatisch, wirklich, egoistisch, egozentrisch, diszipliniert, hart, ernst, unbeugsam, zurückhaltend, vorsichtig, Selbstvertrauen und Zeit haben, innere Sicherheit, sein Ziel zu erreichen, in der Realität verhaftet bleiben. Gefahr: Einseitigkeit

Persönliche Merkmale:

- Selbstvertrauen, einsam, zäh, überarbeitet, starker Vater, nüchtern, phantasielos, prosaisch, egozentrisch, gewissenhaft, ambitioniert

IC in Krebs

Angst vor Schutzlosigkeit, starke Elternbindung, Empfindlichkeiten

MC in Wassermann

Kennzeichen:
- denkend, idealistisch, humanitär, distanziert, gesellig, rebellisch, zerstreut, freundlich, vage, planend, Neuartige Ziele, Reformgedanken, Erfassen der sich bietenden guten Chancen, starker Berufswechsel. Gefahr: Zersplitterung

Persönliche Merkmale:
- innovativ, Utopist, Menschenfreund, abstrakt, zukunftsorientiert, modern, strebsam undiszipliniert, neue Gedanken, progressives Handeln, Neuigkeit

IC in Löwe

Starke Grundkraft, tiefe Überzeugung vom eigenen Wert, früher Stolz

MC in Fische

Kennzeichen:
- fühlend, Alleingang, isoliert, einsam, einfühlsam, wartend, hoffend, Klarheit, zielbewusst, beeindruckbar, Zurückhaltung gegenüber der Außenwelt, Wandlungsfähigkeit, Hingabe an ferne Welten und Horizonte. Gefahr: Haltlosigkeit

Persönliche Merkmale:
- Passivität, Hoffnung auf Ergebnisse, Glück, für Äußerlichkeiten empfänglich, fühlt sich einsam, einfach, bescheidene Bestrebungen, Vergnügen

IC in Jungfrau

Angeborener Fleiß, der ins Gegenteil umschlagen kann, Genauigkeit

Die Mondknotenachse

Alle neun Gestirne (ohne Sonne) wandern um die Jahressonnenbahn, die Ekliptik oder durch den Tierkreis.

Der Mond hat einen wechselnden Abstand von der Sonnenbahn, sein Lauf schneidet diese Bahn wellenförmig, wodurch Schnittpunkte zwischen Sonne und Mondbahn entstehen. Daher sehen wir auch den Mond mal steil oben am Himmel stehen, mal tief unten am Horizont.

Es gibt zwei Schnittpunkte: Den aufsteigenden Schnittpunkt und den absteigenden Schnittpunkt. Beide liegen sich genau 180 Grad gegenüber. Beide Schnittpunkte bilden eine Achse, analog zu den Achse vom Aszendent zum Deszendent, von der Himmelstiefe zur Himmelsmitte oder wie alle anderen Häuserachsen.

Wenn nun einer der Punkte dieser Achse, also ein Schnittpunkt, in Konjunktion mit Sonne oder Mond fällt, haben wir entweder eine Mond- oder eine Sonnenfinsternis. So ermöglichte es die Berechnung der Mondknotenachse, die Finsternisse einst im Voraus zu bestimmen, worauf vor über 2000 Jahren sowohl die Pharaonen wie die chinesischen Kaiser sehr großen Wert legten.

Daher kommt auch der Name Ekliptik, der auf das Wort Eklipse zurückgeht, was nichts anderes als Finsternis heißt.

Eine Finsternis geht langsam vor sich und die Mondfinsternisse sind häufiger als die Sonnenfinsternisse. Wenn sich Sonne und Mond verfinstern, sieht es immer so aus, als würde ein Ungeheuer am Himmel, ein Drachen, Sonne und Mond langsam verschlingen. Deswegen wurden die Mondknoten auch Drachenkopf (aufsteigender Mondknoten) und Drachenschwanz (absteigender Mondknoten) genannt.

Die Mondknoten empfangen nur Aspekte, sie senden keine aus. Ihre Bedeutung ist nur auf die Häuser zu beziehen, da sie sich in den einzelnen Tierkreisabschnitten zu lange aufhalten. Außerdem sind sie stets rückläufig, das heißt, sie gehen gegen die Grundrichtung der Planeten.

Zwar können (außer Sonne und Mond) auch alle anderen Planeten rückläufig sein, aber nur für gewisse Zeiträume. Rückläufigkeit (bei den Planeten steht ein "r") bedeutet immer: Wiederholung, Nacharbeit, langsames Erreichen des Zieles in vielen, (häufig drei) Anläufen.

Der aufsteigende Mondknoten bedeutet: Expansion, Entfaltung, Streben, Extrovertiertheit; er hat jupiterhaften Charakter

Der absteigende Mondknoten bedeutet: Verwurzelung, Konzentration, feste Bindung, Introvertiertheit; er hat saturnischen Charakter

Prinzipien:
Verbindungen, Allianzen, Geselligkeit, Gemeinsinn, Sublimierung, nährend, kollektive Einflüsse

Mondknoten in Widder:
pflegt Freundschaften, Ehrungen, Wohlstand, Drang zum Gemeinschaftlichen, extrovertiert, sozial, feurig, enthusiastisch

Mondknoten in Stier
Gewinn durch Besitz, geteilte Mittel, Schuld, Gewinn durch Lernen

Mondknoten in Zwillinge (Erhöhung)
gutes Denkvermögen, sprachbegabt, Gewinne von Geschwistern, Veröffentlichen, Schreiben

Mondknoten in Krebs
nahe stehende Eltern, Seelenverbindungen, Gewinn durch Besitz, zu Hause gefällig

Mondknoten in Löwe
spekulativ mit anderen, große Freundeskreise, treibt Sport, Clubs, gesellschaftliche Angelegenheiten, verschwenderisch, pompös, Liebesaffären

Mondknoten in Jungfrau
wissenschaftliche Verbindungen, Lehren, institutionelle Forschung, nörgelnd, kritisch gegenüber anderen, empfindliche Gesundheit

Mondknoten in Waage
kann nicht allein sein, Herdentier, von anderen abhängig, Zank, Gemeinsinn, gesellschaftliche Zusammenkünfte, geschäftlicher Erfolg

Mondknoten in Skorpion
trügerisch, geheime Verbindungen, esoterische Organisationen, sexuelle Beziehungen, zerstörerische Affären

Mondknoten in Schütze (Fall)
legale Gemeinschaftsarbeit, Verwaltung, ordentlich, Gemeinwohl, mentale Qualität, prophetische Träume, Psychoanalyse

Mondknoten in Steinbock
verantwortungsbewusst gegenüber anderen, Ausbeutung, praktische Gruppen, Gewerkschaften, Berufsgruppen, Autorität, gesellschaftlicher Aufstieg

Mondknoten in Wassermann
regt Freunde an, viele Freunde, gesellschaftliches Leben, untrennbar, klammernd, hilft anderen gemeinschaftlich

Mondknoten in Fische
Überzeugungen, religiöse Gemeinschaften, Kollektive, Institutionen, isoliert innerhalb der Gruppen, gewinnt Besitz

Deutung der Mondknoten in den Häusern:

Mondknoten im 1. Haus
Kindheit, Selbstausdruck, Verlangen zu herrschen, Anerkennung, gesellschaftliches Leben, persönliche Verbindungen

Mondknoten im 2. Haus
permanente Bindungen, Allianzen, Geld von anderen, hingebungsvolle Menschen, zuverlässig, Loyalität, Erbschaft

Mondknoten im 3. Haus
viele Verbindungen, Ideen von anderen, wichtige Kontakte, oberflächliche Verbindung, Kindergarten, kurze Beziehungen

Mondknoten im 4. Haus
Familienbande, prominenter elterlicher Kontakt, Ahnen, Seelenverbindungen, abhängig, anhänglich

Mondknoten im 5. Haus
Reife, Beliebtheit, Spielen, große Schulen, Liebschaften, herzliches familiäres Verhältnis, organisiert, Mannschaftssportarten

Mondknoten im 6. Haus
unterrichtende Verbindungen, Wissenschaft, Gesundheitsbelange, Tierliebe, anderen dienen, Arbeitsbeziehungen, ehrliche Angestellte

Mondknoten im 7. Haus
Liebesaffären, Teams, öffentliche Angelegenheiten, Profit durch andere, Gewinn durch Frauen und Partnerschaft, schließt leicht Freundschaft, gesellig

Mondknoten im 8. Haus
Geheimgesellschaften, Vereinigungen, kooperative Bemühungen, Sozialismus, Altenheim, geheime Beziehungen, Geschenke, Erbschaften, gewaltsame Politik

Mondknoten im 9. Haus
Schwangerschaft (Transzendenz) utopische Vorstellungen, idealistische Gruppen, juristische Angelegenheiten, Bildungsinteressen, Träume, Schiffsreisen, politischer Idealismus

Mondknoten im 10.Haus
Ehre, Glaubwürdigkeit, große Leistungen, geschäftliche Organisationen, Firmenangelegenheiten, Täuschung, materielle Ziele

Mondknoten im 11. Haus
viele Freundschaften, Unterstützung durch Familie, ideale Pläne, komplexe Beziehungen, Herdentrieb, gesellschaftliches Leben sehr wichtig, hilfreich

Mondknoten im 12. Haus
geheime Verbindungen, Altenheime, Krankenhäuser, Pflegepersonal, Ärzteteam, Zurückhaltung von anderen, philosophische Interessen

Das Häusersystem

Die Astrologen erkannten einst am Himmel das Prinzip: Oben wie unten (Mikrokosmos im Makrokosmos).

Durch die Übertragung die Einteilung des Tierkreises auf das Leben der Erde wurde man diesem Prinzip gerecht. Die Beobachtung dass die Erde in 365 1/4 Tagen um die Sonne läuft und sich in zirka 23 Stunden und 56 Minuten sich um sich selbst dreht, mag dieser Übertragung vorausgegangen sein. Die Rotation der Erde verursacht Tag und Nacht, dadurch erscheint die Sonne morgens immer im Osten und geht am Abend im Westen unter. Die Eigenrotation ist für die Kreiselbewegung der Erde um die Sonne verantwortlich. Man kann das experimentell mit einen Kinderkreisel nachvollziehen. Er dreht sich um sich selbst und man kann sehen, dass der Kreisel zusätzlich als zweite Bewegung einen Kreis beschreibt.

Vor der Elektrifizierung und der künstlichen Beleuchtung war der Wechsel zwischen Helligkeit (Tag) und Dunkelheit (Nacht) für die Menschen von weit größerer Bedeutung. Die Nacht wurde mit dem Tod, der Tag dagegen mit Leben assoziiert. In der Nacht zog sich der Mensch wie Pflanzen und Tiere in sich zurück, um dann am Tage nach außen zu treten.

Tag bedeutete: Sonne = Wärme, Helle und Kraft, die Möglichkeit zu leben, etwas zu schaffen, etwas aufzubauen. Nacht bedeutete: Mond = Kälte, Dunkelheit und Schlaf (der kleine Tod), keine Möglichkeit etwas zu schaffen, dafür Angst und Furcht und die Notwendigkeit, sich gegen räuberische Feinde oder Gegner (wie wilde Tiere) zu schützen.

Leben und Tod wurden in weit größerem Maße als heute täglich erlebt. Und diese Erlebnisse prägten durch Jahrtausende die Seelen der Menschen.

Der Lauf des Jahres mit seinen Jahreszeiten wurde sozusagen an einem Tag/Nacht im Schnellrhythmus durchlaufen. Den Frühling (bei Sonnenaufgang), den Sommer (um die Mittagszeit), den Herbst (mit der Abenddämmerung) und den Winter (in der Nacht). In einem Tag war ein Jahr wie im Zeitraffer nachvollzogen!

Durch Himmelsbeobachtung stellte man fest, dass nämlich der Horizont jeden Grad des Tierkreises (als Messkreis) einmal pro Erdumdrehung durchläuft. Auch wird jeder Grad dieses Kreises einmal am Tag der höchststehende Grad, jeder Grad geht einmal am Tage unter und kommt zu seiner tiefsten Stelle. Auch hier wurde das Jahr im Tag erfahren. So wie die Frühlingssonne erwartet wurde, so wurde auch auf den täglichen Sonnenaufgang gewartet. Je mehr sich der Sonnenaufgang nach Norden verlagerte, umso länger schien die Sonne am Tage; je mehr sich der Sonnenaufgang gegen Süden verschob, umso kürzer waren die Tage des Jahres. Danach richtete sich die Arbeit, etwa um die Saat einzuholen, die Tiere auf die Weide zu bringen oder sie wieder in die Ställe zu treiben, um zu ernten und was so an Arbeit anfiel, damit das Leben gemeistert werden konnte.

Dies führte dazu, dass der Tierkreis als Messpunkt für die Erdrotation übernommen wurde, sodass nach dieser Übertragung das Horoskop auch innen in zwölf Abschnitte gegliedert wurde: in die so genannten Häuser oder Felder.

Im äußeren Bereich des Horoskops ist der Stand der Sonne in Relation zum Zodiak, im inneren Bereich der Stand der Erde in Relation zum Tierkreis angezeigt.

Ausgangspunkt war der Blick nach Osten, also zum Horizont des Aufgangs. Der Begriff Aszendent bedeutet in der Astrologie: der im Moment des Ereignisses (Geburt) aufsteigende Ekliptik- oder Tierkreisgrad. Aus dem Zusammenhang zwischen Aszendent und Sonnenstand wurde dann die Uhrzeit bestimmt. Man schaute also "auf die Stunde", genau das bedeutet das Wort Horoskop (Stundenschau).

Der Innere Kreis des Horoskops wurde genauso wie der Tierkreis in zwölf Abschnitte geteilt, die gegen die Uhrzeigerrichtung gezählt oder nummeriert wurden. Der Aszendent, der auch der aufsteigende Grad genannt wird, also der Schnittpunkt des Horizonts mit dem gedachten Messkreis, der Ekliptik, war der Ausgangspunkt für die Berechnung der Häuser.

Der Aszendent, wurde bis vor 100 Jahren noch für wichtiger gehalten als der Sonnenstand. Für die Geburten ergab dieser Messpunkt bereits den entscheidenden Hinweis für den Lebensablauf! Das ging soweit, dass noch in den Büchern des neunzehnten Jahrhunderts der Aszendent eminent vorherrschte. Wurde von einem "Löwen" gesprochen, war damit der Aszendent und nicht die Sonne im Zeichen Löwe gemeint, war von einem "Schützen" die Rede, ging es um den Aszendenten in diesem Zeichen.

Die Beobachtung, dass die Aufgänge im Osten, mal langsamer, mal schneller waren, veranlasste die alten Astrologen dazu den höchststehenden Punkt, die Himmelsmitte zu berücksichtigen. Diese Himmelsmitte, Medium Coeli (MC) genannt, verschob sich alle vier Minuten um einen Grad, womit ein Zeitmaß gefunden war, das besonders bei der Vorhersage wichtig wird. Dem Aufgangspunkt (Aszendent) lag mit genau 180° der Untergangspunkt, der Deszendent, gegenüber.

Mit der Messung des aufgehenden Ekliptikgrades war auch der untergehende Grad (180°) der Ekliptik gefunden, der Himmelsmitte (MC) lag genau 180° gegenüber die Himmelstiefe, das Imum Coeli (IC).

All diese Berechnungen deuteten darauf hin, dass am Himmel eine Ordnung herrschte, nach der sich der Mensch richten konnte. Der Tag war also wie das Jahr genau einzuteilen und er war berechenbar geworden. Man wusste plötzlich, wann die Sonne auf-, wann sie aber auch unterging. Die Zeit war am Himmel gefunden und zwar minutengenau, eine der wichtigsten Erkenntnisse überhaupt, die das Leben der Menschen wie kaum etwas anderes bestimmen sollte.

Die vier wichtigsten Punkte am Himmel: Aszendent, Deszendent, Medium coeli und Imum coeli, sind sie Ausgangspunkte für den Aufbau des inneren Horoskops. Sie bilden ein zentrales Kreuz im Horoskop

Die zwölf Häuser

Medium Coeli (Himmelsmitte)
Deszendent (Absteigendes Zeichen)
Imum Coeli (Himmelstiefe)
Aszendent (Aufsteigendes Zeichen)

Die vier Eckpunkte

Die Abbildung zeigt einen Kreis. Jeder Kreis wird in 360° eingeteilt. Himmelshöhe und Himmelstiefe, Aszendent und Deszendent. Durch die Verbindung der sich gegenüberliegenden Punkte ergeben sich vier Quadranten. Diese Quadranten haben in dieser systematischen Einteilung jeweils einen Umfang von 90°.

Die gleich große Aufteilung der Quadranten kommt im Verhältnis von Aszendent zur Himmelsmitte und damit auch von Deszendent zur Himmelstiefe nur einmal am Tag genau vor und das auch nur bis ungefähr zum 50. Breitengrad. Dies braucht jedoch der Astrologe nur im Hintergrund zu wissen, da heute Computer oder Berechnungsunterlagen in Tabellenform die Berechnung abnehmen, beziehungsweise sehr erleichtern.

Vom Aszendenten (Aufgangspunkt am Horizont/Schnittpunkt/Ekliptik) steigt die Sonne (und jedes Gestirn) im Uhrzeigersinn zur Himmelshöhe auf, steigt dann zum Deszendenten ab bis zur Himmelstiefe, um dann wieder zum Aufgangspunkt, dem Aszendenten, aufzusteigen.

Der Ekliptik-Messkreis dreht sich im Uhrzeigersinn. Haben wir also einen Aszendenten von 00° im Zeichen Widder, dann liegt dieser Grad um zwölf Uhr mittags Ortszeit bei der Himmelshöhe, bei Sonnenuntergang am Deszendenten und um Mitternacht bei der Himmelstiefe. Diese vier Quadranten sind, bei allen Schulen, egal welches Häusersystem sie benutzen, gleich.

Nach klassischen astrologischen Gesetzen wurden die 90-Grad-Quadranten durch Drittelung in je drei Teile zu 30 Grad geteilt. Vom Aszendenten ausgehend wurde das gesamte Horoskop durch die Achsen Aszendent-Deszendent, Himmelsmitte-Himmelstiefe in Quadranten angeordnet. Die Häusereinteilung nimmt vom Aszendenten aus ihren Anfang. Der Aszendent bildet die Spitze des ersten Hauses und 30 Grad weiter begann das zweite Haus, der MC bildet die Spitze des vierten Hauses, der Deszendent die Spitze des siebten Hauses, der IC die Spitze des zehnten Hauses. Wenn der Aszendent bestimmt ist, werden die anderen Häuser nach dem oben beschriebenen, ganz einfachen Schema ermittelt.

Beispiel: Aszendent liegt bei 11° Schütze. Dann beginnt das zweite Haus bei 11° Steinbock, das dritte Haus bei 11° Wassermann und so weiter bis zum zwölften Haus, das bei 11° Skorpion beginnt.

Die jeweiligen Anfänge sind für die Deutung eines Hauses natürlich sehr entscheidend, da meist zwei Tierkreisabschnitte die Häuser färbten.

Die Astrologen setzten nach dem Prinzip des "unten wie oben" das erste Haus, egal in welchem Tierkreisabschnitt es auch begann, mit dem ersten Tierkreisabschnitt gleich, also dem Tierkreisabschnitt Widder. Das Jahr beginnt astrologisch mit der Tag- und Nachtgleiche (Frühjahrsäquinoktium) die mit Tierkreiszeichen Widder zusammenfällt.

Später kamen andere Schulen auf, die entweder die Häuser ganz verwarfen und damit abschafften, beziehungsweise Schulen, die die Häuser auch von der Himmelsmitte an zu zählen begannen, was aber mit der klassischen Astrologie nichts zu tun hat. Häuser werden alternativ auch Felder genannt.

Übersicht der Häusereinteilung (und die Bewertung/Deutung):

Haus und Zuordnung	**Regent**
Das 1. Haus ist ein Widder-Haus	Mars
Das 2. Haus ist ein Stier-Haus	Venus als Morgenstern
Das 3. Haus ist ein Zwillinge-Haus	Merkur als Morgenstern
Das 4. Haus ist ein Krebs-Haus	Mond
Das 5. Haus ist ein Löwe-Haus	Sonne
Das 6. Haus ist ein Jungfrau-Haus	Merkur als Abendstern
Das 7. Haus ist ein Waage-Haus	Venus als Abendstern
Das 8. Haus ist ein Skorpion-Haus	Pluto
Das 9. Haus ist ein Schütze-Haus	Jupiter
Das 10. Haus ist ein Steinbock-Haus	Saturn
Das 11. Haus ist ein Wassermann-Haus	Uranus
Das 12. Haus ist ein Fische-Haus	Neptun

Der "regierende" Planet gibt dem Haus jeweils seine Prägung, womit die Grundaussage des Hauses gegeben ist. Da die Häuser die Lebensbereiche auf der Erde anzeigen, wird hier die Grundrichtung vom Temperament her angezeigt.

Häuser mit ihren "regierenden" Planeten

Die Häuser und ihre Prägung:

Das erste Haus	ist marsisch geprägt
Das zweite Haus	ist venushaft geprägt
Das dritte Haus	ist merkurisch geprägt
Das vierte Haus	ist mondhaft geprägt
Das fünfte Haus	ist sonnenhaft geprägt
Das sechste Haus	ist merkurisch geprägt
Das siebente Haus	ist venushaft geprägt
Das achte Haus	ist plutonisch geprägt
Das neunte Haus	ist jupiterhaft geprägt
Das zehnte Haus	ist saturnisch geprägt
Das elfte Haus	ist uranisch geprägt
Das zwölfte Haus	ist neptunisch geprägt.

Jeder Planet, der in seinem Haus steht, hat eine potenzierte "Wirkung". Jeder Planet, der im Haus eines anderen Planeten steht, ist so zu beurteilen, als hätte er eine Konjunktion mit dem jeweils regierenden Planeten.

Eine Besonderheit stellen die Planeten dar, die mal Morgen-, mal Abendstern sind, also Venus und Merkur. Sie können durchaus in einem Haus stehen, das sie nicht regieren. Beispiel: Wenn Venus als Abendstern im zweiten Haus steht oder Merkur als Morgenstern im sechsten Haus zu finden ist. Dies sind allerdings "feinere" Deutungen, die hier nur erwähnt sein sollen.

Nach dem Prinzip "oben wie unten" wurden die Häuser gegliedert wie vorher die Tierkreisabschnitte.

Die Elemente und ihre Entsprechung

Da ist es die Element-Gliederung wichtig, wenn auch die Elemente selbst nicht ausschlaggebend sind, sondern mehr auf das Temperamentsverhalten der Menschen abgestimmt waren:

Element	Entsprechung
Feuer	persönliche Dimension
Erde	materielle Dimension
Luft	geistige Dimension
Wasser	seelische Dimension

Persönliche (Feuer) Häuser sind: das I., das 5. und das 9. Haus.
Materielle (Erde) Häuser sind: das 2., das 6., das X. Haus.
Geistige (Luft) Häuser sind: das 3., das VII., das 11. Haus.
Seelische (Wasser) Häuser sind: das IV., das 8., das 12. Haus.

Die Eckhäuser, also die Häuser an der Spitze eines Quadranten, werden als stärkere Häuser angesehen. Daher schreibt man (meistens) diese Häuser mit römischen, die anderen mit arabischen Ziffern. Dies wird bei der Kraftform-Mobilität deutlich, die auch von den Tierkreisabschnitten übernommen wird und als wesentlich für die Art der Häusergestaltung galt, je nachdem, welche Planeten in den entsprechenden Häusern zu finden sind.

Kraftform-Mobilität

Eck (kardinale) Häuser sind: I, IV, VII, X
Feste (fixe) Häuser sind: 2, 5, 8, 11
Angleichende (gemeinschaftliche) Häuser sind: 3, 6, 9, 12

Die ungeraden Häuser gelten als männlich (aktiv) oder ansprechend. Die geraden Häuser gelten als weiblich (rezeptiv) oder antwortend.

Die Häuser sind einmal ohne, einmal mit Tierkreis vorgestellt, wobei dann auch die Inhaltsstichworte gesetzt sind.

In Bezug auf die Planeten als Häuserherrscher wird deutlich (wie beim Tierkreis), dass die ersten sieben Häuser von den individuellen oder schnellen Planeten regiert werden, die man auch als Lichter sowie innere Planeten bezeichnet. Merkur und Venus erscheinen zweimal.

Erst ab dem achten Haus kommen als "regierende" die äußeren Planeten zur Geltung. Daraus ergibt sich, dass die Häuser I bis VII eher die individuellen Bereiche widerspiegeln, während die Häuser 8bis 12 eher die gesellschaftlichen Bereiche verdeutlichen, was bei den einzelnen Beschreibungen zum Ausdruck kommen wird. So geben auch die Häuser das enge Verhältnis von Himmel und Erde wieder.

Die Astrologie der vorherigen Jahrhunderte begnügte sich meist mit dem einen Stichwort, das hier jeweils in die Häusereinteilungen hineingeschrieben ist. Von diesem Stichwort aus wird dann kombiniert, wurden die Schlussfolgerungen gezogen.

Damals gab es schon bestimmte Lehrsätze, die sich die Eleven einprägen mussten. Viele waren ja noch nicht des Lesens kundig und das meiste Wissen wurde mündlich weitergegeben. Ein Satz ist uns überliefert, der sich auf die Bedeutung der Häuser bezog, wobei wir zur Erläuterung die Nummern der Häuser darunter geschrieben haben:

Es lebt	reich	Bruder	Vater	Kind	krank	Hausfrau
I	2	3	IV	5	6	VII

alle Todes-Gesind	und wandelt	mit Herrlichkeit
8	9	X

hat Glück	Gefängnis bringt Leid
11	12

Das heißt heute übersetzt: Leben (I. Haus), Vermögen (2. Haus), Bruder = Geschwister (3. Haus), Vater = Eltern (IV. Haus), Kinder (5. Haus), krank =Krankheit (6. Haus), Hausfrau = Ehefrau (VII. Haus), alle Todes-Gesind = Tod (8. Haus) und wandelt = Haus der Ferne (9. Haus), mit Herrlichkeit = Berufsansehen (X. Haus), hat Glück = Freunde (11. Haus), wo Gefängnis bringt Leid = Lebensbilanz (12. Haus).

Die Häuserkombinationen

Die Häuser zeigen an, wie sich das Leben im betreffenden Bereich abspielt.

So galten die Häuser als Leitkompass für das irdische Geschick in Ergänzung zu den Tierkreisabschnitten, die den himmlischen Kompass darstellten. Natürlich wurden für die differenzierten Aussagen Kombinationen der Häuser untereinander vorgenommen.

Wesentlich war für jedes Haus das Oppositionshaus, also das gegenüberliegende Haus.

Übersicht:
- Das Ich des I. Hauses strebt zum du des VII. Hauses.
- Das Vermögen des 2. Hauses muss sich mit dem Verlust des 8. Hauses auseinander setzen.
- Die Nähe des 3. Hauses strebt zur Ferne des 9. Hauses.
- Die Herkunft des IV. Hauses bedingt das Ansehen des X. Hauses.
- Das Kreative des 5. Hauses muss sich sozial im 11. Haus eingliedern.
- Die Krankheit des 6. Hauses wird im 12. Haus auskuriert.

Im Laufe der Zeit schälten sich dann auf Grund vieler Erfahrungswerte weitere Kombinationsmöglichkeiten heraus, die teilweise noch heute gelten. So wird immer nach der Erotik gefragt, nach gefährlichen Situationen etc.

Natürlich kann da ein Haus, selbst mit dem Oppositionshaus kombiniert, keine genügende Auskunft geben und so entwickelten sich in der klassischen Astrologie gewisse Häuserformeln, von denen einige bewährte hier wiedergeben werden.

Häuser-Formeln:

Beruf	die Häuser 2, 6, X
Idealismus	die Häuser I, 5, 9
Benehmen	die Häuser I, 3, 9
Gesundheit	die Häuser 2, 6, 8, 12
Ehe, Gemeinschaft	die Häuser I, 5, VII
Sex	die Häuser 2, 5, VII, 11
Glauben	die Häuser 8, 9, 12
Esoterik	die Häuser IV, 8, 12
Glücksspiele	die Häuser 2, 5
Pflichterfüllung	die Häuser I, 6, X
Große Reisen	die Häuser X, 9
Kleine Reisen	die Häuser I, 3
Strafprozesse	die Häuser I, X, 12

Analogien der Häuser zu den Lebensepochen

Das I. Haus gibt Auskunft über das erste Lebensviertel.
Das 2. Haus gibt Auskunft über das zweite Lebensviertel.
Das 3. Haus gibt Auskunft über das dritte Lebensviertel.
Das IV. Haus gibt Auskunft über das vierte Lebensviertel.

Außen-Ich, Außen-du, Innen-Ich, Innen-du

Die vier Quadranten

Mit einem Blick war so vor den alten, klassischen Astrologen der Ablauf eines Lebens erschaubar, die Häuserformeln waren Voraussetzung für individuelle Aussagen.

Wichtig war noch die Einteilung in die Tag- und Nachthälfte. Alle Häuser oberhalb der Linie zwischen Aszendent und Deszendent, die man auch die Horizontlinie nennt, also die Häuser VII, 8, 9, X, 11 und 12 , gehören zur Taghälfte. Alle Häuser unterhalb der Horizontlinie, also die Häuser I, 2, 3, IV, 5 und 6, gehören zur Nachthälfte.

Die (vom Betrachter aus gesehen) linken Häuser gehören zur Ich-Hälfte, also die Häuser X, 11, 12, I, 2 und 3. Die rechten Häuser gehören zur du-Hälfte, also die Häuser 9, 8, VII, 6, 5, IV. Durch die Mischung der Ich- und der du-Hälfte ergeben sich dann auch nähere Bezeichnungen der vier Quadranten. Diese vier Quadrant-Bezeichnungen bereichern dann noch die Aussagen der jeweiligen Häuser.

Die generelle Bedeutung der Planeten in Bezug zu den Häusern

Die Sonne in den Häusern (Felder)

Die Stellung der Sonne in den Häusern zeigt die Lebensgebiete an, die am stärksten von den Auswirkungen des persönlichen Kraftpotentials betroffen werden. Sie lässt darauf schließen, wie und wo das Individuum sich durch seinen schöpferischen Ausdruck und den Einsatz seiner Willenskraft auszeichnet und Geltung verschafft.

Der Mond in den Häusern (Felder)

Die Stellung des Mondes in den Häusern zeigt an, auf welchen Bereichen des Alltagslebens sich die Gefühle des Individuums manifestieren. Sie bezieht sich auf jenen Erfahrungsbereich, der von den unbewussten alten Gewohnheiten beeinflusst ist, da die Stellung des Mondes den Lebensbereich andeutet, in welchem das Individuum auf Umweltreize und andere Menschen unbewusst reagiert. Die Häuserstellung des Mondes gibt auch wichtige Hinweise auf die Art der Tätigkeit, die der Geborene im Heim entfaltet.

Merkur in den Häusern (Feldern)

Die Stellung des Merkur in den Häusern besagt, auf welche praktischen Ebenen sich Denken und Kommunikation - beispielsweise Sprechen und Schreiben - einer Person beziehen und welche Bereiche davon beeinflusst werden. Die Häuserstellung des Merkur deutet an, welcher Art die Umwelteinflüsse und Aktivitäten sind, aus denen der Geborene seine Ideen bezieht. Steht Merkur beispielsweise im zweiten Feld, kann das Individuum Informationen durch Geschäfte und finanzielle Transaktionen gewinnen, während es mit Merkur im siebten Haus durch Heirat, Partnerschaften und Umgang mit der Öffentlichkeit seine Erfahrungen aufbaut.

Venus in den Häusern (Feldern)

Die Stellung der Venus in den Häusern weist darauf hin, auf welchen Lebensgebieten und in welcher Form ein Mensch seine gesellschaftlichen, künstlerischen und erotischen Bestrebungen verwirklicht. Wer zum Beispiel Venus im zehnten Haus hat, wird einen Beruf mit künstlerischem Einschlag ergreifen und enge Beziehungen zu Mitarbeitern anknüpfen. Er kann jemanden heiraten, den er durch seinen Beruf kennen gelernt hat. Das Haus oder Lebensgebiet, das von Venus besetzt wird, zeigt an, mit welcher Art von Menschen der Geborene gesellschaftliche Beziehungen aufnimmt, Freundschaften schließt oder Liebesbeziehungen eingeht.

Mars in den Häusern (Feldern)

Die Stellung des Mars in den Häusern deutet an, auf welchen Lebensgebieten sich die Handlungen und Bedürfnisse des Nativen äußern. Sie zeigt, wo er seine Energie einsetzen und Initiative entwickeln muss, um Erfolg zu haben. Ist der Mars ungünstig aspektiert, so zeigt seine Häuserstellung, auf welchen Gebieten wahrscheinlich Konflikte auftreten werden.

Jupiter in den Häusern (Feldern)

Jupiter in den Häusern informiert über die Lebensgebiete und Tätigkeiten, in denen jemand seine religiösen, philosophischen und erzieherischen Ansichten darstellt. Auf diesen Gebieten wird der Geborene sich aktiv am Auf- und Ausbau einer weiträumigen sozialen Ordnung beteiligen und seinen materiellen Besitz und seine Begabungen auch anderen zugute kommen lassen. Die Felder, in denen Jupiter steht, stellen die Bereiche dar, auf denen der Geborene den Lohn für das Brot, das er verteilt, ernten kann. Die Häuserstellung des Jupiter zeigt, in welcher Hinsicht der Geborene positiv und optimistisch denkt und welche Angelegenheiten unter einem günstigen Vorzeichen stehen. Je mehr der guten Dinge der Geborene andern zukommen lässt, desto mehr wird er selbst zurückerhalten.

Saturn in den Häusern (Feldern)

Die Felder, in denen Saturn steht, bezeichnen die Lebensgebiete, auf denen man lernen muss, diszipliniert zu handeln. Saturn wird auch als Wächter der Schwelle bezeichnet, dass bedeutet, das der Aufstieg vom persönlichen zum Überpersönlichen erst dann geschehen kann, wenn die Prüfung durch Saturn erfolgreich bestanden ist. Sie zeigen an, wo der Betreffende Verantwortung übernehmen muss, um menschlich zu reifen. Die Saturnstellung lässt erkennen, wie und auf welchen Lebensgebieten der Betreffende eine noch fehlende innere Ordnung und Festigkeit erreichen kann und auch, wie er seinen praktischen Ehrgeiz zum Ausdruck bringen wird.

Uranus in den Häusern (Feldern)

Die Stellung des Uranus in den Häusern gibt Hinweise auf die Art der Tätigkeit, durch die der Geborene sein Bedürfnis nach Individualität und Freiheit ausdrückt. Sie zeigt an, unter welchen Umständen plötzliche, ungewöhnliche und erregende Ereignisse in seinem Leben eintreten werden. Sie deutet auf den Typus der Freunde, die der Geborene wählt und auf die Art der Unternehmungen, die er gerne zusammen mit Freunden und Gleichgesinnten durchführt. Auch die Art und Weise, in der der Native seine intuitiven Fähigkeiten und okkulten Interessen zum Ausdruck bringt, wird durch die Häuserstellung des Uranus gekennzeichnet.

Neptun in den Häusern (Feldern)

Die Stellung des Neptun in den Häusern zeigt an, auf welche Art der Geborene seine mystische Energie zum Ausdruck bringt. Sie lässt auch erkennen, durch welche praktischer Umstände der Geborene höheren geistigen Kräften als Medium/Handlanger dient. Auf dem Gebiet, wo sich Neptun befindet, muss man mit Hingabe und Liebe der Menschheit dienen.

Die Neptunstellung zeigt, wie der Geborene seiner schöpferischen Fantasie, das heißt seiner bildnerischen Fähigkeit, Ausdruck verleiht und welche Lebensumstände durch Vorahnungen, Träume, Hellsicht und tiefere intuitive Einsicht berührt werden. Die Häuserstellung des Neptun lässt auch die Bedeutung des Karma erkennen, das durch vergangene Taten entstanden ist. Ist Neptun ungünstig aspektiert, gibt seine Häuserstellung die Gebiete an, auf denen der Geborene unrealistische Tendenzen zeigt und zu Selbsttäuschungen neigt.

Pluto in den Häusern (Feldern)

Die Häuserstellung des Pluto deutet an, auf welchen Lebensgebieten der Geborene seine schöpferischen Kräfte mobilisieren muss, um sich selbst und seine Umgebung zu erneuern. Nachdem Pluto mit den Kräften des Massenschicksals zu tun hat, zeigt seine Häuserstellung, wie Veränderungen im Großen jeden von uns im Kleinen betreffen, das heißt, wie das Schicksal der Massen mit dem Einzelschicksal verknüpft ist. Sie besagt auch, in welcher Form ein Mensch okkulte Tendenzen äußern und von den subtileren Möglichkeiten seines Denkens und Wollens Gebrauch machen wird.

Die spezielle Bedeutung der Planeten in den Häusern (Feldern)

Erstes Haus

Widderhaus; Herrscher: Mars, Pluto; erhöht: Sonne

Einordnung:	Eckhaus, bewegend
Ausrichtung:	Persönlich
Grunddeutung:	Das Ego (Ich)-Haus
Grundrichtung:	Innen-Ich, die eigene Lebensauffassung
Motivation:	Ich-Lebensmotivation
Aufgabe:	Selbsterkenntnis
Lebensbereiche:	Grundauffassung der Lebensgestaltung, körperliche Grundkonstitution, Auftreten in der Umwelt, Willensausrichtung, Anspruch des Ego, Gründung-Ausgangslage

Überbetonung des ersten Hauses: Egozentrik, Alleingänge, Unfähigkeit zur Neutralität undiplomatisch, zu subjektives Handeln, Selbstschädigung

Die Spitze des ersten Hauses ist der Aszendent. Sein Motto lautet: "Ich bin." Das Zeichen an der Spitze des ersten Hauses wird aufsteigendes Zeichen genannt. Es ist dies der wichtigste und empfindlichste Punkt im ganzen Horoskop. Er bildet den Bezugspunkt des Individuums zu seinem Leben: sein Selbstverständnis, die Art, wie es seine Erfahrungen verarbeitet und auf Umweltreize reagiert.

Jeder Planet, der im ersten Haus steht, besonders in Konjunktion mit dem Aszendenten, ist im höchsten Maß bedeutsam für den Grundcharakter des Nativen und die Art seines Bewusstseins. Weitere Faktoren, die für die Deutung des ersten Hauses eine Rolle spielen, sind: das Zeichen an seiner Spitze; der Herrscher dieses Zeichens; jeder Planet, der einen Hauptaspekt zum Aszendenten bildet und der Dispositor des Herrschers des Aszendentenzeichens.

Die genannten Faktoren, die das erste Haus bestimmen, zeigen die äußere Erscheinung und die persönlichen Eigenheiten des Nativen an. (Die Zeichen und Felder, in denen die Sonne und der Mond stehen, geben ebenfalls Aufschluss über den physischen Grundtypus des Nativen). Die körperlichen Eigenschaften sind der Ausdruck seiner Lebenskraft, seines Ichs und sind ein Gradmesser für seine Gesundheit und Vitalität und für die auf sie wirkenden Einflüsse.

Das erste Haus zeigt auch das früheste Milieu des Nativen, die ersten auf ihn wirkenden Umwelteinflüsse, was sich mit der Entsprechung des ersten Hauses zum Tierkreiszeichen Widder begründen lässt, dem Zeichen des Neubeginns. (Der Aszendent ist im Horoskop der Hauptbezugspunkt und entspricht dem Frühlingsäquinoktialpunkt von null Grad Widder im Tierkreis, auf den als zentralen Knotenpunkt alle Kraftfelder des Zodiaks geometrisch und harmonisch ausgerichtet sind).

Die Sonne, die im Widder erhöht ist, verkörpert den Schöpferwillen und das lebengebende Prinzip. Sie hat ebenfalls eine starke Beziehung zum Aszendenten und zum ersten Feld. Deshalb wird jemand, der die Sonne in Konjunktion oder sonst in einem starken Aspekt zum Aszendenten hat, sehr wahrscheinlich ein selbstbewusstes und kraftvolles Wesen sein, das einen starken Willen und eine positive Lebenseinstellung besitzt.

Mars und Pluto, die beiden Herrscher des Widders, haben ebenfalls starke Affinität zum ersten Haus und zum Aszendenten. Mars ist der Planet des physischen Handelns, das auf Wunschvorstellungen basiert, während Pluto der Planet der gedanklichen Energiesteuerung ist, die auf Willenskraft und Entschlossenheit beruht. Diese beiden Planeten äußerer und innerer Aktivität sind noch stärker zu bewerten, wenn sie irgendwie mit dem Aszendenten oder dem ersten Haus verbunden sind.

Planeten im ersten Haus

Die Sonne im ersten Haus

Kindheit, Aufmerksamkeit, elterliche Zustimmung, starker Wille, Vitalität, Gewahrsein, Erholung, Temperament, Egoismus, körperliche Gesundheit, zwanghaft
Selbstbewusste Persönlichkeit, Hervortreten, Autoritätsanspruch, Erfolgsaussichten, Maßlosigkeit mit Ichbetonung, Tendenz, das Ich in den Vordergrund zu stellen, Machtanspruch gegenüber der Umwelt

Die Sonne im ersten Feld, insbesondere in Konjunktion mit dem Aszendenten, lässt auf einen starken Willen schließen, auf ausgeprägte Lebenskraft und starkes Selbstbewusstsein. Menschen mit dieser Stellung zeigen viel Unternehmergeist. Sie sind wahre Führernaturen und lassen sich durch die Meinungen oder Wünsche anderer nicht so rasch von ihren Zielen abbringen. Sie wissen ganz genau, was sie wollen und sind ausgesprochene Individualisten. Sie verfügen über sehr viel Energie und Regenerationskraft, die ihnen helfen, körperliche Störungen oder Erkrankungen rasch zu überwinden.

Ihre Energie macht sie erfolgssüchtig und sie sind bereit, lange und hart zu arbeiten, um in den Augen der Welt Ansehen und Wertschätzung zu erlangen. Für sie ist es eine unverzichtbare Notwendigkeit, sich als bedeutende und anerkannte Persönlichkeit zu fühlen.

Bei kritischer Aspektierung kann die Sonne im ersten Haus übertriebenen Stolz, Egoismus, Übereifer, falsche Ambitionen und Herrschsucht bedeuten.

Der Mond im ersten Haus

Kindheit, Selbst-Gewahrsein, beeinflusst, beeindruckbar, impulsiv, starke Persönlichkeit, empfindlich, mütterliche Stärke, Korpulenz, reizbar
Empfindsamkeit, Gemütsabhängigkeit durch die Umwelt, Betreuungswille, Betonung der seelischen Kraft, Verletzbarkeit, psychosomatische Belastungen und Beeinflussungen

Mond im ersten Haus deutet auf Personen, deren Selbstbewusstsein und -darstellung stark von ihren Gefühlen, von frühkindlichen Erlebnissen und von Familienangelegenheiten gefärbt sind. Sie neigen dazu, ihre persönliche Identität übermäßig von anderen Menschen beeinflussen zu lassen. Veränderlich und launisch, wie sie in ihrer Ausdrucksweise und in ihren Reaktionen auf die Umwelt sind, fehlen ihnen langfristige Ausrichtung und Zielsetzung. Dank ihrer großen Eindrucksfähigkeit können sie paranormale oder mediale Fähigkeiten besitzen. Es ist wahrscheinlich, dass andere Menschen in ihre persönlichen Angelegenheiten verwickelt werden. Sie haben gefühlsmäßig das Bedürfnis, persönlich anerkannt zu werden und suchen deshalb immer wieder die Bestätigung durch andere. Als Folge davon werden sie leicht ausgenützt.

Mond in dieser Stellung lässt auf eine starke Mutterbindung schließen. Oft haben die Nativen runde, volle Gesichter ("Mondgesichter") und eine Schwäche für gutes Essen, was bei undisziplinierten Nativen zur Korpulenz führen kann.

Merkur im ersten Haus

Kindheit, mentale Aktivität, Beobachtung, Aufgewecktheit, nervös, frühreif, geräuschvoll, anmaßend, Begeisterung, wach, überaktiv, Selbstdarsteller
Selbstdarstellung durch Handeln, Aufmerksamkeit, Vorteile erkennen, schnelle Handlungskraft, individuelle Reaktionen

Menschen mit Merkur im ersten Haus haben eine wissbegierige, intellektuelle Einstellung zum Leben. Von dem, was sich in ihrer Umgebung abspielt, entgeht ihnen kaum etwas. Ihre Handlungen und Ausdrucksweisen beruhen auf logischen und vernünftigen Überlegungen. Sie besitzen eher eine überdurchschnittliche Intelligenz und haben ein intensives Bedürfnis, sich andern mitzuteilen. Dies verleitet sie gelegentlich zu Redseligkeit und Schreibwut.

Diese Menschen sind ständig in Bewegung, denn Merkur ist der natürliche Regent des dritten Hauses, während das erste Haus Selbstdarstellung durch Handeln bedeutet. Mit dieser Stellung sind geistige Initiative und Willenskraft verbunden. Die Nativen legen gewöhnlich sehr viel intellektuellen Wetteifer an den Tag, insbesondere, wenn Merkur in einem Feuerzeichen steht.

Menschen mit Merkur im ersten Haus sind gute Schriftsteller, Ärzte, Wissenschaftler, Forscher, Gelehrte, Bibliothekare und Sekretäre, denn sie besitzen eine angeborene Fähigkeit, sich auszudrücken und einen hohen Grad von Intelligenz. Ihr Denken und ihre Interessen gelten vorwiegend jenen Dingen, die von dem Planeten beherrscht werden, der zu Merkur den engsten Hauptaspekt bildet.

Venus im ersten Feld

Kindheit, Schönheit, persönliche Anmut, proportioniert, glücklich, Liebe, demonstrativ, beliebt, Liebe auf den ersten Blick, Gesellschaftsleben, Kleidung, Steigerung
Harmoniesehnsucht, Ausstrahlung, Kunstinteresse, Emotionsstärke

Venus im ersten Haus deutet auf Menschen, die persönliche Grazie, gefällige Umgangsformen und ein freundliches Wesen haben. Diese Stellung ist vor allem im Horoskop einer Frau vorteilhaft, weil sie körperliche Schönheit verspricht. Gewöhnlich verbringen diese Nativen eine glückliche Kindheit, die ihnen eine positive Lebenseinstellung vermittelt. Venus im ersten Haus zeigt auch, dass die Person die Gesellschaft anderer sucht und gern Freundschaften schließt und Liebesbeziehungen anbahnt.

Menschen mit dieser Stellung lieben schöne Kleider und all jene Dinge, die ihre persönliche Erscheinung vorteilhaft zur Geltung bringen. Dank ihrer geselligen Natur haben sie einen großen Bekanntenkreis. Dies ergibt für sie stets gute Gelegenheiten für Geschäfte, Romanzen und Heirat. Sie besitzen oft auch eine Begabung für bildende Kunst, Musik oder Dichtung.

Mars im ersten Haus

Kindheit, energisch, lebhaft, eigenwillig, Gewalt, muskulös, robust, impulsiv, starke Persönlichkeit, Tun, Ungeduld, Verletzungen
Ich-Wille, starke Ich-Energie, Zivilcourage, Einsatz, großer Ansporn
Mars im ersten Haus deutet auf aggressive Menschen, die aus sich herausgehen und überschäumen von Energie. Sie sind oft von robustem und muskulösen Körperbau und erwecken den Eindruck von Kraft und Derbheit. Sie begnügen sich nicht damit, Zaungäste des Lebens zu sein. Sie müssen unmittelbar handelnd eingreifen und sind sehr impulsiv, besonders, wenn Mars in einem Kardinalzeichen steht. Mars im ersten Haus hat viel Ähnlichkeit mit Mars im Widder. Deshalb werden auch Menschen mit dieser Stellung mehr erreichen, wenn sie lernen zu überlegen, bevor sie handeln.

Die Nativen sind ehrgeizig und können hart arbeiten. Ihr Ehrgeiz sucht nach Anerkennung und öffentlichem Beifall.

Ist Mars ungünstig aspektiert, besteht die Gefahr, dass diese Menschen egoistisch und dickköpfig sind; wenn sie sich stark genug fühlen, ihren eigenen Kopf durchzusetzen, machen sie sich kein Gewissen daraus, es auch zu tun. Deshalb kann ein verletzter Mars im ersten Haus darauf hindeuten, dass sie die Rechte und Gefühle anderer missachten. Es können auch periodisch Streitsucht und elementare Wutausbrüche auftreten.

Mars im ersten Haus bedeutet auch eine Vorliebe für Sport und andere Formen körperlicher Ertüchtigung. Sie ist günstig für Männer, weil sie Kraft und Männlichkeit bedeutet. Die körperliche Widerstandsfähigkeit und Energie ermöglicht es diesen Menschen, doppelt so viel zu leisten wie ein Durchschnittsmensch vorausgesetzt allerdings, dass die Energie auch richtig eingesetzt wird. Wenn sich im übrigen Horoskop Intelligenz und die Fähigkeit zur Selbstdisziplin abzeichnen, so klettern die Nativen auf der Erfolgsleiter oft sehr hoch hinauf.

Bei dieser Marsstellung wird absolute persönliche Handlungsfreiheit gefordert, Einmischungen von andern werden nicht geduldet. Aus der Fähigkeit zum Handeln, zum Selbstvertrauen und zum Mut ergibt sich eine Führerpersönlichkeit, die jedoch nicht unbedingt über organisatorisches Geschick oder Managerqualitäten verfügt, es sei denn, diese Qualitäten würden durch andere Faktoren im Horoskop angedeutet.

Ist Mars sehr ungünstig aspektiert, kann eine Tendenz bestehen, in Handgemenge und Raufereien verwickelt zu werden. Im weiteren kann die vorschnelle emotionale Impulsivität dazu führen, dass die primitivsten Vorsichtsmaßregeln für Gesundheit und Sicherheit außer Acht gelassen werden

Jupiter im ersten Haus

Kindheit, autark, optimistisch, extrovertiert, strebsam, unausgeglichen, gesellig, gern gesehen, Schutz, Nachsicht, Versprechen, Kraft
Ich-Entfaltung, subjektive Gerechtigkeit, Streben nach dem Lebenssinn, Ruhmsucht

Jupiter im ersten Haus deutet auf eine optimistische, gesellige Persönlichkeit. Menschen mit dieser Stellung neigen dazu, sich auf die Sonnenseite des Lebens zu konzentrieren. Gewöhnlich sind sie ehrlich und vertrauenswürdig, freundlich und wohlwollend - und populär und beliebt. Ihr Optimismus und ihr Selbstvertrauen stärken auch die Zuversicht der anderen. Sie zeigen - besonders in späteren Jahren - ein würdiges persönliches Auftreten.

Ist Jupiter im ersten Haus günstig aspektiert, können solche Menschen für eine führende Rolle auf geisteswissenschaftlichem Gebiet prädestiniert sein. Sie erwerben sich vielfach einen Ruf als Autorität auf einem Gebiet der Religion, Philosophie oder Bildung. Sie betreiben meist intensive Studien auf diesen Gebieten, um ihrer Aufgabe gerecht zu werden. Sie haben im Allgemeinen Glück im Leben und scheinen die Gunst der Götter zu genießen. Immer wieder kommt ihnen die Vorsehung zu Hilfe, manchmal noch im allerletzten Moment.

Mit Jupiter im ersten Haus haben die Nativen meist ausgeprägte religiöse oder moralische Überzeugungen. Ist Jupiter gut gestellt und von Uranus, Neptun oder Pluto stark aspektiert, kann dies auf eine vorausschauende Gabe hindeuten.

Ist Jupiter in diesem Haus ungünstig aspektiert, neigt der Geborene, vor allem in späteren Jahren, dazu, korpulent zu werden. Auch ein Verhätscheln und übertriebenes Wichtignehmen der eigenen Person kann bei diesen Menschen auftreten.

Mit einem verletzten Jupiter im ersten Haus haben die Nativen die Tendenz, zu übertreiben und mehr zu versprechen, als sie halten können

Saturn im ersten Haus

Kindheit, ehrgeizig, beherrscht, hartnäckig, verantwortungsvoll, kalt, unfreundlich, Begrenzung, Härte, einsam, ältere Menschen, Trotz, egoistisch, ernst
Ich-Konzentration, Familientradition, Würde, Ernst, Verantwortungsbewusstsein

Mit Saturn im ersten Haus ist ein ernstes, würdiges persönliches Auftreten verbunden. Die Nativen nehmen Verantwortung auf sich. Sie sind ernsthaft veranlagt und arbeiten mit Ausdauer. Sie sprechen oder handeln nie ohne eine ganz bestimmte Absicht. Dem oberflächlichen Betrachter mögen sie kalt und unfreundlich erscheinen, aber wenn Saturn günstig aspektiert ist, können sie sich als treue Freunde erweisen, die im Notfall mit praktischer Hilfe zur Hand sind.

Menschen mit dieser Stellung verfügen über klares Denken und ein ausgeprägtes Gerechtigkeitsgefühl. Ihre Überzeugung, dass man im Leben schwere Verantwortungen auf sich nehmen muss, führt bei ihnen manchmal dazu, Frohsinn für frivol zu halten und als bloße Zeitverschwendung abzulehnen. Sie sollten mehr Sinn für Humor entwickeln.

Ist Saturn im ersten Haus ungünstig aspektiert, bedeutet dies oft eine harte und entbehrungsreiche Jugend. Hindernisse müssen überwunden werden, ehe diese Menschen auf einen grünen Zweig kommen und Unabhängigkeit und Freiheit erlangen können. Ist Saturn stark verletzt, kann sich als seelische Reaktion auf die Erfahrungen in der Kindheit egoistischer, materialistischer Ehrgeiz bemerkbar machen. Von einem tiefen Misstrauen erfüllt, glauben diese Menschen, nur die eigenen Interessen verteidigen zu müssen, weil dies sonst niemand tut. So bauen sie eine innere Mauer um sich auf, die für andere nur schwer zu durchbrechen ist. Sie entfremden sich auf diese Art noch mehr von den Menschen und meinen noch stärker in die Defensive gedrängt zu sein, was eine Art Teufelskreis zur Folge haben kann.

Diese Menschen arbeiten hart und ausdauernd, um aus eigener Kraft zu Macht und Ansehen zu gelangen und sich dadurch selbst zu bestätigen. Bei Behinderungen ihres persönlichen Strebens kann ein Gefühl der Vergeblichkeit und als Folge davon Feindseligkeit entstehen. Das äußert sich jedoch nicht in Form offener Aggression, sondern eher als Intrige. Man will den andern etwas heimzahlen oder sie übervorteilen.

Saturn im ersten Haus steht in seinem Fall, da dieses Haus dem Zeichen Widder entspricht, worin Saturn im Fall steht. Folglich müssen diese Menschen häufig zunächst lernen, anderen gegenüber mehr Liebe zu zeigen und mit ihnen zusammenzuarbeiten, bevor sie persönliche Erfüllung und Glück finden. Nur wenn sie sich einige Eigenschaften der Waage und des siebten Hauses angeeignet haben, werden diese Beschränkungen fortfallen.

Es kann vorkommen, dass ein ungünstig aspektierter Saturn im ersten Haus körperliche Leiden oder Behinderungen mit sich bringt. Saturn in dieser Stellung bedingt meist eine knochige Gestalt. Es lassen sich zwei verschiedene Typen unterscheiden: der eine ist gedrungen, dunkelhäutig und mit dunklen Augen, der andere groß und grobknochig.

Uranus im ersten Haus

Kindheit, energisch, ungewöhnlich, originell, rastlos, verschroben, wissenschaftlicher Einfluss, hartnäckig, irrational elektrisch, eigenwillig, abrupt, unstet, stur
Einfallsreichtum, schnelle Adaptionsfähigkeit, Freiheitsdrang

Menschen mit Uranus im ersten Haus zeigen in ihrem Verhalten einen starken Freiheitsdrang und haben oft ein ungewöhnliches wissenschaftliches und intuitives Talent. Meist gelten sie als exzentrisch, ungewöhnlich oder in irgendeiner Weise fortschrittlich, denn sie kümmern sich kaum um konventionelle Freundschaften und Tätigkeiten.

Ist Uranus im ersten Haus ungünstig aspektiert, können die Nativen eine bornierte Eigenwilligkeit zeigen und ihre persönliche Freiheit ohne Rücksicht auf gemeinsame Interessen oder auf die Rechte der andern beanspruchen. Manchmal wird, wenn Uranus in diesem Haus verletzt ist, die Exzentrik zum Selbstzweck. Diese Uranusstellung lässt Ruhelosigkeit und ein dauerndes Gefühl nach Abwechslung und neuen Erlebnissen erwarten. Solche Menschen haben es schwer, eine routinemäßige Existenz zu akzeptieren und ziehen oft Aufregung und Abenteuer der Sicherheit vor.

Die Nativen begehren eine führende Stellung in Gruppen oder Organisationen, besonders in solchen, die Reformen, neue Ideen und fortschrittliche geistige Konzepte propagieren. Diese Menschen möchten sich mit dem Neuen, Unversuchten, Erfinderischen beschäftigen. Ihre Haltung und ihre Ziele sind ständigen Wechseln unterworfen; sie neigen dazu, von einem Extrem ins andere zu fallen, besonders wenn Uranus ungünstig aspektiert ist. Mäßigung entspricht nicht ihrer Art.

Ist Uranus günstig aspektiert und lässt das übrige Horoskop auf höhere Intelligenz oder intuitive Einsicht schließen, kann die Uranusstellung im ersten Haus auf geniale Menschen hinweisen, die auf den von ihnen gewählten Gebieten wichtige Entdeckungen machen können.

Neptun im ersten Haus

Kindheit, sensitive Persönlichkeit, Intuition, verträumt, beeinflussbar, empfindliche Verdauung, Drogen, seltsames Aussehen, eigentümliche Beziehungen
Instinkt, Ahnungsvermögen, Medialität, Hellsichtigkeit

Mit Neptun im ersten Haus besteht ein sensibles, intuitives Gewahrwerden der eigenen Persönlichkeit und der Beschaffenheit der Umwelt. Ist Neptun stark aspektiert, kann der betreffende Mensch kraft seiner hellseherischen Fähigkeiten der Beweggründe hinter den Ereignissen und den Handlungen der Menschen innewerden.

Menschen mit Neptun im ersten Haus sind hochgradig beeindruckbar und für unterbewusste Einflüsse empfänglich. Wenn Neptun günstig aspektiert ist, können sie inspirierte mystische Visionen haben, ist er aber verletzt, geraten sie möglicherweise in Gefahr, von negativen psychischen Kräften missbraucht zu werden, was im Extremfall zu Besessenheit führen kann. Sie sollten den Genuss von Alkohol und anderen Drogen meiden, weil diese negativen psychischen Einflüssen Tür und Tor öffnen können.

Mit dieser Stellung lassen sich hoch entwickelte künstlerische und musikalische Talente finden, denen ihre Intuition schöpferische Eingebungen vermittelt. Die äußere Erscheinung dieser Nativen ist oft von einem Hauch von Geheimnis umgeben; in manchen Fällen wirken ihre Augen gleichsam magnetisch. Diese Neptunstellung bedeutet, dass die Nativen oft seltsame Beziehungen anknüpfen, von denen viele ihren Ursprung in der Vergangenheit haben.

Ist Neptun ungünstig aspektiert, kann Selbsttäuschung, Unzuverlässigkeit und Unklarheit der persönlichen Ziele beobachtet werden. Mit einem verletzten Neptun können auch Alkoholismus, Drogenmissbrauch, hemmungsloser Lebenswandel und eine Tendenz, sich ziellos durchs Leben treiben zu lassen, verbunden sein.

Pluto im ersten Haus

Kindheit, Machtwille, Machthunger, Durchsetzungswille außergewöhnliche Energie, Durchsetzung, Wut, machtvoller Wille, Härten, robust, starke Veränderungen bei den Eltern, fortgeschritten, rasches Wachstum

Menschen mit Pluto im ersten Haus zeigen ein vertieftes Innewerden ihrer selbst und die Anlage zu einem kraftvollen Willen. Steht Pluto in Konjunktion mit dem Aszendenten und ist stark aspektiert, kann auch eine hellseherische Begabung vorliegen. Der Betreffende dürfte sich für modernste Formen der Technologie interessieren, da er das Leben als dynamischen Prozess auffasst.
Oft wächst ein solcher Mensch in einem armseligen und entbehrungsreichen Milieu auf und ist von klein auf mit dem Kampf ums Überleben vertraut. Dies hinterlässt seine Spuren; in späteren Jahren wird er dazu neigen, ein Einzelgänger zu sein und sich abzusondern.

Menschen mit dieser Stellung verfügen über ein beträchtliches Maß an Initiative, haben aber gelegentlich Mühe, mit andern zusammenzuarbeiten oder sich den traditionellen Gepflogenheiten anzupassen. Sie besitzen die Fähigkeit und das Bedürfnis, sich dank innerer Energiequellen und Kräfte immer wieder zu regenerieren. Sie achten auf ihre Gesundheit, müssen aber lernen, dass der Körper dem Geist dient und nicht umgekehrt.

Im ersten Haus steht Pluto gleichsam als Regent, denn er ist Mitherrscher im Widder, der dem ersten Haus entspricht. Es lässt sich demnach ein hohes Maß an persönlichem Machtstreben und Willensstärke erwarten. Der betreffende Mensch ist bemüht, sein Denken und Fühlen weitgehend der Kontrolle des Bewusstseins unterzuordnen. Sein Nonkonformismus und Individualismus machen es ihm jedoch oft schwer, sich in häuslichen Angelegenheiten, in Ehe und Beruf zurechtzufinden.

Zweites Haus

Stierhaus; Herrscher: Venus; erhöht: Mond

Einordnung:	Mittelhaus, fest (fix)
Ausrichtung:	Stofflich
Grunddeutung:	Das Selbstwert-Haus
Grundrichtung:	Innen-Ich, die Begabung, das Vermögen
Motivation:	Können
Aufgabe:	Selbstwert erkennen
Lebensbereiche:	Begabungen, materielle Grundsicherung, Umgang mit der Materie, mit Werkstoffen, Kapitalanlagen, Erwerbssinn, Anschaffungen, Lebensgenuss, Sicherung der erworbenen Werte, Naturverbundenheit

Überbetonung des zweiten Hauses:
Überbewertung des Materiellen, ausschließliches Denken in Werten und Geldern, fehlende Opferbereitschaft, unbeugsame Härte

Das zweite Haus hat mit den materiellen Mitteln zu tun, die der Mensch (I. Haus) benötigt, um sich zu erhalten. Das Motto für das zweite Haus lautet: "Ich habe." Materielle Vorräte anzuzapfen oder anzulegen, erfordert im Allgemeinen dauernde, nicht nachlassende Anstrengungen. Das zweite Haus steht in Beziehung zum Zeichen Stier, dem beständigsten aller Zeichen, denn es ist ja ein Erdzeichen (Erde, das feste Element) und damit das stabilste der vier Zeichen des fixen (festen) Vierecks. Die für die Erhaltung der persönlichen Existenz und Selbstdarstellung notwendigen Mittel stammen von der Erde. Das zweite Haus hat mit der Fähigkeit des Nativen zu tun, Geld zu verdienen, um sich die Güter anschaffen zu können, die er braucht oder zu brauchen glaubt. Das zweite Haus zeigt nicht nur an, in welchem Maß und auf welche Weise der Geborene Güter erwerben, verwalten und verwenden kann, sondern es gibt auch Hinweise auf Menge und Art des beweglichen Besitzes, den er erwirbt.

Das Zeichen an der Spitze des zweiten Hauses, sein Herrscher, die Planeten, die seine Dispositoren sind und die Zeichenstellungen und Aspekte der Planeten, die im zweiten Haus stehen, geben alle Hinweise darauf, wie der Geborene Geld und Güter erwirbt und verwendet. Diese Faktoren zeigen auch an, welche Probleme und Umstände dabei auftreten können. Auch Aspekte auf den Zeichenherrscher der zweiten Häuserspitze können von Bedeutung sein.

Weil Venus (die Herrscherin von Stier) und Mond (der im Stier erhöht ist) im natürlichen Tierkreis mit dem zweiten Haus verbunden sind, können auch diese Planeten Aufschluss über die Angelegenheiten des zweiten Hauses geben.

Da der Erwerb von materiellen Gütern eine Zusammenarbeit verschiedenster menschlicher Kräfte erfordert, bringt das zweite Haus auch zum Ausdruck, dass der Geborene lernen muss, gegenüber seinen Mitmenschen und der Gesellschaft als Ganzem die Verantwortung des Sachwalters zu übernehmen. Wenn jemand für sich selbst Sicherheit und Frieden verwirklichen will, muss er auch für diejenigen, die von ihm abhängig sind, sichere Lebensgrundlagen schaffen.

Letztlich müssen die Nativen durch die Erfahrungen des zweiten Hauses lernen, dass sie nicht selbstsüchtig Reichtum ausschließlich zu ihrem eigenen Vergnügen und Genuss anhäufen, sondern die erworbenen Mittel dazu verwenden sollen, um - je nach ihrem Vermögen - möglichst vielen Mitmenschen zu Nahrung, Unterkunft, Kleidung und Bildung zu verhelfen. Diejenigen, denen sie helfen können, werden ihrerseits wieder dazu beitragen, die menschliche Weiterentwicklung zu fördern.

Die Sonne im zweiten Haus

Ausdauer, Humor, Genuss, sanft, beständig, sinnlich, sicher, zurückhaltend, stur, fest, besitzergreifend, nachsichtig, Eltern schützen
Wissen um den eigenen Wert, Streben nach Eigentum, Absicherung, Großzügigkeit, Lebensfreude, Zuversicht, Kunstsinn, Interesse an Malerei und Gesang

Die Sonne im zweiten Haus bezeichnet Menschen, deren Aufgabe es wäre, Geld und Besitz aufbauend zu verwenden, in einer Weise, die das Leben als Ganzes fördert und nicht nur der eigenen Befriedigung dient.

Die Konstellation gibt einen wichtigen Hinweis darauf, in welcher Weise die Person Reichtum erwerben und verwenden wird. Wenn die Sonne zum Beispiel in den Zwillingen im zweiten Haus steht, wird der Betreffende wahrscheinlich durch eine intellektuelle Tätigkeit Geld als Manager verdienen und es für Geselligkeit, Abenteuer oder Theaterbesuche ausgeben. Auf jeden Fall sind diese Menschen erpicht darauf, Geld zu verdienen, weil ihr ganzes Wollen und Trachten darauf ausgeht, finanzielle Unabhängigkeit zu erreichen.

Bei ungünstigen Aspekten auf die Sonne im zweiten Haus kann eine Tendenz bestehen, allein durch Reichtum Ansehen zu erlangen, mit der Neigung, andern den eigenen Willen aufzuzwingen, um sich selbst zu bereichern. Außerdem kann sich eine Verschwendungssucht und Geldausgabe für teuren Luxus, um sich aufzuspielen und das Selbstgefühl zu befriedigen, einstellen.

Der Mond im zweiten Haus

gefestigtes Zuhause, Behaglichkeit, körperlich orientiert, Nahrung, tiefe emotionelle Bindungen, Schönheit, Festigkeit, stabil, besitzergreifend, eifersüchtig, Gewohnheiten, Wachstum
Seelenstärke, Drang nach Sicherheit aus einer Lebensfurcht heraus, Mitleid, Festhalten am Erworbenen, Unsicherheiten in Finanzfragen, konservative Arbeitsgrundhaltung

Diese Mondstellung im zweiten Haus entspricht der Erhöhung des Mondes im Stier. Sie spricht für ein starkes Bedürfnis nach finanzieller Sicherheit, die eine gesicherte Heim- und Familiensituation ermöglicht. Das emotionelle Wohlbefinden dieser Nativen ist ganz allgemein von materiellem Komfort abhängig. Sie haben Geschick in geschäftlichen Dingen, besonders im Zusammenhang mit Nahrungsmittel, Wohnungen oder Grundbesitz. Ihre Fähigkeit, zu Geld zu kommen, hängt weitgehend von der Zeichenstellung und den Aspekten des Mondes ab. Befindet sich der Mond in einem festen oder einem Erdzeichen, sind die Aussichten in dieser Beziehung günstig.

Merkur im zweiten Haus

Geduld, Logik, besitzergreifend, besonnen, einseitig, gesprächig, nachdenklich, begriffsstutzig, sensibel, langsam, gewinnsüchtig, formell, Ausdauer
Handlungsfreude, kaufmännische Begabung, Denken in Werten und deren Absicherung, Erwerbssinn, Geschäftsbegabung

Steht Merkur im zweiten Feld, wird das Denken ganz von Geschäfts- und Gelddingen beeinflusst. Der Wertmaßstab basiert auf dem, was konkrete, praktische Ergebnisse zeitigt. Es besteht Geschäftstüchtigkeit auf allen jenen Gebieten, die mit Kommunikationsmedien zu tun haben: Schreiben, Drucken, Verlegen, Rundfunk und Fernsehen, Telefondienst und Unterrichten.

Menschen mit dieser Stellung erstreben eine höhere Bildung, um ihr Einkommen zu steigern. Sie haben originelle Ideen, wie man zu Geld kommen könnte und ihre finanziellen Angelegenheiten und Unternehmungen sind immer methodisch geplant. Viele Ökonomen, Geschäftsberater und Gründer von Handelsgesellschaften haben Merkur im zweiten Haus oder irgendeine Beziehung des Merkur zum zweiten Haus, sei es durch Zeichenherrschaft oder Aspekt. Die Geschäftsangelegenheiten sind gewöhnlich mit dem Planeten verbunden, der Merkur am engsten aspektiert ist und durch diesen Planeten kann auch finanzieller Gewinn angezeigt sein.

Venus im zweiten Haus

körperliche Schönheit, Gegenstände, braucht Liebe, guter Geschmack, klammernd, tiefe Gefühle, persönliche Anziehungskraft, besitzergreifend, zuverlässig, arbeitsam Gefühlssicherung, Lebensbindungen, Glück im Erwerb, Gewinne

Im zweiten Haus zeigt die Venus eine Vorliebe für Reichtum, kostbare Besitztümer, Kunstgegenstände und persönlichen Schmuck an - kurz für alles Schöne, das sich mit Geld kaufen lässt. Die Nativen streben auch nach Reichtum, um sich eine soziale Stellung zu sichern. Sie bevorzugen reiche Ehe- und Liebespartner, die ihnen den gewünschten materiellen Komfort bieten können. Diese Stellung bedeutet Geschäftliches Talent, vor allem für solche die mit Kunst zu tun haben. Künstler mit dieser Venusstellung in günstigen Aspekten haben gute Chancen, mit ihrer Kunst Geld zu verdienen.

Frauen mit dieser Stellung sind gewöhnlich extravagant und Männer neigen dazu, für ihre Freundinnen zu viel Geld auszugeben. Diese Venusstellung verspricht auch die Förderung durch Freunde und gesellschaftliche Kontakte, die zu Geschäftsvereinbarungen, einflussreichen Positionen und Reichtum führen.

Mars im zweiten Haus

Ausdauer, praktische Begabung, hartnäckig, störrisch, besitzergreifend, zielgerichtet, verlangend, zäh, sinnlich, Beharrlichkeit, heftig
Drang nach Reichtum und Anerkennung, Kampf um den Gewinn, Risikofreude

Im zweiten Haus deutet Mars auf ein aktives Streben nach finanziellem Erfolg und materiellen Gütern. Dank ihrer Geschäftstüchtigkeit verdienen die Nativen recht gut, sind aber impulsiv im Ausgeben. Ihre Kassen sind oft leer, kaum dass sie sie gefüllt haben. Sie müssen also lernen, ihre Ausgaben sorgfältig zu kontrollieren.

Diese Menschen wollen ihre Geschäfte lieber allein betreiben. Sie lieben Konkurrenz in finanziellen und geschäftlichen Dingen und versuchen Prestige zu gewinnen, indem sie ihre Verdienstfähigkeit demonstrieren. Sie sind immer darauf aus, die anderen zu übertreffen.

Um ihren persönlichen Besitz zu verteidigen, würden sie jederzeit verbissen kämpfen. Sie bekommen einen ehrlichen Zorn, wenn andere etwas nehmen, das ihnen nicht gehört. Andererseits sind sie durchaus bereit, eigene Güter wegzugeben, wenn sie damit Vorteile gewinnen oder einen guten Eindruck machen können.

Ist Mars im zweiten Haus ungünstig aspektiert, kann das Interesse an materiellen Werten in Besessenheit ausarten. Bei wenig entwickelten Menschen kann es zu Kampf, Diebstahl oder anderen unlauteren Machenschaften kommen, um in den Besitz materieller Güter zu gelangen oder sich Wünsche zu erfüllen.

Jupiter im zweiten Haus

Ausdehnung, Wachstum, zuverlässig, verschwenderisch, großzügig, Genuss, unsicher, Treuhänderschaft, liberal, offen, verwertbar, reich
Die Gabe der Talententfaltung, Wohlstand, Gefahr der Verschwendung

Im zweiten Haus verspricht Jupiter Geschäftstüchtigkeit und Entwicklungsbestreben, die den Erwerb von Geld und Besitz verheißen. Falls Jupiter aber stark verletzt ist, wird das Geld wohl ebenso rasch wieder verschwinden, wie es hereingekommen ist.

Menschen mit dieser Stellung haben geschäftlich oft mit Grundbesitz, Haushaltsprodukten, Nahrungsmitteln, Krankenhäusern und anderen Institutionen, mit Psychologie, Erziehung, Spendensammeln, Reisen und Publizieren zu tun.

Ist Jupiter im zweiten Haus ungünstig aspektiert, haben die Nativen eine Tendenz, zu viel als selbstverständlich vorauszusetzen und sich zu viel zuzumuten. Bei Geschäftsunternehmungen vergessen sie gelegentlich unvorhergesehene Ausgaben. Ist Jupiter sehr stark verletzt, sollte man sich davor hüten, Schulden zu machen.

Saturn im zweiten Haus

Sparsamkeit bis zum Geiz, Erwerb von Grund und Boden, Verlustangst, materiell, geordnet, besitzergreifend, Stabilität, Ausdauer, gehemmt, Bewegung eingeschränkt, klammernd, konservativ, Trägheit, Schwierigkeit

Im zweiten Haus zeigt Saturn Ehrgeiz und viel Arbeit an, um Geld, materiellen Besitz und die damit verbundene Stellung zu erlangen. Im Allgemeinen müssen die Nativen für ihren Lebensunterhalt schwer arbeiten. Sie sind geschäftstüchtig und erhalten bei all ihren Käufen stets den entsprechenden Gegenwert. Sie legen ihr Geld als Sicherheit für die alten Tage auf die hohe Kante und geben es nie leichtfertig aus. Diese Sparsamkeit kann im Extremfall zu Geiz führen. Der Betreffende scheut dann sogar vor notwendigen Anschaffungen zurück. Dies verhindert sogar manchmal eine Erweiterung des Geschäfts, durch die mehr Geld verdient werden könnte. Diese Menschen müssen sich darüber klar werden, dass finanzielles Wachstum nur möglich ist, wenn das Geld im Umlauf ist; es muss rollen, um Zinsen zu tragen. In vielen Fällen entspringt ihre große Vorsicht einer tiefen Furcht vor Armut. Deshalb häufen sie Reichtum an.

Ist Saturn ungünstig aspektiert, bringt selbst schwere Arbeit manchmal nur wenig ein. Ein gut aspektierter Saturn hingegen verspricht eine erfolgreiche Laufbahn. Der Betreffende erlangt finanzielle Sicherheit und kommt zu Geld und Besitz, besonders in späteren Jahren. In diesem Fall zeigt der Geborene meist Vorsicht und weite Voraussicht in Geschäftsangelegenheiten. Im Allgemeinen erwerben Menschen mit dieser Konstellation Land und Besitz von bleibendem Wert.

Oft wird durch diese Stellung materieller Gewinn seitens des Vaters, Arbeitgebers oder Menschen in mächtigen Positionen angezeigt. Das Geld wird erworben durch die Übernahme von Regierungsaufträgen, Geschäftsführung im Bergbau und im Bauwesen.

Ist Saturn im zweiten Haus verletzt, kann Egoismus und Besitzgier vorherrschen.

Uranus im zweiten Haus

Ungewöhnliche Gegenstände, Gewinne und Verluste, halsstarrig, entschlossen, eifersüchtig, spekulativ, vorzeitig, ruhelos, frühreif, unpraktisch, lebhaft, Spekulationsinteresse, Gespür für überraschende Gewinne

Uranus im zweiten Haus deutet auf Menschen, die in ungeordneten finanziellen Verhältnissen leben. Sie gehen mit dem Geld wenig haushälterisch um, verdienen und verlieren es mit der gleichen Plötzlichkeit. Wenn Uranus günstig aspektiert ist, können sie ungewöhnliche Fähigkeiten und Methoden zum Geldverdienen haben. Ist dies aber nicht der Fall, lassen sie sich oft in gewagte finanzielle Abenteuer ein. Sie verdienen ihr Geld durch Geschäfte, die mit Erfindungen, Elektronik oder anderen naturwissenschaftlichen Belangen zu tun haben. Oft borgen sie sich Geld von Freunden oder verleihen selber Geld. Ist Uranus verletzt, ergeben sich manchmal Konflikte wegen unbezahlter Schulden. Bei günstigen Uranusaspekten wird Geld jedoch für humanitäre und wissenschaftliche Zwecke zur Verfügung gestellt. Was den Gebrauch von natürlichen Hilfsquellen betrifft, weichen die Wertbegriffe dieser Menschen von denen des Durchschnittsbürgers ab. Sie können herkömmlichen Wertvorstellungen gegenüber gleichgültig sein, oder ihre eigenen Wertvorstellungen gelten nichts in den Augen der andern.

Neptun im zweiten Haus

Inspiration, Täuschungen bei Anlagen, Erwerbsinstinkt, empfänglich für Formen, künstlerisch, sinnlich, Schönheit, weich, fantasievoll, süchtig, launisch, seltsame Gestalt, durcheinander, unpraktisch, faul, abhängig

Neptun im zweiten Haus deutet auf eine idealistische Einstellung gegenüber Geld und Besitz. Ist Neptun günstig aspektiert, sind die Nativen in Geldsachen sehr großzügig und stets bereit, humanitäre und geistige Vorhaben finanziell zu unterstützen. Ist Neptun im Horoskop einer gescheiten Person in dieser Stellung günstig aspektiert, dürfte sie in Geldangelegenheiten eine gute Spürnase haben und zu Reichtum kommen. Das Geld wird ihr manchmal unter geheimnisvollen und ungewöhnlichen Umständen in den Schoß fallen und wieder entgleiten. Menschen mit dieser Stellung sind oft extravagant und haben Mühe, ihr Kapital zusammenzuhalten. Solche Tendenzen müssen durch eine wohl überlegte Budgetierung ausgeglichen werden, falls Neptun auch nur im leisesten ungünstig aspektiert ist.

Menschen mit einem verletzten Neptun sind unpraktisch veranlagt und vielfach unfähig, mit Geld umzugehen, oder zu bequem, sich ihren Lebensunterhalt zu verdienen. Sie könnten unter Umständen auch ausgenützt und übervorteilt werden und brauchen oft finanzielle Unterstützung. Sie müssen lernen, mit beiden Füßen auf der Erde zu stehen.

Pluto im zweiten Haus

Großer Ehrgeiz, gewinnsüchtig, große Schmerzen oder Verluste, Abhängigkeit vom Geld, unersättlich, Veränderungen der materiellen Situation, Verwalteramt

Im zweiten Haus bedeutet Pluto auf ehrgeiziges Geldstreben und materiellem Besitz. Weil Pluto das Zeichen Skorpion und das achte Haus beherrscht, die dem Zeichen Stier und dem zweiten Haus gegenüberliegen, dürften hier die finanziellen Ambitionen des Nativen auch das Geld anderer Menschen mit einbeziehen.

Ist Pluto im zweiten Haus günstig aspektiert, können solche Menschen dank ihres Spürsinns für verborgene finanzielle Möglichkeiten zu Geld kommen.

Bei ungünstiger Aspektierung kann krasse Habsucht und übertriebener Egoismus den betreffenden Menschen in ernstliche Schwierigkeiten bringen. Er kann Freunde verlieren und möglicherweise in Rechtsstreitigkeiten verwickelt werden. Dies steht meist im Zusammenhang mit Steuerangelegenheiten, Erbschaften und Versicherungen sowie durch Spekulationen bedingten finanziellen Rückschlägen.

Wer Pluto im zweiten Haus hat, muss durch eine harte Schule zur Erkenntnis gelangen, dass wir nur Sachwalter der materiellen Mittel sind und dass diese zum Wohle aller verwendet werden müssen.

Drittes Haus

Zwillingehaus; Herrscher: Merkur

Einordnung:	Angleichendes Haus, anpassend
Ausrichtung:	Geistig
Grunddeutung:	Das Kommunikations-Haus
Grundrichtung:	Innen-Ich, der Alltag des Ichs
Motivation:	Mit der Umgebung leben
Aufgabe:	Über das Alltägliche hinauswachsen
Lebensbereiche:	Nachbarschaft, Geschwister, Verträge, das Alltägliche, Einstellung zu Kollegen, Hilfsbereitschaft, Verkehr, kleine Reisen, Anschaffungen, Umzüge, Feste, Begegnungen

Überbetonung des dritten Hauses:
Das Alltägliche überschätzen, Mangel an großen Zielen, Ablenkbarkeit, bescheidener Lebensanspruch

Das Motto des dritten Hauses lautet: "Ich denke". Der Geborene muss aufgrund möglichst genauer Wahrnehmung, Erfahrung und Logik entscheiden, welche Methoden am wertvollsten sind, um mit den durch das zweite Haus repräsentierten Gütern umzugehen und zu welchem Zweck diese Mittel verwendet werden sollen. Das setzt die Fähigkeit zu klarem Denken voraus: die Domäne des dritten Hauses. Es ist das denkende Bewusstsein, das beurteilt und entscheidet, worauf sich die Aufmerksamkeit und dann die seelische Energie richten sollen.

Wir erschaffen uns dauernd selbst durch unsere Gedanken. Die emotionalen Reaktionen und das Handeln des Individuums folgen automatisch dem Grundmuster, das durch die Denkstruktur angelegt ist und verstärken es damit gleichzeitig. So schaffen sich die Menschen durch ihre Gedankenmuster selbst ihren eigenen Himmel - oder ihre Hölle. Hier muss nun der unterscheidende Faktor des Merkur eingesetzt werden, um den Gedanken und Handlungen eine positive Richtung zu geben.

Weil das Zeichen des dritten Hauses, die Zwillinge, vom Merkur beherrscht ist, hat dieses Haus mit der Aufnahme, Verarbeitung und Weitergabe von Informationen zu tun. Es ist das Haus des praktischen Verstandes und da zur Übermittlung mitmenschliche Beziehungen notwendig sind, ist es auch dieses dritte Feld, das den Kontakt zu Verwandten, Nachbarn und allgemein zu Menschen ausdrückt, mit denen man täglich Gedanken austauscht.

Das dritte Feld, sein Herrscher, die Planeten im dritten Haus sowie die Aspekte, die sie empfangen, geben wichtige Aufschlüsse über die Fähigkeit des Nativen, zu denken und sich mitzuteilen, seine Art, Gedanken auszudrücken und seine geistigen Reaktionen auf die Umwelt. Auch die Stellung und Aspekte des Merkur sind in dieser Hinsicht nicht unwichtig.

Unter das dritte Haus fallen Zeitschriften, Zeitungen, Bücher, das Schreiben, Briefe, Internet, Telefon, Fernsehen, Radio und das Sprechen, alles was der zwischenmenschlichen Verständigung und dem Informationsaustausch dient. So gehören zum dritten Haus auch die kleinen Ortsveränderungen, das Kommen und Gehen, das uns mit Menschen in Kontakt bringt, die wir durch unser Denken beeinflussen und die umgekehrt uns beeinflussen.

Das dritte Haus zeigt an, welches geistige Rüstzeug der Geborene bei seiner Geburt mitbekommen hat; dies entspricht allerdings nicht ganz dem vollen Ausmaß des reifen Geistes, der gelernt hat, durch höhere Intuition, die ihn mit dem universellen Bewusstsein verbindet, die Grenzen des eigenen Ichs zu überschreiten. (Diese Intuitionsfähigkeit ist mit dem Bewusstsein einer allgemeinen Gesellschaftsordnung verbunden und wird durch die Herrschaft des Jupiter über den Schützen und das neunte Haus ausgedrückt. Zu ihrer Blüte gelangt diese Intuition in Fische und im zwölften Feld, wo die unbegrenzte höhere Intuitionsgabe des Neptun das Haus beherrscht. Der Geist wird vollendet und vorbereitet für den Einfluss höherer Weisheit durch kluges und zielgerichtetes Arbeiten und Denken, wie es im Zeichen Jungfrau und dem sechsten Haus ausgedrückt ist, die auch von Merkur beherrscht werden).

Das dritte Haus ist also der Beginn der Entfaltung des Geistes, die Ausgangsposition. Hier beschränkt er sich noch auf das praktische Alltagsdenken. Dies bedeutet keine Einschränkung dieses Hauses im Vergleich zu den andern geistigen (beweglichen) Häusern. Ohne klare Logik, Wahrnehmung und Kommunikation verkümmern die höheren intuitiven Fähigkeiten, indem sie die Neigung zu abergläubischen Vorstellungen und Irrlehren fördern und ihre Funktion, zum Wohl der Menschheit beizutragen, einbüßen. Deshalb ist die Entwicklung eines sachlichen und logischen, auf die Praxis bezogenen Urteilsvermögens, wie es vom dritten Haus repräsentiert wird, die notwendige Vorbedingung für jede höhere geistige Entwicklung.

Die Sonne im dritten Haus

Kommunikationsbedürfnis, Verständigungs- und Vermittlungsbereitschaft, Ortswechsel, Beweglichkeit auf allen Gebieten, Journalismus, Verträge, rasche Auffassungsgabe, verbal, Neugier, gewandt, anpassungsfähig, lernend, Veränderung, Geschwister, Ausdruck, wissbegierig, bezaubernd

Die Sonne im dritten Haus zeigt die Neigung an, sich auf intellektuellem Gebiet hervorzutun. Daraus ergeben sich wissenschaftliche Interessensgebiete, das Streben, sich Wissen anzueignen, um die inneren Mechanismen von Lebensprozessen zu verstehen. Infolge ihrer Wissbegierde sind diese Menschen stets an der Erforschung neuer Dinge interessiert, vor allem im Hinblick auf jene Angelegenheiten, die vom Sonnenzeichen regiert werden.

Diese Menschen haben auch den Wunsch, zu reisen und alle in ihrem Lebensbereich liegenden Möglichkeiten zu erkunden. Menschen der unmittelbaren Umgebung spielen in ihrem Leben im Allgemeinen eine große Rolle. Sie legen großen Wert darauf, eigene Ideen zum Ausdruck zu bringen und anderen mitteilen zu können.

Bei ungünstiger Aspektierung der Sonne im dritten Haus kann sich intellektuelle Arroganz und Snobismus sowie eine Tendenz, anderen Ideen aufzuzwingen, bemerkbar machen.

Der Mond im dritten Haus

Reiselust, Unruhe, seelische Kommunikationssehnsucht, Gespür für Kontakte, vielfältige Wunschwelt, Wissensdrang, innere Zwiespältigkeit, Ruhelosigkeit, vielseitiger emotioneller Selbstausdruck, beweglich, Veränderungen in Bezug zur Mutter, Fantasie, träumen, neugierig, Geschwisterliebe, rastlos, widersprüchlich, oberflächlich

Die Stellung des Mondes im dritten Haus deutet darauf hin, dass Denken und sprachliche Äußerung des Nativen wahrscheinlich von emotionalen Faktoren beeinflusst werden, die Einflüsse der frühesten Kindheit und des familiären Milieus wiederspiegeln. Die Nativen sind gefühlsmäßig leicht ansprechbar - in manchen Fällen kann gar ihr Verstand durch emotionale "Vorurteile" missgeleitet werden - und sie identifizieren sich mit den Ideen anderer. Sie haben einen Hang zu Tagträumereien und Fantasie, sodass ihr Denken stark von ihrer Einbildungskraft geprägt ist. Ihr Denken und Sprechen wird oft von unwichtigen Dingen beherrscht.

Menschen mit dem Mond im dritten Haus haben eine unstillbare Neugierde, werden bei eintöniger Routine rasch müde, sie lieben es daher dauernd in Bewegung zu sein. Sie haben viel mit Geschwistern zu tun und betrachten Nachbarn als zur Familie gehörig.

Merkur im dritten Haus

Kommunikationsmanie, Meistern des Alltags, Hans Dampf in allen Gassen, Medienwelt, vielseitig, bewandert, aktiv, anpassungsfähig, nachahmend, Geschwister, ungezogen, leicht, clever, freundlich, geschwätzig, flüssig, oberflächlich

Im dritten Haus kommt Merkur besonders stark zur Geltung, weil das dritte Haus dem Zeichen Zwillinge entspricht, das von Merkur regiert wird. Deshalb bedeutet Merkur in diesem Haus eine ganz allgemein überlegene intellektuelle Begabung. Es besteht Geschick und Interesse für Kommunikation jeder Art. Menschen mit dieser Stellung sind gute Schriftsteller und Redner und zeichnen sich durch Originalität und geistige Beweglichkeit aus. Charakteristisch für sie sind zahlreiche kleine Ortsveränderungen und reger Kontakt. Sie verbringen viel Zeit am Telefon oder beim Schreiben. Diese Menschen haben ein Geschick, praktische Lösungen für die verschiedenartigsten Probleme zu finden. Sie sind gute Sekretäre, Telefonisten, Reporter, Drehbuchautoren und Herausgeber.

Ist Merkur im dritten Haus ungünstig aspektiert, können wegen indiskreten Äußerungen und Mitteilungen oder falschen, unvollständigen oder irrtümlichen Informationen Schwierigkeiten auftreten. Aus Verträgen, Versprechungen und Vereinbarungen können sich Probleme ergeben.

Venus im dritten Haus

Umgebung, Mitlachen, Mitweinen, Alltagsemotionen, Taktgefühl, wortliebend, sozial, Geschwister, enge Beziehungen, Vielfalt, Neugier, zu jedem freundlich, flatterhaft, launisch

Mit Venus im dritten Haus besteht ein intellektuelles Interesse an künstlerischen und kulturellen Unternehmungen. Solche Menschen haben eine Vorliebe für Literatur und Dichtung und besitzen die Fähigkeit zu harmonischem Gedankenaustausch, sowohl im Gespräch als auch schriftlich. Geborene mit dieser Stellung können sich als Künstler, Gelehrte oder Schriftsteller einen Namen machen.

Bei diesen Menschen herrscht ein ständiges Kommen und Gehen, sie sind oft auf Reisen, zum eigenen Vergnügen oder aus gesellschaftlicher Verpflichtung. Sie neigen dazu, Liebesbeziehungen und gesellschaftliche Kontakte intellektuell zu analysieren. Meist pflegen sie einen regen Gedankenaustausch mit ihrem Ehepartner und mit engen Freunden. Sie stehen in regem Kontakt mit Geschwistern und Nachbarn, durch deren Vermittlung sich oft auch Romanzen anbahnen. Oft lernen sie ihren Partner auch durch intellektuelle Betätigungen kennen. Menschen mit dieser Konstellation verfassen wunderschöne Liebesbriefe und romantische Gedichte.

Mars im dritten Haus

Alltagsenergie, Ehrgeiz in kleinen Dingen, Ungeduld im Alltag, Hetze, witzig, Kritik, zerstreut, aktives Denken, direkt, schreibend, impulsive Bewegung, Wut, argumentiert, nervös, gesprächig, hastig

Mars im dritten Haus bedeutet einen aggressiven, aktiven Intellekt. Eine große geistige Beweglichkeit sichert in Notsituationen ein rasches Überlegen. Allerdings besteht eine Tendenz, zuweilen voreilige Schlüsse zu ziehen. Menschen mit Mars im dritten Haus können im Gespräch sehr direkt und manchmal sarkastisch sein. Sie treten aggressiv auf, um Informationen zu bekommen oder weiterzugeben; viele Zeitungsreporter und politische Kommentatoren haben diese Marsstellung. Mars ist mit der Politik verbunden, weil er in Steinbock erhöht ist. Menschen mit dieser Stellung arbeiten oft mit Kommunikationsmitteln, beispielsweise mit Telefonen, Druckmaschinen auch mit Transportmaschinen oder -wegen.

Es vollzieht sich alles mit großer Impulsivität, auch die tägliche Routine und kleine Ortsveränderungen. Ist Mars ungünstig aspektiert, kann es sich bei diesen Menschen um waghalsige Fahrzeuglenker handeln; sie ärgern sich meist über die vermeintliche Dummheit der andern Autofahrer, ohne zu merken, dass sie sich selbst ebenso verhalten.

Bei einem verletzten Mars kann sich Sarkasmus und Streitsucht zeigen. Es können Schwierigkeiten mit Verträgen, Übereinkünften, Publikationen und bei der Verständigung mit Geschwistern und Nachbarn auftreten.

Jupiter im dritten Haus

Kultur, Alltagsaufgaben, Schiedsrichter, positiv eingestellt, Optimismus, religiöser Einfluss, intelligent, flexibel, vielseitig, wechselhaft, beliebt, Reise, eingebildet, leichtsinnig, süß

Jupiter im dritten Haus lässt auf eine optimistische und geistig orientierte Mentalität schließen. Der Geborene ist bestrebt, sich auf den Gebieten der Religion, Philosophie, Erziehung, Publikation, Kommunikation und des Reisens erweiterte Kenntnisse anzueignen. In seinem Denken ist er gewöhnlich eher konservativ und übernimmt die Wertvorstellungen einer etablierten Kultur.

Ausgewogene Verhältnisse mit Geschwistern und Nachbarn sind mit dieser Stellung verbunden, wenn Jupiter nicht verletzt ist. Ist Jupiter jedoch ungünstig aspektiert, besteht Unfallgefahr auf Reisen, meistens wegen übertriebener Vertrauensseligkeit oder Unbekümmertheit. In den meisten Fällen wird jedoch der Geborene dabei keinen bleibenden körperlichen Schaden erleiden. Das Unfallrisiko ist besonders ausgeprägt, bei ungünstiger Aspektierung von Jupiter zu Mars oder Uranus.

Saturn im dritten Haus

Disziplin, Pflichterfüllung, Ordnungsliebe, Pünktlichkeit, Pedanterie, schwierige Geschwister, strebsam, gründlich, wenig anpassungsfähig, schüchtern, praktisch, wissenschaftlich, kritisch, mechanistisch, ungeschickt, logisch, ernst

Saturn im dritten Haus deutet auf geistige Disziplin und Praxisbezogenheit; Ideen werden nach ihrer Nützlichkeit beurteilt. Menschen mit dieser Saturnstellung äußern sich stets wohl überlegt. Infolge ihres beharrlichen und methodischen Denkens bringen sie meist eine gute mathematische und naturwissenschaftliche Begabung mit.

Sie arbeiten vielfach in Verlagen, Druckereien und bei Kommunikationsmedien, sind gute Buchhalter, Sekretäre, Forscher, Bibliothekare, Schriftsteller und Lehrer. Bei Vertragsabschlüssen sind sie sorgfältig und äußerst vorsichtig bei der Unterzeichnung schriftlicher Vereinbarungen, Außer zu geschäftlichen Zwecken neigen sie nicht zum Reisen.

Ist Saturn günstig aspektiert, investiert der Geborene viel Arbeit in seine berufliche Ausbildung.

Ist Saturn ungünstig aspektiert, können die Beziehungen zu Geschwistern oder Nachbarn gestört sein. Sorgen und negatives Denken führen oft zu Selbstmitleid und Nörgelei. Im Laufe der Schul- oder Berufsausbildung können Schwierigkeiten und Enttäuschungen auftreten.

Uranus im dritten Haus

Sprunghaftigkeit, kleine Dinge nicht so genau nehmen, Einfälle, erfinderisch, originell, frühreif, kreativ, unzusammenhängend, rasches Begriffsvermögen, rastlos, intuitiv, zerstreut, scharfsinnig, gewitzt

Uranus im dritten Haus bedeutet ein unorthodoxes, intuitives Denken. Menschen mit dieser Stellung sind frei von Klischeevorstellungen und bilden sich ihre eigene Meinung aufgrund unmittelbarer Erfahrung und wissenschaftlicher Fakten. Von der Meinung anderer wird ihr Denken wenig beeinflusst. Da sie in der Begutachtung von Ideen objektiv und unvoreingenommen sind, erkunden sie mit Vorliebe ungewöhnliche Interessengebiete. Solche Forschungen bringen viel unvorhergesehenes Hin und Her und plötzliche Ortsveränderungen mit sich. Die Nativen gelangen oft dank plötzlicher Einsichten zu ganz neuen Ideen. Viele Erfinder und schöpferische Wissenschaftler haben Uranus im dritten Feld. Diese Menschen neigen dazu, revolutionäre Ansichten zu verbreiten, beschränken sich aber - sofern nicht Mars den Uranus aspektiert - auf das geschriebene oder gesprochene Wort.

Menschen mit dieser Stellung bevorzugen Freundschaft und Zusammenarbeit mit Intellektuellen, die ihnen geistige Anregung und Förderung bieten können. Die Beziehungen zu Geschwistern und Nachbarn sind oft ungewöhnlich und anregend.

Ist Uranus im dritten Haus ungünstig aspektiert, kann der Geborene einen ruhelosen und flüchtigen Geist besitzen, der keinen Bezug zur Wirklichkeit hat. Er neigt dazu, voreilige Schlüsse zu ziehen und häufig seine Meinung zu wechseln.

Menschen mit dieser Stellung werden oft zu Schriftstellern, die okkulte, astrologische oder wissenschaftliche Themen behandeln. Sie können auch mit Kommunikationsmedien, insbesondere Radio und Fernsehen zu tun haben.

Neptun im dritten Haus

Alltagsinstinkt, Wachträumerei, Einfühlungsgabe, Dualität, Sensitivität, Fantasie, Verwirrung, unrealistisch, Inspiration, falsche Vorstellungen, schwaches Gedächtnis, missverstehend, Geschwister

Menschen mit Neptun im dritten Haus sind in ihrem Denken besonders intuitiv und für Ideen einer höheren Bewusstseinsebene empfänglich. Ihr visuelles Ausdrucksvermögen ist oft hoch entwickelt, besonders wenn Neptun mit Merkur einen Aspekt bildet. Neptun im dritten Haus zeigt häufig telepathische Fähigkeiten an.

Menschen mit dieser Neptunposition widmen sich oft mit Vorliebe dem Studium okkulter und mystischer Phänomene und schreiben auch gerne über solche Themen. Oft arbeiten sie in den Massenmedien. Menschen mit Neptun in diesem Haus wollen alle an ihrem Wissen teilhaben lassen und als Informationsvermittler dienen.

Bei dieser Stellung bedarf es praktischen Denkens und strenger Disziplin im Studium. Ist Neptun günstig aspektiert, kann die Intuition sich im praktischen Alltag günstig auswirken, besonders, wenn Neptun in einem Erdzeichen steht. Ist Neptun ungünstig aspektiert, können Lernschwierigkeiten und Geistesabwesenheit vorherrschen. Der Geborene ist oft ein Fantast und Träumer. Es kommt manchmal auch zu gespannten Beziehungen zu Geschwistern und Nachbarn. Für Native mit einem verletzten Neptun im dritten Haus ist Vorsicht geboten beim Abschließen von Kontrakten und Vereinbarungen. Sie geraten manchmal auch in ernstliche Kommunikationsschwierigkeiten oder Verwirrung, vor allem auf Reisen.

Pluto im dritten Haus

Rigorosität, Überwacher, Okkultismus, erfinderisch, spezialisiertes Lernen, schnelles Reden, durchdringendes Denken, einfallsreich, geheimnistuerisch, starke Überzeugungen, Klatsch, seltsame Geschwister

Pluto im dritten Haus verspricht einen scharfen Intellekt, der fähig ist, die grundlegenden Gesetze des Daseins zu begreifen. Menschen mit dieser Stellung haben im Allgemeinen sehr bestimmte Ansichten, die sie oft lautstark zum Ausdruck bringen. Sie sind nicht bereit, von ihrer Meinung auch nur ein Jota abzuweichen, es sei denn, unbestreitbare Tatsachen würden sie Lügen strafen. Dank ihres Einfallsreichtums gewinnen sie leicht Freunde und Partner, die ihnen beim Nutzbarmachen und Verbessern ihrer Ideen behilflich sind.

Menschen mit dieser Stellung besitzen reiche geistige Möglichkeiten und wissenschaftliches Talent. Sie können auch am Studium okkulter Dinge interessiert sein.

Aufgrund verschiedener Umstände werden diese Menschen oft verantwortlich für höchst bedeutsame Sonder- oder Geheiminformationen. Was sie weitergeben und denken, kann ernste Folgen haben. Sie neigen auch dazu, aus mysteriösen Gründen geheime Reisen zu unternehmen, auf denen oft seltsame Dinge passieren.

Ist Pluto ungünstig aspektiert, ziehen sie sich oft durch allerhand Ränke und Schliche den Unwillen und die Feindschaft von Geschwistern und Nachbarn zu. Auch mit Mitarbeitern und sozialen Institutionen kann es Zwistigkeiten und heimlichen Hader geben.

Viertes Haus

Krebshaus; Herrscher: Mond; erhöht: Jupiter und Neptun

Einordnung:	Eck-Haus, bewegend
Ausrichtung:	Seelisch
Grunddeutung:	Herkunftshaus, Heimat- und Elternhaus
Grundrichtung:	Innen-du, das Herkommen
Motivation:	Dem Elternhaus entwachsen
Aufgabe:	Selbständigkeit
Lebensbereiche:	Das Archetypische in einem Menschen, Heimat, Heim, Familie, die Wurzeln, Familientradition, Heimatliebe, Das Erbe pflegen, Patriotismus, Alter

Überbetonung des vierten Hauses:
Verhaftung in der Heimat und Familie, Degeneration, Zukunftsblindheit, Festhängen am Gewesenen, das ewig Gestrige

Das vierte Haus steht für die Umweltbedingungen, die wir uns selbst geschaffen haben, in erster Linie das Zuhause. Wenn wir uns Güter aneignen, bauen wir uns eine Ausgangsbasis auf, die für uns einen sicheren Hort darstellt. Dieses Prinzip wird am deutlichsten im Heim verkörpert, dem Ort, wo wir die Dinge, durch die wir uns erhalten und ausdrücken, schließlich sammeln, organisieren und verwenden. Dem vierten Haus unterstehen Heim, Nahrungsmittel, Wäsche und alle Haushaltsartikel. (Man kann aus den Dingen, mit denen sich Menschen umgeben, sehr viel über ihre mentalen und emotionalen Anlagen ablesen. Ein Durcheinander in der engsten Umgebung lässt fast sicher auf ein konfuses undiszipliniertes und unordentliches Denken schließen).

Das vierte Haus entspricht auch dem Land - der Bühne, auf der sich das Drama des Lebens abspielt. Alle Menschen eignen sich ein Stück Erdoberfläche an, das sie nutzen, das sie "Heimat" und im engeren Sinne "Heim" nennen und wo sie ihren Besitz ansammeln. In einem erweiterten Sinne kann unser Heim auch das uns vertraute mentale und emotionale Milieu bedeuten, in dem wir uns wohl fühlen. Dieses innere, seelische Zuhause tragen wir mit uns, wo immer auf der Welt wir auch sein mögen. Es ist unsere unbewusste Reaktionsweise und unsere gefühlsmäßige Veranlagung.

Das vierte Haus entspricht dem Zeichen Krebs, das vom Mond beherrscht wird. Der Mond stellt das weibliche reflektiv-reaktive Prinzip dar, das sich im Unbewussten und in automatischen Gefühlsreaktionen äußert. Diese Gefühlsreaktionen und Gewohnheiten werden weitgehend in der frühen Jugend aufgebaut. So hat das vierte Haus auch viel mit Vererbung und dem Lebensbeginn zu tun, wo wir dem Einfluss der Eltern, ganz besonders der Mutter, stark unterworfen sind; aber auch mit dem Lebensende, wenn wir den äußeren und inneren Bedingungen folgen, die wir uns selbst geschaffen haben und dann nicht mehr ändern können. Für den physischen Leib stellt das vierte Haus auch seinen endgültigen Ruheplatz in der Erde dar.

Die Sonne im vierten Haus

Familienliebe, Traditionspflege, karmisches Wissen, Stolz auf die Herkunft, Archäologie, schwere Abnabelung, Nachdenklichkeit, Heimattreue, sichere Familie, emotionale Grundlage, Stolz, Eltern, schön, besitzergreifend, häuslich, natürlich, liebt Behaglichkeit, wohlwollend

Die Stellung der Sonne im vierten Haus zeigt den lebhaften Wunsch nach Familie und einem gesicherten Heim an. Menschen mit dieser Stellung der Sonne sind stolz auf ihr Familienerbe und können eine aristokratische Einstellung zeigen. Sie möchten aus ihrem Heim ein Schaustück für alles Schöne und Künstlerische machen. In welcher Ausprägung und in welcher Form dies geschieht, hängt von den finanziellen Mitteln und vom sozialen Status des Betreffenden ab.

Der erste Teil seines Lebens ist im Allgemeinen ein harter Kampf um den Aufstieg, während gegen Ende des Lebens Wohlstand und Sicherheit zunehmen.

Menschen mit der Sonne im vierten Haus sind im Allgemeinen Heimat- und naturverbunden und streben oft nach Landbesitz und einem eigenen Haus.

Ist die Sonne im vierten Haus ungünstig aspektiert, kann übertriebener Familienstolz, eine Unfähigkeit, mit den Eltern auszukommen und eine Tendenz, den Haustyrannen zu spielen, festgestellt werden. Menschen mit dieser Stellung wollen in der Regel das unumstrittene Oberhaupt ihrer Familie sein und über einen gewissen Besitz verfügen, mit dem sie nach Gutdünken verfahren können.

Der Mond im vierten Haus

Elternbindung, Kindheitserfahrungen, nicht Erwachsen werden wollen, Psychologie, tiefes Gemüt, Furcht vor dem Fremden, das Heim als Lebenshalt, familiär, Zuneigung, beeinflussbar, Tiefe der Gefühle, häuslich, unbewusst, medial, anhänglich, sensitiv, zurückgezogen

Im vierten Haus ist die Stellung des Mondes stark, weil dieses Haus mit dem Zeichen Krebs verwandt ist und ihm so verstärkten Einfluss gibt. Menschen mit dieser Stellung identifizieren sich gefühlsmäßig mit Heim und Familie, sodass sie ohne ein erfülltes Familienleben nicht glücklich sein können. Ihre ganze emotionale Einstellung wird von den familiären Beziehungen geprägt. Die Eltern, vor allem die Mutter, üben einen starken Einfluss auf sie aus. In der Regel bedeutet diese Stellung, dass die Nativen gerne kochen und Haus halten; sie ist besonders in einem weiblichen Geburtsbild nicht ungünstig. Geschäftlich können diese Menschen mit Nahrungsmitteln, Grundbesitz und Haushaltsprodukten erfolgreich sein .

Ist der Mond im vierten Haus ungünstig aspektiert, kann ein Mangel an Harmonie vorliegen und es kommt zu zahlreichen Wohnungswechseln. Ist das Geburtsbild günstig, sehen die finanziellen Aussichten in der zweiten Hälfte des Lebens besser aus.

Merkur im vierten Haus

Vergangenheit, Gedächtnis, Denkmal, Philosophie, Psychologie, wahrnehmend, familiär, denkende Gefühle, Erinnerung, verstrickbar, individuell, gemütlich, Gespräch, diskutieren, irrational, bewahrend, beschränkt

Bei einer Stellung des Merkur im vierten Haus ist mit viel geistiger und erzieherischer Aktivität im Heim zu rechnen. Diese Stellung ist oft bei Kindern gebildeter Eltern zu finden. Solche Menschen neigen dazu, Nachforschungen hinsichtlich Familienstammbaum und Geschichte zu betreiben.

Ihr Heim wird wahrscheinlich auch als Arbeitsplatz dienen, weil Merkur als Regent der Jungfrau das sechste Haus beherrscht, das sich auf Arbeit bezieht. Menschen mit Merkur im vierten Haus sammeln zuhause oft große Bibliotheken an und verbringen viel Zeit mit intellektuellen Aktivitäten im Kreise ihrer Familie. Ihr Heim kann zu einem Kommunikationszentrum der näheren Umgebung werden und es wird viel telefoniert. Das sind jene Leute, die ein Ritual daraus machen, am Frühstückstisch die Zeitung zu lesen.

Merkur in diesem Haus kann ein Interesse an Grundbesitz und Ackerbau anzeigen sowie für Wissenschaften, die sich - wie die Geologie mit der Erde befassen oder mit ökologischen und Umweltproblemen. Vielleicht schreibt der Geborene auch über diese Themen. Menschen, die viele Veränderungen in ihrem Heim haben, die oft ihren Wohnsitz wechseln, in Wohnwagen leben oder sonst wie ein nomadenhaftes Leben führen, haben oft Merkur im vierten Feld. Wird Merkur im vierten Haus ungünstig aspektiert, können intellektuelle Auseinandersetzungen und Meinungsverschiedenheiten mit anderen Familienmitgliedern auftreten.

Venus im vierten Haus

Heim-Heimat, Elternliebe, Familie, Sentimentalität, tiefe Liebe, familiär, schätzt das Zuhause, Liebe, verträumt, fantasievoll, besitzergreifend, loyal, zärtlich, geschmeichelt, scheu, sehr empfindsam, stabil

Venus im vierten Haus zeigt eine gefühlsmäßige Verbundenheit mit dem Heim und dem Haushalt an. Die Beziehungen zu den Familienmitgliedern sind harmonisch, außer wenn die Venus oder das vierte Haus verletzt sind.

Die Nativen laden ihre engen Freunde und Liebespartner gerne zu sich nach Hause ein, wo sie für sie kochen und eine gemütliche Atmosphäre schaffen können. Ihr Heim ist immer kunstvoll eingerichtet, so schön es die gegebenen Mittel erlauben.

Diese Venusstellung weist auf eine enge und harmonische Beziehung zu den Eltern hin. Oft hinterlassen die Eltern den Nativen ein reiches Erbe. Es besteht die Aussicht, am Ende des Lebens von Schönheit und Bequemlichkeiten umgeben zu sein. Dazu kommt eine Vorliebe für Grund und Boden, Gärtnern und Blumenzüchten und für die natürlichen Schönheiten des Heimatlandes.

Mars im vierten Haus

Aufbruch aus der Familie, Altersenergien, Tradition, Heimat, heftige Gefühle, launenhaft, impulsiv, Instinkt, kein Durchhaltevermögen, dominiert zu Hause, Ökologie, gewinnsüchtig, energisch, unbeherrscht, arbeitend

Mars im vierten Haus bedeutet, dass viel Energie im Heim investiert wird und das Bedürfnis besteht, Herr im Haus zu sein. Dies kann - besonders wenn der Mars verletzt ist - zu Familienstreitigkeiten führen. Es werden lebhafte Anstrengungen unternommen, um die häusliche Umgebung zu verschönern. Menschen mit dieser Stellung werkeln zu Hause herum, wie diejenigen mit Mars im Krebs. Es kann auch ein aktives Interesse an Umwelt- und Ökologie bestehen. Ist Mars günstig aspektiert, kann es sich um Leute handeln, die hart an der Verbesserung der Umwelt arbeiten.

Mars ist im vierten Haus sozusagen im Fall, weil dieses Haus ja dem Krebs entspricht und darin steht Mars im Fall. Ist Mars in dieser Stellung ungünstig aspektiert, bestehen gewöhnlich Konflikte mit den Eltern. Diese Menschen müssen ihre Gefühle im Zaume halten lernen, wenn sie eine harmonische häusliche Atmosphäre gewährleisten wollen. Ein Wegzug vom Geburtsort kann die Familienbeziehungen oft festigen.

Diese Menschen sind aktiv bemüht, sich einen schonen Lebensabend zu sichern. Oft erben sie Land und Gebäude von ihren Eltern. Ist Mars jedoch ungünstig aspektiert, kann es mit Besitztümern Schwierigkeiten geben, sei es, dass das Haus des Nativen bedroht ist. Schwere Marsverletzungen in diesem Haus können Schwierigkeiten in Bezug auf Eigentumssteuern andeuten.

Geborene mit dieser Stellung verfügen über eine kräftige Konstitution und besitzen viel Energie, die bis ins hohe Alter aufrechterhalten bleibt.

Jupiter im vierten Haus

Traditionsentfaltung, Archetypen, Herkunft, empfänglich, Anhänglichkeit, zufrieden, religiös, Psychologie, Familiensinn, beeindruckbar, kongenial, starkes Zuhause, Moral, vom Glück begünstigt

Im vierten Haus ist Jupiter gleichsam erhöht, weil er im Krebs, der dem vierten Haus entspricht, erhöht steht. Bei dieser Jupiterstellung herrschen in der Regel glückliche Familienverhältnisse. Diese Menschen leben in Eintracht und Geborgenheit. Sie entstammen meist begüterten und angesehenen Familien und genießen deshalb viele soziale und bildungsmäßige Vorteile. In der zweiten Lebenshälfte genießen sie fast immer einen behaglichen Wohlstand. Diese Menschen erben oft Land und Besitz von ihren Eltern oder andern Familienangehörigen. Ist Jupiter im vierten Haus günstig aspektiert, wird in Bezug auf Religion und moralische Einstellung in der Familie Übereinstimmung herrschen. Die Eltern lassen ihren Kindern - wie bei Jupiter im Krebs - in der Jugend eine religiöse und moralische Erziehung angedeihen. Diese Stellung zeigt gewöhnlich einen umfangreichen Haushalt und großen Familienkreis an. Das Heim bildet oft ein Zentrum für religiöse, gesellschaftliche, philosophische und erzieherische Aktivitäten.

Ist Jupiter günstig aspektiert, werden dem Nativen an seinem Geburtsort materielle und geistige Vorteile zuteil. Sind die Aspekte aber ungünstig, ist ein Ortswechsel von Vorteil.

Ist Jupiter in diesem Haus sehr stark verletzt, können Familienangehörige für die Nativen zu einer schweren Belastung werden, weil sie, um ihre Angehörigen standesgemäß zu unterhalten, ganz beträchtliche Ausgaben auf sich nehmen müssen. Ein verletzter Jupiter in diesem Haus kann auch auf Beschränkungen hinweisen, die sich aus altmodischen, von Familienangehörigen auferlegten religiösen Glaubensvorstellungen ergeben.

Saturn im vierten Haus

Heimatverwurzelung, Familientradition, Pflichtbewusstsein, Altersvorsorge, reserviert, ehrgeizig, schwierige Familie, Liebe, unabhängig, defensiv, unterdrückt, Ökonomie, verantwortungsvoll, isoliert, sicher, zurückgezogen

Saturn im vierten Haus zeigt an, dass man in Heim und Familie viel Verantwortung auf sich nehmen muss. Die Eltern der Betreffenden sind im Allgemeinen streng und konservativ und können im Alter zu einer Last werden.

Nachdem Saturn im vierten Haus sozusagen im Exil steht- es entspricht dem Krebs und steht dem Steinbock gegenüber, der von Saturn regiert wird - kann er eine seelische Entfremdung von der Familie andeuten. Oft müssen diese Menschen um ihre häusliche Sicherheit und den Familienunterhalt schwer kämpfen. Sie müssen oft auch in späteren Jahren Einschränkungen auf sich nehmen, wenn Saturn in diesem Haus verletzt ist.

Bei ihren beruflichen und geschäftlichen Tätigkeiten handelt es sich meist um Immobilien, Bau-, Pachtwesen, Ackerbau oder um die Herstellung von Haushaltsprodukten.

Diese Saturnstellung bedeutet Sorgfalt im Umgang mit dem Heim und den häuslichen Belangen, mit Besitz und Erbe. Die Nativen sind um die Wahrung dieser Dinge bemüht, um für die eigene Sicherheit in späteren Jahren zu sorgen.

In den späteren Jahren ihres Lebens entwickeln sie sich oft zu Einzelgängern oder Stubenhockern oder sind durch besondere Umstände an ihr Heim gefesselt.

Uranus im vierten Haus

Aufbruch, Freiheitsdrang, Familienlösung, über sich hinauswachsen, eigentümliche Familie, seltsame Emotionen, Intuition, Wandern, ungewöhnliche Verbindungen, Heimatlosigkeit, Entfremdung, ungeduldig, rebellisch, Veränderungen

Im vierten Haus bedeutet Uranus ungewöhnliche häusliche Verhältnisse und Familienbeziehungen. In gewissen Fällen ist ein Elternteil in irgendeiner Weise eine besondere Persönlichkeit. Menschen mit dieser Stellung beanspruchen im häuslichen Milieu die Freiheit, ein- und auszugehen, wie es ihnen beliebt. Ihr Heim weist oft eine eigenartige Architektur auf oder ist mit vielen technischen oder elektrischen Einrichtungen ausgerüstet.

Enge Freunde werden als Familienmitglieder "adoptiert". Oft dient das Heim als Treffpunkt für gemeinsame Tätigkeit oder okkulte Bestrebungen.

Nicht selten finden auch plötzliche Wohnungswechsel statt, besonders, wenn Uranus ungünstig aspektiert ist oder in einem veränderlichen Zeichen steht. Auch in der Familie und der Heimsituation können wiederholt Änderungen eintreten. In späteren Jahren muss mit ungewöhnlichen Umständen gerechnet werden.

Ist Uranus ungünstig aspektiert, können sich Zwistigkeiten mit Familienmitgliedern und Verwirrungen im Haushalt ergeben. Die Nativen fühlen sich den Eltern und der Familie gegenüber keineswegs verpflichtet.

Neptun im vierten Haus

Urinstinkt, Ahnungen, Erfahrung, Heim, Altersangst, Spürsinn, große Sensitivität, spirituelle Wahrnehmung, tiefe Gefühle, innere Einheit, unzufrieden, Ängstlichkeit, Wohnungswechsel, süchtig, aufopferungsvoll

Mit Neptun im vierten Haus Geborene besitzen starke emotionale Bindungen an Familie und Heim, die oft karmischen Ursprungs sind. Ein Elternteil könnte medial veranlagt oder auf eine Weise ungewöhnlich sein. Oft leben Menschen mit dieser Stellung nahe beim Wasser oder würden dies gern tun. Sie fühlen sich tief der ganzen Natur verbunden.

Ist Neptun im vierten Haus ungünstig aspektiert, können konfuse Familienbeziehungen und chaotische Verhältnisse im Heim vorhanden sein. Menschen mit dieser Stellung haben das Bedürfnis, alle Welt zu bemuttern und nehmen deshalb oft Fremde oder Außenseiter bei sich zu Hause auf. Häufig gibt es auch Familiengeheimnisse oder seltsame Ereignisse im Familienleben.

Mit einem verletzten Neptun könnten in späteren Jahren gefühlsbedingte nervöse Störungen auftreten, die schwer zu diagnostizieren sind. Am Lebensabend ziehen sich diese Menschen gewöhnlich in die Stille der Meditation oder in die Abgeschiedenheit zurück.

Ist Neptun hier stark verletzt, können die gestörten Beziehungen zu den Eltern oder andern Familienangehörigen Neurosen zur Folge haben.

Pluto im vierten Haus

Dominierung, Tyrannei, Diktatur, starke Erbmasse, ungewöhnliche Aufgabe, Einzelgänger, tiefe Gefühle, magnetisch, magisch, dominiert zu Hause, Liebe zur Natur, Ökologie, Okkultismus, Geheimnisse

Meist gelingt es den mit dieser Konstellation geborenen dank ihrer Findigkeit, die häuslichen Belange sicherzustellen. Eine elementare Erdverbundenheit kommt in der Liebe zur Natur, Interesse an Ökologie, Naturschutz, Geologie oder anderen Methoden zur Erforschung des Erdbodens, manchmal auch in einer Begabung als Rutengänger zum Ausdruck. Oft haben die Nativen mit dem Bergbau zu tun.

Menschen mit Pluto im vierten Haus möchten innerhalb ihrer vier Wände den Ton angeben. Diese dominierende Haltung kann andere Familienangehörige entfremden, falls Pluto ungünstig aspektiert ist. In späteren Jahren dürften die Nativen okkulte Interessen entwickeln und hinsichtlich Heim und Familie könnten sich mysteriöse Umstände ergeben. Es besteht auch die Gefahr von Machtkämpfen mit Familienangehörigen oder anderen im gleichen Haushalt lebenden Personen.

Fünftes Haus

Löwehaus; Herrscher: Sonne; erhöht: Pluto

Einordnung:	Mittel-Haus, fest
Ausrichtung:	Stofflich
Grunddeutung:	Das kreative Haus
Grundrichtung:	Innen-du, das Schöpferische
Motivation:	Spuren hinterlassen
Aufgabe:	Kreativität entwickeln
Lebensbereiche:	Lebensfreude, Gewinn, Erfindung, schöpferisches Schaffen, Lust, Kinderliebe, Genuss, Lebensbühne, Ich-Darstellung, Anima-Animus

Überbetonung des fünften Hauses:
Süchte, Leidenschaften, Selbstüberschätzung, Gier nach Genuss, Verdrängung der Schatten

Das fünfte Haus ist das Haus der schöpferischen Selbstdarstellung. Es setzt die Reihe der Entwicklungsstadien des Individuums fort: Wenn einmal ein handelndes Ich (I. Feld) da ist, materielle Mittel (2. Feld), ein "Kopf", der den Einsatz der Mittel unter Kontrolle hält (3. Feld) und eine sichere Ausgangsbasis (IV. Feld), ist das Individuum zu schöpferischer Selbstdarstellung und zu geistiger und physischer Fortpflanzung bereit.

Das fünfte Haus beherrscht die Kinder des Leibes und des Geistes und hat mit allen schöpferischen Künsten zu tun, vor allem der Darstellungskunst, auch mit Liebesverhältnissen, Vergnügungen und Vergnügungszentren, Partys, gesellschaftlichen Anlässen und Spiel (auch um Geld, einschließlich Börsenspekulationen). Es betrifft auch die Kinder und die mit ihrem Aufwachsen und ihrer Erziehung verbundenen Angelegenheiten, das Lehren, den Sport und alle Funktionen - gesellige und andere -, bei denen man nach schöpferischer Selbstverwirklichung und gesellschaftlicher Anerkennung strebt.

Nachdem schöpferische Tätigkeit eine andauernde Willensanstrengung verlangt, ist es natürlich, dass der Löwe, ein festes, schöpferisches Feuerzeichen, das von der Sonne beherrscht wird, dem fünften Haus entspricht. Hier werden die dynamischen Kräfte des Ichs durch die Macht der Sonne, durch die Liebe zum Erschaffen und Dramatisieren ausgedrückt. Das Individuum ist erfüllt von Lebensfreude und sucht das gleiche Lebensgefühl auch bei der geliebten Person. Aus dieser Vereinigung geht neue Nachkommenschaft hervor und das Leben findet seine Erfüllung. So ist das fünfte Haus ein Ort der Kraft, wo die universelle Lebensmacht der schöpferischen Sonnenenergie ihren Ausdruck findet, indem sie durch das individuelle Ich des Nativen wirkt. Im fünften Haus hat der Mensch die Gelegenheit, Gottes Mit-Schöpfer zu werden.

Die Sonne im fünften Haus

Schöpferische Kraft, Vaterliebe, Selbstbewusstsein, Verführung und Anziehung, Imponiersucht, Chefallüren, Erotik, Stolz, Lebenslust, Reife, Selbstausdruck, selbstbewusst, angeberisch, dominierend, führend, künstlerisch, praktisch, anspruchsvoll, jungfräulich, wählerisch

Die Stellung der Sonne im fünften Haus gibt Lebenslust und einen starken Willen zu schöpferischer Selbstdarstellung. Die Nativen suchen Geselligkeit und Vergnügen und wollen bemerkt und geschätzt werden. Sie sind äußerst ehrgeizig und haben eine Vorliebe für Musik, Theater und andere künstlerischen Betätigungen, manchmal auch für Sport. Sie geben sich möglichst dramatisch und sind stets auf der Suche nach Vergnügungen und Abenteuern. Sie haben ein sonniges, heiteres Gemüt und ziehen viele Freunde an. Manchmal scheinen sie jedoch kindlich naiv und egozentrisch zu sein. Weniger entwickelten Individuen kann es an Reife und Feingefühl mangeln. Sie sind oft eingebildet und theatralisch wie eine Primadonna.

Diese Menschen gehen oft aus beinahe blindem Selbstvertrauen große Risiken ein. Sie lieben Kinder und sind aktiv an deren Entwicklung und Erziehung interessiert.

Geborene mit dieser Sonnenstellung sind feurige Liebhaber. Es kann eine alles verzehrende Leidenschaft sein, wenn sie in eine Liebesaffäre verwickelt sind. Nichtsdestoweniger sind sie durchaus fähig, einem Partner in ihrer Liebe treu zu sein. Befindet sich aber die Sonne im Stier oder Skorpion, kann sich Besitzgier und Eifersucht bemerkbar machen.

Der Mond im fünften Haus

Fruchtbarkeit, Mutterliebe, schöpferische Seele, Gemüt, Herzlichkeit, Verantwortungsgefühl, emotionale Empfindsamkeit, Reife spekulatives Fühlen, intuitiv, zuversichtlich, leidenschaftlich, eitel, eindrucksvoll, romantisch, fantasievoll, hedonistisch, warm, beliebt

Steht der Mond im fünften Feld, werden die romantischen Erlebnisse des Nativen stark von der Fantasie und von emotionalen Bedürfnissen beeinflusst. Infolge emotionaler Labilität mögen die Zuneigungen oft wechseln. Aber auch eine gefühlsmäßige Abhängigkeit vom jeweiligen Partner ist möglich. Die Familie kann sich in Liebesangelegenheiten einmischen, insbesondere wenn der Mond durch ungünstige Aspekte verletzt ist. In diesem Haus deutet der Mond auf Fruchtbarkeit und reichen Kindersegen hin, vor allem wenn er in einem Wasserzeichen steht. Menschen mit dieser Stellung haben oft eine besondere Zuneigung zu Säuglingen und Kindern.

Ist der Mond in diesem Haus verletzt, kann emotionale Impulsivität zu Spekulationen im Spiel oder an der Börse führen.

Merkur im fünften Haus

Schöpferisches Denken und Handeln, Glücksbeziehung, Zauberei, Gaukelei, Gestaltung, Reife, enthusiastisch, kreativ, extrovertiert, gesprächig, herrisch, kritisch, mentaler Wettbewerb, Spiele, Lehrer, Dünkel, geordnet, dogmatisch, grob

Merkur im fünften Haus weist auf ein intellektuelles Interesse an künstlerischen und schöpferischen Bemühungen hin. Deshalb finden sich unter diesen Nativen unter anderem Kunstkritiker und Schriftsteller, insbesondere Bühnenautoren. Die Nativen fühlen sich zu Kunstrichtungen hingezogen, die Informationen vermitteln, als Unterrichts- oder PR-Medien dienen. Sie haben die Fähigkeit, sich in Wort und Schrift markant und dramatisch auszudrücken und wollen ihrer intellektuellen Leistungen wegen bewundert werden. Spiele, die intellektuellen Anreiz bieten, wie Schach und andere, finden ihr Interesse. Finanz- und Börsenspezialisten, die die Markttendenzen sorgfältig zu verfolgen pflegen, haben oft den Merkur in diesem Haus stehen.

Solche Menschen kümmern sich auch um die intellektuellen Leistungen ihrer Kinder und sind stolz darauf. Weil ein besonderes Interesse an Kindererziehung besteht, haben viele Oberstufenlehrer den Merkur im fünften Feld. Mit dieser Stellung Geborene fühlen eine Zuneigung zu intellektuell begabten Menschen, die ihnen geistige Anregungen vermitteln.

Ist Merkur im fünften Haus ungünstig aspektiert, muss mit unklugen Spekulationen und intellektueller Eitelkeit gerechnet werden. Ein verletzter Merkur im fünften Haus kann auch eine etwas nüchterne und kritische Haltung in Liebesangelegenheiten bedeuten.

Venus im fünften Haus

Kinderliebe, Kunst, Vergnügen, Romantik, Eitelkeit, Reife, Liebesbeziehungen, Wärme, Spiele, Amüsement, hedonistisch, lebhaft, kreativ, stolz, eifersüchtig, romantisch, beliebt, sozial

Mit Venus im fünften Haus ist eine romantische Natur zu erwarten, die stark auf Vergnügen ausgerichtet ist. Diese Menschen strahlen viel Lebensfreude aus und haben ein sonniges Gemüt. Romanzen und Liebesbeziehungen sind für sie von allergrößter Bedeutung. Sind Venus und das fünfte Haus günstig aspektiert, bringen diese Liebesabenteuer Glück und Vergnügen und ergeben sich viele Gelegenheiten für romantische Erlebnisse. Menschen mit dieser Stellung sind meist allgemein beliebt und populär. Sie lieben die Künste und sind oft recht talentiert, insbesondere als Schauspieler. Sie gehen viel ins Theater und zu Konzerten, sehr oft in Verbindung mit ihren gesellschaftlichen oder romantischen Aktivitäten.

Diese Venusstellung bedeutet eine tiefe Zuneigung zu Kindern. Deshalb findet man unter ihr liebevolle Eltern, gute Lehrer und Kinderpsychologen. Die Kinder dieser Nativen dürften wahrscheinlich Mädchen mit künstlerischer Begabung und körperlicher Schönheit sein.

Mars im fünften Haus

Triebstärke, Sportbegeisterung, Eroberung, Ambition, Eifer, Reife, Bildkraft, Selbstbestätigung, Unternehmen, Spieler, Athlet, wagemutig, sexuell, Künstler, Spekulation, Egoismus, diktatorisch

Mars im fünften Haus deutet auf Menschen, die gern ihrem Vergnügen nachgehen und in ihrem intensiven Streben nach Liebe und sexueller Erfüllung aggressiv und gefühlsbetont sind. Ist Mars ungünstig aspektiert, wird sich die Werbung meist stürmisch gestalten, da Ungeduld und sexuelle Eifersucht die Partner entzweit.

Bildende Künstler - besonders diejenigen, die mit Werkzeugen arbeiten, wie Bildhauer - haben oft den Mars im fünften Feld.

Es besteht bei dieser Stellung eine Vorliebe für Wettkampfsport im Freien: Man findet sie gewöhnlich in den Horoskopen von Athleten. Oft entwickelt sich aus einem spontanen Interesse am Umgang mit Kindern und Jugendlichen ein Sinn für Führerschaft, Ansehen und Autorität. Trainer und Sportlehrer haben vielfach diese Marsstellung. Ist Mars günstig aspektiert, werden sie geschickte Lehrer sein, die das Interesse ihrer Schüler zu wecken und sie zu guten Leistungen anzuspornen vermögen. Ist Mars aber verletzt, überwiegen oft allzu diktatorische und autoritäre Tendenzen.

Jupiter im fünften Haus

Kreative Sinnsuche, Kunst-Mäzenatentum, Großherzigkeit, Führungsanspruch, Reife, Kreativität, künstlerisch, Selbstvertrauen, Beliebtheit, Eitelkeit, Ehre, Leistungen, würdig, intolerant, Prestige, Dominanz

Menschen mit Jupiter im fünften Haus sind schöpferisch in den Bereichen der Kunst, Erziehung, des Sports und in allem, was mit Kindern zu tun hat. Sie haben eine besondere Zuneigung zu jungen Menschen und eignen sich vorzüglich als Lehrer, Jugendanwälte und -berater.

Ihre eigenen Kinder haben für gewöhnlich Glück, sie kommen zu Ehren und Anerkennung. Sie zeigen häufig ein Interesse an Philosophie und Religion und bewähren sich in der Regel in der Schule und erreichen eine hohe Bildungsstufe.

Sofern Jupiter nicht stark verletzt ist, verheißt diese Stellung Glück in der Liebe und die Möglichkeit einer Verbindung mit einem wohlhabenden oder gut gestellten Partner.

Menschen mit Jupiter im fünften Haus haben geschäftlich oft mit Börse, Geldanlagen, Erziehung, Kunst oder Unterhaltungsstätten zu tun. Ist Jupiter hier ungünstig aspektiert, muss eventuell mit großen finanziellen Verlusten als Folge unkluger Spekulationen oder Investitionen gerechnet werden. Ähnlich wie die mit Jupiter im zweiten Haus Nativen neigen auch diese Menschen dazu, sich finanziell zu übernehmen und damit zu ruinieren. Dies hängt mit der Mitherrschaft Jupiters in Fische, dem karmischen Zeichen, zusammen.

Saturn im fünften Haus

Kreative Beschränkung, begrenzte Lebensfreude, Strenge, Kritik, Reife, verantwortungsvoll, zuverlässig, loyal, zwanglos, schüchtern, konservativ, unterdrückt, unsportlich, streng, ernste Schule, gehemmte Sexualität

Im fünften Haus bedeutet Saturn schwere Verpflichtungen gegenüber den eigenen Kindern. Es können auch Schwierigkeiten bei deren Geburt auftreten.

Ist Saturn günstig aspektiert, haben die Nativen auf den Gebieten der bildenden Kunst und Musik Sinn für Organisation und Aufbau. Ihre Geschäftstüchtigkeit oder Berufslaufbahn kann mit Spekulation, mit Schulen oder Unterhaltungsstätten zu tun haben. Menschen mit dieser Stellung sind Börsenmakler von konservativer Art und verstehen ihr Geld gut anzulegen. Oft deutet Saturn im fünften Haus auf Machtstreben und eine führende Stellung durch künstlerische Selbstdarstellung hin; als schöpferische Ausdrucksmöglichkeiten können auch Politik und Geschäftsführung dienen.

Ist Saturn ungünstig aspektiert, können durch spekulative Geldanlagen finanzielle Verluste entstehen.

Diese Menschen lassen sich oft mit einer älteren, reifen Persönlichkeit in Liebesbeziehungen ein. Ihre Liebesbeziehungen bringen im allgemeinen Verpflichtungen mit sich.

Ist Saturn ungünstig aspektiert, kann es an Gelegenheit zu persönlichen Beziehungen fehlen, oder es gibt Enttäuschungen in der Liebe. Diese Menschen sind in ihrer schöpferischen Selbstdarstellung wie auch in ihrer Einstellung zu Kunst und Vergnügen eher zurückhaltend. Ihre Befangenheit steht ihnen im Wege, wenn sie Glück und Liebe für sich gewinnen möchten. Sie müssen lernen, aus sich herauszugehen und den andern entgegenzukommen. Wenn sie sich offen und warmherzig geben können, werden sie glücklich sein.

Ist Saturn hier stark verletzt, kann das Kontaktschwierigkeiten mit Kindern andeuten oder eine übertriebene Strenge und Kleinlichkeit im Umgang mit Kindern. Gefühlskälte und die Unfähigkeit zu lieben, sind hier häufig. Saturn im fünften Haus in ungünstigen Aspekten kann auch Impotenz und Frigidität aufgrund einer seelischen Blockierung mit sich bringen.

Uranus im fünften Haus

Spekulationen, Intuitives Kunstverständnis, Ideen, Abenteuerlust, Freiheitsdrang, Reife, Unternehmungsgeist, Kühnheit, kreativ, Originalität, eigentümliche Spiele, dramatisch, plötzliche Erkrankungen, Glücksspiel, Abenteurer, lernt schnell

Uranus im fünften Haus deutet auf überraschende und ungewöhnliche Liebesaffären. Romanzen entstehen aus heiterem Himmel und brechen ebenso plötzlich wieder ab. Die Liebespartner dürften exzentrisch, erfinderisch oder sonst wie ungewöhnlich sein. Die Nativen suchen Anregung in Abenteuern und Vergnügen und werden deshalb kaum der konventionellen Moralvorstellung entsprechen. Ist Uranus verletzt, kann es zum Herumstreunen und zu wahllosen erotischen Beziehungen kommen.

Börsenspekulationen können eine Wendung des Schicksals herbeiführen - im positiven wie negativen Sinn.

Die Kinder dieser Native sind oft begabt, falls Uranus günstig aspektiert ist. Ist er jedoch verletzt, werden sie vielfach zu Sorgenkindern mit seelischen Schwierigkeiten oder Abnormitäten. Menschen mit dieser Stellung interessieren sich zumeist für neue Lehr- und Erziehungsmethoden. Im Allgemeinen lassen sie ihren Kindern viel Freiheit, - wenn Uranus verletzt ist - zu viel Freiheit, was zur Verwahrlosung führen kann.

In manchen Fällen bedeutet Uranus im fünften Haus Inspiration und künstlerische Begabung. Es kann auch ein Interesse an elektronischen Kunstformen bestehen. Viele Filmschauspieler, Musikstars und Celebrities in Radio und Fernsehen haben Uranus im fünften Feld.

Ist Uranus hier ungünstig aspektiert, kann eine Neigung zu antisozialem Verhalten und Ausschweifungen bestehen. Es kommen auch außereheliche Liebesaffären und - bei Frauen - außereheliche Schwangerschaften vor. Das Liebesleben ist im Allgemeinen labil, außer wenn Uranus gut aspektiert ist.

Neptun im fünften Haus

Kunstgespür, animalische Erotik, Magie, Schauspielerei, Wandel, Reife Schönheit, eigentümliche Vergnügen, Sexualität, Schauspielern, Übertreiben, romantisch, psychische Probleme, zerbrochene Familie, Intuition, Vergeudung

Menschen mit Neptun im fünften Haus haben ein starkes Verlangen nach Liebe und Anerkennung, das sie in romantischen Beziehungen und in schöpferischer Selbstdarstellung zu befriedigen suchen. Sie sind musikalisch und künstlerisch, vor allem aber schauspielerisch begabt.

Liebesbeziehungen und Sexualleben sind oft mit eigenartigen Umständen verbunden. Ist Neptun ungünstig aspektiert, sind heimliche Liebesaffären und Enttäuschungen in der Liebe zu erwarten.

Bei günstiger Aspektierung kann eine intuitive "Nase" für Börsengeschäfte vorhanden sein, aber Native mit dieser Stellung sollten mit Investitionen und Spekulationen äußerst vorsichtig sein.
Diese Neptunstellung bedeutet, dass die Kinder des Nativen wahrscheinlich sehr sensitiv und intuitiv veranlagt sein werden. Ist Neptun verletzt, können sie mit psychologischen Problemen zu kämpfen haben, die nicht so leicht zu lösen sind. Es kann auch vorkommen, dass sie ihre Kinder ernstlich vernachlässigen. Bei dieser Stellung bestehen oft auch ungeordnete und gestörte Familienverhältnisse.

Pluto im fünften Haus

Erbanlage, Das Glück zwingen, Reife dynamische Emotionen, Autorität, Selbst-Gewahrsein, machtvoller Wille, Gewalt, dramatischer Selbstausdruck, große Leistungen, schöpferische Kraft, Talent

Pluto im fünften Haus zeigt schöpferische Kraft an, die sich auf vielerlei Art äußern kann: in künstlerischer Tätigkeit, in intensiven Liebesbeziehungen oder als Erbanlage bei talentierten Nachkommen. Ist Pluto in diesem Felde günstig aspektiert, empfängt der betreffende Mensch Inspirationen von einer höheren Bewusstseinsebene, die er künstlerisch gestaltet. Durch das Erlebnis der Liebe erfahren die Nativen eine geistige Erneuerung. Ihre Kinder können Willenskraft, Talent und Genialität besitzen.

Ist Pluto im fünften Haus ungünstig aspektiert, besteht die Neigung zu sexuellen Exzessen. Diese Menschen neigen oft dazu, den Liebespartner zu dominieren, oder werden ihm hörig. Sie nehmen Kindern gegenüber eine übertrieben strenge oder dominierende Haltung ein. Es besteht die Gefahr schwerer Verluste durch Spekulationen, falls Pluto verletzt ist.

Sechstes Haus

Jungfrauhaus; Herrscher: Merkur (als Abendstern)

Einordnung:	Angleichendes Haus, anpassend
Ausrichtung:	Stofflich
Grunddeutung:	Das Arbeits- und Gesundheitshaus
Grundrichtung:	Innen-du, Pflichten
Motivation:	Leistung erbringen
Aufgabe:	Dienst am du
Lebensbereiche:	Lebenspflichten, Arbeit, Angestellte, Gesundheit, Alterungsprozesse, Kraftverbrauch, Leiden, Helfen, Pflegen, Dienen, Einordnung

Überbetonung des sechsten Hauses:
Arbeitswut, Gesundheitswahn, Pessimismus, Unterordnung, Hypochondrie

Das sechste Haus betrifft die (harte) Arbeit und geeignete Methoden, die es ermöglichen, das, was im fünften Haus schöpferisch vorgebildet wurde, zur Reife zu bringen, zu realisieren. Das sechste Feld, die Planeten in diesem Feld, der Herrscher und die Aspekte zu diesen Planeten lassen Schlüsse auf die Einstellung des Nativen zu Arbeit und Dienstleistungen zu, auf seine Fähigkeit, nutzbringende Aufgaben zu übernehmen und sein Denken für praktische Zwecke einzusetzen.

Von Edison stammt der Ausspruch: "Eine Erfindung ist zu fünf Prozent Inspiration und zu fünfundneunzig Prozent Transpiration." Im sechsten Haus muss der Geborene lernen, sich selbst zu bescheiden, den Glanz der weiten Lebensbühne und des Im-Rampenlicht-Stehens hinter sich lassen, um die vielschichtigen Verästelungen und die nachgeordneten Aufgaben kennen zu lernen, die im menschlichen Leben eine ebenso wichtige Rolle spielen.

Der Schlüssel zum Verständnis des Universums liegt darin, die Struktur eines einzelnen Atoms im Detail verstehen zu lernen. Die Wirkungsweisen der inneren Kräfte des Mikrokosmos zu erfassen, die die äußeren Erscheinungen erst möglich machen, ist eine schwierige und verzwickte Aufgabe. Das disziplinierte Training des Geistes (Merkur), das für ein umfassendes Verständnis des Lebens erforderlich ist, verlangt, dass der Geborene Konzentration und Tüchtigkeit erlernt durch Hingabe an seine Arbeit und das Übernehmen von Dienstleistungen in Form von praktischen (Jungfrau) Aufgaben und Verantwortlichkeiten. Wir sehen hierin, wie wichtig das sechste Haus im Lernprozess ist. Die Leistung, die jemand vollbringt, ist direkt abhängig von der Art, dem Grad und dem Maß der formalen oder praktischen Erziehung, die er genossen hat, um ihn für seine Arbeit (die vom sechsten Haus repräsentiert wird) vorzubereiten.

Einen Teil der Verantwortung für das Detail lernt man, indem man richtig für einen gesunden Körper sorgt und sich ihn erhält, da er ja ein wichtiges Instrument ist, um nützliche Dienste zu leisten. In diesem Sinne zeigt das sechste Haus Gesundheit und deren Mängel und die Einstellung des Nativen zu Gesundheit und Krankheit. Das sechste Haus hat auch mit Diät im weitesten Sinn und der Zubereitung des Essens zu tun. Es beherrscht die Kleider, die den Körper schützen und die Pflege der äußeren Erscheinung oder deren Fehlen. Durch die Kleidung ergibt sich eine sehr subtile Kommunikationsmöglichkeit, hierin spiegelt sich eine Beziehung zu Merkur.

Die Sonne im sechsten Haus

Pflichtbereitschaft, Dienstleistungs- bis Heilberufe, stilles Vorbild sein, Fürsorge, Sorgsamkeit, Disziplin, Logik, Philosophie, Spezialisierung, methodisch, analytisch, einfältig, kritisch, umständlich, fleißig, verbal, praktisch, anspruchsvoll, jungfräulich, wählerisch

Im sechsten Haus bedeutet die Sonne eine zarte Gesundheit, die eine sorgfältige Ernährung oder eine angemessene Diät erfordert. Die Rekonvaleszenz nach einer Erkrankung kann lange dauern. Menschen mit der Sonne im sechsten Haus wollen sich durch ihre Arbeit und Dienstleistungen hervorzutun. Meist sind sie ausgezeichnete Arbeiter und auf ihre Arbeit stolz, sie brauchen jedoch offene Anerkennung. Bleibt diese aus, zeigen sie sich ihren Vorgesetzten und Kollegen gegenüber missgelaunt und neigen dazu, den Arbeitsplatz zu wechseln. Vorgesetzte mit dieser Sonnenstellung verhalten sich ihren Angestellten gegenüber oft streng und autoritär; Angestellte mit dieser Stellung beanspruchen besondere Vorrechte und wollen als Gleichberechtigte behandelt und anerkannt werden.

Ist die Sonne im sechsten Haus günstig aspektiert, weiß der Geborene instinktiv, wie er für seine Gesundheit sorgen muss. Er kann auch einen Beruf ergreifen, der mit Gesundheit in Zusammenhang steht, zum Beispiel auf dem Gebiet der Krankenpflege, Pharmakologie oder Medizin. Es wird ihm nicht schwer fallen, eine gut bezahlte Stelle zu finden. Bei ungünstiger Aspektierung hingegen wird das Gegenteil der Fall sein, er kann längere Zeit arbeitslos sein. Das Selbstbewusstsein und die eigene Wertschätzung hängen bei diesen Menschen unmittelbar von der geleisteten Arbeit ab.

Der Mond im sechsten Haus

Fleißbereitschaft, dienende Seele, Duldsamkeit, Glaube an die innere Kraft, Heilungswille, Lerneifer, Neid, Demut, Fatalismus, Krankheit durch Kränkung, Kopf bestimmt das Herz, praktisch, sorgfältig, korrekt, naiv, pedantisch, Kühle, Zurückhaltung, bescheiden, beherrscht, unauffällig

Bei der Stellung des Mondes im sechsten Haus muss mit Schwankungen im Gesundheitszustand gerechnet werden, die weitgehend mit dem Gefühlsleben zusammenhängen. Manchmal entwickeln sich Hypochondrie oder psychosomatische Erkrankungen. Der Gefühlszustand wirkt sich auch auf die Ergiebigkeit der Arbeit aus, die der Geborene leistet und auf den Grad der Harmonie, der sein Verhältnis zu seinen Vorgesetzten oder

Arbeitskollegen charakterisiert. Vorgesetzte mit einem verletzten Mond in diesem Haus werden Mühe haben, Angestellte längere Zeit bei sich zu behalten; und Angestellte mit dieser Mondstellung werden wahrscheinlich häufig ihre Stelle wechseln, es sei denn der Mond steht in einem festen Zeichen. Die Geborenen sollten besonders auf ihre Ernährung (geeignete Diät) achten, die ja eine wesentliche Rolle für den Gesundheitszustand spielt. Diese Leute können in der Zubereitung des Essens sehr geschickt sein, sie können deshalb in Restaurants oder anderen Betrieben der Nahrungsmittelverarbeitung besonders gut ihr Wirkungsfeld entfalten.

Merkur im sechsten Haus

Beschäftigungsdrang, Philosophie, Gemeinschaft, Nervosität, Hilfsbereitschaft, heilende Hände, spezialisiert, Talente, systematisch, geduldig, aufgeweckt, überlegener Intellekt, analytisch, kritisch, sarkastisch, naiv, ordentlich, gesund

Menschen mit Merkur im sechsten Haus erwerben sich Spezialkenntnisse und Fertigkeiten, die ihnen beruflich zugute kommen. Sie arbeiten gründlich und methodisch und machen es sich zur Aufgabe, immer über die neuesten Techniken und Forschungen auf ihrem Gebiet auf dem Laufenden zu sein. Deshalb ist dies eine sehr günstige Merkurposition für Menschen, die in der Medizin, im Ingenieurwesen oder auf wissenschaftlichem Gebiet tätig sind.

Im sechsten Haus steht der Merkur stark, weil das sechste Haus dem Zeichen Jungfrau entspricht, das von Merkur regiert wird. Wie bei Merkur im dritten Haus kann diese Stellung auf eine allgemeine intellektuelle Begabung weisen.

Merkur im sechsten Haus bedeutet, dass diese Menschen sich um ihre Pflichten, um die persönliche Hygiene und um korrekte Kleidung kümmern. Ihre fein geschärften Sinne machen den Nativen Unordnung in ihrer Umgebung unerträglich; sie können unter psychischen Störungen leiden oder körperlich krank werden, wenn sie unter chaotischen Umständen leben müssen. Merkur im sechsten Haus kann auch eine Tendenz zu Überarbeitung und Perfektionismus anzeigen.

Ist Merkur im sechsten Haus ungünstig aspektiert, kann dies auf eine schwache Gesundheit, Überbetonung unwichtiger Details und eine allgemein kritische Natur hinweisen.

Venus im sechsten Haus

Dienst am Schönen, Barmherzigkeit, Mitleid, Pflichterfüllung aus Liebe, Arbeitsliebe, kritische Zuneigung, Naivität, freundschaftliche Zusammenarbeit, Moral, praktische Überlegungen, puritanisch, kultiviert, bescheiden

Gesellschaftliche und romantische Beziehungen bahnen sich bei Venus im sechsten Haus im Zusammenhang mit dem Beruf an. Diese Menschen sind meist auf künstlerischem oder sozialem Gebiet tätig. Sie lieben ihre Arbeit und haben meist harmonische Beziehungen zu Mitarbeitern, Untergebenen und Vorgesetzten. Die Arbeitsbedingungen sind fast immer befriedigend und angenehm. Menschen mit dieser Stellung haben oft Beziehungen mit jemandem, den sie durch ihre Arbeit kennen gelernt haben.

Bei dieser Stellung findet sich eine Vorliebe für schöne Kleidung und eine Begabung für den Entwurf und die Herstellung von Kleidern.

Diese Menschen sind häufig nicht sehr robust. Sie müssen darauf achten, dass sie mit ihrem Gesundheitszustand keinen Raubbau treiben.

Mars im sechsten Haus

Arbeitselan, Kampf für eine Aufgabe, Vorbildstreben, Kraftverbrauch, Feinarbeit, organisiert, ordentlich, Ausdauer, systematisch, kritisch, Geschick, Energie bei der Arbeit, Chirurgen, Präzision, erfinderisch, frustriert

Mars im sechsten Haus zeigt Energie und Geschick bei der Arbeit an und zwar im Gebrauch von Präzisions-Werkzeugen oder Hochleistungsmaschinen. Deshalb findet sich diese Stellung im Horoskop von Maschinisten, Maschinenbauern, Mechanikern, Arbeitern der Schwerindustrie und entsprechenden Berufsgruppen. Auch Personen mit medizinischen Berufen, insbesondere Chirurgen, haben oft den Mars in dieser Stellung, ebenso wie diejenigen, die Werkzeuge zur Herstellung von Nahrungsmitteln oder Kleidern verwenden.

Es handelt sich um harte und energische Arbeiter. Für Müßiggänger haben sie nichts übrig. Sie gehen mit Geschick und Präzision ans Werk und legen ihren Stolz darein, die Arbeit fachgerecht zu Ende zu führen. Daraus erwächst ihre Selbstachtung.

Weil Mars in Steinbock - dem Zeichen, das den Vorgesetzten andeutet - erhöht ist, können Menschen mit Mars im sechsten Haus durch ihre Arbeit für ein Unternehmen Sicherheit und Bedeutung erlangen.

Ist Mars im sechsten Haus ungünstig aspektiert, können aufgrund von Überarbeitung oder Arbeitsunfällen Krankheit, Verletzungen oder Irritabilität entstehen. Die Nativen werden dann oft auch in Auseinandersetzungen und Konflikte mit Mitarbeitern, Vorgesetzten oder Untergebenen verwickelt. Manchmal zeigen sich perfektionistische Tendenzen, nach dem Spruch: “vor lauter Bäumen den Wald nicht mehr sehen”.

Jupiter im sechsten Haus

Heilgaben, Führungsqualitäten, Nachdenklichkeit, Dienst am Recht, Ehrgeiz, lernen, lehren, Teamwork, unbekümmert, Dienst, Heilen, Arbeitsethik, Moral, gewissenhaft, Organisation, professionell

Jupiter im sechsten Haus zeigt ein aktives Interesse an Dienstleistung und Aufbauarbeit an. Menschen mit dieser Stellung möchten ihr Teil zum Wohle der anderen und zur Gesellschaftsordnung beitragen.

Ihr Bestreben, kranken Menschen zu helfen, veranlasst diese Menschen oft, als Heilkundiger zu arbeiten. Es kann ein angeborenes Verständnis dafür vorhanden sein, dass Geist und Psyche eines Menschen unmittelbar mit seiner körperlichen Gesundheit zusammenhängen. Ihre Arbeit der Krankenheilung hängt oft mit Religion zusammen; sie übernehmen mit Vorliebe missionarische oder medizinische Aufgaben und interessieren sich für geistige Heilmethoden und andere Naturheilpraktiken.

Diese Menschen arbeiten in der Regel äußerst gewissenhaft und zuverlässig und werden gewöhnlich geschätzt. Falls Jupiter nicht ganz ungünstig aspektiert ist, haben sie zu ihren Vorgesetzten, Untergebenen und Mitarbeitern harmonische Beziehungen.

Ist Jupiter sehr ungünstig aspektiert, wird Faulheit und eine Neigung, die eigene Arbeit von anderen erledigen zu lassen, deutlich erkennbar sein. Jupiter steht in diesem Haus sozusagen vernichtet, denn er ist Mitherrscher im Zeichen Fische, das dem gegenüberliegenden Haus entspricht. Daraus erklärt sich eine manchmal scheinheilige Haltung in Bezug auf Arbeit und das, was von andern erwartet wird. Ein verletzter Jupiter in dieser Stellung kann gesundheitliche Störungen anzeigen, die auf übermäßiges Wohlleben zurückzuführen sind. Es handelt sich dabei oft um Lebererkrankungen.

Saturn im sechsten Haus

Korrektheit, Pflichterfüllung, Strenge, Bereitschaft zu dienen, kritisch, korrekt, verantwortungsvoll, methodisch, pedantisch, wissenschaftlich, ernstes Studium, Einzelheiten, sitzend, gehemmt, geschlechtslos, missverstanden

Saturn im sechsten Haus zeigt die Fähigkeit zu harter Arbeit und Tüchtigkeit im Beruf an. Diese Menschen nehmen ihre Arbeit ernst und erwerben besondere Fertigkeiten und Fachkenntnisse. Sie nehmen gewöhnlich kraft ihrer Arbeit oder Dienstleistungen schwere Verpflichtungen auf sich und müssen daher auf ihre Gesundheit achten.

Sie wählen mit Vorliebe Berufslaufbahnen in der Medizin, in der Ernährungsindustrie, in der Bekleidungsbranche, in der Naturwissenschaft, im Maschinenbau und anderen technischen Bereichen, die Geschick und Genauigkeit erfordern. Mit dieser Saturnstellung ist gründliches, analytisches Denken verbunden, weil Merkur das sechste Haus beherrscht. Dank ihrem Geschick und ihrer Begabung auf einem Spezialgebiet können diese Menschen finanzielle Sicherheit erreichen.

Ist Saturn im sechsten Haus ungünstig aspektiert, sind chronische gesundheitliche Probleme und eine schwache Vitalität zu erwarten, oft als Ergebnis von Sorgen und Überarbeitung. Krankheit oder mangelnde Gelegenheit können den Nativen daran hindern, eine geeignete berufliche Position zu finden.

Ist Saturn günstig aspektiert, werden die Nativen von Mitarbeitern, Vorgesetzten und Untergebenen respektiert. Ist er aber verletzt, sind diese mitmenschlichen Beziehungen eher gespannt.

Uranus im sechsten Haus

Rationalisierung, Technik in der Arbeit, Heilsreformen, eigentümliche Arbeit, lernt individuell, schnell, wissenschaftliche Bemühung, Genie, okkult, originell, reformistisch, Einzelheiten, töricht, kritisch

Im sechsten Haus weist Uranus auf ungewöhnliche und fortschrittliche Methoden in Arbeit und Dienstleistung hin. Es kann ein Interesse an besonderen Heilmethoden oder geistigem Heilen bestehen. Auch Verfechter spezieller Ernährungsmethoden haben ihren Uranus hier.

Elektroingenieure und -techniker, Computerprogrammierer und andere technische Spezialisten haben Uranus oft im sechsten Feld. Eigene Einfälle für die Entwicklung neuer Techniken ermöglichen besondere Leistungen auf diesem Gebiet.

Ein günstig aspektierter Uranus im sechsten Haus verheißt mathematische und naturwissenschaftliche Begabung sowie eine besondere Findigkeit für die Lösung praktischer Probleme.

Dank ihrer Arbeit schließen diese Menschen neue Freundschaften und nehmen an Gruppenunternehmungen teil. Ist Uranus günstig aspektiert, unterhalten sie zu Mitarbeitern, Vorgesetzten und Untergebenen freundschaftliche und geistig anregende Beziehungen. Ist Uranus aber verletzt, sind solche Beziehungen eher gespannt und unharmonisch.

Diese Menschen sind hinsichtlich der Arbeitsbedingungen und den Beziehungen zu Mitarbeitern, Vorgesetzten und Untergebenen äußerst kritisch. Sagen ihnen diese Beziehungen nicht zu, werden sie ihre Stelle wechseln. Sie wollen genügend Bewegungsfreiheit haben und ihre Arbeit auf ihre Weise erledigen; zu aufdringliche oder zu strenge Überwachung macht sie kopfscheu.

Ein ungünstig aspektierter Uranus im sechsten Haus geht oft mit einer Unfähigkeit, Routinearbeit zu akzeptieren einher. Dies kann häufigen Stellenwechsel und labile Anstellungsverhältnisse mit sich bringen. Oft wird das Anstellungsverhältnis plötzlich beendet. Mit einem verletzten Uranus im sechsten Haus besteht auch eine verstärkte Neigung zu Nervosität und Erregbarkeit, die zu Erkrankungen führen kann.

Neptun im sechsten Haus

Instinktive Erfassung des Notwendigen, Suchtgefahren und Krankheiten, Erschöpfungen

Bei Neptun im sechsten Haus stehen Arbeit und Dienstleistungen geistiger Art im Vordergrund. In diesem Haus ist Neptun sozusagen im Exil, weil er hier seinem Herrschaftszeichen, den Fischen, gegenübersteht. Es fällt den Nativen schwer, aus den Schwierigkeiten, die ihm durch Arbeit und Krankheit erwachsen, Lehren zu ziehen. Es werden große Opfer von ihm verlangt. Ist jedoch Neptun günstig aspektiert, besitzt er ein intuitives Verständnis für zweckmäßige und ergiebige Arbeitsmethoden.

Ist Neptun günstig aspektiert, dürften sich die Nativen für geistige Heilmethoden und andere Therapien interessieren. Bei ungünstiger Aspektierung leiden die Nativen oft an psychosomatischen Erkrankungen und Infektionen, auch an Geisteskrankheiten und Hypochondrie. Mit einem verletzten Neptun Geborene sollten Drogen, Alkohol und künstlich hergestellte Medikamente vermeiden. Sie sollten vor allem ihrer Ernährung besondere Aufmerksamkeit schenken und Krankheiten mit Hilfe pflanzlicher Heilmittel behandeln.

Menschen mit einem ungünstig aspektierten Neptun in diesem Haus haben oft Schwierigkeiten im Erwerbsleben, sei es aufgrund von Arbeitslosigkeit, unbefriedigender Arbeitsverhältnisse oder ungenügender Arbeitsleistung. Im Gegensatz dazu können sie mit einem günstig aspektierten Neptun harmonische Arbeitsbedingungen und freundschaftliche Beziehungen zu Mitarbeitern und Vorgesetzten haben. Gewöhnlich arbeiten die Nativen in Krankenhäusern und vergleichbaren Institutionen; ihr Beruf kann auch mit Psychotherapie zu tun haben.

Pluto im sechsten Haus

Einsatz bis zum Letzten, Chefallüren, Heilen, Psychosomatik, mit anderen arbeiten, wissbegierig, sammelnd, wissenschaftlich, energisch, Kritiksucht, Fanatismus, Eifer

Mit Pluto im sechsten Haus Geborene sind fähig, die bereits eingegangenen Anstellungsbedingungen und die Arbeitsmethoden zu verbessern. Sie sind gute Sekretäre und auch fähig in der Recyclingbranche etwas zu werden. Auch Mitarbeiter bei Atomenergieprojekten können Pluto im sechsten Haus haben.

Diese Menschen müssen auf ihre Gesundheit achten. Dies kann durch positives Denken oder durch richtige Ernährungs- und Hygienegewohnheiten geschehen. Sie können auch geheime Heilkräfte besitzen. Viele Heilpraktiker haben Pluto in dieser Stellung.

Ist Pluto im sechsten Haus sehr schlecht aspektiert, ist die Gesundheit des betreffenden Menschen gefährdet. Es kann auch bedeuten, dass der Geborene seine Einstellung zu Arbeit und Dienstleistung ändern muss, um die Sicherheit des Arbeitsplatzes zu gewährleisten, weil er dazu neigt, Mitarbeitern, Vorgesetzten und Untergebenen gegenüber anmaßend und unkooperativ zu sein. Berufliches Versagen kann zu geistiger Verwirrtheit führen und Unredlichkeit bei der Arbeit kann gesetzliche Probleme mit sich bringen. Gewissenhafte und aufbauende Arbeit wird finanziellen Gewinn, Ansehen und Anerkennung bei dieser Plutostellung bringen.

Siebtes Haus

Waagehaus; Herrscher: Venus (als Abendstern); erhöht: Saturn

Einordnung:	Eck-Haus, bewegend
Ausrichtung:	Geistig
Grunddeutung:	Beziehungshaus, du-Haus
Grundrichtung:	Außen-du, das Echo auf das Ich
Motivation:	Die Ergänzung finden
Aufgabe:	Beziehungsgestaltung
Lebensbereiche:	Bindungen, Partnerschaft, du-Hinwendung, nahe Menschen, Patienten, Klienten, Schüler, Kunden, was vom Ich und du geopfert werden muss, Ergänzungsfindung

Überbetonung des siebten Hauses:
Ich-Substanzverlust, Abhängigkeit, Eifersucht, Echoüberbewertung, Kritikanfälligkeit, Ich-Aufgabe

Im siebten Haus kommt das "Ich bin"-Selbst (des ersten Hauses) in direkten Kontakt mit dem Nicht-Selbst. Das Motto für das siebente Haus ist "Wir sind." Dieses Haus betrifft alle direkten engen persönlichen Beziehungen zu anderen und lässt die Art der Reaktionen von andern Leuten auf unsere Handlungen erkennen. Dieses Haus kann auch das erste Haus von Personen repräsentieren, mit denen man sich einlässt und beschreibt deshalb auch den Typus des Partners, den man am ehesten anziehen würde - sei es für eine Ehe oder eine andere enge Beziehung.

Venus herrscht über dieses Haus und schafft die Bande der Liebe und gegenseitigen Harmonie, die dann Heirat und intime Freundschaften möglich machen. Das siebente Haus vereint in sich: Ehebeziehungen, enge Freundschaften, Publikumskontakte, rechtliche Angelegenheiten und das Aufstellen von Verträgen und Übereinkünften (während das dritte Haus mit dem Vertrag selbst zu tun hat).

Wegen der Bedeutung des Saturn ist das siebente Haus eng mit dem Wirken des Karma verbunden, dem Gesetz des Ausgleichs, das jeden einzelnen angeht: Was der einzelne für die Welt tut, das gibt die Welt ihm wieder. Das siebente Feld, sein Herrscher und die darin stehenden Planeten zeigen an, wie sich dieses karmische Lebensgesetz entfaltet.

Da Venus auch mit dem Geld-Zeichen Stier in Verbindung steht und Saturn mit Geschäftsvereinbarungen zu tun hat, beherrscht das siebente Haus auch den Handel. (Geschäfte zu machen, bedeutet, mit andern Unternehmen oder dem Publikum zu verhandeln. Deshalb gehören zum siebten Haus auch Geschäftsverkehr und Public Relations).

Die Sonne im siebten Haus

Du-Zuwendung, Hingabebereitschaft, Bindungsbereitschaft, Ergänzung, Partner, Harmonie, Strahlkraft, Publikum, Gefallsucht, veredelnd, Partnerschaft, anpassend, eitel, weltlich, Konstante, Beziehungen wichtig, beliebt, abhängig, diplomatisch, freundlich

Menschen mit der Sonne im siebten Haus geben ihr Wesentliches in der engen persönlichen Beziehung zu Partnern. Ist die Sonne günstig aspektiert, werden sie starke, fähige und loyale Freunde gewinnen. Die Ehe ist für ihr Leben von allergrößter Bedeutung und wenn die Aspekte zur Sonne günstig sind, werden sie starke und treue Ehepartner anziehen, die einer anhaltenden Zuneigung fähig sind. Bei ungünstigen Aspekten zur Sonne besteht die Gefahr, dass einer der Partner den anderen beherrscht. Der Betreffende kann dann dazu neigen, anderen seinen Willen aufzuzwingen. In solchen Fällen deutet die Stellung der Sonne darauf hin, dass er lernen muss, mit anderen zusammenzuarbeiten und deren Persönlichkeit zu respektieren.

Ist die Sonne gut aspektiert, kann nach der Heirat der Lebenserfolg dauernd zunehmen. Diese Stellung fördert Popularität und unterstützt Vereinbarungen und ein selbstbewusstes Auftreten. Menschen mit dieser Sonnenstellung sind besonders geschickt auf den Gebieten der Public Relations und könnten gute Geschäfts- oder Werbefachleute werden.

Der Mond im siebten Haus

Seelische Ausstrahlungskraft, Herzlichkeit, Rezeption durch Publikum, Echo, Geselligkeit, Zärtlichkeit, Liebesbedürfnis, Ergänzungsbedürfnis, emotionelle Abhängigkeit, Kompromisse, Ausflüchte, verantwortungslos, schicksalhafte Partner, lebhafter Ausdruck, sensitiv, Muttergestalt, launisch

Menschen mit dem Mond im siebten Haus haben die Tendenz, um der emotionalen und häuslichen Geborgenheit willen zu heiraten. Bei der Heirat kann die Familie die Hand im Spiel haben, weil diese Nativen in Gefühlsdingen gegenüber ihren Mitmenschen empfänglich sind. Solche Menschen streben nach emotioneller Erfüllung durch mitmenschliche Beziehungen und werden davon stark beeinflusst. Oft suchen sie im Ehepartner eine Mutter- oder Vaterfigur. Im geschäftlichen Bereich kann es zu Transaktionen mit der Öffentlichkeit kommen.

Merkur im siebten Haus

Gedankenaustausch, Arbeit für das Echo, für die Öffentlichkeit, Sprechbedürfnis, veredelnd, Teamwork, gerecht, ausgeglichenes Denken, kooperativ, öffentlich, intellektuell, Vermittler, dogmatisch, entzückt

Der im siebten Haus platzierte Merkur deutet auf Menschen hin, die sich um Gedankenaustausch und geistige Zusammenarbeit mit anderen bemühen. Sie arbeiten lieber in Partnerschaft mit anderen zusammen als auf eigene Faust. Sie sind im Umgang mit der Öffentlichkeit sehr geschickt und haben deshalb als Verkäufer, Public-Relations Leute und Rechtskundige viel Erfolg.

Geborene mit dieser Merkurstellung interessieren sich für die Gedanken ihrer Mitmenschen. Ihre Tendenz, geistige Partnerschaften zu suchen, führt sie dazu, intelligente und gebildete Intellektuelle zu heiraten. Auch in ihren anderen zwischenmenschlichen Beziehungen neigen sie zum intellektuellen Typus.

Wenn Merkur im siebten Haus günstig aspektiert ist, sind die Nativen geschickte Schiedsrichter, Vermittler und Berater. Mit dieser Merkurstellung ist auch eine Begabung für Psychologie verbunden.

Ist Merkur im siebten Haus ungünstig aspektiert, können Schwierigkeiten in der Verständigung mit anderen auftreten. Es kann infolge Meinungsverschiedenheiten zu Ehezwistigkeiten und Missverständnissen zwischen Partnern und zum Nichteinhalten von Vereinbarungen kommen. Die Nativen müssen vertragliche Vereinbarungen sehr genau überdenken, bevor sie sie abschließen. Bei verletztem Merkur kann der Partner unaufrichtig oder wankelmütig sein, manchmal auch jünger als der Geborene. Menschen mit Merkur im siebten Haus neigen häufig dazu, eine Angestellte, einen Mitarbeiter oder jemanden aus der Verwandtschaft zu heiraten.

Venus im siebten Haus

Partnergefühl, Liebessehnsucht, Kunstdrang, Eitelkeit, gute Zusammenarbeit, große Liebe, Affären, Untreue, attraktiv, amourös, freundlich, künstlerisch, glückliche Ehe, öffentlich, charmant, sanft, liebenswert, leichtfertig

Venus im siebten Haus zeigt soziales Geschick an und, falls Venus oder das siebte Haus nicht verletzt sind, eine glückliche Heirat. Die Nativen genießen dank ihrer gefälligen Art und ihrer Rücksichtnahme auf andere viel Popularität. Sie haben Geschick im Umgang mit dem Publikum und bevorzugen daher eine berufliche Tätigkeit auf den Gebieten der Psychologie, des Verkaufs, der Public Relations oder des Theaters.

Ehe und enge persönliche Freundschaften sind für diese Menschen sehr wichtig. Sie suchen in der Ehe Liebeserfüllung und Glück. Gewöhnlich heiraten sie früh und gelangen dadurch zu Ansehen und Wohlstand. In ihren persönlichen Beziehungen geben und empfangen sie viel Liebe.

Diese Menschen werden nur ganz selten in Rechtsstreitigkeiten verwickelt. Sollte dies aber geschehen, werden sie versuchen, außergerichtlich zu einer Einigung zu kommen.

Mars im siebten Haus

Partnersuche, Ehekrisen, Kritikanfälligkeit, Eroberungstrieb, weites Herz, Bedrängung, verbindend, veredelnd, herzliches Verhalten, Arbeits-Partnerschaft, impulsiv, aggressive Affären, gemeinsame Finanzen, verwickelt, Leidenschaft

Menschen mit Mars im siebten Haus sind meist mit Partnerschaftsangelegenheiten oder mit Publikumsarbeit beschäftigt. Oft ist der Ehepartner - wie auch nahe Freunde oder Geschäftspartner - eine aggressive, aktive Marsnatur.

Menschen mit dieser Konstellation bevorzugen die Zusammenarbeit und gemeinsame Unternehmungen mit anderen. Ist Mars günstig aspektiert, kann auf diese Weise viel erreicht werden. Es kann zwar vorkommen, dass sowohl der Geborene wie seine Partner sich zu impulsivem Verhalten hinreißen lassen. Ist Mars im siebten Haus ungünstig aspektiert, kommt es häufig zu heftigen Auseinandersetzungen mit dem Partner und in der Ehe zur Scheidung.

Bei Unternehmungen spielen oft gemeinsame Finanzen eine Rolle, die bei einem verletzten Mars leicht zu einem Streitobjekt werden können.

Mars im siebten Haus findet sich oft bei aggressivem Verkaufs- und Public-Relations-Personal. Bei verletztem Mars muss der Geborene Takt und Diplomatie im Umgang mit anderen lernen. Mars steht im siebten Haus sozusagen im Exil, weil er im Widder regiert, der dem Zeichen Waage, das dem siebten Haus entspricht, gegenübersteht. Deshalb kann bei dieser Stellung eine unglückliche Tendenz vorliegen, aus selbstsüchtigen Gründen oder aus einem Konkurrenzbestreben heraus mit anderen in Beziehung zu treten.

Jupiter im siebten Haus

Entfaltung in der Partnerschaft, Beliebtheit, Ausstrahlung, glückliche Ehe/Position, Gerechtigkeit, Beliebtheit, Mäßigkeit, karitativ, soziale Kontakte, selbstlose Beziehungen, Beurteilung, spirituell

Menschen mit Jupiter im siebten Haus sind andern gegenüber offen, wohlwollend und freundlich, was ihnen in der Ehe und bei Partnerschaften Glück und Wohlergehen bringt. Sie haben einen ausgeprägten Gerechtigkeitssinn und sind in ihrem Verhalten aufrichtig und fair. Die gleiche Ehrlichkeit und Fairness erwarten sie auch von andern. Da sie einen vernünftigen Wertmaßstab haben, führen sie meist glückliche und dauerhafte Beziehungen. Oft heiraten sie einen reichen oder angesehenen Partner. Auch Geschäftsverbindungen werden florieren, weil die Nativen bei der Auswahl ihrer Partner ein gutes Urteil haben und im Umgang mit ihnen aufrichtig sind.

Ist Jupiter im siebten Haus günstig aspektiert, bekennen sich die Nativen offen zu selbstloser Nächstenliebe und wünschen andern nur das Beste. Dieses aufrichtige Wohlwollen wird durch Vertrauen und Freundschaft belohnt.

Die Nativen haben eine Begabung auf den Gebieten des Rechts, der Public Relations, des Verkaufs, des Verhandelns und des Vermittelns.

Ist Jupiter im siebten Haus ungünstig aspektiert, setzen diese Menschen oft zu viel als selbstverständlich voraus und erwarten zu viel von anderen.

Ist Jupiter sehr ungünstig aspektiert, können sie infolge ihrer Naivität in Partnerschaften und Geschäftsbeziehungen Scharlatanen und Fantasten mit grandiosen Ideen ohne genügenden Rückhalt auf den Leim gehen.

Saturn im siebten Haus

Treue, Sicherheit, Verpflichtung, Halt, Bindung an Ältere, pflichtgetreu, älterer Partner, ernste Beziehungen, Entfremdung, unpraktisch, loyal, gehemmt, unzufrieden, ausdauernd, Schwerarbeiter, verantwortungsvoll

Im siebten Haus steht Saturn sozusagen erhöht, weil das siebente Haus der Waage entspricht, in der Saturn erhöht ist. Die Nativen stellen daher in allen wichtigen Beziehungen und in öffentlichen Angelegenheiten einen starken Sinn für Verantwortung und Gerechtigkeit unter Beweis. Sie heiraten meist erst in späteren Jahren oder wählen einen ernst veranlagten reifen und karrierebewussten Partner. Bei günstigen Saturnaspekten wird die Ehe ausgeglichen und dauerhaft sein, bei ungünstigen hingegen muss mit häuslichen Schwierigkeiten gerechnet werden.

Menschen mit dieser Saturnstellung arbeiten hart und gewissenhaft mit anderen zusammen und tragen ihren Teil der Verantwortung. Ist Saturn günstig aspektiert, sind sie verlässliche Arbeiter und vertrauenswürdige Vertragspartner. Sie können sich für Rechtsfragen interessieren und haben Geschick in Geschäftsorganisationen und Management oder im Formulieren von Verträgen. Sie vermögen ihr zukünftiges Wohlergehen zu sichern und ihre Karriere zu verbessern, indem sie mit anderen zusammenarbeiten.

Ist Saturn im siebten Haus ungünstig aspektiert, besteht die Tendenz, in einer Partnerbeziehung gehemmt, kritisch und negativ zu sein. Der Ehepartner kann kalt, lieblos, eigenbrötlerisch, kritisch und belastend sein. Ein verletzter Saturn in diesem Haus kann auch Verrat durch Feinde und damit verbundene Gerichtsprozesse bedeuten.

Menschen mit Saturn im siebten Haus werden gewissermaßen in Beziehungen hineingezwungen, die Verpflichtungen mit sich bringen.

Uranus im siebten Haus

Unabhängigkeit, Beziehungswechsel Verführbarkeit, Aufleben im du, exzentrische Beziehungen, Erfahrungen mit Drogen, rebellisch, inspiriert, viele Ehen, ästhetisch, talentiert, starr

Uranus im siebten Haus kennzeichnet Menschen, die bezüglich Ehe und Partnerschaft ein starkes Freiheitsbedürfnis haben. Sie sind wiederholt in Scheidungsaffären verwickelt, wenn Uranus ungünstig aspektiert ist. Ihr außerordentlicher Unabhängigkeitsdrang macht es ihnen unmöglich, sich für längere Zeit zu binden. Gewöhnlich findet die Eheschließung ganz plötzlich und unter ungewohnten Umständen statt. Der Ehepartner ist zumeist außergewöhnlich brillant oder exzentrisch - je nachdem, wie Uranus aspektiert ist. Manchmal sind die Nativen auf ihren Ehepartner so eifersüchtig, weil er mehr Beifall findet als sie selber.

Sie unterhalten Beziehungen mit Freunden oder schließen vorübergehende unpersönliche und oberflächliche Bekanntschaften, die einem raschen Wechsel unterworfen sind. Die Nativen weisen eine telepathische Begabung auf und nehmen Stimmungen und Gefühle anderer wahr.
Ist Uranus ungünstig aspektiert, laufen die Nativen Gefahr, infolge ihrer Unfähigkeit zur Zusammenarbeit durch Prozesse und schlechte Beziehungen zur Öffentlichkeit Verluste zu erleiden. Das plötzliche Umschlagen der Stimmung, Meinung und Haltung des Nativen verwirrt und verstimmt die anderen. In manchen Fällen ist aber der Geborene selbst verunsichert durch die unberechenbaren Handlungen seines Partners.

Ein ungünstig aspektierter Uranus ist wegen der damit verbundenen Unberechenbarkeit höchst problematisch für Menschen, die mit Politik, Gesetz oder öffentlichen Angelegenheiten zu tun haben. Zu viele unvorhergesehene Faktoren schaffen Schwierigkeiten, für die diese Menschen dann verantwortlich gemacht werden. Ganz allgemein ergeben sich aus Ehe, Partnerschaften und Beziehungen zur Öffentlichkeit ungewöhnliche Erfahrungen.

Neptun im siebten Haus

Karmische Partnerschaft, Du-Animalität, Raffinesse, animalische Beziehungen, empfänglich, idealistische Beziehungen, platonisch, verführerisch, künstlerisch, impulsiv, harmonische Beziehungen, mediale Verbindungen, Sonderbarkeit

Neptun im siebten Haus bedeutet karmische Bindungen in der Ehe oder bei Partnerschaften. Oft besteht eine starke seelische Beziehung zum Ehepartner und ganz allgemein ein tiefes Verständnis für andere Menschen. Wer diese Neptunstellung hat, lässt sich leicht von den Stimmungen und Gefühlen anderer Menschen anstecken. Ist Neptun günstig aspektiert, stehen bei den mitmenschlichen Beziehungen geistige Werte im Vordergrund; solche Menschen sind andern gegenüber selbstlos und rücksichtsvoll. Sie besitzen intuitives Verständnis für den Nächsten. Ein günstig aspektierter Neptun kann auch eine ideale, auf geistiger Basis aufgebaute Ehe anzeigen.

Im siebten Haus verheißt Neptun künstlerisches und musikalisches Talent oder zumindest entsprechenden Kunstverstand.

Ist Neptun hier ungünstig aspektiert, können sich Schwierigkeiten in der Ehe ergeben, die oft aus einer Unsicherheit in den Empfindungen entstehen. Die Nativen lassen sich manchmal durch andere Menschen verwirren und irreführen; sie sollten in der Wahl ihrer Freunde vorsichtig sein. Die Nativen erweisen sich hinsichtlich Partnerschaften und gesellschaftlichen Verpflichtungen oft als unzuverlässig und wankelmütig. Ist Neptun schwer verletzt, können die Nativen mit Absicht andere täuschen, oder aber ihre Partner gaukeln ihnen etwas vor, sind unzuverlässig oder leiden unter einer seelischen Deformation. In diesem Haus zeigt ein verletzter Neptun auch die Möglichkeit von öffentlichem Skandal und Prozessen an.

Pluto im siebten Haus

Partnerbeherrschung, Machtstreben, schicksalsträchtige Partnerschaften, Ruhm, starke Einheiten, Scheidungen, zahlreiche Partner, persönliche Anziehungskraft, dramatische Veränderungen, dominierend, intuitiv

Das Leben von Menschen mit Pluto im siebten Haus wird oft durch Ehe, Partnerschaften und gesellschaftliche Beziehungen drastisch verändert. Sie ziehen meist willensstarke und dominierende Partner an, die möglicherweise okkulte Neigungen haben. Der

Geborene hat einen ausgeprägten Gerechtigkeitssinn und reagiert heftig auf Verfehlungen und Betrügereien durch andere.

Diese Menschen müssen die Notwendigkeit aufbauender Zusammenarbeit einsehen lernen, damit sie positive Anstrengungen unternehmen, um dieselbe zu fördern.

Ist Pluto günstig aspektiert, haben sie ein intuitives Verständnis für ihre Mitmenschen und deren Motivationen. Diese Stellung ist für Psychologen, Anwälte und Richter von Vorteil.

Im siebten Haus steht Pluto sozusagen im Exil, weil es der Waage, dem gegenüberliegenden Zeichen von Widder entspricht. Er bedeutet hier eine Tendenz, den Schwächeren zu beherrschen oder sich selbst von einem Stärkeren beherrschen zu lassen. Menschen mit dieser Stellung müssen lernen, Initiative und Verantwortlichkeit gleichermaßen mit anderen zu teilen.

Achtes Haus

Skorpionhaus; Herrscher: Pluto und Mars; erhöht: Uranus

Einordnung:	Mittel-Haus, fest (fix)
Ausrichtung:	Seelisch
Grunddeutung:	Gemeinschaftshaus, Verluste, Erfahrung mit Grenzgebieten
Grundrichtung:	Außen-du, Lebenserfahrungen
Motivation:	Tod- und Verlustbewältigung
Aufgabe:	Verluste in Gewinne wandeln
Lebensbereiche:	Enderfahrung, alle Grenzgebiete, Psychosomatik, Geheimwissenschaften, Reinkarnation, tiefe Seelenweisheit, Lebenskrisen, Auferstehung, Heilungswunder

Überbetonung des achten Hauses:
Abkehr von dem Realen, Pessimismus, Nihilismus, mystischer Fatalismus, Anfälligkeit bis zur Selbstschädigung

Das achte Haus ist das Haus der gemeinsamen Güter, so, wie das gegenüberliegende (2.) Haus das des persönlichen Besitzes ist. Sein Motto lautet: "Wir haben." Folglich hat das 8. Haus mit Gesellschaftsgeldern zu tun, mit geerbten Geldern oder Gütern, Versicherungen und Steuern, mit Geld, das aus gemeinsamen Anstrengungen stammt oder Geld, das dem Ehe- oder Geschäftspartner gehört. Die selbstsüchtigen Wünsche, die mit Mars und Skorpion verbunden sind, können Auseinandersetzungen über gemeinsamen Besitz hervorrufen, zumeist weil einzelne Individuen den Reichtum der Gruppe für ihren eigenen Nutzen verwenden wollen. Im Lauf der Geschichte haben solche Motive und Handlungsweisen immer wieder zu Krieg (Mars) und Tod (Skorpion) geführt (das 8. Haus wird mit Tod und Zerstörung in Verbindung gebracht).

Als polarer Gegensatz zum zweiten Haus hat das achte auch mit der Auflösung materieller Formen, der Rückverwandlung in Energie zu tun. Es betrifft deshalb den leiblichen Tod und die damit verbundenen praktischen Dinge: Begräbnisse, Testamente und Legate. Es betrifft auch die Loslösung des dem Körper innewohnenden geistigen Wesens und seine Rückkehr zu höheren Ebenen. Deshalb steht das achte Haus mit den höheren Energien in Verbindung, die die inneren Ursachen aller physischen Erscheinungen sind und hat mit dem Okkulten und solchen Wissenschaftszweigen wie Parapsychologie, höhere Mathematik und Atomphysik zu tun. Durch die Erhöhung von Uranus im Skorpion und die Herrschaft von Pluto ist das achte Haus mit inneren mystischen Erfahrungen verbunden. Der Mensch kommt mit Seinsebenen in Verbindung, die außerhalb der Reichweite seiner fünf Sinne liegen.

Die Sonne im achten Haus

Interesse für Grenzfragen, Mystik, Opferbereitschaft, Hang zur Magie, Beziehung zum Tod, Wahrheitsbestreben, Fatalismus, trennend, inselhaft, heftig, metaphysisch, geheimnisvoll, geheimnistuerisch, eigensinnig, argwöhnisch, fanatisch, furchtlos

Steht die Sonne im achten Feld, kann ein besonderes Interesse an den tieferen Geheimnissen des Lebens bestehen, zum Beispiel an der Frage des Todes oder des Lebens nach dem Tode. Dies kann in jungen Jahren noch nicht so deutlich erkennbar sein, wird aber im späteren Leben bedeutsamer.

Die Nativen bemühen sich mit ihrer Willenskraft um ihre Vervollkommnung. Sie suchen nach einer höheren geistigen Wirklichkeit, in der jede bleibende Existenz wurzelt. Haben sie dieses Prinzip gefunden, werden sie frei von Furcht in der Gewissheit, im Grunde ihres Seins unverletzlich zu sein, solange sie dem Grundsatz der Gerechtigkeit treu bleiben.

Die Aufgabe der Sonne im achten Haus ist nicht einfach, weil diese Position das Erwerben grundlegender Erfahrungen verlangt. Es wird viel verlangt, aber auch viel erreicht. Das Leben kann ein Schlachtfeld sein, aber allen Fährnissen trotzt die unerschütterliche Gewissheit Dies wird sich natürlich deutlicher beim höher entwickelten Typus zeigen. In weltlichen Dingen werden sich die Nativen mit Steuern, Versicherungen, dem Vermögen Verstorbener und den Finanzen von Korporationen oder Geschäftspartnern befassen.

Ist die Sonne im achten Haus günstig aspektiert, kann dies Legate oder Erbschaften bedeuten. Sind die Aspekte jedoch ungünstig, können in solchen Angelegenheiten Schwierigkeiten oder Rechtsstreitigkeiten auftreten. Im Falle von Scheidungen können die Alimentsvereinbarungen für den Nativen ungünstig ausfallen. Im Horoskop einer Frau kann diese Stellung bedeuten, dass der Ehemann die Familiengüter verschleudert. Es könnte auch eine Tendenz vorliegen, skrupellos vorzugehen oder dem Leben gegenüber eine "Herrsche-oder-Ruiniere"-Haltung zu haben.

Manchmal bringt die Sonne im achten Haus Anerkennung nach dem Tode, obwohl der Geborene vielleicht als verkanntes Genie sein Leben lang betteln gehen musste.

Der Mond im achten Feld

Esoterik, karmisches Wissen, Das Transzendente, Mütterliche Ahnung, tiefes Innenleben, Opferbereitschaft, Seelenkraft, Autosuggestion, Trennung, destruktive Beziehungen, heftig, besitzergreifend, reserviert, tief, mediale Sensitivität, Groll, abhängig

Bei der Stellung des Mondes im achten Haus ist mit intensiven emotionalen Reaktionen und einer starken paranormalen Sensitivität für unsichtbare Kräfte zu rechnen. Es kann Interesse am Spiritismus bestehen und der Geborene kann den Wunsch haben mit verstorbenen Familienmitgliedern in Verbindung zu treten.

Solche Menschen sind gewöhnlich mit Erbschaften, Versicherungen und Steuern beschäftigt. Ihre finanziellen Angelegenheiten werden - im positiven oder negativen Sinn - durch Heirat oder Partnerschaften beeinflusst.

Diese Stellung des Mondes entspricht seinem Fall im achten Zeichen. Daher können emotionelle Wünsche zu ausuferndem Sex führen, wenn der Mond ungünstig aspektiert ist, denn das achte Haus entspricht ja dem Skorpion, der von Pluto regiert wird und dem die Sexualorgane zugeordnet sind. Pluto ist im Löwen erhöht, dem Zeichen des fünften Hauses der Vergnügungen und romantischen Verwicklungen. Das achte Haus ist auch mit Mars, dem Planeten der Begierde verbunden.

Merkur im achten Feld

Geheimwissenschaften, intellektuelle Auseinandersetzung mit Verlusten und Tod, Tiefgang, okkult, verborgen, spiritualistisch, tödlich, spannend, Groll, Interesse an Tot, durchdringend, misstrauisch

Merkur im achten Haus bedeutet ein Interesse für die tieferen Bereiche des Wissens und für Okkultismus. Wenn Merkur in diesem Haus Aspekte zu Uranus, Neptun und Pluto bildet, kann ein Interesse für Spiritismus und Kommunikation mit Verstorbenen bestehen. Das Interesse kann sich auch auf Gesellschaftsgelder, Steuern, Versicherungen und die Besitztümer von Verstorbenen konzentrieren - das achte Haus ist ja auch das Haus der Verstorbenen. Die Tätigkeit des Nativen könnte mit einem dieser Gebiete in Zusammenhang stehen.

Menschen mit dieser Häuserstellung des Merkur neigen zur Geheimniskrämerei, vor allem in Bezug auf Informationen, die sie für persönlich oder wichtig halten; sie genießen es, im geheimen Pläne zu schmieden und erfinden höchst einfallsreiche Strategien. Sie lieben das Rätselhafte und Intrigen. Sie haben das Bedürfnis und die Fähigkeit, Geheimnisse auszukundschaften und die Motivationen zu entdecken, die das Verhalten der Menschen bestimmen, denn sie wollen den Dingen auf den Grund gehen.

Der Tod von Geschwistern oder Nachbarn ist für sie sehr bedeutsam. Es ist auch gut möglich, dass sie im Zusammenhang mit Todesfällen Reisen unternehmen. Oft fallen ihnen als Erbe geheime Informationen oder wichtige Dokumente zu.

Diese Nativen vergessen Zurücksetzungen durch andere nicht so leicht. Ist Merkur im achten Haus verletzt, können lange einen Groll hegen, schlecht über den betreffenden sprechen und auf Rachepläne sinnen.

Venus im achten Haus

Tiefe Zuneigung, Gefühlsbeschädigungen, Liebesopfer, starke Anziehungskraft, Liebe zur Trennung, Lust, fanatische Liebe, Leidenschaft, Eifersucht, Wanken, freizügig, sexuell, magnetisch, bezaubernd

Die Venus im achten Haus bedeutet finanziellen Aufschwung durch Heirat, andere Partnerschaften und gesellschaftliche Beziehungen. Oft zeigt diese Stellung eine Erbschaft an, außer wenn Venus oder das achte Haus ungünstig aspektiert sind. Ist Venus in dieser Stellung stark verletzt, kann das auf eine stark sinnliche Natur oder eine Überbetonung von Sex hindeuten. Eine Heirat kann auch durch die Aussicht auf finanziellen Gewinn motiviert sein.

Die Stellung im achten Haus bedeutet allzu intensive Emotionen und manchmal Eifersucht und Besitzgier, weil sich Venus hier in dem Haus befindet, das dem Skorpion entspricht, dem Zeichen, in welchem sie im Exil steht.

Mars im achten Haus

Leichtsinn, Triebhaftigkeit, Lichtsehnsucht, Überlebensinstinkt, mutig, sinnlich, ausschweifend, sadistisch, machthungrig

Das achte Haus entspricht dem Zeichen Skorpion, in welchem Mars regiert. Deshalb ist Mars im achten Haus stark gestellt

Mit dieser Stellung sind starke Begierden und Gefühle verbunden; diese Menschen verfügen über viel Energie und einen eisernen Willen. Sie zeigen eine gewisse Aggressivität im Hinblick auf das Geld anderer Leute in gemeinsamen Fonds oder Vereinsfinanzen. Mit dieser Stellung ist ein starker Sexualtrieb zu erwarten. Ist der Mars im Horoskop einer Person mit okkulten Neigungen im achten Haus verletzt, kann ein Interesse für Sexualmagie bestehen.

Hoch entwickelte Individuen können auch - besonders, wenn der Mars günstige Aspekte mit Uranus, Neptun oder Pluto bildet - an okkulten Energien, medialer Kraft und dem Leben nach dem Tode interessiert sein.

Ist Mars stark verletzt, können sich bei wenig entwickelten Menschen kriminelle Tendenzen bemerkbar machen.

Wenn Mars in diesem Haus ungünstig aspektiert ist, sind Konflikte über Legate, Steuern und gemeinsame Finanzen wahrscheinlich. Oft führen solche Menschen aus den verschiedensten Motiven - guten und schlechten - Unternehmungen im Geheimen durch.

Jupiter im achten Haus

Suche nach dem Lebenssinn, Seelenheilkraft, Geistheilung, religiös, getrennt, Vermächtnisse, Beerdigungen, sexueller Wert, überschätzt, stolz, zügellos, friedlicher Tod, materialistisch, okkult

Im achten Haus zeigt Jupiter Vorteile durch Erbschaften, Versicherungen und gemeinsame Finanzen an. Allerdings kann es - wenn Jupiter verletzt ist - wegen Erbschaftssteuern zu Rechtsstreitigkeiten kommen.

Oft fühlen sich die Nativen zu Geschäften wie, Versicherungen, Steuerberatung und Finanzvermittlungen hingezogen.

In religiöser Hinsicht besteht ein großes Interesse am Leben nach dem Tode; und wenn Jupiter mit Uranus, Neptun oder Pluto einen Aspekt bildet, beschäftigen sich diese Menschen sehr wahrscheinlich mit spiritistischen Praktiken, z.B. gar telepathische Kontakte mit Verstorbenen.

Saturn im achten Haus

Einsamkeitserfahrungen, Einsicht in die Vergänglichkeit, Finanzen des Partners, Emotionen, Geldmangel, hartnäckig, Transformationen, stark, reserviert, egoistisch, okkult, konzentriert, Wiedergeburt

Menschen mit Saturn im achten Haus haben mit Partnergeldern, Finanzen von Korporationen, Steuern und Erbschaften zu tun, was immer Verantwortung bedeutet. Die Nativen müssen im Umgang mit materiellen Werten einen Sinn für Gerechtigkeit entwickeln, denn sie sind sowohl für fremdes als auch für ihr eigenes Eigentum verantwortlich.

Ist Saturn im achten Haus ungünstig aspektiert, kann es wegen Geld, Erbschaften oder anvertrauten Gütern zu Rechtsstreitigkeiten oder anderen Schwierigkeiten kommen. Es kann passieren, dass man diesen Menschen das Recht auf eine ihnen zustehende Erbschaft abspricht, oder dass sie im Falle einer Scheidung durch die Alimentsvereinbarungen viel Geld verlieren. Wahrscheinlich werden ihnen auch hohe Steuern aufgebürdet.

Vielfach vermählt sich der Geborene mit einem unbemittelten Partner und die Ehe wird zu einer finanziellen Belastung. Auch den beruflichen Ambitionen sind oft mangels Kapital Grenzen gesetzt. Wenn Saturn aber günstig aspektiert ist, kann durch geschickte Transaktionen mit anvertrauten Mitteln viel Geld verdient werden.

Saturn im achten Haus kann, wenn der Geborene keine höheren Wertvorstellungen hat, große Angst vor dem Tode aufkommen lassen, die sich in aufwühlenden Träumen und paranormalen Erfahrungen äußern und psychologisch verwirrend und ungünstig auswirken kann.

Ist Saturn von Uranus, Neptun oder Pluto günstig bestrahlt, kann eine tiefe spirituelle Einsicht in die Geheimnisse des Lebens vorliegen.

Uranus im achten Haus

Intuitionen, Grenzfragen, Transformation, durchdringend, erforscht Okkultes, Energieerkennung, Gefahr, furchtlos, Stärke, zäh, große Veränderung, Wiedergeburt, Gewalt, Übernatürliches

Menschen mit Uranus im achten Haus versuchen, den Geheimnissen des Lebens auf die Spur zu kommen, die über die bloße physische Erscheinung hinausgehen. Uranus ist ja im achten Haus sozusagen erhöht, weil das achte Haus dem Skorpion entspricht. Er weist hier auf ein besonderes Interesse für Okkultismus, Telepathie, das Leben nach dem Tode und naturwissenschaftliche Gebiete wie Atomphysik und die Physik der vierten Dimension. Ist Uranus günstig aspektiert, kann eine tiefgründige Einsicht in die inneren Vorgänge der Natur und des Universums bestehen.

Die Vermögenslage der Nativen verändert sich oft plötzlich durch Erbschaften, Heirat, Geschäftspartnerschaften, Versicherungen, Steuern und Vereinsgelder. Je nach den Aspekten zu Uranus kann es sich um vorteilhafte oder unvorteilhafte Veränderungen handeln. Es besteht die Möglichkeit eines plötzlichen Todes; wenn Uranus verletzt ist, durch einen Unfall. Manchmal haben diese Menschen hinsichtlich Art und Zeit ihres Todes eine Vorahnung.

Diese Menschen sollten lernen, sich gefühlsmäßig von materiellem Reichtum zu lösen. Diese Uranusstellung kann die Erkenntnis fördern, dass einzig die geistigen Werte von bleibender Bedeutung sind. Im materiellen Bereich ist einzig die Veränderung gewiss.

Neptun im achten Haus

Vorahnungen, Telepathie, Führer durch die Dunkelheit, psychisch, spirituell, unbewusste Vorgänge, medial, niedergeschlagen, verschlossen, Drogen, Auszehrung, Krankenhäuser, Enttäuschung

Im achten Haus bedeutet Neptun mediale Neigungen, die sich oft im Hang zum Spiritualismus oder Spiritismus manifestieren. In Verbindung mit Geldern von Partnern, Versicherungen, Steuern und Erbschaften können sich seltsame, mysteriöse Umstände oder Täuschungsmanöver ergeben.

Bei einem günstig aspektierten Neptun in diesem Haus ist oft ein besonderes Interesse an okkulten Themen und eine hellseherische Begabung vorhanden. Ist Neptun ungünstig aspektiert, könnte der Geborene versucht sein, okkulte Kräfte für persönlichen Gewinn zu gebrauchen. In extremen Fällen führt diese Neigung zu schwarzmagischen Praktiken.

Ein verletzter Neptun in diesem Haus kann auf Verluste und undurchsichtige Geschäfte mit den Geldern von Partnern oder Gesellschaften seitens des Nativen oder Dritter hindeuten. Im Zusammenhang mit Todesfällen kann es zu Unklarheiten in Erbschaftsangelegenheiten kommen.

Pluto im achten Haus

Quellen, Gefahren, Todesverachtung, Fanatismus, tragische Ereignisse, Rekordleistungen, Suche nach dem Sinn, transformierend, einflussreich, zäh, okkult, Geheimnisse

Pluto im achten Haus spricht für einen mächtigen okkulten Einfluss, der mit der Frage der Unsterblichkeit zusammenhängt und sich in einem Interesse an Reinkarnation und anderen esoterischen Themen äußert. Ein intuitives Gewahrsein innerer Vorgänge verleiht eine besondere Begabung für Physik.

Bei günstiger Aspektierung ist der Geborene fähig, den Fährnissen des Lebens siegreich zu trotzen und kann anderen helfen, versiegte Quellen wieder zu regenerieren.

Menschen mit dieser Stellung besitzen einen starken Willen, manchmal in Verbindung mit hellseherischen Fähigkeiten. Sie haben oft eine extreme Alles-oder-Nichts-Einstellung. Für sie ist das Leben eine ernsthafte Sache. Sie beschäftigen sich meist nur mit wesentlichen Dingen und haben für Trivialitäten nicht viel übrig. Sie geraten deshalb oft in drastische Situationen, bei denen es um Leben oder Tod geht und die sie manchmal zu einer abrupten Kehrtwendung in ihrer Lebensweise und in ihren moralischen Anschauungen zwingen. Ist Pluto günstig aspektiert, beweisen diese Menschen in Lebenskrisen Rückgrat und Findigkeit. Viele ihrer Tätigkeiten gehen im Geheimen vor sich.

Ist Pluto schlecht aspektiert, können im Zusammenhang mit dem Geld von Partnern, Versicherungen, Steuern und Erbschaften ernste Probleme auftauchen. Der Betreffende gerät auch in Versuchung, seine okkulten Kräfte zu missbrauchen.

Neuntes Haus

Schützehaus; Herrscher: Jupiter und Neptun

Einordnung:	Angleichendes Haus, anpassend
Ausrichtung:	Persönlich
Grunddeutung:	Gedankensysteme, Horizonterweiterung
Grundrichtung:	Außen-du, das höhere Streben
Motivation:	Die Sinnsuche
Aufgabe:	Über sich hinauswachsen
Lebensbereiche:	Glauben, Spiritualität, die schönen Künste, geistige Zentren, Geistige Führung die höhere Gerechtigkeit, Weiterbildung, Ferne, Fernreisen, Dichtung

Überbetonung des neunten Hauses:
Absoluter Führungsanspruch, Glaube an eigene Unfehlbarkeit, zu hohe Maßstäbe setzen, Unerbittlichkeit

Das neunte Haus beherrscht alle Einrichtungen, in denen die im Laufe der Zivilisation entwickelten Grundideen verkörpert und gelehrt werden. Das siebente Haus umfasst das Prinzip: "Wir sind", das achte Haus das Prinzip "Wir haben" und das Motto des neunten Hauses heißt: "Wir denken" (als Gegenüber des dritten Hauses mit dem Motto: "Ich denke"). Das neunte Haus enthält alle großen gemeinsamen Gedankengebäude, wie sie in Philosophie, Religion, religiösen Institutionen, Rechtssystemen, Gesetzen und höheren Lehranstalten Gestalt annehmen. Es ist auch mit den Lehren verbunden, durch die geistige und philosophische Unterweisungen den nachfolgenden Generationen weitergegeben werden. Außerdem bezieht sich das neunte Haus auf Kenntnisse, die durch Reisen erworben wurden, kulturelle Erfahrungen durch Reisen.

Mangelhafte Formung des Besitztums würde zu Zerstörung und Chaos führen. Deshalb ist es wichtig, dass ein gemeinsames universales Denken, wie es durch das neunte Haus ausgedrückt wird, persönliche und gemeinsame Handlungen steuert. Durch die höhere Erleuchtung, die von den intuitiven und expansiven Kräften der Planeten Neptun und Jupiter kommt, die das Prinzip der universellen Liebe verkörpern, können die Menschen mit dem kosmischen Bewusstsein in Verbindung treten. Dadurch wird ihnen die nötige geistige Inspiration verliehen, um den Umgang mit ihren Mitmenschen harmonisch zu gestalten. Diese höhere Inspiration steht am Ursprung aller großen Religionen der Welt. Das neunte Feld, sein Herrscher, Planeten, die darin stehen und die Aspekte zu diesen Planeten lassen die Fähigkeiten des Nativen erkennen, die höheren Inspirationsstufen zu erreichen, seine Weisheit zu entfalten und ein Gemeinschaftsbewusstsein zu entwickeln.

Die Sonne im neunten Haus

Führungswille und -anspruch, Sehertum, Vorbild, Jovialität, Ehrfurcht, Erkenntnisstreben, Auszeichnungsambition, Hochmut, Schwangerschaft (Transzendenz) mobil, enthusiastisch, veränderlich, dualistisch, spirituell-religiös, inspiriert, moralisch, positiv, offen, imaginativ, unzuverlässig

Die Stellung der Sonne im neunten Haus lässt ein lebhaftes Interesse an spirituellen und religiösen Dingen erwarten. Die Nativen sind vornehmlich auf den Gebieten der höheren Bildung, Religion, Rechtsprechung und Philosophie tätig. Sie besitzen in hohem Maße die Gabe der Intuition und haben oft blitzartige Inspirationen, die ihnen schöpferische Problemlösungen ermöglichen oder Zukunftsvisionen vermitteln, die an Prophetie grenzen.

Es besteht ein besonderes Interesse an fremdländischen Angelegenheiten, an fernen Ländern und deren Kulturen, Kunstformen und Überlieferungen. Diese Menschen reisen gerne ins Ausland. Befindet sich die Sonne hingegen in einem der fixen Zeichen - Löwe, Skorpion, Stier oder Wassermann - neigen sie eher dazu, am gleichen Ort zu bleiben, solange nicht zwingende Gründe eine Reise notwendig machen. Befindet sich die Spitze des vierten Hauses im Zeichen Löwe, sind diese Nativen möglicherweise in weiter Entfernung von ihrem Heimatort ansässig.

Wie stark diese geistigen Impulse zum Ausdruck kommen, hängt von der Gesamtkonstellation des Horoskops ab. Jedenfalls werden bis zu einem gewissen Grad immer streng moralische Grundsätze vorhanden sein, nach denen die Nativen ihr Leben ausrichten, wenn diese Überzeugungen gelegentlich auch engstirnig und bigott sein mögen. Oft trachten die Nativen danach, sich auf den Gebieten der Religion, Erziehung, Rechtsprechung oder Philosophie zu qualifizieren In der Regel sind sie an umfassenden sozialen Ordnungen interessiert sowie an den Gesetzen und Traditionen, die diese beherrschen.

Ist die Sonne im neunten Haus ungünstig aspektiert, können die Nativen versuchen, ihre religiösen oder moralischen Ansichten anderen aufzudrängen. Sie können exzentrischen religiösen Glaubensmeinungen anhängen, Schwierigkeiten in der höheren Bildung und Probleme in fremden Ländern oder mit Ausländern haben. Manchmal zeigen sie auch andern gegenüber eine moralisch herablassende Art, gelegentlich verbunden mit Heuchelei.

Der Mond im neunten Haus

Religiosität, Fernweh, Ideen, Meditation, Hoffnungsglaube, Wachträume, Streben nach seelischen Erkenntnissen, innere Überzeugung, Humor, Schwangerschaft (Transzendenz) farbiges Innenleben, Stimmungsschwankungen, Trachten, idealistisch, Veränderungen, Fülle, offen, frei, rastlos, wach, emotionelle Anhänglichkeit, leichtfertig, lässig

Die Stellung des Mondes im neunten Haus kündigt eine in früher Kindheit erworbene, tiefe gefühlsmäßige Verbundenheit mit religiösen, sozialen und ethischen Werten an. Das neunte Haus untersteht dem Jupiter, der im Krebs erhöht ist. Der Krebs wird seinerseits vom Mond beherrscht, weshalb der Mond im Schützen oder im neunten Haus die Einsicht der Notwendigkeit spiritueller und moralischer Werte im Familienleben und im häuslichen Milieu verleiht.

Die Reichweite oder Tiefe des spirituellen Verständnisses kann allerdings durch emotionale "Voreingenommenheit" und Identifikation mit Haltungen und Erfahrungen der Eltern eingeschränkt werden. Ändert der Geborene später seine religiöse Einstellung, zieht er sich die Missbilligung der Eltern zu. Ist der Mond verletzt, kann eine engstirnige und dogmatische soziale und religiöse Einstellung vorhanden sein. Wenn nicht andere Faktoren des Horoskops eine Gegenwirkung ausüben, sind die Überzeugungen des Nativen weit mehr gefühlsmäßig als verstandesmäßig begründet; aber da der Mond in diesem Haus des höheren Geistes mit der Imagination zu tun hat, ist durchaus mit inspirierten intuitiven Eingebungen zu rechnen.

Merkur im neunten Haus

Führungsdenken, Strategieverständnis, Konstruktive Kritik, intellektuelle Lebensklugheit, Managerqualität, Schwangerschaft (Transzendenz) tiefer Denker, höheres Denken, Wiedergeburt, Ethik, Moral, Neugierde, kenntnisreich, religiös, prophetisch, zerstreut, ausweichend, frei, lernen

Mit Merkur im neunten Haus ist ein Interesse für Philosophie, Jurisprudenz und höhere Bildung zu erwarten, das dazu führt, dass der Geborene höhere Bildung und möglicherweise einen akademischen Grad erwirbt. Für Menschen mit dieser Stellung ist es wichtig, die Entwicklung der grundlegenden Ideen zu verstehen, die das gesellschaftliche Denken, die Gesetzgebung, Philosophie und Religion beherrschen. Ihre Entscheidungen gründen sich sowohl auf ethisch-moralische als auch auf praktische Überlegungen. Wie bei Merkur im Schützen kommt es diesen Menschen ebenso sehr auf Gesinnungen wie auf Tatsachen an, weil ja die Einstellung darüber entscheidet, welche Tatsachen jemand für wichtig hält und wie er von ihnen Gebrauch macht. Viele Lehrer und Professoren haben Merkur im neunten Haus stehen.

Menschen mit dieser Merkurstellung lieben das Reisen und möchten über fremde Länder und Kulturen Bescheid wissen; deshalb können sie gute Historiker und Anthropologen sein. Um die für sie wesentlichen Kenntnisse zu erwerben, religiöse Unterweisungen zu erhalten sind sie bereit, weite Distanzen zurückzulegen.

Ist Merkur im neunten Haus ungünstig aspektiert, können damit intellektuelle Überheblichkeit und dogmatische, sektiererische Meinungen und Überzeugungen verbunden sein. Ist er dagegen günstig aspektiert, insbesondere in Verbindung mit Uranus, Neptun oder Pluto, kann er eine prophetische Gabe andeuten.

Venus im neunten Haus

Kunst, Gestaltung, Glauben, Lebensmut, Schwangerschaft (Transzendenz) Liebe zu Kunst/Religion/Philosophie, Wünschen, romantisch, ansprechend, zerstreute Gefühle, idealistisch, Fantasien, unstabil, kulturell

Venus im neunten Haus zeigt eine Vorliebe für Philosophie, Religion und Kunst an. Menschen mit dieser Stellung unternehmen oft längere Vergnügungsreisen.

Sie lernen ihre Ehepartner und andere Menschen, zu denen sie gesellschaftliche oder romantische Beziehungen aufnehmen, meist an Universitäten oder kirchlichen Veranstaltungen kennen, auf Reisen oder in fremden Ländern. Sie können eine besondere Zuneigung zu Ausländern oder Menschen anderer Rassen und Religionen haben. Die Nativen haben in Bezug auf Liebe hohe Ideale und versuchen oft, ihre Lieben zu ihren eigenen religiösen oder philosophischen Ansichten zu bekehren. Diese Menschen sind gewöhnlich sehr gebildet, sie lieben religiöse Musik, Kunst- und Kulturgeschichte, die sie oft als Fachwissenschaft studieren.

Mars im neunten Haus

Ehrgeiz, Willensentfaltung, Kampf für das Recht, Freimütigkeit, Schwangerschaft (Transzendenz) Sport, überzeugt andere, Abenteurer, tapfer, Reiselust, soziale Belange, Reform, inspiriert, erfahren, extravagant, grob, salopp

Mars im neunten Haus deutet auf einen Menschen, der sich für Reisen, Sport im Freien sowie philosophische, soziale, religiöse und erzieherische Belange interessiert.

Solche Menschen sind Kreuzritter für ihre Ideale. Ist Mars im neunten Haus günstig aspektiert und verfügt der betreffende Mensch über den nötigen geistigen Horizont, kann er zum umsichtigen Sozialreformer berufen sein. Er wird bemüht sein, die Menschen zu verantwortungsbewusstem Denken und Handeln zu inspirieren und aktiv höhere Lehranstalten sowie religiöse und philosophische Institutionen zu unterstützen. Weil er seine

Grundsätze selbst in die Tat umsetzt und nicht nur predigt, können seine Anstrengungen erfolgreich sein.

Diese Nativen suchen neue und weit reichende Erfahrungen. Das führt sie einerseits zu Reisen in ferne Länder und andererseits zum Studium der Philosophie und anderer Geisteswissenschaften.

Manchmal schließen sich Menschen mit dieser Marsstellung Vereinigungen mit militärischen Interessen an. Ihre sozial militante Einstellung findet ihre Entsprechung in den verschiedensten Organisationen, von den hitzigsten Revolutionären bis zu den heftigsten Reaktionären. Sie gehören auch zu jenen Weltverbesserern, die "Hölle und Verdammung" predigen.

Die Nativen können anderen auf die Nerven gehen, wenn sie zu engstirnige oder fanatische Ansichten verfechten. Ein ungünstig aspektierter Mars im neunten Haus kann anzeigen, das die Geborenen ihre eigenen Glaubenssätze und Organisationen griffig propagieren, andern Ansichten gegenüber aber intolerant sind. Die Tendenz, Menschen anderer Gesinnung zu verdammen, entspricht einem Mangel an Bereitschaft und Geduld, die Umstände und Erfahrungen anderer verstehen zu lernen. Dazu identifizieren sich die Nativen oft persönlich mit der von ihnen vertretenen religiösen, politischen oder philosophischen Doktrin, die ihnen ein Gefühl der Geltung vermittelt.

Jupiter im neunten Haus

Kulturförderung, Mission, Gerechtigkeitsliebe, Reiselust, Schwangerschaft (Transzendenz) religiös, moralisches Bestreben, Weitsicht, Pläne, expansive Gefühle, spekulativ, fremde Angelegenheiten, innere Entwicklung, Gerechtigkeit, Ausgeglichenheit

Jupiter im neunten Haus weist auf eine tiefe Liebe zu Philosophie, Religion und höherer Bildung hin. Menschen mit dieser Stellung legen sich einen eindeutigen Moralkodex und philosophische Grundsätze fest, nach denen sie ihr Leben ausrichten. Sie haben auch ein lebhaftes Interesse an jeder Kodifikation von Gedanken, einschließlich Recht, Religion, Philosophie und höherer Bildung. Sie sind deshalb gute Lehrer und arbeiten mit Erfolg an höheren Bildungsanstalten.

Gewöhnlich streben sie danach, sich so viel Bildung wie möglich anzueignen, außer wenn Jupiter verletzt ist. In diesem Fall haben sie eventuell gar keine Bildungsmöglichkeiten oder versäumen sie infolge Faulheit oder mangelnder Disziplin.

Oft werden sie Minister oder nehmen wichtige Stellungen in einer kirchlichen Hierarchie ein. Sie sind gewöhnlich in ihrem Verständnis für Menschen tolerant und weitherzig. Wenn Jupiter allerdings ungünstig aspektiert ist, können extreme religiöse Glaubensansichten sie engstirnig machen.

Diese Menschen reisen gern und lieben es, fremde Länder und Kulturen zu studieren und zu erkunden.

Ihre Geschäftstätigkeiten stehen häufig im Zusammenhang mit Publizieren, Vortragen, Lehren und Reisen.

Saturn im neunten Haus

Erfahrungsphilosophie, Strenge, Moral, Traditionelle Glaubenssysteme, Jurisdiktion, Schwangerschaft (Transzendenz) Trachten, ernste Philosophen, Trennung, Hingabe, aufrichtig, verletzt, religiös, stabil, unsozial, Leistung, Status, Moral

Saturn im neunten Haus verspricht ein ernsthaftes Interesse an Religion, Philosophie und höherer Bildung. Glaubenssysteme werden nach ihrem praktischen Wert und ihrer Bedeutung für die Gesellschaft im Allgemeinen beurteilt, besonders in den späteren Jahren.

Menschen mit dieser Stellung erstreben im Allgemeinen als Grundlage für ihren Weg zu Ansehen und beruflichem Erfolg eine höhere Bildung. Wie die mit Saturn im Schützen Nativen möchten sie persönliche Anerkennung erlangen durch Leistungen auf den Gebieten der Erziehung, Philosophie oder Religion. Ihr Ehrgeiz geht dahin, innerhalb wichtiger religiöser Institutionen oder Bildungsanstalten eine Macht- und Autoritätsposition zu bekleiden. Professoren und Universitätsbeamte haben zum Beispiel vielfach Saturn im neunten Feld. Die Nativen legen auch großen Wert auf ihren moralischen Ruf und wenn nicht andere Faktoren des Horoskops dagegen sprechen, sind ihre religiösen Ansichten konservativ und traditionell.

Geschäftliche und berufliche Aktivitätsfelder sind sehr wahrscheinlich: Recht, Unterricht, Verlagswesen, Religion und Reisen. Menschen mit dieser Saturnstellung werden längere Reisen eher ihres Berufs oder Prestiges wegen unternehmen, als um des Vergnügens willen.

Ist Saturn im neunten Haus ungünstig aspektiert, kann gegenüber Religion und Ethik eine engstirnige autoritäre Einstellung vorherrschen.

Uranus im neunten Haus

Intuitive Erkenntnis, schweifende Ideen, Erfindungen, Reformation, Schwangerschaft (Transzendenz) spirituell, Erleuchtung, Prophetie, rebelliert, religiöse Reform, fortschrittliche Gedanken, progressiver Fanatismus, rastlos, unkonventionell, Gefahr

Mit Uranus im neunten Haus haben die Nativen fortschrittliche Ideen auf den Gebieten der Philosophie, Religion und höheren Bildung. Menschen mit dieser Stellung weichen oft von den orthodoxen religiösen Anschauungen ab und befassen sich mit Astrologie, Telepathie und okkulten Wissenschaften. Ihre Ansichten über Erziehung sind aller Voraussicht nach sehr fortschrittlich. Sie werden für neue Lehrmethoden, wie zum Beispiel die Anwendung audiovisueller und elektronischer Techniken Interesse zeigen. Oft haben sie utopische Ideen, die sich je nach den Aspekten zu Uranus verwirklichen lassen oder nicht.

Solche Menschen packt oft plötzlich das Reisefieber. Sie brauchen von Zeit zu Zeit neue Anregungen und Abenteuer. Die Geheimnisse längst vergangener Zeiten, weiter Entfernungen oder einer utopischen Zukunft faszinieren sie. Sie wenden sich deshalb oft dem Studium der Archäologie und Astronomie zu. Bei einem verletzten Uranus in diesem Haus kann sich der Native zu einem fanatischen Anhänger esoterischer Kulte und politischer oder sozialer Weltanschauungen entwickeln. Er kann auch zu einem "Lehnstuhl-Philosophen" werden, dessen Stegreifantworten auf die Übel der Welt ungetrübt von jeder praktischen Erfahrung sind. Ist Uranus jedoch günstig aspektiert, hat der betreffende Mensch oft die Gabe der Voraussicht zukünftiger notwendiger Veränderungen zugunsten einer humaneren Gesellschaftsordnung.

Diese Uranusstellung findet man oft bei Philosophen und Verfassern von Schriften über Astrologie und Okkultismus.

Neptun im neunten Haus

Medialität, Ahnung, Inspiration, Menschenliebe, Schwangerschaft (Transzendenz) Vorahnung, Hellsehen, Idealismus, überaktives Denken, Träume, unrealistisch, Wünsche und Pläne, Selbsttäuschung

Neptun im neunten Haus deutet auf ein Interesse an mystischen Religionsformen. Die Nativen dürften sich mit Meditation und mystischen östlichen Religionen befassen. Ist Neptun günstig aspektiert, können sie hohe Geistigkeit und eine prophetische Gabe besitzen.

Diese Stellung verheißt einen hochgradig rezeptiven, einfühlsamen Geist. Ist Neptun günstig aspektiert, gelangt der Geborene dank seiner Intuition zu wertvollem Wissen. Ist Neptun aber verletzt, kann diese Disposition in eine fanatische Anhängerschaft an unwirkliche Kulte und Anbetung von Führern ausarten. Der Geborene sieht sich als auserwählten Jünger eines großen Propheten oder geistigen Lehrers. Er muss sorgfältig unterscheiden lernen zwischen echten geistigen Führern und Scharlatanen.

Menschen mit einem verletzten Neptun im neunten Haus geraten manchmal in Gefahr, ihre berufliche Ausbildung zu vernachlässigen. Sie bekommen oft Schwierigkeiten mit angeheirateten Verwandten.

Pluto im neunten Haus

Philosophie, Herrschaft, Schwangerschaft (Transzendenz) höheres Wissen, spirituelle Regeneration, Pionier, das Unerreichbare, Reise, Reform, soziale Veränderung, religiöser Fanatismus, Atheismus

Pluto im neunten Haus bedeutet ein Interesse an Reformen rechtlicher, erzieherischer, moralischer und philosophischer Systeme und ein besonderes Verständnis für grundlegende soziale Zusammenhänge. Die betreffenden Menschen sind in dieser Hinsicht speziell begabt und können gewisse Entwicklungen der Menschheit und ihrer Zivilisation voraussehen. Ist Pluto gut und stark aspektiert, zeigt sich eine Befähigung zu geistiger Führerschaft. Wird der Ehrgeiz, durch höhere Bildung, Reisen oder geistige Errungenschaften Ansehen zu erlangen, zu weit getrieben, kann daraus geistiger Hochmut und Ehrsucht werden. Ist Pluto günstig aspektiert, können beachtliche Leistungen erreicht werden. Für Pluto kann diese Stellung als günstig betrachtet werden, weil hier der Wille von moralischen Grundsätzen geleitet wird.

Menschen mit dieser Stellung sind kaum bereit, Heuchelei und soziale Ungerechtigkeit zu dulden. Manchmal werden sie auch zu Revolutionären, wenn ihnen die vorhandenen Einrichtungen unangemessen oder diskriminierend erscheinen.

Menschen mit einem verletzten Pluto im neunten Haus können zu anmaßenden religiösen Fanatikern werden, die dazu neigen, ihre Lebensanschauung andern aufzuzwingen. Ist Pluto sehr ungünstig aspektiert, können asoziale Weltanschauungen zum Ausdruck kommen. Tief greifende Erschütterungen können den betreffenden Menschen jedoch dazu zwingen, seine religiösen Ansichten zu ändern.

Zehntes Haus

Steinbockhaus; Herrscher: Saturn; erhöht: Mars

Einordnung:	Eck-Haus, (kardinal) bewegend
Ausrichtung:	Stofflich
Grunddeutung:	Ansehen in der Außenwelt
Grundrichtung:	Öffentlichkeitshaus, Außen-Ich, der Lebenshöhepunkt
Motivation:	Ambition
Aufgabe:	Den Gipfel anvisieren
Lebensbereiche:	Arbeitswelt, Machtposition, Anerkennung, Ehre, Ansehen, Öffentlichkeit, Führungsgremien, Auszeichnungen, Würde, Repräsentation, Ehrenmitgliedschaft

Überbetonung des zehnten Hauses:
Überehrgeiz, Ellenbogengebrauch, sich nicht einordnen können, Hochmut, Intrigen, Machterhaltung um jeden Preis

Das zehnte Haus hat mit der öffentlichen Stellung des einzelnen in seinem Verhältnis zur Gesellschaft zu tun (im Gegensatz zu seiner persönlichen Sphäre, die im vierten Haus ausgedrückt wird). Es hat mit der Erfüllung von Pflichten gegenüber der Welt zu tun und betrifft den beruflichen und öffentlichen Leumund, Ehre oder Unehre, die Karriere und die Beziehungen zu politischen oder gesellschaftlichen Machtinstitutionen.

Während das vierte Haus die gesellschaftliche Stellung und die Bildungsstufe anzeigt, in die der Native hineingeboren wurde, zeigt das zehnte Feld, ob er diese Position behalten kann, darüber hinaussteigt oder darunter absinkt.

Das zehnte Feld, das Zeichen an seiner Spitze, sein Herrscher, die Planeten darin und die Aspekte zu ihnen zeigen die Fähigkeit (oder Unfähigkeit), zu einer wichtigen Stellung in der Welt aufzusteigen. Es zeigt, wie ehrgeizig jemand ist und wie dieser Ehrgeiz sich äußert. Es lässt auch erkennen, ob der Geborene von Vorgesetzten Gunst oder Ungunst erfahren wird.
Das Streben nach Macht und Stellung ist eng verbunden mit dem Begierdeprinzip des Mars, das zum Handeln drängt (Mars ist in Steinbock erhöht). Wenn aber dieser Ehrgeiz in einen rücksichtslosen Kampf um die Macht ausartet, so sorgt Saturn dafür, dass der Geborene von seiner angemaßten hohen Stellung stürzt oder gestürzt wird - das Gesetz von Ursache und Wirkung kommt ins Rollen.

Die Verbindung mit Saturn bringt auch deutlich zum Ausdruck, wie viel Organisation, Selbstdisziplin, harte Arbeit und Geduld der Geborene aufzubringen bereit ist, um eine gesellschaftliche Stellung zu erreichen. Nachdem Saturn in der Waage erhöht ist, die mit allgemeinen Verbindungen und mit Gerichtsbarkeit zu tun hat, ist die Stellung des Nativen nur gesichert, wenn sein Ansehen beim großen Publikum gefestigt ist und seine Geschäfte ehrenhaft sind.

Die Sonne im zehnten Haus

Ruhm, Ansehen, Stolz bis Hochmut, Befehlsgewalt, Berühmtheit, Richtlinienkompetenz, Gnade, ewiger Kampf um die Spitze, pragmatisch, väterlich, praktisch, berechnend, zurückhaltend, gespannt, niedergeschlagen, auf sich selbst konzentriert, Rückzüge, hartnäckig, klammernd, Härte

Die Sonne im zehnten Haus deutet auf Menschen, die den Ehrgeiz haben, verantwortungsvolle, mächtige und leitende Stellungen einzunehmen. Viele Politiker haben die Sonne im zehnten Haus oder in einer Beziehung zum zehnten Feld. Menschen mit dieser Stellung haben ein sicheres Auftreten und einen starken Erfolgswillen. Sie streben nach Ehre und Anerkennung und sind bereit, dafür hart zu arbeiten und die notwendigen Kenntnisse und Fähigkeiten zu erwerben. Im Allgemeinen besitzen sie sehr gute organisatorische Fähigkeiten.

Solche Menschen werden oft in Familien von hohem sozialem Rang und Ansehen hineingeboren und verabscheuen alles, was ihrer Würde und ihrem moralischen Ansehen abträglich wäre. Sie fühlen sich dazu verpflichtet, anderen ein gutes Vorbild zu sein. Vornehmheit ist das Wort, das sie am besten charakterisiert.

Ist die Sonne im zehnten Haus ungünstig aspektiert, können diktatorische Tendenzen auftreten, übermäßiger Machthunger und eine Neigung, skrupellos jedes Mittel anzuwenden, um Stellung und Macht zu erreichen (Machiavelli lässt grüßen). Es können Rückschläge eintreten, die Einbuße einer hohen Stellung, öffentliche Demütigung und Ungnade beim Publikum mit sich bringen, falls die Aspekte sehr ungünstig sind- vor allem, mit Saturn.

Der Mond im zehnten Haus

Ehrgeiz, Ruhmsucht, Lob, Ausdauer in der Bewältigung der Lebensprobleme, Selbständigkeit, Angst vor dem Niedergang, Vorsicht, Anerkennung, Väterlichkeit, unterdrückt, geduldig, pflichtbewusst, Nüchternheit, unbefriedigt, niedergeschlagen, vorsichtig, zurückhaltend, treu, besitzergreifend

Die Stellung des Mondes im zehnten Haus lässt auf das Bedürfnis nach Ansehen und Anerkennung schließen. Oft stammen die Nativen aus Familien, die in der Gemeinschaft eine hohe Stellung bekleiden. Ihre Eltern hegen daher im Allgemeinen für sie sehr ehrgeizige Pläne. Vor allem die Mutter dürfte einen beherrschenden Einfluss ausüben. Die Karriere solcher Menschen wird oft durch den Einfluss von Frauen gefördert. Diese Häuserstellung ist günstig für erfolgreiches Auftreten in der Öffentlichkeit und - bei guten Mondaspekten - für Menschen, die sich politisch betätigen wollen.

Merkur im zehnten Haus

Berufsauffassung, kluge Reaktionen, Geduld, Überzeugungskraft, Einfallsreichtum, Ehrgeiz, egoistische Gedanken, Prestige, Macht, Planen, Karrieredenken, Konzentration, Geduld, Reserve, rational, ernst, exakt

Menschen mit einem Merkur, der im zehnten Haus steht, erstreben eine höhere Bildung aus beruflichem Ehrgeiz. Sie wollen ihre Kenntnisse erweitern, um sich auf eine ehrenvolle und lukrative Karriere vorzubereiten. Diese Merkurstellung verspricht Organisationstalent und die Fähigkeit, für die Zukunft zu planen. Die Laufbahn dieser Menschen bleibt nicht dem Zufall überlassen, sondern ergibt sich aus wohl überlegter Planung, die auf ganz spezifische Ziele ausgerichtet ist.

Merkur im zehnten Haus bedeutet Geschicklichkeit im Umgang mit Menschen in mächtigen und führenden Positionen; deshalb findet sich diese Merkurstellung bei politischen

Strategen und Verfassern von Reden. Darüber hinaus ist es aber auch die Stellung von Politikern, die sich durch ihre brillanten Ideen einen Namen gemacht haben, weil mit ihnen politischer Scharfsinn, Rednertalent sowie Geschick in der Geschäftsführung und im Kontakt mit der Öffentlichkeit verbunden sind. Auch Menschen, die beruflich mit Kommunikationsmedien, Drucken, Schreiben, Verlegen, Lehren oder Vortragen zu tun haben, mögen unter dieser Merkurstellung geboren sein.

Wenn Merkur im zehnten Haus ungünstig aspektiert ist, muss mit Intrigen durch persönlichen Ehrgeiz gerechnet werden. Damit kann eine selbstsüchtige, kalte und manchmal unaufrichtige Haltung verbunden sein, in der die Ehrsucht über die Prinzipien die Oberhand gewinnt. Die Bereiche, die von dem Planeten regiert werden, der den engsten Aspekt zu Merkur bildet, beeinflussen im Allgemeinen die Karriere und die berufliche Ausbildung des Nativen.

Venus im zehnten Haus

Künstlerische Ambitionen, Geschäftsbindungen, Diplomatie, sozialer Ehrgeiz, gute Verbindungen, legal, kühle Emotionen, zuverlässig, konstant, Beherrschung, formell, treu, unauffällig

Venus im zehnten Haus zeigt gesellschaftliche und künstlerische Ambitionen an. Der Geborene wird wahrscheinlich einen Beruf wählen, der mit Kunst in Verbindung steht; ist er künstlerisch begabt, wird er auch Anerkennung finden. Er wird wahrscheinlich jemanden heiraten, der ihm gesellschaftlichen Status und Reichtum vermittelt. Die Nativen bemühen sich um gute und freundschaftliche Beziehungen zu Vorgesetzten und einflussreichen Persönlichkeiten. Sie haben im Umgang mit dem anderen Geschlecht viel Erfolg, was ihnen auch beim Aufbau ihrer Karriere nützlich sein kann.

Ist Venus im zehnten Haus ungünstig aspektiert, kann der Geborene ein Strebertyp sein, der seine alten Freunde leicht vergisst, wenn er einmal die gewünschte gesellschaftliche Stufe erklommen hat.

Mars im zehnten Haus

Ehrgeiz, Unbedingtheit, Einsatz, Risikofreudigkeit, Trotz, berühmt, ehrgeizig, selbstsicher, Schwerarbeit, realistisch, nüchtern, trotzig, hartnäckig, heroisch, reizbar, kalt, gefühllos, Umkehr, Macht

Mars im zehnten Haus zeigt Menschen an, die Ruhm und Status erstreben. Sie verfolgen voller Ehrgeiz und Energie ihre Karriere und wollen unbedingt die Spitze erreichen. Sie bevorzugen meist Gebiete wie Politik und Management oder eine technische Laufbahn.

Mars steht hier sehr stark, denn das zehnte Haus entspricht dem Steinbock, in welchem er erhöht ist. Mit einem günstig aspektierten Mars in diesem Haus sind Initiative und Geschick bei der Ausführung praktischer Unternehmungen zu erwarten. Auch erfolgreiche politische Führer gehören hierher. Ihr beruflicher Ehrgeiz lässt diese Menschen gewöhnlich berühmt oder aber berüchtigt werden.

Ist Mars im zehnten Haus ungünstig aspektiert, besteht die Versuchung, mit Hilfe unlauterer Machenschaften zu Macht und Stellung zu gelangen. Damit besteht auch die Gefahr plötzlicher Rückschläge und eines schlechten Rufs, wenn die Unlauterkeiten ans Licht kommen. Ein verletzter Mars im zehnten Haus kann übertriebenen materiellen Ehrgeiz bedeuten, der jegliche menschlichen Werte missachtet, sofern nicht andere Faktoren im Geburtsbild einen Ausgleich schaffen.

In extremen Fällen entwickelt sich ein Machthunger um jeden Preis.

Jupiter im zehnten Haus

Protektion, Mäzenatentum, Lebenserfolge, Ausstrahlungskraft, verantwortlich, produktiv, materiell, praktisch, Berühmtheit, Anerkennung, zuverlässig, Würde, Ansehen, häusliche Angelegenheiten, Egoist, fähig

Jupiter im zehnten Haus bedeutet Prominenz und hohe Stellung im Beruf, die sich vor allem im späteren Leben einstellen. Diese Menschen regeln ihre Geschäftsangelegenheiten und öffentlichen Verantwortlichkeiten nach religiösen und ethischen Prinzipien. Wohlwollende Handlungen führen zu einflussreichen Positionen, aber für den unbeteiligten Zuschauer mögen diese guten Taten nicht sichtbar werden.

Mit dieser Jupiterstellung ist ein beträchtlicher beruflicher Ehrgeiz verbunden, aber auch Ehrlichkeit und Zuverlässigkeit bei der Erfüllung beruflicher Pflichten oder öffentlicher Aufgaben. Menschen mit Jupiter im zehnten Haus erlangen gewöhnlich einen guten Ruf und gelten als Stützen der Gesellschaft. Für Menschen, die sich um ein öffentliches Amt bewerben oder sich politisch betätigen wollen, ist dies eine vorteilhafte Stellung. Sie bedeutet auch Organisationstalent und Geschick in der Durchführung, sodass sie für leitende Angestellte günstig ist. Die Nativen streben danach, eine höhere Bildung zu erwerben, um dadurch größeren Vertrauens und größerer Verantwortung würdig zu sein und mit zusätzlicher Anerkennung belohnt zu werden.

Diese Menschen tragen ein würdiges, persönliches Auftreten zur Schau, besonders in späteren Jahren. Befindet sich Jupiter in einem Erdzeichen, besitzen sie ein großes Geschäftstalent und kommen in späteren Jahren zu Reichtum.

Wie Jupiter in Steinbock kann auch hier eine Vernachlässigung der häuslichen Belange zugunsten einer ehrgeizigen Karriere zu unbefriedigenden häuslichen Beziehungen führen.

Ist Jupiter im zehnten Haus ungünstig aspektiert, deutet dies oft auf Heuchelei und Prahlerei hin, die zu Ehrverlust und einer unglücklichen Entwicklung führen.

Saturn im zehnten Haus

Zäher Eifer, Geduld, Spieler, Macht, Sturzgefahr, Geduld, Willenskraft, Beherrschung, ehrgeizig, starker Wille, Konzentration, Ökonomie, parteiisch, egozentrisch, vorsichtig, karmische Angelegenheiten, Schulden

Im zehnten Haus steht Saturn sehr stark, weil dieses Haus dem Steinbock entspricht, in welchem Saturn herrscht. Dazu kommt, dass Saturn, wenn er in diesem Haus steht, in der Nähe der Himmelsmitte des Horoskops zu finden ist. Er deutet deshalb auf starke berufliche Ambitionen. Der Antrieb, sich eine angesehene Position zu verschaffen, steht an erster Stelle, ganz besonders vom neunundzwanzigsten Altersjahr an.

Ist Saturn günstig aspektiert, setzt sich der Geborene erfolgreich durch und gewinnt dank seiner moralischen Integrität und mühevollen Arbeit Autorität, hohe Stellung, Reichtum und Führungsposition. Ist Saturn jedoch ungünstig aspektiert, führt die Tendenz, dem Ehrgeiz zuliebe Prinzipien aufs Spiel zu setzen, schließlich zu einem Umschlagen des Glücks, zu öffentlicher Schande und zum Sturz aus hoher Stellung. Menschen mit Saturn in diesem Haus dürfen ihre Prinzipien nicht vernachlässigen, sonst droht ihnen Unehre und karmische "Schuld".

Wichtig ist, dass Ehrgeiz und Erfolg nicht zum Selbstzweck werden, sondern als Mittel einer umfassenden sozialen Ordnung verstanden werden. Es ist demnach notwendig, die Motivationen für das Machtstreben sorgfältig zu prüfen.

Saturn im zehnten Haus lässt auf ein weitsichtiges Organisations- und Führertalent schließen und ist günstig für das Erreichen leitender Positionen in Geschäft und Politik.

Ist Saturn verletzt, muss mit Hindernissen, Enttäuschungen und Mangel an Gelegenheiten und Sicherheit in der Karriere gerechnet werden.

Uranus im zehnten Haus

Sprunghaftigkeit, Erfolg, Glück, plötzliche Chancen, Veränderungen, ehrgeizig, scharfsinnig, konzentrierte Energie, entschlossen, technische Fähigkeit, professionell, radikale Vorstellungen, plötzlicher Sturz, Kummer

Im zehnten Haus verheißt Uranus einen ungewöhnlichen Beruf und Berühmtheit. Diese Stellung findet sich bei führenden Persönlichkeiten auf den Gebieten der Naturwissenschaften, der humanitären Bestrebungen und des Okkultismus. Elektronik, Mathematik und Astrologie sind typische Berufszweige. Welche Karriere der Geborene auch wählen mag, er wird stets methodische und technische Neuerungen einführen.

Die politische Einstellung der Nativen ist im Allgemeinen liberal oder radikal; sie tendieren ganz und gar nicht zum Konservatismus. Ist Uranus verletzt, können sich umstürzlerische Neigungen bemerkbar machen.

Diese Menschen sind willensstark und ehrgeizig. Sie wollen auf beruflichem Gebiet Besonderes leisten und zu Ruhm und Ansehen gelangen. Plötzliche Veränderungen ihres Vermögensstandes und ihrer Stellung sind nicht ausgeschlossen. Vielfach wechseln die Betreffenden mehrmals Beruf und Stellung und sind unfähig, mit Menschen in autoritären Positionen auszukommen. Ein plötzlicher Aufstieg zu Berühmtheit kann von einem ebenso plötzlichen Sturz in Vergessenheit gefolgt sein, wenn Uranus ungünstig aspektiert ist. Der Geborene kann auch eine mangelnde Bereitschaft zeigen, sich routinemäßiger Verantwortung zu unterziehen. Diese Menschen verlangen und brauchen freie Arbeitsbedingungen und sind am glücklichsten, wenn sie ihre Berufsangelegenheiten nach eigenem Gutdünken gestalten können.

Neptun im zehnten Haus

Intuition, Animalischer Ehrgeiz, Täuschungsgefahr, Sonderstellung, Streben ohne Tun, tiefe Gedanken, Ungewissheit, mangelnder Realitätsbezug, Familienprobleme, psychische Erlebnisse, Skandal, geheimnisvoll

Wenn Neptun im zehnten Haus steht, spielen bei der Berufslaufbahn intuitive Faktoren eine große Rolle. Für Minister, Psychologen und Psychiater, Astrologen und Hellseher ist dies eine günstige Konstellation. Die Karriere dieser Nativen ist vielfach mit Tätigkeiten verbunden, die sich im geheimen, hinter den Kulissen oder unter besonderen Sicherheitsvorkehrungen abspielen. Menschen mit dieser Stellung können auch zum geistigen Führer geboren sein.

Meist ist ein Elternteil des Nativen eine ungewöhnliche Persönlichkeit oder hat einen nicht alltäglichen Beruf. Viele Schauspieler, Musiker und Künstler haben Neptun im zehnten Feld.

Ein günstig aspektierter Neptun im zehnten Haus kann Ehre bedeuten, die dem Nativen aufgrund besonderer persönlicher Verdienste oder Opfer zuteil werden. Ist Neptun jedoch verletzt, erweist sich der Geborene in seinem Beruf oft als ungeschickt und als unfähig, mit seinen Arbeitgebern auszukommen oder seine Stelle zu behalten. Manchmal kommt es auch infolge Fahrlässigkeit oder Unehrlichkeit am Arbeitsplatz zu einem Skandal und zum Verlust des guten Rufes. Oft macht der Geborene sich auch als rücksichtsloser Intrigant unliebsam bemerkbar.

Pluto im zehnten Haus

Machtstreben, autoritäres Handeln, Diktatur, Kampf um Anerkennung, praktische Probleme, Unabhängigkeit, Gefahr, Isolation, Pläne, dramatische Veränderung, Willenskraft

Im zehnten Haus zeigt Pluto eine hoch entwickelte Willenskraft und einen starken Erfolgstrieb an. Menschen mit dieser Stellung können bei der Reform bestehender Machtstrukturen geistige Führer sein. Sie dürften auch führende Köpfe in Naturwissenschaft und Geheimwissenschaft sein und ihre besondere Begabung zum Heilen, Hellsehen und zur Prophetie kann sie berühmt machen. Sie sind geschickt im Umgang mit Menschen in mächtigen Stellungen und verstehen deren Motive. Dies ist demnach eine günstige Stellung für Menschen, die mit Politik oder anderen Belangen öffentlicher Tätigkeit zu tun haben. Mit einem günstig aspektierten Pluto werden sie dank ihres Weitblickes zu erfolgreichen führenden Persönlichkeiten.

Ihre Bestrebungen, eine bessere Weltordnung zu verwirklichen, schafft ihnen mächtige Freunde und Feinde. Sie werden leicht missverstanden und damit zu umstrittenen Personen. Krisen in ihrer Karriere können sie dazu zwingen, ihre beruflichen Aktivitäten drastisch zu verändern.

Ist Pluto in diesem Haus ungünstig aspektiert, können sich diktatorische Tendenzen und ein egoistischer Ehrgeiz bemerkbar machen. Manchmal leiden mit dieser Position Geborene aufgrund ihrer eigenen erdrückenden Verantwortlichkeiten unter dem Gefühl der Entfremdung von anderen Menschen.

Elftes Haus

Wassermannhaus; Herrscher: Uranus und Saturn; erhöht: Merkur

Einordnung:	Mittel-Haus, fest (fix)
Ausrichtung:	Geistig
Grunddeutung:	Freundschaftshaus, Vereinigung
Grundrichtung:	Außen-Ich, die Beziehungen
Motivation:	Reformen, Erneuerung
Aufgabe:	Sozialverhalten
Lebensbereiche:	Freundschaften, Vereine, Bruderschaften, Gemeinschaftsanliegen, Schulen, Universitäten, Betriebsrat, Kollegium

Überbetonung des elften Hauses:
Reformen um jeden Preis, Teamabhängigkeit, Himmelsträume, Ikaruswünsche, Auflehnung gegen Bevormundung

Das elfte Haus bezieht sich auf den schöpferischen Ausdruck in der Gruppe im Gegensatz zur individuellen schöpferischen Selbstdarstellung (im gegenüberliegenden fünften Feld).

Dieses Feld, die darin stehenden Planeten, das Zeichen an seiner Spitze und die Aspekte zu seinem Herrscher oder den darin stehenden Planeten zeigen die Fähigkeit des Nativen an, Gruppenbeziehungen einzugehen, Freundschaften zu schließen, Gedanken auszutauschen und an Ideen von universellem Interesse mitzuarbeiten. Auch wie er diese Dinge unternimmt, wird durch die Faktoren des elften Hauses dargestellt. Der Gedankenaustausch und die Denkfähigkeit, die in diesen Dingen notwendig sind, werden durch die Erhöhung des Merkur im Wassermann ausgedrückt. Es ist ein gewisser Sinn für Loyalität und gegenseitige Verantwortlichkeit vorhanden, verbunden mit der Bereitschaft, für gemeinsame Ziele zu arbeiten, wie dies durch die Mitregentschaft des Saturn im Wassermann angedeutet wird.

Das elfte Haus hat mit Freundschaften und humanitären Unternehmungen zu tun und schenkt dem Individuum die Freiheit des geistigen Ausdrucks. Die persönliche Selbstverwirklichung im fünften Haus gilt in erster Linie der gefühlsbetonten Selbstgefälligkeit, ihr Hauptanliegen ist - direkt oder indirekt - der Sexualtrieb.

Die schöpferische Gruppenverwirklichung im elften Haus findet auf einer höheren geistigen Ebene statt - sie ist intuitiv und frei von Gefühlsbindungen und gewährt dem Individuum mehr echte Freiheit.

Das elfte Haus ist unpersönlicher, weil die hohen geistigen Prinzipien Merkur, Saturn und Uranus, die durch den Wassermann mit ihm verbunden sind, eher mit der unpersönlichen Wahrheit zu tun haben als mit der Geltendmachung des individuellen Ich.

Die Sonne im elften Haus

Freundschaft, Teamgeist, Kollegialität, Direktorium, soziale Einstellung, Synthese von Neuem und Altem, idealistisch, Gruppe, beobachtend, distanziert, Freundschaft, intuitiv, planend, scharfsinnig, unabhängig, reformistisch, unstet

Mit der Sonne im elften Haus besteht ein Interesse an Freundschaften und Gruppenarbeit, wissenschaftlichen Abenteuern und Erfindungen. Ist die Sonne günstig aspektiert, wird der Geborene hoch geschätzt sein und viele Freunde haben, die ihm mit Macht und Einfluss behilflich sind. Oft besteht eine starke Neigung, durch schöpferische Leistungen auf geistigem Gebiet Anerkennung zu erlangen, die der Geborene entweder allein oder dank der Zusammenarbeit mit einer Gruppe erbringt. Der Geborene betätigt sich gerne als Leiter einer Gruppe.

Diese Sonnenstellung zeigt starke menschenfreundliche Gefühle, einen Sinn für Nächstenliebe und Achtung vor der Würde des Menschen. Die Nativen sehen die Dinge gern im Rahmen universeller Gesetze, die allgemeine Gültigkeit haben. Sie vermeiden Voreingenommenheit und Bevorzugungen oder Parteilichkeit.

Ist die Sonne im elften Haus ungünstig aspektiert, kann der Geborene die Tendenz haben, Freunde und Bekannte - manchmal zu selbstsüchtigen Zwecken - zu beeinflussen. Umgekehrt kann auch der Geborene selbst von seinen Freunden beeinflusst, ausgenützt, im Stich gelassen oder fehlgeleitet werden, gewöhnlich aufgrund eigener verborgener Hintergedanken des Betreffenden, die sich schließlich gegen ihn selbst wenden, denn dieses Haus unterliegt der Herrschaft des Saturn, dieses karmischen Herrschers.

Der Mond im elften Haus

Soziale Grundeinstellung, Freundschaftsbedürfnis, Geheimwissen, originelle Reformen, Idealismus, Humanität, Humor und Witz, freundlich, wenig Sinn, Gruppenaktivität, Freundinnen, Idealismus, beeinflusst, dogmatisch, viele Pläne, mitfühlend, hoffend, Wünsche

Menschen mit dem Mond im elften Haus haben ein starkes Bedürfnis nach Freundschaft und Gruppenaktivität. Sie schließen leicht Bekanntschaft, diese Verbindungen sind aber meist nicht von Dauer.

Die Hoffnungen, Ziele und Wünsche der Nativen wechseln mit ihren Launen. Sie können zahlreiche Freundschaften mit Frauen haben. Ihre Wohnungen dienen oft der gemeinsamen Tätigkeit von Gruppen. Viele Freundschaften werden durch Familienverbindungen hergestellt.

Die Gefühlsstimmung wird durch die Meinungen und Reaktionen von Freunden beeinflusst. Solche Menschen sind nicht gern allein; sie brauchen für ihr gefühlsmäßiges Wohlergehen Gesellschaft. Allerdings gibt es Zeiten, in denen sie allein sein müssen, um ihre Gefühle wieder ins Lot zu bringen.

Merkur im elften Haus

Soziales Denken, Ideenaustausch, Überraschungseffekte, Effekthascherei, interessiert, distanziert, progressiv, Gruppen, Reform, Erfindung, verwickelt, Utopist, planen, wissbegierig, exzentrisch, entgegengesetzt, arbeitet bevorzugt allein

Die Stellung des Merkur im elften Haus weist auf Menschen hin, die ein lebhaftes Interesse an der Kommunikation und am Ideenaustausch mit Freunden und in Gruppen haben. Sie fühlen sich ganz besonders wohl in der Gesellschaft von Menschen, die ihr Denken stimulieren und ihr Wissen vermehren; ihr Denken ist auch stark von den Ideen ihrer Freunde beeinflusst. Solche Menschen lehren ihre Freunde und lernen von ihnen.

Merkur ist im elften Haus zufällig erhöht, weil dieses Haus dem Wassermann entspricht, in dem Merkur erhöht ist. Deshalb bedeutet Merkur in diesem Haus Wahrheitsliebe, Unparteilichkeit und die Fähigkeit zu originellem und objektivem Denken. Die Nativen befassen sich gerne mit wissenschaftlichen Untersuchungen, Philosophie und humanitären Idealen und Zielen; sie haben meist Freunde mit ähnlichen Interessen. Ihre Haltung ist unpersönlich, aber freundlich. Sie lieben es, mit jedermann ohne Ansehen seiner Herkunft oder seines Lebenswandels Beziehungen aufzunehmen und Ideen auszutauschen. Diese Offenheit der ganzen Menschheit gegenüber erweitert den Horizont und vermittelt eine tiefgründige Einsicht in allgemeine soziale Belange.

Ist Merkur im elften Haus ungünstig aspektiert, kann der Geborene exzentrischen und wirklichkeitsfremden Idealen nachstreben. Er kann seine Freunde ausnutzen und nur auf seinen eigenen Vorteil bedacht sein. Umgekehrt ist er manchmal völlig blind gegenüber eigennützigen Motiven seiner Freunde. Möglicherweise hat er auch Mühe, sich einer Gruppe anzuschließen.

Venus im elften Haus

Freundinnen, Mitgefühl, Hilfsbereitschaft, Teamgeist, abstrakte Liebe, idealistisch, progressiv, sozial, lieber Freund, Gruppen-Aktivität, Frauenaktivitäten, beschützt

Bei Venus im elften Haus werden durch Tätigkeiten in der Gruppe enge Freundschaften und Beziehungen angeknüpft. Die Nativen sind nett zu ihren Freunden und diese sind nett zu ihnen. Deshalb haben Hoffnungen und Wünsche auch alle Aussicht, erfüllt zu werden.

Mars im elften Haus

Ehrgeiz unter Freunden und Kollegen, Einsatz für eine enge Gemeinschaft, männliche Freunde, Reform, distanziert, geschlechtslos, überlegt, Freiheit, widersprüchlich, revolutionär, oberflächlich, progressiv

Im elften Haus bedeutet Mars Energie, die auf Freundschaften und Gruppenunternehmungen ausgerichtet ist. Menschen mit dieser Stellung haben gerne energische und angriffslustige Freunde, die sie in ihrer Arbeit und ihren geschäftlichen und beruflichen Ambitionen wirksam unterstützen. Meist sind sie geschickt und erfinden manchmal technische Apparate. Geistig wache Individuen werden ihre Energie im Dienste von sozialen Reformen einsetzen.

Geborene mit dieser Konstellation lernen dank ihrer Gruppenaktivitäten einen Partner oft als/durch Freunde kennen. Freunde werden oft zu Geliebten und Geliebte werden oft zu Freunden.

Ist Mars im elften Haus ungünstig aspektiert, kann der Geborene mit der herrschenden sozialen Ordnung unzufrieden sein und umstürzlerische Tendenzen zeigen. Mit einem verletzten Mars in diesem Haus sind Meinungsverschiedenheiten oder Streit mit Freunden und Gruppenmitgliedern sehr wahrscheinlich. Impulsivität im Umgang mit Freunden kann dem Nativen oder seinen Freunden Verletzungen bringen.

Jupiter im elften Haus

Gemeinschaftssinn, soziale Gerechtigkeit, Entfaltung im engen Kreis, humanitär, prominente Freunde, Gruppen, Hilfe von anderen, liberal, zwingend, gemeinschaftliche Ziele, Erfindung, höhere Motive, gesellig

Menschen mit Jupiter im elften Haus erreichen ihre Ziele dank freundschaftlicher Beziehungen und Gruppenaktivitäten. Sie sind nett zu ihren Freunden und machen sich Gedanken um das Wohlergehen der Menschheit. Sie sind deshalb beliebt und haben viele Freunde, die ihnen gegenüber großzügig und hilfreich sind.

Ist Jupiter in diesem Haus günstig aspektiert, stehen ihnen ihre Freunde - und sie ihren Freunden - stets mit Rat und Tat zur Seite. Ist Jupiter jedoch ungünstig aspektiert, sind die Ratschläge nicht immer klug oder praktisch anwendbar.

Bei Freundschaften ermöglicht ein guter Teamgeist und gegenseitige Rücksichtnahme eine erfolgreiche Durchführung groß angelegter Unternehmungen. Mit dieser Stellung haben Gruppenaktivitäten oft wohltätige oder humanitäre Ziele und erfolgen im Dienste religiöser, erzieherischer oder bruderschaftlicher Organisationen.

Geschäftsaktivitäten mögen sich auf Erfindungen, Wissenschaft oder organisatorische Unternehmungen beziehen.

Ist Jupiter im elften Haus ungünstig aspektiert, kann eine Tendenz vorliegen, Freunde fallen zu lassen oder ihre Zuneigung als selbstverständlich zu betrachten, obschon man seine Verpflichtungen ihnen gegenüber vernachlässigt. Manchmal ist der persönliche Gewinn das wahre Motiv für den Aufbau einer Freundschaft.

Saturn im elften Haus

Geheimverbindungen, Sozialgewissen, Verantwortung, Reformverhinderung, planend, zuverlässiger Partner, extravagante Erwartungen, Trachten, falsche Freunde, zuverlässig, distanziert, gehemmter Gefährte

Saturn im elften Haus verheißt Verantwortungsgefühl gegenüber Freunden und Gruppenmitgliedern. Der Geborene wird danach trachten, wichtige und einflussreiche Leute kennen zu lernen, um seine eigene Stellung und Karriere zu fördern.

Ist Saturn im elften Haus ungünstig aspektiert, können der Geborene und seine Freunde sich gegenseitig aus Gründen des persönlichen Gewinns und Ehrgeizes ausnutzen. Ist Saturn jedoch günstig aspektiert, herrscht Loyalität und Entgegenkommen unter Freunden. Seine Freunde verschaffen dem Nativen auch Gelegenheiten zur Wissenserweiterung und zum intellektuellen Wachstum. Ein gut aspektierter Saturn in dieser Stellung verleiht dem betreffenden Menschen einen Sinn für Gerechtigkeit, der ihn die gegenseitige menschliche Abhängigkeit erkennen lässt.

Wenn das Prinzip des gleichen Rechts für alle - das durch den erhöhten Saturn in der Waage dargestellt wird - bei Freundschaften und Gruppenvereinigungen funktioniert, wird jeder aus der Zusammenarbeit und der organisatorischen Struktur der Gruppe Vorteile ziehen.

Menschen mit dieser Saturnstellung neigen dazu, Freundschaften mit älteren, ernsthaften, auf ihre Karriere bedachten Menschen zu schließen, die ihr Reiferwerden günstig beeinflussen. Die Nativen können karmische Verbindungen zu jenen besitzen, mit denen sie in der Vergangenheit zu tun gehabt hatten.

Uranus im elften Haus

Originalität, Reformeifer, Natürliche PR-Begabung, wissenschaftlich, profund, strebsam, organisierend, Vergrößerung, progressiv, intuitiver Freund, Verderbtheit, rebellisch, eigentümliche Ideen

Im elften Haus steht Uranus stark, weil es dem Wassermann entspricht, den Uranus regiert. Diese Stellung kennzeichnet weltoffene Menschen, die sich an Wahrheit und Tatsachen halten und sich nicht um Tradition oder Beifall kümmern. Sie haben eine eindeutig humanitäre Einstellung und fühlen sich mit allen Menschen solidarisch.

Menschen mit dieser Uranusstellung besitzen die intuitive Fähigkeit, universelle Gesetze und Prinzipien wahrzunehmen. Sie interessieren sich für Naturwissenschaften. Im Allgemeinen pflegen sie ungewöhnliche Freundschaften, die für sie seelisch und geistig anregend sind und schließen sich oft Gruppen an, die humanitäre oder wissenschaftliche Ziele verfolgen.

Zur Ehe und zu Liebesbeziehungen haben sie eine unpersönliche, unkonventionelle und Einstellung. Ihr Bedürfnis nach neuen Anregungen bedingt, dass sie nicht gewillt sind, sich mit einer einzigen Beziehung zu begnügen. Ihr Sinn für Gleichberechtigung macht sie tolerant für ähnliche Ideen und Verhaltensweisen seitens anderer.

Ist Uranus ungünstig aspektiert, können Freundschaften labil und gelegentlich unaufrichtig sein, da solche Menschen sich nicht um ihre Verpflichtungen kümmern. Meist erweisen sich ihre selbstsüchtigen Motive als Bumerang, denn niemand lässt sich gerne missbrauchen. Wer einen verletzten Uranus in diesem Haus hat, kann auch unverantwortlichen und unrealisierbaren sozialen Idealen huldigen.

Neptun im elften Haus

Inspiration und Enttäuschung durch Freundschaft, Herdentrieb, künstlerisch, idealistisch, seltsame Anziehungskraft, Hoffnungen, Wünsche, mentale Veränderung, Unaufrichtigkeit, mediale Erfahrung, theoretisieren

Neptun im elften Haus lässt auf ungewöhnliche, idealistische und enge Freundschaften und Gruppenbeziehungen schließen. Ist der Planet günstig aspektiert, werden die Nativen ihren Freunden gegenüber großzügig sein und deshalb von ihnen geistige Führung und Unterstützung bei der Verwirklichung ihrer Ziele erhalten. Menschen mit dieser Stellung zeigen Verständnis für die Bedürfnisse der Menschheit und schließen sich Gruppen mit humanitären und spirituellen Zielen an. Oft fühlen sie sich auch zu geheimen oder mystischen Organisationen hingezogen.

Ist Neptun im elften Haus ungünstig aspektiert, erweisen sich die freundschaftlichen Beziehungen oft als unzuverlässig und trügerisch, aus Freunden können geheime Feinde werden. Schlechte Gesellschaft kann den Nativen zum Nachteil gereichen, oft infolge Verführung zu Drogenmissbrauch oder Alkoholismus. Diese Menschen sollten lernen, in der Wahl ihrer Freunde vorsichtig zu sein. Ein verletzter Neptun kann auch einen weltfremden, missgeleiteten Idealismus begünstigen.

Pluto im elften Haus

Anspruch auf Teamführung, Machtsinn, Gemeinschaftliches, utopische Gemeinschaften, Reformen, Freundschaft wichtig, plötzlicher Tod, Wechsel der Denkhaltung, übertriebene Hoffnungen, Beliebtheit

Menschen mit Pluto im elften Haus bringen ihre reformerischen Neigungen in Freundschaften und Gruppenverbindungen zum Ausdruck.

Bei dieser Stellung sind die Motive des betreffenden Menschen von ausschlaggebender Bedeutung, weil sie darüber entscheiden, ob seine Verbündeten sich von ihm unterstützt oder ausgenützt fühlen. Ist Pluto günstig aspektiert und sind seine Motive lauter, kann sich der Geborene mit mächtigen Freunden und Gruppen verbünden, die ihm bei der Förderung wissenschaftlicher und humanitärer Ziele helfen. Eine gute Zusammenarbeit mit anderen führt zu erfolgreichen Partnerschaften und zu reichen persönlichen Erfahrungen.

Pluto ist im elften Haus sozusagen in seinem Fall, weil er im gegenüberliegenden Zeichen des natürlichen Horoskops, im Löwen, erhöht ist. Die betreffenden Menschen müssen deshalb darauf achten, die Rechte der anderen stets zu respektieren und ihre Willenskraft im Dienste der Zusammenarbeit einzusetzen, damit sie in der Gruppe schöpferisch wirken können. Sind ihre Motive und Beziehungen zu Freunden eigennützig, werden finanzielle Verluste, Enttäuschungen in der Liebe und Sorgen mit Steuern und gemeinsamen Mitteln die Folge sein. Im Gesundheitszustand, im Anstellungsverhältnis und in der Heimsituation können sich Schwankungen bemerkbar machen.

Menschen mit einem günstig aspektierten Pluto im elften Haus können sich zu erfolgreichen, dynamischen Gruppenleitern entwickeln. Sie haben eine Affinität zu Geheimorganisationen und geheimen Freunden. Sie besitzen eine außergewöhnliche intuitive Einsicht, die sich, wenn der Native intelligent ist, als geniale wissenschaftliche Begabung manifestiert.

Ein verletzter Pluto im elften Haus deutet auf abrupt beendete Freundschaften und finanzielle Verluste, die durch extravagante Ausgaben für Freunde und Vergnügungen verursacht werden.

Zwölftes Haus

Fischehaus; Herrscher: Neptun und Jupiter; erhöht: Venus

Einordnung:	Angleichendes Haus, anpassend
Ausrichtung:	Seelisch
Grunddeutung:	Transformationshaus, Abschluss
Grundrichtung:	Außen-Ich, die Bilanz
Motivation:	Sich besinnen
Aufgabe:	Zu sich finden
Lebensbereiche:	Abgeschlossenheit, Eingesperrtsein, die Zelle, Kloster, Klausuren, Krankenhaus, Gefängnis, Regenerationsstätten, Verschlossenheit, Geheimnisse, alle Einsamkeitsbereiche

Überbetonung des zwölften Hauses:
Läuterung, Messianisches Drängen, Selbstaufopferung, Pessimismus, Verzweiflung, sich ewig fremd fühlen

Das zwölfte Haus bezieht sich auf die seelische Gesundheit des Nativen im Verhältnis zu andern und auf die Gesundheit und das Wachstum der Gesellschaft als Ganzes (im Gegensatz zum Gesundsein und Dienen des einzelnen, wie sie im VI. Haus dargestellt sind). Das zwölfte Haus und die mit ihm im Horoskop verbundenen Faktoren lassen viel über die für den Nativen charakteristischen Gefühlsreaktionen und Gewohnheitsmuster erkennen. Das zwölfte Haus beherrscht das Unbewusste, die Anhäufung von unbewussten Erinnerungen und gefühlsmäßigen Erfahrungen und Haltungen. Die "Krux" des zwölften Hauses ist die Möglichkeit von Gefühlshemmungen, des Festgefahrenseins in unbewussten Gewohnheiten und von automatischen Reaktionen, die der jeweiligen Situation nicht angepasst sind. (Diese Verhaltensweise beruht auf irrationalen unbewussten Reaktionen, die darauf angelegt sind, Angenehmes zu erstreben und Unangenehmes zu vermeiden.)

Das Rückverbundensein mit vergangenen seelischen Erfahrungen kann zu Selbstmitleid führen und der Neigung, sich von der Pflicht, in der Gegenwart zu leben, zu drücken. Diese Tendenz, in die Vergangenheit zu entfliehen, ist ein weiterer Prüfstein des zwölften Hauses, der zu einer illusionären Lebensform führen kann. Oft entsprechen beim Nativen die innere Vorstellungswelt und die Wahrnehmung der Wirklichkeit nicht der Realität. Das zwölfte Haus lässt den Lebensbereich erkennen, auf dem der Mensch am leichtesten bereit ist, sich zu täuschen.

Auf der anderen Seite kann das zwölfte Haus zu großer Weisheit und Verständnistiefe führen. Die mit dem Zeichen Fische verbundenen Planeten sind alle mit dem emotionalen Liebesprinzip eng verknüpft und der höchste Ausdruck des Liebesprinzips ist die Einfühlung, die durch die Erhöhung der Venus in Fische ausgedrückt wird. Aus diesem mitfühlenden Verständnis entsteht die Großzügigkeit gegenüber den vom Glück weniger Bevorzugten, wie sie durch die Mitregentschaft des Jupiter angezeigt wird.

Das zwölfte Haus kann den Weg für mystische Inspiration darstellen. Die Persönlichkeit ist mit Hilfe der imaginativen Fähigkeiten der Seele (die Neptun zugeordnet sind) für Inhalte höherer Bewusstseinsebenen empfänglich und bereit, die von dort empfangene Weisheit aufzunehmen. Die Möglichkeit, die Reichtümer der Imagination auszuschöpfen, fördert künstlerisches Schaffen, wie es oft mit dem zwölften Haus in Verbindung steht.

Auf einer mehr weltlichen Ebene hat das zwölfte Haus mit Krankenhäusern, psychiatrischen Anstalten, Gefängnissen, abgeschlossenen Räumen, Klöstern und religiösen Meditationszentren und mit allen einsamen Stätten zu tun, wo karmische Probleme herausgearbeitet werden können und ein Kontakt zum inneren Seinskern möglich wird.

Das zwölfte Feld, unter dem das unbewusste Gedächtnis steht, ist das Feld, das am engsten mit dem Karma verknüpft ist. Es enthält die Erinnerung an alle unsere früheren Taten oder Untaten und verbindet uns ob wir uns dessen bewusst werden oder nicht - mit allem, was eine ähnliche "Schwingungsfrequenz" aufweist. Das zwölfte Haus zeigt auch die geheimen Feinde, weil wir durch die unbewussten Erinnerungsmuster und unbewusste Telepathie mit den Menschen verbunden sind, die wir in der Vergangenheit verletzt haben oder von denen wir verletzt wurden.

Das Individuum kann die Beschränkungen des zwölften Hauses nur überwinden, indem es die ihm (karmisch) auferlegten Einschränkungen bewusst annimmt. Wir können nur das bewusst realisieren, was als Same bereits in uns angelegt ist. So sind wir unsere eigenen Gefangenen. Nur, wenn wir bewusst diese Bedingungen erkennen und anerkennen und sie in uns selbst zu verbessern bereit sind, können wir die Grenzen des zwölften Hauses überschreiten.

Die Sonne im zwölften Haus

Zurückgezogenheit, Abgeschlossenheit, Bilanzierung, Erforschung, Erfindergabe, geheime Macht, Hinter den Kulissen, Regeneration, einfühlsam, beeinflussbar, geheimnistuerisch, unauffällig, Einzelgänger, entfremdet, institutionell, Süchtigkeit, opferbereit, passiv, zurückhaltend

Wer die Sonne im zwölften Haus hat, zieht sich gern in sich selbst zurück. Er will vor allem die Quellen seines eigenen Unbewussten erforschen. Hat er eine führende Position inne, so geschieht das hinter den Kulissen. Diese Menschen sind oft einsam und dem normalen menschlichen Kontakt entfremdet. Sie interessieren sich für Psychologie und Parapsychologie. Sie finden Selbstbestätigung durch Arbeit in Institutionen wie Krankenhäusern und Asylen oder in Stätten geistiger und körperlicher Zurückgezogenheit. Ihr Dienst am Nächsten kann ihnen Anerkennung und Erfüllung bringen.

Bei ungünstigen Aspekten zur Sonne im zwölften Haus können neurotische Tendenzen und extreme Schüchternheit oder Menschenscheu auftreten, aber auch der Wunsch, andere durch geheime Mittel zu lenken. Ein unbewusster Egoismus und die Sehnsucht nach Macht und Anerkennung können mit medialen Neigungen einher gehen. Der Geborene kann auch mächtige geheime Feinde haben und unbewusst sein eigener ärgster Widersacher sein.

Der Mond im zwölften Haus

Okkultismus, seelische Inspiration, psychologische Ausrichtung, Schweigsamkeit, Karma-Erlebnisse, Jenseits-Hoffnung, launisch, fühlt sich isoliert, Isolation, Opfer, medial, veranlasst, leicht verletzt, hypnotisch, zögernd, empfänglich, verträumt

Der Mond im zwölften Haus bedeutet, dass die Stimmungen und emotionalen Reaktionen stark vom Unbewussten und von früheren Erfahrungen beeinflusst sind. Es kann besonderes Interesse für mediale und intuitive Erlebnisse vorhanden sein. Eine außerordentliche Gefühlsempfindsamkeit, verbunden mit der Scheu, seine Gefühle mitzuteilen, kann Schüchternheit und übertriebene Empfindlichkeit zur Folge haben. Ist der Mond ungünstig aspektiert, können sich eigenbrötlerische und neurotische Tendenzen entwickeln, die bei starken Verletzungen sogar Hospitalisierung und Versorgung wegen Geisteskrankheit notwendig machen. Beherrscht der Mond das fünfte, siebente oder achte Haus, oder bildet er zu Venus oder dem Herrscher über das fünfte Haus einen starken Aspekt, können geheime Liebesaffären vorkommen.

Merkur im zwölften Haus

Schweigsamkeit, Geheimnisse, Intrigen, Detektivische Intuition, Abwarten des richtigen Moments, beeinflusst, aufopferungsvoll, reproduktiv, verträumt, Fantasie, bewahrend, medial, dichterisch, beeindruckbar, kultiviert, von anderen beeinflusst

Das Denken von Menschen mit Merkur im zwölften Haus wird stark vom Unbewussten her beeinflusst. Die Entscheidungen erfolgen eher gefühlsmäßig als auf Grund logischer Überlegung. Menschen mit dieser Stellung geben ihre innersten Gedanken und Gefühle nur selten preis. Sie sind oft sehr schüchtern und sagen nur selten, was sie wirklich denken. Bei günstigen. Aspekten, insbesondere zu Uranus, Neptun oder Pluto, verfügt der Geborene meist über viel Intuition und eine rege Fantasie.

Ist Merkur im zwölften Haus ungünstig aspektiert, können sich neurotische Tendenzen, Geisteskrankheit und eine Fixierung an vergangene Erlebnisse bemerkbar machen. Ein solcher Mensch kann auch Mühe haben, sich den Umweltsituationen anzupassen. Kinder mit einem verletzten Merkur im zwölften Haus haben deshalb oft mit Lernschwierigkeiten in der Schule zu kämpfen, die sich unter anderem als Legasthenie (Rechtschreibschwäche) bemerkbar machen.

Venus im zwölften Haus

Gefühlsmäßige Zurückhaltung, Hingabe, geheime Liebschaften, Laster, verschlossen, Einzelgänger, selbstbefriedigend, künstlerisch, verführerisch, beeindruckbar, sensitiv, weich, seelische Liebe, sexuelle Zurückhaltung, wohltätig

Im zwölften Haus bedeutet Venus eine Vorliebe für Stille und Zurückgezogenheit. Persönliche und gesellschaftliche Kontakte finden oft im Verborgenen statt und es kann zu heimlichen Liebesaffären kommen. Schüchternheit in Gesellschaft kann zu Einsamkeit und Liebesenttäuschungen führen.

Diese Menschen sind in ihrem Erleben sehr stark vom Unbewussten her beeinflusst und schöpfen daraus tiefe künstlerische Inspiration. Auch ihr Verhalten beruht weitgehend auf unbewussten Beweggründen. Menschen mit dieser Stellung haben ein empfindsames Gemüt und sind freundlich und mitfühlend zu Leuten, die Kummer haben oder in Schwierigkeiten sind. Ihre eigenen Gefühle sind empfindsam und leicht zu verletzen. Ihr starkes Einfühlungsvermögen rührt daher, dass dem Zeichen Fische das zwölfte Haus entspricht, in welchem die Venus erhöht ist.

Mars im zwölften Haus

Unbewusste Aggressivität, Selbstschädigungen, Ausbrechen, Energiemangel, Drogen, Alkohol, verschlossen, verborgene Gefühle, sinnlich, hoffnungsvoll, Unbewusstheit, Verlangen, Institutionen, Isolation, unzuverlässig

Im zwölften Haus zeigt Mars eine Persönlichkeit an, deren Handlungen und Bestrebungen vom Unbewussten her beeinflusst sind. Solche Menschen sind gerne für sich, sei es bei der Arbeit oder bei andern Beschäftigungen. Die Neigung, im Verborgenen zu handeln, entspringt dem Bedürfnis, offenen Widerstand zu umgehen.

Die Nativen suchen ihre Wünsche und Absichten möglichst geheim zu halten; sie sind manchmal in heimliche sexuelle Abenteuer verwickelt. Oft arbeiten sie in großen Institutionen, wo sie ihre persönliche Identität verbergen oder gar verlieren können.

Ist Mars im zwölften Haus ungünstig aspektiert, sind diese Menschen manchmal in geheime Verschwörungen verwickelt, hegen geheime Feindschaft oder haben selbst geheime Widersacher. Mit einem verletzten Mars in diesem Haus besteht gar die Gefahr einer Verwahrung im Gefängnis oder in einer Nervenheilanstalt. Manchmal kann es zur Inhaftierung aus politischen Gründen kommen, weil Mars durch seine Erhöhung in Steinbock ein politisches Interesse beinhaltet.

Diese Menschen sollten ihrem unterdrückten Ärger öfter Luft machen.

Jupiter im zwölften Haus

Sinnsuche in der Stille, Mitgefühl, Märtyrer, Altruismus, Zufriedenheit, Einsamkeit, großzügig, fantasievoll, Innenleben, einfühlsam, spirituelles Streben, Meditation, Fantasie, Krise

Menschen mit Jupiter im zwölften Haus haben in der Regel ein großes Interesse an geistigen Erfahrungen. Sie versuchen durch Absonderung, Meditation und introspektive Studien der Wahrheit auf die Spur zu kommen. Bildet Jupiter zu Uranus, Neptun oder Pluto Aspekte, mögen Mystizismus und Intuition im Vordergrund stehen.

Menschen mit dieser Jupiterstellung haben ein tiefes Mitgefühl für Notleidende, die sie, falls Jupiter günstig aspektiert ist, durch reichliche Gaben unterstützen. Ihre Hilfe an andere bereitet ihnen selbst Befriedigung. Oft arbeiten sie in großen Anstalten wie Krankenhäusern, Nervenheilanstalten, Universitäten und Kirchen hinter den Kulissen.

Ist Jupiter günstig aspektiert, haben diese Nativen auch die Gabe, aus Feinden Freunde zu machen. Sie sind aufrichtig und bescheiden. Ist Jupiter aber verletzt, können sich neurotische Tendenzen, ein Märtyrerkomplex und ein verträumter Idealismus bemerkbar machen. Diese Menschen können Protegés wohltätiger oder religiöser Institutionen oder Parasiten derjenigen werden, die sich ihrer aus Mitleid annehmen. Sie missachten ihre Verantwortung, eigene Fähigkeiten zu schöpferischer Arbeit und Produktivität zu entwickeln. Entsprechend besteht auch eine Neigung, sich in Phantasien zu flüchten - wie das auch bei einem verletzten Neptun im zwölften Haus der Fall ist.

Ist Jupiter günstig aspektiert, wird diesen Menschen in Zeiten der Not heimlich Hilfe und Unterstützung zuteil, die sie sich durch frühere Taten verdient haben.

Saturn im zwölften Haus

Askese, Vereinsamung, Schicksal und Karma, reserviert, einsam, beherrscht, zurückgezogen, Nerven, furchtsam, isoliert, Versagensangst, minderwertig, niedergeschlagen, zurückgezogen, aufopferungsvoll, besorgt

Saturn im zwölften Haus zeigt an, dass viel Zeit in der Abgeschiedenheit oder bei der Arbeit hinter den Kulissen großer Institutionen wie Krankenhäusern, Universitäten, Handelsgesellschaften und Verwaltungsgebäuden zugebracht wird. Die Nativen können als Psychologen oder in wohltätigen Institutionen tätig sein. Sie werden nur schwer Anerkennung finden, es sei denn, Saturn bildet einen günstigen Aspekt zum MC oder dem Herrscher des zehnten Hauses.

Ein verletzter Saturn im zwölften Haus bedeutet Einsamkeit und Depression. Bei sehr ungünstiger Aspektierung muss mit geistiger Umnachtung und Internierung gerechnet werden. Es kann vorkommen, dass geheime Feinde das Unglück der Nativen noch fördern, vielfach existieren diese Feinde jedoch nur in dessen Einbildung.

Menschen mit dieser Stellung müssen von ihren eigenen seelischen Problemen loskommen, indem sie anderen dienen und sich selbst durch praktische, aufbauende Arbeit neue Kraft holen.

Uranus im zwölften Haus

Intuition, Karma-Wissen, Notlösungen finden, Wege aus der Ausweglosigkeit, mystisch, schwelgend, Intuition, Entfremdung, fremdartige Krankheit, visionär, verschlossen, missverstanden, Befreiungswunsch, irreal

Menschen mit Uranus im zwölften Haus widmen sich oft eingehend der Erforschung ihres Unbewussten. Die Suche nach einer höheren geistigen Einswerdung kann sich als Interesse an Yoga, Meditation oder anderen Formen der Versenkung manifestieren.

Ist Uranus stark aspektiert, kann eine besondere intuitive, ja sogar hellseherische Begabung vorhanden sein. Menschen mit dieser Stellung werden vielfach zu "Beichtvätern" für ihre Freunde. Oft schließen sie sich auch Geheimorganisationen an. Sie arbeiten am liebsten hinter den Kulissen im Dienste humanitärer und wissenschaftlicher Zielsetzungen, wenn Uranus günstig aspektiert ist.

Ist Uranus verletzt, können illusionäre Tendenzen vorliegen, die auf neurotischen Anlagen beruhen. Wenn der Geborene anstelle einer natürlichen Entwicklung seiner Intuition sich mit negativen paranormalen Phänomenen befasst, kann das in seinem Leben zu großer Verwirrung und Enttäuschung führen.

Neptun im zwölften Haus

Inspiration, Hellsichtigkeit, Medialität, Einfühlung, Reserve, mediale Kommunikation, Träumerei, Kunst, äußere Einflüsse, Drogen, Krankenhäuser, krank, Veranlassung, Sehnen, Alkohol, Pessimismus

Menschen mit Neptun im zwölften Haus haben eine intuitive Kenntnis von den Vorgängen im Unbewussten und mystisch-religiöse Neigungen. Sie ziehen sich gerne in die Stille und Abgeschiedenheit zurück, um zu meditieren und den "Weg nach innen" zu finden. Gelegentlich können sie sich an frühere Inkarnationen erinnern und verfügen über ein reiches Maß an geistigem Wissen.

Ist Neptun günstig aspektiert, sind die Nativen für Hellsehen, Psychologie und Heilen begabt und besitzen poetisches, musikalisches und bildnerisches Empfinden und Talent. Bei einem verletzten Neptun grübeln sie in neurotischer Weise ausschließlich über die Probleme der Vergangenheit nach und lassen sich von negativen, irreführenden psychischen Einflüssen leiten, was zu Versponnenheit und Lebensferne und im Extremfall zu geistiger Umnachtung führen kann. Diese Menschen leiden oft unter Angstzuständen und Neurosen.

Pluto im zwölften Haus

Geheimherrschaft, Umsturz, Auflehnung, Isolation, universell, enthüllend, destruktiv, metaphysisch, verschlossen, versucht, unterdrückte Emotionen, seltsame Krankheit, Abgeschiedenheit, okkult

Menschen mit Pluto im zwölften Haus haben das Bedürfnis, Inhalte ihres Unbewussten bewusst zu machen und zu entziffern. Dies kann sich als ein Interesse an Psychologie, Okkultismus oder Mystik manifestieren.

Ist Pluto in diesem Haus günstig aspektiert, verfügen die betreffenden Personen über ein tiefes Einfühlungsvermögen und hellseherische Fähigkeiten. Sie haben viel Verständnis für ihre Mitmenschen und helfen den vom Unglück Betroffenen. Sie sind imstande, tief zu meditieren und okkulte Geheimnisse zu verstehen, eine Fähigkeit, die in hoch entwickelten intuitiven Kräften zum Ausdruck kommt. Sie sind für die telepathische Übertragung von Gedanken, Gefühlen und Motiven ihrer Mitmenschen empfänglich. Dies könnte sie eher dazu veranlassen, sich in die Stille und Abgeschiedenheit zurückzuziehen oder heimlich gegen jene zu intrigieren, die ihnen missfallen. Wenn sie sich zu sehr mit ihren eigenen Problemen beschäftigen und die Ansichten und moralischen Gesichtspunkte der andern ignorieren, werden sie in ihrer Arbeit kaum vorankommen.

Ein ungünstig aspektierter Pluto in diesem Haus kann geheime Feinde, neurotische Schwierigkeiten und die Gefahr anzeigen, mit zerstörerischen psychischen Kräften in Berührung zu kommen. Diese Menschen müssen Seancen, Drogen oder andere Vorkehrungen meiden, die sie mit niederen astralen Phänomenen in Kontakt bringen könnten.

Die Aspekte

Die Aspekte (Winkelbeziehungen) der Planeten untereinander werden als das schwierigste Kapitel in der Astrologie empfunden.

Zum einen gibt es fast unzählige Aspekte, mehr als Tierkreisabschnitte, Planeten und Häuser zusammen, dann bereitet auch der Orbis, die Aspektausdehnung einige (berechtigte) Schwierigkeiten.

Das Problematische an den Aspekten ist, dass sie zumeist in gute oder schlechte Aspekte eingeteilt werden, wenn man heute dafür auch gerne die Worte "harmonisch" und "unharmonisch" gebraucht, doch ändert dies wenig an der Grundzuordnung. Solche

Klassifizierung wurden schon im Mittelalter vorgenommen, da einige Planeten "Unheilverkünder", andere "Wohltäter" sein sollten.

Die hervorragenden Astrologen, wie etwa Kepler, differenzierten gerade dann bei den Aspekten doch sehr. Für ihn waren die so genannten bösen oder schlechten Aspekte nichts anderes als Herausforderungen.

Die Aspekte haben ihren Ursprung in den unterschiedlichen Färbungen der Tierkreisabschnitte. Das bedeutet: Jeder Planet, der in ein anderes Tierkreiszeichen tritt, verändert seine Erscheinung. Er wirkt anders. Alle 30 Grad also verändert sich seine Symbolik. Wir hätten demnach alle 30 Grad einen Ausblick.

Am Beispiel des Neumond lässt es sich erklären. Wenn der Mond nahe der Sonne (<= 10°) steht, ist er (von der Erde) nicht sichtbar. Natürlich gibt es den Mond am Himmel noch, aber er ist von der Sonne verbrannt (überstrahlt). Er ist "neu" am Himmel, daher der Ausdruck "Neumond" (früher als "Dunkelmond" bezeichnet).

Steht der Mond 30 Grad von der Sonne weg, dann ist er in Sichelform sichtbar. Nach weiteren 30° (insgesamt also 60°) hat der Mond schon wieder ein anderes Aussehen, die schmale Sichel wird zu einer dicken Sichel und wenn der Mond dann weitere 30° am Himmel gewandert ist, erscheint er als Halbmond (3 x 30° = 90° ab-, mal zunehmend). Steht der Mond der Sonne genau in Opposition (180°) gegenüber, ist er als Vollmond in seiner ganzen Pracht zu sehen. Das hier beschriebene Zusammenspiel von Sonne und Mond wurde auf die anderen Planeten übertragen.

Die Planeten bildeten Aspekte miteinander. Man gewann die Aspekte, durch Teilung des Zodiaks. Eine besondere Berücksichtigung erfuhren die 2 und die 3 als Divisoren. Die Diskussion über die Aspekte und den Orbis (Wirkungsgrad) ging von Anbeginn an und dauert immer noch an.

Aus praktischen Gründen musste sich letztendlich eine Aspektlehre durchsetzen, die auch handhabbar ist und nicht ausufert. Letztendlich wird mit fünf bis acht Aspekten gearbeitet, wie schon im II. Kapitel in der allgemeinen Einführung beschrieben. An dieser Stelle soll nur so weit auf die Entwicklung der Aspekte eingegangen werden, dass die 18 Aspekte der klassischen Astrologie aufgelistet und die Bedeutung der acht wichtigen Aspekte der klassischen Astrologie erläutert werden.

Für den Beginn ihrer astrologischen Praxis ist es sicherlich empfehlenswert sich auf die fünf gebräuchlichen Aspekte: Konjunktion (0°), Sextil (60°) Quadrat (90°) Trigon (120°) Opposition (180°) zu beschränken. Mit zunehmender Erfahrung können Sie sich den weiteren Aspekten zu Leibe rücken.

Der Orbis ist für Sie seit Einführung der Computer, die es ermöglichen, auf Zehntelsekunden zu rechnen nicht mehr so wichtig, da Sie ihn nicht mühsam berechnen müssen.

Die klassischen Astrologen haben zum Himmel schauen müssen, während heute ein Astrologe kaum noch in die Gestirnberechnungstafeln, die Ephemeriden, schaut, wo die Gestirnsstände verzeichnet sind, weil er sich alle möglichen Horoskope über einen Computer ausrechnet oder erstellen lässt. Wenn Sie über einen PC verfügen, stehen Ihnen preiswerte Programme für die Berechnung (Planeten, Aszendent, Häuser, Aspekte) zur Verfügung.

Beispiel:
360° ergibt den Null-Grad Aspekt.
360°: 2 ergibt den 180 -Grad-Aspekt.
180°: 2 ergibt den 90-Grad-Aspekt.
90°: 2 ergibt den 45-Grad-Aspekt.
45°: 2 ergibt den 22,5-Grad-Aspekt.
360°: 3 ergibt den 120-Grad Aspekt.
180°: 3 ergibt den 60-Grad Aspekt.
120°: 3 ergibt den 40-Grad Aspekt.

Bildlich kann man sich die Aspekte, die sich aus dieser Teilung ergeben wie einen zwei- und dreibeinigen Schemel vorstellen.

Ein zweibeiniger Schemel ist nicht so stabil wie ein dreibeiniger, er erfordert mehr Aufmerksamkeit, größere Konzentration, wenn man mit ihm nicht kippen will. Unter diesem Blickwinkel sind die (meistens) als disharmonisch oder problematisch betrachteten Aspekte Quadrat und Opposition zu sehen. Diesen Aspekten muss der Native mehr Energie geben um aus ihren Bedeutungen Nutzen zu ziehen. Wenn er das nicht tut, können die Aspekte ihre negative Seite zeitigen, im Bild der Schemel stürzt um.

Ein dreibeiniger Schemel steht ohne besonderes Zutun. Unter diesem Gesichtspunkt können die als harmonisch oder günstig betrachteten Aspekte Sextil (60°) und Trigon (120°) gesehen werden. Der Native mit diesen Aspekten braucht nichts zu tun, der Schemel steht, bildlich gesprochen, stabil. Im Gegenteil der Native müsste Energie aufwenden um diesen Aspekt zu stürzen.

Übersicht über die (wichtigsten) Aspekte

Ordnung der Aspekte nach Graden, also danach, nach wie viel Grad (und Bogenminuten) ein neuer Aspekt auftaucht.

Winkelmaß	**Aspektname**
00° 00'	Konjunktion (zusammen in einem Zeichen stehend)
02° 30'	Sektor-Aspekt
03° 20	Der individuelle Aspekt (ergibt sich aus der Drittelung eines Tierkreiszeichens in 3 Dekane, wonach dann das Dekan, 10° groß, noch einmal gedrittelt wird)
22° 30'	Viertel-Quadrat
30° 00'	Confinis (oft als Halbsextil bezeichnet)
36° 00'	Semi-Quintil
40° 00'	Nonagon (in Indien sehr wichtig)
45° 00'	Halb-Quadrat
51° 00'	Septil
60° 00'	Sextil
72° 00'	Quintil
90° 00'	Quadrat
103° 00'	Biseptil
108° 00'	Tredezil oder Sesquintil
120° 00'	Trigon
135° 00'	Anderthalb-Quadrat
144° 00'	Biquintil
150° 00'	Quincunx
154° 00'	Triseptil
180° 00'	Opposition

Über diese 18 Aspekte hinaus gibt es noch neuere Aspekte, die die Vielfalt vermehren. Die Aspekt-Expansion hat zur Folge, dass viele Aspekte sich gegenseitig ausschließen, sich überlappen, selbst bei kleinen Orbes. Die meisten Aspekte kommen durch irgendeine Teilung des Tierkreises zustande, die oft willkürlich erscheint. Es gibt allerdings eine Ausnahme, nämlich die Teilung 360° durch 9 (3^2) gleich 40°. Dieser Aspekt spielt in der Hindu-Astrologie eine wichtige Rolle. Die Inder nämlich rechnen noch immer mit dem Mond als Hauptgestirn. Der Durchschnittswert des Tageslaufs vom Mond liegt bei 13° und 20'. Teilen wir die 360° durch 13° 20', bekommen wir das Ergebnis von 27. Der Tierkreis wird in 27 Mondstationen gegliedert. Drei Mondstationen ergeben (3 mal 13° 20') 40°. Die Zahl 9 war deswegen so wichtig, weil sie die letzte Einzelzahl ist, aber auch das Ergebnis aus 3 mal 3, also die Multiplizierung der heiligen Schöpferzahl 3.

27 Tage entsprechen auch dem siderischen Mondumlauf, der nicht nach den Mondphasen, sondern nach dem Zeitraum von Sternbild zu Sternbild gemessen wird, etwa von 00° Widder zu 00° Widder. Da man die 27 Mondstationen durch 3 teilte, um zu 9 gehobenen Mondstationen zu kommen, teilte man dann nach dem Prinzip "Ein Teil gehört zum Ganzen wie das Ganze zum Teil" in der abendländischen Astrologie nicht nur den Tierkreisabschnitt von 30° in 3 Dekane zu je 10°, sondern diese 10-Grad-Dekane werden dann wiederum durch 3 geteilt, was zu einem 3° 20'-Aspekt führte. Dieser Aspekt wird jedoch heute kaum noch beachtet. Der 40-Grad-Aspekt, also die Neunerteilung des Tierkreises, beziehungsweise die Summe von 3 Mondstationen a 13 Grad und 20 Bogenminuten, ergibt auch 9 wichtige Punkte im Horoskop. Diese sind alle 40° zu finden, wobei die Zählung bei 00° Widder beginnt. Nach 00° Widder, 10° Stier, 20° Zwillinge, 00° Löwe, 10° Jungfrau, 20° Waage, 00° Schütze, 10° Steinbock und 20° Wassermann. Auffallend ist dabei dass hier stets die Anfangsgrade der Feuerabschnitte berührt werden, die Erdzeichen bei 10°, die Luftzeichen bei 20°, während die Wasserzeichen keine gehobene Mondstation aufweisen.

Aspektbegriffe der klassischen Astrologie

1. Der Parallel-Aspekt

- Die Ekliptik oder der Tierkreis, auf dem alle Planeten wandeln, besitzt eine gewisse Bandbreite von zirka 6° nach Norden zum Nordpol hin oder nach Süden zum Südpol, jeweils vom Äquator aus gemessen. Folglich wandeln alle Gestirne nicht genau (wie schon beim Mondknoten erwähnt) auf der Erd-/Sonnenbahn. Die Abstände werden in den Ephemeriden unter dem Stichwort "Deklination" angegeben. Deklination bedeutet also die jeweilige Abweichung. Daher nennt man den Parallel-Aspekt auch Deklinations-Aspekt. Stehen zwei Planeten im gleichen Winkelabstand, egal ob nördlich oder südlich von der genauen Bahn der Erde um die Sonne, wird angenommen, dass diese Planeten zusammenarbeiten, als stünden sie in einer Konjunktion zusammen. Winkel messen Breiten. In der Astrologie kennt man mehrere Breiten. Die ekliptikale

Breite, der Abstand von der Ekliptik. Die lunare Breite, der Abstand vom Mondäquator. Die heliografische Breite, der Abstand vom Sonnenäquator. Die galaktische Breite, der Abstand von der Milchstraßenebene (die letzteren sind für die Astrologie unwichtig).

2. Kollektion von Licht

- Die Klassiker arbeiteten noch mit dem Begriff "Kollektion von Licht", die bedeutet, dass ein Planet mehrere Aspekte oder Anblicke empfängt beziehungsweise gibt. Einst bestand sogar die Ansicht, dass der Planet, der die größte Kollektion von Licht empfängt, auch der mächtigste wäre. Es entwickelten sich auch zusammen mit den Phasen des Mondes am Himmel die Begriffe "Abnahme von Licht" oder "Zunahme von Licht". Vor einer genauen Opposition handelte es sich etwa um eine Zunahme von Licht, nach einer Opposition um eine Abnahme. Für alle Phasen von einer Konjunktion bis zur Opposition gilt: Zunahme des Lichts, beziehungsweise von einer Opposition bis zur Konjunktion: Abnahme des Lichts.

3. Verbrennung

- Verbrennung bedeutet, dass ein Planet sich sehr nahe der Sonne befindet, also in Konjunktion. Hier gilt dann der Planet als von der Sonne verbrannt. Dies erleben ganz besonders oft der Mond, aber auch der Merkur, weil dieser immer nahe der Sonne steht und nur schwer am Himmel zu sehen ist. Der Mond kann alle Quadrate zur Sonne haben, der Merkur nur eine Konjunktion, einen Sektor-Aspekt, den individuellen Aspekt und einen Confinis. Eine Verbrennung gilt in der Regel nur für Konjunktionen mit der Sonne, aber es gibt Praktiker, die meinen, dass jeder langsamere Planet einen schnelleren, der in seine Nähe kommt, verbrennt.

4. Beschädigung

- Als beschädigt galt ein Planet, der von einem so genannten Übeltäter "angegriffen" wird. Schon der Name "Angreifer" zeigt die einstige Grundauffassung, die sich bis heute erhalten hat, dass Planeten in die Bereiche anderer Planeten durch Aspekte eindringen. Übeltäter waren einst Mars und Saturn, heute auch noch Uranus, Neptun und Pluto. Diese Beschädigung konnte aufgehoben werden, wenn ein Wohltäter (also Sonne, Jupiter oder Venus) zu dem beschädigten Planeten einen Aspekt bildete.

5. Destruktion

- Destruktion wird eine Figur von drei (vor allem langsamen) Planeten in naher Konjunktion verstanden. Diese Kräfte, von den Planeten symbolisiert, würden sich immer im Wege stehen, sich ständig selbst behindern und zwar ein ganzes Leben lang, weil sich eine solche Konjunktion (bei den langsamen Planeten) kaum je auflösen dürfte. Alle gar zu gedrängten Konjunktionen waren den Klassikern stets verdächtig, was besonders bei dem nächsten Begriff deutlich wird.

6. Stellatium

- Als Stellatium bezeichnet die klassische Astrologie eine Zusammenballung oder Anhäufung mehrerer Planeten in einem Haus oder in einem Quadranten. Sie bedeutet dann eine Konzentration oder eine Ballung von Ereignissen. Meist stehen sich die Planeten dabei auch im Wege, so wird in der Regel auf eine Katastrophe geschlossen. Entscheidend ist jedoch immer die Tierkreisfärbung eines Abschnittes. Wenn etwa Sonne, Mars und Jupiter mit Merkur in einem Feuerzeichen stehen, dann wäre dies nicht so gravierend für die Ballung der Kräfte, als stünden solche Feuerplaneten in einem Wasserabschnitt des Tierkreises.

- Schwieriger ist es schon, wenn ein Stellatium in zwei Zeichen zu finden ist, da es sich ja hier um Nachbarschaftszeichen handelt, welche immer die gegensätzlichsten Zeichen sind, die es gibt. So prallen dann wirklich gegensätzliche Färbungen aufeinander und werden sich daher kaum helfen, sondern eher im Wege stehen oder sich gar bekämpfen.

Die Rückläufigkeit

- Dieser Begriff tauchte schon bei der Mondknotenachse auf. In der Regel wandern die Planeten gegen den Uhrzeigersinn. Nur sieht es manchmal so aus, als würden die Planeten zurückwandern, also im Uhrzeigersinn laufen. Dies geschieht immer dann, wenn die Planeten in Opposition zur Sonne oder vor beziehungsweise nach dieser Opposition stehen.

- Obwohl die Rückläufigkeit nur scheinbar ist, also am Himmel nicht stattfindet, somit auch astronomisch keine Bedeutung hat, arbeitet die Astrologie mit diesem Bild. Astrologie ist Bildersprache, ist Anschauung.

- Die Rückläufigkeit ist darum so wichtig, weil ein Planet, der ja eine Kraft symbolisiert, den gerade begangenen Weg nun noch einmal zurückgeht, so als hätte er etwas vergessen oder nicht erledigt, als müsste er noch etwas nachlernen. Die Planeten sammeln demnach in der Rückläufigkeit ihre Erfahrungen oder sie lernen nach. In dieser Hinsicht sind die Planeten dann auch zu deuten. (Sie sind mit einem "r" gekennzeichnet) Dabei ist wichtig, dass Sonne und Mond nie rückläufig werden können, der Mondknoten jedoch immer rückläufig ist. Die Rückläufigkeit ist besonders bei der Deutung der Konjunktion wichtig, was noch behandelt wird.

- Aber genauso wichtig ist die Rückläufigkeit im Grundhoroskop oder in der Zukunftssicht. Denn geht ein Planet während eines ganzen Lebens zurück, dann wird diese Kraft nicht so richtig zum Zuge kommen können.

- Es gibt zwischen Rückläufigkeit und Direktläufigkeit noch den Stillstand, der mit einem "d" gekennzeichnet ist. Stillstand beinhaltet die Gefahr der Nicht- (oder Kaum-) Entwicklung. Erkennt der Native jedoch seine Probleme, dann kann er von sich aus bewusst gegensteuern und für diese Kräfte etwas zu tun.

Die traditionellen Aspekte

Die Klassische Astrologie arbeitete immer mit acht Aspekten. Es gibt so viele Aspekte, wie es Planeten gibt, da Sonne und Mond als Gestirne und weniger als Planeten angesehen und beurteilt werden.

Alle 30 Grad finden wir also einen Aspekt. Dazu kommt der Aspekt der Unaspektierung. Dies gilt jedoch nur für die rechnerischen Aspekte- also bei Berechnung eines Orbis. Bei den Elementar-Aspekten gibt es keinen unaspektierten Planeten.

Die Übersicht

Aspektname	**Winkel**	**Planetenzuordnung**
Konjunktion	00.°	Merkur
Confinis	30.°	Uranus
Sextil	60.°	Venus
Quadrat	90.°	Mars
Trigon	120.°	Jupiter
Quincunx	150.°	Neptun
Opposition	180.°	Saturn
kein Aspekt		Pluto

Die Konjunktion

Abstand 00°, mit einem Orbis von 2 - 3° (manche lassen bis 10 ° zu)
Charakteristik: Basis- oder Gemeinschafts-Aspekt
Eine Konjunktion ist nur dann echt, wenn die Planeten im gleichen Zeichen stehen.

Reicht die Konjunktion von den Endgeraden eines Abschnittes in die Anfangsgerade des folgenden Abschnittes, handelt es sich um eine Konjunktion mit Confinis-Charakter. Dies deutet mehr auf eine zerrissene Gemeinsamkeit hin.

Bei der Konjunktion ist insbesondere zu beachten, ob der schnellere Planet auf den langsameren zuläuft, sich ihm also quasi unterwirft, oder ob er wegläuft, sich also lösen möchte. Man spricht dann auch von einem Befreiungsversuch.

Bei jedem Aspekt bestimmt der langsamere den genauen Aspektpunkt.

Das Zulaufen nannte man früher die Applikation oder die Zuwendung, das Weglaufen oder Lösen wird als Separation (Trennung) betrachtet. Der Applikations-Aspekt wird folglich erst nach der Geburt genau, während der Separations-Aspekt vor der Geburt exakt war. Die Karma-Astrologie geht davon aus, dass der Applikations-Aspekt für das künftige Leben aktuell ist, der Separations-Aspekt dagegen für das Vorleben.

Jeder muss hier seine eigenen Erfahrungen zu Rate ziehen. Bei der Grunddeutung wird immer der Applikations-Aspekt als gravierender angesehen, bei der Vorhersage jedoch verhält es sich genau umgekehrt.

In der Regel zeigt die Konjunktion eine breite Basis an, die jedoch zur Einseitigkeit führen kann. Der Planet Merkur als "Herrscher" über diesen Aspekt zeigt an, dass die Kräfte in der Konjunktion lernen müssen, miteinander gut auszukommen, um gemeinsam wirken zu können.

Confinis

Abstand 30°, mit einem gewissen Orbis
Charakteristik: Zerrissenheit, Gegensätzlichkeiten

Ein Confinis ist nur dann echt, wenn er sich über zwei Abschnitte erstreckt. Es gibt auch Confinis-Aspekte in einem Zeichen, etwa von 1° Stier zu 29° Stier. Dann handelt es sich um einen Confinis mit Konjunktions-Charakter, was bedeutet, dass die Zerrissenheit nicht so stark ist.

Auch beim Confinis ist auf die Applikation und Separation zu achten. Bei der Zuwendung wird sich die Zerrissenheit in Grenzen halten, weil sich ja der schnellere Planet dem langsameren unterwirft. Bei der Separation dagegen ist die Zerrissenheit sehr deutlich, also weitaus schwerer zu überwinden.

Der Planet Uranus als "Herrscher" über diesen Aspekt zeigt an, dass die zerrissenen Kräfte über eine Intuition zusammengeführt werden, sodass aus der Zerrissenheit schöpferische Kraft entsteht.

Sextil

Abstand 60°, mit einem gewissen Orbis
Charakteristik: Ergänzung über Gefühl und Harmonie

Ein Sextil ist nur dann echt, wenn die Planeten des Sextils in zwei Abschnitten stehen, zwischen denen noch ein Zeichen steht. Sextile können Confinis- und Quadrat-Charakter haben. Geht ein Sextil nur zwischen zwei Zeichen, etwa von 2° Löwe zu 28° Jungfrau, dann haben wir es mit einem Sextil zu tun, das Confinis-Charakter aufweist. Geht ein Sextil jedoch von 29° Wassermann zu 1° Stier, dann haben wir es mit einem Quadrat-Charakter zu tun. Echte Sextile kommen immer aus den Zeichen, die sich ergänzen: Also Erd- zu Wasserzeichen (oder umgekehrt) wie Feuer- zu Luftzeichen (oder umgekehrt).

Auch beim Sextil geht es um die Trennung (Separation) oder den Zulauf (Applikation), wenn dies auch nicht mehr so wichtig ist wie bei einer Konjunktion oder einem Confinis-Aspekt. Im Sextil sind die Planeten voneinander schon unabhängiger. Der Planet Venus als "Herrscher" dieses Aspektes ermuntert die Nativen, mit Liebe, Gefühl, Ästhetik oder Kunstsinn die Planeten des Sextils zu verbinden.

Das Sextil ist ein Begabungs-Aspekt. Jede Begabung braucht jedoch Pflege und Training.

Quadrat

Abstand 90°, mit einem gewissen Orbis
Charakteristik: Kreuzungs-Aspekt, Krise (von Krisis = Entwicklung)

Ein Quadrat ist nur dann echt, wenn zwischen den beiden Planeten des Quadrates zwei Zeichen liegen. Ein Quadrat kann einen Sextil-Charakter haben, etwa wenn der eine Planet auf 1° Skorpion, der andere auf 27° Steinbock steht, aber auch einen Trigon-Charakter, wenn ein Planet von 2° Wassermann auf einen Planeten, der auf 29° Waage steht, einen Aspekt wirft. In beiden Fällen (Sextil- oder Trigon-Charakter) ist dann das Quadrat sozusagen entspannt.

Beim Quadrat kommt es auf die Kraft der Planeten an. Der Stärkere hat Vorfahrt. Er ist wichtiger, erst muss seine Kraft eingesetzt werden. Eine Sonne im Zeichen Löwe ist immer stärker als ein Neptun im Zeichen Stier. (siehe weiterführende Literatur zur Lehre der Kombinationen)

Kepler und auch die modernen humanistischen Astrologen betrachten das Quadrat als Herausforderung.

Der Planet Mars als "Herrscher" dieses Aspektes gibt Kraft, Willen und Energie, um diesen Konflikt (Herausforderung) mutig, aber ohne Gewalt zu lösen. Es handelt sich um Hemmungen, die meist mit einer Überreaktion überwunden werden wollen, aber auch um einen Ausbruch nach einem Stau, der, zu gewaltig, zu Selbstschädigungen führen kann.

Das Quadrat ist der Aspekt der Krise, damit aber auch der Aspekt der Entwicklung. Horoskopbilder, in denen keine Quadrate zu finden sind, zeigen an, dass diesen Menschen meist (meist, weil man nie absolut urteilen soll) die notwendige Kraft fehlte, Krisen zu überwinden.

Die Angst vor Quadraten ist also falsch. Sind in einem Horoskop sehr viele Quadrate vorhanden, also vier oder fünf, so handelt es sich um Menschen, die man als Spätentwickler bezeichnet. Doch diese Spätentwickler haben dann auch genug Kraft, sich ein Leben lang einzusetzen und Energie zu entwickeln.

Die großen Persönlichkeiten aller Zeiten hatten oder haben in ihren Geburtsbildern sehr viele und sehr enge Quadrate. Je enger ein Quadrat oder je exakter, umso deutlicher die Wirkung, ein Umstand, der jedoch im Grunde für alle Aspekte gilt, aber im ganz besonderen Sinn für den Mars-Aspekt. Das Quadrat, ein Aspekt, bei dem Mut und Einsatzbereitschaft verlangt wird sowie die Erkenntnis, welcher der Planeten, die im Quadrat zueinander stehen, die stärkere Kraft symbolisiert.

Trigon

Abstand 120°, mit einem gewissen Orbis
Charakteristik: Entfaltungstalent, Begabungsstütze

Ein Trigon ist nur dann echt, wenn die Planeten im gleichen Element stehen, also entweder stehen die Trigon-Planeten in Feuer-, Erd-, Luft- oder Wasserzeichen.

Es gibt auch ein Trigon mit Quadrat-Charakter: Steht etwa ein Planet auf 1° Widder, ein anderer auf 29° Krebs. Auch Trigone mit Quincunx-Charakter sind möglich. Beispiel: Ein Planet auf 28° Zwillinge, der andere auf 1° Skorpion.

Ein Trigon mit Quadrat-Charakter darf nicht zu leicht genommen werden, mit Quincunx-Charakter werden eventuell über die Begabungen Täuschungen, die ernst genommen werden sollten, angezeigt.

Beim Trigon ist insbesondere auf die Kraftform-Mobilität zu achten. Jedes Element kennt drei Mobilitäts-Richtungen: bewegend (kardinal), fest (fix) und anpassend (angleichend). Beim Trigon ist die Kraftform-Mobilität immer unterschiedlich. Der "feste" Planet leistet meist Widerstand gegen Bewegung oder Anpassung, während sich bewegend und anpassend miteinander sehr viel leichter verstehen.

Das Trigon ist ein Entfaltungs-Aspekt, wie es auch Jupiter als "Herrscher" dieses Aspektes anzeigt. Es besagt aber auch, dass nur gefördert wird, wenn vorher Forderungen angenommen und erfüllt werden. Darum geht es in erster Linie beim Trigon.

Quincunx

Abstand 150°, mit einem gewissen Orbis (meist halb so groß wie sonst)
Charakteristik: Instinkt, Inspiration

Ein Quincunx ist nur dann echt, wenn es keinen Oppositions- oder Trigon-Charakter aufweist. Oppositions-Charakter finden wir, wenn die Planeten, die sich im Quincunx-Aspekt ansehen, in Oppositions stehen. Beispiel: ein Planet auf 28° Widder, der andere auf 1° Waage. Trigon-Charakter finden wir, wenn die Planeten im gleichen Element stehen, jedoch im Abstand von (ungefähr) 150°. Beispiel: ein Planet auf 1° Stier, der andere auf 28 Waage. Im Oppositions-Charakter gibt es harte Annäherungsprobleme der Kräfte, im Trigon-Charakter geht die Annäherung leichter.

Beim Quincunx ist vor allem darauf zu achten, ob wir es mit einem Quincunx vor einer Opposition oder nach einer Opposition zu tun haben. Ausschlaggebend ist immer der genau Aspekt-Punkt, den der langsamere Planet angibt.

Beispiel: Pluto und Jupiter im Quincunx. Pluto steht auf 11° Krebs. Die Opposition wäre 11° Steinbock. Steht Jupiter nun auf 10° Schütze, dann ist er mit Pluto vor der Opposition im Quincunx verbunden. Stände er auf 11° Wassermann, befände er sich nach der Opposition zu Pluto im Quincunx. Ein Vor-Quincunx kann über die (verbleibende) Kraft zum Endspurt täuschen, ein Nach-Quincunx zeigt oft an, dass sich jemand auf seinen Lorbeeren ausruht.

Das Quincunx ist ein Aspekt, der über Täuschungen zur Inspiration, ja zu Hellsichtigkeiten führen kann. Der Neptun als "Herrscher" über diesen Aspekt weist auf den richtigen Instinkt hin, der zur Lösung notwendig ist.

Opposition

Abstand 180°, mit einem gewissen Orbis
Charakteristik: Ergänzung über einen langen Weg

Eine Opposition ist nur dann echt, wenn die Opposition keinen Quincunx-Charakter hat und die Planeten in den Oppositionszeichen stehen. Ist dies nicht der Fall, haben wir den Quincunx-Charakter. Etwa wenn ein Planet auf 1° Stier, der andere 27° Waage zu finden ist. Ein Quincunx-Charakter kann über die richtige Ergänzung täuschen.

Eine Opposition zeigt die gleichen Elemente der Ergänzung wie die Sextile an. Hier das Ziel zu suchen, es handelt sich um eine Zielherausforderung.

Saturn als "Herrscher" dieses Aspektes zeigt an, dass Mühe und Anstrengung nie gescheut werden dürfen. Die Opposition ist kein "schlechter" Aspekt, sondern bringt dem Native Ziele und Aufgaben näher als jeder andere Aspekt.

Unaspektiertheit

Abstand unwichtig
Charakteristik: Ergänzungen von sich aus suchen, Stärken nutzen

Ein unaspektierter Planet zeigt eine ganz besondere Kraft. Er hat keine Bindungen, daher kann er ohne besondere Rücksichtnahme seine Kräfte ausspielen. Im Volksmund heißt dieser Aspekt auch der Junggesellen-Aspekt. Dies bedeutet, dass sich die Kraft mit allen anderen binden kann, weil sie in sich frei ist. Diese Kraft kann aber, auch wenn sie noch so stark ist, auf keine Hilfe von außen rechnen. Hier kommt es allein auf den Nativen an. Er muss die Kraft bewusst und klug in sein Leben einbinden, er darf sie nicht allein wirken lassen.

Unaspektiertheit ist ein Einzelgänger-Aspekt. Aber der Einzelgänger muss nicht allein bleiben. Hier handelt es sich also um eine Warnung vor Alleingängen.

Pluto als "Herrscher" dieses Aspektes gibt große Durchsetzungskraft und ein gutes Machtbewusstsein für die jeweilige Kraft, die durch den Planeten symbolisiert wird.

Aspekte-Tabellen

Sonne-Aspekte

So/So
- der Wille zu leben, Macht, physischer Körper, Gesundheit und Energie, körperliche und spirituelle Harmonie, Mangelnder Ansporn, Krankheit, Schwäche, Richtungsänderungen, keine Ausrichtung, Der Körper, Vater und Sohn, Großvater zu Sohn, Kollegen, Mann zu Mann

So/Mo
- bewusst und unbewusst, Beziehung, inneres Gleichgewicht, öffentliches Leben, Erfolg, Innere Unzufriedenheit, Konflikt, unzusammenhängend, innere Spannung, Kampf, Mann und Frau, Vater und Mutter, Ehepartner, Freunde

So/Me
- gesunder Menschenverstand, Verständnis, Gedanken, praktisches Denken, geschäftsmäßig, organisierend, Unklar, Verwirrung, Ziellosigkeit, Nervosität, Jugendliche, Intellektuelle, Geschäftsleute

So/Ve
- körperliche Liebe, Schönheit, Beliebtheit, gesellschaftliches Leben, Ästhetik, romantisch, Hässlichkeit, unbeliebt, ungesellig, geschmacklos, kalt, Genusssucht, Künstler, geliebte/r Mann/Frau

So/Ma
- Vitalität, Lebenskraft, Aufstieg, beruflicher Erfolg, Ausdauer, Impulsivität, Meinungsverschiedenheit, Gewalt, halsstarrig, streitsüchtig, unverschämt, Kämpfer, Soldat, Arzt, Ehemann, Zänker

So/Ju
- Gesundheit, Anerkennung, religiös, expansiv, glücklich, erfolgreich, schöpferisch, Materialistisch, genusssüchtig, arrogant, illegal, faul, wohlhabend, gesund, prominent

So/Sa
- getrennt, konzentriert, vertieft, ernst, Schwerarbeiter, ehrgeizig, hingebungsvoll, Egoistisch, gehemmt, unterdrückend, pessimistisch, untergeordnet, besorgt, schwach, negativ, ernste Menschen, ältlich, krank, grober Vater, schwacher Vater

So/Ur
- progressiv, exzentrisch, technisch, originell, frei, veränderlich, dynamisch, individuell, Eigensinnig, selbstzerstörerisch, rebellisch, gespannt, reizbar, Neuerer, Reformer, Rebell, Techniker, Unruhestifter

So/Ne

- sensitiv, heikel, fantasievoll, ungewiss, kultiviert, inspiriert, visionär, medial, unsicher, schwach, krank, täuschend, verführbar, Medium, romantisch, Träumer, beseelt, sensitiv, Verführer, schwacher Vater

So/Pl

- Macht, Kenntnis, bewusste Ziele, führend, wachsend, autokratisch, rücksichtslos, Arrogant, gezwungen, brutal, fanatisch, destruktiv, Anführer, Kämpfer, Revolutionär, Verwandler, Märtyrer, starker Vater

So/Kn

- physische Verbindungen, öffentlich, anpassungsfähig, gesellig, beliebt, bildend, Ungesellig, disharmonisch, nicht anpassungsfähig, ohne Beziehung, isoliert, Teilhaber, Gefährte, Kollegen, Zeuge, Verwandter, Würdenträger, Polizei

So/AC

- persönliche Beziehungen, physische Beziehungen, Vertrauen, Aufstieg, Achtung, erkennbar, Drängend, disharmonisch, unbeliebt, egoistisch, scheu, streitsüchtig, abhängig, Männer in der Umgebung, Kontakt, Ehemann

So/MC

- individuell, objektiv, Selbstwissen, Erfolg, Missionar, Autorität, berühmt, Egozentrisch, unklar, arrogant, eingebildet, uninteressant, irregeführt, Körper und Seele, "Ich", das eigene Ego

Mond-Aspekte

Mo/Mo

- Gefühlsleben, weibliche Beziehungen, veränderliche Dinge, angenehme Stimmungen, Mütterlichkeit, Emotionelle Unterdrückung, Launenhaftigkeit, Trennung von der Mutter, teilnahmslos, Spannung, die Gefühle, die Seele, Mutter und Tochter

Mo/Me

- emotionelle Gedanken, Wahrnehmung, Beurteilung, Einschätzung, weibliche Vorstellungen, Diskretion, veränderlich, verlogen, Klatsch, Kritiksucht, Verleumdung, naiv, reizbar, intellektuelle Frauen, Autorin, Psychologe/In, Reisende

Mo/Ve

- Liebe, Hingabe, Kunst, Empfängnis, romantisch, kultiviert, Ehe, anmutig, launisch, scheu, geschmacklos, steril, reizbar, lieblos, Liebhaber, werdende Mutter, Mutter, Künstler, Frau, Schauspieler

Mo/Ma

- Erregung, intensive Emotion, Offenheit, freimütig, aufrichtig, einfühlsamer Wille, fleißig, Impulsivität, hastig, kämpfen, intolerant, rebellisch, reizbar, Ehefrau, Kollegin, Schwerarbeiter, Hausfrau, Geschäftsfrau

Mo/Ju

- Glücklich, religiös, soziales Gewissen, Reise, zuverlässig, Anerkennung, positives Empfinden, gleichgültig, nachlässig, rebellisch, unbeliebt, Eheprobleme, salopp, erfolgreich, großzügig, glückliche Frau, Frauen, Braut, werdende Mutter, Beamtinnen

Mo/Sa

- Selbstbeherrschung, Pflicht, Sorgfalt, aufmerksam, umsichtig, einsam, asketisch, kritisch, ehrgeizig, depressiv, getrennt, verwitwet, untergeben, Melancholie, besorgt, entfremdet, gehemmte Menschen, traurig, Witwe(r), Alleinerziehende(r), Großmutter

Mo/Ur

- unterbewusste Kräfte, Instinkt, plötzliche Ereignisse, okkult, intellektuelle Spezialisierung, Spaltung, emotionelle Spannung, Überlastung, abrupt, Übertreibung, Besorgnis, rastlose Frau, ehrgeizig, Reformisten

Mo/Ne

- Kultiviert, innere Schau, Fantasie, Inspiration, Entspannung, romantisch, idealistisch, zerbrechlich, Selbsttäuschung, Unwirklichkeit, Schwäche, süchtig, verführerisch, übernatürlich, sensitiv, Medium, beeindruckbar, medial, träge, Schwäche

Mo/Pl

- dynamisch, unersättlich, extreme Emotion, einseitig, Fanatismus, übereifrig, gierig, fanatisch, besessen, schockierend, eifersüchtig, fordernd, Ansprüche, Umbrüche, emotionelle Menschen, Werbe-Leute, Publizisten, Revolutionär

Mo/Kn

- pirituelle Vereinigung, innere Beziehungen, Bündnisse (zwischen Frauen), Familienbande, anhänglich, Entfremdung, mehrfache Beziehungen, nicht anpassungsfähig, frustriert, unfamiliär, Blutsfreundschaft, Gefährten

Mo/AC

- emotionelle Beziehungen, zuvorkommend, feminin, anpassungsfähig, persönliche Bindungen, subjektive Bindungen, Überempfindlichkeit, Unstimmigkeiten, launisch, wankelmütig, überreagierend, ärgerlich, Weibliche Umgebung, Mutter, Alkohol, Drogen, Liebhaber, Persönlichkeiten

Mo/MC

- emotionelle Ziele, Empfindung, Zuhause, Familie, Seelen-Bindungen, intuitives Verstehen, schwierige Frauen, unprofessionell, Unschlüssigkeit, unzuverlässig, sentimental, schwankend, empfindsame und emotionelle Menschen, Erzieherinnen, Mutter, Seelen-Menschen

Merkur-Aspekte

Me/Me

- Bewegung, Denken, Verstand, Neuigkeiten, Meinungen, Wahrnehmung, schnelles Verstehen, Verständnis, leicht, statische Zustände, Subjektivität, Dumpfheit, mangelnde Objektivität, keine Kommunikation, aktive Menschen, Freunde, Vertraute, Vermittler, Intellekt, Lehrer, Geschwister, die Jungen

Me/Ve

- Liebe-Gedanken, Sinn für Schönheit, Design, empfindsamer Intellekt, Ausgelassenheit, Kunst-Erfolg, Schriftstellerei, Eitelkeit, Einbildung, überempfindlich, unentschlossen, verschwenderisch, Luxus, Liebhaber, Autor, Schriftsteller, Kosmetik, Kunsthändler, Ästhet, Künstler, Freundinnen

Me/Ma

- Gedankenkraft, verwirklichte Pläne, Entschluss, Schlagfertigkeit, Unternehmen, Debatte, Angelegenheit regeln, Kritiksucht, nörgelnd, Böswilligkeit, hastiges Handeln, Sprachschwierigkeit, unnachgiebig, zynisch, Kritiker, Zänker, Streiter, Schriftsteller

Me/Ju

- konstruktives Denken, Belesenheit, Literatur, Geschäftssinn, gesunder Menschenverstand, Wissenschaft, geläufig, Vernachlässigung, unzuverlässig, übertreibend, Konflikt, indiskret, Redner, Autorität, Unterhändler, Geschäftsperson, Verleger, Reisender, Philanthrop

Me/Sa

- mentale Arbeiter, Konzentration, sehr bedacht, logisch, Organisation, Erfahrung, Arbeitseifer, Dumpfheit, Zurückhaltung, Scheu, Entfremdung, Schwierigkeit, schwierige Kindheit, Misstrauen, Philosoph, Intellektueller, Wissenschaftler, Logiker

Me/Ur

- Intuition, Scharfsinn, Flexibilität, Unabhängigkeit, Einfluss, originelles Denken, Zerstreut, Verrücktheit, Nerven, unstet, exzentrisch, widersprüchlich, Mathematiker, Wissenschaftler, Techniker, Musiker, lebhafte Menschen

Me/Ne

- Vorstellungsvermögen, Fantasie, Tiefenwahrnehmung, Vision, Vorahnungen, poetisch, idealistisch, klar, Fehleinschätzung, Lähmung, Täuschung, ausschweifend, töricht, Schauspieler, Phantast, Träumer, Heiliger, Medium

Me/Pl

- Überredungsgabe, Verständnis, gerissen, Diplomatie, Einfluss, Witz, Schlauheit, Zusammenbruch, hastiger Ausdruck, übertriebene Opposition, übereifrig, Ungeduld, Grobheit, Redner, Politiker, Kritiker, Tyrann, Propagandist

Me/Kn

- Gemeinsame Pläne, Ideenaustausch, gesellschaftlich-geschäftliches Treffen, Korrespondenz, Beziehung, Ungesellig, Unbeliebtheit, verschlossen, blockiert, illoyal, Handwerk, Schriftsteller, Organisator, Unterhändler, Teamarbeiter

Me/AC

- Persönliche Vorstellungen, Definition, verbale Kommunikation, Zusammenkünfte, Intelligenz, gesprächig, Klatsch, Fehleinschätzung, Ängstlichkeit, oberflächlich, flatterhaft, Denker, Klatsch, Organisator, Freund, Verwalter, Diplomat

Me/MC

- intellektuelle Ziele, Beobachtung, Selbstwissen, Meditation, eigene Ziele, Klarheit, Ziellosigkeit, nicht selbstbewusst, veränderlich, Unschlüssigkeit, unehrlich, Ausdrucksvolle Menschen, Schwätzer, Medien-Leute, Conferenciers, Berufsberater

Venus-Aspekte

Ve/Ve

- Frieden, guter Wille, Liebe, Verlangen, empfindet Liebe, Humor, Sinn für Schönheit, Kunst, Ohne Beziehung, teilnahmslos, geschmacklos, Verirrung, Sorglosigkeit, Liebhaber, Schönheit, Modell, Mädchen, Schauspieler, Künstler, Musiker, Mode, Krankenpflege.

Ve/Ma

- sexuelle Liebe, Künstlertum, Leidenschaft, Kreativität, lebhafter Ausdruck, intime Beziehungen, fruchtbar, Asexualität, Verführung, unbefriedigt, Untreue, reizbar, Liebhaber, Verführer, Polygamie

Ve/Ju

- freudige Liebe, glücklich, Beliebtheit, Sinn für Form, Ehe, Seligkeit, Behaglichkeit, fröhlich, Hedonismus, Faulheit, mangelndes Gespür, Trägheit, Arroganz, Gesetzeskonflikt, Genusssucht, Künstler, Filmstar, Modell, Prominenter, aufgeschlossener Liebhaber

Ve/Sa

- gehorsame Emotion, Nüchternheit, Loyalität, Hemmung, Opfer, Treue, Ökonomie, Reserve, Eifersucht, Qual, Entbehrung, einsam, niedergeschlagen, Trennung von der Mutter, Einsame Menschen, Witwe(r), uneheliche Kinder, älterer Liebhaber

Ve/Ur

- Wachrütteln, Exzentrik, Impuls,Talent, Musik, Sentimentalität, Kultiviertheit, unterdrückte Sexualität, unstet, Entfremdung, unkonventionell, locker, Musiker, Künstler, exzentrischer Liebhaber.

Ve/Ne

- Verzückung, Erotik, Mystik, Idealismus, platonische Affären, Reise, kultiviert, Verführbar, geschmacklos, Verliebtheit, Träumen, Illusion, Realitätsflucht, Künstler, Musiker, Träumer, Visionär, romantisch, Süchte

Ve/Pl

- fanatische Liebe, Sinnlichkeit, begabt, attraktiv, zwingend, hingebungsvoll, talentiert, anziehend, voller Leben, belastete Liebe, Vulgarität , exzessives Verlangen, Liebhaber, Künstler

Ve/Kn

- Liebes-Vereinigung, Anpassung, universelle Liebe, Bindungen, entgegenkommend, Künstler-Gemeinschaften, Isolation, Trennung, unglückliche Affäre, flatterhaft, Liebhaber, Verheiratete, Singles, Groupie, Kunstausstellung

Ve/AC

- harmonische Liebe, Schönheit, attraktive Persönlichkeit, Ausschmückung, Kunst, Geschmack, vornehm, schlechter Geschmack, Verlassen, ungesellig, verschwenderisch, nachsichtig, Frau, Mutter, Ehefrau, Liebhaber, Künstler harmonische Proportionen, körperliche Schönheit, Teint

Ve/MC

- objektive Liebe, Zuneigung, Wohlwollen, künstlerisch, anhänglich, attraktives Individuum, Eitelkeit, Einbildung, Eifersucht, ausschweifend, Liebhaber, Künstler, Bewunderer

Mars-Aspekte

Ma/Ma

- Energie, Aktivität, Arbeit, Aggression, Impuls, Lösung, Willen, Entscheidung, Leistung, Energie verschwendend, Gewalt, Verletzung, Destruktion, Kämpfer, Soldat, Athlet, Handwerker, Chirurg, Polizei

Ma/Ju

- erfolgreiche Kreativität, Freude, Aktivität, Organisation, Kühnheit, Rebellion, praktisches Wesen, Konflikt, Entfremdung, voreilig, hastig, Rastlosigkeit, Disput, Manager, Organisator, Jurist, Richter, Beamter, Athlet

Ma/Sa

- Hemmung, Ausdauer, Gefahr, Fanatismus, spartanisches Leben, asketisch, hart, Destruktion, Gefahr, Starrsinn, Trennung, Tests, Disput, Arbeiter, Kämpfer

Ma/Ur

- praktische Anstrengung, Intervention, Mut, Unabhängigkeit, Operation, Revolutionär, Geburt, Streit, Hartnäckigkeit, emotionelle Spannung, Stress, Nerven, Verletzung, Unfall, Chirurg, Gewalt, Revolutionär

Ma/Ne

- Inspiration, Verlangen, Sensitivität, Realitätsflucht, Romantik, Fantasie, Ablehnung, Zerstörung, Irreführung, Unterlegenheit, Rauchen, Lähmung, Enge, kranke Menschen, Sucht

Ma/Pl

- übermenschliche Kraft, Gewalt, Stärke, großer Ehrgeiz, Erfolg, Zwangsvorstellung, Forschung, Grausamkeit, Anschlag, Aggression, Verletzung, Rücksichtslosigkeit, Diktator, behindert

Ma/Kn

- physische Kollaboration, Teamgeist, Vereinigung, gemeinsamer Erfolg, Nachkommen, Verlobung, Zank, mangelnde Kameradschaft, gestörte Zusammenkünfte, Auflösung, Trennung, Kollektive

Ma/AC

- kämpferischer Geist, erzwungener Wille, Teamarbeit, Leistung, Resolution, kreative Arbeit, Chirurgie, Operation, kämpfen, Aggression, Konflikt, Disput, Zank, Soldat, Kollegen

Ma/MC

- Ichbewusstes Handeln, Ordnung, Entscheidung, Erfolg, Resolution, Berufswechsel, Klugheit, reizbar, Stress, vorzeitig, zwecklos, Agitation, Organisator, Anführer, Führungspersönlichkeit

Jupiter-Aspekte

Ju/Ju

- Zufriedenheit, Optimismus, Glück, finanzieller Gewinn, Religion, Philosophie, Gesellschaftsleben, Pech, Verluste, Pessimismus, extravagant, materialistisch, habgierig, Korpulenz, Onkel, Großeltern

Ju/Sa

- Geduld, Ausdauer, Fleiß, Diplomatie, Zurückgezogenheit, Pflicht, Philosophie, ruhig, Immobilien, Unschlüssigkeit, unzufrieden, aufgeregt, Versagen, Krankheit, Verwandte

Ju/Ur

- Optimismus, geglückte Ideen, Wahrnehmung, plötzliche Anerkennung, Seligkeit, Erfindung, Veränderung, Unabhängigkeit, Opposition, vergrößert Dinge, Auseinandersetzungen, Spannung, Stress, Organisatoren, Erfinder, Abenteurer, Optimist, religiöse Eiferer

Ju/Ne

- Spekulation, Vorstellungskraft, Metaphysik, Idealismus, Glück, Ethik, Großzügigkeit, Profit, empfänglich, Unwirklichkeit, Feindschaft, Beleidigung, Verluste, Schwindel, Spekulation, Träumer, Mystiker, Visionär

Ju/Pl

- Plutokratie, spirituell-mentale Kraft, Führung, Regeneration, Organisation, Transfusion, Fanatismus, Verluste, Schuld, Scheitern, haftbar, Ausbeutung, Organisator, Propaganda

Ju/Kn

- guter Kontakt, Anpassungsfähigkeit, Takt, gemeinsame Interessen, glückhafte Vereinigung, Lebenskraft, mangelnde Kameradschaft, antisozial, ichbezogen, Konflikt, leblos, Philosophische Gemeinschaften, Gefährten, Partner, Verbündete

Ju/AC

- liebenswürdig, günstiger Einfluss, Großzügigkeit, Vermögen, Heilung, Erfolg, Teamarbeit, Verschwendung, Reibung, Rebellion, Heuchelei, Eitelkeit, Prahlerei, großzügige Menschen, wohlhabende Menschen, Onkel, Großeltern, Tanten

Ju/MC

- philosophische Ziele, bewusste Zielsetzung, Zufriedenheit, Seligkeit, Erfolg, Zielstrebigkeit, Risiken, unklare Ziele, Veränderungen des Lebensstils, Geltungssucht, Erfolge, Philosophie, Psychologie, Priester

Saturn-Aspekte

Sa/Sa

- Einschränkung, Geduld, Konzentration, Fleiß, Verfestigung, Ernsthaftigkeit, Hindernis, Krankheit, Entwicklungskrise, Niedergeschlagenheit, Untüchtigkeit, Kummer, Lähmung, Hemmung, Wissenschaft, Vater, ältlich, Geschäftsleute

Sa/Ur
- Spannung, Entschlossenheit, gesammeltes Denken, Ruhe, technische Angelegenheiten, Reise, Ausdauer, emotionelle Spannung, Provokation, Gewalt, heftige Reaktion aus der Vergangenheit, begrenzte Freiheit, heftige Menschen, das Sterben

Sa/Ne
- Aufgabe, Leiden, Opfer, Vorsicht, Methode, Dualität, Askese, Geduld, Unsicherheit, Krankheit, Gewohnheit, Neurosen, emotionelle Hemmungen, unsicher, chronisch krank, ältlich

Sa/Pl
- Grausamkeit, Schwerarbeit, Zähigkeit, Selbstdisziplin, Adepten, Martyrium, Mühen, Schweigen, Egoismus, Gewalt, Scheidung, langsame Trennung, Selbstzerstörung, Geldverlust, Wissenschaftler, Märtyrer

Sa/Kn
- Isolation, behinderte Einheit, Reife, Gönnerschaft, Geheimnis, nicht anpassungsfähig, schwierige Zusammenarbeit, Depression, Hemmung, ältere Personen, Trauernde

Sa/AC
- gehemmte Persönlichkeit, frühe Reife, einsam, isoliert, Hausgenossen, Depression, falsche Aussichten, Nachteile durch andere, Absonderung, Großeltern

Sa/MC
- ernste Zielsetzungen, langsame Entwicklung, Trennung, Voreingenommenheit, Erfahrung, emotionelle Hemmung, Trübsinn, Wahnsinn, Bewusstlosigkeit, verzagt, gehemmte Menschen, Patienten, Bürde

Uranus-Aspekte

Ur/Ur
- Plötzlichkeit, ehrgeiziges Streben, Unternehmen, Kreativität, Krise, Veränderung, Reform, viele Pläne, Schwierige Umstände, Veränderung, Katastrophe, Nervenkrise, Gefahr, Reformer, Erfinder, Techniker, Revolutionäre, Heiler, Physiker

Ur/Ne
- Bewusstlosigkeit, innere Schau, Inspiration, Mystik, Kunst, Forschung, Reisen, Geist, Instabilität, Verwirrung, Revolution, Krise, Unfähigkeit, psychische Verwirrung, Mystiker, Medien, Sensitive

Ur/Pl

- Transformation, Revolution, Innovation, Mobilität, Reform, Mutation, Explosion, Veränderungen, Ungeduld, Manie, Zerstörung, Aufregungen, subversive Aktivitäten, Durchsetzung, Explosion, Pioniere, Reformer, Genies, Forschungsreisende

Ur/Kn

- gemeinsames Erleben, plötzliche Anziehung, instabile Beziehungen, Vielfalt, Innovation, Aktivität, Störung, Zank, Trennung, Rastlosigkeit, flatterhaft, reizbar, Zwischenfälle, träumerisch, aufgeregte Familie, nervöse Menschen

Ur/AC

- Reaktion auf Umgebung, Erfindung, neue Kontakte, originell, Nervosität, Neuordnung, Erregbar, Unbeständigkeit, beunruhigen, Unfälle, schnelle Veränderungen, Zwang, Grobheit, erregbare Menschen, Originale, Exzentriker

Ur/MC

- originelle Ziele, Bestätigung, glückhafte Veränderungen, organisierend, erfolgreich, Stress, Spannung, Vorzeitigkeit, Unzuverlässigkeit, Temperament, Aufregungen, plötzliche Wendungen des Geschicks, Erfinder, Physiker, Musiker

Neptun-Aspekte

Ne/Ne

- spirituelle Entwicklung, intellektuelle Wahrnehmung, Reise, Einfühlungsvermögen, Mystik, Drogen, Hypersensitivität, Nervosität, Verwirrung, Gesundheitskrise, Täuschung, Sucht, Medien, sensitive, empfängliche Menschen, spirituelle Menschen, Träumer

Ne/Pl

- übernatürlich, Intensivierung, aktive Imagination, Medien, Parapsychologie, Evolution, Verwirrung, Seelenqual, Zwangsvorstellung, Verlangen, Verlust, Besessenheit, Falschheit, Mystiker, Medien, Sucht, Spieler

Ne/Kn

- dealistische Verbindungen, sensitive Gruppen, Mystik, utopische Verbindungen, spirituell, täuschend, Schlaflosigkeit, gestörte Träume, psychische Gruppen, mystische Organisationen, magische Zirkel

Ne/AC

- Beeindruckbarkeit, Sensitivität, Sympathie, Fremdheit, Kultiviertheit, Idealismus, Schwäche, Verwirrung, Enttäuschung, Realitätsflucht, Illusion, Drogen, Sensitive, Medien, Süchtige, Mystiker

Ne/MC

- ungewisse Ziele, vage, eigentümliche Vorstellungen, utopisch, übernatürlich, künstlerisch, Ausreden, Falschheit, Schauspielerei, Taubheit, Depression, Täuschung, Utopisten, Schauspieler

Pluto-Aspekte

Pl/Pl

- innere Wandlung, Metamorphose, Transformation, Propaganda, Masseneinfluss, Machthunger, Rücksichtslosigkeit, Fanatismus, Agitation, Schwäche, Nötigung, Indoktrinierung, Hypnotiseure, Magier, Publikumsredner, Schauspieler

Pl/Kn

- kollektives Schicksal, Persönlichkeiten des öffentlichen Lebens, Einfluss auf andere, Gruppen, Bewegungen, Tragisches Geschick, Karma, von anderen eingeengt, antisozial, leidend, Erstickung, Menschenmengen, Massenveranstaltungen, Armeen, politische Parteien, Gewerkschaften, multinationale Unternehmen

Pl/AC

- Faszinierende Persönlichkeit, Ehrgeiz, Zauber, ungewöhnlicher Einfluss, Kontrolle, Transformation, wechselnde Umgebung, Diktatur, Beherrschung anderer, Abscheu, Wiedereinpassung, Verletzung, Spezialistentum, faszinierende Persönlichkeiten, Stars, Personen des öffentlichen Lebens

Pl/MC

- transformierte Ziele, Individualität, Stärke, Wachstum, Autorität, Expertenwissen, Missbrauch, Macht, Widerstand, Rachsucht, antisoziales Verhalten, Erholung, Schicksal, Transformer, Autoritäten, Spezialisten, Magier

Mondknoten-Aspekte

Kn/Kn

- Vereinigungen, Verbindungen, kritische Augenblicke, Kommunikation, Zugang, Gruppen, Clubs, Kameradschaft, Begrenzungen, Unverträglichkeit, unsozial, nicht anpassungsfähig, Kontakte, Vermittler, Verwandte, Familie, Vereinigungen, Kollegen

Kn/AC

- Kameradschaft, persönliche Beziehungen, Familienkontakte, soziales Gewissen, Charme, Liebschaften, kurze Beziehungen, Entfremdung, gestörte häusliche Beziehungen, antisozial, schwierig, Familie, Mitarbeiter, Berufskollegen, Kameraden, Freunde

Kn/MC
- Gruppen-Ziele, individuelle Beziehungen, astrale Beziehungen, gegenseitiges Verständnis, Unbeständigkeit, unterschiedlich, Individuum vor Kollektiv, schwierige Kollektive, Verbindungen, politische Parteien, Gewerkschaften, Freunde

Aszendenten-Aspekte

AC/AC
- Bekanntschaft, Örtlichkeit, Umgebung, der Ort, Körper, gesellschaftliche Beziehungen, persönliche Beziehungen, Fehlanpassung, fühlt sich verloren, fehl am Platze, Menschen in der Umgebung

AC/MC
- Individuelle Synthese, höheres Selbst und niederes Selbst, Persönlichkeit und Ich, Integration, unvereinbare Ziele, Mangel an Ausrichtung, Synthese-Schaffende, starke Persönlichkeiten mit deutlicher Ausrichtung, Kontrast zwischen persönlichen und ererbten Eigenschaften

Himmelsmitte-Aspekt

MC/MC
- das Ich, spirituelle, intellektuelle und soziale Eindrücke, Ziele, Absichten, Ichlos, materialistisch, ziellos, Egoisten, Menschen, die dem Augenblick leben, zielorientierte Menschen.

Das Mondhoroskop

Unsere Vorfahren waren noch im Besitz dieses Wissens, das uns in der heutigen Gesellschaft und vor allem in der westlichen Welt nahezu völlig abhanden gekommen ist. Es ist das Wissen über die Besonderheiten einer Natur, die geachtet und respektiert werden muss. Zu diesen Besonderheiten, die eigentlich völlig normale Umstände sind, zählen Prozesse wie Zeugung, Schwangerschaft, Geburt und Wachstum, dann Reife und Blüte und schließlich der Tod. Diese Prozesse sind ihrem eigenen Rhythmus unterworfen, den zu beachten viele Menschen und ganze Gesellschaften kaum noch in der Lage sind. Unsere Vorfahren waren dazu gezwungen, da nur ein Miteinander mit der Natur ihnen das Überleben sichern konnte. Nur wer sich mit der Natur 'gut stellte', also nicht gegen sie, sondern mit ihr lebte, hatte überhaupt eine Chance. Wer sich den natürlichen Regeln widersetzte, musste verhungern oder erfrieren.

In diesem selbstverständlichen Einklang mit der Natur war den Menschen der Vorzeit natürlich daran gelegen, die Kenntnisse über die Natur und ihr Funktionieren auszuweiten. Im Laufe der Jahrtausende machten die Menschen mehr und mehr wertvolle Entdeckungen. So wie sie herausfanden, welche Beeren sie essen durften und welche nicht, so machten sie auch Entdeckungen über den Zusammenhang zwischen dem Mondstand - den Menschen seit jeher ohne technische Instrumente mit bloßem Auge vom Himmel 'ablesen' konnten, da der Mond für jedermann sichtbar ist - und verschiedenen Dingen des Alltags. So hat der Mond ganz offensichtlich etwas mit den Gezeiten des Meeres zu tun, mit dem Zyklus der Frau, mit Geburten sowie dem Wetter. Weiterhin stellten die Menschen fest, dass der Zeitpunkt, zu dem zum Beispiel Wäsche gewaschen, Bäume gefällt, Haare geschnitten oder medizinische Behandlungen vorgenommen wurden, dafür ausschlaggebend war, ob eine Handlung zum gewünschten Erfolg führte oder nicht. Auch Pflanzen und Tiere sind den Rhythmen der Natur unterworfen, was unsere Vorfahren bald erkannten. Dabei schien es meist auf den richtigen Zeitpunkt anzukommen, zu dem etwa Pflanzen gesät, beschnitten oder geerntet wurden, wobei dieser Zeitpunkt wiederum mit dem Rhythmus des Mondes in Zusammenhang stand. Und schließlich hatte der Mond offenbar auf das Wesen der Menschen selbst einen Einfluss. Auch hier wurde den Menschen klar, dass der Zeitpunkt der Geburt des Menschen in Bezug auf den Stand des Mondes von Bedeutung war.

Um auch folgende Generationen an den Kenntnissen teilhaben zu lassen, musste das Wissen gebündelt werden, damit es anschaulicher und leichter zu vermitteln wurde. Man musste sich die Erkenntnisse über den Mond und seinen Rhythmus gut merken können, sie den Kindern und Enkeln weitergeben können. Wie konnte man die Beobachtungen über den Mond und seine Auswirkungen auf einen gemeinsamen Nenner bringen? Bei weiterer Beobachtung wurde schließlich klar, dass der geeignete Zeitraum, in dem man eine bestimmte Pflanze ernten oder in dem man mit Erfolg einen Haarschnitt vornehmen konnte, nur ziemlich genau drei Tage im Monat dauerte. An diesen Tagen ließ sich beobachten, dass der Mond am Himmel immer an denselben Sternen 'vorbeiwanderte'

- zumindest von der Erde aus betrachtet. Was lag also näher, als diesen Sternen Namen zu geben, sie zu einem 'Bild' zusammenzufassen, das für den jeweiligen Einfluss typisch war und veranschaulichte, wofür die Sterne (oder vielmehr der Zeitraum, in dem der Mond dieses Sternbild durchwandert) gerade standen.

Durch ihre Beobachtungen des Sternenhimmels nahmen unsere Vorfahren eine zwölffache Unterteilung des Mond-Einflusses vor: Jede dieser zwölf Kräfte hat unterschiedliche Eigenschaften und jede einen eigenen Namen. Die zwölf Tierkreiszeichen waren entstanden, benannt nach dem Sternenbild, welches der Mond im Laufe eines Monats und die Sonne im Laufe eines Jahres durchquert. Mittels der Benennung der Sternbilder haben sich unsere Vorfahren somit ihren ganz eigenen Kalender geschaffen. Weitaus wichtiger als der Sonnenstand, nach dem der herkömmliche Kalender ausgelegt ist, war der Stand und Einfluss des Mondes, weil die Menschen gelernt hatten, dass er auf Dinge des Alltags ebenso wie auf eher außergewöhnliche Vorhaben (wie medizinische Eingriffe) einen großen Einfluss hatte. Überbleibsel aus dieser Zeit gibt es durchaus: Der Zeitpunkt des christlichen Osterfestes beispielsweise richtet sich noch heute nach dem ersten Vollmond nach Frühlingsbeginn. Die logische Frage allerdings, ob der Mond und sein Stand in Bezug auf die Sterne als solche, also kausal verantwortlich sind für die beobachteten Wirkungen, oder ob der Mond nur als eine Art Gradmesser funktioniert, an dem sich die Menschen orientieren können, ist nicht geklärt.

Die sieben Mondimpulse

In diesem Kapitel können Sie sich mit den Grundkenntnissen über den Mondstand, die Tierkreiszeichen und einige andere Begriffe vertraut machen.

Die in diesem Buch verwendeten Begriffe kennen Sie sicherlich:
Neumond, zunehmender Mond, Vollmond, Abnehmender Mond, Aufsteigender Mond, Absteigender Mond. Hinzu kommt der Stand des Mondes im jeweiligen Sternzeichen.

Diese Begriffe entsprechen den sieben Impulsen, die vom Mond ausgehen beziehungsweise den Impulsen, die wir anhand des Mondstandes eingeteilt und denen wir jeweils bestimmte Wirkungen zugeordnet haben. Alle Begriffe sollen einzeln erläutert werden; zuvor noch einige Worte zum allgemeinen Verständnis.

Bei seiner etwa 28 Tage dauernden 'Reise' um die Erde hat der Mond uns nur jeweils eine Seite zugewandt. Der Mond selbst leuchtet nicht - wenn er also nicht von der großen Lichtquelle Sonne beleuchtet wird, ist er auch nicht zu sehen. Je nachdem, wie viel von ihm von der Sonne beleuchtet wird, kann ein Betrachter einen vollen, runden Mond sehen, eine Mondsichel oder eben - nichts. In diesem Fall ist Neumond. Das bedeutet, dass der Mond 'zwischen' der Erde und der Sonne steht und seine beleuchtete Seite uns völlig abgewandt ist, was ihn für uns unsichtbar macht.

Als Faustregel gilt, dass der Mond im Neumond vor demselben Sternenhintergrund steht wie die Sonne und damit auch im gleichen Tierkreiszeichen. Das wird plausibel, wenn man sich noch einmal die Tatsache ins Gedächtnis ruft, dass der Mond bei Neumond quasi zwischen Erde und Sonne steht und ein Betrachter auf der Erde in Gedanken eine gerade Linie in Richtung Mond und Sonne ziehen kann. Damit befindet sich der Neumond im September zum Beispiel immer im Zeichen Jungfrau, im April im Zeichen Widder und so weiter (denken Sie an die 'Sternzeichen'! Menschen, die im September geboren sind, haben als Sonnenzeichen Jungfrau; Menschen, die im April geboren sind, Widder). Mit etwas Übung kann man anhand dieser Regel auch grob berechnen, in welchem Tierkreiszeichen sich der Mond gerade befindet. Vom Märzneumond aus gerechnet hat der darauf folgende Vollmond also genau die Hälfte des Tierkreises durchquert; wir befinden uns demnach sechs Tierkreiszeichen 'weiter'. (Der Mond hält sich immer zwei bis drei Tage in einem Tierkreiszeichen auf.) Demnach muss sich also der nächste Vollmond nach dem Märzneumond genau zwei Wochen später im Zeichen der Jungfrau oder der Waage befinden.

Neumond

Die Wirkung des Neumondes ist geeignet für einen Fastentag, weil an diesem Tag die Bereitschaft des Körpers zum Entgiften am größten ist. Deshalb ist der Tag des Neumondes auch gut geeignet, wenn man eine schlechte Angewohnheit aufgeben will wie etwa das Rauchen. Ihre Chancen zum Durchhalten stehen besser, wenn sie am Tag des Neumondes beginnen. Auch in der Natur ist die Bereitschaft, sich positiv beeinflussen zu lassen, am größten. Kranke Pflanzen, an Neumond beschnitten, können heute eher gesunden als an anderen Tagen. Die Erde 'atmet' gewissermaßen positive Kraft ein.

Die Umverteilung der Kräfte von abnehmendem zu zunehmendem Mond ist nicht so kräftig zu spüren wie umgekehrt von zunehmendem zu abnehmendem. Die direkten Kräfte des Neumondes sind deshalb nicht so stark wahrzunehmen wie die des Vollmondes.

Zunehmender Mond

Nachdem einige Stunden lang Neumond herrschte, wird nun bald eine feine Mondsichel am Himmel sichtbar. Der Mond nimmt wieder zu. Das bedeutet, dass nun andere Kräfte zu wirken beginnen als noch vor wenigen Stunden bei Neumond. Bis zum Halbmond (nach etwa sechs Tagen) spricht man auch vom 1. Viertel; die Zeit des zunehmenden Mondes von Halbmond bis Vollmond nennt man entsprechend auch das 2. Viertel. Alles, was den Körper stärken und heilen soll, wirkt bei zunehmendem Mond besser. In dieser Zeit und bei Vollmond werden mehr Kinder geboren als in der anderen Hälfte. Wäsche sollte nach Möglichkeit nicht bei zunehmenden Mond gewaschen werden, weil sie auch bei gleicher Waschmittel- und Wassermenge nicht so sauber wird wie sonst.

Vollmond

Bei Vollmond ist der Mond als kreisrunde, hell beleuchtete Scheibe zu sehen. In dieser Konstellation steht die Erde gewissermaßen zwischen Mond und Sonne. Die Sonne kann den Mond jedoch voll beleuchten, weshalb er in seiner ganzen Pracht sichtbar wird. Der Vollmond hat für die meisten Menschen etwas leicht Beunruhigendes, steht eher für Gefahr und Unbehaglichkeit. Das könnte mit den zahlreichen Mythen von Werwölfen und Schlafwandlern zu tun haben, die bei Vollmond die Nachbarschaft verängstigen, vielleicht aber auch mit dem stärker wahrgenommenen Kraftwechsel von zunehmendem zu abnehmendem Mond. Offene Wunden bluten an Vollmond stärker als an anderen Tagen und Pflanzen, die beschnitten werden, sterben leichter ab; andererseits haben Heilpflanzen, die an Vollmond geerntet wurden, eine stärkere Wirkung als sonst. Die Geburtenzahlen steigen an Vollmond-Tagen, ebenso aber auch die Statistiken über Verbrechen und Einbrüche - vielleicht nicht ausschließlich wegen der relativen Helligkeit in Vollmond-Nächten.

Abnehmender Mond

Nach Beendigung des Vollmondes wandert der Mond weiter auf seinem Weg um die Erde; man spricht auch hier vom 3. beziehungsweise 4. Viertel. Die Zeit des abnehmenden Mondes ist für Arbeiten aller Art gut geeignet. Darunter fallen im erweiterten Sinne auch Operationen, die in dieser Zeit meist besser verlaufen als sonst; ebenso Gartenarbeit, besonders das Säen und Pflanzen von unterirdischem Gemüse. Lediglich auf das Veredeln von Obstbäumen hat der abnehmende Mond keinen guten Einfluss.

Der Mond im jeweiligen Tierkreis

So wie sich die Sonne für den Betrachter auf der Erde im Laufe eines Jahres in jedem der zwölf Tierkreiszeichen etwa einen Monat lang aufhält, steht auch der Mond regelmäßig nacheinander in den zwölf Zeichen. Er hält sich jedoch im Laufe von 28 Tagen (wir erinnern uns: so lange braucht der Mond, um die Erde einmal zu umkreisen) nur zwei bis drei Tage in dem jeweiligen Tierkreiszeichen auf.

Am stärksten ist die Kraft des Mondes wahrzunehmen, wenn er im Vollmond steht. Aber auch mit dem Stand des Mondes in den jeweiligen Zeichen assoziierten unsere Vorfahren unterschiedliche Kräfte, die sich auf den Menschen und seine Gesundheit, auf Tiere und Pflanzen dementsprechend unterschiedlich auswirken. Dabei wirkt sich der Mondstand beim Menschen auf verschiedene Organe und Körperregionen aus. Sprachlich wenig differenziert hat sich in der Umgangssprache eingebürgert, dass ein Körperteil von einem bestimmten Zeichen 'regiert' wird. Allgemeiner kann man die Wirkung des Mondstandes in die folgenden Grundsätze zusammenfassen: Fügt man einem Organ Schaden zu oder belastet es im schädlichen Maße, so ist der Schaden noch größer, wenn der Mond gerade in dem Zeichen steht, das dem jeweiligen Körperteil zugeordnet ist. Alle die Maßnahmen hingegen, die für das Wohlergehen und die Pflege eines Organs, welches vom gerade wirkenden Zeichen regiert wird, ergriffen werden, sind in diesen zwei bis drei Tagen besonders wirksam. (Das gilt jedoch nicht für Operationen, die zunächst nicht unmittelbar zum Wohlergehen des Organs beitragen. In diesen Tagen sollte man daher chirurgische Eingriffe nach Möglichkeit vermeiden. Ausgenommen sind natürlich Notoperationen, die höhere - da lebenserhaltende - Priorität haben!)

Wenn der Mond in einem bestimmten Tierkreiszeichen steht und gerade zunimmt, ist das Zuführen von nährenden und aufbauenden Substanzen für das gerade regierte Organ besonders sinnvoll. Nimmt der Mond jedoch gerade ab, sind alle Handlungen, die das jeweils regierte Körperteil entlasten, entschlacken und entgiften erfolgreicher als an anderen Tagen.

Die den Tierkreiszeichen zugeordneten Körperregionen sind der Tabelle zu entnehmen.

Tabelle 1

Zeichen	Körperregion	Organe	Pflanzen	Element	Nahrung	Tage
Widder	Augen, Gehirn, Kopf, Nase	Sinnesorgane	Frucht	Feuer	Eiweiß	Wärme
Stier	Hals, Kehlkopf, Kiefer, Mandeln, Zähne	Kreislauf	Wurzel	Erde	Salz	Kälte
Zwillinge	Arme, Hände, Lunge, Schultern	Lymphe	Blüte	Luft	Fett	Luft, Licht
Krebs	Brust, Galle, Magen, Lunge	Nerven	Blätter	Wasser	Kohlehydrate	Wasser
Löwe	Herz, Kreislauf, Rücken, Zwerchfell	Sinne	Frucht	Feuer	Eiweiß	Wärme
Jungfrau	Bauchspeicheldrüse, Milz, Nerven, Verdauung	Kreislauf	Wurzel	Erde	Salz	Kälte
Waage	Blase, Hüfte, Nieren	Lymphe	Blüte	Luft	Fett	Luft, Licht
Skorpion	Geschlechtsorgane, Harnleiter	Nerven	Blatt	Wasser	Kohlehydrat	Wasser
Schütze	Beine, Venen	Sinne	Frucht	Feuer	Eiweiß	Wärme
Steinbock	Gelenke, Haut, Knochen	Kreislauf	Wurzel	Erde	Salz	Kälte
Wassermann	Beine, Venen	Lymphe	Blüte	Luft	Fett	Luft, Licht
Fische	Füße, Zehen	Nerven	Blatt	Wasser	Kohlehydrat	Wasser

Absteigender Mond und aufsteigender Mond

Weitere Krafteinwirkungen des Mondes hängen schließlich davon ab, ob der Erdtrabant absteigend oder aufsteigend ist. Diese Begriffe sind nicht zu verwechseln mit zunehmend und abnehmend! Absteigender und aufsteigender Mond hat also nichts mit den Mondphasen zu tun. Vielmehr hängen diese Begriffe mit dem Stand des Mondes im Tierkreis zusammen. Die Tierkreiszeichen werden in zwei Gruppen unterteilt. Alle Zeichen, in denen die Sonne zwischen dem 21. Dezember (Wintersonnenwende) und dem 21. Juni (Sommersonnenwende) steht, also die Zeichen Schütze bis Zwillinge, sind aufsteigende Zeichen. Sie haben die Kraft des Winters und des Frühlings, also die Kraft der Zunahme, des Wachstums, des Florierens und der Blüte.

Die übrigen Zeichen, in der die Sonne zwischen Juni und Dezember steht, sind diejenigen mit der absteigenden Kraft. Ihre Kräfte sind die des Sommers und des Herbstes, also der Reife, des Alterns, der Ernte und des Ausruhens.

Tabelle 2

Aufsteigend	Absteigend
Schütze	Zwilling
Steinbock	Krebs
Wassermann	Löwe
Fisch	Jungfrau
Widder	Waage
Stier	Skorpion
Zwillinge*	Schütze*

Die zwei Zeichen Schütze* und Zwillinge* markieren die Wendepunkte zwischen den auf- und absteigenden Kräften und sind daher nicht eindeutig einer der beiden Kräfte zuzuordnen. Die beiden beschriebenen Kräfte absteigend und aufsteigend sind auch für den jeweiligen Stand des Mondes von Bedeutung. Das heißt also, dass innerhalb eines Monats (genauer: innerhalb von 28 Tagen) sowohl auf- wie auch absteigende Kräfte wahrnehmbar sind. Steht der Mond in den Zeichen Schütze bis Zwilling, herrscht an diesen ca. 14 Tagen also eine aufsteigende Kraft vor; an den übrigen Tagen, wenn der Mond in den Zeichen Zwillinge bis Schütze steht, macht sich dagegen eine absteigende Kraft bemerkbar. Auch diese weitere Kraft wirkt sich ebenso auf die Gesundheit aus wie auf die Natur, also Pflanzen (vor allem nützlich für die Gartenarbeit!) und Tiere.

Der aufsteigende Mond ist früher in Bezug auf die Arbeit in Feld und Garten mitunter auch 'Erntezeit', der absteigende Mond 'Pflanzzeit' genannt worden, da diese beiden Impulse ebenso wertvoll sind wie die einzelnen Zeichen und ihre Kräfte. Im aufsteigenden Mond, also zwischen den Zeichen Schütze und Zwillinge, steigen die Lebenssäfte aufwärts, geerntetes Obst und Gemüse ist besonders saftig, die Pflanzenteile über der Erde entwickeln sich besser und schneller als an anderen Tagen. Im absteigenden Mond, also zwischen den Zeichen Zwillinge und Schütze, sind eher die unterirdischen Pflanzenteile wie Wurzeln und Knollen begünstigt. Die Lebenssäfte der Pflanzen ziehen abwärts Richtung Erde.

Ist man mit den jeweiligen Körperregionen vertraut, die von den Zeichen regiert werden, ist relativ ersichtlich, welche Zeichen aufsteigend und welche absteigend sind. Einige Beispiele: Der Einfluss von Widder und Stier ist aufsteigend. Diese beiden Zeichen, die gewöhnlich am Anfang des Kreises stehen, regieren Kopf, Hals, Nacken und Schultern. Die letzten vier Zeichen des Kreises, Schütze (Wendepunkt!), Steinbock, Wassermann und Fische sind ebenso aufsteigend und regieren die unteren Körperregionen: Oberschenkel, Knie, Unterschenkel und die Füße. Diese aufsteigenden Zeichen deuten also sozusagen nach außen - von den Schultern aufwärts, seitwärts und von den Knien abwärts. Die anderen Zeichen (Zwillinge bis Schütze) deuten hingegen sozusagen nach innen: Brust, Leber und Niere bis zur Hüfte. Diese Zeichen mit absteigender Kraft weisen also in den Körper hinein und regieren die inneren Organe.

Woher weiß man nun aber, ob der Mond in einem bestimmten Tierkreiszeichen gerade aufsteigend oder absteigend ist? Dazu kann man sich eine Faustregel merken: Das Tierkreiszeichen, in dem sich die Sonne gerade befindet, steht von diesem Monat an etwa sechs Monate lang im abnehmenden, danach wiederum etwa sechs Monate im zunehmenden Mond. Das hieße beispielsweise im März: Die Sonne steht im Zeichen der Fische (ebenso wie der Neumond). Wem das Herumrechnen zu kompliziert ist, kann auch in der folgenden Tabelle nachschauen, in der das Halbjahr des zunehmenden Mondes angegeben ist. In der anderen Jahreshälfte ist das Zeichen im abnehmenden Mond.

Zeichen	im zunehmenden Mond
Widder	Oktober - April
Stier	November - Mai
Zwillinge	Dezember - Juni
Krebs	Januar - Juli
Löwe	Februar - August
Jungfrau	März - September
Waage	April - Oktober
Skorpion	Mai - November
Schütze	Juni - Dezember
Steinbock	Juli - Januar
Wassermann	August - Februar
Fische	September - März

Kombinierte Wirkungen

Bei den komplexen Wirkungen der sieben hier beschriebenen Kraftimpulse wird deutlich, dass sich bei Kombinationen die Wirkungen verstärken, abschwächen oder einfach ändern können. Wer etwa eine Entgiftungskur durchführen möchte, dem wird plausibel erscheinen, dass eine Entgiftung im abnehmenden Mond bei einem Tierkreiszeichen mit absteigender Kraft wirksamer sein wird als bei einem Zeichen mit aufsteigender Kraft - schließlich werden alle inneren Organe von Zeichen mit absteigender Kraft regiert! Bei einer Maßnahme, die zur Kräftigung des Herzens beitragen soll, ist ein Zeichen mit aufsteigender Kraft bei zunehmendem Mond am wirksamsten. Eine Herzoperation würde durch einen Mond im Löwen ungünstig beeinflusst; im zunehmenden Mond würde diese ungünstige Wirkung noch deutlich verstärkt.

Diese vielfältigen Wechselwirkungen erscheinen zunächst sehr verwirrend. Wer sich länger mit den Kräften des Mondes beschäftigt, wird nach und nach hinter die Systematik kommen und vieles plausibel finden, was anfangs undurchsichtig und unlogisch zu sein schien. Wichtig bleibt allerdings, sich selbst zu beobachten, wenn es um die Gesundheit geht - vor allem bei langwierigen Beschwerden. Geduld mit dem Körper und den Rhythmen der Natur, genaues Beobachten der eigenen Reaktionen und die entsprechenden Schlüsse daraus führen oft zu Linderung der Leiden. Gehen Sie schrittweise vor und erwarten Sie vor allem anfangs keine Wunder. Machen Sie sich immer wieder klar, dass Ihr Körper keine Maschine ist, deren Arbeitsweise auf Knopfdruck zu steuern ist!

Von Bedeutung ist auch die folgende Beobachtung: Als Konsequenz aus den unterschiedlichen Wirkungen der Kräfte folgt, dass Maßnahmen zu Linderung oder Heilung von Beschwerden in bestimmten Körperregionen unterschiedliche Wirkungen haben - und zwar je nachdem, in welcher Jahreshälfte die Maßnahme ergriffen wird! So wird zum Beispiel eine Blasenbehandlung (die Blase wird vom Zeichen Waage regiert) in der Zeit zwischen Oktober und April, in denen die Waage im abnehmenden Mond steht, besseren Erfolg haben als in den übrigen Monaten - es sei denn, die Behandlung erfolgt ausgerechnet genau an den Waagetagen. Bei oft ausgeführten Behandlungen kommt man zu den gleichen Ergebnissen, wenn man sich das Datum und die Wirkung - besser als durchschnittlich oder eher schlechter - der Behandlung notiert. Dadurch kann man beispielsweise herausfinden, ob eine Behandlung im Sommer erfolgreicher ist als im Winter oder umgekehrt, vorausgesetzt, dass sie nicht genau an den Tagen ausgeführt wurde, an dem der Mond in dem Zeichen stand, von dem das behandelte Organ regiert wird. Für Operationen gibt es generell eine sehr wichtige Regel: Chirurgische Eingriffe sollten wenn möglich bei abnehmendem Mond durchgeführt werden. Das ist in den meisten Fällen leichter gesagt als getan; bei vielen Ärzten werden Sie auf Unverständnis oder auch Ablehnung Ihrer Begründung stoßen. Vielleicht lässt es sich trotzdem einrichten; schließlich trägt zur Heilung auch immer der Glaube daran positiv bei. In ein paar Jahren sind vielleicht schon mehr Ärzte (und unser Gesundheitssystem) bereit, sich nach den Instinkten der Patienten zu richten und nicht nur ausschließlich nach reibungsloser Terminplanung. Es gibt bereits heute Heilpraktiker, die sich an die Regeln des Mondes halten; auch sie mussten und müssen um die Anerkennung der Schulmediziner kämpfen.

Auf die Berührung kommt es an!

Viele Leser mögen sich fragen, wie sich eine positive Kraft auf eine Handlung oder einen Prozess auswirkt, der vielleicht mehrere Stunden oder Tage andauert, wenn schon nach kurzer Zeit der Impuls durch einen entgegengesetzten abgelöst wird. Wenn die Tablette, die ich unter günstigem Einfluss eingenommen habe, zehn Stunden in mir wirkt, der entgegengesetzte Impuls jedoch schon nach fünf Stunden beginnt, war der Zeitpunkt dann überhaupt der richtige? Die Antwort klingt zugegeben sehr eigenartig und wenig glaubhaft, doch hat sie sich durch die Erfahrung immer wieder bestätigt: Es kommt auf den Zeitpunkt der 'Berührung' an. Mit Berührung sei hier nicht unbedingt die physische Berührung gemeint, sondern durchaus auch die Berührung in Gedanken. In dem Moment, wo die Tablette eingenommen wird, ist die Absicht deutlich geworden; es werden Energien frei, darunter auch die Kräfte, die wir am Mondstand festmachen. Findet die Berührung eines Wesens durch mich oder auch meine Gedanken zu einem günstigen Zeitpunkt statt, werden von mir ausgehend in diesem Moment positive Energien frei, die das Ergebnis meiner Handlung beeinflussen. Dementsprechend bedeutet das auch, dass man negative Energien umleiten kann. Wenn etwa Pflanzen zum falschen Zeitpunkt beschnitten worden sind und nicht gedeihen wollen, besteht die Möglichkeit, ihnen durch weitere Handhabung (erneutes vorsichtiges Beschneiden, umtopfen etc.) zu einem geeigneteren Zeitpunkt günstigere Energien zukommen zu lassen. Es soll sogar Fälle gegeben haben, wo Rüben, die zu einem ungünstigen Zeitpunkt geerntet und im Keller eingelagert worden waren und schon zu verderben begannen, durch Bewegen (also 'Berühren') doch noch für einen längeren Zeitraum haltbar gemacht werden konnten. Andererseits bemerkt man vielleicht mitunter im Haushalt nicht, wenn eine nachträgliche 'Berührung' stattgefunden hat und wundert sich umso mehr, warum Lebensmittel vorzeitig verderben oder Pflanzen trotz vermeintlich durchdachter Behandlung nicht gedeihen. Viele widersprüchliche Beobachtungen lassen sich so erklären. Machen Sie sich immer klar, dass dieses Prinzip für alle Regeln im Sinne der Mondphasen gilt, die in diesem Buch zur Sprache kommen werden.

Der Mond und die Gesundheit

Ein paar Gedanken zum Gesund- und Kranksein

Viele Menschen denken über Gesundheit erst dann nach, wenn sie krank werden. Sie halten Gesundheit für den Normalzustand, für eine Grundvoraussetzung, die sie von ihrem Körper geradezu erwarten. Der Körper wird betrachtet als Maschine, die so lange sie geölt und gereinigt wird, zu funktionieren hat. Mit dieser Einstellung geht oft einher, dass die betreffenden Menschen, wenn sie krank sind, mit der Erwartung zum Arzt gehen, in kürzester Zeit geheilt zu werden: “Bitte verschreiben Sie mir etwas, damit ich schnellstmöglich gesund werde.” Ein guter Arzt, eine gute Ärztin sollte ihren Patienten klar machen, dass Heilung und das Nichtexistieren von Symptomen zwei grundverschiedene Dinge sind. Das Kurieren der Symptome ist in vielen Fällen weitaus einfacher als die Heilung und ist manchmal durch das Verschreiben entsprechender Medikamente für den Arzt relativ leicht zu bewerkstelligen. An der wirklichen Heilung jedoch ist der Patient maßgeblich selbst beteiligt - durch Bewusstmachung der Ursache der Krankheit. So muss die erste Frage an sich selbst eigentlich lauten: “Woher kommt die Krankheit?” Man sollte versuchen, sich selbst gegenüber so ehrlich wie möglich zu sein und den Ursachen offen ins Auge zu sehen.

Wer im tiefsten Inneren der Seele kein Interesse daran hat, wirklich geheilt (und nicht nur beschwerdefrei!) zu werden, dem wird auch ein Arzt nicht wirklich helfen können. Eine Heilung beinhaltet immer den Willen des Patienten, gesund zu werden und von seiner Fähigkeit zur Selbstheilung. Patienten, die diesen Willen nicht mitbringen, sind oft die schwierigsten Fälle. Man liest oft von Menschen, deren Warzen an Händen und Füßen durch Besprechen von einem Medium vollständig verschwinden. In allen erfolgreichen Fällen haben die betroffenen Menschen an die oft belächelte Wirkung der Behandlung geglaubt, weil sie wirklich gesund werden wollten. Ohne den Glauben an die Genesung kann man nicht oder nur sehr schwer gesund werden.

Warum sollte ein kranker Mensch nicht gesund werden wollen? Zur Beantwortung dieser Frage gibt es eine Reihe von Antworten. Hier dazu nur ein paar Denkanstöße: Krankheit bringt Aufmerksamkeit mit sich, Krankheit ist ebenso eine Möglichkeit, sich einer Verantwortung oder einer Entscheidung zu entziehen; manchmal ist ein Leiden auch Lebensinhalt in einem ansonsten tristen oder frustrierenden Leben. Sollten Sie davon auch nur die leisesten Hinweise in sich spüren, denken Sie noch einmal von vorn: Haben meine Beschwerden nicht vielleicht mehr mit der begleitenden Situation zu tun, in der ich mich gerade befinde? Vielleicht kommen Sie von selbst auf eine mögliche Ursache, die möglicherweise ganz leicht zu beseitigen ist. Oft ist Krankheit ein Zeichen des Körpers, wenn er sich überfordert fühlt, eine anstrengende Phase vorüber ist oder die Seele eine Pause braucht. Natürlich sollte man sich auch darauf nicht ‘ausruhen’ - im Sinne von: “Heute habe ich zehn Stunden gearbeitet, nun darf ich auch krank werden” -, vielleicht liegt aber die Ursache Ihrer Leiden diesen genannten Aspekten näher als Sie zunächst denken. Auch hier ist ruhige, kluge Selbstbeobachtung und der Einsatz von gesundem

Menschenverstand angezeigt. Suchen Sie keinen 'Schuldigen' für Ihre Beschwerden; auch mit sich selbst zu hadern ("Warum bin ich immer krank und andere nie?") bringt wenig. Das Gefüge Gesundheit, Krankheit und Genesung sind keine Gleichung, in der sich einfach der Schuldige und der Geschädigte ermitteln lässt. Beobachten Sie sich selbst, Ihre Angewohnheiten und Reaktionen. Wenn Sie wirklich keine Ursachen erkennen können, lassen Sie sich auf keinen Fall davon abhalten, einen Arzt aufzusuchen. Auch hier zählt: Hören Sie auf ihre Gefühle! Seien Sie sich kritisch gegenüber, aber ganz allgemein sollte man sich mehr auf den eigenen Eindruck, die eigenen Gefühle stützen, in sich hineinhorchen, womit man sich am besten fühlt. Auch dieses Buch kann Sie natürlich nicht heilen. Diese Hoffnung sollten Sie in keine Theorie und keinen Arzt setzen, denn Sie sind immer auch selbst für Ihre Genesung mitverantwortlich. Vielleicht kann das Buch mit seinen Informationen über den Mondrhythmus Ihnen aber einige neue Denkanstöße geben, die Ihnen in Ihrer Selbstbeobachtung hilfreich sein können. Möglicherweise werden Sie auch Erkenntnisse gewinnen, die Ihnen Zusammenhänge in Bezug auf das Zusammenwirken von Körper und Seele logischer erscheinen lassen.

Probieren Sie ein paar der Ratschläge aus. Es ist an Ihnen, zu entscheiden, ob Sie an die Relevanz von Mondrhythmus und anderen Regeln glauben und sich darauf einlassen möchten, oder ob Sie für sich selbst ein schlechtes Gefühl damit haben. Das Buch ist nicht als Vorschrift gedacht, an die man sich unbedingt muss - sondern als Vorschlag, sich mit Alternativen auseinander zu setzen, Gewohnheiten und Überzeugungen zu überdenken und vielleicht zu neuen oder erweiterten Ansichten zu kommen!

Die Ernährung

Über richtige und falsche Ernährung ist schon viel Kluges und auch weniger Kluges geschrieben worden. In den meisten Zeitschriften gibt es 'neue' Ernährungstips, die Genuss und zumeist Diät vereinen sollen. Es ist noch nicht lange her, da galt es als hochgradig fortschrittlich, eine Eierdiät zu machen, in der man pro Tag nichts als zehn Eier zu sich nahm. Kaum fünfzehn Jahre später sind Eier als die Dickmacher schlechthin verschrien, die noch dazu den Cholesterinspiegel in schwindelnde Höhen treiben. Wahr ist jedoch auch, dass die Forschung der letzten zwei oder drei Jahrhunderte viele wichtige Erkenntnisse hervorgebracht hat, die heutzutage nicht mehr wegzudenken sind. Dazu gehört etwa die Relevanz der Vitamine, Ballaststoffe und Eiweiße. In der jüngeren Forschung gehen die Erkenntnisse so weit, dass unterschiedliche Nahrungsgruppen wiederum unterteilt werden (beispielsweise tierische und pflanzliche Eiweiße). Grundsätzlich ist festgestellt worden, dass ausgewogene Ernährung eine ausgesprochen wichtige Rolle in der Entwicklung und Gesunderhaltung eines Menschen spielt. Die Grundbegriffe wissen schon die meisten Kinder aufzuzählen, auch wenn sie (ebenso wie viele Erwachsene) sich nicht unbedingt immer daran halten. Dazu muss gesagt werden, dass den Menschen in den westlichen Ländern des ausgehenden 20. Jahrhunderts unausgewogene Ernährung sehr leicht gemacht wird - wenn auch heutzutage aus anderen Gründen als früher. Damals waren Armut, Missernten und Kolonialpolitik die Hauptgründe für unzureichende Ernährung. Heutzutage locken Fastfood und Dumpingpreise für weniger gesunde Nahrung manchmal gar zu sehr. Ein weiterer Grund könnte in der Tendenz zum Einpersonenhaushalt gesehen werden, in dem die eine Person viel arbeitet, wenig zuhause ist und sich nach Feierabend kaum Zeit für die Zubereitung und Verspeisung von gesunder Nahrung nimmt. Oft bleibt keine Zeit für ein Frühstück, mittags muss mit Kantinenessen vorlieb genommen werden. Viel Gelegenheit für ausgewogene Nahrung bleibt meistens nicht. Dabei lässt auch der Tagesablauf der meisten Menschen dem natürlichen Rhythmus der Verdauung, der bei jedem Menschen anders ist, wenig Raum. Schon in der Schule lernen wir, uns an bestimmte Zeiten, in denen gegessen und verdaut wird, zu halten - ob es uns bekommt oder nicht. Das Mittagessen gibt es erst nach dem letzten Läuten; das Schulbrot, wenn es überhaupt eines gibt, muss bis zur Pause warten, ebenso wie der Gang zur Toilette.

Denn gekoppelt an sinnvolle Ernährung ist selbstverständlich auch eine gesunde Verdauung. Bei Problemen mit der Verdauung kommt auf der Suche nach der Ursache fast immer eine unausgewogene Ernährung mit in Betracht. Einseitige Kost oder schlicht zu viel Nahrung und zu wenig Bewegung sind vielen Verdauungsproblemen vorangestellt. Ein zentraler Begriff ist dabei Abwechslung, das heißt Ausgewogenheit der Nahrungsgruppen. Logisch: Wer fast ausschließlich Fette zu sich nimmt, kann ebenso krank werden wie ein Mensch, der nur Vitamine und nie Eiweiße als Nahrung hat. Wie gleich weiter erläutert werden soll, hat aber auch der Zeitpunkt, zu dem wir unsere Nahrung aufnehmen, einen hohen Stellenwert für die Bekömmlichkeit der jeweiligen Nahrung. Damit soll nun der Stand des Mondes in die Überlegungen zur ausgewogenen Ernährung mit einbezogen werden.

Auch bei den folgenden Überlegungen sollten Sie wiederum im Hinterkopf behalten, dass es selbstverständlich nicht darum geht, dass Sie von nun ab bei zunehmendem Mond keine Schokolade mehr essen dürfen oder dergleichen. Sie sollen ein Gespür dafür bekommen, was Ihnen gut tut und was nicht. Dabei kann Ihnen der Stand des Mondes und die Erfahrungen damit, wann welche Nahrung wie wirkt, hilfreich sein. Es soll immer auf Ihr Wohlbefinden ankommen und nicht auf das sture Einhalten von Regeln und Gesetzen. Quälen Sie sich nicht und lassen Sie sich niemals von den Gesetzen des Mondes unter Druck setzen. Eine bewusst ausgeführte und genossene Handlung zu einem ungünstigen Zeitpunkt kann mitunter besser und für Sie wertvoller sein, als die Qual, die Sie eventuell beim unbedingten Einhalten einer Regel verspüren könnten! Halten Sie sich dies vor Augen und entscheiden Sie selbst, was Ihnen gut tut. Auch auf die Bewusstmachung kommt es an und der Prozess an sich, in dem Sie nachfühlen, beobachten und erkennen, ist wertvoll und keine verschwendete Zeit.

Die Ernährung und der Stand des Mondes

Wir beginnen mit zwei Faustregeln, die wichtig sind für die Ernährung und ihre Wirkung in Bezug auf den ab- beziehungsweise zunehmenden Mond:

Der abnehmende Mond
Er atmet aus, trocknet, spült aus; er fordert Aktivität und Ernergieverbrauch heraus

Der zunehmende Mond
Er atmet ein, nimmt auf, baut auf, sammelt Kraft und Energie, saugt auf; er fordert Erholung und Ruhe heraus

Das erklärt unter anderem, warum eine Nahrung bei zunehmendem Mond möglicherweise schlechter bekommt ('schwer im Magen liegt') als die gleiche Nahrung und die gleiche Menge bei abnehmendem Mond. Erinnern Sie sich, wie Sie das letzte Mal bei ab- oder auch zunehmendem Mond auffallende Beobachtungen bezüglich Ihrer Ernährung gemacht haben? Vielleicht passt es zu diesen Grundregeln. Möglicherweise haben Sie sich auch schon gefragt, warum Ihnen ein und dieselbe Nahrung (etwa jeden Sonntag zwei Stück Kuchen mit Kaffe bei Oma) Ihnen einmal so, einmal anders bekommt. Wenn Sie sofort in der Lage sind, einen Zusammenhang zu beobachten, können Sie, sofern Ihnen bestimmte Reaktionen unangenehm sind, vielleicht künftig entsprechend reagieren.

Ein anderer entscheidender Einfluss neben der Mondphase ist auch hier natürlich der Mondstand. Sie können diesen Einfluss unter Umständen an sich selbst beobachten. Viele Menschen haben an einigen Tagen geradezu Gelüste auf Schmalzbrot, Nudeln und dicke Steaks, während sie an anderen Tagen mit Salaten und Suppe auskommen und auch nichts vermissen. Diese 'Gelüste' kann man oft auch bei Kindern beobachten, die merkwürdige Dinge zu sich nehmen wie ungekochte Nudeln, Mehl oder Butter pur. Solche merkwürdigen Essgewohnheiten dauern meistens nicht länger als einige Tage an, können aber periodisch wiederkehren. Meistens müssen sich die Eltern keine großen Sorgen machen, wenn das Kind nicht ausschließlich das eine oder das andere isst. Im Laufe der verschiedenen Phasen bekommt es in der Regel alles, was es für sein gesundes Wachstum braucht. Die Tatsache, dass früher meist nicht zugleich Kartoffeln, Gemüse, Fleisch und Käse gegessen wurde, hat verschiedene Ursachen. Die eine ist sicherlich, dass auf Grund von noch nicht erfundener Tiefkühlgeräte und Konservierungsmöglichkeiten die gleichzeitige Versorgung mit allen verschiedenen Lebensmitteln technische Schwierigkeiten bereitete, die nur sehr reiche Menschen überwinden konnte. Bei den meisten Menschen gab es nur dann frisches Fleisch, wenn gerade geschlachtet worden war; frisches Obst gab es entsprechend nur in der Erntezeit. Der andere Grund ist, dass es die Menschen auf Grund ihrer Kenntnisse aber auch gar nicht für gesund hielten, alles 'durcheinander' zu essen. Sie wussten um folgende Unterteilung:

Ernährung und der Mondstand

Tabelle 3, vgl. auch Tabelle 1

Wärmetage	Element: Feuer	Pflanzenteil: Frucht
Widder Löwe Schütze	besondere Qualität: Eiweiß	
Erdtage	Element: Erde	Pflanzenteil: Wurzel
Stier Jungfrau Steinbock	besondere Qualität: Salz	
Lufttage	Element: Luft	Pflanzenteil: Blüte
Zwillinge Waage Wassermann	besondere Qualität: Fett	
Wassertage	Element: Wasser	Pflanzenteil: Blatt
Krebs Skorpion Fische	besondere Qualität: Kohlenhydrate	

Zum etwas schwammigen Begriff der 'Qualität' sei gesagt, dass die Antwort darauf ebenso schwammig ausfallen wird. Einzig die Erfahrung hat gezeigt, dass etwa an Tagen, an denen besonders gute Öl- und Fettqualitäten vorherrschen, besonders gutes und auch besonders viel mehr Kürbiskernöl aus den Kernen zu gewinnen ist als an den anderen Tagen; Olivenbauern würden vermutlich Gleiches bestätigen. Entsprechend können Bäckereien von Tagen berichten, an denen die Brötchen viel früher ausverkauft waren als sonst, obwohl die gleiche Menge gebacken wurde wie immer. An diesen Tagen steht der Mond zumeist in den Zeichen Krebs, Skorpion oder Fische, es sind also die Wassertage, an denen besonders gute Kohlehydratqualitäten herrschen und die Menschen mehr Brot kaufen als sonst. Analog zu diesen Beispielen hat aber nicht nur das Öl im Kürbiskern und der Brotverkauf an Luft-, Wasser-, Erd- beziehungsweise Wärmetagen eine jeweils bessere oder unterschiedliche Qualität als an anderen Tagen. An den unterschiedlichen Tagen wirken auch die Nahrungsmittel im Körper anders, sie werden anders aufgenommen und bewirken mehr oder weniger Sättigung oder Wohlgefühl in uns. Wenn Sie etwa an Wassertagen (also Krebs, Skorpion und Fische) das Gefühl haben, völlig abgespannt zu sein, Sie besonders leicht 'genervt' sind und Sie die kleinste Irritation auf die berühmte Palme bringt, dann überprüfen Sie doch mal Ihre Ernährungsgewohnheiten an solchen Tagen. Möglicherweise werden Sie darauf kommen, dass Sie an diesen Wassertagen, an denen ja die besondere Qualität die Kohlenhydrate sind, immer gerade Heißhunger auf Salat und frisches Gemüse haben. Dann könnte die besondere Gereiztheit damit eingegrenzt werden, wenn Sie einmal bewusst eher zu Kohlenhydraten greifen würden: Brote, Nudeln, Kartoffeln, Müsli.

Auch hier ist wie immer zu bedenken, dass Sie sich und Ihre Essgewohnheiten zunächst sehr genau und ehrlich unter die Lupe nehmen sollten, bevor Sie einschneidende Veränderungen an Ihrem Speiseplan vornehmen. Radikale Veränderungen der Essgewohnheiten bedeuten für den Körper immer auch Stress. Gehen Sie Schritt für Schritt vor, probieren Sie vorsichtig aus und erwarten Sie keine Wunder! Die Faustregeln können niemals ohne vorherige Beobachtung der Gewohnheiten und Vorlieben als Diätplan oder Radikalkur angewandt werden. Vielleicht treffen einige der folgenden Beobachtungen auf Sie zu. Wenn nicht, können Sie Ihre Essgewohnheiten mit etwas Übung und Verstand aber auch auf die übrigen Grundsätze hin abklopfen. Unregelmäßigkeiten können, müssen aber nichts mit dem Mondrhythmus zu tun haben. Es kann aber nie schaden, sich ein paar Gedanken über Sinn und Unsinn der eigenen Ernährung zu machen.

Wenn Sie Probleme mit Ihrem Gewicht haben, beobachten Sie sich hinsichtlich Ihrer Gewohnheiten, an Wassertagen (Krebs, Skorpion und Fische) besonders viel Kohlenhydrate zu verzehren. Überproportional viel Brot, Kuchen und Kekse können besonders an diesen Tagen zu Übergewicht führen, weil sie besonders gut 'verwertet' werden. Lassen Sie probehalber an diesen Tagen vermehrt die Finger von Kuchen, der viele Kohlehydrate enthält, Nudeln und Kartoffeln und beobachten Sie eine damit zusammenhängende besonders erfolgreiche Gewichtsabnahme. Auch Zucker gehört übrigens zu den Kohlehydraten!

An Erdtagen wird eine besondere Salzqualität beobachtet. Aus diesem Grund sollten besonders Menschen, die ohnehin sehr viel oder zu viel Salz essen, an diesen Tagen (Stier, Jungfrau und Steinbock) darauf achten, nicht zu salzige Speisen zu sich zu nehmen. Dazu gehören geräucherte und gepökelte Fleisch- und Fischsorten, aber auch viele Käsesorten (fragen Sie an der Käsetheke nach dem Salzgehalt Ihrer Lieblingssorte!) sowie Chips und Knabberartikel.

Den Wärmetagen wird eine besonders auffällige Eiweißqualität zugeschrieben. Beobachten Sie Ihre Gewohnheiten hinsichtlich von Eiweiß an den Widder-, Löwe- und Schützetagen und ziehen Sie Schlüsse daraus, ob es Ihnen mit 'Ihrer' Menge gut geht oder nicht. Eiweiß ist in größerer Menge enthalten in allen Milchprodukten und in Fleisch und Fisch. Zu den Wärmetagen ist noch zu erwähnen, dass sich erhöhter Verzehr von Obst besonders günstig auswirkt. Diese Tage sind zugleich 'Obsttage', was Sie sich daran merken können, dass der begünstigte Pflanzenteil in diesem Zeitraum die Frucht ist.

An Lufttagen schließlich können Sie Ihr Augenmerk auf Drüsenfunktionen legen. Wenn Sie feststellen, dass Sie an den Tagen im Zeichen der Zwillinge, der Waage oder des Wassermanns besonders viel Fett zu sich nehmen und Sie mit der Drüsenfunktion Probleme haben, essen Sie weniger Fett. Der Verzicht auf Fett fällt sicher den meisten Menschen mit einer unausgeglichenen Ernährung extrem schwer. Gleichzeitig ist Fett der Nahrungsbestandteil, der relativ leicht zu bestimmen ist; die einschlägigen Diättabellen geben eindeutige Auskunft. Der sicherste Weg, dem Fett aus dem Weg zu gehen, ist die Beschränkung auf Salat und Obst, Vollkornprodukte und wenig mageres Fleisch und Fisch wie Dorsch und Barsch. (Fische wie Lachs, Forelle und Aal enthalten hingegen sehr viel Fett!) Vorsicht auch bei den klassischen Dickmachern. Neben Kohlehydraten enthalten sie in den meisten Fällen auch viel Fett. Achtung auch bei 'verstecktem' Fett in Form von Öl und Soßen!

Kurioserweise haben viele Menschen besonders an den Tagen, an denen die Qualität eines bestimmten Nahrungsmittels besonders stark ist, davon also mit anderen Worten nicht zu viel gegessen werden sollte, vermehrt Appetit auf die Speisen, die den jeweiligen Nahrungsbestandteil in hohem Maße enthalten. Das macht es natürlich besonders schwer, darauf zu verzichten. Vielleicht hilft der Gedanke, dass es eine umso tollere 'Leistung' ist, an den betreffenden Tagen auf die Substanz zu verzichten oder sie stark einzuschränken, auf die man dann auch mit Recht besonders stolz sein darf. Mit etwas Routine sind Sie aber schon beim nächsten Mal auf den bevorstehenden Verzicht eingestellt und können der Versuchung besser widerstehen. Wesentlich schwerer als Menschen, die sich mit viel Zeit und Inbrunst daheim in der Küche einem bekömmlichen und leckeren Speiseplan widmen können, haben es natürlich diejenigen, die darauf angewiesen sind, in der Kantine oder Mensa zu essen. Dann muss man sich wahrscheinlich auf die Beobachtungen beschränken, die man nach einem besonders fett-, kohlenhydrat oder salzhaltigen Gericht machen kann. Wie hat es mir geschmeckt? Hätte ich lieber etwas anderes gegessen? Wie ist es mir bekommen, liegt das Essen schwer im Magen und werde ich plötzlich sehr müde? Der einzige Trost ist, dass Sie auch jetzt schon versuchen können, Informationen für Zeiten zu sammeln, an denen Sie sich selbst 'bekochen' können - und sei es nur am Wochenende. Vielleicht sind Ihre Beobachtungen aber auch so tief greifend, dass Sie versuchen möchten, eine Alternative zum Kantinenessen zu finden - oder aber Ihre Beobachtungen sind dergestalt, dass Sie sich über das gute Essen in Ihrer Kantine freuen können! Wenn Sie aber zuhause kochen und essen und einen ernsthaften Versuch starten wollen, beginnen Sie erst einmal vorsichtig mit einer Einschränkung. Wie oben bereits erwähnt, kann eine allzu radikale Nahrungsumstellung auch in Stress für den Körper ausarten. In diesem Fall ist weniger zunächst mehr. Gehen Sie alle Veränderungen ruhig und in gemäßigtem Tempo an, auch wenn Sie voller Eifer sind, die schlechten Angewohnheiten ein für allemal über Bord zu werfen!

Über das Fasten

Das Fasten ist in den letzten Jahre geradezu zur Mode geworden. Grundsätzlich ist gegen ein kontrolliertes Heilfasten nicht viel einzuwenden, so lange es gut bekommt. Man sollte sich aber vorsichtshalber von einem Arzt beraten lassen - für einige Menschen, gerade mit bestimmten Beschwerden, ist das Fasten nicht geeignet. Im Zusammenhang mit dem Mondrhythmus ist es vielleicht interessant, dass die Fastenzeiten nach Karneval und die weniger bekannte Adventsfastenzeit nicht zufällig seit langer Zeit zu dieser Zeit eingehalten werden. Wie bereits oben erwähnt, sind viele der Feste und Bräuche, die wir noch heute feiern, terminlich von Voll- oder Neumond abhängig. Das trifft auch beim Karnevals- und Adventsfasten zu. In diesen Zeiträumen ist der Körper besonders empfänglich für Regeneration und Entgiftung, eine Tatsache, die in grauer Vorzeit durchaus bekannt war und nach Karneval und vor Weihnachten genutzt wurde. - Diesen Gedanken weitergedacht, kommen wir auf die Schlussfolgerung, dass eine Diät unmittelbar nach Weihnachten also vermutlich weniger Erfolg haben wird. Nun ist dies eine Zeit, in der viele Menschen die Kilos von den Festtagen verlieren wollen. Wenn es Ihnen nach dem nächsten Weihnachtsfest besonders schwer fällt, eine Diät zu halten, ist es vielleicht sinnvoll, mit einem Auge auf den Mondkalender ein wenig zu warten. Ein Versuch ist es wert. Im Bezug auf Fasten allgemein muss aber noch einmal ausdrücklich auf den Zusatz ‚Heil'-Fasten hingewiesen werden - Sie sollten keinesfalls versuchen, einfach über einen längeren Zeitraum nichts zu essen (oder gar auf Getränke verzichten!) wenn Sie an Gewicht verlieren wollen. Übergewicht hat in den meisten Fällen mit unangemessenen Essgewohnheiten zu tun. Der beste Weg, langfristig an Gewicht zu verlieren, ist ein Umdenken in Sachen Essen und Ernährung. Viel hat auch mit Gewohnheiten zu tun, die zu verlieren sehr schwer ist. Tun Sie sich und Ihrem Körper den Gefallen, lieber die Grundregeln der gesunden Ernährung zu lernen, anstatt sich mit striktem Hungern zu quälen. Lesen Sie Bücher oder schließen Sie sich Gruppen an, es sei denn, man will dort gemeinschaftlich strikt Hungern. Abgesehen davon, dass diese Art von ‚Diät' für den Körper extrem belastend ist, hat sie längerfristig fast nie Erfolg, denn die überraschend schnell verlorenen Kilos sind umso schneller wieder da. Manchmal erfolgt nach einer solchen Hungerkur sogar eine ausgeprägte Gewichtszunahme: Am Ende wiegt man mehr als vor dem Hungern! Lassen Sie sich zu solchen zugegebenerweise verlockenden Experimenten nicht hinreißen. Sie schaden mehr, als dass Sie Ihnen nützen. Wenn Sie einen einzelnen Fastentag einlegen wollen, ist dazu der Neumond besonders gut geeignet, weil an diesem Tag der Körper besonders gut entgiftet werden kann. Genauso kann durch sparsame Nahrungsaufnahme vor und an Vollmond das Wohlbefinden gesteigert werden.

Noch ein paar Tipps zur Ernährung

Es gibt Regeln, die nicht direkt etwas mit dem Rhythmus des Mondes zu tun haben, die für viele Menschen jedoch trotzdem wertvoll sind, weil sie bei Einhaltung ein deutlich gesteigertes Wohlbefinden zur Folge haben. Die Frage nach dem Warum muss bei vielen dieser Regeln oft unbeantwortet bleiben; außerdem muss jeder Mensch individuell durch Ausprobieren und genaues Beobachten für sich entscheiden, ob die Gesetze stark zutreffend sind oder nicht. Für viele Menschen, besonders für ältere, bedeutet eine Umgewöhnung in Bezug auf die Essgewohnheiten einen solchen Aufwand, vielleicht sogar eine Qual und Verlust der Lebensqualität, dass der Erfolg in keiner Relation steht.

Unterirdisch und überirdisch sind zwei wichtige Begriffe, wenn es um das Kombinieren von Speisen auf einem Teller oder in einer Mahlzeit geht. In erster Linie sollten beide Gruppen in einem ausgeglichenen Verhältnis vorhanden sein, ein Ungleichgewicht ist nach Möglichkeit zu vermeiden. Falls Ihnen noch nicht klar sein sollte, was die Begriffe bedeuten:
Unterirdische Speisen sind alle Wurzeln und Knollen, zum Beispiel Kartoffeln, Zwiebeln, Möhren und Rüben.
Überirdische Speisen sind in aller Regel Obst und Gemüse: Äpfel, Birnen, Kirschen, Erdbeeren etc., alle Blattkohlsorten, Zucchini, Auberginen, Gurken, Salat etc.
Um ein Ungleichgewicht ein wenig auszugleichen, können Sie beispielsweise über Salz- und Pellkartoffeln ein wenig Petersilie oder Schnittlauch streuen. Die Mahlzeit ist damit näher am Gleichgewicht zwischen unter- und überirdisch.

Wenn Sie Hobbygärtner sind, haben Sie gute Chancen, Ihre Malzeiten ohne umständliches Umlernen bekömmlicher zu machen: Denken Sie beim Kochen und Essen immer an die **Pflanz- und Wachsbedingungen** der Gemüsesorten, die Sie - als Beilage oder als Hauptbestandteil der Mahlzeit - verspeisen möchten. Grundsätzlich ‚vertragen' sich die Gemüsearten, die im Beet nicht nebeneinander gepflanzt werden sollten, auch auf dem Teller und im Körper schlecht. Menschen mit empfindlichem Magen merken dies, auch ohne sich mit den Grundregeln zum Einsetzen der Nutzpflanzen auszukennen. Im Kapitel zu Tipps für den Garten finden Sie die wichtigsten Tabellen, die auch in der Küche praktisch sein können.

Ein weiterer eher wenig bekannter Tipp ist die **Reihenfolge**, in der unterschiedliche Speisen verzehrt werden sollten. Dabei gilt folgende Grundregel: Erst rohe Speisen essen, dann gekochte! Auch wenn es oft üblich ist, Salat und rohes Gemüse parallel zum Hauptgang zu essen, hat die Tradition, zunächst den Salat zu verzehren, durchaus seine Berechtigung. Genauso gilt: Nüsse und Obst vor dem Salat essen, danach etwa Brot oder Bestandteile des Gerichts, die Milch oder Milchprodukte enthalten. An den Schluss setzen Sie am besten erst die schwer verdaulichen, ‚schweren' Bestandteile wie Fleisch und Käse, also fetthaltige Speisen, dann Süßigkeiten. So wird eine Malzeit bekömmlicher, was gerade für Menschen mit empfindlichem Magen von großer Bedeutung für das Wohlbefinden in den nächsten Stunden ist.

Zum Thema **Nachtisch** sei noch angemerkt: Kaffee und Vollkornprodukte, wenn beides parallel gegessen wird, bekommen vielen Menschen eher schlecht. Achten Sie einmal darauf, ob durch diese Kombination Kopfschmerzen oder ausgeprägte Unruhe bei Ihnen hervorgerufen wird.

Geradezu wie ein Ammenmärchen klingt die folgende Regel, die besagt, dass Mittwochs und Freitags auf Fleisch verzichtet werden soll. Im Zuge der sich verbreitenden Tendenz zum Vegetarismus muss die Frage nach dem Warum vielleicht nicht mehr gestellt werden (obwohl anzunehmen ist, dass die ursprüngliche Ursache für diese Erkenntnis eine andere war.) Fragen Sie nicht nach dem Warum - probieren Sie es einfach aus!

Vielen älteren Menschen wird die folgende Regel noch eher bekannt sein als den jüngeren: Die gute Köchin (oder der gute Koch) verwendet **Emailletöpfe**! Auch hier liegt die Antwort im Dunkeln, aber versuchen Sie mal, in einem Stahl- oder Teflontopf mit den gleichen Zutaten so gut zu kochen wie Ihre Großmutter! Ein Stück weit hat die Antwort sicher mit den Temperaturen zu tun, mit der in Stahl- oder Teflontöpfen gekocht wird. Wenn Sie keine Emailletöpfe kaufen möchten oder können, achten Sie zumindest darauf, die herkömmlichen Töpfe nicht zu heiß werden zu lassen. Gerade bei Elektroherden entstehen in den Töpfen oft viel höhere Temperaturen, als für das Garen der Speisen wirklich notwendig ist.

Eine letzte Regel, die durchaus plausibel und den meisten Menschen auch bekannt ist: Essen Sie **abends**, einige Stunden vor dem Schlafengehen, keine sehr fetten Speisen mehr. Der Körper, genauer die Verdauungsorgane und hier insbesondere die Leber und die Galle, müssen nach fetten Speisen Schwerstarbeit leisten; sie nehmen auch besonders viel Zeit im Verdauungstrakt in Anspruch. Doch auch diese Organe haben nachts, wie Sie aus der Tabelle in diesem Kapitel ablesen können, durchaus ihre Phasen, in denen sie weniger leistungsfähig sind. Abends wenig Fettes zu essen bedeutet im besten Fall, dass die Hauptmahlzeit Mittags eingenommen wird. Das ist natürlich für Berufstätige sehr schwierig, wenn die Zeit und die Umstände am Arbeitsplatz gerade mal für einen Apfel und ein belegtes Brötchen reichen! Vielleicht gibt es aber Möglichkeiten, eine längere Mittagspause einzulegen, vielleicht gibt es an Ihrem Arbeitsplatz auch eine Küche, in der Sie sich etwas zubereiten können. Eine andere Möglichkeit ist, das Abendessen vorzuverlegen, sodass zwischen Essen und Schlafengehen noch einige Stunden bleiben. Ein wenig Herumprobieren wird Sie früher oder später zu einer guten Lösung führen!

Noch mehr Gesundheitsregeln

An dieser Stelle sollen noch einige Gesundheitsregeln genannt werden, die nicht alle etwas mit dem Rhythmus des Mondes zusammenhängen. Wenn Sie noch nie etwas von den Aussagen gehört haben, die in diesen Regeln gemacht werden, werden Sie sich vielleicht zunächst sehr wundern. "Das kann ja gar nicht funktionieren", könnte Ihre Reaktion sein. Wenn Sie es wirklich wissen wollen, probieren Sie die eine oder andere Regel aus - selbstverständlich mit Geduld und Vertrauen! Sie werden wahrscheinlich herausfinden, dass an den Aussagen tatsächlich ‚etwas dran ist'. Bei einer Großzahl von Menschen haben die Regeln Gültigkeit und es wäre einen kleinen Aufwand im Alltag wert, sich ihnen anzupassen, Körper und Seele die Chance zu geben, von ihnen zu profitieren.

Stress entsteht meist dadurch, dass man sich den natürlichen Impulsen widersetzt, die die Natur eigentlich für uns Menschen vorgesehen hat. Das entsteht durch die Verpflichtungen des Alltags, durch den Spagat, den oft schon berufliche Mobilität mit sich bringt. Von der Kunst, Privatleben und Beruf unter einen Hut zu bringen, mal ganz zu schweigen. Und dann vergleichen Sie einmal die Lebensbedingungen der Menschen im 15. Jahrhundert mit den unsrigen heute. Natürlich wurden die Menschen damals im Durchschnitt nur halb so alt wie wir, weil die hygienischen Bedingungen miserabel waren und sehr viele Menschen in Armut lebten. Doch denken Sie auch an eine unvergleichlich geringere Lärmbelastung und die bessere Luft, an die Naturbelassenheit der Nahrung und an das allgemein langsamere Grundtempo. Waschtag war Waschtag, im Frühherbst wurde geerntet und eingemacht, bei Vollmond ein Schwein geschlachtet.

Natürlich ist dies kein Plädoyer dafür, wieder so zu leben wie im 15. Jahrhundert. Das ist weder möglich noch wünschenswert und man sollte sich durch allzu romantische Vorstellungen kein falsches Bild von der Vergangenheit machen. Manchmal genügt aber schon ein kleines bisschen Nachdenken, um auf die wirklichen Stressfaktoren im heutigen Alltag zu kommen. Zugegeben, wir haben in den westlichen Ländern hervorragende Hygienestandards und ausreichend Nahrung, die uns acht Jahrzehnte alt werden lässt. Dafür allerdings haben wir einen anderen Luxus eingebüßt: Den, der es uns ermöglicht, die natürlichen Impulse zu erkennen und leben zu können. Anfangs, also zu Beginn unseres langen Lebens, können wir das noch unbeschadet einstecken. Mit fortschreitendem Alter rebelliert der Körper aber gegen diesen Selbstmissbrauch. Er fordert sich das Recht ein, nicht als Maschine betrachtet und behandelt zu werden. Wenn Sie Lust haben, bedenken Sie in einer stillen Stunde einmal dies: Vielleicht sollten sich nicht Körper und Seele immer den Gegebenheiten anpassen. Vielleicht können auch die Umstände manchmal dem natürlichen Rhythmus gerecht werden! Die Schäden, die ein Leben entgegen den naturgegebenen Rhythmen hervorrufen kann, treten ebenso langsam auf wie die positiven Wirkungen, wenn man zumindest ein paar der Regeln beachtet. Wenn Sie Veränderungen vornehmen möchten, handeln Sie nicht überstürzt. Kündigen Sie nicht gleich Ihren Job oder verkaufen Sie Ihr Auto. Auch eine solche Veränderung sollte ein langsamer, vor allem bewusster Prozess sein, der im Verstand und im Gefühl reift. Und setzen Sie sich mit Ihren neuen Vorhaben keinesfalls unter Druck! Das Leben nach den Regeln ist keine Aufgabe, die es zu erfüllen gibt. Ein Entschluss sollte von innen kommen und in jeder Hinsicht ‚stimmen'.

Doch genug der langen Rede. Sie möchten handfeste Hinweise lesen. Führen wir uns nochmal vor Augen: Der abnehmende Mond atmet aus, trocknet, spült aus; er fordert Aktivität und Energieverbrauch heraus. Der zunehmende Mond atmet ein, nimmt auf, baut auf, sammelt Kraft und Energie, saugt auf; er fordert Erholung und Ruhe heraus. Das ist zugleich der allgemeinste und handfesteste Tipp, den Sie bekommen können, denn Sie können damit nie falsch liegen. Wenn Sie diese zwei Sätze hin und wieder (oder vielleicht auch immer öfter?) beherzigen, sind Sie schon auf dem richtigen Weg. Das kann etwa heißen, dass Sie die anstrengenden Arbeiten, die Sie zu erledigen haben, worunter vielleicht auch Ihr Hobby zählt, was Sie durchaus als ‚Arbeit' betrachten können, langsam immer mehr auf die Zeit des abnehmenden Mondes verlegen. Ihren Urlaub hingegen können Sie mehr genießen, wenn Sie versuchen, ihn in die Zeit des zunehmenden Mondes zu legen. - Sie merken: In diesen zwei Sätzen steckt mehr und Konkreteres, als Sie zunächst dachten. Denken Sie daran herum, überlegen Sie sich Konsequenzen und Schlussfolgerungen!

Guter Ort - schlechter Ort

Eingangs war die Rede von Regeln, die nicht mit dem Mondrhythmus im Zusammenhang stehen. Hier soll nun die Rede sein von lokalen Qualitäten - zum Beispiel innerhalb eines Hauses. Eine Regel können wir nicht aufstellen, jedoch sollen Sie sensibilisiert werden, auch einmal auf diese Art von Kräften zu achten, die Ihnen vielleicht Probleme bereiten und mit denen relativ leicht umgegangen werden kann. Vielleicht haben Sie schon einmal bemerkt, dass Sie in einem Zimmer der Wohnung deutlich besser oder schlechter schlafen als in einem anderen. Manchmal ‚weiß' man instinktiv, wohin ein Sessel gestellt werden soll - in diese Ecke und nicht in jene. Menschen, die solche Erfahrungen haben, reagieren in der Regel sehr empfindlich auf diese Kräfte. In der Regel reagieren junge Menschen sehr viel sensibler auf solche Wirkungen. Das wird vor allem bei Babys, die ihr Unwohlsein nur durch Schreien äußern können und die Eltern zur Verzweiflung treiben, wenn sie nicht verstehen können, warum das Kind schreit, statt zu schlafen, sehr deutlich. Die Wirkungen haben zu tun mit Strahlungen verschiedener Couleur: Strahlung durch Wasseradern, Erdstrahlen, in der Nähe gelegene Hochstromleitungen, etc.. Elektrosmog kann allerdings auch schon von kleineren Geräten erzeugt werden. Grundsätzlich ist es nicht geeignet, in dem Raum, in dem geschlafen wird, auch den Fernseher, den Videorecorder, die Kompaktanlage (alles meist mit Standby-Funktion), den Computer und den Anrufbeantworter stehen zu haben. Alle Elektrogeräte sollten zumindest mehrere Meter Abstand zum Bett haben, am besten jedoch in einem anderen Raum untergebracht sein.

Fordern Sie bitte keine physikalischen Erklärungen; es geht hier nur darum, dass diese Kräfte wahrgenommen werden und vielen Menschen Probleme bereiten. Manche Leute können nicht nur schlechter schlafen, sie leiden sogar unter nicht unerheblichen Kopfschmerzen, Verspannungen, Nervosität, Unruhe oder Müdigkeit. Andere Menschen haben nicht gleich handfeste Beschwerden, sondern merken vielleicht nur, dass sie nicht am guten Schreibtisch im Arbeitszimmer bleiben, sondern unwillkürlich in die Küche gehen, um ihre Bestseller zu schreiben. Ein anderer Hinweis für durch Strahlen verursachte schlechte Bedingungen können kleine Kinder sein, die nachts aufwachen und ins Ehebett kommen, weil sie sich in ihrem Bett unwohl fühlen. In der klassischen Physik und Medizin werden solche Phänomene noch nicht wirklich wahrgenommen, was vielleicht daran liegt, dass sie empirisch so schwer dingfest zu machen sind: Rutengänger und Wasserpendler sehen sich der Schwierigkeit gegenüber, dass schon eine einzige skeptische Person im Haus, die die Messungen bezweifelt oder belächelt, das Ergebnis verfälschen kann.

Sie möchten nun gerne wissen, was man tun kann, um den besten Platz für das Bett oder den Küchentisch zu finden. Die Elektrogeräte sind aus dem Schlafzimmer gebannt - wie weiter? Leider ist das aus den oben beschriebenen Gründen im Voraus meistens nicht feststellbar. Es sei denn, Sie haben die Möglichkeit, Ihr Haus oder Ihre Wohnung vor dem Einzug von einem erfahrenen (!) Rutengänger oder Pendler durchchecken zu lassen: Probieren geht über Studieren! Das heißt in diesem Fall, dass Sie, wenn Sie merken, dass Sie nicht gut schlafen können oder sich auf dem Sofa permanent unwohl fühlen, das betreffende Möbelstück noch einmal umstellen und die Variante erneut testen. Meistens reicht es, das betreffende Möbelstück zwei oder drei Meter vom alten Platz zu verschieben. Auf diese Weise werden Sie irgendwann zur besten Lösung kommen. Daran sollten Sie denken, wenn Sie beispielsweise die Schrankwand so installieren, dass sie nur noch mit Mühe an einen anderen Ort gestellt werden kann! Es könnte sein, dass sie später alles umgestalten möchten. Interessant ist übrigens auch, dass unsere Vorfahren sich am Verhalten von Tieren orientierten. Bei genauer Beobachtung können Tiere als relativ zuverlässige Detektoren angesehen werde. Während sich Hunde, Pferde, Kühe und Vögel instinktiv die gleichen Plätze zu ihren Nist- und Lieblingsplätzen aussuchen wie Menschen, halten sich Katzen, Bienen und Ameisen dagegen lieber an den für die Menschen ‚schlechten' Plätzen auf. Damit ist wahrscheinlich erklärt, weshalb Schwalben und Störche, die in der Nähe von strahlungsfreien Häusern brüteten, als Glücksbringer galten (denken Sie an den Storch als Symbol für den Nachwuchs!); Katzen in der Vergangenheit jedoch den schlechten Ruf eingebracht hat, sich gern auch in der Nähe von Hexen aufzuhalten. Wenn Sie also Haustiere haben, können Sie durch gutes Beobachten ihres Verhaltens Aufschluss über die Beschaffenheit Ihrer Wohnung erfahren!

<u>Einflüsse auf den Körper im Laufe des Tages</u>

Um Ihnen wieder eine etwas ‚handfestere' Regel zu Gemüte zu führen: Im folgenden Abschnitt geht es um das Funktionieren der Körperorgane im Laufe eines einzelnen Tages. Ebenso, wie die Natur ebenso wie eine Körperzelle Ordnungen und Systemen unterworfen ist, so gibt es auch für das Jahr und den einzelnen Tag einen Rhythmus, den einzuhalten sich lohnt. Dabei liegt zu Grunde, dass jedes Körperorgan im Laufe der 24 Stunden eine besonders leistungsfähige Phase von zwei Stunden hat; gleich im Anschluss folgen zwei Stunden, in denen das Organ eher wenig belastbar ist. In dieser zweiten Phase ‚erholt' es sich also gewissermaßen von seinen Höchstleistungen. Eine Beobachtung, die die meisten Menschen gemacht haben werden, die keine Nachtschichten arbeiten müssen: Etwa zur Mittagszeit, vor allem nach dem Mittagessen, wird man plötzlich müde. Manchmal kommt es richtig gehend zu einem Leistungsabfall, den man sich so nicht unbedingt erklären kann. Gegen Nachmittag ist der Spuk vorbei, man kann das Tageswerk ungestört fortsetzen, die Müdigkeit ist vergangen. Die Erklärung liegt in der Arbeitsphase des Dünndarms, der nach dem Mittagessen (zwischen 13 und 15 Uhr ist seine Hochphase) viel Arbeit zu leisten hat. Er wird vom vegetativen Nervensystem gesteuert und bittet sich ansonsten Ruhe aus - der Rest des Körpers bekommt das Signal ‚jetzt bitte keinen Stress!' Natürlich kann man nun nicht aus diesem Grund die Mittagspause im Büro bis auf 15 Uhr ausdehnen. Vielleicht können Sie es aber einrichten, die wichtigsten Termine auf vor 13 Uhr oder nach 15 Uhr zu legen. Es leuchtet auch durchaus ein, warum in südlichen Ländern, in denen zudem noch die Hitze zur Mittagszeit am schlimmsten ist, die Siesta ein Heiligtum ist, in der wenig zu erreichen ist! In diesem Zusammenhang wird natürlich auch eine Aussage über den richtigen Zeitpunkt von Handlungen zum Entgiften des Körpers und Medikamenteneinnahmen gemacht. Jede Maßnahme, die der Gesundheit eines einzelnen Organs oder einer Organgruppe gilt, hat also nicht nur im Laufe des Monats einen richtigen Zeitpunkt. Es gibt auch im Tagesablauf einen besonders günstigen und einen eher ungeeigneten Zeitpunkt dafür. Das gilt beispielsweise auch für das tägliche Frühstück. Der Magen erlebt seine Tiefphase zwischen 9 und 11 früh, weshalb man nach Möglichkeit nicht nach 9 Uhr frühstücken sollte. Zwischen 1 Uhr und 5 Uhr morgens sollten Sie dagegen möglichst wenig rauchen und trinken. Aus der Tabelle können Sie die Hoch- und Tiefphasen der einzelnen Organe ablesen und die für Sie relevanten Schlüsse ziehen:

Tabelle 4

Organ	Hoch in h	Tief in h
Leber	1-3	3-5
Lunge	3-5	5-7
Dickdarm	5-7	7-9
Dünndarm	13-15	15-17
Herz	11-13	13-15
Magen	7-9	9-11
Kreislauf	19-21	21-23
Nieren	17-19	19-21

<u>Vom Vorhaben, das Rauchen (oder eine andere schlechte Angewohnheit) aufzugeben</u>

Beim Thema Rauchen kommt man unweigerlich zu einer der FAQ's, wenn es um den natürlichen Rhythmus des Mondes geht - der ‚frequently asked questions', also den oft gestellten Fragen: Wann hört man am besten (also mit besten Erfolgschancen) mit dem Rauchen auf? Die Frage lässt sich relativ leicht beantworten. Der beste Tag, um damit anzufangen, das Rauchen aufzugeben, ist der Neumondtag. Am allerbesten geeignet ist der Märzneumond, also der Tag, an dem die Sonne vom Bild der Fische in das des Widders wechselt. Warten Sie aber lieber nicht bis zum nächsten März, angenommen, wir schreiben Mai und Sie möchten vom Rauchen loskommen, warten Sie nur bis zum nächsten ‚normalen' Neumond. Übrigens gilt das auch für alle anderen schlechten Gewohnheiten, die man aufgeben möchte: Nägelkauen, mehr Sport machen, keine Schokolade mehr essen, etc. Dem tatsächlichen Start ist aber noch etwas anderes vorgeschaltet. Und zwar zwei Überlegungen, die für den Erfolg des Vorhabens ganz wesentlich ist. Nämlich zunächst die Frage, ob der Fehler, den ich beseitigen möchte, tatsächlich ein Fehler ist. Bei dem Vorhaben, nicht mehr ‚so beleidigt auf die Sticheleien der Schwiegermutter zu reagieren', ist erstmal zu klären, ob man nicht sogar ganz normal und verständlich reagiert, wenn die Schwiegermutter mal wieder ihre Giftpfeile abschießt. Wer muss da wirklich an sich arbeiten? Bin das tatsächlich ich? Ist das mit einem einfachen ‚abgewöhnen' getan? Sind andere vielleicht an eskalierenden Situationen mitschuldig? Habe ich vielleicht immer nur gelernt, dass es falsch ist, aufbrausend zu sein, obwohl es meinem Wesen entspricht?

Wenn man zu dem Schluss gekommen ist, dass der Fehler tatsächlich ein Fehler ist, für den nur Sie verantwortlich sind, folgt die zweite, ebenso schwierige Frage. Das ist die Frage nach dem Warum. Warum möchte ich mit dem Rauchen aufhören? Weil ich weiß, dass es schlecht für den Körper ist und mich unfit macht? Weil meine Freundin auch aufhört? Weil ich Vegetarierin bin und Vegetarismus und Rauchen eigentlich nicht so gut zusammenpassen? Vergessen Sie's. Zumindest einstweilen! Diese Antworten zeigen, dass Sie es eigentlich gar nicht richtig wollen. So komisch das auch klingen mag, aber je mehr plausible, rationale Antworten Sie geben können, desto eher laufen Sie Gefahr, mit Ihrem Vorhaben zu scheitern. Oder Sie schaffen es, weil Sie ein Mensch der eisernen Prinzipien sind, aber auch dann könnte es sein, dass Sie irgendwann wieder anfangen mit Ihrer schlechten Angewohnheit oder stattdessen einen andere anfangen. Wenn Sie das Rauchen aufgeben wollen, weil Sie es eben einfach möchten - ohne weil und wenn und aber -, weil Sie sich aus sich selbst heraus dazu entschlossen haben, dann haben Sie gute Karten. Oft entscheiden sich Menschen dazu, das Rauchen oder Fingernägelkauen aufzugeben, weil sie sich selbst etwas beweisen müssen. Natürlich stärkt es ganz ungemein das Selbstbewusstsein, wenn man es schafft, ‚mal eben so' statt einer Schachtel Zigaretten pro Tag keine einzige mehr raucht. Aber dahinter steht meistens, dass man seinen Stolz gestärkt hat und seine Eitelkeit, um anderen etwas vorzuzeigen, um sich interessant zu machen. Und das sind natürlich weitaus unedlere Gründe, als das pure, aus sich selbst entstandene Vorhaben.

Lassen Sie sich aber nicht entmutigen. Man kann auch von einem Grund zu einem anderen kommen. Oft unterliegt auch das einem Prozess, den man eben erst durchlaufen muss, bevor man reif dafür ist, das Rauchen aufzugeben. Und das Einschränken einer schlechten Angewohnheit, verbunden mit dem Nachdenken darüber, hat noch nie geschadet. Vielleicht ändert sich schon damit ihre innere Einstellung zum Thema und Sie können mehr Kraft sammeln, um den völlig autonomen Wunsch zu formulieren, der Ihr Vorhaben erfolgreich machen wird!

Termin beim Zahnarzt

Ein paar weitere Tipps soll es noch geben für den Besuch beim Zahnarzt. Für die meisten Menschen ein sehr heikles Thema, denn dieser Termin ist meistens (vor allem vorher, in der Vorstellung) mit Angst und Schmerz verbunden. Vielleicht können die folgenden Hinweise Ihren Mut beim nächsten Mal ein wenig stärken, wenn Sie zumindest einen guten Zeitpunkt gewählt haben. Grundsätzlich sollten alle zahnärztlichen Behandlungen bei abnehmendem Mond durchgeführt werden. Das gilt für Plomben, Kronen und Brücken ebenso wie für das Zahnziehen, besonders wenn es sich um die schwierigen Weisheitszahnoperationen handelt. Besonders in diesen Fällen sollte man nach Möglichkeit die Tage meiden, in denen der Mond in einem Luftzeichen, also in Zwillinge, Wassermann oder Waage, steht. Natürlich ist es nicht so einfach, den Termin beim Zahnarzt immer so zu vereinbaren, dass er an einem günstigen Tag liegt. Bei vielen Zahnärzten sind gerade die Termine für Routineuntersuchungen immer schon auf Monate im Voraus ausgebucht. Wenn es sich nicht um einen Notfall handelt: Machen Sie alle Termine frühzeitig aus (wie auch bei allen anderen Ärzten), dann haben Sie noch mehr freie Plätze zur Auswahl. Markieren Sie in Ihrem Kalender die günstigen Tage, dann können Sie gleich die ungünstigen Termine ablehnen. Natürlich geht so etwas nur in begrenztem Maße - strapazieren Sie nicht das gesamte Praxisteam mit fünffach abgesagten und umgelegten Terminen. Einen Versuch ist es aber immer wert, einen für Sie geeigneten Termin zu bekommen! Zum Thema Operationen finden Sie unten noch weitere Überlegungen und spezielle Tipps für die Terminauswahl.

Wie sage ich's meinem Arzt

Zum Umgang mit Ärzten sei generell gesagt: Die wenigsten werden ihre Sprechstundentermine mit dem Rhythmus des Mondes in Einklang bringen. Das Gesundheitssystem zwingt sogar viele Ärzte dazu, eine ‚5-Minuten-Medizin' zu betreiben, um wirtschaftlich arbeiten zu können. Das betrifft sicher nicht alle und genauso werden Sie auch Ärzte finden, die sich nach den Wünschen ihrer Patienten richten. Termine mit diesen Ärzten werden Sie aber unter Umständen nicht über die Krankenkasse abrechnen können. Angenommen, Sie haben genug eigene Erfahrung gesammelt und Vertrauen zu den Mondrhythmen gefunden. Sie werden nun für einen Eingriff oder eine Behandlung zu einem Termin einbestellt, den Sie für ungünstig halten. Was können Sie tun? Grundsätzlich gibt es zwei Möglichkeiten: Entweder Sie sprechen mit dem Arzt oder der Ärztin, warum Sie den Termin lieber verschieben möchten. Es gibt auch unter den Schulmedizinern viele, die durchaus ein offenes Ohr für solche Gründe haben werden. Schließlich geht es ihnen um das Wohl ihrer Patienten. Sie könnten den Satz des Hippokrates mitbringen: "Berühre nie mit Eisen den Teil des Körpers, der von demjenigen Zeichen regiert wird, welches der Mond gerade durchquert". Es ist durchaus möglich, dass Sie die Behandlung auch zu einem anderen Termin vornehmen können, wenn es der Zeitplan des Arztes und sein medizinisches Einverständnis erlauben. Das Risiko, eventuell belächelt zu werden, sollten Sie also ruhig eingehen. Wenn Sie eine Ablehnung erfahren, lassen Sie sich allerdings genau erklären, warum ein Terminwechsel nicht möglich ist. Vielleicht steht hinter der Haltung, sich nur ja nicht mit solchen Theorien auseinander setzen zu müssen, die Angst, dass das, was von jeher als richtig galt, vielleicht so nicht völlig stimmen muss? Oder dass noch mehr zur Wahrheit gehört als das schon bekannte? Denn diese Angst hat es zu allen Zeiten gegeben. Es gab Zeiten, da wurde man dafür bestraft, wenn man behauptete, dass die Erde eine Kugel und keine Scheibe sei. Lassen Sie sich auf keine Streitgespräche ein. Auch wenn der Arzt oder die Ärztin nicht einwilligt, den Termin zu verschieben, ist sie nicht automatisch eine schlechte Ärztin, von der Sie sich nicht weiter behandeln lassen sollten. Wägen Sie vor einem Arztwechsel gut ab, ob Sie nicht trotzdem genug Vertrauen in Ihren bisherigen Arzt haben, um in seiner Praxis zu bleiben. Wenn Sie sich ansonsten gut bei ihm oder ihr aufgehoben fühlen, sollten Sie einen Wechsel wahrscheinlich vermeiden.

Die zweite Möglichkeit ist es, sich eine gute, plausible Begründung einfallen zu lassen, warum Sie den Termin verschieben müssen. Das sollten Sie dann in Erwägung ziehen, wenn Sie sich im Vorhinein sicher sind, dass der Arzt oder die Ärztin Ihres Vertrauens für die echten Gründe dafür, warum Sie die Behandlung lieber an einem anderen Tag durchführen möchten, kein Verständnis haben wird. Haben Sie kein allzu schlechtes Gewissen - immerhin geht es um Ihre eigene, wertvolle Gesundheit! Man sollte sich bei allen Arztbesuchen immer vor Augen halten, dass man den Kontakt mit Ärzten in erster Linie als Hilfe zur Selbsthilfe verstehen muss. Wer nicht selbst willens und in der Lage ist, sich auf die eigenen Selbstheilungskräfte zu berufen und bis zu einem sehr hohen Maße auch zu verlassen, wird selbst von Ärzten nicht vollständig und dauerhaft geheilt werden. Man darf das eigene Wohl nicht nur bequem in die Hand eines Arztes oder einer Ärztin legen. Immer auch sollte zuvor und während einer medizinischen Behandlung die eigene Auseinandersetzung mit der Krankheit und ihren Gründen erfolgen. Oft wissen wir den wahren Grund für unsere Beschwerden, möchten ihn aber nicht wahrhaben. Seien Sie ehrlich mit sich. Blicken Sie den Tatsachen ins Auge, nur dann können Sie Ihren Beschwerden erfolgreich den Kampf ansagen!

Welche Operation wann?

Abschließend noch einige Worte zum Thema chirurgische Eingriffe. Operationen sind für niemanden angenehm, wir alle haben mehr oder weniger Angst vor Schmerzen, der Narkose, in der wir wehrlos und stumm auf dem Operationstisch liegen und vor der Zeit nach der OP, wenn die Narben nicht verheilen wollen und wir sehr geschwächt sind. Manchmal muss man nach der Operation feststellen, dass sie gar keinen Nutzen gebracht hat und die Schmerzen noch genauso stark sind wie zuvor. Natürlich hängt der Erfolg einer Operation von einer ganzen Reihe von Faktoren zusammen. Trotzdem sollte man in Erwägung ziehen, auch bei diesem Thema im Einklang mit dem Mond vorzugehen, wenn man vorher schon gute Erfahrungen mit dem Rhythmus gemacht hat. Sofern sich durch eine Terminverschiebung nach hinten keine gesundheitlichen Nachteile ergeben, können Sie ruhig versuchen, die Operation so zu legen, wie Sie es zeitlich für günstig halten. Auch hier werden Sie eventuell auf Probleme mit dem Praxis- oder Krankenhausbetrieb haben; wir sind im vorigen Abschnitt darauf schon eingegangen. Eines muss allerdings noch einmal betont werden: Notoperationen müssen immer sofort durchgeführt werden und dürfen keinesfalls verzögert werden, um noch einen besseren Mondstand abzuwarten! Notfalloperationen gehorchen anderen Prinzipien, oft entscheiden sie sogar über Leben und Tod. Eine schlechter verheilende Narbe muss - auch von Angehörigen, wenn der Patient eine solche Entscheidung ohnehin nicht selbst treffen könnte, weil er vielleicht bewusstlos ist - unhinterfragt in Kauf genommen werden! Sie werden vielleicht einwenden wollen, dass der moderne Krankenhausbetrieb ja noch nicht so alt ist und werden sich fragen, wie das alte Wissen über den Rhythmus des Mondes auf solche ‚neumodischen' Belange wie Operationen, in denen ein Herzschrittmacher eingesetzt wird, oder Nierentransplantationen überhaupt angewandt werden kann.

Obwohl erst ganz neue Technologien so durchgreifende Erfolge möglich machen, wurden einfachere und auch gar nicht so einfache Operationen schon vor Tausenden von Jahren durchgeführt. Nicht immer finden wir Berichte darüber aus heutiger Sicht sehr angenehm, doch waren viele der schmerzhaften Eingriffe schon damals lebensrettend. Wie oben angedeutet, machte schon Hippokrates (460 bis 370 v. Chr.) einige noch heute gültige Beobachtungen, die Erfolg und Misslingen einer Operation mit dem Rhythmus des Mondes in Verbindung brachte. Mit seinem oben schon zitierten Satz wollte er zusammenfassen, dass es grundsätzlich ungünstig ist, eine Operation an einem Organ vorzunehmen, das von dem Tierkreiszeichen regiert wird, in dem der Mond gerade steht. Wir haben erfahren, dass alle belastenden oder strapazierenden Maßnahmen an einem bestimmten Körperteil, welches von dem Zeichen regiert wird, in dem der Mond gerade steht, ungünstig sind. Dazu zählen zunächst auch chirurgische Eingriffe, auch wenn sie natürlich längerfristig einen heilenden und pflegenden Zweck haben. Die den Tierkreiszeichen jeweils zugeordneten Körperteile und -regionen können Sie der Tierkreiszeichentabelle und der Tabelle 1 weiter vorne entnehmen. Es gibt noch eine zweite Regel. Sie bezieht sich auf den Vollmond und lautet: Je näher eine Operation zeitlich am Vollmond gelegen ist, desto ungünstiger! Wenn den Termin man selbstverantwortlich bestimmen kann, sollte man einen Zeitpunkt im abnehmenden Mond wählen. Nun werden Sie sich fragen, was zu tun ist, wenn man für eine Fußoperation im Zeichen der Fische von einem ungünstigen Einfluss ausgehen kann, der abnehmende Mond aber für einen günstigen Einfluss sorgt. In solchen Fällen überwiegt immer der positive Einfluss des abnehmenden Mondes über den ungünstigen Einfluss der Fische. Nachdem Sie dies gelesen haben und Ihnen ein fest vereinbarter Operationstermin an Vollmond im ungünstigen Zeichen bevorsteht, brauchen Sie trotzdem keine Todesängste auszustehen. An jedem Vollmondtag werden unzählige Eingriffe durchgeführt, die völlig problemlos verlaufen. Vielleicht können Sie ja beim nächsten Mal auf einen günstigeren Termin achten, selbst wenn sonst immer alles ohne Komplikationen vonstatten gegangen ist. Das Bewusstsein, dass es günstigere und ungünstigere Zeitpunkte gibt, gibt Ihnen möglicherweise ein besseres Gefühl vor einer Operation und nimmt Ihnen Ängste. Vielleicht können Sie gestärkter und ruhiger in die nächste Operation gehen, wenn Sie die Möglichkeit eines eher günstigen Zeitpunkts gewählt haben. Wie alles in diesem Buch sind auch die Prioritäten für Operationstermine keine verbindlichen Regeln, sondern Vorschläge, mit denen es Ihnen möglicherweise besser bekommt. Wenn Ihnen die Regeln Angst machen und Sie sich von ihnen wie von einem Aberglauben unter Druck gesetzt fühlen, sollten Sie versuchen, sie anders zu verstehen. Es soll schließlich Ihr Wohlbefinden gesteigert werden, nicht Ihre Angst!

Kräuter

Bisher ging es in diesem Kapitel hauptsächlich um den richtigen Zeitpunkt und die richtige Art von Aktivitäten, um möglichst gesund zu bleiben, wie zum Beispiel die richtige Ernährung. Im Folgenden soll es nun um Maßnahmen zur Verbesserung der Gesundheit gehen, wenn bereits Beschwerden aufgetaucht sind. In den seltensten Fällen kann eine Erkrankung direkt auf eine Unausgewogenheit in der Ernährung zurückgeführt werden - nehmen wir das Beispiel eines ‚Schnupfens' beziehungsweise einer Erkältung mit Schnupfen, Husten, Halsweh, Kopf- und Gliederschmerzen. Sicherlich sind in einem solchen Fall die körpereigenen Abwehrstoffe zu schwach gewesen, um die Erreger sozusagen schon an der Schwelle abzufertigen und eine Erkrankung zu verhindern. Diese Immunkräfte so aktiv wie möglich zu halten, ist immer auch eine Frage der Ernährung. Irgendwoher muss der ‚Schnupfen' jedoch gekommen sein. Da gibt es nahezu unzählige Möglichkeiten. In Großstädten lieben die Erreger vor allem im Winter die überheizten U-Bahnen, feuchte Busse insbesondere und Menschenmassen im Allgemeinen. Doch nehmen wir einfach an, Sie haben sich den Schnupfen nun eingefangen. Vermutlich nehmen Sie Tabletten gegen Fieber und Kopfschmerzen, hinterlassen, wo Sie gehen und stehen, Berge von gebrauchten Papiertaschentüchern und fühlen sich einfach mies. Zumindest zu den Tabletten könnten Sie das nächste Mal eine Alternative ausprobieren. Heilkräuter wachsen in Wald und Wiesen in Form von mitunter unscheinbaren Pflänzchen, manchmal können sie auch als hübsche Blumen, Bäume oder ganze Hecken das Auge erfreuen. Jedenfalls ist das Wissen um die Wirkstoffe in Pflanzen Jahrtausende alt und wird noch heute täglich erweitert. Es gibt kaum ein Leiden, gegen das ‚kein Kraut gewachsen wäre'. Dabei ist es von entscheidender Wichtigkeit, welche Teile der Pflanze verwendet werden: Wurzeln, Blätter, Blüten, Früchte, Rinde oder Saft. Und auch hier kann das Wissen über den Mondrhythmus hilfreich, wenn entschieden werden soll, wann die Pflanze gesammelt, zerschnitten oder getrocknet wird. Wer sich zum ersten Mal mit Kräutern und ihren heilenden Wirkungen auseinander setzt, fällt vermutlich dreierlei auf. Zunächst wird es viele Menschen erstaunen, wie viele der bekannten Küchenkräuter, die täglich auf dem Teller landen, eine Art ‚Sonderausstattung' haben: Sie schmecken nicht nur gut, sondern sie haben auch vorbeugende oder heilende Wirkung. Das betrifft sogar die klassischen Gewürze wie Petersilie, Schnittlauch, Salbei, Rosmarin und Liebstöckel. Zum anderen wird es den Kräuteranfänger sicherlich erstaunen, wie viele Kräuter es dann aber doch gibt, von denen man noch nie gehört hat - Ehrenpreis, Beinwell und Beifuß sind nicht gerade Kräuter, die jedes Kind problemlos identifizieren könnte! Das hat unter anderem damit zu tun, dass einige der genannten Kräuter durchaus nicht mehr leicht am Wegesrand zu finden sind; nach einigen von ihnen wird man sogar richtig suchen müssen. Drittens kommen aber einige Kräuter hingegen massenhaft vor - wohlbekannt unter dem nicht ganz berechtigten Überbegriff ‚Unkraut'. Brennnessel und Löwenzahn, die Schrecken vieler Gärtner, haben bei Menschen, die sich mit Heilkräutern auseinander setzen, einen durchaus guten Ruf. Brennnesseltee wirkt beispielsweise blutreinigend, vor allem der Aufguss von jungen Pflanzentrieben im Frühjahr. Über Heilpflanzen gibt es also weit mehr zu lernen und zu erfahren, als man sich zunächst vorstellen kann! Sie werden sich vielleicht fragen, wie ein Mensch, der in einer Großstadt lebt und kaum Gelegenheit hat, einfach in den Wald oder auf eine grüne Wiese zu spazieren, um hier nach Herzenslust Kräuter abzuschneiden und Wurzeln auszugraben, geschweige denn, einen Garten zur Verfügung hat, an selbst gesammelte Kräuter kommen soll, die noch dazu nicht mit Schwermetallen belastet sein sollen, weil die Sammelstelle leider in der Nähe der Autobahn liegt. Das ist natürlich ein berechtigter Einwand. Und es soll an dieser Stelle betont werden, dass natürlich auch die Kräuter aus Apotheke, Reformhaus und Bioladen nicht etwa minderwertig und wirkungslos sind. Vielleicht haben Sie trotzdem Spaß und Interesse daran, einmal selbst Kräuter zu sammeln und sich mit der Theorie des richtigen Zeitpunktes, wann für welche Kräuter die geeignete Tageszeit und der Zeitpunkt im Laufe des Jahres ist, auseinander zu setzen. Möglicherweise werden Sie auch einfach Neues über Ihnen bekannte und unbekannte Kräuter, ihre Wirkung und ihre Verabreichungsformen erfahren.

Das Wissen über die Wirkung von Kräutern ist sehr alt. Die Forschung und Niederschrift wurde vor allem durch die Griechen, die Römer, Chinesen, Ägypter und Araber vorangetrieben. Unter der Herrschaft der Christen schließlich erlebte die Kräuterheilkunde einen entscheidenden Niedergang, nicht zuletzt durch die Rigorosität, mit der das alte Wissen als heidnisch und damit schlecht und wertlos abgestempelt wurde. Allerdings wurde gerade in den Klöstern durch schreibkundige Mönche, die sich wider der allgemeinen Lehrmeinung auch an Heilkräutern orientierten, einiges an uralten Erkenntnissen ins Mittelalter hinübergerettet. Der Arzt, Forscher und Philosoph Paracelsus (1493 - 1541) vertrat das Prinzip des ‚inneren Arztes', der bei aller Heilung entscheidend sei und wandte zunehmend die alten Kenntnisse über die Wirkungen der Pflanzen an. Er war einer der Verantwortlichen dafür, dass die griechischen Schriften wieder gelesen und gelehrt wurden. Als Verfechter der Pflanzenheilkunde und wegen seiner allgemein unzeitgemäßen Lehren wurde er von zeitgenössischen Gelehrten und Ärzten verachtet. Erst lange nach seinem Tod erlangten seine Ideen an Bedeutung.

Bevor es um die Wirkung des Mondrhythmus auf Ernte- und Anwendungszeitpunkt gehen soll, hier zunächst aber eine Übersicht an Wirkstoffen, die in Heilkräutern enthalten sein können. Die Auflistung ist nicht komplett, es gibt noch weitaus mehr Wirkstoffe; in der Pharmazie allein nimmt die Pflanzenkunde eine eigene Disziplin ein. Die hier aufgeführten Kräuter sind lediglich die bekanntesten.

Ätherische Öle
Sie haben ganz unterschiedliche Wirkungen, je nach Pflanze: desinfizierend, durchblutungssteigernd, wassertreibend, etc. Es gibt unter anderem ätherische Öle aus Basilikum, Fenchel, Lorbeer, Kamille, Salbei, Minze, Knoblauch und Thymian.

Schleimstoffe
Die sog. Schleimstoffe sind auch bekannt unter den Begriffen Pektin oder Lichenin. Sie wirken gegen Entzündungen und zur besseren Wundheilung und sind unter anderem enthalten in Schlüsselblume, Huflattich, Kornblume, Ringelblume, Gänseblümchen, Beinwell und Taubnessel.

Seifenstoffe
Der wissenschaftlicher als Saponin bekannte Wirkstoff hat ähnlich viele und unterschiedliche Wirkungsweisen wie die ätherischen Öle. Er ist enthalten in Schlüsselblume, Stiefmütterchen, Königskerze, Ehrenpreis, Leberblümchen und anderen.

Bitterstoffe
Die Alkaloide und Glykoside beeinflussen die Darm- und Magenfunktione und wirken krampflösend. Sie kommen vor in Wermut, Löwenzahn, Salbei, Ringelblume und Beifuß.

Salizylsäure
Sie hat schmezlindernde und antibakterielle Wirkung. Vorkommen in Ringelblume, Veilchen und Weise.

Kieselsäure
Wirkt gegen Hautirritationen und Entzündungen, Entzündungen auch der Schleimhäute und kräftigt das Bindegewebe. Kieselsäure ist unter anderem enthalten in Schachtelhalm, Brennnessel und einigen Formen von Heidekraut.

Gerbstoffe
Wirken allgemein gegen leichte Vergiftungen, Ausschläge der Haut und entzündliche Magen- und Darmschleimhaut. Sie sind enthalten in Brombeeren, Kastanie, Ehrenpreis und Frauenmantel.

Wirkstoffe gegen Verstopfung
Sie sind enthalten in Sennesblättern, Kreuzdorn, Erdrauch und Faulbaumrinde.

Blutstillende Wirkstoffe
Sie kommen vor in Schafgarbe, Mistel, Löwenzahn und Hirtentäschchen.

Für ausführliche Listen mit Wirkungsweisen und Anwendungsgebiete der vielen verschiedenen heimischen Kräuter, ebenso wie Tipps für das Identifizieren der Pflanzen sei an einschlägige Werke verwiesen. Im Allgemeinen lassen die großen Kräuterheilbücher lediglich ein Thema aus: Nämlich das des richtigen Timings. Gemeint ist damit der Zeitpunkt für das Sammeln und Verarbeiten der Heilkräuter im Zusammenspiel mit dem Mond und seinen Phasen. Damit werden wir uns in diesem Kapitel näher befassen.

Kein Kraut von der Stange

Der erste Schritt in Richtung Heilung mit Kräutern ist die genaue Feststellung der Symptome, gefolgt von einer Diagnose. Dies ist bei kleineren oder schon bekannten Krankheitsbildern durch die erkrankte Person selbst möglich (zum Beispiel bei Menstruationsbeschwerden), bei Zweifeln sollte aber immer ein Arzt zu Rate gezogen werden. Soll der Versuch unternommen werden, die Beschwerden mit Heilkräutern zu lindern oder die Heilung voranzutreiben, ist es wichtig, sich schrittweise zu überlegen, welche Pflanze wie eingesetzt werden soll:
Wie soll die Wirkung sein: entzündungshemmend, krampflösend, abführend, entwässernd, den Kreislauf anregend?
Welche Pflanze kommt dafür in Frage?
Welche Teile der Pflanze können verwendet werden, welche nicht?
Wann sollte man die betreffende Pflanze wie sammeln?

Wichtig ist es auch, sich darüber im Klaren zu sein, dass nicht alle Pflanzen (wie oft auch chemisch produzierte Medikamente) auf alle Menschen gleich wirken. Bei einer Person mag ein Heiltee geradezu durchschlagende Wirkung haben, bei einer anderen zeigt sich wenig oder keinerlei Wirkung, worauf man vorbereitet sein sollte. Eine generelle Regel für das Sammeln von Heilpflanzen lautet: Nicht mehr sammeln, als man wirklich gerade benötigt oder in einem Vorrat (etwa für den Winter) anlegen möchte! Das versteht sich von selbst, wenn man die Natur nicht als Selbstbedienungsladen betrachtet, aus dem man sich nehmen kann, so viel es einem Spaß macht. Kräuter, die vom Ausstreben bedroht sind bzw. unter Naturschutz stehen, dürfen natürlich niemals gepflückt werden. Umsicht ist auch geboten, wenn von einer Pflanze die Wurzeln benötigt werden. Wenn wirklich alle Wurzeln ausgegraben werden, bleibt von der Pflanze am Standort nichts übrig. Deshalb sollten am Fundort immer noch einige Pflanzen stehen bleiben; wenn die Wurzel nicht benötigt wird, graben Sie keine ganzen Pflanzen aus, sondern pflücken Sie nur die relevanten Pflanzenteile.

Vom richtigen Zeitpunkt

Der richtige Zeitpunkt ist für das Sammeln der Pflanze relevant, weil die Wirkstoffe nicht immer gleichmäßig über alle Teile der Pflanze verteilt sind. Brauchen Sie beispielsweise die Wurzel einer Pflanze, steckt ein Großteil der Kraft aber gerade in den Blättern oder der Blüte, wird die Wirkung der zu diesem Zeitpunkt geernteten Wurzeln nicht so stark sein. Die beste Jahreszeit zum Kräutersammeln ist der Frühling, wenn die Pflanzen noch jung sind. Das hängt damit zusammen, dass sich einige Wirkstoffe aus älteren Pflanzen schlechter ‚herausziehen' lassen als aus jungen. Bei Bäumen und Büschen gilt das entsprechend für die jungen, hellgrünen Blätter. Auch im Laufe eines Tages können schlechtere und bessere Sammelbedingungen herrschen. Wurzeln werden am besten morgens und abends gesammelt; Blätter vormittags, nachdem der Tau getrocknet ist. Bei Blüten ist Sonnenschein entscheidend, egal ob die Vormittags- oder Abendsonne. Am geeignetsten sind die voll entfalteten, jedoch noch nicht verblühenden Blüten (diejenigen also, die gewissermaßen im ‚vollen Saft stehen'), denn ihre Heilkraft ist am stärksten. Früchte und Samen haben keine bevorzugte Tageszeit. Wie für alle Pflanzenteile gilt aber auch hier, dass man das Sammeln in der prallen Mittagssonne eher vermeiden sollte. In der Tabelle weiter vorne über die Qualitäten der Nahrungsbestandteile an verschiedenen Tagen ist die Gliederung nach verschiedenen Tagen vorgenommen, daneben wurde auch etwas über den begünstigten Pflanzenteil ausgesagt. Diese Tabelle ist hilfreich, den richtigen Zeitpunkt für das Sammeln von Kräutern zu finden. Werden von einer Pflanze die Wurzeln gebraucht, sind also die Erdtage besonders geeignet, das heißt die Tage, an denen der Mond in den Zeichen Stier, Jungfrau und Steinbock steht. Dementsprechend sind für das Sammeln von Blüten die Lufttage begünstigt, für Blätter die Wassertage und Früchte die Wärmetage. Bevor man sich auf den Weg macht, um Kräuter zu sammeln, ist aber immer noch einmal das Wetter zu beobachten. Grundsätzlich sollte es zum Sammeln trocken sein! Außerdem sind für Blüten zwar Lufttage besonders gut geeignet, wenn es aber bedeckt ist und die Sonne sich den ganzen Tag nicht zeigt, hilft auch der Lufttag nicht viel. Will man Früchte sammeln, hat sich auch einen Wärmetag ausgesucht, es aber seit dem Sonnenaufgang regnet, sollte das Vorhaben verschoben werden. Folgen Sie auch hier wieder Ihren Gefühlen und Ihrem Instinkt. Wenn es nun mal kalt, grau und nass ist, schlicht keine guten Sammelbedingungen herrschen, warten Sie lieber ein paar Tage!

Der Stand des Mondes im Tierkreiszeichen und die Körperregion

Der Mondstand ist nicht nur für den jeweils benötigten Pflanzenteil bedeutsam. Es gilt auch grundsätzlich die folgende Regel:

Ein Heilkraut wirkt besonders gut, wenn es einem Tag gesammelt wird, dessen Tierkreiszeichen die Körperregion regiert, für die das Heilkraut wirksam sein soll.

Die von den bestimmten Zeichen regierten Körperregionen kann man der Tabelle mit den Tierkreiszeichen entnehmen: Möchte man also Kräuter sammeln gegen Blasenbeschwerden, sind die Tage im Zeichen der Waage besonders gut geeignet. Hier noch einmal in der Übersicht:

Beschwerden zum Sammeln besonders geeignetes Zeichen

Augen- und Kopfschmerzen	Widder
Ohren- und Halsschmerzen	Stier
Schulter- und Nackenverspannungen, Lungenleiden (zum Inhalieren)	Zwilling
Magenschmerzen, Bronchitis, Leber- und Gallenschmerzen	Krebs
Kreislauflabilität, Herzbeschwerden	Löwe
Verdauungsprobleme, Störungen der Bauchspeicheldrüse, Nervenleiden	Jungfrau
Nieren- und Blasenbeschwerden, Hüftschmerzen	Waage
Beschwerden an Geschlechts- und Harnorganen	Skorpion
Venenleiden	Schütze
Hautkrankheiten, Knochen- und Gelenkschmerzen	Steinbock
Venenleiden	Wassermann
Schmerzen in Beinen	Fische

Die Tage des Skorpion haben sich als für alle Körperregionen gesammelten Kräuter als geeignet erwiesen. An Skorpiontagen herrschen also allgemein gute Bedingungen. Die an diesen Tagen gesammelten Kräuter eignen sich auch besonders gut zum Lagern, z.B. für den Winter, also zum Trocknen und Konservieren. Dem gegenüber stehen vor allem die Fische- und Krebstage. Die in diesen Zeiträumen geernteten Kräuter sollten eher zügig verbraucht werden, da sie sich nicht lange halten werden.

Pflanzenteile

Das Sammeln einzelner Pflanzenteile unterliegt, wie schon angedeutet, bestimmten Kräften, die durch verschiedene Faktoren beeinflusst werden. Ein Faktor ist das Tierkreiszeichen, in dem der Mond am Sammeltag steht; ein anderer, etwas leichter zu beachten, ist der allgemeine Stand des Mondes - also ob er ab- oder zunimmt, aufsteigend oder absteigend ist. Die Gliederung erfolgt wiederum nach den benötigten Teilen der Pflanze; es soll auch noch einmal angegeben werden, in welcher Jahreszeit man welche Pflanzenteile vorteilhaft sammeln kann. Als allgemein gültige Faustregel kann man sich merken: Bei Vollmond herrschen immer gute Sammelbedingungen für alle Pflanzenteile!

Blätter

Allgemein sollten Blätter bei zunehmendem Mond gesammelt werden. Wenn gerade dringend bestimmte Blätter gebraucht werden, der Mond aber noch lange abnehmen wird, kann man Blätter auch bei aufsteigendem Mond (also zwischen den Zeichen Schütze und Zwillinge) oder alternativ an ‚Blatttagen', also Wassertagen (Krebs-, Skorpion- und Fischetage) sammeln. (Zur Erinnerung: Die Tage des Skorpion sind ohnehin immer besonders zum Sammeln geeignet!) Eine Ausnahme bilden Brennnesseln, die zur inneren Reinigung und Entgiftung geeignet ist, vor allem auch als Blutreinigungsmittel. Brennnesseln sollte man im Gegensatz zu anderen Blättern immer bei abnehmendem Mond sammeln. Das gilt im Übrigen auch für das Trinken des aus den Blättern erzeugten Brennnesseltees! Außerdem sollte man gerade beim Sammeln von Blättern immer darauf achten, ob es sich um junge Pflanzen oder Pflanzentriebe handelt. Man kann Blätter das ganze Jahr über sammeln, jedoch haben ältere Pflanzen weniger Heilkräfte als junge.

Wurzeln

Die ideale Zeit, um Wurzeln zu sammeln, ist der Vollmond oder der abnehmende Mond. Diese Wurzeln haben am meisten Wirkstoffe und sind am effektivsten. Die beste Tageszeit ist der frühe Morgen (vor Sonnenaufgang!) oder der späte Abend, da die Wurzeln nach dem Ausgraben nicht ans Lichten kommen sollten. Die Wurzeln haben am meisten Kraft, wenn der Saft einer Pflanze noch nicht oder nicht mehr im oberen Teil der Pflanze, sondern in den Wurzeln selbst ist. Daher ist die beste Jahreszeit zum Sammeln das Frühjahr (und zwar am besten noch bevor der kräftige Frühlingswuchs eingesetzt hat) oder der Herbst, wenn die Säfte sich schon wieder in die Wurzeln ‚zurückgezogen' haben.

Blüten

Werden Blüten benötigt, geht man am besten bei zunehmendem Mond oder bei Vollmond auf die Suche. Auch hier gibt es eine Alternative (wenn bei zunehmendem und Vollmond beispielsweise das Wetter schlecht war oder es sehr dringend ist): Auch der aufsteigende Mond ist geeignet, ebenso wie die Lufttage (also an den Tagen, an denen der Mond in Zwillinge, Waage oder Wassermann steht. Um Blüten sammeln zu können, muss es in der Natur Blüten geben - also im Frühling und im Sommer. Am meisten Wirkstoffe enthalten die Blüten, die voll erblüht sind, jedoch noch nicht verblüht. Es ist ein Vorteil, wenn die Sonne scheint und angenehme Temperaturen herrschen. Trotzdem die größte Mittagshitze vermeiden!

Früchte und Samen

Zum Einlagern und Konservieren von gesammelten Früchten und Samen sind die Tage des aufsteigenden Mondes gut geeignet. Bei zunehmendem Mond gefundene oder geerntete Früchte und Samen können auch verwendet werden; sie eignen sich jedoch nur für den zügigen Verbrauch. Allgemein gute Bedingungen herrschen für Früchte und Samen an ‚Fruchttagen', also den Wärmetagen (Widder, Löwe und Schütze). Vermeiden sollte man die Tage, an denen der Mond in den Zeichen Fische, Krebs, Jungfrau und Steinbock steht. Die beste Jahreszeit zum Sammeln ist logischerweise der späte Sommer und Herbst, denn im Frühjahr und im Winter gibt es schließlich keine Früchte und Samen. Sie sollten reif sein, nicht mehr hart und grün, aber auch keinesfalls schon weich und matschig. Wichtig ist: Nicht bei Regen oder allgemein feuchtem Wetter sammeln! Früchte und Samen sollten immer trocken sein. Auch hier nicht sammeln gehen, wenn die Sonne am höchsten steht und es sehr heiß ist.

Die Sache mit dem Vollmond

Der Vollmond - sowohl der Tag wie auch die Nacht - ist zum Sammeln von Heilkräutern eine Art Universalschlüssel. In der Auflistung der geeigneten Bedingungen ist er nicht immer aufgeführt, doch grundsätzlich gilt: Bei Vollmond herrschen immer gute Sammelbedingungen! Falls Ihnen jetzt Geister und Hexen in den Sinn kommen sollten, über die man Ihnen als Kind Schreckensgeschichten erzählt hat, so ist das vielleicht doch nicht völlig weit hergeholt. Tatsache ist, dass die Hexen - die ja meist nichts anderes als allein stehende Frauen waren, die völlig auf sich allein gestellt waren, was ihr Auskommen betraf - eben besonders gern bei Vollmond loszogen, umso wirkungsvolle Kräuter wie möglich zu finden. Gerade die Wurzeln, mit denen diese Frauen oft schwere Krankheiten zu behandeln wussten, konnte man in Vollmondnächten besonders gut finden, denn es herrschten in diesen Nächten einfach die besten Lichtverhältnisse! Bei Nacht im Wald, wo einige der Wurzeln ausschließlich zu finden sind, ist es stockfinster und früher bot nur der volle Mond so viel Licht, dass man die Wurzeln zweifelsfrei identifizieren konnte - Taschenlampen gab es nicht und auch ein Feuer spendete nur einen schwachen Lichtschein und war im Wald zudem gefährlich. Es wird deutlich, dass der Vollmond also auch aus sozusagen technischen Gründen hervorragend für eifrige Kräutersammler geeignet war!

Konservieren und Lagern von Kräutern

Nicht immer möchten Sie die gesammelten Heilpflanzen auch sofort verwenden. Manchmal sammelt man auch gezielt etwas mehr Kräuter, als gerade benötigt werden, um sie für die Jahreszeiten aufzubewahren, in denen es keine frischen Kräuter gibt (zum Beispiel im Winter). Wie auch Gewürze werden Heilkräuter zunächst getrocknet. Das Trocknen sollte an einem schattigen Ort vorgenommen werden. Direkte Sonne würde den Kräutern nur schaden! Man lege die Pflanzen oder Pflanzenteile auf eine luftdurchlässige Unterlage wie etwa einen feinen Lattenrost; alternativ kann man auch saugfähiges Papier verwenden. Die Unterlage muss auf jeden Fall natürlich sein, also nicht etwa aus Plastik, denn die Pflanzen würden darauf nicht gut trocknen und vielleicht sogar zu schimmeln beginnen. Dementsprechend ist auch Alufolie ungeeignet. Von der luftdurchlässigen Unterlage werden die getrockneten Kräuter in Pappschachteln oder Schraubgläser abgefüllt, wo man sie dann bis zu einem Jahr aufbewahren kann. Das ist keine besonders lange Zeit, wenn man die Lagerzeiten des 20. Jahrhunderts gewohnt ist, wo Produkte mitunter bis zu fünf Jahre haltbar sind. Andererseits ist ein Jahr eine einleuchtende natürliche Höchstaufbewahrungsdauer, denn in aller Regel gibt es in jedem Jahr die Gelegenheit, wieder neue, frische Kräuter zu sammeln und einen neuen Vorrat anzulegen. Das Umfüllen in Schachteln oder Gläser (am besten in dunkle, lichtgeschützte Gefäße) sollte man grundsätzlich bei abnehmenden Mond vornehmen, unabhängig von Tierkreiszeichen oder Mondphase zum Zeitpunkt der Ernte. Bei zunehmendem Mond ist die Gefahr sehr groß, das sich Schimmel und Fäulnis bilden. Hat man eine Pflanze bei zunehmendem Mond geerntet, so sollte man übrigens auch die Trockenzeit so ausrichten, dass einige Tage im abnehmenden Mond dabei sind. Vor allem bei einigen schnell trocknenden Küchenkräutern wie Petersilie, Majoran und Thymian können Sie auch versuchen, ein ganzes Kräuterbüschel an den Stielen zusammenzubinden und von einem Bindfaden herabhängend zu trocknen. Das sieht nicht nur schön aus und verbreitet angenehmen Duft, sondern vermeidet das aufwändigere Trocknen liegend auf eine Unterlage. Das ist allerdings nur bei nicht zu Schimmel und Fäulnis neigenden Kräutern möglich (Gefahr besteht vor allem an der Stelle, wo die Stiele zusammengebunden werden). Einmal verdorbene Kräuter sollten Sie auf keinen Fall mehr verwenden!

Anwendungsformen

Was tun mit den sorgfältig gesammelten, getrockneten und abgefüllten Kräutern? Es gibt unterschiedliche Formen der Darreichung. Je nach Pflanzenart und Beschaffenheit des gesammelten Pflanzenteils gibt es eine oder auch mehrere Arten, wie man die Wirkung am besten nutzen kann. Am bekanntesten und auch sehr leicht herzustellen ist Kräutertee bzw. ein Kräuteraufguss. Einen Tee oder Aufguss kann man vor allem aus jungen Kräutern zubereiten, die reich an ätherischen Ölen sind. Ein bekanntes Beispiel ist Pfefferminztee, gewonnen aus den jungen Pflanzenteilen der Pfefferminze. Die ätherischen Öle würden durch eine andere Verarbeitung als das Aufgießen mit kochendem Wasser verloren gehen. Nehmen Sie für eine große Tasse etwa einen gehäuften Teelöffel bei getrockneten Kräutern, einen gehäuften Esslöffel bei frischen Kräutern und übergießen Sie die Kräuter in der Tasse mit kochendem Wasser (wichtig: nicht nur mit heißem, sondern sprudelnd kochendem Wasser). Decken Sie die Tasse ab (z.B. mit einer Untertasse) und lassen Sie den Tee mindestens drei, höchstens zehn Minuten ziehen. Heben Sie die Untertasse nach fünf Minuten einmal an: Der Tee gilt als fertig, wenn die Kräuter auf den Tassenboden herabgesunken sind. (Dies gilt nicht für alle Kräuter: Einige Sorten bleiben immer an der Wasseroberfläche. Auch hier reichen zehn bis fünfzehn Minuten Ziehenlassen.) Nachdem Sie den Tee durch ein Teesieb oder Tuch gegossen haben, ist er trinkfertig. Man sollte mit dem Trinken nicht allzu lange warten, weil sonst unnötig Wirkstoffe verloren gehen.

Mit noch empfindlicheren Kräutern macht man einen Kaltauszug. Das ist bei solchen Sorten notwendig, die schon durch das Ziehen im kochenden Wasser alle ihre Wirkstoffe verlieren würden. Für einen Kaltauszug werden die Kräuter über Nacht quasi in Wasser ‚eingeweicht' - man gibt sie in ein Gefäß mit kaltem Wasser und lässt sie zugedeckt mindestens acht Stunden stehen. Am nächsten Tag kann man aus den abgeseihten Kräutern noch die nicht in kaltem Wasser löslichen Wirkstoffe herausziehen, indem man sie sehr kurz mit frischem Wasser aufkocht. - Den schon gewonnenen Kaltauszug darf man jedoch auf keinen Fall erhitzen!

Dünnflüssige, alkoholhaltige Auszüge nennt man Tinkturen. Verwendet werden sie meist zum Einreiben oder Einpinseln kleinflächiger Hautpartien. Man gibt dazu die entsprechenden Kräuter in eine verschließbare Flasche und gießt Alkohol auf, bis alle Pflanzenteile bedeckt sind. Die Tinktur ist fertig, nachdem die verschlossene Flasche zehn bis vierzehn Tage an einem warmen Ort gestanden hat.

Extrakte sind ebenfalls Auszüge. Sie sind dickflüssig und werden meistens durch einen Auszug mit Pflanzen- oder Olivenöl gewonnen. Sie eignen sich zum Einreiben, verdünnt mitunter auch zur inneren Anwendung.

Ein mit Hilfe von Fett gewonnener Auszug ist die Salbe. Das beste Fett dafür ist reines Schweineschmalz, günstigerweise von einem frisch geschlachteten Schwein (noch besser: von einem an Vollmond geschlachteten Schwein!). Wer keinen Zugang zu frischem Schweineschmalz hat, etwa von einem Bauernhof mit Fleischverkauf in der Nähe, kann auch ein anderes Fett verwenden (notfalls Pflanzenfett, niemals Mineralöle!). Der ideale Zeitpunkt für die Salbenherstellung ist der aufsteigende Mond, also die Tage von Schütze bis Zwillinge. Ein sehr gut geeigneter Zeitpunkt ist auch wiederum der Vollmond. Hier sind in dem Pflanzen die meisten Wirkstoffe enthalten, was für eine wirksame Salbe sorgt. Hinzu kommt, dass nach den 24 Stunden, in denen die Mischung ruht, der Mond bereits wieder abnimmt. Das wirkt sich deshalb positiv aus, weil die jetzt in die Gläser abgefüllte Salbe besonders haltbar wird. Unbedingt vermeiden für diese Arbeit sollten Sie die Tage, an denen der Mond in den Zeichen Krebs und Jungfrau steht. Für die Herstellung wird eine große Tasse Fett in einem Topf erhitzt. Wie für besonders gesundes und wohlschmeckendes Essen gilt auch für diese Arbeit: Verwenden Sie möglichst einen Emailletopf; verzichten Sie auf Teflon, Stahl oder Kupfer. Zum Umrühren sollten Sie grundsätzlich nur Holzlöffel benutzen, keine Plastiklöffel oder Bratenwender. In das nicht zu heiße Fett wird nun vorsichtig etwa eine Hand voll Kräuter eingerührt; alles muss kurz brutzeln. Orientieren Sie sich an der Zeit, die ein Stück Fleisch in der Pfanne braucht, um gar zu werden, wobei die Salbe vielleicht ein bisschen länger braten kann. Wie beim Fleisch darauf achten, dass nichts ‚anbrennt', die Kräuter also nur braten und nicht frittieren! Die Mischung abkühlen lassen und das Fett mitsamt Kräutern ungefähr 24 Stunden an einen kühlen Ort stellen. Am folgenden Tag muss die Mischung noch einmal sehr vorsichtig erwärmt werden, bis sie flüssig und gut rührbar wird. Durch ein Sieb oder Tuch gießen und das so abgeseihte Fett in Schraubgläser abfüllen. Die nun fertig gestellte Salbe an einem dunklen Ort aufbewahren; darauf achten, dass sie nicht zu hohen Temperaturen ausgesetzt wird! Gerade für eher zeitaufwändige Verfahren wie die Salbenherstellung ist es wichtig, sich viel Zeit zu nehmen. Eine Salbe, die in Eile hergestellt wird, wenn man in Gedanken ganz weit weg ist, wird nicht so wirksam sein wie eine, die sozusagen ‚mit Liebe' erhitzt, gerührt und umgefüllt worden ist. Wie beim Kuchenbacken kocht das Gefühl mit - machen Sie sich das immer bewusst, wenn Sie beginnen, an die Party nächstes Wochenende zu denken oder daran, dass die Fenster sehr dringend geputzt werden müssten.

Der Sud (auch Absud oder einfach Abkochung genannt) ist wie der Tee eine Flüssigkeit, in der das Heilkraut jedoch nicht nur zieht, sondern längere Zeit kocht. Ein Sud wird aus solchen Kräutern gemacht, in denen schwer lösliche Wirkstoffe wie etwa Gerbsäure und Bitterstoffe enthalten sind; besonders geeignet ist ein Sud auch, wenn es sich um die Wurzeln, Stiele oder bereits verholzte Pflanzenteile handelt. Man kann entweder erst Wasser zum Kochen bringen und die Kräuter ins sprudelnde Wasser geben, oder aber die Kräuter im Wasser zum Kochen bringen. Bei der ersten Methode ist die Kochzeit etwas länger, sollte jedoch fünfzehn Minuten nicht überschreiten. Mit der zweiten Methode reichen mitunter auch schon sieben oder zehn Minuten - entscheiden Sie nach Gefühl.

Als Saft wird meistens die Flüssigkeit bezeichnet, die beim Pressen von Pflanzenteilen entsteht. Man kann sie trinken (am besten bekannt als ‚Hustensaft') oder für Umschläge verwenden. Rohsäfte (also ohne jegliche Form von Konservierungsmittel) sind nur von sehr begrenzter Haltbarkeit und sollten schnellstmöglich verbraucht werden.

Das Angenehme mit dem Wirksamen vereint findet man in einem Kräuterkissen. Mehr und mehr Verbreitung finden in den letzten Jahren kleine Kissen als Mottenschutz für den Kleiderschrank. Man kann aber auch andere Kräuter verwenden, je nach erwünschter Wirkung, etwa beruhigend zum Einschlafen, als Mittel gegen Rheuma und Allergien oder einfach nur wohlduftend. Die gewünschten Kräuter sollte man bei zunehmenden Mond sammeln und bei abnehmenden Mond in Kissen nähen. Wenn Sie die Kräuter an Blütentagen, also in den Zeichen Zwillinge, Waage und Wassermann, sammeln, riechen sie besonders lange gut. Für das Einnähen sollten Sie übrigens auch dann auf abnehmenden Mond warten, wenn Sie gekaufte Kräuter verarbeiten. Als Bezugsmaterial eignet sich feste Baumwolle oder Leinen (darauf achten, dass der Stoff nicht gefärbt oder mit chemischen Mitteln behandelt ist). Die fertigen Kräuterkissen sollten niemals feucht werden, da sie sonst von innen zu schimmeln beginnen könnten. Lüften Sie die Kissen also niemals bei feuchtem Wetter im Freien!

Die Beziehungen zwischen Mondstand im Tierkreis und dem gesunden Körper

In den zwei bis drei Tagen, in denen sich der Mond in den zwölf verschiedenen Tierkreiszeichen aufhält, wirken unterschiedliche Kräfte, die uns auf die eine oder andere Art beeinflussen. In diesem Kapitel sollen noch einmal die Impulse, die wir bis jetzt kennen gelernt haben und ihre Wirkung auf die Gesundheit zusammengefasst werden. Aus der Tabelle über die jeweilige von den Tierkreiszeichen regierten Körperzonen können Sie ableiten, welcher Zeitpunkt für welches Organ günstig ist. Prinzip und Wirkung lassen sich relativ griffig beschreiben. Mitunter haben die Impulse aber noch einen weiteren Anklang, eine Art farbliche Tönung, die gar nicht so einfach zu beschreiben ist. Menschen, die sich schon länger mit den Mondrhythmen auseinander setzen und persönliche Erfahrungen gesammelt haben, werden wissen, wovon die Rede ist. In dieser Übersicht soll trotzdem versucht werden, auch auf die unterschwelligen Töne mit eingegangen zu werden, um sie auch für Einsteiger in die Materie verständlich zu machen.

Wir fassen noch einmal zusammen. Die Faustregeln lauten wie gehabt:

- Alle Maßnahmen, die zum Wohlergehen eines Organs oder einer Organgruppe vorgenommen werden, sind an den Tagen, an denen der Mond in dem das Organ regierende Zeichen steht, besonders wirkungsvoll. Man könnte sagen, die Wirkung sei ‚doppelt gut'. Davon ausgenommen sind chirurgische Eingriffe jeder Art.

- Entsprechend sind alle strapazierenden oder belastenden Maßnahmen an einem Organ, wenn der Mond gerade in dem das betreffende Organ regierende Zeichen steht, ‚doppelt schlecht'. Operationen sollten an solchen Tagen nach Möglichkeit vermieden werden, wobei Notoperationen natürlich nicht unter diese Regel fallen.

- Nimmt der Mond zu, wenn er das die betreffende Körperteile regierenden Zeichen durchquert, sind alle Maßnahmen, die der Pflege und der Stärkung des Organs dienen, wirksamer als bei abnehmendem Mond. Entsprechend sind Maßnahmen, die entschlacken und entgiften sollen, bei abnehmendem Mond erfolgreicher als bei zunehmendem Mond.

Im Zweifelsfalle (außer bei Operationen) zählt immer die Absicht, die einer Maßnahme unterliegt, nicht die tatsächliche, wörtlich genommene Form der Anwendung! Ein Beispiel ist eine Massage, die vielleicht zunächst unangenehm ist, doch letztlich der Kräftigung und Stärkung der Muskeln dienen soll. Nun sollen einzeln noch einmal die Eigenschaften der jeweiligen Tierkreiszeichen aufgeführt und die unterschwellige Färbung im Ansatz beschrieben werden.

Widder: im zunehmenden Mond: Oktober bis April, im abnehmenden Mond: April bis Oktober

Dem Tier Widder entsprechend ist die Färbung dieses Tierkreiszeichens mitunter ungeduldig; oft will der Widder - mit den kräftigen Hörnern voran - mit dem Kopf durch die Wand. Umwege werden nicht gern in Kauf genommen, alles will seinen direkten Weg gehen. So genannte Initialzündungen kommen hier häufig vor, es geht etwas voran. Die vom Widder regierte Körperregion sind Kopf, Gehirn und Augen - mit ihm beginnen die Einflüsse auf den Körper ganz oben, am Haupt. Deshalb gibt es in dieser Zeit viele Fälle von Migräne; wer stark anfällig für Migräne ist, sollte auf einen Zusammenhang mit den Widdertagen achten. Menschen, die häufig unter Migräne leiden, sollten an Widdertagen viel Wasser trinken und auf Kaffee sowie zucker- und stark stärkehaltige Speisen verzichten. Nun ist dies natürlich wieder einer der zahlreichen Vorschläge, die Migränepatienten gemacht werden, der unter Umständen nicht hilft. Gegen Migräne gibt es kein Patentrezept. Wer das für sich wirksame Mittel gefunden hat, nutze es; allen anderen wird nur übrig bleiben, diesen neuen Vorschlag auszuprobieren und vielleicht Erfolg zu haben. Grundsätzlich ist zu Migräne zu sagen, dass sie in den meisten Fällen keine organischen Ursachen hat. Früher als hysterisches Frauenleiden abgetan, werden heute durchaus Menschen von Migräne geheilt. Manchmal verschwindet sie auch von selbst irgendwann. Man kann aber auch einiges dafür tun: Wann immer es machbar ist, sollten für Migräne anfällige Menschen gezielt versuchen, sich die Widdertage so stressfrei wie möglich zu gestalten. Keinen Hausgroßputz, keine entscheidenden Verhandlungen in Beruf und Privatleben, wenn es irgend möglich ist; damit kann man schon gute Erfolge erzielen. Überhaupt sollten Migränepatienten sich niemals nur auf Tabletteneinnahmen verlassen, sondern sich überlegen, ob es nicht andere Faktoren gibt, die sie belasten und so für die Schmerzen mitverantwortlich sind. Man muss nicht gleich eine Psychotherapie machen, um den Ursachen auf die Spur zu kommen - wichtig ist, dass man sich selbst ehrliche Antworten gibt und gegebenenfalls die Konsequenzen zieht. Es ist wertvoll zu wissen, was einem gut tut und was einen, vielleicht hat man es sich bisher noch nicht einmal wirklich eingestanden, belastet oder stört. Das kann mangelnde Beteiligung anderer an der Haushaltsplanung und -arbeit sein oder auch ganz grundsätzliche Konflikte, die wesentlich schwerer zu lösen sind und tief greifendere Konsequenzen zur Folge haben können, die nicht immer angenehm und bequem sind. Ein Auseinandersetzen mit den wirklichen Gründen ist aber in jedem Fall wichtig. Gerade Menschen mit häufiger und starker Migräne sollten das sehr wichtig nehmen.

Verstärkte Wirkung haben die Widdertage auch auf die Augen. Wer häufig unter müden oder gereizten Augen leidet, kann an den Widdertagen größere Probleme haben als sonst. Verletzungen an den Augen zieht man sich natürlich niemals absichtlich zu, Überanstrengung der Augen kann aber wahrscheinlich vermeiden. Sie können Ihren Augen heute sogar etwas besonders Gutes tun. Heilkräuter wie beispielsweise Augentrost können an den Widdertagen aber besonders gute Ergebnisse erzielen. Umschläge und lindernde Kompressen mit Kräutern, die möglichst bei abnehmendem Mond geerntet und eingelagert wurden, haben eine besonders gute Wirkung.

Übrigens sind die Widdertage im März, April, September und Oktober am schlechtesten für gefährdete Personen (also zum Beispiel die Menschen, die unter Migräne leiden). Besonders die Widdertage im Oktober sind kritisch, weil sie auf einen Vollmond fallen.

Stier: im zunehmenden Mond: November bis Mai, im abnehmenden Mond Mai bis November

In der Färbung des Stiers kommt vor allem eine realistische und gewissermaßen nüchterne Haltung zum Tragen. Im Stier zählen materielle Werte, innere und äußere Sicherheit wird zum entscheidenden Faktor. Aktionen und Reaktionen sowie die Gedanken sind langsamer, die gesamte Haltung aber auch beharrlicher. Im Stier herrschen Hartnäckigkeit und Ausdauer vor. Vom Stier regierte Körperbereiche sind Hals und Nacken, inklusive Zähne und Kiefer, Ohren, Kehlkopf und Sprachorgane. Auch hier gilt wiederum, dass positive Einflüsse besonders gut wirken, ungünstige Impulse besonders schlecht. Vielleicht ist Ihnen schon einmal aufgefallen, dass es Zeiten gibt, an denen plötzlich erstaunlich viele Menschen Halsschmerzen und Kehlkopfentzündungen haben. Natürlich sind da das Wetter (wie beispielsweise im Herbst lang anhaltende Regentage, an denen sich besonders viele Menschen erkälten) und die Ansteckung, also das individuelle Immunsystem von entscheidender Bedeutung. Achten Sie aber mal darauf, wie diese ‚Wellen' von Husten, Halsweh und Heiserkeit mit den Stiertagen im Zusammenhang stehen! Natürlich bedeutet das keinesfalls, dass man sich an Stiertagen zwangsläufig erkälten muss bzw. einen steifen Nacken, Probleme mit den Zähnen oder Ähnliches bekommt. Man kann sich jedoch (in Maßen, selbstverständlich! Hysterie ist selten angezeigt.) entsprechend verhalten, wenn man um das erhöhte Risiko weiß! An den Stiertagen sind, wie in den Tabellen angegeben, auch die Ohren verstärkten Kräften ausgesetzt. Das bezieht sich sowohl auf Kälte, also Zugluft, sowie auf Lärm. Johannisöl kann bei Ohrenbeschwerden Wunder wirken, vor allem präventiv. Besonders gut ist es natürlich, wenn die Johanniskrautblüten, aus denen später Ohrenöl hergestellt werden soll, auch bei Stier gesammelt werden!

Wichtig kann das Wissen um den Stier-Einfluss auch für Redner sein. Der Kehlkopf ist bekanntermaßen auch an der Stimmbildung mitbeteiligt, weshalb gerade für ungeübte Redner, die vielleicht ohnehin schon Halsweh haben, eine längere Rede zur Tortur werden kann, bei der am Ende die Stimme ganz versagt. - Auch hier gilt selbstverständlich: Das kann, muss aber nicht so sein! Wer an diesen Tagen das erste Mal eine lange Rede halten soll, kann sich ein Getränk mit zum Rednerpult nehmen und sich vor Beginn der Rede ‚einreden', also Stimmübungen machen. Zusätzlich kann man vorher einen die Stimme ‚schmierenden' Tee trinken oder mit der entsprechenden Lösung gurgeln. Nur keine Panik! Und nur so nebenbei bemerkt: Ein Glas am Rednerpult wirkt schon sehr professionell.

Zwillinge: im zunehmenden Mond: Dezember bis Juni, im abnehmenden Mond: Juni bis Dezember

Die Färbung der Zwillinge ist sowohl vielseitig als auch sprunghaft. Nicht umsonst wurde für dieses Zeichen das Symbol von zwei eng miteinander verbundenen, aber doch auch eigenständigen und manchmal widersprüchlichen Wesen gewählt. So vollführen im Zeichen der Zwillinge die Kräfte wie Gedanken und Gefühle Luftsprünge, drehen sich mal hierhin, mal dorthin. In den Zwillingtagen kann leicht beeinflusst, leicht umgelenkt werden. Die Körperregion, die von den Zwillingen regiert wird, ist der Schulterbereich. Rheuma und Verspannungen in den Schultern werden sich an den Zwillingtagen ganz besonders deutlich bemerkbar machen, vor allem, wenn man sich in diesen Tagen Zugluft aussetzt, zu viel oder in schlechter Körperhaltung sitzt oder andere, die Schulterpartie belastende Tätigkeiten ausübt. Andererseits kann man durch Salben oder Umschläge auch besonders gute Wirkungen erzielen, vor allem, wenn man für eine solche Salbe gezielt Kräuter verwendet, die in den Zwillingen oder auch im Stier geerntet wurden.

Gymnastik und Sportübungen, die den Schultern zugute kommen sollen, sind ebenfalls an den Zwillingtagen sehr wirkungsvoll. Wundern Sie sich aber nicht, wenn Sie tags darauf einen Muskelkater verspüren! Wenn Sie nur an Zwillingtagen Gymnastik treiben, ist das kein Wunder. Solange Sie aber keine unerträglichen Schmerzen verspüren, wird ein kleiner Muskelkater nicht schaden. Ihre Schultern werden es Ihnen jedenfalls danken!

Die Lunge wird vollständig erst vom Zeichen Krebs regiert, doch auch an Zwillingtagen ist sie schon stärkeren Impulsen unterworfen. Atemübungen sind daher auch schon an Zwillingtagen willkommen; wenn Sie etwa wandern oder Rad fahren wollen, wird sich das in dieser Zeit besonders positiv auf Ihr Lungenvolumen auswirken. Andererseits ist Rauchen also an diesen Tagen speziell schlecht. Manche Menschen mit Rheuma haben an Zwillingtagen mehr Probleme als an anderen; dies ist jedoch hauptsächlich auf die Tatsache zurückzuführen, dass an Zwillingtagen das Wetter besonders häufig umschlägt, was mitunter für Rheumaschübe verantwortlich sein kann. Das äußert sich nicht nur in einem Umschwung von warm zu kalt oder umgekehrt, sondern auch in verändertem Luftdruck, anderer Windgeschwindigkeit und -temperatur, etc. Der warme Wind, der in Bergregionen vielen Menschen Kopfschmerzen und Kreislaufprobleme bereitet, ist so ein Wetterumschwung, der häufig an Zwillingtagen erfolgt. Der Föhn der Alpenländer ist ein Alptraum vieler kreislauflabiler Menschen.

Krebs: im zunehmenden Mond: Januar bis Juli, im abnehmenden Mond: Juli bis Januar

Die Färbung des Tierkreiszeichens Krebs ist gefühlsbetont. Gefühlsbezogenes wird betont und vertieft. Das Innere gewinnt an Bedeutung. Erhöhte Anzahl von Opfern, die sehr verletzlich sind. Sinkendes und Fallendes findet keinen Halt. Der Krebs ist gekennzeichnet durch starkes, florierendes Wachstum, das nicht in die Höhe, sondern in die Breite geht. An den Krebstagen werden empfindliche Menschen oft in eine unruhige Grundstimmung versetzt. Der Krebs regiert innere Organe wie Lunge, Brust, Leber und Galle. Vor allem die Leber reagiert in diesen Tagen besonders stark auf alkoholische Einflüsse, was zur Folge hat, dass Sie sich nach zwei Gläsern Wein am nächsten Tag wie durch die Mangel gedreht fühlen. Das liegt an der Überbelastung der Leber, die in diesen Tagen ‚Überstunden' besonders übernimmt: Sie wird zum Opfer, das sehr verletzlich ist! Überhaupt sollten Sie in diesen Tagen lieber auf größere Gaumenfreuden verzichten, es sei denn, Ihr Festmahl besteht wirklich aus leichter Kost. Denn auch der Magen und die Galle im Verdauungstrakt sind anfälliger für Überlastung durch fette Braten, Raclette oder Käsefondue. Sodbrennen und unangenehmes Völlegefühl können die Folgen sein. (Was wiederum nicht heißen soll, dass Sie eine Einladung nicht annehmen sollen! Ein Abend voller sozialer Freuden ist einem beleidigten Magen sicher vorzuziehen. Nur sind Sie so vielleicht vorher darauf vorbereitet, dass es Ihnen anschließend unter Umständen nicht gar so gut geht und Sie können für den nächsten Tag leichtere Kost einplanen.) Nutzen Sie die Krebstage lieber, um etwa der Lunge ein Fest zu bereiten: Gehen Sie an der frischen Luft spazieren, machen Sie eine Radtour ins Grüne und schränken Sie das Rauchen weit gehend ein.

Machen wir uns an dieser Stelle noch einmal klar: Zwischen den Monaten Juli und Januar liegen die Tage, in denen der Mond im Krebs steht, immer im abnehmenden Mond. In dieser Zeit wird gereinigt, ausgespült, entgiftet. Danach, zwischen Januar und Juli, liegen die Krebstage immer im zunehmenden Mond. Das ist also die Zeit, in der man den entsprechenden Organen möglichst viel Stärkendes, Kräftigendes, generell etwas ‚Gutes' zufügen sollte. Konkret bedeutet das im Zeichen Krebs, dass man eine Entgiftungskur der Leber lieber in der Zeit zwischen Juli und Januar durchführen sollte als in der anderen Jahreshälfte. Rheumapatienten sollten übrigens an den Krebstagen (wie auch in den beiden anderen Wasserzeichen Skorpion und Fische, in den Wassertagen also) darauf verzichten, Daunenoberbetten und -kopfkissen auf dem Balkon oder aus dem Fenster hängend auszulüften. An diesen Tagen ‚saugen' die Federn im Bett die Feuchtigkeit geradezu auf und ‚speichern' sie bis zur nächsten Nacht. Das bedeutet, in einer - wenn auch geringen - Feuchtigkeit zu schlafen, was für Rheumabeschwerden äußerst ungünstig ist.

Löwe: im zunehmenden Mond: Februar bis August, im abnehmenden Mond: August bis Februar

In der Färbung des Löwen herrscht Entschlossenheit und Beherztheit vor. Der Löwe fordert zum Risiko heraus, lässt Hindernisse kleiner erscheinen und auch leichter überwinden. Löwe macht begeisterungsfähig, brennt aber auch leichter aus. Wo Hochs sind, müssen auch Tiefs sein. Die Kräfte des Löwen regieren den Kreislauf, das Herz, den Rücken. Schlafstörungen können in dieser Zeit gehäuft auftreten, hervorgerufen durch das eine oder andere der regierten Körperteile. Rückenschmerzen, Kreislaufbeschwerden und Herzflimmern können aber auch tagsüber Probleme bereiten. Wie in den anderen Zeichen gilt: Alles, was belastet, ist in den Löwetagen besonders schlecht. Stärkende Maßnahmen dagegen, wie z.B. Rückengymnastik, wenn der Rücken wehtut, oder Wechselduschen bei Kreislaufbeschwerden heißt der Körper in dieser Zeit besonders willkommen. Aus diesem Grund sollten Sie alles, was besonders anstrengend ist, vor allem für den Kreislauf und das Herz, an den Löwetagen vermeiden. Selbstverständlich heißt das nicht, dass Sie nicht wie jeden Dienstag zum Volleyball gehen sollen, nur weil dieser Dienstag im Löwen liegt! Aber wenn Sie das erste Mal in Ihrem Leben einen Berg besteigen wollen und nicht besonders gut trainiert sind, dann sollten Sie dieses Vorhaben vielleicht nicht gerade an einem Löwetag durchziehen. Sie könnten unterwegs Kopfschmerzen bekommen oder den Gipfel nur keuchend erreichen.

Selbstverständlich sind die Löwetage besonders gut geeignet, wenn man Kräuter sammeln will, die Herz und Kreislauf zugute kommen sollen. Sie merken, dies Prinzip gilt immer an den Tagen, die für das Organ verantwortlich sind, für das die Kräuter gesammelt werden sollen.

Die Verdauungsorgane übrigens werden zwar erst vom Zeichen Jungfrau regiert; wer aber Probleme mit der Verdauung hat und etwas zur Stabilisierung und Kräftigung der Verdauungsorgane tun will, kann damit ruhig auch schon im Löwen beginnen! Umso wirkungsvoller können die kräftigen Maßnahmen dann bei Jungfrau weiterwirken.

Jungfrau: im zunehmenden Mond: März bis September, im abnehmenden Mond: September bis März

Die Jungfrau ist durchweg logisch motiviert. Sie fordert vor dem Handeln das Denken, zerlegt in (Sinn-)Einheiten, spaltet auf. Jungfrau erschließt methodisch, erreicht das Ziel in kleinen, aber begründeten und durchdachten Schritten. Die von der Jungfrau regierte Körperzone ist das Verdauungssystem. Es beinhaltet viele verschiedene Organe, die sich unangenehm vor allem dann bemerkbar machen, wenn man sehr fette und belastende Speisen zu sich nimmt. Gerade empfindliche Menschen (,Mir schlägt immer alles gleich auf den Magen') sollten an den Tagen, in denen der Mond das Zeichen Jungfrau durchquert, auf besagt Speisen verzichten und lieber leichte Nahrung zu sich nehmen. Weiterhin ist das Zeichen der Jungfrau für das Nervensystem zuständig. Das kann sich an Jungfrautagen unter anderem in verstärkter Nervosität durch äußere Einflüssen auswirken. Wenn Sie dafür anfällig sind, setzen Sie sich an den Jungfrautagen beispielsweise keinem großen Lärm aus und vermeiden Sie generell die Umwelteinflüsse, die Sie ,kribbelig' machen. Um Ihrem Nervenkostüm etwas besonders Gutes zu tun, igeln Sie sich lieber zuhause ein, lesen Sie ein gutes Buch oder tun Sie sonst etwas, was Sie beruhigt (bei vielen Menschen kann das Handarbeiten oder Heimwerkern sein, mit den Pflanzen sprechen, ein Vollbad nehmen oder den Kamin anzünden.) Gönnen Sie Ihrem Kind einen Babysitter, gehen Sie nicht ans Telefon und lassen Sie sich einfach nicht stressen!

Vielleicht finden Sie auch Entspannung, wenn Sie Kräuter suchen gehen. Die Kräuter zur Stärkung von Magen, Blut, Bauchspeicheldrüse und Nerven sind, an Jungfrautagen gesammelt, besonders wirksam. Wenn Sie einen besonders wirksamen Blutreinigungstee zubereiten möchten, warten Sie auf einen Jungfrauentag, an dem der Mond gerade abnimmt und suchen Sie ganz junge Brennnesseln, aus denen Sie den Tee aufbrühen. Diese Pflanzen wachsen etwa im September noch einmal nach, wenn sie schon einmal abgemäht wurden und Wurzeln stehen geblieben sind. - Ein solcher Tee tut übrigens auch der Bauchspeicheldrüse gut!

Waage: im zunehmenden Mond: April bis Oktober, im abnehmenden Mond: Oktober bis April

Die Waage hat Stil und Eleganz. Ihre Färbung macht sie kunstvoll; sie fordert innere und äußere Ästhetik. Wie das Symbol andeutet, pendeln die zwei Waagschalen, um ins Gleichgewicht zu kommen. Die sehr um Gleichgewicht bemühte Waage ist deshalb zuweilen unentschlossen. Der Einflussbereich der Waage wandert, am menschlichen Körper gemessen, weiter abwärts. Wir sind beim Hüftbereich, der Blase und der Niere angelangt. An Waagetagen kommt es somit leichter zu Blasen- und Nierenentzündungen. Wenn Sie dazu neigen, sehen Sie sich vor. Setzen Sie sich nicht auf kalte, nasse Parkbänke oder ins feuchte Gras und wickeln Sie sich beim Rad- und Motorradfahren unbedingt etwas um die Leibesmitte. So unschön es klingt: Haben Sie schon einmal so genannte ‚Lusttöter', wollene Unterhosen mit hohem Bund, in Betracht gezogen? Im Winter oder beim Camping tun sie Wunder. Präventiv sollten Sie immer viel Wasser oder Tee zu trinken, mindestens zwei Liter am Tag (das sollten Sie übrigens ohnehin tun); am besten nach 15 Uhr nachmittags und lieber auch nicht mehr nach 18 Uhr - sonst werden Sie in der Nacht mehrmals zur Toilette müssen. Viel Trinken ‚spült' Blase und Nieren gut durch und vermeidet ein Festsetzen von Schadstoffen.

Hinsichtlich der Hüften sind diese Tage besonders geeignet, um gezielte Hüftgymnastik zu betreiben. Das können Sie gegen Beschwerden tun (in diesem Fall sollten Sie aber auch eine orthopädische Praxis aufsuchen, eventuell wird man Sie in eine krankengymnastische Praxis verweisen, wo Sie unter Anleitung Übungen machen können), jedoch auch als Präventivmaßnahme. In einschlägigen Büchern und von Ihrer Krankenkasse bekommen Sie Übungsvorschläge.

Um noch einmal auf das Thema Operationen zu sprechen zu kommen: Eine Hüftoperation sollten Sie an Waagetagen lieber vermeiden! Auch wenn die Operation dem Hüftbereich langfristig gut tut, sind chirurgische Eingriffe von der Faustregel ausgenommen. Der beste Zeitpunkt für Operationen aller Art ist immer der abnehmende Mond. Den Vollmond sollte man meiden.

Skorpion: im zunehmenden Mond: Mai bis November, im abnehmenden Mond: November bis Mai

Die Kraft des Skorpions geht in die Tiefe. Der Skorpion will forschen und bohrt nach. Er weiß zu schwelgen und zu genießen, kann aber schlecht annehmen. Wie das Tier Skorpion in der Natur ist auch die Tendenz des Tierkreiszeichens, sich im Dunkeln zu verstecken und abzuwarten. Von der Hüfte, die noch von der Waage regiert wurde, landen wir bei den Geschlechts- und Harnwegsorganen. Vor allem Frauen, bei denen diese Bereiche offener zugänglich sind als bei Männern, können in dieser Zeit vermehrt unter Infektionen leiden. Dagegen sind präventive und kurative Sitzbäder angezeigt. Schafgarbe ist ein geeignetes Heilkraut; vor allem natürlich wiederum eine bei Skorpion gesammelte Schafgarbe. Überhaupt ist der Skorpion eine Art Universalzeichen, an dem für alle Sorten von Kräutern und die unterschiedlichsten Arten von Beschwerden ausgesprochen gute Bedingungen herrschen! Auch das Säen von Kräutern kann man sehr gut an Skorpiontagen vornehmen. Lediglich auf das Abfüllen von Kräutern, etwa in Duftkissen, sollte man an Skorpiontagen verzichten, weil der Skorpion als Wasserzeichen die Gefahr von Schimmel und Fäulnis mit sich bringt.

Schwangere sollten in den Skorpiontagen alles vermeiden, was sie besonders anstrengt, da es in dieser Zeit vermehrt zu Früh- und Fehlgeburten kommen kann, vor allem bei zunehmendem und Vollmond. Werdende Mütter wissen in der Regel recht gut, was sie sich zumuten können, weil ihr instinktives Frühwarnsystem besser funktioniert als sonst. Trotzdem sollten sich schwangere Frauen an den Skorpiontagen ganz besonders davor in Acht nehmen, sich nicht zu viel zuzumuten. Ebenso wie die Geschlechtsorgane sind auch die Harnleiter in dieser Zeit besonders anfällig für Unterkühlung und Infektionen. Vorbeugend sollte man speziell an diesen Tagen dafür sorgen, keine kalten Füße zu bekommen (oder sie gegebenenfalls schnell wieder aufzuwärmen) und sich - ähnlich wie auch an den Waagetagen - im Beckenbereich ausreichend warm zu halten. Denken Sie doch über die Lusttöter nach.?

Schütze: im zunehmenden Mond: Juni bis Dezember, im abnehmenden Mond: Dezember bis Juni

Schütze liebt größere Dimensionen. Zusammenhänge sind dem Einzelteil übergeordnet, das Große ist von größerer Bedeutung als das Kleine. Der Schütze möchte zusammenführen, nicht trennen und das in möglichst großen Schritten. Schütze ist großzügig, manchmal ein wenig großspurig und vielleicht pathetisch. An den Schützetagen können sich Probleme mit den Oberschenkeln und seinen Knochen, Muskeln und Venen bemerkbar machen, durchaus aber auch noch das Becken, der Ischiasnerv und das Kreuzbein. Wer sich in diesen Tagen etwa Gutes tun möchte, sollte sich im unteren Rückenbereich und an den Oberschenkelmuskeln massieren lassen, wenn bereits Symptome aufgetreten sind, oder zur Kräftigung besondere Übungen machen. Rad fahren im vernünftigen Maße ist beispielsweise für den Rücken kaum belastend und stärkt die Muskeln und die Durchblutung der Oberschenkel. Letzteres kommt den Blutgefäßen zugute. Wenn Sie andererseits an Schützetagen eine besonders anstrengende Etappe einer Radtour vor sich haben oder eine steile Bergwanderung planen, könnten Sie Probleme bekommen. Das gilt vor allem dann, wenn Sie noch nicht gut trainiert oder speziell Ihre Beine schlecht in Form sind. Muten Sie Ihren Beinen in dieser Hinsicht (und vor allem auch schwächeren Teilnehmern, wenn Sie in einer Gruppe unterwegs sind - denken Sie vor allem auch an Kinder!) an den Schützetagen nicht zu viel zu.

Steinbock: im zunehmenden Mond: Juli bis Januar, im abnehmenden Mond: Januar bis Juli

Des Steinbocks Färbung ist Geradlinigkeit. Er strebt nach vorn, ist langsam, aber unermüdlich. Oben auf dem Berg, wo das Tier Steinbock lebt, ist die Luft klar, die Sicht nicht verstellt. Steinbock fordert klares Denken heraus, um vielleicht nicht schnell, aber zuverlässig zum Ziel zu kommen. Weiter abwärts wandern wir am menschlichen Körper. Das Zeichen Steinbock regiert die Knie, die Knochen im Allgemeinen, Gelenke und Haut. Die unter Schütze aufgelisteten Ratschläge gelten auch im Steinbock: Sportliche Anfänger oder aus der Übung gekommene Menschen sollten in den Steinbocktagen keine gewaltigen Bergtouren, Radtouren, Wattwanderungen oder dergleichen unternehmen. Ganz besonders gilt das auch fürs Skifahren! Diese Sportart ist gerade für die Knie belastend, weshalb man lieber noch zwei Tage länger auf der Anfängerpiste bleiben sollte, anstatt halsbrecherische Fahrten zu machen, die über den eigenen Fähigkeiten liegen. Lassen Sie sich zu nichts überreden und keine Buckelpisten hinunterscheuchen, wenn Sie es sich in Wirklichkeit noch nicht zutrauen. Es kommt darauf an, dass Sie Spaß haben - nicht nur die anderen! Wenn Sie keine Beschwerden haben, aber trotzdem etwas für sich tun möchten, sind diese Tage für behutsame Gymnastik, die gegen Kniefehlbelastung wirkt, ausgezeichnet geeignet. Lindernde Knieumschläge können Sie ebenfalls präventiv anwenden, oder wenn Sie es trotz besseren Wissens übertrieben haben bei Ihrer Mammutwanderung.

An den Steinbocktagen kommt es auch besonders oft zu Hautproblemen. Wer dazu neigt, sollte an diesen Tagen keine aggressiven Peelings anwenden, denn sie haben unter Umständen den gegenteiligen Effekt als gewünscht. Maßnahmen dagegen wie pflegende Masken, sanfte Hautmassagen, Gesichtsdampfbäder (z.B. mit Kamille, im Steinbock geerntet) und pflegende Vollbäder mit Ölzusatz tun der Haut zu dieser Zeit ganz besonders gut.

Wassermann: im zunehmenden Mond: August bis Februar, im abnehmenden Mond: Februar bis August

Die Färbung des Wassermanns konzentriert sich eher auf das Innere. Seele und Gedanken sind Extremen ausgesetzt, Wassermann neigt zu Quantensprüngen. Er fordert das freie Atmen, ebenso wie Gerechtigkeit: für andere und für sich selbst. Die von Wassermann regierten Zonen liegen knieabwärts: Waden und Schienbein, Venen in dieser Region sowie das Sprunggelenk. An Wassermanntagen herrscht erhöhte Gefahr, sich im Unterschenkelbereich an Muskeln und Bändern zu verletzen. Das gilt besonders für unvorsichtige sportliche Unternehmungen. Darunter fallen alle Sportarten, bei denen die Beinmuskulatur gefordert wird und man sich nicht oder unzureichend aufgewärmt hat. Man neigt dazu, das Aufwärmen der Beine zu unterschätzen, weil man die Beine ohnehin schon benutzt hat, also meint, die Muskeln seien ausreichend erwärmt. Für eine Bergtour oder dergleichen reichen ein paar Schritte aus der Haustür oder vom Auto allerdings meist nicht als Aufwärmmaßnahme aus! Grundsätzlich sollten untrainierte Personen an den Wassermanntagen lieber von einer größeren Tour oder einem allzu straffen Sportprogramm absehen. Eile mit Weile! Nach ein paar Tagen vorsichtigen Trainings sind auch die Wassermanntage vorüber und Sie können richtig loslegen.

Die Wirkung von Wassermann auf die Unterschenkel erklärt auch, warum Menschen, die im Beruf eine überwiegend stehende Tätigkeit ausüben, oft am Abend von Wassermanntagen besonders müde, schmerzende Beine haben. Nehmen Sie das ruhig ernst; legen Sie die Beine hoch und machen Sie Wadenumschläge mit guter Venensalbe. Vielleicht ist auch in der Mittagspause Zeit, die Beine kurz hoch zu lagern oder ein paar Minuten in einen Eimer mit kräftigender Kräuterlösung zu stecken. Aus der Apotheke gibt es auch sprudelnde Tabletten, die in Wasser aufgelöst werden. - Genauso logisch wird unter diesem Gesichtspunkt, dass manchmal der Shoppingtag zur Qual wird. Wenn die Beine nicht weiter Schaufensterbummeln wollen, macht auch der schönste Schlussverkauf keinen

Spaß mehr. Logisch: Auch diese Art von ‚Sport' - man läuft mehr als an anderen Tagen, was unter die Rubrik ‚untrainiert Sport treiben' fällt - muss geübt werden! Wenn Sie sonst viel sitzen und sehr darunter zu leiden haben, verschieben Sie ihren Einkaufsbummel lieber ein paar Tage.

Fische: im zunehmenden Mond: September bis März, im abnehmenden Mond: März bis September

Der Blick ist ins Innere gerichtet. Fische hat große Intensität, ins Positive wie ins Negative. Gemeinwohl wird zu Eigennutz, Grenzen sind verwischt, Konturen unklar. Die Devise: "Das Fähnlein immer nach dem Wind hängen" hilft. Fische fordert Liebe ein, gibt viel Intensität und (Selbst-)Aufopferung zurück. Wir erinnern uns: Das ‚erste' Zeichen, Widder, begann mit dem Kopf. Im Verlauf des Körpers von oben nach unten sind wir nun ganz unten bei den Füßen angelangt: Fische regiert Füße und Zehen. Wenn Sie das Prinzip begriffen haben und schon ein wenig Übung haben, können Sie im Verlauf eines Monats die Körperregionen, die vom jeweiligen Tierkreiszeichen gerade regiert werden, selbst spüren und müssen nicht mehr in der Tabelle nachschlagen. An Fischetagen sind die Füße besonders anfällig für jede Art von Beschwerden. Es gilt Ähnliches wie an den Wassermanntagen, schließlich werden Füße und Unterschenkel meist nicht getrennt voneinander beansprucht. Menschen, die viel gehen oder stehen müssen, werden in diesen Tagen ihre Füße besonders unangenehm zu spüren bekommen. Nehmen Sie sich, wenn Sie sehr anfällig sind, zwischendurch Zeit für ein Fußbad (die man an Fischtagen übrigens auch vorbeugend machen kann!) Wenn Sie Schuhe kaufen gehen, sind die Fischetage vielleicht besonders geeignet, weil Sie die Chance haben, nicht wirklich bequeme Schuhe noch vor der Kasse zu erkennen: Ihre Füße werden es Ihnen mitteilen! Lassen Sie die Schuhe ruhig ein paar Minuten an und spazieren Sie im Geschäft auf und ab (ein Auto kauft man ja auch nicht ohne Probefahren!). Ihre Füße und Zehen werden besonders empfindlich auf Druck reagieren und Sie können die Stellen, an denen später Druckstellen oder Blasen auftreten würden, schon spüren.

Die Fischetage sind besonders geeignet für das Behandeln von Warzen und Hühneraugen (allerdings nicht für das Herausoperieren!). Man sollte sich jedoch einen Tag aussuchen, an dem der Mond abnimmt. Bei zunehmendem Mond könnte sich die Wirkung sonst ins Gegenteil umkehren und Sie haben plötzlich noch mehr oder größere Warzen als vorher! Gegen die sehr verbreiteten Warzen unter der Fußsohle gibt es ein günstiges Mittel. Schneiden Sie in ein normales Pflaster ein Loch in der Größe der zu behandelnden Warze. Kleben Sie das Pflaster auf die Warze, sodass diese durch das Loch hervorschaut. Mit Hilfe eines zweiten Pflasters befestigen Sie nachts vor dem Schlafengehen eine frische halbierte Knoblauchzehe auf dem Loch (also auf der Warze). Beide Pflaster und der Knoblauch werden morgens abgenommen. Am nächsten Abend wiederholen Sie die gleiche Prozedur mit neuen Pflastern und einer frischen Knoblauchzehe - fahren Sie so fort bis zum Neumond. Die Warzen werden sich allmählich durch den Saft des Knoblauchs dunkel färben, bis man sie schließlich schmerzlos herausnehmen kann. Wenn die

Warzen bis Neumond nicht verschwunden sind (was sehr selten vorkommt), unterbrechen Sie die Behandlung und beginnen Sie erst wieder nach Vollmond!

Die Fischetage haben eine Besonderheit: Alle konsumierten Nahrungs- und Genussmittel (dazu gehören in diesem Fall auch Medikamente) wirken in dieser Zeit viel stärker als an anderen Tagen! Das hat auf Grund der unterschiedlichen Wirkungen der Nahrungs- und Genussmittel auch sehr unterschiedliche Konsequenzen - positive wie negative. Der Grund wird darin vermutet, dass an den Füßen sehr viele Nervenenden liegen, deren Stimulierung die verschiedensten Organe erreicht. Auf diesem Prinzip basiert übrigens auch die Fußzonenreflexmassage; Sie kennen vielleicht die Tafeln, auf denen ein Fuß von unten abgebildet ist und die Fußsohle in viele kleine Sektionen eingeteilt und beschriftet ist. Denken Sie an Fischetagen daran, vor allem, wenn Sie etwas ‚exzessiv' betreiben oder betrieben haben: acht Tassen Kaffee getrunken, viel geraucht, viel getrunken.

Der Mondrhythmus im Alltag - Haushalt und Körperpflege

In den vorangegangenen Kapiteln haben Sie eine Menge erfahren über den Rhythmus des Mondes, wie unsere Vorfahren sich Hilfsmittel geschaffen haben, um die für bestimmte Dinge günstigen und ungünstigen Zeitpunkte und -spannen zu erkennen und sich merken zu können. Mittlerweile sind Sie ein wenig vertraut mit den zu Grunde liegenden Prinzipien; vielleicht haben Sie auch etwas gelernt über Gesund- und Kranksein und Sie können vielleicht aufzählen, welche Eigenschaften besonders günstig sind, um bestimmte Kräuter zu sammeln. Vielleicht werden Sie sich aber auch fragen, worin denn nun der Nutzen für den Alltag liegen soll, wenn man sich mit dem Mondrhythmus ein wenig angefreundet hat. Darauf gab es schon in den vorhergehenden Kapiteln einige Hinweise, etwa über gesunde Ernährung und bestimmte Aspekte über das Einrichten eines Zimmers mit Möbeln. Besonders aber dieses Kapitel soll Ihnen Antworten auf Fragen in Bezug auf den Haushalt geben. Es wird viele praktische Tipps enthalten, die Sie eventuell schon kennen, aber nie so recht geglaubt haben. Auch hier gilt wieder: Probieren Sie es einfach mal aus!

Der Haushalt - was ist das eigentlich? Welche Stichworte kommen einem spontan in den Sinn - Waschen, Bügeln, Staubwischen, Fensterputzen. Diese Dinge haben gemeinsam, dass die meisten Menschen sie nur äußerst ungern verrichten und nur ein notwendiges Übel sind, um einigermaßen gepflegt auszusehen und die Wohnung nicht verkommen zu lassen. Mit einer neuen Definition von Arbeit, mit dem nicht mehr so festgelegten Rollenverständnis von Frauen und Männern und den steigenden Zahlen der Singlehaushalte ist in der westlichen Welt auch der Begriff vom Haushalt ein anderer geworden. Früher, bis ins frühe zwanzigste Jahrhundert hinein, bedeutete ‚das Haushalten' nicht nur das Verrichten von Putzarbeiten, sondern ein ganz breites Spektrum von Tätigkeiten. Es reichte vom Kochen über das Wirtschaften mit dem Geld bis zur Planung, welche Pflanzen (also welches Gemüse, welches Obst, welche Kräuter und Gewürze) wann benötigt wurden. Der Begriff Haushalt war so auch ganz eng mit dem der Familie verbunden.

Wer selbst nicht kochen konnte, zum Beispiel unverheiratete Männer, mussten heiraten, brauchten eine ‚Haushälterin' oder zogen als Untermieter in einen bestehenden Haushalt mit ein. Wer dagegen heutzutage nicht kocht, muss nicht verhungern. Es gibt viele verschiedene Möglichkeiten, den Magen trotzdem voll zu bekommen, wenn auch nicht unbedingt mit qualitativ besonders hochwertiger Nahrung. Ähnliches gilt für die Reinigungsarbeiten, die alltäglich anfallen. Wer wenig Zeit dafür hat, muss trotzdem nicht im Dreck ersticken. Täglich kommen neue, immer schärfere und aggressivere Reiniger auf den Markt, die ein zuverlässiges und vor allem schnelles Reinigen versprechen. Auf den ersten Blick ist das ja auch schön und gut. Sauberkeit im modernen Haushalt ist ein Zeichen dafür, dass die Hausfrau (oder wer sonst für den Haushält zuständig ist) tüchtig und effektiv arbeitet. Für viele Menschen ist ein sauberes Haus ihr ganzer Stolz und durchaus so etwas wie ein Statussymbol. Auf längere Sicht gesehen ist das Verwenden von scharfen Putzmitteln aber sehr kurzsichtig. Es wird zwar alles schön sauber und hat auch diesen frischen (leicht stechenden) Geruch von Reinheit. Gedanken darüber, was weiter mit all dem Schaum und der aggressiven Brühe passiert, machen sich leider noch immer die wenigsten Menschen. Viele der bekannten Reiniger sind für die Natur hochgradig schädlich, es dauert lange, bis die ‚Wirkstoffe' biologisch abgebaut sind. Die meisten können, wenn sie versehentlich mit der Haut oder gar den Augen in Berührung kommen, schlimme Verätzungen bewirken. Von Kindern müssen Reiniger aller Art unbedingt ferngehalten werden! Zum Glück gibt es aber auch einen gegenläufigen Trend. Zunehmend viele Menschen verzichten so weit es geht auf die herkömmlichen Reinigungsmittel und haben trotzdem eine saubere Wohnung vorzuweisen. Essig reicht an vielen Stellen schon aus, wo viele scharfe Chlorreiniger anwenden und erzielt die gleichen Resultate.

Dieses Kapitel soll (was dieses Buch ohnehin vermeiden möchte!) keinesfalls ein erhobener Zeigefinger sein, auch ja auf Chlorbleiche und Co. zu verzichten. Vielmehr möchte es aufzeigen, dass es noch ein paar andere Möglichkeiten gibt, die gar nicht unmittelbar mit den Reinigern zu tun haben, um das Haushalten leichter zu gestalten. Vielleicht haben Sie schon einmal beobachtet, dass das Putzen Ihrer Einpersonenküche an manchen Tagen so schwer fällt, als hätten Sie eine Großkantine zu reinigen. Auch in den kleinsten Ecken sitzt der hartnäckigste Dreck und er will und will nicht verschwinden. An anderen Tagen dagegen hatten Sie sich nur vorgenommen, mal eben den Flur zu Staub saugen und finden sich plötzlich beim Großputz aller Zimmer wieder - frei nach dem Motto: “Wenn ich schon eben dabei bin.” Sie ahnen es schon: Auch für die Tätigkeiten im Haushalt gibt es günstige und weniger günstige Zeitpunkte und Bedingungen! Wenn Sie Lust haben, beobachten Sie doch mal, wie leicht Ihnen die Hausarbeit das nächste Mal von der Hand geht und vergleichen Sie das Ergebnis mit dem Stand des Mondes. Vermutlich wird Sie das Resultat überzeugen, sich auch künftig ein wenig nach dem Mond zu richten, wenn Sie es einrichten können.

Grundsätzlich gilt: *Nahezu alle Hausarbeiten gehen besser bei abnehmendem Mond von der Hand!* Das liegt daran, dass bei den meisten der Hausarbeiten etwas gereinigt wird. Wie wir schon gesehen haben, wird bei abnehmendem Mond ausgeschwemmt und entzogen - schlicht ‚gereinigt'. ‚Besser von der Hand gehen' heißt in diesem Fall also auch 'erfolgreicher sein'. Nun ist es natürlich ausgeschlossen, die gesamte Haushaltsarbeit auf die Zeit bei abnehmendem Mond zu legen. Auch in der Zwischenzeit fällt ja dreckige Wäsche an oder braucht die Toilette eine Reinigung. Davon wird man natürlich trotz zunehmenden Mondes nicht befreit. Es ist aber vorteilhaft, sich die größeren Vorhaben nicht auf einen Tag im zunehmenden Mond zu legen. Aktionen wie Gardinenwaschen oder Fensterputzen werden Ihnen bei zunehmendem Mond mehr Mühe machen als sonst. Das Gleiche gilt für das Waschen von Wäsche mit hartnäckigen Flecken: Die besten Resultate erzielen Sie bei abnehmendem Mond! Am besten ist es zudem, sehr schwer löslichen Flecken an einem Wassertag zu Leibe zu rücken (also an Fische-, Skorpion- oder Krebstagen). Lassen Sie sich grundsätzlich nicht von den Informationen auf den Waschmittelpackungen fehlleiten - meistens reicht eine weitaus kleinere Menge als angegeben - und lassen Sie auch für diese Flecken die Finger von den scharfen Mitteln. Ein Tipp für starke Fettflecken (zum Beispiel Flecken von einer Fahrradkette): Fleck bei abnehmendem Mond und an einem Wassertag mit (wenig) Schweineschmalz einreiben. Danach waschen wie gewohnt! Vorsicht ist ebenso bei Weichspüler geboten. In vielen Waschmitteln sind schon cinc ausreichende Menge an weich spülenden Komponenten enthalten. Meistens hat separater Weichspüler vor allem den Zweck, die Wäsche gut riechen zu lassen. Diesen Effekt erzielen Sie fast genauso gut mit einem Duftkissen im Wäscheschrank, mit dem Unterschied, dass es der Umwelt keinen Schaden tut. Wenn Sie nicht auf das flauschigweiche Gefühl der Wäsche verzichten möchten (was bei Handtüchern übrigens den Nebeneffekt hat, dass sie nicht mehr so saugfähig sind), überlegen Sie sich, bei welchen Kleidungsstücken Ihnen das wirklich wichtig ist und wo sie es überhaupt spüren (etwa Oberhemden oder Unterwäsche). Vielleicht können Sie nach diesen Überlegungen die Weichspülermenge verringern - auch Ihr Geldbeutel wird sich freuen!

Bei Kalkablagerungen (es sei denn, Sie haben extrem kalkhaltiges Wasser) können Sie auf die giftigen Kalklöser verzichten und es stattdessen einmal mit Essig versuchen. Es reicht der sehr preiswerte Haushaltsessig. Je weniger Sie ihn verdünnen, desto kräftiger wirkt er gegen Kalk. Sie können ihn universal in der Küche und im Bad (Toilette!) einsetzen. Er hat einen einzigen Nachteil, den Sie aber vielleicht in Kauf nehmen können: Essig riecht eben sehr sauer. Den im Laden erhältlichen Essigreinigern sind meistens deshalb noch Parfümstoffe zugesetzt. Wenn Sie sich ein wenig mit den Rhythmen der Natur in Bezug auf die Hausarbeit vertraut gemacht haben, werden Sie vielleicht feststellen, dass Ihnen einige Arten von Arbeit, die Sie noch nie gerne gemacht haben, wesentlich leichter von der Hand gehen werden als bisher und das Ergebnis auch besser ist. Wenn Sie sich auf einen Versuch einlassen wollen, haben Sie die besten Chancen, auf die Dauer zu einem anderen, aber wesentlich effektiveren Rhythmus bei der Hausarbeit zu kommen. Und wer weiß, bei einigen Tätigkeiten werden Sie vielleicht sogar Freude haben.

In den folgenden Abschnitten sind ein paar Tipps zum Thema Reinigen und Putzen aufgelistet, die vielleicht nicht alle für Sie wertvoll sind (etwa, weil Sie keine Holzböden haben). Suchen Sie sich trotzdem diejenigen heraus, die auf Ihre Gewohnheiten passen und ziehen Sie in Erwägung, den einen oder anderen Hinweis einmal zu beherzigen. Vielleicht nimmt es Ihnen eine Menge Arbeit ab!

Hausputz im Allgemeinen

Der große Hausputz findet oft im Frühjahr statt. Vermutlich hat das seine Gründe in dem unterbewussten Bestreben des Tiers im Menschen, nach dem Winter das Nest für das kommende Jahr schön und angenehm zu machen - alter Ballast vom Winter soll weggeworfen werden, der Wintermief gegen frischen Frühlingswind ausgetauscht werden und die nicht mehr gebrauchten Winterklamotten in den Schrank oder in den Keller wandern. Vielleicht hat auch die zunehmende Zahl der Stunden, an denen es hell ist und man überhaupt aufräumen und sauber machen *kann*, etwas mit diesem beliebten Zeitpunkt zu tun. Nicht zufällig stimmen die von Mutter Natur aus am geeignetsten Zeitpunkte mit diesem Drang überein. So ist der beste Zeitpunkt für das Durchschauen und Sichten der wegzuräumenden Sachen sowie für das ausgiebige Durchlüften von Keller, Garage und Dachboden ein Lufttag im abnehmenden Mond. Weil den Lufttagen ja immer die Wassertage folgen, können Sie an diesen Tagen dann mit dem gründlicheren Reinigen der zuvor aufgeräumten Räume fortfahren. Dabei liegt das Luftzeichen Wassermann praktischerweise im Frühling immer im abnehmenden Mond; gefolgt wird es vom Wasserzeichen Fische, das man für das ausgiebigere Reinigen nutzen kann!

Wäsche waschen

Wie schon oben erwähnt, wird alle Wäsche bei abnehmendem Mond besser und schneller sauber. Nun können es sich die wenigsten Menschen erlauben, nur im abnehmendem Mond Wäsche zu waschen - auch würde diese Aufgabe irgendwann mit den anderen Tätigkeiten, die ebenfalls zu dieser Zeit am besten erledigt werden, kollidieren. Man kann schließlich bei abnehmendem Mond nicht den ganzen Haushaltskram erledigen, bei zunehmendem Mond dagegen nichts tun! Es ist dem Einzelnen überlassen, sich die Prioritäten zu setzen. Vielleicht kann ein Hauptteil der Wäsche im abnehmenden Mond erledigt werden - etwa Bettwäsche oder Handtücher, sodass in der restlichen Zeit nur noch kleinere Wäschemengen übrig sind. Mit etwas Organisationstalent dürfte dieses Problem zu lösen sein. Möglicherweise haben Sie die Erfahrung gemacht, dass viele ‚schlimme' Flecken auf umweltschonende Art und Weise überhaupt nicht loszuwerden sind. Auch hier könnte das Waschen im Rhythmus des Mondes die einzige Lösung sein, die Sie noch nicht ausprobiert haben. Lassen Sie sich auf den Versuch ein. Vielleicht können Sie dann auf die scharfen Mittel verzichten.

Um noch einmal zusammenzufassen: Der beste Zeitpunkt für den ‚großen Waschtag' ist der abnehmende Mond, besonders geeignet sind Fischetage, aber auch Skorpion und Krebs. In dieser Zeit wird die Wäsche leichter und schneller sauber, Sie sparen Geld für Waschpulver und das Gewebe wird nicht übermäßig strapaziert. Bei zunehmendem Mond können hartnäckige Flecken Probleme bereiten; die Lauge bleibt sauberer, die Wäsche dreckiger.

Chemische Reinigung von Kleidungsstücken

Auch für die chemische Reinigung (nötig bei vielen empfindlichen Materialien, zum Beispiel Leder und Daunenfüllungen) ist ein Tag im abnehmenden Mond am besten geeignet. Die Stücke werden schonender gereinigt, scheinen länger sauber zu bleiben und die Farben bleiben am besten erhalten. Die Erfahrung hat gezeigt, dass man das Zeichen

Steinbock eher vermeiden sollte, um Kleidungsstücke in die Reinigung zu geben. Oft bekommen die Stücke an diesen Tagen einen unerwünschten Glanz, der nie wieder ganz verschwinden wird. Das Gleiche gilt auch für spezielle Sommer- oder Winterkleidung, die nach der Reinigung in den Schrank gelegt wird, um hier unberührt bis zur nächsten Saison zu liegen. Besonders in diesen Fällen sollte man auf eine Wäsche oder Reinigung achten, die bei abnehmendem Mond erfolgt! Generell sei noch angemerkt, dass man auf die chemische Reinigung lieber weit gehend verzichten sollte. Der unangenehme Geruch aus einer Reinigung haftet immer auch ein wenig den gereinigten Stücken an. Wenn Sie ihn als unangenehm empfinden, sollte Sie beim Kauf Ihrer Kleidung darauf achten, dass sie waschbar ist - wenn schon nicht in der Waschmaschine, so aber doch zumindest mit der Hand.

<u>Dielen und Parkettböden</u>

Bei zunehmendem Mond sollten Sie Dielen und Parkettböden nur fegen oder bei einem Luftzeichen (also an Zwillinge, Waage oder Wassermann) mit wenig Wasser und einem Wischlappen aufgewischt werden. Beim Aufwischen bei einem Wasserzeichen könnte sich das Holz vorzeitig verziehen, sich in seltenen Fällen nach längerer Zeit sogar Holzfäule bilden. Eine intensivere Reinigung mit Schrubben sollte man am besten bei abnehmendem Mond vornehmen - da geht es am leichtesten!

<u>Fensterputzen</u>

Für das Reinigen von Glas gibt es in Drogerien und Haushaltsläden eine ganze Palette von Glasreinigern. Halten Sie sich an ein paar simple Faustregeln und diese (zudem teuren) Reiniger werden im wahrsten Sinne des Wortes überflüssig sein. Warten Sie auf den abnehmenden Mond und auf einen Lufttag (Zwillinge, Waage oder Wassermann) oder einen Wärmetag (Widder, Löwe oder Schütze). Mit klarem Wasser und einem kleinen Schuss Spiritus werden Sie mühelos Ihre Fenster, Glastüren und Fernsehbildschirme schlieren- und streifenfrei wischen! Wenn Sie übrigens für die Fensterrahmen einen besonders guten Zeitpunkt abwarten möchten, sei Ihnen ein Tag in einem Wasserzeichen (Fische, Skorpion oder Krebs) geraten. - Nur dumm, dass man also nicht Fenster und Rahmen an ein und demselben Tag putzen sollte.

<u>Schuhe</u>

Auch Schuhe werden, wie sollte es anders sein, bei abnehmendem Mond am leichtesten sauber. Das Leder wird vom Straßenstaub nicht so angegriffen, sondern im Gegenteil sogar noch besonders haltbar gemacht (Verwenden Sie übrigens immer die herkömmliche Schuhcreme mit anschließendem Polieren, nicht etwa die dünnflüssigen Reiniger, die mit einem Schwämmchen aufgetragen werden! Letztere werden das Leder nicht sehr viel haltbarer machen). Vor allem den Winterstiefeln sollte man, bevor Sie für den Winter in den Schrank verbannt werden, noch eine gründliche Reinigung bei abnehmendem Mond gönnen. So werden sie Ihnen, zumindest vom Leder her, noch einen weiteren Winter die Füße warm halten! Ein guter Tipp ist es auch, neue Schuhe bei abnehmendem Mond einmal gut zu imprägnieren, bevor sie in die Dauernutzung übergehen. Ein Paar Schuhe mit einer solchen Behandlung kann Ihnen lange gute Dienste erweisen!

Metall

Beim Reinigen von Metall besteht oft die Gefahr, mit dem Reinigungsmittel oder -instrument die Oberfläche zu zerkratzen. Benutzen Sie grundsätzlich keine aggressiven Putzmittel (im Zweifelsfall an einer unauffälligen Stelle ausprobieren!) und warten Sie auf den abnehmenden Mond. Manchmal reicht in dieser Zeit schon ein Anhauchen und ein trockener Lappen. Versuchen Sie ansonsten (allerdings nur für die angegebenen Metallarten!) bei abnehmendem Mond diese alten Hausmittel: Silberbesteck und -schmuck können Sie am besten an einem Lufttag mit einem in verdünnten Salmiakgeist getauchten Tuch reinigen. Mit Kreidepulver nachpolieren. Für das Reinigen von Messing aus gleichen Teilen Mehl und Salz mit etwas Essig eine Creme anrühren. Gut auf das Messing auftragen und nach kurzer Zeit abwaschen. Schließlich mit einem weichen Tuch trockenreiben. Kupfer reinigen Sie erfolgreich, indem Sie etwas Salz in heißem (nicht kochenden!) Essig verrühren und die Kupferteile vorsichtig damit bearbeiten. Wichtig ist auch anschließend ein sorgfältiges Trockenreiben!

Porzellan

Wie bei Metall läuft man auch hier Gefahr, beim Reinigen von wertvollen Tassen, Kaffee- und Teekannen Kratzer zu hinterlassen. Vor allem Tee (insbesondere schwarzer Tee) hinterlässt hartnäckige Flecken, die nach Meinung vieler Kulturkreise unbedingt in der Kanne belassen werden müssen, damit der Tee ‚richtig' schmeckt. Die Chinesen, die Urahnen des Tees, behaupten sogar, dass diesen bräunlich-schwarzen Flecken die ‚Seele' des Tees innewohnt. Sie kämen niemals auf die Idee, eine Teekanne zu reinigen, geschweige denn sie richtig gehend abzuwaschen - mit Spüli und Abwaschlauge! Auch Kaffe hinterlässt auf die Dauer bräunliche Rückstände. Möchten Sie nun Kaffee- und Teekannen in ihrem ursprünglichen Glanz erstrahlen lassen, um auch Tante Erna nicht von der sonntäglichen Kaffeetafel zu vertreiben, benutzen Sie bei abnehmendem Mond einen sauberen, feuchten Lappen, auf den Sie etwas Salz gegeben haben. Dabei kein grobkörniges Salz verwenden, das noch in der Salzmühle gemahlen werden muss! Streuen Sie auch nicht zu viel auf den Lappen, es soll keine Schmirgelfläche entstehen. Mit vorsichtigen Bewegungen können Sie nun die Oberfläche des Porzellans reinigen, ohne Kratzer zu hinterlassen oder die Farben mit hinunterzuwischen. Auch hier gilt grundsätzlich: Bei zunehmendem Mond können zum Reinigen mitunter sehr scharfe Putzmittel erforderlich werden, die die Oberfläche angreifen. Bei abnehmendem Mond dagegen werden Sie mit der beschriebenen Methode wenig Probleme haben.

Schimmel

Der Kampf gegen Schimmelpilze an Wänden und Decke ist langwierig und mühsam. Vor allem Schimmel, der sich in den Ecken der Neubauwohnungen mit sehr dicht schließenden Fenstern in Kombination mit schlecht nach außen isolierten Wänden bildet, ist oft nur durch mühsames Abkratzen, Verkleiden der Wand mit Spezialpapier und neuem Tapezieren beizukommen. Auch hier sollten alle Maßnahmen bei abnehmendem Mond durchgeführt werden, besonders dann, wenn der Schimmelbefall noch nicht sehr schlimm ist. Treten die ersten Spuren von Schimmel auf, bearbeiten Sie die Wand bei abnehmendem Mond mit Essigwasser, das Sie mit einer Naturbürste auftragen. Das kann den Befall verlangsamen, manchmal sogar eindämmen.

Noch mehr Tipps

In diesem Abschnitt bekommen Sie noch mehr Informationen zu Tätigkeiten im Haushalt, gemischt mit solchen Hinweisen, die allgemein sinnvoll sein können. Auch hier gilt wieder: Suchen Sie sich die für Sie nützlichen Informationen heraus und probieren Sie sie einmal aus. Schaden kann es ja nichts und vielleicht entdecken Sie etwas, das Ihnen das Leben ein wenig erleichtert oder verschönt!

Lüften leicht gemacht

Vor allem für Menschen, die viel zuhause sind oder in einem Gebäude arbeiten (wie ja die meisten Menschen) ist das regelmäßige Lüften der Räume sehr wichtig. Gerade in Neubauten, bei denen die Fenster und Türen sehr dicht schließen, kommt wenig Sauerstoff ins Zimmer und die Luft ist bald ‚verbraucht'. Müdigkeit und schlechte Laune sind die Folgen. In der Großstadt hat man allerdings manchmal das Gefühl, dass beim Lüften mehr Schadstoffe als Sauerstoff hineinkommt, vor allem wenn man an einer großen Straße wohnt. Lassen Sie sich nicht täuschen: Lüften ist auf jeden Fall besser, als im eigenen 'Mief' zu sitzen und die Schadstoffe kommen auch so an Sie heran. Wenn Sie in einem Gebäude arbeiten, dass mit einer Klimaanlage ausgestattet ist und wo man die Fenster nicht öffnen kann, versuchen Sie, zumindest in der Mittagspause oder zwischendurch mehrmals am Tag verteilt für ein paar Minuten an die frische Luft zu gehen.

Für alle lüftbaren Wohn- und Arbeitsräume gilt: An Wärme- und Lufttagen ausgiebig und lange lüften, dabei das Fenster ruhig eine halbe Stunde einen Spalt offen lassen. An Erd- und Wassertagen dagegen nur kurz lüften, dafür aber mit weit aufgerissenem Fenster. Gutes Lüften tut auch Bettdecken gut, also den Oberbetten aus Federn gut. Mit Lüften ist übrigens nicht das kurze Aufschütteln vor dem täglichen Bettenmachen gemeint, sondern das Heraushängen des Federbetts aus dem Fenster oder vom Balkon. Die Federn werden dabei gut durchgelüftet, die Feuchtigkeit, die sich in der Nacht vielleicht gebildet hat, kann entweichen und das Bett ist für die nächste Nacht bereit. Die Haut kann besser atmen. Außerdem beugt man so dem übermäßigen Befall von Hausstaubmilben, die Allergien auslösen können, vor. Beim Bettenlüften sollte man aber Folgendes beachten: Bei abnehmendem Mond an einem Feuer- oder Luftzeichen kann man ein Federbett ausgiebig lüften. Bei zunehmendem Mond die Decken nur ganz kurz aus dem Fenster hängen, weil sonst Feuchtigkeit in die Federn dringen würde, was vor allem für Rheumapatienten gefährlich ist. Zudem sollte man auch direkte Sonneneinstrahlung meiden, die den Federn schaden könnte. In allen Monaten, die kein ‚R' im Namen haben (also in den Sommermonaten), kann man grundsätzlich eher länger lüften.

Auch bei Matratzen tut man gut daran, sie hin und wieder auszulüften, auch wenn das immer mühsam und mit viel Aufwand verbunden ist, umso ein Monstrum ans Fenster oder ins Freie zu befördern. Das Auslüften verlängert zwar nicht unbedingt ihre Lebensdauer (die übrigens wesentlich kürzer ist, als man vermuten sollte: Auch gute Matratzen sind nach acht Jahren meistens durchgelegen und nicht mehr angenehm für den Rücken), hindert aber Hausstaubmilben daran, sich übermäßig einzunisten. Matratzen werden am besten im abnehmendem Mond an einem Luft- oder Wärmetag gelüftet (und auch gereinigt). Am wenigsten geeignet ist einleuchtenderweise ein Wassertag bei zunehmendem Mond, was Feuchtigkeit gerade anzieht. Und das will man ja vermeiden! Auch Erdtage sind am besten zu meiden.

Kleidung in Schränke räumen

Im Frühjahr haben viele Menschen den Drang, die Winterkleidung möglichst schnell wegzuräumen und den Kleiderschrank mit luftigen, schönen Sommersachen zu füllen. Auch wenn dieser Drang sehr stark ist, weil draußen endlich wieder die Sonne scheint: Machen Sie sich die Mühe, den richtigen Zeitpunkt abzuwarten, dann werden Sie im nächsten Herbst keine Überraschung erleben, weil sich Motten genüsslich durch die Wolle gefressen haben. Räumt man die Kleidung an einem Lufttag bei abnehmendem Mond in den Schrank, sollten Mottenkugeln oder Mottenpapier überflüssig werden. Notfalls können Sie auch auf den aufsteigenden Mond warten. Vermeiden sollte man unbedingt Erdtage (Kleidung könnte einen modrigen Geruch annehmen) und Wassertage (hier könnte man ein halbes Jahr später Schimmelflecken in der Lieblingsjacke vorfinden)! Die gleichen Bedingungen gelten natürlich auch für die Sommerbekleidung, die im Herbst in den Schrank wandert!

Konservieren und Einkochen

Auch wenn das Einmachen von Gemüse und Obst heute etwas aus der Mode gekommen ist, weil es durch Importe aus dem Süden auch in unseren Breitengraden im Winter ausreichend frische Ware gibt - selbst gemachte Marmeladen und Säfte sind der Geschenk-Schlager schlechthin. In einem schönen Glas, mit handbeschriftetem Etikett versehen, ist das Quittengelee oder die Brombeermarmelade aus dem eigenen Garten ein leicht herzustellendes, preiswertes und auch persönliches Geschenk, wenn man den Geschmack der beschenkten Person ein wenig kennt. Auch wer keinen Garten sein Eigen nennt, kann mit gekauftem Obst leckere Marmeladen oder Gelees selbst machen. Gut ist es, wenn Sie darauf achten, Früchte aus biologischem Anbau zu kaufen. Bananenmarmelade ist etwa so eine Sorte, die man schwerlich mit dem Etikett ‚aus unserem Garten' wird versehen können, die aber trotzdem immer gut ankommt. Das Einkochen von Marmelade ist wirklich einfach: Für die meisten Sorten brauchen Sie nur geputztes Obst, Gelierzucker und viele Gläser mit Schraubverschluss (bei Freunden fragen! Meist hat man selbst nur wenige vorrätig). Die genaue Kochzeit finden Sie für Ihre Obstsorte auf der Gelierzucker-Packung. Sie sollten nur beachten, keine zu hohen Temperaturen zu verwenden, weil die Masse sonst am Topf ansetzt. Je nach der Farbe der Früchte würden Sie das möglicherweise nicht erkennen und erst nach dem Abfüllen merken, dass alles angebrannt schmeckt. Für jede Art von Einmachen und Konservieren ist es von großem Vorteil, wenn Sie die Zeit des aufsteigenden Mondes abwarten. Das Obst ist saftiger und hat mehr Geschmack; die Marmelade hält sich dann auch viel länger. Am besten für das Ernten und Einmachen von Obst ist dabei der Widder geeignet (Fruchttage); für das Ernten und Einmachen von Wurzelgemüse Steinbock und Stier (Wurzeltage). Wenn Sie im Keller oder in der Speisekammer ein spezielles Regal oder einen Schrank für Kartoffeln, Zwiebeln oder Äpfel haben, achten Sie nach Möglichkeit darauf, das Regal oder den Schrank nur bei abnehmendem Mond (Feuer- oder Luftzeichen) zu putzen. Sie können so verhindern, dass das Obst an seinem Lagerort feucht wird und einen muffigen Geruch annimmt.

Auch für das Einfrieren von Obst und Gemüse gibt es einen Tipp: Am besten sind die Fruchttage! Wassertage sollten gemieden werden, denn nach dem Auftauen könnte an Geschmack verlieren, wässrig werden und beim Zubereiten schnell zerfallen.

Maler- und Renovierungsarbeiten

Beim Kaufen von Farben und Lacken wird man im gut sortierten Fachhandel vor die Wahl gestellt: Meist günstigere herkömmliche Farbe oder die teurere ‚Ökofarbe' auf Wasser- oder Naturharzbasis? Die Entscheidung fällt oft zu Gunsten der herkömmlichen Farbe, weil man die Erfahrung gemacht hat, dass sie zwar wesentlich länger unangenehm riecht als die ungiftige Farbe, sich aber auch leichter und schneller verarbeiten lässt. Lassen Sie sich das nächste Mal, wenn es Ihr Budget irgendwie erlaubt, auf die ungiftige Farbe ein. Beachten Sie beim Verarbeiten Folgendes: Arbeiten Sie bei abnehmendem Mond! Wassertage sind eher ungeeignet, weil die Farbe langsamer trocknet; vermeiden Sie auch das Zeichen Löwe, denn an diesen Tagen trocknet die Farbe zu schnell aus und könnte rissig werden. - Wenn Sie sich einmal an diese Regeln halten, werden Sie weniger Probleme mit der natürlichen Farbe haben. Farben und bemalte Flächen trocknen besser durch, es entsteht eine gleichmäßige Oberfläche. Auch das Arbeiten selbst geht wesentlich leichter von der Hand!

Heizen der Wohnung im Herbst

Irgendwann im Herbst, wenn der Sommer endgültig vorbei ist, haben Sie das Gefühl, dass es in der ungeheizten Wohnung zu kalt wird - Sie möchten die Heizung aufdrehen und alles einmal so richtig gut durchheizen. Es lohnt sich, für das erste Durchheizen im Herbst einen guten Zeitpunkt abzuwarten, damit vor Beginn des Winters alle Feuchtigkeit aus dem Mauerwerk entweichen kann und Sie das bestmögliche Heizergebnis erzielen. Besonders wichtig ist das, wenn Sie in einem Neubau wohnen: Am besten geeignet ist ein Wärmetag, also Widder, Löwe oder Schütze, bei abnehmendem Mond!

Doppelfenster einsetzen

Vor allem in manchen Wohnmobilen gibt es Sommer- und Winterfenster, die man zweimal im Jahr auswechselt, um das rollende Zuhause dem jeweiligen Klima anzupassen. Aber auch in alten Häusern auf dem Land gibt es manchmal noch eine Art Vorfenster, die den Sommer über nicht benötigt werden und erst im Herbst wieder als Isolierung gegen die Kälte zum Einsatz kommen. Diese Fenster haben den Nachteil, dass sie beschlagen können und sich dann bei entsprechenden Temperaturen Eisblumen bilden - hübsch anzusehen, aber unpraktisch, wenn man hinaussehen möchte. Der Gefahr des Beschlagens kann man entgegenwirken, wenn man das Einsetzen der Fenster bei aufsteigendem Mond an einem Luftzeichen, am besten Wassermann oder Zwillinge, vornimmt. Diesen Tipp sollten auch Häuslebauer beherzigen, die den Zeitpunkt des Einsetzens der Fenster in ihr künftiges Zuhause selbst bestimmen können. Der richtige Zeitpunkt kann sich auch auf die Isolationsfähigkeit von Doppelscheiben für Neubauten positiv auswirken.

Richtige Pflege von Zimmerpflanzen

Auf dieses Thema werden wir im nächsten Kapitel noch näher eingehen; die Grundzüge für die richtige Behandlung von Zimmerpflanzen sollen hier aber schon einmal angegeben werden: Das *Gießen* sollte man möglichst an Blatttagen vornehmen, also an Krebs-, Skorpion- oder Fischetagen. Verwenden Sie dabei Regenwasser oder abgestandenes Leitungswasser (nach dem Gießen die Kanne gleich wieder auffüllen, damit für das nächste Gießen abgestandenes Wasser bereitsteht!). Bei kleineren Pflanzen kann es eine gute Idee sein, sie bei Regen ins Freie zu stellen, jedoch nur, wenn die Blätter das direkte Benetzen mit Wasser ‚gewohnt' sind. Wenn Sie Pflanzen *umtopfen* oder junge Ableger in die Erde setzen wollen, sollten Sie am besten auf Jungfrautage warten. Pflanzen, die in diesen Tagen umgesetzt werden, wurzeln in ihrer neuen Umgebung besonders schnell und wachsen gut an. Der geeignete Zeitpunkt für das *Düngen* ist der abnehmende Mond, vornehmlich an Blatttagen (Krebs, Skorpion, Fische). Je nach Qualität der Pflanze kann man auch an Wurzeltagen (Stier-, Jungfrau- oder Steinbocktage) düngen, wenn die betreffende Pflanze keine starken Wurzeln bildet. Bei Pflanzen, die ihrem Blütezyklus zum Trotz gar nicht blühen wollen, kann man auch an Blütentagen, also Zwillinge-, Waage- oder Wassermanntagen düngen. Nähere Details, etwa zur Schädlingsbekämpfung, erfahren Sie im nächsten Kapitel.

Der geeignete Tag für Ausflüge und Unternehmungen

Wer gerne Ausflüge in die Natur unternimmt, viel wandern oder spazieren geht, wird vielleicht schon einmal die Beobachtung gemacht haben, dass sich manche Tage einfach ‚kälter' anfühlen als andere, obwohl haargenau die gleiche Temperatur herrscht, oder dass man manchmal von der Sonne regelrecht geblendet wird, obwohl der Himmel eigentlich bedeckt ist und die Sonnenbrille warm und trocken zuhause liegt. Diesen Wahrnehmungen trägt in jüngster Zeit vor allem im Winter der Zusatz zum Wetterbericht Rechnung: "Mittlere Tagestemperatur minus acht Grad, gefühlte Temperatur: Minus zwölf Grad." Nun hat diese ‚gefühlte Temperatur', die man im Englischen als ‚Windchill Factor' bezeichnet, vor allem mit der Stärke und Temperatur des Windes und der Luftfeuchtigkeit zu tun. Es gibt aber noch einen anderen Faktor, der in die jeweilige Wetter-Befindlichkeit von Menschen mit eingeht und das sind die vier besonderen Kräfte, die mit dem gerade regierenden Tierkreiszeichen zusammenhängen. Wir haben diese vier Tagesqualitäten schon im zweiten Kapitel im Zusammenhang mit richtiger Ernährung angerissen. Wir nehmen das Thema hier noch einmal auf, weil die Auswahl eines geeigneten Tages wesentlich zum Erfolg eines Auflugs mit beitragen kann.

Wassertage sind die Tage, an denen Krebs, Skorpion oder Fische regieren. Diese Tage sind eher ungeeignet für einen Trip ins Grüne. Wenn Sie die Möglichkeit haben, einen

Ausflug im Voraus zu planen, meiden Sie die Wassertage, denn sie sind gekennzeichnet durch eine allgemein hohe Feuchtigkeit, die den Boden und die Luft betrifft. Auch kommt es hier vermehrt zu Niederschlägen, weshalb Sie auf einen Ausflug unbedingt Regenzeug mitnehmen sollten, damit Sie nicht wieder umkehren müssen, wenn es zu regnen beginnt. Sinnvoll kann auch eine Decke sein, wenn Sie unterwegs auf dem Boden oder einer feuchten Bank ein Picknick machen wollen. Hinsichtlich Wetterumschwüngen sollten Sie auch auf den Neumond, den Vollmond, Schütze- und Zwillingtage achten, die hier häufiger erfolgen.

Die *Erdtage* - Stier, Jungfrau und Steinbock - werden mitunter auch Kältetage genannt, was darauf hindeutet, dass sich alles eher kälter als erwartet anfühlt. Man sollte sich lieber nicht auf die nackte Erde setzen und packen Sie vorsorglich lieber einen dicken Pullover mit ein, denn auch wenn zunächst die Sonne scheint, kann es unerwartet kalt werden, falls auch nur ein Wölkchen auftaucht. Nach Möglichkeit sollten Sie Ihre Gepäckmenge so planen, dass noch eine Decke mit in den Rucksack oder den Kofferraum passt!

Die *Lufttage* heißen manchmal auch Lichttage, wobei auch hier der Name auf die Qualität dieser Zeitspanne hindeutet. Der Mond steht jetzt in den Zeichen Zwillinge, Waage oder Wassermann und die Pflanzen sind hier besonders aufnahmefähig für Licht. Wir Menschen spüren, dass das Licht anders ist als sonst, was manchmal so weit geht, dass wir die Helligkeit als unangenehm empfinden. Dies kann auch der Fall sein, wenn der Himmel bedeckt ist. Sportler können davon ein Lied singen, wenn sie im Training ständig das Gefühl haben, ‚gegen die Sonne' zu spielen - obwohl es richtig gehend bewölkt ist! Wenn Sie einen Ausflug planen, nehmen Sie unbedingt eine Sonnenbrille oder eine Kopfbedeckung mit Schirm gegen die Sonne mit. Grundsätzlich sind die Lufttage aber eher geeignete Tage für einen größeren Ausflug.

Auch die *Wärmetage* sind für Ausflüge geeignet. Es herrschen Widder, Löwe oder Schütze, die allgemeine Qualität ist trocken und warm. Selbst wenn die Sonne nicht zu sehen sind, empfinden die meisten Menschen diese Tage als angenehm. Vor allem an Löwetagen ist der vorherrschende Impuls austrocknend, weshalb Sie ausreichend Getränke mitnehmen sollten (was natürlich auch im besonderen Maße für Sportler gilt!). Eine Gefahr vor allem an Löwetagen können heftige, sehr plötzlich aufziehende Gewitter sein. Planen Sie auch diese Möglichkeit in Ihre Überlegungen mit ein. Manchmal gehen diese Gewitter, vor allem im Hochsommer nach längeren Wärmeperioden, mit regelrechten Hagelstürmen und schlimmen Überschwemmungen einher. Die Erde ist ausgetrocknet und wenig aufnahmefähig, was zur Folge haben könnte, dass Sie in den Folgetagen Probleme mit Matsch und unwegsamen Wanderrouten bekommen könnten.

Am Rande sei aber noch bemerkt: Jeder Tag ist ein guter Tag für einen Ausflug! Lassen Sie sich nur nicht von den oben beschriebenen Tagesqualitäten abschrecken! Sie würden vielleicht keinen einzigen geeigneten Tag finden - mal ist es zu trocken, dann zu hell, schließlich zu feucht. Die Tendenzen an den verschiedenen Tagen können Sie veranlassen, angemessene Kleidung dabei zu haben, sich richtig auszurüsten und auf mögliche Gefahren vorbereitet zu sein. Zusätzlich sind Sie vielleicht nicht so sehr enttäuscht, wenn sich ein schöner Tag am Ende doch als ‚irgendwie kalt und ungemütlich' entpuppt. Sie sollten keinesfalls auf einen Ausflug verzichten, nur weil es regnen könnte. Und auch ein Ausflug, auf dem alle rennen mussten, um nicht nass zu werden, Cola literweise nachgekauft wurde oder sich alle im Strandkorb gegen die Kälte aneinanderkuscheln mussten, kann für alle Beteiligten in wunderschöner Erinnerung bleiben - gerade für die Jüngsten. Kinder lieben das Abenteuer.

Körperpflege

Zur Körperpflege trägt zu einem sehr großen Teil schon gesunde Ernährung, viel frische Luft und nicht zuletzt ein ausgewogenes Seelenleben bei. Bei wem diese drei Faktoren ‚stimmen', dem wird man schon von außen ansehen, dass es ihr oder ihm gut geht. Überhaupt bedeutet Gesundheit immer ein Gleichgewicht, das zwischen allen Bestandteilen des Menschen herrscht. Zu diesen Bestandteilen gehören neben funktionalen Elemente wie etwa dem Herz oder der Lunge, die intakt sein müssen, auch die Seele. Wenn das Gleichgewicht stimmt, ist auch das Äußere ansprechend und schön anzusehen. Besonders an der Haut, die ja bekanntlich der ‚Spiegel der Seele' ist, kann man oft auf den Allgemeinzustand eines Menschen rückschließen. Nun ist nicht jede Hautunreinheit Ausdruck von emotionalen Problemen und für die meisten Menschen ist Körperpflege - vor allem die dekorative - ja auch eine Art, mit dem eigenen Körper Kontakt aufzunehmen, sich etwas Gutes zu tun. In einem pflegenden Vollbad wird nicht nur der Körper sauber, sondern auch eine ganze Menge Stress und Spannungen vom Alltag mit weggespült. Da kommt es darauf an, sich auf den eigenen Instinkt zu verlassen, wann Körper oder Seele was brauchen. Meistens melden sich beide von ganz allein; wenn man in der Lage ist, die Signale wahrzunehmen, ist schon viel zur Schönheit beigetragen! Die überwiegende Zahl der Menschen hat keine Kosmetika nötig, die die Haut zukleben und gar nichts mehr übrig lassen als eine Maske. Dekorative Farben sind eine andere Sache; zu Zwecken der Verschönerung haben sich Frauen und Männer seit jeher und in allen Kulturkreisen mit Farben bemalt. Dagegen kann nicht das Geringste gesagt werden. Doch Firmen und Medien, die uns weismachen wollen, dass Haut ohne Kosmetika nicht gedeihen und gesund sein könnte, muss man nicht einfach so Glauben schenken. Nicht zufällig kosten die angeblich wichtigsten Kosmetika auch am meisten Geld.

Neben pflegenden und dekorativen Kosmetika gibt es allerdings ein paar ganz alltägliche Dinge, die man meistens nebenbei und ohne viel Nachfühlen nach Instinkten erledigt. Dazu gehören zum Beispiel Haarewaschen und Nägelschneiden. Es gibt aber ein paar Faustregeln, nach denen Sie vorgehen könnten, wenn Sie mit der einen oder anderen Sache Probleme haben oder denken, Sie könnten diese Aufgaben effektiver oder einfacher gestalten. Lesen Sie sich die Tipps durch und entscheiden Sie, was Sie davon ausprobieren möchten.

Haut
Das tägliche Waschen und Auftragen von Creme unterliegt keinen Faustregeln! Hier soll lediglich die Rede sein von speziellen Maßnahmen zur Pflege von Problemhaut. Alle Maßnahmen, bei denen der Haut etwas zugeführt werden soll, also eine Feuchtigkeitsmaske oder das Auftragen von Straffungscreme, ist am wirksamsten bei zunehmendem Mond. Die Haut ist besser in der Lage, die betreffenden Stoffe aufzunehmen. Alle anderen Maßnahmen, vor allem solche, die gegen unreine Haut wirken sollen, erfolgt idealerweise bei abnehmendem Mond. Das gilt besonders dann, wenn gezielt gegen Unreinheiten und kleine Pickel vorgegangen werden soll, weil sich bei abnehmendem Mond wesentlich seltener Narben bilden als bei zunehmendem Mond. Diese Information können Sie auch für den Besuch beim Hautarzt oder bei der Kosmetikerin beachten. Wenn man für die spezielle Hautpflege freie Terminwahl hat, sollte man sich einen Steinbocktag aussuchen. Diese Tage sind für die Hautpflege grundsätzlich gut geeignet!

Haare
Auch hier nur ein paar Tipps für Menschen, die unzufrieden mit Ihren Haaren sind: Der richtige Zeitpunkt für das Haareschneiden sind grundsätzlich Jungfrautage, vor allem aber Löwetage! Es ist dabei nicht so sehr entscheidend, ob der Mond gerade zu- oder abnimmt; wenn Sie die Wahl haben, bevorzugen Sie den zunehmenden Mond. Die ungünstigsten Termine sind Fische- und Krebstage, was auch für das Waschen gilt. Wenn Sie sich nicht täglich die Haare waschen, überspringen Sie Fische- und Krebstage. Allgemein gilt: Löwetage für kräftigeres, glänzenderes Haar; Jungfrautage für einen besonders haltbaren Haarschnitt. Natürlich ist auch der Haarschnitt nur an Löwetagen kein sicheres Mittel gegen Haarausfall, der häufig hormonell bedingt ist. Wenn Sie jedoch unter kraftlos hinunterhängendem oder sehr trockenen oder fettigen Haar leiden, ist die Beschränkung auf Löwetage beim Schneiden einen Versuch wert! Wenn Sie sich regelmäßig die Haare schneiden lassen, tun Sie das zwischen Februar und August jeden Monat an den Löwetagen. Das hat den Vorteil, dass bei Löwe der Mond immer gerade zunimmt, was die Haare noch zusätzlich kräftigt.

In dieser Zeit (Frühjahr und Sommer über) können Sie ein- oder zweimal wöchentlich die folgende Kur anwenden: Ein bis zwei Eier verquirlen (Eiweiß und Eigelb) und nach dem Waschen ins noch feuchte Haar massieren. Etwa fünf Minuten einwirken lassen und mit warmem (nicht zu heißem!) Wasser wieder ausspülen. Bei der letzten Spülung kaltes Wasser verwenden (Achtung: Die Kopfhaut hat ein anderes Temperaturempfinden als die Hände. Mit kalt sei die Temperatur gemeint, die sich auf dem Kopf kalt anfühlt. Es muss kein Eiswasser sein). Das gilt übrigens für alle Haarwäschen! Auf Föhnen sollte man nach Möglichkeit ganz verzichten, vor allem in der Zeit zwischen Februar und August. Wenn Sie genügend Zeit haben, wickeln Sie die Haare in ein großes Handtuch, das Sie dann irgendwann abnehmen und die Haare an der Luft weitertrocknen lassen. Auch übertriebenes Rubbeln mit dem Handtuch schadet dem Haar eher, als dass es den Trocknungsprozess vorantreibt. Bürsten und Kämmen sollten Sie die Haare im nassen Zustand nur sehr vorsichtig! Wenn Föhnen unbedingt erforderlich wird, warten Sie nach dem Waschen mindestens zehn Minuten ab. Danach föhnen Sie mit nicht zu heißer Luft (an der

Hand ausprobieren - was die Hand verbrennt, verbrennt auch die Haare!) mit dem Haarwuchs. Ein Kompromiss ist vielleicht, Ihren Schopf nur kurz anzuföhnen und die restliche Feuchtigkeit an der Luft trocknen zu lassen. Eine Dauerwelle sollten Sie übrigens lieber an Jungfrautagen machen lassen: An Löwetagen gemachte Dauerwellen werden oft extrem kraus.

Denjenigen Frauen, die sich die Beine rasieren oder die Augenbrauen zupfen und für die Männer, die sich nicht täglich rasieren: Haare wachsen langsamer wieder nach, wenn man sie in der Zeit des abnehmenden Mondes entfernt! Besonders Steinbock im abnehmenden Mond sorgt für besonders lange ‚haarlose' Zeit. Vorsicht ist aber bei den Augenbrauen geboten: Hier zupft man häufig ganz aus Versehen zu viel aus!

Finger- und Fußnägel

Der Regel zum Rasieren entsprechend ist auch für das Schneiden und Feilen der Nägel der Steinbock besonders gut geeignet. Finger- und Fußnägel werden, wenn man sie an einem Steinbocktag schneidet, hart und widerstandsfähig und verlieren die Tendenz zum Splittern. Natürlich bedeutet das nicht, dass man sich die Nägel nur an zwei oder drei Tagen im Monat schneiden darf! Die Steinbocktage sollte man allerdings nicht verpassen. Das ist vor allem dann wirksam, wenn man schon unter leicht brechenden Nägeln leidet! Einen eingewachsenen Nagel sollte man nach Möglichkeit bei zunehmendem Mond schneiden und korrigieren. Tut man es bei abnehmendem Mond, ist die Gefahr größer, dass der Nagel wieder falsch nachwächst. Das gilt allerdings nicht für die Nagelbettkorrektur, die Behandlung von Fuß- oder Nagelpilz und Warzen. Diese Behandlungen sollten bei abnehmendem Mond vorgenommen werden. Einzelheiten dazu, vor allem über den besten Zeitpunkt, gibt es in dem Kapitel über Gesundheit. - Bei Eingriffen nach Entzündungen oder größeren Verletzungen am Nagelbett, die sehr schmerzhaft sein können, sollte man natürlich nicht lange zögern. Die Betonung liegt hier ja auf der Körper*pflege*, für die man sich Zeit nehmen und einen guten Zeitpunkt aussuchen kann. Bei medizinischen Eingriffen kann man es sich in vielen Fällen keinesfalls leisten zu warten und die Entscheidung über den Zeitpunkt sollte gerade in Notfällen beim Arzt liegen.

Massagen

Massagen kann man unter mehreren Aspekten betrachten. Zum einen sind gute Massagen wirksam gegen eine Reihe von orthopädischen Beschwerden; sie wirken wohl tuend auf den Kreislauf und können gezielt die Funktionen von Organen anregen. Andererseits haben Massagen auch immer eine für die Seele wohl tuende Komponente, die man nicht vergessen sollte. Je nach Art und Ziel der Massage sollte man auch den Zeitpunkt auswählen. Massagen, die für Entspannung, Krampflösung und Entgiftung sorgen sollen, nimmt man besser bei abnehmendem Mond vor. Solche Massagen dagegen, die kräftigend wirken sollen, etwa solche, die mit der Wirkung ätherischer Öle kombiniert sind, haben bei zunehmendem Mond die bessere Wirkung. Auch hier sei wieder angemerkt, dass Massagen nach Verletzungen und medizinische Lymphdrainagen selbstverständlich zum medizinisch wirksamen Zeitpunkt durchgeführt werden sollen! Für die Wahl des richtigen Zeitpunktes können sich gesunde Menschen Zeit nehmen, für die die

Massage eine pflegende, vorbeugende Wirkung haben soll. Kranke und deren Angehörige sollten sich in Notfällen ärztlichen Terminen beugen, ganz egal, ob der Zeitpunkt passt oder nicht!

Der Rhythmus des Mondes in der Natur und im Garten

Das letzte Kapitel war vermutlich von sehr praktischem Nutzen für die meisten Leser. Im Vergleich dazu können viele Menschen mit dem Wissen über den Garten und die Landwirtschaft, worum es in diesem Kapitel gehen wird, eher wenig anfangen - es haben schließlich nur sehr wenige Menschen einen eigenen Hof oder auch nur einen Garten und ziemlich viele Menschen haben Haare auf dem Kopf.

In gewisser Weise handelt dieser Kapitel aber von mehr als nur dem richtigen Zeitpunkt, wann man das Gemüse aussähen soll. Wieder läuft man bei diesem Thema Gefahr, ins Lamentieren und Schimpfen über Pestizide und chemische Düngemittel zu geraten, was nicht die Intention sein soll. Allerdings kommen wir beim Nachdenken über gesunde und naturnahe Landwirtschaft nicht umhin, auch über Verantwortung in Allgemeinen und persönliches Engagement und Zivilcourage Überlegungen anzustellen. Dass viele Aspekte, die uns die moderne Technik und Chemie eingebracht haben, gut und wichtig sind, darüber muss nicht diskutiert werden. Doch eine ganze Reihe von ‚Auswüchsen' des modernen Zeitalters sind für viele Menschen zweifelhaft und haben es zumindest nötig, auch von Seiten der Politiker und Staatsoberhäupter noch einmal durchdacht zu werden. In den meisten Fällen ist das zu Grunde liegende Motiv das Bestreben nach Geld und Macht. Die Gentechnik, die den Welthunger stillen soll, ist ein solches Beispiel. Sicherlich im Ansatz gut durchdacht, birgt sie doch eine große Problematik in sich. Nach Meinung vieler Menschen zäumt dieser Ansatz zur Problemlösung das Pferd gewissermaßen von hinten auf. Die Diskussion dreht sich im Kreise und die Werbung wird uns vielleicht bald weismachen wollen, dass wir zum Glücklichsein unbedingt Banäpfel oder Kirschbirnen brauchen. Das Thema Gentechnologie soll nicht weiter behandelt werden. Vielleicht mögen Sie trotzdem weiterlesen. Einige Informationen, die zur Sprache kommen sollen, können vielleicht auch für die Leser wertvoll sein, die keinen Garten ihr Eigen nennen. Möglicherweise bekommen Sie Lust dazu, Ihre Ernährung und Ihr Kaufverhalten umzustellen, vielleicht haben Se auch einen bislang noch nicht bebauten Garten und möchten endlich einmal etwas anpflanzen. In jedem Fall wird Ihnen das Kapitel aber dazu dienen, die Prinzipien, auf denen das Wissen über die Mondrhythmen aufgebaut ist, besser zu verstehen und zu verinnerlichen. Übrigens, falls Sie sich inspiriert fühlen sollten: Auch auf dem Balkon, im ganz begrenzten Maße sogar mittels Blumentopf auf dem Fensterbrett kann man zum Kleingärtner werden..!

An dieser Stelle sollten Sie sich noch einmal zwei Begriffe ins Gedächtnis rufen, die in diesem Kapitel wieder häufiger vorkommen werden: Der des absteigenden und aufsteigendes Mondes. Wir wiederholen: vom absteigenden Mond sprechen wir in den Zeichen Zwillinge, Krebs, Löwe, Jungfrau, Waage, Skorpion und eingeschränkt auch Schütze. Aufsteigender Mond liegt vor, wenn sich der Mond in den Zeichen Schütze, Steinbock, Wassermann, Fische, Widder, Stier und eingeschränkt Zwillinge steht. Schütze und Zwillinge markieren die Wendepunkte, in denen es zur Umorientierung der Kräfte kommt. Deshalb ist es nicht immer möglich, ihnen eine eindeutige Tendenz zu auf- oder absteigend zuzuschreiben. Es ist zu betonen, dass diese Qualität nichts mit der jeweiligen Mondphase zu tun hat, also damit, ob der Mond ab- oder zunehmend ist! Für Einzelheiten können Sich auch noch einmal zum ersten Kapitel zurückblättern und sich den betreffenden Abschnitt durchlesen, was Ihnen eventuell das Verständnis für einige der in diesem Kapitel beschriebenen Zeitpunkte erleichtern wird.

Auf diese Begriffe wird deshalb hier noch einmal verwiesen, da gerade im Pflanzenreich über die Ihnen mittlerweile wohl geläufigeren Impulse wie zu- und abnehmender Mond, Vollmond, Neumond und die einzelnen Tierkreiszeichen hinaus auch der ab- und aufsteigende Mond starke Kräfte auf Wachstum und Gedeihen ausübt. Oft sind diese beiden Begriffe dann angegeben, wenn es mehrere geeignete Zeitpunkte gibt, um eine bestimmte Maßnahme vorzunehmen. Gerade bei Garten- oder Feldarbeiten kann es leicht einmal zu Verzögerungen kommen - hauptsächlich durch unpassendes, weil feuchtes Wetter. Zu vielen der idealen Zeitpunkte gibt es dann Alternativen und diese liegen häufig in entweder Phasen des absteigenden, oder aber des aufsteigenden Mondes.

Umgraben, Säen und Pflanzen

Der Beginn der Garten- und Feldarbeit beginnt jedes Jahr im Frühjahr mit dem Umgraben und Auflockern der Erde nach dem Winter und dem anschließenden Säen bzw. Einpflanzen der Setzlinge. Wie wir bereits erfahren haben, ist der menschliche Körper im abnehmenden Mond für Aktivität, Geben und Verausgabung geeignet, bei zunehmendem Mond dagegen auf das Sammeln der Kräfte, das Einatmen und Schonung gepolt. Die Erde reagiert auf die Kräfte genau entgegengesetzt: Im abnehmenden Mond atmet die Erde ein, sie ist aufnahmefähig, die Lebenssäfte wandern in die Wurzeln. Bei zunehmendem Mond hingegen wandern die Säfte aufwärts, es herrscht das überirdische Wachstum vor, das Atmen nach außen. Dieser entgegengesetzte 'Trend' mag Ihnen anfangs etwas verwirrend vorkommen. Es ist aber wichtig, dass Sie sich diese Tatsache gut einprägen, weil darauf die meisten Regeln für die Arbeit im Garten basieren. Nach ein paar Seiten werden Sie sich an das Prinzip gewöhnt haben. Bereits für das Umgraben, mit dem gewissermaßen der Anfang das Gartenjahres gekennzeichnet ist, gibt es eine Faustregel, die Sie nach Möglichkeit einhalten sollten. Sie schützt vor übermäßigem Unkraut während des ganzen Gartenjahres und legt einen guten Grundstein für das Gedeihen der Pflanzen und die späteren Erträge. Sie sollten sich die Mühe machen, das zu bepflanzende Beet im Frühling dreimal umzugraben. Das erste Mal im Zeichen Löwe bei zunehmendem Mond - das bringt alle Unkrautsamen, die sich in der Erde seit dem letzten Jahr verborgen haben, zum Sprießen. Idealerweise werden Sie an einigen Stellen sogar kleine grüne Halme von Unkraut ausmachen können. Der zunehmende Mond im Löwen ist übrigens auch für das Unkrautjäten geeignet. Das zweite Umgraben erfolgt im abnehmenden Mond und zwar bei Steinbock. Das wird zur Folge haben, dass Sie das Unkraut in Ihrem Beet auch wieder loswerden - und zwar dauerhaft. Das dritte Umgraben sollten Sie am besten auch im abnehmenden Mond vornehmen - wichtiger ist aber das Einhalten der richtigen Zeitpunkte für das erste und zweite Umgraben.

Dem Umgraben folgen das Säen und Setzen der Pflanzen. Es ist ausgesprochen wichtig, auch diese Arbeiten zu einem geeigneten Zeitpunkt durchzuführen, da das Säen und Setzen nicht minder maßgeblich für den Erfolg Ihrer Gartenarbeit ist! Haben Sie im Frühjahr einmal eine solide Basis für Ihren Garten geschaffen, sind Sie dem prächtigen Gedeihen Ihrer Pflanzen und einer reichhaltigen Ernte schon einen großen Schritt näher. Ein guter Zeitpunkt für die meisten Arbeiten in diesem frühen Stadium ist universal die Phase des absteigenden Mondes. Dabei kann man jedoch noch mehr beachten. Es wird unterschieden: Gemüse und Knollen, die unterirdisch wachsen, werden am besten bei abnehmendem Mond gesät oder gesetzt. Pflanzen, die über der Erde wachsen, sollten dagegen bei zunehmendem Mond gesät oder gepflanzt werden.

Macht Ihnen das Wetter an diesen Terminen einen Strich durch die Rechnung, können Sie sich alternativ auch einen Zeitpunkt im absteigenden Mond aussuchen.

Zur Wahl der richtigen Mondphase (oder des ab- oder aufsteigenden Mondes) kommt noch das richtige Sternzeichen hinzu, das Sie beim Säen und Setzen beachten können. Dabei ist es maßgeblich, um welche Art von Pflanze es sich handelt und welchen Zweck sie später haben soll. Konkret: Welcher Teil zum Verzehr oder zur weiteren Verarbeitung gebraucht wird. So setzen Sie Blattgemüse (etwa Spinat) am besten an einem Tag, an dem im Mondkalender ein Blatttag vermerkt ist - also wenn der Mond im Zeichen Krebs, Skorpion oder Fische steht. An diesen Tagen wird der Grundstein für ein besonders üppiges Blattwachstum gelegt und darauf kommt es bei Spinat und Co. ja schließlich an. Eine Besonderheit ist der Kopfsalat. Hier sollte man immer auf den abnehmenden Mond achten. Obst und Tomaten sind dagegen Früchte, nicht Blätter. Hier wählen Sie für das Säen und Setzen ins Beet idealerweise einen Fruchttag (Widder, Löwe oder Schütze). Wurzeltage (Jungfrau, Stier und Steinbock) sind entsprechend die Tage, an denen Sie Ihr Wurzelgemüse säen und pflanzen sollten - Karotten, Zwiebeln, Rettich und Sellerie. Bei diesen Pflanzen ist das, was man überirdisch sieht, nebensächlich - oder legen Sie Wert auf Karotten mit hübschen Blüten? Nur die Kartoffel muss wieder eine 'Extrawurst' zum guten Gedeihen haben: Hier sollte man den Setztermin auch im abnehmenden Mond vornehmen, aber niemals nah am Neumond. Immer auf einen Zeitpunkt kurz nach Vollmond warten! Für die meisten Heilkräuter und alle Arten von Blumen sucht man sich einen Blütentag aus: Zwillinge, Waage oder Wassermann.

Nun können Sie sich am Ende des Winters, wenn Sie wissen, was Sie anpflanzen möchten, einen individuellen Jahresgartenkalender zusammenstellen, in dem Sie für alle Pflanzen die besten Zeitpunkte vermerken. Wahrscheinlich werden Sie darauf kommen, dass Sie an einigen Tagen eine ganze Menge zu tun haben, vor allem, wenn Ihr Garten sehr groß ist oder Sie ein Feld bewirtschaften. Lassen Sie sich nicht allzu sehr unter Druck setzen - wie Sie schon gemerkt haben, gibt es für die meisten Idealtermine Ausweichzeitpunkte! Zudem sei gesagt, dass es auch keine Katastrophe ist, wenn Sie für einen

Teil (auch für einen großen.) Ihrer Pflanzen einen ungünstigen Zeitpunkt gewählt haben. Nobody is perfect! Vor allem, wenn Sie noch keine großen Erfahrungen gesammelt haben, wird Ihnen sicher einmal etwas schief laufen und ein Teil Ihrer angebauten Pflanzen den Schnecken oder Würmern zum Opfer fallen. Betrachten Sie diese Erfahrungen als Lehrzeit und trösten Sie sich damit, dem tierischen Leben in Ihrem Garten etwas Gutes getan zu haben. Vielleicht klappt es schon im nächsten Jahr besser! Lassen Sie sich nicht entmutigen - es ist noch kein Landwirt vom Himmel gefallen.

Gießen und Wässern

Bei Pflanzen in Feld und Garten tut die Natur in unseren Breitengraden recht zuverlässige Dienste. Es ist wichtig, dass die Pflanzen nach dem Säen beziehungsweise Setzen gut und regelmäßig gewässert werden. Danach reicht meistens der Regen und die Feuchtigkeit des Bodens aus, um die Pflanzen mit einer ausreichenden Menge an Wasser zu versorgen. Sie sollten Ihre alten Gewohnheiten jedoch nicht abrupt umstellen. Wenn Sie auch nach der Saatzeit alle Pflanzen das ganze Jahr über regelmäßig gewässert haben, können Sie damit nicht von heute auf morgen aufhören. Das würde auch die zäheste Pflanze übel nehmen. Es gehört ein bisschen Training dazu, sich die Pflanzen ihre Feuchtigkeit selbst aus dem Boden und der Luft holen zu lassen. So entwickeln Pflanzen, die nicht zusätzlich gegossen werden, andere Wurzeln, die tiefer in die Erde hineingehen, um sich selbst zu versorgen. Wie ein untrainierter Mensch, der auf einmal Leistungssport ausüben möchte, wird eine 'verwöhnte' Pflanze das erst einmal nicht schaffen und möglicherweise eingehen. Beginnen Sie mit dem Training sehr langsam und beobachten Sie dabei die Reaktionen der Pflanzen. Sie können auch ein Experiment starten: Einen Teil der Pflanzen wässern Sie, beim anderen Teil reduzieren Sie sehr vorsichtig, Schritt für Schritt die zugeführte Wassermenge. Gehen Sie vorsichtig genug vor, werden Sie an der Kraft der Pflanze, vor allem aber an der Erntequalität den Unterschied deutlich festmachen können.

Anders verhält es sich mit Zimmer- und Balkonpflanzen. Diese müssen selbstverständlich regelmäßig gegossen werden, weil sie sich innerhalb der Töpfe und Kästen nicht ausreichend mit Feuchtigkeit selbst versorgen können und zudem ja auch keinen oder weniger Regen von oben abbekommen. Allerdings können Sie auch Ihre grünen Hausgenossen ein wenig 'trainieren', sodass sie weitaus seltener gegossen werden müssen, als üblicherweise angenommen wird. Das ist vor allem auch für kürzere Urlaube praktisch, wenn keine Nachbarn oder Freunde zur Verfügung stehen, die sich um die Blumen kümmern können.

Der beste Zeitpunkt für das Gießen der Zimmerpflanzen sind die Blattage, also Krebs, Skorpion oder Fische. Das bedeutet im Klartext, dass man die Zimmerpflanzen nur alle sechs bis acht Tage gießt. Darüber werden Sie sich eventuell wundern und es für viel zu selten halten. Auch hier können Sie ein Experiment machen. Bei einer Pflanze reduzieren Sie die Gießfrequenz schrittweise, alle anderen gießen Sie wie gewohnt weiter. Auch hier werden Sie merken, dass Sie Pflanzen 'umerziehen' können, wenn Sie vorsichtig zur Tat schreiten. Gießen Sie an Blattagen kräftig, dann werden die Pflanzen die

Zeit, in der sie nicht gewässert werden, schadlos überstehen. Wenn Sie Ihre Pflanzen so weit konditioniert haben, dass Sie mit dem Wasser auskommen, was Sie ihnen an Blattagen geben, können Sie ein weiteres Experiment versuchen. Wenn Ihr Urlaub nicht länger als zwei Wochen dauert, können Sie den zuständigen Nachbarn bitten, eine Pflanze (vielleicht hier lieber nicht die Geranie, die Sie von Tante Christa zur Hochzeit bekommen haben.) nicht zu gießen, alle anderen aber an den Blattagen (die Sie vorher notieren sollten!). Die ausgewählte Pflanze gießen Sie am letzten Tag vor Ihrer Abreise ausgiebig, am besten so, dass im Untersetzer ein wenig Wasser stehen bleibt. Dann fahren Sie entspannt in Urlaub: Nach Ihrer Rückkehr wird Ihre Testpflanze vermutlich nicht vertrocknet sein, wenn Sie sie schonend auf dieses Experiment vorbereitet haben. Eine Ausnahme bilden einige tropische Pflanzen, die aus ihrer natürlichen Heimat eine sehr hohe Feuchtigkeit gewohnt sind. Solche Schönheiten werden mehr Wasser brauchen als die einheimischen Pflanzen; Sie können versuchen, sie an Blattagen zwei oder dreimal täglich zu wässern und das an allen zwei oder drei Blattagen. Blütentage sind für das Gießen ungeeignet, auch wenn es um Pflanzen geht, die besonders prächtig blühen sollen: Das Gießen an Blütentagen provoziert Schädlingsbefall, vor allem Läuse machen sich gern auf solchen Pflanzen breit.

Zum Gießen verwendet man übrigens am besten Regenwasser, das weniger Kalk enthält als Leitungswasser, oder, wenn Sie kein Regenwasser sammeln können, abgestandenes Leitungswasser. Nach dem Gießen füllen Sie einfach die Kanne wieder mit frischem Wasser aus der Leitung auf, damit Ihnen für das nächste Gießen abgestandenes Wasser bereitsteht.

Pflanzreihenfolge und -gemeinschaften

Sowohl für den Hobbygärtner als auch für den gewerblichen Landwirt ist es von großer Bedeutung, die besten Pflanzgemeinschaften der Pflanzen, die angebaut werden sollen, zu kennen und zu beachten. Dabei ist es einerseits wichtig, auf die Fruchtfolge zu achten, in der im jährlichen Rhythmus auf einem Feld angebaut wird. Es liegt auf der Hand, dass man vermeiden sollte, jedes Jahr das gleiche Gemüse oder die gleiche Frucht anzubauen. Der Boden würde einseitig strapaziert werden, die Erträge bald zu wünschen übrig lassen und die Erde schließlich für mehrere Jahre unbrauchbar werden. Andererseits vertragen sich nicht alle Pflanzen innerhalb eines Beets oder sogar unmittelbar nebeneinander gepflanzt gleich gut. Grundsätzlich gilt bei beiden Überlegungen: Unterirdisches neben Oberirdisch wachsendes; Flachwurzler neben Tiefwurzler. Innerhalb eines Beets haben dann solche Pflanzen, die langsam wachsen, gegen Ende des Jahres am meisten Platz, weil die übrigen Pflanzen schon geerntet worden sind. Erfahrene Gärtner werden schon einen gewissen Rhythmus für ihre Lieblingssorten gefunden haben. Vielleicht können auch sie noch etwas verbessern; vor allem aber für die Anfänger unter den Gärtnern wollen wir hier noch einige Hinweise auflisten.

Zu den besonders günstigen Pflanzgemeinschaften zählen: Zwiebeln neben Karotten; Zwiebeln neben Tomaten; Petersilie neben Tomaten; Radieschen neben Salat; Sellerie neben Erbsen; Kartoffeln neben Kohl aller Art.

Zu den allgemein günstigen Pflanzgemeinschaften gehören: Erdbeeren neben: Zwiebeln, Spinat, Salat, Karotten, Lauch, alle Kohlarten, Rettich und Radieschen

Gurken neben: allen Kohlarten, Kohlrabi, Petersilie, Kopfsalat, rote Rüben, Sellerie, Stangen- und Buschbohnen, Zwiebeln

Kartoffeln neben: Buschbohnen, Kohlrabi, Spinat, Dill

Kopfsalat neben: allen Kohlarten, Lauch, Erdbeeren, Karotten, Erbsen, Gurken, Rettich, Dill, Stangen- und Buschbohnen, Radieschen, Tomaten, Zwiebeln

Petersilie neben: Radieschen, Gurken, Zwiebeln, Tomaten

Sellerie neben: allen Kohlarten, Stangen- und Buschbohnen, Gurken, Kohlrabi, Tomaten, Lauch, Spinat, Zwiebeln

Spinat neben: Kartoffeln, allen Kohlarten, Kohlrabi, Karotten, Tomaten, Stangenbohnen, Erdbeeren

Tomaten neben: Buschbohnen, Karotten, Kopfsalat, Lauch, allen Kohlarten, Kohlrabi, Spinat, Sellerie, Petersilie, Zwiebeln

Zwiebeln neben: Kopfsalat, Kohlrabi, Gurken, Petersilie, Tomaten, Erdbeeren

Zu den besonders ungünstigen Pflanzgemeinschaften zählen:

Bohnen neben Zwiebeln; Kohl neben Zwiebeln; Zwiebeln neben Kartoffeln; Kopfsalat neben Petersilie; Tomaten neben roten Rüben; Tomaten neben Erbsen; Erbsen neben Bohnen; Rotkohl neben Tomaten.

In einschlägiger Literatur für Hobbygärtner werden Sie weitere Details erfahren, etwa was beim Pflanzen bestimmter Blumensorten nebeneinander beachtet werden muss. Bei Gemüse sollten Sie daran denken, dass falsche Pflanzgemeinschaften nicht nur das Wachstum und die Unkrautbildung beeinflussen können, sondern sich auch negativ auf den Geschmack der Sorten auswirken können. Der Geschmack kann etwa an Intensität verlieren oder auch durch eine ungünstige Nachbarpflanze verfälscht werden.

Umtopfen und Umsetzen

Wenn Sie Pflanzen schon eine Zeit lang im Blumentopf gezogen haben und sie nun in den Garten setzen möchten, gibt es auch dafür besser und schlechter geeignete Zeitpunkte. Ein guter Zeitpunkt ist grundsätzlich der zunehmende Mond. Wenn es eilig ist oder Sie den zunehmenden Mond gerade verpasst haben, ist eine ebenfalls nicht unpassende Variante der absteigende Mond (also Zwillinge bis Schütze). Das gilt auch für das Umtopfen von Zimmerpflanzen in einen größeren Blumentopf. Wie solche, die ins

Beet hinausgepflanzt werden, bilden diese Pflanzen bei zunehmendem/absteigendem Mond schneller neue, kräftigere Wurzeln und wachsen besser wieder an. Ganz besonders wichtig ist die Einhaltung dieser Regel, wenn man im Frühling oder Herbst einen ganzen Baum umpflanzen will. Hier können Sie noch speziell auf die Jungfrautage warten, um ein rasches Anwachsen wahrscheinlich zu machen. Auch Stecklinge werden im Frühjahr bei zunehmendem Mond, am besten wieder an Jungfrautagen, ins Beet gesetzt. Im Herbst bilden Stecklinge eine Ausnahme: Hier warten Sie am besten auf den abnehmenden Mond!

Schädlinge - Ursachen und wie man vorbeugt

Das Wort ‚Schädling' kann zu einigem Nachdenken anregen: Was ist eigentlich ein Schädling? Von der Definition her muss ein Schädling schaden - aber wem oder was? Dem Gemüse, das er frisst, dem Menschen, der das Gemüse anbaut, oder vielleicht der Natur? Es liegt auf der Hand, dass in der landläufigen Meinung ein Schädling die ganze oder einen Teil der Ernte wegfrisst oder ungenießbar macht - also gehört er vernichtet. Zu diesem Zweck wird meistens zu chemischen Mitteln gegriffen, die dem Schädling schaden sollen, ihn also ‚unschädlich' machen. So weit, so schlecht. Die Böden von privaten Gärten sind oft um ein vielfaches mehr mit chemischen Mitteln belastet als ein landwirtschaftlich bebautes Feld. Der Grund liegt in der Bereitschaft vieler wohlmeinender Hobbygärtner, dass schon ein Löwenzahn oder ein paar Brennnesseln den Garten zerstören und der großflächigen Verwendung von chemischen Schädlingsbekämpfungsmitteln. Schon nach kurzer Zeit sind Löwenzahn und Brennnesseln abgestorben und der Rasen ist wieder hübsch ordentlich und gepflegt. Was diesem Denkablauf fehlt, ist die Tatsache, dass der Schädling wahrscheinlich irgendeinen Grund dafür haben wird, dass er ausgerechnet auf diesem und nicht auf jenem Gemüse sitzt. Wer so weit denkt, wird wahrscheinlich zu der Lösung kommen, dass das Gleichgewicht des Gartens gestört ist, wenn sich eine Tier- oder Pflanzenart so sehr vermehrt, dass sie sogar die Ernte zu zerstören vermag.

Wer sich ernsthaft mit seinem Garten beschäftigt, sollte chemischen Schädlingsvertilgern sehr skeptisch gegenüber stehen. Jeder Eingriff in das natürliche Gleichgewicht der Natur (und dazu gehört auch ein gesunder Garten!) hat seine Folgen, die Sie vielleicht gar nicht einschätzen können. Das Fehlen einer Tierart hat vielleicht die Zunahme einer anderen Art zur Folge, die noch größeren Schaden anrichten könnte. In einem gesunden Ökosystem haben alle Bestandteile ihren Nutzen und ihre Daseinsberechtigung und der Mensch sollte nicht versuchen, Schicksal zu spielen. Dem Griff zur Sprühflasche sollten immer einige Fragen vorgeschaltet werden: Sind das dort in meinem Beet auch wirklich Schädlinge, oder tragen die Tiere/Pflanzen nur zum ökologischen Gleichgewicht bei? Wenn Sie der Meinung sind, dass es sich tatsächlich um Schädlinge handelt, versuchen Sie, die Ursache für ihr Auftreten herauszufinden. Haben Sie irgendeinen Fehler gemacht: geeignete Pflanzgemeinschaften missachtet, falsch gegossen, falsch gedüngt, eine Pflanze im falschen Boden angepflanzt? Viele Probleme mit (vielleicht vermeintlichen) Schädlingen werden sich durch das sehr genaue Erörtern dieser Fragen schon lösen lassen. Scheuen Sie sich als Anfänger nicht davor, einen erfahrenen Gärtner oder Landwirt um Rat zu fragen - aber machen Sie deutlich, dass Sie keine Giftkeulen einsetzen möchten. Einen weiteren Punkt sollten Sie sich vor Augen halten: Was immer Sie an giftigen Mit-

teln im Garten einsetzen, kann direkt durch Verzehr oder Gebrauch der Ernte in Ihren Körper gelangen. Der Mensch steht nun einmal am Ende der Nahrungskette und gerade bei den Früchten aus dem eigenen Garten sollte man auf den peinlich strengen Verzicht von Giften bestehen! Im nächsten Abschnitt werden wir Ihnen einige Alternativlösungen vorstellen.
Gegen Schädlinge kann man aber auch vorbeugen. Das Einhalten einer sinnvollen Fruchtfolge ist hier besonders wichtig. Im regelmäßigen Wechsel sollten auf unterirdisch wachsende Gemüse jeweils oberirdische folgen. Ebenso kann man durch eine zum richtigen Zeitpunkt stattfindende Pflege der Beete übermäßigen Schädlingsbefall vermindern. Rufen Sie sich noch einmal ins Gedächtnis, welche Sternzeichen auf welche Pflanzenteile besondere Auswirkungen haben. Wenn Sie diese Regeln häufig missachten, kann es sein, dass Sie später Probleme mit Schädlingen haben werden. Das Gleiche gilt selbstverständlich auch für Zimmerpflanzen, die man nicht zum ungünstigen Zeitpunkt (Blütentage) gießen sollte, weil sie sonst Läuse bekommen können. Natürlich spielt gerade im Garten oft das Wetter nicht mit und Sie können die erforderlichen Arbeiten an den Tagen, die am besten geeignet sind, einfach nicht ausführen. Wie Sie gemerkt haben, gibt es meistens Alternativtermine und es kommt hauptsächlich darauf an, das Säen, Pflanzen und regelmäßige Pflegen nicht gerade an einem extrem ungünstigen Tag erfolgen zu lassen.

Mittel gegen Schädlinge

Eine gute Voraussetzung für weit gehend schädlingsfreie Pflanzen ist die richtige Pflanzengemeinschaft. In einem Beet, in dem verschiedene Pflanzen gemischt sind, kommt es viel seltener zu Schädlingsbefall als in einer ‚Monokultur' - einem Beet oder Feld, in dem nur eine Pflanze angebaut ist und das womöglich mehrere Jahre hintereinander. Der Vorteil von Monokulturen ist offensichtlich: Man hat nur eine Pflanzenart zu bewirtschaften, Saat, allgemeine Pflege und Ernte ist im ganzen Anbaugebiet die gleiche Arbeit, die weit gehend rationalisiert werden kann. Diese Art von Anbau findet man hauptsächlich im landwirtschaftlichen Bereich vor, wo es darum geht, die Ernten (hier besteht meist eine sehr gezielte Nachfrage) möglichst Gewinn bringend zu verkaufen. In Monokulturen sind ein ausgelaugter Boden und Schädlingsbefall vorprogrammiert, denn ein Gleichgewicht kann nicht bestehen. Auf längere Dauer wird es sich auszahlen, nur eine Pflanze anzubauen, auch wenn die unmittelbaren Kosten geringer sein werden. Für Kleingärtner hat es dementsprechend erst recht keinen Sinn, seinen Garten zur Monokultur zu machen. Das ist ja meistens auch gar nicht erwünscht, denn je größer die Artenvielfalt aus dem eigenen Garten, desto höher schlägt das Herz der Hobbygärtner und professionellen Gourmets..!
Wenn Ihre Pflanzen nun trotz aller vorbeugenden Maßnahmen von Schädlingen befallen sind, gibt es neben der chemischen Lösung noch die Möglichkeit, die Natur sich selbst regenerieren zu lassen. Nachfolgend finden Sie eine Liste mit Mitteln gegen einige der bekanntesten Schädlinge - und sie kommen allesamt ohne Chemie aus! Ist nur der Name einer Pflanze angegeben, heißt das, dass diese Pflanze in der unmittelbaren Nähe der befallenen Pflanze gesät oder gesetzt werden sollte. Dabei müssen Sie folgende Regel beachten: Zwiebelgewächse nur bei abnehmendem Mond pflanzen, Kräuter nur bei zu-

nehmendem Mond! Einen Auszug stellen Sie folgendermaßen her: Zwei gute Hand voll der angegeben Pflanze vor Vollmond in 10 Liter kaltem Wasser ansetzen. Diesen Auszug lassen Sie 24 Stunden ziehen. (Können Sie den Auszug nur bei abnehmendem Mond ansetzen, muss er anschließend 48 Stunden stehen.) Dann gießen Sie die Flüssigkeit im unverdünnten Zustand in die Erde um die Wurzeln der befallenen Pflanze, in den Wurzelbereich oder in die Erde um den Stamm. Achten Sie darauf, den Auszug nicht auf den Stamm selbst, den Stiel, die Halme, Blätter oder Blüten zu gießen! Das könnte der Pflanze schaden. - Wenn etwas vom Auszug übrig bleibt, können Sie ihn an den folgenden Tagen noch als Dünger verwenden.

Schädling	**Gegenmittel**
Blattläuse	Marienkäfer; Brennnesselauszug; vor allem unter Obstbäumen: Kapuzinerkresse
Milben	Himbeeren
Ameisen	Feldsalat; Lavendel; Rainfarn; tote Fische vergraben
Mäuse	Knoblauch; Hundszunge; Steinklee; Kaiserkrone
Pilzerkrankungen	Schnittlauch; Zinnkraut
Milben	Himbeeren
Blattwespen	Rainfarn
Erdflöhe	Knoblauch; Salat; Zwiebeln; Wermut; Pfefferminze; Holunderauszug
Kohlweißlinge	Tomaten; Thymian; Salbei; Pfefferminze; Beifuß
Mehltau	Knoblauch; Basilikum; Schnittlauch
Möhrenfliege	Zwiebeln; Salbei
Schimmelbefall	alle Zwiebelgewächse
Maulwürfe	bei zunehmendem Mond die Erde des Hügels wegschaufeln und das Loch freilegen

Wenn Sie alle Hinweise zu Pflanzgemeinschaften und -folgen beachtet haben und es trotzdem zu sehr starkem Schädlingsbefall kommt, können Sie in die Bekämpfungsmaßnahmen noch folgende Kriterien einbeziehen: Grundsätzlich ist für alle Maßnahmen der Schädlingsbekämpfung der abnehmende Mond gut geeignet. Gegen Ungeziefer, das in der Erde sitzt, geht man am besten an Wurzeltagen (also Stier, Jungfrau oder Steinbock) vor. Bei Schädlingen, die sichtbar auf dem Blatt oder am Stamm sitzen, also oberirdisch sind, hilft es, wenn man bei Krebs Maßnahmen gegen sie ergreift. Auch Zwillinge und Schütze sind ausreichend geeignet. Wenn als einzige Lösung nur noch ein totaler Beschnitt in Frage kommt, sollten Sie darauf achten, dass er direkt bei Neumond erfolgt; notfalls eignet sich auch der abnehmende Mond im 4. Viertel. Die Pflanze wird sich so in aller Regel wieder erholen.

Eine zunehmende Schneckenpopulation in Ihrem Garten bildet hier eine Ausnahme. Für ihre Bekämpfung ist der zunehmende Mond, vor allem im Skorpion, am besten geeignet. Passenderweise steht gerade im Frühling, wenn die Schnecken hervorkommen und es auf Ihre Pflanzen abgesehen haben, der Skorpion meistens im zunehmenden Mond. Sie benötigen Eierschalen - so viele wie möglich und ausschließlich von ungekochten

Eiern. (Vermutlich wird es in dieser Zeit viel Rührei und Pfannkuchen in Ihrer Küche geben.) Bei abnehmendem Mond zerkleinern Sie die Eierschalen zu einem sehr groben, bröseligen Pulver. Nicht zu fein stampfen und denken Sie an den abnehmenden Mond! Bei zunehmendem Mond werden sich die Schalen nicht zerkleinern lassen, sondern an der Innenseite zusammenkleben. Nun warten Sie auf zunehmenden Mond und sammeln alle Schnecken, die sich über das Beet hermachen, ab. Danach verteilen die zerkleinerten Schalen auf dem gesamten Beet um die Pflanzen herum. Die scharfen Kanten der Schalen sollten die Schnecken davon abhalten, das Beet wieder aufzusuchen. - Es ist wichtig, dass Sie für das Verteilen der Schalen im Beet auf den zunehmenden Mond warten, denn der abnehmende Mond würde bewirken, dass die Schalen beim nächsten Regenguss weggespült werden. Bei zunehmendem Mond bleiben die Schalen ausreichende Zeit auf der Erdoberfläche liegen, bis auch Sie in der Erde verschwinden. Das hat ganz nebenbei den Effekt, dass dem Boden eine Extraportion Kalk zukommt - in machen Gegenden nicht unvorteilhaft.

Manchmal gibt es sehr heftigen Schneckenbefall, bei dem dieses Mittel nicht mehr nützt. Sie können dann auf andere Hausmittel zurückgreifen, wie etwa Holzasche und Sägemehl vermengen und ausstreuen; Gefäße in die Beete einlassen und mit Bier füllen, in dem die Schnecken ertrinken sollen; oder Knoblauch, Zwiebeln, Kapuzinerkresse oder Salbei ins Beet pflanzen. Oder Sie lassen sich darauf ein, bei Regen zum Beet zu gehen und die glitschigen Viecher einfach einzusammeln - das ist sie sicherste Methode. Bei zunehmender Gartengröße können Sie sich allerdings vorstellen, wie viel Arbeit das ist. Eine weitere Möglichkeit ist das Aussetzen von natürlichen Feinden der Schnecken, nämlich Kröten und Frösche. Letztere sind aber sehr wählerisch, was ihre Standorte betrifft und Sie werden Schwierigkeiten haben, sie in Ihrem Garten anzusiedeln, wenn Sie nicht zumindest einen kleinen Teich haben oder am Ende des Gartens ein Bach fließt. Kröten und Frösche brauchen eine feuchte Umgebung - wenn Ihr Garten diese Voraussetzung mitbringt, können Sie einen Versuch wagen. Beim Aussetzen von diesen Tieren sollten Sie auf das Sternzeichen und den Wochentag (!) achten. Wenn Sie es einrichten können, wählen Sie auch den abnehmenden Mond. Für den Tag, an dem Sie die Tiere aussetzen wollen (das gilt übrigens auch für andere Tiere, wenn Sie umgezogen sind!) sollten Sie die Sternzeichen Krebs, Löwe, Stier oder Widder meiden und zusätzlich darauf achten, dass der Wochentag nicht mit einem ‚D‘ beginnt - also nicht Dienstag oder Donnerstag. Plausible Gründe für die Wahl des Wochentags gibt es nicht. Vertrauen Sie einfach darauf, denn schaden wird es auch nichts! An diesen Tagen fühlen sich die Tiere unwohl in ihrer neuen Umgebung und verschwinden oder sterben bald. Vielleicht möchten Sie statt Fröschen lieber einem Igel ein neues Zuhause geben. Auch Igel lieben Schnecken und werden sie in großen Mengen verspeisen. Wenn Sie einen Igel anlocken möchten, haben Sie die beste Chance, wenn Sie den stacheligen Winterschläfern im Herbst ein entsprechend verlockendes Terrain bieten. Bei abnehmendem Mond stapeln Sie dazu größere Reisighaufen auf - abnehmender Mond macht die Igelwohnung unter dem Haufen trockener. Die im Herbst fallenden Blätter tun ebenfalls ihre Dienste, wenn Sie sich einen Igel anlocken wollen. Sie sollten das Laub keinesfalls in Säcken abtransportieren oder gar mit einem Sauggerät aus allen Ecken des Gartens entfernen. Die

Sauger saugen nicht nur das Laub weg, sondern auch alle für das natürliche Gleichgewicht nötigen Insekten, andere Tiere und kleinere Pflanzen. Stattdessen fegen Sie die Blätter bei abnehmendem Mond und am besten bei einem ‚trockenen' Zeichen - also lieber nicht Krebs, Skorpion oder Fische - zusammen und belassen Sie den Haufen im Garten, wenn Sie möchten, unauffällig in einer Ecke. Mit etwas Glück werden Sie bald einen Igel durch den Garten laufen sehen!

Unkrautbekämpfung

Zum Thema ‚Unkraut' gelten grundsätzlich die gleichen Überlegungen wie zu ‚Schädlingen' - was macht ein Unkraut zum Unkraut, warum wächst es genau hier? Welchen Zweck hat es? Muss es wirklich vollständig entfernt werden? Auch bei diesem Thema ist es angebracht, sich vor dem Ergreifen von Maßnahmen - vor allem chemischer Maßnahmen - ein paar Gedanken über die Gründe zu machen, wie es zum übermäßigen Wachstum von unerwünschten Pflanzen kommt. Habe ich bei der Saat oder Pflege etwas falsch gemacht? Stehen ungeeignete Pflanzgemeinschaften in unmittelbarer Nähe? Tritt das Unkraut in einer Monokultur auf?

Als Denkanstoß auch folgende Information: Bei der Untersuchung von Monokulturen und den typisch in und um sie auftretenden Unkräutern gibt es einen auffälligen Zusammenhang. Das Unkraut und die Nutzpflanze treten nicht zufällig nebeneinander auf. Wenn etwa die Feldfrucht eine stark entsäuernde Wirkung auf den Boden hat, hat das Unkraut eine säuernde Wirkung. Die Wirkung der beiden Pflanzen, die hier fast eine Art Symbiose eingegangen sind, ergänzen sich und zeigen, dass das Unkraut ein Wink der Natur ist, dass etwas aus dem Gleichgewicht geraten ist. Es ist nahezu rührend, dass selbst unter widrigsten Umständen der Selbsterhaltung- und Regenerationstrieb der Natur funktioniert oder zumindest in diese Richtung tendiert. Der Mensch greift hier meist ein, indem er das Unkraut entfernt. Dazu passt, dass Gesundheitsschäden oder Mängel, beispielsweise in der Ernährung, die durch in Monokulturen gewachsene Ernte verursacht ist, meist durch die Kräfte der Pflanze geheilt werden können, die mit der Feldfrucht als Unkraut einher geht.

Diese Erkenntnisse sollten eigentlich allmählich zu dem Schluss führen, dass sich Monokulturen trotz Mehraufwand nicht lohnen. Doch hinter der Nichtakzeptanz dieses Wissens steckt ein großer Druck, dem auch ökologisch verantwortungsbewusste Landwirte ausgesetzt sind. In unserer Gesellschaft geht es nun einmal darum, unter günstigen Bedingungen möglichst viel zu erwirtschaften, um möglichst hohe Gewinne zu erzielen - ein anderes Verhalten, so vernünftig und verantwortungsbewusst die Gründe auch immer sein mögen, kann sich kaum ein landwirtschaftlicher Betrieb leisten. Ein Umdenken muss viel früher erfolgen. Eine der großen Aufgaben für die möglichst nahe Zukunft besteht darin, umweltbewusstes Denken mit Lebensqualität zu vereinen. Das kann ganz weit greifende Folgen haben, es könnte etwa bedeuten, dass auch unser Qualitätsbewusstsein ein anderes werden muss. - Sie werden sich Ihre eigenen Gedanken zum diesem Thema gemacht haben. Vielleicht haben Sie schon damit begonnen, umzudenken.

Dazu bereit sind eine nicht geringe Anzahl Menschen. Im Interesse aller sollten wir alle bald damit beginnen.

Vermutlich möchten Sie neben Denkanstößen auch noch ein paar praktische Tipps für Ihren Garten. Die sollen Sie auch bekommen, denn nicht alle Kräuter sind Heilkräuter und manchmal läuft trotz aller Vorsichtsmaßnahmen etwas schief. Vielleicht möchten Sie auch einfach den Brennnesseldschungel im Garten Ihres neuen Hauses doch ein wenig lichten. Als Faustregel können Sie sich merken: Der geeignete Zeitpunkt zum Unkrautjäten ist der abnehmende Mond; am besten ist es, wenn Sie darauf warten, dass der Mond im Steinbock steht. Praktischerweise hat es die Natur so eingerichtet, dass zwischen Januar und Juli der Steinbock im abnehmenden Mond steht! Achten Sie immer darauf, dass Sie nur das Unkraut ausreißen und nicht etwa Wurzeln der Pflanze, die Sie züchten, mit herausziehen. Auch für die Nutzpflanze würde das bedeuten, dass sie vermutlich eingeht, wenn Sie einen großen Teil ihrer Wurzeln mit herausgerissen haben. Übrigens: Vergleichen Sie diese Hinweise einmal mit den Aussagen über das Entfernen von Körperhaaren im dritten Kapitel!

Wie wir schon am Anfang des Kapitel angedeutet haben, gibt es gegen Unkraut aber auch eine vorbeugende Maßnahme. Ein neues Beet können Sie gegen Unkraut ‚resistenter' machen, wenn Sie es bei zunehmendem Mond im Zeichen Löwe umgraben. Sie erinnern sich: Das bringt alle verborgenen Samen und kleinen Triebe im Boden zum Sprießen. Wenn Sie dann bei Steinbock im zunehmenden Mond das aufgegangene Unkraut jäten, sind Sie für einige Zeit gegen Unkraut gewappnet. Nach der Ernte, im Herbst am Ende des Gartenjahres, sollten Sie alle Beete noch einmal bei abnehmendem Mond jäten. Damit geht der Boden gut vorbereitet in den Winter und Sie haben es im kommenden Jahr leichter.

Abschließend noch eine Regel, die in keinem Zusammenhang mit den Mondphasen steht und sich doch immer wieder bewährt hat: Unkraut, das am 18. Juni zwischen Sonnenaufgang und 12 Uhr mittags (beziehungsweise ein Uhr, da wir im Juni Sommerzeit haben) gejätet wird, wachsen nicht mehr nach! Sicher, ein kleines bisschen Aberglaube steckt schon mit drin. Wenn Sie neugierig geworden sind und es Ihnen möglich ist, an diesem Vormittag einen Versuch zu starten, werden Sie vielleicht in den folgenden Jahren am 18. Juni vormittags viel zu tun haben. Trösten Sie sich, Mitte Juni sind die Nächte sehr kurz, die Sonne geht früh auf und Sie können, wenn Sie einen kleinen Garten haben, vielleicht eine Menge erledigen!

Pflanzen- und Heckenbeschnitt

Das Zurückschneiden von Pflanzen - meist handelt es sich um Bäume oder Büsche - kann ganz unterschiedliche Folgen haben. Manchmal schießt ein Baum in die Höhe, dann wieder in die Breite; manchmal kränkelt die Pflanze vor sich hin oder stirbt ganz ab. Vielleicht haben Sie bisher nicht immer den günstigsten Zeitpunkt gewählt, um den Beschnitt vorzunehmen. Beim nächsten Mal achten Sie darauf, dass Sie alle Pflanzen bei abnehmendem Mond zurückschneiden! Ein weiterer geeigneter Zeitraum ist der absteigende

Mond, also zwischen Zwillinge und Schütze, falls Ihnen das Wetter im abnehmenden Mond einen Strich durch die Rechnung macht. Die Pflanzen nehmen hier weniger Schaden; der Pflanzensaft bewegt sich eher abwärts, in Richtung Wurzeln, er tritt an den Schnittstellen nicht hervor.

Wenn Sie zu den glücklichen Menschen zählen, die auch Obstbäume ihr Eigen nennen können, haben Sie vielleicht schon besonders schlechte Erfahrungen beim jährlichen Beschnitt gemacht. Das erklärt sich daraus, dass Sie bei Obstbäumen eine noch engere Auswahl an Tagen, die wirklich geeignet sind, vorfinden. Wieder eignet sich der abnehmende Mond, zusätzlich sollten Sie jedoch auch auf einen Fruchttag achten! Sie sehen, die Wahrscheinlichkeit, einen ungünstigen Tag für diese Arbeit zu erwischen, ist nicht gerade gering. Vielleicht ist ein solcher ungeeigneter Tag für eine schlechte Erinnerung an Baumschnitte in vergangenen Jahren verantwortlich. Meiden sollten Sie in jedem Fall Blatttage (Krebs, Skorpion und Fische) im zunehmenden Mond. Der Saft steigt in dieser Zeitspanne auf, es tritt also viel an den Schnittstellen aus; das Wachstum und Gedeihen konzentriert sich auf die Blätter, was sich ungünstig auf die Fruchtbildung auswirkt. Die Ernte könnte in diesem Jahr wesentlich geringer ausfallen als sonst. - An einem Termin sollten Sie unbedingt die Finger vom (Obstbaum-)Beschnitt lassen: Am Vollmondtag, wenn er in das Zeichen Krebs fällt! Das machen die wenigsten Pflanzen unbeschadet mit. An einem solchen Tag könnten Sie durchaus den Tod Ihres Baumes riskieren! Also schauen Sie in Ihren Kalender, bevor Sie zur Tat schreiten. Eine schwierige Arbeit, an die sich meist nur Profis heranwagen, ist das Veredeln von Obstbäumen. Sie kennen diese Methode vielleicht unter dem Namen ‚Pfropfen‘ oder ‚Okulieren‘: Ein gesunder, starker Baum, der aber eher wenig oder qualitativ nicht so hochwertige Früchte trägt, wird mit einem Zweig oder Ast einer wertvolleren oder mehr Früchte tragenden Pflanze verbunden. Sie können sich vorstellen (oder wissen es vielleicht von eigenen Versuchen), dass das eine Arbeit ist, die leicht schief geht und manchmal beiden Pflanzen, die vereint werden sollen, schadet. Wenn Sie der Tatendrang noch nicht verlassen hat, könnten Sie es an einem geeigneten Tag noch einmal versuchen. Wählen Sie für das Veredeln von Obstbäumen zunehmenden Mond; am besten ist die unmittelbare Nähe des Vollmondes geeignet. Zusätzlich achten Sie auf einen Fruchttag, also Widder, Löwe oder Schütze! An diesen Tagen steigt der Pflanzensaft auf, er dringt in den neuen, aufgepfropften Zweig und ermöglicht eine stabile Verbindung mit dem neuen Untergrund. Der Fruchttag lenkt die Kraft in die Fruchtbildung; der Baum wird qualitativ hochwertiges Obst bilden. - Wenn Sie die Veredelung nicht bei zunehmendem Mond oder Vollmond ausführen können, können Sie als Alternative einen Termin im aufsteigenden Mond wählen, wenn möglich an einem Fruchttag, am besten Widder. Möglicherweise kennen Sie den Begriff des Pfropfens im Zusammenhang mit Kakteen und tropischen Pflanzen. Hier wird ein gut wachsender Kaktus als Basis verwendet, auf die ein Ärmchen eines prächtig blühenden Kaktus‘ aufgepfropft wird, in der Absicht, auch den selten blühenden Kaktus dazu zu bewegen, in den schönsten Farben zu blühen. Auch hierfür sollten Sie den zunehmenden Mond wählen, jedoch einen Blütetag abwarten, also Zwillinge, Waage oder Wassermann, da es hier ja um die Blüten und nicht um die Früchte wie bei den Obstbäumen geht. Mit diesem Wissen sollten Sie sich aber für Detailfragen im Zweifelsfalle an einen Kakteenkenner wenden, wenn Sie mit dem Pfropfen noch keine Erfahrungen gesammelt haben. Wie bei den Obstbäumen kann man nicht alle Sorten untereinander veredeln und gerade Anfänger erleben oft herbe Enttäuschungen, wenn sie ein weiteres Exemplar aus ihrer Sammlung einbüßen.

Ein Tipp zur Heilung kranker Pflanzen

Eine nahezu immer wirksame Maßnahme bei Pflanzen aller Art, die nicht recht wachsen wollen, irgendwie krank und schwach sind und vor sich hin kränkeln, ist der folgende Trick. Im abnehmenden Mond im 4. Viertel, am besten bei Neumond, schneidet man die Spitze ab. Das klingt einfach; Sie sollten sich allerdings vergewissern, dass Sie die Spitze nur in der Nähe eines Seitenastes kappen, der ohnehin in die Höhe wächst und zur neuen Spitze werden kann. Die Pflanze - vor allem, wenn es sich um einen Baum handelt - wirkt sonst optisch sehr merkwürdig. Wirklich erklärbar ist diese erstaunlich zuverlässige Methode, eine als ‚hoffnungsloser Fall' schon fast aufgegebene Pflanze wieder auf Vordermann zu bringen, nicht. Seien Sie mutig und probieren Sie sie aus. Wenn Sie die Pflanze ohnehin schon abgeschrieben haben, ist es ja kein allzu großes Risiko!

Die Regel ist bei allen Arten von Pflanzen wirksam, auch bei Zimmerpflanzen. Kränkelnde Grünlilie oder kümmerlicher Birnbaum - die Erfolge mit dieser Methode sind beachtlich. Grünlilien mussten wuchernd in größere Töpfe umgepflanzt werden, totgesagte Obstbäume trugen noch jahrelang wohlschmeckende Früchte. Andersherum wird eine Pflanze übrigens ebenso zuverlässig absterben, wenn man ihr bei zunehmendem Mond oder gar bei Vollmond die Spitze stutzt - manchmal reichen auch schon Seitenzweige, die in der Nähe der Spitze wachsen. Mitunter trifft das zufällig bei Naturkatastrophen ein; die betroffenen Bäume haben kaum eine Überlebenschance.

Ein Wort sei zu dieser praktischen Regel allerdings noch gesagt: Selbst ein groß angelegtes Programm zur Beschneidung aller Spitzen der kranken Bäume in den heimischen Wäldern bei Neumond würde neben einer sensationellen Zahl von geschaffenen ABM-Stellen nicht viel bringen. Bevor man nämlich einer Pflanze die Spitze abschneidet, muss man sich vergewissern, dass sonst alle Lebensbedingungen passen. Logisch: Wenn Schnecken den Salat anfressen, wird auch Spitzenschneiden nichts helfen, wenn man die Schnecken sich weiter den Bauch voll schlagen lässt! Oder ein Apfelbaum, der wegen Läusebefalls nicht gedeiht, wird auch beim Beschneiden der Spitze nicht gesunden, denn die Ursache ist ja nicht bekämpft und die Läuse schädigen den Baum weiter. Das Gleiche gilt für unsere Wälder, in denen die Bäume unter ‚saurem Regen' und zahlreichen anderen Umweltbelastungen zu leiden haben. Solange diese Faktoren nicht ausgeschaltet oder zumindest drastisch reduziert sind, wird sich nicht viel verändern, auch nicht bei massenhaft abgeschnittenen Spitzen. Aber wenn Sie die Zusammenhänge und Gesetze, die in der Natur ansonsten herrschen, so weit begriffen haben, sollte sich das natürlich auch von selbst verstehen. - Scheuen Sie sich nicht, darüber nachzudenken, Ihre eigenen Schlüsse zu ziehen und möglicherweise ihr eigenes Umdenken voranzutreiben. Vielleicht sind wir alle gerade auf Ihre (wenn auch stille, im eigenen Garten stattfindende) Hilfe angewiesen!

Die besondere Bedeutung der Jungfrautage

Wie Sie schon eingangs im Zusammenhang mit Säen und Pflanzen erfahren haben, sind die Jungfrautage von besonderer Bedeutung für die Gartenarbeit. Es gibt noch ein paar mehr Tätigkeiten, die besonders begünstigt sind, wenn der Mond im Zeichen der Jungfrau steht. Wir erinnern uns: Jungfrau steht zwischen März und September im zunehmenden Mond; von September bis März stets im abnehmenden Mond. Nach diesen Informationen können Sie sich schon einige Arbeiten recht genau in Ihren Gartenkalender schreiben, je nachdem, was in Ihrem Garten getan werden muss.

Grundsätzlich sind alle Aktivitäten, die mit dem ‚Verpflanzen' zu tun haben, am besten an Jungfrautagen erledigt. Möchten Sie Zimmerpflanzen umtopfen, wählen Sie Jungfrautage, dann werden die Pflanzen problemlos im neuen Topf anwachsen und auch ansonsten gut gedeihen. Im Herbst fallen die Jungfrautage stets in den abnehmenden Mond. Ableger werden in Herbst idealerweise an besagten Jungfrautagen verpflanzt, weil sie gut anwurzeln und zu wachsen beginnen. Im Frühling kann man Ableger an den Jungfrautagen im zunehmenden Mond einsetzen, etwa Geranien, die überwintert haben und die nun hinausgepflanzt werden. Wenn Sie Rasen neu säen wollen, wählen Sie auch hier einen Tag im Zeichen Jungfrau (Löwe ist übrigens genauso gut geeignet) im zunehmenden Mond. Ein an diesen Tagen angesäter Rasen wächst schneller und wird kräftiger. Auf das manchmal erforderlich werdende Nachsäen von größeren Rasenflächen kann man unter Umständen verzichten.

Lediglich Kopfsalat (und mit ihm die übrigen Blattgemüse, also auch Spinat, Rotkohl und andere Sorten) bildet eine Ausnahme. Er sollte bei abnehmendem Mond gesät und verpflanzt werden. Am besten eignen sich insbesondere die Krebstage!

Auch für andere Arbeiten im Garten ist es angezeigt, die Jungfrautage abzuwarten: Das Einsetzen von neuen Gartenpfählen im Zaun oder allgemein das Errichten (und damit verbunden das Eingraben in die Erde) von Pfosten, etwa beim Bau eines Schuppens. Die Jungfrautage, kombiniert mit dem abnehmenden Mond oder Neumond macht das Eingraben der Pfosten einfacher; auch befestigt sich die Erde um das Holz herum fast wie von selbst. Praktischerweise fallen eine Menge der Reparaturarbeiten, die nicht als Notfallmaßnahme schnell zwischendurch gemacht werden müssen, ins Frühjahr oder in den Herbst, wenn Jungfrau im abnehmenden Mond steht. Sie werden sich vielleicht fragen, wie Sie all die Arbeiten, die am besten an den Jungfrautagen erledigt werden, überhaupt bewältigen sollen. Schließlich gibt es in jedem Monat nur zwei oder drei Tage dieser Art! Nun, Zaunpfähle werden Sie wohl nicht jeden Monat einzugraben haben und je nach der Größe Ihres Gartens werden Sie schon ein paar Sachen erledigen können. Vielleicht helfen ja Familienmitglieder oder Freunde mit? Es lohnt sich auf jeden Fall, an diesen Tagen all die Pflanzarbeiten vorzunehmen, die ohnehin schon länger anstehen. Wenn Sie wirklich in Druck geraten und merken, dass Sie nicht alles schaffen, was Sie sich vorgenommen hatten, denken Sie ein paar Minuten ruhig nach und treffen Sie eine Auswahl: Setzen Sie nur die Pflanzen um, die Ihnen wirklich problematisch erscheinen. Diejenigen Pflanzen, die an ihrem alten Standort gut gedeihen, brauchen Sie ja nicht unbedingt umzupflanzen. Beschränken Sie sich auf Ihre ‚Problemfälle', das wird schon einige Probleme lösen!

Dünger und Pflanzennahrung

Auch heutzutage gibt es noch Bauern, die überhaupt keinen Dünger benutzen und trotzdem zufrieden stellende bis sehr gute Ernteergebnisse aufweisen können. Viele dieser ‚Hardliner' benutzen nur das Wissen über die zwölf Impulse, über die uns der jeweilige Mondstand informiert und bearbeiten den Boden entsprechend. Es wird bei dieser Methode darauf geachtet, dass alle zwölf Impulse, den wir aus den Sternzeichen kennen, im Laufe der Zeit den Boden ‚berühren' und so in ihrer Kombination besser als jeder Dünger positiv auf den Boden und die Feldfrucht wirken können - sehr behutsam, ohne Eile. Diese altmodisch anmutenden Art und Weise fordert jeden Landwirt heraus, sich nach den Bedingungen der Natur zu richten und nicht, den Boden sich unterwerfen zu lassen. Unter diesen teilweise recht rigiden Bedingungen (also etwa unter hohem personellen und zeitlichen Aufwand) erzielen die Bauern aber gute Ergebnisse. Wir können daran ablesen, dass es auch ohne Dünger geht.

Nicht jeder Kleinbauer (und erst recht keine Großbauern!) und Hobbygärtner bringen jedoch die Muße, die Zeit oder das Verständnis auf, sich im ausreichenden Maße mit diesem Wissen auseinander zu setzen und es auch anzuwenden. Deshalb soll es hier einige Tipps geben, wie man trotzdem Dünger sinnvoll einsetzen kann, ohne dass es dem Boden schadet. Aus der Erde können giftige Stoffe leicht ins Grundwasser und damit auch ins Trinkwasser gelangen. In manchen Regionen ist das Wasser derart mit Nitraten und anderen Stoffen vergiftet, dass davon abgeraten wird, das Leitungswasser zu trinken. In der Südsteiermark in Österreich musste in einem ganzen Landkreis vor allem für Babynahrung Mineralwasser verwendet werden, bis die Werte wieder ein unbedenkliches Niveau erreicht hatten. Eine Ursache für erhöhte Nitratwerte ist das unsachgemäße Düngen auf den Feldern, um höhere Ernteerträge zu erzielen. Vor diesem Hintergrund sollte also Pflanzendünger - wenn überhaupt nötig - nur sehr sparsam eingesetzt werden. Dabei ist es wie bei den meisten Dingen hilfreich, sich eher auf die eigenen Beobachtungen denn auf Dosierungsangaben oder die ‚herrschende Meinung' zu verlassen. Verwenden Sie erst einmal keinen Dünger und lernen Sie Wachstum, Blühverhalten und Erntemenge Ihrer Pflanzen gut kennen. Wenn Sie unbedingt möchten, können Sie dann vorsichtig düngen, um vielleicht noch bessere (mehr) Ergebnisse zu erzielen - und zwar mit Pferdemist oder gutem Kompost. Um letzteren wird es im nächsten Abschnitt noch gesondert gehen. Pferdemist ist mittlerweile auch in den Städten zu haben. Schauen Sie in die Kleinanzeigen, meistens wird irgendwo Pferdemist ‚an Selbstabholer' angeboten, oft sogar zum Nulltarif.

Nun haben Sie also guten Dünger und möchten, dass Ihre Tomaten noch größer werden oder die Geranien noch schöner blühen - doch wie vorgehen? Beachten sollten Sie vor allem zweierlei. Erstens: Verwenden Sie erst einmal nur ein wenig! Für eine Tomatenpflanze von einem halben bis einem Meter Höhe reichen schon einige Esslöffel; es ist nicht nötig, den Mist um die Pflanze herum aufzutürmen. Zweitens: Düngen Sie am besten bei Vollmond oder bei abnehmendem Mond! Beim Düngen im abnehmenden

Mond oder bei Vollmond können die Wirkstoffe des Düngers von den Pflanzen genutzt werden und sickern nicht tief hinab in die Wasser führende Erdschicht. Im abnehmenden Mond steigt der Saft der Pflanze in die Wurzeln hinunter, über die sie die Wirkstoffe im Dünger aufnehmen kann. Andernfalls würde der Dünger schlechter absorbiert werden und der Dünger unter Umständen ins Wasser gelangen. Manchmal verursacht das Düngen zum falschen Zeitpunkt regelrechte Schäden an der Pflanze: Der Boden wird harsch und wie ausgetrocknet, mitunter sterben die Wurzeln der Pflanze ab. Obwohl die Gefahr der Grundwasservergiftung selbstverständlich nicht gegeben ist, sollte man auch beim Düngen von Zimmerpflanzen im Blumentopf auf den Vollmond oder den abnehmenden Mond achten. Schon mit einer ganz kleinen Menge Dünger und der Beachtung des richtigen Zeitpunkts werden Sie gute Erfolge erzielen.

Es sollte Ihnen relativ leicht fallen, diese Regel zu berücksichtigen, weil zwar der Vollmond schnell vorüber ist; die Zeit des abnehmenden Mondes bietet jedoch viel Spielraum, das Düngen irgendwann in diesem Zeitraum zu erledigen. Theoretisch wären wohl auch größere landwirtschaftliche Betriebe in der Lage, sich danach zu richten. Bei Ihrer privaten Pflanzendüngung können Sie unter Berücksichtigung Ihrer Absicht - also was genau möchte ich erreichen: mehr Wachstum, schönere Blüten, kräftigere Wurzeln? - noch einen weiteren Faktor beachten, den des Tierkreiszeichens. Wenn Sie etwa Ihre Zimmerpflanzen düngen möchten, achten Sie auf einen Blatttag (Krebs, Skorpion oder Fische). Bei Blumen, die nicht blühen, obwohl sie von der Jahreszeit her ‚an der Reihe' wären, warten Sie für das Düngen einen Blütentag (also Zwillinge, Wassermann oder Waage) ab. Gehen Sie aber an den Blütentagen behutsam mit Dünger um, da auch das Läuse anlocken kann! Wenn es um die Wurzeln einer Pflanze geht, die kräftiger werden sollen, dann düngen Sie am besten an einem Wurzeltag (Stier, Jungfrau und Steinbock). - Den abnehmenden Mond sollten Sie aber in jedem Fall berücksichtigen!

Das gleiche Prinzip gilt auch für Obstbäume, Gemüse und Getreide. Hier geht es allerdings um die Frucht, auf die besondere Kraft angewendet werden soll, weshalb Sie also zusätzlich zum abnehmenden Mond die Fruchttage abwarten, um diese Pflanzen zu düngen. Zu den Fruchttagen zählen in diesem Fall jedoch nur Widder und Schütze. Die Zeit, in der der Mond im Löwen steht, ist nicht so gut geeignet, weil unter diesen Bedingungen der Boden und auch die Pflanze stark austrocknen könnten! Vor allem Kunstdünger sollten Sie niemals an Löwetagen anwenden. Der Boden und noch junge Pflanzen können hier regelrecht verbrennen, vor allem, wenn der Boden nach einer längeren Trockenperiode schon stark ausgetrocknet ist. - Merken können Sie sich diese wichtige Regel daran, dass Löwen eben manchmal Feuer spucken.

<u>Überlegungen und Tipps zum Thema Komposthaufen</u>
Wenn Sie einen Garten haben, besitzen Sie vielleicht auch schon längst einen Komposthaufen. Diese Mini-Recyclingsysteme haben einige Nachteile und viele Vorteile. Die Nachteile (wenn man es denn so nennen möchte) sind, dass man sich Gedanken darüber machen muss, was auf den Haufen gehört und was nicht, mit anderen Worten sich grundlegende Gedanken zum Thema Müll machen sollte. Natürlich ist es sehr einfach

und bequem, allen Abfall in die Mülltonne zu werfen und nach Abtransport der Mülltonnen durch die Müllabfuhr keinen Gedanken mehr daran zu verschwenden. Zunehmend sind die Leute aber bereit, vor dem Öffnen des Mülleimers das Gehirn einzuschalten. In vielen europäischen Ländern gibt es auch schon mehr oder minder sinnvolle staatliche Versuche, eine Trennung von so genanntem Ökomüll und anderem, also Plastik, Glas und Metall, vorzunehmen. Diese Versuche sind natürlich eng gekoppelt mit der Verpackungsindustrie, die oft ein wenig zu viel des Guten tut. Wir alle kennen die viermal verpackten Pralinen und Gemüse in doppeltem Plastik, frei nach dem Motto: Doppelt hält besser. - Zum anderen funktioniert ein Komposthaufen, vor allem am Anfang, nicht von selbst. Man muss schon die Bereitschaft mitbringen, den Haufen ein wenig zu pflegen und die Sache mit Sinn und Verstand zu betreiben. Die Vorteile liegen auf der Hand: Es ist eine durch und durch naturgemäße Sache, den verrottbaren Abfall einem Müllhaufen zukommen zu lassen, in dem alles zersetzt, also wieder in den natürlichen Kreislauf eingefügt wird. Denn nichts anderes tut ein Komposthaufen: Das, was der Mensch aus der Natur für sich nutzbar gemacht hat, wird nach seiner Nutzung wieder ‚zurückgegeben'. Das Kompostieren ist also eine uralte Angelegenheit; lange Zeit war sie die einzige Möglichkeit der Menschen, ihren Abfall (der damals allerdings auch nicht so ‚unverdaulich' war wie der Müll unserer Zeit) loszuwerden. Sie wurden ihn an die Natur los, die ihn aber wieder umwandelte, um erneut nutzbar gemacht zu werden. Das Wort Recycling ist nur ein neumodischer Begriff dafür, die Methode an sich ist nicht im Geringsten neu. Zugleich haben Sie die Möglichkeit, an wirklich guten Dünger für Ihren Garten heranzukommen! Die Suche nach Pferdemist, wenn Sie natürlichen Dünger verwenden wollen, würde unnötig werden.

Mit anderen Worten: Ein Komposthaufen ist sinnvoll für alle Menschen, die bereit sind, sich ein wenig Gedanken zu machen, woraus der Abfall besteht (und damit automatisch verbunden über Möglichkeiten der Abfallvermeidung); er ist dann geeignet, wenn man sich im Klaren darüber ist, dass ein Komposthaufen, der gut funktionieren soll, auch ein wenig Pflege braucht. Ausführliche Anleitungen zum Anlegen und Pflegen eines Komposthaufens gibt es in Gartenbüchern. Trotzdem wollen wir hier aber noch einige Hinweise geben. Vielleicht kommen Sie ja auf den Geschmack und erkennen, dass ein Komposthaufen auch für Ihren Garten geeignet ist!

Die Auswahl des Standortes für Ihren Komposthaufens ist mit großer Sorgfalt zu treffen. Ein geeigneter Ort ist grundsätzlich windgeschützt gelegen sowie im Halbschatten. Denn ein Komposthaufen braucht für den Verrottungsprozess eine feuchtwarme Umgebung. Zu viel Wind und Sonneneinstrahlung würden ihn austrocknen. In Ihrem eigenen Interesse sollten Sie keinen Platz zu nah am Haus auswählen, auch wenn das Bild eines stinkenden Komposthaufens nur ein Mythos ist - Sie denken vielleicht an einen *Mist*haufen, oder der Komposthaufen ist nicht richtig angelegt -, einen leichten Geruch jedoch werden Sie sicher wahrnehmen. Platzieren Sie ihn auch nicht zu nah zu den Nachbarn, sie könnten zu diesem Thema anderer Auffassung sein als Sie. Andererseits sollte der Ort der Wahl auch nicht zu weit vom Haus entfernt sein. Wenn Sie auch ‚grüne' Küchenabfälle auf den Haufen werfen wollen, möchten Sie wahrscheinlich nicht für jedes Eimerchen fünf Minuten laufen. An der Stelle, für die Sie sich entschieden haben, muss nun auf der gesamten Fläche des anzulegenden Komposthaufens die Erde aufgelockert werden. Am besten ist es, wenn Sie den Boden auf dieser Fläche bis in gut zehn Zentimeter Tiefe umgraben. Auf die Fläche kommt anschließend eine geeignete Unterlage. Die Unterlage muss aus saugendem, trocknendem Material bestehen - also Stroh, das getrocknete (!) Gras vom letzten Rasenmähen, klein geschnittene, trockene Zweige oder Ähnliches. Auf die Grundlage fügen Sie lockeres, sperriges Material - etwa mittelgrobes Holz. Wichtig ist vor allem, dass diese Grundfläche nicht versiegelt wird. Verwenden Sie also keine Plastikplane oder gießen Sie Beton auf die Unterlage! Der Sinn des Komposthaufens ist, dass Regenwürmer und anderes Getier die Unterlage von unten durchdringen können. Durch Plastik oder Beton wäre ihnen der Weg jedoch versperrt.

Auf dieser Basis können Sie nun einen Bretterkasten zimmern, damit der Kompost an den Seiten gehalten wird. Das und das Ansetzen des Komposts sollte bei abnehmendem Mond erledigt werden, am besten in unmittelbarer Nähe des Vollmondes. Alternativ können Sie diese Arbeiten aber auch bei absteigendem Mond ausführen. Wenn Sie das beachten, kann der Prozess des Verrottens wesentlich schneller vonstatten gehen. Nun kann es richtig losgehen! Einige Regeln sollten Sie beim Aufschichten des Komposts unbedingt beachten. Es wird immer ‚geschichtet'. Auf eine Schicht organischer Stoffe folgt die nächste. Trockenes Material sollte auf feuchtes folgen; grobes auf feines und jeweils umgekehrt. Wenn Sie nicht genügend feuchtes Material haben, können Sie es ein wenig anfeuchten. Grundsätzlich geeignet für den Komposthaufen sind alle Abfälle aus organischem Abfall pflanzlicher sowie tierischer Herkunft, die nicht durch Schadstoffe belastet sind. Dazu gehören: Gartenabfälle wie Gras, Zweige, Äste, Laub; Küchenabfälle wie Gemüse- und Obstschalen und -kerne, Kaffeesatz; Teesatz, Eierschalen und anderes. Nicht geeignet sind alle Arten von Speiseresten, die gekocht sind! Nicht geeignet sind also gekochte Nudeln, der Rest vom Rührei, abgenagte Knochen, Bratfett. Und so weiter. Küchenrest ist nicht gleich Speiserest! Der Komposthaufen muss schließlich alle Stoffe ‚verdauen' können. Wenn man darauf nicht Acht gibt, läuft man Gefahr, Fäulnis und Schimmel im Kompost zu haben oder auch größeres Ungeziefer wie zum Beispiel Kakerlaken und Ratten anzulocken. - Ebenso wenig auf den Komposthaufen gehören abgeschnittene Teile kranker Pflanzen und wurzelige Erde. Größere Zweige und Äste sollten nur gehäckselt auf den Komposthaufen gehen.

Um den Vorgang des Rottens voranzubringen, kann man halb fertigen Kompost (wenn man etwa mehrere Komposthaufen hat) oder Gartenerde zwischen die einzelnen Schichten geben. Dabei immer den Wechsel zwischen gröberen und feineren Materialien beachten; bei Gartenerde oder halb reifem Kompost also abwechselnd sperrigeres Material hinzugeben. Bei abnehmendem Mond treten Sie dann alles fest (ruhig durch Hochsteigen und mit den Schuhen festtreten). Loses Gras sollte man nicht höher als 10 Zentimeter aufschichten, es kann sonst sehr leicht zu unerwünschter Fäulnis kommen. Wenn Sie Pferde- oder Kuhmist zur Verfügung haben, können Sie auch einmal eine Schicht davon aufstreuen, das gibt dem späteren Kompost eine Extraportion Nährstoffe. Möchten Sie dem Komposthaufen Hilfsstoffe zufügen wie etwa Stein- und Kalkmehl, dann warten Sie auf einen Erdtag! Insbesondere Jungfrautage, aber auch Stier und Steinbock sind für dieses Vorhaben sehr gut geeignet.

Ernte und Lagerung

Bevor es den Export von Nahrungsmitteln aus fernen Ländern, Tiefkühltruhen und Mikrowellen gab, war ein geschicktes Lagern der Ernte die einzige Möglichkeit, Vorräte anzulegen. Mit ‚geschicktem Lagern' ist hier natürlich nicht nur das Verpacken in Kisten und das Abstellen im Keller gemeint. Unsere Vorfahren kannte eine Menge von Methoden, Lebensmittel haltbar zu machen, die nach besagten Erfindungen aus der Mode gekommen sind: Räuchern, Pökeln, Trocknen, Gären, Einmachen und anderes mehr. Wer isst schon heutzutage außer auf Campingtouren noch ‚Dauerwurst' oder Trockenfisch?

Das herkömmliche Einkochen von Früchten kennen wir aber auch noch heute. In Marmelade, Konfitüre und Co. findet Omas Einkochkunst weite Verbreitung. Dörrobst ist eine weitere Ausnahme; getrocknetes Obst ist neben Konservenobst eine verbreitete Alternative, die heute noch viel Anwendung findet. Insgesamt zeichnet sich aber auch allgemein im Zuge des steigenden Ernährungsbewusstseins allmählich der Trend ab, wieder auf die alten Methoden zurückzugreifen. Nicht nur, weil die Nahrung frei von Konservierungsstoffen bleibt, sondern auch nur zum Ausprobieren und einfach, weil sich ganz neue Perspektiven hinter diesen Methoden verbergen. Was auch immer Sie schon ausprobiert haben, ein Phänomen werden Sie kennen. Marmelade ist nie gleich lange haltbar. Selbst der herkömmliche Erdbeeraufstrich aus dem Supermarkt ist manchmal schon wenige Tage nach dem Öffnen schimmelig (Sie sollten dann übrigens nichts mehr davon essen, auch wenn Sie den Schimmel abgekratzt haben); dann wieder steht das Glas über längere Zeit täglich auf dem Tisch und nichts passiert. Der Grund könnte ein extrem ungeeigneter Tag sein, an dem die Früchte geerntet worden sind und das Obst schließlich eingemacht wurde! Denn wie für so vieles gibt es auch für das Ernten, Lagern und Konservieren Ihrer Gartenfrüchte besser und schlechter geeignete Zeitpunkte. Wenn man die entsprechenden Regeln nicht beachten kann oder will, sollte man die Ernte nur zum sofortigen Verzehr verwenden (was bei einem mittleren Apfelbaum und einer durchschnittlich großen Familie schon schwierig wird.). Will man stattdessen einen Teil der Ernte aufbewahren oder weiter verarbeiten, damit die Früchte haltbarer werden, sollten man lieber auf einen geeigneten Tag warten.

Für das Ernten, Lagern und Konservieren ist weniger die Mondphase ausschlaggebend, sondern vielmehr das Tierkreiszeichen, in dem der Mond am betreffenden Tag gerade steht. Geeignet sind die Zeichen von Schütze bis Zwillinge, also die Zeit des aufsteigenden Mondes. Handelt es sich bei Ihrer Ernte um Getreide, Gemüse oder Kartoffeln, ist insbesondere der Widdertag geeignet! Bei aufsteigendem Mond steigen die Pflanzensäfte nach oben, besonders die oberirdischen Pflanzenteile sind begünstigt, was die Früchte besonders saftig und kraftvoll macht. Sowohl für den Geschmack als auch für die Haltbarkeit hat das große Vorteile. Der aufsteigende Mond ist auch für das Einkochen und Eindicken von Früchten und Säften gut geeignet, also für das Marmeladekochen; begünstigt ist ebenso das Einmachen von anderen Früchte und Lebensmittel. In dieser Zeit kann man meisten auf künstliche Gelierhilfen verzichten. Lediglich die Fischetage sind schlecht geeignet. Sie stehen zwar im absteigenden Mond, doch durch das Wasserzeichen besteht hier die Gefahr von schneller Schimmelbildung. Auch können die Fischetage für einen faden, wässrigen Geschmack verantwortlich sein. Alles, was Sie in diesen Tagen ernten, sollten Sie schnell verbrauchen, denn es wird sich ohnehin nicht lange halten. Eine weitere Regel können Sie vielleicht im Auge behalten: Auch bei zunehmendem Mond geerntete Früchte sollten Sie nach Möglichkeit schnell verzehren, es sei denn, das Zeichen, in dem der Mond gerade steht, ist ein Zeichen mit aufsteigender Kraft. So weit wie möglich vermeiden sollte man für das Ernten und Konservieren die Jungfrau- und Krebstage, da in dieser Zeit Eingemachtes sehr viel leichter schimmelig wird als an den anderen Zeichen, besonders denen mit aufsteigender Kraft. Auf den abnehmenden Mond sollten Sie allerdings achten, wenn Sie Obst oder Kräuter trocknen wollen. Das Trockengut läuft weniger Gefahr, feucht zu werden und zu faulen.

Der abnehmende Mond ist ebenso willkommen, wenn Sie im Keller die Regale, in denen Sie das Obst für den Winter lagern, fegen und wischen wollen. Insbesondere auf ein Luft- oder Feuerzeichen sollten Sie achten; meiden Sie jedenfalls ein Wasserzeichen! So haben Sie gute Chancen, dass das Obst im Regal gut trocknet, einen aromatischen Geschmack behält und nicht schimmelt.

Auch beim Ernten und Konservieren kann man den Zeitplan vielleicht nicht immer nach den besten Tagen ausrichten. Wie wir gesehen haben, gibt es zudem Tage, an denen man sehr viel zu tun bekommt, wenn man alles ganz richtig machen will. Wie immer gilt auch hier: Nur keinen Stress! Vielleicht können Sie sich ja darauf beschränken, an einem sehr gut geeigneten Tag zu ernten und beim Einmachen oder anderem weiteren Verarbeiten zumindest den ganz schlechten Impulsen aus dem Weg zu gehen. Vermeiden können Sie vielleicht grundsätzlich etwa einen Fischetag im absteigenden Mond, denn mit diesen Produkten werden Sie nicht viel Freude haben. Selbstverständlich geht es nicht darum, alles perfekt zu machen, sondern sich die besten Zeitpunkte herauszusuchen, an denen verschiedene Arbeiten erledigt werden - und zwar im Rahmen der eigenen Möglichkeiten! Wenn Sie berufstätig sind, brauchen Sie sich keinen Tag frei zu nehmen, nur weil der Mond fürs Marmeladekochen günstig steht. Sie werden sicher auch einen anderen hinreichend geeigneten Tag finden, an dem Sie mit viel Spaß und guter Marmelade als Ergebnis ans Werk schreiten können! Es werden zwar alle wahrnehmbaren Impulse angeführt, aber nicht, um Sie unter Druck zu setzen. Vielmehr sollen Sie die Prinzipien verstehen lernen und ein Gefühl dafür bekommen, wie Sie die Früchte Ihrer (Garten-)arbeit am besten nutzen können!

Die Tierkreiszeichen im Garten in der Übersicht

Auf den folgenden Seiten geben wir Ihnen noch eine Übersicht über die zwölf Tierkreiszeichen. Wenn Sie etwa ein wenig Zeit übrig haben und etwas für den Garten tun möchten, können Sie sich mit Hilfe der Übersicht informieren, was im Garten gerade getan werden könnte.

Widder

Fruchttag; aufsteigende Kraft.

Besonders günstige Arbeiten: Pflanzen, die schnell wachsen sollen und die nach ihrer Ernte sofort verzehrt werden, kann man an diesen Tagen säen beziehungsweise anpflanzen.

Hervorragend geeignet sind die Widdertage für das Veredeln von Obstbäumen, allerdings sollte man auf den zunehmenden Mond achten.

Getreide kann jetzt besonders gut geerntet und gelagert werden.

Günstige Arbeiten: Günstig ist in diesen Tagen das Setzen und Säen von Obst; bei zunehmendem Mond auch der Anbau von Getreide.

Bei abnehmendem Mond oder auch Vollmond (in der Zeit zwischen April und September) können jetzt Obst, Getreide und Gemüse gut gedüngt werden.

Günstig ist auch das Zurückschneiden von Obstbäumen; auch hier auf den abnehmenden Mond warten.

Stier

Wurzeltag; aufsteigende Kraft.

Besonders günstige Arbeiten: Das Säen und Anpflanzen von allen Bäumen und Büschen, Hecken und insbesondere auch Wurzelgemüse ist an Stiertagen sehr erfolgreich. Die Pflanzen wachsen zwar langsam, aber wer bis zur Ernte geduldig bleibt, erhält qualitativ hochwertige Früchte, die sich lange halten. Sie eignen sich besonders gut zum Konservieren!

Günstige Arbeiten: Bei abnehmendem Mond zwischen Mai und Oktober eignen sich die Stiertage gut für das Ansetzen eines Komposthaufens.

Wenn Sie Ungeziefer bekämpfen müssen, das in der Erde lebt, wählen Sie die Stiertage.

Pflanzen mit schwachen Wurzeln also auch solche, die nach dem Umtopfen oder Umsetzen nicht recht anwachsen wollen, können an diesen Tagen erfolgreich gedüngt werden.

Die Stiertage eignen sich zudem für das Einmachen und Einkellern von Wurzelgemüse, die Sie für den Winter aufheben wollen, also Karotten, Rüben etc., aber auch Kartoffeln.

Zwillinge

Blütentag; Wendepunkt zwischen auf- und absteigender Kraft.

Besonders günstige Arbeiten: Alle Pflanzen, die ranken sollen, können an diesen Tagen besonders effektiv gesät, gesetzt und gepflanzt werden; darunter Wein, Efeu, Wicken und Bohnen.

Günstige Arbeiten: Gut eingesetzte Arbeiten sind jetzt das Säen von Blumen und alle Maßnahmen zur Schädlingsbekämpfung.

Blumen, die nicht gut blühen, können in dieser Zeit gedüngt werden. Jedoch mit Vorsicht: Zu viel Dünger und Pflege an Blütentagen erhöht die Gefahr von Läusebefall.

Krebs
Blatttag; absteigende Kraft.
Besonders günstige Arbeiten: An diesen Tagen sollten Sie Blattgemüse säen und setzen; insbesondere Kopfsalat, der jetzt besonders gut ‚kopft'!
Bei der Bekämpfung von oberirdisch lebenden Schädlingen können Sie an diesen Tagen wenig falsch machen.
Günstige Arbeiten: Vor allem bei zunehmendem Mond sollten Sie jetzt den Rasen mähen.
Zimmerpflanzen (auch die auf dem Balkon) werden jetzt vorteilhaft gegossen; Blumen können gedüngt werden.
Ungünstige Arbeiten: Sie sollten keine Pflanzen setzen oder aussäen, die ranken und in die Höhe wachsen sollen.
Besonders bei zunehmendem Mond, hier speziell im Frühjahr sowie bei Krebs im Vollmond sollten Sie die Finger von Ihren Obstbäumen lassen. Ein Ausschneiden könnte sich jetzt schädlich auswirken.
Das Lagern, Konservieren und Einkellern im Allgemeinen sollte man an diesen Tagen lieber vermeiden.

Löwe
Fruchttag; absteigende Kraft; wirkt stark austrocknend!
Besonders günstige Arbeiten: Der Getreideanbau auf leicht feuchten Böden gelingt am besten, wenn man einen Löwetag abwartet.
Das Sammeln von Kräutern, besonders zur Stärkung des Herzens, ist besonders begünstigt.
Bei abnehmendem Mond ist jetzt die geeignete Zeit zum Ausschneiden von Obstbäumen und -sträuchern, insbesondere auch für den Winterschnitt!
Günstige Arbeiten: Bei zunehmendem Mond können Sie jetzt gut Rasen ansäen.
Früchte (mit Ausnahme von solchen Sorten, die viel Wasser brauchen wie etwa Tomaten oder Kartoffeln) können jetzt gesetzt und gesät werden.
Bei zunehmendem Mond im Frühling können Sie jetzt gut Ihre Obstbäume veredeln.
Die Löwetage eignen sich auch für das Setzen von Bäumen und Sträuchern sowie von Gemüse mit generell kurzer Lagerfähigkeit.
Ungünstige Arbeiten: Mit Unkrautjäten brauchen Sie sich in diesen Tagen nicht aufzuhalten!
Die Verwendung von jeglicher Art von Kunstdünger sollten Sie an den Löwetagen unterlassen; er könnte zu ernsthaften Schäden an Pflanze und Boden führen.
Wenn Sie selbst Sauerkraut hobeln, vermeiden Sie die Löwetage. Das Sauerkraut trocknet aus, lässt sich schlecht lagern und schmeckt nicht.

Jungfrau
Wurzeltag; absteigende Kraft; gut geeignet für nahezu alle Arbeiten im Garten, bei denen etwas ein- oder umgesetzt, verpflanzt oder herausgesetzt wird.

Besonders günstige Arbeiten: Dazu gehören alle Arbeiten, bei denen Pflanzen gesät oder gesetzt werden. Die Kraft der Jungfrautage lässt alle Samen und Setzlinge besonders gut aufgehen. Besonders gut geeignet ist diese Zeit für das Pflanzen von Bäumen, von denen Sie möchten, dass sie sehr hoch werden und von Hecken und Sträuchern, die besonders schnell wachsen sollen.
Wenn Sie einen alten Baum umpflanzen möchten, achten Sie auf einen Jungfrautag. Nehmen Sie diese Arbeit jedoch nur im Frühling oder Herbst vor!
Wie an den Löwetagen ist jetzt ein guter Augenblick, Rasen anzusäen - am besten bei zunehmendem Mond.
Zimmer- und Balkonpflanzen werden jetzt besonders gut umgepflanzt. Sie wachsen problemlos an.
Stecklinge wachsen gut an, wenn Sie sie an Jungfrautagen setzen, besonders bei zunehmendem Mond (im Herbst bei abnehmendem Mond).
Günstige Arbeiten: Diese Tagen eignen sich gut zum Ansetzen eines Kompost- oder Misthaufens. Achten Sie allerdings auf den abnehmenden Mond!
Ungeziefer, das in der Erde haust, lässt sich jetzt am besten bekämpfen.
Geeignet sind die Jungfrautage auch für alle Arten von Düngung, insbesondere auch bei Pflanzen, die keine starken Wurzeln ausbilden wollen.
Wenn Sie einen Zaun ziehen wollen, warten Sie für das Eingraben der Holzpfosten die Jungfrautage ab. Die Arbeit wird Ihnen dann leichter von der Hand gehen, außerdem wird die Erde um die Pfosten herum schneller fest, die Pfosten in ihrer Verankerung nicht so leicht wieder locker.
Ungünstige Arbeiten: Das Anpflanzen von Kopfsalat (er wird nicht oder nur schlecht ‚kopfen') sollten Sie jetzt vermeiden; ebenso alle Arbeiten, bei denen Sie etwas einmachen oder einkochen. Auch ursprünglich an Jungfrau geplante Arbeiten zum Einlagern von Obst und Gemüse lieber verschieben!

Waage
Blütentag; absteigende Kraft; ohne besondere Kraft, die sich stark negativ oder stark positiv auswirken könnte.
Günstige Arbeiten: Geeignet sind Arbeiten, die allgemein bevorzugt an Blütentagen verrichtet werden sollten. Dazu gehören auch das Säen und Setzen von Blumen und Heilkräutern, bei denen man vernehmlich die Blüte verwendet sowie das Düngen von Blumen, die nicht so prächtig blühen, wie man es jahreszeitlich von ihnen erwartet - jedoch mit Bedacht, denn bei zu kräftigem Düngen besteht erhöhte Gefahr von Läusebefall.

Skorpion
Blatttag; absteigende Kraft.
Besonders günstige Arbeiten: Die Skorpiontage sind hervorragend geeignet für alle Arbeiten, die beim Anbau von Heilkräutern anfallen: Das Säen, Setzen, Ernten und Trocknen aller Arten!
Bei zunehmendem Mond kann man mit Hilfe von zerstoßenen Eierschalen den Schnecken im Garten den Kampf ansagen - mit guten Aussichten auf Erfolg!

Günstige Arbeiten: Gut geeignet sind diese Tage für das Aussetzen und die Saat von Blattgemüse.
Außerdem kann man hier mit gutem Erfolg Rasen mähen sowie Balkon- und Zimmerpflanzen wässern.
Für Blumen und Rasenflächen ist eine Düngung geeignet; weniger sinnvoll jedoch ist das Düngen von Gemüse.
Ungünstige Arbeiten: Haben Sie einen Baum zu fällen, vermeiden Sie die Skorpiontage: Es besteht erhöhte Gefahr von Borkenkäfern, die man nur schwer wieder loswird!
Auch vom Beschneiden von Obstbäumen und -sträuchern sollte man lieber die Finger lassen, vor allem bei zunehmendem Mond im Frühjahr!

Schütze
Fruchttag; Wendepunkt zwischen ab- und aufsteigender Kraft.
Besonders günstige Arbeiten: Alle Gemüsesorten, die hoch wachsen sollen (also Bohnen, Hopfen etc.), werden am besten bei Schütze ausgesät und -gesetzt.
Günstige Arbeiten: Dieser Zeitraum eignet sich gut für den Getreideanbau, insbesondere für Mais!
Das Beschneiden von Obstbäumen und -sträuchern kann man gut an Schützetagen, am besten bei abnehmendem Mond im Frühjahr, vornehmen.
Getreide, Obst und Gemüse ist in dieser Zeit besonders dankbar für Dünger - man sollte allerdings auf den abnehmenden Mond oder auch den Vollmond warten.
Über der Erde lebende Schädlinge können jetzt effektiv bekämpft werden.
Ungünstige Arbeiten: Unkrautjäten und das Auflockern der Erde ist in diesen Tagen vergebene Liebesmüh': Das Unkraut wird sich schon bald wieder zeigen; die Samen schießen Richtung Sonne. Aus dem gleichen Grund sollte man jetzt auch keinen Salat setzen, denn er wird nicht gut ‚kopfen', sondern in die Höhe schießen.

Steinbock
Wurzeltag; aufsteigende Kraft.
Besonders günstige Arbeiten: Im Gegensatz zu den Schützetagen ist an Steinbocktagen Unkrautjäten angesagt: Bei abnehmendem Mond ist diese Arbeit sinnvoll. Das Unkraut wird sich so bald nicht wieder zeigen.
Haben Sie Ihren Garten noch nicht lange und möchten Sie Wege anlegen, warten Sie auf einen Steinbocktag. Die Arbeit ist leichter getan und die Befestigungen werden hier nicht so leicht verrutschen.
Günstige Arbeiten: Wurzelgemüse kann man an diesen Tagen gut säen, setzen und hinauspflanzen.
Bei abnehmendem Mond sind die Steinbocktage geeignet, um einen Kompost- oder Misthaufen anzulegen; ebenso sollte man jetzt Hecken ausdünnen, Wald- und Gebüschränder säubern und in kleinen Waldstücken Rodungen vornehmen.
Ungeziefer, das in der Erde lebt, kann man jetzt wirksam zu Leibe rücken.
Blumen und Pflanzen mit unzureichender Wurzelbildung kann man jetzt zwischendurch düngen.

Wurzelgemüse sollte man an Steinbocktagen konservieren beziehungsweise einkellern! Wenn Sie Sauerkraut selbst machen, sollten Sie zum einhobeln einen Steinbocktag bei abnehmendem Mond wählen. Bei zunehmendem Mond wird der Gärungsprozess übermäßig beschleunigt, was negative Auswirkungen auf das spätere Sauerkraut hat!

Wassermann

Blütentag; aufsteigende Kraft; eher ungeeignet für die meisten Gartenarbeiten, da sich die Kräfte auf den Garten in Unfruchtbarkeit äußern.

Günstige Arbeiten: Die Wassermanntage sind für die meisten Arbeiten im Garten ‚undankbar'. Das kann man sich etwa bei Unkrautjäten und Aufhacken der Erde zu Nutze machen. Wenn dabei Unkraut liegen bleibt, kann es einfach von selbst verrotten.

Da die Wassermanntage immerhin Blütentage sind, kann man hier Blumen düngen, die nicht so prächtig blühen wollen. Auch jetzt ist aber Vorsicht angeraten, zu starkes düngen kann zu Läusebefall führen.

Ungünstige Arbeiten: Besonders ungünstig ist das Pikieren von Pflanzen, also das ein- oder mehrmalige Umsetzen im Garten, um die Wurzelbildung anzuregen. An Wassermanntagen werden die Pflanzen eher im Gegenteil schlecht oder gar nicht anwurzeln und möglicherweise absterben.

Fische

Blatttag; aufsteigende Kraft. Geerntete Früchte sind vor allem für den sofortigen Verzehr geeignet.

Günstige Arbeiten: Blattgemüse sollte man vornehmlich an Fischetagen setzen und säen. Günstig sind diese Tage auch zum Gießen von Balkon- und Zimmerpflanzen; außerdem zum Rasenmähen und Blumendüngen.

Bei abnehmendem Mond kann man auch gut Kartoffeln setzen (das gilt vor allem, wenn Fische auf den dritten Tag nach Vollmond fällt - fragen Sie nicht, warum!).

Ungünstige Arbeiten: Das Konservieren, Einmachen und Lagern von allen Arten von Ernteerzeugnissen ist an Fischetagen denkbar ungeeignet. Alles, was in dieser Zeit konserviert und eingelagert wird, ist kaum haltbar, verdirbt schnell und schmeckt schal.

Obstbäume und -sträucher sollten an Fischetagen nicht beschnitten werden, insbesondere nicht bei zunehmendem Mond. Das gilt vor allem für das Frühjahr!

Land- und Forstwirtschaft

Sie mögen sich wundern, warum es einen Abschnitt eigens zum Thema Land- und Forstwirtschaft gibt. Ist nicht alles das, was für einen kleinen Garten gilt, auch auf ein großes, landwirtschaftlich genutztes Feld übertragbar? Die Antwort lautet selbstverständlich ja. Wenn Sie den Abschnitt über die Rhythmen der Natur in Feld und Graten gelesen haben, werden Sie die zu Grunde liegenden Prinzipien erkannt haben und diese sind selbstverständlich immer anwendbar, egal, wie groß Ihr Garten - oder Ihre Ländereien - auch sein mögen. Allerdings gibt es einige Regeln, die in einem Schrebergarten schlichtweg nicht zur Anwendung kommen. Und die beziehen sich speziell auf die (kommerzielle)

Landwirtschaft, insbesondere aber auf die Forstwirtschaft. Es sei denn, Sie haben tatsächlich Baumbestand in Ihrem Garten, werden Sie die Tipps und Hinweise im folgenden Abschnitt vielleicht nicht wirklich anwenden können. Trotzdem ist diesem Thema ein eigener Abschnitt gewidmet, den Sie vielleicht trotzdem lesen mögen, wer weiß, wann Ihnen diese Hinweise noch einmal zugute kommen werden. Ansonsten betrachten Sie den Abschnitt als Gelegenheit zu Festigung Ihrer Kenntnisse.

Wenn Sie allerdings einen land- oder forstwirtschaftlichen Betrieb haben, halten Sie sich Folgendes vor Augen: Alle Veränderungen, die Sie möglicherweise vorantreiben wollen, lassen sich nicht von heute auf morgen durchsetzen. Beglückwünschen Sie sich zu Ihrem Mut und Pioniergeist, denn beides werden Sie vielleicht noch brauchen. Selbst wenn Sie von allem, was Sie bis jetzt gelesen haben, begeistert sein sollten und begierig, auch Ihren Betrieb zum nächstmöglichen Zeitpunkt umzustellen - gehen Sie die Veränderungen mit Ruhe und Bedacht an. Schließlich tragen Sie auch einige Verantwortung, für die Natur, vielleicht für Ihre Familie oder Ihre Mitarbeiter. Richten Sie vielleicht zunächst ein Versuchsfeld ein, auf dem Sie ab dem nächsten Jahr einige Pflanzen nach den Regeln anpflanzen und pflegen, die Sie hier kennen gelernt haben. Dies Feld kann Ihr Übungsfeld werden; Sie werden hier vielleicht auch einige Anfängerfehler machen, die aber nicht gleich Ihre ganze Ernte beeinträchtigen. Je nachdem, welche Erfahrungen Sie in dieser Zeit sammeln, werden Sie merken, inwieweit Ihr Betrieb für eine komplette Umstellung geeignet ist. Auch Ihre Mitarbeiter, sofern sie welche beschäftigen, sollten Sie nicht überrumpeln. Nicht alle Menschen können sich spontan mit den Regeln der Natur anfreunden, weil sie ihr ganzes Leben an die Richtig- und Wichtigkeit eines anderen Prinzips geglaubt haben. Sie sollten niemanden zu einer neuen Weltanschauung oder einer anderen Arbeitsmoral zwingen und es Ihren Mitarbeitern freistellen, wie sie sich dem neuen Thema gegenüber verhalten.

Möglicherweise werden Sie nach den Erfahrungen mit dem Testfeld auch zu dem Schluss gekommen sein, dass die ganze Sache doch nichts für Sie ist. Dass Sie zu sehr den herkömmlichen Methoden vertrauen, dass Sie sich dem Spott Ihrer Konkurrenten ausgesetzt fühlen und Sie auf einmal etwas allein mit Ihrer Philosophie dastehen. Zwingen Sie sich nicht, Ihr Vorhaben ‚nun auch durchzuziehen'. Ihr Experiment hat Ihnen vielleicht mehr genützt, als Sie es jetzt vermuten: Sie haben sich intensiv mit dem Thema auseinander gesetzt, Sie haben Ihre eigenen Schlüsse gezogen und vielleicht doch einige Erkenntnisse gewonnen, die für Ihre tägliche Arbeit wertvoll sind. Das ist doch schon eine ganze Menge! Vielleicht haben Sie auch nur einen falschen Zeitpunkt gewählt, an dem es Ihnen ohnehin wirtschaftlich eher schlecht ging, Sie eher Stabilität und Sicherheit gebraucht hätten statt die Stimmung von Aufbruch und Veränderung. Machen Sie sich nichts daraus. Sie haben nicht vergebens gelernt, denn in Ihrem Kopf und Herz wird sich etwas verändert haben. Und vielleicht kommt schon in ein paar Jahren genau der richtige Zeitpunkt!

Tipps für die Landwirtschaft

Getreideanbau und -ernte

Der beste Zeitpunkt für das Säen von allen Getreidesorten ist ein Tag im zunehmenden und gleichzeitig absteigenden Mond. Wenn Sie zusätzlich einen Fruchttag wählen, ist das von besonders großem Vorteil. Da sich diese besonders geeigneten Tage aber häufig dadurch auszeichnen, dass ausgesprochen schlechtes Wetter herrscht, gibt es eine Reihe von Ausweichterminen. Hinsichtlich des Tierkreiszeichens eignen sich für den Getreideanbau die Widder- und Schützetage besonders, aber auch die Löwetage, sofern das Feld nicht sehr trocken ist. Dann könnte an Löwetagen die Gefahr des Austrocknens herrschen. Entsprechend sind Löwetage für ein sehr feuchtes Feld allerdings besonders gut geeignet. Zum Einlagern von Getreide wählen Sie am besten einen Widdertag. Hinsichtlich des Getreideanbaus gibt es noch eine weitere Regel, die zu denen gehört, die nicht genauer erklärt werden können. Wenn man für das nächste Jahr mehrere Getreidesorten für den Anbau in Frage kommen, kann man sich bei der Entscheidung helfen lassen. Dazu sät man am 8. Juli in einem kleinen Testfeld die Getreidesorten an, die für das nächste Jahr in Frage kommen. Am 20. Juli ist sozusagen das Los gezogen: Diejenige Sorte, die am besten aufgegangen ist, wird im nächsten Jahr am üppigsten gedeihen.

Wie gesagt: Stellen Sie keine Fragen! Doch die Erfahrung hat gezeigt, dass die ‚Trefferquote' dieser Methode an den so genannten Lostagen wirklich verblüffend hoch ist. Wenn Sie neugierig geworden sind, können Sie ja durchaus am 8. Juli ein kleines Testfeld anlegen und sich das Ergebnis am 20. Juli anschauen. (Vielleicht können Sie ja die Sorte, die Sie ohnehin anbauen wollen, mit einer anderen vergleichen?) Vielleicht lohnt das verblüffende Ergebnis die zwei Wochen Mehraufwand. Vielleicht kennen Sie die Lostage aus einem anderen Zusammenhang; es gibt hier noch eine Reihe anderer Regeln, die aber nicht unbedingt den Getreideanbau betreffen. Wenn Sie sich näher dafür interessieren, finden Sie Informationen in Büchern über Bauernregeln sowie in einigen Gartenbüchern!

Einen großen Gefallen kann man sich damit tun, das Getreide im aufsteigenden oder alternativ im abnehmenden Mond zu ernten und einzulagern. Besonders gut sind die Widdertage, auch die anderen Fruchttage (also Löwe und Schütze) tragen viel zur guten Ernte bei. Die Einhaltung dieser Regeln macht das Getreide sehr viel haltbarer und im Lager weniger anfällig für Schimmel und Käferplagen. Weniger geeignet für Ernte und Einlagerung sind alle Wassertage (Krebs, Skorpion und Fische). Hier ist die Gefahr, dass das Getreide faulig wird, sehr viel größer.

Unkraut und Schädlinge

Hier gelten alle Regeln, die im vorhergehenden Abschnitt über die Gartenpflege schon genannt worden sind. Beachten Sie vor allem auch die Regeln zu Pflanzgemeinschaften und Pflanzfolgen (von Bedeutung ist insbesondere das Stichwort ‚Monokultur'!), denn Vorbeugen ist besser als Giftsprühen. Es sei auch noch einmal betont, dass sich beim Sparen an Pestiziden immer auch der Geldbeutel freut!

Dünger

Auch hier haben alle Aussagen aus dem letzten Abschnitt in Bezug auf industrielle Landwirtschaft Gültigkeit. Wir werden hier aber noch einige Worte verlieren, da das Thema für Großbauern entsprechend der verwendeten Mengen an Dünger eher als für Kleingärtner von Bedeutung ist. Dünger sollte grundsätzlich nur sehr sparsam angewendet werden. Möglicherweise benötigen bestimmte Felder gar keinen oder nur ein klein wenig Dünger, wenn man sonst alle Regeln zur Aussaat, zur Pflege und zur Ernte und Lagerung beachtet. Die natürlichsten Arten von Dünger sind Kompost und Stallmist. Wenn Sie diesen nicht zur Verfügung haben oder aus verschiedenen Gründen künstlichen Dünger verwenden wollen, nehmen Sie nur ganz wenig. Lassen Sie sich nicht gleich von den Angaben auf der Verpackung irreleiten. Sie sollten die Pflanzen erst beobachten, mit ein bisschen Dünger anfangen und nur das nötigste verwenden. Die Herstellerangaben sind oft sehr großzügig und führen dazu, dass Sie nicht nur Ihre Felder düngen, sondern das Grundwasser und die umliegende Gegend, womöglich den örtlichen Kindergarten oder das Feld eines Ökobauern, gleich dazu. Der Boden hat nicht immer die gleiche Fähigkeit, Wasser aufzunehmen. Das hat unterschiedliche Ursachen: Zum einen hat es natürlich mit dem allgemeinen Feuchtigkeitsgrad zu tun. Hat es schon tagelang wie aus Eimern geschüttet, ist alles irgendwann derartig aufgesogen, dass - wie bei einem Schwamm - nichts mehr aufgenommen werden kann. Ebenso kann die Erde, wenn eine wochen- oder monatelange Dürreperiode vorangegangen ist, nicht sofort große Mengen an Wasser aufnehmen. Andererseits ist aber auch der Mondrhythmus verantwortlich dafür, ob die Erde gerade viel oder eher wenig Flüssigkeit aufnehmen kann: Bei abnehmendem Mond kann sie mehr aufnehmen, bei zunehmendem weniger. Das kann sich äußern, wenn es etwa bei starken Regenfällen zu Überschwemmungen kommt - bei zunehmendem Mond ist das wesentlich häufiger als bei abnehmendem Mond der Fall.

Für das Düngen bedeutet dieser Sachverhalt Folgendes: Düngen sollte man grundsätzlich bei abnehmendem Mond! Die Erde ist dann viel besser in der Lage, die Flüssigkeit (und in ihr die Wirkstoffe des Düngers) aufzusaugen; die Gefahr ist somit kleiner, dass Giftstoffe ins Grundwasser gelangen. Für die Wahl des richtigen Zeitpunkts zum Düngen gilt (neben dem abnehmenden Mond), dass sich für Getreide, Gemüse und Obst am besten die Fruchttage (Widder, Löwe oder Schütze) eignen. Wenn daraus nichts wird, etwa aus Wettergründen, kann man auch einen Jungfrautag oder einen anderen Erdtag (also Stier oder Steinbock) wählen. Wenn Sie mit Gülle oder Jauche düngen, warten Sie auf einen Vollmondtag. Wenn das nicht möglich ist, sollten Sie zum Schutze des Grundwassers zumindest auf einen Tag warten, an dem der Mond abnimmt. Verwenden Sie Kunstdünger, vermeiden Sie unbedingt für das Düngen einen Löwentag! Diese Tage haben eine stark austrocknende Wirkung, weshalb jetzt der Boden regelrecht verbrennen könnte.

Übrigens, auch wenn Sie einen Misthaufen ansetzen möchten, eignet sich der abnehmende Mond sehr viel besser als der zunehmende! Sehr geruchsempfindliche Menschen werden vielleicht einwenden, dass es dann in ländlichen Gegenden an einigen geeigneten Düngetagen ganz besonders stark nach Jauche stinken würde. Sie haben zweifelsfrei Recht, denn bald würde es sich, wenn sich dieses Wissen stark verbreitete, kein Bauer nehmen lassen, am bestmöglichen Tag aufs Feld zu fahren und zu düngen! Gegenfrage: Könnte man das bisschen Gestank nicht hinnehmen, wenn dafür das Grundwasser nicht mehr durch Dünger belastet würde?

Architektonische und andere Arbeiten

Besonders auf größeren Höfen fallen immer wieder Arbeiten an, für die man auch einen Architekten beauftragen könnte - Wege im Garten, am Haus und am Feldrand sind anzulegen, ein Bachufer zu befestigen oder eine Brunnenleitung zu reparieren. Unter Beachtung des richtigen Zeitpunkts können Sie sich bei vielen Arbeiten, wenn Sie einigermaßen geschickt sind, auch selbst ans Werk machen. Einen Gartenweg aus Steinplatten sollten Sie bei abnehmendem Mond verlegen. Die Platten bleiben dann fest auf ihrer Unterlage und werden nicht wackelig. Das gilt vor allem auch für Gartenwege oder Einfahrten, die auch von Autos und landwirtschaftlichen Fahrzeugen befahren werden. Die Platten könnten dann noch eher locker werden oder sogar brechen. Größere Wege mit Kiesbelag, die man etwa an einem Feldrand anlegen möchte, sollte man ebenfalls bei abnehmendem Mond anlegen. Besonders das Auffüllen mit Kies sollte hier vorgenommen werden. Bei zunehmendem Mond angelegt, werden die Kieselsteine leicht wieder lose, vor allem, wenn der Weg viel mit Fahrzeugen befahren wird. Auch wenn es in der ersten Zeit nach dem Anlegen regnet, könnten der Belag gleich wieder ‚wegschwimmen'.

Wenn Sie einen Bach auf Ihrem Grundstück haben, an dem Sie das Ufer befestigen möchten oder einen Grundstein eingraben möchten, sollten Sie für diese Arbeiten ein Wasserzeichen wählen (also Krebs, Skorpion oder Fische) und auf den zunehmenden Mond achten. Wenn Sie bei abnehmendem Mond arbeiten, könnte es passieren, dass die Befestigung oder Bebauung gleich wieder unterspült und das Flussbett einfach ein wenig breiter wird. Ein Quellenausbau funktioniert am besten, wenn der Mond im Zeichen Fische steht und der Mond zunimmt, am besten im 2. Viertel und in unmittelbarer Nähe des Vollmondes. Das Gleiche gilt auch für das Suchen nach Wasser auf einem Grundstück im Allgemeinen. Unbedingt vermeiden sollte man alle Arbeiten an einer Quelle, wenn der Mond abnimmt oder absteigt! Die Quelle könnte versiegen und an einer anderen Stelle (womöglich mitten in einem Feld oder an ähnlich ungeeigneter Stelle) wieder zum Vorschein kommen.

Alle Arbeiten an Brunnenleitungen, Drainage- und Abwasserrohren sollten ebenfalls an einem Tag, in dem der Mond in einem Wasserzeichen steht, ausgeführt werden; auch hier stehen die Chancen auf Erfolg bei zunehmendem Mond am besten.

Zaunpfähle

Auch auf kleineren Höfen und bei der Tierhaltung müssen häufig neue Zäune gezogen oder die bestehenden ausgebessert werden. Das ist eine anstrengende, manchmal frustrierende Arbeit, weil die Pfähle, obwohl sie tief in die Erde gesetzt wurden, nicht gerade stehen wollen und immer wieder zur Seite umfallen. Beim Einsetzen von Pfählen und Posten aller Art ist es sinnvoll, auf den abnehmenden Mond zu warten. Der Neumondtag selbst ist allerdings am besten geeignet; von großer Hilfe sind auch die Erdtage, insbesondere Jungfrau. Im Herbst fallen die Jungfrautage praktischerweise immer auf den abnehmenden Mond. In diesem Zeitraum eingesetzte Pfosten werden im Nu fest, nichts wackelt und selbst eingeschlagene Nägel bleiben an Ort und Stelle. Wenn Sie die empfohlenen Tage partout nicht einhalten können, können Sie auch mit dem absteigenden Mond vorlieb nehmen. Je näher es an Vollmond geht, desto weniger ist der Zeitpunkt allerdings geeignet.

Stallungen und Tierausläufe

Wer glückliche Kühe (oder Schweine, Schafe, Pferde, Ziegen oder Federvieh) auf dem Hof haben möchte, weiß um die Notwendigkeit von gepflegten Tierställen. Das tägliche Mistabsammeln und die Entfernung von gröberem Dreck kann natürlich keiner Mondphase folgen, denn diese Arbeiten müssen täglich verrichtet werden, um das erforderliche Maß an Sauberkeit aufrechtzuerhalten. Für die aufwändigeren Arbeiten jedoch, die nicht täglich oder auch nur in größeren Abständen erledigt werden müssen, gibt es durchaus gute und weniger gute Zeitpunkte. An den weniger guten geht die Arbeit nur mühsam voran, die Mistgabel scheint immer schwerer zu werden, der Rücken fängt an zu schmerzen. Versuchen Sie es mit den folgenden Tipps, vielleicht trägt der eine oder andere zur Erleichterung bei!

Für alle Arbeiten, die nicht täglich ausgeführt werden müssen, wählen Sie den abnehmenden Mond und ein Luftzeichen (also Zwillinge, Waage oder Wassermann). Wenn Sie in dieser Zeit nicht dazu kommen, können Sie die Arbeit auch bei aufsteigendem Mond angehen. Wenn Sie gröberen Schmutz beseitigen müssen, wählen Sie einen Krebs-, Skorpion- oder Fischetag! Die Wassertage tragen dazu bei, dass sich die Verunreinigungen einfacher ‚wegwaschen' lassen. Wenn Sie die betreffenden Arbeiten an diesen Tagen vornehmen, bleibt der Stall länger sauber, ist besser geschützt vor Ungeziefer und Schimmel. Wenn sich an einer Wand trotzdem Schimmel bildet, gehen Sie bei abnehmendem Mond mit Essigwasser und einer Naturbürste gegen ihn vor. Der abnehmende Mond eignet sich natürlich auch für das Verteilen der Einstreu im Stall, wenn Sie ihn neu einrichten und das Auffüllen mit Streu, wenn der Stall schon besteht. Alternativ können Sie auch hier den aufsteigenden Mond wählen. Altmodisches Stroh ist natürlich noch immer die beste Lagerstreu für Vieh, aber wussten Sie, dass auch trockenes Buchenlaub eine gute Unterlage bildet? Wenn auf Ihrem Hof viele Buchen stehen und Sie das Laub nicht von einer viel befahrenen Straße absammeln, könnten Sie diese Alternative einmal ausprobieren. Eine weitere Arbeit, die zwar selten vorkommt, aber meist viel Zeit in Anspruch nimmt, ist das Streichen von Stallwänden. Wenn die Wände des Stalls weiß gestrichen sind, kann ein Neuanstrich regelmäßig fällig sein. Wählen Sie auch dafür die Zeit des abnehmenden Mondes und, wenn es möglich ist, einen Lufttag. Die Farbschichten können dann besser antrocknen und werden haltbarer.

Viehaustrieb

Mit der Wahl des ersten Weidegangs für das Vieh kann man das Verhalten der Tiere mit beeinflussen. War der Zeitpunkt günstig gewählt, sind die Tiere auf der Weide ruhiger und bleiben draußen, bis sie wieder in den Stall getrieben werden sollen. Dieselben Regeln gelten auch, wenn man ein Tier erworben hat und es zum eigenen Hof bringen will oder eine Herde aus dem Sommer- zum Winterquartier getrieben werden soll. Ein günstiger Zeitpunkt ist grundsätzlich ein Tag, an dem der Mond absteigend ist, insbesondere die Wassertage sind geeignet. Zudem sollte der Wochentag nicht mit einem ‚D' beginnen oder ein Sonntag sein. (Dies besagt die Erfahrung, nicht der Verstand. Aber wenn es wirkt - warum nicht?) Wenn man einen Montag, Mittwoch, Freitag oder Samstag wählt, fühlt sich das Vieh in der neuen Umgebung wohler; die Tiere sind ruhiger, geben später mehr Milch und werden leichter Nachwuchs bekommen, sofern sie für die Zucht vorgesehen sind.

Krebs- und Löwetage sind hingegen nicht sehr gut geeignet. Vor allem die Löwetage machen das Vieh nervös, man braucht dann mehrere Helfer, um die Tiere zu beruhigen und zur Weide zu treiben. An Krebstagen möchten sich die Tiere am liebsten gar nicht von der Stelle bewegen, man bekommt sie nur mit Mühe aus dem Stall heraus oder sie drängen immer wieder zurück. Man wird Mühe haben, sie an den gewünschten Ort zu bringen. Der zunehmende Mond sollte gewählt werden, wenn man das Vieh vor der Winterpause zum letzten Mal auf die Weide lässt. Damit werden die Tiere gut auf die Winterpause vorbereitet.

<u>Bezug eines neuen Stalls</u>

Hat man einen neuen Stall gebaut, sollte man das Vieh erstmalig an einem Tag, an dem der Mond aufsteigt, hineinlassen. Die Tiere akzeptieren ihr neues Heim dann schneller und sind allgemein ruhiger. Sie werden lieber in den Boxen bleiben und nicht wieder ins Freie oder den alten Stall drängen. Wenn möglich, sollte man dies auch berücksichtigen, wenn man einzelne Tiere innerhalb eines Stalls umziehen lässt (etwa von einer Box in einer andere). Wie bei der Verlegung auf die Weide ist es hier ratsam, auf den Wochentag zu achten: Nur Montag, Mittwoch, Freitag oder Samstag sind geeignet. Insbesondere sollte man das auch bei neu gekauften Tieren bedenken! Insofern gilt diese Regel also nicht nur für neue, sondern auch uralte Ställe - es geht um den Standortwechsel des Viehs!

<u>Zeitpunkt für die Geburt eines Kükens</u>

Wenn Sie Hühner haben, wissen Sie vielleicht folgendes: Aus den Küken, die bei Vollmond schlüpfen, werden die gesündesten Hühner! Auch wenn die Eier in Brutöfen bebrütet werden, kann man es meistens so einrichten, dass die Küken an Vollmond schlüpfen, denn die Brützeit ist ja immer gleich lang. Damit könnten sogar auf großen, industriellen Hühnerfarmen der beste Zeitpunkt berechnet werden.

<u>Entwöhnung von Kälbern</u>

Auch für die jungen Kühe gibt es eine Regel, die allerdings nur wirksam wird, wenn die Kälber auch am Euter der Mutterkuh trinken dürfen, statt mit anderer Nahrung vom Menschen aufgezogen zu werden. Bei manchen Kälbern ist es schwierig, sie zu entwöhnen, also sie davon abzuhalten, weiter die Milch der Kuh zu trinken. Genau darauf bezieht sich diese Regel: Beginnen Sie vor einige Tage vor Vollmond schrittweise mit dem Entwöhnen des Kalbs. An Vollmond lassen Sie das Kalb zum letzten Mal trinken. Dabei ist es allerdings sehr wichtig, darauf zu achten, dass der Vollmondtag nicht in die Zeichen Jungfrau, Löwe oder Krebs fällt. Ein im Jungfrau-Vollmond entwöhntes Kalb wird später kein gutes Hérdenverhalten erlernen; bei Löwe ist die Gefahr groß, dass das Kalb viel brüllt und bei Krebs haben die Tiere Schwierigkeiten, sich auch tatsächlich vom Muttertier zu lösen. Vermeiden Sie also diese Zeichen und das Kalb wird weniger Schwierigkeiten machen und sich schnell daran gewöhnen, dass sich seine Nahrungsaufnahme nun vollends anders gestaltet.

Tipps für die Forstwirtschaft

Holz ist einer der ältesten Stoffe im täglichen Leben, den die Menschheit kennt. Holz hat nahezu unerschöpfliche Verwendungsmöglichkeiten, es dient als Baustoff für Möbel, Werkzeuge, zum Schutz, als Isolierung, gibt Wärme und Ästhetik und ist zudem extrem lange haltbar. Holz hat noch einen weiteren unschätzbaren Vorteil: Es wächst nach! Wenn man sinnvoll mit dem Bestand umgeht, ist das Holz also nie ‚alle'. Eine Zeit lang haben Metalle, Kunststoffe und Beton dem Holz den ersten Rang in der Beliebtheitsskala abgelaufen, mittlerweile geht der Trend aber wieder zum Holz. Trotz der verheerenden Folgen, die das Abholzen des tropischen Regenwaldes hat und noch haben wird, gibt es auch gegenläufige Tendenzen, die wiederum für eine vermehrte Verwendung von Holz vor allem als Baustoff sprechen. In einigen Ländern etwa wird peinlich genau darauf geachtet, dass für jeden Baum, der geschlagen und verarbeitet wird, auch wieder ein neuer Baum angepflanzt wird.

Es gibt Argumente, dass Holz auch große Nachteile habe: Etwa, dass es sich verziehen kann, nachdem es verarbeitet worden ist; dass es faulen oder Würmern zum Opfer fallen könnte. Diese Argumente können zum größten Teil widerlegt werden, denn unter Beachtung bestimmter Regeln wird das verwendete Holz nicht faulen oder sich verziehen; insgesamt wird es weniger Nachteile haben als die Verarbeitung von Plastik oder Beton. Natürlich gehören zum korrekten Verarbeiten von Holz eine Menge Kenntnisse. Wussten Sie zum Beispiel, dass Holz unterschiedliche Wuchsformen hat? Wenn man sich einen Baum anschaut, kann man am Stamm erkennen, dass die Wuchsrichtung entweder gerade nach oben verläuft, sich nach links oben oder nach rechts oben dreht. Diese Tatsache ist von großer Bedeutung, denn für einige Arbeiten kommt eine bestimmte Wuchsrichtung nicht in Frage. Genauso sollte man wissen, dass Holz auch nach dem Fällen noch ‚lebt', sich also, je nach der Sorte, der Jahreszeit und des genauen Zeitpunkts beim Fällen und Lagern, noch verändert. Mit diesen Faktoren wird bestimmt, ob das Holz später weich oder hart wird, schwer oder eher leichter wird oder besonders gut vor Fäulnis und Schädlingen geschützt ist. Wer diese Kenntnisse besitzt und mit Ruhe und Verstand ans Werk geht, wird Holz erhalten, das beste Eigenschaften aufweist, gemessen an den jeweiligen Bedürfnissen des Verbrauchers.

Unsere Vorfahren wussten um diese Faktoren. Schließlich gab es noch keine chemischen Behandlungsmöglichkeiten für das Holz; Holz war der Baustoff Nummer Eins und man hatte sich mit deinen Eigenschaften zu arrangieren. Die Forstwirte von damals, aber auch die Architekten und Schreiner verstanden es meisterhaft, auf die natürlichen Gegebenheiten einzugehen und sie für ihre Zwecke nutzbar zu machen. Davon zeugen noch heute alte Stadthäuser in den Altstädten, Bauernhäuser in Museumsdörfern und antike Möbel, die die Jahrhunderte in Wind und Wetter überstanden haben und teilweise noch heute so stabil wie damals sind. Ein weiterer Beweis sind die hölzernen Kamine, die unsere Vorfahren tatsächlich so zu bauen wussten, dass die Feuerstätten niemals mit dem Brennholz in Rauch und Feuer aufgingen. In diesem Zusammenhang versteht es sich wahrscheinlich von selbst, dass nach einer naturgemäßen Handhabung viele Maßnahmen, die sonst zur Haltbarmachung, Imprägnierung und zum Schutz vor Schädlingen ergriffen werden, entfallen. Insofern wird auch das Argument entkräftet, dass die erhöhten Kosten, die das Abwarten des richtigen Zeitpunkts und der richtigen Bedingungen verursachen, sich auf den Verbraucher auswirken würden und niemand solches Holz kaufen würde. Der Endpreis muss nicht unbedingt umso viel über dem Preis für herkömmliches Holz liegen, denn hier muss ein Aufschlag für die Behandlungen mit Holzschutzmitteln und Imprägnierungen mit einberechnet werden. Zudem sollten sich auch die Verbraucher überlegen, ob nicht ein Möbelstück, gefertigt aus naturbelassenem Holz und ohne die Verwendung von giftigen Substanzen, einen etwas höheren Preis rechtfertigt! Gerade in den reicheren westlichen Ländern finden sich schon heute zunehmend viele Menschen, die in einigen Bereichen des Lebens auch etwas mehr Geld ausgeben, wenn sie dafür keine Wohn- oder Nahrungsgifte in Kauf nehmen müssen. Natürlich gehört auch hier für die Verbraucher ein wenig Pioniergeist dazu, auf ein Möbelstück zu bestehen, bei dem die natürlichen Regeln berücksichtigt worden sind. Aber die Idee dahinter, dass sich dieses Wissen durchsetzen wird, wenn sich nur genügend Menschen dafür interessieren und dem so verarbeiteten Holz den Vorzug geben, wird es den Pionieren einfacher machen. Schließlich werden sich auch irgendwann die Preise senken, wenn nicht mehr nur alternative Kleinstbetriebe Rücksicht auf diese Faktoren nehmen können, sondern auch die größeren Manufakturen erkennen, dass genügend Nachfrage vorhanden ist!

Wenn Sie nicht zu den Forstwirten gehören, die die folgenden Ratschläge in die Tat umsetzen können, werden Sie sich die Frage stellen, wo man solche Möbel oder auch nur das Holz - vielleicht möchten Sie sich selbst ein Regal oder Ähnliches zimmern - heutzutage überhaupt bekommen kann. Sie werden sich hier auf Ihren Spürsinn und Organisationsgabe verlassen müssen. In den großen Baumärkten werden Sie vermutlich erstmal auf ein müdes Lächeln stoßen, wenn Sie fragen, ob man denn bitte erfahren könne, wann das Holz geschlagen wurde. Versuchen Sie es vielleicht lieber in kleineren Fachgeschäften; auch die Gelben Seiten können hilfreich sein. In machen Großstädten gibt es alternative Möbelgeschäfte, die Ihnen vielleicht weiterhelfen können und sei es auch nur mit einer Telefonnummer. Lassen Sie nicht locker und machen Sie sich (und überheblichen Verkäufern!) immer klar, dass Sie schließlich auch bereit sind, Geld zu bezahlen und dass Sie nur nach etwas ganz besonders Gutem suchen. Dafür müssen nicht Sie sich entschuldigen, sondern die Händler, die Ihnen die gewünschte Qualität nicht bieten können. Sie dürfen ruhig ‚anstrengend' werden. Sie sind Kunde und möchten schließlich etwas fürs Geld!

Wenn Sie aus beruflichen Gründen oder deshalb, weil es auf Ihrem Grundstück Baumbestand gibt, mit der Aufzucht, Pflege und Nutzung von Bäumen zu tun haben, werden Sie die folgenden Tipps wahrscheinlich interessieren. Wenn Sie Zeit und Möglichkeit haben, probieren Sie einige der Hinweise aus; vielleicht können Sie ein paar Bäume zu Testbäumen erwählen, an denen Sie die neuen Regeln ausprobieren; die Übrigen behandeln Sie so, wie Sie es gewohnt sind. Lassen Sie sich auch auf ein längeres Experiment ein. Vielleicht werden die Ergebnisse Sie zum Umdenken überzeugen.

Der erste Hinweis ist im Abschnitt über allgemeine Pflanzenpflege schon einmal zur Sprache gekommen: Bei kranken Bäumen tut es meistens Wunder, wenn man bei abnehmendem Mond, am besten im 4. Viertel oder aber am Neumondtag selbst die Spitze eines Baumes abschneidet. Bei Laubbäumen bezieht sich das auf mehrere kräftige Astspitzen aus der Krone. Bei Nadelbäumen schneiden Sie die Spitze dort ab, wo sich ein kräftiger, aufwärts wachsender Seitenzweig in der unmittelbaren Nähe befindet, der dann zur neuen Spitze werden kann. Diese Regel gilt für alle Bäume, die kümmerlich sind oder aus unerfindlichen Gründen nicht mehr wachsen. Bei offensichtlichen Krankheiten sollte natürlich zusätzlich die Ursache (etwa Schädlingsbefall) behandelt werden! Achtung: Die Regel funktioniert auch andersherum. Schneidet man einem Baum die Spitze bei zunehmendem Mond, insbesondere bei Vollmond ab, bedeutet das seinen nahezu sicheren Tod. Er fault von der Spitze her und stirbt schließlich ab! Im Folgenden werden Sie einige Regeln lesen, die nichts mit dem Mondrhythmus zu tun haben und logisch auch völlig unerklärbar sind. Wiederum gilt hier, keine Fragen nach dem Warum zu stellen, sondern sich auf die jahrelangen Erfahrungen zu stützen, die bestätigen, dass die Regeln durchaus ihren Sinn haben. Wagen Sie jeweils einen Versuch und bewerten Sie das Ergebnis selbst! Bei Hinweisen, in denen eine genaue Uhrzeit angegeben ist, bedenken Sie, dass wir mittlerweile im Sommer die Uhren vorstellen. Einige Angaben verschieben sich also auf Grund der Sommerzeit, die es früher noch nicht gab, um eine Stunde nach vorne!

Das Fällen der Bäume

Grundsätzlich eignet sich der Winter am besten zum Baumfällen. Die Lebenssäfte der Bäume sind abgestiegen, was bewirkt, dass das Holz nach dem Schlagen nicht so viel ‚arbeitet'. Es gibt aber noch ein Menge anderer Zeitpunkte, die für das Baumfällen von großer Bedeutung sind, weil das Holz, das an diesen Terminen geschlagen wird, besondere Eigenschaften aufweist. Viele Fachbegriffe müssen erläutert werden, was im Folgenden geschehen soll; zusätzlich noch einige andere Hinweise, die für ein qualitativ hochwertiges, den Anforderungen gerecht werdenden Holzes wichtig sind.

Holz für Werkzeug und Möbel

Aus diesem Holz werden Arbeitsgerät und Werkzeuge, also vor allem Stiele und Griffe aller Art, hergestellt. Dieses Holz ist hart, aber leicht, damit die Werkzeuge die optima-

len Eigenschaften bekommen. Daneben gibt es ‚Machlholz', Holz also, aus dem Tische, Schränke und Bänke ‚gemacht' wurden. Um diese Eigenschaften zu erzielen, sollte das Holz am Neumondtag und im Skorpion geschlagen werden. Da in dieser Zeit allerdings erhöhte Gefahr von Schädlingsbefall besteht (vor allem vom gefürchteten Borkenkäfer), sollte man das Holz sofort aus der Rinde schälen, um den Käfern das Holz weniger schmackhaft zu machen.
Wenn Sie an diesem doch relativ eng eingegrenzten Termin keine Zeit haben, bietet sich als Alternative der 26. Februar an, allerdings nur dann, wenn der Mond an diesem Tag abnimmt (trifft nicht in jedem Jahr zu!). Besonders geeignet ist diese Alternative, wenn zusätzlich der Mond im Zeichen Krebs steht.

Hartes Holz, das nicht fault
Für hölzerne Gegenstände, die viel mit Wasser in Berührung kommen (also meistens für Teile des Hauses, die Wind und Regen ausgesetzt sind, Bauten an Flussufern oder Bootsstege; aber auch für Eimer, Badezimmerböden.), ist ein besonders hartes, nicht faulendes Holz erforderlich. Man gewinnt es, wenn man am 30. Und 31. März im Zeichen Fische und bei abnehmendem Mond Holz schlägt. Nun kommt auch diese Konstellation nicht in jedem Jahr vor, also muss man diese Arbeit und die Verwendung des Holzes gut im Voraus planen. Es gibt aber auch noch einige nahezu gleichwertige Alternativen. Dazu zählen der Neujahrstag, der 7., der 25. und der 31. Januar sowie der 1. und 2. Februar. Das an diesen Tagen gefällte Holz fault nicht und ist außerdem besonders resistent gegen Wurmbefall. Das zwischen dem 31. Januar und dem 2. Februar sowie das an Neujahr geschlagene Holz entwickelt außerdem mit fortschreitendem Alter eine sehr große Härte. Man kann sich vorstellen, dass solches Holz in den vergangenen Jahrhunderten verwendet worden sein muss, um die Befestigungen für Venedig, die gänzlich im Wasser liegen, anzulegen. Heutzutage werden Einfamilienhäuser, die auf etwas feuchteren Wiesen entstehen, auf Betonfundamente gestellt, die nach ein paar Jahren rissig werden. Die Kellerräume werden teilweise nie trocken, oder ganze Wände rutschen ab und es entstehen große Risse. Würde hier statt Beton ein angemessen hartes, nicht faulendes Holz verwendet, ergäben sich hier vermutlich erst wesentlich später Probleme - wenn überhaupt. Für Bootsstege und ähnliche Pfahlbauten, die unter Wasser angelegt werden, gibt es außerdem noch weitere Alternativtage: Warme Sommertage im zunehmenden Mond. Das an solchen Tagen geschlagene Holz sollte allerdings möglichst rasch verbaut werden.

Schwer entflammbares Holz
Durch das Einhalten entsprechender Regeln kann Holz gewonnen werden, das quasi nicht brennbar ist. Warum das so ist, kann nicht völlig geklärt werden, doch gab es früher in alten Häusern ganze Kamine, die aus Holz gebaut worden und die täglich dem Feuer und der Glut ausgesetzt waren. Trotzdem brannte nur das Brennholz, nicht aber der Kamin selbst. Diese Tatsache bestätigt, dass es offenbar auch in Sachen Brennbarkeit ganz unterschiedliche Qualitäten gibt, denn Imprägnierungen, die ein Brennen hätten verhindern können, gab es damals noch nicht. Für Geräte, die am oder im Kamin oder am Herd benutzt werden sollen, ist so ein Holz sehr wichtig. Und gerade dann, wenn Sie

eine Hütte oder Ihr Wohnhaus aus Holz selbst bauen wollen und die Möglichkeit haben, den Zeitpunkt des Holzschlagens zu bestimmen, wählen Sie folgenden Zeitpunkt: den 1. März. Das Holz, das an diesem Tag gefällt wird, am besten nach Sonnenuntergang, ist extrem resistent gegen Feuer - egal, in welchem Zeichen der Mond an diesem Tag steht! Wenn Sie sehr dringend Holz benötigen und nicht bis zum 1. März warten können, wählen Sie einen Neumondtag, an dem der Mond im Zeichen Waage steht. Auch diese Konstellation kommt meist nur ein- oder zweimal im Jahr vor, hat aber den Vorteil, dass man das jetzt geschlagene Holz kaum trocknen muss und es noch grün verarbeiten kann. Zwei weitere, nahezu gleich gut geeignete Alternativen, sind der letzte Tag vor dem Neumond im Dezember sowie die letzten zwei Tage vor dem Neumond im März.

Brennholz

Den genau gegenteiligen Effekt, nämlich gute Brennbarkeit, kann man erzielen, wenn man im Oktober im 1. Viertel des zunehmenden Mondes (mit anderen Worten: während der ersten Woche nach dem Neumond im Oktober) einen Baum fällt. Sägen Sie den Wipfel des gefällten Baumes nicht sofort ab; wenn Sie im Gebirge leben, lassen Sie den Baum noch einige Zeit mit dem Wipfel Richtung Tal liegen. Das bewirkt, dass der Saft aus den unteren Partien des Baumes herausziehen kann, was für sich schon zu gutem Brennholz beiträgt.

Schwundfreies Holz

In den meisten Bereichen ist es ärgerlich, wenn Holz schrumpft. Holz kann insgesamt an Volumen verlieren oder auch in der Breite, Höhe oder Länge eingehen. Besonders bei Bauvorhaben, in denen Holz in Form von Rahmen oder Einfassungen fest eingepasst wird, ist es notwendig, sich um schwundfreies Holz zu bemühen. Wenn man selbst Bäume fällt und ein Holz benötigt, dass nicht ‚einläuft', sollte man am besten am St. Thomastag, also dem 21. Dezember, zwischen 11 und 12 Uhr zum Fällen in den Forst ziehen. Da dieser Termin ja nun wahrlich eng gesteckt ist, gibt es aber noch eine Reihe von Ausweichmöglichkeiten. Während des Winters kann man schwundfreies Holz nur noch an Tagen des abnehmenden Mondes schlagen. Ansonsten eignen sich im Februar die Abende (nach Sonnenuntergang), wenn der Mond abnimmt. Dieses Holz wird zudem mit der Zeit extrem hart. Weiterhin eignet sich der 27. September sowie jeden Monat die drei Tage, die auf den Neumond folgen, ebenso wie die Frauentage (also neben anderen der 15. August und der 8. September, wenn an diesen Tagen der Mond im Zeichen Krebs steht). Eine weitere Alternative ist der Neumondtag im Zeichen Waage. Das jetzt geschlagene Holz kann außerdem sofort weiterverarbeitet werden.

Bau- und Bretterholz

Für Holz, das in Form von Brettern weiterverarbeitet werden soll, sollte man zum Schlagen einen Termin im zunehmenden Mond im Zeichen Fische wählen. Das Holz ist dann besser geschützt vor Schädlingsbefall. Allerdings kommt das Zeichen Fische im zunehmenden Mond nur zwischen September und März vor, man sollte diesbezüglich also gut im Voraus planen!

Holz für Boote und Brücken

Holzsorten, die oft Wasser und Regen ausgesetzt sind, sind leicht rutschig, vor allem wenn es nass ist. Das fällt häufig bei Bootsplanken, Flößen oder hölzernen Brücken auf, wo nicht nur der Untergrund, sondern auch Geländer, Bänke oder Ruderriemen äußerst rutschig werden können. Das kann nervenaufreibend und anstrengend sein, mitunter sogar richtig gefährlich. Führen solche Holzbrücken beispielsweise über Gebirgsbäche in schwer zugänglichen Alpenregionen, muss oftmals die Bergwacht ausrücken, um einen gestürzten Wanderer mit gebrochenem Fuß zu bergen. Diese Gefahr könnte man verringern, indem man für den Bau solcher Brücken (ebenso wie Boote, Kähne, Flöße und dergleichen) auf die Verwendung von rutschfestem Holz Acht gibt. Solches Holz erhält man dann, wenn man bei abnehmendem Mond in einem Wasserzeichen, am besten Fisch oder Krebs, Holz schlägt. Das Zeichen Skorpion ist für diesen Zweck nicht so gut geeignet, weil das Holz sehr leicht wird und eher von Schädlingen befallen werden kann. Das an Fische und Krebs gewonnene Holz dagegen ist äußerst trittfest und verfault zudem nicht so schnell, eine weitere Eigenschaft, die bei der Verwendung von Booten und Brücken von großem Vorteil ist. Auch Schädlinge werden dieses Holz lieber meiden. Ein weiterer Verwendungszweck für solches Holz, der früher in jedem Haushalt vorkommende Waschtisch, kommt langsam wieder in Mode. In vielen modernen Badezimmern ist das Waschbecken wieder von einem Holzrahmen eingefasst, bei dem es sich anbieten würde, ein wenig rutschiges und nicht faulendes Holz zu verwenden! Gleiches gilt für die in Küche und Bad verwendeten kleinen Regale, Abtropfgitter und Seifenschalen aus Holz.

Holz für Werkzeug und Dielen

Gebrauchsgegenstände für die Küche wie Kochlöffel, Nudelholz und Frühstücksbrettchen sollen mehrere Eigenschaften haben: Sie sollen gut in der Hand liegen, nicht so schnell zerbrechen und außerdem leicht sein. Diese Eigenschaften kann man durch ein Fällen an einem Tag im August, wenn der Mond im Skorpion und kurz vor Vollmond steht, erzielen. Braucht man ein Holz mit ähnlichen Eigenschaften, das jedoch schwerer ist - etwa für Dielenböden oder stark beanspruchtes Parkett - sollte man am ersten Tag nach Vollmond fällen, wenn dieser Tag im Zeichen Stier steht. (Achtung: Diese Konstellation kommt nicht jedes Jahr vor; auch hier sollte man sorgfältig im Voraus planen. - Allerdings braucht man ja auch nicht ständig neue Dielen!)

Rissfestes Holz

Insbesondere für Möbel und Schnitzarbeiten braucht man ein Holz, dass möglichst wenig ‚arbeitet'. Es kann extrem ärgerlich sein, wenn man mit viel Mühe und Liebe ein richtiges Kunstwerk von einem Möbelstück geschaffen hat, nur um kurze Zeit später festzustellen, dass sich erste Risse an Belastungsstellen zeigen. Es ist also von Vorteil, das richtige Holz auszuwählen. Es sollte am besten innerhalb weniger Tage vor einem Novemberneumond geschlagen werden. Als Alternativen bieten sich der 25. März, der 29. Juni und der 31. Dezember an, jedoch sollte man bei den gefällten Bäumen darauf achten, nicht sofort die Spitze abzusägen, damit der Saft vollständig herausziehen kann. In gebirgigen Gegenden erreicht man das am besten, indem man den Baum einige Tage mit dem Wipfel talabwärts liegen lässt. Am 24. Juni zwischen 11 und 12 Uhr geschlagenes Holz (Achtung: in der Sommerzeit also zwischen 12 und 1 Uhr mittags!) hat ähnliche Eigenschaften, doch kann es unverzüglich weiterverarbeitet werden. Das ist insofern praktisch, als man Ende Juni mit dem Hausbau soweit gediehen sein kann, dass man dieses reißfeste Holz sofort im Dachstuhl verbauen kann.

Weihnachtsbäume

Die meisten Menschen kaufen ihre Weihnachtsbäume kurz vor Weihnachten auf dem Markplatz oder in der Gärtnerei. Man kennt das Schicksal der meisten ‚Tannenbäume': Sie beginnen schon vor Heiligabend zu nadeln, noch im alten Jahr werden sie auf die Straße gestellt, um langsam den Kampf gegen die kleinen grünen Nadeln im Wohnzimmerteppich aufzunehmen. Der Hinweis auf den richtigen Zeitpunkt zum Fällen eines Weihnachtsbaumes soll natürlich niemanden dazu veranlassen, in den nächstgelegenen Staatsforst zu fahren und in einer Nacht-und-Nebel-Aktion einen Baum zu ‚erwildern'. Manche Förster und Baumschulen bieten aber die Möglichkeit, für eine Pauschale den Baum der Wahl selbst zu fällen. Meistens ist das vor allem für Familien mit kleinen Kindern ein großer Spaß, wenn Papa oder Mama fluchend mit der Säge hantieren. Wenn Sie also einmal die Gelegenheit haben sollten, Ihren Baum selbst zu schlagen, können Sie folgende Regeln ausprobieren: Tannen und Fichten, die innerhalb der drei Tage vor dem elften Vollmond des Jahres gefällt werden, nadeln nicht so leicht! Der elfte Vollmond eines Jahres ist manchmal noch im November, sonst im Dezember. Das bedeutet, dass Sie Ihren Baum vermutlich schon in der ganzen Adventszeit haben. Sie müssen ihn natürlich noch nicht aufstellen; gerade Fichten sollten bis kurz vor Weihnachten kühl gelagert werden (auf Terrasse, Balkon oder in der Garage). Tannen halten in der Regel länger als Fichten. Es gibt Menschen, die ihre Weihnachtsbäume sogar bis zum nächsten Jahr aufbewahren, weil sie weder die Nadeln, noch an Farbe oder Duft verloren haben!

Natürlich gelten die gleichen Regeln auch für die Tannenzweige im Adventskranz oder im Gesteck. Hier ist es ohnehin die Regel, den Kranz schon Ende November oder Anfang Dezember anzuschaffen. Übrigens, falls Sie nicht selbst mit der Säge in den Wald ziehen: Sie können ja den Händler vorsichtig fragen, wann denn der Baum geschlagen worden sei. Vielleicht wird er Ihnen augenzwinkernd eine Mondurkunde ausstellen.

Der Einfluss des Mondstandes auf den Menschen

Wir haben gesehen, wie der Stand des Mondes unseren Alltag beeinflusst, indem er auf uns umgebende Dinge und Sachverhalte einen Einfluss hat. Es wurden bestimmte Handlungen gezeigt, die zu unterschiedlichen Zeitpunkten unterschiedlich verlaufen können, wie etwa alltägliche Dinge wie die Reinigung des Hauses oder die Körperpflege; wir haben viele Beispiele gesehen, wie die Natur unterschiedlich reagieren kann - je nach dem Stand des Mondes. Unter Einbezugnahme weiterer Faktoren, die nicht unbedingt mit dem Rhythmus des Mondes im Zusammenhang stehen, können wir diese Impulse kennen lernen und bei ihrer Beachtung und mit dem angemessenen Respekt zu einem größeren Einklang mit der Natur kommen, der uns die Arbeit etwa im Garten sehr erleichtert. Im Abschnitt über die Gesundheit haben wir erfahren, dass der Mondstand nicht nur auf die Natur mit Pflanzen und Tieren einen Einfluss hat, sondern auch auf den menschlichen Körper. Wer die Rhythmen der Natur völlig missachtet, wird sich keiner guten Gesundheit erfreuen. Mit Hilfe des Mondes können wir lernen, die natürlichen Signale des Körpers wahrzunehmen, Warnsignale zu hören und entsprechend darauf zu reagieren. Wie wir gesehen haben, gehört zu einer Heilung nicht nur das sich Anvertrauen in einen Arzt, sondern auch der eigene Wille, gesund zu werden und dem Körper (auch auf lange Sicht) Gutes zu tun. Da erscheint es nur allzu logisch, dass der Mondrhythmus noch einen sehr viel weit reichenderen Einfluss auf uns Menschen hat. Die Wirkung bezieht sich nicht allein auf die Gesundheit eines Menschen. Auch zum Zeitpunkt unserer Geburt steht der Mond in bestimmten Konstellationen, die einen Einfluss auf uns haben. Man mache sich klar: Der Mondstand kann so immense Veränderungen bewirken wie ein Verschieben von ganzen Wassermassen im Wechsel zwischen Ebbe und Flut! Dann erscheint es nur logisch, dass ein Mensch, der etwa in einem Feuerzeichen geboren ist, sein Leben unter ganz anderen Bedingungen beginnt als ein anderer, der vielleicht zu einem Zeitpunkt das Licht der Welt erblickt hat, als der Mond gerade in einem Wasserzeichen stand. Natürlich spielen noch zahlreiche andere Komponenten mit in die Entwicklung eines Menschen hinein, von den ‚anerzogenen', also durch Sozialisierung entstandenen Verhaltensmustern einmal ganz abzusehen. Diese anderen Komponenten darf man nie außer Acht lassen, doch kommt auch dem jeweils zum Zeitpunkt der Geburt herrschenden Zeichen eine bestimmte Bedeutung zu. Vermutlich kann man die Stärke der Beeinflussung des Einzelnen durch diese Impulse auch nicht verallgemeinern, denn auch hier spielt das Bewusstsein eine große Rolle. Man muss nicht bewusst sein Inneres verleugnen, um sich in den angeblich gültigen Charakterzügen nicht völlig wieder zu erkennen. Und doch: Vielleicht haben diejenigen Menschen, die ihren Charakter für ausnahmslos durch äußere Gegebenheiten beeinflusst halten, sich noch nie wirklich mit ihrem Inneren und den naturgegebenen Einflüssen beschäftigt.

Ganz speziell um diese Beschäftigung mit dem eigenen Selbst soll es in diesem zweiten Teil gehen. Keine Angst, Sie werden keiner Gehirnwäsche unterzogen. Die Auseinandersetzung, die viele Menschen schon lange hinter sich haben (oder auch permanent betreiben), muss nicht mit dem Umweg über die Mondimpulse zum Zeitpunkt der Geburt stattfinden. Sie können auch ganz anders vorgehen: Eine Wahrsagerin befragen, eine Psychoanalyse machen oder im Kloster meditieren. Auch wenn Sie jetzt lachen oder entsetzt sind: Das ist ganz ernst gemeint! Nahezu jede Möglichkeit, die man nutzen möchte, um sich selbst und die eigenen Bedürfnisse besser kennen zu lernen, ist legitim. Sie folgt dem Zweck, sich selbst ehrlich gegenüber zu sein und sich ohne Beeinflussung darüber klar zu werden, was man will und wer man ist. Bei Problemen mit sich selbst oder Konflikten mit anderen soll die Möglichkeit der Wahl behilflich sein, den Gründen für die Problematik auf die Spur zu kommen und vorab zu klären, inwieweit eine Problematik ‚hausgemacht' ist, also durch das eigene Verhalten oder durch das Agieren von anderen verursacht ist. (Meist ist es eine Kombination aus beidem.) Diese Prozesse können hart sein, weil sie manchmal tief verborgene Ängste, Wünsche oder Aggressionen zu Tage befördern; vielleicht wissen Sie sich aber auch schon längst genau einzuordnen und ‚kennen' sich sozusagen schon sehr gut. Dieses Buch, insbesondere dieser zweite Teil, will jedenfalls eine Möglichkeit aufzeigen, mit der man dem Kern der Sache auf den Grund gehen kann. Wenn Sie das - aus welchen Gründen auch immer - ablehnen, lesen Sie sich die folgenden Kapitel zur Belustigung durch. Das ist auch in Ordnung, dann haben Sie sich zumindest gut amüsiert und das ist ja schon viel wert! Wenn Sie aber glauben, das die Auseinandersetzung Ihnen etwas bringen könnte, werden Sie vielleicht etwas über sich und andere lernen. Und seien Sie unbesorgt: Sie werden nicht gleich Ihr Unterstes zu oberst kehren müssen! Den meisten Menschen macht es sogar richtig Spaß, die eigenen Wesenszüge mit dem Beschriebenen zu vergleichen, vielleicht ist das ja auch bei Ihnen der Fall. Setzen Sie sich nicht unter Druck, sich unbedingt sofort erkennen zu müssen! Sie sind kein schlechterer Mensch, wenn das nicht der Fall ist. Vielleicht müssen Sie sich auch erst einmal langsam an die Sichtweise gewöhnen, mit der hier Charakter und Grundhaltung betrachtet werden. Gehen Sie die Lektüre unverkrampft an und sie wird Ihnen mit großer Wahrscheinlichkeit Spaß machen.

Sonnenzeichen und Mondzeichen

Das eigene Sonnenzeichen kennen die meisten Menschen sehr genau: Es ist das, was im täglichen Sprachgebrauch als ‚Sternzeichen' bezeichnet wird. Es wird ermittelt, indem man den Stand der Sonne zum Zeitpunkt der Geburt ermittelt. In Zeitungen und Zeitschriften wird täglich, wöchentlich, für die Dauer eines Monats oder auch eines Jahres versucht, eine Vorhersage der Ereignisse zu treffen. Die Rubriken nennen sich Horoskope und sind in der Regel recht ungenau, da sie sich eben nur auf das Sonnenzeichen, manchmal noch auf die ‚Dekade', das erste, zweite oder dritte Drittel innerhalb eines Sternzeichens, beziehen. Das Mondzeichen kennen dagegen nicht so viele Menschen. Es kennzeichnet den Stand des Mondes zum Zeitpunkt der Geburt eines Menschen. Mit Hilfe der Tabellen in diesem Buch können Sie Ihr Mondzeichen ermitteln, wenn Sie es noch nicht wissen. Alles, was Sie wissen müssen, ist Ihr Geburtstagsdatum und die Uhrzeit, wann Sie geboren wurden. Wenn Sie das Mondzeichen wissen, können Sie sich ‚Ihre' Beschreibung schon einmal durchlesen. Passen die Beschreibungen auf Sie? Genauer noch werden die Angaben, wenn Sie Ihr Mondzeichen mit dem Sonnenzeichen in Verbindung setzen.

Jahr	Jan	Feb	Mrz	Apr	Mai	Jun	Jul	Aug	Sep	Okt	Nov	Dez
1920	38	91	115	167	202	248	281	326	14	50	104	153
1921	194	241	249	294	325	10	44	94	148	186	237	271
1922	317	1	10	55	91	153	182	234	284	318	3	35
1923	80	128	138	188	227	280	316	1	46	78	123	159
1924	210	263	288	339	13	59	91	137	185	222	270	314
1925	4	51	59	103	129	179	214	265	319	357	48	81
1926	126	172	180	226	262	315	354	46	95	128	172	204
1927	250	299	306	359	38	90	126	172	216	248	294	330
1928	22	76	100	150	184	229	261	307	356	34	87	125
1929	175	221	229	273	304	350	25	76	130	168	218	252
1930	296	341	350	37	74	127	166	218	265	298	342	14
1931	59	109	117	170	208	261	295	341	26	58	105	142
1932	194	248	272	321	355	38	71	117	167	205	258	296
1933	345	31	38	82	114	160	196	248	302	340	29	63
1934	107	152	161	208	245	299	337	29	76	108	152	184
1935	230	280	288	341	20	72	106	151	196	229	277	314
1936	7	60	84	132	165	209	241	287	237	15	69	106
1937	155	200	208	252	285	331	8	60	114	151	200	233
1938	277	322	331	19	56	110	148	199	246	278	321	253
1939	40	90	99	153	191	242	276	322	6	39	88	126
1940	180	232	255	302	335	19	51	97	148	188	240	277
1941	325	10	18	61	95	142	180	232	286	223	10	43
1942	87	133	141	190	227	281	319	9	55	88	131	163
1943	211	262	272	325	3	53	87	132	176	210	260	298
1944	351	43	65	112	145	188	221	268	318	357	50	87
1945	135	180	188	232	266	314	352	45	97	134	181	214
1946	258	303	311	1	38	91	130	156	225	257	301	334
1947	22	73	84	136	175	224	258	302	347	22	71	116
1948	163	215	236	282	314	358	30	77	129	168	221	257
1949	305	350	358	45	76	126	164	216	269	305	351	24
1950	67	114	121	171	209	263	300	350	35	67	111	144
1951	193	245	256	309	347	35	68	112	157	192	243	281
1952	335	25	46	92	124	167	200	248	300	339	31	68
1953	115	159	168	213	247	297	336	30	81	116	161	193
1954	237	283	291	241	29	73	111	160	205	237	281	315
1955	5	58	69	121	158	205	238	282	328	357	54	92
1956	145	196	214	262	293	337	11	60	112	151	203	239
1957	285	330	339	24	58	109	148	201	252	287	331	3
1958	47	93	101	142	190	244	281	330	15	47	92	126
1959	157	230	241	293	330	16	48	92	126	173	225	263
1960	316	6	26	71	103	147	181	231	284	323	14	50
1961	95	140	149	194	229	280	319	13	32	97	141	172
1962	216	264	272	323	2	55	92	140	184	217	263	298
1963	349	43	53	105	140	186	218	262	308	343	36	74
1964	126	176	196	241	273	317	353	43	96	135	186	221
1965	246	310	319	5	40	92	130	184	233	26~	311	342
1966	27	74	83	135	174	227	263	310	355	28	74	110
1967	161	185	225	276	311	356	28	72	118	157	208	245
1968	297	346	6	51	83	129	164	215	268	307	357	31
1969	76	121	129	175	210	263	302	354	43	76	120	152
1970	197	245	255	307	347	38	74	121	165	198	245	281
1971	334	27	36	87	121	156	197	241	288	324	17	56
1972	107	156	176	221	254	300	335	27	81	119	168	202
1973	246	290	298	345	21	74	114	165	213	246	290	322
1974	7	57	66	120	158	210	245	291	325	8	55	92
1975	145	199	207	257	290	335	7	52	98	137	188	227
1976	278	326	347	32	63	110	147	200	253	291	339	12
1977	56	100	118	155	191	245	283	335	23	56	100	132
1978	178	227	238	292	331	22	56	101	145	178	226	263
1979	317	9	18	67	100	145	176	221	269	307	1	38
1980	23	136	157	201	234	282	319	11	65	102	150	182
1981	226	270	278	325	2	55	94	145	193	226	270	303
1982	349	40	51	104	142	192	226	271	315	348	37	74
1983	127	181	188	237	270	314	346	31	80	118	171	210
1984	260	306	327	12	45	93	130	184	236	273	320	353

Tabelle 2:
Mond-Zahl 2

Tag	Zahl
1.	0
2.	13
3.	26
4.	40
5.	53
6.	67
7.	80
8.	94
9.	107
10.	121
11.	134
12.	148
13.	161
14.	175
15.	188
16.	209
17.	222
18.	236
19.	249
20.	263
21.	268
22.	282
23.	295
24.	309
25.	322
26.	336
27.	349
28.	3
29.	16
30.	30
31.	43

Tabelle 3
Korrektur nach Geburtszeit:

Geburtszeit	Korrektur in Stunden
0-6 h	- 6 h
6-12 h	- 3 h
12-18h	+ 3 h
18-24 h	+ 6 h

Tabelle 4
Errechnete Mondzahl Mondzeichen

6-24	Widder
25-34	Widder/Stier
35-54	Stier
55-64	Stier/Zwillinge
65-84	Zwillinge
85-94	Zwillinge/Krebs
95-114	Krebs
115-124	Krebs/Löwe
125-144	Löwe
145-154	Löwe/Jungfrau
155-174	Jungfrau
175-184	Jungfrau/Waage
185-204	Waage
205-214	Waage/Skorpion
215-234	Skorpion
235-244	Skorpion/Schütze
245-264	Schütze
265-274	Schütze/Steinbock
275-294	Steinbock
295-304	Steinbock/Wassermann
305-324	Wassermann
325-334	Wassermann/Fische
335-354	Fische
355-5	Fische/Widder

Wie gehen Sie nun genau vor?

Aus der **Tabelle 1** ermitteln Sie Ihre **Mondzahl 1**. Sie beinhaltet Ihr Geburtsjahr sowie den Monat, in dem Sie zur Welt kamen.
Ihre **Mondzahl 2** stellen Sie mit Hilfe von **Tabelle 2** fest - hinzu kommt dabei der genaue Tag Ihrer Geburt.
Mondzahl 1 und **Mondzahl 2** addieren Sie. Wenn die Summe höher als 360 ist, ziehen Sie 360 ab. Damit haben Sie Ihre persönliche Mondzahl ausgerechnet!
Aus **Tabelle 3** können Sie noch einen Wert einbeziehen, der sich aus der Uhrzeit Ihrer Geburt ergibt (Sommerzeit nicht mit einberechnen!).
In **Tabelle 4** können Sie nun anhand des Endergebnisses ablesen, was Ihr Mondzeichen ist. Wenn zwei Zeichen angegeben sind, waren zwei Impulse in etwa gleich stark. Lesen Sie dann die Angaben für beide Zeichen; auf Sie treffen beide Impulse gleich stark zu!

Die Person in unserem Beispiel ist am 4. November 1968 um 16 Uhr geboren.

Die Mondzahl 1:	357
Die Mondzahl 2:	40
Summe aus 1 und 2:	397
360 abziehen:	37
Einbeziehung der Zeit	(3 addieren)
	40

Mit dem Endergebnis 40 ergibt sich aus der Tabelle 4, dass die Person im Beispiel als Mondzeichen Stier hat.

Auf den folgenden Seiten werden wir der Reihe nach die einzelnen Mondzeichen durchgehen und neben einem kurzen ‚Steckbrief' auch einen etwas ausführlicheren Charakterisierungsversuch wagen. Natürlich können keine zwei Menschen, auch nicht solche, die zur gleichen Zeit am gleichen Ort geboren werden, haargenau den gleichen Charakter haben. Dementsprechend wird eine Einteilung in Schubladen, wie sie hier zwangsläufig vorgenommen wird, immer ein wenig ungenau bleiben. Vielleicht erkennen Sie sich oder einen Menschen, der Ihnen nahe steht, aber trotzdem immerhin in Ansätzen wieder!

Die Mondzeichen

Mondzeichen Widder

Stärken: Tatendrang, Entschlossenheit
Schwächen: Unüberlegtheit, Eigenwilligkeit
Element: Feuer
Prinzip: Ungeduld, Aufbruch
Körperteil: Kopf
Farbe: rot
Pol: männlich
Planet: Mars

Allgemein wird das Gefühlsleben aufgewirbelt, wenn der Mond im Widder steht. Menschen, die unter dem Mondzeichen Widder geboren sind, suchen und lieben die Herausforderung. Sie brauchen Situationen, in denen es auch einmal riskant und abenteuerlich wird. Unbewusst manövrieren sie sich immer wieder in Unternehmungen, die wenig Aussicht auf Erfolg haben, dafür umso mehr Abenteuer versprechen. Mondtyp Widder-Menschen sind meistens durch ihren Charme und eine manchmal fast niedlich anmutende Mischung aus Naivität und Selbstvertrauen bei ihren Mitmenschen sehr beliebt. Sie haben einen erfrischenden Geist, sind allem und jedem positiv gegenüber eingestellt, herzlich und hervorragend geeignet, um anderen Menschen Mut und Trost zuzusprechen. Widder-Geborene verabscheuen Unaufrichtigkeit; mit Partnern und Freunden werden sie kein falsches Spiel treiben. Sie sprudeln über vor Tatendrang, haben ein Million Ideen im Kopf und nutzen die Gelegenheiten, wo sie sich ihnen bieten. Das kann zu unüberlegten Handlungen führen, die nur aus dem Bauch heraus in kurzer Zeit beschlossen wurden und ein wenig konzeptlos durchgeführt werden. Gelegentliche Misserfolge sind vorprogrammiert, was aber diese Menschen meist nur kurze Zeit stört. Fallen sie auf die Nase, stehen sie sofort wieder auf. Mit nicht klein zu kriegen dem Optimismus stürzen sie sich auf das nächste Projekt, ohne sich Sorgen um den Erfolg zu machen. Mit den Hörnern vorweg wollen Widder-Mond-Typen mit dem Kopf durch die Wand; sie sind dynamisch, unternehmungslustig und temperamentvoll, aber auch selbstsicher und eigenständig.

Im Mondzeichen Widder geborene Männer verlieben sich oft in einen bestimmten resoluten, eigenständigen Typ Frau, der es mit den Widder-Hörnern aufnehmen kann. Weibliche Widder-Mond-Typen finden sich oft in Führungspositionen wieder, sind selbstbewusst, energisch und jagen manchen Männern Angst ein.

Die immer zu Grunde liegende Haltung ist die Ungeduld, nichts kann den Widder-Mond-Typen schnell genug gehen. Alles muss sofort ausprobiert werden, Stillstand gibt es nicht. Langeweile ist tabu. Pläne und Sehnsüchte sind genügend vorhanden, der betreffende Mensch wartet ungeduldig auf die Gelegenheit, endlich zum Handeln zu kommen. Wenn

Ihr Mondzeichen Widder ist, sollten Sie versuchen, sich den beschriebenen Impulsen nicht zu widersetzen, sondern sie zur Kenntnis zu nehmen und in Konflikten entsprechend zu handeln. Sie besitzen sehr viele Ideen und Kraft, die hinaus will; Sie fühlen sich dann am besten, wenn Sie diesen Impulsen auch nachkommen können. Falls Sie sich unruhig fühlen, unter Konzentrations- oder Schlafstörungen leiden oder Probleme mit den Augen haben, könnte es sein, dass Sie sich unbewusst eingeengt fühlen und Ihre Aktivität nicht ausleben können. Versuchen Sie herauszufinden, wie viel Tatkraft Sie wirklich haben und überprüfen Sie sie mit Ihren alltäglichen Möglichkeiten. Vielleicht geht es Ihnen besser, wenn Sie mehr Einsatzmöglichkeiten haben, in denen von Ihnen spontanes Handeln oder sogar Mut gefordert werden! Sie könnten versuchen, vor Entscheidungen noch einmal bewusst nachzudenken. Vielleicht möchten Sie Fehlschläge doch vermeiden; Sie haben gute Chancen, wenn Sie den Grund für ihr manchmal vorschnelles Handeln kennen.

Mondzeichen Stier

Stärken: Geduld, Konsequenz
Schwächen: Sturheit, Kleinlichkeit
Element: Erde
Prinzip: Sicherheit, Geborgenheit
Farbe: Grün, Erdfarben
Pol: weiblich
Planet: Venus

Steht der Mond im Zeichen Stier, ist die emotionale Situation im Allgemeinen ausgeglichen und friedlich. Menschen, die unter diesem Zeichen geboren wurden, suchen in ihrer Grundtendenz nach Ruhe, Sicherheit und Geborgenheit. Auch materielle Sicherheit ist ihnen wichtig. Sie wissen aber auch um die Notwendigkeit, ihren Mitmenschen ein ähnliches Maß an Ruhe und Sicherheit zu geben, anstatt nur zu nehmen. So haben Sie großes Verständnis für andere, denen diese Qualitäten abhanden gekommen sind, denn sie kennen ihr eigenes starkes Bedürfnis danach. Das macht viele Menschen, die unter dem Mondzeichen Stier geboren sind, sehr großzügig und fürsorglich. All das kann sich manchmal in Besitzansprüchen äußern, die sich nicht nur auf materielle Dinge, sondern auch auf Menschen beziehen. Die Stier-Mond-Menschen verabscheuen Unpünktlichkeit und Unzuverlässigkeit.

Neben ihrem Streben nach Beständigkeit und Ausgeglichenheit sind die Stier-Mond-Typen aber auch äußerst gastfreundlich und gesellig. Nicht nur materielle, sondern auch emotionale Geschenke werden gern und häufig gemacht. Für Freunde und Familie (um die sich der Stier-Mond-Typ hingebungsvoll kümmert) soll leiblich wie psychisch gesorgt sein; manchmal sind die Stier-Mond-Menschen zuhause am glücklichsten, wo sie schalten und walten, Angehörige bewirten und die Zuneigung der Mitmenschen genießen können, ohne sich vom Fleck zu bewegen.

Frauen, deren Mondzeichen der Stier ist, erhalten oft die Bezeichnung ‚häuslicher Typ', haben aber auch eine starke, mitunter sehr erotische Ausstrahlung, die sie für viele Männer attraktiv macht. Viele dieser Frauen entwickeln schnell einen starken Kinderwunsch. Männer mit diesem Zeichen suchen oft in der Partnerin den ruhigen, stabilen Pol im Leben, verehren schlichte Schönheit und frauliches Aussehen. Wenn der Stier ihr Mondzeichen ist, sind Ihre zu Grunde liegenden Impulse die Suche nach Sicherheit und Geborgenheit - in allen Bereichen des Lebens. Sie vermeiden es, neue (und somit riskante) Dinge auszuprobieren, weil sie ihnen zu ‚gefährlich' erscheinen. Es geht Ihnen am besten, wenn Sie im Voraus gut planen können und für alle Eventualitäten gewappnet sind. Ein fester Rhythmus in Ihrem Leben ist mit Glück gleichzusetzen; Bewährtes und Gewohntes gibt Ihnen Sicherheit. Sie kennen sich vermutlich schon recht genau: Wenn etwas Unvorhergesehenes passiert, sind Sie nur allzu Leicht aus dem Tritt gebracht. Mit einem Partner könnten sich auf diesem Gebiet Probleme ergeben, bei der Gestaltung der gemeinsamen Zukunft oder auch nur der Urlaubsplanung. Für Sie ist auch Vorfreude ein Schlüsselbegriff: Sie können sich doppelt freuen, wenn Sie schon viel Zeit hatten, sich mit einem Gedanken auseinander zu setzen. Wenn es dann plötzliche Veränderungen in Ihrem Leben gibt, kann es passieren, dass Sie körperliche Reaktionen zeigen und unter Halsschmerzen oder Nackenverspannungen zu leiden haben.

Falls es Sie regelmäßig belastet, dass Sie Ihr Leben aus den Fügen geraten sehen, sobald Sie versehentlich ein anderes Waschmittel als sonst gekauft haben, versuchen Sie gezielt, über Ihren eigenen Schatten zu springen. Sie können probeweise bei Kleinigkeiten damit anfangen und bewusst Sachen einmal anders machen - eine andere Strecke zur Arbeit ausprobieren, bewusst eine Folge der täglichen Soap Opera auslassen oder andere Dinge, die eigentlich unwichtig sind. Auf diese Weise können Sie trainieren und sich an den Gedanken gewöhnen, dass eine Veränderung zwar auch ein Risiko in sich birgt, aber nicht immer schlimm sein muss. Versuchen Sie ein Gefühl dafür zu entwickeln, dass Veränderungen - auch wenn Sie erst jetzt in diesem Augenblick damit konfrontiert werden - auch Chancen zur Verbesserung bedeuten! Denn vielleicht ist der andere Weg zum Büro viel schöner als der, den Sie zehn Jahre lang zweimal täglich gefahren sind und Sie haben es nur nicht gewusst!

Mondzeichen Zwillinge

Stärken: Flexibilität, Kommunikationsfähigkeit
Schwächen: Oberflächlichkeit, Unzuverlässigkeit
Element: Luft
Prinzip: Austausch, Kontakt
Farbe: Gelb
Pol: männlich
Planet: Merkur

Menschen, die das Zeichen Zwillinge zum Mondzeichen haben, sind meistens äußerst kommunikationsfreudig und gesellig. Sie suchen den Austausch mit anderen, brauchen die Reaktionen ihrer Mitmenschen als Seelennahrung. Manchmal offenbart sich diese Gesinnung durch einen Hang zu extremer Kommunikationsfreudigkeit, die von anderen als störend empfunden werden kann: Mondzeichen Zwillinge-Typen können regelrechte ‚Quasselstrippen' sein. Andererseits sind diese Menschen dankbare Gesprächspartner, wie sie aufgeschlossener und interessierter nicht sein könnten. Auch dem Klatsch und Tratsch aus der Nachbarschaft sind sie nicht selten sehr zugetan, was nicht heißen muss, das man ihnen keine Geheimnisse anvertrauen kann. Zwillinge-Mond-Menschen (Frauen wie Männer!) laufen Gefahr, allmonatlich eine hohe Telefonrechnung zu haben.

Neben Austausch und Kommunikation ist die Abwechslung die zweite wichtige Zutat, um einen Zwillinge-Mond-Typen zufrieden zu machen. Langeweile und Eintönigkeit machen auf Dauer alle Zwillinge-Mond-Typen unausgeglichen. Gerade einen immer gleich verlaufenden Alltag können diese Menschen nur schwer ertragen, weshalb sie immer auf der Suche nach neuen Impulsen, Abwechslung, Spannung und Abenteuer sind. Sie sind meistens sehr vielseitig interessiert, haben fünfzig Hobbys (oder mehr.) und wissen auf jedem Gebiet ein wenig Bescheid. Aber eben auch nur ein wenig. Gekoppelt mit Gesprächsfreudigkeit wird ihnen ihr Interesse an den meisten Dingen leicht als Oberflächlichkeit ausgelegt. Tatsächlich leiden viele Menschen aus dieser Gruppe unter so genanntem Freizeitstress, weil sie Schwierigkeiten haben, die Malgruppe, das Aerobic-Training und die Leitung der Bürgerinitiative sowie eine neue Partnerschaft unter einen Hut zu bekommen. Durch die vielen Termine und unterschiedlichen sozialen Bereiche können sie unzuverlässig sein oder zumindest unbeständig und sprunghaft wirken. Auf der anderen Seite sind diese Menschen oft sehr beliebt, weil sie durch ihre Vielseitigkeit und ihren Unternehmungsdrang auch auf die langweiligste Party frischen Wind bringen. Bei Zwillinge-Mond-Menschen ist das Haus immer voll, stets ist Besuch da und sie amüsieren sich prächtig. Denn sie sind zu jeder Schandtat bereit, vorausgesetzt, es gibt Aussicht auf Abwechslung und Vergnügen - mit Menschen, die unter dem Zwillinge-Mond geboren sind, kann man sozusagen ‚Pferde stehlen'.

Emotional wirken Menschen mit dem Zeichen Zwillinge im Mond manchmal etwas kalt und unnahbar. Sowohl für Männer wie auch für Frauen birgt das ein Problem für Partnerschaften, obwohl sie durchaus liebesfähig sind. Mitunter sind sie unterschwellig jedoch unsicher und können Emotionen nicht wirklich zeigen; sie gehen Gefühlsdinge oft sehr rational an. Besonders romantisch sind viele Zwillinge-Mond-Menschen nicht. Wenn Sie zu den Menschen mit dem Zwillinge-Mondzeichen gehören, sind Sie in ihrem Element, wenn Sie mit Menschen zusammen sind, sich austauschen können und ‚Party machen' können - Alltagstrott und ein geregelter Rhythmus sind absolut nichts für Sie. Müssen Sie sich der Routine trotzdem beugen, haben Sie Infekte der Atemwege; mitunter auch rheumatische Beschwerden in den Armen sowie Verspannungen in den Schultern. Versuchen Sie, für Ihre Unternehmungslust immer ein Ventil zu suchen - es muss ja nicht immer gleich in Hektik ausarten! Ein Austausch muss nicht draußen stattfinden, sondern kann auch gemütlich im häuslichen Rahmen geschehen. Falls Sie Schwierigkeiten haben, echte Freundschaften oder Partnerschaften einzugehen, nehmen Sie das Problem in Angriff, indem Sie bewusst darauf achten, was Sie fühlen. Beginnen Sie mit kleinen Dingen, etwa beim Einkaufen: Schalten Sie den Kopf aus und entscheiden Sie aus dem Bauch heraus! Es ist durchaus erlernbar, in sich ‚hineinzuhorchen', zu schauen, was das Gefühl zu einer Entscheidung sagt. Auch wenn Sie es sehr ungewohnt finden, sich auf Gefühle einzulassen (denn das macht auch verletzlich!), sollten Sie daran arbeiten: Emotionen sind ein Teil von Ihnen, den Sie ernst nehmen sollten, genau wie Ihre Einfälle und Ihren Witz!

Mondzeichen Krebs

Stärken: Empfänglichkeit, Empfindsamkeit
Schwächen: Unnachgiebigkeit, Launenhaftigkeit
Element: Wasser
Prinzip: Fruchtbarkeit, Sensibilität
Farbe: Silber, Sandfarben, Pastellfarben
Pol: weiblich
Planet: Mond

Menschen, die unter dem Mondzeichen Krebs geboren sind, zeichnen sich meistens durch eine große Empfindsamkeit aus. Sie betrifft alle Bereiche des Lebens und hat positive und negative Auswirkungen: Einerseits macht es diese Menschen zu solchen, die höchst selten ins Fettnäpfchen treten, weil sie eine Situation - inklusive der Gefühle von anderen Menschen - schon analysiert haben, bevor es die betreffende Person selbst getan hat. Das kann dazu führen, dass die Krebs-Mond-Typen zum Kummerkasten für ihre Mitmenschen werden, weil ihnen Probleme bis ins letzte Detail anvertraut werden. Andererseits sind sie selbst sehr verletzlich, denn sie sind manchmal nicht in der Lage, die große Menge von Empfindungen und Gefühlen, die auf sie einstürzen, zu sortieren. So mancher Krebs-Mond-Mensch zieht sich gerne auch einmal ‚fremde Schuhe' an und leidet auch entsprechend. Außerdem ist diese Gruppe von Menschen häufig starken Gefühlsschwankungen ausgesetzt, denn die Verletzbarkeit führt dazu, dass sie sich emotional ständig hin- und hergworfen fühlen. Diese Launenhaftigkeit macht es für die Mitmenschen manchmal schwer, sich in diese Menschen hineinzuversetzen. Auch eine gewisse Entscheidungsunfreudigkeit lässt diese Menschen auf andere ruppig oder einfach uninteressant wirken.

In Partnerschaften sind Krebs-Mond-Menschen zu tiefer Liebe (die sie auch äußern können), großer Hingabe und Romantik in der Lage. Manchmal sind sie jedoch sehr scheu und zurückhaltend, sodass sie nicht immer in der Lage sind, sich sofort zu öffnen. In Partnerschaften kann das anfangs zu Problemen führen, weil sich zunächst nur eine ‚harte Nuss' zeigt, die erst einmal geknackt werden will. Ist das mit viel Liebe und Geduld erreicht, sind die Krebs-Mond-Typen nicht selten überaus hingebungsvoll, fürsorgend, treu und unterstützen ihre Liebsten, wo immer sie können.

Das Prinzip der Fruchtbarkeit steht nicht nur bei Frauen, die unter dem Krebs-Mond geboren sind, eine große Rolle (sie entwickeln starke Muttergefühle, gehen in der Aufgabe als Mutter und Familienmitglied auf), sondern durchaus auch bei den Männern. Das Prinzip der Mütterlichkeit nimmt auch hier einen zentralen Stellenwert ein. Die Männer sind prädestiniert dafür, ein symbiotisches Verhältnis zu ihrer eigenen Mutter zu haben, das auch in Abhängigkeit ausufern kann. Diese zu überwinden ist mitunter schmerzhaft und mit großen Problemen verbunden. Andererseits ist auch für viele Krebs-Mond-Männer die Familie (mit Partnerin und eigenen Kindern) ein Lebensziel, in dem sie die Gefühle leben und der ihrer großen Treue und dem Zusammengehörigkeitsgefühl - sobald einmal Vertrauen gefasst wurde - entgegenkommt. Vertrauen, Schutz und Liebe sind die Faktoren, die ein Krebs-Mond-Mensch braucht, um sich wohl zu fühlen. Emotionale Sicherheit ist von weit höherer Priorität als materielle. Männer wie Frauen suchen nach Wärme und Geborgenheit, ohne die ihre Seele kaum gesund bleiben kann. Das beinhaltet eine Tendenz dazu, Probleme ‚um des lieben Friedens willen' zu umgehen. In Diskussionen fühlen sich diese Menschen manchmal gar nicht wohl, auch wenn das hitzige Gespräch der Problemlösung dient. Hängt der Haussegen schief - und sei es nur im Ansatz - , sind die Krebs-Mond-Menschen anfällig für Magenbeschwerden, bronchiale Infekte bis hin zu asthmatischen Erkrankungen.

Wenn Sie ein Krebs-Mond-Typ sind, kann es sein, dass Sie leicht zu verunsichern sind und ruhig etwas mehr Selbstvertrauen haben könnten. Für Sie ist es sehr wichtig zu lernen, Ihren ‚inneren Schweinehund' zu überwinden und einfach einmal anzufangen - worum auch immer es sich handelt. Meistens geht dann der Rest viel einfacher, als Sie glauben! Das Neue ist nie ausschließlich gefährlich und unüberwindbar, sondern beinhaltet auch große Chancen. Das gilt auch für Probleme, die Sie von sich aus nicht ansprechen würden und so mit dazu beitragen, dass Dinge nicht früh genug aus der Welt geräumt werden. Ergreifen Sie die Initiative und nehmen Sie diese Herausforderung an - über die Erfolge (Sie werden schon sehen, es werden mehr positive als negative Erfahrungen sein!) können Sie sich dann umso mehr freuen!

Mondzeichen Löwe

Stärken: Organisationsgabe, Mut
Schwächen: Stolz, Selbstbezogenheit
Element: Feuer
Prinzip: Zeugung
Farbe: Gelb, Orange, Gold
Pol: männlich
Planet: Sonne

Menschen, bei deren Geburt der Mond im Zeichen Löwe stand, sind solche, die Kraft und Selbstbewusstsein ausstrahlen. In ihrer Umgebung gibt es keine Schattenseiten, andere fühlen sich sicher und selbst ein bisschen unverletzlicher. Mit großem Vergnügen geben die Löwe-Mond-Typen mit materiellen Geschenken an. Mit Gefühlsgaben sind sie überaus großzügig und manchmal ein wenig gönnerhaft. Menschen, die unter dem Mondzeichen Löwe geboren sind, haben den Hang, im Mittelpunkt stehen zu wollen. Ganz automatisch übernehmen sie in Gruppen die Führung, halten alle Fäden in der Hand und sind dabei auch sehr erfolgreich, weil sie mit ihrem Charme und ihrer Energie immer für gute Laune sorgen. Denn das Organisieren liegt ihnen im Blut! Für andere kann das mitunter anmaßend wirken, schließlich stellen sich Löwe-Mond-Typen auch ungefragt gern ins Zentrum des Geschehens. Sie übernehmen allerdings auch bereitwillig die Verantwortung für alles, denn sie brauchen neben der Möglichkeit, die Zügel in der Hand zu halten, auch Bewunderung und Anerkennung. Wenn diese Menschen auf andere mitunter einfach ein bisschen arrogant wirken - lange böse kann ihnen niemand sein. Denn ebenso stark wie ihr Anführertrieb ist ihr gutes Herz und die zu Grunde liegende Arglosigkeit - hinterlistig sind Löwe-Mond-Typen nie.

In Beziehungsdingen sind sie - wie könnte es anders sein - feurig. Sie sind extrem liebesfähig, äußern ihre leidenschaftlichen Gefühle auch sehr offen. Bei so viel Überschwang fühlen sich die jeweiligen Partner manchmal überrumpelt, denn das Temperament und der Eifer können auch als besitzergreifendes Machtgehabe verstanden werde, womit Probleme vorprogrammiert sind. Männer mit dem Mondzeichen Löwe verlieben sich oft auch in ganz ähnlich geartete Frauen, denn nur in einer solchen hoffen sie eine ebenbürtige Partnerin zu finden. Frauen, die unter dieser Mondkonstellation geboren worden sind, beeindrucken oft durch besonders viel Temperament und Feuereifer in allen Lebensbereichen - auch in Liebesdingen! In der Arbeitswelt werden Männer, die weibliche Konkurrenz nicht gewohnt sind oder nicht schätzen, von diesen Frauen entweder völlig überrascht (und begeistert) sein oder aber sich leicht abgestoßen fühlen. Falls Sie zu den Menschen gehören, die das Mondzeichen Löwe haben: Mal Hand aufs Herz - fühlen Sie sich nicht auch am besten, wenn Sie auf einen Tag zurückblicken, an dem alles so geklappt hat, wie Sie es organisiert hatten? Kennen Sie das Gefühl, bei einer Veranstaltung zu sein und ständig zu denken "Das hätte ich aber viel besser aufgezogen"? Vermutlich. Es bereitet Ihnen Freude, zu sehen, dass etwas wie am Schnürchen läuft (vor allem, wenn Sie dafür verantwortlich sind!), sind aber auch leicht einmal der Meinung, niemand könnte es so gut wie Sie. Wahrscheinlich schleppen Sie sich auch halbtot ins Büro, nur weil Sie denken, Sie könnten sich nicht krankschreiben lassen - weil ohne Sie nichts funktioniert! Wenn Sie dann wirklich einmal zuhause bleiben, fühlen Sie sich vermutlich umso kranker, denn dieses schreckliche Gefühl, Ihre Chance zu verpassen, kann zu Rückenschmerzen, Herz-Rhythmus-Störungen und Kreislaufproblemen führen.

Vielleicht ist Ihnen der Gedanke ja schon einmal gekommen: Sie können mit Ihrem Feuereifer (und Ihren zweifellos vorbildlichen Fähigkeiten) auf Ihre Mitmenschen auch bevormundend wirken. Verantwortung ist gut, doch sollten Sie auch die anderen zum Zuge kommen lassen! Nur weil jemand eine andere Herangehensweise hat als Sie, muss das nicht heißen, dass Sie alles am besten können. Lassen Sie andere ruhig ‚machen' - Sie können Ihrer Kreativität auch ein anderes Ventil geben, Sie haben schließlich Ideen genug. Vielleicht werden Sie sehen, wie angenehm das Gefühl sein kann, einmal nicht im Mittelpunkt, sondern am Rande zu stehen und einfach nur Beobachter zu sein. Versuchen Sie, sich der Situation anzupassen (anstatt die Situation zu der Ihrigen zu machen!) und sie zu genießen!

Mondzeichen Jungfrau

Stärken: Methodik, Vernunft
Schwächen: Kritiksucht, Haarspalterei
Element: Erde
Prinzip: Ernte
Farbe: Hellgrün, Hellbraun, Beige
Pol: weiblich
Planet: Merkur

Mondtyp-Jungfrau-Menschen haben einen ausgeprägten Hang zur Systematik und Ordnung. Das bedeutet, dass sie nicht nur ihr häusliches Umfeld gerne in einem geordneten Zustand sehen, sondern auch im Gefühlsleben gern alle Dinge in Schemata und klar überschaubare, geplante Felder eingrenzen möchten. Das kann dazu führen, dass Gefühle einfach weggesteckt werden, wenn sie in ein zuvor errichtetes System nicht hineinpassen (oder hineinzupassen scheinen). Vernunft und Rationalität sind Schlüsselbegriffe, ohne die sich Mondtyp-Jungfrau-Typen nicht wohl fühlen können. So wird es ihnen auch schwer fallen, ohne einen ‚guten Plan' und vernunftbetonte Überlegung eine Entscheidung ‚aus dem Bauch heraus' zu treffen. Spontaneität zählt nicht gerade zu ihren vorherrschenden Eigenschaften. Anderen erscheint diese Gruppe von Menschen als manchmal etwas unterkühlte, aber durch und durch zuverlässige und sorgfältige Zeitgenossen. Unpünktlichkeit oder leicht dahingesagte Versprechungen, die dann nicht eingehalten werden, wird man kaum erleben. Wenn man sie allerdings damit konfrontiert, werden sie mit (manchmal etwas harter) Kritik nicht sparsam sein. Mondtyp-Jungfrau-Menschen sind mitunter auch sehr bescheiden, da sie sich im Klaren darüber sind, dass irgendwer ja den Stehplatz haben muss. Manchmal hadern sie dann mit dem eigenen Schicksal, meistens aber gibt es unter diesen Menschen eher wenig ‚Nörgler'. Mondtyp-Jungfrau-Menschen sind in der Regel sehr gewissenhaft und meist geschickt mit den Händen. Sie werden in der Arbeitswelt keine sehr schnellen, aber überaus zuverlässige und präzise Arbeitskräfte abgeben. Im privaten Bereich zeichnen sie sich manchmal dadurch aus, dass sie ihre CDs nicht nur katalogisieren, sondern auch die Nahrungsmittel alphabetisch in den Kühlschrank einsortieren. Häufig haben sie große, wertvolle Sammlungen: Raubkopien von Beatles-Auftritten, selbstverständlich auf farbigem Vinyl, russische Spionage-Kameras der Zwanzigerjahre oder Vogelfedern - allesamt fein säuberlich verstaut und katalogisiert.

Ähnliches gilt auch in der Partnerschaft mit einem Menschen, der unter diesem Mondzeichen geboren ist: Zunächst wird die Person etwas kühl und distanziert erscheinen und Gefühle nur zögernd zulassen und zeigen. Wenn dann allerdings genügend Vertrauen aufgebaut ist, man sich dem Partner geöffnet hat, wird ein Mondtyp-Jungfrau-Mensch auch nicht so schnell wieder locker lassen: In Krisensituationen ist er bereit, für die Beziehung zu kämpfen. Eine solche Person wird sich eine Strategie zurechtlegen, mit der die oder der Liebste zurückzugewinnen ist. Die Person wird strategisch denkend an das Problem herangehen, denn sie hat nicht gern mehrere Eisen im Feuer. Der sichere Hafen einer Beziehung (oder der Ehe) mit einer solchen Person ist angenehm beruhigend und stabil.

Mondtyp-Jungfrau-Frauen wirken manchmal spröde und eher vernünftig denn verführerisch. Sie wissen aber genau, was sie wollen und haben genügend Sitzfleisch, um auf den richtigen Partner zu warten, der dann auch zu ihnen passt. Genau für ihn bewahren sich diese Frauen all ihre Leidenschaft auf. Ist er schließlich gefunden, hat sie für ihn eine Menge Leidenschaft auf Lager. Männer mit diesem Mondzeichen sind häufig eher häusliche, sparsame Typen, der geborene (durchaus begabte) Heimwerker, der mit seiner Partnerin ein gut funktionierendes Zuhause aufbauen will - ohne großes Brimborium. Für diesen Zweck suchen solche Männer eine Frau, die mit anpackt, der praktische Kleidung lieber ist als modischer Firlefanz und auf die er sich vor allem immer verlassen kann. Mit einer solchen Frau kann er das leben, was er sucht: Eine Beziehung, die Züge einer Zweckgemeinschaft hat, aber von einer Basis von viel Liebe und Vertrauen untermauert ist. Mondtyp-Jungfrau-Menschen geht es am besten, wenn sie ihre geistigen Fähigkeiten nutzen können. Planen, sortieren, ordnen und gliedern; aber auch in Schubladen stecken und kritisieren sind wichtige Eigenschaften, die häufig vorkommen. Ein solcher Mensch kann sich leicht einer gegebenen Situation anpassen und das Beste daraus machen, denn er wird versuchen, alles Vorgefundene zu integrieren und zu einem möglichst wohl durchdachten Resultat zu bringen. Werden diese Eigenschaften unterdrückt, kann aus der Person leicht ein Nervenbündel werden oder sie mit Magen-Darm-Problemen reagieren.

Wenn Sie zu diesen Menschen gehören, können Sie einmal Folgendes überdenken: Mit dem rationalen Sortieren und Ordnen der Dinge schaffen Sie sich eine überschaubare Umgebung. Dasselbe versuchen Sie auch mit Ihren Gefühlen zu tun, doch manchmal funktioniert das auf diesem Gebiet nicht so gut. Der Grund ist, dass Emotionen nicht einfach wegrationalisiert werden können. Sie gehorchen nicht immer einem Prinzip, passen oft in keine Schublade. Es gibt also eine Nische in Ihnen, in die Sie all die Gefühle stecken, die gewissermaßen übrig bleiben - ein Kästchen, das Sie vermutlich mit einem ordentlichen Aufkleber "Sonstiges" versehen würden. Auch dieses Kästchen muss hin und wieder geöffnet und aussortiert werden, denn sonst irgendwann der Deckel auf und Sie erleiden ein großes Erdbeben, in dem all die Gefühle, die Sie lange nicht zugelassen haben, über Sie einstürzen. Das ist nicht angenehm und um solche ‚Einbrüche' zu verhindern, sollten Sie versuchen, auch im Alltag einmal etwas Gefühl zuzulassen. Spontane Gefühlsäußerungen sind nichts, wofür man sich schämen müsste! Ähnliches gilt für den Perfektionismus, den Sie vermutlich in sich haben. Auch ein schnell gebrutzeltes Abendessen kann gut schmecken und bekanntermaßen halten Provisorien sowieso am längsten! Wenn Sie ein wenig von den hohen Erwartungen an sich (und auch an andere, denn Ihre Kritik streut oft noch Salz in offene Wunden.) Abstand nehmen, werden Sie vielleicht merken, wie entspannend und problemlos viel Dinge sein können!

Mondzeichen Waage

Stärken: Ästhetik, Diplomatie
Schwächen: Bequemlichkeit, Sprunghaftigkeit
Element: Luft
Prinzip: Verbindung, Begegnung
Farbe: Blau, Rosa
Pol: männlich
Planet: Venus

Mondtyp-Waage-Menschen haben einen starken Hang zu Harmonie und Frieden. Schon das Symbol dieses Sternzeichens selbst deutet darauf hin, dass diese Menschen einen ausgeprägten Gerechtigkeitssinn haben und oft in Streitsituationen als Schlichter auftreten, auch wenn sie ursprünglich unmittelbar nicht oder kaum beteiligt waren. Diese Fähigkeit, das Für und Wider gegeneinander abzuwägen, kann aber auch zu großen Problemen führen, etwa wenn eigene Entscheidungen anstehen. Mondzeichen-Waage-Menschen finden immer Argumente, die für etwas sprechen und meist auch genauso viele, die dagegen sprechen - und treten so lange auf der Stelle. Überhaupt fällt es diesen Menschen schwer, sich konkret auf etwas festzulegen. Ein Hintertürchen halten sie sich gerne offen. Das brauchen sie, denn manche dieser Menschen haben eine gesteigerte Unternehmungslust, die dazu führen kann, dass sie sich inmitten einer gemütlichen Plauderrunde auf einmal im Mantel dastehen und noch tanzen gehen oder unbedingt Hotdogs essen gehen wollen. Langeweile wird es mit diesen Menschen sicher nicht sehr häufig geben.

Das heitere Wesen und die zu Grunde liegende Fröhlichkeit macht die Mondzeichen-Waage-Menschen zu überall gern gesehenen Gästen. Sie sind herzlich und lustig und verbreiten meist, wo sie gehen und stehen, fröhliche Stimmung, was ihnen selbst in ihrem Harmoniebedürfnis entgegenkommt. In Partnerschaften kann die gewisse Sprunghaftigkeit und Unentschlossenheit Konfliktpotenzial in sich bergen. Das zu Grunde liegende Prinzip der Begegnung und der Verbindung stattet Mondtyp-Waage-Menschen meist mit großen Verführungskünsten aus, was sie sehr begehrenswert macht. Einen Heiratsantrag werden Mondtyp-Waage-Menschen aber nicht so bald machen, nur weil es ‚gefunkt' hat! Denn auch hier können sich die Mondzeichen-Waage-Menschen nicht so leicht festlegen. Trotzdem sind sie aber sehr beliebt als Partner, denn ihr Harmoniestreben und ihr liebenswerter Charakter macht ein Zusammensein mit ihnen überaus angenehm.

Frauen, die die Waage als Mondzeichen haben, haben oft ein sehr elegantes und gepflegtes Äußeres, ausgezeichnete Umgangsformen und wirken durch und durch damenhaft. Innerhalb der Familie werden sich solche Frauen nicht ausschließlich mit der Rolle als Ehefrau und Mutter begnügen, sondern sich noch andere Betätigungsfelder suchen (als da wären, die Tango-Kenntnisse wieder auffrischen, endlich Bridge spielen lernen oder Wirtschaft studieren), in der sie aufblühen werden. Auf Partys und Gesellschaften bleiben diese Damen im Hintergrund, haben aber die Fäden in der Hand

- ebenso wie die Herzen der Männer. Letztere hingegen, wenn ihr Mondzeichen die Waage ist, legen viel Wert auf ein ansehnliches Erscheinungsbild ihrer Herzdame, außerdem suchen sie nach einer Lady, nicht einer ‚Maus', die beschützt werden muss! Sie soll eben insgesamt eine ansprechende Person sein - außen wie innen - , mit der man(n) sich rundum wohl fühlen kann.

Viele Menschen, die unter dieser Konstellation geboren worden sind, haben einen ausgeprägten Sinn für alles Schöne, was sich auch in einem fundierten Kunstverständis äußern kann. Manche Menschen sind auch selbst künstlerisch tätig, was sie der inneren Harmonie, der sie bedürfen, näher bringt. Erleben sie zu viel Konflikte, auf die sie nicht schlichtend eingehen können oder gibt es allgemein viel Dissonanz in ihrem Umfeld, können diese Menschen darauf mit Haut- und Nierenproblemen reagieren. Falls Sie ein Waage-Mond-Typ sind, auch für Sie ein paar Gedankenanstöße. Versuchen Sie, ihrer Entscheidungsunfähigkeit entgegenzuwirken, indem Sie ganz bewusst Entscheidungen selbst treffen. Bei den kleinen Dingen kann es losgehen. Welche Marke sollen Sie im Supermarkt kaufen - diese oder jene? Überlegen Sie sich die jeweiligen Gründe dafür und dagegen genau! Sie können sich nicht entscheiden? Bei Marken, die Sie ohnehin nie kaufen, zählen Sie sich die Gründe auf. Das ist leicht. Nun zurück zum ersten Produkt: Welche Gründe wiegen schwerer? Wo sehen Sie eine Priorität für sich selbst? Haben Sie eine gefühlsmäßige Tendenz? Prima. Folgen Sie ihr, auch wenn Sie jetzt das teurere Produkt gewählt haben - aber Sie haben eine Entscheidung getroffen! Sie haben sich nicht darauf verlassen, was Ihnen jemand eingeflüstert hat (vielleicht die Werbung? Ihr Ehepartner? Ihre Eltern?). Zugleich haben Sie noch etwas anderes getan: Sich auf einen inneren Impuls verlassen. Denn das ist etwas, was man durchaus auch lernen kann. Lassen Sie sich nicht von Äußerlichkeiten blenden. Nur weil jemand ein ungebügeltes Hemd trägt und Sie sogar Ihre Unterwäsche bügeln, heißt das noch lange nicht, dass es sich hier um einen schlechten Menschen handelt! Im Ernst: Vielleicht haben Sie einfach Vorurteile, über die es sich nachzudenken lohnt. Möglicherweise sind Sie anderen Menschen gegenüber sehr streng, mit sich selbst aber ein wenig lasch und nachsichtig. Denken Sie einmal über den Begriff ‚Disziplin' nach - haben Sie so etwas? Hätten Sie schon manchmal mehr davon gebraucht? Gestalten Sie einmal einen Tag sehr selbstdiszipliniert - vielleicht steckt darin eine für Sie noch nicht gekannte Lebensqualität! Denn nach erledigtem Tageswerk kann man sich auch mit umso mehr Genuss einen besonders schönen Abend machen.

Mondzeichen Skorpion

Stärken: Durchsetzungsvermögen, Konsequenz
Schwächen: Kompromisslosigkeit, Ehrgeiz
Element: Wasser
Prinzip: Wandlung
Farbe: Rot-Schwarz-Kombinationen; andere extreme Kombinationen
Pol: weiblich
Planet: Mars

Menschen, deren Mondzeichen der Skorpion ist, haben einen großen Wissensdurst. Er umfasst fast alle Bereiche des täglichen Lebens, inklusive das eigene Gefühlsleben und das anderer Menschen. Skorpion-Mond-Typen möchten allen Dingen auf den Grund gehen, was im zwischenmenschlichen Leben unangenehme Züge annehmen kann: Obwohl sich diese Menschen selten in den Vordergrund drängen, können sie Fragen stellen - und zwar solche, die ans Eingemachte gehen. Damit gehen sie oft bis an die Grenzen des Akzeptablen, wobei sie ihr eigenes Innenleben aber auch mit einschließen. Immer wollen sie die eigenen Emotionen völlig ausleuchten und in allen Fassetten verstehen. Anschließend möchten sie ihre Erkenntnisse über sich selbst vermitteln, um auch Mitmenschen ein tief greifendes Verständnis über sie zu ermöglichen. Das ist jedoch nicht immer willkommen. Nicht zufällig ziehen sie zudem Situationen und Menschen an, die immer irgendwie ‚schwierig' sind - Jobs, in denen Unmögliches möglich gemacht werden soll oder Entfernungs- und Wochenendbeziehungen. Zum Wissensdrang kommt eine Kämpfernatur, die ihresgleichen sucht. Wo immer es ein Thema leidenschaftlich zu diskutieren gibt - Menschen mit Skorpion-Mond sind mit Sicherheit dabei. Dabei werden sie von der Bestrebung angeleitet, klare Grenzen zwischen Gut und Böse ziehen zu können, um zum befriedigenden Gefühl zu kommen, alles ergründet zu haben.

Das Lebensmotto vieler Skorpion-Mond-Typen lautet ‚ganz oder gar nicht'. Halbe Sachen werden nicht akzeptiert, mit zähem (und oft auch übertriebenen) Ehrgeiz wird eine Sache bis zum Schluss gebracht. Dabei geht es mitunter einfach darum, sich selbst und anderen etwas zu beweisen, was gar nicht mehr nötig gewesen wäre. In Gefühlsdingen sind Skorpion-Mond-Menschen bekannt dafür, äußerst leidenschaftlich und sinnlich zu sein. Sexualität ist ein wichtiger Lebensbestandteil für die meisten dieser Menschen, die offen und tabulos gelebt werden kann. In Partnerschaften kann der Ehrgeiz, die die Skorpion-Mond-Typen an den Tag legen, auch zu einem Problem werden. Der Partner wird nicht nur begehrt, sondern unter Umständen auch verzehrt - bis hin zur völligen Inbesitznahme durch den hungrigen Skorpion-Mond-Menschen: "Ich liebe oder ich liebe nicht!" Sowohl für Männer als auch für Frauen, die dieses Mondzeichen haben, wird in manchen Beziehungen übertriebene Eifersucht zu einem Thema. Selten kann dieses Problem durch ein Gespräch allein beseitigt werden. Männer insbesondere sehen die Weiblichkeit ihrer Partnerin als eine Herausforderung (oder auch Kampfansage.) an, denn sie haben hier die Gelegenheit, sich bis auf den Grund mit Emotionen - speziell den weiblichen - auseinander zu setzen. Das Durchsetzungsvermögen, das viele Menschen aus diese Gruppe an den Tag legen, führt sie auch beruflich oft an Führungspositionen. Da sie aber eher introvertiert sind, sind dies meist Positionen, an denen sie im Hintergrund bleiben und von dort das Geschehen steuern können. Die Zähigkeit und das Durchhaltevermögen lässt gerade aus dieser Gruppe viele Menschen zu Forschern, Erfindern und Pionieren auf unterschiedlichsten Gebieten werden. Hat ein Mensch, der unter dem Skorpion-Mond geboren wurde, nicht ausreichend Enfaltungsmöglichkeiten, kann er mit Wut und Aggressivität reagieren, gekoppelt mit körperlicher Symptomatik wie chronischer Blasenentzündung, bei Frauen häufig auch Menstruationsbeschwerden. Oft ist es möglich, diese mitunter sehr zerstörerischen Kräfte in kreative - künstlerische oder geistige - Bahnen umzuleiten. Aus dieser Kraft können dann Meisterwerke entstehen.

Wenn Ihr Mondzeichen der Skorpion ist, wundern Sie sich vielleicht manchmal selbst über Ihr Wutpotential, wenn Sie nicht in der Lage sind, eine Situation für sich zu ‚entschlüsseln'. Sie sind ein sehr impulsiver Mensch, der sich auf seine Intuition verlässt, doch möchten Sie nichts dem Zufall überlassen und Ihre Reaktion auch begreifen. Gleiches gilt für die Reaktionen anderer: Äußerungen und Handlungen ihrer Mitmenschen müssen Sie so lange enträtseln, bis Sie selbst die kleinste zu Grunde liegende Motivation entschlüsselt haben. Auch wenn das ein langwieriger Prozess ist, bei dem sich Ihr Gegenüber vielleicht sogar unwohl fühlt, können Sie nicht lockerlassen, bis Sie zu ihrem Ergebnis gekommen sind. Achten Sie einmal darauf, ob es Ihren Mitmenschen immer recht ist, wenn Sie sie von Grund auf ‚durchanalysieren': Manchmal haben Menschen einfach keine Lust, ihr Inneres hervorzukramen. Auch wenn das für Problemlösungen grundsätzlich hilfreich ist - üben Sie Toleranz! Andere Menschen haben andere Bedürfnisse, vielleicht stimmt auch der Zeitpunkt einfach nicht und beides sollten Sie respektieren. Sie können sich auf Ihre Instinkte verlassen, also nutzen Sie sie auch und unterbrechen Sie ein ‚Verhör', wenn Sie merken, dass es für ihr Gegenüber nicht ebenso konstruktiv ist wie für Sie!

Mondzeichen Schütze

Stärken: Begeisterungsfähigkeit, Überzeugungskraft
Schwächen: Einmischung, Schwärmerei
Element: Feuer
Prinzip: Suche, Glaube
Farbe: Violett, dunkles Rot
Pol: männlich
Planet: Jupiter

Schütze-Mond-Geborene sind in der Regel sehr aufgeschlossene Menschen, die sich für alles und jeden interessieren, um den ‚Sinn des Lebens' näher für sich zu bestimmen. Die persönliche Freiheit ist den Schütze-Mond-Menschen ein wichtiges Gut, das sie sich ungern nehmen lassen wollen. Abenteuer, gerne auch fern der Heimat, sind ihnen immer willkommen, um den Horizont zu erweitern. Sie sehen einen tieferen Sinn auch in den meisten Aspekten des Alltags und versuchen, sich ein Bild vom ‚großen Ganzen' zu machen. Manchmal ist das Ergebnis ein etwas sehr verallgemeinertes Weltbild, das sie ihren Mitmenschen versuchen näher zu bringen. Auch bei speziellen Fragen der Weltanschauung oder der Wahl der richtigen Automarke möchten Schütze-Mond-Menschen Freunden und Bekannten hilfreich zur Seite stehen - nicht immer gehen sie dabei mit ausreichender Sensibilität und Feinfühligkeit vor. Mitunter sind sie stark von der Richtigkeit nur der eigenen Meinung überzeugt und weichen auch in lauteren Diskussionen keinen Schritt von ihrer Ansicht ab - sie hoffen, doch noch alle davon überzeugen zu können, was Gut und Böse ist. Schütze-Mond-Menschen sind sehr begeisterungsfähig. Sobald sie von einer Sache überzeugt oder eingenommen sind, werden sie vom Thema kaum mehr abzubringen sein und versuchen, ihre Umgebung mitzureißen, was ihnen meistens auch gelingt. Sie sind meistens zu jeder Schandtat bereit und möchten natürlich alle anderen überreden, mitzumachen - und das meist mit Erfolg! Logisch, die meisten Dinge machen ja allein auch weniger Spaß. Oder falls jemand ganz besonders vehement versucht, die Anwesenden von der Wirkung des Mondstandes auf uns alle zu überzeugen (oder der Tatsache, dass das alles großer Unsinn ist!), kann es sich mit hoher Wahrscheinlichkeit um einen Schütze-Mond-Typ handeln.

Ein wenig von dieser Einstellung geht auch in Partnerschaften ein. Diskussionen gehören für die Schütze-Mond-Typen durchaus zur Normalität. Ist jedoch der Partner mit keiner Macht der Finsternis zu überzeugen, nehmen sie das manchmal krumm. Andererseits sind sie nicht nachtragend und ein Vorteil dieser Geisteshaltung besteht auch darin, dass sie auch in die Bereiche Beziehung und Liebe investieren, um sie zu verbessern. Das heißt nicht nur, dass ein Schütze-Mond-Typ Probleme vermutlich sofort ansprechen wird, um eine Situation zum Positiven zu verändern, sondern auch, dass ein solcher Mensch experimentierfreudig und allem Neuen gegenüber aufgeschlossen sein wird, wovon Beziehungen häufig profitieren können. Frauen mit diesem Mondzeichen sind meist sehr selbstbewusst und aktiv und gehören gewiss nicht zum Typ ‚Stubenhocker'. Ihr Familiensinn ist ausgeprägt, doch schaffen diese Frauen es oft meisterhaft, neben den familiären Pflichten auch ihre eigenen zahlreichen Interessen nicht zu vernachlässigen. Männer, die unter dieser Konstellation geboren wurden, haben manchmal ein noch ausgeprägteres Bedürfnis nach Freiheit und Eigenständigkeit als die Frauen, sodass sie sich Partnerinnen wünschen, die diesen Drang akzeptieren und die zudem auch Kumpel sein können. Der zu Grunde liegende Impuls bei den Schütze-Mond-Geborenen ist ihr Streben nach Unabhängigkeit und ihre Freiheitsliebe. Der Wunsch nach Weite wirkt sich nicht nur auf ihre Reiseziele aus. Auch im Alltag brauchen diese Menschen ein möglichst großes, vielfältiges Umfeld, in dem sie sich betätigen können. Dabei ist auch wichtig, dass das Leben nicht eintönig wird und es immer Weiterentwicklungen beinhaltet; räumliche Enge in der Wohnsituation ist ebenso Gift wie das tägliche Einerlei, in dem sich die Tage nur darin voneinander unterscheiden, welchen Pullover man trägt. Ist ein Schütze-Mond-Typ derart eingeengt, kann es zu Problemen mit den Hüftgelenken, dem Becken und den Oberschenkeln kommen; anfällig ist im Allgemeinen auch das Nervenkostüm.

Ist Ihr Mondzeichen Schütze, kennen Sie Ihren Enthusiasmus und Ihr Bestreben, die Vorzüge Ihrer ‚Neuentdeckung' (oder wovon auch immer Sie gerade schwärmen) auch allen mitzuteilen. Wie in einem Rausch können Sie dann nur von dieser einen Sache reden und meistens stecken Sie mit Ihrer Begeisterungsfähigkeit auch alle an. Versuchen Sie dennoch, auch wenn Sie hundertprozentig von etwas überzeugt sind, mit beiden Beinen am Boden zu bleiben. Vielleicht ist es Ihnen schon einmal passiert, dass Sie unüberlegt ‚Reklame' für eine Sache gemacht haben, die sich dann am Ende als doch nicht so erstklassig entpuppt hat - peinlich, peinlich. Wenn Sie solche Erlebnisse vermeiden möchten, verleihen Sie Ihren Ansprachen zu Gunsten der Dinge, von deren Richtig- und Wichtigkeit Sie wirklich überzeugt sind, ruhig viel Nachdruck. Alle anderen Sachen sollten Sie dann aber konsequent unter ‚ferner liefen' abhandeln. Zugegeben, es ist ein schönes Gefühl, wenn die Menschen einem glauben, aber: mäßigen Sie sich! Ihr Urteil wird umso mehr geschätzt werden, wenn es sich auch immer als zutreffend erwiesen hat. Bei Ansichten und Meinungen sollten Sie sich ohnehin zurückhalten. Bei Ihrem Nachdruck und Ihrer Vehemenz könnte sich ernsthaft jemand auf den Schlips getreten fühlen. Es gibt eben Menschen, die eine andere Auffassung als Sie von bestimmten Dingen haben und das ist auch ganz in Ordnung so. Stellen Sie sich vor, alle wären immer Ihrer Meinung! Das wäre doch schrecklich langweilig, oder?

Mondzeichen Steinbock

Stärken: Beharrlichkeit, Konsequenz
Schwächen: Verschlossenheit, Geiz
Element: Erde
Prinzip: Stabilität, Ehrgeiz
Farbe: Dunkelgrün, Dunkelblau, Grau
Pol: weiblich
Planet: Saturn

Steinbock-Mond-Typen sind in der Regel eher ernsthafte Menschen, die im Leben alles richtig machen wollen. Oft gelingt ihnen das mit ihrem Ehrgeiz, ihrer Beharrlichkeit und der großen Konsequenz, mit der sie alle Ziele verfolgen, auch ganz gut. Wenn es zu Misserfolgen kommt, kann das für diese Menschen jedoch ganz besonders schlimm sein und sie weit zurückwerfen. Auf Grund des großen Drucks, unter den sie sich selbst oft stellen, um allen Ansprüchen gerecht zu werden, sind sie manchmal verschlossen wie eine Auster - sie verlassen sich nur auf sich selbst, denn sie wissen hier, woran sie sind. Man kommt manchmal nur schwer an Steinbock-Mond-Typen heran; auf der anderen Seite sind sie äußerst zuverlässig, pünktlich und diszipliniert. Hat ein solcher Mensch einmal ein Versprechen gegeben, wird er es auch einhalten. Es ist höchst unwahrscheinlich, von ihm versetzt zu werden. Auf andere wirken die Steinbock-Mond-Geborenen manchmal ein wenig spröde und unnahbar. Mitunter wird ihnen ein Mangel an Charme und Humor vorgeworfen. Ihre Ernsthaftigkeit bezieht sich jedoch auch auf zwischenmenschliche Beziehungen. Zu tiefen Gefühlen ist ein Steinbock-Mond-Typ durchaus fähig, aber wird er sie nicht so deutlich zum Ausdruck bringen wie viele andere Menschen. In Freundschaften sind diese Personen diejenigen, auf die man sich immer verlassen kann, wenn es darum geht, einen Kühlschrank zu transportieren oder das Exposé vor dem Abgeben ein letztes Mal Korrektur zu lesen. Gibt es jedoch emotionale Troubles, werden in der Regel aber andere Freunde bemüht.

In Beziehungen kann der Steinbock-Mond-Typ ein bisschen schwierig werden. Zwar geraten Hochzeitstag und Geburtstage niemals in Vergessenheit, doch was die konkreten Wünsche und Bedürfnisse anbetrifft, geben diese Typen nicht so leicht preis. Sie werden keine Plakatwände voller roter Herzen oder aufwändige Rosenbouquets von der oder dem Liebsten erwarten, jedoch auch nie den Mund öffnen, ihre Vorlieben kundtun oder sich einfach holen, was sie brauchen. Ein bisschen Gedankenlesen vom Partner kommt hier manchmal ganz gelegen. Männer mit diesem Mondzeichen wünschen sich eine Partnerin, die besagte Plakatwände und Co. nicht braucht und auch mit dem Wissen um seine Liebe ganz zufrieden ist. Frauen dieser Gruppe wirken auf manche Männer gerade deshalb interessant, weil sie so spröde und unnahbar wirken und ‚im Sturm‘ erobert werden müssen - eine Herausforderung für Männer, die sich ihrer Flirt- und Verführungskunst sehr sicher sind. Tatsächlich bieten Männer wie Frauen, wenn sie einmal ‚angebissen‘ haben, einen Partner fürs Leben, der sich sehr verantwortlich, gerade auch in Bezug auf eine künftige Familie, zeigen wird.

Beruflich sind die Steinbock-Mond-Menschen manchmal extrem ehrgeizig. Typisch sind solche Menschen, die in ihrem Bestreben, es allen recht machen zu wollen, stundenlang im Büro bleiben und das Privatleben ein wenig vernachlässigen. Einmal ins Auge gefasste Ziele werden dann aber auch bis zum Letzten verfolgt, bis alles stimmt. ‚Geht nicht' oder ‚Ich kann nicht mehr' - diese Begriffe sind für Steinbock-Mond-Menschen so gut wie unbekannt. Diese Menschen fühlen sich entsprechend dann besonders wohl, wenn sie anspruchsvolle Ziele haben und diese verfolgen können - jedoch nicht ohne das anschließende Erfolgserlebnis. Bleibt das aus, weil das Ergebnis nicht mit der Planung übereinstimmt, kann das für den Steinbock-Mond-Menschen eine schwere Niederlage sein. In diesem Fall oder wenn er oder sie es einfach mal wieder übertrieben hat, kann es zu Ausschlag und Allergien kommen; oft sind auch die Kniegelenke betroffen.

Wenn Sie zu diesen Menschen gehören, haben Sie vielleicht Schwierigkeiten damit, Misserfolge zu akzeptieren - auf beruflicher wie privater Ebene. Das hat natürlich zur Folge, dass Sie permanent angespannt sind und unter einem enormen Druck stehen. Machen Sie sich klar, dass Sie sich diese hohen Ziele selbst stecken und somit auch für Ihren Stress selbst verantwortlich sind! Versuchen Sie, beim nächsten Mal das Minimum des für Sie Akzeptablen zu finden. Für die anderen ist das wahrscheinlich schon lange ausreichend! Und wenn etwas nicht klappt, muss das nicht Ihre Schuld sein - auch andere bauen Fehler! Selbst wenn klar ist, dass Sie etwas nicht so gut gemacht haben, wie Sie es könnten, lassen Sie sich deshalb keine grauen Haare wachsen. Sie müssen sich nicht um alles sorgen! In dieser Hinsicht sollten Sie auch einmal überlegen, doch Arbeiten an andere zu delegieren beziehungsweise sich auch im privaten Bereich auf andere zu verlassen. Wenn Sie klar äußern, was Sie möchten, wird man Ihnen diesen Wunsch bestimmt auch erfüllen. Gerade wenn Sie einen Menschen gut kennen, kann es nie verkehrt sein, sich zu öffnen, den anderen hereinzulassen und Sorgen wie Freude zu teilen. Und überhaupt: Machen Sie doch auch einmal ein Fass auf! Lassen Sie es sich zwischendurch mal richtig gut gehen, gönnen Sie sich etwas Gutes und hören Sie auf, sich selbst und den anderen zu beweisen, wie zäh und diszipliniert Sie sind (das wissen doch ohnehin alle!) - auf die Dauer kommt Ihnen dabei nämlich Ihre Lebensfreude und -qualität abhanden. Sie sind nicht alleine und von dieser Tatsache sollten Sie auch Gebrauch machen. Geteiltes Leid ist halbes Leid und gemeinsam Lachen zählt zu den schönsten Dingen im Leben.

Mondzeichen Wassermann

Stärken: Individualität, Kameradschaft
Schwächen: Rebellion, Einzelkämpfertum
Element: Luft
Prinzip: Umbruch
Farbe: Türkis, Eisgrau
Pol: männlich
Planet: Uranus

Wassermann-Mond-Geborene sind Menschen mit einem stark ausgeprägten Gerechtigkeitssinn. Gerechtigkeit und Freiheit sind generell zwei Schlüsselwörter für diese Menschen, auf die sie ihr ganzes Leben aufbauen. Zumeist handelt es sich um ausgesprochene Individualisten, die viele Interessen und einen großen Freundeskreis haben, für die ihre persönliche Freiheit aber alles ist - und die stehen sie auch allen anderen Menschen zu. Sie sind mitfühlend, was das Seelenleben ihrer Mitmenschen angeht und haben auch die Gabe, ganz intuitiv Sachverhalte zu erfassen, bevor man sie ihnen geschildert hat. Sie können sich auf ihre Instinkte verlassen. Insgesamt haben sie damit eine überaus gute Beobachtungsgabe für die Belange andere Menschen oder ihr Umfeld im Allgemeinen.

Trotz der Tatsache, dass sie nicht immer besonders herzlich sind, haben viele Wassermann-Mond-Typen eine ‚soziale Ader', die sie sich häufig sozial engagieren lässt. Sie sind bei anderen beliebt, weil sie mitfühlend sind und mit ihrer Improvisationsgabe, gekoppelt mit Fingerspitzengefühl, schon so manche verkorkste Situation gerettet haben. Allerdings werden sich diese Menschen selten zu offenen Komplimenten hinreißen lassen. Sie haben einfach das Herz am rechten Fleck (und nicht auf der Zunge). Wenn man dann aber doch ein Kompliment von einem Wassermann-Mond-Menschen bekommt, ist das schon etwas sehr besonderes! Manchmal macht die Wassermann-Mond-Typen die Tatsache, dass sie immer auf der Suche nach einer total gerechten Lösung (oder Gesellschaft?) sind, etwas unruhig und unstet. Nicht selten engagieren sie sich politisch oder sozial in so großem Maße, dass sie selbst kaum zur Ruhe kommen. Ein ‚geordneter' Tagesablauf bleibt dabei manchmal auf der Strecke, was viele der Wassermann-Mond-Typen aber auch nicht als so besonders schlimm empfinden.

In Beziehungen findet man in Wassermann-Mond-Menschen sehr freundschaftliche, vielseitige und auch geistreiche Partner. Männer wie Frauen aus dieser Gruppe werden nach einem Counterpart suchen, der auf einer ähnlichen Wellenlänge ist und mit dem man alle Fragen des Lebens besprechen kann. Wassermann-Mond-Frauen lieben häufig ein extravagantes Äußeres und zeichnen sich dadurch aus, dass sie das Ungewöhnliche überhaupt lieben: Urlaub am Polarkreis, Salat mit der Schere schneiden oder mit 90 noch heiraten. Männer, die unter dem Wassermann-Mond geboren sind, suchen in aller Regel eine Frau, die es ‚mit ihm aufnehmen kann' - und mit ihm zu allen Schandtaten bereit ist. Mit unterwürfigen Mäuschen können sie nichts anfangen, ebenso wenig wie mit adeligen (oder auch nicht) Damen, die sich ihrer Herkunft und Erziehung verpflichtet fühlen.

In ihrem unbeugbaren Glauben an das Gute sind die Wassermann-Mond-Menschen immer wieder versucht, alles zu hinterfragen und kritisch zu beleuchten. Egal, ob es um gesellschaftliche Strukturen oder die Anordnung der Konserven im Supermarkt geht - ein Wassermann-Mond-Mensch überlegt sich, ob es nicht doch anders und sogar besser ginge. In ihren eigenen Aufgabenbereichen werden diese Menschen eine überraschende Fülle an Ideen produzieren, mit denen etwas gerechter, effektiver, schöner - oder einfach nur anders - gestaltet werden kann. Nur wenn sie dazu ausreichend Gelegenheit haben, sind sie zufrieden und ausgeglichen. In einem Umfeld, in dem alles seinen traditionellen Platz hat, nichts hinterfragt und keine Ausnahmen geduldet werden, kann der Wassermann-Mond-Typ mit extremer Kreislauflabilität reagieren; ebenso die Waden und Schienbeine können betroffen sein.

Wenn Ihr Mondzeichen der Wassermann ist, werden Sie Ihre Tendenz zum Umgestalten vielleicht gar nicht so lustig finden. Schließlich können Sie nicht anders! Sie sind ohne kritische Gedanken nicht glücklich und es muss viele Menschen von ihrer Sorte geben, um überhaupt etwas zu verändern. Schließlich entstehen Verbesserungen nur durch die Tatsache, dass jemand unzufrieden mit bestehenden Verhältnissen war, die Konsequenz daraus gezogen hat und sich etwas Neues ausgedacht hat! Wenn Sie allerdings häufiger Lacher oder Stirnrunzeln bei Ihren Bestrebungen, mal wieder Möbel oder dergleichen umzustellen, ernten, denken Sie einmal hierüber nach: Ist dieser ständige Impuls zum Verbessern und Reformieren nicht schon fast eine Gewohnheit? Beobachten Sie sich selbst: Vielleicht müssen Sie schon aus Prinzip eine neue Variante ausprobieren, weil Sie sich an die Haltung gewöhnt haben, dass das Alte immer zugleich auch das Schlechte sein muss. Möglicherweise fällt es Ihnen gar nicht schwer, diese Gewohnheit hin und wieder zu überlisten. Wenn Sie merken, dass ein alter Besen doch noch gut kehrt, können Sie sich ja auch einmal ganz entgegen Ihren sonstigen Gewohnheiten dafür entscheiden - denn das ist nun wirklich revolutionär. Wenn Sie ‚den alten Besen' (wofür auch immer er stehen mag) für wirklich gut befunden haben, werden Sie mit Ihrer klaren Denkensweise kein großes Problem haben, das auch so zu akzeptieren - und ein altes Prinzip annehmen, denn es muss nicht unbedingt so schlecht sein, wie Sie, als der Reformer, der Sie nun einmal sind, impulsiv zunächst gedacht haben!

Mondzeichen Fische

Stärken: Hilfsbereitschaft, Einfühlungsvermögen
Schwächen: Beeinflussbarkeit, Realitätsfremdheit
Element: Wasser
Prinzip: Auflösung
Farbe: Pastellfarben
Pol: weiblich
Planet: Jupiter

Menschen, deren Mondzeichen die Fische sind, sind meistens sehr einfühlsam, da ihr Instinkt in der Regel perfekt funktioniert. Sie verlassen sich lieber auf ihre Intuition denn auf den Verstand (welcher aber keinesfalls unterentwickelt sein muss!) und erahnen meist eher Tendenzen, als dass sie wirklich Fakten wissen. Das bezieht sich auch auf ihre Mitmenschen, deren Bedürfnisse sie oft schon im Voraus erspüren. Das macht sie zu sehr verständnisvollen Menschen, denen man Probleme gerne anvertraut, denn es werden einem unendliche Geduld und viel Mitgefühl entgegengebracht. Manchmal werden die Fische-Mond-Menschen zu regelrechten Seelenklempnern, die sich dann eine Menge anhören (müssen) - doch klagen werden sie darüber nie. Sie sind meistens eher unsicher und zurückhaltend, manche haben echte Probleme mit dem Selbstbewusstsein. Auf andere wirken sie sanft und liebenswert; gelegentlich werden sie auch den Vorwurf zu hören bekommen, sie seien verweichlicht oder faul, was aber so nicht stimmt: Fische-Mond-Typen wohnt eine gewisse abwartende Haltung inne, die sie mitunter einfach innehalten und in sich gehen lässt - oft nur, um mit Erkenntnissen wieder ‚aufzutauchen', die auf sehr präzisen Beobachtungen beruhen. Fische-Mond-Typen sind oft eher reaktiv denn proaktiv veranlagt. Sie warten und wägen ab und fühlen nach dem richtigen Impuls. Gelegentlich träumen sie auch vor sich hin und verpassen die spannendsten Dinge einfach. Was Fische-Mond-Menschen an sich selbst versäumen, kompensieren sie durch ihre Einfühlsamkeit. Viele Fische-Mond-Typen sind medial veranlagt, was sie manchmal abergläubisch werden lässt. Andere wenden sich beruflich solchen Tätigkeiten zu, in denen sie sich soziologisch oder psychologisch engagieren können. Im direkten Kontakt zu Kunden, Patienten und Mitarbeitern sind sie als gütige, freundliche und nachsichtige Menschen bekannt - wenn sie auch manchmal ein wenig neben sich zu stehen scheinen.

In Partnerschaften sind die Fische-Mond-Typen sehr romantisch und hingebungsvoll; mit sehr aktiven Partnern kann es auf Grund ihrer großen Passivität manchmal zu Problemen kommen. Andererseits sind die Fische-Mond-Menschen auch so einfühlsam, dass sie Spannungen sehr schnell wahrnehmen und nach Möglichkeit aufzulösen versuchen. In der Regel werden sie ihre Partner gekonnt mit allen Finessen verwöhnen, sie verführen und ihnen jeden Wunsch von den Augen abzulesen. Viele Fische-Mond-Menschen gehen sehr in ihrer Beziehung oder Ehe auf und betrachten sie als einen ganz zentralen Aspekt in ihrem Leben. Auf ihrer kompromisslosen Suche nach Liebe, Harmonie und einem Zuhause können Fische-Mond-Geborene aber auch leicht auf die Nase fallen. Fische-Mond-Frauen sind von einer geheimnisvollen Aura umgeben, die auf viele Männer sehr anziehend wirkt, was sie manchmal auch zu nutzen wissen. Zugleich sind sie meist recht häuslich und vollführen wahre Wunder, wenn es um die Aufrechterhaltung des seelischen Wohl ihres Romeos geht. Eine solche Frau ist die Meisterin der Streicheleinheiten, weiß sofort, was ihr Partner nach einem langen Tag braucht und kümmert sich auch sonst aufopfernd um sein Wohlergehen. Fische-Mond-Männer träumen von einer Partnerin, der er einen Wunsch nicht erst sagen muss - am besten ist es, wenn sie ihn von selbst erahnt! Bei einer solchen Frau wird er sich geborgen fühlen und die Sicherheit finden, die er braucht. Viele dieser Männer suchen auch Partnerinnen, die ihnen im harten Alltag den Rücken stärken und für allgemeine Unterstützung sorgen.

Fische-Mond-Menschen fühlen sich wohl wie ein Fisch im Wasser, wenn sie Zeit und Raum haben, die Seele baumeln zu lassen. Gedanken und Gefühle müssen frei von Zwängen sein, nur dann geht es diesen Menschen richtig gut. In Zwangssituationen, etwa wenn eine schnelle Entscheidung ansteht, Streit herrscht oder ihnen plötzlicher Einsatz ohne Vorbereitung abverlangt wird, bei dem sie sich überfordert fühlen, können sie schnell panisch reagieren. Sie sind dann leicht anfällig für Infekte aller Art, insbesondere Husten und Schnupfen. Viele Menschen dieser Gruppe sind auch eher suchtgefährdet als andere; bei extremem Alkohol- oder Nikotinkonsum ist Vorsicht geboten. Wenn Sie ein Mensch sind, der im Mondzeichen Fische geboren ist, werden Sie vermutlich schon gemerkt haben, wo Ihre Schwächen liegen. Ihnen würde es sehr gut bekommen, wenn Sie gezielt an Ihrem Selbstbewusstsein arbeiten würden. Das ist keine einfache, aber auch keine unlösbare Aufgabe. Erwarten Sie von sich selbst keine Wunder! Sie werden die Situationen, in denen es an Selbstbewusstsein hapert, nur zur Genüge kennen, also werden Sie wissen, wo Sie ansetzen können. Versuchen Sie, rational an Ihr Problem heranzugehen. Sie haben so wertvolle Eigenschaften und sind liebenswert! Sie haben es nicht nötig, gering von sich selbst zu denken, Sie erst recht nicht! Denken Sie immer an Ihr Fingerspitzengefühl, wenn es um Menschen und Situationen geht - das hat nicht jeder. Sie tappen nicht so leicht ins Fettnäpfchen und ‚dumme Sprüche' von der verletzenden Art sind sicher auch nicht Ihr Problem. Sie brauchen sich nichts auf Ihr Gespür einzubilden, doch ein bisschen stolz können Sie durchaus darauf sein. Dazu haben Sie ein gutes Recht! Wenn Sie Ihr Selbstbewusstsein ein wenig aufgemöbelt haben, werden Sie vielleicht auch merken, dass Sie sich von anderen nicht alles gefallen lassen müssen. Lassen Sie sich nicht ausnutzen und auch nicht die Stimmung vermiesen, nur weil jemand schlechte Laune hat! Im Gegenteil, Sie sollten versuchen, diesen armen Menschen aufzuheitern oder zu trösten, denn das können Sie gut. Nur Mut! Sie sind stärker, als Sie vielleicht denken.

Im Gleichgewicht zwischen Mond und Sonne

Sie haben also Ihr Mondzeichen ermittelt und das für Sie relevante Kapitel (oder auch zwei, wenn Sie ein Mischtyp sind) gelesen. Na, haben Sie sich wieder erkannt? Vielleicht haben Sie ja auch schon etwas über sich gelernt. Mitunter waren Sie vielleicht empört oder haben alles von sich gewiesen - aber seien Sie ruhig ehrlich mit sich. Ein Stückchen Wahrheit ist meistens dabei!

Sie werden sich eventuell schon gefragt haben, inwieweit diese Charakterisierungen mit denen zu tun haben, die sie im Zusammenhang mit Ihrem ‚Sternzeichen', das Sie sicherlich kennen, gelesen haben. Ihr Sein mit allen seinen Seiten - also dem Fühlen, Denken und Handeln - hat eine bewusste und eine unbewusste Seite. Die hier behandelten Mondzeichen charakterisieren die unbewusste Seite Ihrer Person, also Ihre Gefühle. Damit stehen so wichtige Dinge im Zusammenhang wie Ihr Empfinden in Bezug auf zwischenmenschliche Beziehungen im Allgemeinen, Ihr Verhalten in Liebesbeziehungen, Ihr Bedürfnis nach Geborgenheit, Liebe und Streicheleinheiten. Die Sonne hingegen steht für die eher bewusste Seite des Menschen, also Ihren Geist und Verstand. Das beinhaltet Ihr Autonomiebestreben, Ihr Selbstbewusstsein, Ihren Schöpfer- und Forscherdrang. Menschen, die sich wohl fühlen, die ausgeglichen sind und auch auf andere so wirken, haben ihr Gleichgewicht zwischen den beiden Impulsen gefunden. Sie haben die Mitte zwischen zwei Tendenzen entdeckt, die es in jedem Menschen gibt - doch nicht in allen Menschen sind beide Tendenzen gleich stark vertreten. In vielen Seelen herrscht ein Ungleichgewicht zwischen einem Gefühl (dem Gefühl, etwas zu brauchen) und dem Willen (dem Wissen, etwas wollen). Beides kann man meist sehr gut für sich begründen - Engelchen und Teufelchen sitzen der armen überforderten Seele dann auf der Schulter und streiten sich. Im Idealfall weiß man einfach, welche Entscheidung die richtige ist: ‚Ich will' und ‚Ich brauche' sind identisch oder überschneiden sich zumindest und können in Einklang gebracht werden. Menschen, die diese individuelle Mitte zwischen Sonnen- und Mondzeichen entdeckt haben, sind meistens ausgeglichen, erfolgreich in der Ausführung ihrer Pläne und Erfüllung ihrer Wünsche und meistens sind sie auch gesund. Denn ein solches Ungleichgewicht wirkt sich auf Geist und Körper aus und kann zu gesundheitlichen Beschwerden führen, wie bei den einzelnen Mondzeichen schon erwähnt wurde.

Wenn Sie mit sich nicht zufrieden sind, sich unwohl oder einfach ‚unrund' fühlen, könnte es sein, dass es in Ihnen dieses Ungleichgewicht gibt. Wenn Sie etwas tun möchten, können Sie mit Hilfe der Mond- und Sonnenzeichen und ihren jeweiligen Einflüssen nach Ihrer Mitte suchen. Selbst wenn Sie diese Mitte nicht finden (manche Menschen finden Sie nie), kann die Auseinandersetzung mit dem eigenen Ich nie schaden. Vielleicht macht es Ihnen ja auch Spaß. Und wenn Sie sich eigentlich so, wie Sie sind, ganz wohl fühlen - umso besser! Genießen Sie das Leben in vollen Zügen und machen Sie sich auch einmal bewusst, was für ein Glück Sie haben, auch wenn Sie hart an sich gearbeitet haben. Viele andere können auch mit intensivem Investieren nicht zu einem Ausgleich kommen. Wenn Sie meinen, Sie haben sich schon recht gut ‚eingependelt', können Sie vielleicht noch Erkenntnisse über Ihre Mitmenschen gewinnen und den einen oder anderen ‚Muffel' oder ‚Jammerlappen' (und sei es Ihr Sohn oder Ihre Mutter) ein bisschen besser verstehen. Wie gesagt, schaden kann es ja nichts!

Im letzten Kapitel können Sie erfahren, zu welchen Impulsen Ihre individuelle Mischung - also Ihr Mondzeichen und Ihr Sonnenzeichen (das herkömmliche ‚Sternzeichen', das Sie sicher kennen) - führt. Wenn sie ein Mondzeichen haben, welches eine völlig andere Tendenz hat als Ihr Sonnenzeichen, kann es etwa zu einem sehr starken Kontrast zwischen beiden kommen. Ihre Bestrebung ist es dann, die beiden Extreme möglichst zu vereinen und beide Seiten positiv miteinander in Einklang zu bringen, um die ‚goldene Mitte' zu finden. Sind sich dagegen Ihr Mondzeichen und Ihr Sonnenzeichen ähnlich oder sogar identisch, sollten Sie eher den beiden Impulsen, die zusammen eine recht einseitige Prägung ergeben können, entgegenwirken. Wenn Sie bewusst gegensteuern, können Sie auch mit solchen ähnlichen Zeichen Ihre individuelle Mitte finden. Suchen Sie Ihr Mondzeichen heraus und lesen Sie den Abschnitt, in dem es mit Ihrem Sonnenzeichen in Verbindung gesetzt wird. Die Charakterisierung ist zwar kurz, vielleicht wird sie Ihnen trotzdem behilflich sein, wenn Sie auf der Suche nach Ihrem Gleichgewicht sind.

Widder

Mondzeichen Widder - Sonnenzeichen Widder
Diese Kombination ist recht harmonisch. Menschen mit Widder als Mond- und Sonnenzeichen haben viel Energie und suchen die Herausforderung. Die Kombination aus "Ich suche die Konfrontation" (Mond) und "Ich möchte kämpfen" (Sonne) macht sie zu aufrichtigen und ehrlichen Leuten, die allerdings manchmal ein wenig ruppig mit den Gefühlen ihrer Mitmenschen umgehen.

Mondzeichen Widder - Sonnenzeichen Stier
In dieser Kombination fordert das Sonnenzeichen Sicherheit und Stabilität ein, während das Mondzeichen die Auseinandersetzung sucht. Bei diesem Gegensatz kommt es manchmal zu Reibungen, die aber auch durchaus nutzbar gemacht werden können: Wenn Mut zur Auseinandersetzung mit Vernunft und klarem Denken kombiniert wird.

Mondzeichen Widder - Sonnenzeichen Zwillinge
Aus dieser Mischung entsteht meist ein sehr unternehmungslustiger, ausgelassener Mensch, der sich auch durch große Tatkraft auszeichnet. Durch den Impuls des Mondes "Ich brauche Bewegung" und den der Sonne "Ich will Kommunikation" sind diese Menschen meist geistig und physisch äußerst mobil. Manchmal kann das aber auch zu starker Angespanntheit führen.

Mondzeichen Widder - Sonnenzeichen Krebs
Hier treffen Gegensätze aufeinander: Ein Wille, der an Emotionen orientiert ist ("Ich will emotionale Intensität") und ein stürmisches, zuweilen hitziges Gemüt ("Ich brauche die Auseinandersetzung") ergeben innere Zerrissenheit. Diese Menschen fühlen sich meistens in einer heimischen Umgebung, in der aber gleichzeitig das offene Wort herrscht, am wohlsten.

Mondzeichen Widder - Sonnenzeichen Löwe
Menschen mit dieser Konstellation haben große Pläne, die sie auch umsetzen können. Durch den Widder, das Freiraum und anspruchsvolle Aufgaben fordert und den Löwen, welcher Geltungsbedürfnis und Verantwortungsbewusstsein vereint, führt die Kombination zu Tatkraft und Entschlussfreudigkeit. Eine harmonische Verbindung, mit der man viel erreichen kann.

Mondzeichen Widder - Sonnenzeichen Jungfrau
In dieser Konstellation ist es wichtig, Gefühl und Verstand, die zueinander im Gegensatz stehen, geschickt zu vereinen. Das Mondzeichen verursacht die Tendenz zu starken Emotionen, während das Sonnenzeichen diese Menschen rational und vernunftbetont an die Dinge herangehen lässt. Diese Impulse unter einen Hut zu bringen, ist nicht immer einfach.

Mondzeichen Widder - Sonnenzeichen Waage
Auch hier kann es zu einem inneren Tauziehen zwischen der Seele, die eher stürmisch Austausch und Kontroverse sucht und dem Willen, der analytisch abwägt, bevor Entscheidungen getroffen werden. Dem Wunsch nach Harmonie und Ausgeglichenheit widerspricht also oft dem Willen, zu agieren und Neues auszuprobieren.

Mondzeichen Widder - Sonnenzeichen Skorpion
Eine eher harmonische Kombination, in der das Mondzeichen mutig die Herausforderung sucht, das Sonnenzeichen das Durchhaltevermögen bis zum Ziel mitbringt. Eine Gefahr bei vielen dieser Menschen besteht darin, sich zu überfordern oder zu hohe Ziele in Angriff zu nehmen.

Mondzeichen Widder - Sonnenzeichen Schütze
Diese Mischung bringt sehr impulsive und leidenschaftliche Menschen hervor. Sie haben einen ebenso großen Drang nach anspruchsvollen Aufgaben (Mondzeichen) wie nach ihrer individuellen Freiheit (Sonnenzeichen). Das führt zu ideenreichen, manchmal auch idealistischen Menschen, bei denen allerdings die Gefahr der Überforderung besteht.

Mondzeichen Widder - Sonnenzeichen Steinbock
Die Betonung auf der Vernunft durch das Sonnenzeichen und der Impuls von Aktivität und (über)großer Power macht diese Kombination manchmal problematisch. Eine Möglichkeit, den Ehrgeiz und die Spontaneität unter einen Hut zu kriegen, ist das Konzentrieren auf Arbeit, weshalb viele Menschen dieser Gruppe eine Bilderbuch-Karriere machen.

Mondzeichen Widder - Sonnenzeichen Wassermann
Diese Kombination macht den Menschen geistig aufgeschlossen und betont anders als seine Mitmenschen: Der Widder fordert Herausforderung und Aktivität heraus, der Wassermann hingegen Autonomie und Individualität. Andererseits kann das Ergebnis auch oft eine Person sein, die sich sozial engagiert und dabei als sehr freundlich und hilfsbereit geschätzt wird.

Mondzeichen Widder - Sonnenzeichen Fische
Hier kann es zu Spannungen kommen: Das Mondzeichen gibt den Impuls "Ich brauche meine Autonomie"; das Sonnenzeichen fordert Hingabe, Mitgefühl und Hilfsbereitschaft. Trotz ihres Kampfes um die ‚goldene Mitte' sind diese Menschen meist sehr hilfsbereit und zu Gefühlen fähig. Es tut ihnen fast immer gut, Selbstwertgefühl und Ehrgeiz aufzupolieren.

Stier

Mondzeichen Stier - Sonnenzeichen Widder
Hier verbirgt sich Konfliktpotenzial. Diese Menschen haben den starken Willen, die Welt zu bewegen und große Taten zu vollbringen. Diesem Impuls widerspricht jedoch das Bedürfnis nach Stabilität und Frieden. Die Beharrlichkeit des Mondzeichens ist aber eine gute Chance, der Ungeduld des Sonnenzeichens entgegenzuwirken, die man nutzen sollte.

Mondzeichen Stier - Sonnenzeichen Stier
Hier treffen das Bestreben nach Sicherheit und Beständigkeit durch Geist und Willen aufeinander - eine harmonische Mischung, die zu einer relativen Stabilität im Leben dieser Menschen führt. Friedlichkeit und Ausgewogenheit machen diese Leute zudem zu beliebten Zeitgenossen. Lediglich ihre Sturheit kann andere zum fluchen bringen.

Mondzeichen Stier - Sonnenzeichen Zwillinge
In dieser Konstellation müssen die Impulse gegeneinander kämpfen: Das Sonnenzeichen fordert Bewegung und Abenteuer, das Mondzeichen Häuslichkeit und Ruhe. Da kann es schwierig sein, beides zu vereinen. Das Mondzeichen bringt jedoch die Chance mit, die Abenteuerlust in produktive Bahnen zu lenken.

Mondzeichen Stier - Sonnenzeichen Krebs
Diese Mischung bringt durch das Sonnenzeichen Menschen hervor, die einen starken Sinn für Häuslichkeit und Fürsorge für andere haben. Das Mondzeichen festigt das durch die Forderung nach Kontinuität und Stabilität. Den meisten Menschen aus dieser Gruppe wird es nicht allzu schwer finden, ihre Mitte zu entdecken und erfolgreich zu leben.

Mondzeichen Stier - Sonnenzeichen Löwe
Hier kann es zum Konflikt kommen: Das Sonnenzeichen ist auf Anerkennung und Bewunderung aus, das Mondzeichen braucht den gehobenen Standard. Manchmal ist ein extremes Geltungsbedürfnis die Folge; auf beruflicher Ebene sind diese Menschen oft erfolgreich. Sie werden jedoch den Vorwurf kennen, sie seien ein wenig opportunistisch.

Mondzeichen Stier - Sonnenzeichen Jungfrau
Das Mondzeichen mit dem Bedürfnis nach Sicherheit und Gleichmaß und das Sonnenzeichen, das vorausplanen und einschätzen will, ergeben zumeist Menschen, die im Schönen auch das Nützliche entdecken können - und umgekehrt. Das einzige Problem ist eine geringe Flexibilität, die beide Komponenten gleichermaßen mit sich bringen.

Mondzeichen Stier - Sonnenzeichen Waage
Eine ausgewogene Mischung, unter der die Menschen im Mondzeichen eine solide Umgebung mit Sicherheit und Frieden brauchen. Durch die Waage wollen sie zugleich Harmonie und Konsens, was meist leicht zu vereinen ist, weshalb sie einerseits zu vermitteln verstehen, sich aber genauso erfolgreich dem außergewöhnlichen Genuss hingeben können.

Mondzeichen Stier - Sonnenzeichen Skorpion

Das Mondzeichen fordert Ruhe und solide Verhältnisse, das Sonnenzeichen drängt mit eisernem Willen nach Erforschung. Eine problematische Mischung, die in sich sehr widersprüchlich ist. Ist der Konflikt allerdings erkannt, kann man gefestigte Umstände nutzen, um den (harten) Dingen auf den Grund zu gehen, ohne selbst zu Grunde zu gehen.

Mondzeichen Stier - Sonnenzeichen Schütze

Das Mondzeichen fordert Anerkennung und innere wie äußere Sicherheit, während das Sonnenzeichen immer auf der Suche nach Gerechtigkeit und einem tieferen Sinn ist - nicht ohne Probleme. Der Idealismus des Zeichens Schütze führt dazu, dass der friedfertige Mensch manchmal inneren Kämpfen ausgesetzt ist: Welches Ziel habe ich wirklich?

Mondzeichen Stier - Sonnenzeichen Steinbock

Hier lautet die Devise: "Ich brauche Kontinuität und Sicherheit" (Mondzeichen) und "Ich will Erfolg haben" (Sonnenzeichen). Eher problemlos, denn obwohl diese Menschen sehr ehrgeizig sind und die Spitze als Ziel vor Augen haben, verlieren sie nie an Verständnis und Anteilnahme für ihre Mitmenschen - denn dieses Bedürfnis kennen sie selbst nur gut.

Mondzeichen Stier - Sonnenzeichen Wassermann

In dieser Kombination kann es zu einem inneren Kampf zwischen dem Bedürfnis nach Solidität durch das Mondzeichen und der Abneigung gegen Konvention und Tradition des Sonnenzeichens kommen. Gewinnt das Sonnenzeichen, haben diese Menschen manchmal das Gefühl des ‚einsamen Wolfs'. In aller Regel sind sie aber gute und verlässliche Kumpel.

Mondzeichen Stier - Sonnenzeichen Fische

Hier stößt ein friedfertiges Gemüt, das sich für andere verantwortlich fühlt, auf Hilfsbereitschaft und Mitgefühl. Eine harmonische Mischung, in der die Menschen stark von ihrer Intuition profitieren können, die ihnen die Sicherheit gibt, die sie brauchen. Manchmal wird die Sensibilität dieser Menschen aber so groß, dass sie die Flöhe husten hören.

Zwillinge

Mondzeichen Zwillinge - Sonnenzeichen Widder

In dieser Mischung trifft sich ein Mondzeichen, das Abwechslung und Kommunikation einfordert, mit einem Sonnenzeichen, das in Richtung Tatendrang und Herausforderung geht. Das ergibt vielseitig interessierte, aktive Menschen, die allerdings manchmal etwas unter Strom zu stehen scheinen: Es kann zu Ruhelosigkeit und Nervosität kommen.

Mondzeichen Zwillinge - Sonnenzeichen Stier

Diese Konstellation ist von Offenheit und Interesse (Zwillinge: "Ich brauche interessante Anregungen") und Beständigkeit (Stier: "Ich will Standhaftigkeit und Norm") geprägt. Die Mischung ist recht einfach zu handhaben, allerdings sollte man aufpassen, nicht oberflächlich zu sein. Spontaneität und Emotion geraten leicht in Vergessenheit.

Mondzeichen Zwillinge - Sonnenzeichen Zwillinge

Diese Menschen sind ein mustergültiges Beispiel für Offenheit und Aufgeschlossenheit. Mond- und Sonnenzeichen fordern Impulse, Veränderung und Anregung; die Menschen müssen jede Gelegenheit wahrnehmen. Sie sollten allerdings darauf achten, auch einmal in sich hineinzuhorchen: Auch das Gefühl hat sein Berechtigung.

Mondzeichen Zwillinge - Sonnenzeichen Krebs

Nicht unproblematisch: Zwillinge will Vergnügen und Zerstreuung, Krebs Zärtlichkeit und Geborgenheit. Beide Zeichen möchten Abwechslung in Maßen, doch kann es zu Stimmungsschwankungen und Ungeduld kommen, wenn sich nicht gleich eine Möglichkeit der Integration offenbart. Andererseits sind diese Menschen aber auch kreativ und feinfühlig.

Mondzeichen Zwillinge - Sonnenzeichen Löwe

In dieser Konstellation liegen der Drang nach Vielfalt und Zerstreuung (Zwillinge) und Durchsetzungsvermögen und Stolz (Löwe) vor. Diese Menschen stehen gern im Mittelpunkt des Geschehens, wo sie Unterhaltung und Vielfalt finden, doch geht ihnen dabei nie ihr Charme, ihre Begeisterungsfähigkeit abhanden. Mehr Zurückhaltung ist mitunter angesagt.

Mondzeichen Zwillinge - Sonnenzeichen Jungfrau

Diese Menschen sind meistens sehr rational und nüchtern veranlagt. Ein logisches ebenso wie pflichtbewusstes Vorgehen ist ihnen in die Wiege gelegt. Das Mondzeichen will Austausch, das Sonnenzeichen Ordnung - hier sollte es keine Probleme geben. Die Menschen sind scharf(-züngige) Beobachter und suchen sich intellektuell anspruchsvolle Betätigungsfelder.

Mondzeichen Zwillinge - Sonnenzeichen Waage
Hier hat man es meistens mit freundlichen, charmanten Menschen zu tun. Oft sehr gekonnt verbinden sie in sich den Drang nach Unterhaltung und Ausgelassenheit mit dem Willen, ein harmonisches Leben zu führen. Diese Leute sind zumeist sehr beliebt bei ihren Mitmenschen. Innere Probleme sind selten.

Mondzeichen Zwillinge - Sonnenzeichen Skorpion
Diese Menschen sind extrem ehrlich, zuweilen unbequem, denn sie verfügen über einen sehr scharfen Verstand und kritische Beobachtungsgabe. Ihre Urteile können hart und verletzend sein, trotzdem werden sie nie von ihrer Meinung abrücken. Das Mondzeichen braucht geistige Herausforderung, das Sonnenzeichen Erforschung. Im Inneren herrscht meistens Frieden.

Mondzeichen Zwillinge - Sonnenzeichen Schütze
Diese Kombination prägt einen Menschen, der einerseits ständig intellektuelle Nahrung braucht (Zwillinge), andererseits ständig den tieferen Sinn sucht (Schütze). Diese beiden Impulse können sinnvoll und unproblematisch kombiniert werden; diese Menschen haben das Zeug zu Forschern und Erfindern. Überdies ist ihnen ihre individuelle Freiheit höchst wichtig.

Mondzeichen Zwillinge - Sonnenzeichen Steinbock
Hier könnte es zu Problemen kommen, wenn der Steinbock mit seiner Beharrlichkeit und Sturheit den Drang nach Abwechslung und Zerstreuung der Zwillinge blockiert. Wenn Ernsthaftigkeit und Beharrlichkeit mittels der Mond-Impulse gelockert werden können, können diese Menschen äußerst erfolgreich (und ausgeglichen!) werden.

Mondzeichen Zwillinge - Sonnenzeichen Wassermann
Menschen mit dieser Mischung wird man als in sich ruhend empfinden. Die zwei Zeichen stehen in keinerlei Konkurrenz zueinander: "Ich brauche geistige Betätigung" (Zwillinge) und "Ich will das Andere, Bessere" (Wassermann). So lässt es sich erfolgreich leben; intellektuelle und emotionale Fähigkeiten und Emotionen stehen meistens im Einklang.

Mondzeichen Zwillinge - Sonnenzeichen Fische
Diese Kombination könnte Probleme bereiten. Das Mondzeichen mit seinem Hang zum Denken und zur intellektuellen Anregung steht dem Sonnenzeichen, welches Hingabe einfordert und Definition ablehnt, gegenüber. Mit mehr Konsequenz und Klarheit im Verhalten können die beiden entgegengesetzten Bedürfnisse in Einklang gebracht werden.

Krebs

Mondzeichen Krebs - Sonnenzeichen Widder
Diese Menschen sind manchmal innerer Zerrissenheit ausgesetzt, weil sie zweierlei Impulse in sich haben: Mut und Kampfbereitschaft (Widder) einerseits und das Bedürfnis nach Privatbereich und Frieden (Krebs) andererseits. Es empfiehlt sich, bei jeder Kampfansage zuvor das Gefühl zu befragen, um auch die inneren Signale nicht zu unterdrücken.

Mondzeichen Krebs - Sonnenzeichen Stier
In dieser Kombination gibt das Mondzeichen den Impuls zu Geborgenheit und Intimität, während das Sonnenzeichen Durchsetzungsvermögen und Genussfreudigkeit ausmacht. Keine unbedingt problematische Konstellation, doch sollten diese Menschen darauf achten, nicht allzu sehr treiben und gehen zu lassen.

Mondzeichen Krebs - Sonnenzeichen Zwillinge
In diesen meist verständnisvollen Menschen gehen zwar Geist und Wille in unterschiedliche Richtungen (das Mondzeichen in Richtung Geborgenheit, das Sonnenzeichen in Richtung Unternehmungen und Unterhaltung), doch sind diese Impulse recht leicht zu vereinen. Nach dem geistigen Austausch können diese Leute in ihre heimische Geborgenheit zurückkehren.

Mondzeichen Krebs - Sonnenzeichen Krebs
Bei dieser Konstellation kommt es zu träumerischen, schwärmerischen, manchmal leicht manipulierbaren Menschen. Mond- und Sonnenzeichen fordern Häuslichkeit und Zärtlichkeit ein, was zu Sensibilität und oft auch großer Vorstellungskraft führt. Diese Menschen sollten sich bemühen, am Boden der Realität zu bleiben.

Mondzeichen Krebs - Sonnenzeichen Löwe
Hier stößt ein an sich kämpferischer Geist ("Ich will mich beweisen" - Löwe) auf ein empfindsames Gemüt ("Ich brauche Privatsphäre und Abgrenzung" - Krebs). Das wird dann zum Problem, wenn in diesen Menschen nicht genügend Selbstbewusstsein vorhanden ist, um auch tatsächlich aktiv zu werden.

Mondzeichen Krebs - Sonnenzeichen Jungfrau
Menschen mit dieser Mischung sind zumeist innerlich stabil und ausgewogen. Sie verfügen über einen planenden, vorausschauenden Geist und eine Seele, die innerhalb des häuslichen Umfelds und der Familie gedeiht. Ernsthafte Konflikte sind nicht zu erwarten. Diese Menschen sind wahre Organisationstalente, zugleich bescheiden und genügsam.

Mondzeichen Krebs - Sonnenzeichen Waage

Hier stößt das Mondzeichen Krebs, das Akzeptanz von anderen fordert, auf das Sonnenzeichen Waage, welches auf Ausgleich und gutes Auskommen mit anderen aus ist. Das ergibt kompromissbereite Menschen. Manchmal schießen sie dabei über das Ziel hinaus: Frustrationen kann es geben, wenn sie sich für andere Gefühle verschließen.

Mondzeichen Krebs - Sonnenzeichen Skorpion

In diesem Sonnenzeichen findet das Mondzeichen Krebs einen geeigneten ‚Partner'. Dem Bedürfnis nach Anerkennung und Zuneigung (Krebs) kommt der starke Wille, sich durchzusetzen und Ziele zu erreichen, zugute. Trotz ihres Ehrgeizes haben diese Menschen es nicht nötig, die Bedürfnisse anderer zu übergehen, denn das kann schmerzhaft sein.

Mondzeichen Krebs - Sonnenzeichen Schütze

In dieser Kombination stehen sich die Zeichen gegenüber: Krebs mit seinem Bedürfnis nach Häuslichkeit und ‚heiler Welt', Schütze mit seinem Forscherdrang und dem Willen, größere Zusammenhänge zu entdecken. Manche Menschen mit diesen Zeichen laufen Gefahr, Trugschlüssen zu erliegen, wenn sie davon überzeugt sind, die ‚Wahrheit' gefunden zu haben.

Mondzeichen Krebs - Sonnenzeichen Steinbock

Das Mondzeichen braucht Sicherheit ("Ich brauche meine Familie/Freunde"), das Sonnenzeichen will mit eisernem Willen nach oben ("Ich will ohne fremde Hilfe an die Spitze"). Keine einfache Mischung. Die Mitte können diese Menschen finden, wenn sie Distanz und Unsicherheit vor Fremden abbauen würden.

Mondzeichen Krebs - Sonnenzeichen Wassermann

Problematisch an dieser Konstellation ist der Gegensatz zwischen dem Willen nach Neuerungen, mitunter sogar Revolution (Wassermann) und dem Bedürfnis nach Rückzugsmöglichkeit und Privatsphäre (Krebs). Die Lösung ist die Überwindung des inneren Schweinehundes und der Aufbau von mehr Selbstbewusstsein.

Mondzeichen Krebs - Sonnenzeichen Fische

Menschen mit diesen Zeichen haben zunächst wenig Probleme, denn sie brauchen Unterstützung und Intimität (Krebs) und wollen aus Notlagen helfen und Verständnis aufbringen (Fische). Die Zeichen widersprechen sich nicht, allerdings gibt es bei vielen Menschen die Tendenz, dass sie sich ausbeuten lassen und eigene Interessen vernachlässigen.

Löwe

Mondzeichen Löwe - Sonnenzeichen Widder
Diese Menschen haben beruflich das Zeug zu Erfolg. Das Mondzeichen fordert Macht und Einfluss ein, das Sonnenzeichen sucht Herausforderung und will vor allem gewinnen. Das Ergebnis aus dieser Mischung sind tatkräftige, energische Menschen, die allerdings zu plötzlichen Gefühlsausbrüchen (oft Wutanfälle) neigen. Für die Mitmenschen ist das unangenehm.

Mondzeichen Löwe - Sonnenzeichen Stier
Diese Konstellation prägt Menschen mit festem Willen. Konsequenz um jeden Preis - so lautet das Motto. Das Mondzeichen fordert Anerkennung und Aufmerksamkeit ein, das Sonnenzeichen sucht Stabilität und Konsistenz. Das kann diese Personen zu sturen Dickköpfen machen, an denen sich andere die Zähne ausbeißen.

Mondzeichen Löwe - Sonnenzeichen Zwillinge
Menschen mit dieser Zeichenkombination sind großzügig, kreativ und ideenreich. "Ich brauche Anerkennung" (Löwe) und "Ich will Anregungen und ‚Input'" (Zwillinge) erschwert diesen Menschen allerdings manchmal die Ausführung all ihrer Pläne und Ideen, weil die Ausdauer nicht besonders stark ausgeprägt ist.

Mondzeichen Löwe - Sonnenzeichen Krebs
Hier paaren sich Vorstellungskraft und Durchsetzungsvermögen (Löwe) mit Emotion und Herzensgüte (Krebs). In der Regel sollten diese Menschen kaum Probleme haben, diese Eigenschaften miteinander zu verbinden. Es handelt sich um herzliche und fürsorgliche Menschen, die ausreichend Power haben, um ihre Projekte zu verwirklichen.

Mondzeichen Löwe - Sonnenzeichen Löwe
Eine explosive Mischung! "Ich brauche Aufmerksamkeit" und "Ich will mich positiv darstellen" - zwei Impulse, die diese Menschen selbstständig, aktiv und großzügig macht. Ruhm und Erfolg werden gebraucht und gefunden. Mitunter werden sie auch als egozentrisch und rechthaberisch empfunden: Es tut ihnen gut, manchmal einen Gang zurückzuschalten.

Mondzeichen Löwe - Sonnenzeichen Jungfrau
Diese Menschen sind in der Regel ausgeglichen, das sich die zwei Zeichen recht gut miteinander vereinen lassen. Das Mondzeichen braucht die Herausforderung, das Sonnenzeichen strebt nach Pflichterfüllung und Beständigkeit. Das prägt zumeist sehr fleißige und pflichtbewusste Menschen, die gegenüber sich und anderen anspruchsvoll, aber auch herzlich und offen sind.

Mondzeichen Löwe - Sonnenzeichen Waage
Diese Kombination prägt Menschen, die innerlich ausgeglichen, großzügig und freundlich sind. Die zwei Impulse "Ich will Frieden und Ausgeglichenheit" (Waage) und "Ich brauche Anerkennung" (Löwe) bewirken, dass sie auf ihre Mitmenschen vermittelnd eingehen und zugleich ihre eigenen Interessen vertreten können, ohne sich in den Vordergrund zu spielen.

Mondzeichen Löwe - Sonnenzeichen Skorpion
Diese Menschen haben trotz einer gewissen inneren Zerrissenheit viel Stärke. Einerseits suchen sie die Achtung und Bewunderung von anderen, andererseits haben sie die Power, sich durchzubeißen und ihre Ziele zu erreichen. Sie sind leistungsfähig und aktiv, weshalb sie ihre Pläne meist verwirklichen können. Etwas mehr ‚laisser faire' könnte ihnen allerdings gut tun!

Mondzeichen Löwe - Sonnenzeichen Schütze
Hier trifft man auf einen optimistischen, starken Willen, gepaart mit gesundem Selbstvertrauen. Der Löwe-Mond fordert Aufgaben, an denen er sich messen kann; das Sonnenzeichen Schütze möchte sich einbringen, die Welt verstehen und beeinflussen. Deshalb haben diese Menschen so viel Kraft, andere mitzureißen. Bei so viel Begeisterungsfähigkeit geht nur manchmal eine kritische Selbsteinschätzung verloren.

Mondzeichen Löwe - Sonnenzeichen Steinbock
Diese Menschen bringen die Veranlagung mit, sich bis nach ganz oben vorzukämpfen. Das Zeichen Steinbock signalisiert eisernen Willen, mit dem alle Ziele verfolgt werden. Das Zeichen Löwe fordert Bestätigung und Anerkennung von anderen. Das Problem besteht darin, dass bei diesen Menschen manchmal kein Platz mehr für menschliche Beziehungen bleibt.

Mondzeichen Löwe - Sonnenzeichen Wassermann
Das Mondzeichens sagt "Ich brauche Anerkennung und Aufmerksamkeit" - die Stimme des Sonnenzeichens hingegen: "Ich will meinen Weg gehen". Diese Menschen sind einer inneren Zerreißprobe ausgesetzt, die zu Eifersucht und übertriebenem Individualitätsstreben führen kann. Gedeihen können diese Menschen mit viel Zuneigung von anderen.

Mondzeichen Löwe - Sonnenzeichen Fische
Das Sonnenzeichen trägt dazu bei, dass sich diese Menschen sehr darum bemühen müssen, auf dem Boden der Realität zu bleiben. Ansonsten ist die Kombination recht harmonisch: Löwe braucht die Gelegenheit, anderen sein Können zu demonstrieren, Fische will sich in andere hineinversetzen, nachfühlen. Diese Menschen sind herzlich und fürsorglich.

Jungfrau

Mondzeichen Jungfrau - Sonnenzeichen Widder
Diese Menschen haben manchmal Probleme mit ihrem Antrieb. Das Sonnenzeichen will alles kräftig anpacken oder sogar mit dem Kopf durch die Wand; das Mondzeichen bremst dies durch (teilweise angebrachte) Skepsis und Zweifel ab. Diese Vernunft nutzbar machen können die Menschen, die etwas mehr ‚Bissigkeit' an den Tag legen.

Mondzeichen Jungfrau - Sonnenzeichen Stier
Mit dieser Kombination lässt es sich recht gut und erfolgreich leben. Einerseits brauchen diese Menschen durch das Mondzeichen ein festes System, eine Ordnung; andererseits wollen sie Stabilität und Festigkeit. Das macht sie zu zielbewussten und zuverlässigen Menschen, die wissen, was sie wollen.

Mondzeichen Jungfrau - Sonnenzeichen Zwillinge
Hier stehen die beiden Zeichen im Kontrast zueinander. "Ich brauche überschaubare Umstände" (Jungfrau) und "Ich will flexibel reagieren und kommunizieren" (Zwillinge) - mit diesem Widerspruch werden sich diese Menschen auseinander setzen müssen. Meist sind sie dank ihres Verstandes und ihrer Einsicht aber in der Lage, die Diskrepanz zu überbrücken.

Mondzeichen Jungfrau - Sonnenzeichen Krebs
Diese Menschen fühlen sich meistens mit ihrer Zeichenkombination recht wohl. Das Mondzeichen braucht Klarheit und Prinzipien, während das Sonnenzeichen für den Bedarf an Sicherheit und Geborgenheit verantwortlich ist. Diese Verbindung kann gut gelebt werden, diese Menschen sind meistens liebenswert und hilfsbereit.

Mondzeichen Jungfrau - Sonnenzeichen Löwe
Hinter dieser Zeichenkombination verbirgt sich die große Chance, groß angelegte Pläne auch tatsächlich mit System und Erfolg verwirklichen zu können. Voraussetzung ist, dass die Person die ihr innewohnende Kluft zwischen Bescheidenheit (Jungfrau) und Exklusivität und Selbstdarstellung (Löwe) überbrücken kann.

Mondzeichen Jungfrau - Sonnenzeichen Jungfrau
Diese pflichtbewussten, zuverlässigen und fleißigen Menschen haben durch beide Zeichen die Tendenz zur Ordnung und zwar auf allen Gebieten. Sie brauchen den klaren Durchblick und wollen ein Umfeld, auf das sie sich jederzeit verlassen können - keine unmöglichen Forderungen. Lediglich die Emotionen kommen oft viel zu kurz.

Mondzeichen Jungfrau - Sonnenzeichen Waage
Hier haben die Zeichen eine ähnliche Ausrichtung: Das Mondzeichen fordert feste Ordnung und geregelte Abläufe ein; das Sonnenzeichen will das Leben genießen und Freude verbreiten. Probleme gibt es hier kaum, nur selten wird der Vorwurf von Egoismus laut. In der Regel wissen sich diese Menschen aber ihrer Umwelt angemessen anzupassen.

Mondzeichen Jungfrau - Sonnenzeichen Skorpion
In dieser Kombination steht neben dem Drang nach Perfektion (Jungfrau) ein starker Ehrgeiz (Skorpion). Das sind zwei recht ähnliche Impulse, die sich auch vereinen lassen, manchmal aber, bei aller Leistung, ohne Rücksicht auf Verluste. Wenn ein Ziel trotzdem nicht erreicht werden kann, kann der Frust außerdem besonders groß sein.

Mondzeichen Jungfrau - Sonnenzeichen Schütze
Diese Menschen brauchen auf Grund des Impulses vom Mondzeichen zuverlässige Planung ebenso wie sie begeisterungsfähig sind und andere mitreißen wollen (Sonnenzeichen). Diese Diskrepanz führt bei manchen Menschen zu Antriebsschwierigkeiten. Sind diese aber überwunden, kann der Idealismus und das logische Herangehen zu guten Erfolgen führen.

Mondzeichen Jungfrau - Sonnenzeichen Steinbock
Vor lauter Pflichtbewusstsein und Planerfüllungen kommen diese Menschen manchmal gar nicht mehr dazu, das Leben auch einmal zu genießen. Die Ordnung der Jungfrau und das Bestreben nach Aufstieg ohne Hilfe von außen durch das Sonnenzeichen machen diese Menschen zu sehr ernsten, geduldigen Menschen, die sich ruhig einmal gehen lassen könnten.

Mondzeichen Jungfrau - Sonnenzeichen Wassermann
"Ich brauche mir bekannte Strukturen" (Jungfrau) und "Ich will etwas Neues ausprobieren" (Wassermann) sind die sich gegenüberstehenden Tendenzen in diesen Menschen. Wer es schafft, den Mut zu den großen neuen Plänen auch tatsächlich aufzubringen, kann es mit dieser Mischung zu viel bringen!

Mondzeichen Jungfrau - Sonnenzeichen Fische
Mit dieser Kombination sind viele Menschen einer großen inneren Kluft ausgesetzt: Ordnung und Systematik (Jungfrau) stehen Intuition und Gefühl (Fische) gegenüber. Das zu vereinen, ist schwer; vielfach unterliegen diese Menschen der Selbstaufgabe. Hat eine Mensch jedoch die Mitte gefunden, wird man einen Menschen vorfinden, der sich Hilfsbereitschaft und Einfühlungsvermögen vorbildlich nutzbar macht.

Waage

Mondzeichen Waage - Sonnenzeichen Widder
Diese Mischung kann schwierig sein. Unentschlossenheit ("Ich brauche Harmonie und Einklang", Waage) und Tatendrang ("Ich will Herausforderung und Auseinandersetzung", Widder) stehen sich gegenüber. Am besten ist die goldene Mitte zwischen zu viel Rücksicht auf andere und purem Egoismus - eine nicht ganz einfache Aufgabe.

Mondzeichen Waage - Sonnenzeichen Stier
Menschen mit diesen Zeichen brauchen ein harmonisches Miteinander mit dem Umfeld (Waage), zugleich wollen sie materielle Sicherheit und einen häuslichen Ruhepol (Stier). Eine ausgeglichene Mischung, die Menschen hervorbringt, die liebenswert und geduldig sind und die schönen Dinge des Lebens genießen können, welche sie aber nicht überbewerten sollten.

Mondzeichen Waage - Sonnenzeichen Zwillinge
Die Kombination macht die betreffenden Menschen sehr beliebt, denn sie vereinen den Drang nach Frieden und Harmonie mit dem Bedürfnis nach Abwechslung und Kurzweil. Das macht diese Leute sehr friedfertig, umgänglich und innerlich ausgeglichen. Allerdings können sie sich um mehr Entschlusskraft und Elan bemühen, um die Dinge des Alltags anzugehen.

Mondzeichen Waage - Sonnenzeichen Krebs
Hier trifft ein vorsichtiger Wille auf eine um Ausgleich und Harmonie bemühte Seele. Waage ("Ich brauche die Harmonie mit meiner Umwelt") steht dabei im Kontrast zum Krebs ("Ich will mir klare Abgrenzungen nach außen schaffen"). Problematisch ist das dann, wenn diese Menschen keine ausgeglichenen Lebensumstände haben, von denen sie ausgehen können.

Mondzeichen Waage - Sonnenzeichen Löwe
Eine recht dynamische Mischung, mit der es sich erfolgreich und harmonisch leben lässt: Das Mondzeichen fordert Gemeinschaft, das Sonnenzeichen Herausforderung und Bewunderung von anderen. Eine meist einfache Aufgabe; die Menschen sind dementsprechend aufgeschlossen und liebenswert, ohne die eigenen Interessen aus den Augen zu verlieren.

Mondzeichen Waage - Sonnenzeichen Jungfrau
In dieser Kombination finden der Drang nach Geselligkeit und Partnerschaft (Impuls der Waage) und der starke Wille nach vernünftigen Aufgaben (Impuls der Jungfrau) zusammen. Diese Menschen sind damit freundschaftlich, bescheiden, aber auch mit gesunder Skepsis ausgestattet. Emotional jedoch erscheinen sie manchmal etwas ‚unterkühlt'.

Mondzeichen Waage - Sonnenzeichen Waage
Durch die ähnlichen Impulse von Mond- und Sonnenzeichen gibt es hier selten Konflikte. Das Mondzeichen fordert Frieden und Harmonie, das Sonnenzeichen will niveauvolles Zusammensein mit anderen. Das macht diese Personen zu überaus friedlich und kompromissbereit, die allerdings auch recht leicht zu beeinflussen sind.

Mondzeichen Waage - Sonnenzeichen Skorpion
Dem Impuls des Sonnenzeichens Skorpion, Pläne und Ideen zu verwirklichen, steht das Mondzeichen ein wenig im Wege: Die Waage braucht Harmonie um jeden Preis und manchmal mehr Zeit, um sich über Konsequenzen bewusst zu werden. Da kann es schwierig werden, genügend Sitzfleisch zu entwickeln, um Projekte bis zum Ende auszuführen.

Mondzeichen Waage - Sonnenzeichen Schütze
Diese Menschen haben oft viele Träume und große Pläne. Das Gute ist, dass es ihnen mit dieser Zeichenkombination relativ leicht gelingt, ihre Ziele zu realisieren - oft in einer Gruppe von Gleichgesinnten. Die Impulse "Ich brauche Zusammengehörigkeit" (Waage) und "Ich will alle meine Pläne realisieren" (Schütze) sind dabei behilflich.

Mondzeichen Waage - Sonnenzeichen Steinbock
Hier kann es zu einem Konflikt zwischen großer Ernsthaftigkeit ("Ich habe Großes vor" - Steinbock) und Lebenslust ("Ich brauche Gemeinschaft und ein freundliches Miteinander" - Waage). Das Mondzeichen macht diese Menschen ein wenig bequem, das Sonnenzeichen ernst und pflichtbewusst. Eine Betonung der frohen Seiten des Lebens ist meistens angebracht.

Mondzeichen Waage - Sonnenzeichen Wassermann
Diese Menschen sind in aller Regel sehr offen, vielseitig interessiert und aktiv. Ihr Mond steht für das Bedürfnis, sich mit anderen auszutauschen; ihre Sonne fordert das Besondere, Extravagante. Diese Persönlichkeiten sind gesellig und beliebt, dürfen aber die Realität nicht aus den Augen verlieren.

Mondzeichen Waage - Sonnenzeichen Fische
Diese sanften Persönlichkeiten können sich Situationen hervorragend anpassen. Sie sind geschätzt für Verständnis und Sensibilität. Das Mondzeichen braucht ein harmonisches Beisammensein, das Sonnenzeichen will Gefühl und Übereinstimmung. Diese Menschen sollten aber versuchen, mehr Selbstbewusstsein zu entwickeln.

Skorpion

Mondzeichen Skorpion - Sonnenzeichen Widder

Hier stoßen zwei Zeichen aufeinander, die leidenschaftlich und stürmisch sind. Skorpion braucht seine Anlaufphase; Widder will kämpfen und gewinnen. Diese Menschen sind arbeitsam, zäh und ehrgeizig. Es besteht die Gefahr, dass sie sich körperlich und seelisch übernehmen. Eigene Bedürfnisse und die anderer sollten mehr beachtet werden.

Mondzeichen Skorpion - Sonnenzeichen Stier

Auch in dieser Kombination gibt es zwei konträre Tendenzen: Das Mondzeichen wird ausforschen, provozieren; das Sonnenzeichen will Stabilität und problemlose Abläufe. Da diese Eigenschaften nicht leicht vereinbar sind, müssen diese Menschen aufpassen, nicht ständig gereizt und launisch zu sein.

Mondzeichen Skorpion - Sonnenzeichen Zwillinge

Diese Menschen haben die Gabe, in Krisensituationen kühlen Kopf zu bewahren. Ihr Mondzeichen braucht Reibung und Entzündung als Ansporn; das Sonnenzeichen will intellektuelle Nahrung, womit für Experimentierfreudigkeit und Pioniergeist eine gute Basis besteht. Mut und Rationalität führen zu gutem Krisenmanagement.

Mondzeichen Skorpion - Sonnenzeichen Krebs

Diese Konstellation lässt die betreffenden Personen einen unfehlbaren Instinkt haben, auf den sie sich verlassen können. Das Mondzeichen braucht Gefühle und Tiefe; das Sonnenzeichen will sich entspannen können. Diese Menschen sind oft extrem scheu und zurückhaltend; sie könnten lernen, sich sowohl auf andere als auch den eigenen Intellekt mehr zu verlassen.

Mondzeichen Skorpion - Sonnenzeichen Löwe

Hier findet man einen Menschen vor, der auf Grund des Skorpions Herausforderung und Diskussion braucht; durch das Zeichen Löwe Anerkennung und Sieg um jeden Preis. Das ist problematisch, weil diese Person auf Selbstdarstellung und Konfrontation aus ist, um ihre Ziele zu erreichen. Mehr Ein- und Nachsicht würde sie weniger arrogant erscheinen lassen.

Mondzeichen Skorpion - Sonnenzeichen Jungfrau

In dieser eher harmonischen Mischung finden sich das Bedürfnis nach Konfrontation zwecks Erreichen aller Ziele (Skorpion) und der Wille, alles methodisch und schrittweise anzugehen (Jungfrau). Diese Menschen sind sehr ausdauernd und konsequent, doch sollten sie auch einmal Fünfe grade sein lassen können.

Mondzeichen Skorpion - Sonnenzeichen Waage
Diese Menschen haben zwar zwei recht konträre Impulse in sich, doch können sie sie sich oft zu Nutze machen: Das Sonnenzeichen will freundschaftliches Verhalten; das Mondzeichen braucht die Konfrontation. Unter dem Strich sind die Menschen mit diesen Fähigkeiten gut bedient, weil sie allen Problemen mit dem nötigen Taktgefühl auf den Grund gehen können.

Mondzeichen Skorpion - Sonnenzeichen Skorpion
Mit dieser Konstellation wollen die Menschen ihre persönlichen Interessen unbedingt durchsetzen und gleichzeitig alles lernen und entdecken. Das ist zwar eine harmonische Angelegenheit mit Tiefgang, doch sollten diese Leute lernen, mit den eigenen Gefühlen und vor allem mit denen anderer Leute behutsamer umzugehen!

Mondzeichen Skorpion - Sonnenzeichen Schütze
Auch diese Mischung ist im Grunde recht harmonisch. Das Mondzeichen braucht Auseinandersetzung, um an ihr zu wachsen; das Sonnenzeichen will gute Werte und Freude in der Welt verbreiten. Damit hat man es mit Menschen zu tun, die mit viel Tatkraft aufwarten können, aber auch mit emotionaler Tiefe. Eine gute Chance, Ideen in die Tat umzusetzen.

Mondzeichen Skorpion - Sonnenzeichen Steinbock
Die Menschen mit dieser Zeichenkombination bringen es meist beruflich weit: Das Mondzeichen braucht kämpferische Konfrontation, das Sonnenzeichen will unbedingt an die Spitze. Durch diese Eigenschaften werden sie das Ziel auch erreichen, aber niemanden mehr an sich heranlassen und einsam werden. Gefühle sollten akzeptiert und zugelassen werden.

Mondzeichen Skorpion - Sonnenzeichen Wassermann
In dieser Konstellation steckt das Bedürfnis nach konstruktiver Auseinandersetzung einerseits (Skorpion), starkes Engagement zur Verbesserung der Welt andererseits (Wassermann). Diese Menschen sind Kämpfernaturen, immer für den guten (sozialen) Zweck. Doch nicht jeder Zweck heiligt die Mittel! Man sollte darauf achten, dass nicht andere zu Schaden kommen.

Mondzeichen Skorpion - Sonnenzeichen Fische
Obwohl hier zwei völlig entgegengesetzte Tendenzen zusammenkommen, können die meisten dieser Menschen gut damit leben. Vermutlich sind die Impulse (das Bedürfnis nach Kontroverse und Kampf und der Wille, zu helfen und mitzufühlen), meist gleich stark ausgeprägt, sodass die Menschen nach kaum inneren Konflikten ausgesetzt sind.

Schütze

<u>Mondzeichen Schütze - Sonnenzeichen Widder</u>
In dieser recht harmonischen Mischung treffen sich das Bedürfnis nach sinnvoller Betätigung (Schütze) und die Aktivität des Widders. Diese Menschen sind meistens in der Lage, ihre Ziele mit Mut und Euphorie umzusetzen. Manchmal haben sie Schwierigkeiten, bis zum Ende durchzuhalten.

<u>Mondzeichen Schütze - Sonnenzeichen Stier</u>
Diese Menschen brauchen auf Grund ihres Mondzeichens viel Freiraum für sich selbst; durch das Sonnenzeichen wollen sie außerdem Sicherheit und Stabilität. Die Kombination macht sie zu begeisterungsfähigen Leuten, denen (eigene) materielle Werte zwar wichtig sind, die sich jedoch auch für die Interessen anderer einsetzen können.

<u>Mondzeichen Schütze - Sonnenzeichen Zwillinge</u>
Aus dieser Konstellation ergibt sich vor allem Wissensdurst und Tatendrang. Das Mondzeichen braucht das Verständnis um größere Zusammenhänge, während das Sonnenzeichen ständig den Horizont mit Fakten erweitern will. Diese Persönlichkeiten sind mitunter unruhig und unzuverlässig, weil sie zu viele Eisen im Feuer haben.

<u>Mondzeichen Schütze - Sonnenzeichen Krebs</u>
Zwei Impulse - Offenheit (durch das Zeichen Schütze) und Zurückgezogenheit (durch das Zeichen Krebs) - stehen hier miteinander in Konkurrenz. Die ruhelose Seele will wandern, erforschen; der Wille weiß um das Bedürfnis nach Schutz und Sicherheit. Da ist es nicht immer leicht, beides in Einklang zu bringen.

<u>Mondzeichen Schütze - Sonnenzeichen Löwe</u>
Aus dieser Mischung gehen sehr engagierte, couragierte Menschen hervor. Die Impulse "Ich brauche Erfüllung und Sinn" (Schütze) und "Ich will die Fäden ziehen" (Löwe) bewirken, dass die Leute mit Herz und Verstand ans Werk gehen. Oft setzen sie sich für soziale Projekte ein.

<u>Mondzeichen Schütze - Sonnenzeichen Jungfrau</u>
Bei diesen Menschen steht der Drang nach persönlicher Freiheit und sinnvollen Entfaltungsmöglichkeiten (Schütze) dem Willen entgegen, den Weg des geringsten Widerstandes zu gehen (Jungfrau). Idealismus und hohe Ansprüche an sich und andere erzeugen große Plane, die oft nicht bis zum Ende ausgeführt werden.

<u>Mondzeichen Schütze - Sonnenzeichen Waage</u>
Dies ist eine eher harmonische Mischung. Die Menschen brauchen einerseits die Möglichkeit zu verändern (Mondzeichen), andererseits wollen sie ohne anzuecken die Ideallösung für alle (Sonnenzeichen). Das Ergebnis ist eine den Dingen innewohnende höchstmögliche Qualität, die allerdings auch ihre Zeit bis zur Vollendung braucht.

Mondzeichen Schütze - Sonnenzeichen Skorpion
Dieser Typ Mensch ist unabhängig, direkt, hat immer eine Meinung. Das Mondzeichen stellt hohe Anforderungen an den Menschen, das Sonnenzeichen will zum Guten verändern. Diese Menschen sollten das Herz nicht immer auf der Zunge tragen, weil es andere verletzen könnte; auch sollten sie übertriebenen Pragmatismus vermeiden.

Mondzeichen Schütze - Sonnenzeichen Schütze
Hier wird nach 1a-Qualität gestrebt - immer und überall. "Ich brauche meinem Glauben an Ideale" (Schütze) und "Ich will das Gute finden und leben" (Schütze) bewirken, dass diese Menschen auch andere vor der für sie schrecklichen Mittelmäßigkeit bewahren wollen. Für die Mitmenschen ist das manchmal eher unangenehm.

Mondzeichen Schütze - Sonnenzeichen Steinbock
Diese Leute stehen oftmals im Konflikt zwischen der Nüchternheit des Steinbocks und dem Idealismus von Schütze. Man kann mit dieser Mischung viel erreichen, wenn man sich überlegt, wo die Energien am besten zum Einsatz kommen. Es ist sicher angebracht, den Idealismus in irgendeiner Form auch zu leben.

Mondzeichen Schütze - Sonnenzeichen Wassermann
Diese Mischung ist recht einfach und erfolgreich zu leben. "Ich brauche die Möglichkeit, meine Wünsche zu leben" (Schütze) und "Ich will Alternativen, Veränderung" (Wassermann) macht diese Menschen zu aktiven, aber auch fröhlichen Charakteren. Sie fangen gleich hier und jetzt an, ihre Mission zu starten.

Mondzeichen Schütze - Sonnenzeichen Fische
In Menschen mit dieser Mischung findet man häufig liebenswerte Chaoten. Sie wollen die Welt verbessern (Fische), brauchen die Herausforderung (Schütze), doch fehlt ein Masterplan. Sie sollten nicht nur anderen helfen, sondern auch sich selbst strukturieren lernen. Andernfalls kommen die eigenen Bedürfnisse zu kurz.

Steinbock

Mondzeichen Steinbock - Sonnenzeichen Widder
In dieser manchmal recht problematischen Mischung ist es von Vorteil, eine ruhige Grundhaltung einzunehmen. Das Mondzeichen braucht den permanenten Aufstieg, das Sonnenzeichen will alles sofort. Mit diesem ständigen Drang kann Steinbock nicht mithalten, weshalb es zum Konflikt kommen kann.

Mondzeichen Steinbock - Sonnenzeichen Stier
Diese Menschen werden weniger Probleme haben, alle Impulse unter einen Hut zu bringen. Steinbock braucht selbstgezimmerte Erfolgserlebnisse; Stier will ein gesichertes materielles Umfeld. Zum Glück bewirkt der Impuls des Sonnenzeichens aber auch Freude am Genuss, denn sonst würde die Mischung vielleicht gar zu ernst und strebsam ausfallen.

Mondzeichen Steinbock - Sonnenzeichen Zwillinge
Diese Zeichenkombination bewirkt Flexibilität, gepaart mit Zuverlässigkeit und Strebsamkeit. "Ich brauche Herausforderung und Leistung" (Mondzeichen) einerseits; "Ich will meine vielseitigen Fähigkeiten erproben" (Sonnenzeichen) andererseits. Der ernste Steinbock wird ein wenig aufgelockert, das Resultat ist der entspannte Allrounder-Typ.

Mondzeichen Steinbock - Sonnenzeichen Krebs
Auch diese Kombination bringt beruflich erfolgreiche Menschen hervor. Das Mondzeichen bringt den Ehrgeiz, die Konzentration mit; das Sonnenzeichen die Hingabe und den Glauben an den Sinn den Unterfangens. Die Leute sind auch im Privatbereich äußerst zuverlässig, sollten aber insgesamt mehr Emotionen zulassen.

Mondzeichen Steinbock - Sonnenzeichen Löwe
Ähnlich wie bei der letzten Konstellation sollten auch hier Gefühle nicht nur als notwendiges Übel betrachtet werden. Steinbock braucht anspruchsvolle Aufgaben, Löwe will sich durchsetzen und sucht Erfolg und Ehre. Das bedeutet, dass diese Leute nicht eher lockerlassen, bis sie am Ziel angekommen sind - ein Blick zur Seite täte dabei mitunter recht gut.

Mondzeichen Steinbock - Sonnenzeichen Jungfrau
Hier stehen Ernsthaftigkeit und Vernunft im Vordergrund. Diese fleißigen, pflichtbewussten Menschen können ebenso planen wie durchführen, haben also beruflich gute Chancen auf Erfolg. Bei allem (Über-)Eifer sollte die Gefühlsebene mehr gepflegt werden!

Mondzeichen Steinbock - Sonnenzeichen Waage
Diese Menschen stehen vor einem ständigen Konflikt: Gefühle zeigen (Waage) oder Gefühle unterdrücken (Steinbock). Das Sonnenzeichen will harmonisches Miteinander, das Mondzeichen braucht spartanische Enthaltsamkeit. Von diesen Leuten wird man manchmal überrascht sein, wie viel Gefühl sie plötzlich doch zeigen können.

Mondzeichen Steinbock - Sonnenzeichen Skorpion
Mit dieser Mischung kann man Welten bewegen. Die Impulse "Ich brauche Herausforderung" (Steinbock) und "Ich will meine Pläne durchsetzen" (Skorpion) lassen diese Leute sehr durchsetzungsfähig und ehrgeizig werden. Sie sind aber auch zu tiefen Gefühlen fähig, sodass sich diese Mischung recht gut leben lässt.

Mondzeichen Steinbock - Sonnenzeichen Schütze
Hier geht es um den Konflikt zwischen dem Drang, am Bewährten fest zu halten (Steinbock) und dem Willen, alle Fesseln zu sprengen (Schütze). Die Experimentierfreude des Sonnenzeichens wird durch das Bedürfnis nach Stabilität aufgehalten. Es ist nicht einfach, immer genügend Flexibilität aufzubringen, um diese konträren Impulse zu vereinen.

Mondzeichen Steinbock - Sonnenzeichen Steinbock
Mond- und Sonnenzeichen sind durch Ehrgeiz und Disziplin zu viel in der Lage und zu immer mehr bereit. Dabei wird fremde Hilfe ebenso abgelehnt wie unnötiger Luxus. Diese Menschen sollten sich klar machen, dass das Leben hier und jetzt stattfindet und sich auch einmal etwas gönnen!

Mondzeichen Steinbock - Sonnenzeichen Wassermann
Das Mondzeichen braucht innere und äußere Stabilität, das Sonnenzeichen will Neuerungen und Veränderung. Es ist nicht leicht, diese Impulse zu vereinen, ein Unterfangen, das oft auch eine politische Dimension hat: Konservativ gegen revolutionär. Menschen, die den Mittelweg trotzdem finden, können in breit angelegten Projekten längerfristig verändern.

Mondzeichen Steinbock - Sonnenzeichen Fische
In dieser Mischung findet der allzu ernste, vernunftbetonte Steinbock einen geeigneten Ausgleich in den emotionalen und impulsiven Fischen. Das ist eine harmonische Mischung, in der die Impulse von beiden Zeichen zu großen Taten führen können. Diese Menschen schaffen es, sich für Gutes intensiv einzusetzen.

Wassermann

Mondzeichen Wassermann - Sonnenzeichen Widder
Diese Menschen sind meist recht ausgeglichen, weil ihr vom Wassermann ausgehendes Bedürfnis, sich zu engagieren und einzusetzen, durch die Tatkraft des Widders in Handlung umgesetzt werden kann. Man wird es hier mit Menschen zu tun haben, die große Ideale haben ebenso wie beste Chancen, diese in die Tat umzusetzen.

Mondzeichen Wassermann - Sonnenzeichen Stier
Hier steht der Impuls von Sonnenzeichen, Gleichförmigkeit und Konsistenz zu benötigen, im Gegensatz zu dem Willen, die (Welt-)Ordnung zu verändern, der durch das Mondzeichen initiiert wird. Ist diese Spannung überwunden, haben die betreffenden Menschen gute Chancen, sich ernsthaft für soziale Zwecke einzusetzen und hier Erfüllung zu finden.

Mondzeichen Wassermann - Sonnenzeichen Zwillinge
Hier sind selten Probleme zu erwarten. Die Impulse "Ich brauche den Einsatz für gute Zwecke" (Wassermann) und "Ich will erfahren und lernen" (Zwillinge) machen diese lebhaften, quirligen Menschen optimistisch und ausgeglichen, denn Einsatzmöglichkeiten bieten sich ihnen genug.

Mondzeichen Wassermann - Sonnenzeichen Krebs
Diese Menschen werden meistens als sympathisch und verständnisvoll wahrgenommen, denen man schnell vertraut. In ihnen vereint ist das Bedürfnis, sich für andere einzusetzen (Wassermann) und der Wille, mit den Mitmenschen harmonisch und friedlich geeint zu leben (Krebs). Da ist es nicht schwer, beides auf einen Nenner zu bringen.

Mondzeichen Wassermann - Sonnenzeichen Löwe
Diese Mischung bringt ganz besonders engagierte Menschen hervor - oft die Zugpferde für weit gehende Veränderungen. Mit den zwei Impulsen "Ich brauche sinnvolle Betätigungsfelder" (Wassermann) und "Ich will Ruhm und Erfolg" (Löwe) können diese Menschen viel erreichen und befinden sich dabei auch im Gleichgewicht.

Mondzeichen Wassermann - Sonnenzeichen Jungfrau
In dieser Konstellation kann das Sonnenzeichen die Anflüge von Vermessenheit und Größenwahn, die das Mondzeichen in Einzelfällen mit sich bringt, auf sinnvolle Art beeinflussen. Jungfrau will ordentliche Leistungen, Wassermann will verändern und vor allem verbessern - eine viel versprechende Mischung.

Mondzeichen Wassermann - Sonnenzeichen Waage
Hier kommt mit dem Sonnenzeichen ein diplomatisches Moment zum Idealismus und Hang zum Weltverbessern des Wassermanns. Die Waage möchte Harmonie und Ausgewogenheit mit allen Parteien. Das ermöglicht den betreffenden Menschen, nicht nur Verbesserungen anzustreben, sondern diese auch freundschaftlich und ruhig durchsetzen zu können.

Mondzeichen Wassermann - Sonnenzeichen Skorpion
Menschen mit dieser Mischung wirken manchmal etwas verbissen. Zu dem Impuls vom Wassermann "Ich brauche Menschen, um mich sozial zu betätigen" kommt der Wille des Skorpions: "Ich will mich beweisen und durchsetzen". Das erzeugt den Ehrgeiz, Ideale hartnäckig durchzusetzen, doch Kompromissbereitschaft kann auch viel bewirken.

Mondzeichen Wassermann - Sonnenzeichen Schütze
Diese Konstellation ist angenehm und erfolgreich zu leben. Das Mondzeichen steht für das Bedürfnis nach Individualität, das Sonnenzeichen für den Wunsch nach Verwirklichung der eigenen Ideale. Beides zusammen ist der perfekte Motor für Ideen und deren erfolgreiche Umsetzung - auch im Team.

Mondzeichen Wassermann - Sonnenzeichen Steinbock
Obwohl hier zwei grundverschiedene Impulse aufeinander treffen (Wassermann: Ich brauche das Gefühl, eine Veränderung zum Guten vorgenommen zu haben; Steinbock: Ich will mich allein hochkämpfen), können die betreffenden Menschen sie meist recht gut vereinen. Intuition und Vernunftsentscheidungen wechseln sich ab; Ideen werden auch umgesetzt.

Mondzeichen Wassermann - Sonnenzeichen Wassermann
Trotz oder gerade wegen der Einseitigkeit eine harmonische Mischung. Diese Menschen haben große Träume und Ideale, die sie aber auch verwirklichen können. Einfallsreichtum und Durchsetzungsvermögen sind die großen Eigenschaften; zudem sind diese Menschen gute und äußerst verlässliche Kumpel.

Mondzeichen Wassermann - Sonnenzeichen Fische
Diesen einfühlsamen Menschen kann es passieren, dass sie ihre eigenen Interessen vor lauter sozialem und emotionalem Engagement zu wenig beachten. Ansonsten sind sie aber gute Freunde und allgemein liebenswerte Mitmenschen, die sich aufopfernd um andere kümmern. Die Impulse von Mond- und Sonnenzeichen machen sie sehr menschlich und sozial.

Fische

Mondzeichen Fische - Sonnenzeichen Widder
In dieser Kombination könnten die Fische-Seelen ein wenig zu kurz kommen: Der kämpferische Impuls des Sonnenzeichens ist so stark, dass Emotion und Einfühlungsvermögen in diesen Charakteren die ‚Stiefkinder‘ bleiben könnten. Die Menschen sollten darauf achten, nicht nur für Gefühle zu kämpfen, sondern sie auch zu leben.

Mondzeichen Fische - Sonnenzeichen Stier
Diese Menschen sind geprägt von den recht einheitlichen Impulsen nach Stabilität (Stier) und Rückzugsmöglichkeit (Fische). Sie fahren damit zumeist recht gut und bequem; in Konflikten könnten sie ruhig ein wenig unbequemer sein, das würde das Selbstbewusstsein, das manchmal leicht labil ist, stärken.

Mondzeichen Fische - Sonnenzeichen Zwillinge
Hier kann es zu innerer Zerrissenheit kommen: Einerseits will das Sonnenzeichen Neugier und Wissensdrang ausleben, andererseits braucht das Mondzeichen Gefühle und Konzentration auf das Innere. Diese Menschen sind durchaus vielseitig veranlagt, können manchmal aber nicht heraus aus ihrer Haut.

Mondzeichen Fische - Sonnenzeichen Krebs
Diese Menschen gehen förmlich auf in Selbstlosigkeit und Hilfsbereitschaft. Die Impulse "Ich brauche Harmonie" (Fische) und "Ich will Zärtlichkeit und Schutz" (Krebs) können aber allzu leicht dazu führen, dass sich diese Menschen selbst aufgeben. Hilfe und Mitgefühl in Ehren - aber es gibt auch eigene Bedürfnisse!

Mondzeichen Fische - Sonnenzeichen Löwe
In dieser Konstellation kommt es zum Konflikt zwischen den Impulsen des Sonnenzeichens ("Ich will Mut und Kompetenz beweisen") und denen des Mondzeichens ("Ich brauche emotionale Tiefe und Rückzugsmöglichkeit"). Diese Menschen müssen versuchen, eine Brücke zu schlagen zwischen Sensibilität und Schöpferkraft, zwischen Fantasie und Power.

Mondzeichen Fische - Sonnenzeichen Jungfrau
Auch bei dieser Konstellation kann es zu Problemen kommen, doch bestehen gute Chancen, die Impulse füreinander zu nutzen: Der systematische, gerechte Impuls der Jungfrau kann ordnenden Einfluss auf die chaotischen Fische haben. Wer es versteht, diese Chance zu nutzen, wird wenig Probleme haben.

Mondzeichen Fische - Sonnenzeichen Waage
Diese Menschen schlendern gewissermaßen durchs Leben. Das Mondzeichen braucht den Rückzug in die Innenwelt, das Sonnenzeichen will Harmonie und Frieden. Die Leute verweilen lange vor Entscheidungen, träumen vor sich hin und leben in einer vor allem gefühlsbetonten Welt. Mehr Struktur und Konsequenz wären von Vorteil.

Mondzeichen Fische - Sonnenzeichen Skorpion
Hier besteht die reelle Chance, dass die betreffenden Menschen ihre Ideale in Handlung umsetzen könnten, wenn sie mehr in der Realität leben würden. Das Mondzeichen ermöglicht den Rückzug aus dieser Realität, der jedoch auch einmal begegnet werden sollte. Das Sonnenzeichen sucht Herausforderung, die ihm auch gewährt werden sollte.

Mondzeichen Fische - Sonnenzeichen Schütze
Menschen mit dieser Zeichenkonstellation sind sehr mitfühlend. Die miteinander harmonierenden Impulse ("Ich brauche ein funktionierendes Umfeld" - Fische; und "Ich wünsche mir eine bessere Welt" - Schütze) bieten genügend Treibstoff, um diese Wünsche auch zu verwirklichen. Es fehlt lediglich an Systematik und Sitzfleisch.

Mondzeichen Fische - Sonnenzeichen Steinbock
Diese überaus ehrgeizigen und fleißigen Menschen haben auf Grund ihres Mondzeichens das Bedürfnis danach, zu träumen und (illusorische) Pläne zu schmieden; das Sonnenzeichen ermöglicht ihnen, mit eisernem Willen einige der Träume auch wahr zu machen. Oft stellen sie ihr Licht aber allzu sehr unter den Scheffel, weshalb sie wenig Anerkennung erfahren.

Mondzeichen Fische - Sonnenzeichen Wassermann
Hier kommen zwei Zeichen zusammen, die den betreffenden Menschen ruhig und besonnen für seine Ideale kämpfen lassen. Die Impulse "Ich brauche Träume" (Fische) und "Ich will individuelle Freiheit" (Wassermann) bewirken, dass Inspiration mit Tatkraft, vor allem aber auch mit intuitivem Entscheiden erfolgreich verbunden werden kann.

Mondzeichen Fische - Sonnenzeichen Fische
Diese Charaktere sind zwar in sich ausgewogen, doch haben sie mitunter Probleme, sich auch in der großen, bösen Welt zurechtzufinden. In ihrem Gefüge aus Idealismus und Mitgefühl kommen sie mit ihrer gut funktionierenden Intuition recht weit. Für einen Aufbruch nach draußen gilt es, mehr Aktivität an den Tag zu legen und der Realität die Stirn zu bieten.

ANHANG

Sternzeichen auf die Schnelle

Vergleiche und Zuordnungen

Wir möchten Ihnen einige Einteilungen und Statistiken über die Tierkreiszeichen nicht vorenthalten, die diese nach ihren Charaktereigenschaften unterteilen und außerdem noch viele wertvolle Informationen liefern:

Früher wurden den Tierkreiszeichen einzelne Körperregionen zugeordnet, denen dann eine besondere Empfindlichkeit nachgesagt wurden. Dies sind im Einzelnen:

Empfindliche Körperregionen

Widder: Kopf
Stier: Hals und Nacken
Zwillinge: Arme, Hände, Bronchien
Krebs: Brust, Lunge, Magen
Löwe: Herz und Blut
Jungfrau: Eingeweide und Verdauungstrakt
Waage: Nieren und Wirbelsäule
Skorpion: Geschlechtsorgane, Unterleib
Schütze: Lenden, Oberschenkel, Hüften
Steinbock: Knie und Gelenke
Wassermann: Unterschenkel und Kreislauf
Fische: Füße und alle Feinempfindungen

Auch eine Einteilung in verschiedene besonders ausgeprägte Bewusstseinszustände ist möglich:

Bewusstseinszustände

Widder: Sehen, Fokussieren, Mut
Stier: Gehör, Sinn für Natur, Sicherheitsbedürfnis
Zwillinge: Geruch, Intellekt, Sprache
Krebs: Geschmack, Geduld, Sorgebedürfnis
Löwe: Tatkraft, Autoritätsverhalten
Jungfrau: schwache Nerven, Fleiß, Kritik
Waage: Empfinden, Gefühl, Sinn für Schönheit
Skorpion: Moral, Telepathie
Schütze: Gesetzestreue, Lehren

Steinbock: Zeitgefühl, Ordnung, Sehnsucht nach Einsamkeit
Wassermann: Intuition, Esoterik, innovatives Denken
Fische: Anpassung, Schauspielereien, Instinkt

Man kann die Sternzeichen auch den verschiedenen Lebensabschnitten und den dazu gehörigen Eigenschaften eines Menschen zuordnen:

Lebensabschnitte

Widder: 0-6 Jahre; Wachstum, sich formen
Stier: 7-13 Jahre; Schulzeit, Lernen
Zwillinge: 14-20 Jahre, Lehrzeit
Krebs: 21-27 Jahre; Bewährung, Statusdefinition
Löwe: 28-34 Jahre; Machtgewinnung, Ansehen
Jungfrau: 35-41 Jahre; Arbeitserfüllung
Waage: 42-48 Jahre; Erkenntnisse, Harmonie
Skorpion: 49-55 Jahre; Verlusterfahrungen
Schütze: 56-62 Jahre; Weisheit
Steinbock: 63-69 Jahre; letzte Arbeitsaufgaben
Wassermann: 70-76 Jahre; Abgabe der Pflichten, Ruhebeginn
Fische: 77-84 Rückzug, Ruhe

Es gibt auch Statistiken über die einzelnen Chancen und diesen gegenüber stehenden Gefahren, die besonders auf die jeweilige Sternzeichen zutreffen:

Chancen und Gefahren

Sternzeichen:	Chancen:	Gefahren:
Widder:	Sieg	Feinde
Stier:	Besitz	Verluste
Zwillinge:	Anerkennung	Stress
Krebs:	Wachstum	Isolierung
Löwe:	Ansehen	Arroganz
Jungfrau:	Voraussicht	Ungerechtigkeit
Waage:	Diplomatie	Verführung
Skorpion:	Selbstbehauptung	Exzesse
Schütze:	Missionen	Erziehungsbedürfnis
Steinbock:	Zielorientierung	Selbstgerechtigkeit
Wassermann:	Reformen	Illusionen
Fische:	Umfassende Liebe	Selbstaufgabe

Dann gab es noch in alten Zeiten eine Einteilung der einzelnen Zeichen in die Jahresabschnitte, denen sie zugeordnet waren:

Die jeweils ersten Abschnitte einer der vier Jahreszeiten wurden als "bewegend" bezeichnet. Die dazugehörigen Zeichen waren: Widder (Frühling), Krebs (Sommer), Waage (Herbst), Steinbock (Winter). Die jeweils mittleren Abschnitte wurden als "fest" bezeichnet. Das wären: Stier (Frühling), Löwe (Sommer), Skorpion (Herbst) und Wassermann (Winter). Die letzten Abschnitte galten als "angleichend": Zwillinge (Frühling), Jungfrau (Sommer), Schütze (Herbst), Fische (Winter).

Die Sternzeichen wurden damals nach vielen verschiedenen Vorlieben gedeutet, von denen wir an dieser Stelle nur einige wiedergeben möchten:

Als **menschbezogen** galten: Zwillinge, Jungfrau, Schütze und Wassermann. **Tierbezogen** waren: Widder, Stier, Krebs, Löwe, Skorpion, Steinbock, Fische. Das **ausgleichende Zeichen** zwischen Mensch und Tier war die Waage. Als **Mischzeichen** wurde der Schütze definiert.

Früher wurde ebenfalls eine Unterteilung in fruchtbar und unfruchtbar getroffen: **Fruchtbar** waren: Krebs, Skorpion und Fische. **Unfruchtbar** waren: Zwillinge und Jungfrau.

Die Himmelsrichtungen wurden früher auch zur Klassifizierung der Zeichen herangezogen: **Nördliche Zeichen** sind: Widder, Stier, Zwillinge, Krebs, Löwe, Jungfrau. **Südliche Zeichen** sind: Waage, Skorpion, Schütze, Steinbock, Wassermann und Fische.

Als besonders **heftig** gelten Widder, Skorpione, Steinböcke und Wassermänner, während Waagen und Fische als **sanft** eingestuft werden.

Günstlinge des Schicksals sollten Widder, Zwillinge, Löwen, Waagen, Schützen und Wassermänner sein. Es gab keine benachteiligten Zeichen.

Ein besonderes **rhetorisches Talent** sollten übrigens Zwillinge, Jungfrauen, Waagen und Wassermänner haben.

Jedes der Zeichen hatte überdies einen Planeten, der es beherrschte:

Herrschender Planet

Widder: Mars
Stier: Venus (nur als Morgenstern)
Zwillinge: Merkur (nur als Morgenstern)
Krebs: Mond
Löwe: Sonne
Jungfrau: Merkur (nur als Abendstern)
Waage: Venus (nur als Abendstern)
Skorpion: Pluto
Schütze: Jupiter
Steinbock: Saturn
Wassermann: Uranus
Fische: Neptun

Jedes Zeichen hat ein Lebensmotto, das wir Ihnen hier nicht vorenthalten wollen:

Lebensmotto

Widder: Ich will.
Stier: Ich fühle.
Zwillinge: Ich bin bereit.
Krebs: Ich empfinde.
Löwe: Ich bin.
Jungfrau: Ich denke nach und voraus.
Waage: Ich liebe.
Skorpion: Ich lebe gefährlich.
Schütze: Ich führe.
Steinbock: Ich prüfe.
Wassermann: Ich hoffe.
Fische: Ich glaube.

In der Annahme, jeder Mensch habe einen Lebenskern, der die grundsätzliche Einstellung zu den Dingen benennt, wurden auch diese auf die einzelnen Zeichen aufgeteilt:

Lebenskern

Widder: Ungestümer Kern
Stier: Beharrlicher Kern
Zwillinge: Beschwingter Kern
Krebs: Einfühlender Kern
Löwe: Großzügiger Kern
Jungfrau: Vernünftiger Kern
Waage: Verbindender Kern
Skorpion: Leidenschaftlicher Kern
Schütze: Sinnvoller Kern
Steinbock: Eigensinniger Kern
Wassermann: Geistiger Kern
Fische: Hingebungsvoller Kern

Ebenso bestand die Annahme, jeder Mensch werde durch ein einziges Gefühl ein Leben lang motiviert:

Grundgefühl

Widder: Aufbruch
Stier: Sicherung
Zwillinge: Begegnung
Krebs: Wachstum
Löwe: Reife
Jungfrau: Ernte
Waage: Ausgleich
Skorpion: Selbstbehauptung
Schütze: Erwartung
Steinbock: Anstrengung
Wassermann: Beschwingtheit
Fische: Wandlung

Welches Sternzeichen hat welche Aufgabe, die der Mensch in seinem Leben zu bewältigen hat?

Lebensaufgabe

Widder: Anführen, Beginnen, den entscheidenden Schritt wagen, an die Spitze streben
Stier: Sicherung, Erhaltung der Natur, Vorsorge, Lebensfreude
Zwillinge: Begegnungen vermitteln, Bindungen stärken, Gegensätze ausgleichen
Krebs: Wachstum fördern, Beistehen, Psychologie vermitteln
Löwe: Führen, Vaterfigur, Güte
Jungfrau: Vorsorgen, vernünftiges Leben
Waage: Wärme geben, Kunstförderung, Lebensfreude vermitteln
Skorpion: Einsatz, Mut, Gefahr trotzen
Schütze: Gerechtigkeit, Suche nach Sinn, Weisheit
Steinbock: Durchhalten, Stützen, Erhalten
Wassermann: Hohe Ziele haben, die Quadratur des Kreises versuchen
Fische: Hoffnung bringen, Mitleid, Liebe und Hingabe

Wo liegen die größten Risiken für die einzelnen Zeichen?

Risiken

Widder: Ich-Verschwendung
Stier: Keine Ich-Entwicklung
Zwillinge: Keine Träume
Krebs: Nicht hart gegen sich selbst
Löwe: Ich-Überschätzung
Jungfrau: Enger Horizont
Waage: Sich verlieren
Skorpion: Sich als Zentrum der Welt sehen
Schütze: Ressourcen verschwenden
Steinbock: Nicht verzeihen können
Wassermann: Zu viele Fragen stellen
Fische: Der letzte Ausweg ist die Flucht

Wir haben in den oben stehenden Auflistungen viel über die schwachen Punkte der einzelnen Zeichen erfahren. Aber was kann man tun, um diese offensichtlichen Schwachstellen in Stärken umzuwandeln?

Schwächen in Stärken verwandeln

Widder: Sie wollen sich keine unnötigen Feinde schaffen, das liegt mit Ihrer manchmal übereifrigen, leicht aufbrausenden Art nicht in Ihrer Absicht. Sie werden einsehen müssen, dass unverblümte Offenheit nicht immer angebracht ist, vor allem nicht bei Menschen, die Sie nicht kennen. Es geht weniger um das, was Sie tun, als um das wie. Bellen Sie Ihre Anweisungen nicht mehr, geben Sie sie mit einem Lächeln. Und vor allem: lassen Sie auch andere Meinungen als Ihre eigene zu.

Stier: In Ihrer gnadenlosen Geradlinigkeit ecken Sie oft an. Erwägen Sie den Einsatz von etwas verschlungeneren Pfaden, da diese auch andere Menschen zu Reaktionen veranlassen. Beziehen Sie auch andere Lösungsmöglichkeiten als die von Ihnen vorgeschlagene mit ein, Sie werden erkennen, dass Ihr Weg nicht immer der einzig Richtige ist. Außerdem wird man plötzlich das Wort "flexibel" mit Ihnen in Verbindung bringen.

Zwillinge: Man sagt, Sie seien wankelmütig und zerstreut, was aber im Grunde nur daran liegt, dass sie voraus denken. Ihre Mitmenschen entwickeln deshalb eine Tendenz dazu, Ihnen Ihre Ideen zu stehlen und sie als ihre eigenen zu verkaufen. Die Lösung ist, zunächst in kleinen, auch für Ihre Umgebung nachvollziehbaren Schritten vorzudenken. Sichern Sie Ihre Ideen ab und vermeiden Sie Gedankensprünge.

Krebs: Ihr Problem ist, dass Sie nicht Nein sagen können und so werden Sie leicht ausgenutzt. Man fehlinterpretiert Ihre Anpassungsfähigkeit leicht als Willenlosigkeit. Gehen Sie öfter auf Konfrontationskurs, Sie werden sehen, dass Sie sich dadurch nicht unbedingt Feinde schaffen, sondern eher Menschen, die Sie noch mehr respektieren.

Löwe: Ihre größte Schwäche kennen Sie bestimmt genau: Sie wollen bestimmen und zwar alles. Sollte Ihre Umwelt Ihre Meinung nicht teilen, reagieren Sie mit Persönlichkeitskrisen. Die optimale Lösung wäre, wenn Sie die anderen erst ihre eigenen Fehler machen ließen, denn dann könnten Sie mit Ihren Vorschlägen zur Rettung wieder neue Freunde gewinnen. Sehen Sie also die Dinge etwas gelassener.

Jungfrau: Man sagt, Sie sind eiskalt und unnahbar, vertraut Ihnen aber dennoch wertvolle Dinge zur Aufbewahrung an? Da liegt Ihr Grundproblem. Ihre Zuverlässigkeit wird als Gefühlslosigkeit interpretiert, weil Sie nach außen hin keinen Anteil zu nehmen scheinen. Dass dem nicht so ist, sollten Sie öfter mal zeigen. Gefühle in der Öffentlichkeit sind keine Schande, sondern nur ein Stück mehr Menschlichkeit.

Waage: Durch Ihr Bedürfnis, alle Dinge im Gleichgewicht zu halten, gelten Sie leicht als ein Mensch, der sich nicht festlegen kann und der zu nichts eine eigene Meinung hat. Vielleicht sollten Sie etwas weniger ausgleichen und etwas mehr eigenen Antrieb zeigen, dann weiß auch Ihre Umwelt, wo sie Sie einzuordnen hat.

Skorpion: Sie haben einen guten Sinn für das Praktische, aber manchmal sind Sie sehr verschlossen und aggressiv. Das Grundproblem besteht darin, dass Sie Ihrer Umwelt nichts zutrauen und alles alleine machen wollen. Wenn dies nicht auf Zustimmung stößt, werden Sie wütend. Also: Lassen Sie Ihre Mitmenschen etwas mehr tun, delegieren Sie. Dann gibt es zum Schmollen keinen Grund mehr.

Schütze: Sie überrumpeln Ihre Mitmenschen mit Ihren Argumenten, Sie lassen niemandem Zeit, wirklich über das von Ihnen Gesagte nachzudenken und sind hinterher enttäuscht, wenn Zusagen nicht eingehalten werden. Lassen Sie Ihrem Gegenüber mehr Zeit zur Entscheidungsfindung, üben Sie sich in Geduld. Dann werden Sie nicht mehr so oft enttäuscht.

Steinbock: Haben Sie sich schon einmal gefragt, warum andere ihr Ziel schneller und scheinbar müheloser erreichen als Sie, auch wenn Sie sich noch so sehr bemühen? Sie sind jemand, der schnurstracks aber mit Scheuklappen auf sein Ziel losstürmt und dabei übersehen, dass sich andere listig an Ihnen vorbeimogeln. Also: Öfter mal innehalten und sich umsehen, was die anderen gerade so tun, Bilanz ziehen, Atem holen und weiter.

Wassermann: Sie haben die revolutionärsten Ideen, die auf der Ihnen eigenen Logik beruhen. Das Problem ist, dass genau diese Art von Logik nur von Ihnen verstanden wird. Aus Enttäuschung über die offensichtlich konservative Umwelt ziehen Sie sich zurück und setzen eine Maske auf. Wie wäre es, wenn Sie stattdessen einfach beginnen, Ihre Ideen in die Praxis umzusetzen und so Ihren Mitmenschen zeigen, dass sie doch logisch sind?

Fische: Alle weinen sich bei Ihnen aus, aber Sie haben niemanden, der Ihre Sorgen und Nöte mit Ihnen teilt? Sie fühlen sich vernachlässigt und unverstanden. Ein Schritt in die richtige Richtung wäre es, wenn Sie Ihren Mitmenschen Ihre Unterstützung verweigern, wenn es Ihnen selbst nicht so gut geht und das auch so äußern. Ein wenig mehr Egoismus schadet ganz und gar nicht.

Dann gibt es auch noch die Unterteilung der Sternzeichen in **drei Gruppen**: Die Kreativen, die Gestalter und die Optimierer.

1. Die Gruppe der Kreativen

Dazu gehören Schütze, Steinbock, Wassermann und Fische. Diese Zeichen haben sehr viel Fantasie und gebrauchen sie auch, indem sie sich schöne neue Welten bauen und den Blick immer in die Zukunft gerichtet halten. Alles, was neu ist, übt einen nahezu unwiderstehlichen Reiz auf diese Gruppe aus. Das Außergewöhnliche zieht sie magisch an, das Traditionelle stößt sie dagegen eher ab. Es geht ihnen darum, Dinge anders zu machen als bisher, andere Wege zum Ziel zu finden, die vorher noch nicht begangen wurden.

Es gibt aber zwischen den einzelnen Sternzeichen der Kreativen feine Unterschiede. Der Schütze erstrebt das Ziel des Neuen durch Vorwärtsstürmen. Der Steinbock geht hier eher schrittweise vor. Der Wassermann legt auch ein beachtliches Tempo an den Tag, überlegt dabei aber mehr als der Schütze. Der Fisch sichert sich unterwegs immer wieder ab, indem er die Vergangenheit in sein Streben mit einbezieht. Gemeinsam ist allen Vieren jedoch das Reisen ins Morgen, zu neuen Systemen, neuen Ideen und neuen Strukuren.

2. Die Gruppe der Gestalter

Hierzu gehören Widder, Stier, Zwillinge und Krebs. Gestalter verabscheuen Theorie, sie wollen bauen, schaffen und dabei experimentieren. Sie versuchen, Dinge zum Funktionieren zu bekommen und das mit einer gehörigen Portion Ungeduld. Hier sind die Pragmatiker, bei denen immer irgendetwas geschehen muss.

Die Unterschiede zwischen den einzelnen Zeichen sind nur minimal. Der Widder muss immer etwas tun, schaffen, bauen. Der Stier will das auch, muss jedoch zuerst das ihm eigene Trägheitsmoment überwinden. Der Zwilling wird sich immer über zu viel Arbeit beschweren, aber wehe, man nimmt sie ihm weg. Der Krebs sichert sich ab, überprüft, ob das, was er da gebaut hat, auch standfest ist.

3. Die Gruppe der Optimierer

Dazu gehören Löwe, Jungfrau, Waage und Skorpion. Es sind die Erhalter und Bewahrer bestehender Werte. Sie kümmern sich um jedes Detail, versuchen Aufgaben perfekt zu erledigen und sind in Allem unglaublich präzise. Dabei stoßen sie zwangsläufig auf die Fehler anderer, was sie wiederum nicht akzeptieren können.

Es gibt auch hier einige Unterschiede. Der Löwe zeigt seine Überlegenheit sehr offen. Dabei ist er durchaus bedächtig und fleißig in dem, was er tut.. Die Jungfrau will alles alleine machen, dabei leistet sie dann auch mehr als die anderen Zeichen. Die Waage hat immer Alternativen parat, sie legt sich nie auf nur einen möglichen Weg fest. Der Skorpion geht sehr systematisch vor, er zerlegt alles in kleine handliche Arbeitsschritte, denn er mag keine Überraschungen.

Glückszahlen - Wegweiser im Alltag

Wer hat nicht schon als Kind in der Schule mit den Freunden und Freundinnen nach Mustern, die man sich tuschelnd weiterreichte, versucht, aus dem eigenen Namen oder dem eines Anderen bestimmte Charaktereigenschaften und Ereignisse zu deuten?

Plötzlich machte da die Mathematik viel mehr Spaß als im Unterricht und eifrig addierte man die geheimnisvollen Zahlen, um dann mit Spannung die "Schicksalszahl" in Händen zu halten. Diese sollte einem Aufschluss darüber geben, wie man selbst war, was die Zukunft bringen würde, ob man Freund oder Freundin vertrauen durfte und natürlich z. B. auch, ob man darauf hoffen konnte, mit dem "Schwarm" zusammenzukommen, ob es da Übereinstimmungen gab, die ein glückliches Ende versprachen.

Nun, man mag diesen Zeitvertreib gern mit nostalgischem Blick als "Spielereien" abtun, es ist aber kaum zu leugnen, dass uns die Numerologie, vorausgesetzt sie wird seriös betrieben, durchaus hilfreiche und oft auch überraschend genaue Aussagen über unser Schicksal und das Anderer geben kann. Wenn man sie nach bestimmten, sorgfältig ausgearbeiteten und oft erprobten Methoden anwendet, ist sie ein zuverlässiger Wegweiser im Dschungel des Alltags. Sie soll - wie auch die Astrologie - gerade in unsicheren Situationen Lebenshilfe sein, erhebt jedoch nie den Anspruch darauf, absolute Voraussagen machen zu können oder Hellseherei zu betreiben. Besonders in Verbindung mit anderen Orientierungshilfen, wie eben z. B. der Astrologie, kann man sich so ein umfassendes Bild von sich selbst und seinen Mitmenschen machen.

Am besten, man probiert es einfach mal aus und man wird merken, welche Wahrheiten da plötzlich zu Tage treten und wie überraschend exakt dieses Wissen sein kann. Und nicht zuletzt soll die Beschäftigung mit den Zahlen ja auch Spaß machen (denken Sie an die Kindertage!), wieso sich also nicht einmal einen langweiligen Abend damit vertreiben oder eine Party mit Bekannten und Freunden so richtig in Schwung bringen.

Wie berechne ich meine Glückszahlen?

Wir wollen hier auf die Glückszahlen eingehen, die sich aus dem Namen bzw. dem Geburtsdatum errechnen lassen. Diese beiden schicksalhaften Fakten im Leben eines jeden Menschen, auf die niemand Einfluss hat, bestimmen ganz besonders sein Schicksal und stellen die wichtigsten Pfeiler der Numerologie dar. Name und Geburtsdatum sind sozusagen die Samen, die alle Informationen schon in sich tragen, d. h. also die Eigenschaften des Einzelnen bestimmen und aus denen sich dann weiter, je nach Entwicklungsstadium und dem Fluss der Zeit, Aussagen über den jeweiligen Zustand zu einem bestimmten Zeitpunkt machen lassen.

Man muss kein großer Mathematiker sein oder gar Einstein nacheifern, um sich seine Glückszahlen zu errechnen. Es reicht, wenn man die Zahlen von 1 bis 9 addieren kann und mit etwas Sorgfalt an die Sache herangeht. Wichtig ist außerdem, dass man seinen ganzen Namen, also so wie er auf der Geburtsurkunde steht, sowie das genaue Geburtsdatum für die Berechnung verwendet und keine Pseudonyme oder Abkürzungen.

Aus dem Namen errechnet man die NAMENSZAHL, die durch HÜLLENZAHL und KERNZAHL näher bestimmt wird. Das Geburtsdatum ist für sich allein gesehen die Grundlage zur Berechnung der ENTWICKLUNGSZAHL. In Verbindung mit einem bestimmten Zeitpunkt bzw. Datum im Leben gibt es auch Aufschluss über die Möglichkeiten, die sich einem in dem betreffenden Jahr, Monat oder sogar an dem betreffenden Tag eröffnen. Dies führt einen also zur persönlichen JAHRES-, MONATS- sowie TAGESZAHL.
Und so wird's gemacht:

Die Namenszahl

Die Namenszahl gibt uns einen Überblick darüber, welche Eigenschaften ein Mensch ganz allgemein hat, welche Grundvoraussetzungen er für das Abenteuer Leben mitbringt. Verglichen mit der Astrologie kann man sagen, dass man durch die Namenszahl etwas über die charakterlichen Grundtendenzen erfährt, die in der Astrologie durch Aszendent, Planetenstellung usw. näher bestimmt wird. In der Numerologie übernehmen diese genauer definierende Rolle die Hüllen- bzw. die Kernzahl, die weiter unten eingehender beschrieben werden. Das Interessante an der Sache ist, dass die Summe von Hüllen- und Kernzahl immer auch die ursprüngliche Namenszahl ergibt, wie später gezeigt wird.

Berechnung der Namenszahl

Um die Namenszahl und später auch die Hüllen- und Kernzahl berechnen zu können, muss jedem Buchstaben entsprechend seiner Position im Alphabet eine bestimmte Zahl zugeordnet werden. Diese Zahl kann aus folgender Tabelle abgelesen werden:

1	2	3	4	5	6	7	8	9
A	B	C	D	E	F	G	H	I
J	K	L	M	N	O	P	Q	R
S	T	U	V	W	X	Y	Z	

Da zweistellige Zahlen auf eine Ziffer reduziert werden, kommt J (10 = 1 + 0 = 1) wieder die 1 zu usw. usf.

Mit Hilfe dieser Tabelle wird nun jedem Buchstaben des vollständigen Namens laut Geburtsurkunde eine Zahl zugeordnet. Diese Zahlen werden dann addiert. Sollte das Ergebnis, also die Summe all dieser Zahlen wieder mehrstellig sein, so werden auch die einzelnen Ziffern dieser Summe wieder addiert, bis eine einzige Zahl übrig bleibt, das ist dann die Namenszahl. Man kann der Einfachheit halber sowohl die Glieder des Namens, also Vor-, Mittel- und Nachnamen, getrennt berechnen und die Ergebnisse am Schluss wiederum addieren, oder aber den ganzen Namen auf einmal. Das Endergebnis wird sich immer gleich bleiben.

Zur Verbildlichung ein Beispiel mit dem Namen Anna Maria Koch:

A N N A		M A R I A		K O C H
1 5 5 1		4 1 9 9 1		2 6 3 8
12		24		19
3		6		10
3	+	6	+	1
		10		
		1		Anna Maria Koch hat also die Namenszahl 1.

Und das verraten die Namenszahlen über die Eigenschaften des Namensträgers:

1 Führungsqualitäten, Stärke, Durchsetzungskraft, entschlossenes Handeln, Unabhängigkeit

2 Sensibilität, Gefühle, diplomatisches Handeln, Einfühlungsvermögen, Friedensliebe

3 Wortgewandtheit, Jugendlichkeit, Selbstbewusstsein, Aktivität, Vielseitigkeit, Lebenslust

4 Geduld, Fleiß, Arbeitsamkeit, Sorgfalt, Detailtreue, praktisches Handeln, Durchhaltevermögen

5 Freiheitsdrang, Abwechslung, Reiselust, Flexibilität, Neugier, Forschergeist, Toleranz, Fortschrittlichkeit

6 Erdverbundenheit, Harmonie, Familiensinn, Stabilität, Verantwortungsbewusstsein, Ästhetik

7 Verstand, analytisches Denken und Handeln, Genauigkeit, Wissensdurst, Philosophie

8 Erfolg, organisatorisches Handeln, Systemdenken, Selbstsicherheit, Tatkraft, Realitätssinn

9 Großmut, Freigiebigkeit, Kunstliebe, Einfluss, philanthropisches Denken und Handeln, Mitgefühl, Optimismus

Die Hüllenzahl

Nun ist es aber so, dass viele Menschen, die dieselbe Namenszahl haben, trotzdem völlig unterschiedlich reagieren. Wie bereits erwähnt, stellt die Namenszahl nämlich nur die Grundtendenzen eines Charakters dar. Ein wichtiger Faktor zur näheren Bestimmung ist die Hüllenzahl. Sie gibt Aufschluss darüber, wie sich ein Mensch nach außen gibt und präsentiert. Seine Wirkung auf die Umgebung, d. h. wie ihn seine Mitmenschen sehen, wir von dieser Zahl bestimmt.

Berechnung der Hüllenzahl

Die Hüllenzahl wird wie die Namenszahl mit Hilfe der Alphabet-Tabelle berechnet. Dabei werden jedoch nur den Konsonanten des Namens Zahlen zugeteilt, die Vokale bleiben unberücksichtigt. Ansonsten geht man genauso vor, wie bei der Namenszahl. Man kann also die Namensglieder einzeln errechnen und dann addieren, oder aber den ganzen Namen auf einmal verwenden.

Das Beispiel von Anna Maria Koch zeigt erneut, wie das geht:

A N N A		M A R I A		K O C H
- 5 5 -		4 - 9 - -		2 - 3 8
10		13		13
1	+	4	+	4
	9			

Anna Maria Koch hat also die Hüllenzahl 9.

Die einzelnen Hüllenzahlen sagen folgendes über die Wirkung des Namensträgers auf seine Umgebung aus:

1 Originalität, Waghalsigkeit, Konkurrenzdenken, Unabhängigkeit, Willensstärke

2 Aufmerksamkeit, Diplomatie, Teamfähigkeit, Mitgefühl, Sensibilität, Verständnis, Zuhören

3 Eloquenz, Leichtigkeit, Unterhaltsamkeit, Freundlichkeit, Witzigkeit, Optimismus

4 Zuverlässigkeit, Loyalität, Treue, Disziplin, Beharrlichkeit, Arbeitsfreude, praktisches Handeln

5 Modernität, Abenteuerlust, Aufgewecktheit, Unternehmungslust, Facettenreichtum, Individualität

6 Gerechtigkeit, Hilfsbereitschaft, Anpassungsfähigkeit, Verantwortungsbewusstsein, Fairness

7 Vertrauen, analytisches und kritisches Denken und Handeln, Präzision, Selbstsicherheit, Bodenständigkeit

8 Effektivität, Diszipliniertheit, Erfolg, Einfluss, Zufriedenheit, Bescheidenheit

9 Großzügigkeit, Offenheit, Freundlichkeit, Liebenswürdigkeit, Sympathie, Vertrautheit, Charme

Die Kernzahl

Neben der Hüllenzahl ist jedoch für die Beschreibung einer ganzen Persönlichkeit die Kernzahl ebenso wichtig. Sie gibt Auskunft über die inneren Werte, das Gefühlsleben und die Wünsche des Menschen sowie seine verborgenen Talente. Die Kernzahl beschreibt also, welche Eigenschaften den Einzelnen zu seinem Handeln anregen, was ihn motiviert.

Berechnung der Kernzahl

Wie bei der Hüllenzahl werden hier nur bestimmte Buchstaben des Namens zur Berechnung herangezogen, diesmal sind es die Vokale. Auch hier wiederum gibt es dieselben Möglichkeiten des Addierens wie bei Namens- oder Hüllenzahl, also getrennt nach Namensgliedern oder insgesamt.

Für unser Beispiel Anna Maria Koch sieht das folgendermaßen aus:

A N N A		M A R I A		K O C H
1 - - 1		- 1 - 9 1		- 6 - -
2		11		6
2	+	2	+	6
10				
1				

Anna Maria Koch hat also die Kernzahl 1.

Nebenbei sei noch bemerkt, dass dieses Beispiel auch die Tatsache verdeutlicht, dass Hüllen- und Kernzahl zusammen wieder die Namenszahl ergibt:

Hüllenzahl + Kernzahl = Namenszahl

9 + 1 = 10 = 1

Über die Motivationshintergründe des Namensträgers erfahren wir durch die Kernzahl folgendes:

1 Einfallsreichtum und Willensstärke, um Anderen den Weg zu weisen und im Konkurrenzkampf zu bestehen

2 Einfühlungsvermögen, Sensibilität und Vermittlungsfähigkeit, um gemeinsame Ziele zu erreichen

3 Ideenreichtum und Optimismus, um kreativ tätig zu sein und Andere zu unterhalten

4 Opferbereitschaft, Disziplin und Durchhaltevermögen, um vernünftige Ziele zu erreichen und Pläne zu verwirklichen

5 Antriebskraft, Neugier und vielseitiges Interesse, um möglichst viel zu erleben und neue Horizonte zu eröffnen

6 Flexibilität und Friedfertigkeit, um harmonisch mit den Mitmenschen zu leben und Streit zu vermeiden

7 Wahrheitsliebe und Verstand, um dem Lebenssinn auf den Grund zu gehen und rational zu denken

8 Tatkraft, Konzentration und Energie, um gezielt Erfolg und Macht zu erlangen

9 Großmut, Einfluss und Charme, um Anderen zu helfen und dadurch Anerkennung zu bekommen

Die Entwicklungszahl

Das Leben jedes Menschen ist durch Entwicklung bestimmt. Um vorwärts zu kommen, d. h. nicht zu stagnieren und auf der Stelle zu treten, sondern sich in allen möglichen Bereichen weiterzuentwickeln, müssen die Meisten hart an sich arbeiten und auch Unangenehmes durchmachen, was oft Überwindung kostet. Die Entwicklungszahl gibt Aufschluss darüber, was man ganz besonders beachten muss, woran speziell gearbeitet werden muss, damit diese Entwicklung erfolgreich vor sich gehen kann und die Chancen im Leben wahrgenommen werden können. Das ist bei jedem verschieden, der Eine muss lernen, sich und seine Gefühle besser im Zaum zu halten, ein Anderer, mehr auf seine Mitmenschen einzugehen, ein Dritter vielleicht, die Dinge aktiver und energischer anzugehen. So hat jeder bestimmte Probleme zu bewältigen und Lektionen zu lernen, damit er sich entsprechend entfalten kann und alle Chancen zu nutzen. Mit Hilfe der Entwicklungszahl, die ihm die Richtung weist, kann er dies zielbewusst tun und dabei ist unwichtig, wann er damit anfängt. Man ist schließlich nie zu alt, um dazuzulernen.

Berechnung der Entwicklungszahl

Zur Berechnung der Entwicklungszahl braucht man nur das genaue Geburtsdatum. Die Monate werden durchnummeriert, angefangen beim Januar. Für die Monate, die eine zweistellige Zahl erhalten, reduziert man diese wieder auf eine Ziffer, wie das schon weiter oben bei den Namenszahlen erläutert wurde. So erhält man:

Januar	1	Mai	5	September	9
Februar	2	Juni	6	Oktober	1
März	3	Juli	7	November	2
April	4	August	8	Dezember	3

Nun addiert man alle Zahlen des Geburtsdatums und verfährt wie auch schon beim Namen, bis man zum Schluss eine einzige Ziffer erhält. Dabei ist wieder irrelevant, ob man alle Zahlen des Geburtsdatums zusammenzählt oder zur Vereinfachung Tag, Monat und Jahr getrennt, um sie dann am Ende zu addieren.

Als Beispiel wurde angenommen, Anna Maria Koch sei am 17. Oktober 1963 geboren worden:

1 7 Oktober 1 9 6 3

8 1 1 9

8 + 1 + 8

1 7

8

Die Entwicklungszahl ist hier also 8.

Und die einzelnen Entwicklungszahlen bezeichnen, worauf man im Leben besonders achten sollte, was man lernen kann:

1 selbstbewusst, stark und unabhängig zu sein, für seine Ziele und Pläne zu kämpfen und Andere zu leiten

2 kooperativ und diplomatisch zu sein, mit anderen an einem Strang zu ziehen und nicht egoistisch zu sein

3 fröhlich, optimistisch und mit Selbstvertrauen an die Dinge heranzugehen, mit Anderen zu reden

4 Dinge sorgfältig, gründlich und praktisch anzupacken und diese mit Geduld zu Ende zu führen ohne aufzugeben

5 Veränderungen und Neuerungen offen gegenüberzustehen, flexibel und spontan zu handeln

6 ausgleichend und versöhnend auf Andere einzuwirken, mit Verantwortungsbewusstsein Frieden und Harmonie herzustellen

7 Zurückhaltung und Respekt Anderen gegenüber zu zeigen, den Dingen mit Verstand auf den Grund zu gehen

8 Gefühlsausbrüche im Zaum zu halten, Disziplin zu üben, um so zum Erfolg zu gelangen

9 selbstlos und großzügig zu sein, Anderen eine Stütze zu sein und ihnen in der Not zu helfen

Die Jahreszahl

Über die Jahreszahl kann man erfahren, wo man in einem 9-Jahres-Zyklus, der beim Tag der Geburt angefangen hat, genau steht. Sie gibt Aufschluss darüber, wie man in diesem Jahr handeln sollte, welche Möglichkeiten einem offen stehen, welche Chancen man ergreifen sollte und überhaupt, wie man sich verhalten sollte.

Berechnung der Jahreszahl

Bei der Berechnung der Jahreszahl geht man ähnlich vor, wie bei der Bestimmung der Enwicklungszahl, allerdings nimmt man hier das Datum des zuletzt gefeierten Geburtstages zur Grundlage. Ansonsten gelten die gleichen Regeln wie zuvor.

Anna Maria Koch möchte also z. B. wissen, was ihr in diesem persönlichen Jahr bevorsteht. Sie hatte am 17. Oktober 1996 zum letzten Mal Geburtstag:

1 7 Oktober 1 9 9 6

8 1 2 5

8 + 1 + 7

1 6

7

Anna Maria Koch befindet sich zur Zeit also in ihrem 7. Jahr.

Und das bedeuten die Jahreszahlen im 9-Jahre-Rhythmus:

1 Es herrscht Aufbruchstimmung, ein neuer Anfang steht ins Haus, jetzt heißt es, mit frischen Kräften Neues zu schaffen

2 Liebe, Partnerschaft und Gemeinsamkeit beherrschen dieses Jahr, auch eine Zeit der Ruhe und des Nachdenkens

3 Kontakte werden geknüpft, man kommt gut an, ist für Andere unterhaltsam und für sich selbst ebenfalls kreativ

4 Harte Arbeit wartet, mit Geduld und Sorgfalt kann ein sicheres Fundament für zukünftige Unternehmungen gebaut werden

5 Dieses Jahr ist voller Überraschungen, Veränderungen finden statt, man kann sich von alten Lasten befreien, Reisen

6 Familie, alte Freundschaften und schöngeistige Vergnügungen stehen im Mittelpunkt, Harmonie und Einigkeit sind wichtig

7 Ein Jahr des Nachdenkens über eigene Wünsche und Ziele sowie den Punkt, den man hierbei bisher erreicht hat

8 Zeit zum Handeln, mit Energie und Tatkraft erreicht man Vieles, was man sich zum Ziel gesetzt hat

9 Alte Zöpfe werden abgeschnitten, unnützer Ballast abgeworfen, viel Zeit für die Mitmenschen, denen man gerne hilft

Die Monatszahl

Um etwas darüber zu erfahren, was ein bestimmter Monat des persönlichen Jahres bringt, muss man die Monatszahl errechnen. Sie zeigt die Veränderungen an, die sich im Laufe eines Jahres ergeben. So kann sie hilfreich sein, wenn es z. B. darum geht zu entscheiden, wann man eine bestimmte Sache angehen sollte oder wann dies besonders ungünstig ist.

Berechnung der Monatszahl

Für die Berechnung der Monatszahl braucht man die Jahreszahl, die man wie oben beschrieben errechnet. Zusätzlich verwendet man die entsprechenden Ziffern für die einzelnen Monate, was unter den Entwicklungszahlen schon erläutert wurde. Dabei wird das Jahr in 12 individuelle Monate unterteilt, denen dann die entsprechenden Zahlen zugeordnet werden.

Anna Maria Kochs persönlichen Monate werden wie folgt ermittelt:

17. Oktober - 16. November = 1 0 = 1
17. November - 16. Dezember = 1 1 = 2
17. Dezember - 16. Januar = 1 2 = 3
17. Januar - 16. Februar = 1
17. Februar - 16. März = 2
17. März - 16. April = 3
17. April - 16. Mai = 4
17. Mai - 16. Juni = 5
17. Juni - 16. Juli = 6
17. Juli - 16. August = 7
17. August - 16. September = 8
17. September - 16. Oktober = 9

Nun wird zu den so erhaltenen Zahlen die Jahreszahl addiert, was zur Monatszahl führt. Hat der nachfolgende Monat weniger Tage (z. B., wenn man an einem 29., 30. oder 31. geboren ist, rechnet man mit dem letzten Tag des nachfolgenden Monats.

Anna Maria Koch möchte also z. B. erfahren, was ihr in der Zeit vom 17. Mai bis zum 16. Juni ihres 7. persönlichen Jahres bevorsteht:

17. Mai - 16. Juni + Jahreszahl

5 + 7

1 2

3

Die Monatszahl für diesen Zeitpunkt beträgt demnach 3.

Das sagen die einzelnen Monatszahlen über die Aussichten aus, die einen erwarten:

1 Der Monat, um unabhängig und souverän Neues zu wagen, sich mit Elan durchzusetzen

2 Gemeinschaftssinn, Zusammenhalt und Treue helfen, diese Zeit des Abwartens gut zu überbrücken

3 Mit wortgewandten Reden und guten Einfällen können Hindernisse aus dem Weg geräumt werden

4 Eine Zeit, um Ordnung zu schaffen, Versäumtes nachzuholen und Theorie in Praxis umzusetzen

5 Spaß und Abwechslung stehen an, Unerwartetes kann passieren, eine günstige Zeit zum Reisen

6 Zeit für tiefe Gefühle, Liebe und Geborgenheit, in zwischenmenschlichen Beziehungen werden Wogen geglättet

7 Eine Zeit, um in sich zu gehen, über seinen Standpunkt nachzudenken und die Lage zu analysieren

8 Mit voller Kraft voraus den Gipfel stürmen führt jetzt zum erwünschten Erfolg

9 Die richtige Zeit, Dinge zu Ende zu bringen und neue Pläne für die Zukunft zu schmieden, aber auch an Andere zu denken

Die Tageszahl

Zu guter Letzt wollen wir noch auf die Bedeutung der Tageszahlen eingehen. Damit kann für einen ganz bestimmten Tag entschieden werden, ob er für die Verwirklichung eines Planes oder eines Vorhaben günstig ist, oder ob man vielleicht lieber doch noch etwas abwartet. Dabei sollte man jedoch beachten, dass die aussagekräftigsten Hilfestellungen durch eine Kombination der verschiedenen Glückszahlen gegeben werden kann, dann also, wenn man sowohl Jahres-, als auch Monats- und Tageszahl zu Rate zieht.

Berechnung der Tageszahl

Die Tageszahl ist ganz einfach zu errechnen mit Hilfe der Jahreszahl und der Tabelle für die Monate, bereits bekannt aus den oberen Kapiteln. Auch hier werden die Ziffern addiert, bis nur noch eine übrig bleibt.

Für den 13. Februar ihres 7. persönlichen Jahres errechnet Anna Maria Koch die Tageszahl folgendermaßen:

1 3 Januar + Jahreszahl

4 + 1 + 7

1 2

3

Die Tageszahl für Anna Maria ist folglich 3.

Und diese Ratschläge sollte man entsprechend der Zahl an dem bestimmten Tag befolgen:

1 Energisches Handeln und Aktivität sind angesagt

2 Nur die Ruhe, Gelassenheit und Teamwork bringen weiter

3 Sich zu Wort melden hilft, seine Ideen durchzusetzen

4 Mit Fleiß und Schweiß kommt man heute ans Ziel

5 Unerwartete Ereignisse bringen Abwechslung und Spaß

6 Mit Einfühlungsvermögen und Geduld erreicht man viel

7 Eine Pause zum Nachdenken hilft einem auf die Sprünge

8 Wichtige Dinge lassen sich heute erledigen, Organisieren

9 Dieser Tag sollte mit guten Freunden geteilt werden

Tabelle 1

Ephemeriden-Berechnung
Beispieltabelle, 2. Halbjahr 1998

Tag/Mon.	Sonne	Mond	Merkur	Venus	Mars	Jupiter	Saturn	Uranus	Neptun	Pluto
1-7	8Cn58	0Li27	0Le00	7Ge41	26Ge21	27Pi35	1Ta52	11Aq59	1Aq22	5Sg50
2-7	9Cn56	12Li20	1Le36	8Ge53	27Ge01	27Pi38	1Ta57	11Aq57	1Aq21	5Sg48
3-7	10Cn53	24Li11	3Le10	10Ge04	27Ge42	27Pi41	2Ta01	11Aq55	1Aq19	5Sg47
4-7	11Cn50	6Sc04	4Le42	11Ge16	28Ge23	27Pi44	2Ta05	11Aq54	1Aq18	5Sg46
5-7	12Cn47	18Sc06	6Le11	12Ge27	29Ge04	27Pi46	2Ta09	11Aq52	1Aq16	5Sg45
6-7	13Cn44	0Sg18	7Le39	13Ge39	29Ge44	27Pi49	2Ta13	11Aq50	1Aq14	5Sg43
7-7	14Cn42	12Sg45	9Le03	14Ge50	0Cn25	27Pi51	2Ta17	11Aq48	1Aq13	5Sg42
8-7	15Cn39	25Sg27	10Le26	16Ge02	1Cn05	27Pi53	2Ta21	11Aq45	1Aq11	5Sg41
9-7	16Cn36	8Cp26	11Le46	17Ge14	1Cn46	27Pi55	2Ta25	11Aq43	1Aq10	5Sg40
10-7	17Cn33	21Cp40	13Le04	18Ge26	2Cn26	27Pi57	2Ta28	11Aq41	1Aq08	5Sg39
11-7	18Cn30	5Aq09	14Le19	19Ge37	3Cn07	27Pi58	2Ta32	11Aq39	1Aq07	5Sg38
12-7	19Cn28	18Aq50	15Le32	20Ge49	3Cn47	27Pi59	2Ta35	11Aq37	1Aq05	5Sg37
13-7	20Cn25	2Pi40	16Le42	22Ge01	4Cn27	28Pi01	2Ta39	11Aq35	1Aq04	5Sg36
14-7	21Cn22	16Pi39	17Le49	23Ge13	5Cn08	28Pi01	2Ta42	11Aq33	1Aq02	5Sg35
15-7	22Cn19	0Ar44	18Le54	24Ge25	5Cn48	28Pi02	2Ta45	11Aq30	1Aq00	5Sg34
16-7	23Cn16	14Ar53	19Le56	25Ge37	6Cn28	28Pi03	2Ta49	11Aq28	0Aq59	5Sg33
17-7	24Cn14	29Ar04	20Le54	26Ge49	7Cn08	28Pi03	2Ta52	11Aq26	0Aq57	5Sg32
18-7	25Cn11	13Ta17	21Le50	28Ge01	7Cn48	28Pi03	2Ta55	11Aq24	0Aq56	5Sg31
19-7	26Cn08	27Ta27	22Le43	29Ge14	8Cn29	28Pi03	2Ta57	11Aq21	0Aq54	5Sg30
20-7	27Cn05	11Ge34	23Le32	0Cn26	9Cn09	28Pi03	3Ta00	11Aq19	0Aq52	5Sg29
21-7	28Cn03	25Ge32	24Le18	1Cn38	9Cn49	28Pi02	3Ta03	11Aq17	0Aq51	5Sg28
22-7	29Cn00	9Cn20	25Le01	2Cn50	10Cn29	28Pi02	3Ta05	11Aq15	0Aq49	5Sg27
23-7	29Cn57	22Cn52	25Le40	4Cn03	11Cn08	28Pi01	3Ta08	11Aq12	0Aq47	5Sg27
24-7	0Le55	6Le09	26Le14	5Cn15	11Cn48	28Pi00	3Ta10	11Aq10	0Aq46	5Sg26
25-7	1Le52	19Le07	26Le45	6Cn27	12Cn28	27Pi58	3Ta13	11Aq08	0Aq44	5Sg25
26-7	2Le49	1Vi47	27Le12	7Cn40	13Cn08	27Pi57	3Ta15	11Aq05	0Aq43	5Sg24
27-7	3Le47	14Vi12	27Le34	8Cn52	13Cn48	27Pi55	3Ta17	11Aq03	0Aq41	5Sg24
28-7	4Le44	26Vi22	27Le52	10Cn05	14Cn27	27Pi53	3Ta19	11Aq00	0Aq39	5Sg23
29-7	5Le41	8Li21	28Le04	11Cn17	15Cn07	27Pi51	3Ta21	10Aq58	0Aq38	5Sg23
30-7	6Le39	20Li14	28Le12	12Cn30	15Cn47	27Pi49	3Ta23	10Aq56	0Aq36	5Sg22
31-7	7Le36	2Sc06	28Le16	13Cn43	16Cn26	27Pi47	3Ta24	10Aq53	0Aq34	5Sg21
1-8	8Le33	14Sc00	28Le14	14Cn55	17Cn06	27Pi44	3Ta26	10Aq51	0Aq33	5Sg21
2-8	9Le31	26Sc02	28Le06	16Cn08	17Cn45	27Pi41	3Ta27	10Aq49	0Aq31	5Sg20
3-8	10Le28	8Sg17	27Le54	17Cn21	18Cn24	27Pi38	3Ta29	10Aq46	0Aq30	5Sg20
4-8	11Le26	20Sg47	27Le36	18Cn34	19Cn04	27Pi35	3Ta30	10Aq44	0Aq28	5Sg20
5-8	12Le23	3Cp36	27Le14	19Cn47	19Cn43	27Pi32	3Ta31	10Aq41	0Aq26	5Sg19
6-8	13Le21	16Cp46	26Le46	21Cn00	20Cn22	27Pi28	3Ta32	10Aq39	0Aq25	5Sg19

Tag/Mon.	Sonne	Mond	Merkur	Venus	Mars	Jupiter	Saturn	Uranus	Neptun	Pluto
7-8	14Le18	0Aq16	26Le14	22Cn13	1Cn02	27Pi24	3Ta33	10Aq37	0Aq23	5Sg19
8-8	15Le15	14Aq05	25Le37	23Cn25	21Cn41	27Pi21	3Ta34	10Aq34	0Aq22	5Sg18
9-8	16Le13	28Aq10	24Le57	24Cn39	22Cn20	27Pi16	3Ta35	10Aq32	0Aq20	5Sg18
10-8	17Le10	12Pi28	24Le13	25Cn52	22Cn59	27Pi12	3Ta35	10Aq29	0Aq19	5Sg18
11-8	18Le08	26Pi53	23Le27	27Cn05	23Cn38	27Pi08	3Ta36	10Aq27	0Aq17	5Sg18
12-8	19Le06	11Ar20	22Le38	28Cn18	24Cn17	27Pi03	3Ta36	10Aq25	0Aq16	5Sg17
13-8	20Le03	25Ar45	21Le49	29Cn31	24Cn56	26Pi58	3Ta37	10Aq22	0Aq14	5Sg17
14-8	21Le01	10Ta05	21Le00	0Le44	25Cn35	26Pi53	3Ta37	10Aq20	0Aq13	5Sg17
15-8	21Le58	24Ta16	20Le11	1Le58	26Cn14	26Pi48	3Ta37	10Aq18	0Aq11	5Sg17
16-8	22Le56	8Ge17	19Le25	3Le11	26Cn53	26Pi43	3Ta37	10Aq15	0Aq10	5Sg17
17-8	23Le54	22Ge05	18Le40	4Le24	27Cn32	26Pi38	3Ta37	10Aq13	0Aq08	5Sg17
18-8	24Le51	5Cn40	18Le00	5Le38	28Cn11	26Pi32	3Ta37	10Aq11	0Aq07	5Sg17
19-8	25Le49	19Cn02	17Le24	6Le51	28Cn50	26Pi26	3Ta37	10Aq08	0Aq05	5Sg17
20-8	26Le47	2Le10	16Le54	8Le05	29Cn28	26Pi21	3Ta36	10Aq06	0Aq04	5Sg17
21-8	27Le45	15Le03	16Le29	9Le18	0Le07	26Pi15	3Ta36	10Aq04	0Aq02	5Sg18
22-8	28Le42	27Le43	16Le11	10Le32	0Le46	26Pi08	3Ta35	10Aq02	0Aq01	5Sg18
23-8	29Le40	10Vi10	16Le01	11Le45	1Le24	26Pi02	3Ta34	9Aq59	0Aq00	5Sg18
24-8	0Vi38	22Vi25	15Le57	12Le59	2Le03	25Pi56	3Ta34	9Aq57	29Cp58	5Sg18
25-8	1Vi36	4Li29	16Le02	14Le13	2Le42	25Pi49	3Ta33	9Aq55	29Cp57	5Sg18
26-8	2Vi34	16Li26	16Le14	15Le26	3Le20	25Pi42	3Ta32	9Aq53	29Cp56	5Sg19
27-8	3Vi32	28Li18	16Le34	16Le40	3Le58	25Pi36	3Ta31	9Aq51	29Cp54	5Sg19
28-8	4Vi30	10Sc09	17Le02	17Le54	4Le37	25Pi29	3Ta29	9Aq49	29Cp53	5Sg19
29-8	5Vi28	22Sc03	17Le38	19Le08	5Le15	25Pi22	3Ta28	9Aq47	29Cp52	5Sg20
30-8	6Vi26	4Sg03	18Le22	20Le22	5Le54	25Pi15	3Ta27	9Aq45	29Cp51	5Sg20
31-8	7Vi24	16Sg16	19Le14	21Le35	6Le32	25Pi08	3Ta25	9Aq42	29Cp49	5Sg21
1-9	8Vi22	28Sg44	20Le12	22Le49	7Le10	25Pi00	3Ta23	9Aq40	29Cp48	5Sg21
2-9	9Vi20	11Cp33	21Le18	24Le03	7Le48	24Pi53	3Ta22	9Aq38	29Cp47	5Sg22
3-9	10Vi18	24Cp44	22Le30	25Le17	8Le27	24Pi45	3Ta20	9Aq37	29Cp46	5Sg22
4-9	11Vi16	8Aq21	23Le48	26Le31	9Le05	24Pi38	3Ta18	9Aq35	29Cp45	5Sg23
5-9	12Vi14	22Aq22	25Le12	27Le45	9Le43	24Pi30	3Ta16	9Aq33	29Cp44	5Sg24
6-9	13Vi12	6Pi45	26Le41	29Le00	10Le21	24Pi23	3Ta14	9Aq31	29Cp43	5Sg24
7-9	14Vi10	21Pi25	28Le14	0Vi14	10Le59	24Pi15	3Ta12	9Aq29	29Cp42	5Sg25
8-9	15Vi09	6Ar16	29Le51	1Vi28	11Le37	24Pi07	3Ta09	9Aq27	29Cp41	5Sg26
9-9	16Vi07	21Ar10	1Vi32	2Vi42	12Le15	23Pi59	3Ta07	9Aq25	29Cp40	5Sg27
10-9	17Vi05	5Ta59	3Vi16	3Vi56	12Le53	23Pi52	3Ta04	9Aq24	29Cp39	5Sg27
11-9	18Vi03	20Ta36	5Vi03	5Vi11	13Le30	23Pi44	3Ta02	9Aq22	29Cp38	5Sg28
12-9	19Vi02	4Ge56	6Vi51	6Vi25	14Le08	23Pi36	2Ta59	9Aq20	29Cp37	5Sg29
13-9	20Vi00	18Ge57	8Vi41	7Vi39	14Le46	23Pi28	2Ta56	9Aq19	29Cp36	5Sg30
14-9	20Vi58	2Cn37	10Vi32	8Vi54	15Le24	23Pi20	2Ta54	9Aq17	29Cp35	5Sg31
15-9	21Vi57	15Cn58	12Vi25	10Vi08	16Le02	23Pi12	2Ta51	9Aq15	29Cp34	5Sg32
16-9	22Vi55	29Cn01	14Vi17	11Vi22	16Le39	23Pi04	2Ta48	9Aq14	29Cp33	5Sg33
17-9	23Vi54	11Le49	16Vi10	12Vi37	17Le17	22Pi56	2Ta45	9Aq12	29Cp33	5Sg34

Tag/Mon.	Sonne	Mond	Merkur	Venus	Mars	Jupiter	Saturn	Uranus	Neptun	Pluto
18-9	24Vi52	24Le22	18Vi03	13Vi51	17Le54	22Pi48	2Ta41	9Aq11	29Cp32	5Sg35
19-9	25Vi51	6Vi44	19Vi56	15Vi06	18Le32	22Pi40	2Ta38	9Aq10	29Cp31	5Sg36
20-9	26Vi50	18Vi57	21Vi49	16Vi20	19Le09	22Pi32	2Ta35	9Aq08	29Cp30	5Sg37
21-9	27Vi48	1Li01	23Vi41	17Vi35	19Le47	22Pi24	2Ta31	9Aq07	29Cp30	5Sg38
22-9	28Vi47	12Li59	25Vi32	18Vi50	20Le24	22Pi16	2Ta28	9Aq06	29Cp29	5Sg39
23-9	29Vi46	24Li52	27Vi23	20Vi04	21Le02	22Pi08	2Ta24	9Aq04	29Cp28	5Sg41
24-9	0Li44	6Sc43	29Vi13	21Vi19	21Le39	22Pi00	2Ta21	9Aq03	29Cp28	5Sg42
25-9	1Li43	18Sc34	1Li02	22Vi33	22Le16	21Pi53	2Ta17	9Aq02	29Cp27	5Sg43
26-9	2Li42	0Sg27	2Li51	23Vi48	22Le54	21Pi45	2Ta13	9Aq01	29Cp27	5Sg44
27-9	3Li41	12Sg26	4Li38	25Vi03	23Le31	21Pi37	2Ta09	9Aq00	29Cp26	5Sg46
28-9	4Li40	24Sg36	6Li25	26Vi18	24Le08	21Pi30	2Ta05	8Aq59	29Cp26	5Sg47
29-9	5Li39	7Cp00	8Li11	27Vi32	24Le45	21Pi22	2Ta01	8Aq58	29Cp25	5Sg49
30-9	6Li38	19Cp43	9Li56	28Vi47	25Le22	21Pi15	1Ta57	8Aq57	29Cp25	5Sg50
1-10	7Li37	2Aq49	11Li40	0Li02	25Le59	21Pi07	1Ta53	8Aq56	29Cp25	5Sg51
2-10	8Li36	16Aq21	13Li23	1Li17	26Le36	21Pi00	1Ta49	8Aq55	29Cp24	5Sg53
3-10	9Li35	0Pi21	15Li05	2Li32	27Le13	20Pi53	1Ta45	8Aq54	29Cp24	5Sg54
4-10	10Li34	14Pi49	16Li46	3Li46	27Le50	20Pi46	1Ta41	8Aq54	29Cp24	5Sg56
5-10	11Li33	29Pi39	18Li27	5Li01	28Le27	20Pi39	1Ta36	8Aq53	29Cp24	5Sg57
6-10	12Li32	14Ar47	20Li07	6Li16	29Le04	20Pi32	1Ta32	8Aq52	29Cp23	5Sg59
7-10	13Li31	0Ta01	21Li46	7Li31	29Le40	20Pi25	1Ta27	8Aq52	29Cp23	6Sg01
8-10	14Li30	15Ta12	23Li24	8Li46	0Vi17	20Pi18	1Ta23	8Aq51	29Cp23	6Sg02
9-10	15Li29	0Ge10	25Li01	10Li01	0Vi54	20Pi12	1Ta19	8Aq50	29Cp23	6Sg04
10-10	16Li29	14Ge46	26Li38	11Li16	1Vi30	20Pi06	1Ta14	8Aq50	29Cp23	6Sg06
11-10	17Li28	28Ge57	28Li14	12Li31	2Vi07	19Pi59	1Ta09	8Aq50	29Cp23	6Sg07
12-10	18Li27	12Cn40	29Li49	13Li46	2Vi44	19Pi53	1Ta05	8Aq49	29Cp23	6Sg09
13-10	19Li27	25Cn58	1Sc23	15Li01	3Vi20	19Pi47	1Ta00	8Aq49	29Cp23	6Sg11
14-10	20Li26	8Le52	2Sc57	16Li16	3Vi57	19Pi41	0Ta56	8Aq49	29Cp23	6Sg12
15-10	21Li25	21Le28	4Sc30	17Li31	4Vi33	19Pi36	0Ta51	8Aq48	29Cp23	6Sg14
16-10	22Li25	3Vi49	6Sc02	18Li46	5Vi09	19Pi30	0Ta46	8Aq48	29Cp23	6Sg16
17-10	23Li24	15Vi58	7Sc34	20Li01	5Vi46	19Pi25	0Ta41	8Aq48	29Cp23	6Sg18
18-10	24Li24	27Vi59	9Sc05	21Li16	6Vi22	19Pi20	0Ta37	8Aq48	29Cp23	6Sg20
19-10	25Li23	9Li55	10Sc35	22Li31	6Vi58	19Pi15	0Ta32	8Aq48	29Cp24	6Sg22
20-10	26Li23	21Li47	12Sc05	23Li46	7Vi34	19Pi10	0Ta27	8Aq48	29Cp24	6Sg24
21-10	27Li23	3Sc38	13Sc34	25Li02	8Vi10	19Pi05	0Ta22	8Aq48	29Cp24	6Sg25
22-10	28Li22	15Sc30	15Sc03	26Li17	8Vi46	19Pi00	0Ta18	8Aq48	29Cp25	6Sg27
23-10	29Li22	27Sc23	16Sc30	27Li32	9Vi22	18Pi56	0Ta13	8Aq48	29Cp25	6Sg29
24-10	0Sc22	9Sg19	17Sc57	28Li47	9Vi58	18Pi52	0Ta08	8Aq49	29Cp25	6Sg31
25-10	1Sc22	21Sg21	19Sc24	0Sc02	10Vi34	18Pi48	0Ta03	8Aq49	29Cp26	6Sg33
26-10	2Sc22	3Cp31	20Sc49	1Sc17	11Vi10	18Pi44	29Ar58	8Aq49	29Cp26	6Sg35
27-10	3Sc21	15Cp53	22Sc14	2Sc33	11Vi46	18Pi40	29Ar54	8Aq50	29Cp27	6Sg37
28-10	4Sc21	28Cp32	23Sc39	3Sc48	12Vi22	18Pi37	29Ar49	8Aq50	29Cp27	6Sg39
29-10	5Sc21	11Aq30	25Sc02	5Sc03	12Vi57	18Pi34	29Ar44	8Aq51	29Cp28	6Sg41

Tag/Mon.	Sonne	Mond	Merkur	Venus	Mars	Jupiter	Saturn	Uranus	Neptun	Pluto
30-10	6Sc21	24Aq53	26Sc24	6Sc18	13Vi33	18Pi31	29Ar39	8Aq51	29Cp28	6Sg44
31-10	7Sc21	8Pi42	27Sc46	7Sc34	14Vi09	18Pi28	29Ar35	8Aq52	29Cp29	6Sg46
1-11	8Sc21	23Pi00	29Sc06	8Sc49	14Vi44	18Pi25	29Ar30	8Aq52	29Cp30	6Sg48
2-11	9Sc21	7Ar45	0Sg26	10Sc04	15Vi20	18Pi23	29Ar25	8Aq53	29Cp30	6Sg50
3-11	10Sc21	22Ar51	1Sg44	11Sc19	15Vi55	18Pi21	29Ar21	8Aq54	29Cp31	6Sg52
4-11	11Sc21	8Ta11	3Sg01	12Sc34	16Vi30	18Pi19	29Ar16	8Aq55	29Cp32	6Sg54
5-11	12Sc21	23Ta31	4Sg16	13Sc50	17Vi06	18Pi17	29Ar11	8Aq56	29Cp33	6Sg56
6-11	13Sc21	8Ge42	5Sg30	15Sc05	17Vi41	18Pi15	29Ar07	8Aq56	29Cp34	6Sg59
7-11	14Sc22	23Ge33	6Sg43	16Sc20	18Vi16	18Pi14	29Ar02	8Aq57	29Cp34	7Sg01
8-11	15Sc22	7Cn56	7Sg53	17Sc35	18Vi51	18Pi12	28Ar58	8Aq58	29Cp35	7Sg03
9-11	16Sc22	21Cn49	9Sg01	18Sc51	19Vi26	18Pi11	28Ar53	8Aq59	29Cp36	7Sg05
10-11	17Sc22	5Le12	10Sg07	20Sc06	20Vi01	18Pi10	28Ar49	9Aq01	29Cp37	7Sg07
11-11	18Sc22	18Le09	11Sg10	21Sc21	20Vi36	18Pi10	28Ar44	9Aq02	29Cp38	7Sg10
12-11	19Sc23	0Vi42	12Sg10	22Sc37	21Vi11	18Pi09	28Ar40	9Aq03	29Cp39	7Sg12
13-11	20Sc23	12Vi59	13Sg06	23Sc52	21Vi46	18Pi09	28Ar36	9Aq04	29Cp40	7Sg14
14-11	21Sc24	25Vi02	13Sg59	25Sc07	22Vi20	18Pi09	28Ar32	9Aq05	29Cp41	7Sg17
15-11	22Sc24	6Li57	14Sg47	26Sc23	22Vi55	18Pi09	28Ar27	9Aq07	29Cp42	7Sg19
16-11	23Sc24	18Li48	15Sg31	27Sc38	23Vi30	18Pi10	28Ar23	9Aq08	29Cp44	7Sg21
17-11	24Sc25	0Sc39	16Sg09	28Sc53	24Vi04	18Pi10	28Ar19	9Aq10	29Cp45	7Sg23
18-11	25Sc25	12Sc30	16Sg40	0Sg09	24Vi39	18Pi11	28Ar15	9Aq11	29Cp46	7Sg26
19-11	26Sc26	24Sc24	17Sg05	1Sg24	25Vi13	18Pi12	28Ar11	9Aq13	29Cp47	7Sg28
20-11	27Sc27	6Sg23	17Sg23	2Sg39	25Vi47	18Pi13	28Ar07	9Aq14	29Cp49	7Sg30
21-11	28Sc27	18Sg27	17Sg32	3Sg55	26Vi22	18Pi15	28Ar04	9Aq16	29Cp50	7Sg33
22-11	29Sc28	0Cp38	17Sg32	5Sg10	26Vi56	18Pi17	28Ar00	9Aq17	29Cp51	7Sg35
23-11	0Sg28	12Cp56	17Sg22	6Sg25	27Vi30	18Pi18	27Ar56	9Aq19	29Cp52	7Sg37
24-11	1Sg29	25Cp24	17Sg01	7Sg41	28Vi04	18Pi20	27Ar53	9Aq21	29Cp54	7Sg40
25-11	2Sg30	8Aq06	16Sg30	8Sg56	28Vi38	18Pi23	27Ar49	9Aq23	29Cp55	7Sg42
26-11	3Sg30	21Aq03	15Sg49	10Sg11	29Vi11	18Pi25	27Ar46	9Aq25	29Cp57	7Sg44
27-11	4Sg31	4Pi19	14Sg56	11Sg27	29Vi45	18Pi28	27Ar42	9Aq27	29Cp58	7Sg47
28-11	5Sg32	17Pi58	13Sg54	12Sg42	0Li19	18Pi31	27Ar39	9Aq28	0Aq00	7Sg49
29-11	6Sg33	2Ar02	12Sg44	13Sg57	0Li52	18Pi34	27Ar36	9Aq30	0Aq01	7Sg51
30-11	7Sg33	16Ar30	11Sg27	15Sg13	1Li26	18Pi37	27Ar33	9Aq32	0Aq03	7Sg54
1-12	8Sg34	1Ta19	10Sg06	16Sg28	1Li59	18Pi40	27Ar30	9Aq35	0Aq04	7Sg56
2-12	9Sg35	16Ta24	8Sg43	17Sg43	2Li33	18Pi44	27Ar27	9Aq37	0Aq06	7Sg58
3-12	10Sg36	1Ge35	7Sg22	18Sg59	3Li06	18Pi48	27Ar24	9Aq39	0Aq07	8Sg01
4-12	11Sg37	16Ge41	6Sg04	20Sg14	3Li39	18Pi52	27Ar21	9Aq41	0Aq09	8Sg03
5-12	12Sg37	1Cn33	4Sg53	21Sg29	4Li12	18Pi56	27Ar19	9Aq43	0Aq11	8Sg06
6-12	13Sg38	16Cn02	3Sg50	22Sg45	4Li45	19Pi01	27Ar16	9Aq46	0Aq12	8Sg08
7-12	14Sg39	0Le02	2Sg58	24Sg00	5Li18	19Pi05	27Ar14	9Aq48	0Aq14	8Sg10
8-12	15Sg40	13Le33	2Sg16	25Sg15	5Li51	19Pi10	27Ar11	9Aq50	0Aq16	8Sg13
9-12	16Sg41	26Le36	1Sg45	26Sg31	6Li23	19Pi15	27Ar09	9Aq53	0Aq18	8Sg15

Tag/Mon.	Sonne	Mond	Merkur	Venus	Mars	Jupiter	Saturn	Uranus	Neptun	Pluto
10-12	17Sg42	9Vi15	1Sg26.	7Sg46	6Li56	19Pi20	27Ar07	9Aq55	0Aq19	8Sg17
11-12	18Sg43	21Vi34	1Sg18	29Sg01	7Li28	19Pi25	27Ar05	9Aq57	0Aq21	8Sg20
12-12	19Sg44	3Li38	1Sg20	0Cp17	8Li01	19Pi31	27Ar03	10Aq00	0Aq23	8Sg22
13-12	20Sg45	15Li33	1Sg32	1Cp32	8Li33	19Pi37	27Ar01	10Aq03	0Aq25	8Sg24
14-12	21Sg46	27Li24	1Sg53	2Cp47	9Li05	19Pi42	26Ar59	10Aq05	0Aq27	8Sg26
15-12	22Sg47	9Sc14	2Sg22	4Cp03	9Li37	19Pi48	26Ar57	10Aq08	0Aq29	8Sg29
16-12	23Sg48	21Sc07	2Sg58	5Cp18	10Li09	19Pi55	26Ar56	10Aq10	0Aq31	8Sg31
17-12	24Sg49	3Sg06	3Sg41	6Cp33	10Li41	20Pi01	26Ar54	10Aq13	0Aq32	8Sg33
18-12	25Sg50	15Sg13	4Sg29	7Cp49	11Li13	20Pi08	26Ar53	10Aq16	0Aq34	8Sg36
19-12	26Sg51	27Sg28	5Sg23	9Cp04	11Li44	20Pi14	26Ar52	10Aq18	0Aq36	8Sg38
20-12	27Sg52	9Cp52	6Sg20	10Cp19	12Li16	20Pi21	26Ar51	10Aq21	0Aq38	8Sg40
21-12	28Sg53	22Cp26	7Sg22	11Cp35	12Li47	20Pi28	26Ar50	10Aq24	0Aq40	8Sg42
22-12	29Sg55	5Aq10	8Sg27	12Cp50	13Li18	20Pi35	26Ar49	10Aq27	0Aq42	8Sg45
23-12	0Cp56	18Aq06	9Sg35	14Cp05	13Li49	20Pi43	26Ar48	10Aq30	0Aq44	8Sg47
24-12	1Cp57	1Pi14	10Sg46	15Cp20	14Li20	20Pi50	26Ar47	10Aq33	0Aq46	8Sg49
25-12	2Cp58	14Pi36	11Sg59	16Cp36	14Li51	20Pi58	26Ar47	10Aq36	0Aq48	8Sg51
26-12	3Cp59	28Pi14	13Sg14	17Cp51	15Li22	21Pi06	26Ar46	10Aq39	0Aq51	8Sg53
27-12	5Cp00	12Ar09	14Sg31	19Cp06	15Li52	21Pi14	26Ar46	10Aq42	0Aq53	8Sg56
28-12	6Cp01	26Ar21	15Sg49	20Cp22	16Li22	21Pi22	26Ar46	10Aq45	0Aq55	8Sg58
29-12	7Cp02	10Ta49	17Sg09	21Cp37	16Li53	21Pi30	26Ar46	10Aq48	0Aq57	9Sg00
30-12	8Cp04	25Ta28	18Sg30	22Cp52	17Li23	21Pi39	26Ar46	10Aq51	0Aq59	9Sg02
31-12	9Cp05	10Ge14	19Sg52	24Cp07	17Li53	21Pi47	26Ar46	10Aq54	1Aq01	9Sg04

Ephemeriden
Beispieltabelle, 2. Halbjahr 1998
Chiron, Ceres, Pallas, Juno, Vesta, etc

Tag/Mon.	Chiron	Ceres	Pallas	Juno	Vesta	Nod	Lil
1-7	12Sc31	20Ta43	1Ar13	27Vi19	27Ge50	4Vi08	22Li01
2-7	12Sc30	21Ta04	1Ar18	27Vi32	28Ge15	4Vi05	22Li07
3-7	12Sc29	21Ta25	1Ar23	27Vi46	28Ge41	4Vi02	22Li14
4-7	12Sc28	21Ta46	1Ar28	28Vi00	29Ge07	3Vi58	22Li21
5-7	12Sc27	22Ta07	1Ar33	28Vi14	29Ge33	3Vi55	22Li27
6-7	12Sc26	22Ta27	1Ar38	28Vi28	29Ge59	3Vi52	22Li34
7-7	12Sc26	22Ta48	1Ar42	28Vi42	0Cn24	3Vi49	22Li41
8-7	12Sc25	23Ta09	1Ar46	28Vi56	0Cn50	3Vi46	22Li48
9-7	12Sc25	23Ta29	1Ar50	29Vi11	1Cn16	3Vi42	22Li54
10-7	12Sc24	23Ta50	1Ar53	29Vi25	1Cn42	3Vi39	23Li01
11-7	12Sc24	24Ta10	1Ar56	29Vi40	2Cn07	3Vi36	23Li08
12-7	12Sc24	24Ta30	1Ar59	29Vi55	2Cn33	3Vi33	23Li14
13-7	12Sc24	24Ta50	2Ar01	0Li10	2Cn59	3Vi30	23Li21
14-7	12Sc24	25Ta10	2Ar03	0Li25	3Cn24	3Vi27	23Li28
15-7	12Sc25	25Ta30	2Ar05	0Li41	3Cn50	3Vi23	23Li34
16-7	12Sc25	25Ta50	2Ar07	0Li56	4Cn16	3Vi20	23Li41
17-7	12Sc26	26Ta10	2Ar08	1Li12	4Cn41	3Vi17	23Li48
18-7	12Sc26	26Ta30	2Ar09	1Li27	5Cn07	3Vi14	23Li54
19-7	12Sc27	26Ta49	2Ar09	1Li43	5Cn32	3Vi11	24Li01
20-7	12Sc28	27Ta09	2Ar09	1Li59	5Cn58	3Vi08	24Li08
21-7	12Sc28	27Ta28	2Ar09	2Li15	6Cn23	3Vi04	24Li15
22-7	12Sc29	27Ta47	2Ar09	2Li31	6Cn49	3Vi01	24Li21
23-7	12Sc31	28Ta07	2Ar08	2Li48	7Cn14	2Vi58	24Li28
24-7	12Sc32	28Ta26	2Ar07	3Li04	7Cn40	2Vi55	24Li35
25-7	12Sc33	28Ta45	2Ar05	3Li21	8Cn05	2Vi52	24Li41
26-7	12Sc35	29Ta03	2Ar04	3Li37	8Cn31	2Vi48	24Li48
27-7	12Sc36	29Ta22	2Ar01	3Li54	8Cn56	2Vi45	24Li55
28-7	12Sc38	29Ta41	1Ar59	4Li11	9Cn21	2Vi42	25Li01
29-7	12Sc39	29Ta59	1Ar56	4Li28	9Cn47	2Vi39	25Li08
30-7	12Sc41	0Ge17	1Ar53	4Li45	10Cn12	2Vi36	25Li15
31-7	12Sc43	0Ge35	1Ar49	5Li02	10Cn37	2Vi33	25Li21
1-8	12Sc45	0Ge53	1Ar45	5Li20	11Cn02	2Vi29	25Li28
2-8	12Sc47	1Ge11	1Ar41	5Li37	11Cn27	2Vi26	25Li35
3-8	12Sc50	1Ge29	1Ar36	5Li54	11Cn52	2Vi23	25Li42
4-8	12Sc52	1Ge47	1Ar31	6Li12	12Cn18	2Vi20	25Li48
5-8	12Sc54	2Ge04	1Ar26	6Li30	12Cn43	2Vi17	25Li55
6-8	12Sc57	2Ge22	1Ar20	6Li47	13Cn08	2Vi13	26Li02

Tag/Mon.	Chiron	Ceres	Pallas	Juno	Vesta	Nod	Lil
7-8	13Sc00	2Ge39	1Ar14	7Li05	13Cn33	2Vi10	26Li08
8-8	13Sc02	2Ge56	1Ar08	7Li23	13Cn58	2Vi07	26Li15
9-8	13Sc05	3Ge13	1Ar01	7Li41	14Cn23	2Vi04	26Li22
10-8	13Sc08	3Ge29	0Ar54	7Li59	14Cn47	2Vi01	26Li28
11-8	13Sc11	3Ge46	0Ar47	8Li17	15Cn12	1Vi58	26Li35
12-8	13Sc14	4Ge02	0Ar39	8Li35	15Cn37	1Vi54	26Li42
13-8	13Sc18	4Ge19	0Ar31	8Li54	16Cn02	1Vi51	26Li49
14-8	13Sc21	4Ge35	0Ar22	9Li12	16Cn26	1Vi48	26Li55
15-8	13Sc24	4Ge51	0Ar13	9Li30	16Cn51	1Vi45	27Li02
16-8	13Sc28	5Ge06	0Ar04	9Li49	17Cn16	1Vi42	27Li09
17-8	13Sc31	5Ge22	29Pi54	10Li08	17Cn40	1Vi39	27Li15
18-8	13Sc35	5Ge37	29Pi44	10Li26	18Cn05	1Vi35	27Li22
19-8	13Sc39	5Ge53	29Pi34	10Li45	18Cn29	1Vi32	27Li29
20-8	13Sc43	6Ge08	29Pi23	11Li04	18Cn54	1Vi29	27Li35
21-8	13Sc47	6Ge23	29Pi13	11Li23	19Cn18	1Vi26	27Li42
22-8	13Sc51	6Ge37	29Pi01	11Li42	19Cn43	1Vi23	27Li49
23-8	13Sc55	6Ge52	28Pi50	12Li01	20Cn07	1Vi19	27Li55
24-8	13Sc59	7Ge06	28Pi38	12Li20	20Cn31	1Vi16	28Li02
25-8	14Sc03	7Ge20	28Pi26	12Li39	20Cn55	1Vi13	28Li09
26-8	14Sc08	7Ge34	28Pi13	12Li58	21Cn20	1Vi10	28Li16
27-8	14Sc12	7Ge48	28Pi01	13Li17	21Cn44	1Vi07	28Li22
28-8	14Sc17	8Ge01	27Pi48	13Li37	22Cn08	1Vi04	28Li29
29-8	14Sc22	8Ge14	27Pi34	13Li56	22Cn32	1Vi00	28Li36
30-8	14Sc26	8Ge27	27Pi21	14Li15	22Cn56	0Vi57	28Li42
31-8	14Sc31	8Ge40	27Pi07	14Li35	23Cn19	0Vi54	28Li49
1-9	14Sc36	8Ge53	26Pi53	14Li54	23Cn43	0Vi51	28Li56
2-9	14Sc41	9Ge05	26Pi39	15Li14	24Cn07	0Vi48	29Li02
3-9	14Sc46	9Ge17	26Pi25	15Li34	24Cn31	0Vi45	29Li09
4-9	14Sc51	9Ge29	26Pi10	15Li53	24Cn54	0Vi41	29Li16
5-9	14Sc57	9Ge40	25Pi55	16Li13	25Cn18	0Vi38	29Li23
6-9	15Sc02	9Ge52	25Pi40	16Li33	25Cn41	0Vi35	29Li29
7-9	15Sc07	10Ge03	25Pi25	16Li53	26Cn04	0Vi32	29Li36
8-9	15Sc13	10Ge14	25Pi10	17Li12	26Cn28	0Vi29	29Li43
9-9	15Sc18	10Ge24	24Pi55	17Li32	26Cn51	0Vi25	29Li49
10-9	15Sc24	10Ge35	24Pi39	17Li52	27Cn14	0Vi22	29Li56
11-9	15Sc29	10Ge45	24Pi23	18Li12	27Cn37	0Vi19	0Sc03
12-9	15Sc35	10Ge55	24Pi08	18Li32	28Cn00	0Vi16	0Sc10
13-9	15Sc41	11Ge04	23Pi52	18Li52	28Cn23	0Vi13	0Sc16
14-9	15Sc47	11Ge13	23Pi36	19Li12	28Cn46	0Vi10	0Sc23
15-9	15Sc53	11Ge22	23Pi20	19Li33	29Cn09	0Vi06	0Sc30
16-9	15Sc59	11Ge31	23Pi04	19Li53	29Cn32	0Vi03	0Sc36
17-9	16Sc05	11Ge39	22Pi48	20Li13	29Cn54	0Vi00	0Sc43

Tag/Mon.	Chiron	Ceres	Pallas	Juno	Vesta	Nod	Lil
18-9	16Sc11	11Ge48	22Pi32	20Li33	0Le17	29Le57	0Sc50
19-9	16Sc17	11Ge55	22Pi16	20Li53	0Le39	29Le54	0Sc56
20-9	16Sc23	12Ge03	22Pi00	21Li14	1Le02	29Le50	1Sc03
21-9	16Sc30	12Ge10	21Pi44	21Li34	1Le24	29Le47	1Sc10
22-9	16Sc36	12Ge17	21Pi28	21Li54	1Le46	29Le44	1Sc17
23-9	16Sc43	12Ge23	21Pi12	22Li15	2Le08	29Le41	1Sc23
24-9	16Sc49	12Ge30	20Pi56	22Li35	2Le30	29Le38	1Sc30
25-9	16Sc56	12Ge35	20Pi41	22Li56	2Le52	29Le35	1Sc37
26-9	17Sc02	12Ge41	20Pi25	23Li16	3Le14	29Le31	1Sc43
27-9	17Sc09	12Ge46	20Pi10	23Li37	3Le35	29Le28	1Sc50
28-9	17Sc16	12Ge51	19Pi54	23Li57	3Le57	29Le25	1Sc57
29-9	17Sc22	12Ge56	19Pi39	24Li18	4Le18	29Le22	2Sc03
30-9	17Sc29	13Ge00	19Pi24	24Li38	4Le40	29Le19	2Sc10
1-10	17Sc36	13Ge04	19Pi09	24Li59	5Le01	29Le16	2Sc17
2-10	17Sc43	13Ge07	18Pi55	25Li20	5Le22	29Le12	2Sc24
3-10	17Sc50	13Ge10	18Pi40	25Li40	5Le43	29Le09	2Sc30
4-10	17Sc57	13Ge13	18Pi26	26Li01	6Le04	29Le06	2Sc37
5-10	18Sc04	13Ge15	18Pi12	26Li21	6Le25	29Le03	2Sc44
6-10	18Sc11	13Ge17	17Pi58	26Li42	6Le45	29Le00	2Sc50
7-10	18Sc18	13Ge19	17Pi45	27Li03	7Le06	28Le56	2Sc57
8-10	18Sc26	13Ge20	17Pi31	27Li23	7Lc26	28Le53	3Sc04
9-10	18Sc33	13Ge21	17Pi18	27Li44	7Le46	28Le50	3Sc11
10-10	18Sc40	13Ge22	17Pi06	28Li05	8Le06	28Le47	3Sc17
11-10	18Sc48	13Ge22	16Pi53	28Li26	8Le26	28Le44	3Sc24
12-10	18Sc55	13Ge21	16Pi41	28Li46	8Le46	28Le41	3Sc31
13-10	19Sc02	13Ge21	16Pi29	29Li07	9Le06	28Le37	3Sc37
14-10	19Sc10	13Ge20	16Pi18	29Li28	9Le25	28Le34	3Sc44
15-10	19Sc17	13Ge18	16Pi07	29Li49	9Le45	28Le31	3Sc51
16-10	19Sc25	13Ge16	15Pi56	0Sc09	10Le04	28Le28	3Sc58
17-10	19Sc32	13Ge14	15Pi45	0Sc30	10Le23	28Le25	4Sc04
18-10	19Sc40	13Ge12	15Pi35	0Sc51	10Le42	28Le21	4Sc11
19-10	19Sc47	13Ge09	15Pi25	1Sc12	11Le01	28Le18	4Sc18
20-10	19Sc55	13Ge05	15Pi16	1Sc33	11Le19	28Le15	4Sc24
21-10	20Sc03	13Ge01	15Pi07	1Sc53	11Le38	28Le12	4Sc31
22-10	20Sc10	12Ge57	14Pi58	2Sc14	11Le56	28Le09	4Sc38
23-10	20Sc18	12Ge53	14Pi50	2Sc35	12Le14	28Le06	4Sc45
24-10	20Sc26	12Ge48	14Pi42	2Sc56	12Le32	28Le02	4Sc51
25-10	20Sc34	12Ge42	14Pi34	3Sc17	12Le50	27Le59	4Sc58
26-10	20Sc42	12Ge36	14Pi27	3Sc38	13Le07	27Le56	5Sc05
27-10	20Sc49	12Ge30	14Pi20	3Sc58	13Le25	27Le53	5Sc11
28-10	20Sc57	12Ge24	14Pi14	4Sc19	13Le42	27Le50	5Sc18
29-10	21Sc05	12Ge17	14Pi08	4Sc40	13Le59	27Le47	5Sc25

Tag/Mon.	Chiron	Ceres	Pallas	Juno	Vesta	Nod	Lil
30-10	21Sc13	12Ge09	14Pi02	5Sc01	14Le16	27Le43	5Sc31
31-10	21Sc21	12Ge02	13Pi57	5Sc21	14Le32	27Le40	5Sc38
1-11	21Sc29	11Ge54	13Pi52	5Sc42	14Le48	27Le37	5Sc45
2-11	21Sc37	11Ge45	13Pi48	6Sc03	15Le05	27Le34	5Sc52
3-11	21Sc45	11Ge36	13Pi44	6Sc24	15Le21	27Le31	5Sc58
4-11	21Sc53	11Ge27	13Pi40	6Sc44	15Le36	27Le27	6Sc05
5-11	22Sc01	11Ge18	13Pi36	7Sc05	15Le52	27Le24	6Sc12
6-11	22Sc09	11Ge08	13Pi33	7Sc26	16Le07	27Le21	6Sc18
7-11	22Sc16	10Ge58	13Pi31	7Sc46	16Le22	27Le18	6Sc25
8-11	22Sc25	10Ge48	13Pi29	8Sc07	16Le37	27Le15	6Sc32
9-11	22Sc33	10Ge37	13Pi27	8Sc28	16Le51	27Le12	6Sc39
10-11	22Sc41	10Ge26	13Pi25	8Sc48	17Le06	27Le08	6Sc45
11-11	22Sc49	10Ge15	13Pi24	9Sc09	17Le20	27Le05	6Sc52
12-11	22Sc57	10Ge03	13Pi24	9Sc30	17Le33	27Le02	6Sc59
13-11	23Sc05	9Ge51	13Pi23	9Sc50	17Le47	26Le59	7Sc05
14-11	23Sc13	9Ge39	13Pi24	10Sc11	18Le00	26Le56	7Sc12
15-11	23Sc21	9Ge27	13Pi24	10Sc31	18Le13	26Le53	7Sc19
16-11	23Sc29	9Ge14	13Pi25	10Sc52	18Le26	26Le49	7Sc26
17-11	23Sc37	9Ge02	13Pi26	11Sc12	18Le38	26Le46	7Sc32
18-11	23Sc45	8Ge49	13Pi28	11Sc33	18Le51	26Le43	7Sc39
19-11	23Sc53	8Ge35	13Pi30	11Sc53	19Le02	26Le40	7Sc46
20-11	24Sc01	8Ge22	13Pi32	12Sc14	19Le14	26Le37	7Sc52
21-11	24Sc09	8Ge09	13Pi35	12Sc34	19Le25	26Le33	7Sc59
22-11	24Sc17	7Ge55	13Pi38	12Sc54	19Le36	26Le30	8Sc06
23-11	24Sc25	7Ge41	13Pi41	13Sc15	19Le47	26Le27	8Sc13
24-11	24Sc33	7Ge27	13Pi45	13Sc35	19Le57	26Le24	8Sc19
25-11	24Sc41	7Ge14	13Pi49	13Sc55	20Le07	26Le21	8Sc26
26-11	24Sc49	7Ge00	13Pi54	14Sc15	20Le17	26Le18	8Sc33
27-11	24Sc57	6Ge46	13Pi58	14Sc35	20Le26	26Le14	8Sc40
28-11	25Sc05	6Ge31	14Pi04	14Sc56	20Le35	26Le11	8Sc46
29-11	25Sc13	6Ge17	14Pi09	15Sc16	20Le44	26Le08	8Sc53
30-11	25Sc20	6Ge03	14Pi15	15Sc36	20Le52	26Le05	9Sc00
1-12	25Sc28	5Ge49	14Pi21	15Sc56	21Le00	26Le02	9Sc06
2-12	25Sc36	5Ge35	14Pi28	16Sc16	21Le07	25Le59	9Sc13
3-12	25Sc44	5Ge21	14Pi34	16Sc35	21Le15	25Le55	9Sc20
4-12	25Sc52	5Ge07	14Pi41	16Sc55	21Le21	25Le52	9Sc27
5-12	26Sc00	4Ge53	14Pi49	17Sc15	21Le28	25Le49	9Sc33
6-12	26Sc07	4Ge39	14Pi57	17Sc35	21Le34	25Le46	9Sc40
7-12	26Sc15	4Ge26	15Pi05	17Sc55	21Le40	25Le43	9Sc47
8-12	26Sc23	4Ge12	15Pi13	18Sc14	21Le45	25Le39	9Sc53
9-12	26Sc31	3Ge59	15Pi21	18Sc34	21Le50	25Le36	10Sc00

Tag/Mon.	Chiron	Ceres	Pallas	Juno	Vesta	Nod	Lil
10-12	26Sc38	3Ge46	15Pi30	18Sc53	21Le54	25Le33	10Sc07
11-12	26Sc46	3Ge32	15Pi40	19Sc13	21Le59	25Le30	10Sc14
12-12	26Sc54	3Ge20	15Pi49	19Sc32	22Le02	25Le27	10Sc20
13-12	27Sc01	3Ge07	15Pi59	19Sc52	22Le06	25Le24	10Sc27
14-12	27Sc09	2Ge54	16Pi09	20Sc11	22Le08	25Le20	10Sc34
15-12	27Sc16	2Ge42	16Pi19	20Sc30	22Le11	25Le17	10Sc40
16-12	27Sc24	2Ge30	16Pi30	20Sc49	22Le13	25Le14	10Sc47
17-12	27Sc31	2Ge19	16Pi41	21Sc09	22Le14	25Le11	10Sc54
18-12	27Sc38	2Ge07	16Pi52	21Sc28	22Le15	25Le08	11Sc01
19-12	27Sc46	1Ge56	17Pi03	21Sc47	22Le16	25Le05	11Sc07
20-12	27Sc53	1Ge45	17Pi15	22Sc06	22Le16	25Le01	11Sc14
21-12	28Sc00	1Ge35	17Pi27	22Sc24	22Le16	24Le58	11Sc21
22-12	28Sc08	1Ge24	17Pi39	22Sc43	22Le15	24Le55	11Sc27
23-12	28Sc15	1Ge14	17Pi51	23Sc02	22Le14	24Le52	11Sc34
24-12	28Sc22	1Ge05	18Pi04	23Sc21	22Le12	24Le49	11Sc41
25-12	28Sc29	0Ge56	18Pi17	23Sc39	22Le10	24Le45	11Sc48
26-12	28Sc36	0Ge47	18Pi30	23Sc58	22Le08	24Le42	11Sc54
27-12	28Sc43	0Ge38	18Pi43	24Sc16	22Le05	24Le39	12Sc01
28-12	28Sc50	0Ge30	18Pi57	24Sc34	22Le01	24Le36	12Sc08
29-12	28Sc57	0Ge22	19Pi11	24Sc52	21Le57	24Le33	12Sc15
30-12	29Sc04	0Ge15	19Pi25	25Sc11	21Le53	24Le30	12Sc21
31-12	29Sc11	0Ge08	19Pi39	25Sc29	21Le48	24Le26	12Sc28

Mond-Transite
Beispieltabelle, 2. Halbjahr 1998, nach der Methode von Walter Fuller

MI 1- 7	0:04	Mond (Jungf.) Waage
MI 1- 7	2:51	Mond (Waage) Tri (Wasserm.) Neptun
MI 1- 7	11:50	Mond (Waage) Sex (Schütze) Pluto
MI 1- 7	17:15	Mond (Waage) Tri (Zwilling) Venus
DO 2- 7	0:14	Mond (Waage) Tri (Wasserm.) Uranus
FR 3- 7	8:32	Mond (Waage) Tri (Zwilling) Mars
FR 3- 7	12:44	Mond (Waage) Skorpion
FR 3- 7	15:22	Mond (Skorpion) Squ (Wasserm.) Neptun
FR 3- 7	16:54	Mond (Skorpion) Opp (Stier) Saturn
FR 3- 7	21:49	Mond (Skorpion) Squ (Löwe) Merkur
SA 4- 7	12:35	Mond (Skorpion) Squ (Wasserm.) Uranus
SO 5- 7	20:06	Mond (Skorpion) Tri (Fische) Jupiter
MO 6- 7	0:23	Mond (Skorpion) Schütze
MO 6- 7	2:48	Mond Schütze Sex (Wasserm.) Neptun
MO 6- 7	11:26	Mond Schütze Con (Schütze) Pluto
MO 6- 7	16:58	Mond Schütze Tri (Löwe) Merkur
MO 6- 7	23:10	Mond Schütze Sex (Wasserm.) Uranus
DI 7- 7	5:21	Mond Schütze Opp (Zwilling) Venus
MI 8- 7	5:30	Mond Schütze Squ (Fische) Jupiter
MI 8- 7	9:23	Mond Schütze Steinbock
MI 8- 7	12:00	Mond Steinbock Opp (Krebs) Mars
MI 8- 7	13:49	Mond Steinbock Tri (Stier) Saturn
DO 9- 7	16:57	Sonne (Krebs) Opp Steinbock Mond (Vollmond)
FR10- 7	12:11	Mond Steinbock Sex (Fische) Jupiter
FR 10- 7	15:49	Mond Steinbock Wassermann
FR 10- 7	17:50	Mond (Wassermann) Con (Wasserm.) Neptun
FR 10- 7	20:19	Mond (Wassermann) Squ (Stier) Saturn
SA 11- 7	1:50	Mond (Wassermann) Sex (Schütze) Pluto
SA 11- 7	12:23	Mond (Wassermann) Con (Wasserm.) Uranus
SA 11- 7	18:39	Mond (Wassermann) Opp (Löwe) Merkur
SO 12- 7	4:46	Mond (Wassermann) Tri (Zwilling) Venus
SO 12- 7	20:21	Mond (Wassermann) Fische
MO 13- 7	0:57	Mond (Fische) Sex (Stier) Saturn
MO 13- 7	4:12	Mond (Fische) Tri (Krebs) Mars
MO 13- 7	6:00	Mond (Fische) Squ (Schütze) Pluto
DI 14- 7	13:14	Mond (Fische) Squ (Zwilling) Venus
DI 14- 7	20:24	Mond (Fische) Con (Fische) Jupiter
DI 14- 7	23:44	Mond (Fische) Widder
MI 15- 7	1:28	Mond (Widder) Sex (Wasserm.) Neptun
MI 15- 7	9:10	Mond (Widder) Tri (Schütze) Pluto
MI 15- 7	10:01	Mond (Widder) Squ (Krebs) Mars

MI 15- 7	19:14	Mond (Widder) Sex (Wasserm.) Uranus
DO 16- 7	10:10	Mond (Widder) Tri (Löwe) Merkur
DO 16- 7	20:50	Mond (Widder) Sex (Zwilling) Venus
FR 17- 7	2:33	Mond (Widder) Stier
FR 17- 7	4:10	Mond (Stier) Squ (Wasserm.) Neptun
FR 17- 7	7:25	Mond (Stier) Con (Stier) Saturn
FR 17- 7	15:18	Mond (Stier) Sex (Krebs) Mars
FR 17- 7	21:49	Mond (Stier) Squ (Wasserm.) Uranus
SA 18- 7	16:26	Mond (Stier) Squ (Löwe) Merkur
SO 19- 7	2:00	Mond (Stier) Sex (Fische) Jupiter
SO 19- 7	5:18	Mond (Stier) Zwillinge
SO 19- 7	6:50	Mond (Zwilling) Tri (Wasserm.) Neptun
SO 19- 7	14:39	Mond (Zwilling) Opp (Schütze) Pluto
MO 20- 7	0:35	Mond (Zwilling) Tri (Wasserm.) Uranus
MO 20- 7	22:45	Mond (Zwilling) Sex (Löwe) Merkur
DI 21- 7	5:21	Mond (Zwilling) Squ (Fische) Jupiter
DI 21- 7	8:45	Mond (Zwilling) Krebs
DI 21- 7	12:37	Mond (Krebs) Con (Krebs) Venus
DI 21- 7	14:06	Mond (Krebs) Sex (Stier) Saturn
MI 22- 7	3:08	Mond (Krebs) Con (Krebs) Mars
DO 23- 7	10:16	Mond (Krebs) Tri (Fische) Jupiter
DO 23- 7	13:52	Mond (Krebs) Löwe
DO 23- 7	14:47	Sonne (Löwe) Con (Löwe) Mond (Neumond)
DO 23- 7	15:17	Mond (Löwe) Opp (Wasserm.) Neptun
DO 23- 7	19:36	Mond (Löwe) Squ (Stier) Saturn
DO 23- 7	23:42	Mond (Löwe) Tri (Schütze) Pluto
FR 24- 7	10:15	Mond (Löwe) Opp (Wasserm.) Uranus
SA 25- 7	15:58	Mond (Löwe) Con (Löwe) Merkur
SA 25- 7	21:35	Mond (Löwe) Jungfrau
SO 26- 7	3:49	Mond (Jungf.) Tri (Stier) Saturn
SO 26- 7	7:59	Mond (Jungf.) Squ (Schütze) Pluto
SO 26- 7	13:35	Mond (Jungf.) Sex (Krebs) Venus
MO 27- 7	0:10	Mond (Jungf.) Sex (Krebs) Mars
DI 28- 7	4:03	Mond (Jungf.) Opp (Fische) Jupiter
DI 28- 7	8:16	Mond (Jungf.) Waage
DI 28- 7	9:34	Mond (Waage) Tri (Wasserm.) Neptun
DI 28- 7	19:02	Mond (Waage) Sex (Schütze) Pluto
MI 29- 7	6:15	Mond (Waage) Tri (Wasserm.) Uranus
MI 29- 7	7:36	Mond (Waage) Squ (Krebs) Venus
MI 29- 7	15:27	Mond (Waage) Squ (Krebs) Mars
DO 30- 7	17:12	Mond (Waage) Sex <Leo> Merkur
DO 30- 7	20:44	Mond (Waage) Skorpion
DO 30- 7	21:55	Mond (Skorpion) Squ (Wasserm.) Neptun
FR 31- 7	3:38	Mond (Skorpion) Opp (Stier) Saturn

FR 31- 7	18:39	Mond (Skorpion) Squ (Wasserm.) Uranus
SA 1- 8	3:02	Mond (Skorpion) Tri (Krebs) Venus
SA 1- 8	7:30	Mond (Skorpion) Tri (Krebs) Mars
SO 2- 8	4:12	Mond (Skorpion) Tri (Fische) Jupiter
SO 2- 8	4:58	Mond (Skorpion) Squ (Löwe) Merkur
SO 2- 8	8:44	Mond (Skorpion) Schütze
SO 2- 8	9:45	Mond Schütze Sex (Wasserm.) Neptun
SO 2- 8	19:13	Mond Schütze Con (Schütze) Pluto
MO 3- 8	5:45	Mond Schütze Sex (Wasserm.) Uranus
DI 4- 8	13:24	Mond Schütze Tri (Löwe) Merkur
DI 4- 8	13:40	Mond Schütze Squ (Fische) Jupiter
DI 4- 8	18:14	Mond Schütze Steinbock
MI 5- 8	0:49	Mond Steinbock Tri (Stier) Saturn
DO 6- 8	7:44	Mond Steinbock Opp (Krebs) Mars
DO 6- 8	9:15	Mond Steinbock Opp (Krebs) Venus
DO 6- 8	19:56	Mond Steinbock Sex (Fische) Jupiter
FR 7- 8	0:30	Mond Steinbock Wassermann
FR 7- 8	1:12	Mond (Wassermann) Con (Wasserm.) Neptun
FR 7- 8	6:42	Mond (Wassermann) Squ (Stier) Saturn
FR 7- 8	9:45	Mond (Wassermann) Sex (Schütze) Pluto
FR 7- 8	18:55	Mond (Wassermann) Con (Wasserm.) Uranus
SA 8- 8	3:08	Sonne (Löwe) Opp (Wassermann) Mond (Vollmond)
SA 8- 8	19:45	Mond (Wassermann) Opp (Löwe) Merkur
SO 9- 8	4:02	Mond (Wassermann) Fische
SO 9- 8	10:05	Mond (Fische) Sex (Stier) Saturn
SO 9- 8	12:57	Mond (Fische) Squ (Schütze) Pluto
MO 10- 8	19:21	Mond (Fische) Tri (Krebs) Mars
DI 11- 8	1:21	Mond (Fische) Tri (Krebs) Venus
DI 11- 8	1:24	Mond (Fische) Con (Fische) Jupiter
DI 11- 8	6:10	Mond (Fische) Widder
DI 11- 8	6:38	Mond (Widder) Sex (Wasserm.) Neptun
DI 11- 8	14:58	Mond (Widder) Tri (Schütze) Pluto
DI 11- 8	23:28	Mond (Widder) Sex (Wasserm.) Uranus
MI 12- 8	18:48	Mond (Widder) Tri (Löwe) Merkur
MI 12- 8	23:34	Mond (Widder) Squ (Krebs) Mars
DO 13- 8	7:53	Mond (Widder) Squ (Krebs) Venus
DO 13- 8	8:05	Mond (Widder) Stier
DO 13- 8	8:29	Mond (Stier) Squ (Wasserm.) Neptun
DO 13- 8	14:09	Mond (Stier) Con (Stier) Saturn
FR 14- 8	1:25	Mond (Stier) Squ (Wasserm.) Uranus
FR 14- 8	18:27	Mond (Stier) Squ (Löwe) Merkur
SA 15- 8	4:32	Mond (Stier) Sex (Krebs) Mars
SA 15- 8	5:19	Mond (Stier) Sex (Fische) Jupiter
SA 15- 8	10:48	Mond (Stier) Zwillinge

SA 15- 8	11:07	Mond (Zwilling) Tri (Wasserm.) Neptun
SA 15- 8	15:25	Mond (Zwilling) Sex (Löwe) Venus
SA 15- 8	19:52	Mond (Zwilling) Opp <Sag> Pluto
SO 16- 8	4:26	Mond (Zwilling) Tri (Wasserm.) Uranus
SO 16- 8	19:22	Mond (Zwilling) Sex (Löwe) Merkur
MO 17- 8	8:58	Mond (Zwilling) Squ (Fische) Jupiter
MO 17- 8	14:58	Mond (Zwilling) Krebs
MO 17- 8	21:21	Mond (Krebs) Sex [Tau] Saturn
MI 19- 8	14:26	Mond (Krebs) Tri (Fische) Jupiter
MI 19- 8	19:49	Mond (Krebs) Con (Krebs) Mars
MI 19- 8	21:01	Mond (Krebs) Löwe
MI 19- 8	21:10	Mond (Löwe) Opp (Wasserm.) Neptun
DO 20- 8	3:41	Mond (Löwe) Squ [Tau] Saturn
DO 20- 8	6:50	Mond (Löwe) Tri Schütze Pluto
DO 20- 8	13:10	Mond (Löwe) Con (Löwe) Venus
DO 20- 8	15:44	Mond (Löwe) Opp (Wasserm.) Uranus
FR 21- 8	3:40	Mond (Löwe) Con (Löwe) Merkur
SA 22- 8	3:04	Sonne (Löwe) Con (Löwe) Mond (Neumond)
SA 22- 8	5:23	Mond (Löwe) Jungfrau
SA 22- 8	12:18	Mond (Jungf.) Tri [Tau] Saturn
SA 22- 8	15:36	Mond (Jungf.) Squ Schütze Pluto
MO 24- 8	7:55	Mond (Jungf.) Opp (Fische) Jupiter
MO 24- 8	15:59	Mond (Jungf.) Tri [Cap] Neptun
MO 24- 8	16:03	Mond (Jungf.) Waage
MO 24- 8	21:13	Mond (Waage) Sex (Löwe) Mars
DI 25- 8	2:38	Mond (Waage) Sex Schütze Pluto
DI 25- 8	11:52	Mond (Waage) Tri (Wasserm.) Uranus
DI 25- 8	22:45	Mond (Waage) Sex (Löwe) Venus
MI 26- 8	0:34	Mond (Waage) Sex (Löwe) Merkur
DO 27- 8	4:14	Mond (Waage) Squ [Cap] Neptun
DO 27- 8	4:25	Mond (Waage) Skorpion
DO 27- 8	11:31	Mond (Skorpion) Opp [Tau] Saturn
DO 27- 8	13:08	Mond (Skorpion) Squ (Löwe) Mars
FR 28- 8	0:19	Mond (Skorpion) Squ (Wasserm.) Uranus
FR 28- 8	15:38	Mond (Skorpion) Squ (Löwe) Merkur
FR 28- 8	18:26	Mond (Skorpion) Squ (Löwe) Venus
SA 29- 8	7:34	Mond (Skorpion) Tri (Fische) Jupiter
SA 29- 8	16:36	Mond (Skorpion) Sex [Cap] Neptun
SA 29- 8	16:53	Mond (Skorpion) Schütze
SO 30- 8	3:31	Mond Schütze Con Schütze Pluto
SO 30- 8	4:48	Mond Schütze Tri (Löwe) Mars
SO 30- 8	12:09	Mond Schütze Sex (Wasserm.) Uranus
MO 31- 8	7:11	Mond Schütze Tri (Löwe) Merkur
MO 31- 8	12:22	Mond Schütze Tri (Löwe) Venus

MO 31- 8	17:53	Mond Schütze Squ (Fische) Jupiter
DI 1- 9	3:20	Mond Schütze Steinbock
DI 1- 9	9:41	Mond Steinbock Tri [Tau] Saturn
DO 3- 9	1:00	Mond Steinbock Sex (Fische) Jupiter
DO 3- 9	9:50	Mond Steinbock Con [Cap] Neptun
DO 3- 9	10:15	Mond Steinbock Wassermann
DO 3- 9	16:07	Mond (Wassermann) Squ [Tau] Saturn
DO 3- 9	19:46	Mond (Wassermann) Sex Schütze Pluto
FR 4- 9	2:17	Mond (Wassermann) Opp (Löwe) Mars
FR 4- 9	3:05	Mond (Wassermann) Con (Wasserm.) Uranus
SA 5- 9	6:15	Mond (Wassermann) Opp (Löwe) Merkur
SA 5- 9	10:50	Mond (Wassermann) Opp (Löwe) Venus
SA 5- 9	13:43	Mond (Wassermann) Fische
SA 5- 9	19:09	Mond (Fische) Sex [Tau] Saturn
SA 5- 9	22:45	Mond (Fische) Squ Schütze Pluto
SO 6- 9	12:18	Sonne (Jungf.) Opp (Fische) Mond (Vollmond)
MO 7- 9	5:31	Mond (Fische) Con (Fische) Jupiter
MO 7- 9	14:21	Mond (Fische) Sex [Cap] Neptun
MO 7- 9	14:51	Mond (Fische) Widder
MO 7- 9	23:38	Mond (Widder) Tri Schütze Pluto
DI 8- 9	6:07	Mond (Widder) Sex (Wasserm.) Uranus
DI 8- 9	9:59	Mond (Widder) Tri (Löwe) Mars
MI 9- 9	14:44	Mond (Widder) Squ [Cap] Neptun
MI 9- 9	15:17	Mond (Widder) Stier
MI 9- 9	20:01	Mond (Stier) Tri (Jungf.) Merkur
MI 9- 9	20:18	Mond (Stier) Con [Tau] Saturn
MI 9- 9	21:23	Mond (Stier) Tri (Jungf.) Venus
DO 10- 9	6:36	Mond (Stier) Squ (Wasserm.) Uranus
DO 10- 9	12:50	Mond (Stier) Squ (Löwe) Mars
FR 11- 9	6:12	Mond (Stier) Sex (Fische) Jupiter
FR 11- 9	16:05	Mond (Stier) Tri [Cap] Neptun
FR 11- 9	16:43	Mond (Stier) Zwillinge
SA 12- 9	1:57	Mond (Zwilling) Opp Schütze Pluto
SA 12- 9	3:47	Mond (Zwilling) Squ (Jungf.) Venus
SA 12- 9	4:47	Mond (Zwilling) Squ (Jungf.) Merkur
SA 12- 9	8:31	Mond (Zwilling) Tri (Wasserm.) Uranus
SA 12- 9	17:29	Mond (Zwilling) Sex (Löwe) Mars
SO 13- 9	8:51	Mond (Zwilling) Squ (Fische) Jupiter
SO 13- 9	20:22	Mond (Zwilling) Krebs
MO 14- 9	1:29	Mond (Krebs) Sex [Tau] Saturn
MO 14- 9	13:25	Mond (Krebs) Sex (Jungf.) Venus
MO 14- 9	17:32	Mond (Krebs) Sex (Jungf.) Merkur
DI 15- 9	14:08	Mond (Krebs) Tri (Fische) Jupiter
MI 16- 9	2:00	Mond (Krebs) Opp [Cap] Neptun

MI 16- 9	2:49	Mond (Krebs) Löwe
MI 16- 9	8:02	Mond (Löwe) Squ [Tau] Saturn
MI 16- 9	13:15	Mond (Löwe) Tri Schütze Pluto
MI 16- 9	20:06	Mond (Löwe) Opp (Wasserm.) Uranus
DO 17- 9	11:59	Mond (Löwe) Con (Löwe) Mars
FR 18- 9	11:54	Mond (Löwe) Jungfrau
FR 18- 9	17:04	Mond (Jungf.) Tri [Tau] Saturn
FR 18- 9	22:46	Mond (Jungf.) Squ Schütze Pluto
SA 19- 9	19:17	Mond (Jungf.) Con (Jungf.) Venus
SO 20- 9	7:44	Mond (Jungf.) Con (Jungf.) Merkur
SO 20- 9	8:03	Mond (Jungf.) Opp (Fische) Jupiter
SO 20- 9	18:02	Sonne (Jungf.) Con (Jungf.) Mond (Neumond)
SO 20- 9	21:58	Mond (Jungf.) Tri [Cap] Neptun
SO 20- 9	22:57	Mond (Jungf.) Waage
MO 21- 9	10:16	Mond (Waage) Sex Schütze Pluto
MO 21- 9	17:12	Mond (Waage) Tri (Wasserm.) Uranus
DI 22- 9	16:48	Mond (Waage) Sex (Löwe) Mars
MI 23- 9	10:18	Mond (Waage) Squ [Cap] Neptun
MI 23- 9	11:22	Mond (Waage) Skorpion
MI 23- 9	16:10	Mond (Skorpion) Opp [Tau] Saturn
DO 24- 9	5:43	Mond (Skorpion) Squ (Wasserm.) Uranus
FR 25- 9	7:36	Mond (Skorpion) Tri (Fische) Jupiter
FR 25- 9	8:54	Mond (Skorpion) Squ (Löwe) Mars
FR 25- 9	10:00	Mond (Skorpion) Sex (Jungf.) Venus
FR 25- 9	22:58	Mond (Skorpion) Sex [Cap] Neptun
SA 26- 9	0:04	Mond (Skorpion) Schütze
SA 26- 9	6:37	Mond Schütze Sex (Waage) Merkur
SA 26- 9	11:36	Mond Schütze Con Schütze Pluto
SA 26- 9	18:07	Mond Schütze Sex (Wasserm.) Uranus
SO 27- 9	18:56	Mond Schütze Squ (Fische) Jupiter
MO 28- 9	0:02	Mond Schütze Tri (Löwe) Mars
MO 28- 9	4:38	Mond Schütze Squ (Jungf.) Venus
MO 28- 9	11:26	Mond Schütze Steinbock
MO 28- 9	15:25	Mond Steinbock Tri [Tau] Saturn
DI 29- 9	3:33	Mond Steinbock Squ (Waage) Merkur
MI 30- 9	3:45	Mond Steinbock Sex (Fische) Jupiter
MI 30- 9	18:46	Mond Steinbock Con [Cap] Neptun
MI 30- 9	19:22	Mond Steinbock Tri (Jungf.) Venus
MI 30- 9	19:50	Mond Steinbock Wassermann
MI 30- 9	23:19	Mond (Wassermann) Squ [Tau] Saturn
DO 1-10	6:23	Mond (Wassermann) Sex Schütze Pluto
DO 1-10	11:49	Mond (Wassermann) Con (Wasserm.) Uranus
DO 1-10	18:58	Mond (Wassermann) Tri (Waage) Merkur
FR 2-10	19:23	Mond (Wassermann) Opp (Löwe) Mars

SA 3-10	0:22	Mond (Wassermann) Fische
SA 3-10	3:17	Mond (Fische) Sex [Tau] Saturn
SA 3-10	10:13	Mond (Fische) Squ Schütze Pluto
SO 4-10	10:32	Mond (Fische) Con (Fische) Jupiter
MO 5-10	0:34	Mond (Fische) Sex [Cap] Neptun
MO 5-10	1:31	Mond (Fische) Widder
MO 5-10	10:16	Mond (Widder) Opp (Waage) Venus
MO 5-10	11:00	Mond (Widder) Tri Schütze Pluto
MO 5-10	15:37	Mond (Widder) Sex (Wasserm.) Uranus
MO 5-10	21:10	Sonne (Waage) Opp (Widder) Mond (Vollmond)
DI 6-10	10:24	Mond (Widder) Opp (Waage) Merkur
DI 6-10	23:59	Mond (Widder) Squ [Cap] Neptun
MI 7-10	0:25	Mond (Widder) Tri (Löwe) Mars
MI 7-10	0:57	Mond (Widder) Stier
MI 7-10	3:15	Mond (Stier) Con [Tau] Saturn
MI 7-10	14:57	Mond (Stier) Squ (Wasserm.) Uranus
DO 8-10	9:07	Mond (Stier) Sex (Fische) Jupiter
DO 8-10	23:44	Mond (Stier) Tri [Cap] Neptun
FR 9-10	0:44	Mond (Stier) Zwillinge
FR 9-10	2:16	Mond (Zwilling) Squ (Jungf.) Mars
FR 9-10	10:43	Mond (Zwilling) Opp Schütze Pluto
FR 9-10	15:15	Mond (Zwilling) Tri (Wasserm.) Uranus
FR 9-10	18:41	Mond (Zwilling) Tri (Waage) Venus
SA 10-10	9:57	Mond (Zwilling) Squ (Fische) Jupiter
SA 10-10	23:36	Mond (Zwilling) Tri (Waage) Merkur
SO 11-10	2:50	Mond (Zwilling) Krebs
SO 11-10	4:51	Mond (Krebs) Sex [Tau] Saturn
SO 11-10	6:48	Mond (Krebs) Sex (Jungf.) Mars
MO 12-10	3:11	Mond (Krebs) Squ (Waage) Venus
MO 12-10	13:55	Mond (Krebs) Tri (Fische) Jupiter
DI 13-10	7:21	Mond (Krebs) Opp Steinbock Neptun
DI 13-10	8:29	Mond (Krebs) Löwe
DI 13-10	10:19	Mond (Löwe) Squ [Tau] Saturn
DI 13-10	12:27	Mond (Löwe) Squ (Skorpion) Merkur
DI 13-10	20:01	Mond (Löwe) Tri Schütze Pluto
MI 14-10	0:53	Mond (Löwe) Opp (Wasserm.) Uranus
MI 14-10	16:38	Mond (Löwe) Sex (Waage) Venus
DO 15-10	17:34	Mond (Löwe) Jungfrau
DO 15-10	19:07	Mond (Jungf.) Tri [Tau] Saturn
FR 16-10	3:48	Mond (Jungf.) Con (Jungf.) Mars
FR 16-10	5:52	Mond (Jungf.) Squ Schütze Pluto
FR 16-10	6:02	Mond (Jungf.) Sex (Skorpion) Merkur
SA 17-10	7:50	Mond (Jungf.) Opp (Fische) Jupiter
SO 18-10	3:50	Mond (Jungf.) Tri Steinbock Neptun

SO 18-10	5:02	Mond (Jungf.) Waage
SO 18-10	17:50	Mond (Waage) Sex Schütze Pluto
SO 18-10	22:45	Mond (Waage) Tri <Aqu> Uranus
DI 20-10	5:29	Mond (Waage) Con (Waage) Venus
DI 20-10	11:09	Sonne (Waage) Con (Waage) Mond (Neumond)
DI 20-10	16:25	Mond (Waage) Squ Steinbock Neptun
DI 20-10	17:36	Mond (Waage) Skorpion
DI 20-10	18:25	Mond (Skorpion) Opp [Tau] Saturn
MI 21-10	10:39	Mond (Skorpion) Sex (Jungf.) Mars
MI 21-10	11:26	Mond (Skorpion) Squ (Wassermann) Uranus
MI 21-10	23:57	Mond (Skorpion) Con (Skorpion) Merkur
DO 22-10	8:02	Mond (Skorpion) Tri (Fische) Jupiter
FR 23-10	5:05	Mond (Skorpion) Sex Steinbock Neptun
FR 23-10	6:15	Mond (Skorpion) Schütze
FR 23-10	19:22	Mond Schütze Con Schütze Pluto
FR 23-10	23:59	Mond Schütze Sex (Wassermann) Uranus
SA 24-10	2:22	Mond Schütze Squ (Jungf.) Mars
SA 24-10	19:56	Mond Schütze Squ (Fische) Jupiter
SO 25-10	18:02	Mond Schütze Steinbock
SO 25-10	18:03	Mond Steinbock Tri [Tau] Saturn
SO 25-10	20:06	Mond Steinbock Sex (Skorpion) Venus
MO 26-10	16:35	Mond Steinbock Tri (Jungf.) Mars
DI 27-10	6:15	Mond Steinbock Sex (Fische) Jupiter
DI 27-10	14:33	Mond Steinbock Sex (Skorpion) Merkur
MI 28-10	2:42	Mond Steinbock Con Steinbock Neptun
MI 28-10	3:21	Mond Steinbock Squ [Ari] Saturn
MI 28-10	3:41	Mond Steinbock Wassermann
MI 28-10	11:47	Mond (Wassermann) Squ (Skorpion) Venus
MI 28-10	16:04	Mond (Wassermann) Sex Schütze Pluto
MI 28-10	20:05	Mond (Wassermann) Con (Wassermann) Uranus
FR 30-10	3:55	Mond (Wassermann) Squ (Skorpion) Merkur
FR 30-10	9:14	Mond (Wassermann) Sex [Ari] Saturn
FR 30-10	9:52	Mond (Wassermann) Fische
FR 30-10	21:37	Mond (Fische) Squ Schütze Pluto
FR 30-10	22:49	Mond (Fische) Tri (Skorpion) Venus
SA 31-10	10:31	Mond (Fische) Opp (Jungf.) Mars
SA 31-10	17:20	Mond (Fische) Con (Fische) Jupiter
SO 1-11	11:34	Mond (Fische) Sex Steinbock Neptun
SO 1-11	11:54	Mond (Fische) Tri (Skorpion) Merkur
SO 1-11	12:22	Mond (Fische) Widder
SO 1-11	23:30	Mond (Widder) Tri Schütze Pluto
MO 2-11	2:47	Mond (Widder) Sex (Wassermann) Uranus
DI 3-11	11:06	Mond (Widder) Con [Ari] Saturn
DI 3-11	11:26	Mond (Widder) Squ Steinbock Neptun

DI 3-11	12:10	Mond (Widder) Stier
MI 4-11	2:08	Mond (Stier) Squ (Wassermann) Uranus
MI 4-11	6:18	Sonne (Skorpion) Opp (Stier) Mond (Vollmond)
MI 4-11	8:29	Mond (Stier) Opp (Skorpion) Venus
MI 4-11	14:32	Mond (Stier) Tri (Jungf.) Mars
MI 4-11	16:48	Mond (Stier) Sex (Fische) Jupiter
DO 5-11	10:31	Mond (Stier) Tri Steinbock Neptun
DO 5-11	11:13	Mond (Stier) Zwillinge
DO 5-11	19:29	Mond (Zwilling) Opp Schütze Merkur
DO 5-11	22:15	Mond (Zwilling) Opp Schütze Pluto
FR 6-11	1:23	Mond (Zwilling) Tri (Wassermann) Uranus
FR 6-11	16:06	Mond (Zwilling) Squ (Jungf.) Mars
FR 6-11	16:24	Mond (Zwilling) Squ (Fische) Jupiter
SA 7-11	10:06	Mond (Zwilling) Sex [Ari] Saturn
SA 7-11	11:45	Mond (Zwilling) Krebs
SO 8-11	18:43	Mond (Krebs) Tri (Fische) Jupiter
SO 8-11	19:20	Mond (Krebs) Tri (Skorpion) Venus
SO 8-11	20:41	Mond (Krebs) Sex (Jungf.) Mars
MO 9-11	13:35	Mond (Krebs) Squ [Ari] Saturn
MO 9-11	14:58	Mond (Krebs) Opp Steinbock Neptun
MO 9-11	15:38	Mond (Krebs) Löwe
DI 10-11	4:34	Mond (Löwe) Tri Schütze Pluto
DI 10-11	8:04	Mond (Löwe) Opp (Wassermann) Uranus
DI 10-11	10:54	Mond (Löwe) Tri Schütze Merkur
MI 11-11	7:49	Mond (Löwe) Squ (Skorpion) Venus
MI 11-11	21:06	Mond (Löwe) Tri [Ari] Saturn
MI 11-11	23:37	Mond (Löwe) Jungfrau
DO 12-11	13:44	Mond (Jungf.) Squ Schütze Pluto
FR 13-11	1:16	Mond (Jungf.) Squ Schütze Merkur
FR 13-11	11:18	Mond (Jungf.) Opp <Pis> Jupiter
FR 13-11	19:22	Mond (Jungf.) Con (Jungf.) Mars
SA 14-11	1:12	Mond (Jungf.) Sex (Skorpion) Venus
SA 14-11	10:23	Mond (Jungf.) Tri Steinbock Neptun
SA 14-11	10:59	Mond (Jungf.) Waage
SO 15-11	1:43	Mond (Waage) Sex Schütze Pluto
SO 15-11	5:22	Mond (Waage) Tri (Wassermann) Uranus
SO 15-11	17:53	Mond (Waage) Sex Schütze Merkur
MO 16-11	20:18	Mond (Waage) Opp [Ari] Saturn
MO 16-11	23:10	Mond (Waage) Squ Steinbock Neptun
MO 16-11	23:40	Mond (Waage) Skorpion
DI 17-11	18:16	Mond (Skorpion) Squ (Wassermann) Uranus
MI 18-11	12:28	Mond (Skorpion) Tri (Fische) Jupiter
DO 19-11	2:42	Mond (Skorpion) Sex (Jungf.) Mars
DO 19-11	5:25	Sonne (Skorpion) Con (Skorpion) Mond (Neumond)

DO 19-11	11:48	Mond (Skorpion) Sex Steinbock Neptun
DO 19-11	12:11	Mond (Skorpion) Schütze
DO 19-11	16:39	Mond Schütze Con Schütze Venus
FR 20-11	3:14	Mond Schütze Con Schütze Pluto
FR 20-11	6:40	Mond Schütze Sex (Wassermann) Uranus
FR 20-11	23:09	Mond Schütze Con Schütze Merkur
SA 21-11	0:35	Mond Schütze Squ (Fische) Jupiter
SA 21-11	17:21	Mond Schütze Squ (Jungf.) Mars
SA 21-11	19:50	Mond Schütze Tri [Ari] Saturn
SA 21-11	23:45	Mond Schütze Steinbock
MO 23-11	11:22	Mond Steinbock Sex (Fische) Jupiter
DI 24-11	5:38	Mond Steinbock Squ [Ari] Saturn
DI 24-11	6:15	Mond Steinbock Tri (Jungf.) Mars
DI 24-11	9:30	Mond Steinbock Con Steinbock Neptun
DI 24-11	9:40	Mond Steinbock Wassermann
MI 25-11	0:15	Mond (Wassermann) Sex Schütze Pluto
MI 25-11	2:42	Mond (Wassermann) Sex Schütze Venus
MI 25-11	3:22	Mond (Wassermann) Con (Wassermann) Uranus
MI 25-11	15:47	Mond (Wassermann) Sex (Schütze) Merkur
DO 26-11	13:05	Mond (Wassermann) Sex [Ari] Saturn
DO 26-11	17:10	Mond (Wassermann) Fische
FR 27-11	7:05	Mond (Fische) Squ Schütze Pluto
FR 27-11	14:47	Mond (Fische) Squ Schütze Venus
FR 27-11	18:21	Mond (Fische) Squ (Schütze) Merkur
SA 28-11	1:54	Mond (Fische) Con (Fische) Jupiter
SA 28-11	21:31	Mond (Fische) Widder
SA 28-11	21:34	Mond (Widder) Sex (Wassermann) Neptun
SA 28-11	22:57	Mond (Widder) Opp (Waage) Mars
SO 29-11	10:41	Mond (Widder) Tri Schütze Pluto
SO 29-11	13:26	Mond (Widder) Sex (Wassermann) Uranus
SO 29-11	17:19	Mond (Widder) Tri (Schütze) Merkur
SO 29-11	22:40	Mond (Widder) Tri Schütze Venus
MO 30-11	18:50	Mond (Widder) Con [Ari] Saturn
MO 30-11	22:51	Mond (Widder) Stier
MO 30-11	22:59	Mond (Stier) Squ (Wassermann) Neptun
DI 1-12	14:10	Mond (Stier) Squ (Wassermann) Uranus
MI 2-12	4:42	Mond (Stier) Sex (Fische) Jupiter
MI 2-12	22:29	Mond (Stier) Zwillinge
MI 2-12	22:41	Mond (Zwilling) Tri (Wassermann) Neptun
DO 3-12	3:30	Mond (Zwilling) Tri (Waage) Mars
DO 3-12	9:28	Mond (Zwilling) Opp (Schütze) Merkur
DO 3-12	11:15	Mond (Zwilling) Opp Schütze Pluto
DO3-12	13:50	Mond (Zwilling) Tri (Wassermann) Uranus
DO 3-12	16:21	Sonne Schütze Opp (Zwilling) Mond (Vollmond)

FR 4-12	4:32	Mond (Zwilling) Squ (Fische) Jupiter
FR 4-12	7:15	Mond (Zwilling) Opp Schütze Venus
FR 4-12	18:10	Mond (Zwilling) Sex [Ari] Saturn
FR 4-12	22:28	Mond (Zwilling) Krebs
SA 5-12	5:34	Mond (Krebs) Squ (Waage) Mars
SO 6-12	6:08	Mond (Krebs) Tri (Fische) Jupiter
SO 6-12	20:11	Mond (Krebs) Squ [Ari] Saturn
MO 7-12	0:56	Mond (Krebs) Löwe
MO 7-12	1:22	Mond (Löwe) Opp (Wassermann) Neptun
MO 7-12	5:57	Mond (Löwe) Tri (Schütze) Merkur
MO 7-12	10:44	Mond (Löwe) Sex (Waage) Mars
MO 7-12	15:28	Mond (Löwe) Tri Schütze Pluto
MO 7-12	18:22	Mond (Löwe) Opp (Wassermann) Uranus
MI 9-12	0:48	Mond (Löwe) Tri Schütze Venus
MI 9-12	2:02	Mond (Löwe) Tri [Ari] Saturn
MI 9-12	7:25	Mond (Löwe) Jungfrau
MI 9-12	10:32	Mond (Jungf.) Squ (Schütze) Merkur
MI 9-12	23:09	Mond (Jungf.) Squ Schütze Pluto
DO 10-12	20:47	Mond (Jungf.) Opp (Fische) Jupiter
FR 11-12	17:32	Mond (Jungf.) Squ Schütze Venus
FR 11-12	17:45	Mond (Jungf.) Waage
FR 11-12	18:31	Mond (Waage) Tri (Wassermann) Neptun
FR 11-12	20:24	Mond (Waage) Sex Schütze Merkur
SA 12-12	10:14	Mond (Waage) Con (Waage) Mars
SA 12-12	10:33	Mond (Waage) Sex Schütze Pluto
SA 12-12	13:51	Mond (Waage) Tri (Wassermann) Uranus
MO 14-12	0:10	Mond (Waage) Opp [Ari] Saturn
MO 14-12	6:16	Mond (Waage) Skorpion
MO 14-12	7:12	Mond (Skorpion) Squ (Wassermann) Neptun
MO 14-12	13:14	Mond (Skorpion) Sex Steinbock Venus
DI 15-12	2:49	Mond (Skorpion) Squ (Wassermann) Uranus
DI 15-12	22:32	Mond (Skorpion) Tri (Fische) Jupiter
MI 16-12	18:46	Mond (Skorpion) Schütze
MI 16-12	19:51	Mond Schütze Sex (Wassermann) Neptun
DO 17-12	2:13	Mond Schütze Con Schütze Merkur
DO 17-12	11:50	Mond Schütze Con Schütze Pluto
DO 17-12	15:09	Mond Schütze Sex (Wassermann) Uranus
DO 17-12	16:42	Mond Schütze Sex (Waage) Mars
FR 18-12	10:42	Mond Schütze Squ (Fische) Jupiter
FR 18-12	23:42	Sonne Schütze Con Schütze Mond (Neumond)
FR 18-12	23:50	Mond Schütze Tri [Ari] Saturn
SA 19-12	5:53	Mond Schütze Steinbock
SO 20-12	1:57	Mond Steinbock Con Steinbock Venus
SO 20-12	5:45	Mond Steinbock Squ (Waage) Mars

SO 20-12	21:12	Mond Steinbock Sex (Fische) Jupiter
MO 21-12	9:15	Mond Steinbock Squ [Ari] Saturn
MO 21-12	15:14	Mond Steinbock Wassermann
MO 21-12	16:33	Mond (Wassermann) Con (Wassermann) Neptun
DI 22-12	7:38	Mond (Wassermann) Sex Schütze Pluto
DI 22-12	7:40	Mond (Wassermann) Sex Schütze Merkur
DI 22-12	10:49	Mond (Wassermann) Con (Wassermann) Uranus
DI 22-12	16:43	Mond (Wassermann) Tri (Waage) Mars
MI 23-12	16:53	Mond (Wassermann) Sex [Ari] Saturn
MI 23-12	22:44	Mond (Wassermann) Fische
DO 24-12	14:39	Mond (Fische) Squ Schütze Pluto
DO 24-12	19:49	Mond (Fische) Squ Schütze Merkur
FR 25-12	4:51	Mond (Fische) Sex Steinbock Venus
FR 25-12	12:18	Mond (Fische) Con (Fische) Jupiter
SA 26-12	4:01	Mond (Fische) Widder
SA 26-12	5:30	Mond (Widder) Sex (Wassermann) Neptun
SA 26-12	19:25	Mond (Widder) Tri Schütze Pluto
SA 26-12	22:29	Mond (Widder) Sex (Wassermann) Uranus
SO 27-12	5:23	Mond (Widder) Tri Schütze Merkur
SO 27-12	7:30	Mond (Widder) Opp (Waage) Mars
SO 27-12	13:53	Mond (Widder) Squ Steinbock Venus
MO 28-12	1:40	Mond (Widder) Con [Ari] Saturn
MO 28-12	7:02	Mond (Widder) Stier
MO 28-12	8:35	Mond (Stier) Squ (Wassermann) Neptun
DI 29-12	0:57	Mond (Stier) Squ (Wassermann) Uranus
DI 29-12	18:40	Mond (Stier) Sex (Fische) Jupiter
DI 29-12	20:20	Mond (Stier) Tri Steinbock Venus
MI 30-12	8:21	Mond (Stier) Zwillinge
MI 30-12	9:59	Mond (Zwilling) Tri (Wassermann) Neptun
MI 30-12	23:06	Mond (Zwilling) Opp Schütze Pluto
DO 31-12	2:05	Mond (Zwilling) Tri (Wassermann) Uranus
DO 31-12	13:53	Mond (Zwilling) Tri (Waage) Mars
DO 31-12	18:20	Mond (Zwilling) Opp Schütze Merkur
DO 31-12	20:01	Mond (Zwilling) Squ (Fische) Jupiter

Kleines Fachwörterverzeichnis

Äquinoktium
- Zeit der Tag-und-Nacht-Gleiche, am Frühlingsanfang um den 21. März und am Herbstanfang um den 23. September

Aspekte
- Konstellationen (Bestrahlungen), die sich aus bestimmten, als Winkel gemessenen Abständen zwischen Planeten ergeben

Aszendent
- Tierkreiszeichen, das im Augenblick der Geburt am Osthorizont aufsteigt

Dekanat
- Unterteilung der Tierkreiszeichen in Abschnitte von je zehn Grad. Man unterscheidet jeweils drei Dekanate

Deszendent
- Tierkreiszeichen, das im Augenblick der Geburt am Westhorizont absteigt

Domizil (dominieren)
- Vorherrschen eines bestimmten Planeten. Einem bestimmten Planeten zugeordnetes Tierkreiszeichen

Eckhaus (Eckfeld)
- I., IV., VII. und X. Feld (s. Felder). Durch die Stellung in einem der Eckhäuser wird der Einfluss des Planeten besonders gestärkt

Ekliptik
- Scheinbare Sonnenbahn im Lauf eines Jahres; allgemeine Umlaufbahn des Planeten

Ephemeriden
- Tabellen des täglichen Planetenstandes

Erhöhung
- Jeder Planet hat ein Zeichen, in dem er erhöht steht, da es ihm verwandt ist. Er ist hier besonders stark, aber durch den Charakter des Zeichens modifiziert

Exil
- In seinem Exil ist der Planet "vernichtet", das heißt in seiner Wirkung am meisten gehemmt. Es ist das Tierkreiszeichen, das seinem Herrscherzeichen gegenüberliegt

Fall
- Das Zeichen, in dem der Planet im Fall ist, das heißt in seiner Wirkung beeinträchtigt, liegt dem der Erhöhung gegenüber

Häuser (Felder)
- Das Geburtsbild wird in zwölf Felder oder Häuser aufgeteilt, die auf bestimmte Lebensgebiete Bezug haben. Sie können verschieden groß sein, denn ein Feld umfasst nicht unbedingt 30° (je nach System: Koch oder Placidus)

Horoskop
- Geburtsbild mit Tierkreis, Planetenstellungen, Schicksalsfeldern und Aspekten, eingezeichnet in einen Kreis. Zur Aufstellung des Horoskops müssen Geburtsort, Datum und Uhrzeit bekannt sein

Imum Coeli (IC.)

- Himmelstiefe. Spitze des IV. Eckfeldes. (Fußpunkt oder Nadir der scheinbaren Himmelskugel)

Konjunktion

- Winkelabstand zweier Planeten 0 Grad (auf demselben Tierkreisgrad) ein sehr starker Aspekt

Konstellation

- Stellung und Bestrahlung der Planeten im Allgemeinen

Kulmination

- Übergang von Planeten oder Tierkreisgraden über den Mittags- oder Mitternachtskreis

Medium Coeli (MC)

- Himmelsmitte. Spitze des X. Eckfeldes (Scheitelpunkt oder Zenit der scheinbaren Himmelskugel)

Meridian

- Der größte Kreis der scheinbaren Himmelskugel, dessen Ebene durch die beiden Pole und durch Zenit und Nadir des Beobachters gehen

Mondknoten

- Man unterscheidet aufsteigenden Mondknoten (Drachenkopf) und absteigenden Mondknoten (Drachenschwanz), deren Stellung und Bestrahlung Bedeutung zukommt. Es sind die beiden Punkte der Mondbahn, in denen sie die Ekliptik durchschneidet

Nadir

- s. Imum Coeli

Native, der

- Der Geborene, der Horoskopeigner

Opposition

- 180 Grad Winkelstellung zwischen Planeten, allgemein ein Spannungsaspekt

Orbit

- Umlaufbahn

Quadrat

- 90 Grad Winkelabstand zwischen Planeten, Spannungs-Aspekt

Sextil

- 60 Grad Winkelabstand zwischen Planeten, günstiger Aspekt

Signatur

- Kennzeichnung, Prägung eines Menschen durch Konstellation der Planeten

Sonnenzeichen

- Tierkreiszeichen, in dem die Sonne im Augenblick der Geburt steht

Spitze

- Spitze eines Feldes ist der bestimmte Grad eines Tierkreiszeichens

Trigon

- 120 Grad Winkelabstand zwischen Planeten, günstiger Aspekt

Zenit

- s. Medium Coeli

Zodiak, Zodiakus

- Der Tierkreis